国家社会科学基金"两宋理学诗研究"（13BZW065）结项成果
国家社会科学基金资助
北京语言大学出版基金资助

宋代理学诗研究

◎ 王培友 著

南京大学出版社

图书在版编目(CIP)数据

宋代理学诗研究 / 王培友著. —南京:南京大学
出版社,2024.12. -- ISBN 978 - 7 - 305 - 28518 - 9

Ⅰ. B244.05;I207.2

中国国家版本馆 CIP 数据核字第 20246EH664 号

出版发行　南京大学出版社
社　　址　南京市汉口路 22 号　　　　邮　编 210093

SONGDAI LIXUESHI YANJIU
书　　名　**宋代理学诗研究**
著　　者　王培友
责任编辑　荣卫红　　　　编辑热线　025 - 83685720

照　　排　南京紫藤制版印务中心
印　　刷　徐州绪权印刷有限公司
开　　本　718mm×1000mm　1/16　印张 42.5　字数 763 千
版　　次　2024 年 12 月第 1 版
印　　次　2024 年 12 月第 1 次印刷
ISBN　978 - 7 - 305 - 28518 - 9
定　　价　196.00 元

网址:http://www.njupco.com
官方微博:http://weibo.com/njupco
官方微信号:njupress
销售咨询热线:(025)83594756

|目　录

绪　论 ……………………………………………………………… 001
　第一节　百多年来学术界对于理学诗及其相关问题的研究 ………… 006
　第二节　本课题研究的学理逻辑、研究理念与研究方法 …………… 016

第一章　宋代理学诗的历史存在、话语界定及其文化效应 ………… 027
　第一节　宋代理学诗的历史客观存在性及其诗作留存数量 ………… 028
　第二节　理学诗的存在形态：文人诗、理学诗的共生性及复杂关系 … 041
　第三节　理学诗、理学诗人、理学诗派：概念辨析及边际范围界定 … 053
　第四节　宋代理学家交游唱酬活动与理学诗的文化效应 …………… 067
　本章小结 ………………………………………………………… 077

第二章　宋代理学文化思潮与理学诗人的诗歌书写 ……………… 080
　第一节　儒家之统：明熙之际儒学新变与理学诗之生成 ………… 081
　第二节　发明儒学：元靖之际宋学之重义理与理学诗之发育 …… 101
　第三节　深究性理：建隆之际理学思想之发育与理学诗之成熟 … 120
　第四节　正统之争：乾嘉之际理学学派之分途与理学诗之高峰 … 137
　第五节　路径之异：开淳之际理学学派之重心差异与理学诗之鼎盛 … 154
　第六节　流于文史：宝至之际理学之嬗变与宋末元初理学诗之衍变 … 176
　本章小结 ………………………………………………………… 196

第三章　宋代理学诗的诗歌范式及其诗坛反响 …………………… 201
　第一节　诗学渊源：宋代理学家诗人的多样性诗学渊源及取法范式 … 202
　第二节　击壤范式：邵雍理学诗的范式价值、诗坛反响及诗史地位 …… 214

第三节　濂溪范式:周敦颐理学诗的范式价值、诗坛反响及诗史地位 ····· 233

第四节　龟山范式、横浦范式:杨时、张九成理学诗的范式价值及其反响····· 242

第五节　晦翁范式:朱熹理学诗的范式价值、诗坛反响及诗史地位 ····· 254

第六节　二泉范式:赵蕃、韩淲理学诗的范式价值及其反响 ············ 264

第七节　语录、讲学和俗体:三种理学诗范式的历史渊源及其发展流变 ··· 274

本章小结 ·· 288

第四章　宋代理学基本话语与理学诗的内容或主旨类型 ············ 292

第一节　宋代理学基本话语与理学诗的内容或主旨类型之关联 ······· 293

第二节　宋代理学"观物"话语与理学诗的内容或主旨类型 ············ 306

第三节　宋代理学"孔颜乐处"话语与理学诗的内容或主旨类型 ······· 322

第四节　宋代理学"观天地生物气象"话语与理学诗的内容或主旨类型 ··· 339

第五节　宋代理学"心性存养"话语与理学诗的内容或主旨类型 ······· 353

第六节　宋代理学"尊德性"话语与理学诗的内容或主旨类型 ·········· 381

本章小结 ·· 407

第五章　宋代理学基本话语与理学诗的表达方式 ·················· 410

第一节　宋代理学基本话语与理学诗表达方式之关联 ················· 411

第二节　宋代理学"观物"话语与理学诗的表达方式 ················· 423

第三节　宋代理学"格物致知"话语与理学诗的表达方式 ·············· 438

第四节　宋代理学"发明"话语与理学诗的表达方式 ················· 470

第五节　宋代理学"象物比德"话语与理学诗的表达方式 ·············· 491

本章小结 ·· 503

第六章　宋代理学基本话语与理学诗的诗歌风貌 ·················· 506

第一节　宋代理学基本话语与理学诗人审美取向之关联 ············· 507

第二节　宋代理学"巧贼拙德"话语与理学诗的诗歌风貌 ·············· 513

第三节　宋代理学"玩物从容"话语与理学诗的诗歌风貌 ·············· 540

第四节　宋代理学"气象近道"话语与理学诗的诗歌风貌 ·············· 551

第五节　宋代理学"温柔敦厚"话语与理学诗的诗歌风貌 ·············· 574

第六节　宋代理学"清淡"话语与理学诗的诗歌风貌 ················· 596

本章小结 ·· 613

第七章　宋代理学诗的主体特征、发展流弊和文学史地位 ················ 616

　　第一节　宋代理学诗的作者、生成条件与主要特征 ················ 616

　　第二节　宋代理学诗的发展流弊与其理学根源 ················ 625

　　第三节　宋代理学诗的历史地位和文学价值 ················ 644

附录:本著章节内容见刊情况一览表 ················ 650

主要参考文献 ················ 653

后记 ················ 669

绪 论

在中古文化向着近古文化转变的历史过程中，宋型文化具有承前启后、立法垂宪的重要历史地位。它以颇具特色的皇权、相权和台监权相制衡的政治制度，重视商业贸易、规范经济管理的国家治理方式，崇尚道德气节、"发明"理学义理、推崇儒释道和谐共存的文化风尚，表征为中华文明史上的巍峨高峰，并对世界其他文明产生过重大影响。①

两宋理学是宋型文化不可分割的文化部类和重要组成部分。它不但以颇具特色的心性存养理论建构而成为兼摄知行、明通天人的历史客观存在，也通过宋型文化其他部类所潜含的精神气度、哲思意趣、审美风尚等呈现出来。清代以来，虽有一些著名学者如顾炎武、戴震、梁启超等对宋明理学颇有微词，但亦有陈寅恪、邓广铭、漆侠等对其推崇备至。而不管上述学者对于宋明理学的看法如何，他们也都承认：以理学为核心的宋型文化，是中华文明史上重要的文化转型乃至文化飞跃，涵育百代而影响深远。理学是宋型文化的"根基"，而宋型文化之雅淡、精微、尚理等文化品格，亦藉由两宋理学而呈现或表征出来。可以说，宋代理学家以其和合天地万物、深究道德性理、关注社会民生的文化担当，孜孜探求立命乐道、兴废继绝、育开民智的方法与途径，承继中华文明传统而又推陈出新，从而建构起阔大精深、生机繁茂、泽被深远的新儒学即理学体系。北宋理学"五子"理学理论体系之"发明"抑或是建构，以及其门人后学所创立的道南学派、湖湘学派、朱子学派、陆子学派、婺学学派、浙东学派等新思想或理论体系，成为中华文明史上璀璨夺目的文化"明珠"。流传悠久、泽被深远的先秦及汉唐儒家学说，得宋代理学家之努力而迸发出崭新活力，"宋贤精神"遂成为与"盛唐气象"相

---

① 可参见朱云影：《中国文化对日韩越的影响》，台湾黎明文化事业公司，1981 年；刘海峰：《科举制度对西方考试制度影响新探》，《中国社会科学》2001 年第 5 期；严绍璗：《中国文化在日本》，新华出版社，1994 年。

并列的文化品格，必为千秋万代所瞩目。对此，近代著名的新儒学代表人物，如熊十力、梁漱溟、冯友兰、钱穆等人，已有精微恰切、深刻周密的学术论断。可见，自北宋中期发轫而绵延千年之久的理学，已成为近古时期中华文明的"密码"和"烙印"。

宋代理学家创作或书写了大量诗歌作品。这些诗歌作品，其内容、主旨、表现形式、风格类型等呈现出丰富多样性，诸如交际应酬、游览风光、咏物纪事、日常生活、宦游思乡、时事政治，以及心性存养、尊德性、成就圣贤等，都在他们的诗歌作品中得到忠实记录或深刻反映。其中，占有不小比重的理学家的某些诗歌作品，往往记录或反映着理学家的思想情趣、知识素养、治学心得和人生信念，表征出他们孜孜于求道的生命体验和道德探寻。① 从理学家的诗歌内容或主旨类型来看，其全部诗歌作品大致可以分为两大类型：一类是传统意义上的文人诗类型，另外一类是抒写理学主旨和内容的诗歌类型。较之文人诗类型，后者具有明显的类别属性：宋代理学家的诗歌实践、诗学观念，都比较重视诗歌对于理学之"道"的承载或者表达，这就决定了理学家之诗歌宜其成为宋代理学理论体系的重要组成部分。以诗歌来求道、明道、载道，乃至传播"道"，为大多数理学家所重视。② 且不说邵雍、张载、程颐、杨时、张九成、朱熹、陈淳、陈渊等人都写有表达其理学思理和理学思想的"载道""传道"之诗，就是理学家所书写的表达其于"日常日用"之际所思所想的诗，以及其论学之诗、讲学之诗等，仍然具备了"陶铸性情"或者"传道"之功用。诚如钱穆所言，这些诗歌亦是"理学诗"。③ 可惜的是，钱先生并没有对"理学诗"加以界定。但其所言之"理学诗"及理学家所创作的某些诗歌之特性等，为我们继续探讨这一类诗作的类型、属性和价值等，提供了可资借鉴的宝贵经验。

在理学家创作的具有多样性内容或主旨类型的诗歌之中，有很大一部分涉及理学心性存养问题。以心性存养为内容或主旨的诗歌作品，承载了理学家的理学思想、旨趣和治学指向，反映出理学家的道德情怀、理学学理和成就圣贤的崇高人生追求。④ 这一类诗作的内容或主旨，关乎理学之重心心性存养问题，因此，我们称之为"性理诗"。毋庸置疑，理学家的"性理诗"反映出理学文化对于创作主体及其诗歌创作的巨大影响。这一类诗歌相对比较容易识别，其规定性特

---

① 参见杨光辉：《理学文化视野中的宋代理学诗》，《中国文学研究》1996 年第 4 期。

② 参见拙作：《两宋理学家文道观念及其诗学实践研究》，南京大学出版社，2016 年。

③ 参见钱穆：《理学六家诗钞》，九州出版社，2011 年，"自序"第 2—3 页。

④ 参见石明庆：《美善相乐的心灵感悟与诗意体验》，《南京师大文学院学报》2008 年第 1 期。

征也较为容易归纳或概括。不过,要论及理学文化对于诗歌书写主体及其诗歌创作的影响,"性理诗"却不足以概括理学家所书写的、与理学思想或理学旨趣相关的全部诗歌作品的类型属性和诗歌品格。这是因为,宋代理学家书写或创作的很多诗歌作品,如果单纯从其诗句来看,其题材、内容、主旨、境界等,往往与"性理诗"有一定距离。但是,如果我们把这一类诗篇与理学家思想观念相联系来考察的话,那么,此类诗篇分明表达出较为明显的理学思理或理学旨趣。如程颢(1032—1085)《偶成》云:"云淡风轻近午天,望花随柳过前川。时人不识予心乐,将谓偷闲学少年。"①诗篇述及诗人感受着天地生意生生不已,感到自己与外在的气候、生物气息一致,身心与之打成一片,这就把精神境界提升到察识宇宙万物的"生意"亦即天地万物之"仁"上来,这个"仁"性因与天地万物相沟通而具有了本体的意味。这首诗,虽然被朱熹批评为"气象眩露,无含蓄"②,但客观而言,这种以审美的方式体验天地万物"仁"体的境界,无疑表现出作为实践主体与道德主体的人的审美体验性。而正是因为聚焦于"仁"而又以成就以"仁"为核心的"内圣"之境界,所以创作主体体贴"圣贤气象"就具有了更高的超越意义。在理学家所创作或书写的诗歌作品中,类似这样的诗歌内容或主旨类型无疑是比较多的。这一类诗歌,虽在其语言表层上看不出与理学思理和理学旨趣等有直接的关联,但仔细分析,其诗句蕴涵着的思想观点、情趣指向、审美追求以及认知方式和思维方式等,都在诗作内容、主旨、表达方式、诗歌风貌等方面呈现或体现出来。故而,这一类诗歌仍然反映出理学家的心性存养旨趣,道德境界和日常日用中践道之思理追求与人生体验。再如,宋代理学家写有数量不少的"格物致知""气象近道""玩物从容""清淡"等内容或主旨类型、表达方式及审美风貌的诗篇。这些诗篇之中,往往并不使用或很少使用理学话语来直接书写或表达其理学思想。由此而言,使用"性理诗"这一概念并不能涵盖理学家所书写或表达的、以理学思想或理学旨趣为内容或主旨的全部诗作类型。

　　理学家对于"道"体及其践履之"工夫"的体认是有差异性的。这种差异性,也就决定了不同理学家诗人所书写或表达的以理学思理或理学旨趣为内容或主旨的诗歌,在诗歌内容、主旨及审美风格等方面是有差异的。不过,即便如此,在具备差异性的诗歌作品之中,也体现出其植根于"理学"的统一性。事实上,无论是金履祥选《濂洛风雅》,还是钱穆著《理学六家诗钞》,都在其"序"中强调了这一

---

① 傅璇琮等主编:《全宋诗》,北京大学出版社,1991—1998年,第8229页。
② 黎靖德编,王星贤点校:《朱子语类》卷九十三,中华书局,1986年,第2360页。

点。钱穆先生即云:"斯钞一以显示作者之日常人生为主。"①显然,以抒写理学家之"道在日用"为内容的诗歌作品,反映出理学与诗歌具备深层关联属性的同时,又具有其理学诗的内容、主旨或审美情趣的统一性。

自北宋"五子"开始,理学不断发育而在南宋中后期成为官方所承认的主流文化意识形态。受到理学家影响的、具有理学学缘或理学素养的宋代文人诗人,也书写或创作了一些表达或述写理学思理和理学旨趣的诗歌作品。这些诗歌作品,与理学家所书写或创作的"心性存养""玩物""求道""观理"等内容或主旨类型的诗歌,无论在内容题材、表达方式还是审美境界上,都呈现出相同或相近性。综合来看,由理学家诗人或具有理学学缘或理学素养的文人诗人所书写的这一类诗歌作品,往往"因物"而"明理",通过"观物""发明""格物致知"等表达方式,而述写或表达出较为明显的理学思理或理学旨趣。这里的"物",当然指的是客观世界和主观世界中存在着的一切有形的、无形的,为人类认知所指向的各种对象。这些认知对象既包括客观实在物,也包括历史事件、观念中的思维指向之"物"。显而易见,理学家及其影响下的文人诗人的这一类诗歌书写,以及以之为载体的雅集、唱酬和寄赠等社会活动,亦是其藉以实现"格物致知""明理""求道""讲道""践道"等目的的凭借之"物"。考虑到这一点,我们对理学家及其影响下的文人诗人所创作的、与理学思想或理学旨趣相关的这一类诗歌进行系统研究,自然也就具备了重要的学术价值:从理学研究视角而言,对于理学家及其受其影响的文人的这一类诗作进行研究,可算是拓展了理学之工夫论、境界论和审美论等研究领域;从诗歌研究视角而言,对于理学家及其影响下的文人的这一类诗作进行研究,同样拓展了学界对于诗歌之功用论、本体论和审美论之研究领域。而对于这些新的诗歌功用如何在诗歌创作实践中得到实现,以及由此而引起的对诗歌之本质属性和审美情趣等问题进行系统的研究或探讨,当然又会进一步拓展人们对于中国古代诗歌尤其是宋代诗歌属性特征的认识。

不言而喻,同类事物往往具有相同的质的规定性。依此而言,宋代理学家或与理学家有密切交往并受其影响的诗人,他们所书写或创作的以理学主旨、理学思理及理学追求等为内容或主旨的这一类独特的诗歌类型,必然具有其独特的规定性特征。考察可知,这一类诗歌,不仅表征着其作者的志趣、爱好、品格,更因其兼创作实践主体、社会实践主体和道德实践主体于一身的"实践者"身份,以

---

① 钱穆:《理学六家诗钞》,第1页。

及实践主体所推崇的"观物""载道""求理"等合目的性和手段性的学理指向,故而呈现出独特的诗学品格:因其重视抒写"乐意""观天地生意""尊德性"等诗歌内容或主旨类型,而必然呈现出诗歌具备会通"哲学—诗歌"的特性;因其通过"格物""观物""体贴"等表达方式,而实现对"物"(包括历史事件、社会事物、自然景物等)与实践主体之"心性存养"或"道德"的书写或表达,因此诗作又具有了会通"自然界—道德界"的规定性特质。除此之外,这一类诗歌因其以"体贴""感物"而抒写哲思意趣,所以也就具有了理性认知与感性体验相统一的独特诗学品格。显而易见,这一诗歌的上述规定性特质,必然在其诗歌内容或主旨、诗歌境界及构建方式、诗歌表现手法与审美指向等方面得到表征或反映。由此而言,这一类诗歌,自然也就与中国诗歌史上长期以来占主流地位的文人诗类型拉开了距离。不言而喻,以传统的文人诗研究路数而对这一类诗歌进行研究,显然是有不小局限的。

为了对这一类诗歌进行研究,我们把上述所言之宋代诗人所书写或创作的具有理学思理或理学旨趣的诗歌,称之为"理学诗"①。通过对相关文献的梳理可知,宋代理学诗的类型是比较丰富的。除了上述所言及的理学诗之诸类型之外,理学家论学之诗、论道之诗,表述其心性存养实践及其体验之诗,记载其道德体验与描述道德境界之诗等,也是理学诗的重要内容或主旨类型。这些诗歌,较之传统的以"言志"或"缘情"为基本功用的诗歌而言,无疑是具有新的规定性的特质的。

毋庸置疑,在中国诗歌发展史上,无论从诗歌数量上来说还是从诗歌美境类型上来说,士人诗人所创作的"文人诗"类型都占绝对优势,因此而具有更大的"话语权"。长期以来,人们基于对中国古典诗歌的认识,常常自觉不自觉地以"文人诗"的类型特征、审美品格和创作规律等衡量独立于"文人诗"之外的其他诗体类型。由此,玄言诗、偈语诗、理学诗等哲理诗体,以及通俗文学中的民间说唱诗、民族长篇叙事诗等,往往被误读甚至误判。《四库全书总目》尚能把文人诗、理学诗划分为"诗人之诗""道学之诗"②,但自民国至今,一些学者却径自把理学诗判为"走进了死胡同""缺少诗歌基本的意趣"而称之为"造成了诗歌史上的

---

　　①　这里使用的"理学诗"涵义,是基于本著第一章的相关研究而来。鉴于宋代"理学诗"的概念界定须处理较为复杂的学理问题,因此,本书第一章之第一节、第二节、第三节分别对其历史客观存在性、数量、存在形态,以及相关概念之关系等予以考察。在此基础上,本书第一章第三节对"理学诗"概念进行界定。

　　②　永瑢等:《四库全书总目》,中华书局,1965年,第1737页。

负面影响"①。以今天的文学史观来看,这些看法是有不小局限性的。可喜的是,随着学术研究事业的不断进步,近 30 年来,一些学者已经认识到了从文人诗角度来认识理学诗的先天之不足和局限性,开始正视理学诗的独立诗歌类型地位而进行研究。但就研究现状来看,距离标志性重要研究成果的面世,还有待时日。作者尝试对宋代"理学诗"这一类诗歌类型进行较为系统而全面的研究,希望能为学界提供一些借鉴。

第一节　百多年来学术界对于理学诗及其相关问题的研究

理学美学会通问题、理学家文道观念、理学家诗歌、理学性理诗、理学诗派等,都与"理学诗"关系密切。亦因如此,百年来学者对于理学诗的研究,往往是与这些问题相联系而探讨的。因此,我们有必要拓展学术视野,关注百多年来学术界对于上述相关领域的研究成果,如此才可能对研究现状有较为全面的把握②。

一　对 1949 年前与本课题研究之相关问题的学术研究史梳理

1911—1949 年,理学美学会通问题已经为学者所关注。陈望道、吕思勉、熊十力、蔡元培、梁漱溟、朱光潜、金岳霖、冯友兰、张东荪、章士钊、嵇文甫、蔡仪、钱锺书等人已触及了"宋明理学美学"的学理融通性,并就道德境界与美学境界、伦理品格与审美品格等理学范畴与美学范畴之关系有所论述,尽管绝大多数学者的论说仅是只言片段。梁漱溟在 1921 年的演讲稿中(后收入《东西文化及其哲学》)就提及"道德为人生艺术"。吕思勉《理学纲要》(商务印书馆,1931)强调:"中国旧有之哲学,盖自神教时代.递演递进,至周、秦之际而极盛。两汉、魏、晋,虽间有新思想,然其大体,固不越古代哲学之范围。……宋学兴,乃即以是为凭藉,以与佛学相抗焉。"③冯友兰在 20 世纪 40 年代写《新理学》《新原人》《新原道》《新知言》等,以程朱理学结合新实在论,为后来学者所关注的"新理学

---

① 参见谢桃坊:《略论宋代理学诗派》,《文学遗产》1986 年第 3 期;郭预衡主编:《中国古代文学史长编》第一章,首都师范大学出版社,2000 年;祝尚书:《论"击壤派"》,《文学遗产》2001 年第 1 期;等等。

② 本节写成时间为 2019 年 3 月。五年多来,国内外学界又有学者发表了一些与理学诗研究相关的成果。考虑到保留该著实施研究时段(2009—2019 年)的学术研究基础和学术生态面貌或有一定价值,故本节基本上没有把这些成果补充进来。

③ 吕思勉:《理学纲要》,东方出版社据商务印书馆 1931 年版编校再版,1996 年,第 3 页。

美学体系"张本。后来,他又在《人生的境界》中提出"四境界说"即自然境界、功利境界、道德境界、天地境界。按照他的论述,道德境界和天地境界就有了会通宋明理学与中国美学的意义。朱光潜在《冯友兰先生的〈新理学〉》一文中谈及新理学的艺术论,蔡仪在《新美学》中对新理学"美之理"的美论进行了评析。罗根泽《中国文学批评史》(商务印书馆,1934)把理学家的文学思想归结为"诗以垂训说""道为文心说""诗可兴善说""风味说""教事说""道为一贯说"等,初步阐明了宋明理学对于中国美学话语的作用。朱自清的《中国文学批评史大纲》(开明书店,1946)对吕本中、杨万里、叶适、朱熹、方回、李梦阳、杨慎、王世贞、茅坤、袁宏道、黄宗羲、王夫之、王士禛、方苞、刘大櫆、袁枚、曾国藩等人文论的阐述,大多注意到其与理学相关的内容。在该著"第三十二叶适""第三十三朱熹附道学家文论"中,朱自清先生对叶适、朱熹、二程等人的文道观念也有所涉及。这一时期,论及宋明理学对于中国美学话语、范畴等具有重大作用的著作还有:黄忏华《美学略史》(商务印书馆,1924)、陈钟凡《中国文学批评史》(中华书局,1927)、方孝岳《中国文学批评》(商务印书馆,1934)、郭绍虞《中国文学批评史》(上册,商务印书馆,1934)、朱光潜《谈美》(开明书店,1935)、青木正儿(日文原版)《支那文学思想史》(岩波书店,1943)等。总结而言,1900—1949年,学术界对于宋明理学之于中国美学话语体系建构之作用的研究已经到达比较高的程度,不少研究结论迄今为止都难以超越。

"五四"以后,在很长时间里,国内对宋代理学家文道观念及其诗学实践等问题的研究基本上是空白的。一些代表性的文学史、美学史类著作如胡适《白话文学史》(上卷,新月书店,1929),陆侃如与冯沅君《中国诗史》(大江书铺,1931),柯敦伯《宋文学史》(商务印书馆,1934),刘大杰《中国文学发展史》(中华书局,1949),朱维之《中国文艺思潮史略》(开明书店,1949)等,除朱东润、郭绍虞之外,其他专著没有提及宋代理学家及其文学观念及诗歌实践问题。同样,这一时期的一些哲学类著作也基本上忽略了对理学家文道观念及其诗歌实践问题的探讨。如胡适《中国哲学大纲》(卷上,商务印书馆,1926)、陈钟凡《宋代思想述评》(商务印书馆,1933)、夏君虞《宋学概要》(商务印书馆,1937)、种泰《中国哲学史》(商务印书馆,1934)、张东荪《道德哲学》(中华书局,1934)、蔡元培《中国伦理学史》(商务印书馆,1937)、马宗霍《中国经学史》(商务印书馆,1937)、贾丰臻《中国理学史》(商务印书馆,1937)、[日]武内义雄《中国哲学思想史》(商务印书馆,1939)等,没有提及理学家文道观念、理学诗、理学家的诗歌、理学诗派等问题。因此,在几近荒芜之中,郭绍虞《中国文学批评史》对宋代理学家的文道观念的探讨就成为令人瞩目的学术现象。郭绍虞提出："宋初之文与道的运动,可以视作韩愈之再生,一切论调与态度,无一不是韩愈精神之再现。"①强调宋代的文统、道统两派,皆出于韩愈。他又强调"宋初一般人之'统'的观念,大致犹混文与道言之"②,并指出"唐人主文以贯道,宋人主文以载道,贯道是道必藉文而显,载道是文须因道而成"③。把宋代主张文道观念的人群分为古文家、道学家与政治家三类。④ 郭绍虞具有敏锐的历史判断,指出"近人反对文以载道之说,对道学家之文论往往一笔抹煞……实则他们的主张,无论如何趋于极端,或不合现代潮流,而在文学批评史上总有它相当的地位与价值"⑤。郭氏较为细致地梳理了古文家、道学家与政治家的文道观念,注意到了道学家的文道观念与古文家、政治家的不同。郭先生在60多年前对宋代理学家文道观念进行初步考察,其学术眼光是非常敏锐的。不过,郭绍虞先生对宋代士人群体的分类方法有些问题。分类标准的不统一,当然也就限制了他对宋代士人群体文道观念的深入探讨。此外,郭绍虞先生缺少对理学家的创作实践的深层关注,导致其所总结的理学家文道观类型并不全面。

梳理可见,1911—1949 年,国内外学者似尚未对理学家诗歌、理学性理诗、理学诗派等给予必要关注。

二 对 1949—1980 年间与课题研究之相关问题的学术研究史梳理

中华人民共和国成立后,学术界受到较为长期的政治运动、经济困难及简单机械地搬用马克思列宁主义等多种因素的影响,客观上导致了对于宋明理学家及其思想的疏离,与之相关的理学诗、理学诗派、理学家文道观念等问题的研究自然也深受影响。而在香港、台湾等地区,以及欧美等国家,则承继民国时期的研究传统,在一些方面有所推进。这一时期,国内外学术界尽管对这些问题的研究成果较少,但是在文学批评史、文学理论史、文学史、哲学史等研究领域,已经开始给予宋代理学诗、理学家诗歌创作、理学家的文道观念等一定的学术地位了。对相关学术研究史梳理可见,1949—1980 年,学术界对于宋代理学诗、理学诗派、理学家诗歌及理学家文道观念等问题的研究,代表性的研究成果有:侯外

---

① 郭绍虞:《中国文学批评史》,商务印书馆,1998 年,第 303 页。
② 郭绍虞:《中国文学批评史》,第 322 页。
③ 郭绍虞:《中国文学批评史》,第 324 页。
④ 郭绍虞:《中国文学批评史》,第 326 页。
⑤ 郭绍虞:《中国文学批评史》,第 350—351 页。

庐等《中国思想通史》（人民出版社，1957）、钱穆《中国思想史》（台北中华文化出版事业委员会，1952）、日本东京大学中国哲学研究室编《中国思想史》（台湾学生书局，1978）、侯外庐主编《中国思想史纲》（中国青年出版社，1980）、任继愈主编《中国哲学史简编》（人民出版社，1973）、北京大学哲学系中国哲学史教研室《儒家和儒家思想批判》（中华书局，1974）、黄彰健《经学理学文存》（台湾商务印书馆，1976）、黄公伟《宋明清理学体系论史》（台湾幼狮书店，1971）、钱穆《宋明理学概述》（台湾学生书局，1977）、郑振铎《中国文学史》（作家出版社，1957）、[日]青木正儿《中国文学思想史》（台湾开明书店，1977）、游国恩等主编《中国文学史》（人民文学出版社，1963）、钱基博《中国文学史》（台湾西南书局，1975）、郭绍虞《中国文学批评史》（人民文学出版社，1979）、罗根泽《中国文学批评史》（上海古典文学出版社，1957）、张健《朱熹的文学批评研究》（台湾商务印书馆，1969）等。

　　这一时期，大陆地区一些著作，对理学家、理学诗及理学家文道观念等问题的否定性批评，较之1949年前大有过之。如王运熙、顾易生主编《中国文学批评史》中就引朱熹"某不作诗"等语，认为这"不但表明了理学家对文学的偏见，而且说明他们完全没有理解文学的性质与作用"[①]。游国恩等主编《中国文学史》则对理学家的文道观念持基本否定态度[②]。郭绍虞在其修订的《中国文学批评史》（中华书局，1955）中专列"道学家的文论"章节，内容比1949年前的旧著大为减少，经过修订，已经用"唯心""形而上学性"等对宋代理学家的文论给出总结，而改变了1948年他强调的"理学家之文论"在"文学批评史上具有相当地位和价值"的认识。[③] 不过，这一时期，个别学者并不盲从政治风潮，而是坚持求是研究理念，所得结论比较客观。如郑振铎在《插图本中国文学史》中评价朱熹及其诗论："虽然他是一位道学家，却最能欣赏文学，最知道伟大名著的好处所在。故他的批评论便能够发前人所未发之见解，纠正前人所久误的迷信。"[④]但是，由于当时政治思潮中"左"的影响，占据主流的声音大多是对理学家、理学家文道观念等问题的批评，大陆学者如郑振铎这样能立足文献对相关问题给以客观评价的研究成果，是凤毛麟角的。可以说，1949—1980年，大陆学界对于理学家文道观念及其诗学实践等问题的研究，绝大多数偏离了客观、科学的研究理念。研究指导思想上的先入为主，研究方法上的"贴标签"，导致了几乎全部研究成果的低层次性、片面

---

① 王运熙、顾易生主编：《中国文学批评史》，上海古籍出版社，1996年，第112页。
② 参见游国恩等主编：《中国文学史》，人民文学出版社，1963年。
③ 参见郭绍虞：《中国文学批评史》，中华书局，1955年。
④ 郑振铎：《插图本中国文学史》，人民文学出版社，1957年，第612页。

性。相反,这一时期台湾地区学者继承并发扬了民国时期重视朴学与西方科学研究方法相结合的研究理念,倡导基于文献基础之上的符合逻辑的、可检验的科学研究,得出了一些重要结论。①

总的看来,在 1949—1980 年长达 30 多年的时间里,虽然国内外学者对宋代理学家的诗歌、理学诗、理学诗派、理学家的文道观念等偶有涉及,但或是做简单化处理,或是因为政治与意识形态等因素而持全面否定的态度,缺少从基本文献入手进行深入研究的有影响力的成果。

三 对 1981—2019 年间与本课题研究之相关问题的学术研究史梳理

1981 年至今,理学美学会通、理学家的文道观、理学诗及理学诗派等研究领域开始为研究者关注,一批有影响的重要研究成果为人瞩目。

1981 年至今,对理学—美学会通的载体、渠道和关节点等问题的研究取得重要进展。潘立勇《理学范畴中的美学内涵及其理论特色》(《孔子研究》1996 年第 5 期)认为,在理学范畴系统中,"理气"部分包含着对美的本体和现象的解释,"心性"部分包含着对审美情感及其心理机能的认识,"知行"部分包含着审美认识和审美修养方面的内容,"天人"部分则更是集中地包含了理学家对人生的审美体验和审美理想。杨庆杰《发展、互涵与转化——宋明理学范畴与美学范畴关系之探究》[《汕头大学学报(人文社会科学版)》2007 年第 4 期]认为,宋明理学的很多概念、范畴和命题也成为其他思想文化理论建构的重要资源,其中有许多范畴和命题就直接转化为中国古典美学的重要范畴和命题。文章对"以物观物""气象""良知"与"童心"及"性灵"等范畴进行了考察,以说明理学与美学之融通性特质。仪平策《宋明之际的理学与美学》(《理论学刊》1989 年第 3 期)认为,此际之理学与美学是亲缘的、共相的和互渗的。宋明理学通过这种自由伸缩的人格无冲突状态而间接地渗透到同时代美学中,美学首次萌醒了追求"理"世界的自觉,其主"理"倾向内在地导向心理学意义上的"神理""意理""妙理""理趣"等等,或者干脆就等同于"神""意""韵""趣"等范畴。宋明理学从程朱理学到陆王心学的发展,与中国封建社会后期偏重表情写意美学的演进也有着大体平行的图式,此际美学从感性直观(作为行为特征)向理性自悟(作为智慧特性)的嬗变,作为同时代的文化观念,宋明之际的美学也表现出相应的变化。这一时期,重要的论文尚

---

① 如钱穆在《朱子新学案》中对朱熹的文学、诗学等就多有肯定。参见钱穆:《朱子新学案》,巴蜀书社,1986 年。

有：邓莹辉《理学之"道"的审美意蕴》[《长江大学学报（社会科学版）》2007 年第 2 期]、邓莹辉《论理学之"文"的审美意蕴》[《三峡大学学报（人文社会科学版）》2007 年第 3 期]、朱易安《理学方法和唐诗批评的美学趣味》[《上海师范大学学报（哲学社会科学版）》2001 年第 2 期]、李昌舒《论北宋理学的"孔颜之乐"及其美学意蕴》(《学术界》2019 年第 5 期)等。

学术界对于"宋明理学美学"理论体系建构问题的研究，要以 1995、1996、1997 这三年间，潘立勇、皮朝纲和赵士林三位先生明确使用"理学美学"这一名称，和提出"理学美学"理论体系为重要标志。潘立勇在《朱子理学美学的社会文化个体人格和哲学体系背景》(《中国文化研究》1995 年第 3 期)中首次使用了"理学美学"这一话语，认为朱子理学美学作为宋代理学中理本体美学的代表，是在宋代特定的社会文化土壤中形成的；作为朱子对宇宙人生感情体验和理性反思的二重结晶，它又深刻地打着其本人个体人格的烙印；作为朱子理学体系中的一个组成部分，它还必然地受其理学整体构架的制约。朱子理学美学的最显著特征，就是它的伦理性和思辨性，以及整体理论构架内含的深刻的二重性矛盾。皮朝纲先生《宋明理学美学断想》[《青海民族大学学报（社会科学版）》1996 年第 1 期]一文，认为宋明理学美学同儒家美学、道家美学、释家美学一样，都属于中国古典美学的重要组成部分，有着自己独具特色的美学思想。皮朝纲先生强调宋明理学作为一种特定时代的产物，其社会思潮、理论形态和思维模式都有极鲜明的特点，其对宇宙自然、社会人生、文艺现象与审美现象的探讨与解释，必然包含着某种审美观点与审美思想。他认为宋明理学及其美学则是在新的社会历史条件下发展了先秦儒家的哲学与美学思想，为中国美学补充了新的内容。皮朝纲先生的理论思考，为后来学者探讨宋明理学美学体系建构等指明了方向。赵士林在其专著《心灵学问——王阳明心学》(云南人民出版社，1997)中，较早地探讨构建"理学美学体系"的学理可行性，表现出比较自觉的理论体系建构意识。在潘、赵、皮三先生倡导"理学美学体系"建构之后，"理学美学"逐渐为学界所接受。此后，对宋明理学美学理论体系的某一层面或具体范畴等进行研究，成为学界对"理学美学"体系建构问题进行研究的重要视角。潘立勇《"气"在朱子理学美学中的意义》(《中国哲学史》2001 年第 3 期)指出，在朱子理学美学审美客体的逻辑结构中，气是表达实体和实存性质的实体范畴。气及其阴阳变化在朱子理学美学中具有重要的构成论和形态论意义。邹其昌《"生生之德"与北宋理学美学的核心问题简论——朱熹美学核心问题研究前论之一》(《湖南工程学院学报》2001 年第 3 期)指出，"生生之德"与审美境界因之而有着极为重大的内在关系，其主体性、创造性、崇高性等内在地决定了"生生之德"具有了成为理学美学范畴的品格。21世纪以来,国内已有二十多篇硕博士学位论文,其选题均不约而同地选取了"理学美学"及相关课题进行研究,较有代表性的有:范希春《宋代中期儒家文艺美学思想研究》(中国社会科学院,博士学位论文,2001)、刘志《论王阳明美学思想》(山东师范大学,硕士学位论文,2002)、潘立勇《本体工夫论与阳明心学美学》(复旦大学,博士学位论文,2003)、张完硕《宋代画论美学研究》(武汉大学,博士学位论文,2004)、杨庆杰《宋明理学美学引论》(复旦大学,博士学位论文,2005)、邓莹辉《两宋理学美学之形成初探——兼论理学家的文学创作与批评》(福建师范大学,博士学位论文,2006)、袁宏《周敦颐理学美学思想研究》(山东大学,博士学位论文,2008)、王鹏英《二程理学美学思想研究》(山东师范大学,博士学位论文,2009)、吴志翔《朱熹理学的美学意蕴》(武汉大学,博士学位论文,2010)、黄石明《论"中":泰州学派美学范畴研究》(扬州大学,博士学位论文,2011)、王煦《陆象山心学美学智慧研究》(浙江大学,博士学位论文,2012)等。

1981年至今,在理学文学关系研究方面也取得了重要进展。马积高《宋明理学与文学》(湖南师范大学出版社,1989),立足彼时理学、文学发展的轨迹和相互作用来审视理学文学关系,把理学文学发生关系的诸条件、环境,文学内外部诸特征如文风、诗文题材与主题,理学思潮与文学思潮之关联等,皆纳入研究视野。该著立足辩证法来审视理学文学互动与背离的诸因素及其相互影响,见识之高远、分析之透辟精到,令人惊叹。廖可斌《理学与文学论集》(东方出版社,2015),其中不少为作者20世纪90年代所作。该书考察理学(心学)与文学的相互关系,颇具启迪后学之功。韩经太《中国审美文化焦点问题研究》(人民出版社,2015)也是作者几十年来研究理学文学会通问题的集大成式成果。该著对理学文学会通的主要范畴、意象、阐释主体意识等进行了考察,学术视野宏阔。这一时期,出版了不少重要研究成果,如许总《宋明理学与中国文学》(百花洲文艺出版社,1999)、马茂军《北宋儒学与文学》(暨南大学出版社,1999)、[美]包弼德《斯文:唐宋思想的转型》(江苏人民出版社,2001)、张文利《理禅融会与宋诗研究》(中国社会科学出版社,2004)、石明庆《理学文化与南宋诗学》(中国社会科学出版社,2006)、邓莹辉《宋代理学美学与文学研究》(华中师范大学出版社,2007)、陈忻《宋代洛学与文学研究》(中国社会科学出版社,2009)、张瑞麟《韩愈与宋学:以北宋文道观为核心的讨论》(台湾花木兰出版社,2012)、王培友《两宋理学家文道观念及其诗学实践研究》(南京大学出版社,2016)和《宋元理学基本范畴及其诗学表达研究》(南京大学出版社,2020)等。此外,王水照主编的《宋代文学通论》(河南大学出版社,1997)、张毅的《宋代文学思想史》(中华书局,1995)、周裕锴的《宋代诗学通论》(巴蜀书社,1997)等,也提出若干值得重视的观点。这些学者或重视从历史的逻辑关联来展开对特定问题的研究,或注重研究特定文学现象与文学人物在理学风潮的文学表现,一些研究成果显示出研究者的敏锐眼光和深厚学术功力。这一时期的一些文学批评类教材、专著等也开始关注相关问题。如顾易生、蒋凡、刘明今《宋金元文学批评史》(上海古籍出版社,1996)专列"理学家的文道观"一章,述及石介、周敦颐、邵雍、二程、朱熹、吕祖谦、楼钥、真德秀、魏了翁、陆九渊、包恢、薛季宣、叶适等人的文道观,此外在吕本中、杨万里等人的文论介绍中,也提及他们的文论与理学风潮的关系。虽然把石介列入理学家之列似乎欠妥,但该书给予理学家文道观以如此多的笔墨,已属难能可贵。

此外,近 30 年来国内学术界对理学家文道观念、理学诗、理学诗派、理学美学会通研究等问题的研究论文,主要集中在下列问题上:

理学家文学观念的研究。罗玉舟、万光治《从〈岁寒堂诗话〉看两宋之际理学文学观的演进》[《四川师范大学学报(社会科学版)》1997 年第 2 期]指出,张戒《岁寒堂诗话》为理学最终形成自己道德与文学相统一而又让文学更好地服务于其道德诗学思想开启了思路,客观上折射出了理学文学观由北宋到南宋的演进之迹。邓莹辉、林继中《"诗以道情性之正"——论宋代理学文学的情性观》[《福建师范大学学报(哲学社会科学版)》2008 年第 2 期]强调,理学家借助于体用论的思维模式来阐释情与性的关系,并且通过"心统性情"说和"性体情用"说,将性与情统一于心,以此展开对"性"与"情"关系的讨论。除此之外,尚有论文:祝尚书《以道论诗与以诗言道:宋代理学家诗学观原论——兼论"洛学兴而文字坏"》[《四川大学学报(哲学社会科学版)》2011 年第 4 期]、程小平《论理学思潮对宋代诗学的影响——以"以意为诗"论为例》(《殷都学刊》2008 年第 2 期)、许总《论理学文化观念与宋代诗学》(《学术月刊》2000 年第 6 期)、许总《论理学与宋代诗学中的情理关系》(《社会科学研究》2000 年第 1 期)、李冬红《论理学对宋代诗论的影响》(《赣南师范学院学报》2003 年第 4 期)、石明庆《论宋末金华朱子后学的极端化理学诗论》(《湖州师范学院学报》2008 年第 5 期)等。

一些学者对于理学诗及理学诗派的概念、特质以及文学史地位和历史价值的研究,取得了许多突破。王利民《濂洛风雅论》(《文学遗产》2006 年第 2 期)强调,"濂洛风雅"是以理学为精神底蕴、代表"濂洛诗派"审美倾向和艺术风格的诗作。从周敦颐、程颢到杨时、陈渊等的诗歌创作,显示为濂溪范式、明道范式和道南范式的承传延衍过程。"濂洛风雅"所表现的诗歌语言风格、诗歌审美境界以及独特文化心理意识、社会心理意识,在比较深刻的层次上反映了理学家的灵魂,它的各种范式都融入了各自的学术个性。邓莹辉《试论宋代理学文学"感物道情"的特点》(《漳州师范学院学报》2005 年第 3 期)强调,理学家虽然主张"存天理,灭人欲",这种情感在理论上规范于"情""理"合一的中庸尺度之中,以理节情,以性范情,因此显示出与纯粹文学家的发愤抒情有所不同的言情特点。顾友泽《宋代南渡时期理学诗平议》[《聊城大学学报(社会科学版)》2008 年第 4 期]认为,南渡理学诗人论诗,除了遵循传统的理学思想以外,开始关注诗歌的艺术特征。其时的理学诗具过渡性质。理学对理学诗人一般意义诗歌创作的影响体现在经常使用理学术语与理学价值判断诸方面。祝尚书《论宋人的"诗人诗""文人诗"与"儒者诗"之辨》[《北京大学学报(哲学社会科学版)》2009 年第 2 期]认为,宋人将诗分为"诗人诗""文人诗"和"儒者诗"。这种分类是学术派别促成诗歌新变的反映。特别是"儒者诗"的价值定位及理学家的诗歌史重构,开历史上以学术干预文学创作的先例,表现出理学家文学观的狭隘;而这种不遵循文学规律的"新变",只能造成诗歌的衰落。石明庆《美善相乐的心灵感悟与诗意体验》(《南京师大文学院学报》2008 年第 1 期)强调,理学诗歌是内圣境界的诗意体验。理学诗歌的意境以"有"为主,又充分吸收了庄禅的"无"的智慧,从而诗意地展现了理学家有无合一的人生境界。史伟《宋元之际的理学诗风及其反拨》(《江西社会科学》2013 年第 6 期)强调,理学诗风是宋诗创作中的一种风气,但很难被称作一个诗派。理学诗风可以溯源至邵雍《击壤集》,起极大推动作用是朱熹,尤其是其《斋居感兴二十首》之被后学极大推崇和模仿。重要的论文和专著还有:梅俊道《周敦颐的诗歌创作及其在宋代理学诗派中的地位》[《九江师专学报(哲学社会科学版)》1994 年第 1 期]、陈庆元《宋代闽中理学家诗文——从杨时到林希逸》[《福建师范大学学报(哲学社会科学版)》1995 年第 2 期]、许总《中国古代哲理诗三阶段的特征及发展轨迹》(《晋阳学刊》1998 年第 1 期)、杨光辉《理学成熟期之理学诗——试论陆九渊与朱熹的诗》[《宁波大学学报(人文科学版)》2000 年第 3 期]、邓莹辉《两宋理学美学之形成初探》(福建师范大学,博士学位论文,2006)、马茂军《北宋理学诗派诗文创作述论》[《新疆师范大学学报(哲学社会科学版)》1997 年第 3 期]、孙慧玲《宋代理学诗派研究》(《乐山师范学院学报》2006 年第 3 期)、刘保亮《河洛理学与河洛文学》[《河南科技大学学报(社会科学版)》2006 年第 3 期]、任竞泽《论宋代"语录体"对文学的影响》(《文学遗产》2009 年第 6 期)、邓莹辉《论理学家诗歌的唯理主义倾向》[《长江大学学报(社会科学版)》2008 年第 2 期]、杨晨晓《理学"气象"论与宋代理学诗派》(辽宁师范大学,硕士学位论文,2011)等。

总的看来,百多年来的宋代理学诗、理学诗派、理学家文道观念、理学美学会通研究等取得了比较多的研究成果,但存在的问题也不少:

其一,迄今为止,学术界对理学诗、理学诗派等概念的认识尚未取得统一。这种情况严重阻碍了对理学诗及其相关问题的研究。大多数研究者缺乏以历史的辩证的美学的眼光审视相关问题,往往以静止的、机械的、分割的研究方法,以西方文学概念、范畴来界定相关问题。就拿一些学者对于"理学诗派"的认定来说,宋代历史上并没有对这一概念的明确表述,但有学者却以宋末《濂洛风雅》和《文章正宗》为标志,把"理学诗派"确立定位在南宋后期,这显然是不符合实际情况的。显然,按照西方文论中的文学"流派"概念来界定"理学诗派",与宋代理学诗派的历史地累积形成这一实际情况不相侔合。再如就"理学诗"这一概念来讲,很多学者试图从整体上予以界定其涵义,但"理学"本身就是一个发展的过程,罔顾这一背景来界定理学诗,就会产生静止的、机械割裂的等各种错误认识。再有,一些学者往往基于西方学术传统,而先验性地把理学范畴、命题等话语认定为具有稳定不变的意蕴或涵义,没有注意到作为"观念"的理学话语往往具有"史"的历史流变属性。① 这种情况的存在,已经成为制约学界对理学及其相关问题研究的重要因素之一。

其二,已有不少研究成果,更倾向于对个别理学家的诗作、理学流派或者地域性理学家的诗歌等进行研究,而缺少"中观"性的、断代时段较长的理学诗研究著作。一些研究者没有注意到或者有意无意地忽略了理学诗的阶段性发展历程及其不同历史阶段的属性特征,往往只强调不同历史时期理学诗的共有特征而忽视其阶段性、个体性或者流派独特性等特质。理学诗的诗歌范型及范式问题、理学思维或者认知方式外显于诗歌作品的表达方式问题、理学诗的雅俗问题、理学诗与文人诗的复杂关系问题等,也很少有学者予以关注。

其三,学术界对理学诗及理学诗派的研究也存在着很难逾越的学科界限和学术素养局限。绝大多数文学研究者的理学乃至儒学素养比较匮乏,研究时一旦涉及理学问题,就往往显得力不从心甚至不知所云;而理学研究者在研究与理学诗及理学诗派相关的问题时,则往往因为文学素养的缺乏而很难深入其中,经常有挠不着痒处之嫌,在理学诗界定、理学诗的诗境、理学家审美诉求等方面难以触及深层次的问题。而就文学研究者而言,由于传统文论中的"诗言志""诗缘

---

① 可参见张旭鹏:《观念史的理论与方法》,《中国社会科学报》2017 年 11 月 6 日。

情"理论,和现代西方的殖民理论、权力话语理论、生态文化理论等都难以全面解释理学诗及其相关诸问题,因此,很难以中西方文学理论来作为研究的理论基石,来对理学诗、理学家文道观、理学家的诗学实践等问题进行深入研究。我们认为,要对这些复杂问题进行深入、系统的研究,研究者需要从历史的、逻辑的、美学的等多个方面提升理论素养。

"宋代理学诗研究"课题,涉及理学家文道观念及其诗学实践、理学思潮与诗学实践、理学美学会通等若干重要问题,内容是比较丰富的。这些问题,最终都归结为文化史上被持续关注的"自然界"与"道德界"的统一性问题,而此统一性问题关涉哲学的理论元点问题和哲学归宿问题,横亘于整个哲学史的发展历程。故而,西方伟大的哲学家如康德等人莫不对此投入了毕生精力来论证其统一性存在。须知,如果不能圆满论证"自然界"与"道德界"的理论元点统一性问题,则哲学的自律性和客观性等就会受到质疑。此外,对理学诗、理学诗派等问题进行研究,也可以为西方数千年来受到持续关注的"哲学"与"诗"关系问题的研究提供例证。而这一问题又是西方文化学、文学、哲学等学术门类研究史上令学者感到颇为棘手的重要问题。可见,在当前国际文化加速交融的时代背景下,如果我们缺失了对上述问题的深入研究,那么不仅是中国古代文学研究乃至中国传统文化研究的缺憾,也必定会削弱中国传统文化在世界文明中的影响力。显而易见,对"宋代理学诗"问题进行研究,有利于推进学界深入探讨中国文化的诗性品格及其成因,揭示中国文化传统的民族文化要素的规定性特征,以实现发扬文化传统、重构当代文化精神等"经世致用"的目的。

第二节　本课题研究的学理逻辑、研究理念与研究方法

宋代"理学诗",指的是由具有明显理学学缘、理学学养或与理学学者有密切交游的宋代士人所创作的具有理学思理或理学旨趣的诗歌。[①] 理学诗的内容,大致包括三部分:一是包括抒写理学思理、理学心性存养追求等内容的诗歌。二是包括了这一类人群在"日常日用"中涵养性情、体贴物理、论学求道等而写作的诗歌。[②] 三是理学家的论学、讲学诗歌。显然,作为研究对象的"理学诗",其规定性要素应包括:理学诗的作者、理学诗作为特殊诗歌类型而存在、理学诗的内容、理

---

① 参见本书第一章第一、二、三节的相关研究。
② 参见本书第一章第三节的相关概念辨析。

学诗的文化贡献与诗学价值等问题。

理学诗的作者,主要是从事诗歌创作的理学家,和与理学家有密切交往、受到理学影响的士人。由此而言,作为集社会实践主体、道德实践主体和诗歌书写或创作主体于一身的诗歌创作或书写者,这一类人群的思想意趣、人格、境界等,自然与彼时的社会文化思潮、政治文化需求以及学术传承、师友渊源、个人践道体悟经历等密切相关。因此,要对理学诗进行研究,不可避免地需要关注:理学家及其影响下的理学诗作者;理学家诗人所面对着的时代文化精神、儒学风尚、理学义理,及其涵蕴着的宇宙观、道德观、价值观等所涵涉的复杂多样的内容及其相互关系。而作为理学诗的作者,无论是从理学诗的创作数量而言,还是从理学诗的影响而言,理学家所占的分量是居于支配地位的。显然,对理学诗作者的关注,尤应以理学家诗人为重心。不言而喻,按照历史发展逻辑,对理学诗作者所处的文化生态环境,以及理学诗赖以生成、发展和变化的时代文化思潮,理学诗书写环境及其衍变历程等进行深入考察,乃是课题研究的必然选择。

理学诗主要是理学家诗人所创作的一类诗歌类型。较之文人诗而言,这一类诗歌是一种独特类型的历史客观存在。这里的"存在"是就这一类诗歌样式的历史真实性而言的。而要证实这一判断,就需要对理学诗的发展历程、代表作家以及相关的概念进行梳理,并对"理学诗"较之于文人诗的特质作出界定。连带而及,亦需要对理学诗与文人诗的关系予以说明。这样一来,也就涉及"理学诗"的"效应"问题。也就是要考察理学诗对文人诗作者的影响如何,对文人诗创作的影响如何。而既然谈及理学诗与文人诗的差异性问题,那么,理学诗人的诗学渊源及诗学素养问题也需要有所交代,以便于学界对文人诗作者、理学诗作者所具有的共同的诗学渊源和诗学素养有所认识。在此基础上,方能对这两类不同属性的诗体的差异性问题有较为准确的把握。

理学诗也是理学家及受其影响的文人所创作的一种特殊类型的诗歌。这里的"特殊类型",是就这一类诗歌的规定性的特质而言的,也是与文人诗相比较而言的。这一类诗体与"文人诗"类型的主要差异在于:"理学诗"以关注"道"、重视心性存养、重视探讨"学以至圣人"等为其诗歌内容或主旨类型重心。这一类诗歌书写,可以视作理学家文道观念的诗歌创作或书写实践的"落地",当然也是受到理学家文道观念影响的文人的诗歌创作或书写实践的文本呈现形态。以此而言,就需要关注下列问题:理学家的文道观念及其诗学实践问题;"诗"与"道"的会通方式问题;理学诗的范型选择问题;理学诗诗体的类型及特质问题等。

概而言之,从理学诗本体来讲,其主要内容,一是抒写理学性理、义理及其决定了的理学境界、意趣等,而通过理学家的诗学思想、诗学境界、诗学内容、诗歌旨趣等方面表现出来。二是理学家也在其日常日用题材的诗歌中,表露出其胸襟、境界、性情、道德体验等。这些内容,也是理学诗的重要方面。三是理学家的论学诗、论道诗等,也反映出理学的义理、思理及学术宗旨,这些也是理学诗的重要诗歌类型。由此而言,本课题应该关注:理学诗的诗歌主题问题;理学诗的表达方式问题;理学诗的境界问题;理学诗的审美品格问题等。而这些问题,往往与理学体系、理学范畴及理学家的"求道"目的、理学家的思维方式等密切相关。由此而言,课题研究就必须同时关注理学的价值取向问题,理学家的思维方式问题,理学境界与理学家境界、诗学境界的差异性及共性问题,理学家的旨趣与理学的目的性指向问题等。概括而言,本课题研究内容大致有三个方面:一是对理学诗的外部生态环境的研究,包括:社会文化思潮与理学家诗学思想的关系;理学诗产生、发育、变化的文化生态环境问题;理学诗的历史存在、诗歌效应及其诗学渊源问题;理学诗人的诗歌范型选择及理学诗范型的确立历程问题;理学家文道观念对于诗歌创作实践的影响;理学家关于"诗""道"同一性的探讨等。二是对理学诗本体的研究,包括:理学诗的题材、主题及价值取向问题;理学诗的表达方式及其哲理基础问题;理学诗的诗歌境界问题;理学诗的诗歌审美范畴及风貌问题等。三是对理学诗的生成机制、文化价值、类型属性等问题的研究。

综上可见,本课题需要关注的问题是非常多的。与之相应,课题研究所面临的困难和挑战自然也不会少。这就需要研究者更新研究理念,积极探讨有效研究方法,抓住问题之核心或关键,实施纵深之研究"突破"。我们知道,科学研究必须针对研究对象而确定具体的研究方法,在很大程度上,研究视野与研究方法往往是硬币的两面:所研究问题的文献视域界定,决定了研究者的研究视野;而研究视野必然决定了研究方法的选择。考虑到本课题研究对象的特殊属性及其内容的复杂性,本课题研究准备贯彻下述研究理念及由其决定的研究方法:

一是突出解决"焦点问题"的研究理念与研究方法。

2008—2016 年间,因为撰写其他课题的机缘,我曾经集中了八年多的时间,对百多年来宋代诗歌研究代表性学者的治学理念与研究方法进行了比较深入的考察。研究所见,百年来优秀学者的治学理念和研究路径取法不一,各有所长:或注重文献梳理与考证,以此为哲学方法论指导下的论证过程提供翔实的证据支撑;或重视中西比较,采取宏观与微观相结合的研究视野,理论思辨严密;或重视把文学研究放在宏阔的文化人类学视野之下,建构其研究体系;或重视综合使用文献考据、文本分析、理性思辨相结合的研究方式,以解决问题为目的。这些学者在各自研究领域里所进行的积极有益探索,极大地拓展了我们的研究视野,为我们从事学术研究提供了有益借鉴。经过考察,我认为,新时期以来,国内外主流学者的学术研究方法可以归纳为三类六种:第一类:"史述式"的编撰体例。这可以看作中国传统学术史志类撰写体例的继续和发展。这种编撰体例主要包括两种编撰方式:一是以历史的时间发展顺序为线索的史述式编撰体例;二是以研究问题为提纲而以历史的发展顺序为线索的编撰体例。第二类:"史论式"的编撰体例。包括两种:一是以发现研究历史中的内在发展规律为目的的史论式编撰方式;二是以历史的时间发展顺序为线索的史论式编撰体例。第三类:"关注问题式"的编撰体例。包括两种:一是以历史的时间发展顺序为线索,着眼于学术历史发展、演变进程中的某些问题而展开研究的编撰体例;二是以关注研究中的焦点问题为特征的编撰体例。①

其中,"关注焦点问题"式的研究方法,其长处在于,以关注焦点问题为研究的出发点,能够把研究的着力点集萃于具体的问题上,避免游谈无根、治学空疏的弊端,使研究的注意力转移到学术史进程中的关键问题、核心问题和代表性问题上来,惟其如此,才可能深入研究这些问题。显然,以这种研究方法或者说是编撰体例来进行研究,更为符合当下学术研究的理念。当然,以这种编撰体例来撰写研究课题亦有其弊病:受著作学术视野、学术理念和研究方法所限,不同的著者会关注不同的"焦点问题",既容易关注细小问题,也容易以偏概全,其著作亦因为以"问题"展开而缺乏明显的史的发展线索。这就需要研究者具备多方面的素养,才能抓准"焦点"进行研究。

从内容上看,宋代理学诗研究必然会涉及理学家文道观及其创作实践、理学家处理文道关系的思维特性,以及理学家会通"文"与"道"关系的途径、方法、关节点和载体等。而"理学诗"作为宋代理学家会通文道关系的重要载体,正好是位居这些主要问题相联系的枢纽和关节点。本课题的研究,也关系到对"理学诗""理学诗派"及其统属的"邵康节体""语录体""俗体"等历史价值和地位的正确认识,并关系到对理学诗诗境生成、诗格建构等方面的学术考察。可见,对这一课题进行研究,实际上是从宋代理学家如何处理文、道关系这一问题中,抽绎出了最核心、最主要的问题进行研究。这就要求,本课题的研究应该时时关注理学家文道观念在理学家理学思想体系中的地位和作用、理学诗的特质以及生成

---

① 参见拙作:《论宋代诗歌研究史的撰写理念与研究方法》,《湖北师范学院学报(哲学社会科学版)》2010 年第 2 期。

的外在生态环境、理学家认知思维方式与理学诗表达方式的关系、理学范畴与诗学范畴的关系,以及理学家文道观的核心话语如"载道"方式对于理学诗的诗境构建、诗意表达、主题指向等产生的作用等。上述问题,在更大的范围或者更高的层次而言,又与宋代文化精神乃至宋代儒家文化精神等颇有关联。而众所周知,宋代理学又处于与佛教、道教发生融会贯通的重要历史时期,理学的若干范畴与道教及佛教联系紧密。宋代理学诗所处的文化地位和价值属性等,就要求我们在本课题研究理念与研究方法上,要重点关注焦点问题、关键问题和关节点问题,而非面面俱到。

基于这一研究理念,本著把"理学诗"视作宋代"理学—诗学"之"会通"的"载体"或"关节点",而又以"理学话语"为课题研究之"焦点问题"或主要"抓手",目的是据以考察理学重要范畴或命题对于理学诗之内容、主旨、表达方式和诗歌风貌等产生作用的方式或途径,以及理学诗对于理学重要范畴或命题的呈现形态和精神境界的作用或影响等。这样一来,课题就可以聚焦于若干关键性问题进行研究,或可避免泛泛而谈、大而无当等研究弊病。

需要提及的是,本著确定以"理学话语"为研究之"焦点问题"或"抓手",据以考察理学话语对于理学诗之内容、主旨、表达方式和诗歌风貌等产生作用的方式或途径,以及理学诗对于理学话语的呈现形态和精神境界的作用或影响等,是我们自觉借鉴中西学界近三四十年来"观念史"理论而确定的研究方法。我们注意到,自从英国学者阿瑟·洛夫乔伊于 1936 年出版《存在巨链:对一个观念的历史的研究》,西方学术界对此反应强烈。而 1964 年国际观念史学会成立,则标志着"观念史"成为思想史研究领域的新兴学科之一。"观念史"研究在短短三四十年里取得了重大学术研究实绩。不过,随着 20 世纪 80 年代社会史和新文化史研究的兴起,90 年代的观念史研究遭遇到了若干理论困境。幸运的是,近年来,有赖于美国学者大卫·阿米蒂奇等人的努力,"观念史"学科开始复兴。其标志之一就是,从长时段、宏大叙事等视角来研究"观念",已经成为当下包括中国在内的国际文史学界的洪流。[①] 我们认为,审慎引入"观念史"理论,从其学术视野来考察作为"焦点问题"的"理学话语"的生成、演变及其与理学诗之复杂关系,能够把课题研究做得更深入、更扎实。

二是在"文化生态"理论的指导下,对理学诗的生成环境、属性特征和作用机

---

① [英]阿瑟·洛夫乔伊:《存在巨链:对一个观念的历史的研究》,张传有、高秉江译,邓晓芒、张传有校,江西教育出版社,2002 年。

制等进行考察。

19 世纪法国年鉴学派代表人物,法国学者西米昂、亨利·贝尔等,皆主张拓宽历史研究的领域,提倡历史学家运用历史学、历史哲学、社会学、心理学等多学科的方法来解释历史。法国年鉴学派的第一、二代学者的历史研究理念,可能对我们进行古代文学研究更有借鉴意义。[①] 受年鉴学派治学理论的影响,本书尝试引入"文化生态"理论,从"理学—诗"会通研究的角度,来对宋代理学诗的内容和主旨类型、诗歌表达方式和审美取向等进行研究,以期从发生学的角度探讨其生成规律。

当今学者使用的"文化生态"概念,可能受到西方"文化生态学"的影响。"文化生态学"(cultural ecology)是一门将生态学的方法运用于文化学研究的新兴交叉学科,是研究文化的存在和发展的资源、环境、状态及其规律的科学。"文化生态学"主张从人、自然、社会、文化的各种变量的交互作用中研究文化产生、发展的规律,来寻求不同民族文化发展的特殊形貌和模式。文化生态学除研究文化对于自然环境的适应外,更主要的是研究影响文化发展的各种复杂变量间的关系,特别是科学技术、经济体制、社会组织及社会价值观念对人的影响。大概由于西方"文化生态学"涵义具有不同层面的意义指向,中国学术界对于"文化生态"概念的理解与使用表现出一定程度的歧异性和混乱性。这说明,"文化生态"因其在学术研究理念和学术研究方法的创新性已为学界瞩目,也说明了"文化生态"是一个不断成长的研究理论和研究方法,表现出发展过程的不完备性和混乱性。从学术研究现状来看,学者往往从自己的研究领域出发,规定"文化生态"的内涵与外延。不过,"文化生态"概念的认识歧异现象,一方面说明"文化生态"理论本身较为年轻,具有旺盛的生命力,其内涵与外延尚在不断变化之中;另一方面,也说明了这个概念具有广延性与丰富性等特征。我们认为,所谓"文化生态",指的是人类在生产过程中,对外在世界及人类自身进行改造而产生的各种关系。这个关系,从广义来讲,是人类对主客观世界的改造而形成的各种关系;从狭义来讲,是人类在生产劳动中为了满足精神需求而生产出的各种关系。这些关系,在人类从事生产劳动以求生存与发展的过程中,发生着复杂而深刻的变化,相应地产生了各种机制,共同规定着人类生产活动的发展特征。从其狭义来看,这里的"文化生态",是一个与艺术生产和精神生产有紧密关联的概念。运用

---

① 参[法]保罗·利科:《历史学家的技艺:年鉴学派》,载其著《历史学家的技艺与贡献》,王建华译,香港牛津大学出版社,1994 年,第 8—13 页。

这个概念,可以研究诗歌生产的条件、环境、生产方式,以及生产者受到的影响和制约,以此出发,进而探讨诗歌文本是如何受到了上述因素的制约和影响,更深入地理解诗歌艺术特质、文学样式、审美取向和艺术分工等的生成机制和属性特征。①

课题引入"文化生态"研究理念而对理学诗的生成环境、属性特征和作用机制等进行考察,有利于拓展研究视域,立足"关系"考察而探讨理学基本话语的理学诗呈现问题,包括理学基本话语与理学诗之内容或主旨之呈现,理学话语与理学诗之表达方式之呈现,理学话语与理学诗的诗歌风貌之呈现等;进而,课题对理学诗之历史流变及其诗性品格的生成等重要问题进行深入研究。

三是按照中国古代文化的实际情况,采用"体用文"相统一观照的研究理念与研究方法。熙宁二年,宋神宗询问刘彝,让其比较其师胡瑗与王安石经术孰优孰劣。刘彝回答说:"圣人之道,有体、有用、有文。君臣父子、仁义礼乐、历世不可变者,其体也;《诗》《书》史传子集,垂法后世者,其文也。……国家累朝取士,不以体用为本,而尚声律浮华之词,是以风俗偷薄。"②这里的"体",是事物的本质,"用"是事物的功用,而"文"则是事物的显露在外的形状、载体形式等。刘彝以"体""用""文"来认识事物,颇与唐代贤首宗、天台宗所重视的"体用相"思想相近。虽然贤首宗、天台宗的这一思想来自古印度马鸣菩萨的《大乘起信论》,但"体用相"思想在佛教产生广泛影响,主要得益于贤首宗、天台宗的传播。③刘彝的这一思想,对后来理学家的认知方式颇有影响。几乎与刘彝同时,宋代理学"五子"之一张载的重要传人李复(1052—?),在《答人论文书》中,已经使用了"体用文"相统一观照的认知方法来认识中国早期文化中的"文"。他写道:

> 《易》曰:"观乎天文以察时变,观乎人文以化成天下。"夫所谓人文者,礼乐法度之谓也。上古之法至尧而成,故孔子曰:"焕乎其有文章。"周之德至文王而纯,故《传》称曰:"经纬天地曰文。"此圣人之文也。后世有一善可取,亦有谓之文者。孔文子、公叔文子之类是也。此皆以其行事谓之文也。昔

---

① 参见拙作:《唐宋诗之争、宋贤精神及宋诗文化生态研究的理论思考》,《中国文化研究》2014 年第 1 期。

② 黄宗羲原著,全祖望补修,陈金生、梁运华点校:《宋元学案》,中华书局,1986 年,第 25 页。

③ 参见陈兵编著:《新编佛教辞典》,中国世界语出版社,1994 年,第 94 页;宽忍主编:《佛学辞典》,中国国际广播出版社、香港华文国际公司,1993 年,第 702 页;张立文:《佛教哲学》,中国人民大学出版社,2006 年,第 197 页。

之君子,欲明其道,喻其理,以垂训于天下后世,亦有言焉,以为言之不文,不可以传,故修辞而达之,此言之为文也,非谓事其无用之辞也。以载籍考之,若《书》之典谟训诰誓命,皆治身、治人、治天下之法,此《书》之文也。《国风》《雅》《颂》,歌美怨刺,皆当时风化政德,可以示训,此《诗》之文也。广大幽微,远近善恶,开天地之蕴,极性命之理,以前民用,以济民行,此《易》之文也。言约而理微,褒善而贬恶,以明周公之制,以为将来之法,此《春秋》之文也。礼之《中庸》言至诚为善,率性之谓道,君子笃恭而天下平,此《中庸》之文也。今观《春秋》则不知有《易》,观《书》则不知有《诗》,岂相蹈袭剽窃以为己有哉! 其言之小,天下莫能破;言之大,天下莫能载。后世尊之以为经,而无不稽焉。此其为文,炳如日星,而光耀无穷也。自汉之司马相如、扬雄而下,至于唐世,称能文者多矣,皆端其精思,作为辞语,虽其辞浩博闳肆,温丽雄健,清新靖深,变态百出,率多务相渔猎,自谓阔步一时,皆何所补哉,亦小技而已。岂君子之文欤! 苟能发道之奥,明理之隐,古人之所未言,前经之所不载,著之为书,推之当世而可行,传之后世而有取,虽片言之善,无不贵之矣。夫文犹器也,必欲济于用。苟可适于用,加以刻镂之,藻绘之,以致美焉,无所不可;不济于用,虽以金玉饰之,何所取焉。①

李复于上文中论及儒家经典之"文"的复杂涵义。他提到了"文"的"文化""文明""礼乐制度""文辞""文章"义,也初步涉及了"文"的功用、"文"的表现形式、"文"的发展演变等问题。李复以具体例证,说明了基于胡瑗、刘彝等人"体""用""文"而认识事物,是卓有成效的。我们认为,借鉴胡瑗、刘彝等人之"体用文"认识方法来从事本课题研究,来探讨理学、诗学共有之话语的本体属性、功用和呈现形态等,可能比以西方分析哲学为基础的"内容—形式"两分法来把握研究对象之类属、特征等,更为精确、全面和有效。

这就要求我们在对"理学诗"进行研究时,充分估量宋代理学诗兼摄理学、诗学的属性。具体到对理学诗诗学属性研究而言,从其"体"的方面来讲,要关注"理学诗"的本质属性及其特征,考察其作为理学有机组成部分的本质属性特征,与作为诗歌的内容、形式、风格等诸属性的特征。从其"用"的方面来讲,要考察"理学诗"的功用、价值等。从其"文"的角度而言,要考察"理学诗"的外在呈现形态、结构、表现形式等。概而言之,"理学诗"的本体属性、功用及形态、文化价值

---

① 李复:《潏水集》卷五,上海古籍出版社景印《文渊阁四库全书》本,1987 年,第 48—50 页。

等,都应该是本课题的研究重心。需要强调的是,绝大多数理学话语的意蕴具有历史流变属性,其意蕴、功用、形态等不是一成不变的、静止的。因此,课题研究在落实"体用文"相统一观照的研究理念与研究方法的同时,亦需对此充分注意。

四是重视中国古代文化的"正名"问题,对指向同一个事物的诸多名称作归类性的研究。

中国文化传统中,关于"名"与"实"关系的探讨,向来为各派思想家及学者所重视。从儒家学派而言,孔子强调:"必也正名乎!"①强调的是以"名"来规范礼的层级,使人们各守其分而不逾矩。而这一思想,却也暗合认识论的要求。孔子在表述相关历史事件时,经常采用不同的笔法,后人总结为《春秋》"义法"。杜预《春秋左传序》所列其"义法"有五种,如其一曰"微而显,文见于此,而义在彼"②。这种情况,引起了汉代大儒董仲舒的注意。他的《春秋繁露》中有《竹林》篇,其中提到《春秋》中有常辞、变辞两种"名号"形式:"《春秋》之常辞也,不予夷狄而予中国为礼。至邲之战偏然反之,何也?曰《春秋》无通辞,从变而移。"③强调同一类事物,《春秋》使用了不同的命名方式。他又引《公羊传》释《春秋》宣公十二年事:"夏六月乙卯,晋荀林父帅师及楚子战于邲,晋师败绩。"④董仲舒指出,依"常辞"《春秋》之文当称"晋荀林父"为"晋人"。这里,以"变辞"而称其"晋荀林父",是因为楚君有礼而晋大夫无礼。因"变辞"而行贬低晋荀林父之"实",即所谓"移其辞以从其事"。⑤相异的命名方式固然受到其"义法"的影响,但实际上不同的名称都是指的同一个人。文献表明,"名""实"之间关系的复杂性或不确定性,是儒家经典的客观存在。

从道家学派而言,老子亦看到了"名"之于事物的不一致性。他在《老子》中写道:"道,可道,非常道;名,可名,非常名"⑥,又云:"强字之曰道"⑦。他认为,作为"道"指向的事物而言,其实是不可以说出来的,也就是"道"这个"名"实际上不能涵盖、说明"道"指向的背后的"物"。不过,要说明这个"物",只有勉强地给它起一个"名"。这里应该注意:"名"是无法与其所指称的背后之"物"相对等的;对

---

① 朱熹集注,陈戍国标点:《四书集注》,中华书局,1983 年,第 206 页。
② 李学勤主编:《春秋左传正义》,《十三经注疏》(标点本),北京大学出版社,1999 年,第 18 页。
③ 董仲舒:《春秋繁露》,中华书局,1992 年,第 46 页。
④ 董仲舒:《春秋繁露》,第 46 页。
⑤ 董仲舒:《春秋繁露》,第 46 页。
⑥ 朱谦之撰:《老子校释》,中华书局,1984 年,第 3 页。
⑦ 朱谦之撰:《老子校释》,第 101 页。

于此"物"的取名,是勉强的,亦即只是大致而言的。这个取名当然是人为的,因此,对于此"物"的取名,可以有若干个。从认识论来讲,上述《老子》的两句话,说明了一个关于人类认知问题的常见困惑:"名"与"实"是难以互相满足的,其彼此具有多向性。

人类文明的发展,必然给人类自身提出如此要求:当社会规则或者约定俗成的标准要求人们必须遵循某一规范时,就必然要求人们以共同承认的、约定俗成的事物名称(此事物可以给予"名"来指称)来衡量或者作为标准,如此才可以认识事物。由此,对于这一规则或标准的确定,以及如何以他物来衡量这一规则或标准,就显得非常重要。前一个规则或标准可以称之为"名",而后一个以他物来衡量于此的过程,就是"正名"。当然,确定前一个规则或标准的过程,也是需要采取比较、归类等逻辑思维方法的。大概也是因此之故,老子、孔子、孟子、庄子、荀子、墨子等都纷纷强调"正名"。由此发轫而在中国早期文化中逐渐开始重视事物与指称事物的"名"之关系的探讨。如庄子的"蝴蝶晓梦"说、名家之公孙龙的"白马非马"说、韩非子的"说难"等,都已经认识到事物本体与事物之"名"的非对称性统一问题。

文献表明,至迟到理学开始建构的北宋中期,宋代士人就非常重视从"名"与"实"关系的角度来考察事物的全面属性。如王安石讲:"盖儒者之争,尤在于名实。"①宋代理学家所使用的相关话语,如道、性、心、德,以及理、气、太极等,在一定条件和语境下,其指向往往大体相近。不言而喻,既然中国文化传统中存在着"名"与"实"的不相侔合性,而先人又有认识事物所坚持的"正名"传统,因此就要求我们在对中国古代传统文化的精神产品进行研究时,必须充分估量到"名"与"实"的关系问题。

中国传统文化的"名""实"非对称性问题,对我们从事学术研究提出了挑战。这种情况要求:某一簇名词虽然可能都指向某一个事物的实质,但我们对于"问题"之研究,应该以关注某一簇名词所共同指向的事物之本身为考察目标,而非某名词。以中国文化之"名""实"非对称性特征而观照本课题相关研究,要求我们必须充分注意纷繁复杂的理学之"名"与其指向的"实"的关系问题。比如,"观物""体贴""格物致知""发明"等,从其"工夫"而言,所实现的存养"心性"之目的是相同的。这几个话语皆涵涉理学诗书写主体的认知或思维方式。当诗歌书写主体把这些认知或思维方式形之于诗作之时,"观物""体贴""格物致知""发明"

---

① 曾枣庄、刘琳主编:《全宋文》,上海辞书出版社、安徽教育出版社,2006年,第64册,第112页。

等也就成为这些诗歌作品的表达方式。因此,我们可以把这一组话语划为一大类进行研究。又如,理学之"生生不已""观天地生物气象"等,所指向的"体贴"本体都是天地、人、物之"性",可把这些话语合并研究。

当然,就科学研究之要义来讲,任何研究理念及研究方法,以及由之决定了的研究视野,都是针对研究目标而设定的。限于研究者的学养、识见和学术训练的差异性,以及研究对象的复杂性,任何研究理念、研究方法以及由之决定的研究视野都是存在局限性的。不过,正如我们习惯于劈柴用斧子而打鱼用渔网一样,方法往往都是从经验而来的,针对研究对象的边际界定、面貌形态和显而易见的某些属性特征而凝练研究理念及研究方法,以较好地落实研究目标,实现研究目的,是符合认识论规律和科学研究要求的。至于本课题依赖上述研究方法而所能达到的研究效果,就让研究成果本身来说明吧!

第一章 | 宋代理学诗的历史存在、话语界定及其文化效应

从人类认知规律来讲,阐明研究对象的历史客观存在性,界定其作者、数量、空间分布和时间延续等边际范围,是实施严格意义上的科学研究的首要前提,当然也是学术研究之科学伦理的逻辑出发元点。[①] 惟有科学界定课题研究对象的历史形态、边际范围,后续之学术研究才可能具备客观性、科学性和精确性。而科学界定相关概念和术语,又是实施课题研究的题中之义和首要前提。以此而言,要对宋代理学诗这一课题进行科学、规范的深入研究,则首先应对理学诗的历史客观实在性及理学诗的作者、诗作数量等进行考察,以坐实研究基础;其次,应对理学诗人所创作的两种诗歌类型——文人诗、理学诗进行辨析,以确定研究对象的边际界限;再次,应对理学诗人、理学诗和理学诗派等概念做出内涵或范围的边际界定,如此方可满足科学研究的规范性和客观性要求;最后,应对理学诗书写主体——理学家的交游唱酬活动,以及缘此而创作的理学诗之文化效应

---

① 从科学研究的程式和标准来说,从事科学研究的要义,首要的是确定研究对象,确定其边际范围,明晰其概念指称等;其次,应厘定研究对象之具体"问题"来开展研究,以明确研究对象之类型、属性、本质和规律等。现代学术研究的规范要求之一,就是强调学术研究必须建立在实有、客观和可验证等"科学"之基础上。从这一学术研究规范出发,严格意义上的哲学社会科学研究,就应该充分吸收西方近现代哲学家对于"科学"认识论问题及其认识方法的探讨。西方近现代一些著名的学者如[英]卡尔·皮尔逊(Karl Pearson,1857—1936)的"科学认识论"(李醒民译《科学的规范》之第一章,商务印书馆,2011年,第10页)、[美]理查德·罗蒂(Richard Rorty,1931—2007)的"反真理观的普遍性立场"(李幼蒸译《哲学和真理之镜》,商务印书馆,2011年,第3页)、[德]M. 石立克(Moritz Schlick,1882—1936)《普通认识论》"第三部分"(商务印书馆,2011年,第212—403页)等,都对科学界定研究对象及按照"科学"之"规范"研究而界定的"问题"有精辟论述。英国哲学家卡尔·皮尔逊即认为:"科学方法是通向绝对知识或真理的唯一入口。"他把科学方法的特征概述为:"仔细而精确地分类事实,观察它们的相关和顺序;借助创造性的想象发现科学定律;自我批判和对所有正常构造的心智是同等有效的最后检验。"其他哲学家亦有相近论述。不言而喻,惟有满足"科学认识论"之学术研究之"问题"及其研究方法之选择,相关研究才具备客观性、科学性和精确性。

进行考察,为探讨理学诗的类型特征、生成机制、价值、文化地位等后续研究奠定牢靠基石。本章之各节设计,缘此学理而得以展开。

第一节　宋代理学诗的历史客观存在性及其诗作留存数量

古代文化及古代文学领域的学术研究,需要满足现代意义上科学研究的必备前提:其一,所研究之学术问题必须是客观的、实在的、恒定的历史存在;其二,此问题应有时间、空间、数量等明确的边际界定;其三,课题研究应该使用规范的学科术语,或者使用经过严格界定的一系列由概念、范畴和命题等组成的恒定话语,并遵循科学的认知或思维规律来从事学术研究。如果不能满足上述三个前提,那么,所研究的课题要么是伪"问题",要么是无法研究的"问题",所得研究结论也就难以具备科学性、客观性和精确性。

宋代"理学诗"的研究,亦应满足这三个基本前提。遗憾的是,迄今为止,除了我本人对于"理学诗"概念有较为严格的界定和论述之外[①],近几十年来几乎所有的研究成果,普遍缺乏对于"理学诗"概念的必要界定或说明,也没有对宋代"理学诗"的作者、作品数量等进行基于文献的详细考察和梳理。由此而产生的负面学术影响是,不少"理学诗"研究成果,被认为缺乏客观性、科学性和精确性而受到学界质疑。甚至,一些学者由此而认为,"理学诗"这一课题是先验性的学术界定,而非客观的历史存在。我们必须正视学界同行的意见,而予以解疑析难,以推动学术研究事业的不断进步。缘此之故,本节对理学诗的历史客观存在性、理学诗作者及其作品数量等进行考察。

一　宋代理学家诗人对于理学诗的认识

自北宋理学"五子"开始,宋代理学家诗人对于诗歌作品与理学思想或理学旨趣之关系的思考,已经非常细致、深刻。如周敦颐提出了著名的"文以载道"观点:"文所以载道也。轮辕饰而人弗庸,徒饰也,况虚车乎!"[②]他把"文"比作载物的"车",以为"文"之功用在于载"道",只有完成其"载道"之功用,"文"才算具有存在的合理性。他又认为:"文辞,艺也;道德,实也,笃其实而艺者书之,美则爱,

---

① 参见拙作:《两宋"理学诗"辨析》,《文学评论》2011 年第 5 期。

② 周敦颐撰,徐洪兴导读:《周子通书》,上海古籍出版社,2000 年,第 39 页。

爱则传焉。贤者得以学而至之,是为教。故曰言之无文,行之不远。"①周敦颐认为,"文"对于"道"而言,是载体和工具,掌握"文"这一工具的人是艺者,而艺者的作用是为了使"文"更好地承载"道"。在"重道"的前提下,周敦颐也对"文"的功用性给予了肯定。他认为,"文"之作用是"载道"能够更好地为人所接受,因此"文"才是有益于"道"的。反之,如果"文"无助于传道,则"文"就降低到"艺"亦即"技巧"的功用层面:"不知务道德而第以文辞为能者,艺焉而已。"②周敦颐之论,是契合于传统儒家思想的。众所周知,自孔子提出"辞达而已矣"后,儒家学者普遍认为,"文"是为了"传道"而存在的。不过,此中之"道",在周敦颐之前的儒者那里,一般是以"经世致用"为主,而周敦颐则把"文"之用转换为"明道德",这就为宋代理学家开辟了以内向性的心性存养来践行"道"的新路。与之相似,邵雍、程颢、程颐、张载等人,其文道观要么是"重道轻文",要么是"作文害道",总之,"重道"是最为明显的特性。而从周敦颐、邵雍、程颢、程颐、张载等人的诗歌实践来看,这里的"道"自然是理学家所认同的"道"。在确定天地、人、万物在宇宙论与本体论层面具备同一性之后,进而对道德论、心性论、工夫论、境界论等进行探讨,是北宋理学"五子"之"道"的核心内容。继此之后,北宋理学"五子"之后学如杨时、胡安国、胡宏、张栻、张九成、陈渊、朱熹、曹彦约、陆九渊、杨简、王柏、魏了翁、真德秀、曾丰、熊禾、刘辰翁等人,都推崇"重道"而"轻文"的文道观念,他们所认同的"道",不管是"理"还是"本心",都越来越侧重于理学义理而距离原始儒学的"礼""亲民"等"道"之蕴涵更远了。③

不仅如此,从历代诗论、文论中的相关记载来看,理学家诗人对于其他理学家诗歌作品的阅读和接受,往往也是基于理学之义理来进行的。如程颢从邵雍诗句"梧桐月向怀中照,杨柳风来面上吹"中,体悟到邵雍具"真风流人豪"的人生境界。④ 月落梧桐、杨柳风吹,从内容上看,当然是描写自然之景物的诗句。但邵雍诗句之深层蕴涵,乃在于写出了作为实践主体的人,在此境界之中的洒落心境及对景不动的定止心性。缘此之故,此诗被程颢认为邵雍具"风流人豪"之境界,已得名教之"乐处"。后来魏了翁对邵雍诗句所体现出的"风流人豪"有解释,认为邵雍之学在其诗歌作品中有所呈现或表达。魏氏认为:"其心术之精微在《皇

---

① 周敦颐撰,徐洪兴导读:《周子通书》,第 39 页。
② 周敦颐撰,徐洪兴导读:《周子通书》,第 39 页。
③ 参见拙著:《两宋理学家文道观念及其诗学实践研究》,南京大学出版社,2016 年。
④ 吴文治主编:《宋诗话全编》,江苏古籍出版社,1998 年,第 516 页。

极经世》,其宣寄情意在《击壤集》。凡立乎皇王帝霸之兴替,春秋冬夏之代谢,阴阳五行之运化,风云月露之霁曀,山川草木之荣悴,惟意所驱,周流贯彻,融液摆落,盖左右逢源,略无毫发凝滞倚著之意。呜呼,真所为风流人豪者与。"①魏了翁是从"周流无碍""左右逢源"等来理解邵雍的"风流"的。在他看来,邵雍德性存养已至圆满自在之境,学养德性足以涵盖外物而自得其理,故其心性允当而自得其乐不动心。与之相似,程颐从对邵雍诗句"泥空终是著,齐物到头争"的理解出发,认为佛教之"性空"说、庄子的"齐物"说是有问题的。他认为,邵雍"梧桐"诗句,其意蕴较为丰富,其"不止风月,言皆有理"②。显然,程颐关注到了邵雍诗句中所蕴涵着的理学义理问题。程颐又对吕大临诗句有所评价。吕大临原诗为:"学如元凯方成癖,文似相如始类俳。独立孔门无一事,只输颜氏得心斋。"程颐认为:"此诗甚好。古之学者,惟务养情性,其他则不学。今为文者,专务章句,悦人耳目。"③上述可见,作为诗歌作者的邵雍,与诗歌阅读者的程颢、程颐,都是从理学义理的角度来对待理学诗的。值得注意的是,从理学家诗人的诗歌中体悟出理学义理及理学旨趣,亦是南宋大多数理学家普遍认同的诗歌接受风气。对此,杨时、朱熹、陆九渊、吕祖谦、叶适、魏了翁、何基、王柏、吴子良等人,都有相关论述。如吴子良认为叶适诗歌"晚尤高远……其间与少陵争衡者非一,而义理尤过之"④。为此,他列举出叶适近 20 首诗篇中的诗句来说明自己的认识。他认为叶适诗句"隔垣孤响度,别井暗泉通"为"此感通处无限断也"。我们知道,"感而遂通"为周敦颐采撷于《周易》而表述于《通书》,是承载周敦颐理学思想的重要话语之一。吴子良由叶适诗句体悟到了理学"感通"之理,反映出吴氏因理学义理而阅读、接受理学家诗歌的基本立场。又如吴氏认为叶适诗句"蓍蔡羲前识,萧韶舜后音",为"此古今同一机,初无起止也"⑤。这里,"机""起止"等均为理学重要内容,所谓性"感而遂通",当发未发之际为"几"亦即"机"。而"无极而太极",世界万物之起源,从其最初而言,是混沌的、包容的。由上可知,作为从学于陈耆卿、叶适的吴子良而言,他对于理学家诗歌的理解,首推的是理学义理。从诗歌阅读和接受角度而言,叶适原诗未必一定是通过写景叙事来表达自己的理学义理或者理学旨趣,但经过吴氏如此阐释之后,叶适诗篇也确似蕴涵着精粹复杂的

---

① 曾枣庄、刘琳主编:《全宋文》,第 310 册,第 14 页。
② 吴文治主编:《宋诗话全编》,第 526 页。
③ 吴文治主编:《宋诗话全编》,第 533 页。
④ 吴文治主编:《宋诗话全编》,第 8707 页。
⑤ 吴文治主编:《宋诗话全编》,第 8708 页。

理学义理。不言而喻,宋代理学家对于诗歌认识的这一路径和方法,也有着长久的阐释传统。如汉儒对《诗经》的阐释即是如此。其以《关雎》为"咏后妃之德"、《小星》为赞大妇不嫉妒等,其阐释路径可能对宋代理学家有一定启发。这说明,自先秦而来的以道德礼义来阐释诗歌文本的儒家文化传统,亦为理学家所承继。

　　除了重视以诗歌来"载道"之外,两宋时期的不少理学家往往基于理学义理而论诗、作诗。如朱熹非常重视诗歌所体现出的"气象"。"道德气象""有道气象""圣人气象"等,都是朱熹评价他人诗作时常用的话语。如其评价前人诗句"楼台侧畔杨花过,帘幕中间燕子飞"时,认为此诗"只是富贵者事,做沂水舞雩意思不得,亦不是躬耕陇亩、抱膝长啸底气象"①。朱熹认为此诗句与儒家强调的曾皙乐意、诸葛亮躬耕隐居待时没有关联。而"沂水舞雩"是宋代理学家非常关注的理学话语。朱熹常把心性存养与诗句相联系来互相印证,或者探讨、发挥其理学义理,如其云:"人须是有廉耻。……耻便是羞恶之心。……因举吕舍人诗云:'逢人即有求,所以百事非!'"②以吕本中诗句来印证其理学观点。朱熹又举程颢诗"道通天地有形外,思入风云变态中",强调"观他此语,须知有极至之理,非册子上所能载者"③。他认为程颢所言之"道"极精微而高妙,非诗句所能表达。朱熹曾与弟子就"思无邪"展开过非常深入细致的探讨。其中有不少极为精辟的观点,往往都是围绕着诗歌与理学认知或践履而展开的,所论皆表征出理学家独有的诗歌审美意趣。如他讲:"不但是行要无邪,思也要无邪。诚者,合内外之道,便是表里如一,内实如此,外也实如此。故程子曰:'思无邪,诚也。'"④《论语》记孔子言"思无邪",本来指的是思想的纯正,而朱熹发挥为行动与思想均须"诚",也就是真实不虚,强调行动、思想与事物的本质规律及其外在形态相合,这显然是对孔子本意的发挥或拓展。上述可见,朱熹是从理学义理等角度认识诗歌之美及诗歌本质的。朱熹对于诗歌义理的探讨,一旦落实到具体的诗歌创作实践中,便呈现出以诗歌"言理"的特征。如其《斋居感兴二十首》以及在鹅湖与陆氏兄弟的唱和诗作,均是以直接书写或者表达理学之义理、性理等为诗歌内容或主旨。这些诗作因其涵蕴着深刻的理学思想,而为彼时及后世的理学家所广泛重视。朱熹的诗论和诗歌书写实践,反映出宋代理学家之诗论和诗歌创作的普遍情况,那就是往往以理学义理为诗学批评和诗歌创作的基本立足点或基石。宋

---

① 吴文治主编:《宋诗话全编》,第 6128 页。
② 朱熹:《御纂朱子全书》卷四,上海古籍出版社景印《文渊阁四库全书》本,第 92 页。
③ 黎靖德编,王星贤点校:《朱子语类》卷十八,第 415 页。
④ 黎靖德编,王星贤点校:《朱子语类》卷二十三,第 543 页。

代一些理学家如林季仲、张九成、王柏、金履祥、丘葵等人的诗学批评和诗歌创作实践,对此多有书写或表达。吕祖谦《诗律武库》、叶梦得《石林诗话》等对此类文献多有收录,为我们提供了不少研究便利。

上述可见,宋代很多写作了不少理学诗的著名理学家,往往以诗来"载道""明道""观理",涵蕴"气象",彰明"德性",以表达理学思想或理学旨趣。

二 历代目录学著作与诗歌选本所见前人对于理学诗的认识

从历代目录文献著录以及现存的诗论、文论来看,自宋代以至于清末,前人对于理学家诗歌的若干认识,也与文人诗有所不同。尤其是,文献表明,一些目录学家或诗论家、诗人等,已经注意到了理学诗的独特之处及其所独有的属性特征。

成书于南宋孝宗淳熙七年(1180)至十四年(1187)之间的《郡斋读书志》已经注意到了邵雍、张舜民等人的独特诗歌品格。如其在《邵尧夫击壤集》条下记:"歌诗盖其余事,亦颇切理。"①点明了邵雍歌诗具有"切理"的特征。在张舜民《张浮休画墁集》条下亦记:"其文豪重有理致,而最刻意于诗。"②指出张舜民之文"有理致"。而《四库全书总目》则指出了"道学之诗"与"诗人之诗"的显著差异:"自真德秀《文章正宗》出,始别为谈理之诗。……自履祥是编出,而道学之诗与诗人之诗千秋楚越矣。夫德行、文章,孔门即分为二科;儒林、道学、文苑,《宋史》且别为三传。言岂一端? 各有当也。以濂、洛之理责李、杜,李、杜不能争,天下亦不敢代为李、杜争。然而天下学为诗者,终宗李、杜,不宗濂、洛。"③在四库馆臣看来,"道学之诗"之重"理"与"李、杜"之诗之重"文",如同孔门之"德行""文章"二科一样,是性质不同的两个门类。《四库全书总目》又记,周行己"发为文章,明白淳实,粹然为儒者之言……诗文亦皆娴雅有法,尤讲学家所难能矣"④。邹浩"诗文多宗门语",许景衡诗篇"乃吐言清拔,不露伉厉之气"⑤,王十朋"其诗浑厚质直,恳恻条畅,如其为人"⑥,陈藻"集中所载诸体诗颇涉粗率,而真朴之处实能自

① 晁公武撰:《郡斋读书志》,上海古籍出版社,1990 年,第 1041 页。
② 晁公武撰:《郡斋读书志》,第 1012 页。
③ 永瑢等撰:《四库全书总目》,第 1737 页。
④ 永瑢等撰:《四库全书总目》,第 1341 页。
⑤ 永瑢等撰:《四库全书总目》,第 1345 页。
⑥ 永瑢等撰:《四库全书总目》,第 1371 页。

抒性情"①。四库馆臣已经注意到,周行己、邹浩、许景衡、王十朋等人之诗风往往与理学思想或理学旨趣具有紧密关联。可见,《郡斋读书志》《四库全书总目》等历代目录学著作,已经对宋代理学诗的"言理"特征及其与理学思理或理学旨趣的紧密关联等,有了一定的认识。

宋代专列"理学诗"的诗歌选本不多。文献著录之中,只有刘克庄《分门纂类唐宋时贤千家诗选》、王湘选注《新五言千家诗》,署名谢枋得选而王湘注的《重订千家诗》、吕祖谦《宋文鉴》和《皇朝文鉴》、金履祥选《濂洛风雅》、真德秀《文章正宗》,以及选有少量"理学诗"的《性理群书句解》等。从这些选本来看,选编者对于理学诗的属性特征有所认识。如朱熹门人熊节编有《性理群书句解》,蔡渊、黄榦门人熊刚大对其有所注解。该书选取了朱熹的《感兴二十首》之十二、十四、十五、十六、十七、十八、十九、二十。由熊刚大注,我们对熊节选诗的目的有所了解。如第十二首"此论六经散失已久,千载之下惟有程伊川能继六经之绝学",第十四首"此篇论是道之本原",第十九首"此篇借牛山之木形容仁义之心所当保养"等。《性理群书句解》又选取了程颢、邵雍、周敦颐、张载、罗从彦、吕大忠、杨时等人的诗篇多首,内容有叙事、言理、写景等。在对这些诗篇进行注解时,熊刚大特别注重发掘诗句所蕴含的理学义理。如熊氏认为张载《芭蕉》诗"此篇借物形容人心生生之理无穷"。在诗篇之后,熊刚大又指出:"上两句是状物,下两句是体物。新心养新德,尊德性工夫也;新叶起新知,道问学工夫也。横渠先生观物性之生生不穷,以明义理之源源无尽。学者当深味之,毋徒以诗句观也。"②透过熊节、熊刚大选诗注诗来看,这些理学诗所传达出的都是对理学义理的表述。再如南宋晚期金履祥选《濂洛风雅》,选录周子、程子以至王柏等 48 人之诗而冠以《濂洛诗派图》。初选本以师友渊源为统纪,而不分类例。元人唐良瑞始"分诗、铭、箴、诫、赞、咏四言者为风雅之正,其楚辞、歌骚、乐府、韵语为风雅之变,五、七言古风则风雅之再变,绝句、律诗则又风雅之三变"③。金履祥对其中部分选诗有简要注释,以说明诗作的写作背景、理学思想等。如在刘子翚(1101—1147)《负暄》诗后附有王柏注解:"此篇善形容。推广学问浃洽于胸中者,亦如是哉。"④在朱熹《斋居秋兴二十首》诗后,亦附有何基、黄榦等人的大段诗意发挥。

---

① 永瑢等撰:《四库全书总目》,第 1372 页。
② 熊节编,熊刚大注:《性理群书句解》,华东师范大学出版社,2018 年,第 38 页。
③ 金履祥选:《濂洛风雅》,《丛书集成初编》本,中华书局,1985 年,第 2 页。
④ 金履祥选:《濂洛风雅》,《丛书集成初编》本,第 32 页。

从该书所录何基、黄榦对朱熹相关诗篇及诗句的阐释来看,其内容较之熊刚大的注解,在义理深度上有很大拓展。如同是对第十四首的理解,何基云:"此章大旨,只是《太极图说》定之以中正仁义而主静之意,然其主意是为凿智而发。"王柏则云:"此叹先天太极图之传出于易者。"①而较之熊刚大注"此篇论是道之本原",显然何基、王柏等人的相关阐释,更为通透精微。

文献表明,元、明、清代涉及理学诗的诗歌选本数量,较之宋代有了较大增长。如元代有《瀛奎律髓》《诗文轨范》,明代有《文翰类选大成》《金华正学编》《古隽》《风雅逸篇》《婺学正宗》《皇华集》,而清代有《宋金元诗永》《宋四名家诗钞》《百名家诗选》《朱子论定文钞》《濂洛风雅》(与金履祥选本重名),以及《宋十五家诗选》《斯文正统》《南宋文鉴》《古诗选》等。其中,影响较大的是元代方回编的《瀛奎律髓》、明代胡广等奉敕所撰《性理大全书》。元代方回在其所编选的《瀛奎律髓》中评点朱熹、陆九渊等人诗作时,注意到了诗中所含有的理学义理。他在陆九渊《和鹅湖教授韵》诗下注:"按陆氏兄弟之学,在求其本心而已。人之心本善,无不善。其所以不善者,非本心也。……(陆氏兄弟)特以为一悟本心而可以为圣贤。今日愚夫也,而一超直入悟此心之本善,则尧、舜在是矣。故吾朱文公非之,不以二陆为然。"②其论崇朱抑陆倾向比较明显。再如他在魏了翁《次韵知常德袁尊固监丞送别(八月十日)》诗后注云"大儒德言,非区区小诗人可企及也"③,其论也注意到了理学诗之内容与道德联系紧密的特性。至于明代胡广等奉敕撰《性理大全书》,四库馆臣已经指出,此书以宋代熊节编、熊刚大注《性理群书句解》为纲而扩展。《性理大全书》囊括了熊氏《性理群书句解》所选的理学诗并加以补充,如添入邵雍的《为善吟》《闲吟》《观物》《仁术》《龙门道中》《天意》等,程颢的《秋日》《和尧夫首尾吟》等,其他如朱熹、杨时、元许衡等人的诗歌,也增加了不少。《性理大全书》全部录入了熊刚大诗注,而所增添部分则缺少注解。此书虽被四库馆臣认定为"体例乖乱",但从其选入的理学家诗歌来看,大多与理学的性理存养、涵咏心性、崇德性等紧密相关。

现代人选编的有关宋代"理学诗"的诗歌选本,较为常见的有钱穆《理学六家诗钞》、钱锺书《宋诗选》、金性尧《宋诗三百首》、喻朝刚等《宋诗三百首译析》。钱穆先生的《理学六家诗钞》选录有不少理学诗。据其《序》言,该书乃仿照《濂洛风

---

① 金履祥选:《濂洛风雅》,《丛书集成初编》本,第40页。
② 方回编:《瀛奎律髓》,上海古籍出版社,1993年,第320页。
③ 方回编:《瀛奎律髓》,第348页。

雅》唐良瑞"味其诗而泝其志,诵其词而寻其学,言有教,篇有感"而作,共选取邵雍、朱熹、陈白沙、王阳明、高攀龙、陆世仪等六人诗作三百多首。钱穆认为:"理学者,所以学为人。端在平常日用之间。而平常日用,则必以胸怀洒落、情意恬淡为能事。"因此,钱氏此书"一以显示作者之日常日用人生为主"①。尽管钱穆所理解的理学与理学程朱学派有所不同,但"道在日用",亦是理学各派所公认的理学一大枢纽之所在。从其全书所选诗作来看,其中有不少直言性理的诗篇,如邵雍的《偶数吟》《秋怀》《诫子吟》等;亦有抒写作者"日常日用"生活琐事,以及生活随感之诗作,如朱熹的《听雨舫》《南阜》等。总的看来,钱穆《理学六家诗钞》贯彻了他所理解的"理学",其所选诗篇是基于理学义理的。而流传极为广泛的钱锺书的《宋诗选》,在"刘子翚"诗歌条,附有对南宋理学诗的说明。此"说明"提及北宋中叶以后,理学诗的繁盛情况及代表性的诗人,以及"语录体""讲义语录""闲言语"等,并肯定了刘子翚诗歌在理学家诗人中的特殊性。而金性尧则选取张舜民、徐积、孔平仲、徐俯、李光、汪藻、刘子翚、叶绍翁、杨万里、萧德藻、朱熹、楼钥、陈傅良、谢枋得、谢翱等人的诗歌,在评价时往往能够指出这些人所写的"理学诗"的特征,如推崇朱熹《观书有感》,认为"这是一首阐述理学的诗,却很能引起我们的审美趣味,就像一幅淡墨小品"②。认为陈傅良"诗不是本行,有些诗露出理学气"③。这些评语,也是对陈傅良理学诗特征的较公允论断。

三　宋代至清末之诗人或诗论家对于理学诗的认识

把理学家诗歌当作具有独特性"这一个"而与文人诗进行自觉区分,自北宋中晚期就开始了。其中,黄庭坚的诗歌论述及诗歌实践比较有代表性④。黄庭坚具有北宋理学代表人物所推崇的道德气象。他从存养入手,践履其心性观。其外甥洪炎曾赞颂黄庭坚学问之本:"其发源以治心养性为宗本,放而至于远声利。"⑤洪炎得山谷所传,其言可信。而山谷与周敦颐的两个儿子周焘(周元翁)与周寿关系密切,这可能是山谷深探理学的一个重要途径。⑥ 山谷有文与元翁,其

---

① 钱穆:《理学六家诗钞》,第 1 页。
② 金性尧:《宋诗三百首》,上海古籍出版社,1995 年,第 337 页。
③ 金性尧:《宋诗三百首》,第 346 页。
④ 参见钱志熙:《黄庭坚诗学体系研究》,北京大学出版社,2003 年,第 56 页。
⑤ 转引自王运熙、顾易生主编:《中国文学批评通史》(宋金元卷),上海古籍出版社,1996 年,194 页。
⑥ 史容注:《山谷外集诗注》卷九记"(山谷)《集》中与元翁及次元唱和诗凡十篇"。

中透露出他对性理之学的理解。① 这些情况说明,山谷对于理学的心性存养是很在行的。山谷又有把写诗当作其求道亦即践履其心性观的倾向,如他评价陈师道"陈侯学诗如学道",又说"诗句且排闷"。黄庭坚从"光明"来认识性体,走的是中唐李翱的理路,都是以"光明""寂然"等作为对"性体"的觉相表述:"禅心默默三渊静,幽谷清风淡相应。丝声谁道不如竹,我已忘言得真性。罢琴窗外月沉江,万籁俱空七弦定。"②这说明,山谷体认的性体,有着佛学渊源,他是以佛学的思想来论证心体性体的。山谷所讲的心体,等同于性体:"明月本无心,谁令作寒鉴。""王度无畦畛,包荒用冯河。"③山谷的心体同他所表述的性体一样,同样可以外显为日月,这个心体,是无欲无求的,是自然存在的。④ 上述可见,黄庭坚对于理学诗中的重要内容如心性存养、德性认知、明理等,是有着自觉的认识的。

南渡之后,不少士人开始把理学诗当作"这一个"而与文人诗进行自觉区分。南宋人在不少文献中,提及理学家诗歌创作实践形成了独有的诗歌范式,如讲学体、语录体、赵蕃体、乾淳体、晦翁体等。杨万里曾评南宋初中期诗人名家:"自隆兴以来以诗名:林谦之、范至能、陆务观、尤延之、萧东夫;近时后进,有张镃功父、赵蕃昌父、刘翰武子、黄景说岩老、徐似道渊子、项安世平甫、巩丰仲至、姜夔尧章、徐贺恭仲、汪经仲权。"⑤其中,陆游、尤袤、萧德藻、张镃、赵蕃、项安世、巩丰等皆为理学家诗人。清人《退庵随笔》亦提及:"南渡以后有道学派,以朱子为领袖。"⑥清人赵翼在《瓯北诗话》中,认为南宋理学家诗文传播到了被金人统治的北方地区:"南宋理学诗文诸名流,则流播于金元者甚少。赵秉文诗有'忠言唐介初还阙,道学东莱不假年',是北人已有知吕东莱也。元遗山作《张良佐墓铭》,谓良佐得新安朱氏《小学》,以为治心之要;又李屏山尝取道学书就伊川、横渠、晦庵诸人所得而商略之,是北人已有知朱子也。《归潜志》又谓屏山最爱杨万里诗,曰:'活泼刺底,人难及也。'是北人并知有杨诚斋矣。"⑦从赵翼所录文献可知,金人已经把理学家的诗与文看成是具有独特文学风格的两类文体。

① 参见史容注:《山谷外集诗注》,上海古籍出版社景印《文渊阁四库全书》本,第372页。

② 史容注:《山谷外集诗注》,上海古籍出版社景印《文渊阁四库全书》本,第269页。

③ 黄庭坚撰,任渊注:《山谷内集诗注》,上海古籍出版社景印《文渊阁四库全书》本,第67页。

④ 参见拙作:《论黄庭坚统摄心性存养与诗歌艺术的方法及其诗学价值》,《中国文化研究》2009年第4期。

⑤ 魏庆之:《诗人玉屑》,中华书局,2007年,第135页。

⑥ 梁章钜:《退庵随笔》,江苏广陵古籍刻印社,1997年,第10页。

⑦ 赵翼:《瓯北诗话》,载郭绍虞编选《清诗话续编》,上海古籍出版社,1983年,第1347页。

宋代理学诸"诗歌范式"之中,"击壤体"无疑具有很大的影响。早在北宋中晚期,与邵雍有密切交游的司马光、文彦博、富弼、韩绛等,都有诗与邵雍相和。司马光《和邵尧夫秋霁登石阁》有句"目穷苍茫纤毫尽,身得逍遥万象闲"[①],诗篇于描摹山色景色之中见出诗人胸怀洒落,心性安定,其诗作旨趣与邵雍相近。韩绛有诗《答寄尧夫先生》,中有诗句:"君子志于道,出处非一端。伊尹负鼎俎,颜渊乐瓢箪。斯自理适当,匪缘情所安。超然达者致,邈矣谁可攀。"[②]诗中提及"志于道""理"等,显然具有理学义理。又据文献考察可知,从北宋开始直到南宋末,士人学习"击壤体"蔚然成风。如《四库全书总目》在陈著《本堂集》下有论,认为:"惟其诗多沿《击壤集》派,文亦颇杂语录之体,不及周、楼、陆、杨之淹雅。"以至于刘克庄言:"近世贵理学而贱诗赋。间有篇咏,率是语录讲义之押韵者耳。"[③]四库馆臣看到了彼时时人学习邵雍诗歌的风尚。我们知道,包括"击壤体"在内的理学诗,对后世的影响是比较大的。元代诗人模仿"击壤体",可谓相扇成风。《四库全书总目》认为,胡炳文"其诗虽颇入《击壤体》派"[④],陈栎"惟诗作击壤集派,多不入格"[⑤],侯克中"其诗颇近击壤一派,多涉理路"[⑥]。四库馆臣所论,反映出元人对于以"击壤体"为代表的宋人理学诗书写或创作有一定认识。从《四库全书总目》所记载的内容来看,"击壤体"亦对明代龚诩、曹端、岳正、郑文康、庄泉、罗钦顺、顾允成、元淮、朱升、汪循以及清代王植等,产生了较大影响。至于其他一些理学诗的诗歌范式,如周敦颐的"濂溪范式"、杨时的"龟山范式"、张九成的"横浦范式"、朱熹的"晦翁范式",以及语录体、讲学体等,对宋、元时期理学诗的创作或书写,也起到了显著的示范或引领作用。本书第三章"宋代理学诗的诗歌范式及其诗坛反响"有较为详细的论述,此不赘述。

四　宋代理学诗的作者及其理学诗留存数量

理学诗,是宋代出现的一种以抒写理学思理、理学旨趣的诗歌新体式。它所表达、承载的主要是以理学家心性存养为重心的理学思想,以及由此而生发出的精神境界、审美旨趣和生活态度等。我们知道,作为文学艺术体式之一的诗歌而

① 傅璇琮等主编:《全宋诗》,第6177页。
② 傅璇琮等主编:《全宋诗》,第4840页。
③ 永瑢等撰:《四库全书总目》,第1408页。
④ 永瑢等撰:《四库全书总目》,第1433页。
⑤ 永瑢等撰:《四库全书总目》,第1437页。
⑥ 永瑢等撰:《四库全书总目》,第1437页。

言,它也有其自身独特的书写传统。从历代诗歌作品来看,象物比德、借景言情、托物言志等,都是诗歌创作者经常使用的重要诗歌表达方式。宋代士人在创作理学诗时,在很大程度上也继承、发扬了这一传统。由此,也就生成了理学诗的若干规定性特质。单从内容上讲,除了一些理学诗直接书写理学境界、理学思想和理学义理之外,还有一些理学诗借用传统诗歌的若干表达方式,来形象化地、充满艺术性地表达若干理学思想或理学旨趣。比如理学家诗人在书写或表达理学"孔颜乐处""生生不已""观天地生物气象"等思想时,便经常以象物比德、托物言志等表达方式,以春日盎然、生机勃发而与"孔颜乐处""生生不已""观天地生物气象"等理学思想相联系。他们往往由景物、社会事件等入手,通过诉诸实践主体之体验、识察等来抽绎出理学的"道问学""明理"等重要理学思想或理学旨趣。这里,需要提及的是,理学诗的若干规定性特质,其实也在一定程度上反映或表现出中国古代哲理诗的若干共有特征,比如魏晋玄言诗的"言理",偈语诗的言"性"等。但理学诗常用的"观物""格物"以"明理"的诗歌表达方式,"尊德性""问学""圣人"等诗歌内容或主旨类型,以及通过对景物、社会事件、历史人物遭际等的认知来印证、加强理学之万物普适之"理",却是玄言诗、偈语诗以及道教的步虚词等哲理性诗歌所很少表达或无法表达的。

理学诗的作者可以分为两种类型:一类是理学家诗人,另一类是受到理学家影响的文人诗人。理学家诗人,以《儒林宗派》《宋元学案》《闽中理学渊源录》等作统计,可知有明确记载的理学家约有 2800 人以上。依《四库全书》《四库全书补编》《续修四库全书》《禁毁四库全书》《丛书集成》系列,以及《全宋诗》《宋诗钞》《濂洛风雅》《诗渊》等查阅、统计,可知其所收录的宋代诗人的诗歌情况。通过核查、检索相关文献,统计出宋代有诗歌留存的理学家诗人 360 人以上。其中较有代表性的理学家诗人有:

邵雍、周敦颐、张载、李复、吕大忠、范育、种师道、游师雄、薛昌朝、吕大钧、张舜民、吕大临、程颢、程颐、邹浩、陈瓘、游酢、周行己、刘安上、杨时、许景衡、潘良贵、邢恕、晏敦复、朱光庭、刘子翚、罗从彦、尹焞、王蘋、高登、沈躬行、罗诜、吕本中、胡安国、胡寅、张九成、胡宏、廖刚、徐俯、程迥、范浚、冯时行、陈长方、赵鼎、陈渊、林季仲、史浩、韩元吉、汪应辰、谢逸、张孝祥、林之奇、周必大、晁说之、朱弁、刘安节、李光、李侗、朱震、邵伯温、林光朝、朱松、朱熹、林亦之、徐暄、吕祖谦、陈傅良、王十朋、陈藻、赵蕃、陆九渊、游九言、薛季宣、杨万里、曾丰、陆游、罗椅、刘辰翁、辅广、叶适、张栻、林梦英、吕声之、刘宰、真德秀、王大受、周南、杨与立、黄榦、曹彦约、陈文蔚、蔡元定、陈埴、陈淳、彭龟年、楼钥、魏了翁、李燔、叶味道、杜知仁、蔡沈、廖德明、李方子、赵师恕、赵蕃、宋之源、刘爚、张巽、李大同、邹补之、王介、傅梦泉、孙应时、石斗文、程洵、詹体仁、林夔孙、度正、陈孔硕、吴仁杰、陈宓、程端蒙、王过、方士繇、窦从周、郭磊卿、胡泳、曾三聘、刘黻、章康、欧阳谦之、余大雅、刘炎、傅诚、金朋说、杨简、袁燮、舒璘、傅子云、黄裳、朱桴、李伯敏、饶延年、邹斌、丰有俊、危稹、刘尧夫、陈耆卿、王象祖、方来、赵汝铎、赵汝谠、王度、戴栩、孔元忠、袁聘儒、赵汝谈、叶绍翁、张垓、吴子良、吕祖俭、葛洪、乔行简、王遇、李诚之、叶秀发、潘景夔、汪大章、黄谦、唐文虎、时澜、时沄、巩丰、彭仲刚、翁泳、徐几、蔡格、何基、饶鲁、赵师恕、刘子翚、吴昌裔、方来、赵必愿、詹初、徐元杰、陈普、丘葵、韩信同、熊禾、车安行、董楷、叶采、王柏、杜范、车若水、车瑾、蔡模、蔡杭、蔡权、赵范、赵葵、吴锡畴、江万里、赵雷、欧阳守道、王侃、窦从周、程公许、家铉翁、吕人龙、史弥忠、史弥坚、史弥巩、袁韶、叶梦得、胡衍、吴渊、吴潜、包恢、汤中、汤汉、魏克愚、牟子才、许月卿、张端义、陈著、唐震、李苩、赵卯发、高斯得、金履祥、陈天瑞、黄超然、方逢辰、魏新之、汪斗建、刘辰翁、谢翱、方凤、王炎午、王应麟、陈深、汪炎昶、文天祥、李壁、姚勉、阳枋、张镃、林希逸、许月卿、史绳祖、曾三异等。

　　上述理学家诗人中，有的存诗极少，有的存世诗歌作品中几乎没有理学诗。依据理学家诗歌作品的数量、理学诗创作情况等，对上述理学家诗人予以选择，得出有代表性的理学家诗人130人左右。再对其诗歌留存及其理学诗写作情况进行统计，得到理学家诗人的理学诗作6300多首。这些诗歌可以分为崇德性、生生不已、格物明理、因诗求道、心性存养、重道、向学等若干诗旨类型。

　　宋代与理学家交往的文人，数量是非常多的。这些文人，有的因此而接受了若干理学思想。其中，一些文人往往与理学家有诗歌唱酬，因此而写作了若干富有理学义理和理学情趣的诗歌。这一类写作有理学诗的文人，主要有两种情况：一类是理学家年谱所载的与理学家有密切交往的文人。如据《周敦颐年谱》所载，与周敦颐有密切交往的文人就有：郑向、陆参、许渤、胡宿、范仲淹、彭应求、彭思永、周尧卿、程珦、李初平、潘兴嗣、郭功甫、任大中、蒋概、何涉、董宗武、李郾、傅耆、赵抃、蒲宗孟、蒲师道、程师孟、何平仲、侯师孟、李大临、钱建、侯拓、沈几圣、吕公著、孔平仲、孔延之、孔文仲、侯师圣、王拱辰、费琦等。这些文人之中，除了侯师圣之外，其他诸人都非理学家。其中，胡宿、范仲淹、彭应求、彭思永、程珦、潘兴嗣、郭功甫、任大中、傅耆、赵抃、蒲宗孟、程师孟、何平仲、李大临、吕公著、孔平仲、孔延之、孔文仲、费琦等人，有诗歌留存至今。而从这些人所创作的诗歌而言，又有何平仲、吕公著、孔平仲、傅耆、蒲宗孟等人写有理学诗。又如《杨时年谱》所载,与其交游的士人就有:程端懿、林志宁、吴国华、蔡安礼、邹尧叟、游酢、俞仲宽、毛宪、张世贤、孙昭远、詹安世、张芸叟、徐积、李思和、张舜民、陈渊、陈莹中、胡安国、向和卿、张景常、陈几叟、刘器之、邹至宪、吕本中、萧欲仁、张谦中、李弥大、罗从彦、贺铸、陈子通、路允迪、傅墨卿、傅国华、吕好问、曹子华、向大中、汪藻、张浚、陈立道、李泰发、张子韶、萧子庄、程子通等。其中,除了程端懿、游酢、罗从彦、胡安国、张舜民、吕本中、吕好问、张浚等人之外,其他大致是当时的文人诗人。通过对宋代现存理学家年谱中所载理学家交往的文人作全面的统计,有 930 多人。其中,有 80 多人写有理学诗共 200 多首。另一类是在理学家诗歌中提及的与之有诗歌唱酬的文人,以及诗歌中记载与理学家唱酬的文人。理学家在其诗歌中提到的或者与之游诗歌唱酬的文人是比较多的。通过对代表性理学家诗人 130 多人的诗歌进行分析,发现与这些理学家交往的文人有 5600 多人。依《全宋诗》作统计,在 5600 多人中有 70 多人共写有理学诗 200 多首。

存世文献可见,一些著名文人如黄庭坚、王炎、萧德藻、陆游、杨万里、辛弃疾、姜夔等等,都写有不少理学诗。清人赵翼《瓯北诗话》就分析了陆游诗歌中的理学诗创作情况:

> 放翁自蜀东归,正值朱子讲学提倡之时,放翁习闻其绪言,与之相契。家居,有《寄朱元晦提举》诗、《谢朱元晦寄纸被》诗,又《寄题朱元晦武夷精舍》诗,所谓"有方为子换凡骨,来读晦翁新著书"也。及朱子卒,放翁祭之以文云:"某有捐百身、起九原之心,倾长河、决东海之泪。路修齿耄,神往形留。"是可见二公道义之交矣。……是虽不以道学名,而未尝不得力于道学也。其集中亦有以道学入诗者,如《冬夜读书》云:"六经万世眼,守此可以老。多闻竟何为,绮语期一扫。"又有云:"虽叹吾何适,犹当尊所闻。从今倘未死,一日亦当勤。"《平昔》云:"皎皎初心质天地,兢兢晚节蹈渊水。"《书怀》云:"平生学六经,白首颇自信。所觊未死间,犹有分寸进。"《示儿》云:"闻义贵能徙,见贤思与齐。"又云:"《易经》独不遭秦火,字字皆如见圣人。汝始弱龄吾已耄,要当致力各终身。"可见其晚年有得,非随声附和,以道学为名高者矣。至其诗之清空一气,明白如话,而无迂腐可厌之习,则又其余事也。①

从上述文献来看,陆游与朱熹有交往,并写有不少理学诗。当然,一般而言,南宋

---

① 赵翼:《瓯北诗话》,载郭绍虞编选:《清诗话续编》,第 1234 页。

文人鲜有不受理学文化思潮影响的情况。不过，从对两宋时期一些比较重要的诗人的诗歌作品进行统计分析来看，这类文人写作的理学诗并不是很多，有100多位文人写作了300多首理学诗。

由上可见，经过并不十分全面的文献梳理和统计，我们就已经搜集了宋代理学诗7100多首。尽管如此，这一数量已经足够惊人了。我们知道，《全宋诗》共收录作者9000多人，诗作二十多万首。以本著所界定的"理学诗"标准，我们从《全宋诗》中检得理学诗人1740人左右。这一数量，已经占到《全宋诗》诗人总数量的五分之一左右。从我们所列已甄别、辑录的"理学诗"数量来看，也占到宋代诗歌总数的3.5%左右。

本节无非是想说明一个客观存在的历史事实，那就是：宋代"理学诗"是历史客观存在，是确凿无疑的文学及文化现象；"理学诗"具有独特的诗歌品格，是独立于"文人诗"的客观存在；"理学诗"的作者数量、诗作数量是非常惊人的。由此可见，宋代理学诗研究，是一个亟待重视的学术研究新领域，值得我们入山探宝。显而易见，新时代有志气的文学史家，要想建构具有中国气派的新的文学史体系的话，就必须正视中国历史上的"理学诗"文化现象，并珍视其文化贡献和涵蕴其中的民族文化品格、文学境界，而绝不能采取简单否定、故意无视的做法去研究它，更要警惕因学养不足而导致的研究偏差甚至错误。

第二节　理学诗的存在形态：文人诗、理学诗的共生性及复杂关系

作为理学诗书写主体的宋代理学家写作了大量的诗歌。从这些作品来看，绝大多数理学家，在写有表达理学思理和理学旨趣的"理学诗"的同时，也写有一些表达一般文人所共有的志向不遂、忧时穷愁、咏物写景等人生情感和情趣的"文人诗"。这些文人诗的数量，要远超其所书写的"理学诗"。宋代理学家所书写的"理学诗"，从其存在形态而言，是与这些理学家所书写的"文人诗"相杂糅或混杂在一起的。

一、理学家所写作的诗歌作品，无论就其文献著录形态而言，还是从其创作过程而言，往往呈现出"文人诗""理学诗"相杂糅或相混杂的共存形态。

从理学家诗歌的著录形态而言，理学家的诗歌往往表现为文人诗、理学诗共存。从目录文献记载来看，理学家所写的诗歌，在本人或者后人结集的过程中，绝大多数被收录进理学家的集子（别集）或者由他人编纂的"总集"中。现存宋代

理学家的"别集",主体部分都被收录于《文渊阁四库全书》之中。从《四库全书总目》来看,这些别集主要有两种编纂形态:

其一,理学家个人的集子,版本流传有绪。从《四库全书总目》来看,理学家的诗歌作品,往往与其他文体形式如赋、传记文、碑志、颂赞等成为作者"别集"的主要组成部分。如:

> 《游廌山集》四卷。……此本首以《论语杂解》《中庸义》《孟子杂解》为一卷。次《易说》《诗二南义》为一卷。次《师语》《师训》为一卷。次以文七篇、诗十三首,附以墓志、年谱为一卷。又《中庸义》后有《拾遗》。《孟子杂解》仅八条。《诗二南义》仅二条。盖后人掇拾重编,不但非其原本,且并非完书矣。

> 《和靖集》八卷。宋尹焞撰。焞有《孟子解》,已著录。然《孟子解》虽名见《书录解题》,原书实已散佚。今所行者乃赝本。惟此集犹相传旧笈。凡奏札三卷、诗文三卷。其壁帖一卷,乃焞手书圣贤治气养心之要,粘之屋壁以自警惕,后人录之成帙。又《师说》一卷,则焞平日之绪论,而其门人王时敏所编也。

> 《王著作集》八卷。宋王蘋撰。……陈氏著录作四卷,宝祐中其曾孙思文刊于吴学,卢钺为序。此本为明弘治中蘋十一世孙观所编。一卷为《传道支派图》,二卷为札子杂文十余篇,三卷以下为像赞题跋及门人私志语录之类。较陈氏所记,卷数遽增一倍。然遗文不过一卷,余皆附录。实则亡佚四分之三。盖捃拾残剩而成,已非旧本。

> 《五峰集》五卷。宋胡宏撰。……案陈振孙《书录解题》,其集凡有二本。一本五卷,一本不分卷。此本题其季子大时所编,门人张栻为之叙。凡诗一百六首为一卷,书七十八首为一卷,杂文四十四首为一卷,《皇王大纪论》八十余条为一卷,经义三种为一卷,盖即所谓五卷之本也。

> 《象山集》二十八卷、《外集》四卷、附《语录》四卷。宋陆九渊撰。……据九渊年谱,集为其子持之所编,其门人袁燮刊于江西提举仓司者,凡三十二卷。《宋史·艺文志》《文献通考》并作《象山集》二十八卷、外集四卷。总而计之,与燮所刊本卷数相符。……前十七卷为书,十八卷为表奏,十九卷为记,二十卷为序赠,二十一卷至二十四卷为杂著,二十五卷为诗,二十六卷为祭文,二十七卷、二十八卷为墓志、墓碣、墓表。外集四卷皆程试之文。末为谥议、行状,则吴杰所续入也。

《慈湖遗书》十八卷、《续集》二卷。宋杨简撰。……《宋史》本传载简所著有《甲稿》《乙稿》《冠记》《昏记》《丧礼》《家记》《祭记》《释菜礼记》《石鱼家记》及《已易启蔽》诸书，其目甚多。陈振孙《书录解题》则称简遗书止三卷。此本自六卷以前为杂文及诗，七卷至十六卷为《家记》，皆杂录论经史治道之说，如语录之体。十七卷纪先训，十八卷乃钱时行状及真德秀跋。又编杂文一卷及《孔子闲居解》一卷于后，谓之续集。与振孙所记卷数，多寡不合。而集中《家记》内各条，又有别标曰见《遗书》者。疑先有遗书三卷，初本别行。后又裒辑诸编，共成此集，仍总以《遗书》名之。犹之王质《雪山集》有三卷之本、有四十卷之本欤？

《鹤山全集》一百九卷。宋魏了翁撰。……其集原本一百卷，见于焦竑《经籍志》。前有淳熙己酉宛陵吴渊序。凡诗十二卷、笺表制诰奏议等十八卷、书牍七卷、记九卷、序铭字说跋等十六卷、启三卷、志状二十一卷、祭文挽诗三卷、策问一卷、长短句三卷、杂文四卷，又制举文三卷、《周礼折衷》四卷、拾遗一卷、《师友雅言》二卷，共成一百一十卷。此十卷皆注有新增字，盖书坊刊版所续入。……元明间集版湮废。嘉靖辛亥，四川兵备副使高翀等始重刻于邛州。而校订草率，与目多不相应。……然世间仅存此本，流传甚少。今重加校定，仍其所阙，析其所并，定为一百九卷。而原目之参错不合者，则削而不录焉。[1]

从上述《四库全书总目》著录的"别集提要"来看，上述理学家的诗作是与作者的其他作品一起被收进集子里的。上述别集版本有的流传有绪，并为完帙，如《象山集》《五峰集》等；有的则为人所裒辑，如《游廌山集》《王著作集》《鹤山全集》等。从这些别集的内容来看，大多数理学家别集重在依经解类著述、语录及其他著述来表达其理学思想，诗文非其主要部分，如《游廌山集》《和靖集》等。即使一些别集多收诗文，但其诗作或以诗体为编纂体式，或者竟不分体而杂录。从《四库全书总目》所录宋代理学家另外一些别集来看，情况亦如上述所言。如范浚《香溪集》二十二卷、邹浩《道乡集》四十卷、陈渊《默堂集》二十二卷、罗从彦《豫章文集》十七卷、刘宰《漫塘文集》三十六卷、胡寅《斐然集》三十卷、张九成《横浦集》二十卷、薛季宣《浪语集》三十五卷、叶适《水心集》二十九卷、张栻《南轩集》四十四卷、陈淳《北溪大全集》五十卷及《外集》一卷、真德秀《西山文集》五十五卷、陈著《本

---

① 引文内容均见永瑢等撰：《四库全书总目》，卷一五五至卷一六五。

堂集》九十四卷、吴锡畴《兰皋集》三卷、熊禾《勿轩集》八卷等,不管是从其版本情况来看,还是从其内容而言,均与上述所引别集的情况相一致。

其二,宋代理学家的集子,由于各种原因而出现了亡佚或者散失,经由后人重编、裒辑编缀或辑佚编定。这部分理学家的集子,所占比例远超版本流传有绪的理学家"别集"。如:

> 《晞发集》十卷、《晞发遗集》二卷、《遗集补》一卷、附《天地间集》一卷、《西台恸哭记注》一卷、《冬青引注》一卷。宋谢翱撰。……据方凤作翱行状,称翱遗稿凡手抄诗六卷,杂文五卷,《唐补传》一卷,《南史赞》一卷,《楚辞芳草图谱》一卷,《宋铙歌鼓吹曲》《骑吹曲》各一卷,《睦州山水人物古迹记》一卷,《浦阳先民传》一卷,《东坡夜雨句图》一卷。其《唐补传》以下如编入集中,当共二十八卷;如别本各行,则诗文当止十一卷。然世无传本,莫知其审。明弘治间,储罐所刻,已与凤所记不合。万历中有歙县张氏重刻本,益以降乩之作,尤为秽杂。此本为平湖陆大业以家藏抄本刊行,云向从旧刻录出。卷第已乱,大业以意厘定之,校他本差为完善,然亦非其旧也。
>
> 《则堂集》六卷。宋家铉翁撰。……惟《永乐大典》收其诗文尚夥。谨裒合排比,以类相从,厘为文四卷、诗词二卷。
>
> 《存雅堂遗稿》五卷。宋方凤撰。……其门人柳贯辑其遗诗三百八十篇,厘为九卷,属永嘉尹赵敬叔刻置县斋,黄溍为之序。及宋濂作凤传,又称《存雅堂稿》三千余篇。盖据其未刻者而言,故与溍序篇数多寡不合。其后浸以散逸,遂并版本亦亡。国朝顺治甲午,其里人张燧乃博蒐诸书,掇拾残剩,汇为此编。凡诗七十三首、文十二首、《金华洞天行纪》一篇,附以凤子樗、梓诗十六首、文五首。
>
> 《吾汶稿》十卷。宋王炎午撰。……其稿凡文九卷,《附录》一卷,揭傒斯、欧阳玄皆为之序。然传本颇稀,明宣德中始行于世。正德中其裔孙伟乃刻之南京,后版散佚。万历中其裔孙伯洪重刊,乃摘钞为二卷,仅录文二十八首,词二首,又自以杂文数篇缀于末,去取失当,殊不足观。此本从旧刻录出,犹完帙之仅存者也。①

以上可见,这一类理学家的集子,有不少是四库馆臣从《永乐大典》中"采辑裒次"

---

① 引文内容均见永瑢等撰:《四库全书总目》,卷一五五至卷一六五。

"裒合排比"而辑成的。因为《永乐大典》的编撰是以韵部为体例的,诗歌作品则以律绝、古诗等体式排列。因此,从《永乐大典》辑出的诗歌作品,往往以古诗、五七言律绝等体式来编排成书。当然,从《四库全书》所收宋代理学家别集情况来看,为人所"采辑裒次""裒合排比"而辑成的集子的情况,虽较为复杂,但大多不出以上所引《四库全书总目》所言之类例。《四库全书总目》所收其他别集,如周敦颐《周元公集》九卷、张舜民《画墁集》一卷、李复《潏水集》十六卷、陈长方《唯室集》四卷及《附录》一卷、汪应辰《文定集》二十四卷、彭龟年《止堂集》二十卷、曾丰《缘督集》二十卷、袁燮《絜斋集》二十四卷、韩元吉《南涧甲乙稿》二十二卷、曹彦约《昌谷集》二十二卷、度正《性善堂稿》十五卷、陈文蔚《克斋集》十七卷、杜范《清献集》二十卷、吴泳《鹤林集》四十卷、戴栩《浣川集》十卷、陈耆卿《筼窗集》十卷、詹初《寒松阁集》三卷、高斯得《耻堂存稿》八卷、方逢辰《蛟峰文集》八卷及《外集》四卷、阳枋《字溪集》十一卷及《附录》一卷、文天祥《文山集》二十一卷、谢枋得《叠山集》五卷、王柏《鲁斋集》二十卷、刘辰翁《须溪集》十卷等,版本情况皆与上述类例相近。

总之,从《四库全书》收录的上述两类理学家集子来看,不管是哪种编纂形式,都没有以"理学诗"为专类编纂的情况。在宋代理学家之"别集"中,所收诗作都呈现为文人诗、理学诗的共存形态。

从"总集"而言,情况较为复杂一些。现存宋代人所编的"总集"对于理学家诗歌的著录有两种形式:一种是写作时间为编纂主线,所收之理学诗与文人诗并存。如朱熹、张栻、林用中编《南岳倡酬集》,《四库全书总目》云:"宋朱子与张栻、林用中同游南岳倡和之诗也。……是集作于乾道二年十一月,前有栻《序》。……今此本所录止五十七题,以《朱子大全集》参校,所载又止五十题,亦有《大全集》所有而此本失载者。"①从此书所载朱熹、张栻、林用中的诗作来看,大多数是单纯的写景之作,与一般文人诗无异,可视为文人诗。如同题《七日发岳麓道中寻梅不获至十日遇雪赋此》,朱熹诗云:"三日山行风绕林,天寒岁暮客愁深。心期已误梅花笑,急雪纷纷更满襟。"②张栻诗云:"眼看飞雪洒千林,更著寒溪水浅深。应有梅花连夜发,却烦诗句写愁襟。"③林用中诗云:"昨日来时万里林,长江雪厚浸犹深。苍茫不见梅花意,重对晴天豁晚襟。"④三人诗篇均写雪景

---

① 永瑢等撰:《四库全书总目》,第 1697 页。
② 傅璇琮等主编:《全宋诗》,第 27549 页。
③ 傅璇琮等主编:《全宋诗》,第 27937 页。
④ 傅璇琮等主编:《全宋诗》,第 29570 页。

之梅,而朱熹诗作感情色彩较之张栻、林用中更为强烈一些,但三诗所表达出的情感,均属文人常见的因物咏怀之作,可视为文人诗。该书中亦收录有不少理学诗。如《马上举韩退之话口占》同题诗作,朱熹诗云:"昨日风烟接混茫,今朝紫翠插青苍。此心元自通天地,可笑灵宫枉炷香。"①张栻诗云:"扰扰人心压渺茫,更于底处问穹苍。今朝开雾君知否,春到无边花草香。"②林用中诗云:"天寒愁思正茫茫,匹马周行野树苍。遥想韩公昔年事,声名留得后来香。"③比较而言,上述朱熹、张栻诗作均表达出宋代理学的心性存养主题,而林用中诗作则与一般文人诗无异。由上可见,《南岳倡酬集》呈现出文人诗、理学诗互相杂糅共存的编纂形态。又如题为陈思所编《宋代名贤小集》,《四库全书总目》记:"是编所录宋人诗集,始于杨亿,终于潘音,凡一百五十七家,有绍定三年魏了翁序及国朝朱彝尊二跋。考所载了翁序与宝刻丛编之序字句不易,惟更书名数字,其为伪托无疑。……然编诗之人虽出赝托,而所编之诗则非赝托。宋人遗稿颇藉是以荟粹,其搜罗亦不谓无功。"④集中选了理学家吴潜、陈普、林希逸等人之诗。所选诸诗,亦呈现出文人诗、理学诗共存的情形。如陈普《拟古》诗,其三有:"秋夜永如年,四壁号寒蛩。明月照树叶,白露啼青桐。寒窗紫玉琴,时变羽凌宫。三弹不成调,百忧郁攻中。"⑤抒写诗人秋夜不寐,抚琴忧伤,是文人诗常见的诗歌主题。而其诗《和友人韵》则述及"孔颜乐处"理学主旨:"儿童恨芳草,不识春长在。箪瓢日晏如,焉知颜乐改。"⑥可见,《宋代名贤小集》杂录理学家、文章之士的诗歌。而集中所录理学家的诗,又兼存其理学诗、文人诗。其他如吕祖谦《宋文鉴》,亦兼取文章之士、理学之士之诗。其中,理学家的诗则兼存理学诗、文人诗。

　　另一类情况,则专选理学诗。朱熹门人熊节编《性理群书句解》选取了朱熹等人的诗作,并对朱熹的《感兴二十首》作了注解。这表明,选编者已经具备了对"理学诗"的自觉辨体意识。而宋末金履祥所选《濂洛风雅》,《四库全书总目》认为自该书出而"道学之诗与诗人之诗千秋楚越矣",并强调"然而天下学为诗者,终宗李、杜而不宗濂、洛",⑦已经言及金履祥具有明确的"辨体"意识。于此可见,

---

① 傅璇琮等主编:《全宋诗》,第 27550 页。
② 傅璇琮等主编:《全宋诗》,第 27937 页。
③ 傅璇琮等主编:《全宋诗》,第 29571 页。
④ 永瑢等撰:《四库全书总目》,第 1705 页。
⑤ 傅璇琮等主编:《全宋诗》,第 43728 页。
⑥ 傅璇琮等主编:《全宋诗》,第 43737 页。
⑦ 永瑢等撰:《四库全书总目》,第 1737 页。

金履祥已经对文人诗、理学诗有自觉的区分。比较而言,宋元时期虽有《性理群书句解》《濂洛风雅》等专选理学诗的"总集",但是就宋代理学家诗歌文献留存来看,彼时绝大多数理学家的诗作是与其集中的文人诗共存的。

与上相似,从理学家的诗歌创作实践来看,很多理学家在创作理学诗的同时也写作了大量的文人诗。周敦颐、邵雍、程颢、杨时、陈瓘、李侗、陈傅良、朱熹、张栻、吕祖谦、陆九渊、杨简、真德秀等理学家的年谱均载,他们往往于应酬交际之际写有文人诗、理学诗。如朱熹作于孝宗隆兴三年八月的组诗《奉同张敬夫城南二十咏》,其《咏归桥》:"绿涨平湖水,朱栏跨小桥。舞雩千载事,历历在今朝。"[1]表达出他所推崇的理学"生生不已"之主题,这首诗显然属于理学诗。此组诗篇,属于理学诗的还有《蒙轩》《濯清》等。而同组其他诗篇,如《纳湖》《东渚》《船斋》《柳堤》等,均与一般文人诗无异。此外,宋代理学家的组诗作品中,常常有的书写其理学旨趣和理学思理,有的却表达出文人诗惯有的忧时嗟老、功业未就的感伤。这说明,这些理学家在写作诗篇时,并没有刻意地区分文人诗、理学诗。这种现象,在理学家的诗歌作品中是比较常见的。如杨时有《藏春峡六咏》《和陈莹中了斋自警六绝》《春日五首》等,陆九渊有《和杨廷秀送行》《送德麟监院归天童和杨廷秀韵二首》等,朱熹有《次吕季克东堂九咏》《感兴二十首》《武夷精舍杂咏》等。上述所列杨时、陆九渊、朱熹三人之诗作,均为其同时所作。于此可见,宋代理学家在应酬之际而写作诗篇时,往往是文人诗、理学诗并存的。

二、从诗歌题材上看,相同的诗歌题材往往同时出现于理学家的"文人诗"与"理学诗"中,这也说明理学家"文人诗""理学诗"具备文本共存性的形态特征。

理学家的诗歌题材是比较丰富的。可以说,文人诗的一般诗歌题材,如山川景物、历史事件、物候节气、咏怀言志、咏物寄托等,同样也是理学诗常见的诗歌题材。也就是说,文人诗、理学诗在诗歌题材上表现出共存的诗歌形态。这里,仅以咏史诗、咏物诗、写景诗、咏怀诗等四类常见诗歌来举例说明。

咏史诗。理学家的理学诗书写,在其咏史诗类型中有所表现。如邵雍长诗《观棋大吟》[2],诗篇因"观棋"起兴,因对弈双方在弈棋时表现出的"义不及朋友,情不通夫妻",而联系"心迹"问题,因此而观"往昔",引入对历史更替的追叙。诗篇从庖羲氏说起,历述尧舜禹、商周直到有宋建国。然后收束于"往事都陈迹,前书略可依",总结"弈棋"与"陈迹"之相同之处在于"消长天旋运,阴阳道范围",从

---

[1] 傅璇琮等主编:《全宋诗》,第 27516 页。

[2] 邵雍著,郭彧整理:《邵雍集》,中华书局,2010 年,第 181 页。

而点明"穷理以尽性"的重要性,以此而主张"仁义礼智信"之"五常"乃是遵守"天道"的必然要求。此诗之中,涉及"咏史"的内容占了全诗的六分之五以上,因此可视为咏史诗。诗篇中,不管是"观棋"也好,还是"咏史"也好,其目的都是通过"观"这些"物"而实现"明理"。因此,此诗书写了作者的理学思理和理学旨趣,自然是理学诗。类似的诗篇,在杨时、朱熹、陈傅良等理学家的作品中常见。而就"咏史诗"这一诗歌题材而言,至迟在班固的《咏史》中已经完全成熟。魏晋六朝文人写作咏史诗不绝如缕,曹植、陶渊明、谢灵运、庾信等人,都写有不少。而到了唐代,李白、杜甫、王昌龄、杜牧、李商隐等人的咏史诗,可谓已经达到极致。到了宋代,如欧阳修、苏轼、梅尧臣等人的咏史诗,仍然继承了自东汉递相发展而来的文人"咏史诗"的书写传统。宋代理学家在写作诗歌时,所写的咏史诗仍然继承了这一文人诗传统。只不过,由于理学家的学养和学术旨趣所在,他们往往于咏史中透露出理学的旨趣、思理。由此,理学家的咏史诗便形成两种形态,一种是与历史上文人诗中的"咏史诗"无异,表达出的志向、情感等均与咏史诗传统紧密相连。另外一种则是在咏史诗之中表达出理学的思理与旨趣,而成为理学诗的一种形态。当然,理学家的诗作,往往也是这两种形态共存的。如邵雍的《过宜阳城二首》《观七国吟》《观两汉吟》《观南北朝吟》等,与传统文人诗中的"咏史诗"无异。而其《读张子房传吟》则有"用舍随时无分限,行藏在我有穷通",则有理学思理而成为理学诗了。可见,同样是理学家的诗歌,亦呈现出文人诗、理学诗的共存形态。

理学家的咏物诗,也表现出文人诗、理学诗共存形态。如程颢有诗《桃花菊》,题下有注"此花近岁方有"①,诗篇依次写了该花的由来、开花季节、花开容貌,以及花名及其傲霜品节等,是传统文人诗的写法。而袁燮有诗《咏竹》:"此君林下静无尘,苗裔生来便逸群。头角崭然圆玉峙,养成直节要凌云。"②突出竹之处静、逸群、直节等特征,而这些恰是理学家德性人格的建构理想。又如其《腊梅》《小松》等诗,均可视作理学诗。再如熊禾《涌翠亭梅花》,述及梅花之新陈更替,由此而发出"花开花谢亦常理,对花不必尤花神"的感叹。诗篇言及"此花不必相香色,凛凛大节何峥嵘"③,赞美其品格气节,表达出理学的思理、旨趣。而如许景衡(1072—1128)《小圆石屏》,述及此屏出自深山而复经匠人雕琢为器,进而

---

① 程颢、程颐著,王孝鱼点校:《二程集》,中华书局,1981年,第477页。

② 傅璇琮等主编:《全宋诗》,第31015页。

③ 傅璇琮等主编:《全宋诗》,第44110页。

发出"此生随万物，何者斯为足。要须指顾间，一寄千里目"①的感慨，显然有理学意味。总的来看，理学家的咏物诗，在延续了文人诗书写传统的同时，因结合了理学思理和理学旨趣，往往呈现出理学所特有的观物方式或者思维方式。因此，咏物诗也被视作理学诗的重要的题材类型之一。

理学家的写景诗也呈现出文人诗、理学诗的共存形态。如许景衡《冬至日雪》有句："烈风鼓青冥，阴云布峥嵘。……一阳动黄宫，万物如有萌。丰年颁上瑞，我独欣发生。"②头二联写降雪景象，接着述及"生生不已""阴极阳动"理学思想，表达出理学的思理和旨趣。但同样是写景诗，许景衡亦有很多诗篇并无理学思想与旨趣，而呈现出文人诗的特征。如其《信步》写田家景物，《春晚》因景而表达士人不遇的感慨，《晚行》因景而思家等，无论是其表达方式还是诗歌主旨，均与文人诗没有区别。再如刘子翚有《潭溪十咏》，其一为《山馆》，诗篇在述及山馆春色之后，提及主体感受"吾心乐有余，所寓皆胜境"，强调的是由于德性圆满、其心定止而呈现出的"乐意"。此诗虽是写景，但寄寓了创作主体的心性存养体验，因此是理学诗了。在《潭溪十咏》组诗中，刘子翚写有《悠然堂》《海棠洲》《凉阴轩》《橘林》《莲池》等诗，其内容以述写景物居多，其中所抒发的感情也不外乎文人的逸趣或闲适情感。可见，刘子翚的写景诗中，文人诗、理学诗是共存的。文人诗、理学诗的共存形态，亦见于杨时、冯时行、陈长方、陆九渊、陈渊、范浚等人的写景诗作中。可以说，文人诗、理学诗的共存形态，是理学家写景诗作的普遍情形。

较之以上三种，理学家的咏怀诗主旨更为显豁一些。一些代表性的理学家诗人，如杨时、王十朋、韩元吉、陈文蔚、金朋说等都写有不少咏怀诗。而从这些理学家的诗作来看，都表现出文人诗、理学诗的共存形态。如杨时《此日不再得示同学》，强调惜时向学、明义利之辨、守道义之正、严异学之别，以"君子儒"而相勉，表达出其坚守理学立场的抱负与信念。他又在《藏春峡六咏》咏及"点狂圣所与，聊欲继余芬"③，"人生出处分，礼义安可逾"④等，亦传达出坚守儒家思想的决心。而《藏春峡六咏》所咏之主旨，是比较典型的文人诗思想。杨时不少诗歌，也写出了其落拓不遇、穷愁彷徨的文人心态："嗟予昔以三釜悬，投身世网百虑

---

① 傅璇琮等主编：《全宋诗》，第 15510 页。
② 傅璇琮等主编：《全宋诗》，第 15517 页。
③ 傅璇琮等主编：《全宋诗》，第 12918 页。
④ 傅璇琮等主编：《全宋诗》，第 12918 页。

煎"①,其表露的情感与一般文人无异。而其《隐几》由初秋无霜之时,长蒿与青松同样呈现为鲜泽的形态而起兴。诗篇写到积雪冬至而万木催落,唯有长松独清,由此得出"人生无艰危,君子竟何别。隐几试澄思,行藏易差辙"②的结论。这首诗是典型的理学"格物致知"思理,其"澄思""行藏"等均与心性存养有关。再如周行己有诗《道中有感》:"晶晶平川静,晖晖寒食曛。连山荒白草,属地乱黄云。岁晚关心事,天边为客身。扁舟终不恶,奔走失吾真。"③表达出文人常见的羁旅行役的感伤,为典型的文人诗。由上可见,作为理学家代表性诗人的杨时、周行己,其诗歌呈现出文人诗、理学诗的共存形态。与杨时、周行己诗歌相一致,从现存诗歌较多的理学家而言,如李复、王十朋、韩元吉、朱熹、陆九渊、杨简、陈文蔚、金朋说、魏了翁、王柏等人,其咏怀诗作都呈现出文人诗、理学诗的共存形态。

除了以上几种,理学家的其他类型的诗歌,如乐府诗、叙事诗、战争诗、挽诗、寿诗等,也呈现出文人诗、理学诗的共存形态。如张载有乐府诗《君子行》倡导"君子防未然,见几天地先;开物象未形,弭灾忧患前"④,表达出理学旨趣,属理学诗。而周行己写有《春闺怨》,如其二:"深院无人帘幕垂,漫裁白纻作春衣。停针忽忆当年事,羞见梁间燕子飞。"⑤显然是文人诗常见的闺怨主题。可见,理学家乐府诗歌中,文人诗类型和理学诗类型也是共存的。从代表性理学家如李复、谢逸、朱松、薛季宣、朱熹、孙应时、刘黻、金履祥等人的乐府诗作来看,其乐府诗歌题材往往兼备文人诗类型和理学诗类型。

三、理学家的诗歌,在其表达方式上,亦呈现出"文人诗""理学诗"有共同之处。

宋代理学家常因主张"文以载道"而强调"以诗求道",故书写了大量的理学诗。而在其理学诗表达方式上,又常以"观物""明理""格物致知"等作为书写理学思想、理学旨趣的方法或者手段。⑥除了这些独特的表达方式之外,理学诗作为中国古代诗歌的重要类型之一,在表达方式上也有其承继或遵循文人诗传统的一面。特别是,自《诗经》《楚辞》以来形成的中国古代诗歌的一些传统表达方式也常常被理学家所采用。因此,理学家所写作的诗歌,不管是文人诗类型,还

---

① 傅璇琮等主编:《全宋诗》,第 12931 页。
② 傅璇琮等主编:《全宋诗》,第 12923 页。
③ 傅璇琮等主编:《全宋诗》,第 14368 页。
④ 张载著,章锡琛点校:《张载集》,中华书局,1978 年,第 367 页。
⑤ 傅璇琮等主编:《全宋诗》,第 14378 页。
⑥ 参见本书第五章第一节"宋代理学基本话语与理学诗表达方式之关联"相关内容。

是理学诗类型,其表达方式有相同之处。这里,仅举文人诗、理学诗常见的两种表达方式"因物起兴"和"托物言志(理)"来作说明。

1. 因物起兴

宋代理学家诗歌中,不管是文人诗类型还是理学诗类型,都有一些凭借、依托"物"而兴起志意、情感的诗歌作品。如张载(1020—1078)有理学诗《贝母》:"贝母阶前蔓百寻,双桐盘绕叶森森。刚强顾我蹉跎甚,时欲低柔警寸心。"①诗作由贝母枝叶蔓延而起兴,联想到外显于外的刚强造成了自己一生的蹉跎,因此提醒自己应低柔而温顺,不可露形于外。又如周敦颐理学诗《读易象》:"书房兀坐万机休,日暖风和草色幽。谁道二千年远事,而今只在眼前头。"②诗由观"易象"起兴,强调心性定止,万机屏息。再如胡宏理学诗《苍天》:"苍天映清水,下见白云飞。天水从何来,飞云更何依。人生亦如此,融结中有机。此机即天命,吾心端不违。"③由天上白云、雨水而起兴,然后因此物而"格"知其理。诗篇作者认为万物有其注定的宿命,作为社会实践主体的人当敬天从命。上述所举,都是理学家以"因物起兴"方式写理学诗的例子。而理学家也常常以这种方式写作文人诗。如周敦颐诗《石塘桥晚钓》:"濂溪溪上钓,思归复思归。钓鱼船好睡,宠辱不相随。肯为爵禄重,白发犹羁縻。"④诗篇因石塘桥晚钓而起兴,表达出士人宦途穷困而不计宠辱的心情,这种情感常见于自陶渊明至北宋中期的文人诗中。再如吕祖谦有诗《晚望》:"独立荒亭数过帆,横林疏处见沧湾。故知不入豪华眼,送与凫鸥自在看。"⑤诗由荒亭所见过帆起兴,所表达的是士人诗歌中常见的闲适隐逸主题。由上分析可见,宋代理学家以"因物起兴"为表达方式的诗歌之中,文人诗类型和理学诗类型均属常见。这样的诗例还可再举几首。如朱熹有《观书有感二首》其二:"昨夜江边春水生,蒙冲巨舰一毛轻。向来枉费推移力,此日中流自在行。"⑥诗作以春水生发而巨船自在航行这一物象为起兴,强调积学日久自能涣然透辟,处中流而得自在。再如杨时《闲居书事》:"轻风拂拂撼孤桩,庭户萧然一室清。隔叶蝉鸣微欲断,又闻余韵续残声。"⑦诗写独居闻蝉,时断时续,表达出

① 张载著,章锡琛点校:《张载集》,第369页。
② 周敦颐著,陈克明点校:《周敦颐集》,中华书局,1990年,第61页。
③ 胡宏撰,吴仁华点校:《胡宏集》,中华书局,1987年,第54页。
④ 周敦颐著,陈克明点校:《周敦颐集》,第63页。
⑤ 傅璇琮等主编:《全宋诗》,第29137页。
⑥ 傅璇琮等主编:《全宋诗》,第27501页。
⑦ 傅璇琮等主编:《全宋诗》,第12953页。

文人的孤寂感受,与一般文人诗无异。由上述朱熹、杨时诗作可见,理学家诗作中,文人诗类型与理学诗类型是共同存在的现象。所不同的是,他们为了表达其不同的志意、情感,而选取不同的物象。"因物起兴"这种诗歌表达方式,常见于理学家诗人的写景诗与咏怀诗中。陈傅良、薛季宣、叶适、曹彦约等代表性理学家诗人,都以这种方式写作了大量诗歌。

2. 托物言志(理)

理学家以"托物言志(理)"表达方式来表达其志向、情感,是比较常见的。对此,理学家的咏物诗表现得尤为典型。如陈傅良有诗《南岳圣业寺禹柏》,诗篇首先述及禹柏之奇异形状,其本离披残枯而其叶蔚然出新。继写其气度风神之不凡光怪。最后,作者对禹柏之拙朴天巧给予了高度的推崇。全诗表面上是咏禹柏,实际却表达出理学所主张的"重拙""守真"等思想。陈傅良又有诗《和张倅唐英咏梅十四首》,其中,多有以梅花之脱俗、高洁、傲然等来表达志向、寄托精神追求的诗作。如其十一:"纷华有心说,艳美得目送。越在篁苇间,顾使诗兴动。诗人被花恼,尽日手自弄。愁吟日不足,又作栩栩梦。"[1]诗篇以腊梅之华艳引动诗心入题,述写了一般文人恋物吟诗、轻愁度日等日常生活状态。上述可见,陈傅良以托物言志(理)来写作理学诗、文人诗。再如度正有诗《笼鸡》:"笼中畜一鸡,饮啄颇云足。其鸡浑不顾,引颈欲逃出。旁鸡大爱之,贪食笼中食。回旋欲归笼,不省笼拘束。"[2]诗篇述写"笼中鸡"为自由而欲逃出,它鸡则贪食而受困,语意深沉而警醒,表达出不同的人生取舍态度,是文人诗常见主题。再如张栻(1133—1180)有诗《题城南书院三十四咏》其十四曰:"和风习习禽声乐,晴日迟迟花气深。妙理冲融无间断,湖边伫立此时心。"[3]诗篇以春日和风鸟鸣,花香袭人入题,而表达出诗人体贴"生生不已"之意,显属理学诗。与之相似,宋代理学家有不少诗歌作者,以托物言志或者托物言理的表达方式,写了不少文人诗和理学诗。

总结而言,宋代理学家的文人诗类型和理学诗类型,往往使用相同的诗歌表达方式。当然,理学家所写作的诗歌,无论是理学诗类型还是文人诗类型,还有一些共同使用的表达方式,如议论言理、叙述事理等。从这个意义上而言,理学诗、文人诗作为理学家写作的两种诗歌类型,在表达方式上具有共同性。

---

① 傅璇琮等主编:《全宋诗》,第29243页。

② 傅璇琮等主编:《全宋诗》,第33632页。

③ 傅璇琮等主编:《全宋诗》,第29924页。

从理学家的诗歌体式上看,其文人诗类型、理学诗类型区分并不明显,古体、五七言律绝、乐府等,都是共同使用的诗歌体式。可以说,理学家的文人诗类型、理学诗类型,所使用的诗歌体式是没有什么差异的。

由上可见,无论是从理学家的诗歌著录、创作过程来看,还是从理学家的诗歌表达方式以及诗歌创作所使用的诗体而言,理学家的文人诗类型、理学诗类型,都呈现为"共存"的文本形态。

第三节　理学诗、理学诗人、理学诗派: 概念辨析及边际范围界定

理学诗的主要创作或书写者是理学家诗人。宋代理学家在借鉴隋代王通,唐代韩愈、柳宗元、李翱、皇甫湜,以及"宋初三先生"等所"发明"的新儒学义理探讨路径的基础上,通过吸收道、释相关理论,依托于对天人关系、道德本然性和心性存养之"工夫"等重大理论层面的探讨,构建起深邃精严、含弘光大的儒学新体系。从其发展历程来看,以北宋理学"五子"而肇其端,经过杨时、尹焞、游酢、吕大临、胡宏、张栻、朱熹、吕祖谦、陆九渊、黄榦、杨简、袁燮、陈淳、汤巾、王柏、金履祥等理学代表人物的不懈努力和递相阐释,宋代理学遂成为具有独特面目的新的思想理论和文化标识。我们知道,宋代理学家是集社会实践主体、道德实践主体和诗歌书写或创作主体于一身的。因此,宋代理学家的理学性理追求及其心性识察、存养实践等,必然对其诗歌创作或书写产生影响。从这个意义上讲,"诗言志"或"诗缘情"之"志""情",必然是理学实践主体的"志"与"情"。显而易见,理学与理学诗,都是理学家所创造、发明的文化载体,因此这两者必然发生极为复杂的联系。可见,要对"理学诗"这一概念进行界定,就必须首先对"理学"概念有所了解。

学术界对于"理学"的认识,大致可以分为广义与狭义两种。广义的"理学"概念,包括自传说中的尧、舜、禹时代以来,历经几千年而绵延至今的与各种学问有关的知识。这种认识,自南宋人陆九渊已有表述,而以清人陈梦雷等编纂的《古今图书集成》最为典型。其"理学汇编"目下内容有四:"一曰经籍,二曰学行,三曰文学,四曰字学"①,显然,这里的"理学"包含极其广博的内容,传统目录学的经、史、子、集四部内容,都有所涉及。民国年间贾丰臻所著《中国理学史》,即采

---

① 陈梦雷、蒋廷锡编纂:《古今图书集成》,中华书局,1986 年,"凡例"。

用广义的"理学"涵义来撰写。依其所论来看,"理学"成为几乎一切以文字为载体的知识系统的总称。狭义的"理学"概念,主要指由周敦颐、邵雍、张载、程颢、程颐等"自家体贴出来"的以"性""气""理"等范畴为核心,而以成就"内圣"之学为目的的心性存养之学。清末以前,向来以周敦颐为代表的濂学,张载为代表的关学,二程为代表的洛学,杨时、尹焞和游酢为代表的道南之学,胡安国、胡宏和张栻为代表的湖湘学,朱熹、黄榦、陈淳为代表的闽学,吕祖谦为代表的婺学,陆九渊、王阳明为代表的心学,为"理学"的正统。而近百年来,以邵雍为代表的数理之学,以司马光为代表的涑学,以陈傅良、叶适、陈亮为代表的浙东学等,都被视为理学的重要组成部分。可见,现代意义上的狭义"理学"概念,已较清代以前有所拓展了。本书所言之"理学",指的正是被拓展了范围的狭义之"理学"。显然,本书所用的"理学"概念,是与目前学术界多采用的狭义"理学"概念有不小差异的。我们认为,如果把以司马光为代表的涑学和以陈傅良、叶适、陈亮为代表的浙东学等排除在外的话,就不可能对宋代理学有全域性的客观认识。

一 "理学"概念及"理学诗"认识误区

由于"理学诗"与"理学"概念密切相关,因此,在探讨"理学诗"之前,有必要对"理学"的概念及其内涵作一简要说明。

从狭义而言,"理学"指的是以宋代周敦颐、邵雍、程颢、程颐、朱熹、陆九渊、吕祖谦以及明代的王守仁等为代表的以探讨心性存养为旨归,而以成就"圣人"为目标的学问。从学术史发展演变的角度来考察,北宋理学要以周敦颐为始祖,但邵雍在理学中的地位不应被忽视。不过,无论是周、邵也好,还是稍晚的二程、张载也好,他们的学问来源,都是时代的产物,其渊源都是上接五代宋初的杨悫、戚同文、陈抟、穆修等人。不言而喻,从理学发展演变的角度而言,理学与这一时期的道、释都有关系。但就相关考察来看,先秦儒学、诸子学,是宋明理学重要的思想渊源及类属划分依据。[①]

若论"理学"在北宋发轫期的实际情况,则无论是当时的程颐还是同时代的人,多以"有道""具道德"等称呼周敦颐、二程、邵雍、张载等人。程颐始以"道学"为名,称呼其兄弟二人的学问。当然,"道学"这一概念,其内涵是不断变化的。唐代韩愈在隋代王通等人的基础上,创造性地把儒学道统设立为以尧、舜、禹、

---

① 参见拙作:《宋元理学"理"话语的先秦思想来源及其类属划分依据》,《中国文化研究》2024 年第 3 期。

汤、文、武、周公、孔子、孟轲相继承传的谱系。他以为孟子死后,道统泯灭不传,隐然有以道统传承人自任的抱负。入宋后,韩愈之"道统",经柳开、孙复、石介、苏洵等人加以推扬并完善,也被皇祐年间的王开祖所认同。他首先以"道学"概念来"发明经蕴"①,"道学"遂成为传承"道统"的学问。王氏之后三十多年,"道学"一词才被程颐多次使用,他在《明道先生墓表》中,把以周公为最高代表的"圣人之道"与以孟子为最高代表的"圣人之学"分开说。由于程颐及其门人的努力,至迟从南宋初年开始,"道学"遂成为专用于称指以周敦颐、邵雍、张载、程颢、程颐等人有关心性存养为旨归的"内圣之学"的学问。到了朱熹,始以"人心惟危,道心惟微,惟精惟一,允执厥中"为"道学"的"十六字真传",这一主张得到了后人的赞同。

"道学"何以在南宋逐渐被称之为"理学",学术界尚未取得共识。有的学者推断,受道教、佛教的影响,以及"道学"发展到朱熹一脉而致自居"道统"正宗的宗派主义,都是导致当时的学者羞于言"道学"而以"理学"为名的重要原因。② 其实,情况可能没有这么复杂,因为"道"与"理"可以互训③,加之程颐一脉在南宋独大,而程颐强调"理"为"道"体,朱熹又将这一观点发挥广大,故而以"理学"代"道学"也是情理之事。因为,即使攻击南宋"道学"的学者,也非专用"理学"而黜"道学"。不过,"理学"一词在南宋逐渐代替了"道学",则是事实。但无论如何,"道学""理学"在宋代尤其是南宋中期以后都指的是以心性存养为旨归而以"成圣"为目标的"性理之学",应该是没有异议的。因此,自南宋后期以"理学"统称"道学""理学"等各派,自然也是情理之中的事情,由此我们也采用约定俗成的说法,以"理学"概称宋代"内圣之学"。

而论及宋代"理学诗",情况则复杂得多。从学术史的梳理来看,"理学诗"概念的使用,最早见于明代曾维伦的《来复堂集》。其中标有"理学诗"61 首,为曾氏与诸人"共阐良知之旨"所作。可惜的是,曾氏没有对"理学诗"作出解释。而学界对于"理学诗"予以关注,则是从 20 世纪 90 年代开始的。遍查目录文献,前人及时贤虽对北宋理学家之诗有一些研究,但似乎并没有提及"理学诗"这一概念的涵义。研究者多采取实证的方法,而避开对此概念的界定。有些学者总结"理学诗"的特征为"以诗言理,注重诗教","濂洛诸子凡为诗者,专言性命道理","诗

---

① 王开祖:《儒志编》,上海古籍出版社景印《文渊阁四库全书》本,第 803 页。

② 参见姜光辉:《理学与中国文化》,上海人民出版社,1994 年。

③ 《庄子·缮性》《广雅·释诂》等有"道,理也"等相关表述。

人之诗以情韵意趣为主,道学诗以义理心性相尚"。① 但是显然此限定语过于宽泛,因为除了"理学诗"外,中国诗歌从《诗经》《楚辞》开始,并不缺乏"言理"之诗,"诗教"更是中国诗歌的重要传统。"情韵意趣"与"义理心性"也不能截然分开,"理学诗"经常表现为创作主体于诗境中渗透着情韵意趣,当然也含有某些关于心性存养的体悟与感受。再如,谢桃坊先生论及"理学家诗",以为可以分为言理与吟咏性情两大类,或有疏漏。这是因为,理学本是一种讲究体用贯通的学问,是亦体悟亦实践的直贯于认知体验与身体力行的学问,谢氏强调其"表达对社会人生的看法或哲理",以及把"吟咏性情"诗分为"抒发内心情感的诗歌"与"观物诗"两类,都是着眼于诗歌书写或创作主体的认知体验,而对创作主体在诗歌中抒写的"践行"内容有所忽略,试问:理学家在诗歌中抒写的、以体悟道体与践行心性为内容的诗篇,是不是"理学诗"呢?② 显然,出现上述问题的原因,推想起来,固然是由于"理学"具有"体用贯通"的特征,因此很难从单纯理论的角度进行研究,同时,也是由于一些研究者经常把"理学诗"同其他概念相混淆而造成。就已有研究成果而言,常见的研究误区主要有:

把理学家的诗等同于"理学诗"。实际上,这是两个完全不同的概念。理学家也经常写一些其他内容与题材的诗,比如反映世事人情、通过咏史来表达情感以及某些具有交际应酬功能的诗。如南宋的杨时,初从学于程颢,为学有得,程颢曾有"吾道南矣"之说,后又从学于程颐,黄百家在《宋元学案》中有评:"二程得孟子不传之秘于遗经,以倡天下。而升堂睹奥,号称高弟者,游、杨、尹、谢、吕其最也。"③这里的"杨"即指杨时。杨时有《龟山集》,其中有诗五卷,约存诗240多首,按照诗歌题材来分,有送别诗、写景诗、记游诗、咏史诗、题壁诗、纪事诗、咏怀诗等。上述诗歌题材,在每一类中,都有些诗作宣扬心性存养之理,强调淑世立德的情怀,但更多的是那些属于人类共同情感的诗,在诗中杨时也反复抒写其怀才不遇、时日易逝的焦虑心理,甚至也有求田问舍的意向,至于像普通士人那样期盼仕途顺达,怜春悲秋,更是杨时诗歌中的普遍主题。这种情况,在北宋邵雍、周敦颐、二程诗集中也屡见不鲜。这说明,把"理学诗"等同于理学家的诗,是不恰当的。

把反映理学旨趣的诗等同于"理学诗"。这也有些问题。理学就其本质上

---

① 参见刘扬忠主编:《中国文学通论》(宋代卷),辽宁人民出版社,2005年,第47页。

② 参见谢桃坊:《略论宋代理学诗派》,《文学遗产》1986年第3期。

③ 黄宗羲原著,全祖望补修,陈金生、梁运华点校:《宋元学案》,第947页。

讲,就是立足原始儒学理论内核而试图从人的内在道德本性立论,或是从宇宙论立论,其"讲学的中心与重点唯是落在道德的本心与道德创造之性能上"①,因此,理学在若干层面和基本旨趣上,都与从孔子时代到宋代"道学"产生之前的儒学,包括原始儒学、汉魏儒学、南北朝儒学、隋唐儒学,乃至宋初儒学并无根本的界限,显然,把反映理学旨趣的诗等同于"理学诗",就无法"安顿"那些理学家抒写或者表达原始儒学道德伦理与儒学基本主张的诗。比如说,理学家反复陈说的"孔颜乐处",在"理学诗"中占有很大分量,而这一主题在历代诗歌作品中并不少见,陶渊明、王维、韦应物、白居易等人的诗歌中多有这种主题的作品,其中陶渊明、韦应物等人的诗,还被朱熹评价为"近道",而南宋史浩(1106—1194)集中有三十章,"所言皆治家修身之道,而谐以韵语"(《四库全书总目》)。显然,把反映理学旨趣的诗等同于"理学诗",容易把"理学诗"的研究内容缩小,把理学家书写的原始儒学内容排除在外。鉴于理学在很大程度上与原始儒学的"义理"有非常紧密的承继关系,因此,我们也把那些理学家所书写、表达的原始儒学内容的诗作视为理学诗。

把理学家讲学之诗等同于"理学诗"。南宋不少理学学者视诗为"道学"附庸,忽视诗的独立价值,片面强调其"载道"功能,所以,有些理学家就把讲学内容用诗歌的形式来表述,这种情况与佛教经典内容及经师讲经极有类似之处。如南宋陈淳《北溪大全集》,《四库全书总目》记:"其诗其文皆如语录。"这些诗歌,是陈淳以之为讲学服务的,可以看作"理学诗"。清人朱庭珍总结说:"自宋以来,如邵尧夫、二程子、陈白沙、庄定山诸公,则以讲学为诗,直是押韵语录。"②但如果把"讲学体"诗作都界定为"理学诗"的话,或许是把"理学诗"的范围扩大了。因为,流行于南宋以至于明季的语录体诗,很多仅以讲学语录体的形式来写诗,其诗作内容与主题,往往与"理学诗"相去甚远。他们把讲学之内容以诗歌形式来表达,或是为了帮助求学者记诵,但理学可能并非其唯一的讲学内容。显然,以"讲学体"诗歌等同于"理学诗",无疑也是扩大了"理学诗"的范围。

认识到学界对于"理学诗"认识的差异性,也就为我们深入研究"理学诗"的内涵、特性等提供了必要的研究背景。考察来看,正如"理学"概念是一个演化发展的过程一样,"理学诗"在不同的历史时期也有不同的内涵,这些内涵共同规定了"理学诗"在不同历史阶段的特征。这就需要厘清其历史进程中所呈现出来的

---

① 牟宗三:《心体与性体》(上),上海古籍出版社,1999年,第3页。
② 朱庭珍:《筱园诗话》卷四,载郭绍虞编选:《清诗话续编》,第2407页。

形态面貌及属性特征,在此基础上,我们才能对"理学诗"概念进行较为科学的界定。

二 "理学诗"发展历程及其代表性作家

既然狭义上的"理学诗",是指以抒写濂、洛、关、闽等为代表的以心性存养的"内圣"之学为内容的诗歌,那么,对濂、洛、关、闽等"理学"代表人物的诗歌进行研究,应当是认识"理学诗"概念的有效途径。以"理学"的历史进程为线索,适当考虑宋代学风的代际更替和学术传承性、主要理学家诗人的卒年及其主要文学活动交游时段等,可以把宋代理学诗的发展历程分为六个历史时段,来考察在不同时期的理学诗的代表性作家、理学诗的类属特征和理学诗的质的规定性等。

第一阶段:明道—熙宁之际(1032—1077)。这一时期,以邵雍、周敦颐、张载为代表,"理学"诸家关注的范围及学理指向、关注重点等已经初步展现。无论是从宇宙论为立足点来建构其理论体系的邵雍、张载,还是从人的内在道德出发来建构理论体系的周敦颐,虽然其论证方式各有路径,但其最终的关注点则是一致的,即天道本体与人的心体道体互通,道德的存在就是天命本体所在,君子行健不息,其目的是使个人在有限的生命中取得无限而圆满的意义,这也就是天体降于人而使人具有的"道"之"大化流行""於穆不已"的"命"之所在。这一时期,邵雍、周敦颐等人写有一些反映其理学思想的诗歌作品。邵雍之"邵康节体",从诗歌题材上看,多写自己对义理性命的反复权衡与思考,重在抒发"安乐"之道;从诗歌体裁而言,他的不少诗作不讲究对仗、用典等写作技巧,纯是以押韵的诗歌形式来"载道"。周、邵、张等人的诗歌,题材广泛,写景抒情、咏史感怀、托物言志、应酬交往、颂美时政、感慨人生、书事记游等,其内容是比较丰富的。他们的这些诗往往被后人推崇和摹仿,其中那些抒写理学内容、传达理学旨趣、充满理学思辨色彩的诗,尤其受到理学后学者的重视。周敦颐的"巧贼拙德"诗歌审美取向,邵雍之"乐意",张载的强调"进德""自修""慎独"等诗歌关注重心,对后来理学诗书写产生了极为重大的影响。这一时期,周敦颐的"濂溪范式"、邵雍的"击壤范式"和张载的"横渠范式",表征为此期理学诗的基本"诗歌范式"。①

这一类诗歌的内容,可以从诗歌题材、诗歌旨趣、诗歌内容、诗歌表达方式等方面来总结:

---

① 参见拙著:《宋代理学诗发展史》(未刊稿)。本节所列宋代理学诗的"诗歌范式",皆为本人所提炼,可参阅拙著《宋代理学诗发展史》(未刊稿)。

　　从诗歌内容看,此期"理学诗"应该包括:理学本体论与宇宙论中的性、体、用等有关"心体性体道体理体"的内容;人性论中的性情、性命、理欲等内容;认识论与方法论中的知行、涵养省察等内容;涉及天人关系的天人合一、心理合一、诚、几、乐等内容。从诗歌题材来看,凡是抒写上述理学本质论与宇宙论、人性论、认识论、方法论以及天人贯通论中的内容,都是"理学诗"的题材。举凡咏史抒怀、托物言志、应酬交往、颂美时政、感慨人生、书事记游、写景抒情等,只要内容涉及理学的上述方面,都可以看作"理学诗"。从诗歌旨趣来看,此期理学诸人的诗歌创作以书写或表达理学旨趣和理学思理等为旨归,以反映理学性情、追求"孔颜乐处""道德气象""乐易""自在""道心""安命""真意"等为诗歌旨趣。这些诗歌作品之中,虽然也有表达及时进取以建功立业的淑世情怀,但其根本旨趣并不在此,而是更加关注道德个体的内在修养,以及由内在修养而发散于外的"气象",这才是"理学诗"迥异于其他类型诗歌之处。① 从诗歌表达方式来看,"理学诗"主要采取"发明""观物""象物比德""直接说理"等来表达理学思想或理学旨趣。②

　　此期理学诸人的涉理学诗作的上述特征,在一定程度上奠定了后世理学诗的诗歌范式,而成为后来众多作者效仿的对象。后来"理学诗"无论在内容、题材上,还是在创作旨趣、表现手法上虽有所变化,但都受到了这一时期"理学诗"诗歌范式的影响。正是从这个意义上说,这一时期的"理学诗"理应受到特别的重视。需要提及的是,"理学诗"前期代表人物邵雍、周敦颐、张载等,受到彼时很多儒学代表人物的巨大影响。《宋元学案》黄百家即记宋儒黄震语:"宋兴八十年,安定胡先生、泰山孙先生、徂徕石先生始以师道明正学,继而濂、洛兴矣。故本朝理学虽至伊洛而精,实自三先生而始,故晦庵有'伊川不敢忘三先生'之语。"③不仅如此,孙复门人石介以及范仲淹、欧阳修、古灵四先生、闽中四先生,以及齐鲁、浙东、永嘉、浙西、关中、闽中诸子,都对生成新儒学即"理学"具有"筚路蓝缕,用启山林"之功,上述诸人虽著作多有亡佚,但就存世诗作而言,其中亦有不少诗篇与周、邵、张载等人相似。只不过上述诸儒与"理学诗"相近的诗歌,占到的分量不如"理学"之"五子"多而已。

　　第二阶段:元丰—靖康之际(1078—1126)。伴随着"理学"的传播,"理学诗"

---

① 参见刘扬忠主编:《中国古代文学通论》(宋代卷),辽宁人民出版社,2005年,中编第六章。

② 参见张鸣:《即物即理,即境即心》,载陈平原、陈国球主编:《文学史》第三辑,北京大学出版社,1996年。

③ 黄宗羲原著,全祖望补修,陈金生、梁运华点校:《宋元学案》,第2899页。

也被时人所推崇,不少理学诗人把理学思理与理学旨趣引入诗歌创作,使诗歌审美指向、诗歌表达情感的方式、诗歌取材方法等都发生了显著变化。这一阶段,理学诗书写的主要代表人物有程颢、程颐、吕大临、邹浩、李复、游酢、陈瓘、周行己、晁说之、饶节、谢逸和许景衡等。其中,程颢、李复、许景衡的理学诗书写,无论在其内容或主旨类型的多样性上,还是在诗歌表达方式和诗歌风貌的丰富性等方面,较之前一阶段的理学诗而言,都已有了明显的变化。这一阶段的理学诗书写,处于自明道至熙宁年间理学诗的"初创"特征向之后成熟期发展的重要阶段。

值得注意的是,这一时期的"理学诗"的作者的书写主体仍为理学学者,但是一些对理学产生兴趣的士大夫也加入"理学诗"的书写或创作中,从而使"理学诗"书写呈现出繁荣的景象。其中,黄庭坚、徐积、孔平仲、刘攽、彭汝砺、范祖禹等人的诗歌书写比较有代表性。如黄庭坚与周敦颐之两子周焘、周寿,胡瑗的大弟子徐积(1028—1103)等都有交往,而徐积被认为"已透露了后来宋学所谈修养问题的要旨","可当后来宋学的大辂椎轮看"。① 周敦颐的儿子周焘、周寿,也被认为是得理学真谛的。因此,这就为黄庭坚深入钻研"理学"提供了条件。受到理学的影响,黄庭坚把写诗当作"求道"的途径和手段,在思理上具有统摄心性存养与诗歌艺术的倾向,他的诗因此呈现出以情裁景的特色,由此体现为"有法"和"无法"、"奇崛拗硬"与"自然简远"的诗学体系上的矛盾统一,其诗歌诗境的生成与其心性存养的体悟与践行关系密切,因此,其诗歌表达方式也呈现出"程式化"等特征。② 至于其他诸人如徐积、孔平仲、刘攽、彭汝砺、范祖禹等,亦受到彼时理学文化思潮的影响,故其所创作或书写的诗作,颇具理学诗的诗歌风貌和书写特征。③

第三阶段:建炎—隆兴之际(1127—1164)。这一时期,仅《四库全书》集部所收,即有理学诸人如罗从彦、尹焞、杨时、胡宏、胡寅、王蘋、张九成、汪应辰、陈渊、陈长方、林之奇、廖刚等文集存世。此期"理学诗"在诗歌题材、内容、审美旨趣、表现手法上,承继前一时期而又有发展。比如说,从诗歌内容上来看,这一时期,杨时的体验未发、反身格物、行止疾徐之间,胡宏的心为未发、性立天下之大本、

---

① 钱穆:《宋明理学概述》,九州出版社,2010年,第6页。

② 参见拙作:《黄庭坚统摄心性存养与诗歌艺术的方法及其诗学价值》,《中国文化研究》2009年第4期。

③ 参见拙作:《宋代理学诗发展史》之第四章"元丰、靖康之际宋学之重义理与理学诗之发育",未刊稿。

察识涵养、居敬穷理等,成为理学发展的新命题而影响到"理学诗"的创作。受其影响,此期理学诗书写的内容或旨趣随之发生了变化。不过,此期"理学诗"同前一阶段一样,也呈现出各种"诗歌范式"并存的局面。此期由于理学家讲学的影响,"语录体""讲学体"等成为理学诗的重要范型。而杨时的"龟山范式"、陈渊的"默堂范式"、吕本中的"东莱范式"、张九成的"横浦范式"和胡宏的"五峰范式"等,表征为此期主要的理学诗之"诗歌范式"。①

从诗歌主旨而言,这一时期的理学诗书写,涉及理学的核心命题——道、理、性、命、德等有关宇宙论和道德论的根本性、规律性问题。此际理学诗书写多涉及心性存养问题,是值得注意的新现象。在南宋之前,北宋理学"五子"的诗歌并不过于注重对"心性存养"主旨或内容的书写。总的来看,北宋理学"五子"之诗歌书写,仍然呈现出主题多样、内容丰富等特征。而从此期理学家的诗学观念与诗歌创作来看,这些理学家无论在其诗学观念的表达上,还是在诗歌创作实践方面,都对理学的若干范畴或者命题给予了必要的关注。一些理学基本的范畴或者命题,如观天地生物气象、自在、名教乐地、尊德性、观物、因诗求道、气象、格物致知、生生不已、孔颜乐处、巧贼拙德、乐意、务本玩物等,都成为此际诗学批评和诗歌书写的重要话语。可以说,此际的理学家的诗歌,受到了创作主体的理学思想及理学体系等多方面的影响,其诗歌往往就他们的理学范畴、命题等予以书写,深刻反映出这些理学家诗人日常日用中或"体贴"或通过"观物""格物"而得的"明理"情况。亦因如此,此期理学诗书写体现出较之以往大为不同的诗歌特征。总结而言,这一时期的理学诗书写,往往在诗歌境界、结构形式、表达手法及取象方式等方面,表现出迥然不同于以往的类属特征和诗学风格。

第四阶段:乾道—嘉泰之际(1165—1204)。这一阶段,经过前期的发展,理学成为整个社会最为瞩目的学术思潮而得到时人的注意,出现了朱熹、张栻、陆九龄、陆九渊、吕祖谦、杨简、杨万里等理学大家,也出现了反对理学的叶适、陈亮、陈贾、刘光祖等人,"道学"内部,不同派系争鸣激烈;道学外部,"道学"与反"道学"者相互倾轧,"庆元党案"遂起。这一时期,理学继续发展,其内部虽有朱熹与陆九渊、吕祖谦等人的论争,但其要旨仍为"性理之学"。受这一时期理学发展进路和关注重心的影响,"理学诗"也出现了若干变化,主要体现在:从诗歌题材内容上看,此期"理学诗"进一步专注于理学若干话语,摹写宇宙论的理学诗书写重心逐渐让步于道德良知、内在论。以朱熹理学体系为主体的理学思想,成为

---

① 此论仍须参见拙著:《宋代理学诗发展史》,未刊稿。

此期最重要的"理学诗"内容或主旨类型。从诗歌的表达方式来看,"讲学体""语录体"更加流行。刘克庄即云:"近世贵理学而贱诗赋,间有篇章,不过押韵之语录、讲章耳。"①但值得注意的是,此期以朱熹理学诗作为代表,代表性理学家的理学诗之审美取向出现了变化。朱熹取象于自然物景,而以理学的"观物""穷理"为观照方式来写作理学诗,这就提升了"理学诗"的审美品位和审美层次。他的某些理学诗,往往融哲理、形象、意趣于一体,创作主体与审美客体相一致,取得了很高的创作成就。② 从诗歌内容或主旨类型来看,朱熹的理学诗主要有抒写理学"孔颜乐处""务本玩物""格物致知""生生不已""尊德性""心性存养""明理"等。彼时叶适的理学诗之内容或主旨类型,与其他理学家有所不同,主要有"心性存养""明理"及"尊德性"等。叶适虽然不承认朱熹乃至二程确立的道统,但是并不意味着他对理学家赖以实现对于"道"体把握的途径心性问题的疏离或者排斥。实际上,叶适对理学家重视的"心性存养"的目的、途径与手段,都给予了充分重视。而此际陆九渊的某些理学诗则书写了其理学的若干重要思想,如其通过"明心"而"尊德性"的理学进路,在其理学诗中得到了充分的书写。代表性理学家如朱熹、陆九渊、叶适等人的理学诗书写,虽然书写重心、表达方式等各异,但所述述的理学思想或理学旨趣却均呈现出义理精微等特征,并形成了"清淡""切理""温柔敦厚""朴直"等较为鲜明的诗歌审美风格,这是宋代理学诗书写前所未有的特征。这一时期,朱熹的"晦翁范式"、赵蕃和韩淲的"二泉范式",为此期理学诗的重要"诗歌范式"。

第五阶段:开禧—淳祐之际(1205—1252)。这一历史时段是朱熹、陆九渊、吕祖谦、叶适等代表性理学家诗人及其再传及三传弟子的活跃时期。此期理学诗能达到鼎盛,得益于理学各派之后学在坚守各自师门学说基础上,有发挥,有创造,而能进一步提升其理论境界,完善其理论体系。从而使朱、陆、叶三大学派之发展路径和理论境界表现出由繁而简、义理精纯的特征。这一时期,三大理学学派各有侧重,又有联系,呈现出独有的文化气质和理论形态。就其共性而言,各理学学派除了均宗奉原始儒学的若干方面之外,也体现出对于建构理学基本话语体系的重视。朱、陆、吕等学派的理学思想更为接近一些。而叶适学派更重经世致用,反对痴迷于性理探讨。叶适学派从反面激荡出朱、陆、吕等理学学派后学更为注重理论探讨,故而导引出此一时期朱、陆之学向着更趋精微的发展态

---

① 周密:《癸辛杂识》,上海古籍出版社景印《文渊阁四库全书》本,第 106 页。
② 参见拙作:《论两宋"理学诗派"的文学特征及其历史地位》,《中国文化研究》2011 年第 1 期。

势迈进。此期的理学诗书写，缘此而呈现出光辉灿烂、气象万千之发展态势。

在南宋中期理学学派之中，朱熹学派因其门人众多、理论严密、代表人物辈出而在朱、陆、吕、叶等理学学派的竞争中占据明显优势。朱熹闽学学派的代表人物，依《宋元学案》及《儒林宗派》等来作统计，去除重合，有 390 多人。在这之中，黄榦、陈淳、蔡沈、陈埴、度正、陈文蔚、詹初、曹彦约、辅广、程端蒙、刘黻，以及私淑于朱熹学说的魏了翁，可算是较为重要的代表性理学人物。这一时期，朱学门人的理学诗书写大都有"明理"特征，以"格物致知""心性存养""尊德性""生生不已"为主要诗歌主题。其诗歌主题的丰富性大大超出了陆九渊、吕祖谦的门人高弟理学诗的主题类型，而仔细分析朱熹门人高弟的诗歌主题，大约都与"明理"紧密相关。这里的"理"主要是指德性之理，如"道""性""心""德"等形而上的德性本质，而与表示"规律""元点""实质"等形而上的"道理"有所不同。

陆九渊门人及其所书写的理学诗之数量亦较为可观。以《宋元学案》《儒林宗派》为准，去除重复，陆九渊门人计有 50 人左右，其中杨简、袁燮、危稹、邹斌、舒璘、沈焕、舒琪等为其代表。陆学有诗歌留存的门人高弟之中，其理学诗主题，要以"格物致知""心性存养""尊德性"等类型最为重要。陆九渊门人高弟的"心性存养"内容或主旨类型的诗歌，无论是就其数量而言，还是就其类型的丰富性而言，都是令人印象深刻的。比较而言，陆九渊门人高弟的理学诗书写，其内容或主旨类型都与朱熹门人高弟的理学诗书写极为相近，"格物致知""尊德性""心性存养"等都是其最为重视的。但陆九渊门人高弟的理学诗，无论从其数量、质量，还是从其书写理学义理、理学旨趣的类型丰富性来看，较之朱熹门人都要逊色一些。而吕祖谦门人的理学诗书写，要么类似朱学门人重视"明理"，要么类似陆九渊门人重视"见心"，要么以"文"见长。这种现象，主要还是与吕祖谦学说的"兼综化合"特征有关。

这一阶段，叶适、魏了翁、真德秀三人的理学诗书写，也为彼时理学诗传播扩大了声势，提升了影响力。叶适的理学诗书写，其所明之理更多地向原始儒学话语或思想靠拢，而对彼时朱陆之学所推重的性理、天道等表现出有意识地疏离的倾向。其理学诗之"格物致知"表达方式与其理学主张相异。真德秀、魏了翁、黄榦、陈淳、曹彦约、陈文蔚之理学诗书写，提升了理学诗在内容、主旨方面的言理深度和理论范围，使理学诗之理学思想和理学旨趣的理论深度、理论广度，及其作者的思想境界、道德境界和伦理境界等，都得到了全面的书写或表达。于此之际，度正某些理学诗类型，仍然涉及复杂深奥的理学精义。蔡沈、金朋说、徐侨三人之理学诗书写都更为重视"明理"且多重"性理",他们所书写或表达的理学思想或理学旨趣,能深入理学肌理而得朱熹理学之奥义。朱子再传弟子徐元杰、吴泳、杜范、阳枋、詹初等人的理学诗书写,表征出此际若干理学家诗人之理学诗书写,能够在其前辈理学家诗人的基础上,而再开理学胜境。徐元杰、杜范之理学诗书写是这一时期理学诗高峰的典型代表,而阳枋、吴泳之理学诗书写,所涉及的理学义理较浅。

陆氏后学杨简、袁燮,其理学诗言理精粹而透辟、深奥,使用了较为丰富的表达方式以书写或表达其"理",可视作宋代理学诗书写的典型代表。而钱时、袁甫之理学诗书写,都普遍体现出理学诗的"明理"与"明心"相融合的特征。吴渊是杨简、袁燮等之后陆氏学派理学诗人的杰出代表。陆氏后学危稹、吴渊、吴潜等人之理学诗书写,数量不多且内容或主旨类型比较单一。总体上看,陆氏再传弟子的理学诗书写,往往能兼综"明心"与"明理",其特色比较明显。

开禧至淳祐之际,一些学出多门、颇具文章之才的理学家或文人诗人,其理学诗书写也取得了重要成就。曾丰、洪咨夔、刘宰等三人的理学诗书写涉及理学之精深奥义,其理学诗已经具备了可与理学家诗人之理学诗相媲美的地位,表征出此际理学诗书写具有了更为广泛的诗坛影响力。曾丰理学诗表达方式亦有独创性。以文辞鸣世的叶适门人高弟赵汝谠、陈耆卿、戴栩,以及遵奉湖湘学派张栻学说的程公许、遵奉朱熹学说的高斯得等,其理学诗书写多能深入理学肌理,探及理学精义。程公许之理学诗书写已可与此际大多数朱熹后学之作相媲美。高斯得的理学诗表征出此际政治现实对理学诗人产生了重要而直接的影响。

这一时期,魏了翁的"西山范式"、真德秀的"鹤山范式"、陈淳的"北溪范式"等,表征为此期主要的理学诗"诗歌范式"。

第六阶段:宋宝祐—元至元六年之际(1253—1340)。之所以把研究时段截止于元代至元六年,主要是因为,宋末有为数不少的理学家,其卒年延至元代至元六年。这一时期,较为活跃的理学家,基本上是朱熹、陆九渊等人的再传弟子或者三传弟子。这一时期,从理学史而言,朱熹闽学开始占据主流地位,而陆九渊心学学派亦有一定影响。而吕祖谦、叶适、林光朝等理学重要学派的后学,要么被融汇于闽学、心学学脉之中,要么影响力急剧衰减。

这一时期,理学家的诗歌创作较之上一阶段也有很大的变化。理学家普遍在求道的同时,对写诗不再如前那样采取排斥态度,而是往往喜好写诗,且很多理学家以写作诗歌见长,他们所创作的理学诗的数量也很多。这一时期的不少理学家,所创作的诗歌更为关注社会时事、国运覆亡,而多慷慨悲凉之气,这与他们的师长辈理学家的诗歌多关注理学义理、理学旨趣等形成了鲜明对照。此期理学家的"明理"内容或主旨类型的诗歌，以其数量多、内容丰富而成为令人瞩目的诗歌类型，其中以丘葵、王柏、熊禾、包恢、吴锡畴等人所创作的"明理"内容或主旨类型的诗歌最为典型。他们的理学诗书写，继承了前辈理学家的传统，对"生生不已"主题多有表达。上一阶段理学家对于"心性存养"内容或主旨类型的诗歌的书写，当对此期理学家有较为明显的影响。如丘葵、陈普、王柏、车若水、家铉翁、许月卿、程公许、包恢等人，在诗歌所表达的心性存养内容方面显得更为广泛。这一时期的"明理"内容或主旨类型的诗歌，其"理"开始与"道问学""尊德性""求道"等理学命题和范畴相融合，呈现出内容具体化、丰富化的倾向，写作了数量不算少的以"重道统""重师传"等为主题的诗歌。他们往往推扬理学前贤如周敦颐、邵雍、程颢、程颐、朱熹、陆九渊、黄榦、何基、王柏等人的理学思想，而以押韵的诗歌形式书写其义理。

值得注意的是，这一时期很多理学家在写作了不少理学诗的同时，也写作了数量众多的咏物诗、写景诗，表达出传统士人的优游情怀和锤炼诗歌技巧的"求艺"态度，反映出他们的生活情趣和闲情逸思。随着国事糜烂、中原板荡以至于家国鼎革，一些理学家在其诗歌中表达出遗民之悲、家国之思，而这也成为这一时期颇为重要的诗歌主题类型。除了以上所列举之外，此期理学家如黄震、王应麟、刘辰翁、高斯得等人，由于其丰厚的史学、地理学等学术素养，其理学诗书写逐渐向着突出"史学"学理等内容或主旨类型而发展，他们对彼时理学诗人的诗歌创作同样产生了深远的影响。

三　"理学诗"涵义及其相关概念的界定

行文至此，我们可以对"理学诗"的概念进行归纳了。宋代"理学诗"，指的是由具有明显理学学缘、理学学养或与理学学者有密切交游的宋代士人所创作的具有理学思想或理学旨趣的诗歌。[①] 从题材与内容上看，它旁溢多体，不拘一格，往往于理学学者的纪事、咏史、记游、言志等表现出诗歌书写或创作主体的理学素养、个人情操和人生旨趣。一些理学学者往往有意识地利用诗歌的形式，抒写其理学境界，表达其理学感悟，记录其有关理学心性存养的认知与践行，以及使用诗歌为其传道服务。不同的理学学者在理学发展的不同历史阶段，所书写的

---

① 参见拙作：《两宋"理学诗"辨析》，《文学评论》2011 年第 5 期。本节虽有所补正，但"理学诗"概念一仍如旧。

"理学诗"的内容都有所变化,但其主旨都集中于"成圣"为目的的"内圣之学"上。"理学"的宇宙论与本质论、人性论与人生论、认识论与方法论、天人关系论等众多理学体系的内容,都是"理学诗"的内容和主旨类型。理学诗以理学为出发点和归宿,理学所强调的心性存养、成圣、淑世等,左右着"理学诗"创作主体的审美目的。除了与其他类型的诗歌具有一样的表达方式如议论、抒情、写景和叙事之外,"理学诗"还有观物、格物致知、体贴等。这些独特的表达方式,对成就"理学诗"的独特风貌具有重要意义。

"理学诗"涵义既明,又须对相关的几个常用概念作出界定。关于"理学诗人"的界定问题。宋代理学诗的作者,绝大部分是理学家,他们创作了宋代理学诗总数的百分之九十以上的作品。但是,一些受到理学文化思潮影响或者与理学家有着密切交游的一般文人,以及一些传统儒学之士,也偶有写作理学诗的情况。一些著名的文人如汪藻、唐仲友、王炎等人,在与理学家的交游唱酬过程中,写有若干"当行"的理学诗。而一些儒学修为高深的传统儒学之士,如陈襄、徐积、李觏、孔武仲等也写有少量的理学诗。为了论说方便,本书以"理学诗人"来指称理学诗的创作群体,即理学家、写有理学诗的文人和写有理学诗的传统儒学之士。有必要说明的是,宋代写有理学诗的文人和传统儒学之士,数量是比较少的。①

关于"理学诗派"问题。"理学诗派"是"理学"成为时代文化的流行风尚后,时人对以北宋五子为代表的理学诗人诗歌创作进行学习和揣摩的产物。从"理学"的系统而言,其学派和代表人物各有特定的理学思理和理学意蕴。因此,还是把"理学诗派"看作一个延续数百年的创作历史存在比较稳妥。一些学者仅凭《文章正宗》等成书时间来判定"理学诗派"的成立,显然是有局限性的。实际上,遵循文献考据的实证主义路数,单凭有限的存世文本,有时候可能反而离历史真实愈远。如《四库全书总目》在元代金履祥选《濂洛风雅》目下评价说:"自履祥是编出,而道学之诗与诗人之诗千秋楚越矣。"②我们终不能以此为标准,判断在此书之后,"道学之诗"方成为独立的存在吧!可见,要想推知历史的真实存在,只凭现存的文献来使用实证的方法来求知,局限性是很大的。当然,对于"理学诗""理学诗派"等概念的界定问题,学界仍可继续探讨,想必可供商榷之处还有不少。

---

① 参见祝尚书:《论宋人的"诗人诗""文人诗"与"儒者诗"之辨》,《北京大学学报(哲学社会科学版)》2009 年第 2 期。

② 永瑢等撰:《四库全书总目》,第 1737 页。

第四节　宋代理学家交游唱酬活动与理学诗的文化效应

宋代理学诗的主要书写者是理学家诗人。而宋代理学家诗人所书写或创作的理学诗,有不少是在与人应酬唱和过程中写作的。考察可见,与理学家相交游唱酬的人群,是比较复杂的。文章之士、道学之士、传统儒学之士、道释之士、隐逸之士等,都有与理学家交游唱酬的文献记载。而官员升迁、友人集会、节日交游、信息交流、切磋问学等社会活动或相与交往的事件,是其交游唱酬的重要缘由。理学家所参与的交游唱酬活动,以及由此而创作的理学诗,往往成为理学家与其他人群交流理学思想、传递理学旨趣和理学思理,进而实现理学诗文化功用的重要方式或文化载体。理学家的理学诗创作或书写活动,往往就发生于交游唱酬之际或活动结束之后的一段时间里。从这个意义上讲,宋代理学家的交游唱酬活动及由此而写作的理学诗作品,也就成为我们观察理学家于"日常日用"之际识察、存养德性的重要窗口。

显而易见,对理学家的交游唱酬活动及其因此而写作的理学诗进行考察,有助于我们深化对理学诗的文化效应、文学传播与文化接收等若干问题的认识,也有助于提升我们对理学诗与文人诗之间复杂关系的认知水平,进而更为准确地把握理学诗的价值、功用和文化地位。

考虑到宋代理学发展的阶段性特征,尤其是考虑到宋代理学家相关文献的遗存情况,本节以宋代理学发展前期(1072—1163)为研究时段,具体考察理学家交游唱酬活动及由此而创作或书写的理学诗情况,以考察理学诗的创作或书写缘由及其文化效应等问题。

一　宋代理学发展前期理学家的交游唱酬及其理学诗创作

理学发展前期,宋代士人投身于改革政治弊端而生成注重气节、重视探讨德性等文化风尚,终于催生出以义理精微、讲求心性等为鲜明学术特色的新儒学即理学。以北宋理学"五子"的门人及再传弟子为主体,理学思想随着诸理学家的递相授受,而得到广泛传播,社会影响力日益扩大。这一时期,北宋理学"五子"及其门人及后学以其多样性的交游唱酬活动,促进了理学学术思想的接受与传播,也为理学诗的创作及传播提供了条件和可能。

这一时期理学家的交游唱酬活动,呈现出交游群体广泛、活动形式众多等特征。与宋代理学家相与交游唱酬的士人群体,其构成成分是较为复杂的。就文

献来看,主要有三类人群:

第一类为仕宦士人群体。大部分理学家,都与官员有一定的交游唱酬。如皇祐元年,邵雍奉父迁居洛阳。在这之后很长一段时间,即与不少官员有较为密切的交游唱酬活动。邵雍入洛之初,因为资产匮乏而无力购置房产,故先寓居于天宫寺三学院。据《邵雍年谱》可见,这一段时间里,邵雍与刘君玉、吕静居、张师锡、张景伯、张景宪、王胜之、张师雄、刘伯寿、刘明复、李景真、吴执中、王仲儒、李仲象、李端伯、姚周辅等人交游。上述诸人之中,刘元瑜(字君玉)、张景宪、王益柔、吴执中等为官员。其中,刘元瑜在《宋史》卷三四〇有传。本传载:"刘元瑜字君玉,河南人。进士及第,补舞阳县主簿,改秘书省著作佐郎、知雍丘县,通判隰、并二州,知郓州。"①其曾弹劾陆经、范仲淹及余靖等。因其为人首鼠两端,毫无政治立场,而被余靖等视为政敌。《全宋文》载,其有《论范仲淹等奏》《劾陆经奏》《言朋党事奏》《请罪余靖奏》《请罢京朝官磨勘保任之法奏》等文。邵雍寓居天宫寺后,因为包括刘元瑜在内的洛阳人士为其买宅屋及田产,故邵雍本年写有诗作《新居成呈刘君玉殿院》,中有"众贤买得澄心景,独我居为养志秋"②句。据《宋史》卷三六〇记载,张景宪(1005—1081)为张去华之孙,尹洙之婿。天圣四年,以荫补授将作监主簿,迁太祝,监西京商税院,后迁卫尉寺丞,擢知并州榆次县,历知瀛州、河东、同州、房州等。可知张景宪与邵雍交游时间,为其监西京商税院时。《全宋文》载有张景宪之文《尹景仁墓志铭》等。王益柔(1015—1086),王曙子,《宋史》二八六有传:"益柔字胜之。为人伉直尚气,喜论天下事。用荫至殿中丞。"③后因预苏舜钦奏邸会,醉作《傲歌》,为章得象等利用攻击苏舜钦以倾杜衍,"庆历新政"遂败。之后王益柔又为开封府推官。王益柔与邵雍交往即为这段时间。《全宋诗》载有王益柔与邵雍的唱和诗《莱石茶酒器寄邵先生作诗代书》《奉答尧夫先生金雀石砚诗》《奉和尧夫》等三首。吴执中,《宋史》卷三五六有传:"字子权,建州松溪人。登嘉祐进士第,历官州县。同门婿吕惠卿方贵盛,不肯附以取进。凡三十余年,始提举河南常平,连徙河东、淮南、江东转运判官,提点广东刑狱,入为库部、吏部、右司郎中。"④《全宋文》引《邵氏闻见录》卷十载:"吴执中,洛中人,官中散大夫。少年登科,皇祐初至秘书丞。不乐仕进,至官居洛杜门,独

---

① 脱脱等撰:《宋史》卷三四〇,中华书局,1977 年,第 10071 页。

② 邵雍著,郭彧整理:《邵雍集》,第 185 页。

③ 脱脱等撰:《宋史》卷二八六,第 9634 页。

④ 脱脱等撰:《宋史》卷三五六,第 9634 页。

与邵雍善。"①邵雍本年有诗《过温寄巩县宰吴秘丞》。上述仅是邵雍个别年份的交游唱酬情况。检索可见,与邵雍交游的官员是比较多的。如司马光、富弼、文彦博、张载、秦玠、吕希哲、王拱辰等人,都有与邵雍唱酬交游的记载。

与邵雍交游情况相似,周敦颐虽然一生都是为官地方且官职不高,但与之交往者也有不少官员。据近人徐毓峰《周敦颐年谱》载,嘉祐五年周敦颐44岁。此年正月,周敦颐按临水县簿书,与赤水令费琦多有唱和,写有唱和诗八首,刻于高崖。十月二十一日后,东归遇王安石于京师,与之语连日夜,安石退而精思忘寝食。治平五年,周敦颐于三月十四日,与尚书比部郎中、知军州事鞠拯,军事推官项随,前录事参军刘璞,零陵县令梁宏,司法参军李茂宗,县尉周均等同游淡山岩。上述也只是列出了周敦颐个别年份的交游活动情况。检阅文献可见,富弼、程颢、程颐、何平仲、赵抃、孔平仲、曾绪、胡宿、潘兴嗣、陈藻、程师孟、蒲宗孟、何涉、李郒、董宗式、李初平等官员,与周敦颐都有交游。

与上述邵雍、周敦颐交游情况相似,不少理学家都有与官员相与交游唱酬的记载。如程颢、程颐、张载、杨时、陈瓘、邹浩、张九成、吕本中、王十朋等,都是如此。一些理学家因之而写有不少的诗作。如至和三年,程颢与晁无咎、朱公掞、张山甫等游鄠山,程颢"得长短咏共十二篇"②。又,据《二程子年谱》载:"……其见于唱和者,有若王安之、张子直、王求甫、陆子履、陈公廙;其见于游从者,有若范尧夫、范彝叟、范醇夫、谢师宰、王彦霖、王参辅、韩宗道、杜孝锡,皆相与质疑问道者也。"③晁无咎、朱公掞、王安之、陈公廙、陆子履(陆经)、范尧夫、谢师宰等,其时均为官员身份。

第二类为理学学者群体。这一时期,理学学者在师生授受、递相传承的过程中,必然免不了交游活动。不少理学学者也因相与唱和,而写作了数量不菲的理学诗。如程颢、程颐于庆历六年问学于周敦颐。至和二年,程颢与张载相遇于京师,张载因此而撤皋比讲席。据《二程子年谱》作者考察,程颢因交往之友人才学、禀性之不同,而各有表赞或指导:"(其)讲学友,所称不杂者三人,张子厚、邵尧夫、司马君实也。于李仲通,则称其德性之粹;于孔周翰,则示以圣贤之学;于吕晦叔,则劝以好贤之勿替,归上之勿疑;于韩持国,则语以性道之无二,克复之

---

①　曾枣庄、刘琳主编:《全宋文》,第41册,第321页。

②　池生春、诸星杓:《二程子年谱》,载吴洪泽、尹波主编:《宋人年谱丛刊》,四川大学出版社,2003年,第2443页。

③　池生春、诸星杓:《二程子年谱》,载吴洪泽、尹波主编:《宋人年谱丛刊》,第2474页。

为一;于张天祺,言心不可制缚;与吴师礼,言理须要明辨。他如谈王介甫之学错处,言谢师直之易非。"①上述所列理学家有邵雍、张载、吕晦叔、张天祺、吴师礼等。熙宁七年,程颢与邵雍交游写有《和邵尧夫打乖吟二首》《和尧夫首尾吟》《和尧夫西街之什二首》等。邵雍、周敦颐、程颢、张载、程颐等人,彼此之间的交游唱酬活动,是有文献可证的。再如杨时与游酢、陈瓘、林志宁等皆有交游诗篇。可见,理学家之间的交游唱酬活动是比较多的。

凡是从学于理学学者的门人,都可算作与之交游的理学学者群体。这里,以从学于程颢、程颐的程门弟子为例,具体说明与二程相与交游唱酬的理学学者群体。以《宋元学案》《儒林宗派》《伊洛渊源录》等为依据,程门弟子名单作汇总如下:

《宋元学案》所列程门弟子。《宋元学案·明道学案》中,列有:刘绚、李籲、谢良佐、杨时、游酢、吕大忠、吕大钧、吕大临、侯仲良、刘立之、朱光庭、田述古、邵伯温、苏昞、邢恕、(私淑)靳裁之、陈瓘,共 17 人。《宋元学案·伊川学案》中,列有:刘绚、李籲、谢良佐、杨时、游酢、吕大忠、吕大钧、吕大临、尹焞、郭忠孝、王蘋、周行己、许景衡、田述古、邵伯温、李朴、范冲、苏昞、杨国宝、萧楚、陈渊、罗从彦、杨迪、吕义山、陈瓘、邹浩、赵霄、张辉、蒋元中、蔡元康、潘安固、刘子翚、罗靖、罗竦,共 34 人。《宋元学案·刘李诸儒学案》中,列有:刘绚、李籲、侯仲良、刘立之、朱光庭、邢恕、张绎、马伸、吴给、周孚先、周恭先、晏敦复、袁溉、焦瑗、周纯明、孟厚、冯理、范械、谢湜、李参、谯定、翟霖、赵彦道、唐棣、畅大隐、范文甫、畅中伯、李处遁、林大节、张阂中、邵溥、李处廉,共 32 人。《宋元学案·周许诸儒学案》中,列有:周行己、许景衡、谢天申、沈躬行、刘安节、刘安上、戴述、鲍若雨、潘闳、陈经正、陈经邦、陈经德、陈经郛,共 13 人。依《宋元学案》上述"学案"所载,去掉重出,程门弟子人数为 65 人。

《儒林宗派》所见程门弟子。"程子学派"中,列有:杨时、张绎、刘绚、李籲、吕大忠、吕大钧、吕大临、吕希哲、苏昞、杨国宝、潘旻、陈经邦、陈经正、周孚先、周恭先、谢良佐、畅大隐、畅中伯、谢天申、杨迪、朱光庭、王岩叟、王蘋、李朴、孟厚、康棣、林志宁、刘立之、范文甫、林大节、张阂中、冯理、李处遁、刘安节、刘安上、鲍若雨、游酢、侯仲良、马伸、郭忠孝、周行己、尹焞、贾易、范仲、晏敦复、许景衡、吴给、邹柄、时紫芝、谢佃、沈躬行、陈经郛、陈经德、谯定、赵彦道、赵孝孙、罗从彦、袁溉、萧楚、李参、范械、邵溥、练绘、张呆、陈瓘,共 65 人。

<hr/>

① 池生春、诸星杓:《二程子年谱》,载吴洪泽、尹波主编:《宋人年谱丛刊》,第 2474 页。

去掉重复,大致可以确定程门主要弟子有:杨时、张绎、刘绚、李籲、吕大忠、吕大钧、吕大临、吕希哲、苏昞、杨国宝、潘旻、陈经邦、陈经正、陈经郛、陈经德、周孚先、周恭先、谢良佐、畅大隐、畅中伯、谢天申、杨迪、朱光庭、王岩叟、王蘋、李朴、孟厚、林志宁、刘立之、林大节、张闳中、冯理、李处遁、刘安节、刘安上、鲍若雨、游酢、侯仲良、马伸、郭忠孝、周行己、尹焞、贾易、范仲、晏敦复、许景衡、吴给、邹柄、时紫芝、谢佃、沈躬行、谯定、赵彦道、赵孝孙、罗从彦、袁溉、萧楚、李参、范械、邵溥、练绘、张杲、陈瓘、邵伯温、田述古、谢良佐、范冲、陈渊、吕义山、陈瓘、邹浩、赵霄、张辉、蒋元中、蔡元康、潘安固、刘子翚、罗靖、罗竦、戴述、潘闶、邢恕、焦瑗、谢湜、翟霖、唐棣、范文甫、李处廉、周纯明等,共计89人。

除了二程之外,北宋晚期至南宋早期的这一时期,还有杨时、陈瓘、邹浩、张九成、王十朋等一大批有影响的理学学者,他们亦有不少门人。由此说来,这一时期与理学学者相与交游的同道或者门人,数量是很多的。

第三类为一般士人及隐逸群体。除了上述官僚群体、理学家群体之外,这一时期,一些理学家也与一般士人及隐逸群体有所交游。如周敦颐与晦堂祖心(《居士分灯录》)、寿涯(《周敦颐年谱》)交游。周敦颐又有《东林寺留题》:"周敦实茂叔,余从周元礼、孙俨安礼、王深之长源、沈遹睿达、乐岳惟岳,嘉祐庚子十月二十一日相会东林寺。"[1]周元礼、孙俨、王深之、沈遹、乐岳等,或为职位较低的官员,或为一般士人。而其《淡山岩扃留题》记:"周敦颐携二子寿、焘归舂陵展墓。三月六日,与乡人蒋瓘、区有邻、欧阳丽、理掾陈赓同游含晖洞。"其一版本后注云:"治平四年后,蒋瓘仕至朝议大夫、区有邻仕至大理寺丞。"[2]邵雍与程颐与元丰中赐号冲熙处士的王笙(字子真)交游,并作有《寄谢王子真诗》。[3]周敦颐二子周焘、周寿与黄庭坚有交游。周行己与苏轼、黄庭坚、晁补之等皆有交游。杨时与吴国华等人有密切的交往,为之写有《藏春峡》等诗多首。此外,据《宋人年谱丛刊》记载,游酢、尹焞、杨时、张九成、王十朋、吕本中、许景衡、胡安国、胡宏、邹浩、刘勉之、李侗、罗从彦等人,皆有与文士及隐逸之士相与交游的记录。不过,从现存文献看,就其数量而言,理学家与官僚群体、理学家群体的交游是非常多的。相对而言,理学家与一般文士、隐逸之士的交游,见诸文献记载的就少得多了。

---

① 周敦颐著,陈克明点校:《周敦颐集》,第76页。

② 周敦颐著,陈克明点校:《周敦颐集》,第77页。

③ 池生春、诸星杓:《二程子年谱》,载吴洪泽、尹波主编:《宋人年谱丛刊》,第2596页。

二 理学家相与交游唱酬而写作诗歌的缘由及其相关情况

不管是理学家与官僚之士还是理学家以及其他类别的人士交游，他们往往在交游活动中有所唱酬，因此，理学家的交游往往伴有雅集赋诗、记游写景、事后寄诗等写作活动。考察这些诗歌写作情况，可见主要有三种写作缘由：

第一种是雅集赋诗。理学家在与人交游的过程中，往往于雅集之时伴有即席赋诗等诗歌书写活动。如嘉祐二年，邵雍于郑州游玩时，写有《秋日饮郑州宋园示管城簿周正叔》。熙宁四年，邵雍又有诗《履道会饮》。熙宁七年，李君锡有诗《奉别尧夫先生承见……聊书代谢》，邵雍则奉和《和大尹李君锡龙图留别诗》，司马光亦有《走笔和君锡尧夫》相和。而从度正（1166—?）所撰《周敦颐年谱》①可见，至和六年，傅耆登第，与周敦颐相会京师。傅耆有《和周茂叔席上酬孟翱太博》，可见周敦颐、傅耆与孟翱等人有相与应酬而写诗活动。再如熙宁七年，程颢、程颐侍父访邵雍于天津之庐，邵雍携酒与之饮于月陂之上。是日，邵雍有诗，程颢有《游月陂》和之。此年，程颢有诗和邵雍，写有《和邵尧夫打乖吟二首》《和尧夫首尾吟》《和尧夫西街之吟二首》《秋日偶成二首》等。元丰二年，陈公廙于洛阳行曲水流觞修禊事，程颢、程颐兄弟均参与雅集赋诗。程颐有《禊饮诗序》："上已禊饮，风流远矣。而兰亭之会，最为后人所称慕者，何哉？盖其游多豪逸之才，而右军之书复为好事者所重尔。事之显晦，未尝不在人也。颍川陈公廙始治洛居，则引流回环为泛觞之所。元丰乙未，首修禊事。公廙好古重道，所命皆儒学之士。既乐嘉宾，形于咏歌，有'不愧山阴'之句。诸君属而和者，皆有高致。野人程颐不能赋诗，因论今昔之异，而为之评曰：'以我好贤方逐乐之心，礼义为疏旷之比，道艺当笔札之工，诚不愧矣。安知后日之视今日，不若今人之慕昔人也哉？'"②而程颢有诗《陈公廙园修禊事席上赋》："盛集兰亭旧，风流洛社今。坐中无俗客，水曲有清音。香篆来还去，花枝泛复沉。未须愁日暮，天际是轻阴。"③再如，元祐元年，杨时有《席上别蔡安礼》诗："故里相看眼暂明，一樽聊此话平生。杜陵蚤被微官缚，元亮今为世网撄。长路关山吾北去，春风梅岭子南征。结邻莫负当时约，早晚沧浪共濯缨。"④可见杨时、蔡安礼等人有交游唱和。由此可知，理学家与人交往过程中，常常有诗相和。

---

① 周敦颐著、陈克明点校：《周敦颐集》，第99页。
② 池生春、诸星杓：《二程子年谱》，载吴洪泽、尹波主编：《宋人年谱丛刊》，第2579页。
③ 程颢、程颐著，王孝鱼点校：《二程集》，第486页。
④ 傅璇琮等主编：《全宋诗》，第12944页。

第二种是因交游而写有记游写景诗。如熙宁五年,邵雍有诗《同王胜之学士转运赏西园芍药》,记述与王胜之游园事。再如嘉祐五年,周敦颐按赤水县簿书,与其守费琦游龙多山。周敦颐有诗《游赤水县龙多山书仙台观壁》,又有《喜同费长官游》《和费君乐游山之什》等诗。景祐八年,周敦颐邀余杭钱建、侯拓、四明沈幾圣游罗岩,因之有诗《同友人游罗岩》。治平二年,周敦颐同宋复古游庐山大林寺,至山顶有诗《游大林》。此年三月,江南西路转运使李大元以诗干谒周敦颐:"檐前翠霭逼庐山,门掩寒流近日闲。"① 再如,嘉祐五年,程颢与晁无咎或晁端彦、张兴宗同游鄠山,有《游鄠山诗序》,作诗十二首:《白云道中》《马上偶成》《游紫阁山》《猕猴山》《高观谷》《草堂寺》《长啸岩中得冰,以石敲餐甚佳》《游重云》《长啸洞北⋯⋯盖为仙掌所蔽》《凌霄三峰》《云际山》《下山偶成》。其《下山偶成》:"襟裾三日绝尘埃,欲上篮舆首重回。不是吾儒本经济,等闲争肯出山来。"② 可见其彼时思想。

第三种是交游活动结束之后写诗。熙宁五年,李复圭有诗《行至龙门先寄尧夫先生》:"碧洛青嵩刮眼明,马头次第似相迎。天街高士还知否,好约南轩醉一觥。"③ 邵雍和诗《和李审言龙图行次龙门见寄》:"万里秋光入坐明,交情预喜笑相迎。菊花未服重阳过,如待君来泛巨觥。"④ 此二诗是诗人交游唱酬之后,复又相互寄送诗作来记述其感念、相思之情。熙宁七年,司马光有诗《正月二十六日独步至洛滨偶成二诗呈尧夫先生》,邵雍和诗《依韵和君实端明洛滨独步》,情况如上。同年,邵雍有诗《东轩前添色牡丹一株开二十四枝成两绝呈诸公》,司马光又有和诗《酬尧夫招看牡丹》以记述相从观花之经历,这都是事后所写作的诗篇。这一时期,周敦颐、程颢、罗从彦、尹焞、王十朋、刘勉之、李侗等,都在与人交游应酬之后写有寄送诗篇以纪事或表达感念之情。

从这一时期理学家交游唱酬所创作的理学诗来看,呈现出较为明显的特征:

其一,理学家因交游唱酬而写作的理学诗,在内容上往往重视于"日常日用"中表达理学旨趣,反映理学思想。如周敦颐写于嘉祐五年的《喜同费长官游》:"寻山寻水侣尤难,爱利爱名心少闲。此亦有君吾甚乐,不辞高远共跻攀。"⑤ 表达出同好难求,而安于山水以定心的和乐之情。再如景祐八年,周敦颐邀余杭钱

---

① 度正:《濂溪先生周元公年表》,载吴洪泽、尹波主编:《宋人年谱丛刊》,第 1517 页。
② 程颢、程颐著,王孝鱼点校:《二程集》,第 476 页。
③ 傅璇琮等主编:《全宋诗》,第 6806 页。
④ 邵雍著,郭彧整理:《邵雍集》,第 310 页。
⑤ 周敦颐著,陈克明点校:《周敦颐集》,第 71 页。

建、侯拓,四明沈幾圣游罗岩,周敦颐有诗《同友人游罗岩》:"闻有山岩即去寻,亦跻云外入松阴。虽然未是洞中境,且异人间名利心。①"明确表达其与人"名利心"所不一致的追求。再如邵雍写于熙宁七年的《依韵和君实端明洛滨独步》(其二):"风背河声近亦微,斜阳淡泊隔云衣。一双白鹭来烟外,将下沙头又却飞。"②以"微""淡"之景表达其"清淡"之心,以白鹭翔飞之物象来表达其安于自在生活的人生追求。再如林季仲(1088—1150)《读李端明惠李翰林集》有诗句"要须洗以千斛水,莫令胸臆生纤埃"③,以表达其"明心"思想。此外如林氏有《中秋不见月》《陪赵守登楼赏红梅》《和人对雪》等诗,均为其于"日常日用"中表述其理学思想的诗作。再如杨时往往以"县斋书事""感怀寄某"以及为某人含有儒学旨趣的"亭""堂""室"等而作诗,诗中往往表述其理学思想和理学旨趣。从彼时理学诗人如杨时、陈瓘、邹浩、张九成、王十朋等人的诗作来看,于"日常日用"事物书写中表达其理学主张和理学思理,是理学家诗人较为明显的诗歌创作风尚。

其二,理学家因交游唱酬而写作的理学诗,往往因其重视吟咏志趣,凸显道德境界等,而呈现出兼备情感性、审美性等特征。如熙宁十年,程颢有和司马光《花庵独坐》的《和花庵》:"得意即为适,种花非贵多。一区才丈席,满目自云萝。静听禽声乐,闲招月色过。期公在康济,终奈此情何。"④程颢于诗中歌咏其"得意"之志及天地间"生生不已"之"德",隐含有赞美司马光德性高洁之意,表达出对司马光的祝福和赞美。而程颢的《和王安之》⑤五首,其一为《小园》,诗作赞美王安之"陋巷心犹乐"之德,其二《野轩》赞美其"泉石在胸中"之高趣,其三《污亭》则勉励其重视心性存养,以"污亭妙旨君须会,物我何争事莫侵"点明亭之命名的深意。五首诗可见程颢对王安之的赞美、期许和勉励,这些内容多与德性相联系。再如杨时的《送蔡安礼》《童氏必大亭》等则指向"求理""明理"等理学内容。而其《酬林志宁》《次韵思睿见寄》等诗则推崇"重道""力学"等,亦与理学学理相关。这一时期,其他理学家如游酢、尹焞、杨时、陈瓘、邹浩、张九成、王十朋、许景衡、罗从彦、刘勉之、李侗等人的交游唱酬所写的理学诗,多有这一特征。

需要注意的是,此际理学家已经开始自觉地书写理学思理和理学旨趣,并开始创作为后来理学家广泛重视的讲学诗、语录诗和论学诗。这些特殊的理学诗

---

① 周敦颐著,陈克明点校:《周敦颐集》,第 68 页。
② 邵雍著,郭彧整理:《邵雍集》,第 336 页。
③ 傅璇琮等主编:《全宋诗》,第 19947 页。
④ 程颢、程颐著,王孝鱼点校:《二程集》,第 474 页。
⑤ 程颢、程颐著,王孝鱼点校:《二程集》,第 483 页。

体,成为后来生成理学诗流弊的滥觞。不过,在诸理学家年谱及文集中,看不到他们创作或书写这些讲学诗、语录诗与交游唱酬发生联系的文献记录。惟在理学家与人应酬时所作的个别论学诗中,可看到这种独特现象。如杨时有诗《此日不再得示同学》关于得失、存养、正身、向学等问题的提出,均贯彻了儒学及理学的若干要义。于理可知,理学学者群体,应该有不少因交游唱酬际缘而创作或者书写讲学诗、语录诗和俗诗的情形。因为文献不足,对此也就无法深入探讨了。

三 理学家交游唱酬活动与理学诗的"溢出"效应

理学家的若干理学思想和人生旨趣,正是通过交游唱酬而依托写作诗歌得以传播并产生影响。如熙宁五年,司马光有诗《花庵独坐呈尧夫先生》:"荒园才一亩,意足以为多。虽不居丘壑,尝如隐薜萝。忘机林鸟下,极目塞鸿过。为问市朝客,红尘深几何。"邵雍有和诗《和君实端明花庵独坐》:"静坐养天和,其来所得多。……系时休戚重,终不道如何。"①司马光诗作表达出安于闲适而优游度岁的避世情怀,是其有意远离政治斗争的内心写照。而邵雍此诗则以"乐意"为诗作主题,表达其安于闲适生活的情性追求。本年,司马光又有诗《赠尧夫先生》:"家虽在城阙,萧瑟似荒郊。远去名利窟,自称安乐巢。……得丧非吾事,何须更解嘲。"②而邵雍则有《和君实端明见赠》:"曾不见谯谯,城中类远郊。……顽然何所得,岂复避人嘲。"两人的诗作虽均与"闲适"生活旨趣有关,但主旨却是各说各话,并不相同。熙宁五年,正值王安石推行变革而天下骚动、政局糜烂之际,邵雍以《秋霁登石阁》诗示富弼:"初晴僧阁一凭栏,风物凄凉八月间。……这般情意久阑珊。"富弼和之以《尧夫先生……聊以短章戏答》:"高阁岩峣对远山,雨余愁望不成欢。拟将敛黛强消遣,却是幽思苦未阑。"司马光则有《和尧夫先生秋霁登石阁》:"飞檐危槛出林端,王屋嵩丘咫尺间。……目穷苍莽纤毫尽,身得逍遥万象闲。暇日登临无厌数,悲风残叶已珊珊。"③邵雍之诗于保有"安乐"之心的同时,规劝富弼宜有政治兴起之心,以为国家社稷之复兴而早做准备,以图政治复起。而富弼之诗则报之以时局艰难,不复有兴起之愿望。司马光之诗中心志正与富弼相同。宋代理学家并不排斥出仕,其内圣外王之意与原始儒学并无不同。邵雍诗中的思想,故仍可视作理学义理问题的范围。

---

① 邵雍:《击壤集》卷九,上海古籍出版社景印《文渊阁四库全书》本,第62页。
② 邵雍:《击壤集》卷九,上海古籍出版社景印《文渊阁四库全书》本,第62页。
③ 邵雍:《击壤集》卷九,上海古籍出版社景印《文渊阁四库全书》本,第62页。

　　理学家常于其诗作中书写或寄寓其理学思想,因此,因交游唱酬而写作的理学诗就成为宣传其学说的重要载体。熙宁十年,程颢为孔周翰作《颜乐亭铭》:"天之生民,是为物则。非学非师,孰觉孰识。圣贤之分,古难其明。有孔之遇,有颜之生。圣以道化,贤以学行。……盛德弥光,风流日长。道之无疆,古今所常。水不忍废,地不忍荒。呜呼正学!其何可忘。"[1]在赞美孔子、颜回之德的同时,诗作亦表达出对圣人之道的推崇。其时,苏轼写有《颜乐亭诗并叙》,其《叙》云:"颜子之故居所谓陋巷者,有井存焉,而不在颜氏久矣。胶西太守孔君宗翰始得其地,浚治其井,作亭于其上,命之曰'颜乐'。昔夫子以箪食瓢饮贤颜子,而韩子乃以为哲人之细事,何哉?……孰知箪食瓢饮之为哲人之大事乎!乃作《颜乐亭诗》以遗孔君,正韩子之说,且以自警云。"其诗云:"天生烝民,为之鼻口。美者可嚼,芬者可嗅。美必有恶,芬必有臭。……伟哉先师,安此微陋。孟贲股栗,虎豹却走。眇然其身,中亦何有。我求至乐,千载无偶。执瓢从之,忽焉在后。"[2]司马光有《颜乐亭颂并序》,其《序》云:"孔子旧宅东北可百步有井,鲁人以为昔颜氏之居也。周翰思其人,买其地,构亭其上,命曰'颜乐',邦直为之铭,其言颜子之志尽矣,无以加矣。……光谓韩子以三书抵宰相求官,与于襄阳书谓先达后进之士互为前后,以相推援,如市贾然。……故孔子称之而韩子以为细事,韩子能之乎!光实何人,敢评先贤之得失?聊因子瞻之言,申而尽之。"其《颂》曰:"贫而无怨难。颜子在陋巷,饮一瓢,食一箪,能固其守,不戚而安,此德之所以完。"[3]程颢、司马光、苏轼为一时之杰出人物,三人因孔周翰作"颜乐亭"而写诗、序等相与论辩,以申先圣贤之德。于此可见,理学家的交游唱酬对于传播其理学思想的重要性。

　　因为交游唱酬而写作理学诗,理学家就很容易地与官僚、文人、隐逸之士及僧道等建立了联系,这就为不同人群的思想交流和碰撞提供了可能。理学家正是在这一交游与碰撞中,得以实现与不同知识阶层的人士交流思想,从而反哺其理学思想。如熙宁六年,邵雍写有《安乐窝中好打乖吟》:"安乐窝中好打乖,打乖年纪合挨排。重寒盛暑多闭户,轻暖初凉时出街。风月煎催亲笔砚,莺花引惹傍樽罍。问君何故能如此,只被才能养不才。"多人与之唱和。富弼和诗:"先生自卫客西畿,乐道安闲绝世机。……贯穿百代常探古,吟咏千篇亦造微。珍重相知

①　程颢、程颐著,王孝鱼点校:《二程集》,第 472 页。
②　傅璇琮等主编:《全宋诗》,第 9246 页。
③　曾枣庄、刘琳主编:《全宋文》,第 56 册,第 256 页。

忽相访,醉和风雨夜深归。"程颢有和诗两首,其一曰:"打乖非是要安身,道大方能混世尘。陋巷一生颜氏乐,清风千古伯夷贫。客求墨妙多携卷,天为诗豪剩借春。尽把笑谈亲俗子,德容犹足畏乡人。"其二曰:"圣贤事业本经纶,肯为巢由继后尘。……且因经世藏千古,已占西轩度十春。时止时行皆有命,先生不是打乖人。"吕希哲和诗:"先生不是闭关人,高趣逍遥混世尘。得志须为天下雨,放怀聊占洛阳春。……任使终身卧安乐,一毫何费养天真。"①此外,与邵雍相与唱酬的人物,尚有王拱辰、王迣、尚恭、司马光等。邵雍一诗而得众多人物相和,无疑扩大了诗中理学思想和理学主张的影响。同样的情况,也发生在其他理学诗人身上。如杨时、周行己、邹浩、张九成等人,也常在与他人应酬唱和之际创作理学诗作,这些理学诗自然会对与之唱酬交往的对象产生影响。从理学家的交游对象来看,理学之士、官僚、文人、隐逸之士及僧道等都在其中。可以说,理学家的交游唱酬,为不同人群实现思想的交流与碰撞提供了机遇。

本节的研究结论是:理学家因为交游唱酬等外在际缘,而写作了不少传达其理学思想和理学旨趣的诗歌。因为与理学家交游唱酬的人群有官员、文人、理学家、一般士人及隐逸人士等,因此,交游唱酬当对理学思想及理学诗的传播,产生了一定影响。理学家于"日常日用"之际,表达其涵咏心性而求道修德的诗歌主题。包括理学家在其交游唱酬活动中所写作的论学诗、语录体诗等,都呈现出理学诗的若干规定性特征。由此,理学诗也凭借理学家交游唱酬这一际缘和实践途径,成为理学家与其他人群交流理学思想、传递理学旨趣和理学思理的重要载体,藉此,理学诗实现了其部分文化功用。可见,宋代理学家的交游唱酬活动以及由此而连带写作的雅集唱和诗,无论是对理学家而言,还是对于理学诗的创作、传播与接受而言,都具有重要意义。

本章小结

本章之研究目的,主要包括:确定宋代理学诗的历史客观实在性,确认理学诗的作者数量和作品数量,以明确研究对象的客观性,坐实研究基础;论述理学诗与文人诗共存的文献形态,界定理学诗人、理学诗和理学诗派等概念,区分理学家的诗、反映理学理趣的诗、理学家讲学之诗等,以界定"理学诗"的涵义,进一步明确其边际范围;对理学诗书写主体——理学家诗人的交游唱酬活动,和因此

---

① 邵雍:《击壤集》卷九,上海古籍出版社景印《文渊阁四库全书》本,第69页。

而写作的理学诗之文化效应等进行考察,从而为探讨理学诗的类型特征、书写规律和文化地位等做好准备。

考察可知,宋代理学诗具备历史客观实在性。故本课题之研究,具备客观性、合理性和科学性的学理研究基础。宋代理学诗作者包括理学家诗人、与理学家交往的文人,这两类作者群体写作了数量丰富的理学诗。以《儒林宗派》《宋元学案》《闽中理学渊源录》《全宋诗》等作统计,可知宋代理学家有 2800 人以上,其中有诗歌留存的理学家有 360 人以上。在这 360 多人中,又有 130 多人可被视为代表性的理学家诗人,其创作或书写的理学诗有 6300 多首。宋代现存理学家年谱中所载与理学家交往的文人有 930 多人,其中 80 多人写有理学诗共 200 多首。对代表性理学家诗人 130 多人的诗歌进行分析,可知与这些理学家交往的文人有 5600 多人,其中 70 多人共写有理学诗 200 多首。以本著所界定的"理学诗"标准,我们从《全宋诗》中检得理学诗人 1740 人左右,其所创作或书写的理学诗总量为 7100 多首。宋代理学诗人数量、理学诗数量分别占到了《全宋诗》所载宋代诗人数量、诗作数量的 20%左右、3.5%左右。

考察可知,理学学者所书写的诗歌作品,呈现为"文人诗""理学诗"相杂糅或混杂在一起的共存形态。"理学诗"在不同的历史时期,有不同的涵义。取其不同历史时期之共同涵义,可把"理学诗"界定为:"理学诗"指的是由具有明显理学学缘、理学学养或与理学学者有密切交游的宋代士人所创作的具有理学思理或理学旨趣的诗歌。从题材与内容上看,它旁溢多体,不拘一格,往往于理学学者的纪事、咏史、记游、言志等表现出诗歌书写或创作主体的理学素养、个人情操和人生旨趣。一些理学学者往往有意识地利用诗歌的形式,抒写其理学境界,表达其理学感悟,记录其有关理学心性存养的认知与践行,以及使用诗歌为其传道服务。不同的理学学者在理学发展的不同历史阶段,"理学诗"的内容都有所变化,但其主旨都集中于以"成圣"为目的的"内圣之学"上,"理学"的宇宙论与本质论、人性论与人生论、认识论与方法论、天人关系论与体用论等众多理学体系的内容,都是"理学诗"的内容和主旨类型。理学诗以理学为出发点和归宿,理学所强调的心性存养、成圣、淑世等,左右着"理学诗"创作主体的审美目的。除了与其他类型的诗歌具有一样的表达方式如议论、抒情、写景和叙事之外,"理学诗"还有观物、格物致知、体贴等。这些独特的表达方式,对成就"理学诗"的独特风貌具有重要意义。

考察可知,与宋代理学学者相与交游唱酬的士人群体,主要有仕宦群体、理学学者群体和一般士人及隐逸群体。官员升迁、友人集会、节日交游、信息交流、切磋问学等，是其相与交游唱酬的重要缘由。理学学者的交游往往伴有雅集赋诗、记游写景、事后寄诗等写作活动。因此而创作或书写的理学诗，呈现出较为明显的独特性：诗作往往重视于"日常日用"中表达理学旨趣，反映理学思理；诗作往往因其重视吟咏志趣，凸显道德境界等，而呈现出兼备情感性、审美性等特征。理学家的若干理学思想和人生旨趣，正是通过交游唱酬依托写作诗歌而得以传播并产生影响。因为交游唱酬而写作理学诗，理学学者就很容易地与官僚、文人、隐逸之士及僧道等建立了联系，这就为不同人群的思想交流和碰撞提供了可能。

可见，对课题研究对象的作者、数量、空间分布和时间延续等基本边际范围或历史客观存在性、理学诗书写主体之交游唱酬活动等进行考察，就为科学界定研究对象的边际界限，厘定"理学诗"概念和相关术语等提供了坚实基础，也就为后续各章进一步探讨理学诗人所书写的理学诗之类型特征、价值规律和文化地位等做好了准备。

第二章 | 宋代理学文化思潮与 理学诗人的诗歌书写

作为文学艺术重要的载体形式之一,诗歌与其他文学样式具有相同的属性:从创作主体角度来讲,它是创作主体的认知、情感、心志等内在个体属性的外在文学表现形式;从文学艺术的文本属性来讲,诗歌又是创作主体的社会实践、知识素养、学术追求和诗学实践等共同作用,并在一定程度上为了满足受众需求而生成的文化产品。不言而喻,特定历史时期的历史文化传统、彼时文化思潮及其影响下的文学观念,反过来也会影响到彼时的诗学精神。宋代理学诗,正是兼摄社会实践主体、理学实践主体和诗歌书写或创作主体于一身的宋代理学诗人,在理学文化的社会生态环境下所创作或书写的一类诗歌类型。以此言之,要对理学诗的发展历程进行考察,应同时关注理学、诗学之关联性。[①]

从理学诗之发展历程来看,孕育理学诗之理学文化,"当其酝酿之初,原与执着于道德文章的文学思潮有着深层联系"[②]。作为"理学—诗"相会通而生成的重要文体类型——理学诗,其萌芽、发育、成熟、延续和变化的历史历程,显然与理学之历史流变密不可分。可以说,理学文化思潮对于宋代诗学产生了重要的影响[③]。

依照久被公认的宋代文化分期起止时间、代表性理学家诗人的卒年、重要理学家诗人的主要学术活动时间等三个标准[④],可把宋代理学诗之发展流变分为六个时期:

---

① 参见廖可斌:《理学与文学论集》,东方出版社,2015 年,第 54—62 页。

② 韩经太:《理学文化与文学思潮》,中华书局,1997 年。

③ 参见程小平:《论理学思潮对宋代诗学的影响——以"以意为诗"论为例》,《殷都学刊》2008 年第 2 期。

④ 参见拙著《宋代理学诗发展史》,第一章第四节"宋代理学诗发展历程的历史分期及其划分依据",待刊稿。

　　明道—熙宁之际(1032—1077)，周敦颐、邵雍、张载等三人的理学思想形成和理学体系建构时期，受到了"庆历新政"及其催生的文学思潮的显著影响。

　　元丰—靖康之际(1078—1126)，二程及其早期门人吕大临、邹浩、游酢、陈瓘、周行己、饶节、谢逸、许景衡，张载门人李复，司马光门人范祖禹、晁说之，以及与理学家有密切交往的文人如范纯仁、彭汝砺、黄庭坚、徐积、孔平仲等，多方拓辟，于理学义理各得精微，其学术主张、诗歌创作等为人所关注。

　　建炎—隆兴之际(1127—1164)，二程晚期门人及其后学和相与交游者，如杨时、胡安国、陈渊、刘子翚、罗从彦、吕本中、范浚、张九成、胡宏、汪应辰、林之奇、林季仲、陈长方、李光等人继踵而起，析理探微，各呈所得，其理学诗书写因之而呈现出日趋成熟、堂庑阔大之气象。

　　乾道—嘉泰之际(1165—1204)，南宋中期张朱、朱陆、朱吕等主要理学学派之论证辩诘，扩大了理学影响，提升了理学学理的精密严谨程度，并表现出各自学派的学术主张、义理指向等方面的差异性。张栻、吕祖谦、陆九渊和朱熹，以及其门人的理学诗书写，因之而登峰造极，泽被深远。

　　开禧—淳祐之际(1205—1252)，湖湘学、程朱学、陆氏心学、浙东学、金华学派婺学等理学学派门人后学，开启了从史学、诗学等探讨理学"义理"的新路。

　　宋宝祐—元至元六年之际(1253—1340)①，理学家的理学精义探讨和体系建构等治学实践，虽逊色于其前辈理学家黄榦、陈淳、熊节、程端蒙等人，但仍取得了不少值得重视的新成就。总的来看，这一时期，理学家之重经世之学、重"杂学"、重"史学"和"诗学"的治学路径，对中国近古学术的发展产生过显著影响。

　　宋代理学诗之生成、发展与流变的历史历程，大致可视为沿上述发展脉络而逐渐展开。

第一节　儒家之统：明熙之际儒学新变与理学诗之生成

　　明道—熙宁之际(1032—1077)，是宋代理学诗的生成期。理学诗这一重要诗歌类型的生成，与彼时政权建设需求及其决定着的文化政策等紧密相关。经过七八十年的涵育，北宋在仁宗朝前期呈现出新的气象。儒学、道教和佛教等都得到长足发展。妥协怀柔的外交政策，换来了澶渊之盟后边疆的相对安宁。伴

　　① 把宋代理学诗发展历程的截止时间定在元代至元时期，所依据的界定标准，可参看本章第六节的相关论述。

随着鼓励拓荒、计田、实施茶盐铁酒专营等诸多经济措施的陆续实行,北宋经济基础得以夯实。但是,七八十年政治管理制度的探索,尤其是真宗朝后期大搞天书迷信、郊祀,连带产生的无节制推恩荫补,以及官员贪污腐化等与专制统治相孪生的痼疾,也给北宋王朝带来了前所未有的政治和经济困境。因此,自真宗朝后期开始,如何巩固政权,兴利革弊,成为朝廷必须面对和解决的政治课题。这对以儒学为本的官僚和士人提出了严峻挑战。在这一历史时期,深探儒学精义,使之能够立定根基而不为佛教摇动,进而笼系人心、激扬士大夫气节为政权服务,就成为仁宗朝对儒学之士提出的迫切要求。可以说,复兴儒学的学术指向与兴利革弊的现实政治需求,历史性地落到了科举入仕的新兴官僚阶层身上,政治关注的焦点问题已经转移到重建士人气节上来。在此背景下,一大批官僚和士人不约而同地在儒学经典中寻求维护统治的理论支点与历史经验。于是,以回归儒学道统为号召而重在塑造士人气节的政治诉求,就成为有识之士的政治主张和努力方向。[①] 正是在这个背景下,宋代儒学开始了以探讨儒家之"道"为重心的经学"新变",由此,探讨天地,万物与人之"道",发掘"性""心""理""德"等体用之"理",探讨心性存养、操存省察之"工夫",遂成为新儒学即理学的根本宗旨。于此之际,周敦颐、邵雍、张载等因应着"宋学"之"重义理"的学风,不约而同地以诗歌这一文学体式来书写或表达理学诗思理或理学旨趣,阐发其理学思想,以实现"载道""求道"等功用,从而创造出了可堪与文人诗相媲美的、独立于文人诗的新诗歌类型——理学诗。在其诗歌书写实践中,周敦颐、邵雍、张载等自觉不自觉地调适着理学诗的表达方式和书写重心,从而为后来理学诗人的诗歌书写提供了重要借鉴。

一 北宋庆历前后儒者"通经学古"之目的

北宋庆历之际儒学变革的重要契机,来自范仲淹等人所推行的"庆历新政"。"新政"虽然很快失败,但其对宋代学风、士风之转变的作用,为世所公认。实际上,"新政"目标之一即为端正士风。南宋陈傅良认为:"宋兴,士大夫之学亡虑三变:起建隆,至天圣、明道间,一洗五季之陋,知乡方矣,而守故蹈常之习未化。范子始与其徒抗之以名节,天下靡然从之,人人耻无以自见也。欧阳子出,而议论

文章粹然尔雅,轶乎魏晋之上。"①陈傅良以范仲淹倡导"名节"而变革士风,为形成欧阳修"议论文章粹然尔雅"之先导,确为不易之论。苏轼则看到了欧阳修对于重振"斯文"之功:"宋兴七十余年……斯文终有愧于古。士亦因陋守旧,论卑而气弱。自欧阳子出,天下争自濯磨,以通经学古为高,以救时行道为贤,以犯颜纳说为忠,长育成就,至嘉祐末,号称多士。"②苏轼之"斯文"认同,包括"通经"以接续儒学传统,以"救时"而自觉的政治担当,以"行道"为目的的儒家纲常实践,所共同组成的士人人生理想图式。以陈傅良、苏轼之论而可推知,以欧阳修为领袖的,以接续唐代韩愈、柳宗元之"古文"的文化改良活动,因此而可以视为倡导儒家之道的文化变革运动。

唐代韩、柳之所以倡导古文革新,其深层的学理逻辑,是试图藉以探寻作文与儒家之道的关系,从而把文统、道统、政统放置于相统一的地位,以改革"文"来对彼时的"道统""政统"施加影响。③ 韩愈在《原道》中就指出:"夫所谓先王之教,何也? ……其文,《诗》《书》《易》《春秋》;其法,礼乐政刑;其民,士农工商;其位,君臣、父子、师友、宾客、昆弟、夫妇;……其为道易明,而其为教易行也。"④这里的"文""法""位"等,是统合了"道统""文统"与"政统"而言的。而柳宗元提出的"大中之道","吾之所云者,其道自尧、舜、禹、高宗、文王、武王、周公、孔子皆由之"。⑤已然指出了道统与文统的一致性。

韩愈等试图以变革"文"来影响彼时之道统、政统,是有久远的文化传统的。大概从孔子时代开始,不同的学派虽然对"道统"的认识有所不同,但并不妨碍其把对"道"之"统"的申述与重构作为构建学说的前提。如庄子强调"道术为天下裂",其逻辑前提自然是在天下一统时,存在一个一统的"道术"。汉代的《淮南子·原道训》中也强调:"夫执道理以耦变,先亦制后,后亦制先。是何则? 不失其所以制人,人不能制也。"⑥可见,《原道训》虽然尊崇道家的"道",但其出发点亦

①　陈傅良著,周梦江点校:《陈傅良先生文集》,浙江大学出版社,1999年,第501页。

②　苏轼:《六一居士集叙》,《苏东坡全集》,中国书店1986年影印本,第315页。

③　张立文、祁润兴:《中国学术通史》(宋元明卷),人民出版社,2004年,第40页。
自韩愈首标"道统"之后,到北宋中期,陆续出现了"学统""文统""政统"等话语。但较之韩愈"道统"而言,宋代之"道统"涵义更为广泛:一是指儒家之"道"递相授受的人物谱系,这一主张显然受到隋王通、唐韩愈等人的影响。二是指得儒家"道"之正统真传。与之相似,宋代"学统""文统""政统"均有"授受之谱系"与"得正统之真传"之义。本节所用各种"统"之概念,均取第二义。

④　韩愈著,马其昶注,马茂元整理:《韩昌黎文集校注》,上海古籍出版社,1987年,第18页。

⑤　柳宗元撰,吴文治等校点:《柳宗元集》,中华书局,1979年,第852页。

⑥　刘文典撰,冯逸、乔华点校:《淮南鸿烈集解》,中华书局,1989年,第32页。

仍然讲究"政"之"统"。而《文心雕龙·原道》指出:"观天文以极变,察人文以成化;然后能经纬区宇,弥纶彝宪,发挥事业,彪炳辞义。故知道沿圣以垂文,圣因文以明道,旁通而无滞,日用而不匮。《易》曰:'鼓天下之动者存乎辞。'辞之所以能鼓天下者,乃道之文也。"①按照刘勰的表述来看,他把"文"之"统"变成了"道"之"统"的外显形式。仔细想来,前人之论述的深层逻辑是:如果遵奉"道"之"统",就能实现"政"之"统"与"文"之"统"。"道"之"统"、"政"之"统"与"文"之"统",是合目的性的统一。由此而言,韩柳提倡古文运动,其背景是中唐时期藩镇割据所造成的政统紊乱、道统不明、学统不彰,其内在的学理逻辑,在很大程度上乃在于"以文明道",也就是恢复道统、文统,进而影响政统建设。这与"庆历新政"之前北宋王朝面临的情况类似。北宋真宗朝后期,由于迷信天书、郊祀、荫补等,朝廷政纲紊乱,财政崩溃,国家的文化一统尚未完成。如庞籍(988—1063)作于天圣七年的《上仁宗答诏论时政》就指出其时时政朝令夕改:"十七日内,为一小事而四降宣旨,三令借马一疋,一令赐马一疋。"②而赵师民作于庆历三年的《陈政事疏》,仍然把"久官政"作为其上陈的"十五事"之一,对其时"屡变而启浮伪,数徙而无根据;浮伪生则易淆乱,根据浅则轻动摇,官不及事,民不安教"③的政治举措深感忧虑。上述论、疏,其间距离十四年。这说明,十四年间虽有不少重臣上疏痛陈政纲紊乱之危害,但朝政无常已如痼疾附体,其他如彼时的学统、文统、道统等,亦存在类似问题。对此,范仲淹、胡瑗、孙复、石介、欧阳修等人,对彼时政统、文统、学统等有大量的批评。

庆历之际的儒者群体正是看到了这一点,才选择性地接续了韩柳"古文运动",重新展开了以匡复道统、文统、政统、学统为核心的儒家之道的探讨。实际上,在庆历诸人自觉接续韩柳试图恢复儒家之道之时,一些前辈儒者如穆修(979—1032)、范雍(981—1046)、赵师民、孔道辅(987—1040)等,都认识到了儒家之"道"的重要性,开始探讨道统、政统、文统的一致性问题。如穆修在《答乔适书》中,先是历述彼时的"文"之弊:"盖古道息绝,不行于时已久,今世士子,习尚浅近,非章句声偶之辞不置耳目。"接着,他强调:"夫学于古者,所以为道;学夫今者,所以为名。道者仁义之谓也,名者爵禄之谓也。……行乎道者,虽固有穷达云尔,然而达于上也,则为贤公卿,穷于下也,则为令君子。"这里,穆修指明"学"

① 刘勰著,范文澜注:《文心雕龙注》,人民文学出版社,1958年,第3页。
② 曾枣庄、刘琳主编:《全宋文》,第17册,第396页。
③ 曾枣庄、刘琳主编:《全宋文》,第17册,第274页。

之目的是为"求道"，已有探求"学统"与"道统"关系之用意。而从此文整体来看，穆修强调的"文"，是与"学""道"密切相关的，所谓"学之正伪有分，则文之指用自得"①。穆修在《唐柳先生集后序》中亦明言其推崇韩柳的原因，乃是"至韩、柳氏起，然后能大吐古人之风。其言与仁义相华实而不杂……皆辞严义密，制述如经"②。在穆修看来，"文"以"学"为本，而学以"求道"为目的，"文"只不过是"学"及"道"的"用"而已。尽管穆修尚未及探讨"学统""道统""政统""文统"之关系问题，但此一路径已然有所涉及。这一逻辑关系，基本上也就是庆历之际士人对于"文""学""道"三者关系的认识，亦为后来大多数理学家所赞同。与此相似，范雍在《忠愍公诗序》中首先强调了"气"有"轻清""重浊"之分，认为"禀之于清者""形于文章，则典切渊奥，鸿博丽正"，而寇准则是禀于"清"者，所以，寇准"为文章"则"优赡微婉"，诗则"藻思宏逸"。这里，范雍从"禀气"的角度，探讨了寇准之于"为人""从政""文章"之统一性，隐然已有后来庆历之际士人探讨"文统""道统""政统"之关系的萌芽。这一时期，孔道辅亦云："诸子虽博，非五贤之文不能成正道。……圣人与天地并，高卑设位，道在其中矣。所以尊君德，安国纪，治大物，立人极，皆斯道也。"③提及了"五贤之文"乃是承载了以圣人为代表的儒家之"正道"。显然，这里，"五贤之文"、圣人之"道"与君王治国之"政"，在其根本上应是统一的，都是基于圣人对于天地之"道"的把握和总结。同样，在这一时期重要的儒家代表人物赵师民的相关论述中已然涉及儒家之道兼有"学统""文统""道统""政统"等涵义。他提及："若帝之元，于稽古先。将以其道，格于皇天。格天如何，谨徵旧典。……将以其文，化成天下。化成如何，顺考正道。……非先圣之遗法，不足以举大义而正国常。"④文中虽然没有提及"学统""道统""政统""文统"，但这里的"道"，已然兼有上述诸义。

总的来看，上述诸人从具体的"道""学""文"及"政"之关系问题认识入手，初步涉及更高层次的"道统""文统""政统""学统"等问题。尽管其认识尚属初浅，但是，这些具有时代先觉意识的士人，对于促成庆历之际推扬士节而探寻儒学之道的社会风尚的生成，具有重要作用。如苏舜钦、苏舜元兄弟曾从学于穆修，而范雍、孔道辅与范仲淹有密切交往。就内容来看，赵师民在庆历三年写成的《陈政事疏》，与苏舜钦庆历四年的"谙目七事"、范仲淹庆历四年"庆历新政"施政纲

① 曾枣庄、刘琳主编：《全宋文》，第 16 册，第 20 页。
② 曾枣庄、刘琳主编：《全宋文》，第 16 册，第 31 页。
③ 曾枣庄、刘琳主编：《全宋文》，第 17 册，第 291 页。
④ 曾枣庄、刘琳主编：《全宋文》，第 17 册，第 282 页。

领等颇有相近之处。此外,孔道辅、范仲淹都曾是谏官的领袖人物,甚至于被政敌攻击为"朋党",亦可想见其相关主张之关系。这说明,"庆历"之前诸儒对于儒家之道的探讨,对于范仲淹、欧阳修等人有重要影响。不过,由于穆修、范雍、赵师民等人或由于政治地位较低,或缺少师友相呼应,而且大多数尚未能把"文""道""学"等提升到"道统""学统""文统""政统"等形而上的体系建构层面,因此,这些士人的社会影响尚不明显。

二 明熙之际儒者"道"之统系与士人文道观念之生成

自"庆历新政"开始,以至于整个明道—熙宁时期,因应着社会政治、文化等方面的需求,有识之士向传统儒家思想寻求解决对策。他们或从儒家之道中的道统、政统、文统、学统的统一性逻辑出发,试图通过建构文统、道统、学统来影响政统的确立,或试图通过对文道关系的探讨来改变时文以影响科举选育人才,进而实现对文统的匡正以培育士节,企图以此为契机,而左右国家政治,实现恢复儒家之政统的政治理想。这一时期,一些士林领袖人物如范仲淹、陈襄、胡瑗、孙复、石介、徐积、欧阳修、苏舜钦、梅尧臣等人,不约而同地展开了对儒家之"道"的多方探讨。

范仲淹(989—1052),在其《上执政书》中写道:"今士林之间,患不稽古。委先王之典,宗叔世之文,词多纤秽,士惟偷浅,言不及道,心无存诚。"①这里,他提及与"先王之典"有关的"政统",与"存诚"有关的"仁道"之"道统",与"词"有关的"文统"问题,说明了"新政"实施的必要性。在范仲淹看来,政统、道统、文统,是统一性的历史存在。他又从体用角度论及文、道、政之关联:"诗之为意也,范围乎一气,出入乎万物,卷舒变化,其体甚大。故夫喜焉如春,悲焉如秋,徘徊如云,峥嵘如山,高乎如日星,远乎如神仙,森如武库,锵如乐府,羽翰乎教化之声,献酬乎仁义之醇,上以德于君,下以风于民,不然,何以动天地而感鬼神哉!"②这是论及"诗"之体亦即本质问题,他认为诗歌的功用在于"羽翰乎教化之声,献酬乎仁义之醇,上以德于君,下以风于民",此时才能实现"动天地而感鬼神"。由此,范仲淹就从"政统""文统"与"道统"相统一的角度,论及"诗"的功用和价值。他又在《蒙以养正赋》中提及:"处下韬光,允谓含章之士;居上弃智,斯为抱一之君。"又说"蒙正相养,圣贤是崇。……圣人执之而行化,赤子焉知。乃有修辞立诚,穷

---

① 曾枣庄、刘琳主编:《全宋文》,第18册,第280页。
② 曾枣庄、刘琳主编:《全宋文》,第18册,第394页。

理尽性。常默默以存志,将乾乾而希圣。"①范仲淹认为,作为君、士,莫不以圣人之"蒙正相养"为遵循的正道,在此意义上,"文""道""政"都以"立诚""存志""穷理尽性"等道德追求而得到统一。此外,范仲淹还在《礼义为器赋》中论及政统、道统的统一性问题,在《唐异诗序》中论及诗与政统的关系问题,在《四德说》中论及道统、政统均为儒家之"道"所统摄,由此道统、政统应具有统一性等。可见,他对儒家之道的探讨,含有鲜明的对于道统、政统、文统、学统的统一性问题的自觉追寻在内。作为庆历之际士人领袖人物,范仲淹的这一义理探求,说明彼时士人具备统摄道统、政统、文统、学统为一体的理论自觉意识。

胡瑗(993—1059),为宋初"三先生"之一,其学说在庆历之际广有影响。他在《论语说》中有言:"古之取人以德,不取其有言,言与德两得之。今之人两失之。"自注:"有德者必有言,有言者不必有德。"②显示出其以"德"统"文"的基本观点。胡瑗关于儒家之道及道统、政统等问题的认识,因其文献记录多有散佚,惟从其弟子的言论中可见一二。熙宁二年,宋神宗询问其弟子刘彝,让他比较胡瑗、王安石经术孰优孰劣。刘彝回答说:"圣人之道,有体、有用、有文。君臣父子,仁义礼乐,历世不可变者,其体也。《诗》《书》史传子集,垂法后世者,其文也。举而措之天下,能润泽斯民,归于皇极者,其用也。"③这里的"体",是事物的本质特性,亦可理解为与道统相关的"道"之根本属性。这里的"用",是事物的功用、价值等,为圣人之道在政治等方面的具体展开。这里的"文",则是"道"之承载物。作为文学艺术之"文",自然也是与道统、政统相关的"物"之表现。显然,依刘彝看来,政统、道统、文统,只不过是儒家之道的不同层面,这三者说到底是儒家之道在"体、用、文"三个层面的表现。

宋初"三先生"之一的孙复(992—1057),在《与张洞书》中亦言:"文者,道之用也;道者,教之本也。故必得之于心而后成之于言。"④这里的"道",据孙复后文所称,即为"仁义"。在孙复看来,"文""教"是"道"的不同层面的表现形式,可见,孙复认为"文""教""道"具有统一性。又孙复《春秋尊王发微》释"元年春王正月"作如此表述:"夫欲治其末者,必先端其本;严其终者,必先正其始。元年书王,所以端本也;正月,所以正始也。其本既端,其始既正,然后以大中之法,从而诛赏

---

① 曾枣庄、刘琳主编:《全宋文》,第18册,第10页。
② 黄宗羲原著,全祖望补修,陈金生、梁运华点校:《宋元学案》,第27页。
③ 黄宗羲原著,全祖望补修,陈金生、梁运华点校:《宋元学案》,第25页。
④ 黄宗羲原著,全祖望补修,陈金生、梁运华点校:《宋元学案》第99页。

之。"①这里,孙复解释《春秋》之文,是从"道统""政统"而言的,基于以上文献可知,孙复注意到了"道统""政统""文统"的统一性问题。

孙复高弟石介(1005—1045)亦云:"夫尧、舜、禹、汤、文王、武王、周、孔之道,万世常行不可易之道也。佛老以妖妄怪诞之教坏乱之,杨亿以淫巧浮伪之言破碎之,吾以攻乎坏乱破碎我圣人之道者,吾非攻佛、老与杨亿也。"②石介明确指出,他所谓的攻佛、老之道与杨亿之言,是为了捍卫、张扬儒家之道统,而不是攻乎佛、老与杨亿本身。这说明,作为"庆历新政"干将的石介,其卫道担当具有强烈的自觉性。石介又从儒学传承与道德修养的角度论及文道关系。他依据《易》说以比附阐释"文"与"道"的关系,颇有代表性。他在《与张秀才书》中,亦强调"足下为文,始宗于圣人,终要于圣人。如日行有道,月行有次,星行有躔,水出有源,亦归于海,尽为文之道矣"③。这种观点,尽管与后来程颢的"文以载道"等文道观有所不同,但其思维路径却表现出高度的一致性,即把"文"看作服从和服务于"道"的工具或手段。所不同的是,石介干脆以"文"为"道德、礼仪、教化"等,"道"与"文"成为同一物。

上述诸人对于儒家学统、政统、道统、文统具备统一性问题的探讨,可能对彼时精英文化阶层产生了重要影响。欧阳修(1007—1072)就对"文"与"道"的"体用"问题给予了密切关注,并对两者关系进行了研究。他在《与张秀才棐第二书》中提及:"君子之于学也务为道,为道必求知古,知古明道,而后履之以身,施之于事,而又见于文章而发之,以信后世。"④欧阳修认为"文"是"道"的外显形式,从他的相关论述来看,欧阳修认为文统、道统是一致的。他又讲:"闻古人之于学也,讲之深而言之笃,其充于中者足,而后发乎外者大以光。"⑤这里的"充于中"之物,欧阳修认为是"道"。如"充于中"不足,则"必屈曲变态以随时俗之所好,鲜克自立"⑥。显然,欧阳修认为学统、道统又是紧密相连的。他在《答祖择之书》中又论及:"学者当师经。师经必先求其意,意得则心定,心定则道纯,道纯则充于中者实,中充实则发为文者辉光。"⑦此中所见,欧阳修在既重视道统又重视文统的

① 孙复:《春秋尊王发微》,上海古籍出版社景印《文渊阁四库全书》本,第3页。
② 石介:《徂徕石先生文集》,中华书局,1984年,第63页。
③ 黄宗羲原著,全祖望补修,陈金生、梁运华点校:《宋元学案》,第109页。
④ 欧阳修撰,李逸安点校:《欧阳修全集》,中华书局,2001年,第978页。
⑤ 欧阳修撰,李逸安点校:《欧阳修全集》,第1024页。
⑥ 欧阳修撰,李逸安点校:《欧阳修全集》,第1024页。
⑦ 欧阳修撰,李逸安点校:《欧阳修全集》,第1009页。

表象下，还是推崇以道统为本。否则，如果道统不立，则文统将"不知其守"："今之学者或不然，不务深讲而笃信之，徒巧其词以为华，张其言以为大。……又其为辞不规模于前人，则必屈曲变态以随时俗之所好，鲜克自立。此其充于中者不足，而莫自知其所守也。"[①]由此看出，欧阳修认为时文出现的"巧其词""张其言""规模于前人""屈曲其态"等问题，都是由于创作者不明道统导致的。

苏舜钦（1008—1049），把道、德、文、词、辩糅合为一个逻辑演进的次序，以为"道"弊生"文"。在《上孙冲谏议书》中，苏舜钦认为"德"之用在于"复性"，又以"文"为"性情之正"的外在表现形式。他从"道"的产生根源来推及与文的关系，得出了"道弊"而后生"文"的结论。苏舜钦关于文道关系的推断，以及把道、德、文、词、辨排定次序的方式，具有先验的性质。这种把不同事物强作统一的思维模式，正是北宋中期士人热衷于求道、努力构建其哲学体系的共同特征。不过，苏舜钦通过这一先验性的逻辑架构，把文统、道统、政统、学统相统一，已然显示出庆历之际士人探索儒家之道的可贵努力。

可能受到彼时儒家之士或文章之士的影响，邵雍认为诗歌是为了"自乐""乐时""与万物之自得"的"求道"目的而写作。他认为"诗"一旦被创作出来，那么，它就成为现象界的"物"，反映了创作主体的"志""情"，这两者都是创作者的内心或因"时"或因"物"而发之于外，所谓"言""声""音"，都是"诗"的载体形式，逆而推原，可知创作者的"心"，亦即其认知理性与道德理性所在。在历述了当时人诗歌因为"溺于情"而"伤性害命"之后，邵雍提出了他主张诗"乐"功用观的根本价值所在，既然"心"感物而为情，溺于情必伤"心"，"心"伤则必害性。由此，邵雍提出了他写作诗歌的目的，亦即以"观物"而见性求道。邵雍提出了其独特的诗歌性质、功能与诗歌的内容、形式等方面的一些特征："不限声律"强调诗歌的形式不应该限制诗歌功能的发挥；"不沿爱恶，不立固必，不希名誉"强调诗歌的"见性"功能；"如鉴之应形，如钟之应声"则强调了他写作诗歌时的"观物"方式在于不染好恶、纯任自然；显然，邵雍所追求的诗歌美境，是传统儒学的"发而皆中节"的境界。文章的最后，邵雍又以"钟鼓"与"礼乐"的关系，说明诗歌形式与其功能的关系，以为诗歌形式应该服务于他所认同的"观物"以"见性"的需要。从邵雍的《皇极经世》《观物内篇》等著作来看，邵雍是把"观物"作为其认识"心体""性体""道体""天体"的途径和手段来看待的。他说："天所以谓之观物者，非以目观

---

① 欧阳修撰，李逸安点校：《欧阳修全集》，第 1024 页。

之也。非观之以目,而观之以心也。非观之以心,而观之以理也。"①可见,"观物"是一种认识主体基于"一定的精神境界观照事物、看待事物的态度"②。而"观物"的目的,自然是"求道"或"见性"。"观物"必然导致实践主体的生活态度与人生境界得到提升,因此而具备了贯通于体悟识察与实践的品格,而不仅仅只是一种态度和认识了。

周敦颐则提出了"文以载道"的理论主张。他写道:"文所以载道也。轮辕饰而人弗庸,徒饰也,况虚车乎!"③他把"文"比作载物的"车",以为"文"之功用在于载"道",只有完成其"载道"之功用,"文"才算具有存在的合理性。他又云:"文辞,艺也;道德,实也,笃其实而艺者书之,美则爱,爱则传焉。贤者得以学而至之,是为教。故曰言之无文,行之不远。"④这里,他又以"艺"和"实"来考察"文"与"道",这就有了从其"体"亦即根本性质来观照两者关系的意味。他又认为,"文"之作用是"载道",使其能够更好地为人所接受,"文"如果实现了这一目的,自然是有益于"道"的。反之,如果"文"无助于传道,则"文"就降低到"艺"亦即"技巧"的功用层面,"文"也就失去了其应有的作用,从而降格为"艺"了:"不知务道德而第以文辞为能者,艺焉而已。"⑤他又讲到:"圣人之道,入乎耳,存乎心,蕴之为德行,行之为事业。彼以文辞而已者,陋矣。"⑥这说明,周敦颐是把"文"看作手段而把"求道"作为目的的。在周敦颐之前的儒者那里,儒家之"道"一般是经世致用为主。即使韩愈、柳宗元等倡导"以文明道",其"道"大约在于阐明儒家的道统,也就是通俗意义上的"内圣外王"。而周敦颐则把"文"之用转换为以文辞"明道德",这显然是他的独特之处。这种转换,为宋代理学家开启了以内向性的心性存养来界定"道"的先端。虽然陈襄、徐积等人已有类似做法,但其影响远逊于周敦颐。

张载强调"雅者,正也。直己而行,正也。……《诗》亦有雅,亦正言而直歌之,无隐讽谲谏之巧也"⑦。他强调,《诗》之《雅》为了实现其劝谏进道的功用,而不适用相当于暗示、隐喻等修辞手法的"隐讽谲谏"做法。显然,上文之出发点是

---

① 邵雍著,郭彧整理:《邵雍集》,第 49 页。
② 陈来:《宋明理学》,辽宁教育出版社,1995 年,第 122 页。
③ 周敦颐著,陈克明点校:《周敦颐集》,第 35 页。
④ 周敦颐著,陈克明点校:《周敦颐集》,第 36 页。
⑤ 周敦颐著,陈克明点校:《周敦颐集》,第 36 页。
⑥ 周敦颐著,陈克明点校:《周敦颐集》,第 40 页。
⑦ 张载著,章锡琛点校:《张载集》,第 55 页。

重视《诗》的教化功用，而对作为文学艺术的"文"有所忽视。张载又讲："志至，诗至；有象必可名，有名斯有体，故礼亦至焉。"①则把《诗》之"志"的表现形式"象"的"体"，看作"礼"，亦即《诗》在本体上就是"礼"。这就否定了《诗》的文学艺术性，而以"礼"的本质属性代替了《诗》的艺术性特质。由此而言，张载的文道观在一定程度上就是"作文害道"。他有诗云："置心平易始通诗，逆志从容自解颐。文害可嗟高叟固，十年聊用勉经师。"②这里提到"文害"问题，而以为孟子所批评的拘泥、执拗之"高叟"为戒，强调通诗当灵活变通。仔细分析其意，诗中有"置心平易""逆志""从容"等都是强调实践主体应从心性上下功夫。由此可见，这里的"文害"当是类似程颐的"作文害道"之意。显然，张载是倾向于"作文害道"的。

由上可见，明熙之际，包括儒学之士、文学之士、理学之士在内的不同的士人群体，纷纷探求儒家之"道"及道统、政统、文统、学统的统一性问题。他们有的是试图通过对道统、政统的关系探讨来为政统建设服务，有的则重在探讨道统、文统之间的关系，试图以道统来支配文统。不管怎样，都说明了这样一个历史事实：明熙之际儒者群体对于儒家之"道"及文统、道统、政统的统一性问题给予了充分关注，他们试图通过对道统的重建来影响政统、文统、学统，进而为时代政治服务。正是在这一意义上，明熙之际的"学统"，才为后人所关注。

三　明熙之际儒者的"统"系诗歌书写及理学诗的初步生成

与明熙之际士人重视探索儒家之道及其统摄下的文统、道统、政统、学统等问题相一致，明熙之际士人的诗歌创作，也出现了一些值得注意的变化。这些变化，与庆历之前的诗歌相比，已经呈现为崭新的诗歌风貌，并对彼时诗歌的发展起到了重要的导向作用。

一是，明熙之际儒者的诗歌书写内容，较之以往更加重视对儒家之"道"的书写。明熙之际的诗歌，开始重视"尧舜之道""圣人之道"等话语的探讨，对儒家之仁义、忠恕、中和、雅正等内容给予了相当重视。其中，范仲淹起到了重要的导向和引领作用，其诗歌经常表达出对"儒家之道""尧舜之道""圣人之道"的推崇。他在《谢黄总太傅见示文集》诗中，强调要以《诗经》的周南、召南的雅正为旨归，以实现尧舜之治为目的。诗篇同时强调诗歌的政治讽谏功能，倡导文以载道，"教化辞""帝皇道""人臣规"等应作为诗歌的重要内容。上述可见，范仲淹诗歌

① 张载著，章锡琛点校：《张载集》，第55页。
② 傅璇琮等主编：《全宋诗》，第6282页。

对儒家之道的重视。① 他在诗中提及："传此尧舜曲"②、"千古如天日,巍巍与善功。禹终平洚水,舜亦致薰风"③、"尧舜岂遗人"④、"薰风省舜城"⑤等赞美尧、舜、禹的圣人功业,表达了欲实现政治清明、天下致治的政治愿望。他又极为推崇儒家之仁义礼智等道德品格,言及"仁与智可尚,忠与义可钦"⑥、"前王诏多士,咸以德为先。道从仁义广,名由忠孝全"⑦。此外,范仲淹诗歌又提及"学者忽其本"⑧、"内乐则有余"⑨,反映出他对儒家性命精义的努力探讨。

几乎与范仲淹同时,石介在其诗歌实践中也大力倡导儒家之道。在《寄弟会等》诗中,石介历数其弟六人的学业成就,提及"志古道""其气典以和""道德能切磋""通典籍",以及学以变化气质、勤勉就学等,这些都是儒家之道的内容。⑩ 在《过潼关》等诗中,石介又从政治策略的角度,言及"上策以仁义,天下无能敌",强调"始知资形势,不如修道德"⑪,提出"舜与吾俱人,学之则舜也"⑫,"孔孟信可蹈,圣贤良自勖"⑬等,这些都与儒家之"道"紧密相关。此外,石介亦言及"古道于时疏"⑭、"斯文已不衰"⑮、"道病非一日"⑯等,表达出其对于儒家之"道"沦丧已久的焦虑。

明熙之际,苏舜钦亦大声疾呼恢复"古道":"正声今遁矣,古道此焉存"⑰,痛感于"风雅久零落,江山应寂寥"⑱,表达出自己希望"笔下驱古风,直趋圣所存"⑲

---

① 傅璇琮等主编:《全宋诗》,第 1857 页。
② 傅璇琮等主编:《全宋诗》,第 1861 页。
③ 傅璇琮等主编:《全宋诗》,第 1881 页。
④ 傅璇琮等主编:《全宋诗》,第 1886 页。
⑤ 傅璇琮等主编:《全宋诗》,第 1888 页。
⑥ 傅璇琮等主编:《全宋诗》,第 1877 页。
⑦ 傅璇琮等主编:《全宋诗》,第 1858 页。
⑧ 傅璇琮等主编:《全宋诗》,第 1858 页。
⑨ 傅璇琮等主编:《全宋诗》,第 1874 页。
⑩ 傅璇琮等主编:《全宋诗》,第 3419 页。
⑪ 傅璇琮等主编:《全宋诗》,第 3419 页。
⑫ 傅璇琮等主编:《全宋诗》,第 3419 页。
⑬ 傅璇琮等主编:《全宋诗》,第 3417 页。
⑭ 傅璇琮等主编:《全宋诗》,第 3424 页。
⑮ 傅璇琮等主编:《全宋诗》,第 3422 页。
⑯ 傅璇琮等主编:《全宋诗》,第 3420 页。
⑰ 沈文倬校点:《苏舜钦集》,上海古籍出版社,1981 年,第 84 页。
⑱ 沈文倬校点:《苏舜钦集》,第 91 页。
⑲ 沈文倬校点:《苏舜钦集》,第 38 页。

以复兴"风雅"为志的热望。天圣七年(1029),苏舜钦又与其兄舜元作有《地动联句》,其中有诗句:"愿进小臣语,兼为丹宸规。伟哉聪明主,勿遗地动诗。"①上述文献说明,苏舜钦具有自觉的以诗歌"载道"及干预社会的文学思想。同苏舜钦等人一样,梅尧臣(1002—1060)也比较重视诗歌与儒家之道之间的关系。他有诗句"因事有所激,因物兴以通",强调了诗歌的产生是由于外在的"事"与"物"的激发与诱导。他希望以诗歌为手段,来"下而磨上"影响政治,引导世道人心向着儒学"仁义礼知信"回归。他又强调"诗本道性情"②、"我于诗言岂徒尔,因事激风成小篇"③,表达出对性情、政道等问题的认知。

明熙之际的很多士人,在诗歌实践中亦表现出重视儒家之道的诗歌主题取向。在这种时代文化思潮的推扬下,一度为士人推崇的以蔑视礼法、放浪形骸而相结为"逸党"的山东士人群体,被颜太初所激烈抨击:"家国尽为逸,礼法何从施",正是认识到蔑视礼法、紊乱儒家之"道"的巨大破坏力,因此颜太初希望最高当局捕捉其"逸党"诸人,"杀一以戒万"④,杜绝类似"永嘉"之"清谈""放荡"之风对于社会的侵蚀。颜太初对"东州逸党"之深刻认识,与其说是儒家正统派学者对于异端认识的鸣鼓相攻,倒不如说是时代风尚使然。于此之际,李覯、章望之、黄晞、陈襄、杜衍、蔡襄、孔道辅、欧阳修等人,都写有推崇仁义、仁政等主题的诗歌。可以说,推扬尧舜之道,突出社会道义担当等思想,与这一时期普遍重视的士人气节思想往往相互支撑,成为彼时诗歌值得注意的诗歌主题。

正是在此文化背景下,邵雍、张载等理学家亦把重"道"思想贯彻于其诗歌书写之中。邵雍理学诗注重书写"道在日用",表达其安于闲适、隐逸生活,阐发其理学思想。如邵雍有诗《伤足》:"灾由无妄得,为患固非深。乖己摄生理,贻亲忧虑心。乍然艰步履,偶尔阻登临。逾月方能出,难忘乐正箴。"⑤"伤足"本是人生常事,但邵雍以之与"得""患""生理"等相连,末句又提到乐正之箴言,这就把日常之事的诗篇书写与儒家传统思想中的全身避祸、时刻惕惧等思想相联系,阐明了理学所强调的"生理"。邵雍"击壤体"于日常日用生活内容的诗篇中,所表达出的理学思理和旨趣类型是比较多的,天机、隐逸闲适、心性存养、生生不已、乐意、尊德性、观物等常见的理学诗主题,都从邵雍这一类内容的诗作中得以表达

---

① 沈文倬校点:《苏舜钦集》,第 56 页。
② 傅璇琮等主编:《全宋诗》,第 2861 页。
③ 傅璇琮等主编:《全宋诗》,第 2865 页。
④ 傅璇琮等主编:《全宋诗》,第 2648 页。
⑤ 傅璇琮等主编:《全宋诗》,第 4471 页。

出来。张载则重视由"向学"而"重道",强调学以"致新知"和"变化气质"。如其诗《芭蕉》:"芭蕉心尽展新枝,新卷新心暗已随。愿学新心养新德,旋随新叶起新知。"①诗篇以"象物比德"表达方式,借芭蕉成长时所表现出的物象来表达学以进德、学德相随而俱进,学德互为条件的主旨。他的一些诗,强调"学以变化气质"。如其诗《贝母》:"贝母阶前蔓百寻,双桐盘绕叶森森。刚强顾我磋跎甚,时欲低柔警寸心。"②表达了他的变化气质以求"成性"的主张。贝母为多年生草本植物,诗中通过查看贝母成长的环境,以为贝母之所以于蔓草之中生机繁茂,是由于能"盘绕"柔转的原因,诗篇由此而"格"得人生之"理",提及自己因刚强气质而致生平抱负成蹉跎,功业成就艰难,所以细想起来应该经常保持警惕,以"低柔"来变化气质。显然,诗中抒发的主题,与张载理学思想中的变化气质以"成性"主张相关。张载由"重道"而及推崇王道,讲求政统。如其《集义斋》有句:"养勇所期肩孟子,动心那肯诧齐卿。川流有本源源听,月入容光处处明。此道几人能仿佛,浪言徒遣俗儒惊。"③推崇孟子"养气"、荀子"动心"之说,认为求道有本有末,德性圆满则如月光清明。张载重道之理学诗,往往突出王道、政统等之"道"。如其《送苏修撰赴阙四首》之二:"道大宁容小不同,颛愚何敢与机通。井疆师律三王事,请议成功器业中。"④诗作强调"道"无所不包,具有涵合化同之妙用,井田等"三王"之王政,乃是政统之"道",宜其讲求、探讨。其《契重》亦有句:"安仁久识儒家乐,老大情怀渐有依。"⑤亦以安仁乐处自许,明其"致主"于不惜献身之心志。可以说,"重道"而及推崇王道,讲求政统,是张载理学诗比较重要的主旨所在。

二是,明熙之际的儒者诗歌作品,已经开始重视道统、政统、文统、学统及其关系问题的探讨。明熙之际士人对于道统、政统、文统、学统及其关系问题的关注,也在彼时诗歌作品中得到体现。范仲淹已经注意强调"道统""学统""文统""政统"等问题的关联性。如他写道:"志意苟天命,富贵非我望。立谭万乘前,肝竭喉无浆",表达自己"事君以忠"的儒家之"政道"。他又在诗中推崇梅尧臣、曹使君之诗,强调他们"诗源万里长",以至于自己"疑登君子堂",表达出对友人之诗文承继"文统"的赞美。诗中又有"相期养心气,弥天浩无疆。铺之被万物,照

---

① 傅璇琮等主编:《全宋诗》,第 6281 页。
② 傅璇琮等主编:《全宋诗》,第 6281 页。
③ 傅璇琮等主编:《全宋诗》,第 6288 页。
④ 傅璇琮等主编:《全宋诗》,第 6281 页。
⑤ 傅璇琮等主编:《全宋诗》,第 6288 页。

之谐三光"①，强调存养德性而至"德""义"之光明阔大境界。至此，诗篇已涉及"政统""文统""道统"问题，而这一切又通过对"士节"的强调统一起来。又如，范仲淹的《四民诗》其一为《士》②，提及"道德""士节"与"道"之关系。诗篇首先点明，前代先王取士推重"德为先"，强调士人应推广"仁义"，而不是只图外在的华丽。这是强调"政统"与"道统"的合一性。接着，诗篇批判了当下学人"忽其本""浮于职""轻节义""苟功名"的错误做法，指出"学统"存在严重问题。诗篇之末，作者期待儒家"道统"的复兴，表达了对"竞驰骋"、多"浇风"的批判。由此，道统、政统、文统、学统等成为一个有机的整体而得到了统一。

孙复的诗歌中，除了提及"政统""士节"之外，亦提及文统、道统、学统的合一性问题。其《论学》一诗，从提倡"力学"以"求道"出发，认为"苟非道义充其腹，何异鸟兽安须眉"，强调"求道"的必要性。接着，诗篇推崇孟轲、荀卿、扬雄等先贤勤苦力学，认为"因其钻仰久不已，遂入圣域争先驰"，强调"学"之重要性，点明"既学便当穷远大，勿事声病淫哇辞"，强调"学"之目的在于恢复"斯文"："击暗驱聋明大道，身与姬孔为藩篱"。③ 至此，道统、文统、学统三者得到了有机的统一。

蔡襄（1012—1067）诗歌中，亦提及"道统""文统""政统"问题。景祐三年（1036），蔡襄写有《四贤一不肖诗》。诗作称赞范仲淹"慷慨大体""起家用儒业"，赞美其"矢身受责"的政治品格，表达蔡襄对范仲淹政治品格的赞美。诗篇称赞尹洙"章章节义""饬躬配道"，见出对尹洙身备"道统"的肯定。诗作又称赞欧阳修"藻翰高文场""有儒术"，见出对欧阳修身备"文统""道统"的推扬。从诗作全篇来看，蔡襄肯定了范仲淹等人在"道统""政统""文统"等方面的品格。在蔡襄看来，这些包括政统、道统、文统等在内的诸统系，正是政治家所应具备的优良品性。

石介的诗歌，常把"文统""道统"相联系。如其《寄明复熙道》中有："四五十年来，斯文何屯蹇。雅正遂凋缺，浮薄竞相扇。在上无宗主，淫哇千万变。后生益纂组，少年事雕篆。仁义仅消亡，圣经亦离散。"说明彼时"斯文"缺失了"文统"。接着，诗篇赞美熙道、明复之才华："剧谈露胸臆，胸臆无畔岸。高文见事业，事业盈编简。一一皇霸略，纵横小管晏。磊磊王相才，上下包周汉。"④这里的

---

① 傅璇琮等主编：《全宋诗》，第1871页。
② 傅璇琮等主编：《全宋诗》，第1858页。
③ 傅璇琮等主编：《全宋诗》，第1986页。
④ 傅璇琮等主编：《全宋诗》，第3416页。

"高文"当然与"文统"相关,而"王霸略"则与"政统"联系密切。他认为此二人"二贤信命世,实为有道见",显然,石介认为士熙道、孙明复之"文统""政统",与"有道"亦即"道统"是统一的整体。石介的其他一些诗歌,亦常把"斯文"与"道""文道""圣人"等相联系,也表现出其把"文统""道统""政统"等相联系的主体自觉性。

这一时期,士人对于儒家之"道统""文统""学统""政统"关系的探讨,亦见于其诗歌作品中。如刘敞(1019—1068)的《杂诗二十二首》《咏古诗十二首》《蒙示容斋诗辄为五言仰续逸唱》,叶清臣(1000—1049)的《累日前伏蒙袖书……伏惟采览》、谢伯初《寄欧阳永叔谪夷陵》等,对儒学之道所统摄的各"统"系,都有若干表述。如叶清臣答李觏诗篇,开头就指斥时文弊端:"进士不读书,明经不根义。诟病君子儒,于今作文弊。"认为彼时"文统"出了问题。接着,诗篇赞美李觏"力学务逊志""深湛刺经义",表达出对其兼有"学统""道统"品格的赞美。①

需要指出的是,除了引领时代文化风尚的范仲淹、孙复、石介、欧阳修等人外,彼时大多数诗人更为推崇"西昆体"或者"晚唐体",如晏殊、宋祁、宋庠、蔡襄等人的诗作,鲜有针砭时政、推扬儒学的作品。可以说,明熙之际绝大多数的诗篇,要以应酬交际、咏怀写景等主题为主。因此,这一时期士人探讨道统、政统、文统、学统及其关系问题的诗歌文献遗存,正如吹响黎明的号角一样,值得珍视。

三是,明熙之际儒者的诗歌书写,开始注重表达儒家心性存养、天地之性、名教乐地等重要思想。明熙之际,自汉代开始形成的"注不破疏"、尊奉"五经"等治经传统,逐渐被充满独立精神的舍注疏而径直解经,乃至怀疑"六经"等治经新风尚所代替。传统儒家思孟一派重心性、崇仁义、明善恶为特征的儒学学脉,为此期儒者所承继和发扬。于是,传统儒学之重礼崇仁、重事功而修道德等,逐渐被愈来愈注重内向化的心性存养、明德性等所取代。与之相应,明熙之际的一些具有深厚学养的士人,开始抒写代表着宋代儒学发展新方向的心性存养、性命等儒学重要思想。其中,最应注意的是陈襄(1017—1080)。他在诗歌中表达出了对于性命、仁、诚、几等重要儒学范畴的重视,如"天无私覆心,地无私载德"②言及天地之本性。接着,诗篇反观人类自身,强调应该重视心性存养:"天道不可跻,以其高且危。地道不可寻,以其幽且深。土圭测日影,可以分照临。桐鱼击石鼓,

---

① 傅璇琮等主编:《全宋诗》,第 2652 页。
② 傅璇琮等主编:《全宋诗》,第 5069 页。

可以求声音。嗟乎世之人,不知方寸心。"①这首诗以"格物"而实现对道德主体之本性"理"的认知,已与后来朱熹等人的"格物致知"诗歌表达方式基本一致。他又在诗歌中推崇作为儒学最重要德性品质之一的"诚":"诚心虽照物,政体昧循环"②,认为"诚"是实现把握事物本质、落实政治治理的必要条件。在心性存养方面,陈襄强调"宽心便是无声乐,省事还同不系舟"③,以"宽心""省事"为存养心性妙方。嘉祐六年前后,陈襄居官常州时写有《常州郡斋六首》其一:"近来无事学撄宁,聊得斋居养性灵。卧著麻衣穿草履,谁知参鲁解忘形。"④明确提及"养性灵"亦是孔门之德性存养的方式。除此之外,陈襄诗歌中,多处言及儒家传统德性、存养、政统等命题,如他讲"为邑莫如仁"⑤、"德政是吾师"⑥、"心生浩然气"⑦等,咏及"仁""德政""养气",都涉及传统儒学的核心命题。再如石延年(994—1041)有诗:"一气回元运,恩含万物深。阴阳造端数,天地发生心。有信来还逝,无私古到今。和风激遗畅,南转入薰琴。"⑧咏及天地以"生生不已"为性,此之谓天地之"仁"。其《金乡张氏园亭》有句"乐意相关禽对语,生香不断树交花"⑨,因为抒写的物象具备了"乐意""生意"特性,而被程颢称之为"此语形容得浩然之气"⑩。明熙之际,一些士人亦往往在对儒家"道统""学统""文统"等进行探讨的过程中,以诗歌的形式表达自己对儒学奥义的探讨心得。比如说,为后世理学家广泛注意的一些话语,在明熙之际诗歌书写中已经得到初步展开。如范仲淹有诗云云"自可优优乐名教""外矜则不足,内乐则有余",言及"名教乐地""乐意"⑪。而胡瑗、刘敞、石介、陈襄、欧阳修、苏舜钦、梅尧臣等人,在其诗歌中亦提及"尊德性""慎独自讼"等儒学重要话语。明熙之际士人诗歌所书写的与之相近话语,如"德性""气象""明理"等,均为后世理学家所承继而反复抒写,成为两宋时期理学范畴与命题的重要诗学表达形态。

①　傅璇琮等主编:《全宋诗》,第 5069 页。
②　傅璇琮等主编:《全宋诗》,第 5079 页。
③　傅璇琮等主编:《全宋诗》,第 5091 页。
④　傅璇琮等主编:《全宋诗》,第 5098 页。
⑤　傅璇琮等主编:《全宋诗》,第 5080 页。
⑥　傅璇琮等主编:《全宋诗》,第 5081 页。
⑦　傅璇琮等主编:《全宋诗》,第 5081 页。
⑧　傅璇琮等主编:《全宋诗》,第 2001 页。
⑨　傅璇琮等主编:《全宋诗》,第 2002 页。
⑩　吴文治主编:《宋诗话全编》,第 517 页。
⑪　傅璇琮等主编:《全宋诗》,第 1869 页。

正是在这一文化生态环境下,周敦颐之"乐道"与重"心性",邵雍之"乐意""名教之乐",张载之"成德"、重视"心性存养"等为后世理学诗人所重视的理学诗之内容或主旨类型,在其理学诗书写中得以滋生并逐步发展起来。如周敦颐《题濂溪书堂》:"庐山我久爱,买田山之阴。……书堂构其上,隐几看云岑。倚梧或欹枕,风月盈中襟。或吟或冥默,或酒或鸣琴。……窗前即畴囿,囿外桑麻林。……饱暖大富贵,康宁无价金。吾乐盖易足,名濂朝暮箴。元子与周子,相邀风月寻。"①诗篇书写了惬意读书生活,自适定止而向往"风月"。人与物,堂与境,相处和谐,诗人的"乐道"与"处困"都因"无欲"而取得统一。再如其《书春陵门扉》:"有风还自掩,无事昼常关。开阖从方便,乾坤在此间。"②诗篇强调"自掩""常关",这与周敦颐理学内容强调"慎动""知几""无欲"等为"去恶之大功"一致的。邵雍有诗《龙门道中作》:"物理人情自可明,何尝戚戚向平生。卷舒在我有成算,用舍随时无定名。满目云山俱是乐,一毫荣辱不须惊。侯门见说深如海,三十年来掉臂行。"③诗篇言及世间万物皆可察明,宜随心所欲,定止其心,以体会与天地万物打成一片的无物无我之乐。再如其诗《东轩消梅初开劝客酒二首》之二:"春色融融满洛城,莫辞行乐慰平生。深思闲友开眉笑,重惜梅花照眼明……此时不向樽前醉,更向何事醉太平。"④春意盎然,梅花照眼,所咏正是天地"生生不已"之意。张载诗《送苏修撰赴阙四首》(之四)有句:"事机爽忽秋毫上,聊验天心语默间"⑤,也表达了他的"知几""明变"思想。再如其《克己复礼》:"克己工夫未肯加,吝骄封闭缩如蜗。试於中夜深思省,剖破藩篱好大家。"⑥强调以"克己工夫"来"思省",通过省察来克服约束心性的"藩篱",以成就德性。上述所举周敦颐、邵雍、张载诸诗,其书写重心皆指向于道德实践主体的内向性心性存养或道德践履、道德体验等,其诗作内容、主旨和审美风格等已与儒者之诗迥异。

周敦颐、邵雍、张载之诗歌书写与此际儒者诗人之诗作书写的差异性,是值得注意的文学现象。这种现象已可说明,以书写或表达理学思理和理学旨趣为主要内容或主旨的新的诗歌类型——理学诗,在明熙之际已经初步生成了。其

---

① 周敦颐著,陈克明点校:《周敦颐集》,第 62 页。
② 傅璇琮等主编:《全宋诗》,第 5065 页。
③ 傅璇琮等主编:《全宋诗》,第 4472 页。
④ 邵雍著,郭彧整理:《邵雍集》,第 261 页。
⑤ 张载著,章锡琛点校:《张载集》,第 368 页。
⑥ 傅璇琮等主编:《全宋诗》第 9 册,第 6283 页。

差异性主要表现为:其一,这几位理学代表人物的诗作,更为重视对于心性存养、重道、乐意等内容或主旨的书写。如周敦颐非常重视心性存养,推崇"自掩"以为功,强调"慎几""慎动"以存养心性。其哲理诗《书舂陵门扉》:"有风还自掩,无事昼常关。开阖从方便,乾坤在此间。"①诗篇强调"自掩""常关",为应付外物的手段,是与周敦颐理学内容强调"慎动""知几""无欲"等为"去恶之大功"一致的。再如张载《君子行》:"君子防未然,见几天地先。开物象未形,弭灾忧患前。公且立无方,不恤流言喧。将圣见乱人,天厌惩孤偏。窃攘岂予思,瓜李安足论!"②诗中主题反映了张载的理学思想,表达了他的君子应该"见几""防微""成德"等理学主张,其中有省察全性、规避风险意图。其二,这几位理学代表人物的诗作,或者出现了"巧贼拙德""心性存养"等新的诗歌内容或主旨类型,或者较之此际儒者诗人更为注重对于德性、重道等诗歌内容或主旨类型的书写或表达。如周敦颐《拙赋》中,较为系统地表述了其"巧贼拙德"思想,涉及三个层面:诗作头四句,谈及"巧""拙"之"文"。第五句、第六句则强调"巧""拙"之"性",此即"巧""拙"之"体"。第七八句则强调"巧"必产生"凶",而"拙"必与"吉"相联系,此即"巧""拙"之"用"。周敦颐对于"巧""拙"这对范畴的系统阐释,较之其前后的北宋人物是有显著不同的。彼时重要的文化领袖人物如欧阳修、刘敞、司马光、王安石、苏轼等,或对于"巧""拙"问题没有重视,或所见甚浅,远比不上周敦颐《拙赋》所具备的系统性和深刻性。其三,这几位理学代表人物的诗作,出现了"观物""格物致知"等新的诗歌表达方式,这是此际儒者诗人很少使用的。如邵雍长诗《观棋大吟》,开篇极陈弈棋双方的心机、动作、思想变化等弈棋之"象",再就弈棋者的形势变化推知,"名实""得失""福祸""强弱"等皆可随时更易。进而,诗篇把由此得来的"理"验证于历史,结果发现"比观之博弈,不差乎毫厘",故而,作者于诗末点明天地、阴阳、吉凶等皆合于"理"。此诗合于邵雍"观物"之认知或思维方式,当然也成为后来理学家藉以写作理学诗的重要表达方式之一。其四,这几位理学代表人物的诗作,已表现出理学诗人具有了新的诗歌审美追求。如周敦颐《静思篇》:"公程无暇日,暂得宿清幽。始觉空门客,不生浮世愁。温泉喧古洞,晚磬度危楼。彻晓都忘寐,心疑在沃洲。"③强调以"玩物从容"而定止其心。理学家"玩物从容"诗歌,所表现出的实践主体对物态度,研习、玩味的方法,以及由此表现

---

① 傅璇琮等主编:《全宋诗》,第 5065 页。
② 张载著,章锡琛点校:《张载集》,第 367 页。
③ 傅璇琮等主编:《全宋诗》,第 5066 页。

出的主体道德境界、道德气象和气度等，都与文人诗大相径庭。诸如"玩物从容""清淡""切理"等理学诗所表达或呈现出来的另类诗歌审美追求，都是此际儒学诗人所不重视的。

明熙之际，周敦颐、邵雍、张载等三位理学代表人物的理学诗书写，形塑了宋代理学诗的若干规定性特征：其一，理学基本思想和理学旨趣，成为理学诗的题材与内容。从其理学诗的主要内容或主旨来看，无论是周敦颐的重视心性存养，推崇胸怀风月、独寻"乐"趣，体现"观天地生意"的"万物一体"情怀；还是邵雍的书写"日常日用"，关注"乐意"，推崇"尊德性"；乃至张载的强调学以"致新知"和"变化气质"，关注心性存养，重视省察、存养等心性工夫，推崇以礼自持等，都是他们各自理学思想体系的基本思想或旨趣。

其二，邵雍"击壤范式"之"观物"思维和认知方式，成为后世理学诗的重要表达方式。而张载的"象物比德""格物致知"诗歌表达方式，明显受到原始儒学及同时代士人所书写的儒家思想诗歌表达方式的影响。张载的诗歌实现了由"物象"到"性理""人世之理"或"物理"的跃进，这是前人所未曾有过的。此外，邵雍、张载诗歌表达方式中尚有对于儒学或理学话语的注释、阐释等，从而起到了对该话语之"义理"精义的阐明或拓展，这种来源于经学之"注疏"的表达方式，正是为理学家所普遍重视的"发明"阐释方式，也是后代理学诗"注疏体"的取法来源之一。

其三，周敦颐、邵雍、张载三人理学诗的若干审美旨趣，是宋代理学诗审美风格类型的重要来源。周敦颐的"光风霁月"般的诗歌境界、"巧贼拙德"的审美指向、"玩物从容"的审美态度，邵雍的"乐意"追求、与物一体而忘我的精神境界，张载理学诗"言理""切理"而带来的严峻、迫切等审美体验等，都在一定程度上为后来的宋代理学家所承继并发扬。

总之，明熙之际的理学诗书写，在宋代理学诗发展史上占据重要的历史地位。他们三人的理学诗，作为理学诗诗歌范式的"祖型"，形塑了宋代理学诗的规定性特征，引领着后世理学诗的发展进程。理学诗甫一出现，就以其独有的诗歌内容和主旨、较为类型化的表达方式和独特的审美风格等，而与文人诗类型形成了较大差异。明熙之后宋代理学家代表性作者，正是在承继周、邵、张三人理学诗之"范式"的基础上，缓缓展开了理学诗书写的旗帜，从而表征出这一类诗歌的多样性风貌和历史进路。

第二节　发明儒学：元靖之际宋学之重义理与理学诗之发育

元丰、靖康之际（1078—1126）是理学诗发展的发育期。此际理学诗人承继明熙之际周敦颐、邵雍、张载等人的诗歌书写经验，而继续从事理学诗书写活动，创作了数量较为丰富的理学诗。他们的理学诗书写，拓展了理学诗内容、诗歌主旨、风格类型和表达方式等方面的种类和形态，提升了理学诗所书写或表达的思想或旨趣的深度、广度。此际理学诗人的多方尝试，促进了理学诗的发展。

于此之际，重理论思辨、重儒学义理探讨的"宋学"，成为仁宗、英宗朝最为令人瞩目的文化思潮。[①]　与"宋学"发展相应，"宋学"及其涵涉下的儒学义理，成为彼时为人所瞩目的文化景观，也表征为此期士人儒学诗歌书写及理学家理学诗书写的重要内容。程颢、程颐、吕希哲、吕大临、李复、游酢、陈瓘、晁说之、邹浩、饶节、谢逸、周行己、许景衡等理学家，其理学思想及其理学诗书写，在受到周敦颐、邵雍、张载等影响的同时，也必然与彼时士人儒学诗歌书写有较为紧密的关联。

从"宋学"发展历程而言，王安石之科举"变法"，尤其是因《三经新义》以及安石"新学"所带来的"重义理"学术新风，终于使自范仲淹、胡瑗、孙复、李觏等所倡导的经学之"重义理"，完全取代了以章句注疏为特色的汉唐经学治经方式，而成为新的占据统治地位的儒学研究新风尚。或是因应着时代风尚，或是为了与王安石"新学"相抗衡，以司马光、范祖禹、苏轼父子、徐积等为代表，兴起了以"发明"儒学之义理、阐幽发微以建构其思想表述话语或构建思想体系的热潮。"宋学"学者的治经思想及其相关观点，成为彼时代表性理学家二程及其弟子重要的理学思想"武库"和"土壤"。

二程等理学家，正是在吸收了"宋学"其他诸代表性学者的学术优长及思想观念的基础上，建构了其独有的理学理论体系。与其他"宋学"代表性学者有所不同的是，这些理学家探求的儒学之"义理"，是以心性存养为中心、以养成定止德性为目的。他们虽然也重视探讨天人关系问题，但其谈"天"往往是为论"人"服务的，也就是说，理学家对于天地之道的探寻，往往是为论证德性的客观性存

---

① 参见漆侠：《漆侠全集》第六卷《宋学的发展和演变》之第二编"宋学的形成阶段"，河北大学出版社，2008年。

在和规律性之必然奠定坚实根基。① 理学家与彼时"宋学"学者的学术差异性,也反映在其诗歌书写之中,而成为我们分别其诗歌是否为理学诗的基本尺度之一。

除了理学家之外的"宋学"诸学派及其代表人物的义理探讨,同样也表现在他们的儒学或理学思想诗歌书写当中,并且,其他"宋学"诸学派代表性人物的儒学思想诗歌书写,也直接对彼时理学家的理学诗书写产生了巨大的影响。也就是说,除理学家之外的其他"宋学"诸代表性人物的儒学诗歌书写,同样也是二程及其部分弟子之理学诗书写的"土壤"和"武库"。

一 元祐之际传统儒学之士与北宋"五子"理学学理之关联

受庆历时期"三先生"的影响,此际儒家学者对传统儒家的天道、人道、政统、道统、文统、学统等问题,展开了系统性的考察。按照彼时影响士林的程度来看,这一时期比较重要的儒者有王安石、司马光、范仲淹、徐积、苏轼等人。

王安石(1021—1086)的新学在当时影响很大。熙宁四年王安石主持科举制度改革,明令:"先除去声病偶对之文,使学者得以专意经义,……进士罢诗赋、帖经、墨义,各占治《诗》《书》《易》《周礼》《礼记》一经,兼以《论语》《孟子》。每试四场,初本经,次兼经并大义十道。务通义理,不须尽用经疏。"②特别强调进士科务须"通义理"。这种推崇义理而摒弃传统注疏之风尚,对于彼时大行儒学义理研究之风,提供了制度保障。王安石的新学思想,于其《洪范传》中可见其大要。他指出:"五行,天所以命万物者也,故'初一曰五行'。五事,人所以继天道而成性者也,故'次二曰敬用五事'。五事,人君所以修其心、治其身者也,修其心,治其身,而后可以为政于天下,故'次三曰农用八政'……既协之岁、月、日、星辰、历数之纪,当立之以天下之中,故'次五曰建用皇极'……敬者何? 君子所以直内也,言五事之本在人心而已。农者何? 厚也,言君子之道施于有政,取诸此以厚彼而已。有本以保常,而后可立也,故皇极曰建。"③有学者认为,这段文字"几乎涵盖了天道、人道、君道和皇极中道,以及刚柔克制、智能决策、祸福赏罚等传统儒学的所有话题,可以看做是'新学'的道德纲领和性命宣言,完全能够与'濂学'的《太极图说》相提并论"④。客观来说,王安石以天道、人道、政道相贯通之路径与

---

① 参见陈来:《宋明理学》,辽宁教育出版社,1995 年。

② 李焘:《续资治通鉴长编》卷二二〇,中华书局,2004 年,第 5334 页。

③ 王安石:《临川集》卷六十五,《四部丛刊》本。

④ 张立文、祁润兴:《中国学术通史》(宋元明卷),第 331 页。

方法来对《洪范》之次序、内涵等进行阐释,确实与周敦颐《太极图说》、张载《西铭》等相一致。所不同者,是王安石把君道、政道之正当性与天道、人道相联系,似较周敦颐、张载、邵雍等格局更为阔大。这里的君道、政道,也就是我们在本章第一节所提及的政统、道统问题。由此而言,王安石自觉建构天道、人道、道统、政统的统一性问题,当受到"庆历"诸儒的影响。值得注意的是,王安石以道统、事业、德性的统一体为圣人标准。他阐释孟子的"大""圣""神"的涵义:"孟子曰:'充实而有光辉之谓大,大而化之之谓圣,圣而不可知之之谓神。'夫此三者,皆圣人之名……由其道而言谓之神,由其德而言谓之圣,由其事业而言谓之大人……仁而后著,用而后功,圣人以此洗心,退藏于密,及其仁济万物而不穷,用通万世而不倦也,则所谓圣矣。故神之所为,当在于盛德大业。德则所谓圣,业则所谓大也。"①本来,按照孟子而言,大、圣、神这三者应该是实践主体之道德修养的不同层次,但王安石却使之并列而谓之"圣人之名"的不同显现形式,强调德必于业见,只有德业方见神,成就大事业方可称之为圣。而道统、事业、德性的一体方可称之为圣人。这里的事业,显然是与恢复"政统"相关的事业。后来理学诸子,跳过了事业之"大"者,而径直论证德性、天道、道统的统一性,虽然从境界而言远逊于王安石,但其学理路径仍然与之极为相近。如周敦颐《太极图说》、张载《西铭》是从天道论及人道,邵雍的《皇极经世书》亦然,这说明开北宋理学的周敦颐、邵雍、张载等人的理学思理与王安石"新学"的内在理路是非常相似的。

王安石亦重性情、心性等儒家基本问题的探讨。与李翱《复性书》思想有很大不同,王安石力倡"性""情"为一,其说云:"性、情,一也……喜、怒、哀、乐、好、恶、欲未发于外而存于心,性也;喜、怒、哀、乐、好、恶、欲发于外而见于行,情也。性者情之本,情者性之用。故吾曰性情一也。……故此七者,人生而有之,接于物而后动焉。动而当于理,则圣也、贤也;不当于理,则小人也。"②王安石以"已发""未发"区分"性""情",强调两者本属一体,而以本、用来区分之,这就为周敦颐、程颐等人的性情论作了充分铺垫。程朱一派基本上是沿着王安石的性情、心性论而展开的。而王安石重视因经而立说,强调参用包括道、释在内的别家学说来探讨儒家经典,这就为彼时理学家探讨儒学义理打开了方便之门。王安石在与曾巩书信中提及:"某自百家诸子之书,至于《难经》《素问》《本草》诸小说,无所不读。……然后于经为能知其大体而无疑。……扬雄虽为不好非圣人之书,然

---

① 曾枣庄、刘琳主编:《全宋文》,第 64 册,第 333 页。
② 曾枣庄、刘琳主编:《全宋文》,第 64 册,第 345 页。

于墨、晏、邹、庄、申、韩,亦何所不读? 彼致其知而后读,以有所去取,故异学不能乱也。惟其不能乱,故能有所去取者,所以明吾道而已。"①王安石为了深究儒学而引百家之说来彰明"吾道",这与彼时周敦颐、二程、邵雍等以佛经、道经等思理来构建其理学体系,是极为相近的。当然,王安石之"新学"也在很多方面与后之理学有很多不同。在梳理王安石"新学"与北宋"五子"理学关系时,应看到两者在治学目标、政治态度等方面存在着巨大差异。总的来说,王安石新学为北宋理学"五子"建构其理论体系提供了重要的理论参考和方法论的启迪。

这一时期,司马光、范祖禹、苏轼、徐积、陈襄、陈烈、郑穆、周希孟等人的儒学探讨,同样为时瞩目。司马光(1019—1086)是宋学发展为理学初期阶段的重要人物。司马光的学术渊源,大致是先秦的周易学、老子学和西汉扬雄的太玄学。其最重要的哲学著作是《潜虚》。此书是司马光研究《周易》之作,也是他向扬雄《太玄》学习而模仿之作,其内容是"象数结构、义理阐释和时空图式三种思维模型的综合运用","《潜虚》用前 10 个自然数为五行作序偶编码,依次生成气、体、性、名、行(附变、解)、命六类图式,在一分为二、合二则一、变通化解等辩证思维方法上,比《太玄》更贴近《周易》的阴阳辩证思维与中正和合精神"。②《潜虚》的逻辑进路,"在于用范畴逻辑结构把握天道自然与人道伦理之间的和合关系"③。从《潜虚》来看,司马光所提出的万物生成与运化序列,与周敦颐《太极图说》相一致。他讲:"万物皆祖于虚,生于气,气以成体,体以受性,性以辨名,名以立行,行以俟命。故虚者,物之府也;气者,生之户也;体者,质之具也;性者,神之赋也;名者,事之分也;行者,人之务也;命者,时之遇也。"④这一序列,其生化次序为:虚—气—体—性—名—行—命。这里的"虚"相当于张载的"气"、周敦颐的"太极"、程颢的"道"。作为万物本源的"虚",与人产生关联的主要枢纽则来自"气""性""命"。可见,《潜虚》的论证思路与周敦颐《太极图说》、张载的《西铭》相似,都是试图解决心性、道德与天道之贯通的必然性。值得注意的是,司马光在论述天道、人道的贯通同时,也对事功、德性、政道等非常重视,并使之统一到从"虚"到"命"的逻辑图式之中:"人之生本于太虚,虚然后成形,形然后性,性然后动,动然后情,情然后事,事然后德,德然后家,家然后国,国然后政,政然后功,功然后业,

---

① 曾枣庄、刘琳主编:《全宋文》,第 64 册,第 120 页。
② 参见张立文、祁润兴:《中国学术通史》(宋元明卷),第 304 页。
③ 张立文、祁润兴:《中国学术通史》(宋元明卷),第 304 页。
④ 司马光:《潜虚》,上海古籍出版社景印《文渊阁四库全书》本,第 265 页。

业终则返于虚矣。"①显然,这就比北宋理学家的学理进路更为开阔了。其中,司马光对于"德"的探讨,尤其引人注意。论者认为,"这表明,司马光的《潜虚》与周敦颐《通书》有异曲同工之妙,都是通过'中正仁义'等道德原理为人道建构精神家园,解决终极关怀问题。"②司马光的儒学思想,在人性论、中和之道等方面与北宋理学家也有很大不同。如他强调:"夫性者,人之所受于天以生者也,善与恶必兼有之。是故虽圣人不能无恶,虽愚人不能无善。"③言及圣人亦有性恶。他对于"格物致知"的认识是:"格犹扞也,御也。能扞御外物,然后能知至道矣。"④显然较之程颐、朱熹等人的阐释而言,司马光的"格物致知"论过于保守。对此,程朱学派的学者多有批评。

范祖禹(1041—1098),字淳夫,成都华阳人,司马光弟子。范祖禹以司马光为师,又受二程影响,其儒学主张注重把政统、道统相联系,强调儒学的义理化,并对二程的理学表达了认同。他主张"人君读书,学尧舜之道"⑤,强调"道者,导天子以道者也"⑥。他有意识地把道统、政统相统一,要求帝王以三皇五帝为效法对象,接续道统、政统:"伏羲始开人文,神农以下皆有师,圣人之德莫大于学。……尧舜禹汤文武汲汲,仲尼皇皇,其已久矣。学始于伏羲,至于成王。《易》《诗》《书》所称,圣人所述,为万世法。由汉以下,其道不纯,故可称者鲜。自古以来,治日常少,乱日常多,推原其本,由人君不学也。"⑦其所述道统、政统谱系,与二程所述相同。范祖禹重视对儒家学说的义理化探讨,他以六经、孔子之道为尊,严斥佛老:"六经之书,不可不尊;孔氏之道,不可不明。至于诸子百家神仙道释,盖以备篇籍,广异闻,以示藏书之富,无所不有,本非有益于治道也。"⑧把佛老放置于"备篇籍"的地位,颇能说明范氏对于维护儒家道统、治道的自觉性。本此,他对章句、考据、记诵、应对之学采取批判态度:"人君读书,学尧舜之道,务知其大指,必可举而措之天下之民,此之谓学也。非若人臣析章句,考异同,专记诵,备应对而已。"⑨这里,范氏突出强调帝王读书要"学尧舜之道"而远"析章句,

---

① 黄宗羲原著,全祖望补修,陈金生、梁运华点校:《宋元学案》,第299页。

② 张立文、祁润兴:《中国学术通史》(宋元明卷),第308页。

③ 司马光:《传家集》卷六十六,上海古籍出版社景印《文渊阁四库全书》本,第611页。

④ 司马光:《传家集》卷六十六,上海古籍出版社景印《文渊阁四库全书》本,第603页。

⑤ 范祖禹:《帝学》卷三,上海古籍出版社景印《文渊阁四库全书》本,第743页。

⑥ 范祖禹:《帝学》卷三,上海古籍出版社景印《文渊阁四库全书》本,第743页。

⑦ 范祖禹:《帝学》卷八,上海古籍出版社景印《文渊阁四库全书》本,第778页。

⑧ 范祖禹:《范太史集》卷二十一,上海古籍出版社景印《文渊阁四库全书》本,第265页。

⑨ 范祖禹:《帝学》卷三,上海古籍出版社景印《文渊阁四库全书》本,第743页。

考异同,专记诵"之学,显示出范祖禹重视探讨儒家之道的主张,这一治经理念与二程相近。

苏轼(1037—1101)与其父苏洵(1009—1066)、其弟苏辙(1039—1112)一起,被视为蜀学学派的代表。一般认为,蜀学学派主张化合三教,倡导儒、道同源。苏轼哲学思想的核心概念是"道",他认为"道"有两重含义,一是指自然的客观规律,二是指个别事物之理。他在《东坡易传》中,强调运动的自足性,认为一切都是"自"行其事,一切都是"物各得之","物固有是理,患不知之,知之患不能达之于口与手"。[1] 反映出苏轼对儒、道、释合一的认识。他在《易传》中言:"圣人知道之难言也,故借阴阳以言之……一阴一阳者,阴阳未交而物未生之谓也,喻道之似莫密于此者矣。"[2]这说明,苏轼之"道",是一切事物的整体性存在,他认为道可以从寓意于物中来体现。苏轼对道的理解不同于当时的理学家,也不同于韩愈、欧阳修等人。在《日喻》中,他提出"道可遇不可求",认为道要从践履中来,"日与水居","必将有得于水道"。[3] 苏轼认为,"道"无处不在,它同样存在于仁义礼智、君臣上下之中:"仁义之道,起于夫妇、父子、兄弟相爱之间;而礼法刑政之原,出于君臣上下相忌之际。相爱则有所不忍,相忌则有所不敢。夫不忍与不敢之心合,而后圣人之道得存乎其中。"认为圣人之道皆为日常日用之中得以实现。与此相近,苏辙倡导通过习礼以求道:"孔子不以道语人,其所以语人者,必以礼。礼者,器也。……君子由礼以达其道,而小人由礼以达其器。"[4]苏辙以礼为器,虽然与二程的以礼为道不同,但其目的毕竟是求道,其理路却是与北宋理学"五子"相同的。苏轼、苏辙也注意吸收老子道论思想。苏辙就说:"道者,万物之母,故生万物者道也。……形虽由物,成虽由势,而非道不生。"[5]他强调万物由道而生,道是生育万物的根本。苏轼则更进一步,提出"阴阳交而生物",直接以"阴阳"为"道",这一观点曾受到朱熹的批评。除此之外,苏轼、苏辙的道论,也注意吸收佛教思想。蔡方鹿在详细对比了苏轼与僧肇关于"有""无"的相关论述后认为,苏轼的若干思想受到了佛教的重要影响。[6] 蔡氏强调:"苏氏吸取了儒家的伦理思

---

① 苏轼:《东坡全集》卷七十六,上海古籍出版社景印《文渊阁四库全书》本,第230页。

② 苏轼:《东坡易传》卷七,上海古籍出版社景印《文渊阁四库全书》本,第124页。

③ 苏轼:《东坡全集》卷一百,上海古籍出版社景印《文渊阁四库全书》本,第587页。

④ 苏辙:《苏辙集》卷六十九,见曾枣庄、舒大刚主编:《三苏全书》,语文出版社,2001年,第18册,第168页。

⑤ 苏辙:《老子解》卷下,见曾枣庄、舒大刚主编:《三苏全书》,第5册,第454页。

⑥ 蔡方鹿:《中国经学与宋明理学研究》,人民出版社,2011年,第134页。

想,但却抛弃了孟子的性善论,以此与洛学对立。苏轼并吸取了老子的道为宇宙本原、为万物的存在的根据的思想,为建立自己的思想体系服务。此外,苏氏还吸取了佛学中'正反双边同时否定有无'或'双遣有无'思想作为其道性的规定。苏氏在吸取佛老思想的同时,又舍去了佛老'蔑君臣,废父子'之弊,强调儒家伦理道德原则的重要性,这是苏氏与佛老的基本不同处。"①这些特征,虽在目的上与北宋理学五子相同,但其理论与理学家多有不同。特别是苏轼以阴阳为道、以客观规律为道、道高于仁义等主张,与二程理学完全不同。此外,苏轼、苏辙等人在性善论、道统论、价值观等方面,也与宋代理学完全不同。② 程颐及其后学正是在批判蜀学的过程中,不断丰富和完善了其理学主张。

徐积是胡瑗大弟子,其学问多由精思而得。他解释《艮》思不出其位时说:"思不出其位,正在戒在位者。若夫学者则无所不思,无所不言。以其无责,可以行其志也。若云思不出其位,是自弃于浅陋之学。"他又对孟子"不动心"作出解释:"扬子称孟子之不动心,曰:'贫贱富贵不能动其心',大非也。夫古之山林长往之士,岂不能以贫贱富贵不动其心? 而世之匹夫之勇者,岂非死生不动其心也……孟子充养之至,万物皆备于我,万变悉昭于胸中,故虽齐国卿相之重位,亦不动心,思之经营而可治。"③从上可以看出,徐积对于经典的阐释,侧重于从儒家思想来反推前贤往圣之思想,而非泥于注疏。这一着眼于义理的学术研究理路,与后来的理学家已经非常接近了。他又有论及"情"之精彩言语:"情非不正,圣人非无情。欲求圣人之道,必于其变。"这显然是与王安石、苏轼等人的观点都不相同。钱穆先生对徐积这一段话的理解是:"不动心不是无情,而是要担当得人事万变的重任。"④徐积的上述言论,见出他很推崇孟子思想。他又讲:"人当先养其气,气完则精神全,其为文则刚而敏,治事则有果断,所谓先立其大者也。"⑤则又在孟子思想的基础上有发挥。徐积交往广泛,与苏轼、黄庭坚、张耒、秦观等都有交游,以其人品学问为世所重,其学说对黄庭坚等人产生了较大影响,他对于《论语》《孟子》等经典的阐释理路,可能对后来的理学家产生了很大影响。

李复,字履中,世称潏水先生。自黄宗羲等《宋元学案》以来,前辈学者大致承认,李复作为张载的学生,其思想在继承张载的基础上有所发展。20 世纪 80

---

① 蔡方鹿:《中国经学与宋明理学研究》,第 135 页。
② 蔡方鹿:《中国经学与宋明理学研究》,第 140—149 页。
③ 徐积撰:《节孝集》卷三十一,台湾商务印书馆景印《文渊阁四库全书》本,第 965 页。
④ 钱穆:《宋明理学概述》,第 6 页。
⑤ 徐积撰:《节孝集》卷三十一,台湾商务印书馆景印《文渊阁四库全书》本,第 956 页。

年代,陈俊民先生提出了李复为"关学正传"的观点,为学术界所公认。① 近时魏涛认为,李复与张载思想有异,不能把李复说成是"关学正传"②。魏涛认为,"李复的'太极元气'说与张载之'太虚即气'的理论有异。他并没有继承张载基于体用'二而不二'的方法建构自己的本体论,而流入汉儒的元气说。在修养工夫论上,李复所倡导的'虚一而静'与'顿悟'的思想并没有将张载重视'以礼为教'与'渐修'的工夫特色得以发扬;在政治理念上,他所推崇的'观时之宜'的原则与张载'为政法乎三代'的政治理念亦有较大差异,进而在一些重大社会问题上凸显出与师说相异的看法。"③其说很有启发价值。

不过,笔者认为,李复所称的"太极元气"与张载的"太虚即气"在本体上并无差异。李复讲:"太极元气,函三为一,故三爻而成卦,万物皆函三数,皆自然之数也,卦虽各有体,其气互相交通,八卦二十四爻,阴阳各一十二,其气旁通。"④"太极"即"元气",它是宇宙间万事万物运动变化、相互"交通"的基础,借助于"太极"或"元气"概念,来认识宇宙本体,但本体之"所以为"的动力、根源、功用等并没有得到揭示。朱熹曾对李复论孟子"养气"的言论予以高度评价:"其言虽粗,却尽此章之意。"⑤在李复看来,"知本"仅为"入德"的开始,关键是要在"知本"的基础上"善本""养心"。只有做到"动必由理",才能"仰不愧于天,俯不怍于地,无忧无惧,其气岂不充乎?……舍是则明有人非,幽有鬼责,自谦于中,气为之丧矣"⑥。他认为,"养心"要义在于"虚一而静":"动静之理,一体而未尝离。静自有动,虽动而静在其中矣。"⑦在此基础上,进而引出了面对人世纷扰如何"处静"的重要思考,他说:"应天下之故,反而照之,凝然、寂然,旷然……乃不偏滞于一曲也"⑧。李复还主张要具备"脱然自悟"的能力。李复以"闻见"为"心之所自得"的"筌蹄",即认为"闻见之知"是体悟"天道"或"天性"的途径或手段。在他看来,闻见只是见道的一个基本条件,但并非充分条件。李复意识到了多闻见、只求之于闻

---

① 陈俊民:《关学思想流变》,载中国哲学史学会、浙江省社会科学研究所编:《论宋明理学——宋明理学讨论会论文集》,浙江人民出版社,1983 年。又可见陈俊民:《张载哲学思想及关学学派》,人民出版社,1986 年,第 11 页。

② 魏涛:《李复与张载思想辨异——兼对李复为"关学正传"说的质疑》,《孔子研究》2011 年第 6 期。

③ 魏涛:《李复与张载思想辨异——兼对李复为"关学正传"说的质疑》,《孔子研究》2011 年第 6 期。

④ 李复:《潏水集》卷四,上海古籍出版社景印《文渊阁四库全书》本,第 38 页。

⑤ 李复:《潏水集》后附,上海古籍出版社景印《文渊阁四库全书》本,第 165 页。

⑥ 朱熹著,朱杰人等主编:《朱子全书》,上海古籍出版社、安徽教育出版社,2002 年,第 3213 页。

⑦ 李复:《潏水集》卷六,上海古籍出版社景印《文渊阁四库全书》本,第 56 页。

⑧ 李复:《潏水集》卷六,上海古籍出版社景印《文渊阁四库全书》本,第 56 页。

见的弊端,即"多闻见适足以长小人之气"①,主张超越见闻之知的层次,积极去求道,达到与天地万物相通。从上可见,李复的理学主张,尤其是理学存养路径与二程是一致的。

周行己(1067—?),字恭叔,因曾在温州浮沚书院讲学,故又被称为浮沚先生。周行己虽师从于程颐,但自宋至清,前人多认为,周行己的学问多从自思体贴中得来。如叶适(1150—1223)总结周行己的学术大旨,认为其根本治学路径为"兢省以御物欲",其治学目的在于"明见天理"②。当代学者陆敏珍对周行己治学发展路径亦有考察,认为"在永嘉学派形成的过程中,周行己类似于该学派的创立者……在知识与思想的追索中,周行己先从新学,继而转向程、吕之说","周行己在实际的知识与思想的追求中更近似于折衷主义者。他关注着那个时代各种不同的思潮与知识体系,在洛学之外的其他学派中都发现了某种吸引他的东西"。③ 周梦江则认为,"在哲学思想方面,他的世界观是绍述洛学的'理'(或'道')为万物本源的说法,但又揉杂了关学的'气'说。"④综合诸家所论可知,周行己兼备新学、洛学与关学的特质而有所创造。不过,值得注意的是,周行己在承继程颐学说的基础上,亦有其独立性主张。如其认为汉人亦得闻"道统":"若两汉数百载间,岂无豪杰特立之士,能传圣人之学于千百载不传之后……而愚亦谓黄宪、徐孺子,真颜子之流。至于沉其光耀而不得闻者,夫岂少哉!"本此,他认为孟子之后,传承儒家之道者还有荀子、扬雄以及王通,其著作《孟子》《荀子》《法言》《中说》等亦应预道统:"此四书者,与五经诸史并行于世,学者之所习也。"⑤这显然是与程颐所论有所不同。此外,在道论方面,周行己既接受洛学以"理"训"道"的观点,又吸纳了关学以气言道的思想,表现出兼收并蓄的特征。如其强调:"道本无名,所以名之曰道者,谓其万物莫不由之也。万物皆有太极,太极者,道之大本。万物皆有两仪,两仪者,道之大用。无一则不立,无两则不成,太极即两以成体,两仪即一以成用。……谓之道者,不离乎两也。所以太虚之中,缊缊相荡,升降浮沉,动静屈伸,不离乎二端。"⑥周行己所论,显见兼摄《老子》《易传》《通书》以及《二程遗书》等观点。而其以气而言道,则显然是受到关学影响。当

---

① 张载著,章锡琛点校:《张载集》,第 269 页。

② 叶适:《水心集》卷十,上海古籍出版社景印《文渊阁四库全书》本,第 216—217 页。

③ 陆敏珍:《被拒绝的洛学门人:周行己及其思想》,《中国哲学史》2010 年第 3 期。

④ 周梦江:《试论周行己》,《浙江学刊》1985 年第 6 期。

⑤ 周行己:《浮沚集》卷三,上海古籍出版社景印《文渊阁四库全书》本,第 627 页。

⑥ 周行己:《浮沚集》卷二,上海古籍出版社景印《文渊阁四库全书》本,第 610 页。

然,周行己学术主张亦时见二程尤其是程颐的影响。如在人性论上,周行己认为性之本为善,此正与程颐观点一脉相承:"夫善者,对不善之称也。可欲者,对可恶之称也……然则人之有善,皆得乎性者也。人之有不善,皆失乎性者也。"①本此,他把天、性与人心之关系界定为:"君子所以知天者,知其性也。所以事天者,事其心也。"②周行己以知心、知性来事天,把"知心"当作"知天"的途径,正与孟子走的路径相同,而这一点亦与二程极为相近。

除了上述诸人之外,北宋神宗、哲宗两朝,胡瑗、孙复、石介等人的一些弟子也非常活跃。如胡瑗重要弟子刘彝、孙觉、顾临、徐中行、徐唐、滕元发、钱藻、杜汝霖、张坚、林晟、倪天隐、田述古、朱临、安焘等,均为时所称。其中孙觉与安石交恶,朱临与东坡相善,徐唐与李觏游又受知于欧阳修,倪天隐与"古灵四先生"之一的郑闳中交游等,对彼时的儒学风尚产生了重要的影响。其他如陈襄对于《中庸》"性命"的研究,陈烈的道德践行等,都对初期理学产生了重要的影响。可以说,初期理学所关注的天道、人道、性命、气、阴阳、德、践行等问题,大都是神宗、哲宗两朝儒学者所关注的问题。北宋理学"五子"的儒学学术探讨,正是在此文化生态下得以展开。

二 元靖之际传统儒学之士与理学家之文道观念的关联性

《宋史》专门辟出了"道学"传,当是因为宋人普遍注意到了"儒学之士"的重要文化地位,及其与"道学之士"在学术宗旨、治学路径等方面的差异。缘此,我们把坚持传统儒学宗旨和治学路数的"儒学之士"称之为"传统儒学之士"。考察可见,元靖之际传统儒学之士在儒学精义及其探讨路径等方面,与之后理学家的理学探讨路径及理学精义等有密切关系。并且,元靖之际儒者的文道观念与彼时理学家亦有很多联系。

这一时期,一些儒学之士在推重传统儒学的修身、治国等道德伦理时,往往表现出文道并重的倾向。万斯同《儒林宗派》卷十二把曾巩列入"诸儒博考"类。曾巩有诗句"相期在规诲,庶以辅顽疏"③,表达出以诗歌干预政治的儒学传统。他又有"忧民既非职,空致新诗章"④,表达出心系民生的可贵儒学思想。而在评价李白诗句时,他虽指出了李白诗歌于"道"很少相侔合的特点,但仍然对其诗歌

---

① 周行己:《浮沚集》卷二,上海古籍出版社景印《文渊阁四库全书》本,第 610 页。

② 周行己:《浮沚集》卷二,上海古籍出版社景印《文渊阁四库全书》本,第 612 页。

③ 曾巩撰,陈杏珍、晁继周点校:《曾巩集》,中华书局,1984 年,第 18 页。

④ 曾巩撰,陈杏珍、晁继周点校:《曾巩集》,第 24 页。

的伟辞闳肆给予积极评价："白之诗连类引义,虽中于法度者寡,然其辞闳肆隽伟,殆骚人所不及,近世所未有也。"①这说明,曾巩并不以重道而害"文"。可以说,"文道并重"是曾巩文道观的主要特征。当然,一些"传统儒学之士"的文道观,也表现出较为复杂的倾向。如徐积讲:"为文必学《春秋》,然后言语有法"②,强调为文当学《春秋》文辞。他又强调,为文当以"养气"为先:"人当先养其气,气完则精神全,其为文则刚而敏,治事则有果断,所谓先立其大者也。故凡人之文必如其气。"③徐积继承了孟子"养气"说,而在文道观念上显示出"文"以"道"为本的倾向。徐积十分重视"文"之"有本":"古之学者能言之类,据经辨道,不牵于世儒,期合于圣人而止。其发为文辞,敦严浑厚,壁立掘起,温润优游,金光玉洁,绰约者其指有余,辨博者不烦而肆。如此辈,其气之所养心之所自得,不蹈不袭,是之谓有本。"④徐积继承了儒家传统,以儒家经典及儒学所强调的道德修养为"文"的"本"。他又讲:"古之所谓学者,非浮文之谓也,其所以蓄积而养之者,凡皆为道也。是非特为己也,将以致之于吾君,又将以措之于吾民也。"⑤由此可见,徐积是把"道"视作"文"的根本,而认为"学"是根植于"道"的。离开了"道","文"便是"浮文"了。同时,徐积也注意到了作为文学艺术的"文"具有其自身的规律、特质。他讲:"君子无所争,于文则不可不求胜人。"⑥又讲:"凡人为文,必出于诸己而简易,乃为佳耳。"⑦显然,他在强调"道"为"文"之"本"的同时,也承认"文"具有自身的特征。由此而言,徐积的文道观体现出一定的矛盾性。

　　于此之际,一些传统儒学之士注意到作为文学艺术的"文"的抒情性特质,并不与"道"发生关联。如被黄庭坚称之为"二苏连璧,三孔分鼎"的重要代表性人物孔武仲就明言:"其感于物,动于心,发于言,不为讥嘲以忤众,从容自道而已,亦诗人之志也欤。"⑧强调诗歌的"言志"功用而不及儒家之"道"。清人万斯同《儒林宗派》卷十二"诸儒博考"列有孔武仲。因此,可以把孔武仲看作"传统儒学之士"。孔武仲又在《柳诗圣诗集序》中评价师圣诗作时说:"其缀绩纤巧,发越雄

---

① 曾巩撰,陈杏珍、晁继周点校:《曾巩集》,第 193 页。
② 徐积撰:《节孝语录》,台湾商务印书馆景印《文渊阁四库全书》本,第 474 页。
③ 徐积撰:《节孝集》卷二十九,台湾商务印书馆景印《文渊阁四库全书》本,第 934—935 页。
④ 徐积撰:《节孝集》卷二十九,台湾商务印书馆景印《文渊阁四库全书》本,第 934 页。
⑤ 徐积撰:《节孝集》卷二十九,台湾商务印书馆景印《文渊阁四库全书》本,第 936 页。
⑥ 徐积撰:《节孝语录》,台湾商务印书馆景印《文渊阁四库全书》本,第 485 页。
⑦ 徐积撰:《节孝语录》,台湾商务印书馆景印《文渊阁四库全书》本,第 474 页。
⑧ 孔武仲:《清江三孔集》,台湾商务印书馆景印《文渊阁四库全书》本,第 346 页。

健……使玩而听之者愈久而不厌焉。……君于世俗之所争一无所争,而独以古道自求于恬淡寂寞之间,辛勤白首,志益不倦。"①这里的"道",乃是类似于退隐自守的"道",其特点是"恬淡寂寞",更是与儒家之"道"没有关联。又如儒学大家刘安世的学生马应卿就转述刘安世的观点说:"读诗者当求其意,不当求其义。若求其义,或失之穿凿;若求其意,则可见古人用心处也。"②明确指出作为文学艺术的"诗",作者之"意"是其中心,而不应该舍"意"求"义"。这里的"义",当事关政治教化、礼乐礼仪等原始儒学之"道"。值得注意的是,于此之际,一些传统儒学之士对于文道关系的探讨,已经部分地触及了"道学之士"文道观念的核心之处。如陈襄强调:"诗之言志也,持也。志之所至,言以持之。诗者,君子之所以持其志也。善作诗者,以先务求其志,持其志以养其气。志至焉,气次焉,气志俱至焉,而后五性诚固而不反,外物至无所动于其心。虽时有感触、忧悲、愉怿、舞蹈、咏叹之来,必处乎五者之间,无所不得正,夫然后可以求为诗也。"③陈襄把作为"文"的诗歌与儒家之"五性"亦即"仁义礼智信"相联系,认为作为文学艺术诗歌,其功用是抒发符合"五性"的作者之"志"。显然,这一文道观念与周敦颐的"文以载道"在思理上具有一致之处。

神宗、哲宗两朝儒学风尚,成为此际理学家重要的文道观念理论来源和理学诗书写理论基础。如程颐(1033—1107)即认为:"凡为文,不专意则不工,若专意则志局于此,又安能与天地同其大也? ……古之学者,惟务养情性,其他则不学。"④程颐所云"作文甚害事",其基本的出发点是强调"求道"应该全力以赴,"惟务养情性","作诗"与"养情性"是无关的,这就显示出程颐理学体系的深刻矛盾性。如他讲:"古之学者惟务养情性,其他则不学。今为文者专务章句,悦人耳目,既务悦人,非俳优而何?"⑤又说:"向之云无多为文与诗者,非止为伤心气也,直以不当轻作尔。圣贤之言,不得已也。盖有是言,则是理明;无是言,则天下之理有阙焉。……后之人,始执卷,则以文章为先,平生所为,动多于圣人。……反害于道必矣。……在知道者,所以为文之心,乃非区区惧其无闻于后,欲使后人见其不忘乎善而已。"⑥程颐不是绝对排斥"文",他担心的是"为文"伤"心气",强

---

① 孔武仲:《清江三孔集》,台湾商务印书馆景印《文渊阁四库全书》本,第 348 页。

② 马应卿:《元城语录解》卷中,台湾商务印书馆景印《文渊阁四库全书》本,第 376 页。

③ 陈襄:《古灵集》卷十八,台湾商务印书馆景印《文渊阁四库全书》本,第 648 页。

④ 程颢、程颐:《二程遗书》,上海古籍出版社,2008 年,第 90 页。

⑤ 程颢、程颐:《二程遗书》,第 291 页。

⑥ 程颢、程颐:《二程文集》卷十,台湾商务印书馆景印《文渊阁四库全书》本,第 697 页。

调"为文"应"不轻作"。这与他反复强调的"格物致知"是有矛盾的。整体而言，程颐主张"作文害事"，对"文"的贬低和轻视，较之承认"文以载道""明道""贯道"等，更加退步了。这种认识，把"文"定义在章句即文学表现方面，片面强调文学的形式与技巧，而无视文学的内容、题旨等对于"道"的承载与传播，以及"文"对于抒发创作者情志的作用，这种认识显然是有害的。

李复曾师事张载。他在《答张尉书》中言："人之为文与诗，最见精神。若品格已定，辞气卑凡，不能更有损益，此甚不佳也。……若尘言常能尽去，而立意造语务求高古清新，此又非寻常所到也。"①这里的"精神""品格"，当指由于明义理、养道德而达到的精神境界。他把"文"分为"圣人之文""行事之文""言之为文"以及儒家经典之"文"，而特别推崇儒家经典之"文"："自汉之司马相如、扬雄而下……虽其辞浩博闳肆，温丽雄健，……自谓阔步一时，皆何所补哉！亦小技而已，岂君子之文欤！……夫文犹器也，必欲济于用，苟可适于用，加以刻镂之、藻绘之，以致美焉，无所不可。不济于用，虽以金玉饰之，何所取焉！"②指出"文犹器"而必"济于用"，如此方可体现出"文"的作用与价值。他又有诗："善学必探本，知本贵善养。种木既得地，柯叶日滋长。纷纷绮语工，汩汩良心丧。多闻竟无益，不如鸡犬放。"③诗中所强调的诗旨，是推崇"养本"而疏离"绮语"，以免因耽于"文"而妨碍"求道"。可见，李复的文道观念，在很大程度上与周敦颐的"文以载道"相近，但在其内容上又有所发展。

上述考察表明：元靖之际理学家的"文以载道""重道轻文"等文道观念，与某些儒学之士的文道观念是一致的。这种情况说明，此际理学家的文道观念本身就是彼时"重道"文化思潮的一部分。或者亦可以说，元靖之际，儒学之士、理学之士不约而同地关注到"道"对"文"的支配、制约作用。"重道轻文""文以载道"等文道主张，显然对此际儒者诗人、理学家诗人的诗歌书写产生了积极的影响。

三　元靖之际的儒学学者和理学学者的诗歌书写

元靖之际的儒家学者的诗歌书写，呈现出一些值得注意的动向，这与之前这类诗歌书写群体的诗歌书写，有较大差异。主要体现为：

其一，元丰、靖康之际，处于朝政重要枢纽地位而担任过相职的王安石、司马

---

① 李复：《潏水集》，上海古籍出版社景印《文渊阁四库全书》本，第32页。
② 李复：《潏水集》，上海古籍出版社景印《文渊阁四库全书》本，第49页。
③ 李复：《潏水集》，上海古籍出版社景印《文渊阁四库全书》本，第90页。

光、刘挚、范纯仁等人,普遍对彼时"义理之学"文化思潮有所关注。关注时政、推崇圣贤之治、呼唤政统,以及关注心性存养、推崇德性、强调明理等,皆成为这些知名政治人物所关注的重要问题,并表征为他们的儒学思想诗歌书写的诗歌内容或诗歌主旨。如王安石庆历七年所作《读诏书》:"去秋东出汴河梁,已见中州旱势强。日射地穿千里赤,风吹沙度满城黄。近闻急诏收群策,颇说新年又亢阳。贱术纵工难自献,心忧天下独君王。"①诗作表达出作者有志于济世的情怀。司马光的《酬宋次道初登朝呈同舍》有句:"清朝正求治,谏路方坦夷。"②希望与人一起以讽谏而建设清明政治。这些政治人物对于"心性存养"问题有较多关注。如王安石《两山间》:"自予营北渚,数至两山间。……山花如水净,山鸟与云闲。我欲别山去,山仍劝我还。只应身后冢,亦是眼中山。且复依山住,归鞍未可攀。"③不贵此身的观念,正是佛教之思想。司马光有诗:"不若任其然,同受雨露仁。物性且不违,人心何缁磷。"④强调万物都应承天地之"仁"而不违其性。范纯仁有从其父范仲淹处所得义理之学,亦与司马光、傅钦之、文彦博等都有交往唱酬。其诗《休心亭》有句:"名亭号休心,休心师昔贤。将期一寸诚,悠久如青天。我闻人最灵,至性初纯全。……曾子善守约,孟轲养浩然。……恬然安粹灵,外虑何由牵。进退固有道,用舍岂必专。"⑤诗篇涉及儒学重要话语修心用诚、至性、善恶习迁等。王安石、司马光、刘挚等亦重道德书写和"明理"书写。如司马光有诗《古诗赠兴宗》,强调人生穷达有"常分",推崇君子之德:"君子固无愧,立身明本根。度矩苟不愆,宠辱徒喧喧。"⑥以"明本根"而守规矩,不计宠辱为志。后面的诗句,则推崇颜回、原宪穷困守道,以奉劝友人进德。再如刘挚有诗推崇"古人有高志,妙与天地通",仰慕陶渊明、嵇康等人,但又因之而悟及"祸福有倚伏,念当守蒿蓬"⑦,表达出人生祸福相依的思想。他又有诗句:"外观乏婉软,中质韬玉冰。取物取诸内,惟彼识者能。"⑧因物而悟及识人、用人之理,颇具政治家独特眼光。上述政治人物的儒家思想诗歌书写,生动体现出彼时政治人物与理学诗人

---

① 王安石著,秦克、巩军标点:《王安石全集》,上海古籍出版社,1999年,第582页。
② 傅璇琮等主编:《全宋诗》,第6026页。
③ 傅璇琮等主编:《全宋诗》,第6481页。
④ 傅璇琮等主编:《全宋诗》,第6025页。
⑤ 傅璇琮等主编:《全宋诗》,第7398页。
⑥ 傅璇琮等主编:《全宋诗》,第6025页。
⑦ 傅璇琮等主编:《全宋诗》,第7916页。
⑧ 傅璇琮等主编:《全宋诗》,第7828页。

的诗歌书写,具有互相影响、同气相应的时代文化特征。

其二,曾巩、苏颂和范祖禹,分别以目录学家、博物学家和史学家而为时人所瞩目。他们普遍重视时政,关注士人遇合问题,充满了积极用世、希望建立功业的志向抱负,其儒学诗歌书写所表露出的思想情感较为强烈。如曾巩《杂诗四首》之四:"挥袂谢幽侧,腾身集崔嵬。心胎太极气,手扬斗间魁。荒荆忽成桂,蛰鳞冬有雷。君看九州宝,自入朱门来。"①表达出强烈的入世愿望和自信有所作为的豪情。再如苏颂《送王秀才出京》有句:"今年诏书恤西事,大开言路汞群髦。"②言及西夏边事。其《和丘与权秘校咏宝寄林成之进士》有句:"吾君系皇统,威棱海隅匝。……山瑰及海灵,尽获诸罗罿。拣金磧砾中,或不间砂鑞。"③言明政统以得人才为紧要。曾巩、苏颂和范祖禹的诗歌,亦普遍重视对于重德、崇道和明理等内容或主旨的书写。如曾巩赞美扬雄、颜回推崇仲尼,而焦虑身同时灭:"扬雄篡言准仲尼,颜氏为身慕虞舜。……小人君子在所蹈,烈士贪夫不同徇。安得蠢蠢尚自恕,百年过眼犹一瞬。"④表达出其对于尧舜、孔子、颜回、扬雄等圣贤德行高致的推崇。苏颂对于儒家之道也表达了关切。如其有句:"吾徒抱道义,岂不保趣向。勉希一箪贤,无慕千乘相。卷舒各有时,出处当自谅。"⑤强调不慕显宦而以"道义"相守相勉,安分守己,乐天知命。曾巩《读五代史》有句:"兴无累世德,灭若烛向风。当时积薪上,曾宁废歌钟。"⑥因政权迭起而旋灭,而悟得彼时废除儒家礼乐教化,因而导致其国家卧于"积薪"之上,显然是对"明理"的内容或主旨的诗歌书写。需要说明的是,曾巩、苏颂、范祖禹等,其诗歌书写之"道"大多乃是原始儒学之"道",也就是宽泛意义上的"圣人之道"及"义利之辨"等,所涉及的理学家之"道"内容较为粗浅。其所明之"理"多为物理、人世之理和人事兴亡存废之"理",也就是文人诗类型所常表达的"理",至于理学家所重视的"天理""性理"等,所涉不多,且较为粗浅。当然,他们的诗歌也关注心性存养。曾巩可能对彼时兴起的理学已经有所认识。在其诗作中,他把"太极"与"气"相联系。其《寄孙之翰》有句:"谁为胸中斡太极,元气浩浩随卷舒。"⑦赞美孙氏胸中德性修养所

---

① 傅璇琮等主编:《全宋诗》,第 5518 页。
② 傅璇琮等主编:《全宋诗》,第 6314 页。
③ 傅璇琮等主编:《全宋诗》,第 6315 页。
④ 傅璇琮等主编:《全宋诗》,第 5516 页。
⑤ 傅璇琮等主编:《全宋诗》,第 6322 页。
⑥ 傅璇琮等主编:《全宋诗》,第 5541 页。
⑦ 傅璇琮等主编:《全宋诗》,第 5515 页。

致的道德圆满清明境界。苏颂诗《送郑无忌南归》有句:"近遭试秋官,报罢不知故。……见善不能举,徒然用怵噢。士有处忧困,岂尝一蒙顾。劝君自求己,何用频龃龉。还家乐诗书,养心益坚固。无因一伤手,乃欲改前措。"①劝导郑氏"求己"而"养心"。曾巩、苏颂、范祖禹所关注的心性存养,主要是传统儒学的定止其德、定心等。而曾巩之关注心性存养,已有理学思想的成分,但其所涉亦较为肤浅,并没有深入到理学的肌理、根本之处。这种情形说明,重道、重德、关注心性存养等为时代士人普遍重视的儒学话语,已为元靖之际这些知识丰富、学养广博的士人所重视,并成为其诗歌书写的重要内容。可见,元靖之际理学诗所书写的关注心性存养、重道、崇德等诗歌内容或主旨,是彼时"重义理"之"宋学"文化思潮的影响所致,而非理学家天才般的创造使然。

其三,元丰、靖康之际以苏轼、彭汝砺、黄庭坚等为代表的"文章之士",其诗歌书写已经涉及心性存养、明德、明理等。如苏轼《题沈君琴》表达"明理"思想:"若言琴上有琴声,放在匣中何不鸣? 若言声在指头上,何不于君指上听?"②是对佛教"缘起论"的解说。再如彭汝砺诗《途中》有句:"一日复一日,悠悠竟何之。万物但此理,百年能几时。"③强调万物共有同一时光,强调人与物皆易衰减。他强调要明事物本源之理:"却语诸人莫惆怅,烦恼菩提同一相。"④如其所言,烦恼与明慧(菩提)为同一事物,这当然是佛教的思想了。重德思想亦为苏轼、黄庭坚、彭汝砺等所重视。如彭汝砺有诗句:"禹稷颜回道,下惠伯夷风。故彼孺子者,亦庶与古同。"⑤赞美禹、稷、颜回、伯夷、徐孺子等之道。他又强调"德"之于重要性:"人生如朝露,理固无可久。可为惟为德,万一或不朽。行也死后已,庶犹无大咎。"⑥彭汝砺认为,为德为久,死而后已,此乃天地常理。再如任渊注黄庭坚诗句"吾闻绝一源,战胜自十倍":"此句以下言胸中高胜,则游戏笔墨自当不凡。"⑦任渊看到了黄庭坚诗作中所吐露的"胸中高胜"之处,实际上也就是指出了黄庭坚在诗歌中所吐露的心性存养之妙理。重视以心性存养等为内容或主旨的

---

① 傅璇琮等主编:《全宋诗》,第6313页。
② 苏轼著,孔凡礼点校:《苏轼诗集》,中华书局,1982年,第2534页。
③ 傅璇琮等主编:《全宋诗》,第10461页。
④ 傅璇琮等主编:《全宋诗》,第10476页。
⑤ 傅璇琮等主编:《全宋诗》,第10479页。
⑥ 傅璇琮等主编:《全宋诗》,第10458页。
⑦ 黄庭坚撰,任渊注:《山谷内集诗注》,上海古籍出版社景印《文渊阁四库全书》本,第157页。

诗歌书写。再如彭汝砺有诗句"凡人逐物,其力则倍。苟知其养,是用无悔"①,又云"我思古人,克诚其心",前句强调存养之于德性之重要性,后句则以"克诚"为心性存养的工夫。而黄庭坚有诗句:"道行不加,穷处不病,此之谓性。……性则圣质,学则圣功。……道立德尊,宗吾性有。"②他以为道与德,都是建立在儒学的"性有"的基础上的。黄庭坚有诗句:"禅心默默三渊静,幽谷清风淡相应。丝声谁道不如竹,我已忘言得真性。罢琴窗外月沈江,万籁俱空七弦定。"③这说明,黄庭坚是以佛学的思理来论证心体性体的。上述考察说明,被视为"文章之士"的诗人,其以明理、心性存养等为内容或主旨的诗歌书写,大都受到了道、释思想的影响,而与此际的理学家有较为明显的差异。"文章之士"以取自道、释而定止心性的方法,可能对于二程门人如谢逸、杨时、饶节、罗从彦、张九成、范浚等人的理学诗书写有一定影响。这些理学家大多诗学苏、黄,故而,苏、黄之存养心性为内容的诗歌书写,自然会为其理学诗书写提供有益借鉴。

其四,刘攽、徐积、孔平仲等的儒学及理学思想诗歌书写,除了关注时政之外,已经涉及重道、明理、关注心性存养等理学家诗人最为重视的理学诗内容或主旨类型。与一般理学诗人有所不同的是,他们的诗歌更为关注时政、德政,关注士人的遭际遇合,并有对时政、世风的尖锐批评。这种情形,反映出传统儒学之士受到了原始儒学、理学的双重影响。如刘攽《偶题》:"……劳心非所长,但觉安坐食。使我忍愧羞,不如学劳力。……百亩为己忧,虽忧乃易释。"④本是学问奄贯优长,吏事精当,但困于遇合而壮志难酬,故有"学劳力"之叹。再如孔平仲《官松》赞美高松郁秀而遮蔽行人,然为暴虐县令伐之,作者惜其德而为之痛惜:"彼令诚何心,缓急迷后先。……世事类若斯,呜呼一摧肝。"⑤诗作揭露出地方官吏之为所欲为,亦有其喻指在内。刘攽、徐积、孔平仲等人之诗,亦重尊德性、明道和关注心性存养。孔平仲《咏道上松》以"象物比德"来赞美松之性:"微阳入直干,生意忽已回。……时至自当复,安得长摧颓。若非根本壮,何能异草莱。"⑥"根本壮"显然已有喻指人之德性之意,"生意"乃称指天地生生之道。其诗《寒食郊外》亦云:"幽花媚林薄,粲粲生意发。……阴阳有代谢,物性安可夺。请视大

---

① 傅璇琮等主编:《全宋诗》,第 10466 页。
② 黄庭坚撰:《山谷集》,上海古籍出版社景印《文渊阁四库全书》本,第 103 页。
③ 黄庭坚撰,任渊注:《山谷内集诗注》,上海古籍出版社景印《文渊阁四库全书》本,第 269 页。
④ 傅璇琮等主编:《全宋诗》,第 7082 页。
⑤ 傅璇琮等主编:《全宋诗》,第 10825 页。
⑥ 傅璇琮等主编:《全宋诗》,第 10822 页。

块中,纷纷尽毫末。兴衰若鳞次,今古犹市阅。"①从天地生生之道,连带而及"物性",此"物性"正是"生意"降临到物而为物之"性",四时节序,成功者去,天地"生生"规定了"物性"的兴衰更替。孔平仲又有《送周元翁赴省试》云:"静如秋潭月,秀比玉山岑。濂溪素积善,遗泽乃在今。……苗芽旧固好,浚养日愈深。"②"静""秀"等为作者赞美元翁的气质禀赋,"浚养"为省察克治之类的心性存养工夫。元翁为周敦颐之长子周焘的字。因孔平仲之父孔延之与周敦颐为平生交,故作者与元翁亦为相知的友人。刘攽之"重道"思想,往往与其"明理"结合在一起来表达。除了前面所举的例句之外,刘攽又有诗云:"道真本微眇,至言乃筌蹄。壹气中夜存,大方刓角圭。"③"筌蹄"见于《庄子·外物》,后以其比喻达到目的的手段或工具。诗又云:"因之喻苏耽,衰暮毋噬脐。"④"噬脐"出自《左传·庄公六年》,喻后悔不及。诗作把苏轼向《庄子》求"道"而称之为"耽",提醒其勿"噬脐"。徐积《和吴奉议》有句:"一物勿令侵吾神,一事勿使摇吾真。养诸内者气欲息,散所滞者体欲伸。"⑤前二句为传统儒家省察工夫,后二句则强调"养内"而做到"气欲息",也就是要求努力涤除因"禀气"而有的"私欲",从而恢复实践主体心性的廓然大公、自在活泼而与天地周流无滞的"道"或"理"本然状态。总体而言,以刘攽、徐积等为代表的元靖之际的传统儒学之士,其儒学及理学思想的诗歌书写,已经深受理学家之理学思想及其理学诗书写的影响。

而元丰、靖康之际,以程颢、程颐、邹浩、吕大临、李复、游酢、陈瓘、周行己、晁说之、饶节、谢逸、许景衡等为代表的理学家,继承了周敦颐、邵雍、张载等人的理学诗诗歌范式,同时又通过其丰富多彩的诗歌创作或书写实践,而相对固定了理学诗的内容或主旨等方面的类型特征和理学诗表达方式的典型性特征。此际理学家诗人所作之理学诗内容或主旨类型,主要有:

其一,重视"生生不已"理学思想的书写。如程颢诗《春日江上》有句:"新蒲嫩柳满汀洲,春入渔舟一棹浮。云幕倒遮天外日,风帘轻飐竹间楼。"⑥春光日新,而生意满眼,天地之生生不已令人心怡而从容。游酢诗《宝应寺读书堂成因怀明道先生》:"桥西积雪度新晴,卜筑茅堂快落成。郁郁奇花铺野趣,关关好鸟和书

---

① 傅璇琮等主编:《全宋诗》,第 10823 页。
② 傅璇琮等主编:《全宋诗》,第 10820 页。
③ 傅璇琮等主编:《全宋诗》,第 7094 页。
④ 傅璇琮等主编:《全宋诗》,第 7094 页。
⑤ 傅璇琮等主编:《全宋诗》,第 7601 页。
⑥ 傅璇琮等主编:《全宋诗》,第 8238 页。

声。春浓岚色无边景,水净天光彻底清。记得程门窗草绿,至今遐想每驰情。"①
诗篇在书写堂外之"奇花铺野""春浓无边"等春天生物之"生意"后,特地点明"记
得程门窗草绿",暗用周敦颐"窗前草不除"之典故,来书写"生生不已"之意。周
行己有诗《次韵张才叔……同步城南》有句:"方春万物作,欣欣共晴昼。……弱
柳分已绿,小桃红欲溜。细草软宜藉,急流清可漱。"②书写天地之间"生生不已",
而诗人与其友则"或静欲寂默,或狂忽腾蹂",表达出与"道"周旋之意,这显然是
对周敦颐、程颢等人"生生不已"理学诗书写的新发展。

其二,关注"心性存养"。如程颢《晚春》云:"人生百年永,光景我逾半。……
青阳变晚春,弱条成老干。不为时节惊,把酒欲谁劝。"③强调心性有定,而不为岁
月时节摇动。程颐《视箴》云:"心兮本虚,应物无迹。操之有要,视为之则。蔽交
于前,其中则迁。制之于外,以安其内。克己复礼,久而诚矣。"④强调应警惕外物
遮蔽心体。李复亦有《杂诗》:"草木虽无知,养本已足论。人生感元化,道贵穷性
源。"⑤强调修道之人应该穷究天地万物之本源,坐住根基而不为外物摇动。周行
己《送友人东归》:"是身如聚沫,如烛亦如风。奔走天地内,苦为万虑攻。陈子得
先觉,水镜当胸中。……饮水有余乐,避烦甘百穷。……于道各努力,千里自同
风。"⑥诗作内容复杂,既有对友人与道周旋的尊崇、钦敬之情,又有慨叹于己身奔
走劳苦之感,兼含抱道守贫、与世沉浮的沛然自信,但其核心则为对于心性存养
的关注。诗作以"沫"喻身,可能受到了佛教经典影响。总的来看,此际不少理学
诗之"存养",多从道、释思想尤其是佛教思想中来。

其三,强调于"日常日用"中明理。吕大临《礼》云:"礼仪三百复三千,酬酢天
机理必然。寒即加衣饥即食,孰为末节孰为先。"⑦《全宋诗》载此诗一出于吕希
哲,一出于吕大临。宋熊节编、熊刚大注《性理群书句解》,金履祥选《濂洛风雅》
归于吕大临。吕大临所倡导的"道在日常酬酢",是对张载"道在日用彝伦"观点
的引申发挥,可能对杨时、朱熹、吕祖谦、黄榦等后世理学家产生了一定影响。

其四,重视明理、崇德。如周行己《奉酬天复古风》有句:"事非固必存,千载

---

① 傅璇琮等主编:《全宋诗》,第 12910 页。
② 傅璇琮等主编:《全宋诗》,第 13481 页。
③ 傅璇琮等主编:《全宋诗》,第 8233 页。
④ 金履祥选:《濂洛风雅》,《丛书集成初编》本,第 2 页。
⑤ 傅璇琮等主编:《全宋诗》,第 12404 页。
⑥ 傅璇琮等主编:《全宋诗》,第 14358 页。
⑦ 傅璇琮等主编:《全宋诗》,第 9773 页。

一转脚。要知达士心,阅世等糟粕。……索然天地中,去留如解簳。"①强调万事不永而达士不以去留为意,此诗是对事理的体悟。其《肺病》则因病及卫生之理:"今兹得肺病,自可绝人事。默观悟生理,是身同一蜕。代马无南蹄,越鸟无北翅。物各归其本,我何有于世。"②诗用庄子思想而明人世之理。再如陈瓘《接花》:"色红可使紫,叶单可使千。……自矜接花手,可夺造化权。……用智固巧矣,天时可易欤。……不死有本性,必生亦时尔。汝之所变易,是亦时所为。时乎不可违,何物不随时。"③此诗载于吕祖谦《宋文鉴》卷二十,应为陈瓘所作。诗作从中"格"出"有本性必生,亦时雨与之"的"天理",进而提升到对事物普遍规律的认识。

显而易见,元靖之际理学诗的总体诗歌特征,表征为此际理学诗在继承之前理学诗的基础上,有丰富,有创新。经过此际理学家诗人的努力探索,道释之"道"及其心性观和存养"工夫",理学之"生生不已""孔颜乐处"等,成为理学诗的重要内容或主旨,这就拓展了理学诗的内容和主旨类型。尤应指出的是,吕希哲所倡导的"道在日常酬酢",是对张载"道在日用彝伦"观点的引申发挥,可能对朱熹、吕祖谦、黄榦等后世理学家产生了一定影响。而以晁说之、饶节、谢逸、许景衡等为代表的理学家,其理学诗内容或主旨等多从道、释尤其是佛教思想中来,表征着二程之后理学家开辟理学新路的进路和思理。经由元靖之际理学诗人群体的共同努力,理学诗这一新的诗歌类型,初步具有了相对明晰的作者谱系和较为成熟的书写范式,并开始在理学、诗学两个层面上发挥出影响。元靖之际理学诗人群体所创造出的理学诗风貌、特征和诗歌范式等,为建炎、隆兴之际(1127—1164)理学诗书写群体所承继,并在若干方面加以发展,宋代理学诗遂迎来了其发展史上的第一次书写热潮。

第三节　深究性理:建隆之际理学思想
之发育与理学诗之成熟

建隆之际,北宋理学"五子"尤其是二程、张载之门人高弟,承继师传而又多方开辟,以其元气淋漓而充满张力的义理探索,为彼时理学的蓬勃发展作出了贡

---

① 傅璇琮等主编:《全宋诗》,第 14361 页。
② 傅璇琮等主编:《全宋诗》,第 14355 页。
③ 傅璇琮等主编:《全宋诗》,第 13470 页。

献。这一时期,见于文献记载的二程门人就有程端中、李籲、吕希哲、谢良佐、杨时等 44 人,而二程门人杨时、吕大临、周行己等人的门人,如张九成、吕本中、陈淳等,又各自授徒,传承师学并加以拓展学术疆域。其中,杨时、游酢、尹焞等人开道南学派;与杨时、游酢等相与交游甚密的胡安国,与其子胡宏开湖湘学派;周行己、薛季宣等实开浙东事功派;而王蘋、张九成、陈瓘、谯定等人以其授徒众多,亦在南宋初期有很大学术影响。而被称之为南宋"文献渊薮"的吕氏家学重要代表人物吕本中,也活跃于这一时期。建隆之际理学家的理学义理探讨,为张栻、吕祖谦、朱熹等理学代表人物理学体系的生成和构建,奠定了坚实基础。

建炎、隆兴之际,又是宋代理学诗发展的成熟期。这一时期,杨时、胡安国、陈渊、罗从彦、吕本中、范浚、张九成、胡宏、王十朋、胡寅等人的理学诗书写,拓展了理学诗的内容、主旨、风格和表达方式的类型和范围,且生成了为理学诗人所推重和效仿的重要理学诗歌范式,理学诗的独特性诗歌面貌和基本的规定性特征得以确立和巩固。

一　建隆之际师生传承与理学思想嬗变

南北宋之交,在新旧党争肆虐、宋金民族矛盾尖锐对峙之际,由北宋理学"五子"共同开创的新儒学即理学,却在时代文化思潮的推动下发展起来。

建隆之际代表性理学家的理学主张,在很多方面丰富和完善了其师辈的理学思想。发端于北宋中期的理学,之所以能够在南宋中期蔚成时代学术思潮的主流,其重要的助力即来自北宋理学"五子"门人及其后学的递相传承和各自"发明"。之中,有两大特征值得注意:

其一,程颢、程颐门人高弟以其人员数量众多,坚守师传而深究义理,学术影响巨大而为世人瞩目。同时,张载、邵雍之门人后学在当时影响也不小;其二,彼时理学学者大都学出多师,并不固守师说,显示出彼时重游学、重兼学旁通的学术风气。可以说,这一时期理学门人的学术思想呈现出元气淋漓而充满生机的总体特征。

如果我们不以学派主张差异来考察这一时期理学门人的学说,而关注其总的特征的话,那么,建隆之际"五子"门人及其后学的总的学术特征就可以"发挥完善,深究义理"来概括。考察可见,这一时期的理学代表人物,大多有非常重要的理论贡献。

杨时,二程门人,与游酢、吕大临、谢良佐并称"程门四大弟子"。宋人真德秀(1178—1235)曾说:"二程之学,龟山得之而南传之豫章罗氏,罗氏传之延平李氏,李氏传之朱氏,此其一派也;上蔡传之武夷胡氏,胡氏传其子五峰,五峰传之南轩张氏,此又一派也。若周恭叔、刘元承得之为永嘉之学,其源亦同自出,然惟朱、张之传,最得其宗。"①其中,杨时一向被认为是"道南学派"的主要理学代表人物。

在本体论上,杨时提出"天下只是一理"与"通天下一气",阐释了"理一分殊"的伦理内涵。他发挥了二程"理一分殊"说,用儒家道德观念中的"仁"和"义",对等于"理一"和"分殊",认为"理一而分殊,故圣人称物而平施之,兹所以为仁之至、义之尽也"②,以"理一分殊"来说明纲常伦理道德的普遍性、永恒性和神圣性,由此,也从这一角度实现了对"格物致知"服务于心性存养目的的论证。

他又以反身而求的"格物致知"作为存养心性的"工夫",这是对程颐"格物"以"致知"思想的重要补充。程颐认为,物物皆有理,因此,才可以实现《大学》里讲的"物格而后知至",通过"格物"来实现"致知"。然而,对如何"格物",程门弟子认识并不相同。杨时认为:"为是道者,必先乎明善,然后知所以为善也。明善在致知,致知在格物。号物之数至于万,则物盖有不可胜穷者。反身而诚,则举天下之物在我矣。诗曰'天生烝民,有物有则。'凡形色具于吾身者,无非物也,而各有则焉。反而求之,则天下之理得矣。由是而通天下之志、类万物之情、参天地之化,其则不远矣。"③杨时强调格物明善为目的,是通过对耳鼻口眼等"物"之认知事物所遵循的规则、规范的把握,来实现反身而求以明天地万物的"道"。而他又突出"致知"在"格物","盖天下国家之大,未有不诚而能动者也。然而非格物致知,乌足以知其道哉"④。可见,"明善"贯乎杨时"格物致知"之始终,既是其前提,又是其目的。这是杨时存养工夫的重要特征。

杨时又强调静中体验未发,注重于行止疾徐之间保持和乐以求道。杨时讲:"道心之微,非精一,其孰能执之?惟道心之微而验之于喜怒哀乐未发之际,则其义自见,非言论所及也。尧咨舜,舜命禹,三圣相授,惟'中'而已。"⑤他认为,尧舜禹相传的就是执守道心。"道心惟微"是指道心精微隐蔽,很难通过主体的认知理性来把握,所以实践主体就必须在喜怒哀乐未发之际体验"中",即体验道心。杨时这一于"静"中体验"道"心的存养方法,发展了程颢的直觉体仁说和程

---

① 真德秀:《西山读书记》卷三十一,上海古籍出版社景印《文渊阁四库全书》本,第106页。
② 杨时撰:《龟山集》卷十六,台湾商务印书馆景印《文渊阁四库全书》本,第267页。
③ 黄宗羲原著,全祖望补修,陈金生、梁运华点校:《宋元学案》,第952页。
④ 杨时撰:《龟山集》卷二十一,台湾商务印书馆景印《文渊阁四库全书》本,第311页。
⑤ 黄宗羲原著,全祖望补修,陈金生、梁运华点校:《宋元学案》,第951页。

颐的涵养未发说,要求静中体验"道"之体用,这反映出庄学对他的影响。杨时曾说:"庞居士谓'神通并妙用,运水与搬柴',此即尧舜之道在行止疾徐之间。"①陈来据此认为,这里所讲的乃是自得安详以求道的境界。②

　　胡安国(1074—1138),提倡修身为学,主张经世致用,重教化,讲名节,轻利禄,憎邪恶。胡安国推崇"体元"与"正心"。他说:"即位之一年必称元年者,明人君之用也。'大哉乾元,万物资始',天之用也;'至哉坤元,万物资始',地之用也。……故体元者,人主之职;而调元者,宰相之事。元,即仁也;仁,人心也。"③认为"元"的体是仁,是仁人之心。实践主体即通过"践仁""体元"而达到与"元"合二为一。他又讲:"谓一为元,则知祖述宪章,以体元为人主之职。……元者何? 仁是也。仁者何? 心是也。建立万法、酬酢万事、帅驭万夫、统理万国,皆此心之用也。"④他认为元",就是人主的"道德之元";人主"体元"的过程,就是以身践仁,就是令君心合于天心,就是强调"人心"必须合于"道心"。胡安国以"心"释"仁",以"心"为"元"的目的,就是要强调在"明人君之用"的基础上,尽人君之能。他认为四端、五典,乃至于万事万物均是心之用的具体表现,而又无不统于人之心体,受人之心体的支配和控制。胡安国在《答赣川曾幾书》中论述了对于"心性"之体用及其"定性"(存养)的认识。曾幾之言曰:"四端五典,起灭心也。有所谓自本自根,自古以固存者。"⑤胡安国剖析其谬,认为:"夫自本自根,自古以固存者,即起灭心是也。不起不灭心之体,方起方灭心之用。体用一源,显微无间,能操而常存者,动亦存,静亦存,虽百起百灭,心固自若也。……持之以敬,养之以和,事至物来,随感而应,燕居独处,亦不坐驰,不必言致其精明以待事物之至也。"⑥曾幾把"四端五典"视作"心"之用,而把"自本自根"视作"心"之体,是与二程、张载等人的"心性"观有明显差异的。他的这一看法,相当于否定了自孟子以至于周敦颐、二程、张载等普遍承认的"性"具备"诚""善"之"体"的认识。胡安国虽然指出了曾幾混淆"心""性"之体用的弊端,却肯定了曾幾所言之来自佛教的以"空寂不灭"为"心"之体的看法。接着,胡安国又引程颢《定性书》之"定性"说,以阐释"定性"亦即"存养"的路径或方法。上述考察可见,胡安国之"心性存养"

---

① 黄宗羲原著,全祖望补修,陈金生、梁运华点校:《宋元学案》,第 951 页。

② 陈来:《宋明理学》,第 146 页。

③ 胡安国:《春秋胡氏传》卷一,浙江古籍出版社,2010 年,第 2 页。

④ 胡安国:《春秋胡氏传》卷三,第 37 页。

⑤ 胡安国:《春秋胡氏传》附录三《胡传馀瀋》,第 579 页。

⑥ 胡安国:《春秋胡氏传》附录三《胡传馀瀋》,第 579 页。

观与杨时、游酢、张九成等大致一致,均援释入儒以明理学"心性"及其"存养",这当然亦是二程弟子及其门人生活时代最为通行的理学理路。

胡安国讲涵养本心,随感而发,但又以致知和诚意为正心的工夫。由致、诚而不昧本心,以求圣门之学,最终以至修身而达天下国家。其关键是不昧本心,以达圣门之事业。他通过穷物物之理,使心与万物之理沟通,实现内外合一,然后求诸本心而尽心。胡寅记述了胡安国对此问题的认识:"无所不在者,理也;无所不有者,心也。物物致察,宛转归己,则心与理不昧,故知循理者,士也;物物皆备,反身而诚,则心与理不违,故乐循理者,君子也。天理合德,四时合序,则心与理一,无事乎循矣,故一以贯之,圣人也。"①这样无所不在的理与无所不有的心,就达到了内外沟通。因此他又有言:"知至理得,不迷本心,如日方中,万象毕现,则不疑所行而内外合也。"②胡安国"本心"说可能对陆九渊产生了一定影响。

胡安国把心、理当作认识万事万物、以达圣门事业的两个必不可少的手段。他认为,作为人心、物理外在表现的四端、五典,通过充实、扩充,就可达到"性成而伦尽矣"。他说:"圣人之教亦多术,然其要,使人不失其本心而已。欲得此心者,惟志乎圣人所示之学,循其序而进焉。至於一疵不存、万理明尽之后,则其日用之间,本心莹然,随所意欲,莫非至理。"③这种"心与理一"之所在,即为"性",而穷理的目的便是尽性。他说:"穷理尽性,乃圣门事业。物物而察,知之始也。一以贯之,知之至也。""四端固有,非外铄;五典天叙,不可违。在人则一心也,在物则一理也。充四端可以成性,惇五典可以尽伦,性成而伦尽,斯不二矣。"④胡氏穷心尽性的思想对张栻、朱熹等产生了重要影响。

胡宏(1105—1161),为胡安国次子。他的理学贡献是,抓住道学核心话题理、气、心、性而深入探讨,体现出重建伦理道德、重塑价值理想的时代精神,为湖湘学派的杰出代表人物。全祖望说:"绍兴诸儒,所造莫出五峰之上。其所作《知言》,东莱以为过于《正蒙》,卒开湖湘之学统。"⑤真德秀作跋亦云:"孟子以知诐淫邪遁为知言,胡子之书以是名者,所以辨异端之言与吾圣人异也。杨墨之害不熄,孔子之道不著,故《知言》一书于诸子百家之邪说,辞而辟之,极其详焉。盖以

---

① 胡寅著,尹文汉校注:《斐然集》卷二十五,岳麓书社,2009 年,第 516 页。

② 胡寅著,尹文汉校注:《斐然集》卷二十五,第 516 页。

③ 朱熹集注,陈成国标点:《四书集注》,第 76 页。

④ 胡寅著,尹文汉校注:《斐然集》卷二十五,第 516 页。

⑤ 黄宗羲原著,全祖望补修,陈金生、梁运华点校:《宋元学案》卷四十二,第 669 页。

继孟子也。"①张立文先生曾精辟地指出胡宏学说的总体特征:"胡宏在其家学文化思想环境中,接受其父兄的'理与心一'的主张,同时亦吸收北宋道学家张载、二程等思想,他将家学、道学和传统儒家孔孟之道相融合……把心性话题转换为道性话题。"②大致讲来,胡宏的义理探求主要集中于三个方面:其一,关于"道"之体用的认识。胡宏对"道"体和"道"用的探讨非常细致,他认为:"形形之谓物,不形形之谓道。物拘于数而有终,道通于化而无尽。"③"道"是形而上的,是无形无尽的。胡宏又从"道"之用来认识"道",他认为:"道谓何也? 谓太极也。阴阳刚柔,显极之机,至善以微,孟子所谓可欲者也。天成象而地成形,万古不变。仁行乎其中,万物育而大业生矣。"④以太极为道体,而以太极之外显的"用"来形容"道"之"用"。这里,值得注意的是,胡宏把"仁"与"道"相贯通,认为"仁行乎(道)中",实质上就是承认了"道"在本体上与"仁"的统一性。由此,也就实现了他对"仁"的客观性和合理性的论证。他又云:"天道保合而太极立,氤氲升降而二气分。天成位乎上,地成位乎下,而人生乎其中。故人也者,父乾母坤,保立天命,生生不易也。"⑤道之用体现在"生生不易",由"生生不易"而贯通天、地、人之道,故"阴阳成象,而天道著矣;刚柔成质,而地道著矣;仁义成德,而人道著矣"⑥。在"道"之体用关系上,他提出:"道不能无物而自道,物不能无道而自物。道之有物,犹风之有动,犹水之有流也,夫孰能间之? 故离物求道者,妄而已矣。"⑦认为"道"为本源而"物"为功用,这就在终极层面上坚持了"道"的本体地位。胡宏认为,"道非仁不立。孝者,仁之基也。仁者,道之生也。义者,仁之质也。"⑧强调"仁"生于"道",而"义"为"仁"的根本性所在。由此,他提出"仁"能贯通天地之道:"其合于天地、通于鬼神者,何也? 曰,仁也。人而克仁,乃能乘天运,御六气,赞化工,生万物,与天地参,正名为人。"⑨从这个意义上说,践仁就是践道,求仁方能入道。这就把自然之道与伦理之道相贯通而为一体了。较之周敦颐、邵雍、二程等人,胡宏的理学思想体系无疑更为严密了。

---

① 胡宏:《胡宏集·附录二》之《宋真德秀跋胡子知言稿》,第340页。

② 张立文:《湖湘学的奠基者——胡寅和胡宏》,《船山学刊》2012年第1期。

③ 胡宏撰,吴仁华点校:《胡宏集》,第41页。

④ 胡宏撰,吴仁华点校:《胡宏集》,第163页。

⑤ 胡宏撰,吴仁华点校:《胡宏集》,第6页。

⑥ 胡宏撰:《胡子知言》,《丛书集成初编本》,中华书局,1991年,第5页。

⑦ 胡宏撰,吴仁华点校:《胡宏集》,第4页。

⑧ 胡宏撰,吴仁华点校:《胡宏集》,第4页。

⑨ 胡宏撰,吴仁华点校:《胡宏集》,第149页。

其二,关于性之体用问题。胡宏认为,从其体而言,性为形而在上者:"形而在上者谓之性,形而在下者谓之物。性有大体,人尽之矣。一人之性,万物备之矣,论其体,则浑沦乎天地,博浃于万物,虽圣人,无得而名焉;论其生,则散而万殊,善恶吉凶百行俱载,不可掩遏。"①他以性与物替代道与器。道性与器物相对应、相贯通,然他又坚持"性外无物,物外无性",故胡宏又强调性、物的圆洽贯通,从这个意义上,胡宏进而认为:"是故万物生于性者也,万事贯于理者。"②从其用而言,胡宏又认为,"性"有质有用。他讲:"万物万事,性之质也。因质以致用,人之道也","人也者,天地之全也。而何以知其全乎? 万物有有父子之亲者焉,有有君臣之统者焉,有有报本反始之礼者焉,有有兄弟之序者焉,有有救灾恤患之义者焉,有有夫妇之别者焉。"③这就从人之"性"的角度,强调了道德伦理乃"人道"之"质"与"用"。对此,张立文认为,"胡宏把作为时代理论思潮的理气心性核心话题,疏解为天——性——心的逻辑结构,这也是对孟子尽心——知性——知天的逻辑次序的倒置。一是由外向内推演,一是由内向外推演,但其联接天和心的中介环节是性,性是天心内外之所以构成整体逻辑次序的关键,凸显性的价值和地位。"④两宋理学发展至此,"性"的本体地位得到了充分论证和完整说明。

其三,关于心性存养问题。胡宏借批评佛家,提出了"性本不可磨灭"思想:"曾不知此心本于天性,不可磨灭,妙道精义具在于是。……今释氏不知穷理尽性,乃以天地人生为幻化。此心本于天性不可磨灭者,则以为妄想粗迹,绝而不为,别谈精妙者谓之道。则未知其所指之心,将何以为心? 所见之性,将何以为性? 言虽穷高极微,而行不即乎人心。"⑤在胡宏看来,性具有永恒存在的特性,因此,"穷理尽性"就有了实在的目标和归宿。在性、心、情关系上,胡宏认为,性为本,而心、情等为用。他说:"性譬诸水乎,则心犹水之下,情犹水之澜,欲犹水之波浪。"⑥他把性喻为水,心、情、欲都是水之下、水之澜、水之波,这是水所表现的不同状态。但胡宏又认为,性必须通过心来实现其"用":"曾子、孟子之勇原于心,在身为道,处物为义,气与道义同流,整合于视听言动之间,可谓尽性者矣。

---

① 胡宏撰,吴仁华点校:《胡宏集》,第 319 页。
② 胡宏撰,吴仁华点校:《胡宏集》,第 163 页。
③ 胡宏撰,吴仁华点校:《胡宏集》,第 14 页。
④ 张立文:《湖湘学的奠基者——胡寅和胡宏》,《船山学刊》2012 年第 1 期。
⑤ 胡宏撰,吴仁华点校:《胡宏集》,第 102 页。
⑥ 胡宏撰,吴仁华点校:《胡宏集》,第 13 页。

夫性无不体者,心也"①,认为心体现出性。由心性而推及性、心、情:"探视听言动无息之本,可以知性;察视听言动不息之际,可以会情。视听言动、道义明著,孰知其为此心? 视听言动,物欲引取,孰知其为人欲? 是故诚成天下之性,性立天下之有,情效天下之动,心妙性情之德。"②对于这段话,张立文先生的解释是非常精辟的:"视听言动是性本表现的一种形式,探究视听言动表现形式的本源,可以知道性;观察视听言动活动不息之际,可以与情相会。然而,视听言动作为外在表现,可能出现两种情况:一是道义明著,视听言动合乎道义;二是被物欲所蔽,视听言动为人欲所累。据此,必须诚意正心,以成就天下的性,情效法性诚而动,心妙用性情的德性。"③考察可见,二程门人多活跃于这一时期。从其遗存文献来看,尹焞、王蘋、吕本中、张九成、陈渊、罗从彦等理学家的义理探讨也颇有特色。但论及在当时及后世的影响,还是要以杨时、胡安国、胡宏等人最为杰出。

总的来看,建隆之际,理学诸人在心性义理探求方面的关注领域是比较广泛的。他们对于理学之宇宙论与本体论、道德论与实践论、心性哲学与知行统一论、人生境界论与求做圣人途径的探讨等等,范围广大而议论精辟。张栻、朱熹、吕祖谦等人正是在对杨时、胡安国、胡宏等人理学思想的吸收和批判过程中,建构起各自的理学话语体系和理论体系。

二　建隆之际理学家的文道观念

这一时期,一些理学家以"载道""玩物"等来定位或规范诗歌创作,由此,他们的诗歌创作往往与其理学义理紧密结合在一起。这种结合,有的是出于理学家有意识地把"文以载道""因诗观道"等诗歌功用观贯彻于诗歌书写之中,但更多的时候是创作主体的不自觉表达。无论如何,兼具理学实践主体、社会实践主体和诗歌书写或创作主体的多重身份,决定了这些理学家的诗学实践,往往与其义理追求相纠缠。总结来看,建隆之际理学家的诗学主张,主要集中于文与道关系的处理方式、诗歌之功用、诗歌表达方式、诗歌境界与风格等四个方面。其中,文道关系处理方式,又是此际理学家诗人所关注的重点。

这一时期的理学家,绝大多数人首要的观念是"重道"。如陈渊(? —1145),

---

① 胡宏撰,吴仁华点校:《胡宏集》,第16页。
② 胡宏撰,吴仁华点校:《胡宏集》,第21页。
③ 张立文:《湖湘学的奠基者——胡寅和胡宏》,《船山学刊》2012年第1期。

从学二程，后又师事杨时。他有诗云："志士忧君切，还将笔劾忠。但于心取正，不向字求工。理自胸襟得，情因翰墨通。一言毛颖喻，千古史鱼风。托意挥毫上，成名补衮中。谁知执艺事，功与诤臣同。"①诗歌强调"心正"而对文字之"工"表达了疏离的态度，对韩愈以"笔为戏"的《毛颖传》表达出不满之情，又表明了对由修养而来的胸襟之"理"的重视。这些看法，都表明陈渊对于儒家之"道"的重视。再如胡宏继承了杨时等人的文道观念，强调"道"而忽视"文"。他在《上光尧皇帝书》中提及："夫言不以正，悖道妨义，而持之有故，言之成理，足以悦人心、惑天下者，皆郑声也，岂必钟鼓云乎哉！郑声浅陋卑污，听之易知，言之易从，悦之者众。上无道以揆之，则天下波靡，遂成风俗，而奸邪机巧才佞之士，于是始得投间攘臂，肆行于其间。错乱名实，颠倒是非，盗窃威权，其身荣而天子危矣。"②胡宏认为"足以悦人心，惑天下"的"言"即使"成理"，其危害性也与"郑声"相同，都是奸邪之士赖以博富贵、盗名实的工具。于此可见，胡宏对于"道"的推崇与对于强调艺术性之"文"的警惕。"郑声"本是春秋、战国间流行的俗乐，以节奏多变、士女杂陈等著称，较之彼时流行的以凝重庄穆的雅乐而言，想必新人耳目的艺术技巧和表演形式常常能够使人流连忘返，所表达的情感可能也突破了中正平和的传统审美标准，这就与儒家所推崇的"雅正"有很大距离。胡宏把那些尚且"成理"的言论等同于"郑声"，表现出他重视儒家之"道"而忽略重于艺术技巧的"言"。这与程颐的"作文害道"文道观念是相近的。他又在《观建安七子诗》中，通过对建安七子诗歌的评价，表达其文道观："悠悠彼七子，流光失其孚"，因此而"魏祚竟不长"，故而，他得出结论："所以汉高帝，慢骂轻文儒。"③可见，胡宏认为"文章发妙理，经国历远图"才是"文"之价值所在。也就是说，胡宏对于"道"的重视，远过于"文"。他在《水心亭》中亦云"寄语观水人，事不在章句"④，也表达出其"作文害道"的文道观。

这一时期的一些理学家，在推崇"重道"时亦重视探讨作为"文"的诗歌之"体""用"。如刘安节（1068—1116）讲："学诗之道，有本有用。志之所之谓之诗，此其本也；声成文谓之音，此其用也。本失其中则言不止乎礼义，其文能足论而不失乎？……是故先王之教人以诗，虽其本之道德，出于性情者，固已尽美，……

---

① 傅璇琮等主编：《全宋诗》，第 18378 页。
② 胡宏撰，吴仁华点校：《胡宏集》，第102 页。
③ 胡宏撰，吴仁华点校：《胡宏集》，第 55 页。
④ 傅璇琮等主编：《全宋诗》，第 22098 页。

盖将以纳世于太和，……此太师之教六诗必以六律为之音者，此其意也。"①刘安节以"言志"为诗之根本而以音声为诗之功用，以"先王"之"本之道德，出于性情"的诗歌功用为"尽美"而又重视诗歌之"音"，其目的并不是强调作为文学艺术的诗歌的音乐美，而是在于强调基于"礼义"的"言志"能够与外在的合之于"音"的诗歌结合而实现"乐教"的目的。由此可见，刘安节的文道观是"重道"的，而没有给予"文"以应有的重视。

在儒学发展史上，对诗歌"体""用"问题的探讨，往往与"诗教""言志"等问题相互联系。如杨时继承了程颐的"文以害道"说，而又有新的发展，他讲："为文要有温柔敦厚之气，对人主语言及章疏文字，温柔敦厚尤不可无。如子瞻诗，多于讥玩，殊无恻怛爱君之意……君子之所养，要令暴慢邪僻之气不设于身体。陶渊明诗，所不可及者，冲淡深粹出于自然，若曾用力学，然后知渊明诗非着力之所能成。"②此中所论，强调的是"君子所养"为"为文"的根本，"温柔敦厚"之气尤为重要。本此，他对苏轼诗歌给予批评："作诗不知风雅之意，不可以作诗。诗尚谲谏，唯言之者无罪，闻之者足以戒，乃为有补。若谏而涉于毁谤，闻者怒之，何补之有！观苏东坡诗，只是讥诮朝廷，殊无温柔敦厚之气，以此人故得而罪之。若是伯淳诗，则闻之者自然感动矣。"③这里的"温柔敦厚之气"就是儒家推崇的"诗教"。他又强调"学诗者不在语言文字"④，批评"大抵今之说诗者，多以文害辞。非徒以文害辞也，又有甚者，分析字之偏傍以取义理。如此岂复有诗！"⑤可见，杨时对于诗的理解，是以是否能够传达儒家之"道"为准则的。在《此日不再得示同学》诗中，杨时也对过于重视辞章等"末流"以至于"害道"有所批评："末流学多歧，倚门诵韩庄。出入方寸间，雕镂事辞章。学成欲何用，奔趋利名场。"⑥此中所见，表明杨时把诵习韩愈、庄子之文而专注于"辞章"看作"奔趋名利"的需要，这当然就与"求道"迥异。

这一时期，一些理学家在处理文道关系时，也有"调适文道"的倾向。如张九成提及"明理"对于诗歌创作的重要性："学能通伦类者少，须是达理，便自得趣；不然，精博自精博，于诗全不干事。颖悟者虽不甚读书，下语便自可喜。不知山

①　刘安节：《刘左史集》卷三，台湾商务印书馆景印《文渊阁四库全书》本，第87—88页。
②　杨时撰：《龟山集》卷十，台湾商务印书馆景印《文渊阁四库全书》本，第91页。
③　杨时撰：《龟山集》卷十，台湾商务印书馆景印《文渊阁四库全书》本，第204页。
④　杨时撰：《龟山集》卷十，台湾商务印书馆景印《文渊阁四库全书》本，第193页。
⑤　杨时撰：《龟山集》卷十，台湾商务印书馆景印《文渊阁四库全书》本，第204页。
⑥　傅璇琮等主编：《全宋诗》，第12917页。

谷当时所见,以此理推之否?"①可见,张九成认识到了读书精博与作诗不工的原因在于是否"达理",如果"达理"则能够贯通,诗歌创作也就呈现出"下语便自可喜"的效果。于此之际,一些理学家已经对文、道之特性有较为自觉的区分,他们认识到文、道的不同属性和本质,倡导文道两分。如吕本中(1084—1145)在《紫薇诗话》中特别推崇黄庭坚诗歌:"从山谷学诗,要字字有来处。"②吕本中是把诗与道分为"两途"的:"汪信民革,尝作诗寄谢无逸云:'问讯江南谢康乐,溪堂春木想扶疏。……新年更励于陵节,妻子同锄五亩蔬。'饶德操节见此诗,谓信民曰:'公诗日进,而道日远矣。'盖用功在彼而不在此也。"③吕氏赞同饶德操之"诗日进,道日远"之说,并提出"用功在彼不在此",正是看到了文、道分属不同的事物,两者各有其独立性。已有学者认为吕氏诗论的核心是"诗与道本为二途",指出吕氏在论及诗文创作时,既强调"涵养文气,壮阔规模",又强调"活法"和"悟入"等,标志着吕本中在文道关系处理上具有比较明确的二元性。④

上述可见,建隆之际理学家的文道观念,有的主张"重道",有的主张"调适文道",有的则主张"文道两分"。这与北宋理学"五子"的文道观念有不小距离。不过,总的看来,建隆之际的理学家诗人,其诗学主张大都表现为他们对文道关系的探讨上,"重道轻文"是其基本特征。这些理学家的诗学主张,对南宋文人群体、理学家群体都产生了重大影响。

三 建隆之际理学家诗人的理学诗书写特征

宋代理学诗的很多内容或主题、表现手法及创作范式等方面的规定性特征,已经在建隆之际的理学诗书写中得到较为全面的呈现。建隆之际的理学家诗人,承继了早期理学家周敦颐、邵雍、张载、程颢、李复、邹浩、吕大临、游酢、陈瓘、周行己、晁说之、饶节、许景衡等人的理学诗书写特征,并在若干方面继续发展。此际理学诗人的理学诗书写重心主要有:

其一,明理而重道。除了其长诗《此日不再得示同学》有较为全面的明理而重道的主旨书写之外,杨时理学诗往往书写老庄之"理"与"道"。其《遣怀》有句:"君子虽自严,至洁宜若污。昭昭揭日月,所向将猲如。天地一阱中,逼仄身亦

---

① 张九成:《横浦文集》附《横浦心传》卷上,转引自吴文治主编:《宋诗话全编》,第3309—3310页。
② 吕本中:《紫薇诗话》,台湾商务印书馆景印《文渊阁四库全书》本,第929页。
③ 吕本中:《紫薇诗话》,台湾商务印书馆景印《文渊阁四库全书》本,第929页。
④ 参见王运熙、顾易生主编:《中国文学批评通史》(宋金元卷),第225—244页。

孤。游世在虚己,浩荡与时俱。"①强调君子处于天地之间,如严守其道则必因"至洁"而"污",为世所不容,因此,君子应"与时俱"。其观点颇近于黄庭坚"表里光尘合",这显然是发挥庄子之"道"的诗作。而陈渊《泊姑苏凭汇亭候同行不至》有句:"燕雀飞鸣意自适,翩翩檐外相往来。乃知荆棘殊不恶,培风万里真劳哉。"②因天地生意而"格"得其"理":坎坷挫折亦为平常,孕育万物之"道"外显为生化流行功用,是最可称道的。以此而言,"荆棘"得物"性"故不"恶",而"培风万里"乃有凭借而行,于"道"有违,故曰"劳"。再如其诗《钱清过堰》,先书写江潮正起,逆江而上多凶险,舟船"未遇破碎亦偶然",因之而"格"得其理:"世间何事非人力,计久终须倚天理。"③类似这种从天地之道的体悟中而明理的诗歌书写,在陈渊理学诗中较为常见。如其《小轩闲题二首》之二:"青山拱檐楹,渌水鉴毛发。花香晚更清,鸟语静不聒。……是身如浮沤,起灭在溟渤。百年一弹指,何者为不没。文章会消磨,名誉易衰歇。渊明吾之师,兹理久已达。"④念如浮沤,旋起旋灭,为佛教思想。诗人因观天地大化流行,而及此身不能永存之理,令人沉思。而吕本中对于理学之"道"及求道的方法、途径,心性存养等,亦皆有精粹而深入的体悟。如其《学道》云:"学道如养气,气实病自除。……道苟明于心,如马得坚车。养以岁月久,自然登坦途。……死生亦大矣,汝急吾自徐。捷行不为速,曲行不为迂。一沤寓大海,此物定有无。……昔人中道立,为汝指一隅。……请子罢百虑,一念回须臾。忽然遇事入,此语当不诬。"⑤诗作总结求道的方法与体验。以"养气"为喻,强调学道如果能得其要义,则能得坦途而精进道域。至于修道之方法,则推崇修道从容、守拙用诚,久久用功、力行如愚。其"一沤"出自《楞严经》。再如在潘良贵的诗作中,明理与重道是紧密相连的。如其诗云:"贤哉蘧瑗晚知非,此道吾今亦庶几。……溪上月明船正稳,肯将簪笏换蓑衣。"⑥引孔子友人卫国贤臣蘧瑗事,以推崇进道不已之可贵。尾二句,强调不为外物所困而正可安稳求道,以明道体。再如其《偈一首》有句:"良木秀山泽,中林犹百年。斲削应约绳,必资诸巧匠。陶者输瓦甓,圬人施涂泥。……虽名有漏法,实为无量德。庶俾凡睹

---

① 傅璇琮等主编:《全宋诗》,第 12924 页。
② 傅璇琮等主编:《全宋诗》,第 13826 页。
③ 傅璇琮等主编:《全宋诗》,第 18328 页。
④ 傅璇琮等主编:《全宋诗》,第 18345 页。
⑤ 傅璇琮等主编:《全宋诗》,第 18093 页。
⑥ 傅璇琮等主编:《全宋诗》,第 20294 页。

闻,因缘得入道。……何人持烈烟,一燎不存芥。……咨尔方来者,毋意隳前功。"①诗作所书写的乃是佛教之"理",强调修佛殿不易,信众正可藉由而修道,希望后来者再勿加以毁坏。"重道"是此诗之主线,也是其藉以劝说世人毋再毁佛殿的基础。再如范浚《次韵六兄茂永论有无之作》有句:"磨砖不成镜,画饼不可食。谈空如画饼,要匪实消息。……先天为心祖,此事冥太易。空母堕渺茫,有勿著声色。勿同半生灭,邪见徒役役。万有齐一虚,寥廓鸟无迹。至虚本非无,岂谓滞神识。佳哉僧肇论,妙意真的的。"②诗作所明之理,实为佛性之"空寂"。诗人强调,世人之谈空寂而论有无,皆易堕入渺茫声色而徒费日月。万有皆为同一虚空所示之物相,以此物相谈空论有,依靠神识所体认的皆为虚妄,而非其真性。上述可见,此际理学家之重道、明理诗歌书写,往往引道、释之"道"或"理"入诗。

其二,对心性存养给予较多关注。如刘子翚《凉月》因观秋月出山之境,而反观自照,明见心体,诗有句云:"经林漏飞辉,映淑生华泽。……殊观发秘藏,妙听生寥闻。营营息初机,炯炯怀新得。岂无平生心,所乐已非昔。"③因景而感知幽寂,故而引发内心之"秘藏",这里的"殊观""妙听"均来自佛教,指的是以体验、感知的方式,体悟"真如""性空",故而云"息初机",亦即涤除机心。可见,刘子翚之存养心性,有的方法是从佛教思想而来。当然,忘却荣枯,不惟佛教,道家及道教亦强调以此而修性。刘子翚《次韵李汉老诗》则强调"系心":"蒙庄叹隙驹,孔圣悲逝川。百年生有涯,万感情无边。贤愚真唯阿,系心同一缘。内热蛊其中,伊谁肯求瘥。"④诗作认为人生有涯而情海无边,此乃关乎心性之"缘",因此情而生"内热"。再如陈渊对于心性存养问题亦十分关注。他有不少关于"存养"工夫、途径问题的理学诗作,这些工夫、途径等,来源多门,有的来自道释,有的则为儒学及理学所专有。如其《越州道中杂诗十三首》之一:"胸中有佳处,妙意不期会。弄笔作五言,心手无内外。"⑤诗作提及理学思想中的"持敬",其目标就是存养心性。作为程颐门人的陈渊,显然对此颇有心得。他又有《留别邓南夫四首》(之一),其中有诗句"昂昂劲气初无作,荡荡奇胸久息机",提及"息机",亦即净心、除却机心,表达出对劲气、奇胸的警惕。这里的"劲气"有违中和之气,"奇胸"则表现为以计谋、谋略以求事功,这两者显然有违儒家"中和""守义"之要求。其诗

---

① 傅璇琮等主编:《全宋诗》,第20297页。
② 傅璇琮等主编:《全宋诗》,第21501页。
③ 傅璇琮等主编:《全宋诗》,第21340页。
④ 傅璇琮等主编:《全宋诗》,第21373页。
⑤ 傅璇琮等主编:《全宋诗》,第18351页。

《延平江上呈吴国华先生》有句:"禽鸟暖相依,飞鸣得真意。谁言静无作,坐致无边利。……且要观此身,功业亦细事。"①书写诗人于天地"生生"之境中,静以"观"其身,以存养心性。如其师杨时一样,廖刚之理学诗,大都引佛教、道家或道教修持心性的方法,来书写存养心性内容。如其《寄陈厚之己亥岁赴阙发洪井道中寄》:"根尘积习亘须弥,好事从来总未知。……静扃玉户应无漏,密注金轮会有期。感激至言惭复喜,会当铭镂绝邪思。"②诗作强调,要以静观而"无漏"来消除"积习"以存养心性。这里的"无漏"指的是身心两方面都应做到"守""全","密注"实际上就是"意守","金轮"为神、心、意等之住守处,佛教密宗所云之上中下"中脉"之所在。"绝邪思"指的是私心、私念。诗作除了"绝邪思"可能来自儒学工夫之外,其他涉及的存养心性工夫均来自佛教。

再如罗从彦有诗《自警》:"性地栽培恐易芜,是非理欲谨于初。孔颜乐地非难造,好读诚明静定书。"③提及勤修诚敬静定以寻"孔颜乐处"之性理追求。这里的"性地",指作为"性"之承载物或者发挥其"用"之"器"的"心"。而"栽培"指存养、省察。"理欲"语出《礼记·乐记》。其《示书生》亦云:"知行蹊径固非艰,每在操存养性间。此道悟来随寓见,一毫物欲敢相关。"④强调"操存养性",为"知行"之路径或工夫,而唯有去除私心,涤除物欲,才能在事事物物中随处可见天理。胡宏理学诗亦重"心性存养"书写。如其《和刘子驹存存室》:"动中涵静是天机,静有工夫动不非。会得存存底事,心明万变一源归。"诗篇入题即强调"心"体之体用问题,强调"静"中有"动",存养之目的在于"心明"而察识万物之"一理"。其诗《示二子》之一:"此心妙无方,比道大无配。妙处果在我,不用袭前辈。得之眉睫间,直与天地对。混然员且成,万古不破碎。"⑤诗作以"心"等同于"道",认为由"心"可得"道"之"妙处",表达了对个体能"体贴"天地之"道"的焕然自信。尾二句则点明心体、道体共有的特性,那就是无可捉摸(无极)、运化无穷而万古常在。胡宏对于"心"体的这一看法,较之二程、胡安国等人是不同的。这一看法为其门人张栻所继承,对陆九渊、杨简、袁燮等心学学派理学家产生了重大影响,经过陆氏后学的继续发挥、完善,最终成为阳明学的重要理论来源之一。上述可见,此际理学家之心性存养诗歌书写,所及之"心性"和"存养"往往兼摄道、释,反

① 傅璇琮等主编:《全宋诗》,第 18324 页。
② 傅璇琮等主编:《全宋诗》,第 15409 页。
③ 傅璇琮等主编:《全宋诗》,第 15588 页。
④ 傅璇琮等主编:《全宋诗》,第 15588 页。
⑤ 傅璇琮等主编:《全宋诗》,第 22103 页。

映出这一时期理学家的理论创新勇气和兼收博取的文化包容精神。

其三,重视书写"生生不已"。从廖刚的理学诗书写来看,对于天地之"生生不已"性体及功用的书写,是其最为引人瞩目的特点。如其《次韵彦平叔见赠》有句:"争似钓台饱风月,一溪桃李自霏霏。"①"钓台"是指严子陵不应同学刘秀之聘而隐居,"风月"指的是德性高逸而外显的气象、风度,桃李"自霏霏",指的是桃李禀赋有天地之"生生"性体,而外显为"生生不已"之用。其《题诸宫》其二:"画桥红去卷蛾眉,台榭遗踪草树迷。犹有天然无限意,一池春水浴凫鹥。"②首二句书写旧宫春色,尾二句则点明:虽物是人非,但天地之生意已然无穷,动植均禀其天赋而外显其性。其《丙申春帖子八首》其六:"暖风渐绿池塘面,和气先薰花草心。欲识春来何处好,曲屏新称画堂深。"③强调天地之"和气"外显为生机无限,其五有句"和气满城催燕乐"④,亦为强调天地之"生意"外显为"和气"。再如范浚《池上晚酌》:"雨余池上兴悠哉,坐荫藤花藉石苔。白鸟联拳相对立,红蕖粲艳一时开。吐吞月色云浓淡,经纬水纹风去来。幽事相关心自乐,岸巾独啸更衔杯。"因天地之道而外显以"生生不已"之相,而书写实践主体之"乐意"。此"乐意"是为实践主体体贴得"道"之大化流行、於穆不已"道体"与道"用",因而主体之乐乃在于乐道而非留恋于外物。其《春融融效李长吉体》有句:"天暄地媚春融融,化工点染分花容。东风夜半入香陌,杂树晓繁争白红。"⑤点明天地"化工"为春日融融之"点染"之力,诗句书写天地"生生不已"的呈现状态。再如胡宏《春日郊行》:"东郊野马烂氛氲,聊驾柴车问讯春。远草绿沉烟雾里,高花红照绮罗新。迎风柳占莺啼处,带雨泥融燕觜匀。动植自私还自足,天边愁杀踏青人。"诗作前六句皆书写春日之丽景"生意",目的是以春日之"象"来书写春之发育、生长之本性。最后两句,则点明"自私还自足"正是天地之生生不已之性,至于最后"愁杀踏青人"则应理解为实践主体欲占有、把握此天地之德性而不能使之永住,故特为珍惜之意。其《和王师中》亦云:"衡阳一带飞清霜,梅李争春开出墙。萱草乱生封远岸,柳梢摇影澹回塘。午从三径春光动,晚看千峰冥色苍。一止一行皆自得,愤时堪笑屈沉湘。"⑥前六句,书写衡阳秋景,但其重点是写天地"生生不已"之道

---

① 傅璇琮等主编:《全宋诗》,第 15397 页。
② 傅璇琮等主编:《全宋诗》,第 15398 页。
③ 傅璇琮等主编:《全宋诗》,第 15404 页。
④ 傅璇琮等主编:《全宋诗》,第 15404 页。
⑤ 傅璇琮等主编:《全宋诗》,第 21485 页。
⑥ 傅璇琮等主编:《全宋诗》,第 22101 页。

呈现于梅李、萱草、柳梢等植物，诗人由此而体贴到天地之生意，故悟及行止皆为天地之道的流布，故应"无私"而"自得"。有私皆为欲，也就背离了天道，故诗云屈原沉江为"堪笑"，认为其有"私"而违于天地之道。

而林季仲的"生生不已"诗歌书写内容或主旨类型也是较为复杂的。其少数诗作，以表达"生生不已"之道为主，而兼有主体之情感与感受。如其《游智者寺》："一径萦迁上翠微，乱红无数扑人衣。匆匆来往成何事，不似山禽自在飞。"①乱红扑人，山禽自在飞翔，正是动植无私而天地之道流行运化的呈现形态。其《墨梅》："一枝炯炯照人寒，绝似溪桥立马看。只恐春风解香怨，漏他消息入毫端。"②墨梅之透露春风"消息"，所透乃为天地之"生生不已"之道。两首诗虽有主体之心绪、感受或形象在内，但其主要内容则是书写"生生不已"之道。总的来看，林季仲之"生生不已"诗歌书写，其突出特点是，他把动植自足自在而大化流行的"生生不已"呈现形态，与实践主体之穷愁、悲苦、缺少遇合遭际等人生体味结合在一起，从而实现了"求道"与"失道"、"生意"与"死机"、自足自在与窘迫困顿等相统一的独有诗歌景观。如其《次韵萧德起见寄》："漫求三釜禄，浪走十年尘。白发不饶我，虚名能中人。溪山闲始见，鱼鸟静相亲。共对一庭月，谁非吾近邻。"③以仕宦之困缚与鱼鸟之自在"生生"相联系，反衬出作者的失落寂寥之心。《次韵酬黄季章》："长安公子意气豪，笑我憔悴居蓬蒿。……林表春禽自在啼，绝胜豢养金笼里。"④以我之憔悴困顿与禽鸟自在之"生意"相联系，倍增悲情意味。上述可见，此际理学家之"生生不已"诗歌书写，无论在其义理精粹程度上，还是在其主旨或内容类型的丰富性上，较之明熙之际、元靖之际都有了长足发展。

其四，关注"孔颜乐处"。"孔颜乐处"是由北宋周敦颐提出的理学话题。这一话语，其最早的儒学来源则是《论语》中对孔子师徒言行、气象、人生态度等方面的若干记述。孔子、颜回的"乐处"，在《论语》里基本指向为安贫乐道、德性定止、向学问道的"大成"境界。而周敦颐所讲的"孔颜乐处"，在继承孔颜的"乐处"同时，已包含了《易》之"大人""生生不已"等天人合一的境界，亦包孕了后世理学家所使用的"观物""格物""体贴"等基本的践履工夫，可算是涵弘广大而义蕴无穷了。如果说北宋时期周敦颐、程颢的"孔颜乐处"尚有着审美性、体验性、超越

---

① 傅璇琮等主编：《全宋诗》，第 19968 页。
② 傅璇琮等主编：《全宋诗》，第 19967 页。
③ 傅璇琮等主编：《全宋诗》，第 19948 页。
④ 傅璇琮等主编：《全宋诗》，第 19947 页。

性的体用特征的话，那么，南宋初期，以道南学派、湖湘学派主要创建者如杨时、游酢、胡安国、胡寅、胡宏等为代表的理学诗人群体，已逐渐把关注的重心转移到摒弃世俗欲望情怀而养成圣贤品格的"内圣"境界，以明"孔颜乐处"为目的的"观物""格物""体贴"之重心，已经逐渐转向"明理""知性"或"观心"。也就是说，南宋初期，以优游、从容之心而"体贴"圣贤气象为标的之"孔颜乐处"，逐渐同"求做圣人"相绾合。于此之际，这些理学家所"体贴""孔颜乐处"之重心，已经从孔子、颜回等之"乐处"，一变为如何成为如孔子、颜回等之"圣人"。这一时期，罗从彦的"孔颜乐处"理学诗书写，可视作其发生"转型"的典型代表。其《颜乐亭用陈默堂韵》有句："平时仰止在高山，要以亭名乐内颜。……心斋肯与尘污染，陋巷宁容俗往还。坚守箪瓢心不改，恐流乞祭向墦间。"[①]诗句强调，虽安于陋巷而与世人周旋，但应杜绝其心受其污染，安于穷困而不为了生计乞求于人。最后一句，用了《孟子》中齐人自夸于妻妾，而乞食于坟墓前祭祀之人的典故，具有强烈的警省和讥讽意味。其《颜乐斋》亦云："山染岚光带日黄，萧然茅屋枕池塘。自知寡与真堪笑，赖有颜瓢一味长。"[②]诗作因斋名为"颜乐"而起兴，头两句描摹斋之外围环境，第三句自嘲因困居而罕有相与过从交往之士，第四句则转而书写自己以追寻"颜乐"为志，间接表达出自己求做圣人的理想。需要指出的是，建隆之际"孔颜乐处"的诗歌书写，数量是较少的。其代表人物惟有杨时、罗从彦、王十朋等数人。但就"孔颜乐处"理学诗书写而言，因此际罗从彦等所创作的这一类诗歌正处于"变革"之时，因此，应对此一类型的理学诗书写予以关注。

　　本节研究结论是：建隆之际的理学家诗人虽然都关注"道"之体用、心性存养等理学之义理，但与之前相比，其"道"之内涵、心性存养之方法和途径等有所不同。而不同理学家之理学诗所重点书写的理学思想，并不完全与理学家的理学思想及其关注重心相一致。于此之际，一些理学家对于理学基本话语意蕴的探讨及其体系建构，往往成为其诗歌书写所表达或书写的对象，由此而导致了理学基本话语向着中国古代诗学基本话语的渐次转换。由此而言，建隆之际理学家诗人的理学和诗学之辛勤探索，对于提升中国古代文化尤其是诗歌之思想境界和审美境界等，具有重要的历史贡献。

---

① 傅璇琮等主编：《全宋诗》，第 15590 页。
② 傅璇琮等主编：《全宋诗》，第 15589 页。

第四节　正统之争:乾嘉之际理学学派 之分途与理学诗之高峰

乾道、嘉泰之际(1165—1204),是学界公认的宋代理学臻于大成的时期。这一时期,理学形成了各具特色的学派,学派代表人物之间往往就若干核心问题相互辩诘,以此来辨明义理,发明儒学精义。其中若干理学话语如性情、理气、道器、心性、问学、求做圣人等,往往是理学不同学派所共同关注的焦点。正是由于这些代表人物潜心探讨、往复辩难,使各自的理学体系更为严密,理学义理更为精纯。

在理学代表人物相互辩诘驳难的时代学术风尚推动下,张栻与朱熹、朱熹与陆九渊、朱熹与吕祖谦等人的论辩,以及朱熹对胡宏、陈亮等人在理学学理上的指瑕,代表了彼时主流理学学派的各自"家法",而张栻、陆九渊等人对于朱熹理学的批评,也足以见出理学不同学派的学术旨趣。从其互相争论的内容来看,张朱之争、朱陆之争、朱吕之争,以及朱熹对胡宏等为代表的湖湘学派的学术观点的指瑕与批评,透露出近似"道之正统"之争的若干值得玩味的信息。以张栻、朱熹、陆九渊、吕祖谦等为代表的南宋中期主要之理学学派,正是在相与论争中形成了各具特色的理学思想体系。

这些理学家在进行论辩的过程中,往往以诗歌及诗学批评等形式来交流理学思想,表达其理学观点,由此也带来了理学诗的广泛传播。其中一些理学代表性人物的理学诗,因此而成为重要的书写范式而影响深远。张栻、朱熹、陆九渊和吕祖谦等人的诗学主张及其诗歌书写,往往围绕着其文道观念而展开。因此,本节对其理学思想、文道观念和理学诗书写等一并予以考察。

一　张朱、朱陆、朱吕之争所聚焦的理学问题

按照时间来看,朱熹与张栻、陆九渊、吕祖谦关于理学若干问题的论争,是有时间先后的。依据这些理学代表人物理学主张之差异以及相与论争关注焦点的不同,简要列举其不同之处如下。

张栻、朱熹理学主张之争。陈代湘详细考察了张栻、朱熹的三次会面,对两人的学术交往、学术渊源及其思想的相互影响进行了探讨。① 陈文提及,真德秀

----

① 陈代湘:《朱熹与张栻的学术交往及相互影响》,《东南学术》2008 年第 6 期。

已经揭示出两人之学脉渊源,认为张栻、朱熹分别代表着二程洛学南传的两条线索:一是杨时—罗从彦—李侗—朱熹;二是谢良佐—胡安国—胡宏—张栻。两条线索分别形成朱子学派和湖湘学派。两派在同出一源的同时,在传承的过程中又相互融会,胡宏曾师事杨时和程门另一弟子侯师圣,朱熹既有得于谢良佐,又通过胡宪而曾为胡安国的再传弟子。陈文指出:"朱熹与张栻平生见过三次面,其余时间则是以书信形式进行学术交流。他们的第一次见面在宋孝宗隆兴元年(1163)……张栻之父张浚被召入朝为相,张栻在张浚入相前先被召入都,朱熹就在这年冬天第一次与张栻相见。当时张栻父子均被重用,张浚为右相,张栻则极得孝宗重。""朱、张的第二次会面是隆兴二年(1164)……张栻向朱熹介绍了胡宏的学说。""朱熹与张栻的第三次见面是乾道三年(1167),朱熹专程到长沙(潭州)访张栻,这次两人相聚长达两个多月,最后联袂登游南岳衡山。朱熹这次访问张栻,实际上是一次'会讲'……这次会讲讨论的问题极其广泛,主要有太极、仁、《论语》《中庸》《孟子》以及胡宏的《知言》。"如此来说,张栻、朱熹的学术论争,要以第三次会面为最关键。陈文对张栻、朱熹两人理学思想的互相影响也进行了考察。按其所云,具体情况为:"朱熹与张栻的思想发展和成熟都经历了一个过程,其间,朱熹经历了中和旧说及中和新说的曲折反复,而张栻亦有早、晚期的思想变化。在他们的思想发展变化过程中,两人都给予对方以关键性的影响。总体看,朱熹的中和旧说主要是在张栻的'启键'和引导下获得的,而到朱熹独立思得中和新说后,张栻又转而认同朱熹观点,张栻晚期思想又受到朱熹的深刻影响。"①蔡方鹿、谢桃坊、吴亚楠、成中英、王丽梅、汪楠、李丽珠等学者也对张栻与朱熹论争问题进行了详细考察。从他们的研究成果来看,张栻、朱熹之论争,主要涉及"察识与涵养相须并进""即体即用与体用分离""太极与性关系""中和、仁说、道统"等思想层面。

朱熹、陆九渊理学主张之争。以地点论,"朱陆之争"先后有鹅湖、铅山②、南康三会,并有朱子和象山两人来往书信为补充;以所辩问题论,"朱陆之争"则有治学思想、心性修养、无极太极、虚实义利、告子辩等等,几乎涉及宋明理学的所有核心概念。而对于朱陆之辩与朱陆异同这桩历史大公案的总结,学术史上历来不乏其人。张立文先生曾说:"朱陆异同之辨,历元、明、清数代,乃中国学术

---

① 陈代湘:《朱熹与张栻的学术交往及相互影响》,《东南学术》2008 年第 6 期。
② 铅山相会,是朱子与象山之兄陆九龄相会论学。

史、哲学史上的一桩公案。"①朱陆之间的论争主要有两次：第一次是 1175 年在江西信州鹅湖寺进行的"鹅湖之会"，朱熹、陆九渊在治学问题上展开了辩论，实质上就是关于认识论问题的争论；第二次是朱陆间通过书信往来，就"无极""太极"问题展开辩论，实质上是关于本体论问题的争论。而这些争论和分歧给后世带来了深远的历史影响。对于朱陆论争事件，黄宗羲的《宋元学案》和章学诚的《文史通义·朱陆》已有较为详细的论述。20 世纪末对于朱陆之争的研究，从考证来看，以陈荣捷《朱子学新探索》成就最为卓著；从哲学与学术思想方面来看，则张立文先生之《宋明理学研究》和《走向心学之路——陆象山思想的足迹》、陈来《宋明理学》等最为精到。此外，彭永捷《朱陆之辩——朱熹陆九渊哲学比较研究》（人民出版社，2002），对朱陆之争也有较为深入的研究。张立文认为，陆九渊与朱熹的第一次论争，表现为两家学说在道德形上学的理论元点问题存有分歧。朱熹是以"天理"而陆九渊是以"本心"为道德形而上的理论发生元点的。他又认为，朱陆关于"为学之方"的辨析，是其基本的分歧点，事关"先立乎大"的问题。陈来先生则认为，朱陆之争，其焦点之一是"尊德性"与"道问学"的问题。② 依张立文先生看来，朱陆的第二次论争，是关于"无极"与"有极"问题。这一问题的论争，实质上也是关系到道德形上学的论争。陆氏兄弟经过文献考察后认为，《太极图说》的"无极"不出于周敦颐之手，或者是其学未成熟时所作，即使是周敦颐所作，也是其少年时所作。而朱熹则认定"无极"是与"有极"相联系、相限定的概念，"无极而太极"是为"无形而有理"，二者是一物。朱熹借"无极"以说明"理"之无形，又借"太极"说明"理"之实有，这样，"理"就与"阴阳""气""器"形成了形而上与形而下的关系。而陆九渊反对把"理气""道器"分为形而上、形而下。③ 实际上，朱陆之间所发生的几次论争，也只是涉及他们理论体系中的个别问题而言。从其理学主张和理学体系而言，朱陆理学的根本性分歧与结构性的矛盾，还有很多。经过近代以来著名学者任继愈、牟宗三、钱穆、张立文、陈来等人的研究，朱陆在其理学体系和主要学术主张上的差异，已经基本上得到揭示。总结而言，朱陆之争，涉及宇宙本体论、心性本体与心性功用论、道德伦理与社会伦理、道德存养工夫论等若干层面。而在求道顺序上则表现为"尊德性"与"道问学"孰为先后上。

---

① 张立文：《走向心学之路——陆象山思想的足迹》，中华书局，1992 年，第 192 页。

② 陈来：《宋明理学》，第 200—201 页。

③ 参见张立文：《宋明理学研究》（增订版），中国人民大学出版社，2016 年，第 387—392 页。

朱熹、吕祖谦理学主张之争。吕祖谦与朱熹、张栻齐名,号称"东南三贤"。乾道、淳熙以后,他以其独立的学术主张,而与朱、陆分足鼎立。全祖望认为:"宋乾、淳以后,学派分而为三:朱学也,吕学也,陆学也。三家同时,皆不甚合。朱学以格物致知,陆学以明心,吕学则兼取其长,而复以中原文献之统润色之,门庭径路虽别,要其归宿于圣人则一也。"①吕祖谦兼取朱陆之长,他希望通过诸如鹅湖会相商榷辩论的形式,使朱陆会合归一而各取其长以综合两家。他又主张"讲实理,育实才而求实用",而与一些理学尚空谈道德有所不同。针对彼时以朱熹为代表的理学人物、以陆九渊为代表的心学人物与以叶适为代表的浙东功利学派人物之间"意尚奇而不求其安,辩尚胜而不求其是,论尚新而不求其常,辞尚异而不求其达"的学风,吕祖谦试图予以调和,但却没有能够实现,因之而呈现出自己学术思想上的"博杂""兼综"等特征。

理学代表人物张栻、朱熹、陆九渊和吕祖谦等人的论争,对其各自学说起到了突出特色和相互完善的作用。得益于相互论辩与讨论,南宋中期以张栻、朱熹、吕祖谦和陆九渊为代表的理学诸学派理论体系或学术主张,得以丰富和完善。各派之理学思想,主要有:

1. 张栻的主要理学思想

邹啸宇认为,张栻的本体论建构贯穿着"体用相须"的逻辑与理念,即强调体用之间的相互构作、相互成就,对体用双方皆予以充分重视:就其太极论而言,太极为体,二气五行万物为用,二者相资互济:二气五行万物皆以太极为本源,并都各具一太极;太极体现并存在于二气五行万物之中。就其性气论而言,性为一本之体,气为万殊之用,二者相涵互摄:万殊之气皆根源于一本之性,并各都完具一本之性;一本之性必显现为万殊之气,并内在于万殊之气当中。就其道器论而言,形上之道为体,形下之器为用,二者相倚互成:器须以道为本,不可离于道而存在及获得其价值和意义;道即在器之中,必须由器来表现、落实。当然,这种注重体用之互动与统一的本体论建构理路,仍是以体为本的。② 陈代湘比较了张栻、朱熹思想之异同,认为朱熹与张栻二人思想的相同之点表现为,在性之善恶问题上,都认为性为至善,在心性关系上,都认为心统性情或心主性情。在对仁的解释以及涵养识察之先后问题上,二人都存在一致或相近的看法。其相异之

---

① 黄宗羲原著,全祖望补修,陈金生、梁运华点校:《宋元学案》,第 1653 页。

② 邹晓宇:《张栻的本体论建构及其体用逻辑探析》,载武汉大学哲学学院编:《哲学评论》(第 22 辑),岳麓书社,2018 年。

点表现在,对太极的解释上,朱熹认为太极即理,张栻则认为太极即性。对心的主宰性,二人也存在不同的看法:朱熹把心的主宰性只限于性、情,张栻则把心的主宰性放大为对宇宙万物的主宰。①

2. 朱熹的主要理学思想

张立文认为,朱熹的哲学逻辑结构主要表现在三个方面:

其一,表现为理—气—物—理的哲学逻辑结构。朱熹哲学体系的逻辑结构,包括从理到物与从物到理两个方面,共同构成了朱熹的先验世界图式。"理"不仅是形而上的本体,亦是人类社会的最高准则,是"无形迹""无情意"的"世界",而此"理"与"气"是形而上与形而下的关系,"但有此气,则理便在其中","无是气,则是理亦无挂搭处"。而"气"能"凝聚"能"造作",由此,阴阳磨荡,因"气化"而"生物"。"理""气"为相依相分、不离不杂的关系。

其二,一分为二的认识论。这里的"一"是指存在着互相排斥、互相对待的两端,它们的用途各自不同。但对待的两端是互相依存、相互渗透的。而"二"指的是万物"无独必有对"。不仅事物之间存在着矛盾的相反相成,就是一个事物内部,也存在着相反相对。

其三,"格物致知"的认识论。朱熹把认知分为两个阶段。第一阶段,是"格物明理"或者"格物穷理"。朱熹的"格物致知"之"格",是"尽""至",就是穷尽事物之理,而且要穷尽"十分"。"物"指的是"事"与"物",亦即人们认识的对象,包括自然界、社会界或者精神界之事物、事件乃至思维活动。他讲的"物理",也不仅仅指外界事物的道理或者规律,亦指人们应怎样践行三纲五常。第二阶段,是"致知",也就是推致先在固有的知识。这里的"致知",朱熹主要从类推的方法来言说的。在心性存养方面,朱熹的理学主张主要涉及"性"论,"道心"与"人心"等两个方面。一方面,"性"论。朱熹兼采二程和张载的"性"论,把"性"分为"天命之性""气质之性",前者相当于"理",借助"气质之性"安顿和挂搭。后者有善恶。另一方面,"道心"与"人心"。朱熹把"心"分为"道心"与"人心",道心是本体,人心是作用。道心根源于"性命之正","人心"来自"形气之私"。②

3. 陆九渊的理学思想

其一,"心即理"。张立文认为,陆九渊的"理",指先在的自然物理和仁义礼智等宗法伦理道德的法则,是凌驾于自然与社会之上的精神实体。陆九渊强调

---

① 陈代湘:《朱熹与张栻的思想异同》,《湖湘论坛》2010 年第 1 期。

② 参见张立文:《宋明理学研究》(增订版),第 314—347 页。

本体与客体的合二为一,把"理"安置于主体之中,由此,陆九渊提出了与朱熹"性即理"而"心"非"理"相对的"心即理"的哲学命题。张立文认为,"心"是一种知觉能力;"心"是主体道德精神,是一切伦理道德规范的终极根源;"心"是一种无形无体的主体精神。[①]

其二,"切己自反"。陆九渊认为人们体认的对象是"本心"所固有的,是"天"给予的,因此,陆九渊以《中庸》"博学、审问、慎思、明辨"来"明理""求放心"。陈来先生则在其《宋明理学》中,通过对朱熹、陆九渊之理学核心范畴与命题的探讨,展示了二者在理学思想和理学体系上的根本不同。他把朱熹理学思想的核心范畴或命题提炼如下:理气先后、理气动静、理一分殊、未发已发、心统性情、天命之性与气质之性、主敬涵养、格物穷理、道心人心、知先行后。[②] 他又把陆九渊理学思想的核心范畴或者命题总结如下:本心、心即是理、论格物与静坐、尊德性而后道问学、收拾精神、自作主宰、义利之辨。[③] 彭永捷则分析了朱、陆理学在本体与伦理、人性与道德、修养的根据与方法以及道统与异端等具体内容中的表现。他认为,儒家学说的核心或本质是一套伦理道德学说,朱、陆对此定位并无异议,但二人主体不同,朱子哲学的主体是伦理哲学,象山哲学的主体则是道德哲学。因此,在理解圣贤如何"教人做人"的问题上,朱子与象山存在差异。朱熹侧重于知伦理,陆九渊侧重于行道德。朱熹哲学的特色在于为儒家的伦理纲常做哲学的说明和论证,陆九渊哲学的特色在于对儒家道德及其实践根据做哲学的说明。其次,朱子哲学在伦理哲学之外,还有道德哲学,其道德哲学具有以伦理规范道德的特点,象山则仅是道德哲学,对于儒家伦理鲜有论证。最后,朱陆哲学都是在回应佛老挑战以弘扬儒家伦理道德的背景下产生的,佛老二家对于朱、陆的真正影响,在于其禁欲主义思想。[④]

4. 吕祖谦的主要理学思想

有学者认为,吕祖谦的哲学思想有"循其天理,自然天妄"的天理观,"以心御气""心即道""心即理"的心学等。[⑤] 但这一论述较为疏略,需要补充。考察可见,吕祖谦理学理论重心主要有:

---

① 张立文:《宋明理学研究》(增订版),第 373 页。
② 陈来:《宋明理学》,第 150—160 页。
③ 陈来:《宋明理学》,第 160—208 页。
④ 彭永捷:《朱陆之辨——朱熹陆九渊哲学比较》,《中国哲学史》2002 年第 4 期。
⑤ 潘富恩、徐余庆:《吕祖谦思想初探》,浙江人民出版社,1984 年,第 67—74 页。又可参见侯外庐、冯汉生、张岂之主编:《中国理学史》,人民出版社,1984 年,第 347 页。

其一，吕祖谦把"理"与"心"作为自己的最高哲学范畴，在他看来，"理"既在天上，又在"心"中。据钱穆、张岂之等先生研究，吕祖谦对"理"或"天理"的理解与朱熹并无二致。① "理"是世界的本原，又是社会伦理的先验性存在的学理基础，即所谓"礼者理也"。吕祖谦又把"理"或"天理"从天上移植到人们的心中，进而宣称"心即理"。在这一点上，吕祖谦又和陆九渊完全一致。

其二，在和永嘉学派与永康学派接触的过程中，吕祖谦又接受了他们关于"气"与"理"的观点。

其三，张岂之等人又认为，吕祖谦的认识论是以自存本心和"反求诸己"为最为重要。这里的"本心"，源于孟子，其意就是"我固有"的仁、义、礼、智之心。吕祖谦所谓的"力行"是指对封建伦理道德的"践履"。这是一种单纯向内心探索的功夫，把那丧失的"本心"寻找回来。② 而他所分辨的"人心""道心"说，又与朱熹基本相同。

其四，与朱陆所不同的是，吕祖谦除了重视"性理之学"外，还重视经世致用的史学。他在《大学策问》中还提出"讲实理、育实才、而求实用"的观点，其意都是要求人们掌握真才实学，有用于国计民生。③ 可见，吕祖谦的理学思想确实具有"兼综化合"的总体特征。

上述可见，张朱、朱陆、朱吕之争实质上是其理学体系与理学学理之争。这些论争，实质上是他们对于理学的一系列命题如性、理、道、心、天命等问题的着眼点不同所致。总体而言，经过这些理学代表人物的不断努力，诸学派理学体系在结构完备化、学理系统化和义理深刻性等方面取得了很大进步。以朱熹为代表的闽学，以吕祖谦为代表的婺学，以陆九渊为代表的心学，是南宋中期学人云集、名家辈出、影响最为巨大的理学学派，由此入手加以考察，在很大程度上也就把握住了彼时主体理学思想。

二　张、朱、陆、吕等人的文道观念与其理学思想之关联

乾嘉之际，张栻、朱熹、陆九渊、吕祖谦等著名理学家除了在理学义理方面展开论争，努力探讨理学核心范畴与命题精义之外，往往也钟情于诗学理论探讨和诗歌创作实践，留下了大量的文献记载。其中，他们对于文道关系的论述，较之

---

① 参见钱穆著《宋明理学概述》及侯外庐等主编《中国理学史》等相关内容。
② 侯外庐、冯汉生、张岂之主编：《中国理学史》，第350页。
③ 侯外庐、冯汉生、张岂之主编：《中国理学史》，第360页。

以往的理学家更为复杂,具有鲜明的历史时段特征。

张栻之文道关系主张,首要是"重道"。他讲:"盖自孔孟没,而其微言仅存于简编。更秦火之馀,汉世儒者号为穷经学古,不过求于训诂章句之间,其于文义不能无时有所益。然大本之不究,圣贤之心郁而不章。而又有颛从事于文辞者,其去古益以远,经生文士自歧为二途。及夫措之当世,施于事为,则又出于功利之末、智力之所营,若无所与于书者。于是有异端者乘间而入,横流于中国。儒而言道德性命者,不入于老,则入于释。"①显然其文道观念以"重文"为主。张栻又云:"士病于不拙也久矣。文采之衒而声名之求,知术之滋而机巧之竞,争先以相胜,诡遇以幸得,而俗以盛薄。"②斥"文采"而重"拙",颇近于周敦颐《拙赋》之推崇"巧贼拙德"。于此可见,张栻之文道观是"重道"而"轻文"的。

朱熹强调文与道的关系为本末关系,"道"为主而"文"为末:"文皆是从道中流出,岂有文反能贯道之理? 文是文,道是道,文只如吃饭时下饭耳。若以文贯道,却是把本为末。以末为本,可乎? 其后作文者皆是如此。"③朱熹批评"文者,贯道之器"④说,显然他以为若承认文能贯道,则出发点是强调"文"的独立性和主体性,那么,"道"则很容易成为"文"的附庸,这就免不了倒置了文与道的关系,只有把"道"视为根本,才能把文道关系的出发点和终极目的放在对"道"的体用等方面的考虑上,如此,才能摆正文与道的关系。由此出发,他批评苏轼之文道观念:

> 东坡之言曰:"吾所谓文,必与道俱。"则是文自文而道自道,待作文时,旋去讨个道来入放里面,此是它大病处。只是它每常文字华妙,包笼将去,到此不觉漏逗。说出他本根病痛所以然处,缘他都是因作文,却渐渐说上道理来;不是先理会得道理了,方作文,所以大本都差。欧公之文则稍近于道,不为空言。如唐《礼乐志》云:"三代而上,治出于一;三代而下,治出于二。"此等议论极好,盖犹知得只是一本。如东坡之说,则是二本,非一本矣。⑤

朱熹强调"道"为根本,而"文"为枝叶,否定苏轼的文、道二元观点。而实际上,朱

---

① 张栻著,杨世文点校:《张栻集》,中华书局,2015 年,第 906 页。
② 张栻著,杨世文点校:《张栻集》,第 940 页。
③ 黎靖德编,王星贤点校:《朱子语类》卷六十四,第 3305 页。
④ 黎靖德编,王星贤点校:《朱子语类》卷一三九,第 3305 页。
⑤ 黎靖德编,王星贤点校:《朱子语类》卷一三九,第 3319 页。

熹考察文、道之先后关系,探讨创作主体是先对"道"领悟然后再"为文",还是先"为文"再塞进"道",这就涉及"文"内容是否不为"空言",亦即载"道"是否胜任得体的问题。就此而言,对"文"与"道"关系的探讨,自然是非常重要的。他在谈及作"文"时,亦云:"一日说作文,曰:'不必着意学如此文章,但须明理。理精后,文字自典实。伊川晚年文字,如《易传》,直是盛得水住! 苏子瞻虽气豪善作文,终不免疏漏处。'"①依朱熹哲学思想而言,此中之"理"当然是与"道"有关。由此他批评自孟子、韩愈至欧阳修的重文轻道倾向,他对孟子之下战国诸人,以及韩愈、欧阳修等重文而轻道给予了批评,其基本的出发点仍是区分文、道关系。朱熹对为了写好文章而"弊精神,縻岁月"的弊病进行了批判,由此越发看出"道"居于"文"的核心位置和重要性了。

朱熹虽然强调"道"居于"文"的核心位置,但在很多情况下,也注意到了"文"具有独立性,并对"文"的写作技巧、审美特质、形式与内容诸要素等进行了较为精到的分析。实际上,朱熹对文、道两者的独立性的思考,是费了心思的,他论及苏洵之文时,谈及"文"与"道"的关系:

> 夫学者之求道,固不于苏氏之文矣,然既取其文,则文之所述有邪有正、有是有非,是亦皆有道焉,固求道者之所不可不讲也。讲去其非以存其是,则道固于此乎在矣,而何不可之有? 若曰惟其文之取而不复议其理之是非,则是道自道、文自文也。道外有物,固不足以为道,且文而无理,又安足以为文乎? 盖道无适而不存者也,故即文以讲道,则文与道两得而一以贯之,否则亦将两失之矣。中无主,外无择,其不为浮夸险诐所入而乱其知思也者几希。况彼之所以自任者,不但曰文章而已,既亡以考其得失,则其肆然而谈道德于天下,夫亦孰能御之?②

此中朱熹就苏轼之学连带论及苏文与"道"之关系,此中所论,实际上涉及文、道二分的问题。朱熹注意到苏文中有邪有正,强调"求道者"不得不对其中是非邪正详加辨析。否则就会出现"文自文,道自道"的情形。其中,朱熹虽然强调修道者应该就"文"而求"道",但也指出了"文"自有其"理"在:"道外有物,固不足以为道,且文而无理,又安足以为文",这说明,朱熹是承认"文"与"道"两分的。他又

---

① 黎靖德编,王星贤点校:《朱子语类》卷一三九,第 3320 页。
② 朱熹撰:《晦庵集》卷三十,台湾商务印书馆景印《文渊阁四库全书》本,第 660 页。

申述观点云：

> 夫文与道，果同耶？异耶？若道外有物，则为文者可以肆意妄言而无害
> 于道。惟夫道外无物，则言而一有不合于道者，则于道为有害，但其害有缓
> 急深浅耳。屈宋唐景之文……其言虽侈，然其实不过悲愁放旷二端而已，日
> 诵此言，与之俱化，岂不大为心害？……况今苏氏之学，上谈性命，下述政
> 理……学者始则以其文而悦之，以苟一朝之利，及其既久，则渐涵入骨髓，不
> 复能自解免，其坏人材、败风俗，盖不少矣。……而舍人丈所著《童蒙训》，则
> 极论诗文必以苏黄为法。尝窃叹息，以为若正献、荣阳，可谓能恶人者，而独
> 恨于舍人丈之微旨有所未喻也。①

可见朱熹对文、道两者的本质规律是有一定认识的。他在注重求"道"的同时，注意到"文"自有规律。只不过，限于理学家的思维模式，他一定要对两者之间的关系进行探讨，而出于"天下之万物一理"的论证需要，他必以先验的思想来论证"道"对"文"的决定作用，以及为了求"道"需要而对"文"的限定与要求。本乎此，才可以对《朱子语类》中大量的"论文"内容有正确的理解。另外，朱熹在《楚辞集注》《诗集传》等著作中，从文学角度论及"兴观群怨""温柔敦厚""香草美人"等与"文"相关的内容，也从另外方面说明了他是承认"文"的独立价值与文学功用的。

还需注意的是，朱熹虽然承认"文"与"道"是不同的事物，但同时又强调二者的关系应该是"道"为本"文"为末。不过，朱熹对"文"的独立性也有比较充分的认识，他对"申商孙吴之术，苏张范蔡之辩，列御寇、庄周、荀况之言，屈平之赋，以至秦汉之间韩非、李斯、陆生、贾傅、董相、史迁、刘向、班固下至严安、徐乐之流"②，虽然总体上是批评的，但也强调"犹皆先有其实而后托之于言"③，说明朱熹在重视"道"为"文"本的同时，也注意到了"文"的特质。他以"自然与法度"来有意识地调和"道"与"文"的关系，强调在为"文"的艺术风格上应该追求"自然"："国初文章，皆严重老成。……其文虽拙，而其辞谨重，有欲工而不能之意，所以风俗浑厚。至欧公文字，好底便十分好，然犹有甚拙底，未散得他和气。到东坡文字便已驰骋，忒巧了。及宣政间，则穷极华丽，都散了和气。"④又以为"为文"应

---

① 朱熹撰：《晦庵集》卷三十三，台湾商务印书馆景印《文渊阁四库全书》本，第 735—736 页。
② 朱熹撰：《晦庵集》卷七十，台湾商务印书馆景印《文渊阁四库全书》本，第 381 页。
③ 朱熹撰：《晦庵集》卷七十，台湾商务印书馆景印《文渊阁四库全书》本，第 381 页。
④ 黎靖德编，王星贤点校：《朱子语类》卷一三九，第 3307 页。

该重视法度："前辈做文字,只依定格依本分做,所以做得甚好。后来人却厌其常格,则变一般新格做。本是要好,然未好时先差异了。"①总体而言,朱熹在"文"与"道"的处理方式上,是以"道"为本源"文"为末流的,但他也并不完全轻视"文"的独立性,其若干观点有调适"文"与"道"之关系的取向。

上述可见,朱熹的文道观念非常复杂,大致有"重道轻文""文道两分"与"调适文道"三种。从宋代理学家文道观念的类型来讲,朱熹几乎涵盖了主要的情况。

较之朱熹而言,吕祖谦的文道观念相对简单。他在注重求"道"的同时,并不废"文",而是注意到了"文"的特殊性和独立性,并注意对"文"之"体式""文法"等进行研究。如他在《古文关键》"文字法"下提及:"学文须熟看韩、柳、欧、苏,先见文字体式,然后遍考古人用意下句处。苏文当用其意。若用其文,恐易厌人,盖近世多读。"②显而易见,吕祖谦重视"文"的独立性,而舍弃了"道"为"文"本等观点,也不怎么重视"文"的"载道"功能,比较而言,他的文道观无疑是比较进步的。当然,吕祖谦对"文""道"的认识是很深入的:"今日所与诸君共订者,将各发身之所实然者,以求实理之所在。夫岂角词章、博诵说、事无用之文哉!"③显然,他是把文与道相区分的。当时朱熹已经注意到,吕祖谦对文、道两者是持分别视之的态度的,对此,朱熹表示了不解和批评。《四库全书总目》记:"祖谦虽与朱子为友,而朱子尝病其学太杂,其文词闳肆辨博,凌厉无前,朱子亦病其不能守约。又尝谓:'伯恭是宽厚底人,不知如何做得文字却是轻儇底人'……祖谦于《诗》《书》《春秋》皆多究古义,于十七史皆有详节,故辞有根柢,不涉游谈,所撰《文章关键》于体格源流,且有心解,故诸体虽豪迈骏发,而不失作者典型,亦无语录为文之习。在南宋诸儒之中,可谓衔华佩实。"④可见,自朱熹以至于四库馆臣,都是承认吕祖谦在"文"上的造诣的。这说明,吕祖谦对文、道是持两分观点的。

作为与朱熹主张有很大不同的重要理学家,南宋陆九渊(1139—1193)虽然极少论及文、道关系,但在他的相关论述中,分明是把文与道看作两种事物的。他说:

他人文字议论,但谩作公案事实,我却自出精神与他披判,不要与他牵

---

① 黎靖德编,王星贤点校:《朱子语类》卷一三九,第 3320 页。
② 吕祖谦:《古文关键》,台湾商务印书馆景印《文渊阁四库全书》本,第 718 页。
③ 吕祖谦:《古文关键》,台湾商务印书馆景印《文渊阁四库全书》本,第 44 页。
④ 永瑢等撰:《四库全书总目》,第 1370 页。

绊。我却会斡旋运用得他,方始是自己胸襟。途间除看文字外,不妨以天下事逐一自题评研核,庶几观他人之文,自有所发。所看之文,所讨论之事,不在必用。若能晓得血脉,则为可佳。若胸襟如此,纵不得已用人之说,亦自与只要用人之说者不同。①

这里,陆九渊强调对别人文字的阅读分析,应该以"《六经》注我"之法,以阅读者的主观精神来对其中之文进行把握。这说明,他是把"文"看作独立事物的。与程颐等人的"作文甚害事"等极端主张不同,陆九渊则强调:"读书作文之事,自可随时随力作去。才力所不及者,甚不足忧,甚不足耻。必以才力所不可强者为忧为耻。乃是喜夸好胜,失其本心,真所谓不依本分也。"②这里,陆九渊对"文"的主体性给予了肯定。他以为,作"文"可依照主体的才力去做即可,不必强力而为,否则就会因"喜夸好胜"而"失却本真",这一观点,因其关注点聚焦于实践主体的"心"而具有显著的特征。③

从上述分析来看,张、朱、陆、吕等理学代表人物,其文道观念有很大差异。张栻、朱熹之文道观念皆表现为重道轻文。但朱熹的文道观较为复杂,又有调和文道、文道两分等主张。而陆九渊则主张调和文、道关系,吕祖谦则坚持文、道两分等。

理学家的文道观念,往往与其理学主张具有一定联系,也在其诗歌书写中得到部分贯彻或呈现。比如,朱熹的文道观就与其"格物明理""理一分殊"等思想有一定联系。从朱熹的理学思想来看,作为事物之理的"文",应有其内在的"理",而此"理"从性理或者规律而言,对应着"文"承载的理学之心性存养、道德践履等"道",因此,"重道轻文""调和文道"也就落到了实处。而从事物之"规律"而言,"文"自有"文"之"规律",因此,当朱熹从这一方面来探讨"文"时,自然就突出了"文"的特质,而不再与"道"发生关系。同样,吕祖谦的理学特色是"兼综会合",试图调适各种学说尤其是朱陆学派之不同。他作为南传文献之渊薮的家学特征,也时时表现出来。由此,吕祖谦在处理文道关系时,往往注重"文",这就与他的理学主张产生了距离。而陆九渊主张调和文、道关系,也往往在一些方面显示出其学术旨趣。不过,朱熹、吕祖谦理学与其文道观念的密切关联性,可以从

---

① 陆九渊:《象山集》,台湾商务印书馆景印《文渊阁四库全书》本,第313页。
② 陆九渊:《象山集》,台湾商务印书馆景印《文渊阁四库全书》本,第352页。
③ 参见姜翯:《陆九渊的诗论及其诗》,《抚州师专学报》1998年第5期。

其学理来给出解释,但陆九渊的文道观念与其理学思想的关联性是较为隐晦的。理学家的文道观念,往往也在其诗歌书写中得到部分贯彻或呈现。

三　乾嘉之际朱熹等人的理学诗与其理学思想之关系

乾嘉之际,张、朱、陆、吕四人的理学诗,从数量上看,留存较多的是朱熹,其次是张栻,而陆九渊、吕祖谦所创作的理学诗数量则较少。四人的理学诗书写有如下主要特征:

其一,张栻、朱熹、陆九渊和吕祖谦四人的理学诗主旨,有的涉及理学思想的内容较多,有的则与理学义理与旨趣并不紧密,四人之理学诗书写有相同之处,亦有不少差异性。

张栻的理学诗书写,其重心主要集中于:重视明理、重德和重道;关注心性存养;关注天地“生生不已”等三个方面。如其《再用前韵》有句:“元化首万类,圣学极几深。有如亚圣贤,尚谨殆与淫。……岂知天地全,於穆千圣心。嗟哉我学子,进道宜骎骎。立志务弘毅,异说毋交侵。仁端验发见,精微试控寻。超然见大体,皎日破重阴。……殷勤劝学子,逆耳成良箴。”[1]指导学子“进道”而以立志、弘毅、去异说等入门,以实现仁端发见、明见大体等。诗作以重道而贯穿明理、重德。其《叶夷中屡以书求予……今独成两绝句寄之》之一:“聪明用处翻多暗,机巧萌时正自痴。若识圣门持敬味,临深履薄更何之。”[2]诗篇认为,作为技巧与方法的聪明、机巧等,往往与昏暗、自痴相联系,与“求道”毫无关联。要实践“持敬”以见“性”体,只有从慎独、自讼等工夫上下手方可为正途。其《和吴伯承》有句:“一苇湘可航,风涛逮春深。……悠悠览物化,了了知予心。卜邻得佳士,问学方骎骎。端如云间鹤,不受尘埃侵。……君看有本源,发端自潺潺。”[3]劝勉吴伯承从“本源”也就是心性存养出发,以臻于“名教之乐”为目的,力学而不受“尘埃侵”。张栻之“生生不已”理学诗书写,往往把天地“生生”之性与重道、重德和明理结合起来。如其《题城南书院三十四咏》之十四:“和风习习禽声乐,晴日迟迟花气深。妙理冲融无间断,湖边伫立此时心。”[4]诗前两句的内容是,和风微动而禽鸟和乐,天气晴朗而时光缓流而花香涌动。诗人由“生机”,而体悟到天地之理、实践主体之“心”“性”“德”等,强调诗境中蕴含的“生机”正与“此时心”相同。

---

① 傅璇琮等主编:《全宋诗》,第 27863 页。

② 傅璇琮等主编:《全宋诗》,第 27926 页。

③ 傅璇琮等主编:《全宋诗》,第 27862 页。

④ 傅璇琮等主编:《全宋诗》,第 27924 页。

再如其《三月七日城南书院偶成》:"积雨欣始霁,清和在兹时。林叶既敷荣,禽声亦融怡。鸣泉来不穷,湖风起沧漪。西山卷余云,逾觉秀色滋。……游鱼傍我行,野鹤向我飞。敢云昔贤志,亦复咏而归。寄言山中友,和我和平诗。"①诗作因春景"清和"而书写其"生生"之意:林叶敷荣而禽声融怡,鸣泉湖风,山雪丛绿,游鱼野鹤,皆为天地发育、大化流行之景象。这里的"清"当为万物之气息,而"和"则为万物和悦融融之象。诗篇最后,作者表露出希慕孔门"咏而归",以存养德性为旨归的情怀。值得注意的是,作者尾句特别点明此诗之主旨乃是大有意味的"和平"。这里的"和平"乃是心物无二、心气平和而存养心性之意。

在张栻、朱熹、陆九渊和吕祖谦四人之中,要算朱熹的理学诗存量最多,且其所抒写的理学义理和理学旨趣最为复杂。朱熹的诗歌创作,继承了北宋理学代表人物周敦颐、邵雍、程颐、程颢、张载等人的诗歌创作传统,而又有新的突破。从诗歌主题来看,朱熹的理学诗内容广泛,主要有抒写理学"孔颜乐处""务本玩物""格物致知""生生不已""尊德性""心性存养""明理"等。朱熹的理学诗,有的是理学所提倡的义理。如其写有《训蒙诗》一百首,又有多篇以《论语》义理为主题的诗篇。这些诗歌,都是向初学者阐明义理的。类似这种纯以阐明理学义理为主旨的诗篇,在朱熹诗歌创作中数量不少。这种"语录讲义之押韵者"的诗歌,也是当时理学诗人创作的一种风尚。朱熹的"明理"诗歌,除了纯是说理的之外,还有一些以形象来说明理学之"理",而所要表达的"理"往往又与理学家着力追求的德性品格或者道德理性有关。如其《次韵择之见路旁乱草有感》:"世间无处不阳春,道路何曾困得人。若向此中生厌斁,不知何处可安身。"②诗篇因路旁乱草而起兴,因此而探究此中物理,得出了世间"无处不阳春"、"道路何曾困得人"的道理,由此,诗歌境界陡然提升到普泛化的哲理层面,亦即境非境,人只要行健奋发,就能够物随心愿,路畅志得。这种诗境构造方式与邵雍那种纯粹抒写理学命题与范畴的诗篇有了距离,其突出特色是将人情、物态、世事、具体事物发展变化过程的内容,以实践主体的主观认识来感受、把握,从中抽绎出具有一定客观性的道理。显然,这种诗境构造方式,在思辨性、抽象性的层面上,较之邵雍、周敦颐等人的诗歌更加突出了议论性和说理性。又如其《观书有感二首》之一:"半亩方塘一鉴开,天光云影共徘徊。问渠那得清如许,为有源头活水来。"③明明是

---

① 傅璇琮等主编:《全宋诗》,第 27883 页。
② 傅璇琮等主编:《全宋诗》,第 27559 页。
③ 傅璇琮等主编:《全宋诗》,第 27500 页。

谈与读书有关的认识,却由塘水如镜起兴,以"天光云影"写尽塘水所涵蕴的无尽光景。转笔却重在追寻塘水的"清"之由,得出"源头活水"才是其原因。可见,因"理"而选景,因景而造境,是朱熹诗歌诗境构造的重要特色之一。又如,朱熹经常书写理学的"心性存养"主题。他在创作诗篇时,往往特别注重以诗篇主旨来约束表现方法,具体说来就是以凸显性情之正为出发点,以悟道、求道为旨归,意之所适,情、境随之,强调以明理为本,诗情与诗意都以理学思想或理学旨趣为旨归。这里的"境""情",都已被置换为浸染着实践主体的道德伦理、道德判断和以儒学政治伦理框架为内容的"境""情",而非传统诗歌中发于自然,渗透着审美情趣和人生欲望的"境""情"。朱熹的这种诗歌审美追求与诗旨表达方式,与传统诗歌尤其是唐诗迥异。

陆九渊的某些诗歌书写了其理学重要思想,那就是通过"明心"而"尊德性"。据《全宋诗》,陆九渊存诗 29 首。如其《鹅湖和教授兄韵》:"墟墓兴哀宗庙钦,斯人千古不磨心。涓流积至沧溟水,拳石崇成泰华岑。易简工夫终久大,支离事业竟浮沉。欲知自下升高处,真伪先须辨古今。"[1]诗当是陆九渊在鹅湖与朱熹等人相互辩难而作。其中,透露出陆九渊一再强调的"观心"工夫,强调"吾心为宇宙"理学主张,反对朱熹等人的"格物穷理"以至于求道之"支离"。诗作基本以议论来说理,但其中用了形象化的比喻来阐释其理学主张。其《题达本庵》亦云:"孩提无不爱其亲,不失其心即大人。从此劝君休外慕,悦亲端的在诚身。"[2]诗作第一二句,强调人之初心体现为本心、本性,本心、本性具有善、良等特性,因此,保有初心即为《易》《孟子》等所讲的"大人",也就是德性完备的"圣贤"。后两句,强调儒者之求道,应以反求内心之善、仁等为途径,以发扬其德性之诚、真、善等,这样即可实现"仁"者境界。如此,自然也就具有了孝悌、恭顺等人伦道德品质,可见向内求"诚"是"悦亲"以尽孝的真正途径。上述可见,陆九渊的心性及其存养问题的书写,往往涉及道、理、德等本体论和修养论的核心问题,其"存养"方法又强调"守心""明心"等,从而,涉及诚、敬、真等道德实践论的核心内容。尤其是,他强调藉由"心性存养"等而至于"圣人",这就提升了"存养"之"工夫"在理学体系中的地位。陆九渊的心性存养理学诗书写,因之而拓展了这一类理学诗的内容或主旨类型种类。

吕祖谦(1137—1181),据《全宋诗》,吕祖谦存诗 109 首。关于吕祖谦的诗文

---

[1]　傅璇琮等主编:《全宋诗》,第 29841 页。
[2]　傅璇琮等主编:《全宋诗》,第 29844 页。

风格,《四库全书总目》记:"祖谦虽与朱子为友,而朱子尝病其学太杂。其文词闳肆辨博,凌厉无前,朱子亦病其不能守约。……然朱子所云,特以防华藻溺心之弊,持论不得不严耳。……词多根柢,不涉游谈。所撰《文章关键》,于体格源流,具有心解。故诸体虽豪迈骏发,而不失作者典型,亦无语录为文之习。在南宋诸儒之中,可谓衔华佩实。"①评价是很高的。从题材看,吕祖谦有咏史诗、写景记游诗、挽诗、寄人诗等。在这些诗作中,吕祖谦所表述的感情与一般士人并无太大差异。从其理学诗书写来看,其诗作往往注重重道、崇德和明理;关注心性存养;重视书写"生生不已"等,与张栻理学诗书写特征较为相近。

如其《晚春二首》之二:"风絮流花一任渠,北窗高卧绿荫初。闭门春色闲中老,为谢平生董仲舒。"②诗句涵蕴丰富,在吟咏春华物景的同时,表达了坚守自我信念,甘愿像董仲舒一样闭门深究儒学精义的决心,其中蕴含着作者坚定的"求道"践履精神。其理学诗亦重"生生不已"之性的书写。如其《春日七首》之二:"短短菰蒲绿未齐,汀洲水暖雁行低。柳阴小艇无人管,自送流花下别溪。"③诗作前两句,描述了油然而生的初春景物,短蒲绿菰,长短不齐,水暖雁行。作者所看重的,就是天地万物得"生意"而成性,由此而观知天地之德,大化流行而不居。后两句,以小艇无人随水而下这一物象,来喻外物不系于心,花开花落,无情有性。全诗主旨,在于说明天地万物与人皆具有"生生不已"之性,此性不染于情,不假人为,自觉自动,不系于心,随化流行。此诗与韦应物《滁州西涧》诗意相近,但韦诗多为理学家从中抽绎得"生意",而本诗则由"生意"而及性体,显然在内在涵蕴上较之韦诗又深了一层。吕祖谦亦对心性存养给予关注。其《送胡子远著作……分韵得行字》有句:"定交不在蚤,意合盖已倾。胡侯西南来,两载同书檠。与人徐有味,於世初无营。虚舟澹容与,未易宠辱惊。……道气自深稳,名言常简明。"④赞美胡子远淡然处世而无所营其利名,推崇其虚心而与人从容相交,不因宠辱而变换其心性,故其心志深稳而言语简明。其《祭酒芮公既殁四年门人吕某始以十诗哭之》其九:"胸怀北海与南溟,却要涓涓一勺清。相对蹴然如重客,无人信道是门生。"⑤这里的"一勺清"是指心性的无欲无求,指出其师芮煜之学正是注重从心性存养做起,而保有心性的静定和无私。《宋元学案》记芮煜之学:

① 永瑢等撰:《四库全书总目》,第 1370 页。
② 傅璇琮等主编:《全宋诗》,第 29137。
③ 傅璇琮等主编:《全宋诗》,第 29137 页。
④ 傅璇琮等主编:《全宋诗》,第 29149 页。
⑤ 傅璇琮等主编:《全宋诗》,第 29144 页。

"先生每与人言，及退，入室端坐默思，唯恐有失，盖省察之严如此。"①可为参照。上述可见，吕祖谦的此类理学诗书写，只是泛泛涉及心性问题。换句话说，吕祖谦的心性观及其存养方法等，并没有在其理学诗中得到较为完整的书写。

其二，张栻、朱熹、陆九渊和吕祖谦四人的理学诗数量，远远比不上其文人诗数量。相比而言，陆九渊、吕祖谦的理学诗，所表达的主题，与其理学体系中的义理精义似乎关系并不密切。而从张栻、朱熹、陆九渊、吕祖谦四人的全部诗作来看，他们的理学诗占的分量是比较少的，与其理学思想关系也有差异。总体而言，朱熹诗歌对于理学思理的书写较多，而张栻、吕祖谦、陆九渊则较少。除了《应天山》《初夏侍长上郊行分韵得偕字》书写"孔颜乐处"，《题达本庵》言及心性，《鹅湖和教授兄韵》昌明"本心"之外，其他诗歌书写理学思想和理学义理并不明显。同样，吕祖谦虽有一些书写其儒学追求的诗篇，但他在诗歌中很少述及自己"道"的具体内容。上述情况说明，张、朱、陆、吕四人的诗歌，无论从数量还是从内容而言，都与其理学思想有一定距离。他们的理学精义、理学体系及理学旨趣，并不总是在其理学诗书写中得到反映或表达。

其三，张栻、朱熹、陆九渊和吕祖谦四人，往往注重书写社会实践主体由心性存养、重德性等修养而至的平和安详的"日常日用"心境，很好地继承了邵雍、周敦颐、程颢等人的理学诗书写特征。

在这一方面，朱熹的一些诗歌表现得比较明显。他往往书写那些士人普遍具有的进退出处、嗟困惑命等思想，而又能以和平的心绪表达出来。如其《感怀》："经济凤所尚，隐沦非素期。几年霜露感，白发忽已垂。凿井北山址，耕田南涧湄。乾坤极浩荡，岁晚将何之。"②诗作为常见的士人生活，确实是这一类人的"日常日用"。从诗作内容来看，作者并不讳言希冀入世立功思想，明言自己并不以隐逸生活为追求。诗作以霜露比喻遭遇的磨难，以白发暗寓时光易逝的失落，复以不得已躬耕田园、而老景已至作结。诗作思想深沉，但其间的嗟叹彷徨、悲情失落等情感，却都以平和的语气表达出来。朱熹又有不少的山水诗，如《奉同张敬夫城南二十咏》以城南二十景为歌咏对象，诗作所表达出来的情感，无非是借山水而呈现自己于"日常日用"中的平和、闲适、和乐之高趣，一些诗并及自己对于"理""道""境"等问题的思考，由此而及，也表达出对理学前贤如周敦颐、邵雍等人的钦慕。与此相似，陆九渊亦有诗《疏山道中》："村静蛙声幽，林芳鸟语

---

① 黄宗羲原著，全祖望补修，陈金生、梁运华点校：《宋元学案》，第 1402 页。
② 钱穆：《理学六家诗钞》，第 82 页。

警。山樊纷皓葩,陇麦摇青颍。离怀付西江,归心薄东岭。忽念饥歉忧,翻令发深省。"①诗作主要内容为写景,最后两句则写及"饥歉",表达出作者对于民生困苦的关切之情。民生艰难,本来是极为沉重的社会问题,但在作者笔下,是于满含胜境美景的游玩之时连带写及的,因此,本诗可见作者于"日常日用"生活所表达的情感。类似的情况,在吕祖谦的诗歌中,亦是常见现象。如吕祖谦有诗《春日七首》《富阳舟中夜雨》《野步》《晚春》之二、《游丝》《夏夜》等。

上述分析可见,作为南宋中期主要理学学派的代表人物,张栻、朱熹、陆九渊、吕祖谦等人的诗歌书写是非常复杂的。② 这些理学代表人物的诗歌书写,呈现形态各异:有的在诗歌中表达出其理学主张,较好地践行了其文道观念;有的诗歌作品与其理学思想关系并不密切,相反却常常表达或书写其失意困顿、嗟伤悲苦的士人社会生活,其诗歌创作与其文道观念也有不少距离。这种情况,说明南宋中期理学代表人物的文道观念往往是非自觉的理论表述,甚至可能是其随心而至的即兴表述。这种情况,对于宋代理学家而言或是最为普遍的。一些理学家的诗歌书写或创作,往往是其优游唱和、吟咏风月的产物,未必把诗歌创作看得多么重要。由此可以理解,张朱、朱吕、朱陆等人的理学上的论争,在其理学诗书写中并没有得到较为充分的表达,这是应该指出的。

第五节　路径之异:开淳之际理学学派之重心差异与理学诗之鼎盛

开淳之际,指的是南宋宁宗开禧元年(1205)至宋理宗淳祐十二年(1252)的一段历史时期。在此之前,理学大家张栻、朱熹、陆九渊、吕祖谦等人,已然形成了彼此独立、各具特色的理学体系。之所以把下限断在淳祐十二年,主要是因为,开淳之际,张栻、朱熹、陆九渊、吕祖谦、叶适等理学大家的门人高弟,基本在这一时期凋零了。而从理学史来看,在宋理宗朝后期,为了巩固统治,于淳祐元年(1241)追封周敦颐、二程、张载,淳祐七年(1247)又追谥李侗、罗从彦等人,标志着理学成为官方认可的主流学术形态,并成为占统治地位的主体思想。因此,以"开淳之际"作为理学发展的一个重要历史时期,是可行的。这里需要说明的

---

① 傅璇琮等主编:《全宋诗》,第 29840 页。

② 参见杨光辉:《理学成熟期之理学诗——试论陆九渊与朱熹的诗》,《宁波大学学报(人文科学版)》2000 年第 3 期。

是,为了从整体上对张、朱、陆、吕、叶等理学大家代表人物的学术路径及主要理学观点有较为全面的把握,本节把程端蒙、舒璘等附带于此加以考察。

这一历史时期,张、朱、陆、吕、叶等理学家的门人后学,往往递相发挥其师传理学义理而又有所发展、补充,从而蔚成规模,影响巨大。这些理学家之中,虽然求学有先后、学问有深浅、学术修为有差异,但从总的情况来看,同一理学学派的门人后学,他们的学术追求和特征存在差异性的同时,其学术路径仍然具有很大程度上的共同性。

这些隶属不同理学学派的理学门人,其学术差异性也在其诗学主张及其诗歌创作上有所表现。比如说,朱熹学派的门人后学,往往"重道轻文",而叶适及其门人后学则往往要么"重文",要么"文道二途",亦即自觉把"文""道"视作不同的事物,而在诗文创作上加以区分。同样,陆九渊学派的门人后学,在诗歌创作上,对于"心性"的关注与探讨,远远超过对于"明理"的体认。这些现象的存在,说明了一个事实:理学不同学派理学家的诗歌创作,可能与其所属的理学学派之学术路径诉求有直接关联。

关于南宋中期理学学派门人的情况,朱熹门人熊节编《性理群书句解》首列朱熹门人 40 人。之后,《宋史·道学传》、明人《理学类编》《性理大全》,清人《宋元学案》《儒林宗派》《闽学渊源录》《古今图书集成》《宋元学案补编》等,都有搜集。经过历代搜罗,南宋中期张栻、朱熹、陆九渊、吕祖谦、叶适等理学大师的门人后学名单,已经基本完备。这些门人后学的文献资料,除了《四库全书》《丛书集成》《古今图书集成》等大型丛书之外,在某些地方志、年谱、宋人笔记小说等亦有不少。曾枣庄等人编纂的《全宋文》,傅璇琮等人主编的《全宋诗》也多有搜集。上述文献,为我们"接着说"提供了丰富的资源。

一　开淳之际不同理学学派发展路径之异:明理、见心、兼综与尚用

张栻年四十八而卒。《宋元学案》卷七十一载,其后学人才亦盛。其门人如胡大时、彭龟年、吴猎、游九言、游九功、陈埴等,大多重事功。他们在张栻去世后,其思想往往受到朱熹影响。也就是说,较之朱熹、陆九渊、叶适等门人后学而言,张栻之门人后学在理学理论方面贡献度是较小的。他们大都缺少发挥张栻理学思想之精微奥义的才气和抱负。故而,本节只对朱熹、陆九渊、吕祖谦、叶适等理学学派代表人物的门人治学理路进行考察。

1. 朱熹门人的治学理路

在南宋中期理学学派之中,朱熹学派因其门人众多、理论严密、代表人物辈

出而在朱、陆、吕、叶等理学学派的竞争中占据优势地位。朱熹闽学学派的代表
人物,依《宋元学案》及《儒林宗派》等来作统计,去除重合,有 390 多人。在这之
中,黄榦、陈淳、蔡沈、陈埴、度正、陈文蔚、詹初、曹彦约、辅广、程端蒙、刘黻,以及
私淑(相当于自学)于朱熹学说的魏了翁,可算是重要的代表人物。

黄榦(1152—1221),字直卿,闽县人。因刘子澄而求学于朱熹,后朱熹以女
妻之。《宋元学案》载全祖望云:"嘉定而后,足以光其师传,为有体有用之儒者,
勉斋黄文肃公其人欤?玉峰、东发论道统,三先生之后,勉斋一人而已。"①黄榦被
公认为是朱熹最为杰出的门人。朱熹的理学思想,在很大程度上是由黄榦及其
门人承传并发扬光大的。《宋元学案》载有黄榦最为重要的理学著述,包括《圣贤
道统传授总叙说》《中庸总论》《中庸总说》。黄榦的《圣贤道统传授总叙说》,第一
次全面论述了儒家道统的承递性,使周敦颐以来的理学体系呈现出周密严谨的
系统性。黄榦指出:

> 有太极而阴阳分,有阴阳而五行具,太极、二、五妙合而人物生。赋于人
> 者秀而灵,精气凝而为形,魂魄交而为神,五常具而为性,感于物而为情,措
> 诸用而为事。物之生也,虽偏且塞,而亦莫非太极、二、五之所为。此道之原
> 之出于天者然也。圣人者,又得其秀之秀而最灵者焉,于是继天立极,而得
> 道统之传,故能参天地,赞化育,而统理人伦,使人各遂其生,各全其性者,其
> 所以发明道统以示天下后世者,皆可考也。②

这里,黄榦取周敦颐的《太极图说》的基本论证理路,与《易传》的圣人"参赞天地"
说相结合,用以说明圣人发明道统而递相授受是客观存在的历史事实。接着,黄
榦以儒家经典文献记载而阐述了儒家道统历代相传的内容:

> 尧之命舜则曰:"允执厥中。"中者,无所偏倚,无过不及之名也。存诸心
> 而无偏倚,措之事而无过不及,则合乎太极矣,此尧之得于天者,舜之得统于
> 尧也。舜之命禹则曰:"人心惟危,道心惟微,惟精惟一,允执厥中。"舜因尧
> 之命,而推其所以执中之由,以为人心形气之私也,道心性命之正也,精以察
> 之,一以守之,则道心为主,而人心听命焉,则存之心,措之事,信能执其中。

① 黄宗羲原著,全祖望补修,陈金生、梁运华点校:《宋元学案》,第 2020 页。
② 黄宗羲原著,全祖望补修,陈金生、梁运华点校:《宋元学案》,第 2023 页。

曰精曰一,此又舜之得统于尧,禹之得统于舜者也。其在成汤则曰:"以义制事,以礼制心。"此又因尧之中,舜之精一,而推其制之之法。制心以礼,制事以义,则道心常存,而中可执矣。……至于夫子则曰:"博学于文,约之以礼。"又曰:"文行忠信。"又曰:"克己复礼。"其著《大学》,曰格物致知,诚意正心,修身齐家,治国平天下,亦无非数圣人制心制事之意焉,此又孔子得统于周公者也。颜子得于博文约礼、克己复礼之言,曾子得之《大学》之义,故其亲受道统之传者如此。至于子思,则先之以戒惧谨独,次之以知仁勇,而终之以诚。至于孟子,则先之以求放心,而次之以集义,终之以扩充,此又孟子得统于子思者然也。及至周子,则以诚为本,以欲为戒,此又周子继孔、孟不传之绪者也。至二程子则曰:"涵养须用敬,进学则在致治。"又曰:"非明则动无所之,非动则明无所用。"而为《四箴》,以著克己之义焉,此二程得统于周子者也。先师文公之学,见之《四书》,而其要则尤以《大学》为入道之序。盖持敬也,诚意正心修身而见于齐家治国平天下,外有以极其规模之大,而内有以尽其节目之详,此又先师之得其统于二程者也。①

黄榦创造性地以道心性命之正来阐释"执中",又以"制用"来落实"执中"之法,从而完成了天地、尧舜禹、成汤道统相传之论证。接着,黄榦又以"制用"立论,认为文王以礼制心、以义制事,武王、周公以敬、义制心制事,均来自对成汤的一脉相传。而孔子之克己复礼、格物致知等,为孔子得之于周公之"统"。其他如颜回、曾参、子思等人之"道",二程之"涵养""进学"之论,朱熹之得之于《大学》的"三纲八目"之说等,均递传有绪,斑斑可考,是为孔子之"道统"传递之谱系。这样,黄榦就在理论上论证了韩愈提出而为理学家所推崇的"道统"说,为理学体系的定型化作出了非常重要的理论贡献。

黄榦的《圣贤道统传授总叙说》同时也显露出其鲜明的学理特性,那就是以"明理"为特色,而以探讨"道""道统"以及体贴、践行"道"为目的的心性存养之学为其学术根本宗旨。其《中庸总论》《中庸总说》亦贯彻了这一学术宗旨。他在《中庸总论》中强调:"窃谓此书皆言道之体用,下学而上达,理一而分殊也。首言'性'与'道',则性为体而道为用矣。次言'中'与'和',则中为体而和为用矣。又言'中庸',则合体用而言,又无适而非中庸也。……自言'诚'以下,则皆因体以

---

①　黄宗羲原著,全祖望补修,陈金生、梁运华点校:《宋元学案》,第 2023 页。

明用。"①黄榦创造性地以"体用"来审视《中庸》之内容安排之次序,与历来解说《中庸》者相异,亦与本师朱熹不同。显然,以"明理"为目的,而以体悟为方法,通过对事物之"格"来把握其特征、规律,是黄榦重要的认识论特征。黄榦理学思想的这一特性,也表现在其相关论述中。《宋元学案》选取《勉斋文集》中的相关内容,来举例说明黄榦理学学说特征。仅就《学案》择取的相关文献而言,就涉及《大学》之"明德"合内外说、明理在持守之先、人心道心说、持守在敬、道之体用说、太极兼体用说、人身道理之辨等。如黄榦辨说道之体用:"道之在天下,一体一用而已。体则一本,用则万殊。一本者,天命之性;万殊者,率性之道。……尊德性,所以存心而极乎道体之大;道问学,所以致知而尽乎道体之细。自性观之,万物只是一样。自道观之,一物各是一样。……惟其各是一样,故须穷理致知,而万事万物之理方始贯通。"②文中,黄榦以体用来分辨"道"之"一本万殊",从而实现了作为途径与方法(即"用")的"尊德性""道问学""格物致知"等与对于作为的"道"之本的"性"(即"本")的实现与承载。就黄榦对于上述范畴与命题的阐释理路与方法来看,包括"观物""格物致知""道问学"等在内的工夫论方法与践道目的追求,都呈现出非常明显的"明理"特征。

程端蒙(1143—1191),字正思,号蒙斋,鄱阳人。《宋元学案》载黄百家案语:"新安为朱子之学者不乏人,而以程蒙斋为首。蒙斋之后,山屋以节著,双湖以经术显,其后文献蒸蒸矣。"③可见程端蒙为朱熹高弟。程端蒙撰有《性理字训》,其文曰:

> 天理流行,赋予万物,是之谓命。人所禀受,莫非至善,是之谓性。主于吾身,统乎性情,是之谓心。感物而动,斯性之欲,是之谓情。为性之质,刚柔、强弱、善恶分焉,是之谓才。心之所之,趋向期必,皆由是焉,是之谓志。为木之神,在人则爱之理,其发则恻隐之情,是之谓仁。……主一无适,是之谓敬。始终不二,是之谓一。善事父母,是之谓孝。善事兄长,是之谓悌。天命流行,自然之理,人所禀受,五性具焉,是曰天理。人性感物,不能无欲,耳目鼻口,斯欲之动,是曰人欲。无为而为,天理所宜,是之谓谊。有为而为,人欲之私,是之谓利。纯粹无妄,天理之名,是之谓善。凶暴无道,不善

---

① 黄宗羲原著,全祖望补修,陈金生、梁运华点校:《宋元学案》,第 2024 页。
② 黄宗羲原著,全祖望补修,陈金生、梁运华点校:《宋元学案》,第 2029 页。
③ 黄宗羲原著,全祖望补修,陈金生、梁运华点校:《宋元学案》,第 2279 页。

之名,是之谓恶。物我兼照,扩然无私,是之谓公。蔽于有我,不能大公,是
之谓私。①

程氏此文,以"天理"为大化流行之生成万物的源头与根本。他用极为精当的语
言,对"命""性""心"等 30 个重要范畴予以解说,表现出很高的理论素养。而阐
明上述范畴之"义理",乃是程端蒙的目的。由此而言,程氏理学亦以"明理"为其
特征。

　　与黄榦、程端蒙理学学术所表现出的"明理"特性相似,朱熹门人中,陈埴(生
卒年不详)著有《木钟集》,中有《四端说》,据说陈埴本朱子之说而传授于门弟子。
以此而言,《四端说》主要观点可能是陈埴承继自朱熹,但其中亦可见出陈埴的学
术特征。其中对孟子之"四端"有所发挥:"由其中间众理浑具,各各分明,故外边
所遇,随感而应,所以四端之发,各有面貌之不同。是以孟子析而为四,以示学
者,使知浑然全体之中,而粲然有条,若此则性之善可知矣。然四端之未发也,所
谓浑然全体,尤声臭之可言,无形象之可见,何以知其粲然有条如此? 盖是理之
可验,乃依然就他发处验得。凡物必有本根,而后有枝叶,见其枝叶,则知有本
根。性之理虽无形,而端的之发最可验。"②文中可见,陈埴以根本枝叶来从"仁"
之"性"体讲"四端",自然具备了"明理"的阐释特性。又如朱熹高弟陈淳(1159—
1223),颇得朱熹赞赏。朱熹称赞之:"南来,吾道喜得陈淳。"③《宋元学案》载:"先
生(陈淳)叹陆学张王,学问无原,全用禅家宗旨,认形气之虚灵知觉为天理之妙,
不由穷理格物,而欲径造上达之境,反托圣门以自标榜。乃发明吾道之体统,师
友之渊源,用功之节目,读书之次序,为四章以示学者。"④指出陈淳撰写《北溪字
义》的背景。其《北溪字义》被认为是理学义理之渊薮,被同是朱熹门人的理学家
陈宓(1171—1230)称之为"抉择精确,贯串浃洽"⑤。而清人施元勋之《序》亦对该
书推崇备至:"荟萃周、程、张子之绪言成语,而折衷于所闻之师说,与夫《章句》
《集注》之精意。"⑥该书对 26 个理学范畴,如"命""仁义礼智信""道"等进行了阐
释。从其阐释内容来看,"明理"是其主要的义理追求。如对"命"的阐释,就涉

---

① 黄宗羲原著,全祖望补修,陈金生、梁运华点校:《宋元学案》,第 2219—2280 页。
② 黄宗羲原著,全祖望补修,陈金生、梁运华点校:《宋元学案》,第 2089 页。
③ 黄宗羲原著,全祖望补修,陈金生、梁运华点校:《宋元学案》,第 2220 页。
④ 黄宗羲原著,全祖望补修,陈金生、梁运华点校:《宋元学案》,第 2220 页。
⑤ 陈淳:《北溪字义》,中华书局,1983 年,第 88 页。
⑥ 陈淳:《北溪字义》,第 91 页。

及:命之本义;"命"之以"理"言与以"气"言;人物之生命;人品之于命;造化之于命;天志所命与其理等。较之前述程端蒙等人对于"命"的阐释,显然更为全面和丰富了。又,陈淳另著有《严陵讲义》,对"道学道统""师友渊源""用功节目""读书次第"以及"似道之辨""似学之辨"等进行了简要阐释,亦显示出其学术之"明理"特征。

从总的情况来看,朱熹门人大都以"明理"为基本的治学理路来探讨传统儒学及理学的若干理论问题,因此而呈现出朱熹学派的共同特征。比如《宋元学案》所录詹初《流塘集》的性理精义,魏了翁的《鹤山师友雅言》,辅广的《宗辅录》,朱升的《易前图说》等,都表现出"明理"的理学学理特征。

2. 陆九渊门人的治学理路

依现存文献作统计,陆九渊门人数量亦复不少。以《宋元学案》《儒林宗派》作统计,可检得的陆九渊门人计有 50 人左右,其中杨简、袁燮、危稹、邹斌、舒璘、沈焕、舒琪等为其成就较大者。

陆九渊门人大致继承并发挥陆氏学说而构建其理学体系,治学理路基本沿着陆九渊所开创的"明心见性"而行。关于陆九渊理学学术特征,黄宗羲通过对朱熹、陆九渊学说之异同比较,而有所交代:

> 宗羲案:先生之学,以尊德性为宗,谓"先立乎其大,而后天之所以与我者,不为小者所夺。夫苟本体不明,而徒致功于外索,是无源之水也"。同时紫阳之学,则以道问学为主,谓"格物穷理,乃吾人入圣之阶梯。夫苟信心自是,而惟从事于覃思,是师心之用也"。……先生为梭山反复致辩,而朱、陆之异遂显。继先生与兄复斋会紫阳于鹅湖,复斋倡诗,有"留情传注翻榛塞,著意精微转陆沉"之句,先生和诗,亦云"易简工夫终久大,支离事业竟浮沉"。紫阳以为讥己,不怿,而朱、陆之异益甚。(梓材案:鹅湖之会在淳熙二年,鹿洞之讲在八年,已在其后。太极之辨在十五年,又在其后。梨洲说未免倒置。)于是宗朱者诋陆为狂禅,宗陆者以朱为俗学,两家之学各成门户,几如冰炭矣。[①]

文中指出,陆九渊学说强调以"心"为本体,以尊德性为宗,强调以"易简工夫"直入心体性体而体贴心性,这与朱熹推崇以"格物穷理"为"阶梯"而"道问学"形成

---

① 黄宗羲原著,全祖望补修,陈金生、梁运华点校:《宋元学案》,第 1886 页。

了鲜明对照。

杨简(1141—1226),字敬仲,慈溪人。乾道五年进士,调富阳主簿。著有《冠记》《昏记》《丧礼家记》《家祭记》《释菜礼记》《己易》《启蔽》《慈湖遗书》等。杨简所著《慈湖己易》可算是其理学的重要代表作。其中论及"心""性"等精义云:

> 天者,吾性中之象,地者,吾性中之形,故曰"在天成象,在地成形",皆我之所为也,混融无内外,贯通无异殊,观一画,其指昭昭矣。……天即乾健者也,天即一画之所似者也,天即己也,天即《易》也。地者,天中之有形者也,吾之血气形骸,乃清浊阴阳之气合而成之者也,吾未见夫天与地与人之有三也。三者,形也。一者,性也,亦曰道也,又曰《易》也,名言之不同,而其实一体也。故夫《乾·象》之言,举万物之流行变化,皆在其中,而六十四卦之义,尽备于《乾》之一卦矣。①

文中可见,杨简把主体之"心"放置于客观世界之上,认为此心生成、涵盖、包有客体。他认为,对客体存在之物的探讨,其指向都是发掘、阐明主体之"心"。这里,杨简把主体之"心"与先验地确定了的生成、涵盖、包有客体的哲理之"心"相混淆相统一,由此,杨简之理学理路,也就以发明"本心"(本性)为出发点和归宿。杨简在《绝四记》中解释孔子"毋意,毋必,毋固,毋我"时讲:"夫人皆有至灵至明、广大圣智之性,不假外求,不由外得,自本自根,自神自明,微生意焉,故蔽之有必焉,故蔽之有固焉,故蔽之有我焉,故蔽之昏,蔽之端,尽由于此,故每每随其病之所形,而止绝之,曰毋如此,毋如此。"②由此可见,杨简认为,人禀赋中天生之灵明广大圣智之本性,亦即心体之禀赋,是赋予"心"可见、可观的基础。

袁燮(1144—1224),字和叔,鄞县人。《宋元学案》载:"(袁燮)遇象山于都城,象山即指本心洞彻通贯,袁燮遂师事陆九渊,而研精覃思,有所未合,不敢自信。居一日,豁然大悟,因笔于书曰:'以心求道,万别千差,通体吾道,道不在他。'"③可见,袁燮认为"道"在"通体",心即是道。他在《絜斋粹言》中讲:"道不远人,本心即道。知其道之如是,循而行之,可谓不差矣。然未能为一,则犹有间也。……惟夫全体浑融,了无间隔,则善之至也。"④他讲"本心为道",又强调践行

---

① 黄宗羲原著,全祖望补修,陈金生、梁运华点校:《宋元学案》,第2468页。
② 黄宗羲原著,全祖望补修,陈金生、梁运华点校:《宋元学案》,第2477页。
③ 黄宗羲原著,全祖望补修,陈金生、梁运华点校:《宋元学案》,第2526页。
④ 黄宗羲原著,全祖望补修,陈金生、梁运华点校:《宋元学案》,第2527页。

工夫,较之杨简理学似更为坚实可行。

舒璘(1136—1199),字符质,一字符宾,奉化人。史载,其岳父乃同乡童大定,为杨时弟子。因此舒璘年轻时就得以闻知伊洛之说。舒璘后又向张栻、朱熹、陆九渊求学,而得于陆九渊理学为多。舒璘重视以存养工夫纠陆氏静坐顿悟之弊,他曾说:"吾非能一蹴而至其域也,吾惟朝夕于斯,刻苦磨厉,改过迁善,日有新功,亦可以弗畔云尔。"[1]显见其学受到朱熹影响。舒璘所著有《诗学发微》《诗礼讲解》《广平类稿》等。《宋元学案》载其《广平类稿》精义,其中有云:"持敬之说,某素所不取。我心不安,强自体认,强自束缚,如篾箍桶,如藤束薪,一旦断决,散漫不可收拾,理所宜然,夫子教人,何尝如是? 入孝出弟,言忠信,行笃敬,出门如见宾,使民如承祭,此等在孩提便可致力,从事无斁,则此心不放,此理自明。"[2]舒璘把"求放心"至于"持敬"之前,认为持敬为末而"求放心"为本,可见其学说亦以求"明心"为首。因此,他又讲:"本原既明,是处流出,以是裕身则寡过,以是读书则畜德,以是齐家则和,以是处事则当。"[3]显然,舒璘继承了陆九渊学说,坚持以"明心"为根本,而在存养、践行之工夫论上,加入了张栻、朱熹等人的主张。

总的看来,陆九渊学派门人,大致以"求放心"为宗旨,以"尊德性"为根本,尽管在具体的存养践履工夫论方面,有的侧重于静坐顿悟,有的吸收了朱熹等人的格物穷理,但其大旨并没有偏离陆氏的"明心"核心。明乎此,则对于陆氏高足的理学理路也就容易把握了。

3. 吕祖谦门人的治学理路

《儒林宗派》列吕祖谦门人 49 人,《宋元学案》列有吕祖谦门人 65 人。其中如辅广、陈孔硕、王介、李大同、刘爚等亦为朱熹门人,且得之于朱熹学说为多。而舒璘、袁燮等又为陆九渊门人高弟。对此现象,清人全祖望已经有所认识,他在《宋元学案》中论南宋中期学派之别,认为:"朱学以格物致知,陆学以明心,吕学则兼取其长,而复以中原文献之统润色之。门庭径路虽别,要其归宿于圣人,则一也。"[4]全祖望论及乾淳以后学派分而为三稍显不足,因为在朱、陆、吕稍后,浙东叶适学派影响广大而学术特色较为鲜明,亦应标出。但全祖望指出了朱、

---

① 黄宗羲原著,全祖望补修,陈金生、梁运华点校:《宋元学案》,第 2544 页。
② 黄宗羲原著,全祖望补修,陈金生、梁运华点校:《宋元学案》,第 2547 页。
③ 黄宗羲原著,全祖望补修,陈金生、梁运华点校:《宋元学案》,第 2547 页。
④ 黄宗羲原著,全祖望补修,陈金生、梁运华点校:《宋元学案》,第 1653 页。

陆、吕三派的学术理路,确为不易之论。而以吕祖谦为代表的婺学学派,确实周旋于朱陆之间,"兼综和合"为其学术风格。而这一学派治学理路,亦在其门人弟子中得到发扬。吕祖谦《丽泽讲义》就显示出其"兼综"之特色,如:

> "履霜坚冰,盖言顺也",此句尤可警非心。邪念不可顺养将去;顺养去时,直至弑父与君。饮酒顺而不止,必至沉湎杀身;斗狠顺而不止,必至杀人。世俗所谓纵性,即顺之谓;"惩忿窒欲",不顺之也。
>
> 天道有复,乃天行自然之道。人之善心发处,亦人心固有之理。天道复,便运行无间。而人心多泯没,盖以私意障蔽。然虽有障蔽,而秉彝不可泯没,便是天行无间之理。①

第一段,吕祖谦强调去"邪心",与陆九渊发挥孟子"求放心"而主张"明心"颇为相近。第二段,吕氏强调"人之善心发处,亦人心固有之理",显然有会合朱熹"明理"与陆九渊"明心"的特点。从以上两段可见,全祖望指出的吕祖谦学术"兼综"之特色,确属不易之论。

除了吕祖谦之外,婺学学派的代表人物,要以吕祖俭、乔行简、赵焯、辅广(亦为朱熹门人)、陈孔硕(亦为朱熹门人)、朱塾(朱熹之子,亦承传朱熹之学)、丁希亮等最为典型。《宋元学案》卷五十一《东莱学案》、卷七十三《丽泽诸儒学案》有不少婺学门人事迹记载。可惜的是,除了辅广等极少数门人之外,吕祖谦门人的理学学术理路,因为文献留存不足,已经难以窥见全貌了。而从辅广等人的学术理路来看,有别于其师的方面亦不突出。因此,我们已无法较为全面地总结吕祖谦婺学后学的学术路径及学术特色了。

4. 叶适金华学派门人的治学理路

《儒林宗派》列叶适门人 18 人,《宋元学案》列 35 人。叶适门人高弟以陈耆卿、周南、戴栩、赵汝谈、叶绍翁、赵汝譡、吴子良等为代表。

周南(1159—1213),字南仲,吴县人。《宋元学案》记:"凡五易师,而后登水心之门。初若无所论质,已而耳改目化,气竦神涌,古今事物,错落高下,不以涯量,顿悟捷得。常以世道兴废为己重,忧时伤国,老校小史,引坐深语。其治身端行拱立,尺寸程准,廉节整饬。水心于吴下弟子以先生为第一。"②可见这里提到

---

① 黄宗羲原著,全祖望补修,陈金生、梁运华点校:《宋元学案》,第 1654—1655 页。
② 黄宗羲原著,全祖望补修,陈金生、梁运华点校:《宋元学案》,第 1809 页。

的周南学术特征有二:"世道兴废"之学、治身端行之礼学。从周南所留存的文献来看,他写有《论军政疏》剖判贪将、良将治军之别,建议朝廷重视对贤将的钱物供给。《论敌我强弱之实疏》提出因兵之不可用而知国之强弱。《庚戌廷对策》提及皇帝为人所蒙蔽之大事:

> 一曰道学,二曰朋党,三曰皇极。夫仁义礼乐是为道……古人同天下而为善,故得谓之道学,名之至美者也。小夫谮人,不能为善而恶其异己,于是反而攻之,而曰:"此天下之恶名也。"陛下入其说,而抱材负学之士以道学弃之矣……小夫谮人犹不已,又取其不应和、少骂讥者,亦例嫌之曰:"我则彼毁,尔奚默焉? 是与道学相为党耳!"陛下又入其说,而中立不倚之士以朋党不用矣。举国中之士,不陷于道学,则困于朋党矣。唯其不能可否而自为智,无所执守而自为贤,然后窃箕子公平正直之说,为庸人自便之地,而"建皇极"之论起。夫箕子所谓"有为、有猷、有守",是有材、有道、操执之人也,"汝则念之",斯须不可忘也。"不协于极"而亦"受之",谓其虽有偏而终有用,亦当收拾而成就之也。今所谓道学、朋党者,正皇极所用之人也,奈何弃天下之有材、有道、有操执者,取其庸人外若无过、中实奸闇者而用之,而谓之"建皇极"哉? 其故无他。阘冗适尊异,凡庸当奋兴,天下之大祸,始于道学而终于皇极矣![①]

上文议论切中时政之弊,深刻揭露出南宋末期政局崩坏之根源在于道学之争、朋党之争与皇极之论,指出了左右朝政的三股政治势力。周南还有《与庙堂议论和书》《四塞论》(上)、《四塞论》(下)、《高祖论》以及《丁卯招试馆职策》等,论及其对于时政、经济国家等方面的思想。《宋元学案》记:"水心尝以文字之任当寄之先生,其卒也,哭之恸。"[②]说明叶适对于周南诗文颇为推崇。《四库全书》在其《山房集》"提要"亦记载叶适、王应麟等人对周南的文采予以高度肯定。从周南的学术理路而言,重经济、明治道、尚礼而多艺文是其主要特征。

陈耆卿(1180—1236),字寿老,号篔窗,临海人。为南宋嘉定七年进士。陈耆卿治学理路特征比较明显,可从四个方面来看。首先,陈耆卿具有调适文道的特征,较之大多数理学家而言,陈耆卿在重道的同时,也重文。如《宋元学案》记:

---

① 曾枣庄、刘琳主编:《全宋文》,第294册,第52页。
② 黄宗羲原著,全祖望补修,陈金生、梁运华点校:《宋元学案》,第1810页。

"吴子良称其文远参洙泗,近探伊洛,周旋贾、马、韩、柳、欧、苏间,疆埸甚宽,而行武甚的。叶水心见之,惊诧起立,为序其所作,以为学游、杨而文张、晁也。"①以此来看,陈耆卿诗文等调适了理学家、文学家之不同士人群体书写"文"的若干特征。他在《上楼内翰书》中倡导经以载道、文以饰经,并就"文之体"进行了探讨,也表露出其调适文道的观点。其次,陈耆卿明于经济治道、刑兵法政等经世之学。《全宋文》收录了他的《奏请罪健讼疏》,其内容是建议抑制乐于诉讼的风气,以免"(顽民)以强笼弱,以富撼贫"②。《奏请急水利疏》是建议朝廷重视水利建设,《奏请正簿书疏》其意在于"行仁政必自经界始。经界,盖良法不幸而经界法坏,则所信者簿书尔"③,目的是确定地权,以利于按亩计税,便于统治。此外,陈耆卿尚有《论和粜之弊疏》,其意在于便于政府调度丰欠以稳定民生,《论钱法疏》目的是稳定财政等。可见,陈耆卿重视经世之学,他对于国家财政、民政、税收、司法等非常熟稔,所提出的建议往往能切中肯綮。再次,陈耆卿对于理学学理的探讨也有自己独到之处。他继承了叶适强调在"明理"的前提下,重视践行的治学理路:"《论》《孟》非能尽天下之书也,能尽天下之书之理也。……学者之从事于斯也,苟不以身体之,以日用推之,而徒耳剿目掠,唇商齿搉,欲以明理,理不明而反晦。"④又进而点明,学者不可求之泛滥,而失却"大旨"。"大旨谓何? 仁义是也。……仁者,天地生物之心也。天地以仁为生物之心,而人亦得之以为心,所谓五常之本,大而无所不包者也。……孔子不言义,以仁而包义也;孟子兼言义,以义而证仁也。"⑤陈耆卿对"理""仁""仁义"之关系辨析精当,显示出其理学思想重视"明理"的重要特征。此外,他又在《答王君梦松书》中提出强调探讨理学义理的重要性,倡导反求诸心,重视日常日用等。在《上水心先生书》中强调崇经而卑传等。上述可见,陈耆卿的治学理路,基本承继了叶适的相关学术思想而又有自己一定的特色。

戴栩(生卒年不详),嘉定元年(1208)进士,字文子,永嘉人。《宋元学案》记:"学于水心,得其旨要,故明经之外,亦高于文。尝云:'《诗》坏于卫宏之《序》,《春秋》误于公羊之《传》,《易》淆于三圣《系》《爻》《彖》《象》之互入,《书》失于孔壁

---

① 黄宗羲原著,全祖望补修,陈金生、梁运华点校:《宋元学案》,第 1806 页。
② 曾枣庄、刘琳主编:《全宋文》,第 319 册,第 11 页。
③ 曾枣庄、刘琳主编:《全宋文》,第 319 册,第 13 页。
④ 曾枣庄、刘琳主编:《全宋文》,第 319 册,第 81 页。
⑤ 曾枣庄、刘琳主编:《全宋文》,第 319 册,第 83 页。

《序》《传》简编之相乱,《周礼》特周公大约之书,当时有未必尽行者。'"①所著有《五经说》《诸子辩论》《东都要略》《戴博士集》。其学术理路,主要有:

重实用、重明理。在《圣学疏》中戴栩写道:"所谓讲学者,《中庸》《大学》其首也。臣不佞,以为陛下之所讲,群臣之所对,未免寝流于虚文。臣请掇其切于实用者言之。"表明了自己对于讲学的态度是"切于实用"。接着,戴栩又强调:"夫能底于至善,即自其致知而得之。天下事物无穷而莫不有定理,其本末有伦,先后有序,惟事事物物,求其至焉。一理既通,触类自悟。"②他认为,讲学之目的,在于通过"格物"以"明理"。此外,戴栩尚有《奏御边札子》《论边备札子》等论政治军事关系、备战等战略问题,有《定海劝农文》论农业问题的重要性等。可见,戴栩治学理路很重要的特点之一,就是切于实用。

重视经学。《四库全书总目》:"《经义考》载栩所著有《五经说》,注曰已佚。今考其说,惟谓《周礼》特周公大约之书,当时未必尽行,其立论颇为有识。至于谓《诗》坏于卫宏之序,《春秋》误于《公羊》之传,《易》由于三圣《系》《爻》《彖》《象》之互入,《书》失于孔壁序传简编之相乱。大抵南宋诸人轻诋汉儒之余唾,虽不存可也。"③说明戴栩对于儒家经学有深入研究,现存《祧庙议札子》《答两项祀礼札子》等,显示出戴栩对于经学之《礼》的熟稔程度。

重文。《四库全书》收其《浣川集》十卷。《提要》认为:"栩与徐照、徐玑、翁卷、赵紫芝等同里,故其诗派去四灵为近。然其命词琢句,多以镂刻为工,与四灵之专主清瘦者,气格稍殊。盖同源异流,各得其性之所近。至其文章法度,则本为叶适之弟子,一一守其师传,故研炼生新,与《水心集》尤为酷似。"④说明戴栩诗文得叶适所传,并与"永嘉四灵"诗派诸人在诗风上有相近之处。戴栩写有《跋无垢先生言行》《跋葛朴翁所和渊明归去来兮辞》《跋朱元刚诗集》《跋朱景渊诗集》《跋初机集》等,显示出戴栩对于诗歌功能、诗歌风格类型、诗歌创作方法等问题的系统思考。

吴子良(生卒年不详),字明辅,号荆溪,临海人。幼从陈耆卿问学,长曾登叶适之门。《宋元学案》记"筼窗之统,传于先生"⑤,说明吴子良深得陈耆卿真传。吴子良所著有《荆溪集》。他有《三先生祠记》,强调会合不同学派学说以求道之

---

① 黄宗羲原著,全祖望补修,陈金生、梁运华点校:《宋元学案》,第 1818 页。
② 曾枣庄、刘琳主编:《全宋文》,第 308 册,第 138 页。
③ 永瑢等撰:《四库全书总目》,第 1395 页。
④ 永瑢等撰:《四库全书总目》,第 1395 页。
⑤ 黄宗羲原著,全祖望补修,陈金生、梁运华点校:《宋元学案》,第 1824 页。

真传："圣道公溥,不可以专门私,圣学深远,不可以方册既。贯群圣贤之旨则可以会一身心之妙,充一身心之妙则可以补群圣贤之遗,孰为异同哉!尔后学之士,其必合朱、张、吕、陆之说,沂而约之于周、张、二程;合周、张、二程之说,沂而约之于颜、曾、思、孟;合颜、曾、思、孟之说,沂而约之于孔子,则孔子之道即尧、舜、禹、汤、文、武之道,孔子之学即皋、益、伊、仲、傅、箕、周、召之学。百圣而一人,万世而一时,尚何彼此户庭之别哉!"①显然,吴子良对于儒家之"道"及"道统"的认识,是对其师叶适"道统"之偏激的有意矫正。值得注意的是,除了对"道"及"道统"颇有新见之外,吴子良对于"文"的艺术性、审美性等也有不少论述。他在《筼窗集跋》中强调:"为文大要有三:主之以理,张之以气,束之以法。"②推崇陈耆卿既能得周、程之理学旨趣,又能得欧阳修、曾巩之文章行文艺术,显示出自觉调适文道的思想。他在《筼窗续集序》中又强调:"文有统绪,有气脉。统绪植于正而绵延,枝派旁出者无与也;气脉培之厚而盛大,华藻外饰者无与也。"③已有从文之内容、结构等方面来把握作文的整体认识。在《筼窗续集序》之文末,他推崇叶适"穷极高深,精妙卓特",以纠正自元祐以来"谈理者祖程,论文者宗苏,而理与文分为二"的弊病,特地提到叶适"亦以其嘱筼窗者嘱予也"④,显示出自觉承继叶适之"文统"的当仁不让精神。上述说明,吴子良在重道的同时,对于包括诗文在内的文学艺术之"文"也比较重视。

上述可见,叶适重要门人的治学理路,大致遵循了叶适学术的特征,在明理、明礼、重视经制用世、调适文道、重文等方面,具有独特的学派特征,大致可以"尚用"来概括。这里的"尚用",无非是强调叶适门人在"明理"的同时,不像程朱学派那样过于重视内在的德性存养等方面,而是试图倡导经世致用之学,通过对儒家礼治、经学、政事、军政、史学等方面的深入探讨,来实现经济国家的意图。

三　开淳之际不同理学学派理学家的理学诗书写

上述可见,开淳之际,朱、陆、吕、叶学派的门人高弟,在继承并发展师传的过程中,大致还是在承传其师理学精义的基础上,围绕其核心而形成了较为明显的学派独有学术特征。那么,这些理学家的诗歌创作是什么样的呈现状态呢?从现存诗歌文本来看,这些理学家的理学诗歌书写具有下述较为明显的特征。

---

① 曾枣庄、刘琳主编:《全宋文》,第341册,第37—38页。
② 曾枣庄、刘琳主编:《全宋文》,第341册,第24页。
③ 曾枣庄、刘琳主编:《全宋文》,第341册,第19页。
④ 曾枣庄、刘琳主编:《全宋文》,第341册,第19页。

第一,朱学门人的理学诗书写,以"明理""心性存养""尊德性""生生不已"为主要诗歌主题类型。

1."明理"诗歌主题类型

其理学诗所书写的"理",是通过"格物致知"之"工夫"而实现的,"格物致知"就成为此类理学诗书写的重要表达方式。"格物致知"是程朱一脉格外重视的"明理"的方法之一,其"致知"目的乃是认识并实践由"格物"而得来的"理"。程朱一脉之"格物",虽有不同理解,但朱熹对于"格物"的阐释,可能是其众门人弟子所共同尊奉的。朱熹在《大学》"致知在格物"条后,有解释:"致,推极也。知,犹识也。推极吾之知识,欲其所知无不尽也。格,至也。物,犹事也。穷至事物之理,欲其极处无不到也。"[1]显然,所谓"格物"乃是通过"穷至事物之理"来"推究"实践主体之"知识",以实现彰明"明德"的目的。但程朱理学显然并不满足于此。因为按照二程的理论,他们所要"体贴"的"天理",往往与"道""心""性"等相同或者是相近。朱熹的"格物致知"所走的认识路径,与二程是完全一致的。因此,朱熹的"格物致知"是他对二程"体贴"以"明理"的具体化实践与理论化提升。可以说,经此转换,二程的"明天理"就与朱熹以"格物"所实现的"致知"得到了高度重合,因此,朱熹的"格物致知"也就具有了"明理""明德""见心性"等目的及功用。

从朱熹门人所写的理学诗来看,朱熹门人的"明理"内容或主旨类型的诗歌类型,藉由"格物致知"而表达或呈现。如曹彦约(1157—1229)《次韵赵使君师夏谒白鹿游栖贤长句》,诗作先是记述峡谷景象,引出土著或认为峡谷所连接的瀑布乃是龙宫所在,是佛教徒施展了法术而囚拘神龙所为;或认为由于和尚晨钟暮鼓而感动上苍,缘此遭际才产生了如此胜境。诗作认为诸说皆误,认为"吾儒自有名教踪,壁立万古涧底松。异端琐细秋后蝥,一物不格皆妄庸"[2],又认为守其"朴实"是朱熹学说与佛教相通的地方。又如陈淳《晴和再用丁韵》,在历述隆冬之后惠风和畅、土脉浸温而农耕劳作之景后,作者据此而悟到天地生生不已孕育万物之"仁"德:"乃知乾元父万物,仁育两间同一家。太和生生终莫遏,不容痴寒固骄夸"[3],这种因推究"物"而及"理"的诗歌,正是代表着朱熹理学"格物致知"认知或思维方式所体现出来的特征。再如陈淳《遭族人横逆》,诗作从颜回、孟子

---

① 朱熹集注,陈戍国标点:《四书集注》,第 6 页。
② 傅璇琮等主编:《全宋诗》,第 32139 页。
③ 傅璇琮等主编:《全宋诗》,第 32339 页。

"胸怀洒落""律己"等道德品格而得出"君子于物本无闷"的人生态度,接着作者对世故世俗的诸多"薄俗"进行了揭露和鞭挞,再由此之"恶"而反观自身,强调"要之总总皆吾外,于我内者庸何伤。达人大观等毫毛,不为欣戚留心胸"①,诗作以"格物致知"所表达出的"知"自然是作者的洒落胸怀与德性圆满的境界。值得注意的是,"格物致知"在朱熹理学体系中,不仅是其探究德性、物理、义理的方法与目的,也是作为认知手段而形成的制约和影响认知过程的思维方式。因此,在朱熹门人的诗作中,常常体现出与作为目的的"明理"内容或主旨类型的诗歌与作为认知方法的"格物致知"思维方式的诗歌相交织的情形。如上述曹彦约、陈淳的诗作都体现出这种情况。翻阅朱熹门人的诗作,"明理"内容或主旨类型的诗歌数量是比较多的。如彭龟年、魏了翁、徐侨、程洵、金朋说等人,都写有大量的"明理"内容或主旨类型的诗歌。某种程度上,可以说,"明理"内容或主旨类型的诗歌,是朱熹门人诗歌的一个比较明显的共同特征。

2."心性存养"诗歌主题类型

自以《大学》《中庸》为代表的儒家典籍开始倡导"心性"问题之后,儒家就以对"心性"的义理探讨和实现诚、敬、定止等为目的的"心性"追求为重要道德目标。到了两宋时期,从北宋理学"五子"开始,理学家探讨"心性"的客观性、本体性,以及实现体悟、保有儒家所推崇的定止心性的方法也就是"存养"问题,构成了宋代理学递相发展与嬗变的主流。这固然是理学由开启其端的"五子"的共同学术旨趣所规定了的,但与佛教相竞胜、缘于党争而形成的党祸以及不断完善的理学理论体系的内在性要求等,都是导致宋代理学越来越重视探讨"心性存养"的重要原因。

从朱熹门人的诗歌创作来看,"心性存养"是为其所瞩目的重要内容或主题类型。如曹彦约写有《弈棋戏作》:"人皆托物涤尘襟,我亦于棋了寸阴。散诞不知身老大,从容聊与世浮沉。诸君误作机关说,老子初无胜负心。收拾定应全局在,清风明月照书林。"②诗作表达了其与世浮沉、以书为乐的散淡生活情趣。作者于日常日用之中,心性安详定止而无关胜负、功名,这正是理学家所倡导的心性存养之学。又如魏了翁(1178—1237)有诗《寄李考功道传》:"虚灵天地心,亹亹万化机。几形有动静,诚尽无显微。人惟不自信,稊颜有相违。居人惮寒暑,

---

① 傅璇琮等主编:《全宋诗》,第 32340 页。
② 傅璇琮等主编:《全宋诗》,第 32177 页。

游子行不归。谁知炯然存,彼物乃吾知。高人真畏友,圣贤吾师师。"①诗篇述及对"心"之体、用、文等问题的认识,大致是按照周敦颐《通书》的逻辑表述而形诸文字。诗末强调,心体的炯然光明,乃是客观存在的。由此诗可见,魏了翁对于心性问题的认识是非常深入而当行的。再如蔡沈(1167—1230)有诗句"吃紧此心常自在,一诚之外靡余师"②,强调存养此心要以自在、诚等为根本。程洵(1135—1196)《荣木和陶靖节韵》亦有句:"惟皇降中,天理具存。是曰成性,道义之门。"③指出"性"乃"天理"所降临于实践主体而成为此主体之根本所在。从朱熹门人的理学诗歌来看,"心性存养"主题是其重要的诗歌类型。朱熹的另外一些理学门人,如度正、陈宓、刘黻、金朋说等,都写有不少的"心性存养"内容或主旨类型的诗歌。

3."尊德性"诗歌主题类型

"尊德性"命题来自《中庸》。《中庸》有句:"君子尊德性而道问学,致广大而尽精微,极高明而道中庸。"朱熹疏解为:"尊者,恭敬奉持之意。德性者,吾所受于天之正理。道,由也。温,犹燖温之温,谓故学之矣,复时习之也。敦,加厚也。尊德性,所以存心而极乎道体之大也。道问学,所以致知而尽乎道体之细也。二者,修德凝道之大端也。不以一毫私意自蔽,不以一毫私欲自累,涵泳乎其所已知,敦笃乎其所已能,此皆存心之属也。"④可见,在朱熹看来,"尊德性"乃是"存心"于"道体之大",强调对"性""心""德""道"等形而上的探讨与追寻。"尊德性"与"道问学"乃是一往上、一往下的探询,但两者都强调存养主体的"去私""涵咏""敦笃"之实践,都与存养"心性"有关。

从朱熹门人所写作的理学诗来看,"尊德性"诗歌内容或主题类型占了不少分量。如黄榦《刘正之宜楼四章并序》,其序云:"刘正之创新居,以宜名其燕处之楼,谓其春秋冬夏无不宜也。同志之士既已共赋之矣,予因采诗之四宜以广其意焉。一章言宜其室家也,二章言宜尔兄弟也,三章言宜尔子孙也,四章言罄无不宜也。读之者亦足以见予与正之道义相与之意云。"⑤诗四章,分别表达了对刘正之夫妇琴瑟相好、兄弟和谐、子孙福泽绵茂、守静持福等方面的良好祝福与希冀。蔡元定《寓居武夷》亦有句:"不向利中生计较,肯于名上着工夫。窗前野马闲来

---

① 傅璇琮等主编:《全宋诗》,第 34874 页。
② 傅璇琮等主编:《全宋诗》,第 33649 页。
③ 傅璇琮等主编:《全宋诗》,第 29800 页。
④ 朱熹集注,陈成国标点:《四书集注》,第 51 页。
⑤ 傅璇琮等主编:《全宋诗》,第 31476 页。

往，天际浮云自卷舒"①，表达其对于名利的淡然之心。楼钥（1137—1213）有诗《攻愧斋》，其序云："余以攻愧名斋，俞致翁惠书谓若无愧可攻者。读之悚然不敢当，以诗谢之。"诗云："圣贤不得见，道散固已久。学者多自贤，鲜肯事师友。颠冥声利中，悔吝皆自取。动言无愧怍，未知果然否。寡过云未能，先圣欣善诱。凛凛孟氏言，几希异禽兽。参乎病知免，遂使启足手。……每思攻所愧，扁牓铭座右。三诵故人书，惭汗几欲溜。夫岂为戏言，知君于我厚。因之更加警，补过尚无咎。"②诗作以圣贤之道自期，抒写对先圣的尊崇之心，也表达出自己自讼自励的志向。"重道""崇圣"与"存心"，是此诗的主体内容。朱熹门人对于"尊德性"诗歌主题是非常重视的，写作了大量的此类诗歌。从现存的朱熹门人诗歌留存来看，如徐侨、蔡沈、度正、陈宓、曹彦约、陈文蔚、陈淳、彭龟年、魏了翁等人，都写有不少此类主题的诗歌作品。

4."生生不已"诗歌主题类型

在北宋程颢、程颐理学体系中，"生生不已"已经受到格外重视，被认为是"天地之德性"，而此德性具有生发、育成之功用，这一德性也就是人之本性如"仁""诚""德"等客观存在的基础。朱熹同样对此十分重视，曾对"生生不已"有丰富论述。他在《与张钦夫书》论及"心"体时云："退而验之于日用之间，则凡感之而通、触之而觉，盖有浑然全体、应物而不穷者，是乃天命流行生生不已之机，虽一日之间万起万灭，而其寂然之本体则未尝不寂然也。"③以"生生不已"为"天命流行"之用，此"生生不已"亦即为"心"体之功用。在《答王子合》中，朱熹又与门人王子合就"天地之心"有所辨析，他认为"天地之心固在于生物"，而"生生不已"作为天地之心的功用与外显，又与"已发""未发"等有密切关联。可以说，"生生不已"思想，是朱熹理学的核心理论之一。而在宋代理学中，"生生不已""鸢飞鱼跃""生意""窗前青草不除"等，所表达的理学义蕴，又往往是相同的。

从朱熹门人的理学诗书写来看，对"生生不已"主题亦多有表达。如程洵有诗句"默坐无余念，欣欣物自荣"④，表达天地与人因"生生不已"而相通的思想，这实际上也是抒写默察体验"道"体的诗歌表述。魏了翁《次韵叔衍兄贺生子》有句："云霾障日树蒙密，草蔓漫天山蔽亏。生意正从芽蘖露，善根不逐斧斤斯。溶

---

① 傅璇琮等主编：《全宋诗》，第 28925 页。
② 傅璇琮等主编：《全宋诗》，第 29317 页。
③ 曾枣庄、刘琳主编：《全宋文》，245 册，第 57 页。
④ 傅璇琮等主编：《全宋诗》，第 28907 页。

溶此理谁能解,剩喜吾宗有白眉。"①以树、草蒙密郁勃,充满生意,来赞美魏叔衍喜得贵子。由于程朱一脉格外重视以体贴"生意""生生不已气象"等来"求道",因此,朱熹门人高弟的理学诗之中,"生生不已"内容或主旨类型的诗歌所占分量是比较多的。检阅《全宋诗》可见,如徐侨、魏了翁、陈文蔚、曹彦约等人,也写有不少表达"生生不已"主题的诗歌。

除了上述四类诗歌主题之外,朱熹的很多门人的理学诗创作还涉及不少诗歌主题,如"乐意""观物""孔颜乐处""巧贼拙德"等。可见,朱熹门人的理学诗的类型丰富性等是比较突出的,大大超出了陆九渊、吕祖谦的门人高弟理学诗的主题类型。而仔细分析朱熹门人高弟的诗歌主题,大约都与"明理"紧密相关。这里的"理"主要是指德性之理,如"道""性""心""德"等形而上的德性本质,而与表示"规律""元点""实质"等"道理"有所不同。朱熹门人高弟诗歌所表达的"明理",既涉及"明理"的目的,如天地之仁、人的心性实质、推崇道德的实在性和客观性等,又涉及"明理"的方法,如格物、观物、体贴等,还涉及存养心性的方法、手段、途径,如问学、体贴、默察等。而从朱熹门人高弟理学诗而言,其"明理"的对象也是较为广泛的,如天地自然界、人类社会、历史事件与历史人物、自然界的动植物、山水河川、人类认识自然界、社会和历史问题的具体活动,如问、学、思等,都是其"明理"的对象。

第二,陆九渊有诗歌留存的门人高弟之中,其理学诗主题类型,要以"心性存养""尊德性"等最为明显,但不管是哪一类主题类型,都对"明心"非常重视。

陆九渊门人高弟,有诗歌留存的非常少,仅有杨简、袁燮、孙应时、危稹等数人。从这几人的诗歌作品来看,除了危稹诗歌类似杨万里风格,与文人诗比较相近而并不书写理学诗之外,其他几人的理学诗作品也呈现出比较明显的共性特征。

杨简、袁燮、孙应时等人的理学诗书写,普遍使用了"格物致知"表达方式。如杨简有诗《石鱼楼》:"多谢天工意已勤,四时换样示吾人。碧桃丹杏分明了,绿艾红榴次第陈。秋雁声中休卤莽,雪梅枝上莫因循。机关踏着元非彼,正是吾家固有身。"②诗歌抒写天地四季发育,成功者去,正是表达"生生不已"之义,此乃"天"之德性,可称之为"天命"。而"天命"降临于人即为人之本质的存在,此可称之为人"性"。此诗由景而及理,正是"格物致知"的典型认知或思维方式。类似

---

① 傅璇琮等主编:《全宋诗》,第 34867 页。
② 傅璇琮等主编:《全宋诗》,第 30081 页。

的诗作，杨简还写有不少，如《偶成》之一："春入园林种种奇，化工施巧太精微。山禽说我胸中事，烟柳藏他物外机。既遣杏桃呈似了，又令蜂蝶近前飞。如何有眼无人见，只解西郊看落晖。"①亦是表达天地人之"性"的统一。以"格物致知"来从事理学诗书写，陆九渊门人高弟也是非常重视的，数量不少。如袁燮《游宝方山》在书写了此山之幽岩、脱俗、天巧等之后，在诗篇之末写有如下诗句："我本烟波徒，雅性厌驰骛。搜寻得所欲，心境顿明悟。……兹山虽可乐，用之乃成路。有径不能用，茅塞大可惧。对此发深省，岁月勿虚度。"②从现代逻辑学而言，不管是归纳还是推理，此诗前半部所写的游山内容，并不能得出诗末的认识。而得益于理学之"格物致知"特有的"识察""体贴"等认识方式，才产生了诗末的由境而入理，"景""境"与"心"得以形成了符合理学认知方式的联系。上述可见，陆九渊门人高弟理学诗中的"明理"或"明心"主题类型的诗歌书写，与朱熹门人高弟的同类主题类型的诗歌书写相比较，其道德理性指向、诗作结构与表达方式等，是高度一致的。

陆九渊门人高弟的"心性存养"诗歌主题类型，无论是就其数量来讲，还是就其涉及"心性存养"内容的丰富性来讲，都是令人瞩目的诗歌史现象。如从学于朱熹、陆九渊而得于陆氏为多的孙应时（1154—1206），写有多首送别张栻的诗作，其中有句："诚能正其本，谈笑了群动"③，"至仁先内治，岂曾废远略"④，"圣门有佳处，谁为发关键。归依得其人，心岂间近远"⑤，都咏及"心性"主题。而他在《读晦翁遗文凄怆有作》有句："敛意师圣贤，精心玩图象。全体极浑涵，灵根妙充养"⑥，对朱熹师圣贤而重"心性存养"给予了高度评价。其《自警》有句："忿燥肝或裂，惧剧胆能破。吾身幸无苦，及兹无乃过。虚中阅万物，谷响聊应和。可令蟆蚀月，竟作蚁随磨。根危实易感，骤咽忽已唾。何当安如山，持用警昏惰。"⑦诗作提及保养心性及其存养问题。上述可见，孙应时诗歌对于"心性存养"问题是比较重视的。同样，陆九渊的得意门人高弟杨简，有组诗《偶作》19首，其中涉及"心性存养"的就有15首。如其一："此道元来即是心，人人抛却去求深。不知求

---

① 傅璇琮等主编：《全宋诗》，第30086页。
② 傅璇琮等主编：《全宋诗》，第30995页。
③ 傅璇琮等主编：《全宋诗》，第31698页。
④ 傅璇琮等主编：《全宋诗》，第31699页。
⑤ 傅璇琮等主编：《全宋诗》，第31699页。
⑥ 傅璇琮等主编：《全宋诗》，第31699页。
⑦ 傅璇琮等主编：《全宋诗》，第31979页。

却翻成外,若是吾心底用寻。"①强调"道"即是"心"。又如:"恶习起时能自讼,谁知此是天然勇。多少禅流妄诋诃,不知此勇元不动。"②推崇"自讼"以修性守心,并及批判佛教。从杨简理学诗来看,书写他对"心性存养"的体察默识,成为其诗歌的重要特征。如其有句"物物皆吾体,心心是我思"③,强调"心"备万物之性。杨简又有诗句书写"心"之体用特性:"此机不动万象沉,此机一发靡不到。此机不属上下中,此机非西南北东。此机无远亦无近,此机至正而大公。"④杨简此诗阐释了陆九渊理学的基本特征,那就是万事万物皆备于一心。

陆九渊门人理学诗中,"尊德性"内容或主旨类型的诗歌类型亦有不少。如杨简《慈溪金沙冈歌》有句:"子思不知万物我发育,推与圣人自固蔽。……汩汩昏昏到今日,所幸慈溪却不然。……大道荡荡而平平,圣训至明至坦夷,一无荆棘相维缠。学子首肯斑斑焉,静明庄敬非强参。"⑤诗作赞美陆九渊识见万物由我之心而生发,认为其超越子思、孟子而直入孔门之室。袁燮《以鉴赠赵制置》首先历述此铜鉴之"洞烛毫发"的功用,然后由此而体贴默识,得出其缘由:"非由外至,实自中发。……物自不逃,初非鉴往。人心至神,无体无方。有如斯鉴,应而不藏。鉴以尘昏,心以欲翳。欲全其明,盍去其累。……勿贪小利,勿徇虚名。律身惟谨,上功必实。欺心不萌,精忠贯日。"⑥诗作由观铜鉴而悟及形而上的"理",那就是铜鉴之功用实来自人之"心"的识别。本此,诗作进而探究人之"心"之体、用,强调不贪、不徇、惟谨惟实,方能还复"心"之体、用。以镜比心,是二程理学的重要话语,强调的是其心如镜,勿将迎,无内外,定止其心。但袁燮于此却转换了二程的原意,代之以"心"体广大而无所不能,铜镜之功用有赖于人之"心"的察识,铜镜能照见事物,是人之"心"而非铜镜的功用在起作用。

上述可见,陆九渊门人高弟的理学诗歌,其主题与朱熹门人高弟的理学诗歌主题类型极为相近,共同表现为重视"格物致知""尊德性""心性存养"等。不过,总的来看,陆九渊门人高弟的理学诗歌,无论其数量质量,还是书写的理学义理、理学旨趣,较之朱熹门人都有很大逊色。从有作品留存的陆九渊门人高弟的诗歌来看,因为其大多数门人的诗歌留存极少,已经无法断定其门人理学诗书写的总体情况。

---

① 傅璇琮等主编:《全宋诗》,第 30083 页。
② 傅璇琮等主编:《全宋诗》,第 30084 页。
③ 傅璇琮等主编:《全宋诗》,第 30085 页。
④ 傅璇琮等主编:《全宋诗》,第 30087 页。
⑤ 傅璇琮等主编:《全宋诗》,第 30095 页。
⑥ 傅璇琮等主编:《全宋诗》,第 30985—30986 页。

　　而吕祖谦门人的理学诗作品,要么类似朱学门人重视"明理",要么类似陆九渊门人重视"见心",要么以"文"见长。这种现象,主要还是与吕祖谦门人的特殊经历有关。吕祖谦门人高弟之中,不少人具有多方求学的经历。如辅广、刘爚、陈孔硕、王介、邹补之、李大同等又是朱熹门人。舒璘、袁燮是陆九渊门人。而叶秀发、巩丰等多与文人交往。上述诸人,除了袁燮、巩丰、刘爚等诗歌作品较多之外,其他人诗歌留存都极少,不足以归纳其诗歌主题倾向。而叶适门人除了陈耆卿之外,如周南存诗二卷,但极少写作理学诗,其中写景诗、送别诗、咏物诗、应酬诗为多。赵汝谠存诗一卷28首,也没有反映理学主题与理学旨趣的诗歌。其他如赵汝谈存诗15首,叶绍翁存诗60首左右,均没有理学诗。而就陈耆卿诗歌来看,四库馆臣从《永乐大典》所辑出的诗歌有一卷,其理学诗主题主要类型有"心性存养"主题、"尊德性"主题与"格物致知"主题等。如表达"心性存养"的诗句,是其《闲居杂咏六首》中的重要主题类型。如其一:"万化逐流水,一往不复回。昨日栏中花,今晨安在哉。焚香心如冰,未受寒暑催。赠花以片言,自落还自开。"[①]诗歌内容书写万物之"性",指出万物之相虽时而灭,唯有"性"体无所依赖,永恒常在。诗末引入佛教"花开花落"来表达作者"物性常在"的观点。而陈耆卿《磨镜》则表达出作者的理学诗重要主题"格物致知":"蠹蚀宁堪久,挂揩长恨迟。浮云手底尽,明月眼中移。鉴垢浑能治,心尘不解医。休云磨者贱,此是主人师。"[②]诗作由观"磨镜"起兴,由此悟及心性之存养问题,显然从其内容及思维方式而言,都与"格物致知"相关。总的来看,陈耆卿理学诗的主题类型,与朱熹、陆九渊的门人高弟的理学诗极为相近。

　　张栻、朱熹、陆九渊和吕祖谦门人之中,"文字之传"开始为众多理学家所注重。从朱熹门人高弟的诗歌作品来看,不少人对于"文"也是非常重视的。如私淑于朱熹的楼钥,存诗14卷,数量极多,但他仅有四首左右可算作理学诗。而金朋说存诗较多,诗歌除了理学诗之外,文人诗也不少。不过总的来看,朱熹门人高弟似乎对纯粹的文人诗创作抱有警惕态度。与之有显著不同,陆九渊门人却比较重视纯粹的"文人诗"书写。如危稹存诗20余首,诗歌多类文人诗,写景、咏物、叙事之诗多,基本没有涉及理学相关内容。总的来看,无论是朱熹还是陆九渊门人,全力写作"文人诗"尚属个别现象。

　　相比较之下,吕祖谦、叶适门人则对"文"非常重视。《四库全书总目》于陈耆

---

① 傅璇琮等主编:《全宋诗》,第35195页。
② 傅璇琮等主编:《全宋诗》,第35199页。

卿《箴窗集》下引吴子良《荆溪林下偶谈》记:"叶适汲引后进,以文字之传,未有所属。晚得耆卿,即倾倒付属之。时士论犹未厌,适举《东坡太息》一篇为证,谓他日终当论定。其后才十数年,世上文字,日益衰落,而耆卿卓然为学者所宗。"又记:"耆卿四六,理趣深而光焰长。以文人之笔藻,立儒者之典型。合欧、苏、王为一家,适深叹赏之。"①可见叶适本人对于"文字之传"的重视。而吕祖谦本有"中原文献"之传,其门人高弟中,亦有不少人重视"文"。如吕祖俭、叶秀发、巩丰等人,其诗歌几乎均无理学主旨、理学义理的内容。

　　本节的研究结论是:开淳之际,不同理学学派学者的学术理念、关注对象和治学目的,对其诗歌创作产生了一定影响。值得注意的是,这一时期不同理学学派学者所持有的理学义理,与其理学诗创作数量、核心表达范畴等并不形成必然联系。这种情况反映了中国诗歌史上的一个常见现象:作者的知识素养、学术追求等,与其诗歌创作实践有密切联系,但并不构成对等关系。作为文学体式之一的诗歌,与主要作为哲学形态而存在的理学,其交集、纠结的复杂关系,比较典型地反映出来两者的各自固有特质。此外,研究所见,同一学派的理学家,对待理学诗的态度也有显著差异。

第六节　流于文史:宝至之际理学之嬗变与宋末元初理学诗之衍变

　　宝至之际,指的是自南宋理宗宝祐元年(1253)至元惠宗至元六年(1340)这一历史时期。这一时期,较为活跃的理学家,基本上是朱熹、陆九渊等人的再传弟子或者三传弟子。如黄榦晚期门人方来,辅广门人陈著,辅广再传陈普,洪天锡门人丘葵,陈普门人韩信同,刘敬堂门人熊禾,陈埴门人董楷,叶味道门人王柏,杜煜门人车若水,蔡沈之子蔡杭、蔡模,饶鲁门人吴锡畴,林夔孙门人江万里,欧阳谦之门人欧阳守道,柴中行门人汤汉,魏了翁门人许月卿,高稼门人高斯得,王柏门人黄超然,方镕门人方逢辰,方逢辰门人魏新之,此外还有金履祥、刘辰翁、谢翱、方凤、王炎午、文天祥、家铉翁、陈深、汪炎昶等人。上述诸人,有不少人卒于元朝建立之后。如许月卿卒于1285年,谢翱卒于1295年,刘辰翁、陈著卒于1297年,金履祥卒于1303年,熊禾卒于1312年,陈普卒于1315年,韩信同卒

---

① 　永瑢等撰:《四库全书总目》,第1396页。

于 1332 年,丘葵卒于 1333 年,汪炎昶卒于 1338 年,陈深卒于 1344 年。之所以以"宝至之际"为历史时段来对这一时期的理学家的学术路径及其诗歌实践进行研究,主要是因为,蒙古及元朝建立之后相当长的一段时期,对原南宋地区的文化统治尚比较粗疏,上述入元的理学家皆以宋人自居。《全宋诗》亦收入了上述诸人的诗作。考虑到此期理学家诗歌创作实践的连贯性,以"宝至之际"作为时间段来考察其学术路径与其诗歌创作实践的关联,是合适的。

这一时期,从理学史而言,朱熹闽学开始占据主流地位,陆九渊心学学派亦有一定影响。而张栻、吕祖谦、叶适、林光朝等理学重要学派的后学,要么被融汇于闽学、心学学脉之中,要么影响力已经急剧衰减。林光朝三传林希逸(1193—?)序乐轩(陈藻)《诗筌》记:"在昔隆、乾间,士之师道立,浙有东莱吕氏,建有晦庵朱氏,湘有南轩张氏,江西有象山陆氏,莆有艾轩林氏,皆以道师授,并世而立名者也。艾轩于时犹为前辈,号南夫子,独不喜著书,门人又益微。……张、吕诸儒,以其书在,可磔裂欺世,故人能言之。言象山者,疑信已半。至若艾轩姓氏,则问之晚少年,漫不省。"[①]可见到了晚宋时期,除了朱熹闽学之外,陆九渊心学已经疑信参半,影响力锐减,而张栻、吕祖谦之学亦为人所乱,被当作文献来割裂使用。至于颉颃于朱陆且为其前辈的林光朝,其学说已衰微到了无人传习的程度。

这一时期理学家的诗歌书写,较之开淳之际也有很大的变化。突出的特征是,其一,这一时期,理学家普遍在求道的同时,对写诗不再如前那样采取排斥态度,而是往往喜好写诗,且很多理学家以写作诗歌见长,他们所创作的理学诗的数量也很多[②]。其二,这一时期的不少理学家,所创作的诗歌更为关注社会时事、国运覆亡,而多慷慨悲凉之气,这与他们的师长辈理学家的诗歌多关注理学义理、理学旨趣等形成了鲜明对照。[③]

一　宝至之际理学家的发展路径与理学关注

宝至之际的理学发展路径,长久以来并不受文史专家的重视。从哲学、文学、史学等已有研究成果来看,学术界往往对这一时段的理学家及其理学思想采取略而过之的态度。绝大多数研究著作,对晚宋时期理学家的理学特征、学术贡

① 黄宗羲原著,全祖望补修,陈金生、梁运华点校:《宋元学案》,第 1481 页。
② 可参见查洪德:《理学背景下的元代文论与诗文》,中华书局,2005 年,第 28 页。
③ 可参见史伟:《宋元之际的理学诗风及其反拨》,《江西社会科学》2013 年第 6 期。

献及文学地位等,均基本没有涉及或者极少涉及。其原因,大概是觉得,这一时期理学家的学术成就难以与朱熹、陆九渊、吕祖谦、叶适等人相并立,就是同朱熹门人黄榦、陈淳、熊节等人相比,其理学理论视野、理论境界等也相去甚远。这一时期的理学家,所面对的是理学前辈如周敦颐、邵雍、程颢、程颐、张载等人已经建构起来的相当完善的理学体系,"五子"后学如杨时、胡宏、周行己等人又在理学基本范畴与命题方面进行了深入探讨,完善和发展了"理一分殊""格物致知""道"之体用、"道"与"仁"的统一性、"性不可磨灭"等思想。朱熹、陆九渊等又对"道问学""尊德性""理气""心即理"等进行了探讨。自"五子"发端而经其后学的递相补充与完善,终于形成以朱熹门人陈淳《北溪字义》、黄榦《圣贤道统传授总叙说》、程端蒙《性理字训》等为代表的理学理论形态,至此,理学已经成为门庑广大、体系严整、义理精密的理论体系。生活在前辈之后的理学家,往往继承多而创获少,也是必然的了。不过,平实而论,南宋末期的理学,虽博大、深邃不能与南宋中期朱陆诸大家相比较,但在若干理学精义的探讨上仍然有所突破。大致而言,晚宋时期的理学家,其理学学术贡献主要表现在如下五个方面:

其一,宝至之际的理学家,接续其理学前辈如程端蒙、陈淳、黄榦等人的学术关注重点,对若干理学重要范畴和命题进行更为精微深刻的阐释。这一时期,理学家对于理学范畴,如"心""性""命""诚敬""道统""乐""养气""天地之心",以及天地之性与理、气关系等,都有所探讨,在其前辈已有认识的基础上,丰富了这些理学命题与范畴的义蕴。如陈著(1214—1297)对"心"之体用、"道"之于"天"等进行了全面梳理,丰富了理学范畴的内涵。他认为,自周敦颐以来理学家认为的"心"之本为"静"的观点并不成立:"人受血气而生,心统性情之妙,心不能不感于物,静不能不动于感,而性之欲出矣。欲所当欲,则亦天性也;欲非所欲,则血气之私也,欲其善恶之机乎!"[1]周敦颐正是认定"心"之本位"静",因此才进而认定"情"为"心"之动,动则分阴阳,"五性感动而善恶分,万事出矣",因此需要"主静立人极"[2]。而陈著认为"欲"从"感","感"为"心"之用,因此,"欲"亦为天性,这可以看作是明代理学"从欲"观的思想萌芽。他又提升了"道"的地位,认为:"道,天常也,常之外,安有道?"[3]把"道"等同于天志之"常"。这就把理学之"道"的涵义极大地拓展了。陈著的论学,亦与程朱一脉有所不同。陈著强调"学"乃在于"存

---

① 黄宗羲原著,全祖望补修,陈金生、梁运华点校:《宋元学案》,第 2902 页。
② 周敦颐著,陈克明点校:《周敦颐集》,第 6 页。
③ 黄宗羲原著,全祖望补修,陈金生、梁运华点校:《宋元学案》,第 2901 页。

养心性"："人之所学何事？亦惟言必有物，行必有常，而忠信笃敬为本。虚则易放，闲则易怠。"①这与程颐、朱熹等人的观点是有明显差异的。早期的理学家如周敦颐、程颐等人，"学"乃是"求做圣人"，"学"以"成人"，而朱熹则强调，"学"亦是"格物"之一种，乃是"求道"之途径。到了陈著则强调"学"乃是存养之一种，与"言""行"相关，"忠信笃敬"为"学"之本，这里的"学"显然等同于"存养"了。又如车若水（？—1275）对"格物"之"格"的探讨，颇发人深思："格物是穷理，不可易也。而以格为至，则有可筹绎者。格于上下，可以训至，格物难以训至。曰致知在至物，非辞也。愚尝谓格且比方思量之谓，此为是，此为非，此为正，此为邪，此为轻，此为重，今之谚欲知轻重，则曰以称格之。"②车若水对其当时理学家代表性的"格物"说进行了剖析，认为训"格"为"至"并不恰当，这显然是对程颐和朱熹等人观点的否定。他以俗言为证，认为"格"为"比方""思量"之义，这就推进了对"格"的认识。其他如方逢辰（1221—1291）《石峡书院讲义》主张"仁乃生理"③、金履祥（1232—1303）《复其见天地之心讲义》强调"天地之心乃仁"④等，虽然其观点不出朱熹、陆九渊等人的思想主张，但亦可见宝至之际理学家孜孜于探讨理学基本范畴与命题的热情与学术追求。总之，宝至之际的理学家，大致接续其前辈学者而对理学基本范畴与命题的义理方面有所探讨。他们以其缜密的理论探讨，深化、拓展了理学若干重要范畴与命题的精义。这些理学家的辛勤努力，丰富和完善了宋代理学体系，并对元明理学产生了重要影响。

其二，明辨朱熹、陆九渊学说，及理学同道、释二家之不同。自朱熹、陆九渊门人开始即形成理学史上旷日持久的朱陆之争，但实际上，正如《宋元学案》已经指出的，朱熹、陆九渊各自在其晚期的理论探索中，亦对对方的一些观点和方法有所吸收。但朱陆门人大多并没有认识到这一点。而作为朱陆再传或者三传之后学，则走得更远，他们对于朱陆之别更为重视，很多人对此有所发挥。如陈普（1244—1315）就认为：

> 若如陆说，则《易传》为虚作，而大、小程异趣矣。《诗》《书》《易》《礼》《四书》，微周、程、朱，学者至于今犹夜行耳。据当时，则朱之训诂为可矣。由今观之，则朱之四书、《诗》《书》《礼》《易》是邪非邪？可有邪不可有邪？……六

---

① 黄宗羲原著，全祖望补修，陈金生、梁运华点校：《宋元学案》，第2902页。
② 黄宗羲原著，全祖望补修，陈金生、梁运华点校：《宋元学案》，第2130页。
③ 黄宗羲原著，全祖望补修，陈金生、梁运华点校：《宋元学案》，第2747页。
④ 黄宗羲原著，全祖望补修，陈金生、梁运华点校：《宋元学案》，第2739页。

经注我,庄生之流,傲忽之辞。六经注我,而我于六经之义,仍犹有所未明,何哉?未辨太极面目,而遽斥无极之非,未详于《易》,而遽目《易》为注我,此所为傲忽者也,先立其大,则必略其小,而迷于下学上达之途矣。且有小德出入之弊,近日有磨砺大节、至其平居则放言纵欲、致犯清议者,此说开之也。大概陆学多犯朱书明辨是非处。①

文中,陈普认为朱熹之注很重要,藉此可以获得对儒家经典精义的把握。而陆九渊之"六经注我"则舍注而强调发明自得,显然是对儒家传统的疏离和偏重。他又对陆九渊所理解的"太极""无极"之说法给予驳斥,认为陆九渊"先立乎大"自然会"迷于下学上达",批评其不能如朱熹那样明辨是非。陈普此论,可以看作自朱陆之辨以来的重要阶段性总结。宝至之际的理学家,亦对理学同道、释之不同有所探讨。实际上,自二程开始,理学家已经对理学同道释之不同给予足够重视。但是,由于二程多从存养心性的目的上着眼来谈理学与道、释之差异,因而大多数二程之门人都认同佛教、道教存养身心的方法,有的则全然堕入佛教理窟而受到朱熹的批评。同样,由于乾淳之际的一些理学大师如陆九渊、吕祖谦等亦往往对理学与佛教、道教并不排斥,因此,其学说中时见道释之内容。自二程门人谢良佐、杨时等人而开其端的兼用道、释存养心性的做法,到了胡寅、陆九渊、吕祖谦等人已经开始影响到一些理学家对于"心性"之体用的认识。而众所周知,理学之重心乃是"心性存养"以实现"内圣"的学问。因此,鉴于道、释在乾淳之际已经成为动摇理学根基的重要因素,故朱熹对此攻之甚力。严辨理学与道释之分,明道统而以"格物"至于"明德",成为朱熹学说的重要内容。宝至之际的理学家,对此承继了朱熹之说,而又有发挥。如陈著强调:"道,天常也,常之外,安有道?外常以求道,妄而已。……二儒与道,自太史公始。不知道而以家分之,流弊之极,至于可乘云御风,骑鹤按鲤。吁,有是哉!"②这是对于司马迁以家数而分"道"的批评,他认为"道"具有唯一性。车若水亦就理学之"诚""仁"等与佛教之"静""安心"等进行对比,指出佛教借用"吾儒名分",实在是"七颠八倒":

禅家之法,只是要人静定,痴守一向,更不思别路,久而自能通达。此吾儒至诚如神意。吾儒公溥,他只是自私。……问:"如何是佛祖西来意?"曰:

① 黄宗羲原著,全祖望补修,陈金生、梁运华点校:《宋元学案》,第 2065 页。
② 黄宗羲原著,全祖望补修,陈金生、梁运华点校:《宋元学案》,第 2901 页。

"庭前柏树子。"此语最好,是吾儒一个仁字也。"如何是佛?"曰:"干屎橛。"谓前人往矣,我自当作工夫,说前人甚么。此句与吾儒别。有问:"请师安心?"曰:"将心来与汝安。"百丈谓沩山曰:"汝拨炉中有火否。"沩山拨云:"无火。"百丈起,深拨得火,云:"此不是火!"吾儒亦如此教人……然既曰悟道,必当首先悟吾父母何如,三纲五常,身体发肤,七颠八倒,反借吾儒名分之说,与四海五湖无所系着之人捏合交道,而自谓高于一世,而人亦以是高之,然若无朝廷见成饭与吃,见成法与持,亦定坐禅不成也。①

车若水从"自私"来看佛教之说的弊端,他透过佛教所谓"不落窠臼"之言说技巧,挑选了数则偈语进行分析,指出儒家亦如佛教一般教人,但之所以听者不重视儒家之说,而服行佛教之言,乃是佛教借用儒家"名分之说"、朝廷给予其地位而已。

其三,宝至之际的理学家,较之朱熹、陆九渊、叶适以及其后学门人重视从原始儒学经典中发掘、提炼理学基本范畴与命题以构建其理论体系的做法有所不同,他们往往重视探讨原始儒学与宋代理学之一体性,而对程朱学派的正统性进行证明。由此,奠定了朱熹之学为儒家正统真传的地位。如陈普提到:"性命、道德、五常、诚敬等事,在四书、六经中,如斗极列宿之在天,五岳、四渎之在地,舍之不求,更学何事?"②强调理学所重视的基本范畴,都是四书、六经之重要内容。他又从"道理"之千古无丝毫变易的角度,认为圣人与濂洛先贤所见亦同:"大略天下之物,其形体、性情、位分、度数,凡如此如彼者,皆是道理当然,所以千古万古无一毫变易,盖理至此止,不可得而易也。……所以圣人提出,濂、洛画出。其所提出画出,只是一个所以为物者而已,思之而见,察之而得,然则形迹声臭,可以耳目闻睹,故谓之无极。无极太极,只是一个,非有二也。有物必有则,有形必有性;则各有所至,性各有所极。物与形出于气,而则与性即太极之各具于物者,与物未尝相离。然必别提出状之于物上者,物有去来生死,其则其性,乃道理之本体,无时而不在也。"③陈普以义理为出发点,辨析了孔子与周敦颐、程颐、朱熹等人之思想的一致性,认为他们只是以不同的话语来表达相同的"道理",颇与西方亚里士多德等人逻辑学所强调的"同物"而可有"异名"相近。又如丘葵在《周礼补亡自序》中提及:"《周礼》一书,周公为天地立心,为生民立命,为万世开太平之

---

① 黄宗羲原著,全祖望补修,陈金生、梁运华点校:《宋元学案》,第2129页。
② 黄宗羲原著,全祖望补修,陈金生、梁运华点校:《宋元学案》,第2063页。
③ 黄宗羲原著,全祖望补修,陈金生、梁运华点校:《宋元学案》,第2063页。

书也。"①这里的"为天地立心,为生民立命"正是张载的理学主张,并被张载之后的理学家所共同遵奉。丘葵以此来看《周礼》,亦即把理学家之理学理想等同于以恢复《周礼》为目标。由此出发,丘葵对如何恢复《周礼》进行探讨,他认同真德秀之看法,认为欲行《周礼》当有周公之心。进而,丘葵认为:"周公之心,何心也?尧、舜、禹、汤、文、武之心也。以是为书,故能为天地立心,为生民立命,为万世开太平也。"②这样,也就论证了宋代理学家对于"道"之探讨,乃是承继自尧舜禹周公等以来的儒家传统,由此,也就证明了宋代理学乃是先秦原始儒家的自然发展。

出于同样的目的,熊禾(1247—1312)从"道统"出发,强调了原始儒学如《大学》《中庸》等与理学濂洛朱熹学说的一脉相传:

> 尊道有祠,为道统设也。……今观六经之文,皆其德被生民,功加万世,尧、舜、禹、汤、文、武、周公、孔子之传在是。自是之后,四代礼乐之具,惟颜氏有之。晚年则惟曾子所传,独得其宗。曾传之思,思传之孟矣。《大学》《中庸》、七篇之书,皆可具见。道丧千载,直至濂溪、明道、伊川、横渠、晦庵五先生,而后此道始大明于世,而其学皆足以为天地立心,生民立极。往圣继绝学,万世开太平,其立德立功立言,未有大于此者矣。③

与黄榦、曹彦约等人关于"道统"之"义理"前后如出一辙之论述有所不同,熊禾是从"道"之体、用、文三者来分析古之德、言、功,认为先圣与圣人与理学"五先生"在道统方面是一致的。这就论证了理学等同于先秦儒家经典所载的圣贤之"道",从而提升了理学之地位。其他如金履祥《孟子性命章讲义》以"性也"一节、"有性焉"一节来区分"气质之性"与"天地之性","有命焉"一节、"命也"一节来探讨"气之理"与"理之气"的义理精义,进而把理学之基本思想等同于《孟子》相关儒学义理。④ 方逢辰常把"仁""生理""心"等相联系,强调"得天地之理以为性,故万物皆备于我"⑤,认为其义与《孟子》所见相同。如此一来,宝至之际的理学家就论证了原始儒学与理学的一脉相承性。

---

① 黄宗羲原著,全祖望补修,陈金生、梁运华点校:《宋元学案》,第 3241 页。
② 黄宗羲原著,全祖望补修,陈金生、梁运华点校:《宋元学案》,第 3241 页。
③ 黄宗羲原著,全祖望补修,陈金生、梁运华点校:《宋元学案》,第 2072 页。
④ 黄宗羲原著,全祖望补修,陈金生、梁运华点校:《宋元学案》,第 2741 页。
⑤ 黄宗羲原著,全祖望补修,陈金生、梁运华点校:《宋元学案》,第 2737 页。

其四，宝至之际的理学家，在关注理学精义之外，多注重经世之学。宝至之际，南宋王朝既要面对愈来愈严峻的内部政治危机，包括皇权虚悬、权臣专制、朋党之祸愈演愈烈等，又面临具有强大军事实力的蒙元大军的入侵，内忧外患的政治态势就要求包括理学家在内的士人提出解决策略。由此，在承继理学先贤探讨于性命之际的道德之学的同时，宝至之际的理学家如金履祥、黄震、徐元杰等也对经世之学给予了高度关注。如金履祥颇有军事谋略，史载其在晚宋政权行将覆亡之际，出奇策以试图解其危困："宋季，国势阽危，任事者束手罔措，先生独进奇策，请以舟师由海道直趋燕、蓟，俾捣虚牵制，以解襄、樊之围。其叙洋岛险易，历历有据。时不能用。"①其经世之才华令人称奇。又如真德秀门人徐元杰在对策时，言及："大臣读圣贤书，畏天命，畏人言。士论所以凛凛者，实以陛下为四海纲常之主，大臣尤当身任道揆，扶翼纲常者也。自闻起复之命，凡有父母之心者莫不失声。兴言及此，非可使闻于邻国者也。"②明确强调士人之所以能超越圣人之"三畏"之戒而敢于以凛凛气节来进策以卫国，乃是认为皇帝为纲常之主，大臣应以"扶翼纲常"为任，但听闻朝廷起复使用奸佞之臣史嵩，士人莫不寒心。徐元杰的进谏之辞极为严厉，反映出他的鲜明政治态度与果敢经世的淑世精神。

宝至之际，除了有金履祥、徐元杰这样以实际参与政治来实践其经世主张之外，更多的理学家则以对经世学理的探讨，来试图影响政治。对此，王柏（1197—1274）的主张颇有代表性。他讲："三代以下所甚急者，富国强兵而已。富国强兵，必以理财为本。……世衰道微，学绝教弛，士气不振，风俗不淑，以士大夫体不立而急于用，借济时行道之言，以盖其富贵利欲之私心。"③他以"富国强兵"为急务，而严厉批评儒者对此漠不关心。稍后，文天祥在《祭欧阳守道文》中，标出欧阳守道之学在于"有益于世用"，正可看作宝至之际理学家治学路径转型风尚之所在。宝至之际具有重要影响力的理学家汤汉也强调"人主清心无欲""大臣公心无我"，表达出彼时理学家关注时事而重视经世之学的学术特征。

其五，宝至之际的理学家，对史学、地理学、诗学等颇为重视，呈现出独有的重"杂学"学术特征。在王朝行将覆灭之际，士人出于规避政治风险的动机，选择了远离政治而投身于史学或者诗学以全身避祸。这当然是儒家"明哲保身"的处世传统。宝至之际的很多理学家，亦是如此。钱穆《宋明理学概述》列有"南渡宋

---

① 黄宗羲原著，全祖望补修，陈金生、梁运华点校：《宋元学案》，第 2737 页。
② 黄宗羲原著，全祖望补修，陈金生、梁运华点校：《宋元学案》，第 2713 页。
③ 黄宗羲原著，全祖望补修，陈金生、梁运华点校：《宋元学案》，第 2730 页。

学",于宋末只取金履祥、黄震、王应麟三人为代表,认为"朱、陆以下,理学上没有更大进步,但史学则继续有传人"①。指出南宋末年的理学家,于史学更为优长。于此之际,代表性的理学家有金履祥、黄震、王应麟等人。

金履祥于天文、地形、礼乐、田乘、兵谋、阴阳、律历之书,靡不穷究。他有《通鉴前编》《论孟考证》等书,特别是《论孟考证》多发朱熹所未发。金履祥传许谦,后传于明初宋濂等,影响极大。《元史》本传记其所编《通鉴前编》云:"履祥尝谓司马文正公光作《资治通鉴》,秘书丞刘恕为《外纪》,以记前事,不本于经,而信百家之说,是非谬于圣人,不足以传信。自帝尧以前,不经夫子所定,固野而难质。夫子因鲁史以作《春秋》,王朝列国之事,非有玉帛之使,则鲁史不得而书,非圣人笔削之所加也。况左氏所记,或阙或诬,凡此类皆不得以辟经为辞。乃用邵氏《皇极经世历》、胡氏《皇王大纪》之例,损益折衷,一以《尚书》为主,下及《诗》《礼》《春秋》,旁采旧史诸子,表年系事,断自唐尧以下,接于《通鉴》之前,勒为一书,二十卷,名曰《通鉴前编》。凡所引书,辄加训释,以裁正其义,多儒先所未发。"②于此可见金履祥史学才能。黄震(1213—1280),其《古今纪要》为史学名著。《四库全书总目》在黄震《黄氏日钞》下记:"是书本九十七卷:凡读经者三十卷,读三传及孔氏书者各一卷,读诸儒书者十三卷,读史者五卷,读杂史、读诸子者各四卷,读文集者十卷,计六十八卷,皆论古人;其六十九卷以下,凡奏札、申明、公移、讲义、策问、书记、序、跋、启、祝文、祭文、行状、墓志著录者计二十九卷,皆所自作之文。其中八十一卷、八十九卷原本并阙,其存者实九十五卷也。震与杨简同乡里,简为陆氏学,震则自为朱氏学,不相附和。是编以所读诸书随笔札记,而断以己意。有仅摘切要数语者,有不摘一语而但存标目者,并有不存标目而采录一两字者。"③可见其读书广博,史学造诣精深。又如王应麟(1223—1296),著述繁多,涉猎广博。《宋史》载其著作有:《深宁集》一百卷、《玉堂类稿》二十三卷、《掖垣类稿》二十二卷、《诗考》五卷、《诗地理考》五卷、《汉艺文艺志考证》十卷、《通鉴地理考》一百卷、《通鉴地理通释》十六卷、《通鉴答问》四卷、《困学纪闻》二十卷、《蒙训》七十卷、《集解践阼篇》《补注急就篇》六卷、《补注王会篇》《小学绀珠》十卷、《玉海》二百卷、《词学指南》四卷、《词学题苑》四十卷、《笔海》四卷、《姓氏急就篇》六卷、《汉制考》四卷、《六经天文编》六卷、《小学讽咏》四卷。《四库全书总目》在

---

① 钱穆:《宋明理学概述》,第 180 页。
② 永瑢等撰:《四库全书总目》,第 786 页。
③ 脱脱等撰:《宋史》,第 12991 页。

其《诗地理考》下记："其书全录郑氏《诗谱》，又旁采《尔雅》《说文》《地志》《水经》以及先儒之言，凡涉于诗中地名者，荟萃成编。然皆采录遗文，案而不断，故得失往往并存。"①显示王应麟于史部地理稔熟。《四库全书总目》在其《通鉴地理通释》条下记："是书以《通鉴》所载地名，异同沿革，最为纠纷，而险要阨塞所在，其措置得失，亦足为有国者成败之鉴，因各为条列，釐定成编。首'历代州域'，次'历代都邑'，次'十道山川'，次'历代形势'，而终以'唐河湟十一州''石晋十六州''燕云十六州'。书本十四卷。《宋史》本传作十六卷，疑传刻之讹也。其中征引浩博，考核明确，而叙列朝分据战攻，尤一一得其要领，于史学最为有功。"②表现出杰出的史学才能。受其影响，王应麟弟子元代马端临有《资治通鉴注》，内容重在史、地而兼包经、子，为世所推重。

上述可见，宝至之际理学家的理学精义探讨和其理学体系建构，虽然较之其前辈理学家如黄榦、陈淳、熊节、程端蒙等人大为逊色，但是，他们在理学理论建构及理学范畴阐发等方面仍然有不少值得重视的新成就。尤其是，这一时期若干理学家重经世之学、重"杂学"的治学路径，标志着宋代理学在重"义理"的同时亦重"史学"的重大转变，这一治学路径的变化，对中国近古学术的发展有很大影响。考察可见，宝至之际理学家的上述学术路径，在其诗歌创作实践上亦多有表现。

二　宝至之际理学家的理学诗指向及其特征

宝至之际的理学家，创作了数量宏富的诗歌。从这些诗歌的主题和意趣来看，可分为理学诗、文人诗两种类型。考察可见，宝至之际理学家的理学诗内容或主旨类型的诗歌，除了延续其前辈理学家的主题类型，而在诗歌境界、诗歌内容及诗歌旨趣等方面有所拓展之外，又在诗歌题材、诗体样式等方面有不少变化，呈现出特有的诗歌面貌。

其一，宝至之际理学家所书写或创作的"明理"内容或主旨类型的诗歌，以其数量多、内容丰富而成为这一时期令人瞩目的诗歌类型。从宝至之际理学家的这一类诗歌来看，要以丘葵、王柏、熊禾、包恢、吴锡畴等人所创作的"明理"内容或主旨类型的诗歌最为典型。这一类诗作往往使用了"格物致知"诗歌表达方式。如王柏就写作了数量不少的以"明理"为内容或主旨的诗歌。王柏的这一类

---

① 永瑢等撰：《四库全书总目》，第 126 页。
② 永瑢等撰：《四库全书总目》，第 421 页。

诗歌,所"格"之"物",种类明显较多。如《牧歌寄谦牧翁》因山前所见山石如羊,疑似群羊所化。而谦牧翁壁画有二牛,因此而"格"知仙佛各有"妙处"。又其《天基节雨有感》因节日淅沥细雨而"格"知天人相应,圣(皇帝)心感慕而诚心动天,因此得雨。又其《和希夷木犀韵》因秋晚望月而香气入鼻,遍寻获见南服嘉树,因此而"格"得"一根生意贵栽培,力到自然文郁郁"①之"理"。可见,王柏的"明理"内容或主旨类型的诗歌,因事、因物、因景等而"格"得的"知",往往是与理学宇宙观、心性之理及道德伦理等相关的"理"。与王柏相似,丘葵写有不少"格物致知"主题类型的诗作。丘葵(1244—1333),早崇朱熹之学,亲炙于吕大圭、洪天锡之门最久。宋亡,杜门不出,与谢翱、郑思肖有"闽中三君子"之称。他写有《莲生》三首。其一:"莲生污泥中,其叶何青青。人生有恒性,云胡荡于情。"②前二句书写了青莲生于污泥之中,但其叶葳蕤而富有生机。后两句则由此物象而"格"出性理:人生之本性本来是具有永恒的品格,为何为情而摇荡变化呢!诗篇因象起兴,接着因象而"格",得出关于心性的"理"。另外两首,分别以生于污泥的莲叶"何郁郁""何戢戢"立象起兴,"格"出人生之"恒性"为何"蔽于欲""狃于习"。显然,这种诗歌书写方式,深受程朱一派理学思理的影响。其写作方式是以程朱理学的"格物"而"明理"展开的。丘葵的"格物致知"主题理学诗歌,往往以这种理学认识方式来写作,如其《石榴花》以"英英石榴花,不火而自晰"③这一现象而起兴,因此而"格"出今之人"附炎热""悦媚色"之人世之社会伦理常态;《风雨中与吕之寿读文公诗传》因"风雨"而悟及天分无私而人性相似;《信儿有作依韵勉之》因"母鸡啄儿粟,一啄还一呼"而"格"出"古来骨肉间,爱深色自愉"④等。总的看来,宝至之际,熊禾、包恢、吴锡畴等人的"明理"内容或主旨类型的诗歌,不管是从其所格之"物"也好,还是所"格物"而得的"知"来看,基本上不出上述丘葵、王柏二人的同类内容或主旨诗歌类型的所表现出的属性特征。可以说,宝至之际的这一类诗歌,明显承继了开淳之际曹彦约、陈淳、魏了翁、彭龟年等人的内容或主题类型及其诗歌表达方式。

其二,宝至之际的"生生不已"内容或主旨类型的诗歌,成为这一时期理学诗的另一重要内容。"生生不已"被理学家认为是天地之本性,而天地之性所降临于人,就是人的本性即"仁"体所在,而"仁"又是包举"四体"即"义礼智信"的。可

---

① 傅璇琮等主编:《全宋诗》,第 38032 页。
② 傅璇琮等主编:《全宋诗》,第 43851 页。
③ 傅璇琮等主编:《全宋诗》,第 438512 页。
④ 傅璇琮等主编:《全宋诗》,第 43854 页。

见,"生生不已"内在地会通了自然、万物与人,是具备了理学所讲的最高层次的"理"或者"道"之所在。可见,"生生不已"关系到理学之根本,不管是程朱理学还是陆九渊心学或者其他学派,都必须对此予以重视。从理学家的理学诗写作而言,自周敦颐、程颢、程颐、邵雍等人在诗歌中书写理学"生生不已"内容或主旨之后,理学家已经把书写或表达这一内容或主旨当作一种诗歌传统。宝至之际,王柏、丘葵、熊禾、吴潜、家铉翁、许月卿、陈著等人的理学诗书写,继承了其前辈理学家的传统,对"生生不已"内容或主旨多有书写或表达。其中,王柏对于"生生不已"内容或主旨的诗歌书写或表达,较有代表性。其《喜雨》诗云:"瀹郁双云合,雺霈一雨通。新凉驱积暑,喜气薄高穹。点点含生意,声声起死功。田家虽少歉,尚可及年丰。"①观天气而得其"生生不已"之特性,并及雨"生"农物之功。其《春归》诗又云:"春来春去果何心,静坐焚香细细评。太极流行千古事,一元发育四时情。黄堆稼穑谁勋业,绿到桑麻已老成。舒惨荣枯人自异,此中生意本分明。"②以"春来春去"起兴,而悟及"一元"(生机)发育,此"生生不已"为天地之道(太极),"舒惨荣枯"虽于人而表现为不同形态,但也只不过是"生意"的不同阶段和表现形式。与王柏的"生生不已"内容或主旨的诗歌书写相类似,熊禾写有长诗《探梅》,开篇述及在初夏之时于梅树下"捋实攀条枝",慨叹"古来际不遇,物理亦可推"。继写八九月梅树叶尽枝瘘,精华内敛,而赏梅者亦稀。由夏、秋梅之运化发育,作者自然生发出"仁者天地心,生生无穷期"的宇宙意味,而期待"明年烟雨中"再看到梅树"不断生生机"③,以至于清阴成蹊,由此,作者于诗篇中表达出求仁得仁、安适随化的人生态度,这正是对深恐岁华摇落,而奄然物故之焦灼心态的调适。与此相似,吴锡畴(1215—1276)有《春日》表达对周敦颐"窗前草不除"而珍惜"生意"的思想。家铉翁(1213—?)咏及"心体湛然绝纤翳,日新又新常惺惺"④,表达出对"日新其德""持敬""用诚"等理学思想的重视。上述可见,宝至之际理学家对于"生生不已"内容或主旨的诗歌书写,无论是从题材还是表达方式而言,都承继了其前辈理学家同一内容或主旨的诗歌书写而鲜有变化。

其三,宝至之际的"心性存养"内容或主旨的诗歌书写,在内容上有所侧重,出现了一些与前有所不同的变化,其动向值得注意。开淳之际,理学家对于"心性存养"内容或主旨的诗歌书写,当对宝至之际理学家有较为明显的影响。从此

① 傅璇琮等主编:《全宋诗》,第38010页。
② 傅璇琮等主编:《全宋诗》,第38021页。
③ 傅璇琮等主编:《全宋诗》,第44097—44098页。
④ 傅璇琮等主编:《全宋诗》,第39947页。

期理学家的同一内容或主旨的诗歌书写情况来看,宝至之际理学家的"心性存养"内容或主旨的诗歌书写,呈现出数量极多、内容丰富的取向。丘葵《题竹西独宿寮》:"独行不愧影,独卧不愧衾。乐哉抱吾独,守此一片心。此心寂不动,众欲无由侵。孔昭在潜伏,所贵惟一钦。"①诗篇书写作者对"守心"的追求,认为定止其心乃是疏离欲望、自适得乐的重要存养方式。他又有诗《夜坐读书》,先言雨晴风吹之气候宜人,再言夜读之感。由此生发出澡尘奉天之敬心,并及年华易逝而所学无成之惕戒。此外,丘葵《病中作》又言及"此心不动穷无鬼"②,《仰高堂外看山》提及"此心有全体,动静无尘缘"③等,都对心性之本有所认识。可见,丘葵的这一内容或主旨的诗歌书写,涉及对心性存养的体、用等层面的把握,在具体写法上也有因象明心、直言心性存养之"理"等不同方式。与丘葵此类内容或主旨的诗歌书写相比,陈普、王柏、车若水、家铉翁、许月卿、程公许、包恢等人,在诗歌所表达的心性存养内容方面显得更为广泛。如陈普有诗《积雨写怀》其二:"一片真纯要反观,纤毫外物不相干。乐天岂向青云乐,安土须向陋巷安。日出扶竹天地喜,云深拨火鬼神看。化机何啻亲兄弟,但与为徒有底难。"④咏及存养心性之"真"不需外求,如此可观天地化机,自得安乐。此诗直写义理而无比兴。他又有诗句"云作交游山作宾,道心为主自安贫"⑤,"世间惟有心须霁,一片浮云不可遮"⑥等,表达其安贫乐道、定止心性的心性追求。与之相似,王柏也有不少诗歌直接书写其"心性存养"内容。其诗《和通斋密窝韵二首》之一:"密密窝中克己私,人心才动最惟危。诚身有道须明善,暗室之中莫自欺。凛凛知风知显处,兢兢不睹不闻时。圣师欲到无言地,子贡当年也未知。"⑦诗篇言及朱熹所谓"道学心传"之"道心惟微,人心惟危",强调心诚、明善、不自欺,认为这些有关心性存养的内容,属孔门至境。其同题诗作另一首有诗句:"了无声臭谁能测,纵有神明岂足窥。此外不忧还不惧,于中何虑更何思。浩然一气充天地,谁道吾侪老未衰。"⑧言及"道"体无声无臭,求道当保有心体的清明纯和,不忧不惧,无虑无思,

---

① 傅璇琮等主编:《全宋诗》,第 43851 页。
② 傅璇琮等主编:《全宋诗》,第 43880 页。
③ 傅璇琮等主编:《全宋诗》,第 43883 页。
④ 傅璇琮等主编:《全宋诗》,第 43750 页。
⑤ 傅璇琮等主编:《全宋诗》,第 43757 页。
⑥ 傅璇琮等主编:《全宋诗》,第 43773 页。
⑦ 傅璇琮等主编:《全宋诗》,第 38024 页。
⑧ 傅璇琮等主编:《全宋诗》,第 38023 页。

以仁心而养气。此两首"心性存养"内容或主旨的诗歌,对理学"心性存养"义理把握非常精到,可谓精微深邃,凸显出作者极高的理学造诣。宝至之际,其他如车若水、家铉翁、许月卿、包恢等人的"心性存养"内容或主旨的诗歌书写,也都是围绕着理学心性存养的目的、方法及个人的存养方式等来书写。单就所反映出的心性存养内容来看,与丘葵、王柏的同题诗歌是非常相近的。

其四,宝至之际的"明理"内容或主旨的诗歌书写,其"理"开始与"道问学""尊德性""求道"等理学命题和范畴相融合,呈现出内容具体化、丰富化的倾向。宋代理学诗中的"明理"内容或主旨的诗歌书写,自周敦颐、邵雍、程颢、张载等启端而经杨时、尹焞、张九成等人的诗歌创作努力,到了朱熹、陆九渊、叶适等为代表的乾淳之际,已经成为理学诗的重要主题类型。而到了开淳之际,以朱熹门人为主体的理学家之"明理"内容或主旨的诗歌书写,已经开始呈现出融合性、包容性等特性。也就是说,开淳之际的"明理"内容或主旨的诗歌书写,往往与"格物致知""尊德性""道问学""心性存养""观物""孔颜乐处"等内容或主旨的诗歌书写相融合,在一定程度上兼有理学诗之其他内容或主旨类型的诗作的某些属性。与之相似,宝至之际,很多理学家的"明理"内容或主旨的诗歌书写也承继了开淳之际其理学诗前辈的诗歌特征,并在很大程度上表现出融合性、包容性等特质。如许月卿(1216—1285)有诗《登慈恩绝顶有感》:"为学平生不究源,未妨绝顶上慈恩。塔高俯视群山小,江阔能容巨浪宽。人每中登难脚力,谁于高处领天根。须信平生为基址,基址牢时德业尊。"①诗作咏及人生当学有本源,惟此方能登高远望,穷通天人之际。诗作以登慈恩绝顶起兴,融"格物致知""尊德性""道问学"为一体而以"明理"为统摄其宗旨,表现出宝至之际理学家"明理"内容或主旨的诗歌书写的典型特性。与之相似,方逢辰有诗《鸡雏吟》:"我闻先儒云,鸡雏可观仁。须臾不舍母,是即孝弟根。不待教而知,不待习而成。于斯为良知,于斯为良能。人从此充拓,四海皆闵曾。……天于微物上,感人恻隐真。人观鸡护雏,铁石为动情。子呱方卧冰,安得卵覆人。勿看鸡伏鹜,吾则行吾仁。"②以鸡雏须臾不离其母起兴,由此而"格"得孝悌、为教、良知、良能等"仁"之用。此诗含崇德性、道问学、明心等诗歌主题,而以"明理"为贯穿线索,其表达方式与许月卿《登慈恩绝顶有感》相似。又如金履祥《奉和鲁斋先生涵古斋诗二首》之一:"圆融无际大无余,万象森然本不癯。百圣渊源端有在,六经芳润几曾枯。人于心上知涵

---

① 傅璇琮等主编:《全宋诗》,第 40549 页。
② 傅璇琮等主编:《全宋诗》,第 41199 页。

处,古在书中非远图。会到一源惟太极,包羲原不与今殊。"①诗篇以"明理"而涵涉"心性存养""尊德性",亦与许月卿、方逢辰等人的"明理"内容或主旨的诗歌书写相近。宝至之际的理学家诗人,也有一些较为简单的"明理"内容或主旨的诗歌书写,这些诗并不表现出融合性、包容性等特性。如许月卿《月代》诗以"月代太阳,太阳代月"②起兴,说明天道循环具备客观性和正当性,由此而明君臣之分、教化流行乃不可移易之"理"。再如其诗《涉世》强调"涉世如涉谷,只宜在浅处"③,表达趋向于隐居以修道的高洁情怀。再如文天祥(1236—1283)《京城借永福寺漆台口占似王城山》,以神秀"心如明镜台"偈语起兴,而言"此台已是赘,何况形而器"④之理。可以说,宝至之际理学家的"明理"内容或主旨的诗歌书写,其内容是比较广泛的。

其五,宝至之际"重道统""重师传"理学内容或主旨的诗歌书写,较之开淳之际明显增多,表现出这一时期理学家重师传、明道统等观念的持续走强。与开淳之际理学家诗歌有所不同的是,宝至之际,以陈普、金履祥、陈著、丘葵、熊禾、王柏、许月卿、方逢辰等人为代表,创作了数量不算少的"重道统""重师传"等为主题的诗歌。他们的这一类诗作,往往推扬理学前贤如周敦颐、邵雍、程颢、程颐、朱熹、陆九渊、黄榦、何基、王柏等人的理学思想,而以诗歌形式书写其义理。如陈普写有《朱文公》《程朱之学》四首、《文公书橱》八首等诗篇,表达了他对二程及朱熹、许衡、韩信同等大儒的赞美。值得注意的是,上述诗篇中,陈普对程朱之学及其代表人物的理学思想及其理学史贡献的概括,颇能得其精义。如他推崇程朱诸贤云:"向微程朱子,出手为开辟。我辈白日中,夜行至今日。"又概括程朱之学重在心性存养:"枢纽在方寸,运化斯为基。"⑤这些诗句明标道统,深得程朱精髓。其长诗《劝学》则于诗句下多有自注,认为陈襄、陈烈、郑侠、苏颂等理学初兴之前的儒者,以及理学家陈瓘、游酢、杨时、胡安国、胡宏、范祖禹、罗从彦、李侗、朱熹、蔡元定、蔡渊、蔡沈、黄榦、李方子、陈淳、真德秀、杨复等近四十人为闽中问学楷模。在很大程度上,上述诸人是被陈普视作闽中理学学脉而褒扬的。如赞美游酢、杨时与胡氏父子:"天开道统游杨胡,一气北来若兰馥",强调其接续道统

---

① 傅璇琮等主编:《全宋诗》,第42583页。
② 傅璇琮等主编:《全宋诗》,第40528页。
③ 傅璇琮等主编:《全宋诗》,第40531页。
④ 傅璇琮等主编:《全宋诗》,第42939页。
⑤ 傅璇琮等主编:《全宋诗》,第43730页。

而传入闽地之功。又赞美朱熹云："三胡三蔡与五刘,新安建安如一族"①,对朱熹"植立纲常""开发蒙昧"大加赞美。熊禾亦有《三山先贤祠落成八首》赞美周敦颐、程颐、朱熹、黄榦等理学先贤。《观洛行》又对邵雍、二程、杨时、游酢等给予赞美。而金履祥写有《北山之高寿北山先生》推扬何基,《华之高寿鲁斋先生七十》赞美王柏。此外,尚有汤汉尊崇朱熹、真德秀;许月卿推崇周敦颐、黄庭坚、邵雍、朱熹;方逢辰推崇邵雍、魏了翁等。

宝至之际,以"讲学体""语录体"等书写《论语》《孟子》及朱熹、黄榦等人的理学思想,也是常见的诗坛现象。自邵雍、杨时、张九成等人始,"讲学体""语录体"等"俗体"一直是理学家热衷写作的诗体形式。宝至之际的理学家,对此热情不减。如陈普写有《大学》:"致知格物为最难,梦觉关中善恶关。若得二关俱过了,方成人在两仪间。"②认为"致知格物"为最难的"工夫"。强调实践主体应以"致知格物"来突破"梦觉""善恶"这"二关",才能实现对道体的把握。诗作内容正是对《大学》精义的阐发。陈普写有多组"讲学体"或者"语录体"诗作。如其《论语》组诗有《首序》《时习章》《巧言令色章》等 12 首,《毛诗》组诗有《甘棠》《桃夭》等 6首,《中庸》"道不远人五首"③等。其《孟子》组诗 105 首,可算其最具代表性的"语录体"或者"讲学体"诗作。其内容均是阐发《孟子》义理,其中不乏精妙之作。如其《性善》:"异论纵横害已深,一言性善发天心。民彝物则依然定,多少纲常起兽禽。"④强调孟子"性善"说突越群贤之处,认为"性善"可直接"天心",为天地之道体降临为人之性体的表现,因此"性善"说为社会伦理道德秩序的客观性存在奠定了基石,是人之所以为人而脱离兽禽的分水岭。宝至之际,以"讲学体""语录体"等阐发儒学义理的诗歌是非常多的。如王柏写有长诗《畴依》,从"元气开物"开始,历述道统之所在,以明伏羲、尧、舜、禹、汤、文王、武王、孔子、曾子、子思、孟轲、周敦颐、程颢、程颐、张载,以及游酢、谢良佐、杨时、朱熹等之"道"一脉相传,表达出其务本向道而不悖的"畴依"理想。诗中,王柏对于儒家一脉相承之"道"的阐发,除了依从朱熹、黄榦、陈淳、程端蒙等人的若干理论之外,亦有不少新见。类似诗篇,在熊禾、许月卿、包恢、方逢辰、方凤等人的诗歌作品中亦多见。

---

① 傅璇琮等主编:《全宋诗》,第 43743 页。
② 傅璇琮等主编:《全宋诗》,第 43774 页。
③ 傅璇琮等主编:《全宋诗》,第 43774 页。
④ 傅璇琮等主编:《全宋诗》,第 43779 页。

三 宝至之际理学家的其他诗歌内容及其特征

宝至之际的理学家诗歌创作,不仅其理学诗内容有所拓展,就是其他题材的诗歌较之嘉祐之际也有了不少变化,其较为引人瞩目的,是重文统、重诗歌技巧、重家国板荡之思、重史学地理学等相关知识的书写。很多理学家在写作理学诗的同时,已经不再坚持"作文害道""重道轻文"等理学家传统的文道观念,而代之以诗、道兼存,不相排斥的较为宽容态度。

其一,宝至之际的理学家,出现了重诗统、推重文人诗的倾向,这是理学家诗歌书写中值得注意的现象。这一时期,很多理学家在写作了不少理学诗的同时,也表现出重诗统、推重文人诗的总体取向。如王柏诗文宏富,然大多亡佚。其诗文《甲寅稿》已佚,明正统间其六世孙集为《王文宪公文集》二十卷行于世。《四库全书总目》记:"其诗文虽亦豪迈雄肆,然大旨乃一轨于理。……盖其天资卓荦,本一桀骜不驯之才,后虽折节学问以镕炼其气质,而好高务异之意仍时时不能自遏。故当其挺而横决,至于敢攻孔子手定之经,其诗文虽刻意收敛,务使比附于理,而强就绳尺,时露有心牵缀之迹,终不似濂溪诸儒深醇和粹,自然合道也。特其勇于淬砺,检束客气,使纵横者一出于正、为足取耳。"①可见,王柏只是到了中年后才留心理学,诗文具有"豪迈雄肆"的风格。他的诗歌,有不少抒写儒学之"道"。如其诗句"濂翁著和淡,感兴开紫阳。紫阳尚六义,六义兴已亡"②,表达出他对二程、朱熹诗歌的推崇。又如王柏咏及"私心崇义断"③、"我已百年灰,只有敬贤念"④等,表现出他对于儒家之"道"的坚守。不过,王柏对儒家之"道"的推崇并没有影响到他对诗歌的热爱。王柏有诗篇述及其对于"诗统"的理解,表达了他对当时晚唐体大行的批评:"周衰二雅废,风兮歌舞狂。梁选尚远思,渊明粹而庄。开元生李杜,我宋推苏黄。宗派已沦坠,纷纷师晚唐。"⑤显然,王柏在推崇"重道轻文"文道观的同时,也注意到了诗歌作为文学艺术的特性,他对《诗经》《文选》诗、陶渊明、李白、杜甫、苏轼等人的诗歌表达出推崇之意,而对彼时诗坛尚晚唐诗风则表示不满。他有诗《和旸谷春郊韵》为常见的文人诗描摹春景主题。而《和立斋书怀二首》其一写牛郎织女事,却用来表达对朋友的思念之情,其

---

① 永瑢等撰:《四库全书总目》,第 1409 页。
② 傅璇琮等主编:《全宋诗》,第 37996 页。
③ 傅璇琮等主编:《全宋诗》,第 37997 页。
④ 傅璇琮等主编:《全宋诗》,第 37999 页。
⑤ 傅璇琮等主编:《全宋诗》,第 37996 页。

诗结构、表达方式均与汉代古诗《迢迢牵牛星》等相似。他又有诗《野兴》《过古家有感》《晚兴》《新愁》等,都是文人诗常见的诗歌主题。

当然,宝至之际的一些理学家,有的干脆并不写作理学诗而是全力去写作文人诗,且表达出推重"诗统"的取向。如刘辰翁,《四库全书总目》在《集千家注杜诗》条下记:"宋荦谓杜诗评点自刘辰翁始。"①在《王右丞集笺注》条下记:"定为古体诗六卷、近体诗八卷。皆以元刘辰翁评本所载为断。"②在《笺注评点李长吉歌诗》条下记:"旧本题西泉吴正子笺注,须溪刘辰翁评点。"③说明刘辰翁曾对杜甫、王维、李贺等唐人诗歌作过注释。又,据《四库全书总目》记,刘辰翁曾编选陆游诗集、汪元量诗集等。在诗文方面,《文渊阁四库全书》本有采辑裒次于《永乐大典》的《须溪集》《须溪四景诗集》。《四库全书总目》在《须溪集》条下记:"辰翁当贾似道当国,对策极言济邸无后可恸,忠良残害可伤,风节不竟可憾。……即其所作诗文,亦专以奇怪磊落为宗。务在艰涩其词,甚或至于不可句读,尤不免轶于绳墨之外。特其蹊径本自蒙庄,故惝恍迷离,亦间有意趣,不尽堕牛鬼蛇神。且其于宗邦沦覆之后,眷怀麦秀,寄托遥深,忠爱之忱,往往形诸笔墨。其志亦多有可取者,固不必概以体格绳之矣。"④《总目》指出,刘辰翁诗歌过于重视诗歌艺术技巧而有"意取尖新,太伤佻巧"之弊,又因其祖法老庄而具有"惝恍迷离"之风格。可见,作为理学家门徒的刘辰翁,其诗歌总体上表现出重"诗统"而具备了文人诗的基本特征。

这一时期,与上述王柏、刘辰翁等理学家的诗歌取向相似,一些理学家如许月卿、牟子才、高斯得、方逢辰等人,其诗歌创作方面都表现出重"诗统"、重文人诗写作的倾向。宝至之际理学家的这一诗歌追求,颇为引人注目。

其二,宝至之际的理学家,写作了数量很多的咏物诗、写景诗,表达出传统士人的优游情怀和锤炼诗歌技巧的"求艺"态度,反映出他们的生活情趣和闲适逸思。

实际上,不仅宝至之际的理学家写作咏物诗、写景诗等,就是自周敦颐、邵雍等以来的理学家,也大都对咏物诗、写景诗等比较重视。写作或创作咏物诗、写景诗等,往往是理学家诗人在"日常日用"中安顿身心、表达从容心境的重要凭借物。从二程弟子杨时、吕本中等,到杨时门人张九成、陈渊,以至于朱熹、吕祖谦、

---

① 永瑢等撰:《四库全书总目》,第 1282 页。
② 永瑢等撰:《四库全书总目》,第 1281 页。
③ 永瑢等撰:《四库全书总目》,第 1293 页。
④ 永瑢等撰:《四库全书总目》,第 1409 页。

陆九渊等,皆是如此。而理学家诗人的咏物诗歌,往往是因"物"起兴,以表达性理认识或者求道体验。其写作方法则多种多样,如通过观物、格物致知、象征等各种方式,来实现其独有的理学义理或者理学旨趣追求。与前有所不同,宝至之际的理学家,虽然也写有数量很多的咏物诗、写景诗,但是,其写作目的往往不再是通过咏物或者写景来书写心性及其存养旨趣。他们的写景诗、咏物诗,在很大程度上,成为其逞能使才、锤炼才艺的工具。

宝至之际,谢翱(1249—1295)有诗《效孟郊体七首》《雪水》《蜂》《山驿送春》《桐花》《野望》《腊梅》《山居》等,或纯写景色季节,或描摹事物形状,而缺少寄托比兴。其中并无理学家诗歌常见的以写景诗、咏物诗来寄托心性体验或者其他理学旨趣。相反,谢翱的一些咏物诗、写景诗,往往着重书写衰败、幽冷、苍凉等物象,表达出悲戚绝望、灰暗无助等情感,这种情感诉求又往往与家国覆灭、保有气节等内容相交织,成为其诗歌的重要基调。如其《野望》:"心游太古后,转觉此生浮。天外知何物,山中着得愁。岸花低草色,潮水逆江流。消尽盈虚里,令人白尽头。"[①]"野望"诗题较早见于隋末唐初王绩所作,唐宋时期以"野望"为题的诗作很多,以写景咏怀为主调。诗人常因不同身份而于不同遭际之时,于"野望"诗题诗歌中表达其思想情感。但就理学家诗歌而言,"野望"诗题则往往抒写其于"日常日用"之际的优游闲适情怀,表达其平和、定止的心性感受。如杨时、张九成、朱熹等人的"野望"诗题诗歌均是如此。而在谢翱此诗中,却传达出诗人无限忧愁、哀伤、绝望等情感。谢翱的这两类诗歌,往往与其家国沦丧的哀痛情感结合在一起,构成了其特有的悲戚沉郁风调。

而刘辰翁(1232—1297)的咏物诗、写景诗,又与谢翱有所不同。刘辰翁少量的写景、咏物诗作,亦有类似谢翱诗歌中的经历丧乱之余的绝望与无助之情,如其诗《山中雨行》:"雨行如漏蓬,侧身半车中。风翻荷叶白,难可为芙蓉。向来三重茅,仰屋叹穿空。已经乱离苦,志念常从容。"[②]述及车行遇雨之景。诗篇于写景之中,透露出身经离乱之后的悲苦意味。但刘辰翁的咏物、写景诗,大多数并无寄托或者书写心性,而是追求文人诗的刻画入微与描摹细致。如其《戏题》诗"惊谓青虫坠,垂丝忽上来。"[③]诗学杨万里,强调意趣。又如其《花蕊上蜂须》《柳塘春水漫》《春草步步绿》《落花香满泥》《润物细无声》《禅房花木深》等,仅从诗题

① 傅璇琮等主编:《全宋诗》,第44329页。
② 傅璇琮等主编:《全宋诗》,第42456页。
③ 傅璇琮等主编:《全宋诗》,第42460页。

看，往往取自杨万里、贾岛、白居易等人的诗篇，而且内容几乎全部都在写景、咏物，并不涉及亡国之哀思。

这一时期，汪炎昶、文天祥、陈著、丘葵等人的诗歌，也在很大程度上反映出这一特征。可以说，宝至之际的很多理学家，其写景、咏物诗已经与之前理学家的同类诗歌，拉开了距离。至此，理学家惯常以咏物、写景诗来表达其闲适、定止等于"日常日用"中存养心性的"因诗求道"方式，已经与这一类诗歌无缘了。

其三，宝至之际的若干理学家，重视书写遗民之悲、家国之思，呈现出晚宋理学家诗歌的另类重要风貌。

宝至之际，随着国事糜烂、中原板荡以至于家国鼎革，一些理学家在其诗歌中表达出了遗民之悲、家国之思主题，成为这一时期颇为重要的诗歌主题。其中，文天祥诗歌颇有代表性。文天祥的《指南录》和《指南后录》，表达他的抗敌决心、忠义情怀和不屈意志。其《过零丁洋》："辛苦遭逢起一经，干戈寥落四周星。山河破碎风飘絮，身世浮沉雨打萍。惶恐滩头说惶恐，零丁洋里叹零丁。人生自古谁无死，留取丹心照汗青。"[1]首联叙述自己从二十岁中进士起，就努力力挽狂澜，支撑残局，与敌人周旋。"辛苦""寥落"为诗歌注入寂寞凄苦的感情。次联表达山河破碎和身世浮沉，以至于国事沦亡、人生坎坷的沉痛情感。其《正气歌》以言"道"为起兴，抒写其舍身卫道精神，表达出誓死的决心。亦因如此，文天祥的诗歌风格为之改变。清人就指出："（文天祥）自《指南录》以后，与初集格力相去殊远，志益愤而气益壮，诗不琢而日工，此风雅正教也。"[2]当时多数遗民诗人无法"直泄其中所蕴"，才寄托于"草木禽鱼"。任士林认为谢翱"所为歌诗，其称小，其指大；其辞隐，其义显，有风人之余，类唐人之卓卓者"[3]。谢翱"及宋亡，天祥被执以死，翱悲不能禁，只影行浙水东，逢山川池榭、云岚草木，与所别处及其时适相类，则徘徊顾盼，失声哭"[4]。谢翱的不少五律如《山阴道中呈郑正朴翁》《寒食姑苏道中》都采用这种抒情方式。又如《西台哭所思》《哭所知》都是哭祭文天祥的诗，但不仅题目上未予标明，而且诗中也未能明言。他如《效孟郊体三首》《铁如意》等均有所寄托。

宝至之际，不少理学家诗人采用这些比较含蓄蕴藉的抒情手法，造成哀婉感人的效果。其他理学家诗人如高斯得、刘辰翁、王炎午、陈深等人，虽然其诗歌表

---

① 傅璇琮等主编：《全宋诗》，第 43025 页。

② 吴之振：《宋诗钞·文山诗钞》，上海古籍出版社景印《文渊阁四库全书》本，第 830 页。

③ 程敏政：《宋遗民录》卷二《谢翱传》，《四库全书存目丛书》，齐鲁书社，1997 年，第 453 页。

④ 程敏政：《宋遗民录》卷二《谢翱传》，《四库全书存目丛书》，第 454 页。

达方式与上文天祥、谢翱等有所不同,但其所表达的家国沦丧之悲、故土沧海变迁之感、遗民绝望之情等,往往能于异代鼎革之际,引起后人的强烈共鸣。明初宋濂、清初黄宗羲、顾炎武等人的诗歌,对此多有追摹。①

除了以上所举之外,宝至之际的理学家如黄震、王应麟、刘辰翁、高斯得等人,由于其具备丰厚的史学、地理学等学术素养,他们的学术影响到了彼时的诗人。尤其是,王应麟接续周必大、洪迈等人编写"词科"备用材料,如周必大《文忠集》中有《词科旧稿》、洪迈有《史记法语》等。而王应麟编有《四明文献集》《玉海》等为应试"词科"作知识储备,极大地方便了当时的士人以之取材作诗。可能受其学术关注重心的影响,王应麟、黄震后学如马端临、黄玠(黄震曾孙)等,往往史学或者诗学优赡,而在理学学养方面并不出色。对于此种现象,《宋元学案》称之为宋元之际"理学一变为诗学"。细究起来,其根源当从宝至之际理学家的治学路径来探讨。

本章小结

本章基于相关考察,对"理学诗""理学诗人""理学诗派"等概念进行了明确界定:"理学诗"指的是兼具理学实践主体、社会实践主体和诗歌书写或创作主体于一身的理学诗人,所创作或书写的以记载或表达理学思理和理学旨趣的一种诗歌类型。这种诗体,其内容、主旨、表达方式、审美风格等皆与理学文化密切相关。本章各节之研究内容,正是基于"理学诗"的这一界定而进一步展开。

具体来说,本章以宋代理学生成、发展的历史进程为研究主线,以久为公认的宋代学术历史分期、理学诗生成与发展的阶段性特征、理学诗代表人物的卒年及其学术活动时期等为历史时段划分之标准,把自北宋中期以至于元代中期的理学诗生成、发展的历史进程分为六个历史时段,即明熙之际(1032—1077)、元靖之际(1078—1126)、建隆之际(1127—1164)、乾嘉之际(1165—1204)、开淳之际(1205—1252)、宝至之际(1253—1340)。通过考察,作者筛选、确定了这六个历史时段的理学诗书写的代表性作者,并对各个时段之理学文化生态与理学诗书写的历史进程之关系、理学家诗人的文道观念、理学诗的发展走向及其类型特征等进行了简单考察,以期为本书后续各章之研究提供一个简略的"鸟瞰式图景"。

---

① 参见韩经太主编:《中国诗歌史》(宋代卷),人民文学出版社,2012 年。

本章研究结论是：

一、明道、熙宁之际(1032—1077)是宋代理学诗的生成期。理学诗这一重要诗歌类型的生成，与彼时政权建设需求及其决定了的文化政策等紧密相关。范仲淹等人的"庆历新政"对宋代学风、士风之转变的作用，为世所公认。庆历之际的儒者群体，或从儒家之道中的道统、政统、文统、学统的统一性逻辑出发，试图通过建构文统、道统、学统来影响政统的确立，或试图通过对文道关系的探讨来改变时文以影响科举选育人才，进而实现对文统的匡正以培育士节。相应地，这一时期儒者的诗歌书写，开始注重表达儒家心性存养、天地之性、名教乐地等重要思想。明熙之际，自唐代确立"疏不破注"、尊奉"五经"等治经传统，逐渐被充满独立精神的舍注疏而径直解经，乃至怀疑"六经"等治经新风尚所代替。

明熙之际，以周敦颐、邵雍、张载等为代表的理学家，正是在此文化背景下而把重"道"思想贯彻于其诗歌书写之中。邵雍理学诗注重书写"道在日用"，表达其安于闲适、隐逸生活，阐发其理学思想。而周敦颐之"乐道"与重"心性"，张载之"成德"、重视"心性存养"等为后世理学诗人所重视的理学诗之内容或主旨类型，亦在其理学诗书写中得以滋生并逐步发展起来。周敦颐、邵雍、张载之诗歌书写，与此期儒者诗人之诗作具有差异性，表现为：更为重视对于心性存养、重道、乐意等内容或主旨的书写；出现了"巧贼拙德""心性存养"等新的诗歌内容或主旨类型；更为注重对于德性、重道等诗歌内容或主旨类型的书写或表达；出现了"观物""格物致知"等新的诗歌表达方式。这种差异性说明：以书写或表达理学思理和理学旨趣为主要内容或主旨的新的诗歌类型——理学诗，在北宋中期明熙之际已经初步生成了。

此期周敦颐、邵雍、张载等三人的理学诗书写，形塑了宋代理学诗的若干规定性特征：其一，理学基本思想和理学旨趣，成为理学诗的题材与内容。其二，邵雍"击壤范式"之"观物"思维和认知方式，成为后世理学诗的重要表达方式。而张载的"象物比德""格物致知"诗歌表达方式，明显受到原始儒学及同时代士人所书写的儒家思想诗歌表达方式的影响。其三，周敦颐、邵雍、张载三人理学诗的若干审美旨趣，是宋代理学诗审美风格类型的重要来源。正是在此意义上，可以说，明熙之际，周敦颐、邵雍、张载等之理学诗书写，奠定了理学诗诗歌范式的"祖型"，形塑了宋代理学诗的基本规定性特征，引领着后世理学诗的发展进路。

二、元丰、靖康之际(1078—1126)是宋代理学诗发展的发育期。王安石之科举"变法"，尤其是因《三经新义》以及安石"新学"所推崇的"重义理"学术风尚，终于使自范仲淹、胡瑗、孙复、李觏等所倡导的经学之"重义理"，完全取代了以章句注疏为特色的汉唐经学治经方式,而成为新的占据统治地位的儒学研究新风尚。或是因应着时代风尚,或是为了与王安石"新学"相抗衡,以司马光、范祖禹、三苏、徐积等为代表,而兴起了以"发明"儒学之义理,阐幽发微以建构其思想表述话语或构建思想体系的热潮。"宋学"学者的治经思想及其相关观点,成为彼时代表性理学家二程及其弟子重要的理学思想"武库"和"土壤"。

经过此期理学家诗人的努力探索,道释之"道"及其心性存养"工夫","生生不已""孔颜乐处""道在日用"等,成为理学诗的重要内容或主旨。以晁说之、饶节、谢逸、许景衡等为代表的理学家,其理学诗内容或主旨等多从道、释尤其是佛教思想中来,表征着二程之后理学家开辟了新的理学思想进路。经由元靖之际理学诗人群体的共同努力,理学诗这一新的诗歌类型初步具有了相对明晰的作者谱系和较为成熟的书写范式,并开始在理学、诗学两个层面上发挥出影响。

三、建炎、隆兴之际(1127—1164)是宋代理学诗发展的成熟期。北宋理学"五子"尤其是二程、张载之门人高弟,承继师传而又多方开辟,以其元气淋漓而充满张力的义理探索,为彼时理学的蓬勃发展作出了贡献。建隆之际的理学家诗人,承继了早期理学家周敦颐、邵雍、张载、程颢、李复、邹浩、吕大临、游酢、陈瓘、周行己、晁说之、饶节、许景衡等人的理学诗书写特征,并在若干方面继续发展,从而创造出更多的理学诗内容或主旨、诗歌表达方式和审美风格等类型。杨时、胡安国、陈渊、罗从彦、吕本中、范浚、张九成、胡宏、王十朋、胡寅等人的理学诗书写,拓展了理学诗的内容、主旨、风格和表达方式的类型和范围,且生成了为理学诗人所推重和效仿的重要理学诗歌范式,理学诗的独特性诗歌面貌和基本的规定性特征得以确立和巩固。一些理学家对于理学基本话语意蕴的探讨及其体系建构,往往成为其诗歌书写所表达或书写的对象,由此而导致了理学基本话语向着中国古代诗学基本话语的渐次转换。

四、乾道、嘉泰之际(1165—1204)是宋代理学诗发展的高峰期,也是学界公认的宋代理学臻于大成的时期。这一时期,理学形成了各具特色的学派,学派代表人物之间往往就若干儒学的核心问题相互辩诘,以此来辨明义理,发明儒学精义。其中若干理学话语如儒佛、性情、理气、道器、心性、问学、求做圣人等,往往是理学不同学派所共同关注的焦点。正是由于这些代表人物潜心探讨、往复辩难,使各自的理学体系更为严密,理学义理更为精纯,成为宋代理学的高峰时期。乾嘉之际,也是理学诗发展的高峰期。张栻、朱熹、陆九渊、吕祖谦等理学家在进行论辩的过程中,往往以诗歌书写及诗学批评等形式来交流理学思想,表达其理学观点,由此带来了理学诗的广泛传播。而张栻、朱熹、陆九渊和吕祖谦等人的诗学主张及其诗歌书写,部分地围绕着他们的文道观念而展开。其中一些理学代表性人物的理学诗,因此而成为理学诗的重要书写范式而影响深远。从理学诗的功用而言,这一时期,张栻、朱熹、陆九渊、吕祖谦等代表性的理学诗人,其理学诗都起到了承载、传播和记录其理学思想的巨大功用。

五、开禧、淳祐之际(1205—1252)是宋代理学诗发展的鼎盛期。朱、陆、吕、叶等理学家的门人后学,往往递相发挥其师传理学义理而又有所发展、补充,从而蔚成规模。不同理学学派的门人后学,其学术差异性也在其诗学主张及其诗歌创作上有所表现。

朱熹门人大都以"明理"为基本的治学理路来探讨传统儒学及理学的若干理论问题,因此而呈现出朱熹学派的共同特征。陆九渊学派门人,大致以"求放心"为宗旨,以"尊德性"为根本,尽管在具体的存养践履工夫论方面,有的侧重于静坐顿悟,有的吸收了朱熹等人的格物穷理,但其大旨并没有偏离陆氏的"明心"核心。吕祖谦为代表的婺学学派,确实周旋于朱陆之间,"兼综和合"为其学术风格。而这一学派治学理路,亦在其门人弟子中得到发扬。叶适重要门人的治学理路,大致遵循了叶适学术的特征,在明理、明礼、重视经制用世、调适文道、重文等方面,具有独特的学派特征,大致可以"尚用"来概括。

此期,朱、陆、吕、叶等理学家门人后学的理学诗书写,亦与其所属的理学学派之学术路径诉求有直接关联:朱学门人写作的理学诗,大都有"明理"特征,以"明理""心性存养""尊德性""生生不已"为主要诗歌主旨类型;陆学有诗歌留存的门人高弟之中,其理学诗主题类型,要以"明心(理)""心性存养""尊德性"等最为明显,但不管是那一类主题类型,都对"明心"非常重视。吕祖谦门人的理学诗作品,要么类似朱学门人重视"明理",要么类似陆九渊门人重视"见心",要么以"文"见长。尤须注意的是,张栻、朱熹、陆九渊和吕祖谦门人之中,"文字之传"开始为众多理学家所注重。叶适门人大都"重文"而不言"道",表现出叶适学派"尚用"的鲜明学术理路。从叶适门人及后学的主要代表人物戴栩、陈耆卿、吴子良等人的诗学观念及其诗歌书写来看,几乎不见理学思理或理学旨趣的任何"踪迹"。

六、宝至之际(1253—1340)是宋代理学诗发展的衍变期。宋宝祐、元至元之际,指的是自南宋理宗宝祐元年(1253)至元惠宗至元六年(1340)这一历史时期。本章第六节已经指出,此际由宋入元的原宋地理学家绝大多数皆以宋人自居,《全宋诗》亦收入了这一类理学家的诗作。因此,考虑到此期理学家诗歌创作实践的连贯性,以"宝至之际"作为时间段来考察其学术路径与其诗歌创作实践的关联,是合适的。

　　这一时期,朱熹闽学开始占据主流地位,陆九渊心学学派亦有一定影响。而张栻、吕祖谦、叶适、林光朝等理学重要学派的后学,要么被融汇于闽学、心学学脉之中,要么影响力已经急剧衰减。这一时期理学书写,较之开淳之际也有很大的变化。突出的特征是:其一,这一时期,理学家普遍在求道的同时,对写作诗歌包括文人诗类型已不再如前那样采取排斥态度,很多理学家转而以诗歌名家著称于世,当然这一时期的理学家所创作或书写的理学诗数量也很多;其二,这一时期的不少理学家,所创作或书写的诗歌更为关注社会时事、国运覆亡,而多慷慨悲凉之气,这与他们的师长一辈的理学家多关注理学义理、理学旨趣等形成了鲜明对照。

第三章　宋代理学诗的诗歌范式
　　　　　及其诗坛反响

　　本章之研究内容,是对宋代理学诗书写的"诗歌范式"及其历史反响等进行考察。前已论及,理学诗是中国诗歌发展史上的一种特殊诗歌类型。从文献形态来看,它与文人诗共生并存,但其数量要远远少于文人诗。正因如此,历代诗评、诗论类著述,以及目录学著作和百多年来几乎所有的文学史类著述,要么自动"过滤"掉"理学诗",要么把"理学诗"等同于"文人诗"。已有相关著述往往以"文人诗"标准而衡量于"理学诗",故其评价往往难以号准"理学诗"之"脉"。由此,对理学诗之认识就呈现为令人奇怪的学术景象,那就是:理学诗评价的群体,往往是"外行"的文人而不是"内行"的理学家。理学体系庞杂且义理精深,作为"外行"的文人自然是很难摸准理学诗之"脉"的;而作为理学诗书写之主体的理学家,往往秉持"作文害道"或者"文以载道"的观点,其学术关注重心又主要在理学而非诗歌。大多数理学家极少关注或者根本就不在意诗歌创作,更遑论对他人之理学诗书写有探讨或评论的兴趣。由此,也就生成了这样一种"怪诞"的历史客观存在:影响现当代人对于理学诗看法的大多数观点,均来自"外行"的历代文人的评价,而不是"内行"的理学诗创作者或书写者。

　　不过,要纠正千年来人们对于理学诗的有意无意的误读,是不容易的。显而易见,从文学本位切入,考察其类属特征、诗歌范型、诗学品格等,是认识"理学诗"的必由之路。为此,本章引入了"范式""诗歌范式"等话语,来对宋代"理学诗"发展历程中所生成的"模范""范型""套式"等进行考察。所谓"范式"(paradigm),是美国哲学家托马斯·库恩(Thomas Kuhn)提出并在《科学革命的结构》(*The Structure of Scientific Revolutions*,1962)中系统阐述的概念。依照库恩的"范式"理论,我们可以把宋代理学诗发展历程中所生成的具有为理学诗人公认的诗作规范、模范、范型、套式等可供模仿的诗歌体式,称之为理学诗的"诗歌范式"。近十多年来,一些学者已经注意到,宋代理学诗发展历程中生成了若干"范式"①。考察可见,在宋代理学诗发展历程中,陆续出现了若干"范式",而为彼时或后世的理学诗人所学习和摹写。理学诗的这些"诗歌范式",在一定程度上形塑了宋代理学诗的内容或主旨类型、表达方式、风貌特征等规定性特征。显而易见,对理学诗"诗歌范式"进行考察,有助于我们认识理学诗之历史流变及其阶段性属性特征等。因此之故,本章选取宋代理学诗的九大"诗歌范式"进行系统研究。

第一节 诗学渊源:宋代理学家诗人的
多样性诗学渊源及取法范式

从宋初开始,宋人对于诗歌的学习和写作,就特别重视从前代诗人诗作那里寻找诗歌范式,走过了时间很长的模仿、改造和发展之路。经过八十多年的探索,才终于由梅尧臣、欧阳修、苏舜钦等人创辟了宋诗的基本范式。随后,又经王安石、苏轼、黄庭坚等人的多方探讨,善议论、重才情、尚义理等特征遂成为宋诗的基本面貌而奠定了其文学史地位。可以说,自宋代以至于当代,人们对于宋诗的认知基本上如此。

但实际上,自宋代以至于今天,从上述角度来评价理学诗,在学理上是有局限性的。须知,从事物发展的全部历史出发而总结出来事物的总体特征,不能等同于事物发展过程中表现出来的阶段性特征。要对宋代理学诗有一个更为公允的认识,应注意到理学诗在发展历程中所体现出来的某些属性和特征。从理学诗、文人诗的共存形态出发,来考察文人诗对于理学诗的影响,以及理学诗开始形成自身诗学传统等问题,探讨其独有的诗歌范型和范式等形成的时间、历史事件和具体诗歌作者,或可对理学诗的文学品格、文化价值及历史地位等有一个更为科学的认识。由此而言,对理学家的诗学渊源和诗学素养的探讨,是非常有必要的。

宋代理学家群体,无疑是宋代理学诗的主要创作或书写者。这一群体,既有很多诗人不注重诗歌写作,而以精心探讨和践行心性存养为旨归,亦有很多理学家秉持"文以载道"或者"因文求道"文学观念而写作了数量不少的理学诗,且有不少论诗、评诗的诗学主张和文道观念。文献可见,宋代理学家有不少论及前代及宋代诗人与诗作的诗学评价。不过,他们对于前代诗人及其诗歌作品的评价,

---

① 参见王利民:《濂洛风雅论》,《文学遗产》2006 年第 2 期。

多数情况下是因探讨其是否得"道"而展开的。如薛季宣(1134—1173)《读靖节诗》亦推重陶渊明诗歌之"清越"风格,言读陶诗的感受是"闻韶",推崇其诗之内容有"羲皇"遗意。韩元吉(1118—1186后)评价其祖先韩维,就指出其"固不以文自名者,其在家庭诲子弟,每以西汉为宗,故其笔力雄健,尤为南丰兄弟所推……而豫章黄太史自言因公诗得用事法"①,言明其祖韩维诗文取法于西汉。朱熹亦曾评价苏轼诗文,指斥苏文"文自文道自道""大本都差"。连带而及,朱熹论及欧阳修之文"稍近于道,不为空言"②。可见,韩元吉、薛季宣、朱熹因为论"道"而连带对前人诗文有所探讨,这说明他们对包括本朝人物的诗文有所考察。宋代理学家对前代诗人及诗作的认知和学习,有大量的记载。如袁燮强调:"魏晋诸贤之作,虽不逮古,犹有春容恬畅之风,而陶靖节为最,不烦雕琢,理趣深长,非余子所及。"③强调陶渊明诗文的"理趣深长"。而王柏注意到,"朱文公独爱韦苏州诗,以其无声色臭味为近道,此言不特精于论诗,尤学道者之要语也"④。王柏认为朱熹对于韦应物诗歌的推崇,其关注点在于韦诗之"近道"。从这些文献可知,理学家的诗学渊源大致有向宋前诗人或诗作学习、向宋代诗人学习及与同时代诗人交游唱和等几种途径。

一、向宋前诗人或诗作学习而作诗

宋代理学家的诗歌作品,更加鲜明地表现出其向前代诗人及诗作学习的取向。这种取向,在北宋"五子"及其门人那里表现得更为突出。如张载门人李复,对汉代骚体诗、汉乐府、汉代古诗、阮籍、左思、陶渊明、南朝诗歌均进行过深入研究并有仿作。其诗作《明月入我牖》《山中有桂树》《和人四时歌》《有客山中来》等,从诗风来看,颇受汉代《古诗十九首》的影响。而其《杂诗》如"猗兰生幽林""霜叶下高枝""翩翩云间鸟"等,又有模仿左思、阮籍、陈子昂等人诗歌的痕迹。从李复诗作来看,他对陶渊明诗歌下过不少功夫。他有《读陶渊明诗》述及自己研究、探讨陶诗的过程和经历:"初若不相属,再味意方见。旷然闲寂中,奇趣高蹇嶻。众辞肆滂葩,奸怪露舒惨。雕刻虽云工,真风在平淡。"⑤从初读陶诗有"不相属"的疑问,到品味、琢磨之"意方见",再由内容的探讨到"闲寂""奇趣""平淡"

---

① 韩元吉:《南涧甲乙稿》卷十四,《丛书集成初编》本,第260—261页。
② 黎靖德编,王星贤点校:《朱子语类》卷一三九,第3319页。
③ 袁燮:《絜斋集》卷八,《丛书集成初编》本,第117页。
④ 王柏:《鲁斋集》卷九,《丛书集成初编》本,第173页。
⑤ 傅璇琮等主编:《全宋诗》,第12407页。

等风格认知,说明他对陶诗的阅读和接受经历了一个长久的过程。在其《陶渊明》①诗作中,他又推崇陶渊明"高风"而对接舆、溺沮不接世事有所批评。这说明,李复对于陶渊明诗歌的探讨,遵循了孟子的"知人论世"的诗歌接受传统。李复对唐代诗人诗作也下过不少功夫,他对唐代李白、杜甫、韩愈、刘禹锡以及一些不怎么知名的诗人,都有过学习。如他的《秋叶曲》(客出古剑示座中),想象瑰奇,气势夸张,与李白《古风》之《天马行》《胡无人》等诗篇风格相近。他的《兵馈行》从内容到诗旨,均与杜甫《三吏》《三别》组诗极为相近,但诗篇内容又较之杜诗更为丰富,述事手法也更为细致周到。他又有诗《赋杜子美刘梦得遗事》,自注:"杜在夔,有《秋日书怀寄郑审秘监李之芳尚书诗》百韵。刘有《别夔》诗云:'惟有九歌词数首,归时留与赛蛮神。'"②说明他对杜甫、刘禹锡诗歌下过很大功夫揣摩。他因"往来秦、熙、沔、陇间,不啻十数年。时闻下里之歌,远近相继和,高下掩抑,所谓其声呜呜也,皆含思宛转而有余意。其辞甚陋",故而"因其调写道路所闻见,犹昔人《竹枝》《纥罗》之曲"③而写了十首词,就是承自刘禹锡的《竹枝词》,而"纥罗曲"乃是刘禹锡夔州《竹枝词》所记夔州土人所唱之歌。李复《过兴德寺》题注为:"用韩昌黎《山石》韵。"④实际上,此诗除了在用韵上亦步亦趋和《山石》韵外,在诗作的表达方式,以及写景、言志等方面,均与《山石》诗极为肖似。从李复诗歌看来,似乎他对唐诗下过很大功夫,但其关注的诗人,要以李白、杜甫、韩愈等少数几人为多。如其《答安阳叔两绝》,题下注"集唐人句"⑤,其一:"春风吹园杂花开,渐老逢春能几回。不嫌野外无供给,一杯一杯复一杯。"第一句为韩愈《感春四首》(我所思兮在何所)诗句,第二句为杜甫《绝句漫兴九首》(二月已破三月来)诗句,第三句为杜甫《宾至》(幽栖地僻经过少)句,第四句为李白《山中与幽人对酌》诗句。其二:"两人对酌山花开,青天露坐始此回。嗟我与君皆老矣,且尽尊前有限杯。"第一句为李白诗,第二句为韩愈诗,第三句、第四句不知出处。以现有文献来看,第三、四句亦应出自唐人诗篇,但原作已经亡佚了。在李复诗《谒诗僧慧益不遇》诗下自注:"唐僧灵彻《寄陈丘二侍郎诗》"一首,可见李复对唐代不太出名的诗人亦有揣摩学习。

　　与李复诗歌情况极为相似,从现存宋代早期理学家的诗歌来看,似乎他们都

---

①　傅璇琮等主编:《全宋诗》,第 12493 页。

②　傅璇琮等主编:《全宋诗》,第 12473 页。

③　傅璇琮等主编:《全宋诗》,第 12491 页。

④　傅璇琮等主编:《全宋诗》,第 12434 页。

⑤　傅璇琮等主编:《全宋诗》,第 12494 页。

特别注意向汉代诗歌、唐代诗歌学习。而对处在汉、唐之间的众多诗人的诗作，除了陶渊明、曹植和部分乐府诗旧题之外，很少给予关注。至于向《诗三百》《楚辞》等学习的理学家诗人，更是稀少了。如二程门人周行己，写有《少年子》《杨花》《征夫怨》《春闺怨》《有所思》《巫山高》等，这些诗篇，不管是从诗题名称、诗作题材还是诗歌写作方法上，都可以明显看出向汉魏乐府学习的痕迹。如其《少年子》讲述白马少年醉酒而女子为缝衣，以至于少年"不惜千金赠"的故事，最后两句却借用汉乐府常用的套语结尾："当时不行乐，过时空自悲。"①再如吕希哲门人谢逸（1068—1112），有诗《集西塔寺怀亡友汪信民以言念君子温其如玉为韵探得念字》，取《诗经》"言念君子，温其如玉"为韵，可见对《诗经》极为熟悉。他又有诗《龙沙词五迭赠清逸先生》，此诗为骚体诗，诗风、遣词皆模仿汉代的骚体诗及骚体赋。他有诗《读陶渊明集》，言及"意到语自工，心真理亦邃"②。谢逸又有《游西塔寺分韵赋诗怀汪信民，……以渊明〈停云诗〉"岂无他人，念子实多"为韵，探得念字》，说明他对陶渊明诗歌是比较熟悉的。从诗题上即可看出，谢逸对杜诗也下了不少功夫，如他的《游逍遥寺咏庭前栢树……以老杜病栢诗"偃蹇龙虎姿，主当风云会"为韵，得蹇字》《八月十六日夜玩月南湖用老杜韵》《又饮西塔寺游南湖用老杜"城西陂泛舟"诗为韵》等。

　　直至杨时门人陈渊、张九成、范浚的诗歌，仍然如此。杨时门人陈渊，对汉代古诗以及陶渊明、王维、李白、韩愈等人的诗作均有所研究。他在《九日登庄楼二首》提及"望云心自远，采菊兴谁同"③，在《存诚斋夏日呈龟山先生二首》中以杨时比陶渊明："长者一床室，先生五柳门。"④在《晓登严陵钓台和安止所留诗》提及"为寄无弦琴，一和郢中曲"⑤。其中，"无弦琴"乃用陶渊明不解音律而蓄无弦琴，兴之所致则抚琴为乐的典故。上述诗句，表达出陈渊对陶渊明诗文的熟稔程度。他称赞他人诗篇时亦提及"不愧王摩诘，新诗有画图"⑥，又因春草生池而谈到王维诗歌不及此种诗歌意象："未解维摩无一语，故应习气欲题诗。"⑦这说明，陈渊对王维诗篇非常熟悉。他有诗提及李白"谪仙为向诗中论"，可见他对李白诗作

---

① 傅璇琮等主编：《全宋诗》，第 14358 页。
② 傅璇琮等主编：《全宋诗》，第 14813 页。
③ 傅璇琮等主编：《全宋诗》，第 18333 页。
④ 傅璇琮等主编：《全宋诗》，第 18348 页。
⑤ 傅璇琮等主编：《全宋诗》，第 18369 页。
⑥ 傅璇琮等主编：《全宋诗》，第 18381 页。
⑦ 傅璇琮等主编：《全宋诗》，第 18329 页。

比较熟悉。杨时的另一位门人张九成,诗作也多学习唐人。他写有《拟古》十四首,如其一"平居自相乐,忽焉成别离。君居天之南,我堕海之涯",其四之尾句:"愿君且休矣,沉忧令人老。"①正如汉代古诗"弃捐勿复道,努力加餐饭",说明《拟古》组诗明显受到汉代古诗的影响。他又有《拟陶渊明归田园》六首,化用陶渊明《归田园》诗意而又有儒家"重道尚节"等思想。同样,杨时另一位门人范浚(1102—1150),诗歌创作也主要向唐人学习。从范浚遗存的诗作来看,他对唐朝杜甫、韩愈、李白、白居易、李贺、卢仝、温廷筠等人的诗歌有过仔细研究,其中尤其对李贺诗下过大功夫。如他仿效李贺写有《春融融效李长吉体》,其中有诗句:"红颜绿鬓青春客,壶中新酤鸭头色。残丝冉惹愁如织,日暮低迷草萋碧。"②不但仿效李贺多注重诗句的词面颜色,而且诗歌旨趣亦如长吉诗体的凄迷伤感。范浚还有诗作《三月廿六日夜同侄端臣端杲观异书效李长吉体》《四月十六日同弟侄效李长吉体》,其诗歌用词、句法及主旨,均与李贺诗歌总体风格相酷似。他又有《同侄伯通端杲侄效卢仝体》《同弟茂通效温飞卿体》,两诗意趣、用词及诗旨等,与卢仝、温庭筠诗歌相近。颇有意味的是,范浚写有《六笑》,正话反说,对东晋支道林,唐人贺知章、陶渊明、杜甫、韩愈、王无功等六人的高风亮节表达了敬意,说明他对唐代五位诗人有所研究。他又写有《读王建射虎行》,说明他对王建诗歌有所认识。范浚又有《拟李太白笑矣乎》,内容与李诗相似,表达自己傲骄山林、明达事理的狂放傲世情怀。此外,范浚还有《避盗泊舟武康远光亭下与同行分和杜工部诗伤秋及宿江边阁二首》《戏效白傅体送姚删定》等诗,说明他对杜甫、白居易诗歌也是喜爱并有过学习的。

与上述诗人多向唐代诗人及其诗歌学习的情况有所不同的是,二程两传袁溉之门人薛季宣,学力丰赡,遍学前人诗作,表现出与彼时理学家诗歌创作不同的风貌。《四库全书提要》指出:"季宣学问最为淹雅,自六经、诸史、天官、地理、兵农、乐律、乡遂、司马之法,以至于隐书、小说、名物、象数之细,靡不搜采研贯。故其持论明晰,考古详核,不必依傍儒先余绪,而立说精确,卓然自成一家。于诗则颇工七言,极踔厉纵横之致。"③可以说,薛季宣在宋代理学家中,其学问根柢、学术特征等,都与一般的理学家有所不同。他模仿屈原的《离骚》而写有《九奋》,包括《启愤》《怨春风》《去郢》《东首》《溯江》《赋巴丘》《记梦》《行吟》《沉湘》等九

① 傅璇琮等主编:《全宋诗》,第 19996 页。
② 傅璇琮等主编:《全宋诗》,第 11485 页。
③ 永瑢等撰:《四库全书总目》,第 1379 页。

篇。诗末自注云:"《九奋》,走之所作也。走世官于楚,身尝主簿荆州,假令东鄂,皆故楚地,江陵又楚都也。感灵均之志,以为九者,天地万物之通数,因愤怨而奋发,作《九奋》,言将质诸天地万物而自奋于渊泉也。"①组诗无论是内容还是写作方式,乃至写作由来等,均祖法屈原。他模仿据传是东汉蔡邕所作的《琴操》,写有《神人畅》《思归操》《舜操》《文王操》等十一操,《霹雳引》,以及《南风歌》《采薇歌》等五歌。对照传为蔡邕的《琴歌》,分歌诗五曲、十二操、九引,又有《河东杂歌》二十一章,可见薛季宣上述诗歌是向《琴操》的有意识学习。他有诗《古意》仿自曹植的《七步诗》,而其《胡无人行》《车遥遥篇》明显是学习了汉代古诗的写法。其《杨叛儿》《杨白华》《艳歌行》《妾薄命》《陌上桑》《从军行》《惜花引》等十首,则使用了南北朝乐府旧题,其所表达的情感及书写的内容,均带有强烈的拟作色彩。薛季宣对陶渊明的诗歌也非常推崇。他写有《效陶渊明体》《止斋和七五兄次渊明止酒诗韵》《又读陶靖节诗即次前韵效其体》《读靖节诗》等,诗篇中提及"愧乏渊明流,诚为渊明缩"②,"我读渊明诗,颇识诗外意"③等,说明薛季宣由对陶诗的学习和模仿,进而把握了陶渊明的人生追求和精神境界。相对而言,薛季宣对唐人的诗作学习较少。这大约与他对唐人的学问见识有成见有关。如他看不上韩愈的见识,批评韩愈"退之强解事"④。检索可见,薛季宣对于唐人诗歌的学习和模仿,较为明显的只有一首《春愁诗效玉川子》,全诗学习卢仝诗歌的奇诡险怪风格,用词怪癖,遣意夸张生冷,使用了道教故事,诗风与卢仝相似。

值得注意的是,张九成的诗作开始表现出其"即事名篇"的时代特色,已经很少再如其理学前辈一样,多向唐代及以前人的诗篇进行认真的学习和模仿了。相反,他写有《论语绝句》百首,以及推崇心性之学、多写"生生不已"、重视"格物致知"表达方式等富有理学诗传统的诗篇。这说明,理学发展到二程的再传弟子,其写作的理学诗已经开始出现了自觉探讨理学诗范型的倾向。认识到这一点,是非常重要的。它表明,宋代理学家对于诗歌范型的选择,实际上走过了很长的路,之间有较为复杂的情况。历代文人诗传统,仍然在理学诗的范型选择过程中,在很长历史时期内起到了主导作用。但是,也应看到问题的另一面,那就是,宋代理学诗的诗歌范型在历经七八十年的探索后,二程再传弟子如张九成、陈傅良等人开始集中于文人诗人陶渊明、杜甫、韩愈、东坡、山谷与江西诗派诗

---

① 傅璇琮等主编:《全宋诗》,第 28723 页。
② 傅璇琮等主编:《全宋诗》,第 28644 页。
③ 傅璇琮等主编:《全宋诗》,第 28642 页。
④ 傅璇琮等主编:《全宋诗》,第 28717 页。

人，以及理学家诗人邵雍、程颢、杨时、朱熹、杨万里等人的诗歌，而不再像前期理学家那样，广泛地向前代诗歌取法了。如朱熹除了有《招隐操》《远游篇》《拟古八首》明显学习汉代乐府及古诗外，只有《正月五日欲用斜川故事……熹得中字赋呈诸同游者》显示出向陶渊明诗歌学习，而《次韵潮州诗六首》《夏日斋居得潮州诗卷咏叹之余用卒章之韵以纪其事》学韩愈诗歌，《斋居感兴二十首》效陈子昂，《春雪用韩昌黎韵同彭应之作》用韩愈韵写诗，《腊月九日晚……因以"星垂平野阔，月涌大江流"分韵，……略纪一时之胜云》用杜甫诗句为韵作诗。除此之外，在朱熹现存的诗歌中，很少看到他向宋前诗人诗作学习的诗篇。再如杜范、王阮、孙应时、陆九渊、曹彦约、叶适、陈傅良、杨简等人的诗歌，要么仅仅向陶渊明、杜甫、韦应物等不多的晋唐诗人学习，要么干脆就直接发扬杜甫的"即事名篇"传统，在其诗作中找不到其向唐代其他诗人诗作学习的痕迹。

值得注意的是，朱熹之后，伴随着作为兼备认识论、方法论和道德论的"格物致知"重要理学思想的成熟，作为"物"的诗歌受到了理学家前所未有的重视。因此，探讨作为"物"的诗歌的"物理"亦成为理学家的关注重点之一。一些理学家似乎又开始复归于对诗作取法范式的探讨。这样，为南宋中期理学家所疏离的、逐渐远离唐诗的诗歌创作方法，又得到了回归。如戴栩有《上丞相寿集句》，其序有云："某词荒学额，窘于形容。谨集唐人句为十解，庶声之九龙簴，与宋无斁。"[1] 十首诗分别集自杜甫、陈陶、杜牧、高适、杜光庭、姚合、杨嗣复、白居易、周贺、刘禹锡等 20 人。再如曹彦约，有《戏集少陵句》，又有"效和诗体自赋八绝句因以寓意"，其诗题有说明："奉陪黄帅机访问元夕战场，归途见人家园池花木，相与叹息。既帅机书前所作八诗示滕审，言不及予也，枕上不能记韵。"[2] 因此而作诗，说明其对于唐人"和诗体"非常熟悉。曹彦约又有《薛侍郎移镇合肥被命入觐赋唐律诗二章》《用四明刘聘君古风四韵赋唐律》《四明赵添监……次唐律韵以谢》《陈倅寄惠四诗……走笔两章以谢》，说明他对于唐律诗的句法、押韵等是很熟悉的。韩淲有《效齐梁体》《九日次陶渊明韵》《读陶渊明饮酒诗》、仿齐梁乐府诗《妾薄命》《读鲍谢诗》《滕黄梅遗鲍参军集》《东山吟》，说明他对陶渊明、鲍照、齐梁乐府等南朝诗歌有过研究。他又有《对菊读韦应物诗》《读韦苏州诗呈申之兼示八侄直之》《次韵昌甫仲春读谪仙诗》《次韵斯远和答昌甫读谪仙诗》《录王昌龄诗》《和张祜孤山寺诗》等，说明其对唐代李白、韦应物、王昌龄、张祜等人的诗作是下过

---

① 傅璇琮等主编：《全宋诗》，第 25123—25124 页。
② 傅璇琮等主编：《全宋诗》，第 32188 页。

不少功夫摹写的。从韩淲诗作来看,唐人杜甫、韩愈、晚唐体诸人,宋代魏野、林逋、王安石、苏轼、秦观等人的诗作,他都予以学习或者模仿过。朱熹之后的一些理学家,如杜范、程洄、陈藻、孙应时等,其诗作也有向陶渊明、唐杜甫、苏轼、黄庭坚等著名诗人诗作学习的记载。

二、向宋代诗人学习而作诗

宋代理学家在诗歌范型的取舍上,也注意向宋代文人诗创作者、理学诗创作者学习。如周行己、张九成、陈渊、薛季宣、谢逸、王十朋等,有向文人诗人如王禹偁、欧阳修、梅尧臣、苏轼、黄庭坚、徐师川、洪驹父、王夷甫等人诗歌的学习记录。如周行己有《蚊》,诗篇结构及写法模仿梅尧臣的《范饶州坐中客语食河豚鱼》,抒写蚊之生存季节、物性,诗末以"扫荡"结束。此诗缺少梅诗的哲理性,但就诗歌题材的陌生、新奇以及写作视角而言,明显受到梅诗的影响。考察可见,宋代理学家对宋代诗歌前辈诗作的学习,更多地集中于欧阳修、苏轼、黄庭坚及邵雍、朱熹、杨万里等数人的诗作上。如吕本中就强调:"学文须熟看韩柳欧苏,先见文字体式,然后更考古人用意下句处。"①张九成亦云:"欧公文粹如金玉,东坡之文浩如河汉,盛矣哉!"②而王十朋(1112—1171)在《读苏文》中指出:"唐宋文章,未可优劣。唐之韩、柳,宋之欧、苏,使四子并驾而争驰,未知孰后而孰先,必有能辨之者。不学文则已,学文而不韩、柳、欧、苏,是观诵读虽博,著述虽多,未有不陋者也。韩欧之文粹然一出于正,柳与苏好奇而失之驳。至论其文之工,才之美,是宜韩公欲推逊子厚,欧阳子欲避路放子瞻出一头地也。"③文章强调了韩、柳、欧、苏对于"学文"的重要性。这里的"文",当然包括诗歌。亦有一些理学家对苏轼、黄庭坚及江西诗派诗人非常推崇。叶适就认为:"后世诗,《文选》集诗通为一家,陶潜、杜甫、李白、韦应物、韩愈、欧阳修、王安石、苏轼各自为家,唐诗通为一家,黄庭坚及江西诗通为一家。"④叶适把宋代苏轼、黄庭坚等人纳入他所认为的诗歌谱系,标志着理学家也认同了文章之士的观点。而魏了翁也说:"余亦雅好欧公诗简易明畅,若出诸肆笔脱口者。"⑤指出了欧诗的"简易流畅"特征。当然,宋代理学家向欧阳修、苏轼、黄庭坚等学习,是有侧重的。于欧阳修而言,宋代理学家

---

① 吕本中:《童蒙诗训》,载郭绍虞辑:《宋诗话辑佚》,中华书局,1980 年,第 603 页。
② 洪本健编:《欧阳修资料汇编》,中华书局,1995 年,第 209 页。
③ 洪本健编:《欧阳修资料汇编》,第 246 页。
④ 洪本健编:《欧阳修资料汇编》,第 353 页。
⑤ 洪本健编:《欧阳修资料汇编》,第 373 页。

更多地推重其文而非其诗。如楼昉专门有《崇古文诀》，对欧阳修的单篇文章如《论狄青记》《醉翁亭记》《上范司谏书》等详细探讨。据王柏言，朱熹亦选取了欧阳修、曾巩文以结集。不过，总的来看，终宋一世，理学家学欧诗是相继不绝的。直到宋末，吴泳（1180—？）还写有《变欧阳子秋声》："银河耿高树，璧月流中庭。有声西南来，厥闻浩以盈。或泠泠为风，或殷殷如霆。元戎啸中军，猛士赴敌营。但闻人马行，弗省金铁鸣。天地始气肃，乾坤亦尘清。岂有一草木，而不知秋声。"①可见欧阳修对于理学家诗歌创作的影响。而叶适门人吴子良认为："铭诗之工者，昌黎、六一、水心为最。"②黄震则在《黄氏日钞》卷六十一中，选取了欧阳修的《颜跖》等三十余首进行分析，涉及诗意、诗境、诗法、文法、风格、表达方式等，所论往往能深入诗作肌理，颇为精当。

比较而言，理学家对苏轼、黄庭坚及江西诗派诗歌的学习，除了倾向于诗作本身之外，也表现出注重其道德境界与人生态度等。如陈渊有诗句"诗人不见东坡老，直节空余一尺围"，自注："东坡诗谓'窗前修竹一尺围'也。"③显示出其对苏轼诗作的熟悉程度，这显然只是注意到了苏轼诗作的内容，而不及其人生境界或者道德层面的志趣。不过，大多数理学家对苏轼、黄庭坚诗歌的学习与模仿，除了向苏、黄学习诗法之外，更为推崇苏、黄的人生境界、人生追求和道德修养等。如楼钥《陈天成用东坡赵清献高斋诗韵赋适斋次韵》，虽是和陈天成使用东坡诗韵而作的诗，这点是与当时的文人诗相近的，但是，诗篇起首便讲"二公晚辞轩冕劳，两斋莫辨适与高"④，所推崇的是赵抃、苏轼的"适"与"高"。这里的"适"当是"随心所欲""无可无不可"的人生态度，而"高"当是不汲汲于仕进，蝉蜕于物外而淡然于风云卷舒的高洁自好。楼钥另有《陈天成诗多和东坡韵兹因寄喜雨诗走笔谢之》《次韵东坡武昌西山诗》《和东坡醉翁操韵咏风琴》等诗，均重在突出苏轼的"适"与"高"。再如薛季宣《读东坡和陶渊明诗》，所推崇的是陶诗的"诗外意"，赞许苏轼和陶诗"继逸响""有佳思"，强调苏轼"以我思惟心，充彼刚大气"⑤，显然重点关注的是陶、苏的人生态度和道德境界。而薛季宣《跋东坡诗案》，则以"南方有佳木"起兴，以恶舌、蛮獠、犬与豨等作比，抨击作恶小人对于苏轼的迫害，褒扬苏轼具有的"盛芬烈""芳姿"等美好品德。此外，薛季宣作有《戏作赠别效东坡

---

① 傅璇琮等主编：《全宋诗》，第 35075 页。

② 吴子良：《荆溪林下偶谈》卷三，上海古籍出版社景印《文渊阁四库全书》本，第 508 页。

③ 傅璇琮等主编：《全宋诗》，第 18383 页。

④ 傅璇琮等主编：《全宋诗》，第 29362 页。

⑤ 傅璇琮等主编：《全宋诗》，第 28642 页。

体次其韵》,杂有戏谑之语,与东坡诗颇为神肖,说明薛季宣对苏轼诗歌的风格、表达方式等有所研究。再如,王十朋用东坡诗句为诗题,如叙述写诗缘由:"于家之东山,时菊花未开,坐客皆以为恨。至十月望,独步东篱下,见前日青枝已烂漫矣。东坡云:'凉天佳月即中秋,菊花开日乃重阳',不以日月断也。于是命酒肴,呼邻里,饮于丛畔云。"①诗题中可见王十朋对于苏轼诗歌非常熟悉。王十朋诗题中又记:"馆中三月晦日闻莺,胡邦衡有诗用东坡'酴醾'韵,有'君侧无逸人,发口不须婉'句,某次韵。"②可见,作为理学家的胡铨、王十朋等十分熟悉苏轼诗篇。王十朋又记其常诵读苏轼诗篇,其诗题中言:"亡姊之葬在九月而不得其日。十五日,读坡诗至'英公燎须'事,不觉悲涕。是日辛酉得非葬日邪? 诗以写哀。"③明言其读苏轼诗篇。王十朋在其《读东坡诗》序中,对时人评价韩欧、苏黄优劣颇不以为然。他推崇唯有苏轼才可与欧阳修争锋,而苏轼的"胸中万卷古今有""一点尘埃无""和陶之诗又过陶"④等,均为绝唱。由此,对彼时时人认为"苏不如黄"的观点进行了反驳。张九成亦有《读东坡谪居三适辄次其韵》,计有《旦起理发》《午窗坐睡》《夜卧濯足》三首,所表达的主题,与东坡原诗相近,都是强调荣辱随运、快意人生的思想。他又有《读东坡叠嶂图有感因次其韵》,强调的是功成身退、江山逍遥的思想。这几组诗,其表达方式均受到苏轼的影响,并表现出卷放自如、气势纵横而语意流转的坡诗之风。显而易见,张九成诗作模仿苏轼诗的痕迹是比较明显的。

三、因与他人交游唱酬而作诗

值得注意的是,理学家与同时代诗人的交游唱酬非常密切,因此存在着理学家与同时代的士人、理学家彼此之间相互学习的情况。这在早期的理学家诗人身上表现得更为明显。如程颐门人周行已有《待李纯如邓子同》《赠沈彬老》《敬赠李方叔》《奉和佛月大师》《观傅公济胡志衡楚越唱和集因成短句奉赠》等,可见其交往的对象有传统儒学之士、释教之士与一般的文士,人群类别复杂。他又有《寄鲁直学士》《走笔问询晁四以道》等,说明他与彼时著名诗人黄庭坚、晁以道等多有交往。此外,他又有诗《哭吕与叔四首》,透露出他对二程理学的深刻理解,也反映出他与理学诸贤的密切交往。同样,作为二程门人的杰出代表人物杨时,

---

① 傅璇琮等主编:《全宋诗》,第 22588 页。

② 傅璇琮等主编:《全宋诗》,第 22755 页。

③ 傅璇琮等主编:《全宋诗》,第 22810 页。

④ 傅璇琮等主编:《全宋诗》,第 22856 页。

与彼时各类人群的交游亦相当广泛。杨时既有与理学家交游的诗篇多首,如《寄游定夫》《别游定夫》(二首)、《酬林志宁》《和陈莹中了斋自警六绝》等;又有与吴国华等地方名流相交游的诗篇,如《题赠吴国华钓台》《吴国华暗香亭》《藏春峡六咏》等,均为与吴国华家族文士相酬唱之作。他又写有《宋虔守楚大夫》《县斋书事寄张世贤》《江陵令张景常万卷堂》等,都是与彼时官宦之士相交游而写作的诗篇。此外,他写有《此日不再有示同学》《送蔡安礼》等,是与学友相勉的诗篇。而作为程颐二传的谢逸,同时又被吕本中列入《江西诗派图》,他与江西诗派诸人交往较多,写有《寄徐师川戏效其体》《寄洪驹父戏效其体》("令尹吴楚豪"与"落落匡山老"),诗篇表明,谢逸有意识地学习徐俯、洪刍的诗歌诗法。他又有《怀汪信民》《怀汪信民村居》《送胡民望入京》《嘲潘敌老未娶》等诗,显示出其广泛的交游。据统计,谢逸与彼时士人交游是非常广泛的。仅在诗作题目中出现的就有王立之、吴迪吉、李希声、叶端仁、汪信民、李明道、董孚、王闲叟、汪文彬、汪叔野、洪炎、黄宗鲁、李彬、徐俯、饶节、杨时可、张永锡等八十多人。

从宋代理学家诗作的总体情况来看,理学家诗人与不同人群相交游唱酬而写作诗篇的情况非常普遍。如朱熹就与张栻、林亦之交游而写有《南岳酬唱集》,而在《张栻集》中,则显示出张栻颇为广泛的交游面,其中有官宦、理学家、文人和僧、道、隐等不同阶层。其他如魏了翁、真德秀、彭龟年、陈宓、刘黻、危稹、袁燮、杨简、吴泳、王柏、熊禾、车若水等理学诸贤,皆有不少诗篇与彼时不同的士人群体人物相与唱和。

四、向前辈理学家诗人诗作学习而作诗

一些理学家对邵雍、程颢、杨时、吕本中、赵蕃、朱熹、杨万里、杨简等人的理学诗也比较推崇。如薛季宣有《读皇极经世书》表达他对邵雍理学观点的见解,而其《观棋》《自讼》等诗,与邵雍同题诗作相近。如其《观棋》:"战伐徒形似,死生俱妄为。争先明有法,当局自成迷。多算非关劫,成功定出奇。两情深海若,不比看人知。"[1]以"观棋"而"明理",因棋而悟及死生、当局、多算等,与邵雍同题诗歌主题有紧密联系。他又有《欣木亭诗》,诗序记其因林择之出示朱熹、张栻之作而索和:"某适宛陵,始识林君择之用中于郑景望司马之馆。察其为人,肃恭谨敬,学而笃志者也。出其家《欣木亭诗》,冠以晦庵、南轩、三山三先生之作,索和甚苦。金玉其音,难乎下俚之继,黾勉次晦庵韵,其不知量甚矣。"其诗云:"寒威

---

[1] 傅璇琮等主编:《全宋诗》,第 28632 页。

折青阳,云雨作朝暮。槎牙粲新绿,寂历晴川树。时至物皆春,岂在云间露。之人于亭上,笑歌谁与晤。眷此荣与华,我亦知嘉慕。来游对溪山,识取亭中趣。"① 诗篇由景而明理,标举"生生不已""孔颜乐处"等理学旨趣,显然受到朱熹、张栻诸作的影响。再如魏了翁,有诗《潼川宪司拓圃筑亭取康节语各以四春得古诗十二韵》,因邵雍诗句而名亭为"四春"因而赋诗,所抒写的诗歌主题主要有天地之德为"仁","生生不已"为"仁",表达"触事识初心"②之理学思理亦即"格物致知"之旨趣。魏了翁又以二程戏邵雍之语而写诗,题为《次韵张太博……辩二程戏邵子语》,诗作以二程与邵雍对于象数的不同理解为切入,申述其对于天地、道等问题的看法,强调邵雍、二程对于"道"之探讨实质上是殊途同归。魏了翁又有诗《重九后三日,……因相与第其品之稍显者,各赋一品,某探题得桃花菊》,由"南阳有佳人,被服长修姱"起兴,所表达的主旨乃是批判"流俗",对因桃花菊而致"游女荡春风,渔人眩红霞"的风尚表示不满,以至于"寄声谢程子,为我删此花"③。对比程颢《桃花菊》诗可见,魏了翁此诗的前半部分,与程诗写法一致,都是对桃花菊的形、色、韵等的描述。不同的是,魏了翁诗作后半部分因玄都俗士引领了赏花流弊,故以诗针砭世风。但就写法而言,显然魏氏受到了程颢诗作的影响。魏了翁又有《端平三年……同一韵者则二客赋之了翁得云字》,题记魏了翁与另外二十一人以程颢《偶成》"风轻云淡近午天"而赋诗。其时,魏了翁刚承命为"金书枢密院奏事",因此,诗题所言之"宾主",命题之"主"当为魏了翁无疑。这说明,魏了翁对于程颢的诗篇是十分熟悉的。而陈文蔚(1154—1247)有《观物二首》,明显学自邵雍。他又明言其诵读邵雍诗作:"近于读书之暇,或吟哦讽诵康节诗,见得此老虽若疏放,至其用功处,未尝不密抑,能使人于人情物理间练之渐熟,处之渐安。"④反映出他对邵雍诗歌的学习情况。他又有诗《十一月十四夜诵康节诗至忆弟三首潜然有感》,也说明其对于邵雍诗篇的推崇。对于邵雍诗作的学习,亦往往见诸陈文蔚的诗作中,如其《子融观木犀怀赵连州……继韵后录呈先生有报书》,明言其于读书之暇常常吟咏邵雍诗。除了邵雍之外,考察可见,从邵雍、张载、程颢开始,理学诗人在诗歌书写过程中,已经逐渐形成诗歌写作惯常学习和模仿的范型,邵雍之诗、程颢之诗、杨时之诗,以至于"诚斋体""晦翁体""语录体""俗体"等,都成为理学家乐于模仿的诗歌范型。可见,自北宋中期开

---

① 傅璇琮等主编:《全宋诗》,第 28642 页。

② 傅璇琮等主编:《全宋诗》,第 34884 页。

③ 傅璇琮等主编:《全宋诗》,第 34888 页。

④ 陈文蔚:《克斋集》卷四,上海古籍出版社景印《文渊阁四库全书》本,第 29 页。

始,理学家诗人已经开始了探索其诗歌类型、书写范式的步伐。认识到这一点,是具有重要的理学诗史意义的。这种情况表明,自理学诗生成后不久,理学诗人自觉不自觉地开始了建构理学诗范式谱系的努力。也就是说,理学诗创作主体是把"理学诗"这一诗歌类型视作不同于"文人诗"的独特存在来对待的。正是在这一判断的基础上,我们可以进而勾勒宋代理学诗的范式谱系,探讨其发生、发展的历史进程。

本节考察可知,宋代理学家的诗歌创作取法范式,是非常丰富的。举凡《诗经》《楚辞》、汉乐府、齐梁体,以及唐代著名诗人如王昌龄、李白、杜甫、韩愈,宋代王禹偁、欧阳修、梅尧臣、王安石、苏轼、黄庭坚以及江西诗派诸人,邵雍、程颢、朱熹、吕本中、杨万里等理学家,都是他们诗歌创作取法的对象。可以说,宋代理学家的诗学渊源非常复杂而多样。这一特征,应引起我们的注意。自《四库全书提要》之后,近代以来凡是探讨宋代理学家诗歌的研究者,往往把理学家的诗歌范式追求追溯到"击壤体",从而,又通过对"击壤体"的批评而从总体上否定理学家诗歌。本节研究说明,理学家的诗歌取法范式具有多样性的面貌,对理学家诗歌的研究应该注意到这一点。惟其如此,才能从整体上把握理学家的诗歌取法范式及其艺术成就。

第二节　击壤范式:邵雍理学诗的范式价值、
诗坛反响及诗史地位

治中国文学史者大都公认,宋代诗歌发展至仁宗朝,士人诗文初步具备了迥异于唐的文学风貌。这一判断的主要论据是,苏轼认为宋初七十余年"斯文终有愧于古"①,而《宋史》则强调:"庐陵欧阳修出,以古文倡,临川王安石、眉山苏轼、南丰曾巩起而和之,宋文日趋于古矣。"②而欧阳修以独到的诗歌主张及创作实绩,并得梅尧臣、苏舜钦为羽翼相号召,宋诗初步具有了独立的面目。这是为文史学家基本公认的传统看法。

但实际上,这一看法是有些问题的:其一,上述认识,均来自宋代"文章之士"的判断。而作为党争倾轧严重的朝代,宋代"文章之士"对理学家群体总的倾向是排斥的,因此,理学家诗人的诗歌创作及其文学史地位问题,当然被这些文章

---

① 苏轼:《苏轼集》卷三十四,上海古籍出版社,2000 年,第 852 页。
② 脱脱等撰:《宋史》卷四三九,第 12997 页。

之士有意无意地疏离或者屏蔽。其二,大多数理学家秉持"文以载道"或者"文以害道"的文学功用观,如果说他们重视文学的话,那么,大多数理学家也是试图通过"因诗求道",以实现心性存养为目的而非以探讨诗歌艺术境界或者艺术技巧等为目的。由此,大多数理学家对于"诗"之"统"或者"诗"之本质等并不关注。这样,必然造成了一种历史事实,那就是,在"诗"之"统"系中,一些诗歌很有影响、诗歌造诣非凡的理学家,往往在诗歌发展的谱系序列中,并不知名甚至根本就不在这一日趋固定了的诗歌谱系之中。

上述所言之情形,于邵雍表现得非常明显。邵雍生卒年与欧阳修基本相当。其诗歌为当世及南宋的诸多诗人尤其是理学家诗人所推崇,特别是对元、明、清人影响极大。但是,作为诗体而言,除了寥寥的几部诗话谈及宋代存在"击壤体"之外,在诗论、文论等文献上,我们看不到更多的记录。显然,对邵雍"击壤体"的探讨,事关我们对宋代理学诗的范型问题的探讨,也有助于我们更加全面地认识宋代诗歌的基本风貌。

一　"击壤体"及其诗派的历史存在

邵雍字康节,撰有《击壤集》。因此,他的诗歌作品常常被人称作"康节体"或者"击壤体"。本节为了论述方便,一般均以"击壤体"来表述。从诗论、诗话类文献来看,作为诗体的"击壤体",在南宋晚期已经为人所公认了。严羽《沧浪集》卷一"诗体"言及:"以人论则有……东坡体、山谷体、后山体(后山本学杜,其语似之者但数篇,他或似而不全,又其他则本其自体耳。)、王荆公体(公绝句最高,其得意处高出苏、黄、陈之上,而与唐人尚隔一关)、邵康节体、陈简斋体……杨诚斋体。"①稍后,南宋魏庆之在其《诗人玉屑》中引用了严羽的这一段话。这说明,严羽关于邵雍"邵康节体"的判断得到了诗论家的认可。不过,严格说来,人们对于邵雍"击壤体"具有独特性的认识,要比严羽提出"康节体"早得多。尽管在很长的历史时期内,人们尚未把邵雍的"击壤体"视同为理学诗的基本范型,但是,也正是在漫长的学习、模仿邵雍诗歌的历史进程中,邵雍的"击壤体"才逐渐被认同进而被确认为理学诗的基本范型和创作范式的。

在邵雍生前,邵雍与他人相互"和诗"诸作之中,玩物、爱闲、天真、乐意、生生不已之意等诗歌主题得到广泛重视。这说明,邵雍诗作的这些特征被时人普遍认同而得到推重。如熙宁七年,李君锡有诗《奉别尧夫先生承见留数刻渍梅酒磨

---

① 严羽:《沧浪集》卷一,上海古籍出版社景印《文渊阁四库全书》本,第 33 页。

沉水饮别聊书代谢》，邵雍奉和《和大尹李君锡龙图留别诗》，司马光有诗相和《走笔和君锡尧夫》，在这三首诗中，诗人反复提及春和景明、繁华美景，于生生不已之中含有对邵雍"忘机""隐世"的赞美。本书第一章第四节详细考察了邵雍、周敦颐、程颢等理学家与人相与应酬唱和而作诗的情况。从他们彼此之间的和诗可见，诸人对邵雍安于闲适、乐于玩物、自适德性等给予了高度的评价。

邵雍诗的"切理""达理"等特征，也逐渐被宋人所推重。对此阮阅编《诗话总龟后集》多有记载。《苕溪渔隐丛话》作者胡仔卒于 1170 年，《碧溪诗话》作者黄彻卒于 1168 年。《韵语阳秋》作者葛立方卒于 1164 年，这样说来，至迟在南宋宋高宗末年，也就是在邵雍卒后 80 多年，宋人已经对邵雍诗作有了比较明确的认识。阮阅《诗话总龟后集》具备"以类相从"的编纂特征，基本上是《苕溪渔隐丛话》《碧溪诗话》《韵语阳秋》三书的杂凑。[1]《诗话总龟》中，收录邵雍多首诗作。如：

> 康节《天津感事吟》："水流任急境常静，花落虽频意自闲。不似世人忙里老，生来（平）未始得开颜。"……《身心（自余）吟》："身生天地后，心在天地前。天地自我出，自余何足言！"〔同上卷一九〕康节《无忧吟》："人生长有两般愁，愁死愁生未易休。或向利中穷力取，或于名上尽心求。多思惟恐晚得手，未老已闻先白头。我有何功居彼上，其间攘（掉）臂独无忧。"〔《击壤集》卷一三〕[2]

> 或问邵尧夫云："谁信画前元有《易》，自从删后更无《诗》。画前有《易》何以见？"曰："画前有《易》，其理甚微，然即用孔子之已发明者言之，未有画前尽（盖）可见也。如云：神农氏之耒耜盖取诸《益》，日中为市盖取诸《噬嗑》，黄帝尧舜之舟楫盖取诸《涣》，服牛乘马盖取诸《随》，《益》《噬〔嗑〕》《涣》《随》重卦也。当神农黄帝尧舜之时，重卦未画，此理真圣人有以见天下之赜，故通变以宜民，而《易》之道得矣。然则非画前元有《易》乎？"[3]

上述，都抓住了邵雍诗作具有"达理"的特征。可见，南宋初中期，人们对于邵雍

---

① 阮阅编，周本淳校点：《诗话总龟》，人民文学出版社，1987 年，"前言"。

② 阮阅编，周本淳校点：《诗话总龟》，第 36—37 页。

③ 阮阅编，周本淳校点：《诗话总龟》，第 39 页。

诗歌特征的认识已经逐渐趋于一致。在邵雍诗作后,该书同时选取了张载、张栻等人的诗作。如:

> 张敬夫《元日》诗:"古史书元意义存,《春秋》揭示更分明。人心天理初无欠,正本端原万善生。"〔《南轩集》卷七〕
>
> 张横渠《圣心》诗:"圣心难用浅心求,圣学须专礼法修。千五百年无孔子,尽因通变老优游。"〔《横渠集》文集〕
>
> 五峰胡广仲诗:"幽人偏爱青山好,未(为)是青山青不老。山中出云雨太虚,一洗尘埃山更好。"①

上述诗作,均附于邵雍诗篇之后。而《诗话总龟前集》《诗话总龟后集》的编纂,是具有"以类相从"的特征的,这说明,就宋代理学家诗作的"达理"特征而言,《诗话总龟》作者认为,正是由于邵雍开启了宋代这一类诗歌的源头。认识到这一点非常重要。上述判断,亦可从《郡斋读书志》得到证明。成书于南宋孝宗淳熙七年至十四年(1180—1187)之间的《郡斋读书志》,已经注意到了邵雍"击壤体"的特征。晁公武在《邵尧夫击壤集》条下记:"歌诗盖其余事,亦颇切理。"②这说明,南宋前中期开始,人们已经认识到,作为"达理""切理"等特征的诗作,邵雍是其源头和范型,后来诸人都是在学习、模仿邵雍诗作的基础上,逐渐形成了这一类的诗歌写作范式。

自南宋中期开始,宋人学习邵雍诗作的文献记载逐渐多了起来:如陈普《学诗》有句:"未能动地惊天句,且诵吟风弄月篇。击坏莫抛康节集,煎胶可续上林弦。"③诗篇述及在吟咏邵雍诗作之时,往往击节叹赏以至于把邵雍《击壤集》弄坏了。也有人在阅读、学习邵雍诗作之时,有感而发而作诗。如仇远有《昔康节先生题安乐窝诗中云……系之以诗》:"人生有至乐,主善以为师。……何似安乐窝,受用尧夫诗。"④诗篇述及其读邵雍诗篇而联想作诗。又如方回有诗《丙申重九前后得今日都无病一句成十首》,其三云:"今日都无病,沉吟算此生。……近时学康节,更敢竞时名。"⑤其尾联明确记载学习、摹写邵雍诗作。当然,一些学习

---

① 阮阅编,周本淳校点:《诗话总龟》,第40—41页。
② 晁公武:《郡斋读书志》,第1041页。
③ 傅璇琮等主编:《全宋诗》,第43757页。
④ 傅璇琮等主编:《全宋诗》,第44168页。
⑤ 傅璇琮等主编:《全宋诗》,第41778页。

邵雍诗作的诗人,往往在其诗作中取邵雍诗篇的名句而演化为新诗。如刘黻《次酬胡编校赋竹屋》有句:"梧桐弄月思康节,枫柞吟秋忆履常。"①诗篇取邵雍诗作中的梧桐"弄月"意象而表达出推崇"生生不已"而于日常日用中体悟、践履心性之道的意味。显然,上述诸诗,都可以从邵雍诗作中找到源头。

可见,邵雍的"击壤体"在宋末被标称为独具特色的诗歌体式,并非偶然现象。这是在流传日久、具备广泛诗坛影响力的基础上,诗论家有所总结而提出的。换句话说,是先有了"击壤体"的诗坛影响、诗坛传播,而后有了"击壤体"这一名称。因此,可以这样说,"击壤体"自邵雍生前,已经具备了一定的范式意义。而自南宋前中期开始,"击壤体"逐渐为人所关注,产生了学习和摹写的情形,作为诗歌范型的"击壤体"已经得到确立,而非学术界普遍公认的到南宋晚期"击壤体"才成为诗歌范型。

而作为诗派,"击壤体"派的正式提法却晚得多。较早的文献记载,在宋末才出现。宋末人吴渊作《鹤山集序》,以为宋代文运"无虑三变"。以杨亿、晏殊为一变,欧阳修、苏轼为再变,而将周敦颐以后直至南宋的理学派文风,统归为第三变。关于第三变,吴氏对其兴起及流弊作了如下概括:"始也厌五季之萎薾而昆体出,渐归雅醇,犹事织组,则杨、晏为之倡;已而回澜障川,黜雕返朴……则欧、苏擅其宗……已而濂溪周子出焉,其言重道德,而谓文之能艺焉耳,于是作《通书》,著《极图》,大本立矣……由是先哲辈出,《易传》探天根,《西铭》见仁体,《通鉴》精篡述,《击壤》豪诗歌,论奏王、朱,而讲说吕、范,可谓和顺积中而英华发外矣。后生接响,谓性外无余学,其弊至于志道忘艺,知有语录而无古今。始欲由精达粗,终焉本末俱舛……南渡后惟朱文公学贯理融……又未几而公与西山真公出焉。"②宋代文运,有此三派固然基本正确,而以周敦颐、邵雍等引领的理学派发挥影响,确乎也在欧阳修、苏轼等之后,但把周敦颐、邵雍放于欧阳修、苏轼的"第二变"之后,实际上有些问题,因为,邵雍生年与欧阳修相近,周敦颐也只不过晚出生于欧阳修数年。但无论如何,吴渊注意到了周敦颐、邵雍等理学家的诗文影响,是有积极意义的。这说明,在吴渊时代,"击壤体"及"击壤派"已经成为不可忽视的历史存在。而作为诗歌史价值而言,"击壤体"派主要对元、明、清三朝产生了重要影响。对此,祝尚书先生专文《论"击壤体"派》有比较详细的论证,可以参看。

---

① 傅璇琮等主编:《全宋诗》,第 40721 页。
② 曾枣庄、刘琳主编:《全宋文》,第 334 册,第 24 页。

二 "击壤体"诗歌范式之体现：诗作之内容、主旨及形式

判断"击壤体"是否具备诗歌范式的诗歌史价值，应主要考察其为其他作者所推崇并模仿的基本属性或者方面。但限于文献记载的不完备性，因此，只能从前人尤其是宋人对于"击壤体"的评价与模仿的零碎文献记载之中，勾勒其基本情况。在这个基础上，通过对"击壤体"的本体特征的归纳，或者可以对作为诗歌范型的"击壤体"有准确把握。

前述已有论及，邵雍同时代人以及宋人学习"击壤体"多关注这一诗体具有"达理""闲适""切理""远名"等特征。而从《四库全书总目》有关评价来看，元、明、清人学习"击壤体"的重点，则集中于"语录体""涉理路""不入格"等。如《四库全书总目》对宋代陈著以及明代龚诩、曹端、岳正、郑文康、庄泉、罗钦顺、顾允成、元淮、朱升、汪循等人诗作风格、特征的评价，就透露出很多信息。在宋代陈著《本堂集》条下，四库馆臣曰："惟其诗多沿《击壤集》派，文亦颇杂语录之体，不及周、楼、陆、杨之淹雅。"[1]则以"杂语录之体"为"击壤集"特征之一。在明薛瑄《薛文清集》下，四库馆臣引刘克庄评论："近世贵理学而贱诗赋。间有篇咏，率是语录讲义之押韵者耳。"[2]则以"语录、讲义之押韵"为"击壤体"特征之一，而论薛瑄之诗文，又以"无俚词""兼涉理路"为评，则"击壤体"又有"具俚词""涉理路"等特征。在明徐灿《徐阳溪集》条下，四库馆臣曰："平生喜讲良知之学，故其文皆质俚，诗亦类《击壤集》派。"[3]说明"质俚"为"击壤体"特征之一。在明汪禔撰《檗庵集》条，四库馆臣曰"其诗则全作《击壤集》体，不以声律论矣"[4]，说明"不以声律"为"击壤体"特征之一。又论明夏尚朴《东岩诗集》为："多涉理语，近白沙、定山流派。集中《读击壤集》绝句云：'……始信尧夫是我师。'"[5]夏尚朴学邵雍诗，故"涉理语"亦为"击壤体"特征。总之，《四库全书总目》等目录学著作，通过对元、明、清三代诗人学习"击壤体"的总结，大致给我们指出了宋代之后的诗人取法"击壤体"的基本理路，那就是，无论从内容还是形式上，后学者对于"击壤体"的研讨和模仿是多方面的。这样看来，从邵雍同时代直至清人，对于邵雍"击壤体"属性特征的认识，涉及的内容是非常广泛的。从时代先后而言，大致体现在：邵雍同时

---

① 永瑢等撰：《四库全书总目》，第1408页。
② 永瑢等撰：《四库全书总目》，第1486页。
③ 永瑢等撰：《四库全书总目》，第1591页。
④ 永瑢等撰：《四库全书总目》，第1607页。
⑤ 永瑢等撰：《四库全书总目》，第1502页。

代的诗人,所关注的重点在于邵雍诗作的"安乐""闲适""隐逸"等情怀;而邵雍之后直至宋末,诗人由重视邵雍诗作的"切理""入理"等特征转向学习邵雍诗作的"观物"方法及心性存养问题,以及学习邵雍诗作的说理方式及诗歌写作方法,由此而发展为"语录体""俗体"等。自此之后,从元代、明代直至清代,诗人主要延续了南宋诗人学习邵雍"击壤体"的传统而重在学习其诗作的主题及表达方式。从这个意义上来讲,人们对于邵雍"击壤体"的学习、模仿是多方面的。由此而言,我们要对邵雍"击壤体"范型进行探讨,也必须从其题材内容、主题、志趣及表达方式、诗歌境界等多个方面来展开。

第一,"击壤体"的题材及内容非常丰富。从内容上看,邵雍"击壤体"包括咏史诗、咏物诗、闲适诗、哲理诗、咏怀诗等各种诗歌题材,内容丰富多样。咏史诗如《过陕》《过潼关》《宿华清宫》《题淮阴庙十首》《观七国吟》《观两汉吟》《观十六国吟》等诸篇,皆能于历史史实中提炼、阐明其有资于治政、史鉴之经验,颇有兴亡感慨。咏物诗如《盆池》《天津水声》《芳草长吟》等皆能于"物"中察知其德性所在,颇有理学意趣在其中。而其闲适诗、哲理诗、咏怀诗等,往往与其心性存养、德性理趣、礼乐教化、安乐闲适等理学思想相结合,成为邵雍诗作最具有特色的部分。

邵雍的"击壤体",以书写日常日用的随适生活态度为重要内容,表达其安于闲适、隐逸生活,抒写其理学义理、旨趣。如邵雍有诗《林下局事吟》就提到晚年的日常生活:"闲人亦也有官守,官守一身四事有。一事承晓露看花,一事迎晚风观柳。一事对皓月吟诗,一事留佳宾饮酒。从事于兹二十年,欲求同列谁能否。"[1]可见,于游玩风景间吟诗唱酬,自适其乐,是其重要的生活内容。不过,邵雍的这一类诗歌,迥异于文人诗的是,他往往于日常日用诗作之间,以理学的思理来审视平凡的生活事件,而得出深刻的理学之"理"。如其《伤足》:"灾由无妄得,为患固非深。乖己摄生理,贻亲忧虑心。乍然艰步履,偶尔阻登临。逾月方能出,难忘乐正箴。"[2]"伤足"本是人生常事,但邵雍以之与"得""患""生理"等相连,末句又提到乐正之箴言,这就把日常之事的诗篇书写与儒家传统思想中的全身避祸、时刻惕惧等思想相联系,阐明了理学所强调的"生理"。再如其《贺人致政》有句:"因通物性兴衰理,遂悟天心用舍权。"[3]因祝贺他人退休而及天理。其

---

① 傅璇琮等主编:《全宋诗》,第 4534 页。

② 傅璇琮等主编:《全宋诗》,第 4471 页。

③ 傅璇琮等主编:《全宋诗》,第 4470 页。

《晨起》因景而悟及"地尽一时事,天开万古心",表达了《易》之"变""通"思想。其《游山二首》之二:"二室多好峰,三山多好云。看之不知倦,和气潜生神。一虑若动荡,万事从纷纭。人言无事贵,身为无事人。"①因观山景而及心性存养,引出修养心性的要诀乃是身心的定止。邵雍"击壤体"于日常日用生活内容的诗篇中,所表达出的理学思理和旨趣类型是比较多的。天机、隐逸闲适、心性存养、生生不已、乐意、尊德性、观物等常见的理学诗主题,都在邵雍的诗作中得到表达。如其《落花长吟》尾句:"开谢形相庚,兴衰理一同。天机之浅者,未始免忡忡。"②诗篇为夏初花谢之时观景所得,表达出"四时节序,成功者去"的思想。诗作所强调的是,于物衰物荣之际而反观自身,应不以盛衰而变易初心。而其《天津闲步》则表达出"不必奇功盖天下,闲居之乐自无穷"③的情怀。在邵雍的书写日常日用生活的诗篇中,经常看到"天津""花""园""闲行""林"等物象,说明其生活环境多在洛阳城。当然,邵雍"击壤体"在书写其日常日用生活时,有不少诗篇内容充满了世俗烟火气。如其《答人见寄》有句:"鬓毛不患渐成霜,有托琴书子一双。既乏长才康盛世,无如高枕卧南窗。"④只是书写日常生活应酬,毫无诗歌之美可言。

　　大致来讲,邵雍的"击壤体"所抒写的"理",既包括理学之性理、道德、道等,又包括自然、社会运行发展的规律,还包括事物之"当然"之本体、功用、结构等规定性的属性特征,内容是比较广泛的。比较而言,书写理学之"理",是"击壤体"最为引人瞩目的体式特征之一。"击壤体"因万事万物而"观"其"理"、抒写心性存养、表达"乐意"等,为后世理学诗人所广泛学习和摹写,最终成为宋代"理学诗"在内容或主旨类型上的典型特征之一。

　　"击壤体"所书写的"理学"之"理",内容丰富。有的表达其"乐"意思想。邵雍在《击壤集》序中提出了他的"三乐"思想:"人世之乐""名教之乐"与"观物之乐"。认为"人世之乐何尝有万之一二"⑤,也就是说,人世间的乐趣很少。而"名教之乐固有万万"、"观物之乐复有万万",显然,在邵雍看来,"名教之乐""观物之乐"才是他所推崇的。比较而言,邵雍"击壤体"所言之"乐",所指向的重心乃是

①　傅璇琮等主编:《全宋诗》,第 4472 页。
②　傅璇琮等主编:《全宋诗》,第 4507 页。
③　傅璇琮等主编:《全宋诗》,第 4515 页。
④　傅璇琮等主编:《全宋诗》,第 4483 页。
⑤　邵雍著,郭彧整理:《邵雍集》,第 180 页。

心性定止的"德性"之"乐"①。在《击壤集》序中,邵雍提出了"以物观物"而"情累都忘去"的著名观点,提倡"八因"的写诗方法,而"八因"之中,其"因闲观时""因静照物""因时起志""因物寓言""因志发咏"等五者可视作他写诗的动因。他又在《序》中提到,"吟咏性情"而不"累于性情"的观点,亦即写作诗篇应保有心性的定止。这样看来,邵雍的诗作之中,强调的是在保有内心定止的前提下的德性圆满无碍、和悦安适之"乐"。如其《龙门道中作》:"物理人情自可明,何尝戚戚向平生。卷舒在我有成算,用舍随时无定名。满目云山俱是乐,一毫荣辱不须惊。侯门见说深如海,三十年来掉臂行。"②诗篇言及世间万物皆可察明,宜随心所欲,定止其心,不入宦海,而不必计较于得失荣辱,在此人生境界中才可体会与天地万物打成一片的无物无我之乐。邵雍诗篇中,抒写"德性定止"而自适山水的"观物之乐"是常见的诗歌主题。如其《龙门石楼看伊川》:"数朝从款走烟霞,纵意凭栏看物华。百尺楼台通鸟道,一川烟水属僧家。直须心逸方为乐,始信官荣未足夸。此景得游无事日,也宜知幸福无涯。"③此诗亦是表达心性定止而适意山水之乐。

以"德性之乐"为主题的诗作,又常常与体贴"生生不已"之"大化流行"相联系。如其诗《东轩消梅初开劝客酒二首》之二:"春色融融满洛城,莫辞行乐慰平生。深思闲友开眉笑,重惜梅花照眼明。况是山翁差好事,可怜芳酒最多情。此时不向樽前醉,更向何事醉太平。"④春意盎然,梅花照眼,所咏正是生意。从邵雍所咏之"德性定止之乐"来看,举凡《清风长吟》之"和气"、《秋暮西轩》之"深秋景物随宜"、《对花吟》之"春在"与"春归"、《乐物吟》之"乐与万物同其荣"等,都以实践主体与天地万物同其气息、打成一片为"乐"之根本。

当然,邵雍诗篇中咏及"名教之乐"的也不少。如其《名利吟》《名实吟》《知非吟》《阴阳吟》分别对"名利""名实""是非""阴阳"等儒家传统义理进行阐释。比较而言,邵雍虽重视书写"名教之乐",但其"人世之乐"在诗作中亦有提及,如其《喜乐吟》:"生身有五乐,居洛有五喜。人多轻习常,殊不以为事。吾才无所长,吾识无所纪。其心之泰然,奈何能了此。"自注:"一乐生中国;二乐为男子;三乐为士人;四乐见太平;五乐闻道义。一喜多善人;二喜多好事;三喜多美物;四喜

---

① 参见程刚:《"观物之乐"与"天地境界"——邵雍三"乐"与冯友兰四"境界"之比较》,《中国文化研究》2008 年第 2 期。

② 傅璇琮等主编:《全宋诗》,第 4472 页。

③ 傅璇琮等主编:《全宋诗》,第 4498 页。

④ 邵雍著,郭彧整理:《邵雍集》,第 261 页。

多佳景;五喜多大体。"①其间除了"闻道义"涉及"名教"之外,大致都是"人世之乐"的内容。

　　邵雍诗作中,有不少诗篇表达其"尊德性"思想。其《首尾吟》共 135 首,内容广泛,而大都与"尊德性"相连。组诗中每一首均以"尧夫非是爱吟诗"为首尾句,歌咏"圣贤兴有时""四时变革""鱼跃雁飞""林泉风月""诚明""天地发露""恢张风雅""风月朗照""静默"等,大多数诗作所要表达的主题,都与"明德""见性""定止其心"等有关。如第三十首:"尧夫非是爱吟诗,诗是尧夫对酒时。处世虽无一分善,行身误有四方知。大凡观物须生意,既若成章必见辞。诗者志之所之也,尧夫非是爱吟诗。"②言及观天地"生意",亦即观仁、观道体等。又如第三十五首言及"在寻常时观执守,当仓卒处看施为"③,第三十七首言及"此心是物难为动,其志唯天然后知"④,第四十一首言及"揄扬物性多存体,拂掠人情薄用辞"⑤等,抒写"守为""心志""物性人情"等,都与"尊德性"有关系。再如其《燕堂闲坐》咏及"我心久不动,一脱二网中"⑥,《秋怀》提及"悟尽周孔权,解开仁义结"推崇儒家之道等,皆为理学"尊德性"内容。

　　"击壤体"也注重抒写基于传统儒学核心范畴与命题的"名教"内容。上述已经对邵雍诗作的"名教之乐"有所涉及。实际上,邵雍诗作所涉及的传统儒家命题或者范畴也是比较多的。清康熙八年(1669)重刻明吴翰、吴泰注《击壤集》卷一有《训世孝弟诗十首》,对儒家传统的"孝弟"思想进行了阐释,十首诗作均以"子孝亲兮弟敬哥"为诗篇首尾,咏及报亲、手足情深、善事公婆、兄弟相和、阖家安乐等,亦对伤和、不孝、贪财等进行了批评。再如《名利吟》咏及"名利到头非乐事"⑦,《秋怀》提及"贤愚难并行"⑧,《代书寄剑州普安令周士彦屯田》强调"君子屈伸方为道,吾儒进退贵从宜"⑨等,均为传统儒家思想。而《偶书》更是强调:"纷纷议论出多门,安得真儒号缙绅。名教一宗长有主,中原万里岂无人。皇王帝霸时

---

① 傅璇琮等主编:《全宋诗》,第 4554 页。
② 傅璇琮等主编:《全宋诗》,第 4677 页。
③ 邵雍著,郭彧整理:《邵雍集》,第 520 页。
④ 邵雍著,郭彧整理:《邵雍集》,第 521 页。
⑤ 邵雍著,郭彧整理:《邵雍集》,第 522 页。
⑥ 傅璇琮等主编:《全宋诗》,第 4475 页。
⑦ 傅璇琮等主编:《全宋诗》,第 4472 页。
⑧ 傅璇琮等主编:《全宋诗》,第 4479 页。
⑨ 邵雍著,郭彧整理:《邵雍集》,第 254 页。

虽异,礼乐诗书道自新。观古事多今可见,不知何者谓经纶。"①诗篇强调儒家传统历久弥新,必将长存于世。而从《击壤集》中的诗题来看,邵雍往往以儒家传统思想中的重要范畴或者命题为诗题。如《思省吟》《言行吟》《言默吟》《诚明吟》《意未萌于心吟》《邪正吟》《善恶吟》《争让吟》《推诚吟》等,均为传统儒家"名教"内容。

"击壤体"中也收录有不少"文人诗"。我们知道,宋代理学家所创作的诗歌,往往是文人诗、理学诗并存。邵雍的诗作亦是如此。在他的诗作中,有表达其强烈历史爱憎的诗篇,如其《观春秋》:"堂堂王室寄空名,天下无时不战争。灭国伐人虽恐后,寻盟报役未尝宁。晋齐命令炎如火,文武资基冷似冰。惟有感麟心一片,万年千载若丹青。"②除了尾联赞美孔子之外,其他则以冷峭严厉的笔调对春秋诸侯伐邦灭国的行径予以鞭挞。深沉的历史感慨,古今兴废的沧桑感,往往存在于"击壤体"中。如其诗句"高城半颓缺,兴废事休论"③,"但闻霓裳曲,世人犹或传"④等,都表达出这种思想。不惟咏史诗如此,邵雍的诗作中也有关心时事的诗歌内容。如其《依韵答友人》有句:"百万貔貅动塞尘,朝廷委寄不轻人。胡儿生事虽然浅,国士尽忠须是纯。陇上悲歌应愤惋,林间酣饮但酸辛。"⑤表达了关心边事的爱国情怀。此外,在邵雍诗作中,歌咏隐逸高致生活、表达文士不遇等情感也时有表露。

第二,邵雍"击壤体"以"观物"为基本的诗歌表现方式,较好地实现了他在《击壤集》序中所提出的诗歌写作目的,因"物"而"观理""见性"等得到彰显。"观物"为宋代理学家邵雍用来构建起理学体系的术语。主要内容有二:"观之以理""以物观物"。邵雍在《观物内篇》之十二中提及:"夫所以谓之观物者,……非观之以心,而观之以理也。"接着他又讲:"不以我观物者,以物观物之谓也。既能以物观物,又安有我于其间哉?"从邵雍的《皇极经世》《观物内篇》等著作来看,邵雍是把"观物"作为认识"心体""性体""道体""天体"的途径和手段来看待的。在邵雍看来,"观物"具备认识天地万物和人本质的功用,这种功用是"观物"具有的价值属性。可见,"观物"对于邵雍而言,已经具备了贯通于体悟、识察与实践的品格,而不仅仅只是一种态度和认识了。邵雍所写作的一些理学诗,受到了其"观

---

① 傅璇琮等主编:《全宋诗》,第 4495 页。
② 傅璇琮等主编:《全宋诗》,第 4608 页。
③ 傅璇琮等主编:《全宋诗》,第 4473 页。
④ 傅璇琮等主编:《全宋诗》,第 4474 页。
⑤ 傅璇琮等主编:《全宋诗》,第 4522 页。

物"认知方式的重大影响。从其表达方式来看,主要有:

"物象—理学之性理—(践行)"构型。以这一类构型而写作理学诗的,往往这三者并不完全具备,但是,一般而言,这一类的诗歌会具备其中两个因素。如邵雍组诗《秋怀三十六首》之一:"秋月夜初长,星斗争煌煌。庭除经小雨,枕簟生微凉。照物无遁形,虚鉴自有光。照事无遁情,虚心自有常。"①前四句写景取象。次两句描述秋月之功用,"照物""虚鉴"是包括邵雍在内的理学家常用来形容"心"之功用的说法。最后两句述及"心"之功用,强调"心"要以"照事"而不为事所动,常常保有虚静之体。诗中以"明月"喻"心",写"心"亦即咏月。又如其《秋怀三十六首》之三十二:"水寒潭见心,木落山露骨。始信天无涯,万里不隔物。脱衣挂扶桑,引手探月窟。不负仁义心,区区五十一。"②包含寒潭、落木等物象,表达"天无涯"之理,复又联系到践行"仁义之心",包括了物象、理、行等三个要素。邵雍的这一类理学诗表达性理主题的诗歌构型,显然是理学实践主体以"观物"来实践其涵养体察、认知与体验来实现其对天体性体道体心体的把握,连带而及,这些理学诗也涉及其理学践履的存养功夫以及作者践行体验等。

"物象—义理"构型。邵雍诗作因"观物"而述及之"理"的类型是比较丰富的,举凡性理、物理、义理、王朝兴亡之理乃至天地之理等,都有所涉及。因此,可把"性理"之外的其他"理"的类型统称为"义理"。宋代理学家对这种以探讨规律、本质和事物发生元点为目的的"理"的探讨,往往又与论天地、万物与人的本质或规律相联系,其目的无非是证明实践主体之德、性、心等具有客观实在性。如邵雍著名的长诗《观棋大吟》,开篇从"观弈棋"说起,极陈弈棋双方的心机、动作、思想变化等弈棋之"象",再就弈棋者的形势变化推知,"名实""得失""福祸""强弱"等皆可随时更易。进而,诗篇把由此得来的"理"验证于历史,结果发现"比观之博弈,不差乎毫厘"③,故而,作者于诗末点明天地、阴阳、吉凶、人事之"理"。再如其《秋日即事》:"鸟声乱昼林,为谁苦驱逼。虫声乱夜庭,为谁苦劳役。嗟哉彼何短,一概无休息。借问此何长,两能忘语默。"④前四句诗写鸟虫昼夜劬劳,后四句则予以发挥,表达物我两忘以怡性的思想。又其《不可知吟》:"犁牛生骍角,老蚌产明珠。人虽欲勿用,山川其舍诸。事固不可知,物亦难其拘。

---

① 邵雍著,郭彧整理:《邵雍集》,第 218 页。
② 邵雍著,郭彧整理:《邵雍集》,第 223 页。
③ 傅璇琮等主编:《全宋诗》,第 4454 页。
④ 傅璇琮等主编:《全宋诗》,第 4464 页。

一归于臆度,义失乎精粗。"①写法与上相同,均以物象堆叠而成诗境,再抽绎、分辨其"理"。可见,"物象—义理"构型,是邵雍理学诗书写常有的结构安排方式。这一类理学诗书写,表征出作为求道"工夫"的"观物"对于兼备理学实践主体、诗歌书写或创作主体的诗人之认知或思维方式的作用或影响。

"性理的诗形表达"构型。这种理学诗表达方式,实际上是以齐章整句的诗歌常见形式来书写理学思理或理学旨趣,以表达作者的思想境界、理学主张或浸染着理学旨趣的人生态度等。以"性理的诗形表达"作为理学性理诗构型的诗歌,在邵雍的理学诗书写中是非常多的。如其《仁者吟》:"仁者难寻思有常,平居慎勿恃无伤。争先径路机关恶,近后语言滋味长。爽口物多须作疾,快心事过必为殃。与其病后能求药,不若病前能自防。"②诗篇抓住仁者有"守"思想,阐述其对"有常""争""默"等范畴的看法。大致说来,这一类构型的诗歌,主要以议论或者阐释的方式来表达儒家思想。从其诗作来看,邵雍以这种表达方式写作的诗篇是比较多的,如《君子与人交》《唯天有二气》《人鬼吟》《知识吟》《意未萌于心》《答人语名教》《名利吟》《闲吟》等,都是以诗歌的形式来述写或表达理学主旨或理学旨趣等。

第三,"击壤体"的诗歌外在形式特征,呈现出不拘形式、丰富多样的特点。从邵雍诗作来看,不受韵律、句式所限的自由诗歌形式,是"击壤体"重要的诗歌外部特征。实际上,在《击壤集》序中邵雍已经强调其作诗的方法:"所作不限声律,不沿爱恶,不立固必,不希名誉,如鉴之应形,如钟之应声。"③这一段文献,强调的是实践主体以不动心性的态度与"物"相合,不作特意的区分、赏鉴或者批评。既然要求实践主体包括情志、思想、审美体验等均需保持定止而不为外物摇动,那么,诗作不受韵律、句式乃至对仗等句法、诗法的限制,自是必然的。如其《意未萌于心》:"意未萌于心,言未出诸口。神莫得而窥,人莫得而咎。君子贵慎独,上不愧屋漏。人神亦吾心,口自处其后。"④诗篇是以诗歌形式来阐发儒家"正心诚意"思想。诗作不讲格律,也没有严格的对仗、字数等限制,呈现出散文化、口语化的特征。

重在议论、突出说理,也是"击壤体"在表达方式方面的重要特征。《四库全

---

① 傅璇琮等主编:《全宋诗》,第 4540 页。
② 傅璇琮等主编:《全宋诗》,第 4505 页。
③ 邵雍著,郭彧整理:《邵雍集》,第 180 页。
④ 邵雍著,郭彧整理:《邵雍集》,第 400 页。

书总目》在《击壤集》下注云:"晁公武《读书志》云:'雍邃于易数,歌诗盖其余事,亦颇切理。'案:自班固作《咏史》诗始兆论宗,东方朔作《诫子》诗始涉理路。沿及北宋,鄙唐人之不知道,于是以论理为本,以修词为本,而诗格于是乎大变。此集其尤著者也。"①四库馆臣认为"切理""知道"等诗歌追求,导致了北宋"诗格"出现了巨大变化。《四库全书总目》又从邵雍诗作的祖法范型方面,探讨邵雍诗作的渊源,其云:"邵子之诗,其源亦出白居易,而晚年绝意世事,不复以文字为长,意所欲言,自抒胸臆,原脱然于诗法之外。毁之者务以声律绳之,固所谓'谬伤海鸟,横斥山木';誉之者以为风雅正传……亦为刻画无盐,唐突西子,失邵子之所以为诗矣。"②可知邵雍诗作虽追步白居易,但其要在于"自抒胸臆",确实与传统意义上的诗法有距离。

第四,在"击壤体"中,古体诗、律诗兼备,散文句体、口语体、铭文体、注疏体等亦是常用的诗体。相应地,议论、阐释、注疏等也就成为"击壤体"常见的表达方式类型。《四库全书总目》对此已有所评价:"邵子之诗,不过不苦吟以求工,亦非以工为厉禁。"③已经提及邵雍诗作兼备"工"与"不工"等诗歌体式。从"工"而言,其诗作有非常工致的律诗。如其《高竹八首》之二:"高竹临清沟,轩小亦且幽。光阴虽属夏,风露已惊秋。月色林间出,泉声砌下流。谁知此夜情,邈矣不能收。"④诗作严守律诗规范,其第二、三联对仗工整,写景咏物中含蓄蕴藉,颇有唐人写景诗风致。再如其《秋日饮郑州宋园示管城簿周正叔》二联、三联为"古木参天罗剑戟,长藤垂地走龙蛇。我来游日逢秋杪,君为开筵对晚花"⑤,对仗工整,颇为精妙。再就是,邵雍一些古体诗也颇得唐人遗意。如其《观棋长吟》《寄谢三城太守韩子华舍人》《履道会饮》等,皆能于叙事、写景中加以议论言理,颇有思想深度。而从其诗作的"不工"而言,邵雍的一些诗作,散文句体、口语体、铭文体、注疏体等多见。如《十分吟》:"所谓十分人,须有十分真。非谓能写字,非谓能为文。非谓眉目秀,非谓衣裳新。欲行人世上,直须先了身。"⑥连用四个"非谓",此为典型的散文化句式。如其《天人吟》:"天学修心,人学修身。身安心乐,乃见天人。天之与人,相去不远。不知者多,知之者鲜。身主于人,心主于天。心既不

---

① 永瑢等撰:《四库全书总目》,第 1322 页。
② 永瑢等撰:《四库全书总目》,第 1322 页。
③ 永瑢等撰:《四库全书总目》,第 1322 页。
④ 傅璇琮等主编:《全宋诗》,第 4458 页。
⑤ 傅璇琮等主编:《全宋诗》,第 4459 页。
⑥ 傅璇琮等主编:《全宋诗》,第 4648 页。

乐,身何由安。"①通篇论及天人关系,但口语化色彩明显。又如其《观物吟》:"居暗观明,居静观动。居简观繁,居轻观重。所居者寡,所观则众。匪居匪观,众寡何用。"②四字句式而寓有劝谏、警戒之意,此属铭文体特征。再如其《宽猛吟》:"宽则民慢,猛则民残。宽猛相济,其民乃安。"③诗题与内容,与儒家经典注疏体相近。

当然需要说明的是,邵雍诗歌的表达方式是比较丰富的。上述只是对其理学诗的主要表达方式进行了归纳。实际上,作为兼备理学诗、文人诗类型的邵雍诗歌而言,其表达方式自然要丰富得多。兼具认知方式、体验方式和审美方式的"观物",只不过是对其诗歌表达方式产生影响比较大的一种。其他诸如情景交融、因象立意(非理)、因物起兴等诗歌表达方式,也多见于邵雍的诗作之中。

三 "击壤范式"与宋人对于"击壤体"的学习与模仿

上文分析可见,邵雍"击壤体"具备内容丰富、形式多样等特征,其表达方式也有独特之处。这些特征,一般而言也是宋代一些诗人学习的重点所在。而宋人尤其是理学诗人递相承继、摹写"击壤体"的风尚,也就标志着作为理学诗之典型范式的"击壤范式"的生成。

从南宋时期诗人的学习和模仿情况来看,一些诗人注意学习邵雍诗歌的内容、形式及诗作主题,写有不少和诗,或者只标出"效康节体""诵邵尧夫诗"等诗作,这算是从整体上学习、模仿邵雍"击壤体"的例子。徐侨(1160—1237)有《和邵康节苍苍吟》:"穹窿莫计几层苍,缭绕难输九曲肠。七曜运空机不断,百川流下碍无妨。千林松柏独坚正,一草薰莸异臭香。……万变杂兴虽错糅,一元不动固安详。"④所和邵雍之《苍苍吟寄答曹州李审言龙图》原诗为:"一般颜色正苍苍,今古人曾望断肠。日往月来无少异,阳舒阴惨不相妨。迅雷震后山川裂,甘露零时草木香。……此意分明难理会,直须贤者入消详。"⑤徐侨和诗书写天地"生生不已"之"大化流行"之象,强调天地之"本"体乃为"一元不动",亦即"静"为天地之体。而邵雍则强调日月往来今如昨,万物相生相依,此意唯有贤者能洞达其本。显然,徐侨与邵雍之诗虽其言理有别,但均为表述"理"所作,从这一意义上

---

① 傅璇琮等主编:《全宋诗》,第 4648 页。
② 傅璇琮等主编:《全宋诗》,第 4651 页。
③ 傅璇琮等主编:《全宋诗》,卷 4652 页。
④ 傅璇琮等主编:《全宋诗》,卷 32812 页。
⑤ 邵雍著,郭彧整理:《邵雍集》,第 300 页。

言,两诗是相关的。再如王义山写有《和康节天意、为人二吟》,其一曰:"一毫矫揉不安然,人众岂能终胜天。透出梦关方是觉,要从心地自澄源。人能穷理始知命,事到容心便费言。造物安排都已定,道中浩浩而渊渊。"①此诗是和邵雍的《天意吟》。邵雍原诗为:"天意无他只自然,自然之外更无天。不欺谁怕居暗室,绝利须求在一源。未吃力时犹有说,到收功处更何言。圣人能事人难继,无价明珠正在渊。"②从王义山的和诗可见,诗作无论是诗歌内容、主题还是韵律等,一依邵雍原作。只不过,邵雍原作强调的是以慎独、绝利来在心上做工夫,以求体贴天意,而王义山则以朱熹的过"梦关"为目标,以澄心、穷理为手段,强调造物之"道"浩渊非人力可为。从和诗来看,虽然王义山诗所推崇的修心途径、方法与目的同邵雍诗作有一定差异,但强调在"心源"上做功夫,则是一致的。《和康节天意、为人二吟》其二为:"鸟兽不可与同群,人道无亏方是人。已分工夫须尽我,学中本领在明伦。川云意思乾坤外,杯酒襟怀天地春。识得眼前真道理,世间何事切吾身。"③邵雍《为人吟》原诗为:"为人须是与人群,不与人群不尽人。大舜与人焉有异,帝尧亲族亦推伦。人心龃龉一身病,事体和谐四海春。心在四支心是主,四支又复远于身。"④王诗推崇"理一分殊"而重视"明伦",亦有体贴天地"生生不已"之意。而邵雍诗篇则重视"明伦",强调在"心"上作文章,以实现天人一体。对比来看,王诗学邵雍深得其精髓而理致过之。辛弃疾则写有《有以事来请者效康节体作诗以答之》:"未能立得自家身,何暇将身更为人。借使有求能尽与,也知方笑已生嗔。器才满后须招损,镜太明时易受尘。终日闭门无客至,近来鱼鸟却相亲。"⑤诗作目的在于突出"器满招损"之意,表达自己试图远离求请以全身怡情的用心。从诗作来看,辛弃疾这里所言之"康节体"主要指的是"言理"。再如钱时《新亭落成》就表明曾与邵雍诗作相和:"得句谩酬康节韵,知音未断伯牙弦。"⑥而陈著亦有《旦起诵邵尧夫诗》,中有诗句:"案头只有尧夫集,参得透时滋味长。"⑦说明他对邵雍"击壤体"是非常推重并下过大工夫学习的。

　　南宋时期的诗人更多的是从某一方面来学习、模仿邵雍诗作。最常见的是,

---

①　傅璇琮等主编:《全宋诗》,第 40083 页。

②　邵雍著,郭彧整理:《邵雍集》,第 328 页。

③　傅璇琮等主编:《全宋诗》,第 40083 页。

④　邵雍著,郭彧整理:《邵雍集》,第 506 页。

⑤　傅璇琮等主编:《全宋诗》,第 30009 页。

⑥　傅璇琮等主编:《全宋诗》,第 34352 页。

⑦　傅璇琮等主编:《全宋诗》,第 40234 页。

一些诗人使用邵雍诗作中的某些意象来书写内容或表达主旨。如刘克庄有《芙蓉六言四首》其一："月地不离人世，花城岂必仙家。且容康节向月，不羡曼卿主花。"①以邵雍诗作中的"月"来表达心性定止之意。吕人龙的《光风霁月亭》亦引用邵雍诗作常用之"月"意象来表达"光风霁月"之"天机"："江边回首见峥嵘，砥柱颓波气象狞。三面好山俱觌面，一泓寒绿不闻声。月从康节诗边吐，风向包羲易里生。如此生涯天未老，更须著脚外间行。"②而刘克庄《记颜二首》之一有"窝中老康节，龛里活弥陀"③，使用了邵雍诗作中的"安乐窝"意象，表达其安于日常日用生活，以闲适隐居为志的人生打算。再如，王遂有诗《闻杜鹃有感》："人物同为气所乘，良心露处即良能。天津有此惊康节，西蜀无之感少陵。"④以当年邵雍于"天津"桥闻杜鹃啼叫声而色变的典故，来书写"气质"生"恶"之理学思想。魏了翁亦有《次韵黄侍郎海棠花下怯黄昏七绝》之四："临川数落花，康节爱花谢。若作荣悴观，此特花之下。"⑤强调邵雍不以花开花落来看待花木凋零，而是以盈衰有常、天道循回来体贴"花谢"。他又有诗《潼川宪司拓圃筑亭取康节语名以四春得古诗十二韵》，其中有句："四时长有春，吾闻邵子云。触事识初心，乃以名吾亭。"⑥以邵雍诗句"四时长有春"来表达天地"生意"常在。张衡《杜鹃》则因杜鹃而联系邵雍："猛为春归苦口嘶，桐花满地绿荫齐。自从康节先生后，孤汝天津故意啼。"⑦表达出诗人对于邵雍体贴"春意"的向往。

学习邵雍的诗歌形式，也是宋人受到"击壤体"影响表现得比较明显的方面。一些理学家经常以示子、示门人以及静坐、独坐等诗题来述及理学主旨，而以邵雍"击壤体"常用的散文句式或者注疏体、铭文体等表达出来。如张九成有《示儿》、胡宏有《示二子》等。胡宏《示二子》（之一）："此心妙无方，比道大无配。妙处果在我，不用袭前辈。……混然员且成，万古不破碎。"⑧诗篇所言纯是理学的性理内容。这种情形发展到了南宋，一些理学家，既无诗才又无诗歌创作的基本训练，却喜欢以诗歌的形式抒写理学诗的性理主题，以至于产生了"以经、子被之

---

① 傅璇琮等主编：《全宋诗》，第 36476 页。
② 傅璇琮等主编：《全宋诗》，第 39936 页。
③ 傅璇琮等主编：《全宋诗》，第 36478 页。
④ 傅璇琮等主编：《全宋诗》，第 34280 页。
⑤ 傅璇琮等主编：《全宋诗》，第 34874 页。
⑥ 傅璇琮等主编：《全宋诗》，第 34884 页。
⑦ 傅璇琮等主编：《全宋诗》，第 43626 页。
⑧ 胡宏撰，吴仁华点校：《胡宏集》，第 68 页。

声诗"的情况,南宋赵与时《宾退录》记载了张载、洪皓、张九成、黄次伋等人以这种方式写诗的情形。

> 古今咏史之作多矣,以经、子被之声诗者盖鲜。张横渠始为《解诗》十三章。……洪忠宣著《春秋记咏》三十卷,凡六百余篇。……张无垢亦有《论语绝句》百篇。……曰:"既是文章可得闻,不应此外尚云云。如何夫子言天道,肯把文章两处分。"……近岁尝见《纪孟十诗》,题张孝祥作。《于湖集》中无之,必依托者。……又黄次伋者,不知何人,赋《评孟》十九篇,极诋孟子,且及子思,漫纪一、二。……若康节先生《观易》、《观书》、《观诗》、《观春秋》四吟,则尽掩众作。①

张载、洪皓、张九成、黄次伋等人"以经、子被之声诗",早在张载诗作中已经开启端绪,但写得较好且影响极大的,要算是邵雍诸作。张九成亦有以《论语》《孟子》为题的绝句若干首,其实就是有韵的讲义而已。风气所及,甚至出现了假冒张孝祥来写《纪孟十诗》的情况。南宋众多的理学家与诗人学习邵雍等人"浅俗"诗风,不讲诗歌技巧与形式,只是一味抒写理学义蕴的特征,又发展为南宋的"浅俗体"诗歌。

宋人学习"击壤体"还在于推崇邵雍的思想境界。曾丰(1142—1195 后)有诗《呈吾宗茂夫》推崇邵雍的"春"意:"濂溪气韵娟娟月,康节襟怀盎盎春。"②王迈(1184—1248)有诗《和刘编修潜夫读近报蒋岘被逐二首》之一则推崇邵雍的"作事莫教人皱眉"③。再如孙嵩(1238—1292)有诗《邵康节》:"真隐由中土,行窝赏太平。生无皱眉事,单为杜鹃声。"④推崇邵雍的"真隐"以及"安乐"情怀。吴潜(1195—1262)有诗《小至三诗呈景回制干并简同官》:"六十三余七十翁,颇从静里得些工。阴阳理向尘尘见,天地心于物物同。荔挺生来元不死,葭灰塞处自能通。古今宇宙浑如眩,康节何烦企下风。"⑤推崇邵雍"同物"、求"静"工夫。卢梅坡(生卒年不详)有诗《读康节诗》:"先生乐处少人知,最是生平不皱眉。身世帝王全盛日,风光伊洛太平时。画前勘破先天易,醉后吟成击壤诗。高卧行窝吾亦

---

① 赵与时:《宾退录》卷二,上海古籍出版社景印《文渊阁四库全书》本,第 676—677 页。
② 傅璇琮等主编:《全宋诗》,第 30292 页。
③ 傅璇琮等主编:《全宋诗》,第 35787 页。
④ 傅璇琮等主编:《全宋诗》,第 43159 页。
⑤ 傅璇琮等主编:《全宋诗》,第 37877 页。

愿,不堪心事类周嵺。"①赞美邵雍的"安乐"等闲适人生态度。上述可见,宋人对于邵雍"击壤体"所表达出的邵雍思想境界是比较推崇的。

四 "击壤范式"之中国诗史地位与历史价值

邵雍的"击壤体"是中国哲理诗发展的重要标志性成果之一。民国刘衍文写有《雕虫诗话》,对中国历史上的哲理诗发展及其代表人物有所总结。依其所言,宋代理学家之"哲理诗"为中国古代"哲理诗"之重要代表。他把中国历史上的"哲理诗"分为六类。其前五类分别是:"一曰概括旧有哲理之语以成韵语者。"认为"历代言哲理诗者必推程明道与朱晦庵,上更追仰邵康节,下乃及于王阳明、陈白沙与庄定山"。"二曰取用旧有哲理或故实以抒发成诗者。""三曰宗尚旧有哲理而以新喻参证成诗者。"于此则举朱熹《感兴诗》《观书有感》、程颢《偶成》、罗洪先《遣兴》等说明。"四曰赏诗者会心独远,以情志之抒为哲理之发者。"举陶渊明、杜甫、石曼卿三人诗作为例进行说明。其中言及石曼卿有《题张氏园亭》云:"亭馆连城敌谢家,四时园色斗明霞。窗迎西渭封侯竹,地接东邻隐士瓜。乐意相关禽对语,生香不断树交花。纵游会约无留事,醉待参横落日斜。"认为:"自有诗人之诗以来,能得道学家如此称许者,可谓绝无仅有矣。然而此岂作诗之人本意所在哉!""五曰诘难旧有哲理或故实而拓展成诗者。"②而从邵雍的《击壤集》来看,这五类"哲理诗",均可从其诗作中找到例证。

作为宋代理学诗的基本范型和范式邵雍的"击壤体",兼有宋代理学诗的"俗体""语录体"等诗体类型特征。民国人《卧雪诗话·卷八》对"俗体"有所探讨。认为五代时人杨凝式"开俗诗一派。宋邵康节先生《击壤集》,直写天性,亦俗诗也"③。并举邵雍诗作《自处》:"尧夫自处道如何,满洛阳城都似家。不德于人焉敢异,至诚从物更无他。眼前只见罗天爵,头上谁知换岁华。何止春归与春在,胸中长有四时花。"④诗篇虽押韵而内容有烟火气,可谓俗体代表。民国时人《围炉诗话·卷一》指出:"宋人诗话多论字句,以致后人见闻愈狭。然炼字与琢句不同,琢句者,淘汰陈浊也。常言俗语,惟靖节、子美能用之;学此,便流于尧夫《击

① 傅璇琮等主编:《全宋诗》,第 45205 页。
② 刘衍文:《雕虫诗话》卷一,载张寅彭主编:《民国诗话丛编》(六),上海书店出版社,2002 年,第425—431 页。
③ 袁嘉毂:《卧雪诗话》卷八,载张寅彭主编:《民国诗话丛编》(二),上海书店出版社,2002 年,第 469 页。
④ 袁嘉毂:《卧雪诗话》卷八,载张寅彭主编:《民国诗话丛编》(二),第 469 页。

壤集》五七字为句之语录也。"①认为邵雍"击壤体"之有"五七字之语录"。

邵雍的"击壤体",作为宋代理学诗的重要诗歌范式之一,在中国诗歌史上具有重要的地位。它的主要功绩是为中国诗歌发展贡献了新的诗歌范型。自邵雍生前开始,司马光、富弼、文彦博、程颢、张载等在与邵雍诗歌唱和的过程中,诗作内容、形式和诗歌境界等都受到了邵雍诗作的影响。而南宋之后,伴随着理学的昌盛和发展,学习邵雍"击壤体"逐渐成为风尚。杨时、张九成、胡宏、朱熹以及前文所及的曾丰、孙嵩、王义山、刘克庄等,普遍学习邵雍"击壤体"的内容、主题、诗歌表达方式以及从诗歌而呈现出的诗歌书写或创作主体的气度、精神和境界,创作了不少旨在表达其理学思想和理学主旨的诗歌。这些诗歌,是宋代理学家思想的重要组成部分,也是中国诗歌史上具有独特类型的理学诗诗歌体式的重要范型之一。直到明代,一些理学家仍然非常重视模仿、学习邵雍的"击壤体"。如陈献章有《真乐吟效康节体》:"真乐何从生,生于氤氲间。氤氲不在酒,乃在心之玄。行如云在天,止如水在渊。静者识其端,此生当乾乾。"②罗洪先亦有《四字吟昼睡戏书与世光子效康节体》:"自笑念庵,终何干济。……问年几何,四十九岁。昨非已遥,后善何计。稚子闻之,以语为戏。俟其稍长,问以知未。"③两诗无论形式还是内容、表达方式,均与邵雍"击壤体"近似。陈献章、罗洪先是明代理学大家,其学说影响极为巨大。两人对于"击壤体"的推崇,影响到了明代众多理学家诗人。而清代理学大家李光地亦写有《疑经世用康节体》,其中有句:"我观今古代,治乱何多迁。……如曰阴阳运,则帝乃无权。缘此世疑开,天问发其端。"④主要学习"击壤体"的"言理"主旨与表达方式。可见,直到清代中期,邵雍的"击壤体"仍然为人所推崇。

第三节　濂溪范式:周敦颐理学诗的范式价值、诗坛反响及诗史地位

周敦颐(1017—1073),字茂叔,原名敦实,避英宗讳改。道州营道(今湖南南道县)人。历任洪州分宁县主簿、南安军司理参军、合州判官等,所在均有治迹。

---

① 吴乔:《围炉诗话》卷一,载郭绍虞编选:《清诗话续编》,第506页。

② 陈献章著,孙通海点校:《陈献章集》,中华书局,1987年,第312页。

③ 罗洪先:《念庵文集》卷十九,上海古籍出版社,1993年,第420页。

④ 李光地:《榕村集》卷三十五,载《清代诗文集汇编》编纂委员会编:《清代诗文集汇编》,上海古籍出版社,2010年,第160册,第480页。

周敦颐生前学术地位不高,死后因南宋胡宏、朱熹、张栻等人推扬,特别是得张栻"道学宗主"赞誉后,才确定了理学开山祖的地位。大致与其日渐获得尊隆的理学地位相一致,周敦颐的理学诗逐渐得到理学诗人尤其是理学家诗人的重视,而得到广泛的认同和摹写,从而具有了理学诗的"诗歌范式"地位。已有学者注意到周敦颐、邵雍等人之理学诗书写具有"范式"价值,本节在此基础上予以继续探讨。①

一 周敦颐的理学诗书写

今本《周元公集》存周敦颐诗28首。大致来说,他的理学诗与一般士人所写作的文人诗相近,也就是说,在周敦颐这里,文人诗、理学诗尚未形成壁垒森严的分界。由于周敦颐被公认为是理学开山祖师,其理学诗也得到后世理学诗人的广泛尊崇。因此,周敦颐理学思想的诗歌书写也就成为理学诗的重要诗歌范式。从其诗作内容和主旨来看,周敦颐的理学诗书写重心在于:

其一,重视心性存养,推崇"自掩"以为功,强调"慎几""慎动"以存养心性。如其哲理诗《题门扉》:"有风还自掩,无事昼常关。开阖从方便,乾坤在此间。"②诗篇以"门扉"为题,抒发自己的一些人生感受,强调"自掩""常关",为应付外物的手段,"关""掩"为"静"态,这与周敦颐理学内容强调"慎动""知几""无欲"等为"去恶之大功"是一致的,可见,周敦颐以诗歌为传达理学命题的手段,通过体察外在事物的"物理"来悟得"道",这与当时邵雍、程颢等人的诗歌走的是同一路径。值得注意的是,周敦颐理学诗中,已经出现为后世理学家所推重的"玩物从容"以存养心性的方法。如其《宿大林寺》:"公程无暇日,暂得宿清幽。始觉空间客,不生浮世愁。温泉喧古洞,晚磬度危楼。彻晓都忘寐,心疑在沃洲。"③强调"不生"俗世之"愁",表达其守静、安于闲逸等意趣,这也就是后世理学家常讲的以"玩物从容"而定止其心的方法。

其二,强调守贫乐道,胸怀风月,独寻"乐"趣。如其《题濂溪书堂》有句:"庐山我久爱,买田山之阴。田间有清水,清泚出山心。……书堂构其上,隐几看云岑。倚梧或欹枕,风月盈中襟。或吟或冥默,或酒或鸣琴。……窗前即畴圃,圃外桑麻林。……饱暖大富贵,康宁无价金。吾乐盖易足,名濂朝暮箴。元子与周

---

① 参见梅俊道:《周敦颐的诗歌创作及其在宋代理学诗派中的地位》,《九江师专学报(哲学社会科学版)》1994年第1期;王利民:《濂洛风雅论》,《文学遗产》2006年第2期;等等。

② 周敦颐著,陈克明点校:《周敦颐集》,第61页。

③ 周敦颐著,陈克明点校:《周敦颐集》,第74页。

子,相邀风月寻。"①诗篇中除了写庐山之田、书堂环境之外,重点突出了诗人书堂生活的惬意,以及安于贫困、不追求物欲的生活方式,表达了自己向往"风月"的"乐道"胸襟。诗中着意突出的物象是"清""无尘",风俗为"不欺",堂中的生活为或语或默,或酒或琴,或书或枕。在诗中,人与物,堂与境,相处和谐,诗人的"乐道"与"处困"都因"无欲"而取得统一。从周敦颐的理学观来看,他特别重视"诚"为宇宙和人的性体仁体本源,"慎动""无欲"为"去恶"之大功,"体悟孔颜乐处"等,都在诗中得到反映。显然,诗中表达的诗旨,正是周敦颐理学伦理的诗化表达。类似主旨的诗作还有:《石塘桥晚钓》,表达荣辱不动心、不为利禄羁绊的主旨,同周敦颐的静为性之极、无欲为修心之要等相关;《牧童》表达"乐意",此"乐意"当然是"太平歌";《喜同费长官游》表达心不为利、名所动的追求等。可见,周敦颐在诗中所表现的"乐趣"、人生向往等,都是与其理学追求紧密相关的。

其三,重视"观天地生意"或"生生不已",强调"仁"为天地之本、人之本。如其诗《春晚》:"花落柴门掩夕晖,昏鸦数点傍林飞。吟余小立阑干外,遥见樵渔一路归。"②诗篇渲染花落夕阳下,于家园看昏鸦共渔樵共现的情景,诗中人面对此景心并不为所动,只是心如镜一般,"照见"此一天地之境,显然,这一诗境与周敦颐理学中的"主静""寂然不动"命题是一致的,而"主静""寂然不动"等都是达到其主张的人类最高境界"人极"即"诚"的途径。诗中,夕阳物境、昏鸦傍林、人物闲吟、渔樵归家,组成一幅万物一体而生意盎然的图画,这就是天体之"生生不息"的"仁德",落实到人就是"仁义礼智信"所谓"五体"。又如其诗《同石守游》:"朝事谁知世外游,杉松影里入吟幽。争名逐利千绳缚,度水登山万事休。野鸟不惊如得伴,白云无语似相留。傍人莫笑凭栏久,为恋林居作退谋。"③诗篇之中,野鸟、白云与诗中人和谐相处,这正是"万物一体"而具有"生生不息"之意的理学追求。除此之外,诗中还抒写了诗人留恋世外游而反观人世,感到只有度水登山方摆脱名利所缚,因此有了退居以修德的打算。

其四,推崇"巧贼拙德"思想,倡导力行与用诚。周敦颐在《拙赋》中,较为系统地表述了其"巧贼拙德"思想:"巧者言,拙者默。巧者劳,拙者逸。巧者贼,拙

---

① 周敦颐著,陈克明点校:《周敦颐集》,第 62 页。

② 周敦颐著,陈克明点校:《周敦颐集》,第 61 页。

③ 周敦颐著,陈克明点校:《周敦颐集》,第 73 页。

者德。巧者凶,拙者吉。呜呼,天下拙,刑政彻。上安下顺,风清弊绝。"①这里,"巧""拙"相连,"贼""德"对举,"贼"指邪恶、有害的品质,"德"则是关乎美好的特性。周敦颐《拙赋》对"巧""拙"的表述涉及三个层面:诗作头四句,是从"言"与"默""劳"与"逸"的角度,谈及"巧""拙"的外在表达形式,此即"巧""拙"之"文"。第五句、第六句则强调"巧""拙"之"性",强调"巧""拙"分别对应着"贼""德"这两种与道德有关的品质,此即"巧""拙"之"体"。第七八句则强调"巧"必产生"凶",而"拙"必与"吉"相联系,此即"巧""拙"之"用"。诗篇最后四句,则强调了"巧""拙"之于"刑政"等政治伦理和政治风气的作用,这是从政治功用层面上而言的。周敦颐对于"巧""拙"这对范畴的系统阐释,较之其前后的北宋人物是有明显差异的。彼时重要的文化领袖人物如欧阳修、刘敞、司马光、王安石、苏轼等,或对于"巧""拙"问题没有重视,或所见甚浅,远比不上周敦颐《拙赋》所具备的系统性和深刻性。②

周敦颐理学诗的"濂溪范式",伴随着其理学思想被广泛承认,而成为理学诗人共同尊奉的重要诗歌范式。从这个意义上讲,要对周敦颐理学诗的"诗歌范式"的生成及其影响进行考察,宜应与周敦颐之理学思想的影响结合起来谈。这大约可从两个方面来理解:

其一,周敦颐的理学思想及其"濂溪范式"所蕴涵的"巧贼拙德",为宋代及元、明、清理学诗人所推崇并加以摹写。受周敦颐《拙赋》的影响,两宋理学家常常把"拙""巧"等与实践主体之道德之性、气质之性等相联系,来论证实践主体之"拙"具备"近仁""为仁"等属性品格,而"巧"与"作伪""乱德"等相关。正因如此,胡宏门人张栻才会把周敦颐的《拙赋》《通书》及"孔颜乐处"话语相提并论:"先生著《通书》及《拙赋》,皆行于世,而又尝俾学者求'孔颜所乐'何事。噫!以此示人,亦可谓深矣。"③周敦颐的《通书》论证了宇宙论与道德论的同一性问题,奠定了其理学鼻祖的地位,"而孔颜乐处"则被杨时、朱熹、陈淳、黄榦等人认为是程朱

---

① 周敦颐著,陈克明点校:《周敦颐集》,第 60 页。

② 需要说明的是,国家图书馆藏宋刻本《元公周先生濂溪集》(馆藏书号 04522)第六卷为"遗文",把《拙赋》列为"赋"类,"注一篇"。诸本相沿,均把《拙赋》列在《周元公集》"杂著"类。四库全书可能据明黄克俭本收入。我们认为,"赋诗言志"是《诗经》时代就有的传统,而班固《汉书·艺文志》亦有"登高而赋"的记载。故以"赋"为题,未必就是赋体。因此,本书把《拙赋》归为诗类。金履祥选《濂洛风雅》即以诗歌体裁为分卷标准,其卷二"古体"收录了此诗。可见把此诗归为"诗"是合理的。

③ 张栻著,杨世文点校:《张栻集》,第 911 页。

理学一派一脉相传的"密旨"。① 有赖于游酢、杨时、胡宏、胡寅、张栻、朱熹、陈淳、黄榦等湖湘学者的努力，周敦颐之"巧贼拙德"话语得到了理学性理本体论层面上的合理性论证，由此，这一话语实现了其在价值论层面上的跃升。②

理学家对于周敦颐《拙赋》以及周敦颐"孔颜乐处"思想的推重，影响到其理学诗书写。张栻及其之后出现的一些理学诗，往往把"拙"视为传统儒学的根本特征来加以凸显。如朱南杰有诗句："要知工巧元无用，乐得身闲拙不妨。"③诗作对七夕之夜民间乞巧活动有所描述，由此而"格"得"巧"无所用，而推崇以"拙"养德安身。可见，正是鉴于对"尚拙"而"斥巧"的价值属性、超越属性的赞许，因此，理学家在其诗歌中，先验性地主张"拙"而排斥"巧"，并把这一观点视作其表述思想的理论"元点"。本书第六章第一节有对周敦颐之后宋代理学家"巧贼拙德"理学诗内容或主旨类型书写的较详细考察，故于此从略。读者可以参照后文来理解。④

"巧贼拙德"话语为后世学家所广泛重视，"巧贼拙德"亦成为元、明、清三朝重要的诗歌主题类型。特别是，元代理学家及受其影响的文人，写作了不少数量的"巧贼拙德"内容或主旨的诗歌书写作品。如徐月卿《赠朱野拙》："官样何如野，谋生拙最宜。君门标野拙，篆刻大精奇。"⑤推扬朱氏"野拙"之志。方回《题赵继孙拙斋》："曾颜得圣传，何谓鲁与愚？外察若不足，内朗实有余。……众人笑我拙，囊萤披蠹鱼。我亦笑尔巧，技止黔之驴。"⑥强调"鲁""愚"之"拙"实为养德、求道之大美。任士林亦有《赋用拙斋》，诗人因观"帘蛛布晴网，野蚕作春瓮"⑦而悟知物化代谢，故倡导洁身自好、用拙而遗世。元好问则有《周才卿拙庵》："诗笔看君有悟门，春风过水略无痕。庵名未便遮藏得，拙里元来大巧存。"⑧点明周氏以拙存巧，富含人生智慧。比较而言，郝经诗《影答形》，虽为"和陶"诗，但其对于"巧""拙"的认识却大有深意："静阴乃道影，范围无巧拙。大车转通逵，辙迹岂能绝。……生死无加损，得失岂内热。因物不遂物，原原靡衰竭。君终复随我，兹

① 参见拙作：《两宋理学"孔颜乐处"话语之诗学价值》，《南开学报（哲学社会科学版）》2018 年第 3 期。
② 可参见本书第六章第一节相关论述。
③ 傅璇琮等主编：《全宋诗》，第 39395 页。
④ 可参见本书第六章第一节相关论述。
⑤ 傅璇琮等主编：《全宋诗》，第 40568 页。
⑥ 杨镰主编：《全元诗》，中华书局，2013 年，第 6 册，第 432 页。
⑦ 任士林：《松乡集》卷九，台湾商务印书馆景印《文渊阁四库全书》本，第 583 页。
⑧ 杨镰主编：《全元诗》，第 2 册，第 222 页。

时见优劣。"①诗作以影为道、性,以实体(形)为用,来阐述道、性与心之关系,强调道体不灭不变,无巧拙,无加损。"巧拙"被视作道之体用的外在变化、发展表现。其诗意已与陶诗相去甚远了。安熙《蒙泉》有句:"作圣有奇功,谁知在蒙养。……迂愚抑何幸,久矣绝群想。果行复育德,服膺未云爽。"②诗篇认为,以"蒙""迂愚"而用"拙",能实现"绝想"以求心静,进而体悟道体之用。范梈《次韵古体二首》(其一):"偶为淳朴语,即有希夷风。……大巧三代人,所拙辨伪工。曲哉末学士,妄拟述作功。至性苟能尽,焉得推盛隆。先师予狂狷,盖愤失所中。于时得依归,敢叹吾道穷。"③诗作崇尚三代先民尚"拙"而指斥末学"妄拟述作",强调"吾道"即在守中而用"拙"。除了上述所引之外,元人许衡、虞集、陆文圭、张养浩、杨维桢、郑元祐、黄溍等也写有一些"巧贼拙德"内容或主旨的诗歌书写。总的来看,元代"巧贼拙德"内容或主旨的诗歌书写,在其主题类型、书写内容等方面,较之宋代尤其是南宋同类诗歌而言并不逊色。

明、清两代理学家及受其影响的文人,也创作了一些"巧贼拙德"内容或主旨的诗歌书写作品。从数量上看,明人所书写的"巧贼拙德"内容或主旨的诗歌书写并不多。较有代表性的理学家诗人或受其影响的诗人,有陈献章、曹端、方孝孺、谢榛、袁中道等。如方孝孺《次王仲缙感怀韵十首兼呈张廷璧》有句:"野性拙生理,大化无停机。……人生尚闻道,富贵复奚为?"④诗句表达出其以"拙"自守而尚道之心志。曹端亦有诗:"作文不必巧,载道则为宝。不载道之文,臧文梲上藻。"⑤推崇"载道"而贬抑"求巧"。谢榛《自拙叹》:"出门何所营,萧条掩柴荆。……千拙养气根,一巧丧心萌。巢由亦偶尔,焉知身后名。不尽太古色,天末青山横。"⑥诗作表露出其以"拙"养气,而惕惧因"巧"而丧心。他又有《守拙吟》:"世人得意笑辄轲,多营寡营无不可。一时争巧鸟与虫,百年守拙谁知我。……力疾正披老庄书,邻翁扣门送药裹。"⑦诗作同样表达出其"守拙"以藏身之意图。袁中道《作字》则有句:"作诗惟仁兴,作字亦任意。未常强心为,虽拙大

① 杨镰主编:《全元诗》,第4册,第211页。
② 杨镰主编:《全元诗》,第23册,第338页。
③ 杨镰主编:《全元诗》,第26册,第345页。
④ 方孝孺著,徐光大点校:《逊志斋集》卷二十三,宁波出版社,1996年,第775页。
⑤ 曹端撰,王秉伦点校:《曹端集》卷二,中华书局,2003年,第90页。
⑥ 谢榛著,朱其铠、王恒展、王少华校点:《谢榛全集》卷一,齐鲁书社,2000年,第8页。
⑦ 谢榛著,朱其铠、王恒展、王少华校点:《谢榛全集》卷三,第68页。

有致。"①诗作表达了"崇拙"而"斥巧"的思想。总的来看,明、清两代理学家及受其影响的文人,所创作的"巧贼拙德"内容或主旨的诗歌书写,从数量上看远少于宋代。一些重要的理学家如王阳明、高攀龙、刘宗周、陆世仪及其门人,在其存世诗作中基本没有书写或者表达"巧贼拙德"话语义蕴。而从诗作内容而言,明代理学家的"巧贼拙德"主题诗作较之宋元时期同类诗歌而言,是远为逊色了。至于清代以书写或者表达"巧贼拙德"为内容或主旨的诗人及其诗歌作品,较之明代就更少了。如陈确、黄宗羲、王士禛、沈德潜、李光地、姚鼐、方东树等,均没有诗作涉及这一主题。清代较有特色的述及"巧贼拙德"内容或主旨的类型的诗人,只有袁枚等数人。而袁枚的部分"巧贼拙德"内容或主旨类型的诗歌,其内容却与表达或书写"尚拙""斥巧"义蕴相背离。如袁枚写有《藏拙》:"昼赢宵缩,天不两隆。……善藏其拙,巧乃益露。右师取败,敌必当王。霍王无短,是以无长。"②诗作所表达的思想,乃是事物两相倚伏而相生,颇近于老庄。可以说,与理学的遭遇相一致,为宋、元、明时期理学家所广泛重视的"巧贼拙德"内容或主旨类型的诗歌书写,在清代无可避免地陨落了。

尚需提及的是,"巧贼拙德"话语因其具有审美性品格,而成为后世文学、绘画、书法等艺术门类重要的审美追求和艺术评价的标准。实际上,由于"巧贼拙德"话语的影响,两宋理学家及其影响下的文人已经开始推崇绘画、书法等重"拙"审美标准。黄庭坚、杨时、陆游、杨万里、黄榦、刘克庄、周密等人,已经开始在论画、论书法等方面,崇尚"拙笔""拙意"。如黄庭坚云:"凡书要拙多于巧。"③黄氏与周敦颐二子均有交往,受到理学深刻影响。而元代郝经《叙书》亦云:"工而不巧,拙而不恶,重而不滞,轻而不浮,笔死则痴,笔缓则弱,笔疾则浅。"郝经把"拙"视作书法之重要审美标准。至于明代理学家及受其影响的文人,如杨慎、王世贞、项穆、袁中道等,在论画、论书中更是把"尚拙"推崇到了新的高度。④ 此后,清代钱谦益、周亮工、蒋衡、奚冈等亦在论画、论书中承继了这一传统。当然,书、画之"尚拙"传统可以追溯到唐代甚至更早,不过,就普遍意义上的"尚拙"而言,从南宋才蔚然而盛,进而成为书法、绘画理论的重要审美评价标准,是客观存在的历史事实。对此,已有研究成果亦有相当坚实的结论。研究者认

---

① 袁中道撰,钱伯城点校:《珂雪斋集》卷三,上海古籍出版社,2013年,第106页。
② 袁枚撰:《小仓山房诗集》卷二十,《四部备要》本,中华书局,1936年,第143页。
③ 黄庭坚:《山谷集》外集卷九,台湾商务印书馆景印《文渊阁四库全书》本,第446页。
④ 参见郑楠楠:《明代画论"拙"范畴研究》,《美与时代》2018年第7期。

为,宋代"尚拙"观念对后来书法、绘画等推崇"拙笔""拙意"和"拙趣"等有重要影响。[1] 本节的相关考察表明,宋代"尚拙"审美风尚无论如何是绕不开理学家对于"巧贼拙德"话语的持续探讨的。从这个意义上讲,两宋"巧贼拙德"话语,在一定程度上具有形塑后世绘画、书法等文化部类的基本发展走向和某些面貌特征之功。

其二,周敦颐的理学思想及其"濂溪范式"所蕴含的处理与"物"关系的"玩物从容""心性存养""乐意""观天地生意""生生不已""孔颜乐处"等理学诗的内容或主旨类型,可能对后世理学诗人产生了直接或间接的影响,而成为理学诗的重要诗歌内容主旨类型,并得到后世理学家的不断书写或表达。周敦颐在理学史上具有"开山祖"的崇高地位,而其理学诗又与邵雍、张载等共同组成了早期理学诗书写的"首创"阵营。从这个角度而言,周敦颐理学诗的"玩物从容""心性存养""乐意""生生不已""孔颜乐处"等诗歌内容或主旨类型,可能对其后的理学诗书写产生了直接或间接的影响。

周敦颐以"玩物从容"而存养心性的方法,引起后世理学家的重视,并可能影响到他们的理学诗书写。如李吕《承德功仙尉出示直翁感兴之作辄次其韵》:"蝇头蜗角使人愁,贪先务胜如争舟。隐心空逐市朝乐,着眼未省林泉幽。……孰知名教真乐地,徒以得失为己忧。……个中有路傥深造,直与古人为辈流。"[2]前六句,以世俗之士"贪先务胜"与作者隐居市朝保有良善形成对比。次六句,点明其以崇道、重名教为追求。后四句转为赞美交往对象德性高致,勉励其继续深造以达古之贤者境地。整篇来看,表达出作者对于保有良知、尊崇道德的态度,也凸显出其修养所致的和乐定止之德性境界。再如蔡沉《春日即事二首》之一:"楼上从容晓日明,春风随意动郊坰。定知有象根冲漠,未信至精惟杳冥。万化淳时春蔼蔼,一元亨处雨零零。忘言共倚栏干见,绿满周原水满汀。"[3]诗中,作者所"玩"之"物"有日、春风、春雨、绿植、绿水等,而"从容"强调的是实践主体的舒缓和乐、不急迫的对"物"态度。诗篇整体上表达出作者于春光之中以优游闲适的态度,静观物象而体贴天地"生生不已"之意,呈现出作者诚敬、澄净、定止的德性境界。再如岳珂《洞霄宫良泓孙副宫二首》之一:"养生须及早,器破辄难全。鉴止存心地,

---

① 参见李梦媛:《"巧""拙"之辨》,《中国书法》2018年第1期;李梦媛:《"拙"的内涵变迁》,《中国书法》2018年第7期;赖志明:《书法中"拙"的风格特征》,《中国书法》2018年第2期;等等。
② 傅璇琮等主编:《全宋诗》,第23820页。
③ 傅璇琮等主编:《全宋诗》,第32238页。

涵虚咏性天。寓言随虨虨，至理本渊渊。玩物先观象，如师况少年。"①诗篇中，作者强调"观象"是"玩物"的途径。这里的"观象"，自然是"器破"之象。作者因"破器"而"格"得"理"：养生须趁精神完足之时尽早着手。同样，存养心性也要如同明镜视人一般，毋将毋迎，涵虚定性。诗篇表达出作者对于养性、养生的态度，凸显了作者推崇全性、全身的德性完足境界。而周必大《次韵邹德章监簿官舍芙蓉芭蕉》云："君不见蜀都之城百里长，无数芙蓉遮女墙。遂令邦人记旧俗，往往空巷争新妆。……眼看红绿意先眩，玩物固应为物迷。……主人学道穷三余，俯视官舍真蘧庐。从渠草木荣与枯，只有此心常自如。……钝根也复发深省，世间何物非空花。"②前十句述写成都之城墙、芙蓉、蜀都旧俗玩好等。随后，诗篇语义发生转移，指出"玩物"的结果是心性为其所迷。这就从结果上衬托出蜀都之美景的艳丽多彩。接着，诗篇赞美邹氏面对美景而心性"自如"，亦即不为所动、保有自然本色，诗篇最后，作者再进一层意思，表达出自己因邹氏不为美景所动而"发深省"，从而悟及世间之物的生灭，均如同"空花"而一瞬闪过。总的来看，后世理学家所乐于书写的"玩物从容"内容或主旨类型的理学诗，其最早的源头可以追寻到周敦颐、邵雍的部分诗作。在此意义上，把周敦颐的理学诗称之为"濂溪范式"是有一定合理性的。

　　与此相似，周敦颐之后，历代理学诗的"心性存养""乐意""观天地生意"或"生生不已"等内容或主旨类型，可能也部分地受到了周敦颐思想及其"濂溪范式"的直接或间接的影响。当然，与周敦颐之后的理学诗，受到了其"巧贼拙德"理学诗内容或主旨类型的明显影响有所不同，周敦颐之后的"玩物从容""心性存养""乐意""生生不已""孔颜乐处"等理学诗内容或主旨类型，是不是受到周敦颐理学诗的直接或间接影响，如果受到了，其受影响的程度有多大等，是难以在文献层面完全坐实的。周敦颐的理学诗，大约与其理学思想得以普遍传播的路径或方式相一致，要通过二程及其门人高弟的努力，才为其后的理学家如陈渊、胡宏、张九成、张栻、朱熹等人所推重，进而产生显著的影响效应。因此，周敦颐之后的理学诗之"心性存养""乐意""观天地生意"或"生生不已""孔颜乐处"等内容或主旨类型，到底是受到了周敦颐思想还是周敦颐理学诗之"诗歌范式"的影响，还是同时受到了这两者的影响，可能并不容易理清。不过，周敦颐"诗歌范式"对于后世理学诗之"心性存养""乐意""观天地生意"或"生生不已""孔颜乐

---

① 傅璇琮等主编：《全宋诗》，第 35398 页。
② 傅璇琮等主编：《全宋诗》，第 26693 页。

处"等内容或主旨类型属性特征的生成,或多或少具有一定影响,大约也是可以成立的。

第四节 龟山范式、横浦范式:杨时、张九成理学诗的范式价值及其反响

从宋代理学诗的"诗歌范式"的历史生成和流变而言,在邵雍"击壤范式"、周敦颐"濂溪范式"和张载的"横渠范式"等早期理学诗之"范式"之后,朱熹"晦翁范式"、魏了翁"鹤山范式"和陈淳"北溪范式"等中晚期理学诗之"范式"之前,影响巨大的理学诗之"诗歌范式",主要有程颢"明道范式"、杨时"龟山范式"、张九成"横浦范式"、吕本中"东莱范式"、胡宏"五峰范式"等。① 其中,从其典型性和影响力而言,又以"龟山范式"和"横浦范式"最具代表性。这两种理学诗之"范式",在一定程度上形塑或代表了杨时、张九成同时代及之后的宋代理学诗书写的内容或主旨类型及其特征、表达方式和诗歌风貌等。本节缘此而展开考察。

一 杨时的理学诗书写及其"龟山范式"

杨时(1053—1135),字中立、立之,号龟山,学者称龟山先生。祖籍弘农华阴,南剑州将乐(今属福建)人,二程门人。与游酢、吕大临、谢良佐并称"程门四大弟子"。宋人真德秀曾说:"二程之学,龟山得之而南传之豫章罗氏,罗氏传之延平李氏,李氏传之朱氏,此其一派也;上蔡传之武夷胡氏,胡氏传其子五峰,五峰传之南轩张氏,此又一派也。若周恭叔、刘元承得之为永嘉之学,其源亦同自出,然惟朱、张之传,最得其宗。"②可见,在理学发展史上,杨时与谢良佐、周行己是发扬光大二程学说贡献最为重大的三人。其中,杨时一向被认为是开"道南学派"的主要理学家。清人李清馥在《闽中理学渊源考》卷二也讲到,杨时、游酢传道于南,而朱熹为其学说的集大成人物。

杨时的文学功用观具有一定影响。他继承了程颐的"文以害道"说,而又有新的发展。他讲:"为文要有温柔敦厚之气……陶渊明诗所不可及者,冲澹深粹出于自然,若曾用力学,然后知渊明诗非着力之所能成。"③强调"君子所养"为"为

---

① 参见拙著:《宋代理学诗发展史》,未刊稿。
② 真德秀:《西山读书记》卷三十一,上海古籍出版社景印《文渊阁四库全书》本,第106页。
③ 杨时撰:《龟山集》卷十,台湾商务印书馆景印《文渊阁四库全书》本,第91页。

文"的根本,"温柔敦厚"之气尤为重要。他又强调,"学诗者不在语言文字"①,批评"大抵今之说诗者,多以文害辞。非徒以文害辞也,又有甚者,分析字之偏傍,以取义理。如此,岂复有诗!"②可见,杨时对于诗的理解,是以是否能够传达儒家之"道"为准则的。

杨时的理学诗书写,其重心在于:

其一,尊德性。杨时的理学诗"尊德性"主旨书写,内容比较丰富。其有的理学诗作,全面论及"尊德性"的内容。如其《此日不再得示同学》有句:"术业贵及时,勉之在青阳。行己慎所之,戒哉畏迷方。舜跖善利间,所差亦毫芒。富贵如浮云,苟得非所臧。贫贱岂吾羞,逐物乃自戕。胼胝奏艰食,一瓢甘糟糠。所逢义适然,未殊行与藏。……希颜亦颜徒,要在用心刚。……末流学多岐,倚门诵韩庄。出入方寸间,雕镌事辞章。学成欲何用,奔趋利名场。……至宝在高深,不惮勤梯航。……万物备吾身,求得舍即亡。鸡犬犹知寻,自弃良可伤。欲为君子儒,勿谓予言狂。"③诗作强调惜时向学、戒慎、义利、为学、用诚、求圣、心性存养、明义利之辨、守道义之正、严异学之别,以"君子儒"而相勉,表达出其坚守理学立场的抱负与信念,义蕴非常丰富。有言自省以戒私心以成就德性的,如其《枕上》诗云:"小智好自私,小德常自足。自私开人贼,自足心有目。瑕瑜不相掩,君子比良玉。默默枕上思,戒之在深笃。"④诗篇强调,道德实践主体应于身体力行中省察"小智"而警惕于"自私",以求实现以存养身心的"小德"为目标。"自私"而罔顾正道,自然容易使"心"起妄念,此谓之为"贼"。这里,"小智"话语来自《庄子》,庄子本意为"年智",意为蟪蛄等小物生年为短,不及彭祖等年长者有智。此诗之"小德"应自《中庸》之"小德"发挥而来。《中庸》有句"小德川流,大德敦化",朱熹以"全体之分"训"小德",则"小德"为"理一万殊"之"分"。显然,此诗之"小德"乃为"明理"之一端。"小德"虽较之于"大智""大德"为狭小,但能做好"小德"亦为不易。诗作以"自足"为"小德",显见"小德"为"自明诚",亦即明理以修养自身道德之意。儒家话语体系中,"大德"往往与"天地""圣人""大人"连用。《周易·乾·文言》云:"大人者,与天地合其德。"⑤《国语·周语》亦云:"夫王公诸侯之有饫也,将以讲事成礼,建大德,昭大物也。"可见,承天应命、讲事用礼等,方

---

① 杨时撰:《龟山集》卷十,台湾商务印书馆景印《文渊阁四库全书》本,第193页。
② 傅璇琮等主编:《全宋诗》,第12916—12917页。
③ 傅璇琮等主编:《全宋诗》,第12916页。
④ 傅璇琮等主编:《全宋诗》,第12933页。
⑤ 李学勤主编:《周易正义》,《十三经注疏》(标点本),北京大学出版社,1999年,第23页。

为"大德"。这里的"大德",显然是强调"为公"而"平天下",包括以军事手段讲事功、建皇极等。朱熹训为"万殊之本",实际上已经改变了"大德"之原义。依朱熹而言,"大德"亦即天地万物之体,可以太极、道、理等为名。显然,"大德"自然是与"心性存养"相关的天地之性、人之性与物之性的认识,以及对于实现道德圆满境界(即定止心性)的人生追求。有推崇"力学"以成就德性的,如其《送胡康侯使湖南》有句:"圣门学须强,一篑亏可耻。扩之天地宽,于道乃云迩。为士贵弘毅,无忘味斯旨。"①强调学以进德,惟有弘毅方能入道。《次韵思睿见寄》亦云:"圣贤千古愧难攀,力学方忧敢自闲。"②推崇力学方能接踵圣贤。《寄游定夫》亦有句:"绛帷燕侍每从容,一听微言万虑空。"③深情追念当年与游酢同学于其师程颐,表达出对于二程的敬重与思念之情。有的诗作言及同学、朋友相互切磋以学道,如其《别游定夫》云:"黾勉吾将仕,谋身力已分。漆雕惭未信,子夏又离群。惨淡交情重,间关道路勤。至言宜远寄,孤陋愿频闻。"④甚为因出仕而无法与游酢共同切磋以向学为憾。有的提及难以做到"执中"以处行藏,故"道"易迁。如其《和陈莹中了斋自警六绝》之三:"行藏须信执中难,时措应容道屡迁。一目全牛无肯綮,騞然投刃用方安。"⑤强调"执中"之对于世间出处之重要性,一旦"执中"偏易,则"道"即"屡迁"。上述可见,杨时的尊德性理学诗,内容比较丰富,既涉及对于德性问题的系统性书写,也涉及对如何成就德性问题的方法、途径等问题的书写。就其尊德性理学诗书写的内容丰富性而言,确实达到了前所未有的程度。

其二,关注心性存养。其《此日不再得示同学》在全面书写"尊德性"的同时,亦有对"心性存养"主旨的书写。诗中提及"行己慎所之,戒哉畏迷方",强调要保持心性的戒慎,才能坚守正确的人生方向而不走入歧途。"胼胝奏艰食,一瓢甘糟糠。所逢义适然,未殊行与藏",强调坚守道义,行藏间注重安放心性,这样就能够保持心性的和乐。"希颜亦颜徒,要在用心刚"⑥强调要努力追求亚圣颜回的境界,保有心性的坚定不动摇。可以看出,心性存养问题,是杨时理学诗重要的主旨类型。其《久不得家书》亦提及"人生本无待,岂受外物侵",强调心性不可为外物摇荡。在《隐几》诗中,他由青蒿、长松在秋冬遭际起兴,得出"人生无艰危,

---

① 傅璇琮等主编:《全宋诗》,第 12922 页。
② 傅璇琮等主编:《全宋诗》,第 12942 页。
③ 傅璇琮等主编:《全宋诗》,第 12953 页。
④ 傅璇琮等主编:《全宋诗》,第 12934 页。
⑤ 傅璇琮等主编:《全宋诗》,第 12952 页。
⑥ 傅璇琮等主编:《全宋诗》,第 12916 页。

君子竟何别。隐几试澄思，行藏易差辙"①的结论，倡导作为社会生活主体的人，应该保有操守，不然行、藏易为之摇动而失去节操。

值得注意的是，杨时理学诗在书写"心性存养"理学思想或者旨趣时，重视从"日常日用"中存养心性。如其《土屋》："土屋枕荒陂，周回仅容席。环堵异营窟，犹遗古风质。功虽劳版筑，身自有余力。依户凿圆窦，寒光度如璧。夏开迎温风，冬墐可栖息。胡为栋宇丽，但免风雨阨。……慎勿慕华屋，浇漓非至德。"②前14句一则述写土屋之逼仄狭小，再则写居者之安止其间，点明"土屋"亦可满足日用，免遭风雨侵袭。因此，所居之"土屋"仍然令作者感到闲适从容，这是与一般社会大众之追求有异的。于社会日常生活中处困而保持心性定止从容，正是理学家反复强调的"道在日用"思想。后四句则"寄言"他人，提出勿慕华屋而浇漓其德以招祸。诗作有较为强烈的劝谏、感发志意的目的。诗作最后两句又提及，追慕"华屋"，浸于浮薄，是与"至德"相违背的。这里的浇漓，指的是社会风气浮薄。此诗表达出作者按时处顺、与物相处而洒然自适的情怀。

杨时也注重从佛教、庄学思想中汲取"心性存养"的"心性"定止境界与"存养"方法。如其《春日五首》之三："一番微雨一番晴，淡淡春容照眼明。庭外幽花自开落，飞扬无处觅残英。"③其诗一二句，述及天地"生生不已"之相，第三四句述及实践主体心性定止，因此花开花落，残英飞扬，都无从摇动其心性。这里的"花自开落"来自佛典。再如其《绿漪轩》有句："君乎试凭轩，鉴此亭下水。荡风生微澜，风定还泚泚。"④"观水"以明心性，正是佛教惯常之法。而涟过水定亦是佛教常用来喻心性的说法。至于从道家思想中汲取其心性观汲取存养的方法，在杨时理学诗中亦是常见。如其有句"洁身忌廉刿，触物宜虚船"⑤，正来自庄子，其"触物"而不滞于物，正是老庄"以身观身""以国观国"和"以物观物"思想的延伸。

杨时诗常用陶渊明诗句来表达存养心性的思想。与其他作者重点关注陶渊明闲适高致情怀有所不同，杨时主要是从存养角度来理解陶渊明及陶诗的。如其《县斋书事》其二有句"身名于我两悠悠，形影相忘懒赠酬"⑥，引陶诗《形赠影》《影赠形》等言说其心志，表达自己与物相忘而自隐以存养的生活态度。其《迁疏

---

① 傅璇琮等主编：《全宋诗》，第 12923 页。
② 傅璇琮等主编：《全宋诗》，第 12917 页。
③ 傅璇琮等主编：《全宋诗》，第 12958 页。
④ 傅璇琮等主编：《全宋诗》，第 12924 页。
⑤ 傅璇琮等主编：《全宋诗》，第 12925 页。
⑥ 傅璇琮等主编：《全宋诗》，第 12955 页。

堂》亦有句:"结庐寄人寰,独往宁问津。形影废酬赠,相忘谁与邻。"①则表达出守拙而与世相疏、以守其心性的随运自化人生理念。

上述可见,杨时心性存养理学诗书写,其重心在于探讨"存养"之"工夫"。而其"工夫"内容极为广泛,其强调"道在日用",重视从道、释思想中借鉴其方法,以及吸收陶渊明诗句中的存养之方法等,均开辟了理学存养"工夫"之新路。故其心性存养理学诗书写,也表征出其内容的丰富性、深刻性。

其三,明理而重道。杨时理学诗也有对于明理、重道等内容的书写,但诗作数量在其全部理学诗中所占的分量并不多。杨时理学诗往往书写老庄之"理"与"道"。其《遣怀》有句:"君子虽自严,至洁宜若污。昭昭揭日月,所向将猬如。天地一阱中,逼仄身亦孤。游世在虚己,浩荡与时俱。"②强调君子处于天地之间,与我同体,因此宜若污而"洁",不然就会陷于孤立。这显然是发挥庄子之"道"的诗作。其《鄱阳湖观打鱼》,先言渔人密网而捕鱼,故而鱼脱漏无几。后作者因之而明理:"幽潜不足恃,感叹百忧集。寄谢漆园吏,于计未为得。"③"幽潜"无以免身,看似谈鱼之为祸,实则亦有警醒世人之意味,这里是以庄子之"道"而明理。杨时理学诗中,除了书写老庄之"理"与"道"之外,很少有对理学之"理"或"道"的书写。如宋代理学诗所重视的天地之道、性理、仁道、物理、义理等,在杨时的理学诗中很少见。

其四,关注"孔颜乐处"。其《寄题赵贯道后乐亭》,因赵贯道之后乐亭在沂州新泰县而联系到齐鲁古来崇德,但彼时已经世风不古,故诗云"风流日凋弊,世久俗益偷"。赞美赵氏"结亭自乐只,开编玩前修",故而表达其关切"孔颜乐处"之心:"舞雩有清风,遗迹今在不?"④这里的"舞雩"乃用孔子与其门人春日浴乎沂水之典故,表达其对于儒家德性的向往。杨时诗中,往往把"孔颜乐处"与君子"处困而安"相联系。如其《书怀》句"敝裘千里北风寒,还忆箪瓢陋巷安"⑤,表达穷困而追慕高节之志。其《送陈几叟南归三首》之三:"苔水未殊沂上乐,春风无负舞雩归。"⑥以"沂水""舞雩"以抒写师生相从而求道的相得,表达对陈几叟的敬重。上述考察说明,杨时对于"孔颜乐处"思想的书写,其"乐"之类型也是非常丰

①　傅璇琮等主编:《全宋诗》,第 12924 页。
②　傅璇琮等主编:《全宋诗》,第 12924 页。
③　傅璇琮等主编:《全宋诗》,第 12925 页。
④　傅璇琮等主编:《全宋诗》,第 12922 页。
⑤　傅璇琮等主编:《全宋诗》,第 12949 页。
⑥　傅璇琮等主编:《全宋诗》,第 12952 页。

富的。

作为二程理学南传之"道南学派"的领袖人物,杨时对于程朱理学学派及后世理学的发展起到了至为关键的作用,是促成两宋之交理学传播的枢纽人物之一。而杨时所创作的理学诗,也以其丰富多样的理学思想书写、高妙的诗歌表达方式,和诗作表达出来的从容、平和、清明等诗歌境界,受到时人及后世理学家的推崇。因此,可把杨时理学诗称之为"龟山范式"。杨时之"龟山范式"的理学诗史价值主要体现在:

其一,丰富了理学诗的题材与内容。杨时的理学诗书写,开始表现出理学诗的类型细分化倾向。他的理学诗内容或主旨类型,较之其前辈周敦颐、张载、程颢、吕希哲,以及同门邹浩、谢逸等人更为丰富。如尊德性、心性存养、明理重道、"孔颜乐处"等,都在其理学诗书写中占据重要比重;而且,具体到其某一类内容或主旨类型上,也往往表现出丰富性。如杨时的"心性存养"理学诗书写,其细分类型,就包括了心性观认识、于"日常日用"中存养心性、以道释方法存养心性、以陶渊明处世方式来存养心性、以行藏间坚守道义来安放心性等,这是其前辈及同辈人物之理学诗书写未曾有过的。总体而言,杨时的理学诗书写,丰富了理学诗的内容或主题类型,拓展了理学诗的内容广度和诗歌表现力,形塑出新的理学诗审美风貌,对之后的理学诗人产生了重要影响。如陈渊有诗:"是身如浮沤,起灭在溟渤。"[1]念如浮沤,旋起旋灭,引佛教"性空"而言理。陈渊少时从学于程颐,后又从师于杨时。程颐是反对佛教思想的理学家,而杨时则并不摒弃佛教,可见陈渊此诗受到杨时思想及其理学诗书写的直接影响。再如罗从彦之理学诗书写,主要集中于心性存养、孔颜乐处、省察慎独而修德等内容或主旨类型,呈现出与杨时理学诗书写之类型的相近性。其心性存养类型又可细分为心性存养的路径或境界、引道释思想而言存养工夫等,亦表现出理学诗的类型细分化倾向。这种情形,反映出杨时理学诗书写对于陈渊诗歌的直接影响。考察可见,杨时的理学诗书写,对其他门人后学如张九成、王蘋、胡寅、胡宏、范浚,和张栻、朱熹、项安世、彭龟年、孙应时、黄榦、曹彦约、陈宓、陈文蔚、王柏,以及有密切交游的胡安国等人,都有显著的影响。

其二,杨时的理学诗书写,从其内容或主旨来看,涉及的儒道释三教思想更广、更深刻。杨时理学诗书写,并不拒绝道、释思想。杨时之"龟山范式",较之其前之理学诗书写,不仅注重汲取道释二教的存养心性方法、途径等,亦对道释之

---

[1]　傅璇琮等主编:《全宋诗》,第 18345 页。

涉"理""德"之意涵、心性观、物我关系等方面,多有涉及。可以说,杨时之理学诗书写的内容或主旨类型的丰富性,是之前的理学诗所未曾达到的。这种情形,在很大程度上对其门人后学的理学诗书写产生了直接而显著的影响。如陈渊之心性存养理学诗书写,同杨时相似,其存养之工夫、路径等,源出多门,多涉儒、道、释等。如其《越州道中杂诗十三首》其一有句:"心息久相依,息调心自住。"①其"调息"为道家术语。其三有句:"颜渊默然处,曾子亦心醉。"②"默然"体悟,正为孔学精义。其《赠别杨至游三首》之三有句:"贪瞋痴尽即如如,究竟心源一法无。应悟濂溪真古佛,始知伊洛是醇儒。"③其去掉贪瞋痴方能入"无",又认为周敦颐为"古佛",是以佛教之心性观及存养方法来存养"心性"。可见,陈渊之心性存养理学诗类型亦具丰富性,这显然受到了杨时的直接影响。再如吕本中《学道》云:"学道如养气,气实病自除。……养以岁月久,自然登坦途。……一沤寓大海,此物定有无。……昔人中道立,为汝指一隅。……请子罢百虑,一念回须臾。"④诗作"养气""一沤""中道"等思想,分别来自《孟子》《庄子》《金刚经》等儒道释经典。考察亦可知,杨时门人廖刚、罗从彦、胡宏、潘良贵、范浚等,其理学诗书写均呈现出浸染三教的鲜明诗歌书写特征。考虑到杨时之前理学诗人的理学诗书写尚不具备统摄三教的诗歌表现,因此可以判断,杨时的理学诗书写,对上述所举诸人产生了直接的影响。

其三,杨时理学诗的表达方式,在承继周敦颐、邵雍、张载、程颢等人的基础上,更为注重以物象或意境而"言理",以及以理学诗的典型表达方式"格物致知""象物比德"而"言理"。相比而言,杨时理学诗中,以"注疏""议论"与"述写"等表达方式来"言理"较为少见。在诸种表达方式中,杨时最为常用的是以物象或意境而"言理"和"格物致知"两种。前者可视作其承继了周敦颐、邵雍、程颢等人的理学诗书写之"范式"而来。不过,杨时理学诗中的物象或意境,往往不再是如周敦颐的《濂溪书堂》《春晚》、邵雍的《高竹八首》、张载的《贝母》《芭蕉》、程颢的《春日偶成》《污亭》等精心选择特有的物景或意象来"言理",而是注重从"日常日用"生活中似乎随意取景或取"境"来"言理"。这种情形,可能对其门人后学以及与之有密切交游者之理学诗书写产生了直接影响。如胡安国有诗:"秀出群芳照碧栏,世间颜色比应难。……艳质易迷人竞赏,道心无染兴终闲。使君认取真消

---

① 傅璇琮等主编:《全宋诗》,第 18352 页。
② 傅璇琮等主编:《全宋诗》,第 18352 页。
③ 傅璇琮等主编:《全宋诗》,第 18360 页。
④ 傅璇琮等主编:《全宋诗》,第 18093 页。

息,同向樽前笑里看。"①诗作因秋景而及天地"生生不已"之性体流布,强调日常修养"道心"应从容而不著于物。再如刘子翚有诗《子鱼》,因子鱼辛苦备尝而孕育其子终至丧身事起兴,指出子鱼等细物亦能爱其子,希望闽人推行仁爱之心、戒除自残之事。此诗典型性地表征出以"格物致知"表达方式而写作理学诗的模式:因物而"格"得其理,因理而及他事,再对他事作出评价或提出看法。这与杨时《土屋》《鄱阳湖打鱼》《隐几》《入山行》《遣兴》《过钱塘江迎潮》《观猎》《过金山》等理学诗作的表达方式,是极为相近或相同的。

其四,杨时推崇的"温柔敦厚"审美理想,对后来的理学家诗人产生了显著影响。杨时曾批评苏轼:"作诗不知《风》《雅》之意,不可以作诗。诗尚谲谏,唯言之者无罪,闻之者足以戒,乃为有补;若谏而涉于毁谤,闻者怒之,何补之有? 观苏东坡诗,只是讥诮朝廷,殊无温柔敦厚之气。……因举伯淳《和温公诸人禊饮诗》云:'未须愁日暮,天际乍轻阴。'又《泛舟诗》云:'只恐风花一片飞',何其温厚也。"②这里,"温厚"应是"温柔敦厚"的缩略语。从杨时所举程颢两诗诗句可见,他所认为的"温柔敦厚"或者"温厚",乃是以象征、比喻等手法来实现劝喻、讽谏功用。应该说,杨时之前,邵雍、周敦颐、张载、程颢等人之理学诗已经完全具备了"温柔敦厚"的诗歌特质和审美要素。但是,杨时之前的理学诗人却没有明确提出"温柔敦厚"的诗歌审美追求。如此一来,杨时之"温柔敦厚"诗学观的提出,就为彼时理学诗书写指明了方向。

考察可见,杨时的这一诗学观,对其门人后学乃至其后的南宋理学诗人,均产生了直接而显著的影响。尤其是,杨时之后的一些理学诗作,其作者往往注意在表达感情、进谏政治、书写对事物的态度时,力求做到求中和、中节而不过分,力求以理、礼、性、道、仁等"节之"。如曾丰有诗句:"其奈鱼虫草木何,诗之机械也无多。气犹动志平心养,声可成文泛口哦。玄酒太羹君子淡,黄桴土鼓圣人和。鬼神天地与吾一,相感相通岂在他。"③强调"平心养"、音声相"和"以及"淡"等,正是杨时所重的"温柔敦厚"审美理想。陈淳亦有诗《遭族人横逆》,其中有句:"颜子有犯不之校,胸怀洒落冰雪融。……要之总总皆吾外,于我内者庸何伤。达人大观等毫毛,不为欣戚留心胸。……坚吾志节熟吾仁,理义之益端无穷。"④诗

① 傅璇琮等主编:《全宋诗》,第 15745 页。
② 杨时撰:《龟山集》卷十,台湾商务印书馆景印《文渊阁四库全书》本,第 204 页。
③ 傅璇琮等主编:《全宋诗》,第 30308 页。
④ 傅璇琮等主编:《全宋诗》,第 32339 页。

作强调以"礼""德"自处,以砥砺自我而成就品德。陈淳以内向性的道德修养来节制自我,表现出儒者的道德圆满境界,其精神气度蔼然温和,亦为"温柔敦厚"审美理想的体现。再如南宋末期至元代初期的理学家诗歌,也承继了此一特征。如文天祥《正气歌》以"理""道"等节制其情感的抒发,把诗作主题从个体遭遇升华到人生价值和境界上来,表达出"怨而不怒"的"中和""中道"等"温柔敦厚"审美理想。

上述可见,杨时之"龟山范式",表征出理学诗的类型细分化趋向,这是理学诗发展史上的标志性事件。杨时"龟山范式"对于尊德性、心性存养、明理重道、"孔颜乐处"等理学思想或旨趣的诗歌书写,较之其前辈理学家更为丰富,且类型化特征明显。正是在此基础上,杨时门人及其交游密切者如陈渊、罗从彦、张九成、胡安国等,以其颇具影响力的理学诗书写,共同拓展了理学诗的疆域门庑,由此,自南宋初至晚期,理学诗书写呈现出精于"义理"的独特诗体特征和重要风格走向。尤其值得注意的是,杨时"龟山范式"之理学诗内容或主旨兼综道、释,因此而拓展了理学诗的内容或主旨类型。而"龟山范式"之诸表达方式,或更为注重以物象或意境而"言理",或使用"格物致知""象物比德"而"言理"等,都对宋代理学诗表达方式的定型起到了重要作用。此外,杨时所推崇的"清淡""温柔敦厚"等诗歌风格,对其门人后学乃至其后历代理学诗人等亦产生了显著影响。上述考察可见,杨时之理学诗书写具备了"诗歌范式"属性,具有重要的诗史贡献。

二 张九成的理学诗书写及其"横浦范式"

张九成(1092—1159),字子韶,号无垢居士,祖籍开封,徙居钱塘(今浙江杭州)。南宋绍兴二年(1132)殿试为状元。授镇东军签判,因与上司意见不合,弃官归乡讲学。后应召为太常博士,历任宗正少卿、侍讲、权礼部侍郎兼刑部侍郎。他为官不附权贵,主张抗金,反对议和,为秦桧所忌,谪守邵州,不久又革职,复以"谤讪朝政"罪名,谪居南安军14年。秦桧死,重新起用,出知温州。因直言上疏,不纳,辞官归故里,不久病卒。张九成为杨时高弟。《宋史》本传记载,张九成研思经学,多有训解,"然早与学佛者游,故其议论多偏"①。著有《横浦集》二十卷,其学派被称为"横浦学派"。

张九成的理学诗书写,其关注重心有:

---

① 脱脱等撰:《宋史》卷三七四,第11579页。

其一，关注心性存养。如其《次陈一鹗韵》："大道若坦途，践履何早晚。……百事皆已余，一心正吾本。人欲如火聚，急避勿缱绻。……羡子有渊源，浚治令深稳。斯文付诸公，容我老息偃。"①诗作首先论及"道"体之"践履"不分早晚，要想明心见性则需要日夜"勤垦"，如此才能见到"心"之"本"（体）。要想保有此"心"之"本"则需要去"人欲"。这样，诗篇内容涉及"心性存养"话语中的"心体""性体"及"存养"等问题，表达出作者对于理学"心性存养"思想的整体性认识。从张九成的心性存养理学诗书写中可见，强调保有心性的闲适、不动心、自安等，是张九成藉以存养心性的基本方法。如其《偶题》有句："道立神自昌，心闲气常正。平生饱此味，不与时俗竞。得失了不关，荣辱任无定。"②强调心闲则神昌道立，故而不屑于与时争胜，得失荣辱皆为无定之常，不值得动心。其《庭下草》有句："秋风吹碧草，久客情如何。……然而梦寐间，往往长经过。梦觉亦我耳，所得初无多。天地存胸中，要当常拂摩。肯为外物流，为赋白雪歌。"③由怀乡而入梦，梦觉而推究其"理"，认为梦亦为我之所行所为。再因此而把对梦觉的认识推广至与对天地之"理"的省察，认为惟有常常体悟、践行，方可把握天地之理。其《赠樊茂实铁照》有句："谨勿以照人，百鬼闻之怒生瘿。不如照汝心，非心邪意令远屏。暗室何妨日月明，阛阓方知天地静。"④以鉴镜为喻，强调心性存养在于反观自修，如此则性体光明而得天地之本。其《夏日即事》有句："身闲人自远，心净世无尘。月出千峰外，风生万壑滨。庾公楼上兴，曾晳舞雩春。……勋名吾已判，朝市任纷纶。"⑤强调心静以养性，以体贴圣贤气象为存养心性的方法，乐天知命而不为宦途淹滞所动摇其心。上述可见，张九成所用存养心性的方法，大致是以佛教的止观法为主，而以保持心性的定止、静、随缘、自安等为存养目的。这一存养目的，实际上是与儒家强调的以"存养""省察"等而至德性的圆满、恒定和定止有不小距离的。尽管都是保有心性定止，但是儒家特别是理学所强调的定止，是德性的定止而非体验、保有心性的空寂、静、随缘而安等。

其二，重视明理。其《客观余孝经传感而有作》有句："君看六艺学，天葩吐奇芬。诗书分体制，礼乐造乾坤。千岐更万辙，要以一理存。如何臻至理，当从践履论。……孝弟作选锋，道德严中军。仰观精俯察，万象入见闻。……高以君尧

①　傅璇琮等主编：《全宋诗》，第 19993 页。
②　傅璇琮等主编：《全宋诗》，第 19990 页。
③　傅璇琮等主编：《全宋诗》，第 20016 页。
④　傅璇琮等主编：《全宋诗》，第 19998 页。
⑤　傅璇琮等主编：《全宋诗》，第 20008 页。

舜,下以觉斯民。"①点明"六艺"之学"一理存",强调惟有践履方能至于其"理"。而孝悌、道德等为入其"理"的枢纽和主线,其用则在于道民以尧舜之治。其《偶成》有句:"嗟彼朝市人,正与膏火争。藏机入钩钤,肆辩纷纵横。所得无几何,所嗟无一诚。……明德天所相,欺诬祸所婴。犹如赴火蛾,缠绵尚营营。悟此澹无作,不与炎凉并。"②诗作直接言理:驭机心而上下求利名,缺少诚心以从事欺诬之事,必然生祸,无异于飞蛾投火。其《怀汪圣锡》有句:"试看桃李花,三春何暄妍。未及瞬息间,飘零堕风烟。青青乔松枝,霜雪弥贞坚。子如识此理,聊卧白云巅。"③强调惟有德性坚贞而不为外物动摇,方能挺立而有成。其《十九日杂兴》之二有句:"物理情不齐,人生各有好。所好傥不获,亦各骋奇巧。浅者不及门,深者入堂奥。名利工欺人,市朝徒胶胶。所得无几何,舌焦唇亦燥。"④指明人之追求,如果不以德性存养为目的,则必定追逐于名利。上述可见,张九成所言之"理",大致以理学思想为准。

其三,尊德性。其《示两儿》有句:"嗟乎寓此心,惟善为可为。舍善亦何乐,至死有余悲。晤此聊自警,亦以警吾儿。"⑤强调为善是其最为重视的德性品质,舍此而无有他乐。其《即事》亦有句:"人生务明德,余景不足惜。区区名利人,长年竟何得。"⑥强调"务明德"乃是人生之最高追求,舍此而无它。其《拟古》其六有句:"愿随春阳和,不随秋草萎。……兰蕙生深林,时有朝露滋。……我亦慕明德,杖藜往从之。林深不可见,相遇终有时。"⑦以"象物比德"表达方式,而抒写其对于"兰蕙"美质的倾慕,表达其追求"明德"的志向。其《拟归田园》其二云:"圣贤乃准的,仁义即羁鞅。遨游君子场,邪私不入想。时与颜闵徒,结交尚来往。粮莠日以消,稻粱日以长。荆棘顿披除,大道何其广。犹恐忽戒谨,失计成卤莽。"⑧诗作表达出对于仁义之道的推崇,也述及以克戒自省以修身的志向。上述可见,张九成尊德性理学诗书写,大致以重德、重仁及克戒自省等为主,显然更近于原始儒家思想。

---

① 傅璇琮等主编:《全宋诗》,第 19985 页。
② 傅璇琮等主编:《全宋诗》,第 19991 页。
③ 傅璇琮等主编:《全宋诗》,第 19992 页。
④ 傅璇琮等主编:《全宋诗》,第 19995 页。
⑤ 傅璇琮等主编:《全宋诗》,第 19988 页。
⑥ 傅璇琮等主编:《全宋诗》,第 19993 页。
⑦ 傅璇琮等主编:《全宋诗》,第 19996 页。
⑧ 傅璇琮等主编:《全宋诗》,第 20001 页。

　　张九成的理学诗，也对天地"生生"之道、乐意等有所书写，但其数量不多。如其《正月二十日出城》有句："江山多景物，春色满汀洲。隔岸花绕屋，斜阳明戍楼。人家渐成聚，炊烟天际浮。……风流乃如此，一笑忘百忧。"①其"风流"正是体贴、感受天地"生生"之道。其《夏日即事》之三云："日长院落迥无人，忽悟犹余此老身。只拟一时都忘了，放教桃李四时春。"②静谧之际无物无我，心性守恒而有定。忽然而觉悟有我，然又以身与天地之生意打成一片为念想，心性从容和平。诗篇真实记载了修养心性常有的动静转换过程，尤其以己身与天地打成一片，实在是高妙无痕。比较而言，张九成理学诗书写天地"生生"之道并不太多见。不过，张九成理学诗对于"乐意"的书写，倒是颇有特点。其"乐意"则往往与求道和写，其"乐"也就是求道之"乐"。如其《六月十二日偶成》云："闲居百事不关心，只有多情尚苦吟。午睡觉来何所乐，邻鸡一唱柳垂阴。"③其"乐"在于心性从容，此正是求道之乐。上述可见，张九成之天地"生生不已""乐意"等理学诗书写，涉及理学之天道、"乐意"等，但相对而言，他所书写或表达的这一类理学思想或理学旨趣，均较为简单，其诗作尚不足以被认为是建隆之际这一类理学诗书写的代表作。

　　张九成的理学诗在当时影响比较大。他的一些理学诗书写，因其在承继前辈理学家的基础上，又有超越于时人的多方面贡献，而生成了理学诗的"横浦范式"。其主要贡献在于：

　　其一，在承继张载等人理学诗范式的基础上，发展了"以经、子被之声诗"的诗歌写作方式，而拓展了理学诗的题材和内容。在张九成之前，邵雍、张载等人已经开始以"经子"内容而书写理学诗。不过其影响还不大，数量也不多。但张九成的理学诗书写，显然对此有较大发挥。张九成的《论语绝句》100首，大部分是以"格物致知"或以传统经学的"注疏"表达方式，而述写或阐释以"发明"《论语》精义。如其《论语绝句》其十五："贫即无聊富即骄，回心独尔乐箪瓢。个中得趣无人会，惆怅遗风久寂寥。"④作者因《论语》中孔子言颜回"一箪食，一瓢饮，人不堪其忧，回也不改其乐"句而写作此诗。诗篇以孔子所评颜回之语为书写重点，但把俗世之人对于贫富之态度与颜回作了比较，从而点出了"颜子之乐"别具趣味的诗作主旨。这种诗歌表达方式，显然受到了传统经学阐释中的考索、注疏

---

①　傅璇琮等主编：《全宋诗》，第 19987 页。

②　傅璇琮等主编：《全宋诗》，第 20014 页。

③　傅璇琮等主编：《全宋诗》，第 20015 页。

④　傅璇琮等主编：《全宋诗》，第 20018 页。

等方法的影响。自张九成而后,"以经、子被之声诗"成为彼时重要的理学诗书写风尚。稽查文献可见,张载《解诗》十三章已经亡佚,邵雍"四吟"尚存。而大规模"以经、子被之声诗"者,要以洪皓(1088—1155)《春秋记咏》、张九成《论语绝句》百首开风尚之先。洪皓之《春秋记咏》已经亡佚不存。考虑到张九成与洪皓生卒年均相近,因此,可把《论语绝句》视为宋代"以经、子被之声诗"的标志性诗歌作品。

其二,张九成的理学诗书写,使用了"格物致知""象物比德""发明""注疏""直接言理"等多种表达方式。考察可知,元靖之际、建隆之际,"格物致知""象物比德""注疏""发明""直接言理"等诗歌表达方式已经被普遍使用。但是,一般而言,大多数理学诗人往往重视使用其中的一种或数种表达方式,这说明,他们对于上述诸种诗歌表达方式的使用,或是认知方式和思维方式的习惯使然,或是即使有所自觉但并不太擅长,故使用多种表达方式来书写儒学或理学思想并不多见。即如二程、杨时、游酢、胡安国、陈渊等人,亦是如此。前述对张九成的理学诗书写的考察可见,张九成的理学诗书写,出现了"格物致知""象物比德""发明""注疏""直接言理"等多种理学诗表达方式。这说明,从其表达方式而言,张九成对于理学诗这一独特诗歌类型的书写,可能已经具有了方法论的自觉。而通过考察,亦可以确认,张九成之后的理学诗书写才开始普遍使用多种表达方式。[①]从这一角度而言,张九成之"横浦范式"在宋代理学诗发展史上具有了重要地位。

第五节　晦翁范式:朱熹理学诗的范式价值、诗坛反响及诗史地位

朱熹(1130—1200),字元晦,号晦庵,别号紫阳,徽州婺源人,生于南剑州尤溪(今属福建)。宋高宗绍兴十八年进士,曾任秘阁修撰等,为南宋集大成式的理学家,其文学思想和诗歌创作都对当时及后世产生了重要影响。从历史文献来看,前人对朱熹诗作的称谓是比较多样的。以诗人论,则有"朱文公""紫阳"等;以诗论,则宋代李涂《文章精义》称之为"晦庵诗",今人称之为"朱熹诗"等。因此,为了研究方便,我们把朱熹的诗作类型称之为"晦翁体"。"晦翁体"被公认为

---

① 参见拙著:《宋代理学诗发展史》,未刊稿。

是理学诗的重要诗歌范式,在当时及后世均影响巨大①。

一　前人对于"晦翁体"的认识及其差异性

朱熹作为足以颉颃于陆游、杨万里、范成大和尤袤等诗坛大家的理学家代表性诗人,其诗歌自成一派。不少诗论著作,把朱熹与彼时著名的诗人如杨万里、陆游、范成大、尤袤、萧德藻、韩元吉等并列。方回在《送罗寿可诗序》中总结南宋诗派云:"陈简斋、曾文清为渡江之巨擘。乾淳以来,尤、杨、范、陆、萧其尤也。道学宗师于书无所不通,于文无所不能,诗其余事,而高古清劲,尽扫余子,又有一朱文公。嘉定而降,稍厌江西。永嘉四灵,复为九僧旧晚唐体,非始于此四人也。……然尚有余杭二赵、上饶二泉,典刑未泯。"②这里的"典刑"为"典范""范式"之意,方回以朱熹诗歌具有"高古清劲"等特征,列为南宋重要的诗体类型。而清人李重华《贞一斋诗说》亦云:"赵宋诗家,欧、梅始变西昆旧习,然亦未诣其盛。至坡公始以其才涵盖今古,观其命意,殆欲兼擅李、杜、韩、白之长;各体中七古尤阔视横行,雄迈无敌,此亦不可时代限者。黄山谷虽同时并称,才调迥不相及,至谓西江诗祖、追配杜陵者,妄也。南宋陆放翁堪与香山踵武,益开浅直路径,其才气固自沛乎有余。人以范石湖配之;不知石湖较放翁,则更滑薄少味。同时求偶对,惟紫阳朱子可以当之。盖紫阳雅正明洁,断推南宋一大家。"③李氏亦把朱熹诗作视为宋代重要的诗歌范型,与欧阳修、梅尧臣、苏轼、黄庭坚、范成大、陆游等并列。上述文献说明,朱熹诗作是南宋时期重要的诗歌范型。

历史上,对朱熹诗歌的评价呈现出极大的差异。对朱熹诗歌持有赞许、肯定态度的,除了上述方回、李重华等人之外,金履祥选《濂洛风雅》录有理学家黄榦、何基、王柏等对朱熹《斋居感兴》二十首的注解,对之多有推扬发挥之辞。而熊节编、熊刚大注《性理群书句解》亦有对朱熹诗作的阐释。后来明人《性理大全》继之发挥补充,表达出对朱熹诗作的推许。④ 而王夫之的《薑斋诗话》则认为朱熹"和陈、张之作,亦旷世而一遇"⑤,朱熹之"言理"诗作至此而被推扬到了极致。对朱熹诗歌持否定态度的,除了钱锺书的《宋诗选注》对朱熹理学诗大多持否定态

---

① 参见蔡方鹿、赵聘:《百年来朱熹理学与文学关系研究的回顾与展望》,《社会科学研究》2017 年第1 期。

② 方回:《送罗寿可诗序》,载李修生主编:《全元文》(第 7 册),凤凰出版社,2004 年,第 51 页。

③ 李重华:《贞一斋诗说》,《续修四库全书》,上海古籍出版社,2002 年,第 179 页。

④ 参见本书第一章第一节"宋代理学诗的历史客观存在性及其诗作留存数量"。

⑤ 王夫之:《薑斋诗话》,北方文艺出版社,2000 年,第 416 页。

度之外,郭预衡主编《中国古代文学史长编》举朱熹诗《斋居感兴》二十首、《训蒙诗》一百首及《致知》等,作按语:"此类诗虽然亦有人评之为'旷世而一遇'(王夫之《薑斋诗话》语)之作,但若和其阐明义理的文章结合起来读,便知仍跳不出'语录讲义之押韵者'的窠臼。"①显然对朱熹的理学诗持批评态度。而更多的诗论家,则明显对朱熹诗作持"两分法"的态度:既肯定朱熹诗歌的兴象高妙之特点,又警惕于其性理诗为主体的理学诗的"语录讲义"之特征。典型的例子如清人贺裳《载酒园诗话·卷一》在"朱熹"条下即云:"诗虽不宜苟作,然必字字牵入道理,则诗道之厄也。吾选晦翁诗,惟取多兴趣者。"②以此而言,贺裳对朱熹之理学诗自然是排斥的。同样,清人方东树《昭昧詹言》亦云:"诗重比兴:比但以物相比,兴则因物感触,言在于此而义寄于彼。……然则兴最诗之要用也。……较宋人入议论、涉理趣、以文以语录为诗者,有灵蠢仙凡之别。用宋人体,若更无奇警出尘之妙,则入庸鄙下劣魔道也。诗最下者为编事,为涉理趣。"③准此,则朱熹的理学诗,甚至一些久为人推崇的理趣诗都在被贬斥之列了。

历史上,朱熹被人们公认为宋代理学的集大成人物,同时他又是宋代理学家写作诗歌比较多且影响深远的诗人,其诗歌作品被认为是理学诗派诗歌乃至宋代诗歌的重要代表。因此,宋代以来,前人在论及唐宋诗优劣、宋代诗风特征及理学家诗歌等问题时,常常涉及对朱熹及其诗歌创作实践的评价。宋代以来的诗论者囿于"尊唐"或者"尊宋"的立场,往往自觉不自觉地拔高或者降低对朱熹及其诗歌的诗歌史地位的评价。而作为理学家诗人普遍存在的诗歌形态,朱熹诗歌中文人诗、理学诗并存表现得更为明显。由此而言,对"晦翁体"的诗歌范型价值、属性特征及其诗歌史地位的探讨,具有必要性。

二 "晦翁体"的范型价值及其属性特征

朱熹的理学诗书写,从其重心而言主要在于:

其一,重视明理。如其《斋居感兴二十首》之一:"昆仑大无外,旁薄下深广。阴阳无停机,寒暑互来往。……浑然一理贯,昭晰非象罔。珍重无极翁,为我重指掌。"④历代理学家对此诗多有注解。如南宋晚期的何基(1188—1268)注云:"首四句言盈天地间别无物事,一阴一阳,流行其中,实天地之功用,品汇之根柢。

---

① 郭预衡主编:《中国古代文学史长编》,第 407 页。
② 贺裳:《载酒园诗话》卷一,载郭绍虞编选:《清诗话续编》,第 445 页。
③ 方东树:《昭昧詹言》,人民文学出版社,1961 年,第 419 页。
④ 金履祥选:《濂洛风雅》,《丛书集成初编》本,第 34 页。

次六句言伏羲观象设卦,开物成务,建立人极之功。末二句,周子立图著书,发明易道,再开人极之功。……此篇只是以阴阳为主,后面诸章,亦多是说此者,而诸说推之太过。蔡仲觉谓此篇言无极太极,不知于此章指何语为说太极,况无极乎?太极固是阴阳之理,言阴阳则太极已在其中,但此篇若强握作太极说,则一章语脉皆贯穿不来,此等言语滉瀁,是说理之大病也。"①何基对组诗第一首的解说合乎原诗之意,指出诗作主旨乃为阐说阴阳,而推扬周敦颐《太极图说》之阐明"道"之体用之功等同于开物成务、建立人极之伏羲。再如其《斋居感兴二十首》之三:"人心妙不测,出入乘气机。……至人秉元化,动静体无违。……神光烛九垓,玄思彻万微。尘编今寥落,叹息将安归。"何基释为:"此章言人心出入无时,莫知其乡。……心之出入,盖随气之动静。"②何基所云虽有一定道理,但仔细寻绎诗作内容可知,何基只是总结了诗作的前六句,而对该诗后六句的内容没有归纳。前六句,指出了"心"之"用",此"用"是"心"乘"气"而发。该诗后六句,主要强调,如果"心性"得到涵养,那么,濡养所得之"心",必然在实践主体外在气度、精神、思想等方面有所表现。所谓的"自媚""含晖""烛九垓""彻万微"等,皆是对涵养而成的"心"之功用的话语表达。此外,朱熹又有《训蒙诗》一百首,是向初学者阐明义理的。其组诗选取儒学的一些基本范畴或者命题作为诗歌内容,而以诗歌形式阐释其涵义,表达其理学主张。如其《命二首》之一:"妙合之机不暂停,自然气化与流形。原于妙合名为命,即此而思得性灵。"③诗作解释、界定何为"命"。类似这种纯以阐明理学义理为主旨的诗篇,在朱熹诗歌创作中占有不少比重。这种"语录讲义之押韵者"的诗歌,也是当时理学诗人创作的一种风尚。上述可见,朱熹的明理诗歌书写,所涉及的理学之"理",内容广泛而义理精微。

　　其二,重道而尊德性。如其《仁术》:"在昔贤君子,存心每欲仁。求端从有术,及物岂无因。……入井仓皇际,牵牛觳觫辰。向来看楚越,今日备吾身。"④以孟子"求放心""仁"之四端等思想为主要内容,强调从心体发源处体贴本真,进而推己以及物,福泽斯民。其《斋居感兴二十首》之十四:"元亨播群品,利贞固灵根。非诚谅无有,五性实斯存。世人逞私见,凿智道弥昏。岂若林居子,幽探万化原。"⑤诗作强调用"幽探"工夫以明天地之道、人之性体心体。依程朱学派而

①　金履祥选:《濂洛风雅》,《丛书集成初编》本,第 34 页。
②　金履祥选:《濂洛风雅》,《丛书集成初编》本,第 35 页。
③　傅璇琮等主编:《全宋诗》,第 27671 页。
④　傅璇琮等主编:《全宋诗》,第 27499 页。
⑤　金履祥选:《濂洛风雅》,《丛书集成初编》本,第 40 页。

言,"乾"之"四德"的核心乃为"元",强调的是发育、运化之"理",亦即天地"生生不已"之"性"。此"性"惟有实践主体以"诚"之心才能体悟、发明、保有之而成为"仁义礼智信"。"诚"是人之性体、心体得以保有完善的基础。如果逞"私见"而去"诚",就会失却"道"之本义。这样的话,孜孜以逞心力而求道,就不如栖居山林之士以"静养"之"工夫"而体贴、发明天地、人、物之性本(亦即道)了。其《斋居感兴二十首》之第十九亦云:"哀哉牛山木,斤斧日相寻。……恭惟皇上帝,降此仁义心。物欲互攻夺,孤根孰能任。反躬艮其背,肃容正冠襟。保养方自此,何年秀穹林。"①以牛山之木常被斤斧砍折、牛羊践踏起兴,强调天之所赋而降于人之"仁义心"(亦即性),很容易为物欲所改易。只有重视"反躬"自求以明德、"肃容正冠"以修礼,如此"保养"心体性体,方能有所成就。诗作强调"操存"对于"保养"心体的重要性。这里的"操存"兼备存养、省察。其《困学二首》其一:"旧喜安心苦觅心,捐书绝学费追寻。困衡此日安无地,始觉从前枉寸阴。"②诗篇强调为学当不甘故旧,而以追寻"绝学"而志,不可枉费光阴。再如其《次韵潮州诗六首·濠上斋》:"道若大路然,奈此人好径。即事昧本心,离动觅真静。安知濠上翁,妙入玄中境。偶寄郡斋闲,无欲民自正。"③以"大路"平易坦荡来喻"道",强调道在日常日用之中,而非离世索居,不食人烟而求道。作者提出"离动觅真静",是错误的。惟有动静无间、动中求静,方为真静。故而,作者推崇《庄子》之"濠上翁"所表达出的道家之"自然"境界。此诗首尾相合,写法高妙。上述考察可见,朱熹的重德、尊德性书写,涵涉了从原始儒学到理学关于德、性等若干话语,类型丰富而多元。他的这一类理学诗,为乾道、嘉泰之际理学诗在内容或主旨方面的进一步发展拓展了新空间。

其三,关注心性存养问题。如其《杜门》:"杜门守贞操,养素安冲漠。寂寂闶林园,心空境无作。细雨被新筠,微风动幽篛。聊成五字句,吟罢山花落。浩然与谁期,放情遗所托。"④诗篇书写杜门守静、空心养性的日常生活。诗篇中"养素""心空"等正是"存养"工夫,而"遗所托"强调的是心无凭借,"山花落"则借用佛教典故强调心性的寂空不住。这里的"放情",也就是抛开、放弃的意思,与孟子的"求放心"意思相近。因为佛教徒常以隐居山林而行体悟"虚空"之事,而周

---

① 金履祥选:《濂洛风雅》,《丛书集成初编》本,第 43 页。
② 傅璇琮等主编:《全宋诗》,第 27499 页。
③ 傅璇琮等主编:《全宋诗》,第 27506 页。
④ 傅璇琮等主编:《全宋诗》,第 27468 页。

敦颐、程颢、程颐等皆要求以"静"而"求道",故在外在的"求道"方面,很容易混淆佛教与理学之"求道"的区别。但实际上,佛教之"求道"乃是离群索居,弃世间伦理、万物差异而不顾,追求"寂灭""虚空"等"道",以此来"净心",是与理学思想背道而驰的。其《日用自警示平父》:"圆融无际大无余,即此身心是太虚。不向用时勤猛省,却于何处味真腴。寻常应对尤须谨,造次施为更莫疏。一日洞然无别体,方知不枉费功夫。"①诗作以"日用"入题,指示修养应"自警"于"寻常应对""造次施为"中仔细洞察心之本,强调"勤"于"内省"以体贴道体。这里"圆融无际"是指道体性体心体,人之身心是外在大宇宙的内化,也构成了一个"太虚"即小宇宙。"猛省"即努力省察之意,"寻常应对""造次施为"等即是日常日用工夫。"一日洞然"讲的是,日日用功,忽然而开悟,洞达道体性体心体。再如其《书事》:"重门掩昼静,寂无人境喧。……超摇捐外虑,幽默与谁言。即此自为乐,何用脱笼樊。"②诗篇书写作者深秋之际掩门独居、静心为乐的生活。作者于尾句中特别提到,不必如道、释追求出尘脱俗之人生才能养心明性,儒者自能于日常日用生活中,静心涤虑、安顿身心。全诗透露出作者安乐自得、定止其心的儒者道德气象。上述可见,朱熹的心性存养理学诗书写,其心性观坚守儒学,而其存养之"功夫"兼综儒、道、释,表现出恢宏、阔大的特征,极大地拓展了此类理学诗的书写空间。

其四,书写天地"生生不已"之性。如其《送林熙之诗五首》之三:"天理生生本不穷,要从知觉验流通。若知体用元无间,始笑前来说异同。"③强调以知觉入手来体验天道之"生生不已"。这里的"天理",在朱熹理学体系里,也就是"道"。道,从其"确然不易"而言谓之"理"。天理之本体,理学家有不同的说法,如谓之"生生不已""於穆不已""生意""生生""元亨"等。天理之"体"必藉以其"用"才能被体贴感知,故诗作强调"从知觉验流通",正所谓"体在用中"。但天理之"用",必依靠"体"才能彰显其存在,所谓"体用一源""体用不分",故诗作云"体用元无间"。其《春日偶作》:"闻道西园春色深,急穿芒屩去登临。千葩万蕊争红紫,谁识乾坤造化心。"④诗篇为作者游春观花之作,但与一般文人诗有所不同的是,作者因"观物"进而体察、感悟到天地大化流行、生生不已之"造化心",由此,诗篇表现出朱熹所主张的"格物致知"认识路径和体验"道"体的方式。朱熹这种在诗歌中表现出来的理学思维方式也就成为诗篇的基本表达方式。其《春日》亦云:"胜

---

① 傅璇琮等主编:《全宋诗》,第 27592 页。
② 傅璇琮等主编:《全宋诗》,第 27478 页。
③ 傅璇琮等主编:《全宋诗》,第 27473 页。
④ 傅璇琮等主编:《全宋诗》,第 27500 页。

日寻芳泗水滨,无边光景一时新。等闲识得东风面,万紫千红总是春。"①天地"生生"而外显于无限春日光景,化育万物而无声。上述可见,朱熹的"生生不已"理学诗书写,涵涉"道"之体用,又表征出天地、人与物之"体"的同一性等,这就深化了理学诗的主旨,提升了理学诗的诗歌境界。

其五,推崇"孔颜乐处"。朱熹之"孔颜乐处"书写,多注重求道之乐而不暇顾及身外之物,或推崇得道境界等内容。如其《教思堂作示诸同志》有句:"吏局了无事,横舍终日闲。庭树秋风至,凉气满窗间。高阁富文史,诸生时往还。……咏归同与点,坐忘庶睎颜。"②表赞曾皙、颜回以求道为乐,书写其重德而崇道的人生态度。其《挽延平李先生三首》之二有句:"闻道无余事,穷居不计年。箪瓢浑谩与,风月自悠然。洒落濂溪句,从容洛社篇。"③推崇其师李侗之安贫乐道,此正是"孔颜乐处"之精髓。其《咏归桥》曰:"绿涨平湖水,朱栏跨小桥。舞雩千载事,历历在今朝。"④所言之"咏归"亦是用孔子与弟子"咏而归"之事,所表达的正是以求道为意旨。其《长溪林一鹗秀才……题其后二首》曰:"闻说当机百念休,区区何更苦营求。早知名教无穷乐,陋巷箪瓢也自由。"⑤强调名教中有无穷之乐,因全心求道而自然无从顾及身外之穷困处境,又何况以断灭其欲望丛生的"百念"呢!上述可见,朱熹的"孔颜乐处"理学诗书写,其关注点并非仅仅是单纯的快感体验,而是因"道"而"乐",其所"乐"为"道"或"求道"。

需要指出的是,作为彼时有代表性的理学诗人,朱熹理学诗的内容或主旨类型是非常丰富的,诸如"巧贼拙德""务本玩物""道问学""乐意"等,在其理学诗中也较为常见。不过比较而言,上述所言五种内容或主旨类型的理学诗,最能代表朱熹理学诗的成就。上述考察亦表明,朱熹的理学诗表征出乾道、嘉泰之际理学诗书写的主体特征,这表明宋代理学诗书写进入了高峰期。

朱熹的理学诗书写,因其思想深刻、艺术造诣非凡,而具有了广泛的影响力。从表达方式上看,朱熹之"晦翁范式"的主要特点有:

其一,较之其前辈,朱熹的理学诗更多地使用形象化说理。如其《观书有感二首》之一:"半亩方塘一鉴开,天光云影共徘徊。问渠那得清如许,为有源头活

---

① 傅璇琮等主编:《全宋诗》,第 27500 页。
② 傅璇琮等主编:《全宋诗》,第 27490 页。
③ 傅璇琮等主编:《全宋诗》,第 27515 页。
④ 傅璇琮等主编:《全宋诗》,第 27516 页。
⑤ 傅璇琮等主编:《全宋诗》,第 27537 页。

水来。"①由塘水如镜起兴,以"天光云影"写尽塘水所涵蕴的无尽光景。诗篇以"活水"入"塘"而水面如镜强调心性的定止不动,而池水竟能包孕涵宏云光天影,从而强调了心性定止、新知等相结合对于"明理""求道"的巨大功效。因"理"而选景,因景而造境,是朱熹诗歌诗境构造的重要特色之一。再如其《次韵择之见路旁乱草有感》:"世间无处不阳春,道路何曾困得人。若向此中生厌斁,不知何处可安身。"②诗篇因路旁乱草而起兴,因此而探究此中物理,得出了"世间无处不阳春""道路何曾困得人"的道理,由此,诗歌境界陡然提升到普泛化的哲理层面,亦即境非境,人只要行健奋发,就能够物随心愿、路畅志得。这种诗境构造方式与邵雍那种纯粹抒写理学命题与范畴的诗篇有了距离,其突出特色是将人情、物态、世事、具体事物发展变化过程的内容,以实践主体的主观认识来感受、把握,从中抽绎出具有一定客观性的道理。显然,这种诗境构造方式,在思辨性、抽象性的层面上,较之邵雍、周敦颐等人的诗歌更具典型性。

其二,重视使用叙述、议论等相结合的表达方式来书写理学内容或表达理学思想。如其《闻善决江河》有诗句:"大舜深山日,灵襟保太和。一言分善利,万里决江河。可欲非由外,惟聪不在他。勇如争赴壑,进岂待盈科。学海功难并,防川患益多。"③诗篇是对《尚书》《史记》等所载舜之言语行事内容的概括,诗作在叙事中加以评论,并对"善利""欲""进德""由学"等进行阐释。多重表达方式的综合运用,亦常见于朱熹的一些古体诗和篇幅较长的诗作,如《奉酬子厚咏雪之作》《二诗奉酬敬夫赠言并以为别》(其一)、《日用自警示平父》等,都是他以综合运用多重表达方式而书写或创作的理学诗代表作。

其三,以传统经学之"注疏"方式来表达主旨。这一类诗作,要以《训蒙诗》一百首为代表。其组诗选取儒学的一些基本范畴或者命题,而以诗歌形式阐释其涵义,表达其理学主张。如其《训蒙诗百首·天》:"气体苍然故曰天,其中有理是为乾。浑然气理流行际,万物同根此一源。"④此诗前两句释"天",后两句强调,万物皆为气理之流行而化育生发而成。这里,"天"合气、理而言,并非为两物。从其"发育""生发"之功用来看,"天"藉其而流行,故张载云"气化"。"天"之气化而生万物,万物藉以发育、变化,此乃当然之则,故曰"理",故云"万物同根此一源"。

---

① 傅璇琮等主编:《全宋诗》,第 27500 页。
② 傅璇琮等主编:《全宋诗》,第 27559 页。
③ 傅璇琮等主编:《全宋诗》,第 27499 页。
④ 傅璇琮等主编:《全宋诗》,第 27671 页。

此诗对"天""乾"的释义,以及三四句对"理"的解释,均为经学阐释中常见的"注疏"及考索方法。这种纯以阐明理学义理为主旨的诗篇,在朱熹诗歌创作中占有不小的比重。朱熹《训蒙绝句》中以这种表达方式写作的诗篇,还有《良知》《知天命》《动心忍性》《先难》《慎独》《鸢飞鱼跃》《君子去仁》《安仁利仁》等。

其四,重视使用"格物致知"表达方式。如其《偶题三首》之三:"步随流水觅溪源,行到源头却惘然。始信真源行不到,倚筇随处弄潺湲。"①因觅水源而不可知其源头,而"格"知"真源"难以到达,这就有了普泛性的意旨在内,也就是因象而"格"得其理。需要注意的是,朱熹的书写"生生不已"的理学诗篇,如《观书有感》《次韵刘彦采观雪之句》等,往往注重使用"格物致知"表达方式。不过,从朱熹的理学诗书写的整体情况来看,其用"格物致知"表达方式的次数并不多。其最为常用的理学诗表达方式,还是要以形象化说理、注疏阐释等为主。

三 南宋中晚期诗人与朱熹的交游唱酬诗歌及后学的仿作

早在朱熹生前,其理学诗就为时人所瞩目。如王阮写有《访晦翁不遇一首》:"陈良千里赴周公,正值商山去一鸿。肠断膝行来处路,舞雩空过一番风。"②用弟子陪同孔子游舞雩台事,表达对其师朱熹的推崇,诗篇隐有"孔颜乐处"之意。而余大雅则有《呈朱晦翁》:"三见先生道愈尊,言提切切始能安。如今抉破本根说,不作从前料想看。有物有常须自尽,中伦中虑觉犹难。愿言克己功夫熟,便得周旋事仰钻。"③内容纯是理学性理内容。胡宏则写有《朱元晦……因作三绝》,其二曰:"幽人遍爱青山好,为是青山青不老。山中云出雨乾坤,洗过一番山更好。"④诗作目的在于以"山中云出雨乾坤"表达"理"之当然,强调"心"之本体应无虑无我,自然呈现。刘子翚《病中赏梅赠元晦老友》有句:"荒寒一点香,足以酬天地。天地亦无心,受之自人意。"⑤言及天地之本等问题。孙应时《读晦翁遗文凄怆有作》有句:"敛意师圣贤,精心玩图象。全体极浑涵,灵极妙充养。昭昭陈轨辙,坦坦辟榛莽。陶熔就醇粹,鞭策收勉强。"⑥由观朱熹文而入题,总结了朱熹学问造诣及贡献,这里的"玩象""全体浑涵""妙养"等均可见于朱熹诗作。

① 傅璇琮等主编:《全宋诗》,第 27511 页。
② 傅璇琮等主编:《全宋诗》,第 31124 页。
③ 傅璇琮等主编:《全宋诗》,第 31292 页。
④ 傅璇琮等主编:《全宋诗》,第 32108 页。
⑤ 傅璇琮等主编:《全宋诗》,第 21389 页。
⑥ 傅璇琮等主编:《全宋诗》,第 31699 页。

　　不过,奠定其理学诗范式地位的,是朱熹的一些具备典型性特征的理学诗作。其中,尤以朱熹《斋居感兴》二十首功不可没。朱熹之后,其《斋居感兴》二十首广为世人所重视。岳珂即云:"(《斋居感兴二十首》)断断乎皆有益于学,而非风云月露之词也。"①熊节、何基、王柏、黄榦,及后学熊刚大等皆对朱熹《斋居感兴》二十首有精到注解。宋末刘黻则写有《和紫阳先生感兴诗二十首》,标志着朱熹组诗仍对后世理学家诗人产生重要影响。刘黻组诗开篇第一首言"至理根一初,精微实高广",谈及万物皆因"寄之形气"而成古今发育变化,强调变化莫测乃根源于虚灵之理气。作者缘此而表达其感兴之意,因之而"静玩感兴篇,剖陈如指掌"②。组诗后续分别言及:阴阳变化乃根源于"一中"、鱼跃鸢飞而宜静观天地之德、三圣传道而周敦颐独契道心、道丧气衰而哲人日萎、主静皇极乃大方之道、强秦炎汉一统宇内、东汉党锢而汉祚衰息。接着,在历述晋风清淡、李唐整纪之后,组诗又推崇儒学妙理、诗道巍峨、礼乐工夫、春秋褒贬、仙佛与儒相异、尚书治道等。组诗最后,作者以推崇理学之穷理养气、求道修心、重视温习等作结。较之朱熹的《斋居感兴》二十首,刘黻组诗添加了儒家道统、五经、理学思想的内容,而压缩了朱诗中的论史内容。

　　朱熹与陆九渊、吕祖谦等人于鹅湖论辩之时,论辩各方写了一些申述理学主张的诗篇。这些诗篇较为鲜明地表达了各自的理学思想,如朱熹的"道问学"、陆九渊的"尊德性"等都在各自的诗篇中有所表达。朱熹、陆九渊、陆九龄、吕祖谦等人的鹅湖之会所创作的诗歌,成为其门人及后学所乐于歌咏或追和的对象。如蔡沈第三子蔡权写有《和鹅湖三先生韵》:"朱陆豪雄凤所钦,本仁祖义浑同心。高明顿足先登岸,邃密为山渐到岑。易简支离争诮切,禅关俗学互浮沉。撑眉拿眼来葱岭,公论昭明在古今。"③本诗陈述朱陆之争,指出其主张而不作抉择,显然对朱熹、陆九渊、吕祖谦等人的诗作非常熟悉。鹅湖之会也引起了后学的广泛注意,歌咏者很多。如刘克庄《六言偈四首》之四:"佛者别南北宗,儒家分朱陆氏。鹅湖许多公案,烧了没一些事。"④认为对朱陆之别问题,不必强作分解。艾性夫有《临汝书院落成诸公有诗用韵》:"鱼跃鸢飞喜落成,鹅湖鹿洞共峥嵘。世无孔孟乾坤熄,学到周程日月明。议论高虚终害道,圣贤平实不争名。光风霁月元无

① 吴文治主编:《宋诗话全编》,第 8174 页。

② 傅璇琮等主编:《全宋诗》,第 40685—40686 页。

③ 傅璇琮等主编:《全宋诗》,第 37855 页。

④ 傅璇琮等主编:《全宋诗》,第 36706 页。

迹,分付庭前草自生。"①言及鹅湖之会对于传播儒学及理学的作用,赞美朱陆等人的理学贡献,而批评时人"议论高虚"。值得注意的是,朱熹于鹅湖之会上所书写的诗篇,往往为其门人及后学续以和作、仿作。方回有《七十翁吟七言十绝》之六:"恨予生不及晦翁,撰杖鹅湖观异同。岂减游杨侍程子,未甘籍湜事韩公。"②表达出对朱熹风采的仰慕。流风所及,直到元代仍有不少理学家如方凤、魏新之、吴当等推崇或者仿作朱熹理学诗。

上述考察,反映出南宋中晚期理学诗人诗歌创作的范型选择的一个值得注意的问题,那就是理学诗人在学习、模仿和创作诗歌的过程中,并非过于推崇那些写作了很多典型理学诗作品的诗人及其诗歌体式,相反,他们更为重视理学代表性诗人及其写作的文人诗。认识到这一点非常重要。南宋中晚期理学诗人的这一诗歌范型选择,不仅直接导引出南宋末年到明代初年"理学变为诗学"的文化思潮,而且也说明,百多年来文学史家动辄因为理学家的"文以载道""作文害道"等文艺观念,而对理学诗人及其诗歌创作采取否定乃至抹杀其诗歌史价值的做法,是缺少学理依据的。南宋中晚期的大多数理学诗人,非但没有轻视、否定和疏离文人诗创作传统,更是有针对性地选择了朱熹"晦翁体"等作为学习和仿作的范型。文学史家应该正视这一时期理学诗人的诗歌取法范式及其诗歌创作实践所取得的成就,而给予其一定的历史地位。

第六节 二泉范式:赵蕃、韩淲理学诗的范式价值及其反响

赵蕃、韩淲的理学诗作,是乾淳时期重要的"诗歌范式"之一。方回在《学诗吟十首并序》后有"自注"云:"南渡后诗人,尤延之、萧千岩、杨诚斋、陆放翁、范石湖其最也。韩南涧、涧泉父子可继之。"③《四库全书总目》认为:"淲诗稍不逮其父,而渊源家学,故非徒作。同时赵蕃号章泉,有诗名,与淲并称曰'二泉'。"④上述诸人之中,尤袤、萧德藻存诗极少,已经无法对其诗歌及其范型的确立、影响等问题进行探讨。而依《全宋诗》介绍,韩元吉生于1118年,1186年尚在世,卒年不详。韩元吉与杨万里、朱熹等人皆有交游,吕祖谦为其婿。方回《瀛奎律髓》卷二

① 傅璇琮等主编:《全宋诗》,第44415页。
② 傅璇琮等主编:《全宋诗》,第41774页。
③ 方回:《桐江续集》卷二十八,上海古籍出版社景印《文渊阁四库全书》本,第589页。
④ 永瑢等撰:《四库全书总目》,第1401页。

十《梅花类》在韩元吉《红梅》诗下注云："韩尚书南涧本桐木派,有甲乙集,淳熙七年庚子诗。当是时,巨儒文士甚盛称无咎与茶山。"①"桐木派"指其家族为桐木韩氏,以与韩琦之魏国韩氏相区分。"茶山"是曾幾的字,吕祖谦为曾幾之甥,自然是乾淳时期诸作者前辈。而考察历代目录著作及文论可见,尽管韩元吉诗才为人所称,但在当时为尤、范、杨、陆等所掩。除了杨万里、朱熹、周必大等人有与韩氏的唱酬应和诗作之外,在韩元吉去世后,我们看不到有"效""和"韩元吉"南涧体"或者"韩元吉体"等字样的诗作,因此,我们还不能把韩元吉的诗看作理学诗人诗歌创作所公认的"范型"。在尤、范、杨、陆、朱等人相继凋零后,反而是诗才稍逊其父的韩淲以及与之齐名的赵蕃的诗作,为时人所推崇,故而可视为彼时重要的"诗歌范式"。考虑到上述因素,因此,本节对赵蕃、韩淲二人的诗歌特征及其范式价值等进行探讨。

一　前人对"二泉体"的认识

"二泉体",指的是赵蕃、韩淲二人的诗歌作品及其所表现出来的诗歌类型特征。赵蕃(1143—1229),字昌父,号章泉,原籍郑州。生于绍兴十三年(1143),寓信州之玉山,以荫补仕。尝受学于刘清之。清之守衡州,乃求监衡州酒库以卒业焉。旋乞祠归。理宗朝,与刘宰同召,不赴。景定中,追谥"文节"。《四库全书总目》在《乾道稿》下记:"朱子《答徐斯远书》有云:'昌父志操文词,皆非流辈所及。且欲其刊落枝叶,就日用间深察义理之本然,庶几有所据依以造实地,不但为骚人墨客而已。'所以援引之者甚力。然蕃本词人,晚乃讲学,其究也仍以诗传,与涧泉韩淲有二泉先生之称。"②朱熹认为,赵蕃之诗能在"日常日用间深察义理之本然",这个评价是非常高的,说明赵蕃诗歌具备了融合理学与诗歌的特征。正因如此,彼时赵蕃诗歌得到多人的好评。《总目》又记杨万里、刘克庄赞许赵蕃:

> 万里赠诗有云:"西昌主簿如禅僧,日餐秋菊嚼春冰。"又云:"劝渠未要思旧隐,且与西昌作好春。"又赞其写真云:"貌恭气和,无月下推敲之势。神清骨耸,非山头瘦苦之容。一笑诗成,万象春风。"刘克庄跋亦云:"近岁诗人,惟赵章泉五言有陶、阮意。"③

---

① 方回编:《瀛奎律髓》,第 254 页。
② 永瑢等撰:《四库全书总目》,第 1375 页。
③ 永瑢等撰:《四库全书总目》,第 1375 页。

杨万里、刘克庄均认为,赵蕃人品、胸襟俱高,因此其诗歌表现出脱俗、高致和平淡自然等特征。《四库全书总目》又提及,"《诗人玉屑》载蕃《论诗》一则,以陈后山《寄外舅诗》为全篇之似杜者。后戴式之《思家》用陈韵,又全篇之似陈者。观其持论,其诗学渊源亦可概见矣。"可见,赵蕃诗作尊杜甫、陈师道,颇与江西诗派诸人相近。四库馆臣又称:"蕃与周必大同里。必大当轴,所任但一酒官,五十年不调。(案'五十年'疑当为'十五年'之讹。)寿九十余,公朝尊老,以秘阁正郎聘之,不至。则蕃之恬淡自守,人品本高,宜其诗之无俗韵也。"①强调赵蕃诗作"无俗韵"亦即诗风雅正之意。

韩淲(1159—1224),字仲止,韩元吉之子,祖籍开封,南渡后隶籍上饶。早年以父荫入仕,为平江府属官。曾经官至判院。史弥远当政,不为少屈。嘉定十七年,以时事惊心,作甲申秋三诗,得疾卒。文集有《涧泉集》,为四库馆臣从《永乐大典》中辑出,仍厘为二十卷。韩淲在晚宋时期名气很大,《四库全书总目》记:"方回《瀛奎律髓》绝推重之,有'世言韩涧泉名下固无虚士'之语。尤称其'人家寒食常晴日,野老春游近午天'之句。而所录淲作,亦属寥寥。又戴复古挽淲诗有'三篇遗稿在,当并史书传'句。"②可见韩淲为南宋晚期的名士,其诗其人在当时有相当影响。

赵蕃与韩淲均为上饶人,二人曾通力协作选编《唐诗绝句》。《四库全书总目》在宋胡次焱撰《梅岩文集》卷下记:"集中有《赘笺唐诗绝句序》,称'叠翁注章涧二泉先生选唐绝句,次焱复为赘笺'。叠翁者,谢枋得。章泉者,赵蕃。涧泉者,韩淲也。"③《研经室外集》卷一在谢枋得撰《注解章泉涧泉二先生选唐诗》下有"提要"云:"案章泉者,赵蕃字昌父;涧泉者,韩淲字仲止,皆江西上饶人,为清江刘子羽之门弟子。当时名人魁儒如叶适、汤汉皆推重之。此书五卷,自韦应物至吕洞宾共五十四人,计诗一百单一首,皆七言绝句也。而李白、杜甫、韩愈、元稹之流皆不在选,惟刘禹锡选至十四首为最多,其于诸家皆寥寥。盖其体例出于唐人,故与《极元集》之类相似。"④明人谢榛认为:"赵章泉、韩涧泉所选唐人绝句,惟取中正温厚,闲雅平易。若夫雄浑悲壮,奇特沉郁,皆不之取。"⑤由此看来,赵蕃、韩淲推崇的是唐诗的"中正温厚,闲雅平易"。

---

① 永瑢等撰:《四库全书总目》,第 1375 页。
② 永瑢等撰:《四库全书总目》,第 1401 页。
③ 永瑢等撰:《四库全书总目》,第 1414 页。
④ 阮元:《研经室外集》卷一,中华书局,1993 年,第 1191 页。
⑤ 谢榛:《四溟诗话》卷二,载丁福保辑:《历代诗话续编》,中华书局,1983 年,第 1161 页。

前人对赵蕃、韩淲之诗的认识不尽相同。与《四库全书总目》等推许赵蕃、韩淲之诗具有"高致""雅正""平易"等特征有所不同，一些目录学著作及诗论则把"二泉体"视为"江湖诗派"，因此而评价不高。如清人李慈铭《越缦堂读书记·集部·别集类》在《赵昌父诗集》下则即云："(赵蕃)素与朱子及杨诚斋等交契，其诗颇为当时偶重，与韩淲涧泉有二泉先生之称。其五古颇渊源陶诗，五律七律胎息中唐，具有洒落自然之致；又诗中多言梅花及山林闲适之趣，故笔墨间亦时觉萧然尘外。惟根柢太浅，语多槎枒，时堕江湖、击壤两派，《章泉稿》后附杂文二首，亦迂冗不足观。"①依李慈铭看来，"二泉体"虽有长处，却有"根柢太浅"等弊病，是算不得一流水平的。李慈铭的评价显属苛刻了些，其"尊唐"而"抑宋"的诗学主张，明显地影响到他对赵蕃、韩淲诗歌的总体评价。

总的来说，赵蕃、韩淲的诗歌创作，作为南宋中晚期具有代表性的重要诗歌范型，除了影响到当时及稍后理学诗人的诗歌创作实践之外，也引起了后世诗论家的注意，对其诗歌史地位及其价值的评价亦较为复杂。由此而言，对"二泉体"的诗歌范型价值、属性特征及其诗歌史地位的探讨，具有必要性。

二 "二泉体"的属性特征及其诗歌风貌

《四库全书》在赵蕃《乾道稿》"提要"中，提到朱熹对赵蕃有高度评价，其要点有二：一是，四库馆臣引用朱熹言论，指出赵蕃"日常日用间深察义理之本然"，强调赵蕃于理学义理而言有较高造诣；二是指出赵蕃主要由诗人身份名世，其诗作在当时极有影响。上述评价，为我们把握赵蕃诗歌的类型特征提供了重要的视角。赵蕃有诗《论诗寄硕父五首》之三："学诗如学道，先须养其气。植苗无它术，务在除荒秽。滔滔江汉流，源从滥觞至。要作千里行，无为半途滞。"②说明他确实对"学道"与"学诗"关系有所思考。他曾简括吕本中教诲曾几之言而为诗一首："若欲波澜阔，规模须放宏。端由吾气养，匪自历阶升。勿漫工夫觅，况于治择能。斯言谁语汝，吕昔告于曾。"③说明他是赞同把理学的存养工夫与作诗结合起来的。

不过，赵蕃之诗大多为文人诗，理学诗在其全部诗篇中所占的分量是很少的。从其文人诗来看，赵蕃之诗有和陶诗、和东坡诗多首，所书写的内容与陶渊

---

① 李慈铭：《越缦堂读书记·集部·别集类》，上海书店出版社，2000年，第917页。
② 吴文治主编：《宋诗话全编》，第7352页。
③ 吴文治主编：《宋诗话全编》，第7354页。

明、东坡相近,皆为忧时伤己不遇而作。其诗题述及写诗缘由:"东坡在惠州,窘于衣食,以重九近,有'樽俎萧然'之叹,和渊明《贫士》七诗。今去重九三日尔,仆以新谷未升方绝粮是忧。至于樽俎,又未暇计也。因诵靖节贫士诗及坡翁所和者,辄复用韵。"①可见其对陶、苏诗的熟悉程度。再如,其诗句"与怀死后名,不补身前饥"忧虑生计;"究其出处间,岨峿皆直寻"自陈立世之本;而"朔身谩九尺,何时辞馁寒。货殖赐何有,箪瓢未臞颜。因知昔人意,道胜贫非关"②,以历史人物自况,强调其忧道而处困之心境。赵蕃的诗作,亦有文人诗常见的交游应酬、送别、纪游、言志、咏物写景、论诗等内容,也有一些关心民生疾苦、关注时政的诗篇。如其《乐岁歌》书写民间因丰收而"父子相安妻反室"③,民生之艰难,跃然纸上。又如《抵南康》纪游而言行役之苦,《晨起》言漂泊游历之孤寂,《别齐之》与人共勉各自珍重,《读东湖集二首》书写学诗之心得。总的看来,赵蕃文人诗的诗歌内容丰富,题材多样,在同期诗人之中是不多见的。由上述诗歌内容所决定,赵蕃文人诗歌的主题基本上也不外乎伤春吟秋、自悲其遇、纪游写景、伤老嗟困等。

赵蕃诗歌,前期受到中晚唐诸人及宋初"晚唐体"影响的痕迹比较明显。比如,赵蕃之诗五七言律绝占据了绝大多数,而其五律、七律特别重视颔联、颈联的对仗,其雕琢刻划、锤炼提升之功,正是中晚唐诸人及晚唐体的特征。清人《越缦堂读书记·集部·别集类》云:"(赵蕃)其五古颇渊源陶诗,五律七律胎息中唐,具有洒落自然之致;又诗中多言梅花及山林闲适之趣,故笔墨间亦时觉萧然尘外。"④所论颇为得体。清人贺裳《载酒园诗话》推崇其诗句:"(赵蕃)尝有'红叶连村雨,黄花独径秋。诗穷真得瘦,酒薄不禁愁',亦自佳。又《哭蔡西山》:'兰枯蕙死迷三楚,雨暗云昏碍九嶷',大是悲壮,惜全篇入俗。惟《咏菊》差可存:'蔓菊伶俜不自持,细香仍着野风吹。少年踊跃岂复梦,明日萧条更自悲。潭水解令胡广寿,夕英何补屈原饥?我今漫学浔阳隐,晚立寄怀空有诗。'又《呈叶德璋司法》:'政自摧颓同病鹤,况堪吟讽类寒蛩',亦致语也。"⑤所举数诗句,其出发点也多着眼于其诗作的对仗工整、刻画细致等特征。

赵蕃的某些诗作,有着向杜甫、陈与义等诗人诗作学习的痕迹,呈现出沉郁浑厚的诗歌风格。方回编《瀛奎律髓》载有赵蕃《小园早步》:"今朝欣雨止,天气

---

① 傅璇琮等主编:《全宋诗》,第 30389 页。

② 傅璇琮等主编:《全宋诗》,第 30389 页。

③ 赵蕃:《乾道稿》卷上,上海古籍出版社景印《文渊阁四库全书》本,第 6 页。

④ 李慈铭:《越缦堂读书记·集部·别集类》,第 917 页。

⑤ 贺裳:《载酒园诗话》卷一,载郭绍虞编选:《清诗话续编》,第 455—456 页。

渐柔和。篱落小桃破,阶除驯雀多。占方移果树,带土数蔬科。农务侵寻及,吾宁久卧疴。"诗下注云:"章泉乾道丙戌诗,犹少年作也,亦颇似晚唐,已工丽如此。其后日益高古清瘦,乃不肯作此体。"①"高古清瘦"已近乎杜诗,如宋人胡仔《苕溪渔隐丛话·前集》言老杜诗"工拙参半",认为此为有"古气"。赵蕃又有诗《雨望偶题》:"漠漠青山雨,霏霏白露烟。诗才来远近,画幅极中边。流落虽天外,登临赖目前。浮生才几日,此地欲三年。"方回评曰:"三、四妙,五、六慷慨。尾句太迫后山。然诗格高峭,不妨相犯。"②在其《十一月五日晨起书呈叶德璋司法》诗下,方回又云:"读此诗,句句是骨,非晚唐装点纤巧之比。"③可惜的是,赵蕃诗集《乾道稿》《章泉稿》等为四库馆臣从《永乐大典》所辑出,我们已经无从考辨其诗作写成的具体年月了。

比较而言,从赵蕃现存的诗歌作品来看,其理学诗数量非常少,其"先养其气"等诗论观点并没有得到较好的落实。不过,赵蕃的一些诗篇也注意书写某些理学义理。如体现出其理学"格物致知"认知方式的诗有《两日随钱丈放舟……寄钱丈》:"大舸舠高掠浦飞,小舟筜短泝滩归。虽云来去难俱遂,自是神人相不违。赖得好山看要熟,不妨晚雨落仍微。迟回半日夫何叹,于此因知造物机。"④诗篇头两句书写逆风行船之景,次两句作引申,强调人生来去皆有其因。第五六句书写留恋风景,可见洒落胸襟。最后两句则因境而作"格",体察而默契"造物"之关键。再如《十三夜招全真沅陵》有句"岂惟悟天机,政自知物理",因天气巨变而"格知"事物当然之理。其《连日雨作顿有秋意怀感之余得诗七首书呈教授知县》有句"箪瓢非可乐,不改乃称贤。夫子故不死,仰钻高且坚",表达"尊德性"而崇儒的诗歌主题。尽管如此,从现存赵蕃诗歌来看,他的诗歌作品中理学诗的数量是很少的。

赵蕃在当时影响很大,为朱熹等著名的理学家诗人所推崇。这一现象很有意味。这说明了两个问题:其一,理学家人的诗歌创作,除了重视书写理学旨趣和理学思理之外,文人诗传统对他们的影响很大,"文以载道"诗学观、"作文害道"文艺观等并没有束缚其诗歌创作。包括朱熹在内的乾淳时期的理学家,对赵蕃诗作的推崇,其重心乃是对其文人诗的肯定。其二,赵蕃的诗作之中,多言"梅花及山林闲适之趣"及尊崇陶渊明诗,从而具有了"萧然尘外"的诗歌意趣,可能

---

① 方回编:《瀛奎律髓》卷十,第 103 页。
② 方回编:《瀛奎律髓》卷十七,第 203 页。
③ 方回编:《瀛奎律髓》卷十三,第 145 页。
④ 傅璇琮等主编:《全宋诗》,第 30404 页。

对彼时的理学诗人产生了重要影响,或者亦可以说,赵蕃诗歌的这一内容取向与彼时众多理学家诗人具有大致相同的路径。从现存理学家诗人的诗歌作品来看,梅花诗的数量是极多的。和赵蕃同时的朱熹写有《十梅》诗,黄榦及其门人吴泳等都有和作,晚于赵蕃的曹彦约、陈文蔚、陈淳、彭龟年、孙应时、程洵、陈宓、刘黻、袁燮、陈耆卿,直到晚宋的何基、徐元杰、丘葵、熊禾、王柏等,都有大量的咏梅诗。而尊崇陶诗,歌咏陶渊明的隐逸闲适、脱离尘外的生活态度,也是南宋时期理学家诗人的重要诗歌主题。杨时、范浚、张九成、朱熹、韩元吉、吕祖谦、韩淲、杨简、王十朋、丘葵等理学家,在其诗歌中多有涉及。此外,南宋中晚期理学家诗歌多写山林闲适之趣,于日常日用之中体贴"道"体之所在,亦是彼时较为常见的诗歌主题之一。①

再来看韩淲诗作的类型特征及诗歌风貌。韩淲,韩元吉之子。韩元吉,字无咎,为南宋理学名家,著名诗人。《朱子语类》称:"韩无咎文做著尽和平,有中原之旧,无南方啁哳之音。"②则韩元吉之诗有北宋诗歌苏、黄传统。而《四库全书总目》在《南涧甲乙稿》下提及:"元吉本文献世家,据其跋尹焞手迹,自称门人,则距程子仅再传。又与朱子最善,尝举以自代,其状今载集中。故其学问渊源,颇为醇正。其他以诗文倡和者,如叶梦得、张浚、曾几、曾丰、陈岩肖、龚颐正、章甫、陈亮、陆游、赵蕃诸人,皆当代胜流。故文章矩矱,亦具有师承。其婿吕祖谦,为世名儒。其子名淲字仲止者,亦清苦自持,以诗名于宋季,盖有由矣。……统观全集,诗体文格,均有欧、苏之遗,不在南宋诸人下。"③对韩元吉诗文评价甚高。受到如此优渥文化环境的熏染,韩淲其人其诗都有其典型意义。《四库全书总目》对此亦有关注:"淲诗稍不逮其父,而渊源家学,故非徒作。……观淲所撰《涧泉日记》,于文章所得颇深。又制行清高,恬于荣利,一意以吟咏为事。"④不过,与四库馆臣看法有所不同,清人贺裳《载酒园诗话·卷一》在"江湖诗"条下记:"江湖诗非无一二语善者,但全篇酸鄙。如韩南涧《咏红梅》'越女漫夸天下白,寿阳还作醉时妆',其子涧泉《寒食》诗'吹尽海棠无步障,开成山柳有堆绵',俱佳。即戴式之人既无行,词亦鄙俚,诗固不乏佳句。"⑤以韩元吉、韩淲父子为"江湖诗派"之作家,认为韩氏父子诗作虽有好句,但基本评价是"全篇酸鄙"。上述可见,前人

---

① 可参见本书第二章第五、六节。

② 黎靖德编,王星贤点校:《朱子语类》卷一三九,第3316页。

③ 永瑢等撰:《四库全书总目》,第1383页。

④ 永瑢等撰:《四库全书总目》,第1401页。

⑤ 贺裳:《载酒园诗话》卷一,载郭绍虞选编:《清诗话续编》,第457页。

对韩淲诗歌的认识歧异明显。那么,如何评价韩淲诗歌特征,就成为我们应当认真思考的问题。

　　韩淲诗亦可分为文人诗、理学诗两大类型。就其文人诗而言,韩淲诗歌的题材与内容非常丰富。其中,景物诗数量最多,如其《春昼》《春阴》《春晚》《秋意》《九日钱塘江》等,涉及天气、季节和地理、景物等。如《六一泉》《参廖泉》等述及因名人而得名的泉水胜境。作为彼时著名的诗人和理学学者,韩淲交游广泛,因此写作了大量的交游唱酬诗。从诗歌形式上来看,韩淲的交游唱酬诗有次韵诗,如其《次韵伯皋至日》《次韵巩帑辖》《次韵昌甫寒食》等,以次韵和诗的形式来记述日常生活,表露心情及表达对友情的珍视。有和诗如《和民瞻所寄》《和昌甫韵》《和黄靖州适轩韵》等;有赠寄诗如《赠向亲》《赠杰宿之》等。韩淲的纪游诗数量也是比较惊人的,如其《十一日过景瑜》《过沙坑留遗余子任》《登一杯亭》等,往往于游览中描述景物,抒发抱负,兼及历史兴亡存废等问题的反思。韩淲的文人诗类型中,还有一类比较特别的是纪学诗。其诗题常以“读某诗”“题某诗集”等形式得名,如其《正月五日读东坡和斜川诗于霞山》《题梅溪橘阁词》《僧窗观斯远诸公诗》《读鲍谢诗》《读半山诗》《抄诗》等,总结他人诗作特征,表达自己对于诗歌创作等问题的看法与心得,记述其学诗生活等。此外,韩淲诗歌还有咏物诗、送别诗、和陶诗等文人常见的诗歌题材,内容也是非常丰富的。相应地,与上述诗歌题材、内容相关,韩淲文人诗的诗歌主题亦如传统文人诗,多与描摹景物、珍视友情、咏古讽今、纪游、抒怀、咏志等相关。至于韩淲文人诗的表达方式,则其五七言律绝对仗工整、精切得当,颇有中晚唐之风。如其《次韵斯远喜余见过》有句“猖狂疑有谓,拓落信何求”[①],与对仗严整之中复有语气变化,摇曳生姿。而其古体诗,则颇有欧阳修、苏轼之风,讲究布局,开合流走,叙事、言情等皆能自然流易。如其《寄秋塘》有句“寄语秋塘翁,谢借渊明诗。俄而两三年,未尝不诵之”[②],简白如话。诗篇在简要回顾主客交往之后,即对“秋塘”之景、秋塘翁高致等进行描写和塑造,表达出自己对于陶渊明以及如陶之高洁的秋塘翁的推崇之情。诗篇有叙述,有写景,有言情,但举重若轻、平白如话,颇有欧、苏古体诗的精要。值得提及的是,韩淲诗歌作品中,“效某体诗”比较多,如其有乐府诗《妾薄命》《东山吟》等,又有《效齐梁体》等,可见韩淲的诗歌创作取法范型是比较多的。

　　与赵蕃有所不同,韩淲诗歌中有不少涉及理学的性理主题。但与典型的理

---

①　傅璇琮等主编:《全宋诗》,第 32558 页。

②　傅璇琮等主编:《全宋诗》,第 32436 页。

学诗作家如陈淳、杨简等人有所不同,韩淲的理学诗,大多是从日常日用之事物或者遭际入手,通过"观物""体贴"或者"格物致知"等方式,来实现"明理""求道"等诗歌写作目的。如其《危坐》:"行藏何事老相侵,流水高山自古今。强把诗书连夜读,唤回灯火十年心。人间富贵非难有,圣处工夫索愈深。不觉雨声吹入耳,秋风窗下一沉吟。"①诗人年老而读书自修不懈,孜孜以求于"圣贤工夫",诗篇言及心性存养问题,颇为真实地抒写了理学家的日常生活状态。而其《春日杂兴》之二则曰:"以我视彼心,当思我如彼。未必有所益,徒更纷纭尔。世道升降间,古今只一理。昧不知其然,如是而已矣。"②诗篇以我度人入题,强调反观而修身。上述二诗,皆与理学家日常日用之琐屑生活相关,从日常日用中体察、"格知"理学性理或者儒学义理,这反映出南宋中期之后理学家体察性理方式的重要转向。这是因为,在乾淳时期之前,理学家体察"物"理的途径和方式是比较多的,举凡历史事件、天文地理、政治征候等都可以作为"格物"之"物"以实现"致知"之目的。但自乾淳之后,理学家更多的是通过日常日用之琐屑生活来体察、"格知"理学的性理之"道"。韩淲理学诗的主题较为集中,主要涉及心性存养、明理、观天地生物气象等三类。较之朱熹而言,韩淲理学诗的主题类型是相对较少的。其抒写理学心性存养主题的诗作,《春分前一日》之一有句"鼻观得此供,息定本气回"③,言及存养心体的定止工夫。《掩关月色满窗宴坐久之》有句"儿童鼻鼾雷,听息方绵绵。万籁一以虚,性地开其天"④,述写"性"之本体为天地之本。《雪中》其五有句"心本理和顺,万缘常逼侵。莫作断灭相,明明去来今"⑤,强调治心以摒缘。上述诸诗,涉及心性存养的本体论、工夫论、修养论等,反映出韩淲对于理学性理问题的深刻把握。

值得注意的是,韩淲写有不少感怀诗。韩淲的感怀诗,兼有文人诗和理学诗内容,特色比较鲜明。这些感怀诗,大致包括以"杂兴""秋怀""偶兴""述意""偶感""有怀""书怀""感兴""秋日感兴""春怀"等命名的诗篇。从理学家的诗歌来看,自邵雍开始,如杨时、张九成、范浚、吕本中、陈渊等,直至朱熹、陆九渊都写有不少的感怀诗。但是,与韩淲大量写作感怀诗相比,其他理学家的感怀诗数量较少且往往多及尘世生活,所表达的内容,大多是文人常有的羁旅行役、穷愁潦倒、

① 傅璇琮等主编:《全宋诗》,第 32668 页。
② 傅璇琮等主编:《全宋诗》,第 32459 页。
③ 傅璇琮等主编:《全宋诗》,第 32385 页。
④ 傅璇琮等主编:《全宋诗》,第 32390 页。
⑤ 傅璇琮等主编:《全宋诗》,第 32396 页。

困于官宦、人生不遇等。而韩淲的不少感怀诗,则兼有文人情怀与理学思理在内。如其《偶感》:"用物多则强,境熟气易定。壮胆骋寡见,迷情忽群听。……名利缠古今,孰不堕此径。"[1]书写其"明理"思想,表达出对人生处世方法的思考。而其《秋日杂兴》其二则有句"何必春始荣,物物有其时"言及"生生不已"之意,《感兴》有句"忧乐皆从忙里过,荣枯空自老边来"[2]言及人生盛衰忧乐之理,再如其《书怀》有句"古来憎命达,今亦叹才难"[3],表达其人生不遇的感慨。上述诸诗,往往兼有文人诗、理学诗的内容,但其理学意味往往融入具体可感的兴象之中,而对理学性理等问题并不作深入探讨,这就与彼时的讲义体、语录体等拉开了距离。

三　"二泉体"诗歌范式的诗坛影响及其仿作问题

较之朱熹诗歌对文人诗作者及理学家诗人的巨大影响而言,赵蕃、韩淲的诗歌影响相对小一些。就现存文献来看,赵蕃、韩淲两人的诗作,主要对南宋中晚期士人的文人诗创作产生了一定影响,当然亦对彼时的理学诗书写产生了若干影响。如叶适《送周明叔王成叟并上昌甫仲止二兄》有句:"饭彼章泉菽,羹以南涧葵。沐浴明月珠,簸弄芙蓉旗。两邦意气合,一唯万论微。"[4]赞美赵、韩两人情投意合,高洁出尘。戴复古有《寄韩仲止》:"何以润泉号,取其清又清。……黄花秋意足,东望忆渊明。"[5]表达对韩淲高致境界的推崇。其《哭涧泉韩仲止二首》有句:"慷慨伤时事,凄凉绝笔篇。三篇遗稿在,当并史书传。"[6]表达对韩淲忧心国事而亡的追思。方回在《秋晚杂书三十首》中以赵蕃、韩淲与永嘉"四灵"同列,但又讲"二泉岂不高,顾必四灵美"[7]。方回显然认为"四灵"诗歌造诣较之赵、韩更为杰出。刘克庄在《寄韩仲止》中,甚为钦佩韩淲"几思投劾从公去,背笈肩琴涧水滨"[8]的做法。"四灵"之一的翁卷,有《南涧寻韩仲止不遇》,提及韩淲的高致、清幽情怀:"树树有佳色,山蝉不住吟。掬来南涧水,清若主人心。"[9]同样对韩淲的高节予以赞美。与之相近,徐文卿有《南涧小饮夜过景德次仲止韵》,塑造了落

---

[1] 傅璇琮等主编:《全宋诗》,第 32457 页。

[2] 傅璇琮等主编:《全宋诗》,第 32668 页。

[3] 傅璇琮等主编:《全宋诗》,第 32576 页。

[4] 傅璇琮等主编:《全宋诗》,第 31227 页。

[5] 傅璇琮等主编:《全宋诗》,第 33481 页。

[6] 傅璇琮等主编:《全宋诗》,第 33526 页。

[7] 傅璇琮等主编:《全宋诗》,第 41444 页。

[8] 陈思编:《两宋名贤小集》卷三一二,上海古籍出版社景印《文渊阁四库全书》本,第 480 页。

[9] 傅璇琮等主编:《全宋诗》,第 31422 页。

梅香里的诗人瘦影形象,表达了对韩淲脱俗、高雅形象的赞美。赵蕃亦有《挽南涧先生三首》,其中提到"学探和静蕴,文嗣一门华"①,表达对韩淲学问文章的推崇等。大致说来,南宋中晚期,诗人对于赵蕃、韩淲诗歌的推崇,基本出发点都是对二人脱俗、清劲品格的推崇,而很少涉及其理学修养和理学性理问题。不过,考虑到彼时朱熹、杨万里、叶适、刘克庄等人对于韩淲、赵蕃诗作的推崇,以及一些理学诗人向韩淲、赵蕃理学诗学习或摹仿等情况,可以把"二泉体"视为南宋晚期理学诗书写的"诗歌范式"之一。

第七节 语录、讲学和俗体:三种理学诗范式的 历史渊源及其发展流变

语录体、讲学体、俗体,常常因与理学家的诗歌创作相联系而被批评,刘克庄在其《吴恕斋文集序》中评价说:"近世贵理学而贱诗赋。间有篇咏,率是语录、讲义之押韵者耳。"②表明彼时语录体、讲义体诗作颇为流行。受此影响,当代一些研究者往往把语录体、讲学体以及俗体当作理学诗的主要诗歌形式,进而通过对这三类诗体的批评而否定理学诗的文学地位。而实际上,语录体、讲学体与俗体具有绵长的历史渊源,这三种诗体虽然从文学属性上看缺少兴象等属性,但其所蕴含的理学精义,具有高度凝练性、理趣性等特征,其文化地位值得重视。因此,对这三类诗体进行考察,仍然具有重要的研究价值。考察学术研究史可见,已有研究成果对这三种理学诗的重要"诗歌范式"缺少应有关注。因此,本节予以全面探讨。

一 语录体、讲学体、俗体的渊源及其相互关系

语录体、讲学体、俗体,是宋代理学诗重要的诗歌范型。《四库全书总目》在评价理学家的诗歌作品时,经常提及这三类诗体。如评价明罗钦顺《整庵存稿》时云:"集中所作,虽意境稍涉平衍,而典雅醇正,犹未失成化以来旧格。诗虽近击壤派,尚不至为有韵之语录。"③而清人《围炉诗话·卷一》在提及学诗用"俗语"时亦云:"宋人诗话多论字句,以致后人见闻愈狭。然炼字与琢句不同,琢句者,

---

① 傅璇琮等主编:《全宋诗》,第 30661 页。
② 周密:《癸辛杂识》,上海古籍出版社景印《文渊阁四库全书》本,第 106 页。
③ 永瑢等撰:《四库全书总目》,第 1497 页。

淘汰陈浊也。常言俗语,惟靖节、子美能用之;学此,便流于尧夫《击壤集》五七字为句之语录也。"①又把"语录体"与"俗语"相联系。这里的"俗语"虽还不是"俗体",但以本节后文所引民国时人《卧雪诗话》所言之"俗体"来看,"俗语"是"俗体"的重要特征之一。上述两条文献,显示出"击壤体""击壤体派"与"语录体""俗体"等具有紧密联系。循此而考察理学家的诗歌作品可知,自邵雍开始,二程、李复、杨时、张九成、陈渊、朱熹、陈淳、陈普等人,以"语录体""讲学体"或者"俗体"等诗体形式写作了不少与理学有关的诗歌作品。这说明,就理学诗而言,"语录体""讲学体""俗体"这三种诗体,可以算是理学诗的诗歌范型。值得注意的是,自《四库全书总目》常常混用语录体与讲学体,又把俗体与讲学体、语录体等同以后,今人在研究宋代理学诗时往往对这三种诗体不加区别而评价。实际上,这三种诗体在历史渊源、诗歌功用及诗歌特征等方面,是有不少差异的。

先来看语录体。在这三种诗体之中,语录体历史最为悠久。从文体来看,早期的语录体,应是以《论语》《孟子》等为代表的古文,因其注重记录片言只语而呈现为短小简约、不重文采、不讲求篇章结构、不重内容之间的联系等特征。从文体来看,"语录体"与"论""说"等关系密切。《文心雕龙》在《论说第十八》中论及"论""说"。其中,对"论"体的解释是:"详观论体,条流多品:陈政则与议说合契,释经则与传注参体,辨史则与赞评齐行,铨文则与叙引共纪。故议者宜言,说者说语,传者转师,注者主解,赞者明意,评者平理,序者次事,引者胤辞:八名区分,一揆宗论。论也者,弥纶群言,而研精一理者也。"②这里提到的"陈政""释经""辨史""铨文"等,都是语录体涉及的内容或者功用。而"议""说""传""注""赞""评""叙""引"这八种文体,虽异名而其宗旨都是相同的,那就是"弥纶群言,而研精一理"。《文心雕龙》在论"说"体时又强调:"凡说之枢要,必使时利而义贞,进有契于成务,退无阻于荣身。自非谲敌,则唯忠与信。披肝胆以献主,飞文敏以济辞,此说之本也。"③在《论说第十八》文末,刘勰指出:"理形于言,叙理成论。词深人天,致远方寸。"④强调"叙理"乃是"论说"类文体的本质所在。明代吴讷的《文章辨体序说》则承继刘勰所云,析"论"为二:"一曰史论","二曰论"。又认为"说"为"解释义理而以己意述之者"⑤。上述可见,与语录体关系密切的"论""说"都以讲

---

① 吴乔:《围炉诗话》卷一,载郭绍虞编选:《清诗话续编》,第 506 页。
② 刘勰著,范文澜注:《文心雕龙注》,第 326 页。
③ 刘勰著,范文澜注:《文心雕龙注》,第 326 页。
④ 刘勰著,范文澜注:《文心雕龙注》,第 326 页。
⑤ 吴讷著,于北山校点:《文章辨体序说》,人民文学出版社,1982 年,第 43 页。

求"义理""明理"为要旨。由此看来,语录体具有"明理"、不重内容之间联系、短小简约等特征。

汉代经学发达,现存"传"《春秋》的《公羊传》《谷梁传》《左传》,"传"《诗经》的《毛诗》及《韩诗外传》,"传"《礼》的《礼记》等,都记录了不少孔子或者后世经师的言语,这算是语录体在经传方面的发展。由于汉代经学的昌盛,后世经学之"注""疏""正义"等可以看作语录体在经学阐释方面的发展。而魏晋南北朝时期,记言兼记事的语录体得到时人推重,甚至被当作史料的重要来源。唐刘知幾《史通·内篇·书志第八》载:"近者宋氏,年唯五纪,地止江、淮,书满百篇,号为繁富。作者犹广之以《拾遗》,加之以《语录》。"①说明南朝宋时《语录》众多。实际上,到了六朝时期,"语录体"作品已经与一些相近的体裁被视作文体的重要类别"琐言"。刘知幾又云:"街谈巷议,时有可观,小说卮言,犹贤于已。故好事君子,无所弃诸,若刘义庆《世说》、裴荣期《语林》、孔思尚《语录》、阳玠松《谈薮》。此之谓琐言者也。"②《隋书·经籍志》"子部"记有东晋中郎郭澄之撰《杂语》五卷,梁顾协撰《杂对语》三卷、《琐语》一卷。《通志略·艺文略第三》载有署名为孔思尚撰"《宋齐语录》,十卷"③。尽管上述语录类著作皆已亡佚,但从著作名称上仍可知其体例所在。

语录体在唐宋时期非常盛行。除了受到语录体影响的经学注疏在唐宋时期非常发达之外,唐代佛教传播过程中所产生的语录,因其数量众多、引人注目,可能对语录体诗作的大量产生亦有重要助力。《大藏经总目录》即收录了唐慧然集《镇州临济慧照禅师语录》、宋代守坚集《云门匡真禅师广录》、楚圆集《汾阳无德禅师语录》、惠泉集《黄龙慧南禅师语录》、义远编《天童山景德寺如净禅师续语录》、妙源编《虚堂和尚语录》等数十种。因为佛教人士写作了数量可观的语录体传教文字,因此,《通志略·附三》在"释家"目下,把"语录"与"传记""塔寺""论议""颂赞"等十类共列。入宋之后,"语录类"著作开始盛行。《郡斋读书志》专列"语录"类,计有:《河南程氏遗书二十五卷外书十二卷》《横渠先生语录三卷》《横渠先生经学理窟一卷》《元城先生语录三卷》等著作二十五种。《文献通考·卷二百·经籍考二十七》则载有《接伴送语录》《生辰国信语录》《河南师说》《元城语录》《龟山别录》《晦庵语录》《晦庵续录》《先圣大训》等。推想起来,大约由于唐宋

---

① 刘知幾撰,浦起龙通释,王煦华整理:《史通通释》,上海古籍出版社,2009 年,第 59 页。
② 刘知幾撰,浦起龙通释,王煦华整理:《史通通释》,第 254 页。
③ 郑樵:《通志略·艺文略第三》,中华书局,1987 年,第 771 页。

时期语录体类著作的兴盛,因此,以语录之常见的讲求义理之学入诗,就成为可能。故而,邵雍在其《击壤集》中以语录体的内容和形式来写诗,虽属偶尔为之,但很快就为众多理学诗人所效仿。

再来看讲学体。讲学体的来源,仍然可以上推到《论语》等先秦典籍。在源头上,讲学体与语录体可谓同源。孔子逝后,其弟子在守孝同时,相与编纂了《论语》。范文澜引《汉书艺文志补注》云:"以此书所载,皆仲尼应答弟子及时人之辞,故曰语;而在论下者,必经论撰,然后载之,以示非妄语也。"[①]说明《论语》经由孔门弟子汇集、论辩而后相与撰述而成,这就显然具有群弟子相与讲学的意味了。到了战国时期,诸子百家自创学说以争鸣,产生了《孟子》《墨子》《庄子》《韩非子》等著作,这可谓诸子讲学的时代。这些著作以论述问题、辨析事理等为结构主线,呈现为鸿篇巨制、上下文关联紧密等特点。而到了汉唐时期,讲学体亦与儒家经典的"传""注"等发生了联系。《公羊传》等都是对当时经师"传"经的记录。从这个意义上讲,"语录体"与"讲学体"往往是相伴相生的。分析战国、汉代这些讲学类著作可见,讲学体较之语录体而言,篇幅变长了,由注重阐发"义理"而转为传递知识,上下文的逻辑关联更为紧密,更适宜于集中地阐述其思想主张。可以说,战国、汉代的讲学体,开创了后世个体专门性著述的先河。

宋代的"讲学体"应与"经筵"制度及其所产生的"讲义"有较为密切的联系。所谓经筵,乃是汉唐以来帝王为讲论经史而特设的御前讲席,是先秦的保傅制度、东汉的侍讲制度及南北朝时的执经制度的发展。[②] 宋代自太祖召御前侍讲开始,到宋仁宗时形成固定的文化制度类型。宋代经筵制度,与文人治国息息相关。理学凭借经筵制度得以蓬勃发展。程颐、杨时、尹焞、张栻、朱熹、真德秀等,都充任过经筵讲习官。宋神宗时,太常礼院商论经筵讲习官是否应坐讲,韩维、龚鼎臣、曾公亮等意见不一,后因龚鼎臣认为彼时讲官"无为师之实",及循仁宗故事而仍以讲官"站讲"。而"讲义"是彼时的经筵制度背景下,从事"讲学"的翰林学士或者侍学士等所用的本子。当然,目前所见的"讲义"可能是经过文字加工或者整理过的本子。宋代"经筵"讲学的要求、作用等,以程颐三论经筵为最早,但宋人对于经筵讲读的总体要求则不见正史记载。[③] 以明代经筵讲学来看,

---

① 刘勰著,范文澜注:《文心雕龙注》,第 330 页。

② 参见邹贺:《宋朝经筵制度研究》,陕西师范大学博士学位论文,2012 年。

③ 相关内容参阅吴晓荣:《两宋经筵与学术》,南京大学硕士学位论文,2013 年;陈东:《中国古代经筵制度概论》,《齐鲁学刊》2008 年第 1 期;邹贺、陈峰:《中国古代经筵制度沿革考论》,《求索》2009 年第 5 期。

明代经筵经学务求总其大旨、明白晓畅的经学宗旨,也应是宋代经筵讲学的一般要求。① 如果这一推理成立的话,"讲学体"的体现之一经筵"讲义",应是儒学或者理学走向通俗化的代表之一。而从目前看到的宋代经筵"讲义"来看,这一推论是合理的。《四库全书总目》著录有袁燮的《絜斋毛诗经筵讲义》,四库馆臣认为:"其中议论和平,颇得风人本旨。于振兴恢复之事,尤再三致意。……燮则因经文所有而推阐之,故理明词达,无所矫揉。"②"理明辞达"之特征,正说明文词的晓畅通达。

与宋代"讲学体"更为紧密的则是宋代书院制度下的聚徒讲学。"中央学校有国子监及太学、辟雍及广文馆,皆属于大学性质。有律学、书学、画学、医学及武学,皆属于专门学校性质……此外还有几所特殊学校,如宗学、诸王宫学,及内小学三所,统为贵族学校,内兼高初两等教育性质。此外,另有四门学一所,特为庶民子弟设立的,属于高等教育。地方学校:州有州学,府有府学,军有军学,监有监学,县有县学,界于中小学性质之间,而界限不甚分明。……以上各校,设立的先后,教材的内容,试验的情形,及教职员和学生的名额,不仅南北宋代不能一致,即每易一君或换一阁员亦屡有变更。"③书院的作用主要在于:"书院有三大事业:一藏书,二供祀,三讲学。藏书以备学者看读,如应天府书院,聚书至数千卷。…… 书院除藏书外,兼有宗教性质。取先儒之有功德于圣门者从祀之。……其最重要事业则为讲学。"④除了上述官办学校与官办书院外,宋代城乡私学、宗学、义学等民间教育组织亦是培养士人的重要机构。宋初不少藏书者及富庶人家以召集与团聚士人讲学为荣,所蓄图书往往许人借观,这也对当时普及知识、推动士人参加应举考试起到了重要作用。王禹偁于淳化五年作有《诸朝贤寄题洪州义门胡氏华林书斋序》,记当时朝臣对胡氏创办义学作诗颂美,云"自旧相、司空而下,作者三十有几人"⑤。范仲淹多延真才实学的学者充当其家庭教师,故其子纯仁等皆有所成。⑥

理学的传播与宋代书院兴盛关系密切。周敦颐、张载、张栻、朱熹、吕祖谦、黄榦、陈淳、杨简等皆曾有书院讲学的经历。这些理学家讲学时,除了"简括"儒

---

① 参阅陈东:《中国古代经筵制度概论》,《齐鲁学刊》2008 年第 1 期。

② 永瑢等撰:《四库全书总目》,第 124 页。

③ 陈青之:《中国教育史》,民国丛书影印商务印书馆 1936 年本,第 213 页。

④ 盛朗西编:《中国书院制度》,民国丛书影印中华书局 1934 年本,第 47—50 页。

⑤ 王禹偁:《小畜集》卷十九,上海古籍出版社景印《文渊阁四库全书》本,第 29 页。

⑥ 参见脱脱等撰:《宋史》卷三一四,第 10267—10278 页。

家经典要义之外，往往有意识地以当时的口语、俗语来把经学知识及理学义理阐释得明白晓畅。如宋人林岊著有《毛诗讲义》，《四库全书总目》云："《福建通志》称其'在郡九年，颇多惠政。重建清湘书院，与诸生讲学……'则亦循吏也。是编皆其讲论《毛诗》之语。观其体例，盖在郡时所讲授，而门人录之成帙者。大都简括《笺》《疏》，依文训释，取裁毛、郑而折衷其异同。虽范围不出古人，然融会贯通，要无枝言曲说之病。"①指出提炼精要、删其繁缛而融会贯通为其《毛诗讲义》的基本特征。而为朱熹门人编纂的《朱子语类》，更是具有口语化、通俗化等特征。可见，无论是宋代经筵制度下的"讲义"，还是书院制度下的"讲学"，除了都与儒学"义理"相关之外，其语言大致有晓畅通达、简括大旨、通俗易懂等特征。这些内容与形式上的特征，应是"讲学体"的基本属性。

最后，来看"俗体"。宋代文学史家常常把"俗体"等同于"讲学体"。实际上，作为诗体的"俗体"与"讲学体"，本是相去甚远的诗歌体裁。清人叶矫然《龙性堂诗话·续集》认为："微之之所谓'凡近'者，即殷璠之所云'俗体'也。"②则"俗体"在中唐时期颇为常见。实际上，我们在遗存的敦煌文卷中，可以看到不少"俗体"诗。战国时期《荀子》中有以"俳体"写作的《蚕》等，也是当时流行于民间的文学体裁。而民国人《卧雪诗话·卷八》引则认为，诗歌用俗语、明白如话自汉代古诗就有了，这算是"俗诗"的远源。而真正意义上的"俗诗"当为五代杨凝式所创。张世南《游宦纪闻》云："（杨凝式）诗什多杂诙谐，少从张全义辟，故作诗纪全义之德云：'洛阳风景实堪哀，昔日曾为瓦子堆。不是我公重葺理，至今犹自一堆灰。'他类若此。……夫凝式有'风子'之称，遂开俗诗一派。"③通过《游宦记闻》所举杨凝式诗句来看，"俗体诗"特征是，诗歌内容皆为世俗生活，所表达的主旨大多为尘世情趣，多用俗语及诙谐之词。其实，仔细寻绎"俗体"诗的发展流变，可以说这一诗体自汉代之后络绎不绝。如唐代的"元白体"、宋初的"白体"等，都有浓厚的"俗体"诗意味。严格意义上来说，"语录体""讲学体"与"俗体"的差异是非常明显的。

自北宋理学"五子"开始，"语录体"与"讲学体"已经难以分清，邵雍、程颢、程颐和张载的一些诗作，兼有"语录体""讲学体"的特性。邵雍的诗作亦有不少"俗体"特征的诗篇，考索可见，理学诗人创作"俗体"诗的风尚，一直不绝如缕。因

---

① 永瑢等撰：《四库全书总目》，第 124 页。
② 叶矫然：《龙性堂诗话》之"续集"，载郭绍虞编选：《清诗话续编》，第 1011 页。
③ 张世南撰，张茂鹏点校：《游宦纪闻》，《唐宋史料笔记丛刊》本，中华书局，1981 年，第 89 页。

此,自南宋晚期开始,人们常常以这三种诗体代指理学诗。在刘克庄把语录、讲义并列使用,强调南宋晚期的理学诗发生流弊之后,自宋代晚期以至于今,把"语录体""讲学体""俗体"混淆使用,统视为与"击壤体"有密切联系的"理学诗"的重要种类,似乎已经成为共识。如清人《围炉诗话》把"常言俗语"为标志的"俗体诗"与理学诗的重要范型"击壤体"相联系。① 稍后,《四库全书总目》在评价宋元明清四朝理学诗人的诗歌时,已经完全把这三种诗体相混用了。民国时期的《卧雪诗话》在前人的基础上,又提出:"宋邵康节先生《击壤集》,直写天性,亦俗诗也。"②把整部《击壤集》视作"俗诗"。其实,严格说来,"俗体"除了语言平易、内容与日常日用有关之外,主诙谐、多用俗语等特征,与"讲学体""语录体"还是有不小距离的。

产生这一认识的原因,大概是,宋代"语录体""讲学体"具有通俗话、口语化的特征和走向,这与"俗体"就产生了必然联系。亦因如此,宋代一些诗人在写作理学诗时,就不再区分何为"语录体""讲学体",何为"俗体"。这一走向,到了明代更为明显。《四库全书总目》在论明人《薛文清集》时指出:"考自北宋以来,儒者率不留意于文章。如邵子《击壤集》之类,道学家谓之正宗,诗家究谓之别派。相沿至庄昶之流,遂以'太极圈儿大,先生帽子高,送我两包陈福建,还他一疋好南京'等句,命为风雅嫡派。虽高自位置,递相提唱,究不足以厌服人心。"③可见,到了明代,理学家之"语录体""俗体""讲学体"等已经不复分别了。对此,清人朱庭珍在《筱园诗话》卷四中指出:"自宋以来,如邵尧夫、二程子、陈白沙、庄定山诸公,则以讲学为诗,直是押韵语录。"④指出了"击壤体"与"语录体""讲学体"的关系,径直把这三者相混同而使用了。

二 理学诗之语录体、讲学体、俗体的确立及其流变

《四库全书总目》把这三种诗体混淆,其主要的根据就是这三种诗体都与"击壤体"有联系。确实,就宋代理学诗的发展来看,在"击壤体"中"语录体""讲学体"与"俗体"都出现了,特别是"语录体""讲学体"已经完全等同了。周敦颐、邵雍、程颐、张载都写有明显具有"语录体""讲学体"特征的诗作,其后学诗作中这三种诗体也多有出现。

---

① 吴乔:《围炉诗话》卷一,载郭绍虞编选:《清诗话续编》,第 506 页。
② 袁嘉穀:《卧雪诗话》卷八,载张寅彭主编:《民国诗话丛编》(二),第 469 页。
③ 永瑢等撰:《四库全书总目》,1486 页。
④ 朱庭珍:《筱园诗话》卷四,载郭绍虞编选:《清诗话续编》,第 2398 页。

先来看"语录体"和"讲学体"。在早期理学家的诗歌中,这两种诗体已经难以分清了。邵雍、程颢、程颐、张载的诗作中,有一些诗兼有"语录体"与"讲学体"的特征。如邵雍《四道吟》:"天道有消长,地道有险夷。人道有兴废,物道有盛衰。兴废不同世,盛衰不同时。奈何人当之,许多喜与悲。"①诗作不押韵,内容乃是言"道",前四句与后四句内容联系不大,因此,此诗兼有"语录体"与"讲学体"的特征。类似诗篇,在邵雍诗作中颇为常见。如《善恶吟》:"君子学道则务本,小人见利则忘生。务本则非理不动,见利则非贿不行。"②言及"务本"与"求利"乃是产生善恶的根源,诗意乃发挥《论语》相关内容而成。诗句多有虚词,为散文化表达方式,显然是"语录体"。而从其内容上看,诗句为儒家思想的衍化和发挥,则"讲学体"意味明显。再如邵雍《义利吟》:"意不若义,义不若利,利之使人,能忘生死。利不若义,义不若意,意之使人,能动天地。"③言及"义利"之辨,从其内容、诗句表达方式等来看,确实兼有"语录体"与"讲学体"的特征。

自邵雍开始,理学家"语录体"和"讲学体"的混用情况一直持续到晚宋。这种情况,可从理学家的诗歌书写中窥见一二。如程颐《视箴》:"心兮本虚,应物无迹。操之有要,视为之则。蔽交于前,其中则迁。制之于外,以安其内。克己复礼,久而诚矣。"④从其表达方式看,虚词较多,基本是散体文手法。而就其内容看则属"明理"之作,显然同时具备了"语录体"与"讲学体"的特征。南宋中期之后,人们对于"语录体"与"讲学体"已经难以区分了。二程弟子及其后学,于此多有表达。如胡宏有诗《和刘子驹存存室》:"动中涵静是天机,静有工夫动不非。会得存存存底事,心明万变一源归。"⑤第三句连用三个"存",不避平仄,全诗也不讲究对仗。此诗虽属古诗写法但有明显的散体文特征,这正是"语录体"的特点所在。而全诗所言之"理"乃为理学之涵养工夫,强调"动中涵静"以"体贴"心体,则又为"语录体"无疑。再如张九成有诗《客观余孝经传感而有作》因"古人文莹理,后人工作文。文工理愈暗,纸札何纷纷",而强调"千岐更万辙,要以一理存。如何臻至理,当从践履论"⑥。许景衡《次韵江民表寄王圣时六首》之六有诗句"天地

---

① 邵雍著,郭彧整理:《邵雍集》,第 329 页。
② 邵雍著,郭彧整理:《邵雍集》,第 385 页。
③ 邵雍著,郭彧整理:《邵雍集》,第 405 页。
④ 金履祥选:《濂洛风雅》,《丛书集成初编》本,第 2 页。
⑤ 傅璇琮等主编:《全宋诗》,第 32108 页。
⑥ 傅璇琮等主编:《全宋诗》,第 19985 页。

吾一气,万物吾一身。纷纷梏一体,末学蔽多闻"①,以散体文手法而强调"明理"。上述诸诗,皆能于散体文表达方式以及口语化表达之中,书写传统儒家思想,显示出"语录体"和"讲学体"相融合的情形。而朱熹有诗《日用自警示平父》:"圆融无际大无余,即此身心是太虚。不向用时勤猛省,却于何处味真腴。寻常应对尤须谨,造次施为更莫疏。一日洞然无别体,方知不枉费功夫。"②诗作以"日用"入题,指示修养应"自警"于"寻常应对""造次施为"中仔细洞察心之体,强调"勤"于"内省"以体贴道体。诗作多有散体文句式句法,有一些口语化色彩。显然,此诗表现出"语录体"和"讲学体"相融合的特征。

就北宋理学"五子"及其门人的诗作来看,他们所写之"语录体""讲学体"在其全部诗作中所占数量不多。除了邵雍以外,诗作之内容基本不出传统儒家经典之范围。随着理学的发展,以第三代理学家如张九成、胡宏、陈瓘、史浩、陈渊等人为标志,开始大量写作"讲学体"诗。如张九成有《论语绝句》百首,于《论语》有叙述、有发挥、有质疑,"讲学体"特征非常明显。其组诗形式为,首先选取《论语》某一段,再辅之以诗歌形式来表达与之相关的思想。如选取《论语》句:"子贡曰:夫子之文章可得而闻也,夫子之言天性与道,不可得而闻也。"张九成在此段之后作诗:"既是文章可得闻,不应此外尚云云。如何夫子言天道,肯把文章两处分。"③所言内容为《论语》孔子思想,诗作显然是"讲学体"。张九成开创的以组诗形式来表达儒家经典思想,引起了理学家的重视。以《论语绝句》百首为开端,理学家以组诗书写儒学或者理学思想,成为宋代诗歌史上蔚为大观的诗歌新体式。这一诗歌风尚,甚至延续到了元明时期。如宋代陈淳有《闲居杂咏三十二首》,其《仁》:"仁人之安宅,在心本全德。要常处于中,不可违终食。"其《义》:"义人之正路,中实存羞恶。要常由而行,不可离跬步。"其《礼》:"礼者人之门,节文自中根。所主一以敬,出入无不存。"其《智》:"智者人之烛,于我非外铄。清明本在躬,无容自昏浊。"④其内容沦为纯粹儒家义理的叙述或者阐释,只不过是以诗歌的形式来表述儒家思想。他又有《训儿童八首》,其二曰:"贤哉颜氏子,陋巷独幽居。箪食与瓢饮,萧然乐有余。"⑤纯粹为《论语》所记颜回之德性表达。两宋时期,彭龟年、魏了翁、金履祥、陈深、周南等人也写有相类似的"讲学体"诗。不过,从这些

---

① 傅璇琮等主编:《全宋诗》,第 15515 页。

② 傅璇琮等主编:《全宋诗》,第 27592 页。

③ 傅璇琮等主编:《全宋诗》,第 20017 页。

④ 傅璇琮等主编:《全宋诗》,第 32329—32320 页。

⑤ 傅璇琮等主编:《全宋诗》,第 32346 页。

理学家所写作的与《论语绝句》相类似的"讲学体"诗作内容及表达方式来看,基本不出张九成、陈淳等人的诗歌类型。

总的来看,在一些理学家的诗作中,"讲学体"的数量较之"语录体"更多。从内容上看,"讲学体"更为集中地表达理学义理或者传统儒学的相关范畴及命题。① 如张载有诗《克己复礼》:"克己工夫未肯加,吝骄封闭缩如蜗。试于中夜深思省,剖破藩篱即大家。"②诗作言及"克己复礼"主题,强调应于"吝、骄、封、闭"之上"克己"以"复礼"。此诗从其内容上看,诗作诗旨集中,可算是"讲学体"。再如张载《芭蕉》:"芭蕉心尽展新枝,新卷新心暗已随。愿学新心养新德,旋随新叶起新知。"③强调渐修以成德,倡导学以致知。而程颢有诗《和王安之五首·污亭》:"强洁犹来真有为,好高安得是无心。污亭妙旨君须会,物我何争事莫侵。"④以"污"名入题,强调"莫争"乃能实现"洁",以实现心性德行的定止圆满。诗作以其"明理"且语义连贯,具有"讲学体"的特征。此外,程颢的《颜乐亭铭》(为孔周翰作),以"圣以道化,贤以学行"为主线,赞美孔周翰承继先祖德行,治巷渫井以建亭,以弘扬正学为己任,显然有"讲学体"意味。

但理学家也写作了不少"语录体"的诗作。如邵雍《自古吟》:"自古大圣人,犹以为难事。而况后世人,岂复便能至。"《乐乐吟》:"乐人有美行,乐己能乐事。此数乐之外,更乐微微醉。"⑤这两首诗皆如口语,用散体文表达方式,所表达的主题为传统儒家之"乐",显然具有"语录体"特征。再如邹浩《自警》有句"看书勿苦多,多看目力眊。作文勿苦多,多作心力耗",最终以表达"气舒形康强,外务一除扫。生理保安完,天恩垂覆帱"⑥无论是从语言形式还是主旨来看,此诗均属"语录体"无疑。再如陆九渊《题达本庵》:"孩提无不爱其亲,不失其心即大人。从此劝君休外慕,悦亲端的在诚身。"⑦诗篇同样用了散体文表达方式,其主旨亦在明理。这首诗可以看作"语录体""讲学体"相融合的诗歌类型。这两种诗体相融合的情况,在"语录体"诗作中较为常见。如胡宏《宠辱》:"宠辱无休变万端,阿

---

① 参见张焕玲:《论宋代咏经诗及其繁荣的历史文化背景》,《青海师范大学学报(哲学社会科学版)》2017年第1期。

② 傅璇琮等主编:《全宋诗》,第6283页。

③ 傅璇琮等主编:《全宋诗》,第6281页。

④ 程颢、程颐著,王孝鱼点校:《二程集》,第483页。

⑤ 邵雍著,郭彧整理:《邵雍集》,第312页。

⑥ 傅璇琮等主编:《全宋诗》,第13963页。

⑦ 傅璇琮等主编:《全宋诗》,第29844页。

谁能向静中看。消磨利欲十分尽，免得临机剖判难。"①魏了翁《了翁自警六首》之一："本无一字尧夫易，八十一篇扬子玄。今古是非那复辨，仲尼尤不废韦编。"②上述两诗，均可视作"语录体""讲学体"与"俗体"的结合。

　　语录体、讲学体向着通俗化的方向发展，则演变为"俗体"。从这个意义上来讲，语录体、讲学体与俗体，在理学家的诗歌中是共同存在的诗歌现象。"俗体"在"击壤体"已经显出苗头。如邵雍的《乐物吟》："日月星辰天之明，耳目口鼻人之灵。皇王帝伯由之生，天意不远人之情。飞走草木类既别，士农工商品自成。安得岁丰时长平，乐与万物同其荣。"③诗作由天地之意到人之"情"，反映出邵雍理学由宇宙论而到道德论的进路，表达了邵雍"观物"而得"理"，因得"物理"而乐于万物"同其荣"的个体情志。侯外庐认为，此诗乃是邵雍理学的总纲。这首诗从其语言形式来看，语言质朴通俗，简易明了，自然具有"俗体"特征。而就其内容来看，以诗歌形式而表达理学内容，自然是"讲学体"。再就诗作来看，第一、二句，第三、四句，第五、六句分属三个层次，每个层次所言之"理"各有侧重，内容连贯性不强，此诗自然可以看作"语录体"。再如程颢《戏题》："曾是去年赏春日，春光过了又逡巡。却是去年春自去，我心依旧去年春。"④以诙谐笔调而不避俗语，所言之"理"亦颇为显豁，诗作当然可被认作"俗体"诗。

　　理学家除了以浅显、质朴的语言写作"俗体"诗以外，还有以"俗体"诗传统样式来写作的情况。如邹浩《效十二属体》："区区鼫鼠技不优，鼓刀要使无全牛。力探虎穴必有获，纵如兔窟焉能谋。好龙既久乃龙至，画蛇添足岂蛇侔。骢马御史风烈在，瘦羊博士声名流。棘端犹作刻猴用，宝鼎忽患烹鸡求。相狗他年会见赏，牧豕海上非吾忧。"⑤以诗作形式来串起十二属相，虽语句时有奇语，但毕竟是语意诙谐，显属"俗体"诗。林希逸亦有《戏效刘苕溪十二辰歌》，其中有句："华门鼠忧多唧唧，我贫不厌瓜牛窄。痴人虎视欲眈眈，我宁老守兔园册。"⑥诗以十二属相为线索而展开，颇有自嘲清贫、感慨落拓的意味。再如吴芾《和陶读山海经十三首韵送机简堂自景星岩再住隐静》，其十二："僧中有高僧，士亦有高士。我虽不为高，心粗能知止。师是个中人，特患不为尔。何幸我与师，俱是邻家子。"

---

①　傅璇琮等主编：《全宋诗》，第 22104 页。

②　傅璇琮等主编：《全宋诗》，第 12467 页。

③　邵雍著，郭彧整理：《邵雍集》，第 333 页。

④　程颢、程颐著，王孝鱼点校：《二程集》，第 480 页。

⑤　傅璇琮等主编：《全宋诗》，第 13919 页。

⑥　傅璇琮等主编：《全宋诗》，第 37253 页。

其十三："师本穷和尚，我亦穷秀才。忍穷俱已彻，老肯不归来。今师虽暂别，泉石莫相猜。应缘聊复耳，师岂有心哉。"①无论是诗句内容还是表达方式，均表现出明显的"俗体"意味。

以"俗体"诗之一的"俳体"来表达理学思想，也是宋代理学家"俗体"诗的重要诗歌样式。如朱熹《云谷合记事目效俳体戏作三诗寄季通》，其一曰："云关须早筑，基趾要坚牢。栽竹行教密，穿池岸欲高。乘春移菡萏，带雪觅萧槮。更向关门外，疏泉斩乱蒿。"②于诙谐有趣的语言中，希望门人能够打好根基不为外物摇动，趁有利时机德业猛进，同时斩除不良习气以定止其德。再如杨万里俳体《初秋戏作山居杂兴俳体十二解》，其一部分为："暑入秋来午更强，风排雨遣晓差凉。如何绕砌千枝蕙，只是开门一阵香。""蚤起翻成坐睡昏，鹊声唤我步前轩。竹扉日隙针来大，射壁千千弹子痕。""暑后花枝输了春，杂英小巧亦欣人。素馨解点粉描笔，卷凤爱垂鸡下唇。"③需要指出的是，尽管杨万里此诗表面看来只以写景为重点，但于"观物"中以定止之心意而刹那间摄取外景，显然是邵雍"观物"之"以物观物"等"体贴"事物的方式，因此此诗亦应被视作以"俗体"诗形式而写作的理学诗。

理学家于"日常日用"中"求道"的理学工夫论，也为他们写作"俗体"诗提供了机缘。在邵雍诗篇中，常于"日常日用"之中表达其理学思想，诗句所用语词亦多有俗语，因此，邵雍的很多诗篇可被视为"俗体"诗。如邵雍《赏雪吟》："一片两片雪纷纷，三杯五杯酒醺醺。此时情状不可论，直疑天地才絪缊。"④头两句毫无诗意，语词浅近。而其《知幸吟》，其一则曰："鸡职在司辰，犬职在守御。二者皆有功，一归于报主。"其二则曰："我饥亦享食，我寒亦受衣。如何无纤毫，功德补于时。"⑤诗篇无论从其内容还是表达方式来看，均属"俗体"诗。南宋前期之后，受到理学发展过程中以"日常日用"中"求道"风尚的影响，从"日常日用"中撷取诗材以表达理学思想，成为重要的理学诗类型。如杨简《偶成》五首之五："我吟诗处莺啼处，我起行时蝶舞时。踏着此机何所似，陶然如醉又如痴。"⑥再如其《夜蚊》："夜蚊告教一何奇，妙语都捐是与非。偏向耳旁呈雅奏，直来面上发深机。

① 傅璇琮等主编：《全宋诗》，第 21841 页。
② 傅璇琮等主编：《全宋诗》，第 27590 页。
③ 傅璇琮等主编：《全宋诗》，第 26593 页。
④ 邵雍著，郭彧整理：《邵雍集》，第 377 页。
⑤ 邵雍著，郭彧整理：《邵雍集》，第 314 页。
⑥ 傅璇琮等主编：《全宋诗》，第 30086 页。

惜哉顽固终难入,多是聋迷听者希。费尽谆谆无领略,更烦明月到窗扉。"①两诗都以日常琐事入题,来表达其理学思想,从其语言及所以"兴"之事物来看,这两首诗均属"俗体"诗无疑。以这种方式来写作"俗体"诗的理学家,在南宋中晚期是比较多的。如彭龟年、孙应时、丘葵、陈深等人皆有诗作,而影响较大的当属杨万里、陆游等人。清人赵翼《瓯北诗话》载:

> 放翁与杨诚斋同以诗名。诚斋专以俚言俗语阑入诗中,以为新奇。放翁则一切扫除,不肯落其窠臼。盖自少学诗,即趋向大方家,不屑屑以纤佻自贬也。然间亦有一二语似诚斋者。如《晚步》云:"寓迹个中谁耐久,问君底事不归休?"《饥坐》云:"落笔未妨诗衮衮,闭门犹喜气扬扬。"《老学庵》云:"名誉不如心自肯。"《醉中走笔》云:"过得一日过一日,人间万事不须谋。"《自咏》云:"作个生涯君勿笑。"《新作篱门》云:"虽设常关果是么?"《自诒》云:"愈老愈知生有涯,此时一念不容差。"《遣兴》云:"关上衡门那得愁。"此等诗派,南宋时盛行,在放翁则为下劣诗魔矣。②

赵翼对以"俚言俗语"为特征的"俗体"诗,评价比较低。但上述所引文献说明:其一,杨万里之诗以"俚言俗语"为重要特征;其二,陆游也写作了一些"俗体"诗;其三,南宋乾淳时期,"俗体"诗非常盛行。可见,"俗体"在南宋中期影响是非常大的。

值得提及的是,宋代理学家的训蒙诗比较明显地表现出"讲学体""语录体"与"俗体"相融合而不分的情况。如史浩《童丱须知》,前有序:"予起身寒微,颇安俭素,非官至未尝陈籩豆,退处率多暇,日间口占数语以训儿孙,使知事君事亲修身行己之要,录之几百篇,目曰《童丱须知》,不敢以示作者,姑藏其家。欲其易晓,故鄙俚不文,然比之嘲风弄月则有间矣,留心义方者有取于斯焉。淳熙辛丑下元真隐居士书于清凉境界。"③诗作有君臣篇、父子篇、夫妇篇、长幼篇、朋友篇、祭祀篇、舅姑篇等。从其自序看,其诗为训蒙所用,所写为儒家传统思想。而序提及"鄙俚不文",显然具有"俗体"诗特征。如其《敬天篇》:"古者明良会,君臣必敬天。小心常翼翼,终日自乾乾。雷电彰威怒,星辰是变迁。凌竞每寅畏,上帝

---

① 傅璇琮等主编:《全宋诗》,第 30086 页。
② 赵翼:《瓯北诗话》,载郭绍虞编选:《清诗话续编》,第 1235 页。
③ 傅璇琮等主编:《全宋诗》,第 22172 页。

必垂怜。"①再就其表达方式来看,散文化、议论化等手法显示出此诗具有"语录体"特征。

三　语录体、讲学体、俗体的文化地位及其价值

语录体、讲学体及俗体,是宋代理学诗的重要诗歌范型,这三类诗体虽然在发展的过程中趋向于融合,但从其本体属性而言,是三种不同的诗歌类型。伴随着这三种诗体的发展及成为范型的过程,它们在理学家的诗歌创作中,产生了重要的影响,成为理学诗的重要类型。尽管从宋代理学家全部诗作而言,这三种诗体类型所占的比重较小,但因其类型的特殊性和理学诗人在创作历程中的沿革性,这三种诗体亦应在理学诗发展史上占据一定地位。

前人对于语录体、讲学体与俗体,大多持批评态度。如刘衍文《雕虫诗话》卷一提及:"吾尝于邵集通读一过,自笑钝根俗人,不能得其门而入也。如卷十三《乾坤吟》云:'用九见群龙,首能出庶物。用六利永贞,因乾以为利。四象以九成,遂为三十六;四象以六成,遂成二十四。如何九与六,能尽人间事!'此与医药书中之《汤头歌诀》何异? 又如卷八《安乐窝中自贻》云:'物如善得终为美,事到巧图安有公。不作风波于世上,自无冰炭到胸中。灾殃秋叶霜前坠,富贵春华雨后红。造化分明人莫会,花荣消得几何功?'此乃处世格言,而非人生哲理也。且自抒其所自取,惟有在太平盛世、国泰民安之日,兼有其声望辉光者始得安乐自贻耳。"②《乾坤吟》因为书写《易》之"乾""坤"两卦内容,当然可以视为"讲学体"。而《安乐窝中自贻》书写关于"善""巧""和乐""造化"等理学思想,绝不是仅仅如民国刘衍文所言与《汤头歌诀》、处世格言相等同。值得注意的是,刘衍文此论虽颇为偏激,但近百年来,受到西方文学理论影响下的近现代学人大多如刘氏,动辄凭其主观感受而不是基于学养来评价自己完全不熟悉的领域。对"讲学体""语录体"及"俗体"的评价,大多可作如是观。

从其特征而言,语录体、讲学体及俗体,并非诗歌发展史上的负面诗歌类型。③ 比如说,北宋理学家的一些"讲学体"诗,有的能够把兴象与义理结合,呈现为思理、兴致和形象的有机统一,从而表现出较为优美的诗歌境界;有的则把"讲学体"内容与其他诗歌内容相结合,从而呈现为别样的诗歌特征。前者如程颢

---

①　傅璇琮等主编:《全宋诗》,第 22178 页。

②　刘衍文:《雕虫诗话》卷一,载张寅彭主编:《民国诗话丛编》(六),第 426—427 页。

③　参见任竞泽:《论宋代"语录体"对文学的影响》,《文学遗产》2006 年第 6 期。

《秋日偶成二首》之二：“闲来无事不从容，睡觉东窗日已红。……富贵不淫贫贱乐，男儿到此是豪雄。”①诗作以秋日闲睡入题，而以“静观”得其“佳兴”为诗旨，表达出迥异于人的人生道德境界追求。诗篇写景、明理与言情结合，可视作成功的“讲学体”诗。后者如楼钥《送元声弟赴水阳监镇》，诗篇以殷勤叮嘱弟元声入题，痛惜于门户之凋零，冀望其发奋而光大之。后半部则寄语元声，希望其慎独、自强以自爱：“意行须揆理，言轻恐招辱。王事究一心，言玷复三复。细行累大德，阴财损阳禄。岂惟赠尔言，余亦每自恶。公余稍有暇，更取故书读。行矣更自爱，家声要人续。”②再如韩淲的一些“语录体”或“讲学体”诗歌，很好地处理了兴象与明理相结合的问题。而朱熹的《斋居感兴二十首》，为黄榦、陈淳、王柏、金履祥等人所重视，陆续为之作注，影响很大，客观上为理学的传播作出了贡献。不仅如此，宋代理学家的“语录体”诗，无论是在当时还是在后代，也有很大影响。就拿理学家的训蒙诗来讲，自从张九成《论语绝句》百首后，宋代理学家以训蒙诗为代表的“语录体”诗，成为一个系列。史浩《童丱须知》近百篇、朱熹的《训蒙绝句》九十八首等，以其恢宏的篇幅、丰富的儒学内容而成为哲理诗史上不可多得的巨制。至于杨万里等人的“俗体”诗，更因其独特的视角和所要表达的理趣，成为中国文学史上不可多得的奇葩。一言以蔽之，对宋代理学诗之语录体、讲学体和俗体，应以辩证的眼光来审视其利弊得失。

本章小结

本章选取了在宋代理学诗发展的历史流变历程中，形塑了宋代理学诗典型的类属种类、属性特征和独有审美风貌的九大理学诗“诗歌范式”，进行较为详细的考察。希望藉由对这九大“诗歌范式”的属性特征、诗歌风貌等层面的考察，初步勾勒宋代理学诗“诗歌范式”的生成、承继和发展的流变历程，展现宋代理学诗之“范式谱系”的生成次序、历史演进与呈现形态，为进一步探讨宋代理学诗的内容或主旨类型及属性特征、表达方式和审美境界等提供助力。

宋代理学家诗人，既有很多诗人不注重诗歌写作，而以精心探讨和践行心性存养为旨归，亦有很多理学家秉持“文以载道”或者“因文求道”文学观念而写作了数量不少的理学诗，且有不少论诗、评诗的诗学主张和文道观念。从这些文献

---

① 程颢、程颐著，王孝鱼点校：《二程集》，第 482 页。
② 傅璇琮等主编：《全宋诗》，第 29341 页。

可知,理学家的诗学渊源大致有向唐前及唐代诗人诗作学习、向宋代诗人学习、同时代诗人交游唱和、向前辈理学家诗人的理学诗学习等几种途径。本章研究所及之宋代理学诗的九大"诗歌范式",都是理学家诗人向宋代诗人学习及与同时代诗人交游唱和等而生成的具有典型意义和重要价值的理学诗"范式"类型。

"击壤范式"和"濂溪范式",是理学诗生成期所形成的重要"范式"类型。邵雍的"击壤体",以书写日常日用的随适生活态度为重要内容,表达其安于闲适、隐逸生活,抒写其理学义理、旨趣。其所抒写的"理",既包括理学之性理、道德、道等,又包括自然、社会运行发展的规律,还包括事物之"当然"之本体、功用、结构等规定性的属性特征。因万事万物而"观"其"理"、抒写心性存养、表达"乐意"等为诗歌的基本内容或主旨类型,成为宋代"理学诗"的规定性特征之一。而基于"观物"的理学诗表达方式及其诗歌结构构型,和不受韵律、句式所限的自由诗歌形式等,也影响到后世理学诗的书写并成为形塑宋代理学诗的重要因素之一。"击壤范式"为中国诗歌发展贡献了新的诗歌范型。而周敦颐理学诗的"濂溪范式",伴随着其理学思想被广泛承认,亦逐渐成为理学诗人共同尊奉的重要诗歌范式。周敦颐的理学思想及其"濂溪范式"所蕴涵的"巧贼拙德",为宋代及元、明、清理学诗人所推崇并加以摹写。此外,"濂溪范式"所蕴含的处理与"物"关系的"玩物从容"以及"心性存养""乐意""观天地生意""生生不已"等理学诗的内容或主旨类型,可能对后世理学诗人产生了直接或间接的影响,而成为理学诗的重要诗歌内容主旨类型,并得到后世理学家的不断书写或表达。

"龟山范式"和"横浦范式",是继起于"击壤范式"和"濂溪范式"的两大理学诗"诗歌范式"类型,标志着理学诗到达成熟期。这两种理学诗之"范式",在一定程度上形塑了宋代理学诗的内容或主旨类型及其特征、表达方式和诗歌风貌等。"龟山范式"以其丰富多样的理学思想书写,以及其高妙的诗歌表达方式,和诗作表达出来的从容、平和、清明等诗歌境界,而受到了时人及后世理学家的推崇。杨时对于尊德性、心性存养、明理重道、"孔颜乐处"等理学思想或旨趣的诗歌书写,较之其前辈理学家更为丰富,且类型化特征明显。其理学诗内容或主旨兼综道、释,拓展了理学诗的内容或主旨类型。而其理学诗表达方式更为注重以物象或意境而"言理",以及使用"格物致知""象物比德"而"言理"等,也对理学诗表达方式具有丰富或定型等作用。"龟山范式"表现出理学诗的类型细分化趋向,这是理学诗发展史上的标志性事件。而张九成的"横浦范式",在承继前辈理学家的基础上,又有超越于时人的多方面贡献,而生成了理学诗的"横浦范式"。张九成在承继张载等人理学范式的基础上,发展了"以经、子被之声诗"的诗歌写作方式,而拓展了理学诗的题材和内容。张九成的理学诗书写,出现了"格物致知""象物比德""发明""注疏""直接言理"等多种理学诗表达方式,可能已经具有了诗歌表达方法论的主体自觉。

"晦翁范式"是标志着宋代理学诗臻于高峰期而生成的代表性"诗歌范式"类型。较之之前的理学家,"晦翁范式"无论在内容上还是形式上都更为丰富。"晦翁范式"继承了北宋"击壤范式""濂溪范式""龟山范式""横浦范式"等所形成的诗歌书写传统,而又有新的突破。从内容上看,"晦翁范式"主要有训蒙诗、理趣诗、讲学诗、性理诗等内容,丰富而复杂,且往往结合在一起而呈现为义理繁茂、沉郁精微等特征。从表达方式上看,"晦翁范式"特别重视以形象来说理、以"格物致知"来说理和以叙述、议论、阐释等相结合的方式来说理等。确立朱熹诗作为理学诗范型的,是其特定的一些诗歌作品,如其《斋居感兴》二十首、《日用自警诗》《和鹅湖三先生韵》等。

在尤、范、杨、陆、朱等人相继凋零后,韩淲以及与之齐名的赵蕃的"二泉体",为时人所推崇而可视为彼时重要的"诗歌范式"类型。"二泉体"指的是赵蕃、韩淲二人的诗歌作品及其所表现出来的诗歌类型特征。赵蕃的理学诗数量非常少,其"先养其气"等诗论并没有明显地体现在诗歌书写中。但赵蕃为朱熹等著名的理学家诗人所推崇。这说明了两个问题:其一,文人诗传统对他们的影响巨大,"文以载道"诗学观、"作文害道"文艺观等并没有成为束缚其诗歌创作的准绳。包括朱熹在内的乾淳时期的理学家,对赵蕃诗作的推崇,其重心乃是对其文人诗的肯定。其二,赵蕃的诗作之中,多言"梅花及山林闲适之趣"及尊崇陶渊明诗,这与彼时众多理学家诗人具有大致相同的路径。与赵蕃有所不同,韩淲诗歌中有不少涉及理学的性理主题。但与典型的理学诗人如陈淳、杨简等人有所不同,韩淲的理学诗,大多是由日常日用之事物或者遭际入手,通过"观物""体贴"或者"格物致知"等方式,来实现"明理""求道"等诗歌写作目的,这反映出南宋中期之后理学家体察性理方式的重要转向。

语录体、讲学体与俗体,具有绵长的历史渊源,其所蕴含的理学精义,具有高度凝练性、理趣性等特征,是贯穿于宋代理学诗整个发展历程的颇有特色的"诗歌范式"类型。《四库全书总目》常常混用语录体与讲学体,又把俗体与讲学体、语录体等同。今人在研究宋代理学诗时往往对这三种诗体不加区别而评价。而这三种诗体在历史渊源、诗歌功用及诗歌特征等方面是有不少差异的。自北宋理学"五子"开始,"语录体"与"讲学体"已经难以分清。自南宋晚期开始,人们常常以这三种诗体代指理学诗。早期的理学家所写之"语录体""讲学体"在其全部诗作中所占数量不多。除了邵雍以外,诗作之内容基本不出传统儒家经典之范围。随着理学的发展,以第三代理学家如张九成、胡宏、陈瓘、史浩、陈渊等人为标志,开始大量写作"讲学体"诗作。"讲学体"的数量较之"语录体"更多,其内容更为集中地表达理学义理或者传统儒学的相关范畴及命题。理学家也写作了不少"语录体"诗作。语录体、讲学体向着俗化、通俗化的方向发展,则演变为"俗体"。理学家于"日常日用"中"求道"的理学工夫论,也为"俗体"理学诗写作提供了机缘。而宋代理学家的训蒙诗比较明显地表现出"讲学体""语录体"与"俗体"相融合而不分的情况。

　　总结而言,在宋代理学诗发展历程中,其若干典型性"诗歌范式"得以确立并产生了重要的影响。"诗歌范式",本身也是宋代理学诗发展历史进程中的标志性"节点"或典型"事件",它对于理学诗类属种类、属性特征、审美境界等规定性特征的生成,具有直接而显著的影响或作用。宋代理学诗发展进程中渐次生成的"诗歌范式"类型,已经表征出其具有了明显的承转、变化之"谱系"。从"诗歌范式"之"谱系"的角度,来审视宋代理学诗之生成、发育及衍化进程,对于考察其类属种类、属性特征、诗歌风貌等问题,具有重要价值。

第四章 | 宋代理学基本话语与理学诗的内容或主旨类型

　　宋代理学诗的内容或主旨类型是非常丰富的。除了讲学诗、语录体、俗体诗等直接书写和表达理学性理思想外，理学家还在书写日常日用生活内容之中，经常使用"格物致知""观物"等认知方式和思维方式来抒写理学思想和理学旨趣。仔细考察这些理学诗，就会发现一个重要问题，那就是，这些理学诗的诗歌内容或主旨类型往往与理学话语有直接联系。或者说，这些理学诗所书写的内容或表达的主旨，在很大程度上就是理学思想、理学观念和理学目的。因此，要想对宋代理学诗内容或主旨类型予以探讨，就必须同时关注理学基本话语的涵义及其类型，而这些话语又是比较复杂的。本章所用之"话语"，与福柯的"话语"理论无关，主要是为了表述的方便。其涵义主要包括宋代理学的概念、范畴、命题、句群等低于"篇章"的语言层面的词语类型。理学之基本话语又以范畴、命题这两类最为典型①。

　　考察可见，宋代理学话语种类繁多，且彼此之间往往又有着极为复杂的联系。因此，对宋代理学诗内容或主旨类型的探讨，就得从理学的基本范畴与命题入手，在明晰其基本含义的基础上，考察这些范畴与命题在诗歌中的呈现类型和基本形态。考虑到宋代理学基本范畴、命题在理学体系中的地位和作用，及其在理学诗中的数量等问题，本章重点考察"观物""孔颜乐处""观天地生物气象""心性存养""尊德性"等理学范畴意蕴的历史生成，及其在理学诗歌内容或主旨类型的呈现形态或话语表达等。需要特别说明的是，受到理学思维模式的直接影响，理学家所用的诸理学话语在意蕴上往往具有彼此纠缠的特征，一定程度上表现为你中有我、我中有你，而难以截然分离。理学话语的这一特征，给我们从事课题研究带来了不小难度。本书的处理方法是，在研究某一话语时，以此话语为考

---

　　① 参见拙作：《论两宋理学范畴的诗学表达问题之历史客观存在》，《北方论丛》2018 年第 6 期。

察重点,而适当兼及与之有联系的其他理学话语。这一研究方法,类似《史记》文本书写之"互见法"。鉴于宋代理学话语体系的独特性,似乎也只有如此处理,才能兼顾理学话语所具有的义理互相纠缠而难以梳理的历史实际。

第一节　宋代理学基本话语与理学诗的内容或主旨类型之关联

中西文明的历史进程中,先民围绕着"诗"与"哲学"会通问题,持续展开了至少五千年的论争。在西方,从柏拉图、亚里士多德到康德、黑格尔,乃至晚近的现象学美学代表人物英伽登(Roman Inganden)等,对此问题的探讨已经非常深入。在中国,从《尚书·尧典》的"诗言志",到《文心雕龙》关于"文"之"道"的探讨,再到宋代理学家对于文、道关系的多重论述,成为中国文学批评的主线之一。而以玄言诗、偈语诗、理学诗等为标志的哲理诗,更是中华文明中"诗"与"哲学"会通问题的重要呈现形式。显而易见,对"诗"与"哲学"会通问题作进一步的深入研究,既是中西文明进行深度交流的客观需要,也是在当代世界文化融合背景下推进学术研究的迫切要求。

亦因如此,近百年来,伴随着现代意义上学科体系的建构以及学术研究的持续深入,中西文明中均存在着的"诗"与"哲学"会通问题引起了很多学者的重视,产生了不少研究成果[1]。考察可见,其中某些研究成果存在不少学术缺憾。比如,一些学者在探讨两宋时期理学家的"诗"与"哲学"会通问题时,或习惯于泛泛而谈,或以"往里凑"的方法来强作阐释,或热衷于对"诗"与"哲学"会通的外围生态问题、作者门第师承问题等进行考证,而对"诗"与"哲学"会通问题得以发生的载体、关节点、产生条件及运行机制等缺少必要关注。因此,多数研究成果的客观性、科学性等明显不足。考虑到这些问题的存在,从理学"范畴"或"命题"的诗学表达角度,来对宋代理学中的"诗"与"哲学"会通问题进行研究,尤显其必要性。

我们知道,任何科学意义上的学术研究,必定是社会实践主体对一定范围内的历史存在而实施的包括发生元点、结构形态、类别属性、价值、规律及其历史地位等多种层次的研究。显然,要对宋代理学基本话语与理学诗内容或主旨类型关系问题进行探讨,首先要明确的问题是:何为"范畴"或"命题"? 理学"范畴"或"命题"到底是一种什么样的情形? 理学基本"范畴"或"命题"如何界定? 理学基

---

① 可见本著绪论第一节相关内容。

本"范畴"或"命题"的诗学表达问题,有无客观性的历史存在? 本节即顺此思路作初步探讨,希望能引起学界关注。

一　一般意义上的"范畴"或"命题"概念与宋代理学之"范畴"或"命题"

先来看"范畴"的涵义。"范畴"一词,来自《尚书·洪范》。箕子在追溯"洪范"由来时说:"天乃锡禹洪范九畴,彝伦攸叙。"孔颖达疏:"'畴'是辈类之名,故为类也。言其每事自相类者有九。"①《辞源》把"范畴"解释为"类型"。近代以来,为了表达比"名词"更为高级的概念单元,"范畴"一词便被创造出来,成为哲学术语。而"范畴"由此也就完成了它的内涵的转换。从此,"范畴"主要在哲学体系中存在了。显然,要对"范畴"有所了解,还需要适当追溯西方哲学史上这一概念的由来和语义变化历程。

在西方哲学史上,亚里士多德《范畴篇》最早对"范畴"作了系统研究,把它看作对客观事物的不同属性所作的分析归类而得出的基本概念,提出了实体、数量、性质、关系、地点等十个范畴。后来,康德加以发明和补充,他从主观唯心主义出发,认为范畴不是来自经验而是知性先天原则或概念,提出了一个范畴体系,包括十二个范畴,如"量的范畴",包括"统一性""多样性""全体性";"质的范畴",包括"实在性""否定性""限制性";"关系的范畴",包括"依附性与存在性""因果性与相关性""交互性";"样式的范畴",包括"可能性—不可能性""存在性—非存在性""必然性—偶然性"。而黑格尔则把"范畴"看作先于自然界和人类自身的"客观实在"的绝对观念的发展过程的环节,亦即绝对观念的自我规定。马克思则认为,范畴是反映客观事物的本质联系的思维形式,是各个知识领域的基本概念。哲学中的范畴是各门科学共同使用的基本概念。

既然"范畴"是各门学科共同使用的"基本概念",那么,就需要对表达"基本概念"的"词""范畴"及"命题"等术语再进行区分。从语言学的逻辑层次来讲,"词"作为语言的最小单位,具有实在的意义及范围。在很多时候,"词"的一些类型,如"实词""虚词"等也是"范畴"。可见,"范畴"是学术都赖以存在的知识体系的基本构成单位,是罗素所言的"最小的量"的高一级逻辑单元。"范畴"在很大程度上是以表示"类型"的"词"或者"词组"(这里,可把"词组"看作由数个"词"构成的新的"词"形态)而存在。

再来看"理学范畴"的涵义。作为构成知识领域的"基本概念","范畴"自然

---

① 李学勤主编:《周易正义》,《十三经注疏》(标点本),第298页。

也反映出中国先人表述观念和思想的思维方式。不过,具体到中国传统文化来讲,受制于中国古人的特殊思维方式,先人所使用的"范畴"存在"名"与"实"的非对称性,甚至同一个人在使用同一个"名"时,其语义往往发生变化。因此,古人在认识事物时,往往强调"循名责实""正名"等认知方法。尽管如此,我们仍然可以从"范畴"出发,梳理、辨析中国古代文化典籍中的若干思想观念。

实际上,近一千年来,不管是理学家自觉建构其理学体系也好,还是后学对于宋代理学的探讨和认知也好,他们必然也是基于对理学之"范畴"的体认和把握之上来实现各自目的的。当然,尽管他们从对理学之"范畴"的体认和把握入手来认识理学,往往是非自觉的。

北宋"五子"的理学思想和理学体系,其所用的术语,很多都来自儒家基本经典。如周敦颐《通书》有:"诚,无为;几,善恶。德:爱曰仁,宜曰义,理曰礼,通曰智,守曰信。性焉、安焉之谓圣,复焉、执焉之谓贤,发微不可见,充周不可穷之谓神。"①这里,"诚"是原始儒学常见的术语,在《论语》《中庸》《大学》等常见,"几"来自《尚书》《周易》,"德"之"五德"见于《左传》《礼记》等,而"性""贤"等均来自《中庸》《孟子》等。而"发微不可见,充周不可穷之谓神",则来自《孟子》及《周易·系辞》。周敦颐把这些取自原始儒家经典的术语加以重新解释,使之成为其建构理学体系的"范畴"。周敦颐后学又在此基础上,对周敦颐的若干思想加以发挥。由此,又生成了新的理学"范畴"。

原始儒学的若干范畴,以及宋代理学家发挥、完善的前辈理学家的若干话语所形成的新的理学范畴,构成了各具特色的宋代理学家的理学范畴体系。下文列举出代表性的注疏类著作对周敦颐《通书》中"诚,无为"的阐释,以此来考察理学范畴是如何经过不断阐释而成为理学新范畴的。

南宋时期,杨伯嵒《泳斋近思录衍注》对"诚,无为"的阐释是:"实德自然,何为之有?"②这里,以"诚"为"实德",而以"自然"为"实德"之体。合而言之,杨伯嵒以"实德自然"为"诚"之本体属性。由此,"诚"便具有了与天地万物发育运行一般的生生不已之体性,毫无人为所施加的影响了。而南宋叶采集解《近思录》引朱熹说,对这一段话的解释是:"实理自然,何为之有?即太极也。"③叶采赞同朱熹意见,以"实理"为天地客观存在的形态,又以"太极"为"诚",因此,这里的"诚"

---

①　周敦颐著,陈克明点校:《周敦颐集》,第6页。

②　程水龙撰:《〈近思录〉集校集注集评》,上海古籍出版社,2012年,第43页。

③　朱熹、吕祖谦编,叶采集解:《近思录》,上海古籍出版社景印《文渊阁四库全书》本,第5页。

被转化为天地万物、动植、人等共有的"造化之枢纽、品汇之根柢"属性了。显然，杨伯嵒、朱熹对于"诚，无为"的阐释，已经有很大不同。

到了清代，张伯行集解《近思录》对"诚，无为"的阐释是："此周子欲人全尽天理而先指未发之体，使人知本然之至善也。诚者，真实无妄之谓；无为者，实理自然不涉人为也。盖人生而静，此理真实无妄，何为之有？寂然不动之中但觉浑然至善，能守最初之静正，便是天地之全人，此即太极也。"①张伯行又引入了朱熹的"未发之体""本然之至善"等思想，而以"诚"为"真实无妄"。他又以周敦颐的"人生而静"解"真实无妄"之"理"，以周子"寂然不动"之"生而静"来解释心体的"真实无妄"。显然，张伯行的注解较之叶采、朱熹等人更为精微细致，他以周敦颐的"心"体之"静"来理解"诚"，又以"诚"为"太极"，由此，"心"体具备了与"太极"相等同的地位。可见，张伯行的注释发挥了朱熹等人对于"诚""无为"两个范畴的阐释而又有新意。

而清代茅星来《近思录集注》对"诚，无为"的阐释是："问：'既诚而无为，则恐未有恶。'朱子曰：'当其未感，五性具备，无有不善；及其应事，始有照管不到处置失宜处。盖合下本，但有善恶是后一截事。'"②茅氏没有如上述杨伯嵒、叶采、张伯行等人对"诚""无为"范畴作各自阐释后再作阐释，而是直接从整体意义上，举出"诚而无为"的对立面"未有恶"。这里，茅氏着重强调的是，既然"诚"具有"无为"之体，而有"至善""寂然不动"等与"太极"同物而异名的特征，那么，作为社会主体的人，只要做到"诚"是不是就没有"恶"了呢？茅氏引用朱熹关于"恶"是受"气""习"所感的说法，因此推知，"心"体之"诚"变化，必产生"有为"，所以"应事"注定失宜。从茅星来对于"诚""无为"这两个范畴的阐释来看，其观点又与上述诸人有很大不同了。

上述文献，是宋代之后理学经典注释家对于周敦颐"诚"的阐释。这一阐释路径与方法，与宋代理学家递相发挥其先辈理学家的相关学说而渐次建构其独有的理学范畴体系的做法，是极为相似的。就宋代理学家的理学体系建构及其传播而言，周敦颐、张载、邵雍、程颢、程颐、杨时、胡宏、陈渊、张栻、朱熹、陆九渊、叶适、黄榦、陈淳、何基、王柏、魏了翁等人理学体系中的"范畴"及其传播情况，大致如此。比如说，宋代理学家对于"道"之阐释，也可以说明两宋时期理学家对于

---

① 朱熹、吕祖谦编，张伯行集解：《近思录》，《丛书集成初编》本，第4页。
② 茅星来撰：《近思录集注》，台湾商务印书馆景印《文渊阁四库全书》本，第169页。

理学范畴义蕴的递相丰富情况。① 由此而言，从理学建构过程中所使用的"范畴"出发，来对诸家理学思想、理学学理和理学旨趣进行探讨，是一条行之有效的路径。

　　从历史文献来看，与宋代"理学范畴"相关的理学著作，数量是非常丰富的。其中，北宋理学"五子"的理学著作，起到了发凡起例、创辟用启之功。但在理学发育过程中，自程颐到朱熹一脉相传的谱系中，一些理学家留下了很多理学著作，如谢良佐《上蔡语录》、周行己《浮沚集》、杨时《龟山语录》、张九成《横浦心传》及《横浦日新》、薛季宣《艮斋浪语集》、尹焞《和靖说》、王蘋《震泽记善录》、吕大临《克己铭》及《克己问答》、胡安国《传家录》、胡宏《五峰文集》及《知言》、陈傅良《止斋文集》、罗从彦《延平答问》等，对完善理学体系及丰富"理学范畴"做出了努力。稍后，朱熹有《中和说》《观心说》《仁说》《朱子语类》等，而与朱熹同时代的张栻有《南轩集》、陆九韶《梭山日记》、陆九龄《复斋文集》、陆九渊《象山语录》、吕祖谦《丽泽论说》，及晚出的叶适《习学记言》等，对朱熹闽学的体系建构及其"范畴"的严密化，都起到了很大作用。而朱熹的理学诸范畴，经过黄榦、陈淳、蔡沈、陈埴、度正、陈文蔚、詹初、曹彦约、辅广、程端蒙、刘黻等人的发扬光大，以及私淑于朱熹的魏了翁等人的完善，最终呈现出义理严整、"范畴"众多的集大成式的理学体系。特别是，黄榦《圣贤道统传授总叙说》《中庸总论》《中庸总说》，程端蒙《性理字训》，陈埴《四端说》，陈淳《北溪字义》和《严陵讲义》等，都对朱熹闽学学说的基本"范畴"的精确化、严密化程度有所贡献。而陆九渊"心学"则由其高足杨简、袁燮、危稹、邹斌、舒璘、沈焕、舒琪等人递相发挥和完善，在南宋"开淳之际"形成了极为完整的陆学理论体系。其中，杨简《慈湖己易》及《先圣大训》、袁燮《絜斋粹言》、舒璘《广平类稿》等，发挥和完善了陆九渊理学诸范畴。在这一时期及稍后，吕祖谦、叶适的门人后学，则因其重事功名物、兼学并蓄等学术特征，而在理学"范畴"的探讨上，明显不如朱、陆之学。到了南宋末期至元代至元六年的"宝至之际"，则有方来、陈著、陈普、丘葵、韩信同、熊禾、董楷、车若水、吴锡畴、江万里、欧阳守道、汤汉、许月卿、高斯得、金履祥、黄超然、方逢、魏新之、谢翱、方凤、王炎午、文天祥、家铉翁、陈深、汪炎昶等人，主要承继朱熹"闽学"或者陆九渊"心学"，而对其"理学范畴"有所增益。

　　上述理学家的著作，已开后世学者从理学"范畴"来把握宋代理学体系和思想的先河。这给后人整理、研讨、学习理学提供了借鉴。从明人、清人及近现代学者对于理学体系和理学主要内容的整理来看，他们基本上是从理学"范畴"入

---

① 参见张立文、岑贤安、徐荪铭等：《中国哲学范畴丛书——道》，中国人民大学出版社，1989 年。

手的。明代,张九韶《理学类编》、胡广等奉敕撰《性理大全书》、邱浚《大学衍义补》、湛若水《格物通》、刘宗周《圣学宗要》。清人李光地等奉敕撰《御纂性理精义》、陆世仪撰《思辨录辑要》、李光地《榕村语录》等,往往以理学"范畴"来以类相辑,纂集前人理学论述,再断以己意。清人陈梦雷、蒋廷锡编纂的《古今图书集成·理学汇编·学行典》中,以学行、理气、理数、性命、性情、性、五常、巧拙、名实、诚伪、心学等为部类,把理学"范畴"内容分类辑为三百卷,可算是清代对于理学"范畴"的集大成式的整理成果。暨南大学出版社 1995 年出版的董玉整主编《中国理学大辞典》,分"人物""著作""命题""概念""学派""典故""遗迹"等条目,其中本书关注的理学"范畴"相关内容,隶属于"命题"与"概念"两类。从语言学的分类来讲,命题是表示判断的主谓结构短语或者句子,而《中国理学大辞典》似乎对"命题"的界定并不严谨,把"一物二体""反求吾心""无物胜理""心即理""性体心用"等"范畴"都当作了"命题"。因此,该书所列的"概念"部分,词条自然就较少了。尽管如此,如果我们把那些显属"命题"的条目剔除的话,该辞典所列的理学"范畴"已达二百多条,算是非常丰富了。

百多年来,一些思想史、哲学史类著作,往往也抓住理学家若干理学"范畴"进行阐述,以求从总体上把握理学家的主要理论体系及理学思想。如侯外庐等《中国思想通史》、钱穆《中国思想史》、黄公伟《宋明清理学体系论史》等,概莫能外。而从理学研究史来看,近百年来的相关研究著作,也大都注意从理学的"范畴"出发来研究、把握理学。近几十年来,国内出版的有代表性的研究著作,如牟宗三《心体与性体》、张立文《宋明理学研究》、陈来《宋明理学》、蒙培元《理学范畴系统》、蔡方鹿《中国经学与宋明理学研究》等,基本上也是从"范畴"入手来实现对宋明理学的总体把握和研究的。

附带对"命题"概念加以说明。作为表示判断的句子来讲,"命题"是界定事物归类的一类陈述,它是表示对"范畴"的属性归类而其本身则不构成"范畴"。从宋代理学话语体系而言,表达"命题"的话语较之"范畴"话语数量要少得多。从张载、二程、朱熹理学体系来看,较为常见的理学"命题"有:"理一分殊""心即理""养心莫善于寡欲""太虚即气""太和所谓道""德性之知不假见闻""礼即是理"等。宋代理学其他学派之"命题",较之其理学之"范畴"数量而言也是不多的。因此,下文我们主要从"理学范畴"来探讨理学诗表达或呈现问题。

二 宋代理学家对于理学范畴的诗学表达问题的认识

文献表明,理学家的文道观念和诗学思想,在很大程度上是依托于理学基本范畴而展开的。如程颢语："兴于诗者,吟咏性情,涵畅道德之中而歆动之,有'吾与点'之气象。"①这里,诗歌成为体贴先贤之"道"的方法和手段。可见,程颢欲在静中体贴天地万物,与人生机打成一片,强调以"吟风弄月""体贴生意"为手段,以诗歌的"感兴"来求"道"。② 而刘安节讲:"学诗之道,有本有用。志之所之谓之诗,此其本也;声成文谓之音,此其用也。本失其中则言不止乎礼义,其文能足论而不失乎? ……夫惟存于心而为志,宣于口而为诗,既已存于心矣,且得无形乎!"③刘安节以"言志"为诗之根本而以音声为诗之功用,说明他把本于"中和"看作诗歌创作的必要条件,而把实现对"礼义"的承载、表达看作诗歌的根本功用。他认为"先王"之"本之道德,出于性情"的诗歌功用为"尽美",而又重视诗歌之"音",其目的在于强调基于"礼义"的"言志",与外在的合之于"音"的诗歌,相互和合而实现"乐教"。这里的"道德""性情"等虽属原始儒学常用范畴,但两宋时期已然包含"心性""天人""仁"等新因素。再如张载又讲:"志至,诗志;有象必可名,有名斯有体,故礼亦至焉。"④把《诗》之"志"的表现形式"象"的"体"看作"礼",亦即《诗》在本体上就是"礼"。这就否定了《诗》的文学艺术性,而以"礼"的本质属性代替了《诗》的艺术性特质。上述可见,两宋时期,一些理学家在处理文道关系时,其着眼点往往是基于儒学范畴和儒学命题的。按照理学家的学术体系来讲,理学即是儒学的时代新变。理学家正是在创新阐释、发明、开掘原始儒学范畴与命题的基础上,赋之以新义的。因此,把上述理学家所认识到的诗歌对于儒学范畴与命题的承载、书写等视作对理学范畴与命题的书写与表达,是合适的。

从宋代理学家的诗歌评论及其诗歌创作来看,理学家诗人对于诗歌中理学义理的把握和表达,往往也是基于理学的重要"范畴"展开的。比如说,作为宋代理学核心范畴之一的"生生不已""观天地生物气象""格物明理""尊德性"等理学范畴,往往成为理学家论诗所重点关注的对象。如程颢评石曼卿诗句:"石曼卿诗云:'乐意相关禽对语,生香不断树交花。'明道曰:'此语形容得浩然之气。'"⑤以"浩然之气"来评价石曼卿诗句,这里的"浩然之气"当即天地之"生意"亦即"仁"。而程颐评邵雍诗句:"物之不齐,物之情也。而庄周强要齐物,然而物终不

---

① 朱杰人、严佐之、刘永翔主编:《朱子全书外编》卷四十三,华东师范大学出版社,2010 年,第 460 页。

② 可参见邓莹辉、邓艳华:《论程颢诗的"吟风弄月"》,《三峡论坛(三峡文学·理论版)》2017 年第 6 期。

③ 曾枣庄、刘琳主编:《全宋文》,第 137 册,第 260—261 页。

④ 张载著,章锡琛点校:《张载集》,第 55 页。

⑤ 程颢、程颐著,王孝鱼点校:《二程集》卷十一,第 413 页。

齐也。尧夫有言：'泥空终是著，齐物到头争。'此其肃如秋，其和如春。如秋便是'义以方外'也；如春，观万物皆有春意。尧夫有诗云：'拍拍满怀都是春'，又曰：'芙蓉月向怀中照，杨柳风来面上吹。'（不止风月，言皆有理）又曰：'卷舒万古兴亡手，出入几重云水身。'若庄周大抵寓言，要入佗放荡之场。尧夫却皆有理。万事皆出于理，自以为皆有理。故要得纵心妄行总不妨。"①程颐以"义以方外""生生不已"之"理"来阐释邵雍诗句，认为庄周之"齐物"为谬论。又程颐评价邵雍诗句"行己须行诚尽处"时说："意则善矣，然则诚尽，则诚之为道，非能尽也。"②其所论诗的角度，亦是基于理学重要范畴"诚""道"等。再如真德秀《跋晦翁感兴诗》云："乾之四德，迭运不穷，其本则诚而已矣。诚即太极也。其所以播群品者，诚之通也；其所以固灵根者，诚之复也。通则为仁为礼，复则为义为智。所谓五行一阴阳，阴阳一太极也。然动静循环，而静其本。故元根于贞而感基于寂，不能养未发之中，安得有既发之和，故此诗谓世人之扰扰适以害道，不若林居之士静观密察，犹能探万化之原。要之，道无不在，初不以出处喧寂为间，善学者当求先生言外之意云。"③真德秀以"太极""诚""五行""寂感""动静"等为"道"之体，以此来阐发朱熹《斋居感兴二十首》之"意"，其义理阐释标准完全依据周敦颐的《通书》。可见，真德秀评诗标准、评诗方法等，均以周敦颐《通书》所含的理学范畴为旨归。而黄震则比较了邵雍、程颢的诗句，认为："明道诗皆造化生意之妙，较之尧夫《击壤集》，则尧夫为自私其乐者矣。"④显然也是立足理学"造化""生意""乐"等范畴来作比较判断。后来，欧阳守道在《又题李云卿诗卷》中言及："云卿之诗……甫开卷便得其《冬至》一诗，盎然大有生意，为吟讽数过。"⑤亦对李云卿诗中的"生生不已"之气象加以推崇。上述可见，理学家在阐释、把握他人诗作时，往往基于理学思理和理学旨趣而展开，其立论的重要视角和前提即是理学范畴或者命题。

再如，在朱熹指出韦应物诗歌"气象近道"而把"气象"作为评价诗歌的重要标准后，以"气象"论诗便成为南宋中期之后重要的立场和方法。诸理学家在以"气象"论诗时，是联系诗作内容、诗作者德性修养等来评价的，其重要的立论视角便是原始儒学或者理学之范畴与命题。如徐元杰在《跋俞慵庵诗集》中，把诗

① 程颢、程颐著，王孝鱼点校：《二程集》卷二上，第33页。
② 程颢、程颐著，王孝鱼点校：《二程集》卷二上，第45—46页。
③ 吴文治主编：《宋诗话全编》，第7997页。
④ 吴文治主编：《宋诗话全编》，第9367页。
⑤ 吴文治主编：《宋诗话全编》，第9402页。

歌之"气象"与创作主体之性情相联系："慵庵诗大概古淡,有感发意。……故知庵以慵名,有安乐窝之风。相羊乎榆山烟松露菊间,幽然柴桑栗里气象,韩昌黎谓和平之音淡泊,慵庵有之矣。然则慵庵岂真慵哉! 慵于外而不慵于心,慵于蹴市朝、软红尘,而不慵于登皋临流之清吟;慵于役声利、絷形神,而不慵于手诗书以玉其子孙。"①徐元杰正是从作者之内在心性道德之非"慵"的角度来论及其诗作"气象"的。这与朱熹论韦应物诗"气象近道"理路是一致的。与之相似,真德秀发挥唐代贯休"乾坤有清气,散入诗人脾"诗句而有极为精当的解说:"予谓天地间,清明纯粹之气,盘薄充塞,无处不见,顾人所受何如耳。故德人得之以为德,材士得之以为材,好文者得之以为文,工诗者得之以为诗,皆是物也。然才德有厚薄,诗文有良窳,岂造物者之所畀有不同邪? ……世人胸中扰扰,私欲万端,如聚蛲蚘,如积粪壤,乾坤之英气将焉从入哉! 故古之君子所以养其心者,必正必清,必虚必明。惟其正也,故气之至正者入焉,清也、虚也、明也,亦然。予尝有见于此久矣。方其外诱不接,内欲弗萌,灵襟湛然,奚虑奚营? 当是时也,气象何如哉! 温然而仁,天地之春;肃然而义,天地之秋;收敛而凝,与元气俱贞;伴奂而休,与和气同游。则诗与文有不足言者矣。"②真德秀以"养心"之"清、正、虚、明"而得"气象"之"温然""肃然",以之为诗歌之"本",他以理学之范畴而贯通于诗文之风格,可见其以理学范畴、命题而探讨诗歌之内容及风格的基本理路。对此,阳枋亦有论及。他言道:"知读过《国风》,夙兴夜寐,吟哦上下,得性情之正,便有永歌长言不足的气象……《国风》虽是变,而人心淳厚至正,开口绝无忿戾怨讪,可以见当时人心,而因以知先王之泽,沦肌浃髓,当初是几多涵养,渐陶以至于此,非只取其词章而已也。今人所谓好诗,只是写景状情,脍炙人口,否则工于夸斗诡谀,取宠于世而已。康节言:'自从删后更无诗',非知道者,乌能识之?"③这里,阳枋所论"气象"是与"性情""人心"等相联系的,而"性情""人心"等都是理学重要的范畴。以"气象"论诗,至王柏而臻于极致。王柏甚至探讨了"气象"之生成的根源问题。他认为自然界之"风"是圣人"观物察理"而"喻君子之善",故"名之曰德",这样,"气象"便具有了完备独立的客观性条件:"夫天道流行,发育万物,鼓天下之动而神变化之功者,莫疾乎风。……泠然而不可挹,倏然而不可留,其感人也深,其动物也力,有自然之妙莫知其所以然者,其唯风乎! 圣人观物察

① 曾枣庄,刘琳主编:《全宋文》,第 336 册,第 281—282 页。
② 曾枣庄,刘琳主编:《全宋文》,第 313 册,第 180—181 页。
③ 曾枣庄,刘琳主编:《全宋文》,第 325 册,第 357—358 页。

理,拟诸形容,喻君子之善,而名之曰德风……《烝民》之诗曰:'吉甫作颂,穆如清风。'传者以为清微之风,养万物者也,盖其薰蒸披拂也,天地为之光华,如人之嘉言善行,流播传诵,后世为之奋起。故闻伯夷之风者顽夫廉,懦夫有立志;闻柳下惠之风者薄夫敦,鄙夫宽。百世之下,闻者尚可以变化其气质,而况夫先世之流风余韵,子孙所当观感服习,继继承承,要不失其气象,而忍遗响之不嗣乎?"①王柏论证了"风—德—气象"之联系,实际上也就证实了"德"之于"气象"的存在前提。至此,由朱熹揭橥的"气象"诗美理论,就完成了其理学化的完整论证。而就"气象"诗美理论的发生、发展来看,皆与由原始儒学至宋代理学之范畴、命题紧密相关。黄震在论张栻诗句时,亦以"气象"立论:"'人立千峰秋色里,月生沧海暮云边。'又'万里烟云归老眼,千年形势接中州。'皆先生胸次所寄也。其《寿定叟》绝句云:'驷马安车遵大路,正须缓辔不须忙。'正大之情如此。有用之,则行气象。"②与前述理学家有所不同,黄震认为,张栻诗句描述的外境乃是其"胸次"外化而显形的阔大、从容境界。由此而言,黄震亦是立足理学之心性范畴而体会张栻之诗句的。

此外,从历代关于"理学诗"的诗歌选本诗评来看,诗选作者基本也是立足于理学诸范畴来阐释诗作的。如朱熹门人熊节编有《性理群书句解》,后来蔡渊、黄榦的门人熊刚大对此书作了注解。熊刚大对朱熹的《感兴二十首》之十二、十四、十五、十六、十七、十八、十九、二十首皆有阐释。与之相近,南宋晚期的金履祥选《濂洛风雅》,选录周子、程子以至王柏等四十八人之诗,而冠之以《濂洛诗派图》。值得注意的是,在该书中,金履祥对个别诗篇有简要注释,说明诗作的写作背景及其蕴含的理学思想。因为本书第一章已经谈及理学诗选本问题,因此,这里不再赘述。总之,通过以上考察可见,宋代理学家在体贴、分析、判断诗歌作品时,其基本的着眼点和立场,往往基于理学的某些范畴。这说明,理学家对于诗歌作品的阅读和阐释,很大程度上与理学思想和理学主张相关联。

三 宋代理学范畴的理学诗呈现问题

宋代理学家写作了数量非常可观的理学诗歌。从两宋时期不同时段的理学家的理学诗书写来看,其内容、主题及审美旨趣等都表露出非常明显的理学特质。尤其是,一些理学诗人的理学诗与其理学范畴、命题等关系密切,一些诗歌

---

① 曾枣庄、刘琳主编:《全宋文》,第 338 册,第 160—161 页。
② 黄震:《黄氏日钞》卷三十九,上海古籍出版社景印《文渊阁四库全书》本,第 137 页。

可以视作理学范畴或命题的诗歌呈现。本书第二章已经按照理学诗书写的历史流变的情况,分为六个历史时期来说明宋代理学范畴的诗歌表达问题。从中可见,不同历史时期,理学家的理学诗内容或类型相对较为集中,这一方面显示出该历史阶段内理学家所关注的理学核心问题有所不同;另一方面也说明理学诗人的理学诗创作具有一定的个体特征。下文基于本书前几章的相关研究,对宋代理学话语与同时期的理学诗书写之内容或主旨类型的关系试作概括,以说明其所存在的紧密关联性。

明道、熙宁之际(1032—1077)理学家诗人的理学诗内容或主旨类型,与之前庆历之际儒者如范仲淹、苏舜钦、石介、梅尧臣、刘敞、蔡襄、陈襄等人的诗歌内容或主旨类型,有相近或者相同的内容。这说明,明熙之际周敦颐、邵雍、张载等人的理学诗内容或主旨类型不是凭空产生的。此际理学诗的诗歌内容或主旨类型,在承继庆历时期儒者诗歌内容或主旨的基础上又有了新的变化。如邵雍有不少以理学范畴命名的理学诗篇,如《名利吟》《言默吟》《诚明吟》《安乐窝中自讼吟》《天道吟》等,"名利""言默""诚明""自讼""天道"等,均为自原始儒学到宋代理学都存在着的儒学或理学范畴。在邵雍诗歌中,亦有一些于"日常日用"活动中以体验、察识有关性情之理而写作的诗篇,如《芳草吟》《初夏吟》《放小鱼》以及与人交往应酬的诗篇等,所书写或表达的诗歌内容或诗旨类型,与"乐意""静默""存养"等理学范畴都有紧密关联。同样,周敦颐诗歌所经常抒写理学内容或主旨类型,比如"慎几""慎动""自掩"等,都与其理学思想或理学旨趣紧密相关。而此际张载之理学诗书写,其内容或主旨类型如重礼、克慎自省、重学、重道等,同样是其理学思想的重要范畴类型。

元丰、靖康之际(1078—1126)理学诗人的理学诗书写,往往也是围绕其理学诸范畴而展开。如李复对于"气化""养本""心性"等,胡宏对于"道""性""心""问学""格物明理"等理学范畴或命题,都作为自身理学诗的主要内容或主旨类型。总的看来,此际理学诗人的若干理学重要范畴,如心性、存养、明理等,都成为其理学诗书写的主要内容或主旨类型。这一时期,其他一些重要理学家如游酢、陈瓘、周行己、晁说之、饶节、谢逸和许景衡等,都对道、理、性、命、德等关乎宇宙论和道德论的根本性、规律性问题等,有比较多的书写。

建炎、隆兴之际(1127—1164)理学诗人的理学诗书写,亦非常注重对于理学思想的承载话语如理学范畴、命题等话语的述写、阐释或表达。如杨时的理学诗书写,涉及重道、戒慎、义利、为学、用诚、求圣、心性存养等内容或主旨类型。而胡寅推崇司马光"箪瓢之乐""适性""定止",强调保有诚、乐、定等,同样亦为其理学诗书写的重要内容或主旨类型。此际其他一些理学诗人如胡安国、刘子翚、陈渊、廖刚、罗从彦、吕本中、潘良贵、范浚、曾几、张九成、胡宏、汪应辰、冯时行、林之奇、林季仲、王十朋、朱松、李纲、赵鼎、陈长方、李光、仲并、胡铨、晁公遡等人，其理学诗书写大致也以阐释或表达理学范畴或命题为主。

乾道、嘉泰之际(1165—1204)，在张栻、朱熹、吕祖谦、陆九渊四人之中，要算朱熹的理学诗存量最多，且抒写的理学诗内容或主旨类型最为复杂。朱熹的诗歌创作，继承了北宋理学代表人物周敦颐、邵雍、程颐、程颢、张载等人的诗歌创作传统，而又有新的突破。较之同时期的其他理学诗人，朱熹的理学诗内容广泛，主要有抒写理学"孔颜乐处""务本玩物""格物致知""生生不已""尊德性""心性存养""明理"等。类似这种纯以阐明理学义理为主旨的诗篇，在朱熹理学诗书写中占有不少的数量。同样，陆九渊的某些理学诗也书写了其理学重要思想，那就是通过"明心"而"尊德性"，强调"观心"工夫、"吾心为宇宙"等理学主张，反对朱熹等人的"格物穷理"等。这些内容，构成了陆九渊主要的理学诗内容或主旨类型。此外，张、朱、吕、陆四人，往往注重书写社会实践主体由心性存养、重德性等修养而至的平和安详的"日常日用"心境。

开禧、淳祐之际(1205—1252)，在理学发展进路上，张、朱、吕、陆等理学家的门人后学往往递相发挥师传而又有所完善。其中，张栻、吕祖谦、林光朝等理学支派，在其身后逐渐凋零。而叶适及其门人的理学诗书写，以阐释或表达"心性存养""明理""心觉"及"尊德性"等理学范畴为主，叶适后学的理学诗书写数量很少。朱熹门人的理学诗书写，大都有"明理"特征，而以"格物致知""心性存养""尊德性""生生不已"为主要诗歌内容或主旨类型。一些重要理学诗人如魏了翁、刘黻、陈淳、黄榦等，其理学诗主旨及表达方式，大致是按照周敦颐《通书》的逻辑表述或者其他理学家如朱熹等的理学体系而形诸诗篇。朱熹很多门人的理学诗书写还涉及不少理学范畴，如"乐意""观物""孔颜乐处""巧贼拙德"等。而陆九渊门人如杨简、孙应时、袁燮等，所写作的理学诗也对理学的若干基本范畴有所表达。吕祖谦门人的理学诗作品，要么类似朱学门人重视"明理"，要么类似陆九渊门人重视"见心"，要么以"文"见长。其门人如吕祖俭、陈孔硕等，也写作了一些表达理学范畴与命题的诗篇，但比较而言，婺学学派理学家所创作的理学诗，较之闽学、陆学之门人后学，缺乏其学派特色。

宝祐、至元之际(1253—1340)，较为活跃的理学家基本上是朱熹、陆九渊等人的再传弟子或者三传弟子。比较而言，此期理学诗以丘葵、王柏、熊禾、包恢、吴锡畴等人所创作的"格物致知"内容或主旨类型的诗歌最为典型，基本路径是因事、因物、因景等而"格"得的"知",往往是与理学宇宙观、心性之理及道德伦理等相关的"理"。值得注意的是,这一时期,理学家的"明理"理学诗书写在一定程度上兼有其他主旨类型理学诗的若干属性。可见,此际理学诗书写,同样以阐释或表达理学思想为内容或主旨类型,而这些理学思想大部分是以理学范畴或命题来表达的。

考察可见,宋代理学家以理学诗这一文学形式来抒写、表达的理学重要范畴是比较多的,诸如"观物""孔颜乐处""观天地生物气象""心性存养""尊德性""明理"等,都在理学诗中得到书写或表达。可以说,理学的重要范畴、命题是理学诗占据主体地位的诗歌内容或主旨类型。当然,在理学诗发展的不同历史时期,其内容或主旨类型是有所侧重的。问题亦随之而来:理学范畴与命题达两百多种,为何理学诗重点书写或者表达这些范畴、命题而非其他范畴、命题? 理学诗的这些内容或主旨类型,具体涉及哪些理学层次或话语类别,这些话语类别与其理学范畴、命题所包涵的类别是一致的,还是有选择性的? 理学诗的内容或主旨类型之特征、规律及文学史地位如何? 等等。显而易见,这些问题的存在,也就彰显出我们对理学诗基本范畴与理学诗内容或主旨类型之关系进行考察的必要性。

而对上述问题的深入研究,必然会涉及理学诗生成机理、理学诗本质特征及价值属性等诸多重要问题。亦因如此,在本书第二章立足整体而对理学文化思潮与理学诗发展历程的表象呈现进行描述性勾勒的基础上,而对理学诗的一些典型性内容或主旨类型如"观物""孔颜乐处""观天地生物气象""心性存养"等进行考察,是十分必要的。鉴于这几个理学范畴的复杂性,在具体研究方法上,将遵循"沿波溯源"式的文献考证和义理梳理的方法,对这些理学诗的内容或主旨类型进行研究。需要说明的是,理学范畴、命题数量众多,内涵复杂且相互交集之处甚多,这些范畴、命题在不同程度上也呈现在理学诗的内容或主旨类型上。本书之所以选取"观物"等数个范畴的理学诗内容或主旨类型问题进行研究,主要是考虑到这几个理学范畴具有代表性,且在理学诗内容或主旨类型中明显居于优势地位,是大多数理学家重点书写或者予以重视的理学诗内容或主旨类型。当然,这一做法也是基于必要的研究技巧考虑:理学诸范畴在其逻辑关系或层次上的关系是较为复杂的,一些重要的范畴往往包含若干子范畴。类似这样的范畴有"道问学""仁""诚""明理"等。相对而言,以"观物""孔颜乐处""观天地生物气象""心性存养""尊德性""道在日用"等数个理学基本范畴为例考察理学范畴与理学诗内容或主旨类型的关系问题,可以有效地避开某些研究对象的复杂逻辑关系之"陷阱",以便于我们集中精力实现对"核心问题"的研究突破。

本节的研究结论是：宋代文化史上，理学基本范畴的诗学表达问题是历史的、客观的现象存在。不管是宋代理学家还是后世的文献目录学家乃至诗论家等，都承认宋代理学与诗学在"范畴"层面上的会合、融通。宋代理学家的理学诗作品，也证实了这一问题的客观存在性。这对于我们进一步研究两宋时期"理学—诗学"会通问题，乃至中西文明中普遍存在着的"哲学—诗歌"会通问题等，具有极为重要的意义。

第二节　宋代理学"观物"话语与理学诗的内容或主旨类型

既然理学基本范畴的诗学表达问题是历史的、客观的现象存在，那么，选取理学体系中最为常见和得到公认的基本范畴入手来探讨理学诗的内容或主旨类型特征，当具备代表性。之中，邵雍提出的"观物"，以及与"观物"相近的周敦颐、程颢等提出的"体贴"，为宋代理学家所沿用并在朱熹等人那里得到丰富完善，成为宋代理学家公认的基本范畴，在宋代理学史上占有重要地位。因为"体贴"从其功用而言与"观物"有其相近性，因此，可把"体贴"视作"观物"之一种来作考察。"观物"作为存养目的兼方法的理学范畴，也表现出与其他很多理学范畴相同的属性，亦即具备兼有目的与方法、认知与实践、功利性与超功利性、哲理性与审美性等特征。因此，从"观物"范畴出发来考察理学诗的内容或主旨类型及其呈现方式等问题，就具有了典型性和客观性。

一　理学范畴之"观物"的丰富涵蕴

"观物"为宋代理学家邵雍用来构建理学体系的术语。主要内容有二："观之以理""以物观物"。邵雍提及："夫所以谓之观物者……非观之以心，而观之以理也。"接着他又讲："不以我观物者，以物观物之谓也。既能以物观物，又安有我于其间哉？"①侯外庐等认为，这里的"观"，是"无思无为的内心自省的顿悟方法"。这里的"物"，一是客观事物，二是由"太极""道"等派生的"物"。② 我们认为，侯外庐等先生的看法，是有一定局限性的，此说可作进一步的完善。邵雍《击壤集·序》中提及："诚为能以物观物，而两不相伤者焉，盖其间情累都忘去尔。……其

①　邵雍著，郭彧整理：《邵雍集》，第 49 页。
②　侯外庐、冯汉生、张岂之主编：《中国理学史》，第 202 页。

或经道之余,因闲观时,因静照物……是故哀而未尝伤,乐而未尝淫。"①显然,邵雍在上述文献中要表达的意思是,诗歌写作之目的和功用,在于书写实践主体的"自乐""乐时""与万物之自得"。由此,"观物"之目的乃在于书写心性,而诗歌只不过是记录实践主体之察识、体贴、把握心性、性情之文字。"观物"因其忘却"情累"而复还事物本来面目、特性,满足实践主体的察识、存养心性以及对于天地、万物、人之统一、运化规律的把握,才是实践主体的目的,诗歌作品即是书写、记录这一由"观"而得的"物"之结果。可见,邵雍之"观物"的"物",是实践主体关注的对象,只要是实践主体指向的对象或者目的,都是"物"。从邵雍诗歌内容上看,涉及历史事件、人物、山川草木、人情往还、道德、情感等,皆可视为"物"。从邵雍的《皇极经世》《观物内篇》等著作来看,邵雍是把"观物"作为其认识"心体""性体""道体""天体"的途径和手段来看待的。在邵雍看来,"观物"具备认识天地万物和人本质的功用,这种功用是"观物"具有的价值属性。可见,"观物"对于邵雍而言,已经具备了贯通于体悟、识察与实践的品格,而不仅仅是一种态度和认识了。

从语源学来看,邵雍所用的"观物"术语,有悠久的历史文化传统。《易》提出:"子曰:'圣人立象以尽意,设卦以尽情伪……是故形而上者谓之道,形而下者谓之器。化而裁之谓之变,推而行之谓之通,举而错之天下之民谓之事业。'"又讲:"是故夫象,圣人有以见天下之赜,而拟诸其形容,象其物宜,是故谓之象。……极天下之赜者存乎卦,鼓天下之动者存乎辞;化而裁之存乎变;推而行之存乎通;神而明之存乎其人;默而成之,不言而信,存乎德行。"正义曰:"虽言不尽意,立象可以尽之也。……若有德行,则得默而成就之,不言而信也。"②依靠实践主体的德行,《易》之辞、爻、象、意才会成为沟通天人的途径而实现自然界与人生界的会通。而邵雍"观物"之中的另外一个内容"以物观物"则来自《老子》的"以身观身",以及《庄子·秋水》中的"以物观物"。这里,老庄强调的是实践主体以事物本来的性质、特征和结构形式等来认识事物,而不先验地添加主体的个人色彩。由此,老庄强调在"观"之时应心为之"静""虚",似有消除主客体对立、泯灭主客体界限的意味。老庄的这一取向,到了《庄子》发展到极致。《庄子·齐物论》讲到了"庄周梦蝶",而这个故事其实就是"物化"境界。这就标志着,从认识论来讲,主客体已然混同为一、泯灭无间了。这说明,就道家代表人物看来,要认

①　邵雍著,郭彧整理:《邵雍集》,第180页。
②　李学勤主编:《周易正义》,《十三经注疏》(标点本),第291—293页。

识世界万物,就应该随物而化,亦即按照事物本身来认识事物而不突出实践主体的人为判断,不要再区分物我界限,即强调在"尚同"的基础上的"观物"。魏晋时期,何晏、王弼发展了老庄的这一思想。何晏提出了"圣人无喜怒哀乐""圣人无情"等观点,均强调实践主体应以"无我"之心识察、观照外物,这里的"无我"可分两方面来看,其一是强调实践主体不以一己之好恶、利弊等而影响到对外物的把握和认识;其二是警惕外物对于实践主体的制约、束缚作用。不过,何晏、王弼等人在强调"无我""无情"以"观物"的同时,毕竟还强调"玄览""水镜""水鉴"等"观物"主体的存在,这与庄子的试图泯灭主客体关系的"无我"之"观物"有所不同。对比可见,邵雍之"观物"在方法上更为贴近魏晋玄学。不过,邵雍之"观物"之目的,却与老庄、魏晋玄学完全不同。如果说,老庄之"观物"之目的是"道"亦即天地生成之元点、万物运化之规律、人类社会根本性实质等,这个"道"是"无""神""气""寂"等。魏晋玄学的情况复杂一些。玄学家之"观物"乃在于证"有无",明"天道"与"性",试图会通儒道。而邵雍之"观物"除了探讨天地万物之发生元点、运化规律之外,还重在探讨天人之道的相通性,"理"之与天地、万物、人的一致性,以及"性""道""德""心""理"等的同一性等。

而邵雍的"观物"除了从儒学经典可以找到出处之外,在唐宋佛教典籍中也有一些用法。从佛教而言,唐宋很多佛教典籍就多有"观",但此中"观"基本涵义大都限于修持方法,并没有如宋明理学家那样赋予"观"以更多的涵义。如《妙法莲华经玄义》卷二提及:"前所明法,岂得异心? 但众生法太广,佛法太高,于初学为难,然心、佛及众生,是三无差别者,但自观己心则为易。"[①]之中,"观"是把握佛法的手段,这里作为"观"的对象是实践主体的"心",仍然属于"物"的范畴。佛教典籍基本上是把"观"看作修持以明佛性的重要方法。其基本含义是通过对境、行、想等妄念的阻断而实现见"心"之本性的。总的看来,佛教中的观物,只是修持的方法,还没有上升到本体论和目的论的程度,这一点是与宋代理学家所用的"观物"有明显不同的。

必须注意的是,宋代理学家所用的理学术语有些是不同的,但就其求道功用、话语内涵等而言,很多术语又有其相同或者相近性。从这个意义上来讲,邵雍同时代的及其之后的理学家,有很多理学话语与邵雍所讲的"观物"相同或者相近。如周敦颐提出了"观天地生物气象"这一命题,强调"庭前草不除"以"观天地生生不已"之意。张载则把"观天地"同"己以正"相联系,提出了"以正道观之"

---

① 见《妙法莲华经玄义》卷第二,载《大藏经》,文物出版社,1978 年,第 696 页。

以求"穷理"的见解。① 他在《正蒙》中强调"气本之虚则湛无形,感而生则聚而有象"②,因此,他在《参两篇》《天道篇》《神化篇》《动物篇》《诚明篇》等举出了"天左旋""雨降云升""木曰曲直""知几体神""物无孤立之理"等,而予以阐释。这实际上也为后来理学家提供了具体的"观物"之门径。由"观"如此之"象"而逆得事物之"理",正与邵雍、周敦颐、二程等"观物""观天地生物气象""观生理"等所取路径相同。二程提出了"观圣贤气象""观生理"等命题,主张心性存养既要讲实践,也要重视省察存养过程中的外在仪态气度。二程之后,宋代理学家对"观物"进行了多方位的开拓,尹焞开始糅合《易》、周敦颐观点,从静坐养心等角度夯实"观"之前提,强调"正心""静心"对于"观"之作用。杨时又接过二程"以身反观天地"等话题并作深入展开,强调"天地之心即道,即易之道,即人之心",天地万物、人心道心等成为一体。黄榦则认为"观天地"是"观其理",周行己、刘子翚、陆九渊、张栻、吕祖谦、许景衡等人在其著作中,也多处提及"观气象""观圣人""观天地生意"或者与"观物"相似的话语,并经常就其本末、体用等义理进行讨论。这些都是"观物"思想在宇宙论或者人性论等方面的展开。③ 总的看来,宋代理学家由邵雍、周敦颐等人提出"观物"或者相近思想之后,经过后代理学家的不断扬弃,"观物"范畴已经成为兼本末、该体用的重要思想,绝不仅仅是一些前辈学者认为的仅是理学家认识事物的"方法"了。可见,作为兼具存养心性手段和目的的重要范畴,"观物"被邵雍、周敦颐、二程引入理学后,就成为宋代理学家自觉不自觉地构建理学体系的重要范畴,与作为理学构成因素的其他范畴产生了密切联系。仔细梳理这些范畴间的关系,对于我们认识"观物"范畴的发展演变及其在理学体系中的作用,具有重要意义。

下述理学范畴,或其本质上与"观物"相近或者相似,或其本身就是"观物"思想的发展。

1. 体贴

程颢曾经说:"吾学虽有所授受,'天理'二字却是自家体贴出来。"(《宋元学案》卷十三《明道学案》上)这里的"体贴",明人欧阳德对此有疏解:"世之揣摩测度、依傍假借为体认,而反害之者多矣。天理是本体,自然流行,……学者体认到

① 张载著,章锡琛点校:《张载集》,第 210 页。
② 张载著,章锡琛点校:《张载集》,第 10 页。
③ 参见拙作:《论两宋理学"观天地生物气象"义蕴及其多向性展开》,《上海大学学报(社会科学版)》2014 年第 2 期。

此,方是动以天。……此等学问,非实见得未发之中、道心惟微者,不能及。"①显然,欧阳德认为的"体贴"是"体认"意。这里,尤可注意者,欧阳德强调了"体认"之前提须能够"见得未发之中、道心惟微"。对此,明儒湛若水则强调见识须"更有许多火候温养工夫",他在人问"体贴出来之时,方是寻得入头去处,……更有许多火候温养工夫,非止谓略窥得这个景像,可以一了百了。如何?"时,回答说:"虚见与实见不同。……随处体认天理,自初学以上皆然,不分先后,居处恭,执事敬,与人忠,即随处体认之功,连静坐亦在内矣。"②显然,按照明儒的理解,"体贴"亦有体验、识察与实践的品格,作为存养方式或者手段而言,与"观物"所起到的作用是相同的。不过,"观物"与"体贴"还是有差异的。"观物"强调实践主体德性的定止、接物时的客观公允态度等,而"体贴"更为重视的是"体认""感受"等实践过程,兼有感兴体验、审美把握与主体判断在内。

2. 格物

理学的这一概念来自《大学》,而为朱熹所发扬。按照朱熹的解释,"格物"为"穷至事物之理,欲其极处无不到也"③。又云:"格者,极致之谓。""格物"的目的,是对事物"所当然"与"所以然"的了解。朱熹一方面承认人在本质上有天赋的道德存在;另一方面又强调,必须通过对事物规律和本质的把握和体认,才能使此一道德原则呈现。显然,"格物"既包括先验的道德认知存在,又强调实践的认识在彰显道德原则方面的作用。从这个意义上讲,"格物"与"观物""体贴"等具备相同或者相近的存养功用。尽管如此,"观物"与"格物"还是有很大差异的。比较而言,"观物"更为强调实践主体与"物"相接时的"定止""不动心""澄净"等心理品质和德性的坚定等,着力点在实践主体的接物心理品质、德性境界;而"格物"更为重视的是"格",大多数理学家的"格"更为强调的是实践主体的推究之法、穷极之功,着眼点多在实践主体的省察、存养等方法与功用方面。

当然,从理学的功夫论而言,与"观物"具备相同或者相近的功用的理学范畴还有不少,如"识察""尽心""体验"等。但这些范畴大致是理学存养功夫的范畴,而"观物"具备了兼手段与目的的特性,"观物"已经不仅仅是理学的存养手段和方式,在很大程度上,已经具备了理学存养的目的性特质。

---

① 黄宗羲著,沈芝盈点校:《明儒学案》(修订本),中华书局,1985 年,第 385 页。

② 黄宗羲著,沈芝盈点校:《明儒学案》(修订本),第 905 页。

③ 朱熹撰:《四书章句集注》,《新编诸子集成》本,中华书局,1983 年,第 4 页。

二　"观物"范畴的特质与理学诗歌的表达诉求

"观物"实现的是对心体道体等道德本源和道德存养目的的体认与把握,其实现的前提是实践主体通过一种不假人为的自然清净的心理状态,以"诚""敬"、体贴"心"之"未发"的方式来把握和体认"道"体。为实现此一目的,从"观物"的手段和途径而言,则可以"观"的"物"可以有具体可感之物、事件,亦可为观念之"物"等。就宋代理学家常用的"观"之"物"话语而言,则有"观天地生物气象""观孔颜乐处""观天地生生不已"等。因其实践方式是体验性的识察、涵养或者通过实践主体把情感、认知投射于一定的境界中来取得对事物的认知与把握,因此这些理学存养的命题或者范畴具备了审美性、情感性、实践性等品格,尤其是,当这些命题或者范畴具备了情感性和审美性的品格而被用来涵养实践主体的德性时,相应地也具有了超越性的特质。举例来讲,蒙培元先生经过考察,认为理学家"观物"之常见命题"观孔颜乐处"就表现出"观物"范畴的审美性和体验性。[①]蒙先生指出了"孔颜乐处"其实质就是以主体亦目的亦途径与手段的"乐"的审美体验,实现了天人合一的境界。由蒙先生所论而作必要的延伸,可知理学之"观物",从其功用及认知来讲,具备了以审美的方式融合客体与主体的特征。理解这一点并不难。作为实践主体兼有认知、识察与践行于一体的"观物",尽管在不同的理学家那里有不同的话语表述,但因为作为主体的人毕竟是通过对事物的感知、观察、判断、思考与体验等方式来把握其"象"或者抽象的概念、话语等问题的,就必然带有主体所特有的感受、体验和判断,由此也就必然与审美性产生关联。至于审美感受、审美体验的程度如何,恐怕与事物是具象还是抽象、是具有强烈美感还是一般美感有关。但无论如何,实践主体实践其"观物",必然带有情感性、审美性和体验性。至于邵雍等人反复强调的"无己""无情"等,只是涤除主观好恶、偏见而已,绝对的"虚心""去情""无己"是不存在的。由此看来,理学家以"观物"这种形式,达到对事物的把握以及从中抽绎出性理规律乃至体认天人合一的认识目的,其作用是通过识察涵养、默认体贴而达到物我一体的审美境界。

由此而言,"观物"方式既然具备审美性和体验性,那么,实践主体的认知与体验,必然包含着对事物的认识、感受、判断与逻辑推理和价值属性的决定等认识与思考过程。这一实践与认知过程,当然含有实践主体的审美认知和审美体

---

① 　蒙培元:《理学范畴系统》,人民出版社,1989年,第512页。

验在内。具体来讲,"观物"之于充满实践主体的愉悦情感体验的一些虚指之物如"观天地生物气象""观孔颜乐处"等自不必说,就是那些"观"具体事物以发明物理或者性理的实践主体的"观"而言,其中亦含有审美因素。因此,"观物"的审美性、体验性和实践性特质,就决定了"观物"者的两种主体态度:"观物"者既可以充满情感的识察、体贴、存养等方式来认识、把握事物,也完全可以理性的方式通过体验、反省、分析或者判断来把握事物。在把握事物时,在目的性上又可以有所侧重,既可以关注事物本身的特质、属性和发展运行规律,又可以遗貌取实,以发掘事物所蕴含的性理所在。在主体投入的情感方面,既可以侧重情感体验,又可以侧重理性认知。当然,从理学家的学养和道德追求而言,必然是以后者为主的。至于以什么样的形式来抒写由此得到的"物"之"理",则是另外的事情。

"观物"的审美性、体验性特质,其实也就是作为文学艺术的诗歌所具备的重要特质。从文学体式来讲,现代意义上的诗歌主要是强调其审美性。现代诗歌理论一般都主张,不管是其具备的情感性、体验性特征,还是所展示出来的叙事性、哲理性及交际性,只有具备了审美的特质,诗歌才能为人们所乐于接受。就理学诗而言,当实践主体以诗歌的形式来抒写"观物"所得之时,由于"观物"的实践主体的体验性、实践性和审美性特质,决定了实践主体往往以审美主体的身份来体验外在的"物"。当此"物"为客观实在的景物时,由于创作主体的主观体验、判断、反省与推理等都以其审美的方式通过体验而得以实现,因此,外在之景物就自然而然地以意象的形式表现在诗歌中。当多种意象组合而呈现为诗歌意境时,作者之诗歌就成为"观物"之结果,诗歌因为"观物"之特质而呈现出诗歌意境、表现方式的独特性。如程颢诗歌《偶成》,诗人因"观"天地间景物而体认到"生生不已"特性,由之生发出对天地、万物、人的"与物同体"之"理"的识察,这种以审美的方式体验天地万物"仁"体的境界,无疑表现出作为实践主体与道德主体的人的审美体验性。再如林季仲有诗《陪赵守登楼赏红梅》:"大洁时争妒,独醒人更疑。漫随春色媚,不改岁寒姿。霞带寿阳脸,酒融姑射肌。凭谁慰孤寂,新有倚楼诗。"①诗作看起来写梅树之姿、梅花之洁、花朵之色,但句句寄有高节之士的情操气度,与其说是赏梅,倒不如说是言志。可见,当创作主体"观"以客观实在之"物"而创作诗歌时,由于作为理学家的实践主体与创作主体的同一性身份,其以诗歌形式而抒写"观物"所得的认知、体察或者感受,必然是兼有实践性、体验性、审美性与超越性的。

---

① 傅璇琮等主编:《全宋诗》,第 19948 页。

　　但是，当"观物"为各种事件、虚拟之哲理或者性理命题时，实践主体对事物的把握便以理性认知、逻辑推理等方式而存在。这种诗歌，无论其表达方式还是主旨，都不再以审美的形式来体现。而且，由于"观物"严格强调其认知与把握、体验过程中的立足于诚敬、中和的无私无欲、不动心等特质，其诗歌就会与情感性有所疏离。邵雍的一些诗歌，在这方面表现得非常明显。邵雍诗歌内容有咏史、交游、纪事、写景、季节等，但以表达其性理内容或主旨为最多，如他经常吟咏的名利、言默、闲适、仁者、先几等，直接把儒家传统的道德伦理内容作为诗歌表现的对象，如此大量的性理内容或主旨类型诗篇，在之前是很少见的。如其《击壤集》卷二十有《首尾吟》135 首，第一首："尧夫非是爱吟诗，为见圣贤兴有时。日月星辰尧则了，江河淮济禹平之。皇王帝伯经褒贬，雪月风花未品题。岂谓古人无阙典，尧夫非是爱吟诗。"①以下每首皆首尾相同，诗作第二句介绍写诗缘由，可见有"半醉时""不寐时""渐老时""默识时""可爱时""忘言时""忠恕时""自励时""得意时"等，从这些内容来看，都与邵雍理学体系中的认识论和实践论命题紧密相关，亦即在静默行止中通过体验存养工夫来认识"心为太极""道为太极""神与性并出于心"，以达到去"情蔽"而识"性情形体交而动植之感尽""能处性者，非道而何""因物则性，性则神，神则明"等目的。与之相似，张九成的《论语绝句》100 首基本上也是以《论语》内容敷衍而成。当然，在具体的写作方法上，或释理，或引申，或转义，或加以己意，因"事"或者《论语》原文而引起诗歌创作者相应的认知或者体察，表现在诗作内容上，体现为情感性较弱而哲理性更为突出。

　　可见，作为体认物理、事理、性理、义理而拈出使用的存养方式兼目的的重要理学范畴，其情感性、实践性、审美性特质是服从于"求道"功用的。正是"求道"决定了"观物"的目的、方法和路径，当理学家主要以外在的客观景物来体认"道"的外在存在形式或者内在的"理"时，此诗歌的诗境可以表现为创作主体与实践主体及外在体认对象的一体性，由此诗歌的境界就会表现为生动感人的涵蕴审美特质的诗意境界。而当理学家所"观"之"物"为历史事件、性理命题等虚指之物时，受制于"观物"的"求道"目的，实践主体就主要倾向于以理性认知的方式，逻辑地、抽绎地把握"道"之体用，此时的诗歌创作就会表现出专注哲理性的理性认识命题，因而呈现出形而上性、哲理性等特性，就会与诗歌的审美性、体验性等产生疏离。

————————————

　　① 邵雍著，郭彧整理：《邵雍集》，第 515 页。

进而言之，当理学家选取以诗歌创作的形式来书写、表达其"观物"之过程和"观物"之目的时，其独特的"观物"方式，及其兼备认知、体验、道德实践等手段与目的的独特性，就表征为理学诗的若干特征。换句话说，只要理学家以诗歌的形式表述"观物"的实践过程或者目的，其诗歌思理、表现手法与诗歌主题，在很大程度上就具有程序化、类型化的特征。这是理学诗一个非常重要的特质。

三 "观物"的性理追求与理学诗的"观物"内容或主旨类型

"观物"的性理追求是其作为认知与存养的方法而存在，并最终成为兼有道德认知和践行道德的目的性的特征。前已有述，"观物"之"物"，大致有自然界之实在可感之事物或者现象、形而上的以哲理或者道理而表现出来的性理或者义理、以社会人生等为内容的经验等涵义。"观物"为了"求道"，理学家以这些"物"作为认知和体验的对象而实施主体性的体认、反省、涵养或者把握，或采用与"观物"相近的若干存养和体察的认知手段如"格物"或者"体贴"等去实践其"求道"的目的，以诗歌的形式表现出来，这些诗歌因之而具有了类型化的内容或主旨类型。

一般而言，理学家"观物"所凭借之"物"虽然可以有上述多个对象，但是，就理学之关注重心与中心而言，以论证道体心体理体以及天道人道的同一性最为重要。因此亦可以讲，虽然理学家"观"所指向的"物"有多种，但"观物"要实现的目的，以性理、义理最为重要。就宋代理学诗所关注的诗歌内容或主旨类型来看，比较重要的有如下几种：

第一类："乐意"内容或主旨类型。

"乐意"内容或主旨类型在北宋"五子"之前，已经为宋代一些士人所重视。如范仲淹就希望张载关注"名教乐地"，探讨儒学精义。而周敦颐强调"孔颜乐处"，为二程所重视，并在二程的理学思想中得到进一步的发展。于此之际，邵雍提出了"人世之乐""名教之乐""观物之乐"，已经具备了对"乐意"的分类自觉意识。而在诗歌创作实践中，邵雍又多方表达"安乐""闲乐""心乐"等"乐意"，算是对其"三乐"之说的诗歌展开。由北宋理学"五子"倡导的"乐意"，引起了时人的广泛重视，并为理学门人承继而得以发扬。如杨时、张九成、陈渊、罗从彦、李侗、胡宏、张栻、朱熹、陆九渊、吕祖谦、陈淳、曹彦约、陈文蔚、魏了翁、真德秀、王柏、金履祥等人，都提及"求道之乐""性理之乐""闲适之乐"等内容，并在诗作中加以表达或书写。可以说，宋代理学家对于"乐意"范畴是非常重视的。这种情况说明，宋代理学家注意到了儒学性理与"乐"的重要关联。

　　理学家对于"乐意"的推重,在很大程度上影响到理学诗内容或主旨类型。不过,理学家诗中的"乐意",却与理学家对于"乐意"的关注点有所不同。从大的方面来看,理学诗的"乐意"内容或主旨类型,其主要表现为作者因存养道德、实现性之"定止"、涵养性情等而触摸到"道"而使内心与外物达成一片的道德境界之"乐",至于理学家关注的另外一些"乐意"内容,如"闲适之乐""人世之乐""名教之乐"等,并没有在理学诗中得到充分的表达。如邵雍有诗《和人放怀》:"为人虽未有前知,富贵功名岂力为。……男子雄图存用舍,不开眉笑待何时。"①表达出物来而顺应,顺万物而无情的性理定性之"乐"。程颢有诗《秋日偶成》,抒写秋日登楼所感,思索人生兴废名利,抒发自己贫贱乐道、不以外物干扰内心因道而乐的情怀。"乐意"内容或主旨类型自从周敦颐、程颢等人诗歌中多有表达之后,成为理学家所乐于抒写的内容或主旨类型。如罗从彦有诗《自警》:"性地栽培恐易芜,是非理欲谨于初。孔颜乐地非难造,好读诚明静定书。"②提及勤修诚敬静定以寻"孔颜乐处"之性理追求。张九成诗作《偶题》亦有"道立神自昌,心闲气常正"③之句,这些为作者所"乐"的诗歌内容或主旨类型,都是凸显理学家的性理及道德存养主旨。再如曹彦约有诗《深春挈家下湖庄》之二:"我生聊自乐,人意适相随。郊外有行处,春中无倦时。虽知攀折苦,未觉燕游衰。更欲添桃李,初心不在兹。"④其关注的"乐"乃是"春"意,而非"桃李""燕游"之乐。显然,由春景而察识天地之"生生"之乐,乃是其"自乐"之目的,这才是作者所讲的"初心"。再如孙应时《晓晴》之二:"君行定何许,舍棹越林丘。社瓮不容挽,溪毛聊可羞。禅床应濯足,衲被径蒙头。静境有真趣,乐哉何所忧。"⑤诗中所乐在于"静境有真趣",强调的是心性的安定而不以外物为意。显然,其"乐"乃在于"乐"得静境定心。可见,理学家的"乐意"内容或主旨类型诗歌,常常抒写"求静""诚敬"等存养功夫。"乐意"之于理学,除了可能与佛教相区别的因素之外,同样也是理学家藉以探讨天体道体性体心体的方法和途径所在。

　　第二类:体贴"生生不已"内容或主旨类型。

　　从理学体系而言,体贴"天地生物气象"或者"天地万物生意""庭草不除之意"等,都是实践主体借以识察天地"生生不已"之"仁"境界,也是实现"天人合

---

① 邵雍著,郭彧整理:《邵雍集》,第200页。
② 傅璇琮等主编:《全宋诗》,第15588页。
③ 傅璇琮等主编:《全宋诗》,第19990页。
④ 傅璇琮等主编:《全宋诗》,第32145页。
⑤ 傅璇琮等主编:《全宋诗》,第31729页。

一"以至于"物吾与也"的途径。表达这一思想的理学范畴或者命题,尚有观生理、窗前草、驴鸣、大化流行、鸢飞鱼跃、一元复始等。不过,在这之中,体贴"生生不已"与"观天地生物气象"细微之处还是有不同的。从目的性而言,"生生不已"是"观"其"理",与"观生理"、观"大化流行"等更为接近。其体贴"生生不已"的方法,可以是由"象"而得理,亦可由对抽象之"物""事"等的识察、体贴、判断等而得"理"。而"观天地生物气象"重在观"象",至于由"象"得"趣""情""味""理""乐""性"等,还是由"象"而得对万物的感受、体验,是可以有不同的目的性指向的。如邵雍诗《闲行》:"园圃正萧然,行吟绕泽边。风惊初社后,叶坠未霜前。衰草衬斜日,暮云扶远天。何当见真象,止可入无言。"①诗记深秋之境。此诗中的景物也是衰草枯叶、暮云斜日,但作者所表露的意图却与一般文人诗不同,诗中欲寻求之"真象",乃是强调的天地运行之"理"。宋代理学家诗歌对观"理"命题非常重视,现存有大量的诗篇来抒写这一内容或主旨类型。如朱熹有《秋怀》:"井梧已飘黄,涧树犹含碧。烟水但逶迤,空斋坐萧瑟。……微钟忽迢递,禽语破幽寂。魂神为悄然,淡泊忘所适。"②诗篇对秋天景物作多方面描摹,从中可以体会出实践主体与之打成一片而心思淡然静谧的出世情怀,这显然与理学家强调的"守静""心要放在腔子里","观生理"以体会天地与人的"生生不已"之气息相通相一致。

从理学诗的总体情况来看,理学家在书写、表达"生生不已"内容或主旨类型时,大多不对具体物象作细致的描绘,往往点到为止,其目的乃是由象而"明理"。如陈文蔚有诗《观物二首》,其一曰:"初见种汝时,微荄极枯槁。今既长枝叶,日复一日好。仪刑静独秀,精神雨中澡。嗟我费耘治,尚愧窗前草。"③诗中对所种之物的书写,甚至都没有点出其名,对其外相所关注的是"仪刑"而非美貌,作者之用意乃是以之自省,以体贴"生生不已"之意。再如曹彦约《春至》有句:"闰后阳和乐不禁,还将动静印天心。借留腊意梅藏玉,指点春容柳转金。"④诗作之主旨在于体贴天地"生生不已"之"心",其识察路径乃是通过春天到来的"春容",而非具体之物象。如徐元杰《别盱江易耕道》:"点勘窗前昼景舒,豁人双眼绿阴敷。明方寸地通三极,会一理中该万殊。静体阳工生意思,密融心匠活工夫。丁宁后

---

① 邵雍著,郭彧整理:《邵雍集》,第 209 页。
② 傅璇琮等主编:《全宋诗》,第 27408 页。
③ 傅璇琮等主编:《全宋诗》,第 31918 页。
④ 傅璇琮等主编:《全宋诗》,第 32171 页。

会秋风鹗,万里青冥是坦途。"①取景于白日窗前之"绿阴",但并不对景物有所刻画描摹,而是由此而"观"之入"理",强调由此之一物而得天地"生生不已"之普遍之"理",由此而实现了由"观"物而"心"得以把握天地之道。再如刘黻有《寄与权器之二友》:"鸿钧盍一宇,何物非生意。轮囷得此剥,而有此憔悴。根蠹聚蟆蛭,千古御魑魅。旦旦斧斤寻,九殒特其易。飞鸟不敢栖,何哉蓊蔚苊。风雨极震凌,霜雪苦颠踬。天地大父母,荣枯均厚施。腐植产灵芝,至美终不闷。桃李信春妍,奈何骨姝媚。"②诗篇同样是"观物"而"明理",表达出"何物非生意"的诗歌主旨。刘黻另有《夜气》:"夜气不盈握,浩然天地清。风行石不动,云走月常明。陋巷颜回乐,深山大舜耕。此心无旦昼,万物自生生。"③诗篇亦不在于对物事的细致刻画,而是通过"观物"以明"万物自生生"之理。

　　这一类诗歌内容或主旨类型特征,在一些理学诗中表述得更为明白。如杜范(1182—1245)有诗:"四时冬复春,造化一机会。……三春在何许,不在粉须外。我尝玩兹理,若决江河沛。……抱贞开化元,此花而已矣。整刷此精神,寸草亦生气。"④这里的"造化""化元""生气"等,正是"生生不息"之意。杜范又有诗句:"观物非外索,具眼以心会。微阳花病槁,宁供等闲醉。我尝课前作,无言乃为最。譬彼清庙瑟,一唱弦越外。万卉染春色,生意岂不沛。何物漏天机,一点映寒桧。"⑤杜范强调,"观物"乃是以"心"会物,其目的则在于体贴天地之"天机""生意"而非景物之外貌形状。从形而上的天地万物之"体"而言,体贴"生生不已"实已触及理学之关枢,社会实践主体可以藉由"观物"或者"格物"等以"体贴"、涵养的方式来触及心体性体道体等。

　　第三类:"与物同体"内容或主旨类型。

　　"与物同体"是理学的重要范畴,也是"观物"之重要目的所在。对此,宋代理学家有不少论述。如周敦颐《通书》讲:"天以阳生万物,以阴成万物。生,仁也;成,义也。"⑥则万物从其"体"而言均是天地"生""成"而为同体。张载《正蒙》强调"太虚无形,气之本体,其聚其散,变化之客形耳"⑦,则"气"为"太虚"之体,而万物

① 傅璇琮等主编:《全宋诗》,第37818页。
② 傅璇琮等主编:《全宋诗》,第40688页。
③ 傅璇琮等主编:《全宋诗》,第40710页。
④ 傅璇琮等主编:《全宋诗》,第35266页。
⑤ 傅璇琮等主编:《全宋诗》,第35266页。
⑥ 周敦颐著,陈克明点校:《周敦颐集》,第23页。
⑦ 张载著,章锡琛点校:《张载集》,第7页。

皆为"气"之外现。杨时《二程粹言》记二程言论:"仁者以天地万物为一体,莫非我也。知其皆我,何所不尽! 不能有诸己,则其与天地万物岂特相去千万而已哉!"①二程发挥了周敦颐的观点,强调万物一体。从中可见,"万物一体"范畴与"生生""仁""义""无己"等范畴也有关联之处。需要注意的是,与其他理学范畴有所不同的是,宋代理学的"与物同体"范畴在北宋理学"五子"给予充分论述之后,理学家后学不约而同地承继了其观点而没有再进行发展或深化。

与理学家很少在理学层面继续探讨其义理有所不同,"与物同体"却成为宋代理学诗的重要内容或主旨类型。如杨简有诗:"我吟诗处莺啼处,我起行时蝶舞时。踏着此机何所似,陶然如醉又如痴。"②强调"我"之行为动作与"莺""蝶"是相同的,这里是因事物之不同"相"而谈及物、人之同"体",诗人因悟及此理而感到愉悦。对此,他在《丁丑偶书》(之二)中表达得更为显豁:"物物皆吾体,心心是我思。四时非代谢,万说不支离。洄水谈颜乐,松风咏皙词。仲尼亲许可,实语断非欺。"③所谓的"物物皆吾体",颇与张载《西铭》所论相似,都是强调天地万物在本体上的同一性问题。既然万物本体相同而无异,那么事物的运化、变动与发展只不过是外形外相的暂时性呈现,就其本质而言,万物是相同的。再如徐元杰有诗《咏以人与天地万物为一体刻印章诗》:"三才中立囷形均,昧者拘拘利乃身。不道有身皆有血,岂应知我不知人。其间一物容亏性,是即四肢顽不仁。洞洞八荒皆我闳,豁然窥见等天真。"④诗篇头两句强调天地之间均为有形之物体,愚昧之人却拘于名利而为形体所限。三四句强调万物一体故而应知物知我。天地之间如有一物不能遂起本性,则如人之四肢生病而不能遂起心意。因此,天地之间物物皆与我之本性相同,唯有物各遂其性,则天地万物才能保有其固有的天然本真。吴潜亦有《出郊再用韵赋三解》之一:"窗草池莲乐意连,一帆直到太虚前。拈来瓦砾无非道,触处鸢鱼共此天。鹑固珍羞元是鼠,蜕虽秽物却为蝉。神奇臭腐相更禅,妙理谁知所以然。"⑤诗作由窗草池莲之物象入理,认为天地万物之"体"均为"道",从此意义而言,万物在本质上并无不同,所不同者在于其外相形体而已。他又有诗《小至三诗呈景回制干并简同官》,其中有句"阴阳理向尘尘

① 杨时辑:《二程粹言》卷上,上海古籍出版社景印《文渊阁四库全书》本,第364页。
② 傅璇琮等主编:《全宋诗》,第30086页。
③ 傅璇琮等主编:《全宋诗》,第30085页。
④ 傅璇琮等主编:《全宋诗》,第37816页。
⑤ 傅璇琮等主编:《全宋诗》,第37873页。

见,天地心於物物同。荔挺生来元不死,葭灰塞处自能通"①,亦书写天地之间万物一体之"理"。王柏亦有《和立斋对菊二歌》之二:"……静观草木蕃,若不与人力。苟无浸灌功,造化庸有忒。今年秋苦旱,五谷废嘉殖。……一朝去酷吏,甘雨解众惑。天人本无间,喜气满城集。"②诗作因"观"草木繁盛而得天地之"生生不已",认为此生意亦得"浸灌"之功方可外显。诗作又转写酷旱无雨植被焦灼,因处置酷吏而得及时之雨滋润,由此而明"天人无间"之理。上述可见,理学家在"观物"之际,往往把不同的事物相联系,从中抽绎出万物一体、万物皆同这一"理"。由此,天地、动植、人类道德、社会事件等就建立了一个共有的同一模式,亦即天地间事物在本源、性质、运行规律等方面具有同一性。至于其外在形态、表现形式等方面的差异,则只是事物之"象"或其"用"的不同。

第四类:求做圣贤内容或主旨类型。

从理学体系而言,理学家论证天地万物具有同一性、实践主体之德性具备客观性和必然性的目的,乃是为了筑牢求做圣人这一目标的学理基础。而心性存养也好,自省察识、慎独用讼也好,都是求做圣人的手段和方法。由此而言,求做圣人乃是理学家的目的所在。对于这样一个重要的理学范畴,理学家在给予重点关注的同时,也在其理学诗中多有表达或书写。

理学家的诗作中,常以赞美孔子、颜回、曾参及周敦颐、邵雍、二程、朱熹等为内容,而表达出求做圣贤的诗歌内容或主旨类型。而在表达或书写这一内容或主旨类型时,理学诗人往往通过书写儒家经典,圣贤之祠、像或者与圣贤有关的事物,而表达出对先贤德性的钦敬与赞美。如被尊为"南剑三先生"的二程后学罗从彦有诗《颜乐斋》:"山染岚光带日黄,萧然茅屋枕池塘。自知寡与真堪笑,赖有颜瓢一味长。"③诗作因斋名为"颜乐"而起兴,头两句描摹斋之外围环境,第三句自嘲因困居而罕有相与过从交往之士,第四句则转而书写自己以追寻"颜乐"为志,间接表达出求做圣人的理想。许月卿有诗《箕山》:"箕山惟一瓢,襄邑亦四壁。……南轩推学授,晦翁要事实。亦有小东莱,经济亦何切。极意深源流,敷殖久大业。……抚卷三叹起,寒花香的皪。"④箕山因许由隐居于此而得名。诗人览前人箕山之作,置曾几、吕本中之诗不作评价,而特意点明张栻之强调问学、朱熹

---

① 傅璇琮等主编:《全宋诗》,第 37877 页。
② 傅璇琮等主编:《全宋诗》,第 37995 页。
③ 傅璇琮等主编:《全宋诗》,第 15589 页。
④ 傅璇琮等主编:《全宋诗》,第 40528 页。

之推重于"事"上用功、吕祖谦之重视经济国家等治学特征,以表达自己钦慕先贤、思齐自勉之志。许月卿又有《次韵汪敬子》:"好善芝兰馨,恶恶鲍鱼腥。一心宰天地,万世流风霆。六经如元气,异端如氛埃。会往洙泗滨,传取心印回。"①诗作推崇儒家六经,强调六经包举大道,乃是发育万物之"元气",因此而希望得六经之真蕴以"传取心印"。

更多的理学家在诗歌中表达"求做圣贤"内容或主旨类型时,往往选择的是抒写求做"圣贤"的方法和路径。如罗从彦有诗《勉李愿中五首》之一:"圣道由来自坦夷,休迷佛学惑他歧。死灰槁木浑无用,缘置心官不肯思。"诗前有序:"愿中以书求道甚力,作诗五首以勉其意,然借视听于聋盲,未知是否。"点明了写作的缘由。诗后有注:"学道以思为上。孟子曰:'心之官则思。'《书》曰:'思曰睿,睿作圣。''惟狂克念作圣。'佛法一切反是。"②罗从彦认为,理学与佛教对于"心"之功用的认识是不同的。理学不但不讲虚空其心,而且特别推崇用"心"之"思"来求道。诗中所述,表达出罗从彦引导李愿中从识察入手,以自正其心而达圣贤为目的。诗中强调"思",亦即强调端正其心而通过"观物""格物"等以明理,由践理而入"圣道",而非佛学之"虚空其心"。再如南宋末年林同(? —1276)以"圣人之孝""贤者之孝""仙佛之孝""妇女之孝""夷狄之孝""禽兽昆虫之孝"等为编排体例,择取 300 位历史人物及鸟兽昆虫 10 种,以一人一诗、一物一诗的方式来写诗纪之,表达出自己对持孝之人与持孝之鸟兽昆虫的赞美和推崇之情。从赞美先贤的 300 多首诗来看,大多注重选取先贤所力行的修德方法。如其《尧》,诗下有注:"道之大原出于天,尧以是道传之舜。尧舜之道,孝悌而已矣。"其诗云:"道原自天出,尧以是相传。曰孝悌而已,人人具此天。"③指明"孝悌"为尧之"道"。再如其《孔子》,诗下注:"子曰所求乎。子以事父,未能也。"其诗曰:"事亲良不易,战战复兢兢。学得如夫子,犹言丘未能。"④诗作强调孔子事父之"战战兢兢",指明了躬行孝道的做法。

由上可见,在理学家的"观物"诗歌中,求做圣人亦是其重要的诗歌内容或主旨类型。无论是理学家对于先贤之推重,还是对先贤之践行德性的方法、途径之择取,其目的都是强调先贤之德性及其察识、存养和践行之路径。循此而入,即可助力于实践主体的德性修养,从而臻于德性圆满的圣人境界。

---

① 傅璇琮等主编:《全宋诗》,第 40534 页。
② 傅璇琮等主编:《全宋诗》,第 15589 页。
③ 傅璇琮等主编:《全宋诗》,第 40604 页。
④ 傅璇琮等主编:《全宋诗》,第 40605 页。

　　第五类：因"观物"而"明理"内容或主旨类型。

　　无论"观物"也好、"体贴"也好，还是因"物"及"象"、因事件而考索也好，其重要的目的就是"明理"。如吴潜有诗《再赋喜雪二首》之二有诗句："夜深如水泼衣衾，晓看皑皑冒碧岑。以洁藏污窥物理，由仁行义见天心。"①因见深夜大雪掩覆万物而得出"以洁藏污"之理，可见事物变化发展之必然规律，再由此而推知"由仁行义"亦为天地之道。可见，"观"之对象"物""事"等皆是有形有象之存在，理学家关注这些"物""事"的目的在于其蕴含的"理"。或者说，理学家在"观物""体贴"之时，关注重点并不会落在这些外显的"相"上。

　　理学诗作者经常述及因"观物"而践行省察等而得到的"理"，而在践行"明理"的过程中，又特别强调实践主体的诚敬、静默等品质。如朱熹有《春日即事》："郊园卉木丽，林塘烟水清。闲栖众累远，览物共关情。憩树鸟啼幽，缘原草舒荣。悟悦心自遣，谁云非达生。"②诗篇因观景而述及"达生"之理，也就是天地"生生不已"之"理"，强调物我都呈现为天地之"生理"，因此应"自遣"其心而自得愉悦，不必急迫以为"物"所动。与之相似，刘黻也有诗表述其因"观"景而"明理"。其《沧浪阁为王宪使赋》云："独得萧台趣，心清不受尘。我多临水屋，谁是濯缨人。波渺涵天阔，沙渟印月真。忘机有鸥鹭，浑不厌相亲。"③其五六句写水涵天阔，沙印月影，因此而心清意逸，浑然忘机，自得超然之趣。

　　大致而言，宋代理学家的"观物"诗歌主旨类型，大都重在书写存养、识察、考索等心性存养之"工夫"问题。如张九成有诗《客观余孝经传感而有作》提及客人因观其撰写的《孝经传》而有感，张九成因之而作此诗，诗意兼有概括客人之感受与己述作之意。诗中云"如何臻至理，当从践履论"，强调了践行存养的工夫问题。从此诗的写作内容或主旨类型而言，仍然是因"观物"而及"明理"，而更突出了践行之重要性。类似的诗歌内容或主旨类型，还可见于杨时、朱熹、杨简、曹彦约、吴潜、刘黻、许月卿等人的诗作中，可见，书写通过涵养识察以"明理"，是理学诗的重要内容或主旨类型。理学家抒写于静悟体察、涵养诚敬所得的"求道"，内容包罗广泛，举凡对道体心体性体的体察，对修道功夫的践履力行等，都是这一类诗歌所经常涉及的内容或主旨类型。

　　这里，需要说明的是，以邵雍等人为代表而创作的因"观物"而"明理"的诗歌

---

　　①　傅璇琮等主编：《全宋诗》，第 37865 页。
　　②　傅璇琮等主编：《全宋诗》，第 27474 页。
　　③　傅璇琮等主编：《全宋诗》，第 40701 页。

内容或主旨类型,与朱熹等人的"格物明理"诗歌内容或主旨类型有相似之处。在一定程度上说,朱熹之"格物明理"范畴是邵雍等"观物明理"范畴的发展和深化。不过,邵雍等人之"观物明理"更为强调的是在"观"之时由物象而把握、洞察事物之理,其"明理"主要是通过体验、阐释、感受等而获得,虽亦有如同"格物"之"格"的"推究""考索"等义,但"观物明理"更为常见的是以直觉的感受体贴、体验而"得"物之"理"。相反,"格物明理"更为倾向于通过"穷极"事物而得其"理",在其"格物"过程中,更为重视推论、判断、归纳等理性思维的运用。亦即是说,"观物"之体验性、直觉性等要强于"格物"。可能正是在此意义上,张载、程颢才认为,邵雍之"观物"仅能观得"物理""事理"等,而难以触及更为形而上的"性理""天理"。《二程集遗书》卷十记载:"伯淳言:'邵尧夫病革,且言试与观化一遭。'子厚言:'观化他人便观得,自家又如何观得化?尝观尧夫诗意,才做得识道理,却于儒术未见所得。'"①《二程遗书》记载了张载对于邵雍理学之"观物"的评论,说明程颢也是认同张载看法的。

本节考察可见,宋代理学"观物"对于理学诗的诗歌内容或主旨类型的生成产生了重要的影响。正是由于作为兼具认识论、方法论和目的论"观物"之介入,理学诗才可以具有"乐意""生生不已""与物同体""求做深入"及"观物明理"等多种内容或主旨类型。这些受到"观物"影响而生成的多种理学诗内容或主旨类型,彰显出宋代理学诗的独有诗性品格,丰富了中国诗歌的内容或主旨类型,理应在文学史上占有一定的地位。

第三节　宋代理学"孔颜乐处"话语与理学诗的内容或主旨类型

"孔颜乐处"是宋代理学的核心话语之一。从理学发展史来看,以周敦颐首倡,而经二程、道南学派所发挥完善的体察"孔颜乐处",这一兼有求道目的与践行方式的理学特有范畴,是南宋时期理学家公认的程朱学派一脉相传的"密旨"。②张栻把周敦颐的《通书》《拙赋》与其"孔颜乐处"并列,正说明了"孔颜乐

---

①　程颢、程颐著,王孝鱼点校:《二程集》,第 112 页。

②　"孔颜乐处"为程朱学派一脉相承之"密旨"说,见于《周敦颐年谱》《二程年谱》《杨时年谱》《李侗年谱》《朱熹年谱》等相关记载。诸年谱载吴洪泽、尹波主编:《宋人年谱丛刊》,四川大学出版社,2003 年。又可参看陈来选,于浩辑:《宋明理学家年谱丛编》及《续编》,北京图书馆出版社,2005 年。

处"之于理学的崇高地位。① 不过,从学术研究史来看,这一话语却没有引起宋代理学家及当今理学研究者的必要关注。宋代陈淳的《北溪字义》以及百多年来的理学史著作,对"孔颜乐处"的义蕴及其在理学发展史上的重要地位均无论及。蒙培元先生的《理学范畴系统》虽对"孔颜乐处"有所论及,但对其义蕴及在理学史上的地位等相关内容的论述过于简单。近年来,屈指可数的几篇专题性研究文章,对"孔颜乐处"话语义蕴、理学史地位等虽有涉及,但其某些研究结论不能令人信服。尤其是,宋代理学诗人创作的数量可观的"孔颜乐处"内容或主旨类型诗歌,至今为止尚未得到国内外学者的重视,目力所及,还没有看到国内外学者的相关研究成果。而实际上,如果我们在当下中西文明比较的视野下来审视宋代理学"孔颜乐处"及其内容或主旨类型诗歌这一研究课题,就会发现这一问题正好为中国古代"哲学—诗歌"会通问题研究提供了一个难得的样本。

从中国古代诗歌发展史而言,两宋时期理学实践主体包括"孔颜乐处"在内的性理实践与求道目的,与中国古代诗歌的审美性、体验性和超越性等特质具有相通性。这一相通性得以实现的根本原因,与理学家诗人普遍尊奉的中国古代"诗言志"传统、"文以载道"文道观念,以及统摄创作主体与社会实践主体的理学家诗人的身份密切相关。作为集社会实践主体与诗歌书写或创作主体两种身份于一体的理学家,他们的认知与践履,也就是这些理学家表达在其诗歌中的志、意。但是,理学话语的复杂涵蕴,到底是怎样表达于诗歌作品中的,与彼时若干诗学范畴的内涵变化又有什么关联? 理学—诗学之间发生关系的渠道与关节点到底是什么? 弄清这些问题,有助于我们对文学发展史上备受争议的理学诗、理学诗派的文学特征、文化价值及历史地位有更为准确的认识,进而推动包括宋代文学在内的中国古代文学史上的重大热点、难点问题的深入研究。

一　"孔颜乐处"的文化渊源及宋代理学家的义理化展开

"孔颜乐处"是由北宋周敦颐提出的理学话题。据二程讲,周敦颐尝令程颢、程颐寻"孔颜所乐为何事?",故程颢言:"某自再见周茂叔后,吟风弄月以归,有'吾与点也'之意。"又曰:"茂叔窗前草不除去,问之云:'与自家意思一般。'"②这

---

① 参见拙作:《两宋理学"孔颜乐处"话语之诗学价值》,《南开学报(哲学社会科学版)》2018年第3期。本节部分内容又可参见拙著《宋元理学基本范畴及其诗学表达研究》(南京大学出版社,2020年)第133—174页。为保持本著研究体例的完整性和研究内容的丰富性,本著收入此文。收入本著时,删除了元代相关内容,并有若干修改或补充。

② 程颢、程颐著,王孝鱼点校:《二程集》,第57页。

是宋明理学"孔颜乐处"话语最直接的出处。但这一话语,其最早的儒学来源则是《论语》中对孔子师徒言行、气象、人生态度等方面的若干记述。孔子在述及个人志向时,有"吾与点也"①之叹,又有对颜渊"不改其乐"②之肯定,还有"知之者不如好之者,好之者不如乐之者"③以及"知者乐水,仁者乐山"④等相关说法。孔子、颜回的"乐处",在《论语》里基本指向为安贫乐道、德性定止、向学问道的"大成"境界。而周敦颐所讲的"孔颜乐处",在继承孔颜的"乐处"同时,已包含了《易》之"大人""生生不已"等天人合一的境界,亦包孕了后世理学家所使用的"观物""格物""体贴"等基本的践履工夫,可算是涵弘广大而义蕴无穷了。

有学者认为,宋代理学家对于"孔颜乐处"命题的认识,源于佛教、道教徒的传授或者启迪。⑤ 其论据主要是,周敦颐《太极图》及其所使用的概念"静"等与道教及道家思想紧密相关。再就是,佛教推崇的由于"性空"而"拈花微笑",或与理学家提出"孔颜乐处"话语有联系。其实,不管是佛教也好还是儒学也好,只有"性"之"定"才外显为德性的定止,心性由之而呈现出和悦、自然的境界。但不能因此就认为,"孔颜乐处"的话语内涵就有佛老的影响。《居士分灯录》卷下记载了周敦颐交游祖心禅师,向其请教"颜子不改其乐"的缘由。但这一记载晚于宋人的文献记录,从周敦颐时代到南宋末年,存世的宋人文献对此没有记载。虽然程颐说周敦颐为"穷禅客"或者可以说明周敦颐对佛学有所研究,但并不能由此而说明"孔颜乐处"思想来自佛教。何以后世出现了这一说法?恐怕很难摆脱佛教徒借此自抬身价的嫌疑。包括周敦颐的《太极图》等著作在内,周敦颐所使用的话语,在原始儒家的经典《周易》《论语》《尚书》等典籍中都可以找到出处。因此,自清代以来,很多学者对包括"孔颜乐处"在内的周敦颐的思想来自佛老,提出了很多否定性的意见。近代学者许毓峰在《周敦颐年谱》⑥中列举了一些关于释老两教与周敦颐"孔颜乐处"具有密切关系的说法,为之作了细致的辨正,否定了周敦颐的"孔颜乐处"的涵蕴来源于释老的观点,就目前学术界寥寥可见的四五篇论及周敦颐的"孔颜乐处"文章来看,相关文章的作者没有注意到许毓峰的精当辨析,这是很可惜的。

---

① 杨伯峻译注:《论语译注》,中华书局,1980 年,第 118 页。
② 杨伯峻译注:《论语译注》,第 59 页。
③ 杨伯峻译注:《论语译注》,第 61 页。
④ 杨伯峻译注:《论语译注》,第 62 页。
⑤ 参见杨杰:《周敦颐"孔颜乐处"思想新探》,《南昌大学学报(人文社会科学版)》2012 年第 3 期。
⑥ 参见吴洪泽、尹波主编:《宋人年谱丛刊》,四川大学出版社,2003 年。

我们知道,中国古代文明中有久远的"循名责实"的文化传统,其背景来自历史上广泛存在着的古人关于事物"名"与"实"问题的不对称性使用情况。具体说来,就是古人在表述事物时,经常以不同的"名"来指称同一事物;同时,古人所用的同一个"名",却又在不同的语境中指向不同的事物。《论语》《荀子》《墨子》等所强调的"正名""类名"等,反映出古人已经对此文化现象有比较深刻的认识。①以此而言,按照中国古代这一认识论特性来探讨"孔颜乐处"的义蕴,就必须同时关注与之相关的若干话语。

"孔颜乐处"话语与儒学的"乐教"传统有关。"乐"与"教"相联系,在《荀子》《庄子》《韩非子》等书中已经出现。不过,"乐教"连用成为固定词,最早却出现在晚在西汉中期成书的《礼记》中。这一概念虽晚出,但中国古代的"制礼作乐"传统却源远流长。由于儒家推崇"乐教",因此"乐"也就成为儒家传统思想中的重要范畴。②"乐"的主要功能是实现社会中人与人的和谐,以与"礼教"维护社会伦理的等级秩序相辅而行,所谓"礼以分,乐以和"。但"乐"作为哲学范畴,主要是指主体在同客体的审美关系中所达到的美感体验。儒家"乐教"传统强调的是实践主体的愉悦审美体验,自觉践行"礼"以呈现其内"仁"的道德境界。从此意义而言,"孔颜乐处"话语正与儒家的"乐教"传统一脉相承。

"名教乐地"亦与"孔颜乐处"关系密切。在宋代理学家看来,两者涵义是相同或者相近的。在儒学发展史上,"名教"一词在很长时期内都指儒家的"礼乐教化"。严可均辑《全三国文·魏五十》收录有嵇康的《释私论》,之中使用了"名教"一词,随后"名教"成为南朝晋、宋时期士人的常用术语。之后,《世说新语·德行第一》载:"李元礼……欲以天下名教是非为己任。"徐震堮《世说新语校笺》注云:"儒者因名设教,故曰名教。"③这是以"名教"为儒学的名称。"名教"的初始意义,大致是指儒家在魏晋到南朝时期的发展形态,也就是以原始儒家思想为主体而受释、老思想浸润的儒学新形态。到了唐代,"名教"义蕴又有了新变化。其一,"名教"义蕴发展的路径之一,《毛诗正义》唐孔颖达疏:"《序》又解名教为风之意,风训讽也,教也。"陆德明《释文》云:"风是诸侯政教也。"④显然,孔颖达、陆德明均认为,"名教"指的是儒家推崇的以礼乐制度为载体的政教。其二,如李白《夏日

---

① 参见拙作:《"正名"文化传统与"文"的先秦语义及话语表达》,《西北师大学报(社会科学版)》2015年第2期。

② 参见祁海文:《"乐教"释义》,《中国文化研究》2013年第1期。

③ 徐震堮:《世说新语校笺》(上册),中华书局,1984年,第4页。

④ 李学勤主编:《毛诗正义》,《十三经注疏》(标点本),北京大学出版社,1999年,第6页。

陪司马武公与群贤宴姑熟亭序》有文："名教乐地,无非得俊之场也。千载一时,言诗记志。"①这里的"名教",仍然指的是魏晋时期形成的杂有释老思想的风流自适、逍遥偃傲的文化传统。显然,"名教"在唐代已经成为包括儒家、道家、佛教文化在内的诸文化的代称,并不专指儒家文化。不过,从宋代开始,"名教"逐渐成为儒家的代名词,晚近以来更为明显。如清皮锡瑞的《经学通论》、民国刘师培的《经学教科书》等就是如此。

而"名教乐地"之"乐地",基本内容大体是儒家思想中"乐"的指向与目的。从文献来看,孔子已经把"乐"与个体的道德追求相联系,认为基于礼、仁、义等道德属性的"乐"才是真正的"乐"。如孔子讲:"不仁者不可以久处约,不可以长处乐"②,"贤哉回也!一箪食,一瓢饮,在陋巷,人不堪其忧,回也不改其乐"③,"饭疏食,饮水,曲肱而枕之,乐亦在其中矣。不义而富且贵,于我如浮云"④。这种基于感性认知的生命之"乐",已然超越了普泛的人生欲望而迈进道德理性境界。后来孟子提倡"大人"境界,强调"大人者,言不必信,行不必果,惟义所在"⑤,"大人者,不失其赤子之心者也"⑥,"非礼之礼,非义之义,大人弗为"⑦,又把伊尹"乐尧舜之道"归结为行其仁义之道,进而提出了"乐"的最高境界:"反身而诚,乐莫大焉。"由此,作为道德发生元点的"诚"就与"乐"相统一了。可见,儒家学者所强调的"乐地",是基于实践主体的内在道德修养而表征为审美性、超越性的道德体验和道德目的。

"名教乐地"相联系而使用,常见于魏晋时期的文献记载。《世说新语·德行第一》:"王平子、胡毋彦国诸人,皆以任放为达,或有裸体者。乐广笑曰:'名教中自有乐地,何为乃尔也?'"⑧这是"名教乐地"比较早的文献记载。在这之后,唐人开始大量使用"名教乐地",其含义指向包括儒、道、释等各种文化因子在内的风流自适、逍遥偃傲的文化传统,兼有礼教教化的政治伦理与道德伦理。宋代,因范仲淹令张载寻《中庸》中的"名教乐处","名教乐地"这一话语遂为范、张之后宋

---

① 瞿蜕园、朱金城校注:《李白集校注》,中华书局,1980 年,第 1559 页。
② 杨伯峻译注:《论语译注》,第 35 页。
③ 杨伯峻译注:《论语译注》,第 59 页。
④ 杨伯峻译注:《论语译注》,第 70 页。
⑤ 焦循撰,沈文倬点校:《孟子正义》,中华书局,1987 年,第 555 页。
⑥ 焦循撰,沈文倬点校:《孟子正义》,第 556 页。
⑦ 焦循撰,沈文倬点校:《孟子正义》,第 550 页。
⑧ 徐震堮:《世说新语校笺》(上册),第 14 页。

代学者所关注,开始专指儒家礼乐教化,如苏轼、王安石、曾巩等人都是从"礼乐教化"义来理解"名教乐地"的,而二程、朱熹、陆九渊等人所使用的"名教"一词,大多数情况下涵义亦是如此。但值得注意的是,理学家在使用"孔颜乐处""名教乐地"等话语时,往往已不加分别。"名教乐地""孔颜乐处""观天地生物气象""乐意"等话语,都指向理学家的性理本体或者践履存养功夫,它们的话语义蕴已经基本一致。如朱熹就有诗句:"早知名教无穷乐,陋巷箪瓢也自由。"①这里的"名教乐地"显然已与"孔颜乐处"紧密联系在一起了。

"孔颜乐处"也与理学家追求的"乐意"话语关系密切。很大程度上,理学之"乐意"意蕴是受周敦颐所重视的"孔颜乐处"影响而逐渐生成的。之前,虽然《论语》述及孔子、颜回之"乐",直到唐代韩愈、柳宗元、李翱等人才开始探讨,但这一话语并没有引起唐代诸儒的多大回应。可以看到,孔颖达、赵匡、啖助等人的著作中,对"乐意"并不关心。到了宋代,大约与范仲淹、周敦颐、欧阳修、胡瑗等人对于"名教乐地""孔颜乐处"等话语的探讨有关,邵雍、张载、二程等人展开了对"乐意"境界的探寻。"孔颜乐处""观天地生意"等自从被周敦颐、程颢等人多有表达之后,成为理学家非常重视的话语。周敦颐教育二程体贴"孔颜乐处"、邵雍身体力行"安乐"等,都说明宋代理学家注意到了儒学性理与"乐"的重要关联。

宋代理学家推崇的"乐意",绝不是一般意义上的芸芸众生的感性之乐、欲望之乐,而是专指基于道德实现的崇高感和心性定止而带来的德性之乐。对此,邵雍的认识非常精到。他认为,不同的人群对于"乐"的追求是有高低不同的境界的,他把这种境界分为三种:"予自壮岁业于儒术,谓人世之乐何尝有万之一二,而谓名教之乐固有万万焉。况观物之乐复有万万者焉。"②有学者认为,这里的人世之乐大致可以解释为我们说的感性的快乐,"名教之乐"是人的道德行为带来的满足与愉悦,"观物之乐"是理学的"观生意""孔颜之乐"。③ 这里对于"观物之乐"的界定,似乎有些问题。邵雍之"观物"的"物",是实践主体关注的对象。可以说,只要是实践主体指向的对象或者目的,都被邵雍视为"物"。从邵雍的《皇极经世》《观物内篇》等著作来看,他是把"观物"作为认识"心体""性体""道体""天体"的途径、手段及目的来看待的。由此而言,邵雍的"观物之乐"当指实践主体以其定止之心来把握实践客体所蕴涵的"道"或者"理"时,所感受到的愉悦内

---

① 傅璇琮等主编:《全宋诗》,第 27537 页。

② 邵雍:《击壤集》,上海古籍出版社景印《文渊阁四库全书》本,第 180 页。

③ 程刚:《"观物之乐"与"天地境界"——邵雍三"乐"与冯友兰四"境界"之比较》,《中国文化研究》2008 年第 2 期。

心的体验以及外显的"光风霁月"般的安适、诚明、和乐境界。这里的"观物",因其性理指向和践履体验都具备旨在实现心性定止而呈现了诚明、正、敬等审美的、体验的、超越的道德境界,因此,它必然与"孔颜乐处"所实现的心性定止而表征的"乐意"境界是一致的。显而易见,邵雍的"名教之乐""观物之乐"都与"孔颜乐处"话语紧密关联,但又有其更为丰富的内蕴。

"孔颜乐处""观天地生物气象"以及类似的话语作为宋代重要的理学命题,为宋代几乎所有的理学家以及很多儒学学者所瞩目,如周行己、刘子翚、陆九渊、张栻、吕祖谦、许景衡等人在其著作中,多处提及"观天地生物气象"或者与之相似的话语,并经常就其本末、体用等义理进行讨论。但总的来讲,从思想深度以及研讨之精细化、系统化而言,这些学者对此话语的研讨较之朱熹还是有差距的。可见,经过"道南学派"代表人物及其后学的努力,周敦颐等提出的学"孔颜乐处"而至的圣贤境界,已被转化为对自我诚明本体的心性的静、善、敬等方面的"求道"功夫与认知体验设定。① 如果说北宋时期周敦颐、程颢的"孔颜乐处"尚有着审美性、体验性、超越性的体用特征的话,南宋时期的道南学派直至闽中学派的理学家群体已逐渐把关注的重心转移到摒弃世俗欲望情怀而养成圣贤品格的"内圣"境界,"观物"之重心逐渐转向"观心","明理"逐渐演变成"致知"。在这一过程中,包含审美性、体验性、超越性等诸文化品格的"孔颜乐处",其内在的天人和合关系、不离日常日用的人生态度、兼备目的与方法的体用一体属性等,逐渐被窄化为实践主体通过"观物""格物""体贴"等践履功夫而求其德性品格之外在呈现的"气象"了。

"孔颜乐处"话语,除了理学一支递相传播之外,至少还有两条路径:其一,周敦颐与胡宿、潘兴嗣、郭功甫有交往。胡宿之从子胡宗愈受学于欧阳修。而潘兴嗣对于诗歌颇有研究,他曾论郭功甫诗②,并写有《诗话》,惜已亡佚。潘兴嗣与王安石、王回、曾巩、袁陟俱友善。而其孙潘淳从学于黄庭坚,写有《潘子真诗话》,并与曾巩、陈瓘、吕本中、江藻、洪炎等人交,潘氏当对周敦颐及其理学话语传播有所帮助。与周敦颐有深厚交往的郭功甫,同时又是王安石、曾巩、梅尧臣等人的好友,他们彼此之间有一些诗文应酬。因此,周敦颐的若干话语,亦有可能经郭氏而对王安石等人有影响。又据《周敦颐年谱》记载,嘉祐五年,王安石40岁

---

① 参见拙作:《论两宋理学"观天地生物气象"义蕴及其多样性展开》,《上海大学学报(社会科学版)》2014年第2期。

② 参见吴文治主编:《宋诗话全编》,第670页。

时曾与周敦颐在汴京探讨心性问题。时王安石已被视作通儒，但与周敦颐会面后，安石竟"精思不眠"。由此而言，王安石后期诗歌中的若干心性存养内容或主旨类型，当受到周敦颐的影响。再者，黄庭坚与周敦颐的两个儿子周焘、周寿均有交往。他评价周敦颐具有"光风霁月"的境界，深为理学家所推崇，可见他对周敦颐的"孔颜乐处"话语有很深理解。文献表明，在理学发展过程中，一些理学大家如程颢、程颐、杨时、吕祖谦、张栻、陆九渊、杨万里、魏了翁、真德秀等，都与当时的代表性文学人物有不少交往。这一路径可以看作理学家对文人群体思想的影响。故一些文论、诗论以及文人群体的文学创作，都显示出"孔颜乐处"的影子。除了"气象""自然""活法""自在"等文学评论话语外，两宋时期不少文人亦写有表达"孔颜乐处"的内容或主旨类型诗歌，其原因可能均与此有关。其二，经由二程的开拓境界，而复经胡瑗等人在太学教授时的提倡，这一话语很快就成为北宋时期的儒学核心话语。特别是，胡瑗主讲太学时，因程颐所作《颜子所好何学论》而擢程颐为学正，因此，太学生及彼时著名学者自然会对"孔颜乐处""名教乐地"等话语有所注意。因为据《宋史》等记载，北宋中期，朝廷官员中胡瑗门人占据了"十之四五"。不过，两宋时期除了理学家之外的儒者，更多地使用"名教乐地"等话语，而不太使用"孔颜乐处""观天地生物气象"等，推想起来，这可能是遵奉传统治学理路的儒者有意所为，以与理学诸人有所区别。当然，要论及彼时学者对于"孔颜乐处"话语的探讨及递相传播，以及在诗学论述及诗歌作品中的表达，显然宋代理学家所作出的努力是最为重要的。

二　"孔颜乐处"的情感体验属性、审美特质及诗学表达

"孔颜乐处"以及与此紧密相关的话语，因为强调实践主体超越具体事物本身而体验圣贤之心性，这就相当于强调实践主体以诚、敬、不动心等方式保有了德性的定止。这就要求，实践主体以如镜之心"体贴"事物，为外在事物所摇动。"孔颜乐处"话语因其同时关注心性的体与用，即其始终与儒家的诚、敬、仁等心性的"本体"与识、知、觉等心性的"用"相耦合，而与佛教的心性之"空、静、虚、无"等本性，以及"明、灭、苦、度"等心性之"用"拉开了距离。由此，"孔颜乐处"的情感性已经被转化为心性的纯净与定止，而非世俗文化所重视的包裹着欲望、情色、贪婪、利益追求等在内的情感。同样，"孔颜乐处"话语的审美特质，也不再是单纯的美的体验和理性的认知判断。可见，"孔颜乐处"因为实践主体以定止愉悦的心性，体贴万物而贯通万物，而成就为天人合一、万物一理的"大成"境界了。

就"孔颜乐处"实现的践履方式——体贴、观物、格物等来看，亦可对其情感

性、超越性、审美性的特质有所认识。比如,就目的性来说,"观物"实现的是实践主体对心体道体等道德本源和道德存养目的的体认与把握,其实现的前提是实践主体通过不假人为的自然清净的心理状态,以"诚""敬"、体贴"心"之"未发"等方式来把握和体认"道"之体用。为实现此目的,从"观物"的手段和途径而言,则"观"的"物"可以是具体可感之物、事件,亦可为观念之"物"等。就宋代理学家常用的"观"之"物"话语而言,则有"观天地生物气象"、"观孔颜乐处""观天地生生不已"等。这些理学存养的命题或者范畴,因其实践方式是体验性的识察、涵养或者通过实践主体把情感、认知投射于一定的境界中来取得对事物的认知与把握,而具备了审美性、情感性、实践性等品格。蒙培元先生考察认为,"孔颜乐处"内在地沟通了认知与审美。他说:

> 二程对周敦颐的"孔颜乐处"念念不忘,深有体会,并继承和发挥了这一思想。……这就是从审美意识所理解的"万物一体"境界。这种境界既是道德的,又是美学的;既是客观的,又是主观的,既是理性的,又是直观体验的。它融理性与情感为一体,以主观体验为主要特征,审美主体和美感对象合而为一,进入物我一体、内外无别的美感境界,超出了形体的限制,深入到美的本质,因此,才有最大的精神愉快。①

蒙先生指出"孔颜乐处"的实质,就是以主体亦目的亦途径与手段的"乐"的审美体验,实现了天人合一的境界。这种境界从实践主体而言,是体验的亦是理性的,是道德的亦是美学的,是主观的亦是客观的,自然与主体都融入"乐"的境界中而不分彼此,浑融为一体了。可见,理学之"观物",从其功用及认知来讲,具备了以审美的方式融合客体与主体的特征。进而言之,这种把握事物以及从中抽绎出性理规律乃至体认天人合一的方式,通过识察涵养、默认体贴地达到了物我一体的审美境界。

包括"观孔颜乐处"在内的"观物"方式,必然包含着对事物的认识、感受、判断与逻辑推理和价值属性的决定等认识过程。这一实践与认知过程,含有实践主体的审美认知和审美体验在内。具体来讲,"观物"之与充满实践主体的愉悦情感体验的一些虚指之物如"观天地生物气象""观孔颜乐处"等自不必说,就是那些"观"具体事物以发明"物"理或者性理的实践主体的"观物"而言,其中亦含

---

① 蒙培元:《理学范畴系统》,第 512 页。

有审美因素。"观物"的审美性、体验性和实践性特质,同时亦决定了"观物"者可以充满情感的或者完全理性的方式体验、反省、分析或者判断,从而把握事物。在把握事物时,又可以有所侧重,既可以关注事物本身的特质、属性和发展运行规律,又可以遗貌取实,以发掘事物所蕴含的性理。在关注事物时,既可以侧重情感体验,又可以侧重理性认知。

可见,"孔颜乐处"话语,本然地具备了诗化的特质与属性。包括理学家在内的宋代文士对于诗歌功能的认知,是"孔颜乐处"话语向着诗论"潜转"[①]的重要条件。北宋中期,梅尧臣、欧阳修、苏舜钦、王安石等人所提倡的"文"以"明道""贯道""因诗求道"等正与邵雍、周敦颐、程颐所提倡的"文"以"载道""因诗明理""作文害道"等相呼应,这本身就说明,彼时士人对于"道"的推崇已是风尚所指。因此,作为从周敦颐到朱熹、陆九渊,为理学与心学各派公认为"道学"之"密旨"的"孔颜乐处"话语,自然就为自北宋开始的理学家所提倡和推崇。影响所及,彼时各类士人群体的"观物""格物""体贴"等认知方式,往往也就成为理学诗歌创作者的思维方式和诗歌表达方式。

在这方面,邵雍的"因诗明道"与吕本中的"活法"可作典型。邵雍在《击壤集》序中强调:"性者,道之形体也,性伤则道亦从之矣。……物者,身之舟车也,物伤则身亦从之矣。"[②]他又讲:"所作不限声律,……因静照物,因时起志,因物寓言,……虽曰吟咏情性,曾何累于性情哉!"由此可见,邵雍的诗学主张,其最终目的在于由"观"而求"心性""性情"。显而易见,邵雍的"乐"自然是因道而乐,乐在心性的定止及其因诚敬而体贴"道"之"仁"体与天地"生生不已"之本体上。由此而言,包括"观孔颜乐处"在内的因"观"而实现心性的定止和悦境界,对于诗歌作者而言,已经成为影响其诗歌思维和表达的重要的理论表述与理论实践方式。同样,吕本中的"活法",其中亦因理学家的体物方式而实现的是心性的定止境界。吕本中在《夏均父集序》中对"活法"的内涵作了解释:"所谓活法者,规矩具

---

① 本著所用"潜转",指的是理学话语转变为诗学话语时所呈现出来的"发展性"特征。考察可见,理学话语成为具有审美属性的诗学话语不是必然发生的。正是缘于理学实践主体兼摄诗学书写或创作主体、道德实践主体的同一性身份,故而,当一些理学话语所蕴涵着的思理或旨趣成为诗学书写主体的知识结构、认知思维方式,以及审美判断和审美追求的重要标准之时,这些理学话语才具备了审美的功用、属性和特质的可能性。至于这种可能性是否成为历史事实,还需要考察该理学话语是否在实践主体的诗学批评和诗学书写实践等有所表征或呈现。本著作者注意到理学话语向着审美话语的转换是一个较为复杂的过程,但本著研究的重点并非在此。为了说明理学话语向着审美话语的"发展性"进路这一历史客观存在,本著以"潜转"这一话语来指称此种现象,而不作更多展开。

② 邵雍著,郭彧整理:《邵雍集》,第 180 页。

备而能出于规矩之外,变化莫测而亦不背于规矩也。是道也,盖有定法而无定法,无定法而有定法。"①有学者据此认为,吕本中的"活法"说其实是把重规矩但又主张"领略古法生新奇"的黄庭坚和重无法但又主张"行于所当行,止于不可不止"的苏轼的精神统摄到了一起。又有学者进而认为,吕本中的活法论,主张要"饱参"、要"悟入"。② 这些说法只注意到吕本中作为文学家诗学取法的一面,没有注意到吕本中同时亦求学于程颐,是富有学养的理学家的一面。作为理学门人的吕本中正是把包括理学在内的"观物"方式移植于诗歌创作,使之成为诗歌创作的表达方式的。

理学家的包括"孔颜乐处"等话语在内的理学境界追求,往往也就成为其诗歌理论所重视的判断诗歌境界高低、诗学成就的重要标准。特别是,包括"观孔颜乐处"等在内的话语,因其指向和悦的心性定止,又以审美性、体贴性、超越性的品格而沟通天地、道德与人生境界,因此,也影响到一些诗学话语。如为朱熹所高标的"气象"诗歌境界,就与包括"孔颜乐处"等话语在内的若干理学范畴紧密相连。再如"从容""自在""清淡"等均与"孔颜乐处"范畴有一定关联。对此,本书第六章将予以详细考察,此不赘述。

除了大量的理学家以理学思理、术语,特别是以"观圣贤气象""观天地生意"等会通于诗学及诗歌创作之外,理学家对包括"孔颜乐处"等话语在内的境界追求和心性存养与践履方式,往往影响到诗论家,并成为其判断诗歌境界高低、诗学成就的重要标准。如南宋晚期魏庆之在《魏庆之诗话》中就引用了朱熹的二十多条诗论作为准则,来评定诗歌水平高低。金履祥在《濂洛风雅》中就把陈淳等人为朱熹组诗《斋居感兴二十首》所作的理学涵义疏解作为正文纳入诗选,这就极大地影响到元明诗人的理学诗创作。又如,周敦颐与潘兴嗣交好,并有应酬诗歌传世。潘之孙潘子真作《潘子真诗话》以淡、清等话语评价诗歌,这也可以看作理学的境界追求和心性存养的方式对于诗歌境界构建等问题的影响。而这之中,由"孔颜乐处"话语所引发的理学境界问题的诗歌"潜转"与语义的变换,以及因"孔颜乐处"等话语而涉及的"明理""平淡""乐意""自然""平和""涵咏性情"等,都是南宋时期诗论史的重要话语。从包括"孔颜乐处"在内的理学话语的诗学转换角度出发,来考察宋代诗学范畴的诗学话语潜转与变异,会为宋代诗学问题研究提供一个崭新的研究思路。

---

① 丁福保辑:《历代诗话续编》,第 485 页。

② 参见韩经太主编:《中国诗歌通史》(宋代卷),第 448 页。

三　"孔颜乐处"诗歌的内容或主旨类型及诗意组织方式

理学家在抒写"孔颜乐处"诗歌时,其关注的内容或主旨类型主要集中于以下五个方面:

第一,不受外物干扰的德性定止之乐。

儒家经典《大学》虽然把"定止"视为个体心性存养的最高层次,《论语》中孔子及其门徒又从日常日用中体贴"乐意",但把两者联系起来,并认为个体的德性定止存养可以实现人生之大乐,要算是理学家的重大贡献。从中国诗歌发展史来看,儒家学者孜孜以求的这一道德之"乐",长期以来却不被诗歌创作者所重视,甚至在诗歌评论中也鲜见论及。而实际上,理学家的这类诗歌内容或主旨类型提升了中国古代诗歌的思想境界。

伴随着"孔颜乐处"的传播与影响扩大以及话语内涵的转换,"孔颜乐处"的诗歌内容或主旨类型逐渐演变为包括"孔颜乐处""观天地生意""观圣贤气象"等在内的"乐意"内容或主旨类型,这一发展趋向,自北宋中后期开始得到了理学家的普遍重视。如周敦颐《题濂溪书堂》、程颢《秋日偶成》等,已经开始书写"孔颜乐处"诗歌内容或主旨类型。从北宋理学"五子"的相关诗作来看,他们所书写的"孔颜乐处"诗歌内容或主旨类型,相对而言含有一定的情趣和个体审美体验。而自二程的门人杨时、游酢、尹焞等人开始,程朱一派理学家所创作的包括"孔颜乐处"在内的"乐意"内容或主旨类型诗歌,往往重视经自讼、慎独等严格的践履实践和由心性定止而来的"德性定止"之乐,严肃的、理性的、注重内省的克己功夫,以及由此而来的"明理"逐渐成为主流。杨时存诗 300 多首,《全宋诗》厘为五卷,而表达"孔颜乐处""乐意""观天地生意"等内容或主旨类型的诗歌不足 10 首,可见其一斑。杨时有诗《闲居书事》,谈及实践主体以读书闲适为生活,以静处闲淡、静默净心为"乐"。同样,杨时门人如张九成、范浚等,均写有表达"孔颜乐处""乐意"等内容或主旨类型的诗歌,但他们在表达"孔颜乐处""乐意"等诗歌内容或主旨类型时,往往更为重视道德的自律性和圆满性理性判断与践履追求,而与情感性审美体验有距离。考察可见,这一特征是两宋之交理学诗的重要走向。①

第二,"格物明理"以至于"自诚明"的求道体验之乐。

这一类诗歌,作者经常述及由于践行省察、静默、诚敬等而得到的"性理""义

---

① 相关考察可参见本书第二章第三节。

理"或者"原理"。本来,周敦颐、邵雍、程颢等人的理学求道路径及其践行方式并非唯有"格物"之一种路径,"观物""问学""体贴""存养"等,都是实现由"自明诚"到"自诚明"的求道方式。但自程颐发起而由朱熹集大成的程朱一派理学,更为强调的是由"格物"而"今日格一事,明日格一事",强调穷尽事理而后才会豁然明省,进而得道。这一路径,显然是过于强调了践履过程,而在践履功夫与求道目的之间打入了若干阻碍直指道体的楔子。

程颐诗歌存世不多,但恰恰是他的几首诗开始显露出"格物明理"之"乐"内容或主旨类型及表达方式的显著特征。如其《陆浑乐游》因游玩所见得出"身闲爱物外,趣逸谐心赏"①,《游嵩山》因阴云遮断目力,遂有"如何天意异人谋"②等。用"格物明理"组织诗歌内容的表达方式,在杨时诗歌里已经成为常见的手法。如其《元丰壬戌岁暮书事》,因春雨过后冷风摧折心绪不快,继而无聊而采萱草,图谋酣饮求乐,由此而悟及"万物一刍狗,苍苍自高目"的"理"。不过,杨时诗歌中,因表达"孔颜乐处""观天地生物""观天地生生不已之意"而及的"乐意"极少。他的诗歌更多是表达其因"格物"而得到的"性理"或者"义理"。

与杨时同时或之后,以"格物明理"方式写到"求道"之乐的诗歌,数量明显多了起来。如周行己有《寄题方氏赏心亭》有句:"日月歘不淹,万物纷迥薄。……彼来无穷期,讵可尽酬酢。……达人畅高情,物物各有乐。"③因亭而及景,从而"格"出性理、物理。值得注意的是,周行己写有不少长篇律诗,其中有不少诗"以文为诗",如其《寄鲁直学士》有句"乃知士子名未立"④,《雨中有怀》有句"此理谁复论"⑤等,采用总结、归纳的诗歌内容表达方式,通过对"物"的推究而"明理",这显然学习了自欧阳修、苏轼以来的诗歌创作传统。又如许景衡以"格物明理"方式而创作的"乐意"内容或主旨类型诗歌,其《仲焕雪中见过因留小酌》有句:"阳复日虽长,岁暮气犹惨。……追随有余日,相与乐闲淡。人生随所遇,何者为夷险。要当反自味,岂特尝橄榄。"⑥因岁暮与友人饮酒而述及时事,最后由之而"格"出人生应淡然自适、默坐静思以自修的"理"。再如张栻有诗《风雩亭词》,首先点出造亭之经过及风雩亭之地理位置、形状构造、气象之雄伟庄严,再写孔门

---

① 傅璇琮等主编:《全宋诗》,第 8374 页。
② 傅璇琮等主编:《全宋诗》,第 8374 页。
③ 傅璇琮等主编:《全宋诗》,第 14357 页。
④ 傅璇琮等主编:《全宋诗》,第 14362 页。
⑤ 傅璇琮等主编:《全宋诗》,第 14360 页。
⑥ 傅璇琮等主编:《全宋诗》,第 15517 页。

师徒舞雩台之事迹,然后由此而"格出"此"于鸢飞而鱼跃,实天理之中庸",认为"防物变之外诱,遏气习之内讧"是实现"极颜氏之深工"①的心性道德追求。其中可见,"格物明理"在诗篇内容组织上具有重要作用。

总的看来,由于程颐、杨时等人"格物致知"理学思理的影响,"格物致知"成为南宋时期重要的诗歌表达方式,以至于大多数理学家抒写的包括"孔颜乐处""乐意""观天地生意"等在内的诗歌,都呈现出非常典型的诗歌表达特征。这一特征是如此明显:不管是道南学派、湖湘学派,还是闽中学派、浙东事功学派的理学家诗人,其诗歌都表现出"格物明理"的诗歌内容组织形式。

第三,保有心性和悦的释然闲适之乐。

佛教讲人生之喜乐苦恼如恒河之沙,这就从超越的高度,指出了人生无可把握之际应该超越事物而保持心性的平静和悦。实际上,理学家反复强调的道德和乐之追求,走的亦是超越性、审美性的路径,以求心性的释然和悦。不过,与佛教不同的是,理学家强调更多的是从具体的社会生活中来做到释然闲适,而不追求出世及虚空的人生。如张栻诗《和吴伯承》,首先述及吴氏生活环境之优雅,再及吴氏道行修养之高深,最后发出了"倘臻名教乐,何必怀山林"②的深沉感慨,全诗对吴氏释然闲适以求道为乐表示了推崇之意。又如韩元吉有组诗《南涧》,其一有句曰:"秋风何时来,午暑忽已散。娟娟木犀花,弄蕊亦璀璨。……古来达道人,至乐在山涧。艺兰与种蕙,采掇契幽原。"③以初秋午后南涧观花为乐,而以游宦困顿作比,表达出作者对于保有心性和悦的释然闲适之情的珍惜。

总的来看,理学家所创作的表达其保有心性和悦的释然闲适之乐内容或主旨类型的诗歌,在其诗歌总量中所占分量并不突出。这可能是,北宋之后的大多数理学家更为重视在静默、省察中,通过对事物的"观""格""体贴"等而亦认知亦践行地实现对道体心体的认知与落实,"格物致知"或"格物明理"已经成为广为接受的求道的法门,而邵雍、程颢等所提倡的活泼泼地、包含情感体验与超越性的审美体验的,以"心"之体悟而直信道体的方式,被朱熹等认为"说的太高"而疏离。因此,大多数理学家诗人,在诗歌创作时并不太重视抒写释然闲适的得道之乐。相反,于日常日用间体悟其静默行止、所思所遇之事,通过"格物""观物"而以理性认知与逻辑推理得出道德性理之"道"或"理",才是他们诗歌创作的主要

---

① 傅璇琮等主编:《全宋诗》,第 27860 页。

② 傅璇琮等主编:《全宋诗》,第 27862 页。

③ 傅璇琮等主编:《全宋诗》,第 23608 页。

类型。

第四,"观物"之乐。

考察可见,"观天地生意"之"乐"的诗歌,在理学家诗人的诗歌作品中占有重要分量。如杨时、游酢、罗从彦、韩元吉、李侗、陈耆卿、陈傅良、张栻等人,都写有这一类的诗歌。到了南宋晚期的包恢、王柏等人,这一类诗歌内容或主旨类型在其诗歌作品中更为常见。大概是因为体贴"天地万物生意"触及理学之关枢,理学家可以藉由"观物"或者"格物"等以"体贴"、涵养的方式来触及心体性体道体等。邵雍的"观物"之乐内容或主旨类型诗歌数量较多。在邵雍看来,万事万物都可"观",有的"观"涉及求道之"乐"。除了自然、社会、人生所面对的实在之物外,名、利、情,乃至道、释话语范畴,都是邵雍用来"观"的"物"。如他有诗《放言》:"既得希夷乐,曾无宠辱惊。……谁能苦真性,情外更生情。"①其中,"希夷"为《老子》所讲的"道",但他所强调的"希夷乐",自然是脱离了名利、宠辱的得道之乐,这是儒家惯有的求道追求。这里的"空"为佛教根本宗旨,而"齐物"为《庄子》所用的体道方法,这一切都被邵雍认为是无法从根本上接触"道"之体的。他又在《龙门道中作》中写道:"物理人情自可明,何尝戚戚向平生。……满目云山俱是乐,一毫荣辱不须惊。"②诗作以"物理人情"为"观"之对象,表达出自己安于闲逸布衣生活,以追求儒家之"道"为乐的思想。在邵雍诗歌中,因"观物"而及对象如名利、山川、历史兴衰、时光、礼法、清风等,只不过是藉以实现体贴省察"道""理""性""乐"等的"物",这些事物都是途径与手段,由之而实现的"观"所得之"乐"等目的,才是要注意探寻的。在实践主体"观"这些"物"时,必须保持内心的虚无静谧而不被外在的"物"摇动,也就是强调保持物我平等而又打成一片,所体贴的是"物"中涵蕴的包括道德性理在内的得道之乐。

不过,邵雍之后,以"观物"而得的"求道"或"求理"之乐的诗歌并不太多。如张载、李复、张舜民等人,几乎没有以"观物"来求得"乐"的诗歌作品。杨时因"观物"而"乐"的诗歌也仅有几首,其诗《寸碧轩》:"隐隐遥山列画屏,檐间寸碧与云平。……虚景远涵千里色,晚晖仍借一溪清。春风景物知多少,可称收身乐此生。"③诗篇因观景而为乐,表达出创作主体彼时的宁静心性。而杨时之后,从道南学派直至湖湘学派、闽中学派的理学诸贤,抒写以"观物之乐"为内容或主旨类

---

① 邵雍著,郭彧整理:《邵雍集》,第 225 页。
② 邵雍著,郭彧整理:《邵雍集》,第 210 页。
③ 傅璇琮等主编:《全宋诗》,第 12948 页。

型的理学家诗歌,作品也并不多。这种情况的出现,令人颇为困惑。仔细想来,想必也是程朱学派一脉学者尊崇"格物明理"或"格物致知",而以严肃的理性认知与严格的践履代替了邵雍等人的合审美体验与超越认知的"观物""体贴"等方式。比较异类的是陆九渊门人杨简的"观物"之乐内容或主旨类型的诗歌。杨简发扬邵雍、周敦颐、程颢等人的以审美体验的方式,直指道体的传统,而以"观物"为基本体贴方法,写有一些表达"观物"之乐内容或主旨类型的诗歌。如其《石鱼楼》其二:"个里包坤更括乾,精神微动便纷然。桃红柳绿春无迹,鱼跃鸢飞妙不传。菱浪岂缘风衮衮,荷珠不为露涓涓。分明是了何言否,此事难容郑氏笺。"① 诗篇以春意融融之风景表达出周敦颐所推崇的"观天地生意"之天地德性"仁"体气象,并进而批评以郑玄为代表的传统儒者不能探究儒学精义。显然,诗意内容的组织方式与程朱学派理学家的"孔颜乐处"内容或主旨类型诗歌是有明显差异的。

第五,"观天地生意"之乐。

这是因为,由"观物"在理学体系中的重要性和"明理""格知"中的重要地位所决定,理学家诗人在写作诗歌时,经常使用"观物"这种方法来观察事物及组织诗歌内容,"观物"因之而成为理学家表达"孔颜乐处""乐意""名教乐处""观天地生意"等"乐"的常见诗歌形式。表达"观物"诗歌内容或主旨类型,也就成为理学诗常见的诗歌类型之一。而从理学体系而言,体贴"天地生物气象"或者"天地万物生意""庭草不除之意"等,都是实践主体藉以"体贴"天地"生生不已"之"仁"体境界,也是实现"天人合一"以至于"物吾与也"的途径。由此,宋代理学家诗歌对观"天地生意"命题非常重视,有大量的诗篇抒写这一内容或主旨类型。参见本章第四节,专门探讨理学诗的"观天地生物气象"内容或主旨类型。

由上可见,宋代理学家在表达"孔颜乐处"内容或主旨类型诗歌时,主要关注点在于,通过抒写这一类诗歌来表达对识察、践履仁体、道体、心体等之定止、和悦、释然、闲适及"观物"之乐。而"孔颜乐处"所蕴含的安于贫贱、以礼自守、克慎讼独等道德的实现与圆满之乐,都被有意无意地疏离了。这说明,作为理学范畴的"孔颜乐处"与作为诗歌表达内容或主旨类型的"孔颜乐处",具有不一致性。

四　"孔颜乐处"内容或主旨类型理学诗书写的文学价值

近代以来,尤其是近三十年来,一些文学史家往往对理学诗的评价比较低,

---

① 傅璇琮等主编:《全宋诗》,第 30081 页。

认为其缺少艺术性、情感性。这一认识固然有其偏颇性,但是理学家的性理诗歌往往突出其哲理性而对情感性、超越性、审美性有所忽视,亦是我们在评价理学诗、理学诗派时所必须注意到的历史客观存在。不过,即便如此,理学家的性理诗歌仍然具有重要的文化贡献,也应该给予其一定的文学史地位。

如果我们承认,"唐宋诗之争"实质上是从艺术本位评价还是从文化本位评价而导致"尊唐"或"尊宋"的话①,那么,我们对于"孔颜乐处"内容或主旨类型诗歌及其诗意组织方式,乃至对理学诗的评价,就必须注意到理学家所使用的组织诗意及表达思想的方法。我们知道,理学家的重要的认知方式有"观物""体贴""把握"等,从其思维方式而言,又有"归元"思维、"正名"思维等。② 因此,在对"孔颜乐处"内容或主旨类型诗歌作出评价时,就应该注意到,理学家的诗歌正是受到了其理学话语、理学思维、理学表达方式的巨大影响。包括"孔颜乐处"内容或主旨类型诗歌在内的理学诗,所涵蕴的文化品格及其在诗歌表达、主题类型、诗歌风貌等方面所表现出的迥异于以往的特质,就值得重视。

本节研究表明,宋代理学家"孔颜乐处"话语及其内容或主旨类型诗歌,其发展演变历程十分复杂。"孔颜乐处"内容或主旨类型的诗歌,在周敦颐、邵雍、程颢的作品中,还是比较重视抒写客观的物象及构建意境的,这是因为兼有感性认知和艺术审美体验在内的"观物"方式及"明理"目的,自然就包孕有传统诗歌的意境。按照冯友兰的"四境界说"来分析,"孔颜乐处"内容或主旨类型诗歌往往具备了"自然境界""道德境界"与"天地境界"等不同的境界类型,单就这一点而言,它对于中国诗歌境界类型及其构成也是有贡献的。不过,自程朱学派提出"格物致知"或"格物明理"之后,"孔颜乐处"内容或主旨类型的诗歌,往往重在抒写实践主体或创作主体的"识""义理"或者"性理",而忽视诗歌的诗境构建及诗意的艺术表达。但从议论性诗歌来讲,以"明理"为主要诗意表达方式的"孔颜乐处"内容或主旨类型诗歌,同样对于提升宋诗议论的精粹化程度有巨大贡献。

必须指出,理学诗的创作主体与理学的实践主体,往往是同一个理学家,但"孔颜乐处"的理学话语内蕴,并非全部表达于其内容或主旨类型诗歌上。由此而言,理学诗的性理内容或主旨类型,并不与理学家的理学话语完全等同。那么,产生这一现象的原因是什么?是否说明理学诗在理学、诗学之外,另有尚未

---

① 参见拙作:《唐宋诗之争、宋贤精神及宋诗文化生态研究的理论思考》,《中国文化研究》2014 年第 1 期。

② 参见拙作:《论两宋理学家处理文道关系的思维方式及其文化价值》,《孔子研究》2012 年第 2 期。

被发现的若干话语表达系统存在？看来，理学、诗学之间的联系及差异仍然值得我们关注，相关研究尚有巨大的探讨空间。如此一来，下列问题就会呈现在文学史家的研究视野中：中国诗歌的艺术性，是不是其特质？中国古代诗歌与哲学的会通问题，到底在中国文学史中应该占有什么样的位置？如何看待中国古代诗歌审美的境界问题？哲学话语与话语的诗歌表现，其差异性的本质原因是什么？哲学—诗歌发生关系的途径、关节点主要有哪些？中国古代文学史的撰写的线索除了遵循历代文人群体的评论之外，是不是也应该关注学者尤其是文化精英的学术判断？如果遵循的话，如何体现？中西文化中哲学—诗歌的会通，有没有差异性？类似的问题还有很多。显然，这些问题，值得当代文学史家认真思考。①

第四节　宋代理学"观天地生物气象"话语与理学诗的内容或主旨类型

在世界哲学史上，大多数西方哲学家并不承认中国古代有哲学存在。究其原因，除了中国古代哲人重视德性之知甚于见闻之知的传统之外，亦践行亦形而上的兼本末该体用的话语体系与思维形态，于当代知识界而言是颇为生疏的。就拿中国哲学核心话语之一天人关系来说，以体贴而贯通体用从而实现对自然界与道德界的整体把握，兼具审美、体验与超越性而巧妙实现哲学理论元点的统一性问题，实是包括儒家学者在内的中国古代士人的杰出贡献。但中国古人用来表述天人关系的话语体系与独特思维方式，对习惯于以西方科学理念和认识方法来认识事物的现代人而言，是很难理解与把握的。

饶有趣味的是，宋代理学家早在距今近千年的关于自然界与道德界具有统一性的认识，正是近代以来西方哲学界伟大哲学家如康德、黑格尔等人穷尽终生却难以解决的哲学难题。之中，宋代理学家继承前贤，以"观天地生物气象"而沟通自然界与道德界的努力，堪为创辟。这一努力，不仅表现在他们对儒学义理的深度探求上，也反映在其诗文创作和思维方式中。在宋代文化史上，周敦颐首先提出了"观天地生物气象"这一重要理学话语②，并作了初步展开。几乎与之同时，邵雍、张载、欧阳修等人不约而同地关注了这一话语。他们所用话语虽不相

---

① 本节部分内容，曾以《两宋理学"孔颜乐处"话语之诗学价值》发表于《南开学报（哲学社会科学版）》2018 年第 3 期，后收入拙著《宋元理学基本范畴及其诗学表达研究》。本著收入时又对部分文献及相应观点做了适当调整。

② 朱熹、吕祖谦编，张伯行集解：《近思录》，《丛书集成初编》本，第 15 页。

同,但其实质是相似或者近似的。诸如"观天地""观物""观气象"等,都应该可以被看作与"观天地生物气象"相一致或近似的范畴。值得注意的是,朱熹、吕祖谦合编的《近思录》,在卷一"道体"中,特地把程颢受教于周敦颐而得之"观天地生物气象""万物之生意最可观"选入,这说明朱、吕二人都认为这一理学命题触及理学的本质,亦即"道"之最终归宿问题。不仅如此,在宋代理学家的大量理学诗作中,有不少诗歌涉及"观天地生物气象"问题,且类型丰富多样,令人印象深刻。不过,宋代理学家虽已先知先觉提出"观天地生物气象"这一问题,并做了一定程度的展开,但他们并没有说明、论证如何实现自然界与道德界贯通的路径、方式之确然性与合理性。近百年来国内外学界对此缺少相关研究,如蒙培元《理学范畴系统》、陈来《早期道学话语的形成与演变》等都没有涉及"观天地生物气象"义蕴及其发展历程等问题,更遑论对理学诗的这一重要内容或主旨及其类型加以关注。

一 "观物取象"文化传统及其会通性取向

"观天地生物气象"话语既然为诸理学家所重视,既与由《易》表征的先人之"观天地""取象"以"制辞",因辞以尽意这种沟通天人方式有关;也与先秦时期就流行的、由古占气家开创的占卜、望气等"观气象"传统有关。占卜、望气等暂且不论,《易》之"观物取象",已经有了先民会通天人文化传统的意味。《易》提出:"子曰:'圣人立象以尽意,设卦以尽情伪,系辞焉以尽其言。变而通之以尽利,鼓之舞之以尽神。'……是故形而上者谓之道,形而下者谓之器。化而裁之谓之变,推而行之谓之通,举而错之天下之民谓之事业。"又讲:"是故夫象,圣人有以见天下之赜,而拟诸其形容,象其物宜,是故谓之象。圣人有以见天下之动,而观其会通,以行其典礼,系辞焉以断其吉凶,是故谓之爻。极天下之赜者存乎卦,鼓天下之动者存乎辞;化而裁之存乎变;推而行之存乎通;神而明之存乎其人;默而成之,不言而信,存乎德行。"正义曰:"虽言不尽意,立象可以尽之也。……若有德行,则得默而成就之,不言而信也。"[1]从思维方式来讲,《易》之"观物取象"与"因象制辞"实现了从具体到抽象,再由抽象返回具体的过程,而从天人关系而言,此一过程实现了自然界与作为主体的人的会通,这种会通不仅仅是作为实践主体的人把握、认识世界的努力,也是实践主体与自然界具有生生不已的共同性的特性所在,依靠实践主体的德行,辞、爻、象、意才会成为沟通天人的途径而实现自

---

① 李学勤主编:《周易正义》,《十三经注疏》(标点本),第291—293页。

然界与人生界的会通。

　　这一原则也成为治《易》之重要的法则。《四库全书总目》总结历史上治《易》有"两派六宗"以及"好异者"之说，但不论是《左传》诸占、汉儒象数，还是王弼以老庄说《易》，历史上治《易》者以"观物取象"说《易》之原则并无大的分歧。只不过诸家对此呈现出愈加细密化的阐释取向。宋人对此虽有发展，但对以"观物取象"而会通天人关系这一基本《易》学宗旨，却恪守无变。司马光《温公易说》、张载《横渠易说》、程颐《伊川易传》等虽重视以解经来干预社会政治，但这些著作，尊崇"观物取象"而论证《易》之占吉凶明祸福之用，与通达天理明人心之体，则是一致的。如张载《横渠易说》释《乾》卦言："'乾道变化，各正性命'，此谓六爻。言天道变化趋时者。六爻各随时自正其性命，谓六位随时正性命各有一道理，盖为时各不同。"①之中，张载以"随时正性命"之"道理"来释"天道"，这是观六爻、六位之"象"而得出的认识，虽然张载此为观"象"以断辞，但这与传统解《易》之"观物取象"是一致的。与之相似，吕大临、陈瓘、朱震、朱熹、张栻、杨简、吕祖谦、杨万里、蔡渊、魏了翁等人的《易》学著作，在解《易》时亦遵循"观物取象"原则。所不同的是，上述诸家或援治道以解《易》，或援史事以证《易》，或以理学义理以阐《易》。不过，虽治《易》路径各有不同，但都重视"观物取象"的重要作用。仔细想来，宋人尤其是理学家发挥《易》传、《中庸》思想来建构理学体系，《易》之"观物取象"以沟通天人的特性，应是其重要原因。

　　"观气象"则是"观物取象"的必然历史延伸。《易》之"观物取象"，其方式是以具体可感之"物"而入手，取其显于外的"象"，以此而会通天人。因此，具体可感性、客观实在性仍是"观物取象"的基本条件。"观气象"亦是如此。概括而言，唐前"气象"涵义主要是形容山川草木、季节物候、日月星辰等自然万物的外在物态。"观气象"在早期天文、占卜、算命相术中多有使用。通过"观"来把握事物本质、规律、属性，从而以先验的直觉的判断或者推理来对相关事物进行属类、性质与规律的概括提炼，是先民重要的认知或思维方式，并逐渐固化为一种世代相袭的文化传统。这一传统是如此之强大，以至于成为中国古代绵延不绝的重要文化现象。宋人正是从经学著作《易》的"观物取象"与流传不已的"观气""观物""观人"等传统中汲取营养，而发明出"观仁者气象""观孔颜气象"等话语，最终导引出"观天地生物气象"的崭新时代话语。

　　从历史文化传统而言，中国古代《易》"观物取象"以及以之会通天人的文化

<hr />

①　张载著，章锡琛点校：《张载集》，第 70 页。

传统,已经固化在先民的文化精神中。以文学为例,陆机就讲到"遵四时以叹逝,瞻万物而思纷,悲落叶于劲秋,喜柔条于芳春"①,看到了作为创作主体的人因物景的变化而产生情志的动荡。《文心雕龙·明诗》亦云"人禀七情,应物斯感,感物吟志,莫非自然"②,指出了作为主体的人与作为客体的自然之间存在共通性的关系,这一关系因"物"而导引出"志"的"自然"变化。此"物"与人的感情因创作主体的审美体验而得到了会通。不惟如此,在中国古典文化传统中,绘画、雕塑、建筑、园景等,都具有"观物取象""因象见意"的意味。这一传统,不仅表现在先民的思维方式中,更是中国文化传统中先民力图以人而把握自然,以及以自然而反观作为主体的人的规定性特征的重要方面。这里面固然有可称之为"象征"的意味在发挥作用,但亦含有"观物取象"引起具有强烈会通意味而成为中国传统文化的特质。

二 宋代理学"观天地生物气象"义蕴的多向展开

不惟"观"具有儒学义理的自足性,在"观天地生物气象"话语系统中,"生物""气象"等亦具复杂的义蕴。按照朱熹、黄榦等人的阐释,"观天地生物气象"之"生物"为一词组,"生"为"滋生""化成""衍育"等意思,强调的是绵延不绝、生生不已的状态,而"物"则指的是天地间的一切植物、动物,以及人类社会生活中的事件、事物等。宋代理学家对"观天地生物气象"之"生物"大都集中于观天地自然之化育万物的生生不已之品格,认为天地具有生生不已的德性,此一德性降于人则为仁,而仁又有统包"五常"亦即仁、义、礼、智、信之属性,由此,自然界与道德界就实现了贯通。研究表明,唐代后,"气象"一词才开始与德行、文章相联系,"气象"逐步摆脱了具体的实际涵义,而开始具有虚指的审美意味。入宋后,"气象"被用来描摹物态人情、探究性命道德、反映文体特性等,已经成为一个涵蕴丰富、具有多重品格的重要范畴。经过宋代文学家、理学家的不断阐释与义理研讨,"气象"不仅逐渐成为理学家涵养心性的亦本体亦手段的体用合一的范畴,而且逐渐由事物之物象而虚化为风貌、气质、精神内涵之重要文学话语范畴,具有了审美性、体验性、超越性等品格,进而亦成为沟通天人的重要哲学载体。③

由此,可以进而从整体上探讨"观天地生物气象"义蕴及其多向性展开的发

---

① 陆机著,张少康集释:《文赋集释》,人民文学出版社,2002 年,第 20 页。
② 刘勰著,范文澜注:《文心雕龙注》,第 65 页。
③ 参见拙作:《论两宋理学"气象"涵蕴及其诗学品格》,《兰州大学学报(社会科学版)》2012 年第 2 期。

展历程。从理学发展史来看，自近代以来，钱穆、牟宗三等新儒学家仍然对北宋时期理学的创辟百思不解，以为是时运使然。尽管以西来之马克思主义做指导的现代学人，经常指斥这一判断为唯心的。但衡量于彼时西学东渐之际，进化的、历史发展的哲学纷纷为国人吸收而增添一观察思考问题之方法的背景，则承继自宋而来的前儒认知之新儒学家的这一判断，绝不应仅被视作固步于一隅。时运所致，周敦颐提出了"观天地生物气象"这一话语，几乎与周敦颐提出这一话语同时，"观天地气象"思想在邵雍、张载等人那里也出现了。如邵雍提及："以天地观万物，则万物为物，以道观天地，则天地亦为万物。道之道尽之于天矣，天之道尽之于地矣，天地之道尽之于物矣，天地万物之道尽之于人矣。"①则从相对论的角度，从不同视角对天地、人、道等关系进行了深入探讨。同一时期，张载亦云："贞明不为日月之所眩，贞观不为天地之所迁，贞观贞明，是己以正而明日月、观天地也。多为日月之明与天地变化所眩惑，故必己以正道观之。能如是，不越乎穷理。"②则把"观天地"同"己以正"相联系，提出了"以正道观之"以求"穷理"的见解。显然，这已经较之周敦颐更加精密，涉及"观天地"之"用"的取向路径的问题。不过，邵雍、张载等人的"观天地"还稍显笼统，似对这一话语的关注尚停留在"用"而罔顾其"体"。

二程接过了周敦颐等人的"观天地生物气象"话语而又有发展。大致而言，二程已经探及这一话语的"体""用"与"法"。如论及该命题之"体"："天地感而万物化生，圣人感人心而天下和平。观其所感，而天地万物之情可见矣。"③提及天地之感为化生万物，圣人之感化人心、和平天下，这就是"天地生物气象"之"体"，"观天地生物气象"自然就是要"观"此天地所"化"之"体"而非仅"观"化生万物之"用"。又如论及该话语之"用"："志道恳切，固是诚意，若迫切不中礼，则反为不诚。盖实理中自有缓急，不容如是之迫，观天地之化乃可知。"④又如论及话语之"法"："世之人务穷天地万物之理，不知反之一身。五脏六腑、毛发筋骨之所存，鲜或知之。善学者取诸身而已，自一身以观天地。"⑤此论及如何"观天地"之法应取诸身。显而易见，二程已经把"观天地生物气象"内涵具体化、扩大化了，既以之作为与自省、体贴等践履相并列的方法与功用，又视为通向求"仁"之兼津梁与

① 黄宗羲原著，全祖望补修，陈金生、梁运华点校：《宋元学案》，第 417 页。
② 张载著，章锡琛点校：《张载集》，第 210 页。
③ 程颢、程颐著，王孝鱼点校：《二程集》，第 855 页。
④ 程颢、程颐著，王孝鱼点校：《二程集》，第 855 页。
⑤ 黄宗羲原著，全祖望补修，陈金生、梁运华点校：《宋元学案》，第 607 页。

目的的客观存在。不仅如此,二程还对"观天地生物气象"进行了分解、细化,提出了"观圣贤气象""尧舜气象""圣人气象"等话语,如程颢讲:"仲尼,元气也;颜子,春生也;孟子,并秋杀尽见。仲尼无所不包;颜子示'不违如愚'之学于后世,有自然之和气,不言而化者也;孟子则露其才,盖亦时然而已。仲尼,天地也;颜子,和风庆云也;孟子,泰山岩岩之气象也。观其言,皆可见之矣。仲尼无迹,颜于微有迹,孟子其迹著。孔子尽是明快人,颜子尽岂弟,孟子尽雄辩。"清人张伯行注:"此反覆形容圣贤气象,欲人潜心体认,反求诸己而学之也。"又云:"元气贯通乎四时,则无所不包,此仲尼之道全德备,非一善可名者也。春意发生,则有自然之和气,此颜子之'不违如愚',与圣人合德,令后世可以想见,默而成之,不言而信者也。"①对此,朱熹是从观"圣贤气象"的体与用两个方面来理解程颢这一话语的。他讲:"要看圣贤气象则甚? 且如看子路气象,见其轻财重义如此,则其胸中鄙吝消了几多。看颜子气象,见其'无伐善,无施劳'如此,则其胸中好施之心消了几多。此二事,谁人胸中无。虽颜子亦只愿无,则其胸中亦尚有之。圣人气象虽非常人之所能,然其如天底气象,亦须知常以是涵养于胸中。"又云:"亦须看子路所以不及颜子处,颜子所以不及圣人处,吾所以不及贤者处,却好做工夫。"②这是从工夫论亦即"用"的角度来谈"圣贤气象"。又,朱熹答弟子问:"曾晳言志,如何是有'尧舜气象'? 曰:'明道云'万物各遂其性',此一句正好看'尧舜气象'。'"③朱熹在此中是从"尧舜气象"之大本亦即"体"来言"圣贤气象"的。上述说明,程颢以"圣人气象"同"春"德相联系,突出强调圣人之德的外在显现与内在体性都和"春"之"生生不已"体性相通,是从体、用两个方面来界定"气象"的。二程又把"观天地生物气象"从方法论上扩展至"持养气象"。他们提及:"要修持他这天理,则在德,须有不言而信者。言难为形状。养之则须直不愧屋漏与慎独,这是个持养底气象也。"④"持养"亦即心性存养的工夫,可见这里二程所讲的"气象"是在"养"的工夫过程中所显出的形态,这是从存养的方法论而言的。与之相关,二程提出了体贴"仁"之气象等话头。同样,程颐谈到"英气于甚处见"话题时也讲到:"但以孔子之言比之,便见。如冰与水精非不光,比之玉,自是有温润含蓄气象,无许多光耀也。"⑤这说明,二程主张心性存养既要讲实践,也要重视

① 朱熹、吕祖谦编,张伯行集解:《近思录》,《丛书集成初编》本,第328页。
② 黎靖德编,王星贤点校:《朱子语类》卷二十九,第758页。
③ 黎靖德编,王星贤点校:《朱子语类》卷四十,第1034页。
④ 程颢、程颐著,王孝鱼点校:《二程集》,第30页。
⑤ 程颢、程颐著,王孝鱼点校:《二程集》,第197页。

省察存养过程中的外在仪态气度,显而易见,二程所讲的"持养气象"浸润着实践主体的情感体验和超越性追求。

二程之后,宋代理学家对"观天地生物气象"进行了多方位的开拓,尹焞开始糅合《易》、周敦颐观点,从静坐养心等角度推崇"观"之前提,强调"正心""静心"对于"观"之作用。杨时又接过二程"以身反观天地"等话题并作深入展开,强调"天地之心即道,即易之道,即人之心",天地万物、人心道心等成为一体。这显然是从考察"观天地生物气象"之本体的角度进行的探讨。这说明,二程接续周敦颐等对"观天地生物气象"话语作深入展开后,此一话语已经开始出现多向性的义理展开,二程一传及再传弟子正是看到了此一命题涉及儒学义理的核心,而作深入探讨。

但要论及对"观天地生物气象"话语的深度探讨,朱熹及其学生功不可没。值得重视的是,朱熹开始明确地从体用角度进行探讨,并以具体化、超越性的发展向路展开,由此,理学家对此话语的探讨呈现出阔大、细微的特征。他在回答门人问"道体"时讲:

> 问:"泛观天地间,'日往月来,寒往暑来','四时行,百物生',这是道之用流行发见处。即此而总言之,其往来生化,无一息间断处,便是道体否?"曰:"此体、用说得是。但'总'字未当,总,便成兼用说了。只就那骨处便是体。"[1]

可以看出朱子及其门人是从体与用两个方面来对"观天地"进行探索的。在对这一类问题进行考察时,朱熹经常使用把话语具体化的方法,如以"天地之化"与"草木发生"相联系,看其"阳刚之气"。但朱熹在体验此一话语时,也经常从超越性的一面来探讨:"观天地之运,昼夜寒暑,无须臾停。圣人为学,亦是从生至死,只是如此,无止法也。"[2]则以"天地生物"永不停息这一特性来"体贴""为学"之要求,得出了对于"学"的新认识。又如他对"周子窗前草不除去""观天地生物气象""横渠驴鸣"等共"观",强调"偶然与自家意思相契",其目的是"观仁"等,都是从超越性的一面来探讨话语义理。这一探讨门径,显然较之二程更进了一步。

---

[1] 黎靖德编,王星贤点校:《朱子语类》卷一,第 101 页。
[2] 黎靖德编,王星贤点校:《朱子语类》卷三十四,第 889 页。

又如他强调"观天地生万物而不言所利"①,评价邵雍学术从其"观天地之运化,然后颓乎其顺,浩然而归"②中论及其学"本于明理"等,都是朱熹的新发明。可以说,"观天地生物气象"发展至此,已经成为宋代理学的重要话语范畴,而具有了宇宙论、道德论与工夫论相会通的意味。这一话语在理学体系中的价值与地位,因朱熹等人的努力而得到彰显。

朱熹之后,其门人黄榦则以为"观天地"是"观其理",把对道体的追求转为对"理"的追求,显然是对朱熹观点的发挥。而杨万里认为"观"可以实现天地与人心的一体,则是把"观"作为体贴天体性体心体的手段,从中可以明显见出宋代理学家的共同旨趣。可以说,"观天地生物气象"以及类似的话语作为宋代重要的理学命题,为宋代几乎所有的理学家以及很多儒学学者所瞩目,如周行己、刘子翚、陆九渊、张栻、吕祖谦、许景衡等人在其著作中,多处提及"观天地生物气象"或者与之相似的话语,并经常就其本末、体用等义理进行讨论。但总的来讲,无论是从思想深度还是研讨之精细化、系统化而言,这些学者对此话语的研讨较之朱熹还是有距离的。

值得提及的是,上文仅就严格意义上的"观天地生物气象"话语本身的涵蕴发育过程进行了梳理。实际上,按照中国古代"同物异名"文化传统而言,宋代理学之"观天地生物气象"的"名"之称谓,还有多个相近或者相似的术语。如"物吾与也""鸢飞鱼跃""四时皆春""生生不已""大化流行""窗草不除""横渠驴鸣"等,都在"观天地生物气象"的文、体、用等某一方面,表达了其特有的类型化特征。如张载所言之"物吾与也"以及其"横渠驴鸣"等所强调的是,万物与人乃是平等和谐共存于天地间之生物,其"性"均为天地之气的感应所在,在其本体上是相等的。故作为社会实践主体的人,应怀念己及物之心,包容、平和、平等相待之,这显然是强调基于其本体的"用"。而"四时皆春""窗草不除""鸢飞鱼跃"等则强调"观天地生物气象"之"体"为化育、流行,故"四时皆春"等乃为其"体"的"文"。至于"生生不已""大化流行"等,乃是从兼有本体与功用相结合的层面上对"观天地生物气象"的把握与体贴。明乎此,我们在审视"观天地生物气象"时,就能够对这一理学话语的丰富涵蕴有所认识了。

通过上文考察可见,"观天地生物气象"话语具有深远的中国传统文化渊源,其组成部分及整体性义蕴均具中国本土特色。可以说,宋代理学家正是在对传

---

① 黎靖德编,王星贤点校:《朱子语类》卷七十,第 1768 页。
② 黎靖德编,王星贤点校:《朱子语类》卷一百,第 2546 页。

统儒学义理作深入探讨和研究的基础上，在不同方向上拓展了此一话语的哲思义蕴，从而使此话语具有了会通道德界与自然界的属性。"观天地生物气象"话语因之而具有了兼践履与本体的杂糅特性，成为构建理学体系的重要因子。由此，"观天地生物气象"话语因其具有民族文化特质和属性，而具有了重要的文化地位。可见，把"观天地生物气象"话语看作理学的基本范畴，是毫无疑问的。

三　宋代理学"观天地生物气象"理学诗的内容或主旨类型

宋代理学"观天地生物气象"之"观"某物的"气象"，从话语组成而言，涉及：如何"观"；"观"什么天地体现在"物"上的"生"规律、表现形式和功用；"观天地生物"的何种"气象"等。而从与"观天地生物气象"有关的话语表达而言，上文已经提及，"物吾与也""鸢飞鱼跃""四时皆春""生生不已""大化流行""窗草不除""横渠驴鸣"等，都在"观天地生物气象"的文、体、用等某一方面表达了其特有的类型化特征。可见，"观天地生物气象"话语的呈现形式、理学家的关注重点等，是相当复杂的。那么，就理学诗而言，理学诗中与"观天地生物气象"相关的诗歌主题类型，是以一种什么样的呈现方式而存在呢？

宋代理学家对于"观天地生物气象"话语的诗歌书写，基本集中于"天地生意"内容或主旨类型的书写上。如邵雍有诗《春尽后园散步》："绿树成阴日，黄莺对语时。小渠初潋滟，新竹正参差。倚杖闲吟久，携童引步迟。好风知我意，故故向人吹。"[1]诗篇前四句写初夏之动植生意所在，通过书写其生意之"象"而表达诗人之"意"，但诗人并不点出其"意"之内容，这就使诗篇具有了某种意味。胡宏亦有诗《春日郊行》："东郊野马烂氛氲，聊驾柴车问讯春。远草绿沉烟雾里，高花红照绮罗新。迎风柳占莺啼处，带雨泥融燕觜匀。动植自私还自足，天边愁杀踏青人。"[2]诗作前六句皆书写春日之丽景"生意"，目的是以春日之"象"来书写春之发育、生长之本性。最后两句，则点明"自私还自足"正是天地之生生不已之性，至于最后"愁杀踏青人"则应理解为实践主体欲占有、把握此天地之德性而不能使之永住，故特为珍惜之意。

从宋代理学诗人对于"观天地生物气象"之"生意"内容或主旨类型的书写来看，春季之"生意"自然是他们乐于书写的对象。如陈宓《南剑道中示友人》："坐见漫山有生意，因知此日更年华。风和已作二月景，日暖欲破三春花。菜撷青青

---

① 傅璇琮等主编：《全宋诗》，第4516页。
② 傅璇琮等主编：《全宋诗》，第22099页。

山店圃,酒沽薄薄野人家。吾行有涯我独喜,杯盘虽菲君无嗟。"①所写季节乃为春末夏初。再如刘黻有诗《草》,自注云:"周濂溪先生窗前草不除,云与在家意思一般。故予作草诗。"诗云:"万卉争献奇,小草亦足贵。四时春不断,可识天地意。稚子谨勿研,叶叶含元气。不皆诃姑息,姑息特细事。只恐生道灭,形色鼎中浮。"②所取物象为春天之草,所表达的主旨乃是因"观天地生物"而歌咏其中蕴含的"生道"。但理学诗人所书写的"观天地生物气象"之"生意",所取景之动植草木,并非仅限于春季。举凡盛夏、深秋、寒冬等季节之动植名物,均是理学诗人乐于表达其天地"生意"的对象。如方逢辰有诗《南康遇雪》,在夜来风雪交加之后,接着书写"要知冬燠生意泄,明年造化工斯全。帝呼玄冥急收敛,闭塞阳气胚丰年"③,点明寒冬正是"生意"萌动之际。方回《次韵汪以南闲居漫吟十首》之一有句"诗人卜丰年,生意寓雪霰"④,亦是点明"生意"正在雪霰飞动之中。正是因为这一点,宋人袁甫在其《江东宪司又新亭铭》中提出了"四时皆春"的说法,以表达天地间"生意"绵绵而不绝之意。而宋末刘黻则更进一步,有诗《寄与权器之二友》:"鸿钧盎一宇,何物非生意。轮囷得此剥,而有此憔悴。根蠹聚螾蛭,千古御魑魅。旦旦斧斤寻,九殒特其易。飞鸟不敢栖,何哉蓊蔚芘。风雨极震凌,霜雪苦颠踬。天地大父母,荣枯均厚施。腐植产灵芝,至美终不閟。桃李信春妍,奈何骨妖媚。"⑤开篇就提出"何物非生意"。"轮囷"为盘曲貌和硕大貌。"剥"应来自《易》之"剥"卦。此卦爻辞为"不利有攸往"。这里,以花木等遭遇根蠹、斧斤、风雨、霜雪等为喻,表达美好之物被剥夺。后文转而列举天地万物俱与"生意"相关,以此说明万事万物均由天地运化、发育而成,强调"生意"普遍存在,未来仍有希望。诗作明面写象而表达生意主题,实似比附说明具体遭际。至于诗意背后所指的具体内容,限于文献内容,我们已经不能指实了。

理学诗人对于"生意"的书写,表面上看与文人诗的游春、赏春内容似无不同,但实际上却差异很大。理学诗人所写的理学诗,往往于春日胜景之下,蕴含把握天地之德性的味道。如丘葵《送春》:"一物生生无尽时,落花啼鸟总天机。三千界内知音少,九十日余回首非。世事只今看烂熟,诗人自古爱芳菲。年年岁

---

① 傅璇琮等主编:《全宋诗》,第 34023 页。
② 傅璇琮等主编:《全宋诗》,第 40684 页。
③ 傅璇琮等主编:《全宋诗》,第 41200 页。
④ 傅璇琮等主编:《全宋诗》,第 41540 页。
⑤ 傅璇琮等主编:《全宋诗》,第 40688 页。

岁送春去,何日春能送我归。"①此诗所涉及的探春思归内容与文人诗无异。但诗篇第一二句指出天地生意之生生不已,天地之德外显为落花啼鸟之象,因此,诗篇是在识透世情物态运化流行之后的思乡望归,这就与文人诗那种因思乡望归而愁肠百结等情感有了距离。一些理学诗对"生意"主题的表达更为显豁。如陈文蔚《寄题吴伯丰同荣堂》:"一气同流举切身,胡然于此限比邻。直须静处工夫到,便觉闲中意思真。心远独游千载上,客来共醉一樽醇。寓形宇内皆生意,何但名园草木春。"②诗篇最后一句,直接点明宇内之有形之物均寓有天地之"生意",而不仅仅是名园之花草树木。再如蔡格《山居十三首》之一:"野花幽草满庭除,生意绵绵接太虚。独坐空斋无一事,呼童三径乐教锄。"③所取景物乃为"野花幽草",所写之环境乃为杂草野花满园,如果从传统文人诗来看,这一意境绝非优美。但此诗是从满庭的"野花幽草"之中表达出天地间"生意"不断的深刻哲理,显然是与传统的文人诗有明显差异的。可见,表达"生意"主题的理学诗,出现在诗篇里的物象、症候、事件等,只不过是藉以表达诗旨的凭借物,其指向在于这一凭借物即诗歌之"象"背后的理学思想,而非凭借物本身。这是与文人诗有显著差异的。

除了一些理学诗直接述及"生意"之外,实际上"生意"在理学诗里还有不同的话语表达形式,"生生不已""鸢飞鱼跃""春意""大化流行"等,其内核都是"生意"。写"春意"主题的理学诗除了前文已经涉及的书写春季之"生意"之外,往往有"皆春""春意"等字眼。如陈文蔚《火田》其一《槁木寮》:"夜半一阳动,万木总皆春。当观向荣意,从此识吾仁。"④冬季防火烧田以去草,谓之"火田"。诗篇强调深冬之时正是"一阳动"季节,因之而联想到天地之性"仁",普存于万物之中,万物由之而必然生机向荣,吾体禀受天地之性而谓之"仁"。这里的"皆春"其涵义是指万物皆为天地生机发散所成,万物蕴含之"生机"之性乃为天地之性。再如王义山《春日即事二首》之一:"步屟随风过柳川,眼前气象觉熙然。勾萌甲拆皆春意,鱼跃鸢飞遂性天。绿草方浓山尽发,紫芽新迸蕨初拳。自形自色何容巧,禀赋元来物得偏。"⑤诗篇前两句言及所见之"春意"皆为"观""眼前气象"所得,"鱼跃鸢飞"皆为"春意"所体现,与"绿草""新芽"皆蕴天地之"性"。

---

① 傅璇琮等主编:《全宋诗》,第 43925 页。
② 傅璇琮等主编:《全宋诗》,第 31943 页。
③ 傅璇琮等主编:《全宋诗》,第 35688 页。
④ 傅璇琮等主编:《全宋诗》,第 31917 页。
⑤ 傅璇琮等主编:《全宋诗》,第 40075 页。

　　当然,也有很多理学诗有对"生生不已"内容或主旨类型的直接抒写。如陈淳《晴和再用丁韵》有句:"东阡土脉浸温畅,颇颇释我农人嗟。壮者举耜趾相摩,少者行馌肩相差。乃知乾元父万物,仁育两间同一家。太和生生终莫遏,不容痴寒固骄夸。"①无论土脉行润,还是农者忙事,都是天地生意的外相表达,此即天地生生不已之意。而丘葵《初夏》亦云:"当春一脉生生意,直到如今始洁齐。千树向荣知靖节,一庭交翠见濂溪。柳塘花坞心应懒,葵扇桃笙手自携。犹自清和未蒸溽,可人日日竹亭西。"②强调初夏之时乃为天地生意发育最为繁茂之际,陶渊明、周敦颐于此亦有体悟。再如陈文蔚《观物二首》其一:"墙东一微物,妙意包藏深。人皆看枝叶,我独观其心。萌蘖毁绵绵,茂盛亦骎骎。从此识天地,生生无古今。"③此诗直接述及天地"生生"之意,而不依靠写万物之"象"来表达主旨。这是与陈淳、丘葵之诗所不同的。再如方岳《即事十首》之一:"记得秋风此削瓜,偶遗子亦自成花。生生造化无终极,但有根芽未可涯。"④詹初《求心斋》有句:"生生天地心,吾人秉其真。虚灵无一物,纯然惟元仁。"⑤上述诗篇,都是以直接议论的形式来表达对"生生不已"之"生意"的感悟和把握。不过,从宋代理学诗人的诗篇来看,这种直接抒写天地"生生不已"之意的诗篇,较之那些依靠书写动植之"象"来表达诗旨的,从数量上来看是较少的。

　　至于一些理学诗人在诗篇中以"鸢飞鱼跃"形象来表达天地之"生意"主题,在理学诗中也是常见的。如黄庚《乐道》:"门掩荒苔客到稀,闲情已与世相违。胸中宇宙自然景,眼底江山不尽诗。云淡风轻皆道体,鸢飞鱼跃总天机。吾心与物同真乐,此处宁容俗子知。"⑥前二句写景,次二句写己胸怀,第五六句接上而言及对天地之"道"体的感受,强调"生意"普存,"我"因体察与物同"体"而得真乐。而陈文叔《赠曹延》则曰:"混然天性本天成,何必拘泥守意城。识破鸢飞鱼跃事,自知万物不离诚。"⑦则强调"鸢飞鱼跃"乃天地之性,此性之本在于"诚"。这里的"诚"所强调的是天地之"大化流行"具有"真实""恒定"之本性。再如陈文蔚《又和清明日兀坐用前韵》:"天理流行不用寻,鸢飞鱼跃自升沉。细观自有昭然处,

①　傅璇琮等主编:《全宋诗》,第 32339 页。
②　傅璇琮等主编:《全宋诗》,第 43898 页。
③　傅璇琮等主编:《全宋诗》,第 31918 页。
④　傅璇琮等主编:《全宋诗》,第 38291 页。
⑤　傅璇琮等主编:《全宋诗》,第 37838 页。
⑥　傅璇琮等主编:《全宋诗》,第 43580 页。
⑦　傅璇琮等主编:《全宋诗》,第 31181 页。

始信严师是此心。"①以"天理"来言说"鸢飞鱼跃"之性。这里的"天理"与二程之"道"、张载之"气"等同义,都是强调统摄形而上与形而下的、体用不二的本体性和功用性的先天存在,以"天理"来言"鸢飞鱼跃"之意,其实也就是"生意"。吴泳则有《溪亭春日》:"不必寻芳出远郊,八分春尽属亭皋。漫波绿皱一溪水,暖日红蒸千树桃。乌绕屋檐呈卦兆,鹤窥庭户听离骚。静中识得生生意,堂下蘼芜更不耨。"②前六句以动植活力纷呈来言"象",最后两句则点明景象之所蕴含的正是天地"生意"之所在,因此,堂下花草披陈就不需要芟除了。

还有一些理学诗以"大化流行"话语来表达"观天地生物气象"之"生意"内容或主旨。如吴潜《宿省》:"幞被趋省宿,披襟对晚凉。古心知老树,生意见新篁。钟鼓鸣将合,蜩蝉咽更长。静中观物化,谁与共平章。"③前六句写景咏物,后二句强调实践主体因此景物动植而"观物化",体察天地流行不已之意。吴潜另诗《小至三诗呈景回制干并简同官》有句:"莫嫌一点稚阳微,化育工夫自此推。"④推崇"化育工夫"以及强调天地之"生意"所在。而家铉翁对"大化流行"所表现出的"生意"主题也非常重视。他有诗《题丹见庞居士图》:"岩前花发四时春,岩下风光日日新。大化周流常不息,谁能伴汝说无生。"⑤因天地之"大化周流"之本性而体悟到佛教之"无生"之说的荒谬。他又有诗《中秋月蚀……感而有作》:"大化周流不暂停,从来息处见其生。冰轮万古长如此,本体何曾有晦明。"⑥诗篇纯以明理来表达感受,开篇就强调天地之"大化周流"本体特性,认为此"生生不息"之意无古今、无断绝、无晦明,因此,诗篇对"月蚀而邦人鸣钲"的做法表示批评。再如王遂《舟中坐读鸢飞鱼跃》:"欲晦又明天外山,水边鸥鸟去复还。流行尽是鬼神迹,妙处不在鸢鸟间。"⑦以"鸢飞鱼跃"蕴含的"流行"之"生意"来表达实践主体所体察到的天地之"妙处",也是强调天地之"大化流行"的"生意"。由此篇亦可见,"观天地生物气象"之内蕴,不管是"大化流行""鸢飞鱼跃"还是"春意"等,其实质都是强调天地之本质在于变化无穷、流行不止而动植自得自足,这就是天道之"自然"所在,也就是天地之本体属性之所在。至于动植生意呈现出的物象,只不

---

① 傅璇琮等主编:《全宋诗》,第 31942 页。
② 傅璇琮等主编:《全宋诗》,第 36061 页。
③ 傅璇琮等主编:《全宋诗》,第 37858 页。
④ 傅璇琮等主编:《全宋诗》,第 37877 页。
⑤ 傅璇琮等主编:《全宋诗》,第 39958 页。
⑥ 傅璇琮等主编:《全宋诗》,第 39956 页。
⑦ 傅璇琮等主编:《全宋诗》,第 34284 页。

过是"生生不已"之性的外显形式。

四 宋代理学"观天地生物气象"内容或主旨类型的理学诗书写的诗歌史价值

理学诗"观天地生物气象"内容或主旨的诗歌书写,其内容以书写天地间动物、植物与作为社会实践主体的人,在其或静或动的外显之"象"中所体现出来的"生意"为主,但是,仔细考察这些诗作可见,其所书写的动植物之外在环境、所书写的动植之"象"及其在诗歌中的作用等,都与文人诗传统大为不同。

"观天地生物气象"理学诗,其所表达的诗歌境界,大致有德性境界、哲理境界、天人境界及自然境界。这方面的诗作可以举出很多,如邵雍、程颢、周敦颐直至晚宋丘葵、家铉翁等人的很多诗歌,往往对此有较为明显的表达。即使更多地创作文人诗的吕祖谦、叶适、薛季宣等人,其诗作也对德性境界、天人境界多有书写。从诗歌史来看,文人诗大致以自然境界和哲理境界为主,基本不涉及德性境界和天人境界。即使如陶渊明、韦应物、苏轼、黄庭坚等人的诗歌,对此也是缺少必要关注的。但理学"观天地生物气象"诗歌书写,在其诗歌境界、旨趣等方面却与文人诗大相径庭,表现出明显的差异性。

理学诗"观天地生物气象"内容或主旨诗歌书写的取景视野、角度等亦与文人诗有所不同。这一类主题的诗歌,所关注的景物往往并不美,如野草、枯树、路边草等,皆属于司空见惯之物,其本身不能给人带来任何美感。一些诗歌所涉及的季节、物候等,往往是深冬酷寒、夏日正午,依照中国传统文人诗的取景、物候、时间的撷取习惯,这些季节和物候往往是要回避的,因为它不能带给人以愉悦、放松、优美等心理体验和审美感受。但与文人诗不同,这一内容或主题类型的理学诗往往对这些景物、物候、时间等并不回避,而是有意识地组织进诗作中。因为这些景物、物候、时间等,往往能够表达出理学家的"生意""四时皆春""周流不已"等思想。

理学诗"观天地生物气象"内容或主旨的诗歌书写所表达的思想、情感等往往也与文人诗不同。这一主题的诗歌,所表达的思想往往是纯粹的理学思想,很少掺杂作者的个人观点和情趣。即使有诸如"乐意""物与"等与实践主体的感受相关,实践主体的感受、情趣等也是与理学思想是一致的。可以说,这一类的理学诗即使书写了一些动植物象,但是这些动植物象在诗中不是为了构建诗歌意境而存在,而是为了表达理学思想而存在,至于是否构成诗歌的"美境",理学家似乎并没有给予多大的注意。而文人诗在诗篇中书写景物动植,往往是希望实现"情景交融""情在景中"等目的。

　　还需指出的是，理学诗"观天地生物气象"内容或主旨诗歌书写的动植之"象"，与文人诗的"象"，除了在诗歌中的作用不同之外，更根本的差异还在于，理学诗"观天地生物气象"内容或主旨诗歌书写的不同动植之"象"往往指向的都是天地之性，而这个天地之性又可以不同的话语来表达，由此之故，不同的动植之"象"其实具有一致的指向性。而文人诗则与此不同。文人诗的景物，往往借助不同的组合方式建构物境，用来表达作为社会实践主体——人的千差万别的、细微复杂的情感类型。显而易见，理学诗"观天地生物气象"内容或主旨诗歌书写的动植之"象"与文人诗的动植之"象"，在诗歌功用和表达方式、表达目的等方面，都是迥然不同的。通过上述考察可知，理学家的"观天地生物气象"内容或主旨的诗歌书写，为中国诗歌贡献了新的因子，丰富了中国古典诗歌的主题类型和审美类型，表征出宋代诗歌迥异于前的独特风貌。

第五节　宋代理学"心性存养"话语与理学诗的内容或主旨类型

　　理学是处理自然界、实践主体和实践客体关系的学问。理学家通过探讨自然理性与道德理性的合规律性、目的性的同一，来实现对道德伦理和道德规律等问题的论证，进而实现对于道德问题的客观性存在、道德伦理的规律性等问题的自觉把握和实践。宋代理学家普遍认为，实现从天地自然到实践主体"直上直下"地贯通的枢纽，就落实在具有"灵明"之用的"心"上。而"心"是通过对天地自然、万物、人类自身的根本属性即"性"的体验与把握，来实现从宇宙论到人性论的同一性认知的。这里的"性"，从"体"而言，与道、太极、阴阳、心、气、理等处于同一个层次。由此之故，理学常常被称之为"心性"哲学或者性理之学，其核心就是心性存养问题。研究表明，"由于理学有不同学派而不同学派有不同出发点，因而解决心性问题的方式也不同。但是建立形上论和主体论的道德人性学说，则是理学心性范畴论的共同特点。如果说在理气问题上理学有不同派别，表现出多元化的形式，那么在心性问题上则殊途而同归了。"①由此而言，我们可以从理学家对"心性"问题的认识出发，来探讨理学家对于此一问题的认知特点。

　　"心性存养"居于理学的核心地位，因此，近百年来，国内外很多学者已经对

---

① 蒙培元：《理学范畴系统》，第175页。

"心性存养"问题有了比较深入的研究。范文澜、侯外庐、钱穆、牟宗三、李存山、张立文、蒙培元、陈来、蔡方鹿等前辈学者以及时贤学人,只要是涉及宋明理学的相关研究,莫不对理学心性存养问题有所考察和研究。可以说,相关的研究成果已经隐隐然具有蔚然而大成的气象了。不过,仔细考察可知,前贤时哲的相关研究成果普遍存在两个问题:一是已有研究成果大多选取了代表性理学家的相关心性存养思想进行研究和探讨,而对现存理学家的存养思想缺乏整体性研究;二是已有研究成果虽然对于个别理学家的心性存养思想有所考察,但缺少在整体上对宋代理学家心性存养思想及其书写类型、表达方式等诗歌呈现等问题的研究。有鉴于此,本节给予较详细考察。

一 "心""性""存养"的历史渊源及其发展演变

从"心性存养"话语而言,它又可以分为"心""性""心性"及"存养"四个范畴来探讨。本节所要探讨的"心性存养"问题中,"心性"是作为"心""性"相关联的一组范畴而存在的,谈"心"不能离开"性"来谈,同样,谈"性"也必须结合"心"来谈。因本节探讨的重心是"心性"这一组范畴,故而对"心"及"性"的概念只作简单说明而不作深入展开。

关于理学之"心",蒙培元先生曾有过详细考察,从历史文献来看,蒙先生的基本观点是正确的。故转引如下而稍作说明。

"心"本来指认识器官及其功能,孟子所谓"心之官则思",荀子所谓"心能知道""心能征知",都指此而言。凡是知觉、识知、思虑、情感、意志等活动,都是"心"这个物质器官的属性和功能。再进一步,心所思、所知以及情感意志活动的内容,包括观念、意识、精神现象都可用"心"字来表示,比如孟子所谓"恻隐之心""良心""操舍存亡"之心,荀子所谓"诚心",庄子所谓"虚空生白""心斋""坐忘"之心,理学家所谓"道心人心""真心""义理之心"等等,就不仅仅是物质器官及其属性、功能所能范围了。实际上,它成了主体意识、观念或精神的代名词,是同主体以外的客观存在相对立的一个主体范畴。作为观念和精神,它虽然不能离开物质器官即"血肉之心",但意义已经深化了,甚至可以超越自身,变成普遍绝对的存在。由此,在中国哲学史上,"心"又是代表主体精神或主体意识的根本范畴。

大概言之,"心"有三种主要含义。一是道德之心,以孟子为代表,指人的情感心理升华而形成的道德意识,是道德理性范畴。二是理智之心,以荀子为代表,指认识事物的能力,是认知理性范畴。三是虚灵明觉之心,以佛道为代表,指虚而明的本体状态或精神境界,是超理性的本体范畴。这几种含义在理学中被进一步综合发展了。①

蒙先生认为,自孟子开始到理学生成之前,从前人对于"心"的认识看,"心"有道德之心、理智之心和虚灵明觉之心三种涵义。而从蒙先生上述文献可见,实际上蒙先生提到的"心",还有一个涵义,就是其功用之心。也就是他所归纳的具有"知觉、识知、思虑、情感、意志等活动"功用的"心"。由此而言,似应把"心"之涵义归纳为四种为妥。

关于"性",蒙先生也有较为详细的考察,考虑到已有的研究成果,大致与蒙先生的论证线路相同,可以说蒙先生的论述颇有代表性,因此,把蒙先生关于"性"问题的论述要点转引如下。

性和心有密切联系,《说文解字》说,性"从心生声"。《北溪字义》说,性"从心从生"。从字形看,性是心、生双体字。从字义看,它是生具于心者,或心之所生者。从哲学意义看,则表示人的本性、本质,同时又是一个内在的价值范畴。……性的内容,则有不同解释。告子说:"生之谓性"。又说:"食色,性也。"(《孟子·告子上》)这是从生物学的意义上论性,荀子、董仲舒都有这类思想。……孟子则从人的心理情感的可能发展提出性善论,如见孺子入井则有"恻隐之心",……认为人人皆有"四端","扩而充之"则为仁义礼智之性。以自然本能解释性,便有所谓"义外"之说;以道德本能解释性,则主张"义内"之说。从价值论看,除了这三种见解之外,有扬雄的"善恶混说"以及王充的"有善有恶"说。如此等等。……

孟子的心性合一说,对理学产生过重大影响,这是不容怀疑的。他提出仁义礼智四种道德理性,是"心"所固有的,"君子所性,仁义礼智根于心。"(《孟子·尽心上》)心是性的根源,心就是性。……孟子建立了道德伦理主体化的人性理论,把社会伦理变成道德主体实践的自律原则。荀子吸收了道家和墨家思想,提出心是"血气志意知虑"(《荀子·修身》)之心,包括情感意志和认知两方面。性是"生之所以然者"(《正名》),即自然本能。心和性不是合一的,心对性起宰制作用。……

---

① 蒙培元:《理学范畴系统》,第195页。

佛学第一次把心提到本体的高度,提出了"心体"说。它把主体精神说成超越的、普遍的绝对存在,"心体"就是性,就是成佛的内在根据。这一思想对理学有直接影响。特别是天台、华严和禅宗,都提倡心性合一说。天台宗智𫖮的中道哲学,虽有"不动性""种性""实性"三性说,但实质在于论证"实性"的真实性。⋯⋯"自性清净心,即是正因,为佛性。"(《法华玄义》卷二上)所谓"自性清净心",是指无杂无染、排除一切情感欲望的本体之心或"心体",也就是性。至于"知虑之心",则必托缘起,有生灭变化,是"心用"。⋯⋯华严宗法藏提出"心无自性"(《华严义梅百门》)说,把缘起之心同本体之心作了区别。⋯⋯宗密提出"本觉真心即性"说,实际上就是心性合一论。佛教禅宗的"明心见性"说,以心为性,体用合二为一,知觉之心就是本觉之心。⋯⋯

李翱对佛学的批判吸收,真正揭开了理学心性论的开端。他接受了禅宗北宗的心体用说,以心体为性,以心之用为"觉"。但他所谓体,是作为道德本体的"诚"而不是佛教本体的"空"。⋯⋯心的"寂然不动"之体,才是诚性。⋯⋯李翱把心分为诚、明两个层次,以诚为性,以明为觉,有诚而后有明,有性而后有觉,性是知觉之源,知觉又能自觉其性的存在,这就是由明而诚。他运用佛教心体用说解释《中庸》的诚明范畴,从而把儒家伦理主体化、本体化。这一思维方式,成为后来理学心性论的基本出发点。①

蒙先生指出,在"性"的含义由生物本性向着道德伦理演变的过程中,孟子的人"性"理论对理学家影响重大。而李翱吸收佛教天台、华严和禅宗有关"心性"的理论来阐释《中庸》的"诚""明"范畴,成为后来理学心性论的基本出发点。蒙先生的这一论断,非常精辟紧要。

接着论"存养"问题。"存养"是理学家颇为重视的方法论问题。如果说,理学家对于"心性"问题的形而上探讨是为了解决道德本源的合理性和客观性问题的话,那么,"存养"问题则是理学家探讨如何"体贴"和"定止"实践主体道德本性之"诚""明""仁"等的可贵努力。"存养"一词,来自孟子。孟子强调"存心养性",此为"存养"之由来。到了宋代,理学家对此极为重视。程颢曾说:"若不能存养,只是说话。"②这就是说,"心性"问题的探讨也好,德性自律问题也好,没有"存养"

① 蒙培元:《理学范畴系统》,第195—199页。
② 黄宗羲原著,全祖望补修,陈金生、梁运华点校:《宋元学案》,第557页。

则一无所有。程颐则云："存养熟，然后泰然行将去。"①亦是强调"存养"对于定止
德性的巨大作用。而明代刘宗周注释张载《西铭》时也强调"存养"之重要性："吾
体吾性，即是天地；吾胞吾与，本同父母。……然则吾子宜何如以求其所为一体
之脉而通于民物乎？必也反求诸身，即天地之所以与我者，一一而践之。践之心
即是穷神，践之事即是知化，而工夫则在不愧屋漏始。于是有存养之功焉，继之
有省察之要焉，进之有推己及人以及天下万世者焉。天之生斯民也，使先知觉后
知，使先觉觉后觉，如是而已矣，庶几以之称天地之肖子不虚耳！若夫所遇之穷
通顺逆，君子有弗暇问者。"②刘宗周认为，"通于民物"之方法乃为"践之"，而作为
工夫则以"存养"为先，继之乃有"省察"，有"推己及人以及天下万世者"。

　　至于具体的"存养"工夫，理学家也有非常精当的剖析。如张载就在《气论》
中强调：

　　　　孟子亦只言存养而已，此非可以聪明思虑，力所能致也。然而得博学于
　　文以求义理，则亦动其心乎？夫思虑不违是心而已。"尺蠖之屈，以求伸也。
　　龙蛇之蛰，以存身也。精义入神，以致用也。利用安身，以崇德也。"此交相
　　养之道。夫屈者，所以求伸也；勤学，所以修身也；博文，所以崇德也。唯博
　　文则可以力致。人平居又不可以全无思虑，须是考前言往行，观昔人制节，
　　如此以行其事而已，故动焉而无不中理。③

张载指出，孟子之"存养"重在"不违是心""无不中理"，至于包括思虑在内的认知
过程也好，包括"博文"在内的崇德力行也好，皆不违此。而作为工夫论的"存
养"，当然其目的在于养成定止不迁的德性。而人之德性，乃是天地之"道"的主
体显现形式和存在的表现。从这个意义上来说，"存养"之目的也可以讲是"知
天""知性""知道"。明乎此，作为工夫论的"存养"，是手段而不是目的。程颢对
于"存养"极为重视，其学说的重要贡献就在于此："学者须先识仁。仁者，浑然与
物同体，义、礼、智、信皆仁也。识得此理，以诚敬存之而已，不须防检，不须穷索。
若心懈，则有防；心苟不懈，何防之有！理有未得，故须穷索；存久自明，安待穷

---

①　黄宗羲原著，全祖望补修，陈金生、梁运华点校：《宋元学案》，第632页。
②　黄宗羲原著，全祖望补修，陈金生、梁运华点校：《宋元学案》，第667页。
③　黄宗羲原著，全祖望补修，陈金生、梁运华点校：《宋元学案》，第756页。

索!"①后来朱熹、刘宗周、顾攀龙、黄宗羲、黄百家等均认为,程颢之学以"识仁"为主,而程颢的"识仁"其根本就是"存养"。其《定性书》强调:"所谓定者,动亦定,静亦定,无将迎,无内外。"②刘宗周认为是"言动静合一之理"③,其实从"存养"心性来看亦无不可。程颐也坚持"性无不善"④,但他把"理""气"对应"存养"之"敬"与"致知"之"义",这就与程颢的心性说中的"存养"有了距离。程颐又认为,存养的目的是使"诚"以"明":"闲邪则诚自存,不是外面捉一个诚,将来存养。"⑤这里,存养的方法是辟"邪"而存诚。程颐经常以"涵养"来替代"存养"。他强调:"涵养须用敬,进学在致治。"则他又认为,"敬"是"存养"重要的方法。这一思想,为后来程颐门人罗从彦所继承:"唯存养熟,理道明,习气渐尔销铄,道理油然而生,然后可进,亦不易也。"⑥罗氏强调,"存养"能实现去"习气""明道理"的功用,如此才能日进于道。而程颐门人王蘋则强调:"尽心知性以知天,更不须存养矣。其次则欲存心养性以事天。"⑦他把孟子的"尽心知性"与"存心养性"加以区分,认为"存养"乃是"事天"工夫,亦即是未"知道"时而用以"求道"的手段。程颐门人罗从彦则很好地继承了程颐以"诚""敬"等为"存养"的思想,这一思想为其门人李侗(1093—1163)所遵从。后来,李侗与朱熹就《中庸》"肫肫其仁,渊渊其渊,浩浩其天"句有过往来辨析,李侗认为,"'肫肫其仁'以下三句,乃是体认到此达天德之效处,就喜怒哀乐未发处存养,至见此气象,尽有地位也。"⑧李侗所强调的是,就"喜怒哀乐未发处存养"才见出天地之"仁"体。李侗的这一认识极为重要。自周敦颐、二程以来,几乎是所有理学家共同尊奉的"存养"路径。后来朱熹对此有所发明:

> 方其静也,事物未至,思虑未萌,而一性浑然,道义全具,其所谓"中",乃心之所以为体,而寂然不动者也。及其动也,事物交至,思虑萌焉,则七情迭用,各有攸主,其所谓"和",乃心之所以为用,感而遂通者也。然性之静也而

① 黄宗羲原著,全祖望补修,陈金生、梁运华点校:《宋元学案》,第 540 页。
② 黄宗羲原著,全祖望补修,陈金生、梁运华点校:《宋元学案》,第 546 页。
③ 黄宗羲原著,全祖望补修,陈金生、梁运华点校:《宋元学案》,第 547 页。
④ 黄宗羲原著,全祖望补修,陈金生、梁运华点校:《宋元学案》,第 579 页。
⑤ 黄宗羲原著,全祖望补修,陈金生、梁运华点校:《宋元学案》,第 623 页。
⑥ 黄宗羲原著,全祖望补修,陈金生、梁运华点校:《宋元学案》,第 1287 页。
⑦ 黄宗羲原著,全祖望补修,陈金生、梁运华点校:《宋元学案》,第 1051 页。
⑧ 黄宗羲原著,全祖望补修,陈金生、梁运华点校:《宋元学案》,第 1280 页。

不能不动,情之动也而必有节焉,是则心之所以寂然感通,周流贯彻,而体用未始相离者也。然人有是心而或不仁,则无以着此心之妙;人虽欲仁而或不敬,则无以致求仁之功。盖心主乎一身而无动静语默之间,是以君子之于敬,亦无动静语默而不致其力焉。未发之前,是敬也固已主乎存养之实;已发之际,是敬也又常行乎省察之间。方其存也,思虑未萌而知觉不昧,是则静中之动,《复》"其见天地之心"也。及其发也,事物纷纠而品节不差,是则动中之静,《艮》之所以"不获其身""不见其人"也。有以主乎静中之动,是则寂而未尝不感;有以察乎动中之静,是则感而未尝不寂。寂而常感,感而常寂,此心之所以周流贯彻而无一息之不仁也。①

朱熹认为,"存养"无关动与静,所谓"动"乃心之用,唯有"敬"才有"求仁"之功,"敬"应"行乎省察之间"。这就是说,心之思虑不管是在未动之时还是在已动之时,均应持"敬"以"存养"。总的看来,在宋代理学家之中,朱熹对于"存养"的探讨无疑是最为深入和细致的。再如朱熹发挥孟子"夜气"说而强调"涵养用力",又基于孟子"知心养性""尽心知性",强调"即事即物"而存养"此心无尽之体"②等,都是对"存养"方法的探讨。朱熹对于"存养"的若干观点,对张栻、陆九渊、吕祖谦以及之后的理学家都产生了极为重要的影响。

　　从"存养"的方法而言,理学家经常把"存养"与"省察""克治""持敬"等并提,但需要注意的是,"持敬"为"存养"的必需条件,而"省察""克治"等则是"存养"的进一步发展,这两者是有区别的。如张栻就讲:"存养、省察之功,固当并进,然存养是本觉,向来工夫不进,盖存养处不深厚,故省察少力。"③他认为"存养"深厚有助于"省察"之功。而朱熹则指出"主敬存养,虽说必有事焉,然未有思虑作为,亦静而已。"④所强调的是,在"存养"是"主敬",则不动思虑故而表现为"静",此即"即事即物"而"存养"之意。再如吕祖谦强调:"应物涉事,步步皆是体验处。……习俗中易得汩没,须常以格语法言,时时洗涤。然此犹是暂时排遣,要须实下存养克治体察工夫,真知所止,乃有据依,自进进不能已也。"这里的"克治""体察"显然与"存养"有所不同。总的来看,作为工夫论的"存养",大致已在程颐及其门人、胡宏、朱熹、吕祖谦等理学家处得到了充分、深入的探讨。后来如陆九渊、黄

---

① 黄宗羲原著,全祖望补修,陈金生、梁运华点校:《宋元学案》,第1506页。
② 黄宗羲原著,全祖望补修,陈金生、梁运华点校:《宋元学案》,第1370页。
③ 黄宗羲原著,全祖望补修,陈金生、梁运华点校:《宋元学案》,第1628页。
④ 黄宗羲原著,全祖望补修,陈金生、梁运华点校:《宋元学案》,第1539页。

榦、陈淳、陈埴、杨简、真德秀等虽有对"存养"作用、方法等方面的探讨,但就其大旨而言,基本不出上述诸理学家的范围。

上述是从宋代理学家的工夫论角度来展开对"存养"问题的探讨的,也就是说,在宋代理学家那里,"存养"与"克治""省察"等是不同的。这里需要指出的是,自民国时期起,出于建构现代学科知识体系的需要,一些学者在使用"心性存养"话语时,已经对"存养"与"省察""克治""慎独""自讼"等范畴之间的界线不甚了解了。即使一些知名的理学研究者,往往也把"存养"视作可以包含"省察""克治""慎独""自讼"等概念的更高范畴来使用。这就给我们深入探讨"心性存养"问题带来不少的困扰。如果我们以宋代理学家关于"存养"的界定来作研究,反而会与当代学术界产生距离。考虑到这一实际情况,为了与学术界相统一,本书也按照通行惯例,把"存养"视作可以包有"省察""克治""慎独""自讼"等概念的更高范畴来使用。这样,在探讨理学家的"心性存养"话语涵义及其诗学表达时,也就把理学家所主张的以"省察""克治""慎独""自讼"等工夫而保有、定止心体性体等问题,一并以"心性存养"这一话语来作整体性考察。对于本课题而言,这样做的好处还在于,如果按照宋代理学家对于"存养"的理解来探讨"心性"内容的诗歌,就只能以理学家的"存养""省察""克治""慎独""自讼"等概念来分类展开研究。但考察可知,理学家所写作的严格意义上的"存养"心性为主题的诗歌,其数量要比书写以"省察""克治""慎独""自讼"等工夫而发明、培育、洗涤"心性"的诗歌少得多。因此,考虑到上述两个因素,本书之"存养"乃是当下宽泛意义上的概念,这是需要着重说明的。

二 宋代理学家"心性"的理论探讨及其主要观点

孟子有关心性问题的相关阐述,是宋代理学家心性论的重要理论源头。孟子认为,"性"根植于"心":"君子所性,仁义礼智根于心。"[①]而此"心"就是"性"。但孟子所谓性,还有超感性的一面。蒙培元认为:"(性)它虽然根于人心,出于'四端',但一旦'扩充'而提高、升华为仁义礼智之性,便成为自觉的道德理性,具有形而上的必然性。总之,孟子建立了道德伦理主体化的人性理论,把社会伦理变成道德主体实践的自律原则。"[②]宋代理学家发挥孟子的"尽心知性""存心养性",而以前者为具备"性"之"全",故能"知天",实际上是强调"心"能"全性",故

---

① 朱熹集注,陈成国标点:《四书集注》,第507页。
② 蒙培元:《理学范畴系统》,第195页。

能从把握、体贴"仁"的角度贯通天人。因为,从其体而言,天地之"仁"亦即实践主体之"仁",只不过作为人之"仁"包有"四德",而天地之"仁"则体现为"生生不已",虽然名称不一,但人之"仁"亦具"生生不已"之体性。而孟子的"存心养性",恰恰是宋代理学家"存养"的主要理论源头。自二程开始直到朱熹,所谓的"存养",其目的无非是"养"之以全"性"。

周敦颐在李翱等人的基础上,提倡以诚为性,以神为心,把心性合而为一。周敦颐认为"发微不可见,充周不可穷之谓神"①,又讲"寂然不动者,诚也。感而遂通者,神也"②,则他是把心之体称为性,其为"诚",心之用通称之为"神"。对此,明儒蒋道林认为,周敦颐《通书》中,"诚、神、几,名异而实同。以其无谓之诚;以其无而实有谓之几;以其不落于有无谓之神。"③在蒋氏看来,性(诚)、心(神)、几等之所以"异名"乃是从不同的角度而言,从其"体"而言都是一致的。这一认识,对于我们认识周敦颐的心性一体观是有帮助的。

较之周敦颐,张载的心性观主张内容丰富而复杂。他认为:"合虚与气,有性之名;合性与知觉,有心之名。"④蒙培元先生认为,这里的"性"乃"是本体存在,客观地说,它是'万物之一源',主观地说,正是'吾'之性。心固包含知觉,但不能以知觉为心,知觉是心的功能或作用,但所以知觉者则是性。知觉并不是单纯理智的活动或能力,它以性为其内容,是表现性的。如果进一层说,心包含性与知觉两个层次,性是本体,知觉是其作用,性通过知觉体认而呈现出来,不是心外别有性"⑤。这一认识是正确的。而张载又认为,"知觉"乃是"性"的功用和表现。他以"心"居于承接、贯通宇宙论的"虚"与"气"范畴,而作为实践主体的"心"包括本体的"性"和"性"的功用性表现,这是从抽象的本体论的高度来谈"心"之"用"。对此,张载门人有所发挥。如张载弟子吕大临,以"心"为其最高理学体系之范畴:"赤子之心,良心也,天之所以降衷,人之所以受天地之中也。寂然不动,虚明纯一,与天地相似,与神明为一。"⑥吕大临又以"中"释"道",此"道""中"均由"心"所发,也就是"心"具蕴藏、生发"道"之功用。他认为:"人受天地之中以生,良心

---

① 黄宗羲原著,全祖望补修,陈金生、梁运华点校:《宋元学案》,第483页。
② 黄宗羲原著,全祖望补修,陈金生、梁运华点校:《宋元学案》,第484页。
③ 黄宗羲著,沈芝盈点校:《明儒学案》(修订本),第628页。
④ 黄宗羲原著,全祖望补修,陈金生、梁运华点校:《宋元学案》,第672页。
⑤ 蒙培元:《理学范畴系统》,第199页。
⑥ 黄宗羲原著,全祖望补修,陈金生、梁运华点校:《宋元学案》,第1108页。

所发,莫非道也。……在物之分,则有彼我之殊;在性之分,则合乎内外,一体而已。"①亦是发挥张载学说。而他所坚持的"我心即天心"说,则是受到了程颢的影响。吕大临在张载卒后,复从程颐问学。故他的心性说,有着张载、程颐心性论的痕迹。吕大临的心性之说,可能对周行己、许景衡、沈躬行等产生了重要影响,并对后来陆九渊的心学有所启发。而张载门人李复的心性存养主张在当时及后世影响都比较大。除了本书第二章第二节所提及的李复的心性观主张之外,他对孟子的集义说也有所发挥,提出"动必由理"说,为朱熹所肯定。

二程坚持了周敦颐的心性合一说又有所发挥。从本体论而言,大小程是一致的。程颢认为:"道即性也。若道外寻性,性外寻道,便不是。"②程颐则强调:"性即理也,所谓理,性是也。"③二程以为,道、理、性在本体意义上是同一的。不过,二程对于"心"的认识有所不同。程颢坚持"心本善"说:"在天为命,在义为理,在人为性,主于身为心,其实一也。心本善,发于思虑则有善有不善。若既发,则可谓之情,不可谓之心。譬如水只谓之水,至于流而为派,或行于东,或行于西,却谓之流也。"④认为"心"之体为"善"。而程颐则重视"心"的生物属性及识察功能:"天有五行,人有五脏。心,火也。"⑤他以佛教的心具体用说来言"心":"心一也,有指体而言者,'寂然不动'是也;有指用而言者,'感而遂通天下之故'是也。惟观其所见何如尔。"⑥其体,则为"心即性也。在天为命,在人为性,论其所主为心,其实只是一个道"。强调"性""道"为"心"之"体"。其用,则"感而遂通"也就是"情"。程颐虽然也赞同"性无不善",但他认为"禀气"不同而产生了人的习气之"恶",因此只能引入张载的"气"说来解决"恶"的本源问题:"论性不论气,不备;论气不论性,不明。"⑦以"气"来补充"性"所不能说明的"恶"的本源问题,这就必须解决"性"与"气"到底谁是第一性的问题。为此,程颐用了很大力气来明辨"性"与"才""气质之性"与"义理之性"等范畴的异同,最终还是承认了"性"中有"气质",亦即承认了"性"中有"恶"。这与他的"性无不善"说是相悖的,这是程颐"心性"思想的一个深刻矛盾。正因如此,程颐的若干"心性"观主张,为

---

① 黄宗羲原著,全祖望补修,陈金生、梁运华点校:《宋元学案》,第1109页。
② 程颢、程颐著,王孝鱼点校:《二程集》,第1页。
③ 程颢、程颐著,王孝鱼点校:《二程集》,第292页。
④ 黄宗羲原著,全祖望补修,陈金生、梁运华点校:《宋元学案》,第552页。
⑤ 程颢、程颐著,王孝鱼点校:《二程集》,第54页。
⑥ 黄宗羲原著,全祖望补修,陈金生、梁运华点校:《宋元学案》,第609页。
⑦ 黄宗羲原著,全祖望补修,陈金生、梁运华点校:《宋元学案》,第611页。

程颐之后的一些理学家提供了探讨心性的话语。二程尤其是程颐门人,如杨时、游酢、谢良佐、周行己等人在很多方面发展了二程的心性学说。而这些理学家的门人,如杨时门人张九成、陈渊、罗从彦,袁溉门人薛季宣等人,又在其师心性主张的基础上有所发明。大致而言,二程门人及其再传、三传弟子的心性观主张主要表现为两种:

其一,以性为体而以心为用,坚持"性体心用"。如杨时言:"人性上不可添一物。……所谓率性,循天理是也。"①强调"性即天理",而又标示"人皆有胜心",故需"收其放心",因此,杨时以"性"为"理",是至公而善的。而"心"则有"不善"之"胜心""私欲":"人各有胜心。胜心去尽,而惟天理之循,则机巧变诈不作。"杨时门人张九成则把性之"体"与心之"用"相统一,认为性体(仁)与心之用(觉)是一致的:"仁即是觉,觉即是心。因心生觉,因觉有仁。脱体是仁,无觉无心。有心生觉,已是区别。于区别熟,则融化矣。"②张九成此论,虽然有抬升心之"用"而为性之"体"的嫌疑,但从其根本而言,仍可视作程颐"性体心用"说的发展。本此,张九成又提出其"道"在"用中"说:"道无形体,所用者是。苟失其用,用亦无体。"③以心之"用"为性(道)之"体",与程颐、杨时等人"性体心用"之心性学说有一定联系。

其二,推崇心性合一,强调心、性为一体而异名。如程颐门人谢良佐认为:"心者何也? 仁是已。"以"仁"为"心"。又认为:"仁者,天之理。"④这样,"心""理""仁"就成为合一性的存在,这些范畴与"性"已完全相同了。他又以"觉"说"仁",明显有以佛教心性学说来释理学之心性的痕迹,而为朱熹等所批评。作为程颐、杨时门人的陈渊,在《杂说》中强调:"仁,人心也。人皆有是心,而不能至于仁者,失其本心故也。……知所求则得其心,得其心斯得仁矣。寂然不动,感而后应。其应也,因物而已,初无一毫之私也。无私故能合并以为公,公则仁在其中矣。"⑤陈渊认为心体为"仁",则"心"就相当于"性"了。除了在体的层面上,"心"与"性"相同外,陈渊还认为"心"之"用"在于应"仁"。他认为,实践主体的"心"之"用",则为"因物"而反应"心"之"仁"体。心性合一的心性观主张,为杨时门人罗从彦及罗氏门人李侗所奉行。李侗回忆罗从彦指导其问学:"先生令愿中静中看喜怒

---

① 黄宗羲原著,全祖望补修,陈金生、梁运华点校:《宋元学案》,第 949 页。

② 黄宗羲原著,全祖望补修,陈金生、梁运华点校:《宋元学案》,第 1308 页。

③ 黄宗羲原著,全祖望补修,陈金生、梁运华点校:《宋元学案》,第 1309 页。

④ 黄宗羲原著,全祖望补修,陈金生、梁运华点校:《宋元学案》,第 918 页。

⑤ 曾枣庄、刘琳主编:《全宋文》,第 153 册,第 344 页。

哀乐未发之谓中,未发时作何气象。不惟于进学有方,亦是养心之要。"①则罗从彦当承认心性合一之说,所以才会令李侗"静"观而得心之"体"。而李侗继之发挥,认为:"学问之道,不在多言,但默坐澄心,体认天理。"②则李侗认为,心体即"天理",因此,心、性、理是合一的。

杨时之后,湖湘学派的胡宏、张栻等对理学心性问题亦有深入的探讨,对后来理学心性学说的发展有很大贡献。胡宏认为:"万物生于性者也,万事贯于理者也。"③他以"性"为万物的本源,宇宙皆是"性"的产物,"性"成为形而上的宇宙本体。他又把"性"视作道德的本体:"圣人指明其体曰性,指明其用曰心。性不能不动,动则心矣。"④他把"性"视作道德本体,而表现于"心",二者是体与用的关系。他又强调:"天命为性,人性为心。"⑤在胡宏看来,心、性、命是合一的,但这一合一不是"同物而异名",而是强调心、性在体、用层面的合一,心并不等同于性。"性,天下之大本也。……必曰心而不曰性,何也? 曰:心也者,知天地,宰万物,以成性者也。"⑥这里,胡宏认为,"心"具有察识的功用,是性的实现者。而作为"体"的"性",胡宏认为:"性譬诸水乎,则心犹水之下。"强调"性"是"本体又是作用,既是存在又是活动,性不能不表现为心,心就是性之动,二者有体用之别,但不是截然为二物"⑦。按照胡宏所言,"性"中就具有了"情"。但他又强调:"贵贱,命也。仁义,性也。"⑧又说:"五常,天所性也。天下万物皆有则,吾儒步步着实,所以允蹈性命,不敢违越也。"⑨强调人的道德理性是宇宙固有精神而主宰万物。依胡宏所言来看,"性"是超越的道德本体。"但性之实现,则在心。心作为功能、属性范畴,却是从气上说,表现为主体能动性的特点。"⑩胡宏又提出"性无善恶""心无死生"之说:"性也者,天地鬼神之奥也,善不足以言之,况恶乎?"而"心,……无死生。……无以形观心,而以心观心,则知之矣。"⑪这样,"心"在胡

---

① 黄宗羲原著,全祖望补修,陈金生、梁运华点校:《宋元学案》,第 1276 页。

② 黄宗羲原著,全祖望补修,陈金生、梁运华点校:《宋元学案》,第 1288 页。

③ 胡宏撰,吴仁华点校:《胡宏集》,第 165 页。

④ 黄宗羲原著,全祖望补修,陈金生、梁运华点校:《宋元学案》,第 1376 页。

⑤ 胡宏撰:《胡子知言》,《丛书集成初编》本,第 3 页。

⑥ 胡宏:《知言》卷一,上海古籍出版社景印《文渊阁四库全书》本,第 112 页。

⑦ 蒙培元:《理学范畴系统》,第 205 页。

⑧ 胡宏撰,吴仁华点校:《胡宏集》,第 48 页。

⑨ 胡宏撰,吴仁华点校:《胡宏集》,第 122 页。

⑩ 蒙培元:《理学范畴系统》,第 206 页。

⑪ 转引自蒙培元:《理学范畴系统》,第 1373 页。

宏的心性论中主要是作为认识范畴而存在了。蔡方鹿因此认为："胡宏哲学的心作为认识主体，是一种理性认识，心具有认识与反映外物的功能，心认识外物，以耳目感官为中介，心的认识对象主要是理；心具有仁义道德的属性，仁既是人心，又是天心，通过仁，天人相互沟通。"①胡宏的性体心用说为其门人张栻所修正。张栻不认同其师只从"用"的角度来看"心"的主张，认为心之"体"为性亦为理："天也，性也，心也，所取则异，而体则同。"②这样，张栻提出了他的心体说。张栻所谓的心，是操舍存亡之心、道德之心，而非物质之心："心虽无形可见，然既曰心，则其体盖昭昭矣。学者要当于操舍之际深体之。"③这里的"心"，就是含有道德内容的形而上之心。蒙培元据此认为："心之成为主宰，是出于形而上之性。义理不仅具于心，而且是心之所以为心者，形而上之心和形而下之心原是一个。说一个心字，决不只是形而下者，心性论上所说的心，主要是形而上者。"④

朱熹承继程颐、张载的心性学说而又有很大发展。他引入了张载的"理气"说以补充程颐的心性体用说的不足，又提出了心体说以补充胡宏的性体心用说，从而把二程以来的心性学说提升到了一个新的高度。朱熹所谓之"心"，一是指"知觉运动"或"灵明"之心，这是从形而下的功用一面来说的。二是指"神明不测"或"操舍存亡"之心，这是指形而上的道德本体来讲的，朱熹常用"本心"或"义理之心"来强调其形而上性。他又认为，来源于"性命之正"而出乎"义理"的乃是"道心"，来源于"形气之私"而出乎"私欲"的乃是"人心"。朱熹所谓性，是指"心"之"理"或"生之理"："性则心之所具之理，而天又理之所从以出者也。"⑤他把人之性又分为"天命之性"与"气质之性"，认为孟子的"性善"是就本原来说的。因此，需要加之以"气质之性"才能圆满地解决性之善恶问题。依蒙培元先生意见，朱熹接受了程颐"性即理"的观点，把性说成形而上的道德本体。从形而下说，心是气之"精爽"，但心中所具理，也是形而上者之心。从形而下说，心并不等于性；但是从形而上说，心即是性⑥。心性两者是相互依存的关系。朱熹心性学说的核心，前人均认为是"心体用说"或"心统性情说"。关于"统"，主要内容是：其一指心兼性情；其二指心主宰性情。心兼体用，其体为形而上之性，其用为形而下之

---

① 蔡方鹿：《中国经学与宋明理学研究》，第526页。
② 张栻著，杨世文点校：《张栻集》，第585页。
③ 张栻著，杨世文点校：《张栻集》，第551页。
④ 蒙培元：《理学范畴系统》，第211页。
⑤ 朱熹集注，陈戍国标点：《四书集注》，第499页。
⑥ 黎靖德编，王星贤点校：《朱子语类》卷五，第86页。

情,这是朱熹心性说的根本内容。① 在此基础上,朱熹特别重视"心"的统帅、贯穿功能:"要之,千头万绪,皆从心上来。"而"学者千章万句,只是领会一个心字"②。这里,"心"既是主体,又是本体。从本体上说,它就是性,就是"明德";从主体说,它是虚灵不昧之体,也就是"神"。基于此,"心"才能把性、情、欲相贯通。至于"性",朱熹有时以"明德"为性:"或问:明德即是仁义礼智之性否? 曰:便是。"③有时他又以"明德"为心:"明德者,人之所得乎天而虚灵不昧,以具众理而应万事者也。"④这样,朱熹把心、性的本体视作了同一。不过,这并不是说,"心""性"就完全一致了。朱熹认为,在形而下的用的层面上,"心"还兼有"情"。而人之"性"又分为"气质之性""天命之性"。可见,在"用"的层面上,朱熹又认为"心"之"情"、与"性"之"气质之性"是不同的范畴,是不能等同的。

朱熹门人黄榦,继承了朱熹的心统性情或心体用说。他强调"心便是性,性便是心",推崇"心统性情","仁义礼智,特就人心而立者耳"等,这些都是朱熹的心性学说的内容。不过,黄榦强调"体用一源",以体、用论"道"等,又有着自己的独特之处。而陈淳有《北溪字义》,其中所论"性":"性即理也。何以不谓之理而谓之性? 盖理是泛言天地间人物公共之理,性是在我之理,只这道理受于天而为我所有,故谓之性。"以"性"为人专有,而以"理"为天地动植皆有。在人而言,此理即为性。他又强调:"天所命于人以是理,本只善而无恶……盖人之所以有万殊不齐,只缘气禀不同。"⑤这些内容,以及陈淳论"心"时所坚持的"心"有"虚灵知觉"、但"心所具之理便是性"等,均与朱熹心性学说无异。就现存文献来看,朱熹门人及后学,如蔡沈、曹彦约、陈文蔚、詹初、詹体仁、陈著、徐元杰、何基、吴泳、方来、丘葵、杜范、真德秀、金履祥、吴锡畴、丘葵、程公许等,皆以朱熹心性学说为准,并无多大发明。如陈埴《四端说》以性、太极、理为同一体,以"仁义礼智"为"纲理之大者",又坚持孟子"性善"说等,均与朱熹一脉相承。值得注意的是,朱子门人刘黻晚年颇不满朱熹《中庸章句》之说,他认为:"惟天之命,於穆不已,惟人受天地之中以生,故谓之性,而贵于物焉。……是专言乎人,而不杂乎物也。或者谓必兼人物而言之,似也而差也。古先圣贤言性命,有兼人物而言者,有专以人言者。《易》曰:'各正性命。'是乃兼人物而言之。然既曰各有不同,则人物

---

① 此段参考了蒙培元《理学范畴系统》(第 209 页)的相关论述。
② 黎靖德编,王星贤点校:《朱子语类》卷四十二,第 1081 页。
③ 黎靖德编,王星贤点校:《朱子语类》卷十四,第 260 页。
④ 朱熹集注,陈戍国标点:《四书集注》,第 5 页。
⑤ 陈淳:《北溪字义》,第 7 页。

之分,亦自昭昭。假如天命之性,亦兼人物而言,则犬之性犹牛之性,牛之性犹人之性,当如告子之见矣。"①刘黻认为"性"当专指人之"性",此"性"与物之"性"不杂。以此而言,物之性不等于人之性,则"理""心"等均应分辨人、物。以此而言,朱熹所言之"性"即"理"说、性体心用说等就都得重新审视。可以说,刘黻的这一认识,对朱熹心性学说是个很大的冲击。无怪乎真德秀与之力辩不已了。

王柏性理之学亦遵从朱子学说而有进一步发展。他推崇"性"兼理气,理、气不相杂。但他又讲:"夫气者,性之所寄也;性者,气之所体也。舜之命禹曰人心,曰道心,此分理气而并言。《汤诰》曰降衷,刘子曰受中,此于性中独提理言,所谓性即理也。告子曰食色,曰生之谓性,此于性中独提气言,故曰不识性也。子思曰天命,则理气混然在中;曰喜怒哀乐,本乎气者也,特以其未发无所偏倚,故谓之中,此气而合理也。发而中节,亦气也,有理以帅乎其中,故发而能中节矣。"②以理、气关系来分辨道心、人心、天命、中等范畴,具有合理之处。刘黻对于心性的探讨,可能对于朱子后学探讨性理新路有所启发。因此,朱熹的再传、三传弟子中,一些人的心性学说已有接受陆学的倾向。在这之中,要以私淑于朱熹的魏了翁最为明显。如他提出:"民心之所同,则天理也。"③强调"心"与"理"的融合。对此,蔡方鹿已有相关研究。他认为"魏了翁的理学思想由朱学到折中朱陆,到以心本论为主,但仍没有放弃朱学的理学要旨"④。从魏了翁的心性学说来看,确实体现出这一学术特性。

与朱熹以体用论"心"有所不同,陆九渊认为,心不必分体、用,他虽然承认"心"既是血肉之心,又是本体之心,但讲到心性关系时却是从本体上说的。他讲:"人非木石,安得无心? 心于五官最大。"这里的"心"指的是实在的器官。但是,陆九渊又说:"人皆有是心,心皆具是理,心即理也。"陆九渊以体用不分来作为"心"的属性,而不像朱熹那样从体用、上下来对"心"进行界定。而陆氏所谓的"心",据张立文研究,其内容与特征主要有:其一,"心"是一种知觉能力;其二,"心"是主体道德精神,是一切伦理道德规范的终极根源;其三,"心"是一种无形无体的主体精神。⑤陆九渊常讲"心即理"⑥,亦即以心性论等同于宇宙论,主张从

---

① 黄宗羲原著,全祖望补修,陈金生、梁运华点校:《宋元学案》,第2285页。
② 黄宗羲原著,全祖望补修,陈金生、梁运华点校:《宋元学案》,第2731页。
③ 魏了翁:《鹤山集》,上海古籍出版社景印《文渊阁四库全书》本,第585页。
④ 参见蔡方鹿:《中国经学与宋明理学研究》,第849页。
⑤ 张立文:《宋明理学研究》(增订版),第373—374页。
⑥ 陆九渊著,钟哲点校:《陆九渊集》,中华书局,1980年,第161页。

"大本"入手来把握天地、人之本:"今之学者读书,只是解字,更不求血脉。且如情、性、心、才,都只是一般物事,言偶不同耳。"①他认为"心"是真正的本体,情、才、心都是同一的,都可视作"性"的一部分。陆九渊门人杨简、袁燮、舒璘及其后学,基本上遵从陆九渊的心性学说,但包恢等人亦有融合朱陆的倾向。

与朱熹、陆九渊同时,吕祖谦的心性学说在当时也广有影响。他把"心"提升到宇宙本体的地位,认为:"心即天也,未尝有心外之天;心即神也,未尝有心外之神。"此处之"天"为宇宙之称。这样,心就是宇宙,宇宙不能离开"心"而存在,以"心"为宇宙,正与陆九渊观点相近。他又以本末、体用来概括心、事关系:"天下之事不外于心,又赘言事,何也? 古人立论,本末体用悉备。"②从本末、体用来说"心",与张栻、朱熹心性学说相近。他又以"仁"为"心":"仁是人之本心,浑然一体。"③这里,以"仁"为"心"之本,强调了"心"的道德理性的本体。他又把"心"分为道心、人心:"人心惟危,人心是私心;道心惟微,道心是本心。"④这一说法与朱熹的观点相近。吕祖谦常把"心""性"视作同一层次的范畴:"吾之性本于天地同其性。"⑤但吕祖谦认为,心、性仍有别:"心犹帝,性犹天,本然者谓之性,主宰者谓之心。工夫须从心上做,故曰尽其心者知其性。"⑥这里,吕祖谦强调心有意志,而性无意志。有意志则随主宰而变易,无意志则不以主体的心愿而变易。蔡方鹿据此认为,吕祖谦关于心性问题的区分,其要义在于:"由于天不在性之外,而性犹天,所以不可离心而求性,须通过尽心来知性。"⑦上述可见,吕祖谦的理学学说调和、兼摄朱陆之学的学术特征,亦表现在他的心性学说之中。需要说明的是,吕祖谦门人在其去世后要么转入朱熹门下,要么追随陆九渊,因此,从他们的心性观来看,已经难以分辨陆学心性思想的影响了。

这里,还需要提及叶适的心性学说。总体来看,叶适对于朱熹、吕祖谦、陆九

---

① 黄宗羲原著,全祖望补修,陈金生、梁运华点校:《宋元学案》,第 2584 页。

② 吕祖谦撰,时澜增修:《增修东莱书说》卷七,上海古籍出版社景印《文渊阁四库全书》本,第 213 页。

③ 吕祖谦撰,吕祖俭蒐录:《丽泽论说集录》卷七,上海古籍出版社景印《文渊阁四库全书》本,第 403 页。

④ 吕祖谦撰,吕祖俭蒐录:《丽泽论说集录》卷九,上海古籍出版社景印《文渊阁四库全书》本,第 439 页。

⑤ 吕祖谦撰,吕祖俭蒐录:《丽泽论说集录》卷二,上海古籍出版社景印《文渊阁四库全书》本,第 309 页。

⑥ 吕祖谦撰,吕祖俭蒐录:《丽泽论说集录》卷九,上海古籍出版社景印《文渊阁四库全书》本,第 439 页。

⑦ 蔡方鹿:《中国经学与宋明理学研究》,第 750 页。

渊等人孜孜以求"性理""道统"是不满的。他另开讲学之大旨,是为了探讨合于二帝三王之"本统",重经制,重事功,治学方法上重史学而轻义理探讨,因此,牟宗三先生把叶适的学说称之为"隔绝论与冥惑论"①,有其合理性。叶适正是在批判朱陆的基础上,对理学的"心""性"有所认识。大致而言,浙东事功派诸贤,如陈傅良、陈耆卿、戴栩、周南等人,均与叶适之学相近或遵从叶适之学。但叶适门人吴子良可能已认识到其师学说之偏颇处,他公开提出:"道公溥,不可以专门私;学深远,不可以方册既。贯群圣贤之旨,可以会一身心之妙。充一身心之妙,可以补群圣贤之遗。孰为异,孰为同哉! 合朱、张、吕、陆之说,溯而约之于周、张、二程;合周、张、二程之说,溯而约之于颜、曾、思、孟;合颜、曾、思、孟之说于孔子,则孔子之道,即尧、舜、禹、汤、文、武之道,孔子之学,即皋、益、伊、仲、傅、箕、周、召之学。百圣而一人,万世而一时,尚何彼此户庭之别哉!"②具有明显的和合会同朱、陆、吕、叶等学派学术的倾向。

三　宋代理学诗人"心性存养"内容或旨类型的理学诗书写

理学家诗人所创作的"心性存养"内容或主旨的诗歌,其数量是不少的。而一些写作了理学诗的文人诗人所创作的"心性存养"内容或主旨的诗歌则较为少见。这大概是作为文人出身的理学诗人而言,他们对理学奥义的"心性存养"学说较为陌生或理解不太深入,毕竟,作为理学核心理论话语的"心性存养",居于理学体系的核心位置,又与理学其他范畴或者命题有着极为复杂的关系,况且,不同学派乃至相同学派的代表性理学家,对于"心性存养"话语的主张并不相同。

既然理学诗中的以"心性存养"为内容或主旨的诗歌类型以理学家诗人的作品居多,那么,对理学"心性存养"内容或主旨诗歌及其类型的考察,当然要以理学家诗人的这一类内容或主旨类型的诗歌作品作为主要考察对象。大致说来,理学家的"心性存养"内容或主旨类型的诗歌主要有四大类别:

(一) 理学家的"心性存养"内容或主旨类型的诗歌,重在抒写理学家对于心性之体用的认识。这又可以从两个方面来说明:

其一,这一类型的"心性存养"内容或主旨类型的诗歌,往往突出天地之性、人之性与物之性的本原性探讨。如李复有诗《东斋独坐》:"飞雨日萧萧,秋风收晚暑。掩关兀然坐,默与玄相遇。坐久忽相忘,玄我无宾主。神游出八纮,鸿蒙

---

① 牟宗三:《心体与性体》(上),第 192 页。
② 黄宗羲原著,全祖望补修,陈金生、梁运华点校:《宋元学案》,第 1824 页。

见气母。"①头两句书写初秋雨后景象,次两句书写自己静坐。五六句写及静坐所体悟到的天地人之同为一"体",最后两句书写心之"用"(神)可以洞悉天之"性"(气母)。与李复诗作书写天地人之"体"相类似,一些理学家在诗作中书写其对于天地之"体""用"的体认,如朱熹《春日偶作》:"闻道西园春色深,急穿芒屩去登临。千葩万蕊争红紫,谁识乾坤造化心。"②诗作书写他所体认到的天地之"体"即"生生不已"之德,"大化流行,於穆不已"正是天地之"性""心"之显于外的"用"。这一主题,亦为胡宏、杨简、魏了翁、孙应时、陈文蔚、真德秀、丘葵等理学家所重视。如胡宏写有《圃景大吟呈伯氏》,中有诗句:"已知物理时常改,因见天工神不死。胸中浩荡一乾坤,世上荣枯均泰否。悠然种植得佳趣,春意生生自无已。"③书写天地之"生生不已"之性。一些理学家的"心性存养"内容或主旨类型的诗歌,注重书写天地、物、人之共有的"性"之"体"。如陈普《程朱之学四首》之二:"化工溥万物,不过亦不遗。何以能不劳,一理以贯之。……有鳞尽渊跃,无翼不天飞。人心正尔妙,动静悉如斯。枢纽在方寸,运化斯为基。……此理无上下,大小随所知。因物为顺应,欢然鸣埙篪。何故天下人,利器不自持。妄端忽一起,纷溃终难支。天开真儒出,幽探万化机。"④诗篇从天地"运化"之"性"写起,强调"生生不已"乃是天地之"性"亦即其"理"。此"性"(理)发育流播则为桃竹繁茂,鸢飞鱼跃,在人则以"心"之"用"即"运化"表现出来,故应体现出天地之"善"(公心)。以此天地之"善"(公心)而言,作为实践主体的人,就不应"心"开"妄端"。再如彭龟年(1142—1206)《和向倅韵之一》有句:"人生具天则,发见亦有证。如水行地中,投隙即流迸。但恐人欲纵,勃若一民横。志师儌自强,万虑当退听。……吾闻至人言,当识动中静。万变不可齐,一念终难正。……须从事上学,宁有物外性。"⑤强调天地之性乃为实践主体之"天则",要秉承、发挥这一天赋之"性",就必须戒绝"人欲""横"、妄动之"虑"而求"动中静"以涵养此"天德"。诗篇复又强调,天地、人、物之"性"是同一的,物外无"性",故体贴天地之"性"须于"事""物"之"动""静"中来实现。

以上,就理学家"心性存养"内容或主旨类型的诗歌中有关天地、人、物之性的书写问题,择其有代表性的若干方面予以举例说明。至于比较简单的书写天

---

① 傅璇琮等主编:《全宋诗》,第 12419 页。
② 傅璇琮等主编:《全宋诗》,第 27500 页。
③ 傅璇琮等主编:《全宋诗》,第 22095 页。
④ 傅璇琮等主编:《全宋诗》,第 43730 页。
⑤ 傅璇琮等主编:《全宋诗》,第 30135 页。

地、人、物之性的诗篇,就更为多见了。如游九言《读〈法华经〉示巽上人》有句:
"吾事不须尔,父子相恬嬉。常行存日用,妙处参天倪。一性本昭彻,春台自熙
熙。"①从儒、释关于"性"的认知不同来严辨其异同。史浩《凿池》以泉水"湛然不
容滓"来比喻天地之"性"②,胡宏《苍天》以白云、天水(雨)之运化无端来比喻天之
"性"③,《水心亭》则提及"百丈生潮头,一勺本性具。……周流造化功,妙体不竟
懆"④,强调天地之"性",《春日郊行》指出"动植自私还自足"⑤所表现出来的天地
之"性",朱熹《登山有作次敬夫韵》强调"寒夜月行藏,只此验天心"⑥等,上述诗句
都是对天地之"性"的书写。其他理学家诗人,如陈傅良、王十朋、黄榦、陈淳、韩
淲、丘葵、许月卿等,也都写有不少"心性存养"内容或主旨类型的诗歌,他们对于
天地、人、物之"性"的"体""用"的书写,虽各有特点,但其总的旨趣则没有什么明
显的差异。

其二,理学家诗人的"心性存养"内容或主旨类型的诗歌,也对实践主体的
"心"之体用问题非常重视。从学理而言,大多数理学家认为,天地、人、物之"性"
是同一的,不过天地之性虽然等同于人之性,但不是说,此"性"就等于人之"心"。
对此,张载之关学、二程之洛学、朱熹之闽学等各有不同的认识,但都注意不把
"性"与"心"相等同。这是因为,"心"除了禀于天而有"性"之外,尚有识察、体验
等之"用",有与肝肺等器官相同的器质性功用。而朱熹学派虽主张"心"统性情
兼理气之说,但更重视性、心之差异性区分。由此可以理解,理学家诗人的"心性
存养"内容或主旨类型的诗歌多涉及"心"之体用问题,反映出理学家固有的理论
聚焦点和学术旨趣。当然,也应注意到,从大多数宋代理学家的理学主张而言,
心体、性体则是相同的。这是其共识。

大概即出于这一原因,理学家"心性存养"内容或主旨类型的诗歌中,对于实
践主体的"心"之体用问题的书写是比较重视的。有的诗作,只简单述及实践主
体的心体问题。如林季仲《赠虞教授别》有句:"儒生底用苦知书,学到根源物物
无。……水流万折心无竞,月落千家境自孤。"⑦强调"性""心"之"体"的一致性。

---

① 傅璇琮等主编:《全宋诗》,第 30126 页。
② 傅璇琮等主编:《全宋诗》,第 22114 页。
③ 傅璇琮等主编:《全宋诗》,第 22096 页。
④ 傅璇琮等主编:《全宋诗》,第 22098 页。
⑤ 傅璇琮等主编:《全宋诗》,第 22099 页。
⑥ 傅璇琮等主编:《全宋诗》,第 27551 页。
⑦ 傅璇琮等主编:《全宋诗》,第 19960 页。

韩元吉《元夔以诗留别用韵示之》之一:"密竹疏松一水边,高春自占曲肱眠。心如古井真无浪,迹似寒灰岂复然。舌在未应甘寂寞,地偏犹可小回旋。春风又绿澈塘草,清梦从今只惠连。"①书写心体之空寂,此"心"正与天地之生意相同。又如史浩《善渊》:"观水须观澜,监水必监止。清漪不受触,风定略无滓。时以喻方寸,太虚融众理。客来如问津,须君亲指似。"②以"澜""止"来喻"心"之"用",但其外相之"体"则是"不受触""略无滓"的。诗作以此而明物之"理"与人之"心"体相同,把极为复杂难言之"理"解说得颇为浅显明白。

更多的涉及"心"之体用的"心性存养"内容或主旨类型的诗歌,往往述及心之体、心之用,表现出诗歌作者对于实践主体之"心"的体、用问题的重视程度。如朱熹《斋居感兴二十首》之三:"人心妙不测,出入乘气机。凝冰亦焦火,渊沦复天飞。至人秉元化,动静体无违。珠藏泽自媚,玉韫山含辉。神光烛九垓,玄思彻万微。尘编今寥落,叹息将安归。"③何基释为:"此章言人心出入无时,莫知所乡。……心之出入,盖随气之动静。"④显然,诗篇书写了作者对于"心"之"用"的认识。朱熹《斋居感兴二十首》之四有句"静观灵台妙,万化此从出"⑤,亦是对心之"妙用"的书写。杨简《送黄文叔侍郎赴三山》:"某信人心即大道,先圣遗言兹可考。心之精神是谓圣,诏告昭昭复皛皛。……意萌微动雪沾水,泯然无际澄且清。侍郎日用所自有,总是本原非左右。"⑥强调心体即道体,而"意动"即心之动,须是"澄且清",这是心体的自然发运。而刘黻《和紫阳先生感兴诗二十首》之一:"至理根一初,精微实高广。寄之形气中,今来齐古往。众曜列太空,环侍惟斗仰。变化妙不测,虚灵本常朗。井坐识易陋,帘窥学云罔。静玩感兴篇,剖陈如指掌。"⑦前二句述及天地之"至理"根植于"一",乃是周敦颐《通书》所谓"无极而太极"所指的"一"。此可谓之天之"性"、人之"性",这是讲的"性"之"体"。"性"之"体"要依靠"形气"这个"用"来表现,故代表古今的时间、星象排列的空间,以及其运化、运动的呈现等,都是此"体"之"用"。这个"体"以及"用",需要"心"之"用"来识察、感受、表现出来。"心"具备"虚灵"之"用",故能妙用不测而表现出

---

① 傅璇琮等主编:《全宋诗》,第 23654 页。
② 傅璇琮等主编:《全宋诗》,第 22123 页。
③ 傅璇琮等主编:《全宋诗》,第 27543 页。
④ 金履祥选:《濂洛风雅》,《丛书集成初编》本,第 35 页。
⑤ 傅璇琮等主编:《全宋诗》,第 27543 页。
⑥ 傅璇琮等主编:《全宋诗》,第 30082 页。
⑦ 傅璇琮等主编:《全宋诗》,第 40685 页。

天地之"性"的体用。

　　心之体用问题是理学的天地、人、物之"性"得以呈现和发生联系的枢纽问题、核心问题。故而,在理学家"心性存养"内容或主旨类型的诗歌中,其数量是比较多的。如韩元吉《颐真》强调"真能了万象,亦复冥诸尘"①,黄榦《刘正之宜楼四章》之四指出"福禄岂外求,万感皆人心"②,王十朋标举"人生异草木,百念起心地"③,许月卿推崇"一心宰天地,万世流风霆"④等,都是强调"心"之"用"。而叶适《题扫心图》则述及"心"之体、用以及以克治等工夫修"心"的方法:"大心觉也无亏成,小心沤也随灭生。道人常与帚柄行,遇其歘起须扫清。世间亦有无根树,又言朗月当空住。劫尘颠倒不自繇,只笑本来无扫处。"⑤诗篇强调"大心无亏"指的是心之体,"朗月当空"借用佛教语言与明"心"之"体"。"小心随灭"指的是心之"用","扫清"为形象化的比喻手法,是讲保有"心"之"体"的克治工夫。再如陈淳"人为天地心,体焉天地同"⑥,强调的是"心"体同于"天地"之"体"。

　　除了以上两点之外,理学家"心性存养"内容或主旨类型的诗歌中,一些诗人重视对"心性存养"内容的整体性书写。理学"心性存养"虽然是理学的基本话语之一,但是实质上因其涵义丰富且与理学众多范畴建立了复杂的关系,因此,这一话语可算是理学体系中的重要组成部分。因此之故,一些理学家诗人以诗歌的形式来表达他们对于"心性存养"话语的整体性认识。如张九成《次陈一鹗韵》有诗句:"大道若坦途,践履何早晚。榛荆蔽不扫,日夜劳勤垦。……百事皆已余,一心正吾本。人欲如火聚,急避勿缱绻。"⑦诗作首先论及"道"体之"践履"不分早晚,要想明心见性则需要日夜"勤垦",如此才能见到"心"之"本"(体)。要想保有此"心"之"本"则需要去"人欲"。这样,诗篇内容涉及了"心性存养"话语中的"心"体、"性体""存养"等问题,表达出作者对于"心性存养"话语的整体性认识。从整体上对"心性存养"话语予以书写,往往可以看出诗作者的理学理论水平。如朱熹《日用自警示平父》:"圆融无际大无余,即此身心是太虚。不向用时勤猛省,却于何处味真腴。寻常应对尤须谨,造次施为更莫疏。一日洞然无别

---

①　傅璇琮等主编:《全宋诗》,第 22123 页。

②　傅璇琮等主编:《全宋诗》,第 31476 页。

③　傅璇琮等主编:《全宋诗》,第 22668 页。

④　傅璇琮等主编:《全宋诗》,第 40534 页。

⑤　傅璇琮等主编:《全宋诗》,第 31212 页。

⑥　傅璇琮等主编:《全宋诗》,第 32328 页。

⑦　傅璇琮等主编:《全宋诗》,第 19993 页。

体,方知不枉费功夫。"①前二句述及天地之体及人之心体性体。三四句强调应向日常日用之时做戒惕、警省工夫,除此之外别无他法。五六句点出日常扫洒应对之事尤其应谨慎,而倏忽造次之际更应打起精神仔细应对。如此自会忽然通达道体,理解日常日用工夫的重要性。全诗内容丰富,对天体心体性体及其心性之用、存养工夫以及求道的路径等都予以细细揭示,在整体上对"心性存养"话语予以相当全面的书写。再如刘蒙《和紫阳先生感兴诗二十首》之三:"仰观复俯察,上下融真机。元气无奇耦,鱼跃鸢自飞。神圣奠中域,静动心勿违。天地敛诸躬,照以日月辉。逊志纳众有,先虑周万微。胞与岂不伙,游泳皇极归。"②诗作前四句写天地之"性",五六句写圣人发明、体验到天地之"性",人应于动静间不违"心"之"本"方可体贴、发明天地之性"体"。至于"逊志""虑微"则是强调"心性"的工夫论亦即"存养"问题。如此,实践主体则能上承天之"道"而与物(相与)、民(胞)同处"皇极"。这里的"皇极",本于《尚书·洪范》,依孔安国之说,"皇极"乃为"大中之道"③。以此而言,刘蒙此诗在整体上对"心性存养"话语有所阐发。再如魏了翁《寄李道传》有句:"虚灵天地心,亹亹万化机。几形有动静,诚尽无显微。人惟不自信,稷颜有相违。居人惮寒暑,游子行不归。谁知炯然存,彼物乃吾知。"④前两句书写对天地之"心"的认识,此"心"亦即"性"为"虚灵",有"运化"之"用"。三四句述及天之"心"即为人之"心",此"心"之本为"诚"。五至八句述及即使圣贤如稷、颜回等亦有出于对此"心"之"不自信"的原因,故而与"心"之本体"诚"有相违的地方。总的来看,宋代理学家诗人在整体上书写"心性存养"话语的诗歌数量不多。这大概是由于"心性存养"话语涉及理学的根本问题,其涵义丰富而复杂,要想在一首诗中较为全面地书写其主要内容,是相当困难的。

(二)理学家诗人的"心性存养"的内容或主旨类型的诗歌中,有不少以书写克讼、慎独、守礼、静坐、力行、调息等实现心性圆满的方法与途径等工夫论问题为主要内容。

这一类诗歌作品,是"心性存养"内容或主旨类型的诗歌数量最多的。传统儒学的克讼、慎独、守礼等修身"工夫"或者手段,仍然为理学家所重视。如张载《克己复礼》:"克己工夫未肯加,吝骄封闭缩如蜗。试于中夜深思省,剖破藩篱好

---

① 傅璇琮等主编:《全宋诗》,第27592页。
② 傅璇琮等主编:《全宋诗》,第40685页。
③ 李学勤主编:《尚书正义》,《十三经注疏》(标点本),北京大学出版社,1999年,第299页。
④ 傅璇琮等主编:《全宋诗》,第34874页。

大家。"①诗篇书写其以克治工夫来修养心性。其《圣心》有句："圣心难用浅心求，圣学须专礼法修。"②诗篇以"礼法"为工夫来力求触及"圣心"。而《芭蕉》提及"愿学新心养新德，旋随新叶起新知"③，强调以"学""养"等工夫而养成"新德"。李复则有《自省》："理容本求妍，造次遽成丑。兢兢早夜思，犹或失于偶。放而不知察，美种杂稂莠。吾居日三省，参也吾所友。"④强调"造次"无益于修德，而唯有通过加强戒惕、省思等践履工夫才能自新。杨时则有《枕上》："小智好自私，小德常自足。自私开人贼，自足心有目。瑕瑜不相掩，君子比良玉。默默枕上思，戒之在深笃。"⑤诗篇强调，道德实践主体应于身体力行中"戒""自私""自足"为"求道"之方法，以求实现对于"大智""大德"的追求目标。依杨时理学思想来看，此"大智""大德"自然是与"心性存养"相关的天地之性、人之性与物之性的认识，以及对于实现道德圆满境界（即定止心性）的人生追求。如朱熹《斋居感兴二十首》第十九："哀哉牛山木，斤斧日相寻。岂无萌蘖在，牛羊复来侵。恭惟皇上帝，降此仁义心。物欲互攻夺，孤根孰能任。反躬艮其背，肃容正冠襟。保养方自此，何年秀穹林。"⑥以牛山之木常被斤斧砍折、牛羊践踏起兴，强调天之所赋而降于人之"仁义心"（亦即性），很容易为物欲所改易。只有重视"反躬"自求以明德、"肃容正冠"以修礼，如此"保养"心体性体，方能有所成就。张九成《客观余孝经传感而有作》则强调："千歧更万辙，要以一理存。如何臻至理，当从践履论。"⑦强调应明孝悌、严道德，以"践履"而求道、明理。

从理学工夫论而言，除了继承传统儒学的克治、慎独、省察等对于识察、实践"心性"的"修身"工夫之外，理学家对于修养"心性"的方法论探讨方面又有新的突破。如静坐、体悟、正心、水鉴、默识、警示等来自佛教、道教的"求静""见性"等工夫法门，亦为理学家所吸收。范浚《暮春病起绝句二首》之一："病起春深白昼闲，瓦松花老掩柴关。坐调心息无浮念，沉水烟销古博山。"⑧诗篇中，人物以静坐来调息存养心性。而"调息"等来自《庄子》。范浚《示侄》又有句："人生禀受性不

① 傅璇琮等主编：《全宋诗》，第 6283 页。
② 傅璇琮等主编：《全宋诗》，第 6281 页。
③ 傅璇琮等主编：《全宋诗》，第 6281 页。
④ 傅璇琮等主编：《全宋诗》，第 12409 页。
⑤ 傅璇琮等主编：《全宋诗》，第 12933 页。
⑥ 傅璇琮等主编：《全宋诗》，第 27544 页。
⑦ 傅璇琮等主编：《全宋诗》，第 19985 页。
⑧ 傅璇琮等主编：《全宋诗》，第 21496 页。

恶,輶驭要使知高低。常时见尔亦逊顺,顿以狂药生尤违。便当惩艾悼往失,痛戒濡首疏尊卮。专心蓄力玩经笥,调护气术循绳规。"①诗篇告诫子侄要以自讼戒惕之心,痛下决心来戒除不良习气,"调护"心气以循规蹈矩,发明性善。朱熹亦有《诵经》:"坐厌尘累积,脱躧味幽玄。静披笈中素,流味东华篇。朝昏一俯仰,岁月如奔川。世纷未云遣,仗此息诸缘。"②诗篇述及在阅览道教典籍过程中,以品味、体验道教之"素"(即"道")来作为"息"诸"缘"的方法。这里,"息缘"为佛教用语,而"静披"常作道教用语。再如韩淲《危坐》:"寒灯梦初觉,危坐收此心。心亦合自收,无念即清深。举足尘埃起,盈颠霜雪侵。枯禅缚意马,练养无胎禽。"③以"枯禅"之"危坐"来"收心",追求"无念""缚意马",自然是佛教工夫,而"养胎"则是道教之"内丹"工夫。可见,韩淲诗中是以道释之求静、体虚工夫作为存养"心性"的方法的。又如陈普《和清叟自勉》:"缉熙正学勿虚过,立志悠悠得几何。黄卷工夫当猛省,青春齿发莫蹉跎。笔头有焰由充养,镜面无尘在洗磨。六籍四书无释子,胸中治具看森罗。"④强调"充养""洗磨","充养"来自《孟子》,而"洗磨"来自神秀的"以镜为心"之喻。很多理学家以道、释两教的工夫来作为理学"心性存养"之法,其原因在于,自二程开始,宋代理学家多能得道、释两教教理精义涵濡,因此,理学家以道、释"求静""体空"工夫来作为察识、体验、践行"心性"之学,是很正常的。分辨理学与道释,不是从工夫论上看,而是在诸如"性有"还是"性无"、致"良善"还是务"清虚"等目的论上有所区分。至于朱熹等人动辄以"入佛"等批评张九成、陆九渊等,在很多时候显然有其另外的目的,这是应该明确的。

总的来看,理学家"心性存养"内容或主旨类型的诗歌中,所涉及的"存养"工夫内容是非常丰富的。为了说明其丰富性,在此再举几例。如陈淳《隆兴书堂自警三十五首》第十九首:"志一气以动,气一志以随。持养使清明,和平毋暴之。"⑤一二句言及"气"的重要性,陈淳遵从朱熹的"心统性情兼理气"说,以"气"为"心"之"用"。则一二句言"心",三四句言及"心性"的存养问题,强调"持养"和气以存养心性。他又有《自讼》:"气一志以动,志动气益狂。辗转互攻击,其端何有穷。哲人动知几,清明常在躬。私欲绝微萌,天真湛流通。表里皎如日,一隙无暧

---

① 傅璇琮等主编:《全宋诗》,第 21498 页。
② 傅璇琮等主编:《全宋诗》,第 27474 页。
③ 傅璇琮等主编:《全宋诗》,第 32456 页。
④ 傅璇琮等主编:《全宋诗》,第 43752 页。
⑤ 傅璇琮等主编:《全宋诗》,第 32328 页。

曚。"①一二句言"心",重在探讨作为"心"之"用"的"志""气"之关系。三四句讲"志""气"的相互作用,五六句强调圣人常以"清明"、绝"私欲"、表里如一等来保有心性。此外,陈淳《林户求明道堂诗二首》之一:"秉彝同是得天生,道在其中本自明。气为禀来微有蔽,欲因感处复多萌。磨砻须到十分粹,克治全教一味清。从此洞然无别体,真元辉露日光星。"同题之二:"自从河洛发真筌,节目纲条已粲然。志若坚刚方可适,心如扞格决难诠。从头格物为当务,稳步求仁乃秘传。表里直须名副实,高标终不愧前贤。"②两首诗均是书写"心性存养"主题的名篇。第一首从道体、心之用讲到克治工夫问题,第二首重点强调为了"心性存养"而实践格物明理、克治存养等工夫论问题。总的来看,宋代理学家对于"存养"问题十分重视,在其诗歌创作中多有表达。如刘黻、彭龟年、韩元吉、史浩、陆九渊、王十朋、叶适、丘葵等,都写有不少"心性存养"内容或主旨类型的诗歌。这种情况,一方面说明理学家对于"心性存养"问题的重视,另一方面也可以看出"心性存养"问题在理学理论体系中的重要地位。

（三）理学家诗人的"心性存养"内容或主旨类型的诗歌中,也有一些书写澄净心性、保有诚敬等存养心性的途径及方法的诗作。

严格意义上,理学之"省察""克治""慎独"等工夫不是"存养",本书考虑到学界的习惯性用法及写作的方便,才使用了学界惯用的方法把"省察""克治""慎独"等工夫称之为"存养",这是要反复说明的。实际上,按照宋代理学家的认识,"存养"的本意是"识仁""明诚""持敬""静养"等养成定止心性的工夫。正是因为理学家大都认为"存养"与"克治""省察"等涵义有异,因此,理学家诗人在写作"心性存养"内容或主旨类型的诗歌时,往往对"存养"问题有所表达。

如李复有《杂诗》:"善学必探本,知本贵善养。种木既得地,柯叶日滋长。纷纷绮语工,汩汩良心丧。多闻竟无益,不如鸡犬放。"③这里提出"善养"以"知本"问题,强调惟有"养"才能发明良心,至于"多闻"等通过认知获取知识,与"善学"而"探本"是有根本不同的。显然,诗作的"善养"即"存养"。他又有《答吴与几二首》之一有句:"人心如惊飚,飘忽无定时。……种苗须善本,本善苗必滋。养生须养心,心怡气不衰。"④前十二句皆在强调人心之"飘忽无定"的特性,

———————

① 傅璇琮等主编:《全宋诗》,第 32334 页。

② 傅璇琮等主编:《全宋诗》,第 32354 页。

③ 傅璇琮等主编:《全宋诗》,第 12406 页。

④ 傅璇琮等主编:《全宋诗》,第 12424 页。

十三至十六句则强调要从"善本"上下功夫,以"养心"而"养气"。上述可见,李复所谓的"善养""善本"等都是"存养"工夫。再如史浩《次韵沈泽夫逍遥歌》有句:"……默观万化尽如许,脱悟此理行非艰。但当涵养取深造,工夫只在澄心源。心源澄寂固能应,视彼所寓皆居安。……此生造化岂可轻,勿为名利思营营。"①诗篇指出,以"涵养"而"澄心源",由此,心可在定止心性的条件下,遍观万物之"理"。这里的"涵养"即"存养"。与之相似的,有胡宏《和刘子驹存存室》:"动中涵静是天机,静有工夫动不非。会得存存存底事,心明万变一源归。"②诗作强调以"求静"工夫为"涵养"心源之用,惟此才能得"天机"而"动不非"。这里的"一源",即是天地之体、理、道、人之性体心体等泛指性称谓。可见,胡宏此诗强调的是理学之"存养"对于发明心体以明"性""理"的重要性。再如陈普《孟子》组诗之《存心养性》:"心体能存无走作,油然义理自中生。更无物欲相攻伐,萌蘖欣欣竞向荣。"③诗作内容是概括孟子"存心养性"。诗篇强调"存养"之于深探"义理"(即性理)的重要性,强调以"存养"而定止心性,由此而做到"物欲"不能动摇心性。

"存养"的目的是"养性",诸如洞见心性之本、养就定止不迁的良知之性等,皆可谓之"养性"。以此目的来看,作为"存养"的方法自然不限于"识仁""明诚""持敬""静养"等。以宋明理学家的工夫论来看,只要实现了"养性"的目的,又与"识仁""明诚"等不相背离,皆可谓之"存养"。如朱熹《春日即事》:"郊园卉木丽,林塘烟水清。闲栖众累远,览物共关情。憩树鸟啼幽,缘原草舒荣。悟悦心自遣,谁云非达生。"④诗篇是以"静观"春日景物生生不已而体悟到天地运化之性,这里的"静观"应视为"存养"工夫。朱熹《斋居感兴二十首》之十四也强调"幽探"工夫以明天地之道、人之性体心体:"元亨播群品,利贞固灵根。非诚谅无有,五性实斯存。世人逞私见,凿智道弥昏。岂若林居子,幽探万化原。"⑤依程朱学派而言,这里的"乾"之"四德"的核心乃为"元亨",强调的是发育、运化,亦即天之"生生不已"之"性"。此天之"性"惟有实践主体以"诚"之心才能体悟、发明、保有之而成为"仁义礼智信"。"诚"是人之性体、心体得以保有完善的基础。如果逞"私见"而去"诚",就会失却"道"之本义。这样的话,孜孜以逞心力而求道,就不如栖居山林之士以"静养"而体贴和发明天地、人、物之性本(亦即道)了。

---

①　傅璇琮等主编:《全宋诗》,第 22118 页。

②　傅璇琮等主编:《全宋诗》,第 22108 页。

③　傅璇琮等主编:《全宋诗》,第 43786 页。

④　傅璇琮等主编:《全宋诗》,第 27474 页。

⑤　傅璇琮等主编:《全宋诗》,第 27544 页。

尽管以"养性"为目的的"存养"之方法可以有多种,但是,还是要以"明诚""守敬"等为其根本之工夫。大多数理学家之"存养"皆准此。在理学家的"心性存养"内容或主旨类型的诗歌中,常可看到这一点。如丘葵《记先贤》:"进学在致知,涵养须用敬。廓然而大公,物来则顺应。"①诗作强调"守敬"以"涵养",方可保有"大公"之"心",以此才能在察识外物之时,应对识察"物来而顺应",如镜鉴物而心不为物所动。此诗强调"用敬"为"涵养"的前提和基础,这正是理学各学派"心性存养"学说的共同之处。因此,彭龟年、韩淲、陆九渊、杨简、吕祖谦、叶适等人的"心性存养"诗歌,都对"明诚""守敬"等"存养"工夫有所书写。

(四) 宋代理学家的"心性存养"内容或主旨类型的诗歌,有些以书写定止心性境界或者定止心性目的为主要内容。

不管是以"明诚""用敬""静察"还是"发明本心",理学家"心性存养"之目的,无非是定止其良善之本性、守其诚敬之本心。其途径,一是通过"明诚""用敬""明善"而得的"本性""本心"而察识天地万物之"性",进而贯通天地、人、物之性,由"分殊之理"而体认"万物一理"。二是通过"明诚""用敬""明善"等察识、明了人之本性、本心,再推而广之以察物性、天性,进而明"道"体之"一"(理)。无论如何,通过"存养"而察识、体贴天地万物之性(亦即道),乃是"存养"之目的所在。

早期理学家已经对定止心性的目的、境界等有所认识,并在其诗歌作品中有所表达或书写。如周敦颐《春晚》:"花落柴门掩夕晖,昏鸦数点傍林飞。吟余小立阑干外,遥见樵渔一路归。"②诗篇书写其以定止之心而体贴春晚之境,人、物、景和谐一致,共同组成了意境优美的画面。再如杨时《闲居书事》:"虚庭幽草翠相环,默坐颓然草色间。玩意诗书千古近,放怀天地一身闲。疏窗风度聊欹枕,永巷人稀独掩关。谁信红尘随处净,不论城郭与青山。"③以定止之心而玩物诗书,放怀天地,静处僻居而守心处静。诗作书写了作者定止心性的意趣,表达出其遇"事"而不动心性的生活态度。早期理学家的这一"心性存养"内容或主旨类型的诗歌类型,为理学家诗人所沿袭。如林季仲有诗《乐寿阁》:"看山玩水适吾情,此语从来误后生。唤起万端因好乐,静观一理本圆成。与人不竞春长在,对物无心境自清。更就阿谁求乐寿,当时分付最分明。"④诗篇推崇"静观一理"而"对物无心",强调定止心性以处事放置其心。再如韩元吉有诗《夜坐闻窗下水

---

① 傅璇琮等主编:《全宋诗》,第 43906 页。
② 傅璇琮等主编:《全宋诗》,第 5065 页。
③ 傅璇琮等主编:《全宋诗》,第 12946 页。
④ 傅璇琮等主编:《全宋诗》,第 19960 页。

声》:"书史悬知伴此生,敢求身外百年名。青灯又暗吹窗雨,流水长闻入夜声。玩世久忘荣辱累,定交诸尽死生情。翛然隐几焚香坐,不独心清境亦清。"①诗作以"静坐"为"存养"手段,而以定止心性为书写目的,标示其"心清""境清"的"心性存养"境界。从理学家"心性存养"内容或主旨类型的诗歌来看,以书写"定止"心性境界或者定止心性目的为主要内容的诗作,大致与上述周敦颐、林季仲、韩元吉作品所表现出来的写作模式相似。比如朱熹有诗《杜门》:"杜门守贞操,养素安冲漠。寂寂闷林园,心空境无作。细雨被新筠,微风动幽箨。聊成五字句,吟罢山花落。浩然与谁期,放情遗所托。"②景、人、事共同构成了诗歌的诗境。这一诗境分明重在凸显实践主体的安适、崇德、明性的道德境界,以表达其定止心性的理学旨趣。

就理学家"心性存养"内容或主旨类型的诗歌来看,书写"定止"心性境界或者目的的诗作数量并不多。早期理学家邵雍对"心性存养"认知尚浅,因此其诗作中不以表达心性为宗旨。而程颢除了《秋日偶成二首》之一提及"万物静观皆自得,四时佳兴与人同"③等数篇之外,有关"心性存养"主题的诗作也不太多。后来的理学家,即使如刘子翚、史浩、朱熹、韩淲、丘葵、陈普等诗歌作品非常丰富的理学家诗人,以书写"定止"心性境界或者目的的诗篇,数量也不多。这种情况,除了显示出理学家诗人的诗歌旨趣等原因之外,大概"定止"心性境界或者目的,属于理学理论体系中最为高深的理论境界和目的,一般理学家怕是不容易实现,或者与大多数理学家自谦等原因有关。

本节研究表明:作为占据宋代理学核心地位的"心性存养"问题,因其关系理学根本而为理学诗人所重视。考案可见,宋代理学诗的"心性存养"内容或主旨类型的诗歌类型,涉及理学"心性存养"范畴的主要方面,如心性体用、存养工夫、定止心性、诚敬等,都在"心性存养"内容或主旨类型的诗歌中得到书写和凸显。可见,作为兼具理学实践主体和诗歌书写或创作主体的理学家诗人而言,他们的思想志趣、价值追求等,在"理学"与"诗"之间实现了知识、思想和审美等层面的"迁移"或者"会通"。亦因如此,宋代理学诗"心性存养"内容或主旨类型的诗歌类型,呈现出独特的哲思之美和道德定止的崇高境界,成为迥异于文人诗的独特诗坛风景。

---

① 傅璇琮等主编:《全宋诗》,第 23651 页。
② 傅璇琮等主编:《全宋诗》,第 27468 页。
③ 傅璇琮等主编:《全宋诗》,第 8237 页。

第六节　宋代理学"尊德性"话语与
理学诗的内容或主旨类型

　　程颢、程颐之理学,分别是陆九渊、朱熹之学所宗法的对象。但实际上,程颢、程颐兄弟之理学进路,是有一定差异的。程颢之"明性""识性",较之程颐之"格物"以"明理",毕竟更适合于天赋高明者。而程颐之明道进路,显然对于资质平庸的大众更为合适。二程之后,理学学者或因资质有所差异,或因对"道"体领悟和求"道"之取径有所偏好,故往往在"尊德性"抑或"道问学"之选择上多有纠结。经过杨时、游酢、尹焞、谢良佐、吕大临等程门高弟的多方开辟,复经胡宏、张栻、朱熹、陆九渊、吕祖谦等人的相与探讨,以朱熹、陆九渊为代表,最终确定了或以"道问学"为主,或遵奉"尊德性"为宗旨的学说大旨。虽然朱熹晚年已经认识到过于推扬"尊德性"或"道问学"均有其局限性,故自道其意,已有和合"尊德性""道问学"之争的意味。但朱熹、陆九渊之门人高弟,却围绕着"尊德性"或者"道问学"话语,而在多方面拓展、深化了理学之求道路径:朱熹学派把"道问学"提升至统师或主线地位,"道问学"成为涵盖"诚""静""克治""存养"等的具有体系化特征的庞大的工夫论、目的论和道德论之理学体系;陆九渊学派则把"尊德性"提升为兼有本体论、宇宙论和心性论等特性的理学体系。之后不久,真德秀等人踵武其式,试图和合、会通"尊德性"与"道问学"。元、明两代,朱子、陆子后学之理学学者正是在朱、陆之学的基础上,以"尊德性""道问学"为标志而前行,丰富和发展了朱、陆学派的学说。元代之后,有赖于陈献章、王阳明及其后学的不懈努力,"尊德性"范畴成为王阳明心学体系的核心范畴,而在很大程度上具有了统领其他理学范畴和命题的重要理学地位。至此,"尊德性"最终成为与"道""德""性"等具有同等地位的理学重要话语了。

　　自南宋中期开始,宋代理学家大都受"尊德性"话语影响,而在其理学思想、理学实践及理学诗书写中表现出来。这些理学诗作品,连同其他内容或主旨类型的理学诗一起,共同形塑出宋代理学诗重要的内容或主旨类型及诗歌风貌。①

---

　　① 本节部分内容曾以《论宋元理学的"尊德性"及其诗歌表达》为题发表于《东方论坛》2020 年第 1 期,后收入拙著《宋元理学基本范畴及其诗学表达研究》。为了保持本著研究体例和研究内容的完整性,免除读者的翻检之劳,本著仍收入此文。但删除了其中与元代理学及诗学相关的文献及观点,并对原文内容有所改动。

一 宋代理学"尊德性"范畴文化渊源及其生成环境

朱、陆学派理学学者对于"尊德性"的儒学地位、功用、途径及方法等问题产生的不同认识乃至歧异,在一定程度上是由"德""性"的复杂文化渊源所决定的。而"德性"话语从松散的词语组合到形成固定的话语范畴,经过了很长的发展历程。作为理学话语范畴的"德性",在其发展过程中,其语义也有不小的变化。宋代理学"尊德性"话语的文化渊源,主要有:原始儒家典籍中的"德""性"思想;北宋"宋学"诸贤的心性主张;隋唐至北宋时期的道、释心性学说。

宋代理学"尊德性"话语,直接来源于《中庸》。《中庸》有云:"故君子尊德性而道问学,致广大而尽精微,极高明而道中庸。"朱熹解释为:"尊者,恭敬奉持之意。德性者,吾所受于天之正理。……尊德性,所以存心而极乎道体之大也。道问学,所以致知而尽乎道体之细也。……盖非存心无以致知,而存心者又不可不致知。"①显见朱熹对于"道问学"与"尊德性"并无轩轾。在朱熹看来,这两者是互为支撑而共同成为"入德之方"的重要步骤或路径。至于朱熹强调"道问学",亦只是为一般资质之人寻求修道入德之便宜法门而已。考察可见,《中庸》之"尊德性"话语之中的"德""性"以及实现"德""性"的方法、途径,乃至"尊德性"的目的求"道"等,都是在先秦时期长期流行的重要话语。"性"的早期义,为有主体意志的"天""帝"等具有的"性情""脾气""性格"等义。从现存文献来看,要以《尚书》之《西伯戡黎》所载为最早:"西伯既戡黎,祖伊恐,奔告于王。曰:'天子! 天既讫我殷命。格人元龟,罔敢知吉。非先王不相我后人,惟王淫戏用自绝。故天弃我,不有康食。不虞天性,不迪率典……'"孔安国释为:"以纣自绝于先王,故天亦弃之,宗庙不有安食于天下。而王不度知天性命所在,而所行不蹈循常法。"②孔安国以"天性命"释"天性",当是受到战国至汉儒的影响,恐非祖伊本义。这里的"天"当释为"天帝",是具有好恶赏罚的主体实在,"先王"正是逝后"作宾"于"帝"。如此而言,"天性"之"性"乃为实有主体以之爱憎的"天"之"性情""脾气""性格"等。这个意义,一直到周初尚存在。如《尚书·召诰》:"王先服殷御事,比介于我有周御事,节性惟日其迈。王敬作所,不可不敬德。"③这里的"节性",为节制"性情""脾气"等。

---

① 朱熹集注,陈成国标点:《四书集注》,第 51 页。
② 李学勤主编:《尚书正义》,《十三经注疏》(标点本),第 259 页。
③ 李学勤主编:《尚书正义》,《十三经注疏》(标点本),第 398 页。

古人往往认为，"脾气""性格""性情"等是与生俱来的，因此，"性"就有了人之"本性""本质"之义。如《诗经·大雅·卷阿》："伴奂尔游矣，优游尔休矣。岂弟君子，俾尔弥尔性，似先公酋矣。"郑玄释为："乐易之君子来在位，乃使女终女之性命，无困病之忧，嗣先君之功而终成之。"①这里的"女"通"汝"。郑氏以"性命"释"性"，仍然是汉儒的习惯做法。诗篇上文既然赞美"恺悌君子"，则此"性"应释为君子所具有的和礼重道之"本性"。这一用法，在后世文献中仍可见使用。如《礼记·王制》："司徒修六礼以节民性，明七教以兴民德，齐八政以防淫，一道德以同俗。"②此"民性"正是此义。

以"性"为人之"本性""本质"，可据此发展成为万物之"本质""本性"之义。这一用法，大概在战国时期成为人们的普遍认识。《周易·系辞》："一阴一阳之谓道，继之者善也，成之者性也。"③"夫《易》，圣人所以崇德而广业也。知崇礼卑，崇效天，卑法地。天地设位，而《易》行乎其中矣。成性存存，道义之门。"④这里的"性"，乃为"道"之"本质"，是"道"赖以实现其运化、发育之"本质"或"本性"之所在。战国时代，如《中庸》《孟子》等典籍中所见之"万物之性""天命之性"等皆为此义。到了唐代，韩愈、李翱均以"性"与"天道"为一，大概就是从天地、万物、人之"性"的"本性""本质"义而来。

先秦儒家之"性"，乃是"德"之一目，故具有"善""仁"等之义。孟子、告子曾就人之"本性""本质"等有过争论。孟子认为，人之"本性""本质"为"善"，故认为"性"为"善性""德性"义。《孟子·告子上》倡导"性善"，以斥告子之"食色为性说"。孟子认为，天之性、人之性，均以"善""仁"等道德属性为其本性、本体："尽其心者，知其性也。知其性，则知天矣。存其心，养其性，所以事天也。"⑤孟子的这一认识，为后儒所认同。如《礼记·中庸》："自诚明，谓之性。自明诚，谓之教。诚则明矣，明则诚矣。"⑥《礼记·乐记》："德者性之端也，乐者德之华也。"⑦这两条文献所涉及的"性"，均指向具有"善""仁"等之德的人之本体、本性。韩愈、李翱曾同撰《论语笔解》，继承了孟子的这一重要思想。韩愈认为："仲尼五十学《易》，

---

① 李学勤主编：《毛诗正义》，《十三经注疏》(标点本)，第 1127 页。
② 李学勤主编：《礼记正义》，《十三经注疏》(标点本)，北京大学出版社，1999 年，第 403 页。
③ 李学勤主编：《周易正义》，《十三经注疏》(标点本)，第 268 页。
④ 李学勤主编：《周易正义》，《十三经注疏》(标点本)，第 274 页。
⑤ 焦循撰，沈文倬点校：《孟子正义》，第 877 页。
⑥ 李学勤主编：《礼记正义》，《十三经注疏》(标点本)，第 1447 页。
⑦ 李学勤主编：《礼记正义》，《十三经注疏》(标点本)，第 1111 页。

穷理尽性以至于命,故曰知天命。"而李翱认为:"《易》者,理性之书也。先儒失其传,惟孟轲得仲尼之蕴,故《尽心章》云:'尽其心所以知性,修性所以知天。'此天命极至之说,诸子罕造其微。"①显然,韩愈、李翱均服膺孔、孟性命之主张,而以"善""仁""义"等为实践主体之本体或本质。

战国至汉代诸子之言性,大致以"性"为人之"本质""本性"义的方向展开。但诸子所论之"性"颇有不同。据王充《论衡·本性》记载,周人世硕、密子贱、漆雕开、公孙尼子等皆认为性有善恶,"性"为人之自然禀能或属性。而荀子则认为,人之"性"为"恶"。后来汉初陆贾则以"礼义"为人之"性",受到王充的批评。有意思的是,董仲舒试图调和孟子、荀子之性说,认为"性"有阴阳,故阳者为仁"善",阴者为刑"恶"。通过考察王充所论战国至汉代诸子之"性"说可知,其对于"性"之看法虽有所不同,但诸子皆把"性"视为人之"本质"或"本性"则是一致的。② 先秦至汉末时期,"性"往往与其他词语结合来使用。诸如性命、性情、成性、穷理尽性、动心忍性、习性、天性、德性、诚明之性、人性、民性、尽其心性等,与"性"相关联的话语是非常丰富的。

再来看"德"话语之文化渊源。据《辞源》"德"条查知,《说文解字》释"德"为:"德,升也。"段玉裁注:"升当作登。……今俗谓用力徙前曰德,古语也。"桂馥《说文解字义证》在《说文解字》"德"条下注云:"古升、登、陟、得、德五字义皆同。"个人修养的提升,亦为"升",从这个意义上亦可曰"德"。因此,"德"就有了道德、品行、节操等义。《易·乾》:"君子进德修业。"孔颖达疏:"德,谓德行;业,谓功业。"③《周易·坤》亦云:"地势坤。君子以厚德载物。"④这里的"德"即为君子之道德品行。《周易》常用的"盛德""恒其德""常德""至德""德之基"等,皆为此意。《诗经》之"厥德""伐德""令德""维德之基""懿德"等亦同。道德、品行、节操等"德"之主体为人,因此,有时就以"德"代指具有"道德、品行、节操"等美好品质的贤者。如《书·蔡仲之命》:"皇天无亲,惟德是辅。"孔传:"惟有德者则辅佑之。"⑤

"德"因具有"道德、品行、节操"等义而被赞美、推崇,因此,"德"有时就可以被标举为人之性质、属性等,以赋予某一类人所内含的或表现于外的特征。《庄子·马蹄》:"彼民有常性,织而衣,耕而食,是谓同德。"郭象注:"夫民之德,小异

---

① 韩愈、李翱撰:《论语笔解》,台湾商务印书馆景印《文渊阁四库全书》本,第4页。
② 参见王充:《论衡》卷三,台湾商务印书馆景印《文渊阁四库全书》本,第39—42页。
③ 李学勤主编:《周易正义》,《十三经注疏》(标点本),第15页。
④ 李学勤主编:《周易正义》,《十三经注疏》(标点本),第27页。
⑤ 李学勤主编:《尚书正义》,《十三经注疏》(标点本),第453页。

而大同。"①《礼记·礼运》亦记："故人者，其天地之德，阴阳之交，鬼神之会，五行之秀气也。"②谓人为天地属性的承载或表现者。

"德"亦有客观规律、本质属性之义。这个义项较为晚出，多见于春秋晚期之后。《礼记·中庸》："唯天下至诚，为能经纶天下之大经，立天下之大本，知天地之化育……苟不固聪明圣知达天德者，其孰能知之？"③这里的"德"指的是大自然的客观规律。《易·坤·文言》："坤至柔而动也刚，至静而德方，后得主而有常，含万物而化光。坤道其顺乎，承天而时行。"④这里的"德"为坤卦之"特征、规律"义。值得注意的是，《中庸》把"德"视作"性"的属性、本质等特征："诚者自成也，而道自道也……性之德也，合外内之道也，故时措之宜也。"⑤这里的"德"可视作特殊之物（性）的特征、规律等的词语表达。

尤其值得注意的是，战国时期，"德"出现了"始生、开始"的用法。《庄子·天地》："物得以生谓之德。"⑥这一用法为《淮南子》所继承："阴气极，阳气萌，故曰冬至为德。"⑦以"德"为"始生、开始"义，自汉后并不常用。不过，宋代周敦颐、程颢等标举天地以"生生"为"仁"，天地具"生生之德"后，"德"之"始生、开始、发育"义遂成为理学之常用义。由此，"德""性""仁""道"等也就成为在若干义项上具有同质性的理学话语范畴。

关于"德性"话语的演变问题。《辞源》把"德性"释为："儒家指人的自然禀性"，并举《中庸》"故君子尊德性而道问学"条为证。这显然是把复杂的儒家重要话语简单化处理了，其观点是错误的。检索可见，早期儒家经典中除了《礼记·中庸》之外，少有"德性"并用的情形。到了北宋时期，"德性"话语随着理学家登上文化舞台后，才成为流行话语。如刘敞《七经小传》释《皋陶谟》"九德"："行有九德者，言人之性，固有九德也，宽、柔、愿、乱、扰、直、简、刚、强，是也。亦言其人有德者，言性虽有德，犹待其人之有德乃成德也，栗、立、恭、敬、毅、温、廉、塞、义，是也。'愿而恭'，恭与愿，一物尔。愿者益恭，非德性相济者也。"⑧这里以"德"

① 郭庆藩撰：《庄子集释》，中华书局，1961年，第342、343页。
② 李学勤主编：《礼记正义》，《十三经注疏》（标点本），第690页。
③ 朱熹集注，陈成国标点：《四书集注》，第55页。
④ 李学勤主编：《周易正义》，《十三经注疏》（标点本），第31页。
⑤ 朱熹集注，陈成国标点：《四书集注》，第48页。
⑥ 郭庆藩撰：《庄子集释》，第430页。
⑦ 何宁撰：《淮南子集释》，中华书局，1998年，第208页。
⑧ 刘敞：《七经小传》卷上，台湾商务印书馆景印《文渊阁四库全书》本，第5页。

"性"并用,说明即使到了北宋中期邵雍、周敦颐生活的时代,"德性"仍然不是一个固定的词语。

可见,儒家之"德""性"等包蕴丰富,几乎一切儒家话语均可纳入"德""性"这两个话语范畴。当然,在先秦时期的儒家经典中,对于"德""性"的关注度也有侧重。大致而言,《周易》《尚书》等多言"德",而除了《尚书》偶尔言"性"外,后出的儒家典籍如《周易·系辞》《礼记》《孟子》等多言"性",至于把"德性"连用,就更晚了。尽管如此,《中庸》标举"尊德性",确实是抓住了原始儒家的核心思想。

宋代理学"尊德性"话语尽管承继于《中庸》,但其内涵亦与原始儒学典籍有着密不可分的联系。不过,就其历史的发展逻辑而言,恐怕北宋中期发轫的"宋学",与宋代理学"尊德性"话语之生成及其涵义流变之关系更为直接。值得注意的是,"宋学"发轫期及其发展期的诸贤,并不常把"德性"问题相连来考察,他们大多注重对"性""性情"或者"性命"等予以探讨。考虑到"德性"问题实质上多与"性"及相关范畴相联系,因此,对"宋学"诸贤"性"及相关问题的认识,也就多能代表其"尊德性"问题的态度了。

北宋中期有意识地标举新学风即"宋学"发轫期的不少代表性人物,如范仲淹、胡瑗、孙复、徐积、陈襄、李觏、欧阳修、刘敞等,不约而同地对儒家传统话语"心性"给予了关注,其中一些人提出了若干新的主张。这在很大程度上为稍后周敦颐、邵雍、张载、程颢、程颐等理学"五子"的心性之学提供了理论基础,而司马光、苏轼、苏辙等人的"心性"主张,亦对邵雍、程颢、程颐等人的"心性"之学的生成具有一定助力,这些学者或提出了自己的"心性"主张,或对理学家的"心性"思想加以批判,促使理学家不得不对其"心性"思想加以完善。更重要的是,以范仲淹、徐积、王安石、陈襄、司马光、苏轼等人为代表的"宋学"初、中期代表人物的"心性"主张,一直为二程之后的理学家如杨时、朱熹等人所重视,并在一定程度上被吸收进其学说,成为后世理学家"心性"思想的重要理论源头。

学界对范仲淹对于"宋学"之导引作用已有共识,但似多从其政治地位的影响、培育提携人才之举措出发所言,而少有关注到其对于"心性"问题的探讨。如果我们把范仲淹之"心性"主张放置于"宋学"发轫期及发展期来看的话,就会发现,范仲淹的"心性"主张对后来理学家之"心性"思想的重大育成作用。其中,最为引人注目的是,范仲淹引入道家学说来说明其心性主张。他在《蒙以养正赋》中,先言以"蒙""正"为修身之基础:"蒙者处晦而弗曜,正者居中而弗群。守晦蒙而靡失,养中正而可分",继之强调"蒙"因其"朴素"、无"矜",故能"育德""养恬",以至于"悔吝不生,纯和自履"。又举孟子、颜回等均重视"养素""性如愚",故"曷若我知白守黑,老氏之教宁忘"。文末,范仲淹提出"修辞立诚,穷理尽性。常默默以存志,将乾乾而希圣"①,表明其引老子之说的目的乃在于修心存志而至于"希圣"。范仲淹又以《易·乾·说卦》来统摄天人,开宋人以《易》来比附阐释"心性"之先河。他在《四德说》中,以《易·乾》之"元亨利贞"为天地、人、物之共有特性,故人之"德"如"温良""乐善""兼济""正直"等与天地、国、家、物等之"道"相同,故"处必亲仁,元之基也;动能俟时,亨之始也;进思济物,利之方也;守诚不回,贞之道也"②。由此,范仲淹论证了人之"德"与天地万物之"性"同,人之"德"乃天地万物乃至于人之"性"的属性特征。周敦颐的《通书》在论证"性""德"与天地万物之关系的路径、方法上,显见与范仲淹的《四德说》是高度一致的。范仲淹亦重视探讨"穷理尽性""自诚明""自明诚",对"性""命""养德""求性"等等予以解说,开宋代理学家对"求性""心性"等探讨风气。范仲淹另有《易兼三材赋》亦以《易》来解说"天人之会同",以明天地之道、立人之道,其论证路径、方法颇与《四德说》相似。范仲淹对于"性""德"之体用的解说,已经颇为精到。他在《省试自诚而明位置性赋》中言及"圣人生禀正命,动由至诚。发圣德而非习,本天性以惟明",强调"德"乃本于"天性"而非"习",又认为"性以诚著,德由明发。其诚也,感于乾坤;其明也,配乎日月"③,强调"性""德"发见于外则以"诚""明"为其特性。以上是为对"自诚明"的解释。接着,此赋又从"学"而至于"明诚"而为贤圣进行了解说。范仲淹此赋虽本于《中庸》但又有其特色,特别是引《老子》"上智不移,无为而为"、《易》之"感通"等来解说"性""德"与"诚""明"等关系,颇有新意。后来周敦颐、二程以至于朱熹等人对于"自诚明"及"性""德"等问题的阐释,路径颇与之相同。

"心性"问题大概也是宋学发轫期士人共同关注的问题。"宋初三先生"之一的胡瑗及其门人徐积,对此有所探讨。史载胡瑗教人之法:"科条纤悉具备。立经义、治事二斋:经义则选择心性疏通、有器局、可任大事者,使之讲明六经。"④他把"心性疏通"看作选择学生入"经义斋"的重要条件,说明其对于"心性"问题的重视程度。他在《论语说》中指明:"命者禀之于天,性者命之在我。在我者修之,禀于天者顺之。"⑤强调"命""性"之不同。在他看来,"性"乃是天命所赋予主体而

①　曾枣庄、刘琳主编:《全宋文》,第18册,第10页。
②　曾枣庄、刘琳主编:《全宋文》,第18册,第414—415页。
③　曾枣庄、刘琳主编:《全宋文》,第18册,第13页。
④　黄宗羲原著,全祖望补修,陈金生、梁运华点校:《宋元学案》,第24页。
⑤　黄宗羲原著,全祖望补修,陈金生、梁运华点校:《宋元学案》,第26页。

主体具备改变之能力,可"修之",这是与之前的儒者对于"性"的认识有所不同的。至于修"心"之法,徐积曾记胡瑗教人:"徐积初见先生,头容少偏。先生厉声云:'头容直!'积猛然自省,不特头容要直,心亦要直,自是不敢有邪心。"①徐积之"心直"当然是对胡瑗教导的阐发,自有其合理之处。又,胡瑗执教太学,以《颜子所好何学论》试诸生。程颐所赋为胡瑗所重。程颐于文中所阐发的思想,从其论述要点和架构来看,大体来自周敦颐的《通书》②。这说明,胡瑗是认同周敦颐、程颐的心性主张的。又据徐积所言"安定说中庸始于情性",对此,清人黄百家引明人刘宗周语,且认为:"存诸中而自然,发诸外而中节,气血即是义理,子刘子所谓'中和皆是性'也。若无主宰中存,肆欲妄行,则小人之无忌惮矣。凡人生有情,情之正者即性也。性从情中看出。"③可见,胡瑗对于"性"的认识非常精辟通达。较之其师胡瑗,徐积则通过对荀子"性恶"说的批判,来表述自己关于心性问题的主张。他在《荀子辩》中,认为荀子所言"人之性恶,其善者伪也",是完全错误的。徐积认为,"荀子非也。且人之性既恶矣,又恶知恶之可矫而善之可为也?……余以为礼义者,所以充其未足之善;法制者,矫其已习之恶。"徐积依荀子思理作进一步推演,来说明荀子所言之非。他又对荀子所言"性"之"不可言,不可事"有所批驳:"若如此论,则是上之教可废,而下之学可弃也,又乌用礼义为哉?余以为天能命人之性,而不能就人之性,唯人能就其性。如此,则与孔子之意合。"④徐积引儒家礼传统来立论,颇有说服力。在批判荀子基础上,徐积有《辩习》,可视作其"性"说的总纲:"性善乎?曰:善也……善养性者,必去其害性者。去恶,恶其害性也,然则性者善也,习有善与恶也。习久不变,然后善恶定也。"⑤徐积以"性善"而"习有善恶",去恶而定善则"性"得见善,为其"性"说基本主张。

刘敞曾就"性"之是否有必要探讨、"性"是否为可以"善恶言"等问题,同欧阳修、王安石有所讨论:

> 永叔曰:"以人性为善,道不可废;以人性为恶,道不可废;以人性为善恶混,道不可废;以人性为上者善、下者恶、中者善恶混,道不可废。然则学者

---

① 黄宗羲原著,全祖望补修,陈金生、梁运华点校:《宋元学案》,第29页。
② 参见池生春、诸星杓:《二程子年谱》,载吴洪泽、尹波主编:《宋人年谱丛刊》,四川大学出版社,2003年。
③ 黄宗羲原著,全祖望补修,陈金生、梁运华点校:《宋元学案》,第32—33页。
④ 黄宗羲原著,全祖望补修,陈金生、梁运华点校:《宋元学案》,第33页。
⑤ 黄宗羲原著,全祖望补修,陈金生、梁运华点校:《宋元学案》,第37页。

虽毋言性可也。"刘子曰："仁义，性也；礼乐，情也。以人性为仁义，犹以人情为礼乐也。非人情，无所作礼乐，非人性，无所明仁义。性者，仁义之本；情者，礼乐之本也。圣人惟欲道之达于天下，是以贵本。今本在性而勿言，是欲导其流而塞其源，食其实而伐其根也。夫不以道之不明为言，而以言之不及为说，此不可以明道而惑于言道，不可以无言而迷于有言者也。"①

刘敞辨分性、情与仁义、礼乐之关系，又从本末来区分性、情，对欧阳修之观点进行了批评，其立论基础非常坚实。他又对王安石以太极五行比性情、而把"性"认为是"情"之本质或特性的观点进行了批评。王安石说云："太极者，五行之所由生，而五行非太极也。性者，五常之太极也，而五常不可以谓之性。……性生乎情，有情然后善恶形焉。而性不可以善恶言也。"②王安石混同了"性""情"之分，以"性"为"情"之本质。刘敞则认为："夫太极者，气之先而无物之物者也。人之性亦无物之物乎？圣人之言人性也，固以有之为言，岂无之为言乎！是乱名者也。"他从"有""无"论人之"性"，反对王安石把"性"视作形而上的本源（无）。由此，刘敞认为："非情无性，非性无善。性之与情，犹神之与形乎？"以说明情、性相依、不可分离，而以性为本。据此，钱穆认为，"原本经术，能独得于古圣前贤之遗旨，在宋儒中首必推及敞。"③这一看法是精辟公允的。

在"宋学"发轫期之际，王安石的"心性"学说影响极大。他讲："喜怒哀乐好恶欲，未发于外而存于心，性也；喜怒哀乐好恶欲，发于外而见于行，情也。性者，情之本；情者，性之用。故吾曰性情一也。"④他认为，性、情之分在于已发未发，性为情之本而情为性之用。前者为周敦颐、二程、朱熹等所取，可见其影响。考虑到王安石学说在北宋神宗朝及其后是科举考试的标准，可推知其"心性"论当对彼时不少理学家的心性学说有重要影响。钱穆即持如此观。⑤

当然，与范仲淹、胡瑗、徐积、王安石、刘敞等人不囿于旧说而探讨"心性"体用、敢为创立新说相比，彼时恐怕更多的士人还是以坚守传统儒家的"心性"思想为主。如陈襄、李觏、石介、孙奭、司马光、苏轼等人的"心性"主张皆可从原始儒学经典及汉唐诸贤观点中找到根据。至于欧阳修主张"性非所急"、不喜《中庸》、

---

① 刘敞：《公是弟子记》，上海古籍出版社景印《文渊阁四库全书》本，第468页。
② 王安石：《临川文集·原性》，台湾商务印书馆景印《文渊阁四库全书》本，第565页。
③ 钱穆：《宋明理学概述》，第21页。
④ 王安石：《临川文集·性情》，台湾商务印书馆景印《文渊阁四库全书》本，第555页。
⑤ 参见钱穆：《宋明理学概述》，第18、19页。

承认性善等,亦代表了彼时士人对于"心性"问题的另一种态度,并非彼时儒者探讨"心性"问题的主流主张①。

当然,正如一些学者所指出的,包括"尊德性"在内的若干宋代理学基本话语,从其生成的文化环境而言,除了受到"宋学"发轫期诸先生影响之外,也受益于彼时盛行的佛教主要流派的"心性"学说②。从学术思想渊源而言,邵雍、周敦颐、张载、二程,直至朱熹、陆九渊、吕祖谦等人,无不对佛教浸淫甚深。而北宋时期佛教主要流派及其代表人物的"心性"观,大都来自对唐五代的已有观点的继承,少有创新。"北宋佛教的复兴,主要表现为天台、华严、净土、律宗等四宗的重新振作。""禅宗的盛行,是宋代佛教的最大特色。"③天台宗因得到从高丽传回的天台典籍而形成山家与山外之争,加之以律行、礼忏和念佛等方便法门而广泛普及。而净土宗信仰深植民间,与禅宗不相上下。就北宋佛教发展的总趋势看,"天台、贤首、禅宗和律宗各代祖师,此时均严以律行,兼容净土,因而出现了台净融合、禅净双修的融合趋势"④。

方立天先生对北宋佛教各派的"心性"学说有深入研究。据他所言,宋代佛教各宗都重视心性问题,如"禅宗讲自性,华严宗讲真心,天台宗重观心等,并且愈来愈用'自心'来统一佛教各派,调和儒佛道三教"⑤。宋代,佛教内部在理论上的主要争论是真心观妄心观、性之善恶问题。天台宗的山家、山外两派,争论中心是观境中的真心、妄心问题。山家派主妄心观,认为所观之境为"妄心",亦即六识。此派认为真如本体和"无明"是众生无始以来具有,心即妄心,心之呈现自然为妄境。所以观心即观道理,以求悟解。如智礼(960—1028)认为众生之本体真如具有愚痴无知的"无明",是轮回的基因。山外派认为所观之境为真境,真如本体因缘而生实相,此即真如。观相可得真心,故不必观心而得真如。山外派观点接近华严宗。如智圆(976—1022)认为,"心或理是能造、能具的总体;色或事为所造、所具的别相,所以心具三千而色不具三千;理具三千而事不具三千。"⑥此外,宋代天台宗学者仍然继承了唐五代天台宗的观点,认为"性"为先天具有,有善有恶。再如宋初延寿,深受天台宗影响,把先天具有的性和后天行为的修,分

---

① 参见钱穆:《宋明理学概述》,第10页。
② 参见张立文、祁润兴:《中国学术通史》(宋元明卷),第536—553页。
③ 张立文、祁润兴:《中国学术通史》(宋元明卷),第528页。
④ 张立文、祁润兴:《中国学术通史》(宋元明卷),第529页。
⑤ 方立天:《佛教哲学》,中国人民大学出版社,2006年,第47页。
⑥ 张立文、祁润兴:《中国学术通史》(宋元明卷),第532页。

为善恶两种,认为佛和一阐提都有善性和恶性,只是后天行为的不同。

宋代佛教僧侣亦注意从"心性"方面来实现儒释会通。北宋智圆、契嵩对于儒家经典的佛学诠释,意味着佛教的儒学化。"智圆首倡于先,主张'以宗儒为本',提出了'儒释言异而理贯'的重要命题。契嵩应和于后,主张'孝为戒先',论述了'明儒释之道一贯'的辅教学说。"①智圆为天台宗山外派代表人物,他对《五经》有过深入研读,因此他"从《中庸》切入,把佛教的中道观、报应说和性情论贯彻到儒教伦理中去"②。智圆认为,佛教擅长于心性修养,而儒家则长于治身,所谓"儒者,饰身之教,故谓之外典也;释者,修心之教,故谓之内典也"③,"行五常,正三纲,得人伦之大体,儒有焉。绝圣弃智,守雌保弱,道有焉。自因克果,反妄归真,俾千变万态,复乎心性,释有焉"④。智圆以佛教为内典,自是其尊崇佛教之意,但无论如何,会通三教的用意是非常明白的了。智圆以"复性说"会通儒释,就是"强调以智制情,回复心性的本真状态,达到近善远恶的目标"⑤。依方立天看法,智圆所主张"真心观",承认心性是最高的存在本体,能观之心与所观之境都是真心、真如的呈现方式。智圆把儒家心性论基于佛教心性论的基础之上,认为邪恶虽是随缘而起的现象,但在心性中仍有其存在根据。他依据天台宗湛然的"无情有性说",并不一概否认情感和欲望,在他看来,情感、欲望的存在基于心性本体,邪恶源生于心性本体与外缘的染习作用,与情感、欲望本身并没有必然关联。

而彼时禅宗云门代表人物契嵩(1007—1072)则以善恶论性情:"情也者,发于性皆情也,苟情习有善恶,方其化也,则冥然与其类相感而成。"他认为情动而性静,性善而情有善恶。他又从心体动静顺逆、已发未发等来系统论述善恶的发生历程:"心动曰业,会业曰感。感也者,通内外之谓也。天下之心孰不动? 万物之业孰不感? 业之为理也,幽感之为势也远,故民不睹而不惧。圣人之教谨乎业,欲其人之必警也。欲其心之慎动也。内感之谓召,外感之谓应。召谓其因,应谓其果。因果形象者皆预也。夫心动有逆顺,故善恶之情生焉。善恶之情已发,故祸福之应至焉。"⑥以心动而情生,因之而有善恶来论性情关系,颇为明白。

---

① 张立文、祁润兴:《中国学术通史》(宋元明卷),第 531 页。

② 张立文、祁润兴:《中国学术通史》(宋元明卷),第 533 页。

③ 转引自张立文、祁润兴:《中国学术通史》(宋元明卷),第 534 页。

④ 转引自张立文、祁润兴:《中国学术通史》(宋元明卷),第 535 页。

⑤ 张立文、祁润兴:《中国学术通史》(宋元明卷),第 536 页。

⑥ 契嵩:《镡津集》卷二,台湾商务印书馆景印《文渊阁四库全书》本,第 416 页。

他又对性、情关系作出分辨:"情出乎性,性隐乎情,性隐则至实之道息矣……天下之动,生于情,万物之惑正于性。情性之善恶,天下可不审乎! ……情也者,有之初也。有情则有爱,有爱则有嗜欲,有嗜欲则男女万物生死焉。死生之感,则善恶以类变。始之终之,循死生而未始休。性也者,无之至也。至无则未始无。出乎生,入乎死,而非死非生。圣人之道所以寂焉明然,唯感所适。"①张立文认为,契嵩所言"与宋明理学所论性情善恶基调完全一致,堪称不谋而合"②。于此可见其心性说可能对理学产生了重要影响。

上述考察可见,北宋时期佛教徒以性情论、心性论等入手,来会通儒释,其目的虽有推扬佛教之用意,但他们对于情性、心性问题的认识,却已入儒家心性学说肌理。这就会对那些对佛学有深入探究的理学家如张载、二程等人产生直接而深远的影响。对此,近四十年来,国内外已有不少研究成果指出了这一点。

二 宋代理学"尊德性"的流变及其涵义

宋代理学"尊德性"话语,来自《礼记·中庸》。这里的"尊",为"敬重""推崇""重视"之意,自战国至宋代,并无变化。由此,我们可把考察重点放在"德性"上。

"德性"所在的《中庸》,其原文为:"大哉圣人之道! 洋洋乎! 发育万物,峻极于天。优优大哉! 礼仪三百,威仪三千,待其人然后行。故曰苟不至德,至道不凝焉。故君子尊德性而道问学,致广大而尽精微,极高明而道中庸,温故而知新,敦厚以崇礼。"③对"尊德性"作出阐释的,最早为郑玄。《礼记正义》引郑玄注云:"德性,谓性至诚者;道,犹由也;问学,学诚者也。"④有学者据此认为,这里"德性"的本质是"至诚";"道"是取径、道路;"道问学"即是指人通过自身修养的途径达到"诚"的境界。⑤ 不过,这一看法尚可商榷。依上节相关探讨可见,"德性"之"德""性"在春秋战国时期大多数情况下为两个词,"德性"之"德"应视作"性"所具有的"德"的属性或规律。而依郑玄注来看,这一"德"属性特征即为"至诚"。这里的"诚",《中庸》解曰:"诚者,天之道也。诚之者,人之道也。诚者,不勉而中,不思而得,从容中道,圣人也。"显然,《中庸》认为"诚"为"天道""圣人之德",则"诚"是上天所赋予人的"德"。由此而言,"德性"即是指人不学而能、无须外

---

① 契嵩:《镡津集》卷二,台湾商务印书馆景印《文渊阁四库全书》本,第 416 页。
② 张立文、祁润兴:《中国学术通史》(宋元明卷),第 549 页。
③ 李学勤主编:《礼记正义》,《十三经注疏》(标点本),第 1454、1455 页。
④ 李学勤主编:《礼记正义》,《十三经注疏》(标点本),第 1455、1456 页。
⑤ 路新生:《"尊德性"还是"道问学"? ——以学术本体为视角》,《天津社会科学》2008 年第 4 期。

求、与生俱来的本能和天性。由此而言，把"德性"的本质理解为"至诚"，有简单化之嫌，并不符合其在《中庸》中的原义。郑玄的这一阐释，大概是东汉时期士人对于"德性"的通行看法。类似的认识，可从东汉时期的文献中得到证实。《后汉书·朱乐何列传》记朱晖之孙朱穆作有《崇厚论》，其中云："率性而行谓之道，得其天性谓之德。德性失然后贵礼义，是以仁义起而道德迁，礼法兴而淳朴散。"[1]朱穆卒年为公元 163 年，较郑玄去世早 37 年。可见，《中庸》中"德性"至东汉中晚期，已经被当作有固定内涵的词语而得到使用了。自东汉至于唐代，儒者对于"尊德性"之"德性"的注疏，所存极少。唐孔颖达《礼记正义》对于"尊德性"的疏解，沿自郑玄注而无变化。不过，这种情况，到了北宋中期理学"五子"发生了明显改变。张载、二程对"德性"的内涵、儒学地位等有了新的认识，从而在很多方面发展了"德性"话语。

两宋时期的理学家中，对"德性"关注较早且有重要创新性阐释的是张载。他在郑玄注的基础上，创造性地把"德性"释为"天之正理"："德性者，众人所受于天之正理。常存德性，所谓'存众人'也，故知物性之神。"[2]这样，人之"德性"即为上天所赋予的"正理"，天人由之而浑然一体。这就为后来理学家把"道""理""性""德""命"等体用层面上相等同打开了思路。在《中庸章句集注》中，朱熹对于"德性"的注释即采纳了张载之说。张载又把"德性"视作天赋之本，是不假后天认知和实践而得来的本性："德性所知，不萌于见闻。"[3]在张载看来，人之"德性"乃为上天赋予的先天之德，此不待修养而本来具有，与后天学习、实践而体认的"见闻之知"决然不同。张载对于"德性之知"的认识，对宋至明代的理学学者产生了重大影响。其中，程颐、朱熹等对于"德性之知"的看法，即源于张载。张载在阐释"尊德性"时，虽把"尊德性"与"道问学"相联系，但已有以"尊德性"统摄"道问学""立诚""中道"之意："不尊德性，则问学从而不道；不致广大，则精微无所立其诚；不极高明，则择乎中庸失时措之宜矣。"[4]张载的这一思理取向，在理学史上具有重要意义，程颐、陆九渊等关于"德性"问题的观点，均与之相近。而朱熹并不赞同张载以"尊德性"来统摄"道问学"等。在《中庸章句集注》中，朱熹在阐释"道问学"与"尊德性"时，是把这两者视作不可分离的整体来看待的。二程

---

[1]　范晔：《后汉书》卷四十三，中华书局，1977 年，第 1464 页。
[2]　黄宗羲原著，全祖望补修，陈金生、梁运华点校：《宋元学案》，第 683 页。
[3]　张载著，章锡琛点校：《张载集》，第 24 页。
[4]　张载著，章锡琛点校：《张载集》，第 28 页。

对"德性"问题的看法,亦有值得注意的观点。程颢讲:"德性谓天赋天资,才之美者也。"①又云:"'德性'者,言性之可贵,与言性善,其实一也。'性之德'者,言性之所有,如卦之德,乃卦之韫也。"②可见,程颢之"德性"重在"性","德"是"性"之界定语,"德"重在言"性"的属类及其特征,亦即"性"具有"善""美"等特征。显而易见,程颢的这一看法,直接来自《孟子》。与程颢有所不同,程颐则在很大程度上接受了张载"德性"观点,他亦认为:"德性之知,不假见闻。"③

程颢、程颐、张载等人关于"德性"的认识,对朱熹产生了很大影响。朱熹在《四书集注·中庸》把"德性"释为"德性者,吾所受于天之正理"④,以"理"释"性"而以"正"释"德",其观点可能就是来源于程颢、张载。他又讲:"《中庸》所谓'尊德性''致广大''极高明',盖此心本自如此广大,但为物欲隔塞,故其广大有亏;本是高明,但为物欲系累,故于高明有蔽。若能常自省察警觉,则高明广大者常自若,非有所损益之也。"⑤这里的"德性",朱熹认为是"本是高明"的心之本体,此本体虽因物欲而常蔽,但涤除物欲而见之本体并不为之而损益。可见,朱熹所认为的"德性",正与张载、程颢、程颐认识相同。正是在这个意义上,朱熹把"尊德性""明明德""克己复礼"等视作存养、克治之工夫,其所实现的均为"存天理,灭人欲":"孔子之所谓克己复礼,《中庸》所谓致中和,尊德性,道问学,《大学》所谓明明德,《书》曰'人心惟危,道心惟微,惟精惟一,允执厥中',圣人千言万语,只是教人存天理,灭人欲。人性本明,如宝珠沉溺水中,明不可见,去了溺水,则宝珠依旧自明。"⑥这里尤可注意的是,朱熹把"尊德性"视作存养工夫,而非如张载、程颢等仅注重探讨"德性"问题。本此,朱熹总结自己与陆九渊兄弟求道工夫之不同:"子思以来教人之法,惟以尊德性、道问学两事为用力之要。今子静所说,专是尊德性事,而某平日所论,却是问学上多了。所以为彼学者,多持守可观,而看得义理全不子细,又别说一种杜撰道理遮盖,不肯放下;而某自觉虽于义理上不敢乱说,却于紧要为己为人上多不得力。今当反身用力,去短集长,庶几不堕一边尔。"⑦朱熹本人对"尊德性"或"道问学"并无轩轾之分,相反,他是因警惕于多

---

① 程颢、程颐著,王孝鱼点校:《二程集》,第 20 页。
② 程颢、程颐著,王孝鱼点校:《二程集》,第 125 页。
③ 程颢、程颐著,王孝鱼点校:《二程集》,第 317 页。
④ 朱熹集注,陈戍国标点:《四书集注》,第 51 页。
⑤ 黄宗羲原著,全祖望补修,陈金生、梁运华点校:《宋元学案》,第 1536 页。
⑥ 黄宗羲原著,全祖望补修,陈金生、梁运华点校:《宋元学案》,第 1544 页。
⑦ 黄宗羲原著,全祖望补修,陈金生、梁运华点校:《宋元学案》,第 1563 页。

言义理而少践行,故教学侧重于"道问学"而已。朱熹对此非常重视,曾反复予以阐说:"故君子之学,既能尊德性以全其大,便须道问学以尽其小。其曰'致广大'、'极高明'、'温故'而'敦厚',则皆尊德性之功也;其曰'尽精微'、'道中庸'、'知新'而'崇礼',则皆道问学之事也。学者于此固当以尊德性为主,然于道问学亦不可不尽其力,要当时时有以交相滋益,互相发明,则自然该贯通达,而于道体之全无歉阙处矣。"①可见,朱熹充分肯定"尊德性"之涉及道体性体之"大"的同时,还是认为应从具体的践行之"小"处入手,以"尽其力"来实现对"道体"的把握。对此,朱熹高弟黄榦认识非常充分:"万物统体一太极,此天下无性外之物也。一物各具一太极,此性无不在也。尊德性,所以存心而极乎道体之大;道问学,所以致知而尽乎道体之细。自性观之,万物只是一样。自道观之,一物各是一样。惟其只是一样,故但存此心,而万事万物之理无不完具。惟其各是一样,故须穷理致知,而万物之理方始贯通。"②可见黄榦亦是从"存养"工夫来看待"尊德性"的。

与朱熹明确认识到"尊德性""道问学"为存养工夫而为力避流于空论义理,因之而倡导践行工夫有所不同,陆九渊学说更为突出"尊德性"。实际上,朱陆学说之不同,在很大程度上就是表现为对于"尊德性"的态度。陈来先生认为,朱陆之争,其焦点之一是"尊德性"与"道问学"的问题。③ 而陆氏学说之"尊德性"超越了朱熹以之为工夫论的认识,而把它提升到了亦工夫亦目的的理论高度。对此,清人黄宗羲认为:"先生(陆九渊)之学,以尊德性为宗,谓'先立乎其大,而后天之所以与我者,不为小者所夺。夫苟本体不明,而徒致功于外索,是无源之水也'。同时紫阳之学,则以道问学为主,谓'格物穷理,乃吾人入圣之阶梯。夫苟信心自是,而惟从事于覃思,是师心之用也'。两家之意见既不同,逮后论《太极图说》,先生之兄梭山谓'不当加无极二字于太极之前,此明背孔子,且并非周子之言'。"④黄宗羲所论颇为精当。陆氏因"先立乎大"而重阐发"本体",本是不错,但他却视"尊德性"为亦工夫亦目的,并刻意排斥"道问学"之价值,这就很容易产生朱熹所警惕的多究义理而忽略践行的弊端。当然,陆九渊本人对此有所警觉,故从其论述来看,陆氏不但不排斥朱熹"道问学"的重要方式或途径"格物致知",而且与朱熹一样,也重视作为兼备实践与认知的"格物致知":"欲明明德于天下是

---

① 曾枣庄、刘琳主编:《全宋文》,第 251 册,第 371 页。

② 黄宗羲原著,全祖望补修,陈金生、梁运华点校:《宋元学案》,第 2029 页。

③ 陈来:《宋明理学》,第 200—201 页。

④ 黄宗羲原著,全祖望补修,陈金生、梁运华点校:《宋元学案》,第 1885—1886 页。

入大学标的,格物致知,是下手处。《中庸》言博学、审问、慎思、明辨,是格物之方。"①不过,陆九渊对"格物致知"之"理"的认识,却显示出其鲜明的特征。他通过对《孟子》"存其心"等论述的阐释,认为自己所主张的"理"具备如此之本体特征:"本天所以与我,非由外铄。明得此理,即是主宰。真能为主,则外物不能移,邪说不能惑。"②这里强调的是"理"与"性"体相一致,亦即为天理、仁、道等形而上的先验性问题。在这个意义上,他主张"心"即是"理":"盖心,一心也;理,一理也。至当归一,精义无二。此心此理,实不容有二。……仁即此心也,此理也。求则得之,得此理也。先知者,知此理也;先觉者,觉此理也。爱其亲者,此理也。敬其兄者,此理也。……孟子曰:'所不虑而知者,其良知也;所不学而能者,其良能也。'此天之所与我者,'我固有之,非由外铄我也。'故曰:'万物皆备于我矣,反身而诚,乐莫大焉。'此吾之本心也。"③由此,陆九渊之"格物尊德性"乃是"明理",其实就是"明心"。显而易见,陆九渊之"尊德性",其涵义近于程朱学派所言之"德性之知",而缺失了程朱学派"格物致知"的另一目的指向"见闻之知"。在"格物"以"明心"的方法上,陆九渊强调,"格物"不必事事而穷,物物而求,认为"格物"当由顿悟而直至本心。可见,陆九渊所推崇的"减担"也好,"反思"也好,都是基于其"心即理"的义理基础。④ 由上可见,"尊德性"已然成为陆九渊学说中统摄、支配其工夫论、目的论其他范畴的重要话语。但在"求道"方法、途径上,陆九渊的"尊德性"并不排斥朱熹"道问学"的重要方法"格物致知"。陆九渊门人杨简,继承了陆九渊的主张而又有新的发展。他推崇"克己"乃是"欲于意念所起处将来克去",强调"发明道心",推崇"一日觉之,此心无体,清明无际,本于天地同范围,无内外"⑤,正是对陆九渊"尊德性"的发挥。

在朱熹、陆九渊之后,其各自的门人及其再传弟子逐渐开始分化,大部分人往往各自标举"尊德性"或者"道问学"为其学派标识。似乎是为了与陆九渊学派把"尊德性"提升到亦工夫亦目的理论高度的做法相媲美,不少朱熹弟子及其再传弟子,亦多以"道问学"为统摄、引领其理学其他范畴或命题。影响所及,有人问之于朱熹门人詹初"道问学""尊德性"之别,以及朱、陆之分,对此詹初持审慎

---

① 陆九渊著,钟哲点校:《陆九渊集》,第 263 页。
② 陆九渊著,钟哲点校:《陆九渊集》,第 4 页。
③ 陆九渊著,钟哲点校:《陆九渊集》,第 5 页。
④ 参阅蒙培元:《理学范畴系统》,第 202—220 页。
⑤ 黄宗羲原著,全祖望补修,陈金生、梁运华点校:《宋元学案》,第 2475—2478 页。

态度："此非学者所可轻议。"①不过,如詹体仁这样持慎重态度的朱陆弟子,毕竟是太少了。清代黄百家曾对此有所抨击："二先生之立教不同,然如诏入室者,虽东西异户,及至室中,则一也。何两家弟子不深体究,出奴入主,论辩纷纷,而至今借媒此径者,动以朱、陆之辨同辨异,高自位置,为岑楼之寸木?"②黄百家主调和朱陆,实际上也是自宋末至元大多数理学家的普遍共识。经过朱陆弟子及其再传弟子的反复争辩,大约认识到偏重于"道问学"或者"尊德性"皆有其偏颇之处,因此,从学于朱熹门人詹体仁的真德秀,已经开始自觉地和合朱、陆之"尊德性""道问学":"穷理以此心为主,必须以敬自持,使心有主宰,无私意邪念之纷扰,然后有以为穷理之基。本心既有所主宰矣,又须事事物物各穷其理,然后能致尽心之功。欲穷理而不知持敬以养心,则思虑纷纭,精神昏乱,于义理必无所得。"③讲究以敬自持以安定其心,此正为"尊德性";而以"格物穷理"为"致其心"之法,此乃为"道问学"之要义。真德秀又云:"盖道德性命者,理之精也,事亲事长、洒扫应对之属,事之粗也,然道德性命只在事亲事长之中,苟能尽其事亲事长之道,则道德性命不外乎此矣。但中人以下之资质,若骤然告之以道德性命,彼将何所从入? 想像臆度,反所以害道,不若且从分明易知处告之,如事亲事长、洒扫应对之属,皆人所易知也,如此则可以循序而用力,不期而至于高远之地。此圣门教人之要法也。"④至此,真德秀完美地解释了朱熹之所以强调从"道问学"来入手以把握道体性体的用意。真德秀之后,宋代理学家基本上沿其理路来调和朱陆,而鲜有专一标举"道问学"或"尊德性"的了。这里顺带说明的是,黄百家在《宋元学案》中有按语,认为吴澄专一"尊德性",并不准确。吴澄之说云:"朱子于道问学之功居多,而陆子以尊德性为主。问学不本于德性,则其蔽必偏于语言训释之末,故学必以德性为本,庶几得之。"⑤看似推崇陆学,但实质上吴澄只是强调以"德性"为"问学"之根本而已。他解释其指导学者"求道"之法:"学者来此讲问,每先令其主一持敬,以尊德性,然后令其读书穷理,以道问学;有数条自警省之语,又拣择数件书,以开学者格致之端,是盖欲先反之吾心,而后求之五经也。"⑥显见其非单

---

① 黄宗羲原著,全祖望补修,陈金生、梁运华点校:《宋元学案》,第 2040 页。
② 黄宗羲原著,全祖望补修,陈金生、梁运华点校:《宋元学案》,第 1888 页。
③ 黄宗羲原著,全祖望补修,陈金生、梁运华点校:《宋元学案》,第 2697 页。
④ 黄宗羲原著,全祖望补修,陈金生、梁运华点校:《宋元学案》,第 2702 页。
⑤ 黄宗羲原著,全祖望补修,陈金生、梁运华点校:《宋元学案》,第 3041 页。
⑥ 黄宗羲原著,全祖望补修,陈金生、梁运华点校:《宋元学案》,第 3037 页。

一推重"尊德性"①。他又曾言:"知者,心之灵,而智之用也,未有出于德性之外者。曰德性之知,曰闻见之知,然则知有二乎哉? 夫闻见者,所以致其知也……盖闻见虽得于外,而所闻所见之理则具于心,故外之物格,则内之知致……昔朱子于《大学或问》尝言之矣,曰:'此以反身穷理为主,而必究其本末是非之极致,是以知愈博而心愈明。'"显然,吴澄在"崇德性"之同时亦重视格致之学。

从上述文献考察来看,两宋时期,理学家之"尊德性"话语的涵蕴主要有:

其一,"德性"为"天之正理"。此一涵义为张载揭出之后,为二程、朱熹等理学家所承认。"尊德性"因此而具有了"推许""敬重"诸如天理、道、性、命乃至于重德、重理等涵义。

其二,"德性"为"道体""心体""性体"等。此一涵义为陆九渊等所重。由此,"尊德性"即为"推许""敬重"诸如心体、性体、道体等涵义。作为目的论而言,"尊德性"就等同于存养心性、默契道体、求道等。

其三,从"尊德性"之目的性来看,程朱理学之"尊德性"与"克己复礼""明德""格物致知"等所实现的目的是一致的,因此,"尊德性"与"道问学"只是入门的途径不同,其目的是一样的,两者并无高低之分。"尊德性"与"道问学"也没有明确的界限;陆九渊心学学派之"尊德性"与"明心""发明本心""格物明心",在目的性上是一致的,陆九渊及其门人后学常以"尊德性"来概括其学说要旨,"尊德性"因之而可以统领、统摄"明心""发明本心""格物明心"等话语。

概而言之,两宋时期,自张载、程颢、程颐等开始,理学家经常使用"德性"一词,因此,"德性"成为理学重要话语。而以朱熹、陆九渊对"道问学"和"尊德性"的侧重为标志,"尊德性""道问学"已呈现出理学流派代表人物以之统摄其他理学话语的意味。经过朱陆弟子的争论、辨析,"尊德性""道问学"已然成为陆九渊、朱熹学说的主要特色。不过,随后真德秀、魏了翁直至元代吴澄、许衡等,往往以"尊德性"或"道问学"入手而试图调和朱陆,因此"尊德性""道问学"又呈现为互相融合的特质。总的来看,两宋时期理学家所用的"德性"话语,在不同理学家所使用的语境中有较为广泛的涵义和用法。并且,随着理学的历史发展进程,"德性"问题逐渐从理学单一范畴演变为具有理学学派体系特征的标志性话语,而具有了极为显赫的文化地位。

① 学术界对于吴澄理学学说之"尊德性"还是"道问学"何者为先颇有争议。本节只指出其对于"尊德性"的相关观点而不展开辨析。可参看吴立群:《吴澄"尊德性"与"道问学"》,《南昌大学学报(人文社会科学版)》2006 年第 2 期。

三 宋代理学"尊德性"内容或主旨类型诗歌书写及其书写重点

宋代理学"尊德性"内涵丰富,且其关系理学要义,因此,作为宋代理学家诗人而言,他们的理学诗不可避免地涉及这一重要诗歌主旨。从宋代理学家理学诗创作的总体情况来看,理学诗人所创作的"尊德性"内容或主旨类型诗歌,其类型非常丰富。主要有:

第一类:宋代理学家"尊德性"内容或主旨类型的诗歌,基本内容表现为对性、道、德、天理等理学本体论重要范畴的书写或表达。如果再仔细分的话,这些内容又可以分为:

对性、道、心、德、理等重要性的认识。如邵雍《首尾吟》共 135 首,内容广泛,而大都与"尊德性"相连。组诗中每一首均以"尧夫非是爱吟诗"为首尾句,歌咏"圣贤兴有时""四时变革""鱼跃雁飞""林泉风月""诚明""天地发露""恢张风雅""风月朗照""静默"等,大多数诗作所要表达的主旨,都与"明德""见性""定止其心"等有关。如第三十首:"尧夫非是爱吟诗,诗是尧夫对酒时。处世虽无一分善,行身误有四方知。大凡观物须生意,既若成章必见辞。诗者志之所之也,尧夫非是爱吟诗。"①言及观天地"生意",亦即观仁、观道体等。又如第三十五首言及"在寻常时观执守,当仓卒处看施为"②,第三十七首言及"此心是物难为动,其志唯天然后知"③,第四十一首言及"揄扬物性多存体,拂掠人情薄用辞"④等,抒写"守为""心志""物性人情"等,都与"尊德性"有关系。其《燕堂闲坐》咏及"我心久不动,一脱二网中"⑤,《秋怀》提及"悟尽周孔权,解开仁义结"推崇儒家之道等,皆为理学"尊德性"内容。

对道、理、性、命、德等事关宇宙论和道德论的根本性、规律性问题的认识和探讨。如李复有《杂诗》:"草木虽无知,养本亦足论。人生感元化,道贵穷性原。"⑥这里提到了物之"本"的问题,强调"养本"乃是天地万物之共同问题,接着就联系到作为天地间最具灵性的人,认为人秉承天地灵性而生,因此,作为求道而言,应该由此受到启发,去穷究天地万物之本源,方可以坐住根基,不为外物摇

---

① 傅璇琮等主编:《全宋诗》,第 4677 页。
② 邵雍著,郭彧整理:《邵雍集》,第 520 页。
③ 邵雍著,郭彧整理:《邵雍集》,第 521 页。
④ 邵雍著,郭彧整理:《邵雍集》,第 522 页。
⑤ 傅璇琮等主编:《全宋诗》,第 4475 页。
⑥ 傅璇琮等主编:《全宋诗》,第 12404 页。

动内心。他有诗句:"善学必探本,知本贵善养。"①李复认为,求学即求道,必得以"探本"为目的,而"探本""知本"的途径就是"善养",这就把宇宙论、道德论结合起来,从而实现了从心性入手而把握体贴道德本源、宇宙本源的统一性问题。上述所引诗句,都显示出李复在继承张载学说基础上,对于道、理、性、命、德等事关宇宙论和道德论的根本性、规律性问题的探讨。再如胡宏诗句"百丈生潮头,一勺本性具"②,由观潮而"格"出性理;又有诗句"动植自私又自足"③,强调天地动植生生不已,其性自足,此正是天地之"性"。再如其《次刘子驹韵》云:"心由天造方成性,逐物云为不是真。克得我身人欲去,清风吹散满空云。"④强调以"克己"之"人欲"为"求道"之根本。

对重道、重德和明理等理学重要思想的探讨。从朱熹门人的理学诗内容或主旨来看,这一类型占了不少分量。如黄榦《刘正之宜楼四章并序》,其序云:"刘正之创新居,以宜名其燕处之楼,谓其春秋冬夏无不宜也。同志之士既已共赋之矣,予因采诗之四宜以广其意焉。一章言宜其室家也,二章言宜尔兄弟也,三章言宜尔子孙也,四章言馨无不宜也。读之者亦足以见予与正之道义相与之意云。"⑤诗四章,分别表达对刘正之夫妇琴瑟相好、兄弟和谐、子孙福泽绵茂、守静持福等方面的良好祝福与希冀。蔡元定《西斋自咏》亦有句:"不向利中生计较,肯于名上著工夫。窗前野马闲来往,天霁浮云自卷舒"⑥,表达其对于名利的淡然之心。楼钥有诗《攻愧斋》,其序云:"余以攻愧名斋,俞致翁惠书谓若无愧可攻者。读之悚然不敢当,以诗谢之。"诗云:"圣贤不得见,道散固已久。学者多自贤,鲜肯事师友。颠冥声利中,悔吝皆自取。动言无愧怍,未知果然否。寡过云未能,先圣欣善诱。凛凛孟氏言,几希异禽兽。参乎病知免,遂使启足手。……每思攻所愧,扁膀铭座右。三诵故人书,惭汗几欲溜。夫岂为戏言,知君于我厚。因之更加警,补过尚无咎。"⑦诗作以圣贤之道自期,抒写对先圣的尊崇之心,也表达出自讼自励的志向。"重道""崇圣"与"存心",是此诗的主体内容。朱熹门人对于"尊德性"诗歌主旨是非常重视的,从现存的朱熹门人诗歌留存来看,如徐

---

① 傅璇琮等主编:《全宋诗》,第 12406 页。
② 傅璇琮等主编:《全宋诗》,第 22098 页。
③ 傅璇琮等主编:《全宋诗》,第 22099 页。
④ 傅璇琮等主编:《全宋诗》,第 22105 页。
⑤ 傅璇琮等主编:《全宋诗》,第 31476 页。
⑥ 傅璇琮等主编:《全宋诗》,第 28925 页。
⑦ 傅璇琮等主编:《全宋诗》,第 29317 页。

侨、蔡沈、度正、陈宓、曹彦约、陈文蔚、陈淳、彭龟年、魏了翁等人，都写有不少此类主旨的诗歌作品。

从宋代诗歌作品而言，杨时、胡安国、胡寅、陈渊、许景衡、张九成、罗从彦、范浚、冯时行、廖刚、真德秀、陆九渊、吴渊等，都对理学体系中的重要范畴，如道、理、性、命、德等事关宇宙论和道德论的根本性、规律性问题，有比较多的诗歌表达。他们的这一类诗歌影响深远。以至于如元代姚枢有诗句："圣圣继天极，授受惟一中。宣尼集大成，玉振条理终。尽性无思勉，中道何从容。乾坤有全德，尚资参赞功。"[①]诗作指出"一中"为天人一体的根本，儒家道统承传之纲就在于此。而实现"中道"，唯有"尽性"、定止其心而"无思"，才能参赞天地之"道"。姚枢立足"道、理、性、命、德"话语而展开对理学精义的书写或表达，思想深刻而精当。

第二类：对心性存养内容的探讨或表达。"心性存养"内容或主旨诗歌，往往突出天地之性、人之性与物之性的本原性探讨。如李复有诗《东斋独坐》："飞雨日萧萧，秋风收晚暑。掩关兀然坐，默与玄相遇。坐久忽相忘，玄我无宾主。神游出八纮，鸿蒙见气母。"[②]诗作五六句写及静坐所体悟到的天地人之同为一"体"，最后两句书写心之"用"(神)可以洞悉天之"性"(气母)。再如朱熹有《春日偶作》："闻道西园春色深，急穿芒履去登临。千葩万蕊争红紫，谁识乾坤造化心。"[③]诗作书写他所体认到的天地之"体"即"生生不已"之德，"大化流行，於穆不已"正是天地之"性""心"之显于外的"用"。这一主旨，亦为胡宏、杨简、魏了翁、孙应时、陈文蔚、真德秀、丘葵等理学家所重视。如宋末元初人金履祥亦有诗："元化机缄未易知，此心之外更关谁。……得失天心如契籥，古今人事等花枝。看来勋业皆吾分，何用谆谆诧一时。"[④]诗篇推崇"心"，强调天地"元化"亦即"天心"为万物之体，人应以体贴"天心"而待时。他又有诗："圆融无际大无余，万象森然本不癯。百圣渊源端有在，六经芳润几曾枯。人于心上知涵处，古在书中非远图。会到一源惟太极，包羲原不与今殊。"[⑤]诗作强调"心"体圆融无际，为百圣、六经之渊源。故人应于心上涵养，由此而往则心与"太极"合一，方能参赞天地古今。"心性存养"主旨诗歌，也涉及对存养价值、意义及方法等内容的书写。如杨

---

① 杨镰主编：《全元诗》，第3册，第16页。

② 傅璇琮等主编：《全宋诗》，第12419页。

③ 傅璇琮等主编：《全宋诗》，第27500页。

④ 傅璇琮等主编：《全宋诗》，第42584页。

⑤ 傅璇琮等主编：《全宋诗》，第41583页。

时《此日不再得示同学》，强调坚守道义，行藏间注重安放心性，这样就能够保持心性的和乐。而其句"希颜亦颜徒，要在用心刚"，则强调要努力追求亚圣颜回的境界，保有心性的坚定不动摇。再如胡寅有诗《寄张赵二相三首》之一："贤哲不同才，论心则皆仁。……仁非比周用，推己以逮人。"①提及圣人贤哲其心性实具有"仁"之共同属性，强调在利益去就之际应该坚守儒家之"义"，在日常日用中应推己及人，以"仁"相守相交。再如其《和韩司谏叔夏乐谷五吟》组诗中，推崇司马光"箪瓢不改乐，又似吾先师"，赞许友人"公今蹈前修，自适性所宜。不受寒暑变，炎凉但相推"②，推崇不以外物而动摇和乐心性，强调保有诚、乐、定等性体的重要性。在《寄题义陵吴簿义方堂》诗中，提到"万生天地间，灵者乃知义。何独于义明，而利心亦炽"③，由此强调心性存养的重要性。可见，宋代理学家心性存养主旨诗歌，往往涉及心性存养的必要性、方法路径、追求目标等，内容是比较丰富的。

以上，就理学家"心性存养"内容或主旨诗歌中有关天地、人、物之性的书写问题，择其有代表性的若干方面予以举例说明。至于比较简单的以书写天地、人、物之性的诗篇，就更为多见了。如游九言《读〈法华经〉示巽上人》，从儒、释关于"性"的认知不同来严辨其异同。史浩《凿池》以泉水"湛然不容滓"来比喻天地之"性"④，胡宏《苍天》以白云、天水（雨）之运化无端来比喻天之"性"⑤，《水心亭》则提及"百丈生潮头，一勺本性具。……周流造化功，妙体不竞懆"⑥，强调天地之"性"，《春日郊行》指出"动植自私还自足"⑦所表现出来的天地之"性"，朱熹《登山有作次敬夫韵》强调"雾色登临寒夜月，行藏只此验天心"⑧等，都是对天地之"性"的书写。其他理学家诗人，如陈傅良、王十朋、黄幹、陈淳、韩淲、丘葵、许月卿等，也都写有不少"心性存养"主旨诗歌，他们对于天地、人、物之"性"的"体""用"的书写，虽各有特点，但其总的旨趣则没有什么明显的差异。

第三类：对明理、明心等理学内容的书写。自周敦颐、邵雍、程颢、张载等启

---

① 傅璇琮等主编：《全宋诗》，第 20924 页。
② 傅璇琮等主编：《全宋诗》，第 20926 页。
③ 傅璇琮等主编：《全宋诗》，第 20937 页。
④ 傅璇琮等主编：《全宋诗》，第 22114 页。
⑤ 傅璇琮等主编：《全宋诗》，第 22096 页。
⑥ 傅璇琮等主编：《全宋诗》，第 22098 页。
⑦ 傅璇琮等主编：《全宋诗》，第 22099 页。
⑧ 傅璇琮等主编：《全宋诗》，第 27551 页。

端而经杨时、尹焞、张九成等人的诗歌创作努力,到了朱熹、陆九渊、叶适等,"明理"内容或主旨类型诗歌已经成为理学诗的重要类型。朱陆后学,继承了这一诗歌风尚及写作方式。如杨简《慈溪金沙冈歌》有句:"子思不知万物我发育,推与圣人自固蔽。……大道荡荡而平平,圣训至明至坦夷,一无荆棘相维缠。学子首肯斑斑焉,静明庄敬非强参。"①诗作赞美陆九渊识见万物由我之心而生发,认为其超越子思、孟子而直入孔门之室。袁燮《以鉴赠赵制置》首先历述此铜鉴之"洞烛毫发"的功用,然后由此而体贴默识,得出其缘由:"非由外至,实自中发。……物自不逃,初非鉴往。人心至神,无体无方。有如斯鉴,应而不藏。鉴以尘昏,心以欲翳。欲全其明,盍去其累。……勿贪小利,勿徇虚名。律身惟谨,上功必实。欺心不萌,精忠贯日。"②诗作由观铜鉴而悟及形而上的"理",那就是铜鉴之功用实来自人之"心"的识别。本此,诗作进而探究人之"心"之体、用,强调不贪、不徇、惟谨、惟实,方能还复"心"之体、用。以镜比心,是二程理学的重要话语,强调的是其心如镜,勿将迎,无内外,定止其心。但袁燮转换了二程的原意,代之以"心"体广大而无所不能,铜镜之功用有赖于人之"心"的察识,铜镜能照见事物,是人之"心"而非铜镜的功用在起作用。这显然是唯心论的观点。不过即使如此,袁燮此诗很好地表达了"尊德性"的诗歌主旨。

南宋中期开始,理学家之"明理"逐渐与"道问学""尊德性""求道"等理学范畴相融合。与之相应,此际"明理"内容或主旨诗歌亦呈现出诗歌内容丰富多样的特征。自周敦颐、邵雍、程颢、张载等启端而经杨时、尹焞、张九成等人的诗歌创作努力,到了朱熹、陆九渊、叶适等,"明理"主旨诗歌已经成为理学诗的重要主旨类型。朱陆后学,继承了这一诗歌风尚及写作方式。如方逢辰有诗《鸡雏吟》:"我闻先儒云,鸡雏可观仁。……天于微物上,感人恻隐真。人观鸡护雏,铁石为动情。子呱方卧冰,安得卵覆人。勿看鸡伏鹜,吾则行吾仁。"③以鸡雏须臾不离其母起兴,由此而"格"得孝悌、为教、良知、良能等"仁"之用。此诗含崇德性、道问学、明心等诗歌主旨,而以"明理"为贯穿线索,其表达方式与许月卿《登慈恩绝顶有感》相似。又如金履祥《奉和鲁斋先生涵古斋诗二首》之一:"圆融无际大无余,万象森然本不癯。百圣渊源端有在,六经芳润几曾枯。人于心上知涵处,古在书中非远图。会到一源惟太极,包羲原不与今殊。"④诗篇以"明理"而涵涉"心

---

① 傅璇琮等主编:《全宋诗》,第30095页。
② 傅璇琮等主编:《全宋诗》,第30986页。
③ 傅璇琮等主编:《全宋诗》,第41199页。
④ 傅璇琮等主编:《全宋诗》,第42583页。

性存养""尊德性",亦与许月卿、方逢辰等人的"明理"主旨诗歌相近。当然,两宋时期的理学家诗人,也有一些较为简单的"明理"主旨诗歌,这些诗并不表现出融合性、包容性等特性。如许月卿《月代》诗以"月代太阳,太阳代月"①起兴,说明天道循环具备客观性和正当性,由此而明君臣之分、教化流行乃不可移易之"理"。再如其诗《涉世》强调"涉世如溪谷,只宜在浅处"②,表达趋向于隐居以修道的高洁情怀。再如文天祥《京城借永福寺漆台口占似王城山》,以神秀"心如明镜台"偈语起兴,而言"此台已是赘,何况形而器"③之理。而元代理学家姚枢有诗:"切问复近思,乾行求艮止。人道无他焉,仁义而已耳。原始可要终,知生乃明死。伥伥失路人,何当与闻此。"④"切问而近思""行健"而求止于仁义,均为求道之方法。诗作强调以此为"原始要终"之"明理"的要义。

第四类:对"格物致知""格物明心"等内容的书写。"格物致知"内容或主旨诗歌,以朱熹及其门人写作的数量最多,且有代表性。如朱熹有诗《书事》:"重门掩昼静,寂无人境喧。严程事云已,端居秋向残。超摇捐外虑,幽默与谁言。即此自为乐,何用脱笼樊。"⑤诗篇书写作者深秋之际掩门独居、静心为乐的生活。作者于尾句中特别提到,不必如道、释追求出尘脱俗之人生才能养心明性,儒者自能于日常日用生活中,静心涤虑、安顿身心。全诗透露出作者安乐自得、定止其心的儒者道德气象。再如张栻有《风雩亭词》,诗作由亭之名、亭之环境,而及孔门洙泗诸贤之德行,尤其赞美曾皙之"操志",认为其"其乐之素充",强调其"盖不忘而不助,示何始而何终。于鸢飞而鱼跃,实天理之中庸"。接着,作者对学子提出了自己的劝勉之辞:"希踪兮奈何,盍务勉乎敬恭。审操舍兮斯须,凛戒惧兮冥濛。防物变之外诱,遏气习之内讧。浸私意之脱落,自本心之昭融。"⑥点明上述存养、识察之方法,乃是实现曾皙、颜回之道德境界的路径:"斯昔人之妙旨,可实得于予躬。循点也之所造,极颜氏之深工。"⑦全诗结构谨严,对儒学义理的把握中正到位,表现出作者具有极高的儒学义理境界。再如朱熹门人徐侨《虎邱谒和靖祠》有句:"涵养当用敬,进学在致知。……夫子受师说,惟敬实所持。升堂

①　傅璇琮等主编:《全宋诗》,第40528页。
②　傅璇琮等主编:《全宋诗》,第40531页。
③　傅璇琮等主编:《全宋诗》,第42939页。
④　杨镰主编:《全元诗》,第3册,第17页。
⑤　傅璇琮等主编:《全宋诗》,第27478页。
⑥　傅璇琮等主编:《全宋诗》,第27860页。
⑦　傅璇琮等主编:《全宋诗》,第27860页。

逮易箦,参倚日在兹。遗言落人间,考论极研几。是心要收敛,中不容毫厘。大学著明德,格物及阶梯。放心苟不收,穷格将安施。"①这里,以"格物致知"为孔门一脉相承的"道统",以之与"诚敬""心"等相联系,突出强调了作为"工夫"的"格物致知"在"求道"中的作用、地位等。而姚勉《赠宗人简斋》有句:"博文约以礼,夫子诲子渊。详说将反约,斯语在七篇。……讥以为支离,此说恐未然。闲邪至敬义,简易斯坤乾。……浪云即心是,所学竟类禅。不知格物学,盖在诚意先。"②诗篇以"博文反约"为"格物致知",强调"诚"在"格物致知"之先,以此批驳陆学对于朱子学的"支离"抨击。在姚勉看来,"格物学"是朱熹学说的核心所在。实际上,以"格物致知"为理学存养之法门,是朱熹门人及其后学的共识。如陈淳《谨所之赠王氏子》有句:"大学入德门,纲条备无遗。开端在格物,大当致吾知。"③以"格物致知"为求道之门。廖行之《寿湖南宗宪五首》其五:"欲寿人之情,而仁独也正。有能用其力,尽性以致命。公诚格物意,心静无不敬。"④强调"格物致知"对于"求道""长寿"的重要性。刘黻《和建小学韵呈赵求仁使君》:"黉舍临溪静最安,朋来俊少共窥斑。能知格物如星秤,即是程门第一关。"⑤亦以"格物致知"为入德之门等。上述可见,宋代理学家在理学诗中所书写的理学重要话语之"格物致知",主要集中于"格物致知"的价值、地位、功用等。特别是"道统"地位、"求道"之门以及与"诚""敬"之关系等,往往是理学家"格物致知"诗歌的重要内容。

陆九渊门人及其后学诗作中,"格物明心"主旨诗歌为数不少。如杨简《石鱼楼》其一:"多谢天工意已勤,四时换样示吾人。碧桃丹杏分明了,绿艾红榴次第陈。秋雁声中休卤莽,雪梅枝上莫因循。机关踏着元非彼,正是吾家固有身。"⑥因春花繁茂,次第而盛,"格"得天地之"生生不已"正是世人之"性"所承载"身"。同题诗作之二:"个里包坤更括乾,精神微动便纷然。桃红柳绿春无迹,鱼跃鸢飞妙不传。菱浪岂缘风衮衮,荷珠不为露涓涓。分明是了何言否,此事难容郑氏笺。"⑦诗篇"格"得"生生不已"之天地之"心"即"仁"体,并认为此"理"因汉儒的注笺而被掩盖。杨简诗作《咏春》《丙子夏偶书》《丁丑偶书》(物物皆吾体)、《偶成》

---

① 傅璇琮等主编:《全宋诗》,第 32824 页。
② 傅璇琮等主编:《全宋诗》,第 40491 页。
③ 傅璇琮等主编:《全宋诗》,第 32336 页。
④ 傅璇琮等主编:《全宋诗》,第 29159 页。
⑤ 傅璇琮等主编:《全宋诗》,第 40729 页。
⑥ 傅璇琮等主编:《全宋诗》,第 30081 页。
⑦ 傅璇琮等主编:《全宋诗》,第 30081 页。

（春入园林）、《慈溪金沙冈歌》等，皆可见"格物明心"之诗歌主旨的书写。陆九渊另一重要门人袁燮，也写有不少"格物明心"主旨诗歌。如其《以鉴赠赵制置》，以"鉴"之"莹乎其明"而"格"得其生成原因："非由外至，实自中发。"①再与良友相联系，强调"人心至神，无体无方。有如斯鉴，应而不藏"，从而表达了作者期望友人修心、正意以培育德性的用意。再如包恢（1182—1268），其诗《雨后观新荷》，因观雨后新荷之形象"柔茎柄圆盖，嫩绿出清泚。下承之浮萍，铺锦杂青紫"，而与月下无尘相联系，由此而"格"得"洒洒无一尘，生意正济济"②，书写其遗落物象而直指性体之"理"的理学思理。其诗《观泉》则由泉水清澈冷寒之特性，"格"得其"内以洗我心，外以刮我目"之用，其思理指向乃是由"物"而及实践主体之"心"，这一认知路径正与陆九渊心学一脉"格物明心"思想相同。总的来看，包恢诗篇中使用"格物明心"是比较常见的，如其《马上口占感梅感事二首》《病中答客》《和陈七峰七诗韵》（之三、四、六）、《和吴伯成七夕韵》《莲花》《题碧岩二首》等，均表现为由"物"而"格"得"心"或"理"等诗歌表达方式，大体而言，这些诗篇的思理指向均是陆学所重视的"心"或"理"。

与程朱理学主张有所不同的陈傅良、叶适、陈耆卿等人，对"格物致知"诗歌主旨也多有书写。陈傅良有诗《张冠卿……见寄次韵奉酬》："明月不可浣，有时障氛霾。芙蕖生淤泥，岂必所处佳。老子苦炼藏，释氏多遣排。如欲尽物累，自古谁好怀。"③诗以"明月""芙蕖"所遇为起兴，连及老子、释氏对于世情的排解方式，从所处处境、排遣方法来"格"知只有去"物累"，才能有安平和乐的心境。又如其诗《南岳圣业寺禹柏》则以禹柏之本、末、枯、蔚等外形谈起，赞美其"终焉人伪尽，独以天巧遂"，由之而"格"得"吾闻古有道，纯朴去故智。与世每如此，全身亦几是"。诗篇的内在结构，呈现为由"物"到"理"的认知路径，显然符合"格物致知"认知方式的特征。再如叶适《和答钱广文兰松有刚折之叹》，以兰花、松树之质性起兴，由之而"格"得士君子当亲近贤人，培育德性，故此勉励钱广文"愿子比令德，一薰容众蒿"④。又如其《剡溪舟中》因剡溪舟中遇大风雨而起兴，再写自己半生逆旅劳顿而无遇，终至于由此"格"得"圣贤有命可奈何"之"理"。

上述研究表明，宋代理学"尊德性"内容或主旨诗歌类型，居于提领、统帅其他理学内容或主旨诗歌类型的重要诗歌史地位。可以说，宋代理学诗的主要内

---

① 傅璇琮等主编：《全宋诗》，第 30986 页。
② 傅璇琮等主编：《全宋诗》，第 35314 页。
③ 傅璇琮等主编：《全宋诗》，第 29224 页。
④ 傅璇琮等主编：《全宋诗》，第 31210 页。

容或主旨诗歌作品，大都可以纳入"尊德性"内容或主题类型诗歌，或者与之有紧密性的联系。宋代理学诗的一些重要诗歌内容或主旨类型，如"重道""崇德""观物""孔颜乐处""观天地生物气象""格物致知"等，或其话语本身就是"德性"或者"尊德性"的内容，或者为"尊德性"的实现途径、方法。从这个意义上讲，理学家"尊德性"诗歌内容或主旨类型，丰富了宋代理学诗的题材和内容。再者，宋代理学"尊德性"内容或主旨诗歌，因其诗旨集中于"德性"或者"尊德性"，因此诗作的"言理"特征非常明显，这与《四库全书总目》所标称的"击壤体"等理学诗歌范型相一致。这说明，"尊德性"诗歌内容或主旨类型所表现出的"言理"性，是宋代理学诗代表性的诗歌特征之一。

本章小结

本章选取了重要的理学话语"观物""孔颜乐处""观天地生物气象""心性存养""尊德性"等进行了考察，进而探讨理学诗的若干内容或主旨类型及其生成特征。

作为体认物理、事理、性理、义理而拈出使用的存养方式兼目的的重要理学范畴，"观物"之于理学诗表达有其显著特征：当理学家主要以外在的客观景物来体认"道"或者"理"时，诗歌的诗境可以表现为创作主体与实践主体及外在体认对象的一体性；而当理学家所"观"之"物"为历史事件、性理命题等虚指之物时，实践主体就主要倾向于逻辑地、抽绎地把握"道"之体用，所得诗歌就会表现出专注哲理性的理性认识命题。"观物"之于理学诗的内容或主旨类型的诗歌呈现，主要有："乐意"内容或主旨、体贴"生生不已"内容或主旨、"与物同体"内容或主旨、因"物"而"明理"内容或主旨。由于理学话语存在"名实"不符的特点，这些理学话语同时亦涵涉：理学诗书写中，与"生生不已"内容或主旨类型相关的理学话语，尚有观生理、窗前草、驴鸣、大化流行、鸢飞鱼跃、一元复始等；与"乐意"内容或主旨类型相关的理学话语，有"孔颜乐处""名教之乐""观物之乐""闲适"等。

"孔颜乐处"是宋代理学的核心话语之一。"孔颜乐处"话语因其同时关注心性的体与用，即其始终与儒家的诚、敬、仁等心性的"本体"与识、知、觉等心性的"用"相耦合，而与佛教的心性之"空、静、虚、无"等本性，以及"明、灭、苦、度"等心性之"用"拉开了距离。"孔颜乐处"话语在理学诗中所涉及的内容或主旨类型主要集中于：其一，不受外物干扰的德性定止之乐。伴随着其话语内涵的转换，这一类诗歌内容或主旨，逐渐演变为包括"孔颜乐处""观天地生意""观圣贤气象"

等在内的"乐意"内容或主旨类型。其二,"格物明理"以至于"自诚明"的求道体验之乐。这一类理学诗内容或主旨类型,经常与因践行省察、静默、诚敬等而得到的"性理""义理"或者"原理"相联系。其三,保有心性和悦的释然闲适之乐。理学家反复强调的道德和乐之追求,目的是求得心性的释然和悦。

宋代理学家认为"观天地生物气象"具有生生不已的德性,此一德性降于人则为仁,而仁又有统包"五常"亦即仁、义、礼、智、信之属性,由此,自然界与道德界就实现了贯通。其"气象"不仅逐渐成为理学家涵养心性的亦本体亦手段的体用合一的范畴,而且逐渐由事物之物象而虚化为风貌、气质、精神内涵之重要文学话语范畴,具有了审美性、体验性、超越性等品格,进而亦成为沟通天人的重要哲学载体。宋代理学家对于"观天地生物气象"话语的诗歌书写,基本集中于"天地生意"的内容或主旨上。四季之"生意"是他们所乐于书写的对象。除了一些理学诗直接述及"生意"之外,实际上"生意"在理学诗里还有不同的话语表达形式,"生生不已""鸢飞鱼跃""春意""大化流行"等,其内核都是"生意"。还有一些理学诗以"大化流行"话语来表达"观天地生物气象"之"生意"主旨。

"心性存养"话语是宋代理学的核心话语。实践主体之"心"通过对天地自然、万物、人类自身的根本属性即"性"的体验与把握,来实现对宇宙论到人性论的同一性认知。"心性存养"内容或主旨诗歌类型主要有四种:其一,理学"心性存养"内容或主旨诗歌类型的书写重点,是对心性之体用的认识。故而,这一类理学诗往往突出天地之性、人之性与物之性的本原性探讨,同时亦对实践主体的"心"之体用问题非常重视。其二,这一类内容或主旨的理学诗类型,有不少以书写克讼、慎独、守礼、静坐、力行、调息等实现心性圆满的方法与途径等工夫论问题为主要内容。其三,这一类内容或主旨的理学诗类型,也有一些以书写澄净心性、保有诚敬等存养心性的途径及方法为主要内容。其四,这一类内容或主旨的理学诗类型,有些以书写"定止"心性境界或者定止心性目的为主要内容。可见,作为占据宋代理学核心地位的"心性存养"问题,因其关系理学根本而为理学诗人广为重视,遂成为理学诗的重要内容或主旨类型。

自南宋中期开始,宋代理学家大都受"尊德性"话语影响,而在其理学思想、理学实践及其诗文创作中表现出来。自张载、程颢、程颐等开始,理学家经常使用"德性"一词,因此,"德性"成为理学重要话语。而以朱熹、陆九渊对"道问学"和"尊德性"的侧重为标志,"尊德性""道问学"已呈现出理学流派代表人物以之统摄其他理学话语的意味。经过朱陆弟子的争论、辨析,"尊德性""道问学"已然成为陆九渊、朱熹学说的主要特色。随后真德秀、魏了翁直至元代吴澄、许衡等,往往以"尊德性"或"道问学"入手而试图调和朱陆,因此"尊德性""道问学"又呈现为互相融合的特质。理学诗人所创作的"尊德性"内容或主旨类型诗歌,其类型非常丰富:其一,是对性、道、德、天理等理学本体论重要范畴的书写或表达;其二,是对心性存养内容的探讨或表达;其三,是对明理、明心、发明本心等理学内容的书写;其四,是对"格物致知""格物明心"等内容的书写。

　　基于本书研究策略,本章选取了"观物""孔颜乐处""观天地生物气象""心性存养""尊德性"等五种理学话语,来探讨其与理学诗内容或主旨的关联,而没有选取理学诗书写中常见的另外一些内容或主旨类型,如明理、崇德、重道等。这主要是基于对理学话语是否具有代表性,以及彼此之间的间距性是否明显等多方面的考虑。即使如此,本章研究也足以说明,宋代理学基本话语,是理学诗书写或表达其内容或主旨的重要语言载体形式之一,在很大程度上,可视为理学诗在内容或主旨方面的主体属性特征。当然,理学诗之内容或主旨是非常丰富的。一些内容或主旨,也与理学话语关联不大或没有什么关系,如理学诗的诗与道相合内容或主旨类型、严儒释之辨、攻乎异端、关注时政等。理学诗的这一类内容或主旨类型,著者在另著《宋代理学诗发展史》(待刊稿)中有较全面的论述,请参看。

第五章 | 宋代理学基本话语与理学诗的表达方式

　　宋代理学诗是理学诗人所创造的以书写、表达理学思理和理学旨趣为内容及主旨的诗歌类型。本著第四章已经得出研究结论:在很大程度上,宋代理学诗的内容或主旨类型往往就是理学基本范畴或者命题的诗歌呈现。而作为理学体系来讲,除了宇宙论、价值论所包含的天人关系、道、性、德等范畴和命题之外,在"践行"的层面上,也有工夫论和实践论所包含的若干范畴或命题,如"存养""观物""格物""体贴""发明"等。当然,这些范畴或命题,均兼有贯通"知""行"的特性。我们知道,理学诗人大多同时又是理学家,因此,理学的"求道"之途径、方法的若干范畴,当对理学诗产生一定的作用。于此作进一步的延伸,一个"理学"—"诗学"相联系的重要问题便呈现出来:理学的若干范畴与命题,是如何对理学诗产生作用的呢?

　　对这一问题的思考,是有一定意义的。我们知道,自南宋以来,围绕着唐宋诗高低之甄别,事实上成为后世诗人学习诗歌创作的取法基础,影响到宋代以降的诗歌乃至文学的发展走向。直到今天,围绕着"唐宋诗之争"而展开的古老话题,仍然经常泛起学术争论。如果我们不再纠结于唐诗与宋诗孰优孰劣的判断,亦不从艺术本位来分析唐宋诗之长短的话,那么,"唐宋诗之争"这一话题仍然会为我们提供很多信息。就"宗唐派"代表人物而言,他们特别重视唐代诗歌能够抒发"情性"、强调"求真"、追求意象圆融等诗歌特性。如严羽《沧浪诗话》强调"诗者,吟咏情性也",推崇唐诗以"兴趣"来实现"言有尽而意无穷",批评宋诗追求"文字""议论""才学"而疏离"情性"。[1] 大致而言,"宗唐派"对唐代诗歌凸显"意兴"、强调诗歌"气象"、重视使用形象思维等艺术特质,给予了正面评价。而"宗唐派"代表人物对宋诗的批评,大都是立足于诗歌艺术特质,而主要从诗歌审

---

① 何文焕辑:《历代诗话》,中华书局,1981年,第688页。

美特性、诗意表达方式、诗歌风格、意境构成等方面来展开对宋诗的考察，从而得出宋诗不如唐诗之结论。① 当然，随着研究的不断深入，今天我们已经认识到，"宗唐派"否定宋诗的立场和理由，并不完全正确。不过，自严羽开始而注重对宋诗的"文字""议论""才学"等与表达方式有关问题的批评，倒是为我们"接着说"提供了重要的思路。而严羽对宋诗的批评，尤其是重文字、议论、才学以及"言理"的指责，毫无疑问都可从理学诗的表达方式上看到其特征。

从诗歌表达方式而言，作为宋诗重要类型之一的理学诗，其重文字、议论、才学以及"言理"等特征，是理学诗人独有的思维方式、认知方式和实践方式在其诗歌作品中的书写或表达。而理学诗人的这些思维方式、认知方式和实践方式，又是理学体系涵涉下的主体能动性的产物。故而，理学家的"求道"途径、方法以及与之相关的思维方式、认知方式和实践方式，必定通过兼具理学实践主体和诗歌书写或创作主体身份的理学诗人的能动性转换，而在理学诗的表达方式上呈现出来。

不言而喻，"宗唐派"代表人物对于宋诗的批评，近千年来一直是评价唐宋诗优劣的重要基石，而影响到近现代乃至当代文学史家对宋诗的历史定位。显然，对理学家"求道"途径、方式与理学诗表达方式之关系进行考察，对于我们从根本上认清"宗唐派"对于宋诗否定性评价的根源所在，推进对于包括理学诗在内的宋诗之文学史贡献和地位等问题的深入研究，归纳、提炼具有独特文化传统和民族品格的儒家心性诗学之特质，具有重要意义。

第一节　宋代理学基本话语与理学诗表达方式之关联

作为理学实践主体和理学诗书写主体的理学家，无论是在理学实践还是在诗歌创作实践过程中，以体贴"天""道""性""理""气"等为目的，而以问学、克治、存养等"力行"工夫来践行"道"，并在治家、为政等方面落实"道"之体、用，是其共同的性理追求和学术旨趣。受这一主体身份的同一性所决定，故而，如果说理学的宇宙论、价值论和道德论等重要的范畴与命题因其成为理学诗内容或主旨类型而得到书写或者表达的话，那么，贯穿于"知行"的"观物""格物""存养"，以及具有鲜明实践论特征的"发明"等与"求道"之途径、方法等相关的理学诸范畴，便应该与理学诗的表达方式产生关联。如果这一推理成立的话，那么问题由之而

---

① 参见拙著：《宋诗品格与两宋文化生态》，中国社会科学出版社，2015年，第2—11页。

来:理学之"求道"途径、方法的特征是什么？理学之思维方式、认知方式是如何实现在诗学中的"潜转"的？理学诗的思维方式、表达方式等对理学家之"求道"的途径、方法有没有产生影响，如果有的话，其发生路径是什么？显而易见，上述问题的核心所在，是理学"求道"途径、方法与理学诗表达方式之关系问题。本节即试图对此进行考察。

一 两宋理学家之求道"工夫"的客观性和多样性

两宋不同学派的理学家关注重心及其在构建其理论体系时所用话语有所不同，即使同一学派的理学家在话语表达、理论内涵、关注重心等方面也有不少差异。但是，不同学派的理学家也大都承认，如果说对"天德""太极""道""理""性"等有关"道体"的关注是理学最终归宿或目的的话，那么通过"克治""存养""识察""体贴""格物"等求道"工夫"来实现对"道"的"证实"或"落实"，并通过推及治家、处物、治国等进而实现"平天下"的理想，乃是理学诸学派共同的学术主旨和思想主线，也是理学承继原始儒学而守正开新的典型性标志。而理学之"工夫"，正是实现理学宗旨或目的的枢纽环节，惟有依托理学"工夫"，方能实现实践主体的心性存养或德行定止之目的。

理学求道之"工夫"，不管是"操存""存养"也好，还是"克治""省察"也好，都是理学实践主体藉以实现其德性目的的途径或者方法。从历史文献来看，朱熹、吕祖谦等人对理学之"求道"途径、方法问题，已有系统总结。朱熹、吕祖谦选取了周敦颐、张载、二程之相关论述，编纂而成的《近思录》，其十四卷目录次序是：道体、为学、致知、存养、克治、家道、出处、治体、治法、政事、教学、警戒、辨异端、观圣贤。"道体"以下的目次内容，都可算是理学之"工夫论"。清人张伯行在其《近思录集释》中，注意到了朱熹、吕祖谦对于理学"工夫论"的重视。如其在卷三"致知"下注云："知之至而后有以行之"①，总结此卷有"论致知之方""总论读书之法""分论读书之法"等内容。其在卷四"存养"条下注云："此卷论存养。盖穷格之虽至，而涵养之不足，则其知将日昏。而亦何以为力行之地哉！故存养之功实贯乎知、行。而此卷之编，列乎二者之间也。"②张伯行把卷四"存养"列于卷三"致知"与卷五"克治"之间，缘于"存养"之"贯乎知行"的属性特征。从张伯行的相关注释可见，朱熹、吕祖谦在编撰《近思录》时，确实贯穿了朱熹在《近思录·前引》

---

① 朱熹、吕祖谦编，张伯行集解：《近思录》，《丛书集成初编》本，第89页。
② 朱熹、吕祖谦编，张伯行集解：《近思录》，《丛书集成初编》本，第129页。

中所言之设想："凡学者所以求端用力、处己治人,与夫所以辨异端、观圣贤之大略,皆粗见其梗概。"①显而易见,《近思录》从卷二始至卷十四,指明了由"行"到"求做圣贤"的途径、方法,而卷一的"道体"乃是"求道"之目的所在,属于"知"的范畴。

两宋理学"求道"之"工夫",是理学史上备受瞩目的重要问题。从北宋理学"五子"开始,理学诸贤对此进行了深入探讨。在这方面,朱熹门人陈淳对于理学"求道"之方法、路径的探讨,大概可算是宋代诸理学学派代表人物中最为通俗平实的。他在《道学体统》一文中言及:"圣贤所谓道学者,初非有至幽难穷之理、甚高难行之事也,亦不外乎人生日用之常耳。盖道原于天命之奥而实行乎日用之间……凡千条万绪,莫不各有当然一定不易之则,皆天理自然流行着见,而非人之所强为者。……圣人之所以为圣,生知安行乎此也。学者之所以为学,讲明践履乎此也。……操之则存,舍之则亡,迪之则吉,悖之则凶。"②陈淳认为,"道"虽原于天,但贯乎日常日用之间,故圣人"生知安行乎此",因而欲"求道"则必"践履乎此",亦即文中所提及的"道"于"心""身""人事"等"千条万绪"之"物"。显然,惟有切实于日常日用之间"践履",方能"殊而一统"以实现对"体用一原"之"道"的体认。他在《用功节目》文中又强调:"道之浩浩,何处下手? 圣门用功节目,其大要亦不过曰致知与力行而已。致者,推之而至其极之谓。致其知者,所以明万理于心而使之无所疑也。力者,勉焉而不敢怠之谓。力其行者,所以复万善于已而使之无不备也。知不致,则真是真非无以辨,其行将何所适从……故知之明,则行愈达,而行之力,则所知又益精矣。"③陈淳精辟地指出了程朱学派最为重要的"求道"之途径、方法:"致知"与"力行"。他认为,"致知"贯通于识与行,而"力行"则在其实践、落实,这两者是相生相成的关系,惟有践行于"求道"之方法,沿其路径而力行,方能实现对"道"之把握和落实。张立文、陈来、蔡方鹿等学者的相关研究也都表明,理学诸学派代表人物不约而同地对"求道"之路径、方法给予了关注,并以之作为其理学理论不可分割的重要组成部分。

上述所引陈淳对于理学"工夫论"的论述,典型性地反映出程朱学派理学家对于"求道"之"工夫论"的重视程度。正是因为理学"求道"途径、方法问题居于程朱理学理论体系的极为重要的地位,故而,历代理学家及理学研究者都对之穷

① 朱熹、吕祖谦编,张伯行集解:《近思录》,《丛书集成初编》本,第1页。
② 陈淳:《北溪字义》,第75—76页。
③ 陈淳:《北溪字义》,第77—78页。

极心力予以探讨,产生了不少精辟的论断。清人张伯行仿《近思录》而拾掇朱熹言语集解《续近思录》,体例同《近思录》,他在卷二"论学"下注云:"此卷总论为学之要,盖非学无以入道,希圣希贤,其功具在。知所适从之路,得其进为之方,然后可以言学。"①明言"为学"乃是"求道"之路径与方法。在其卷三"致知"下注云:"此卷论致知。所谓致知者,在即物而穷其理也。然穷理之方,程子谓'或读书讲明义理,或论古今人物别其是非,或应事接物而处其当'皆是。故其工夫实未易尽,而尤莫大于读书。"②指出程颐以读书、论史、应物等皆为"致知"之法,而以读书为最紧要。再如其卷五"克治"下注云:"此卷论力行。盖致知必进以笃行,而存养尤资乎省察。是以克治之功,君子所宜深致力也。"③指出存养、笃行克治为"求道"之重要途径与方法。在卷六"家道"又云"由己及人",卷九"治法"言"经权之宜"等,皆为"求道"的重要途径与方法。清人所编《古今图书集成》亦在其"理学汇编·学行典"第九十卷列"致知部"、第九十一卷列"力行部"、第九十二至九十六卷列"读书部"、第一百十一卷列"博约部"和"守约部"、第一百十二卷列"博闻强记部"等,收录了不少理学工夫论所属之"求道"途径、方法的文献。当代一些代表性学者的论述,也对此多有注意。如张立文《宋明理学研究》、蒙培元《理学范畴系统》、牟宗三《心体与性体》、陈来《宋明理学》等,都对理学的认识论、方法论和实践论中涉及"求道"途径、方法的相关内容有所论述。

从宋代理学家对于理学"求道"途径、方法问题的论述来看,显然,不同学派有递相传承的"师法"。参考牟宗三、张立文、蒙培元、陈来等人的研究成果,可得濂、洛、关、闽等理学主流学派关于"求道"途径、方法的"师法"。概而言之,周敦颐的"观天地生意""孔颜乐处",以及以诚敬、静之心来体悟道体等,目的是以澄净定止心性来实现对天地之道、人之道的一体性把握。程颢、程颐为代表的洛学,重视"体贴""格物致知""问学",强调"今天明一物,明天明一物"来达到"霍然开通"以"明理"。而邵雍之学则推重"观物"以"明理",通过对景物、历史、日常日用之事及数理等"物"的"观",来实现对天地万物一体、德性之美等问题的识察与落实。张载的关学则格外重视"克治""复礼""观象"等途径、手段,来实现德性圆满境界及对天人问题的体认。到了南宋,朱熹在吸收张载、邵雍学说的基础上,对二程的"格物致知""观气象""问学""存养"等进行了深化和改造,而以"格物穷

---

① 张伯行集解:《续近思录》,《丛书集成初编》本,中华书局,1991年,第33页。
② 张伯行集解:《续近思录》,《丛书集成初编》本,第63页。
③ 张伯行集解:《续近思录》,《丛书集成初编》本,第97页。

理""静中体验""存养""类推""致知""读书"等为其"求道"的"工夫"。朱熹门人，如黄榦、陈淳、程端蒙、陈文蔚、曹彦约等人，在承继朱熹学说的基础上，又在义理层面上有所拓展，但总的来说与朱熹相去不远。而张栻在坚持胡安国、胡宏等人学说的基础上，则主张以"用敬""守诚""正心""格物""存养"等途径、手段来"求道"。张栻观点对朱熹、吕祖谦及陆九渊等都产生了影响。陆九渊则特别推重"正心""明心"，强调"直入""明理""切己自反""格物致知"，以及先"讲明"后"践履"等"求道"的途径、方法。陆九渊门人杨简、袁燮、孙应时等虽对陆氏学说有所补充，但求道之"工夫"并无太大差异。

理学主流学派代表人物的"求道"途径、方法虽有差别，但亦有共同尊奉的"工夫"。从上述学派代表人物之"求道"的途径、方法来看，"观物""格物致知""发明""象物比德""存养"等，是其共同遵奉的存养之"工夫"。张立文对此有所考察。如其注意到二程的"格物"有两义：一是"至"，二是"穷"。"格物"即是"穷理"，才能进而"致之"，即回到形而上的"理"。二程之"致知"，不是从实践中获得新的体认，而是通过"格物"求得先验的"理"。而朱熹之"格物"之"格"乃是"至"和"尽"，"至"包含"已至之事""未至之事"，"尽"则亦有二程之"穷尽"之意。朱熹之"格物"乃是通过对"物"的"格"以求"明天理"与"人伦"。而其"致知"之"致"乃是推致，"知"是"知识"或"体认"。"致知"就是"推致"吾之固有之知而达"全知"。而陆九渊的心学，也遵从了"格物致知"。张立文认为，陆氏心学对于"格物"的解释，未免有承袭程朱之嫌，陆氏心学只不过是以"正心"为"致知"而已。[①] 本人的一些研究成果，亦对"观物""发明""象物比德"等理学家"求道"之"工夫"有所考察。[②] 总结而言，理学主流学派代表人物，对某些"求道"之"工夫"如"发明""观物""格物""存养""省察"等，都给予了普遍重视，并在其"求道"过程中予以遵循。从这个意义上讲，本节从不同理学学派共有之理学求道之"工夫"角度，来探讨其与理学诗表达方式之"会通"，也就有了合理性。

需要注意的是，理学思维或认知方式，当然是理学家求道"工夫"之具体体现，或者亦可以说，理学之思维或认知方式，是理学求道"工夫"的重要属性特征。从理学体系而言，两宋理学知行合一的文化品格，与西方文化中的知行两分特质，显属两大知识体系。就其"知"而言，程颐把"知"分为"德性之知""见闻之知"，显然认识到了理学之"知"兼有认知与实践的文化品格。不惟理学之"知"需

---

① 张立文：《宋明理学研究》（增订版），第49—53页。

② 参见拙作：《两宋理学："象物比德"话语与诗性表达》，《东方论坛》2019年第3期。

要凭借理学家的思维或认知方式而实现,就其"行"而言,无论是"观物""体贴",还是"发明""格物致知"等,缺少了理学思维或认知方式的介入,也就不可能体察天地之性与人伦之德,乃至无法"体贴"物我一体而天理周流的德性圆满光明的境界。可见,理学之思维或认知方式,贯穿于理学之知行,伴随于理学求道之"工夫"的始终,而成为理学求道"工夫"的重要组成部分。

二 理学家思维或认知方式对理学诗表达方式产生作用之所以成为可能

理学"求道"途径、方法,兼有理学实践主体之"知"与"行",且两宋理学家往往对"知"与"行"不作区分,这是理学不同于当代知识体系的重要区别所在。不过,囿于现代科学思维方式,我们要认识理学之"求道"之"工夫",就不能不对其"知"与"行"分开来把握。大体来讲,理学之"见闻之知"更近乎近现代西方学科意义上的知识概念,可依赖于实践主体的认知来获得其内容或结构形式。而理学之"德性之知"却与近现代西方学科意义上的"知识"分属完全不同的文化体系,它只能依靠实践主体的"守诚""用敬""省察""存养"等"行"的"工夫"才能体贴、养成及定止不迁。而理学家的思维或认知活动,贯穿于理学之"见闻之知"与"德性之知"。或者说,理学之"知行",都有实践主体的思维或认知活动参与其中。于理可知,理学家所看重的"探讨""省察""存养""观物""格物"等,从纷繁复杂之"物"到形而上的"理"或"道",离开了理学实践主体的思维或认知活动,怎么能实现呢!而对理学实践主体的思维或认知活动进行理论化的抽绎、归纳以至于类型确定等,此即本节所讲的理学思维或认知方式。显而易见,理学思维或认知方式,是客观存在于理学家的"求道"过程之中的。

理学实践主体的思维方式和认知方式,这两者既有联系,又有区别。德国学者 M.石里克把认识过程分为"日常生活中的认知""科学中的认知""通过意象的认知"和"通过概念的认知"等数种类型,对于我们思考认知方式颇有意义。他指出:"在日常生活中,知道一个东西无非就是意味着给它一个恰当的名称。"[1]而科学中的认知,"即使在探究的这种早期阶段,我们就已经能够对于一切知识的最终目标形成某种观念"[2]。依据石里克的认知理论,基于观念、意象和概念的认知,是三种基本认识方式。而英国学者吉尔伯特·赖尔则认为,思维方式是以演绎、类比、判断和归纳等参与了人类的认知过程,又以概念、范畴或命题的方式呈

---

① [德]M.石里克:《普通认识论》,李步楼译,商务印书馆,2011 年,第 23 页。
② [德]M.石里克:《普通认识论》,李步楼译,第 23 页。

现出来。这里,思维只是认知的一部分,感觉、直觉、领悟、内省等,都参与了认知的过程并以各自的属性而呈现其特色。① 可见,认知活动在其高级阶段有思维活动的参与,而在整个思维活动中,必然也有着认知活动的参与。由此而言,理学家的思维或认知方式,是相互联系而又有区别的。大致而言,理学家认知活动的中高级阶段必然有思维活动参与,这时候,理学家的认识方式与思维方式是相伴生的,思维方式成为认知方式的参与者。但理学家的认知方式又有思维所不能包含的部分,如感觉、知觉、体悟、内省等,这些部分与基于概念而产生的思维方式并无直接的关系。就本节研究内容而言,尽管理学家的思维或认知方式有其异同之处,但这两者都与理学诗的表达方式有密切关联。本节为了论说方便,使用"思维或认知方式"这一话语表述形式。

考察可见,理学家的思维或认知方式之所以能够对理学诗表达方式产生作用或发生影响,可以从理学实践主体与诗歌书写或创作主体的同一性身份、理学家的文道观念及"因诗求道"的自觉性等方面来得到说明。

理学实践主体与理学诗书写主体身份的同一性,决定了理学的思维或认知方式必定会对理学诗的表达方式产生影响。作为个体来讲,基于认知经历、知识积累等而生成的思维或认知方式,在内化为他的观察、认知、把握和处理与自然界、人类社会和其自身相关事物或者问题的能力或素养时,就成为被对象化的事物改造和培养了的实践主体。当实践主体被对象化的事物"异化"之后,他便不可避免地把被"异化"了的思维或认知方式投射、应用于对其他事物的认识上来。也就是说,实践主体因从事于特定知识、技能的探讨而生成的思维或认知方式,会跨知识领域而影响到其他文化部类,也就是我们常说的认知、思维等认知技能的迁移与泛化问题。概括而言,理学家的理学思维或认知方式之所以能够对理学诗表达方式产生作用或者发生影响,在本质上是两者之共同的主体经受了理学之于主体的本质力量发生了"异化"问题。集理学实践主体、社会实践主体和理学诗书写主体于一身的理学家,为理学思维或认知方式所形塑,自然,这一思维或认知方式也就在一定程度上成为他们创作或书写理学诗的思维或认知方式。而以这一思维或认知方式来体察、把握事物,以叙述、说理、比兴等方式创作或书写理学诗,那么,这一思维或认知方式,也就物化为理学诗的表达方式。由此,理学之思维或认知方式自然也就对理学诗表达方式产生作用或发生影响。

举例来讲,作为理学的重要思维或认知方式的"发明""观物""格物致知"等,

---

① 参见[英]吉尔伯特·赖尔:《心的概念》,徐大建译,商务印书馆,2011年,第188—304页。

显然对理学诗表达方式产生了影响。比如,理学家以"发明"而"求道"所表现出来的诸多途径、方法,如阐释、说明、考索、研究甄别、讲学驳难等,因其具有认知性、实践性、审美体验性等品格,就会成为理学诗人创作、书写理学诗的诗歌表达方式。如胡宏《和刘子驹存存室》:"动中涵静是天机,静有工夫动不非。会得存存存底事,心明万变一源归。"①诗篇入题即强调"心"体之体用问题,强调"静"中有"动",存养之目的在于"心明"而察识万物之"一理"。与之相似,"观物"实现的是对心体道体等道德本源和道德存养目的的体认与把握,以"诚""敬"体贴"心"之"未发"的方式来把握和体认"道"体。为实现此一目的,从"观物"的手段和途径而言,则可以"观"的"物"可以为具体可感之物、事件,亦可为观念之"物"等。因其实践主体是以体验性的识察、涵养或者通过实践主体把情感、认知投射于一定的境界中来取得对事物的认知与把握,因此,"观物"亦具备了审美性、情感性、实践性等品格。如周敦颐诗《题春晚》:"花落柴门掩夕晖,昏鸦数点傍林飞。吟余小立阑干外,遥见樵渔一路归。"②诗篇述写诗人独立夕阳,与物、境共存,而其心定止,其诗作表达方式是藉由"观物"而展开。再如,由于理学家常以"格物致知"思维或认知方式来创作或者书写理学诗,故"格物致知"亦成为理学诗的主要表达方式。如杨简有诗句:"道士清晨喜告余,昨朝膏露降濡濡。……我亦尝审甘如饴,是谁执此变化权。……此机不动万象沉,此机一发靡不到。……此机夫人之所有,何不自贵自善守。寸善微萌天地知,小恶开元祸随后。"③诗因道士告之天降甘露而起兴,作者因此而"格"得"天机",认为"天机"因应"人心"之善恶,因此强调应"自贵自善守"。上述可见,作为理学重要思维或认知方式的"发明""观物""格物致知"等,确实对理学诗表达方式产生了明显影响。

"文以载道"的文道观念和"因诗求道"诗歌功用观念,也是理学思维或认知方式对理学诗表达方式产生影响的重要"载体"。基于"载道""见道""明道"等儒家传统诗歌功用观的理论追求,加之宋代理学普遍重视的"明理""求道""明心见性"等特有的学理指向,内在地决定了宋代理学家对于"诗—道"问题的重视程度。邵雍提出了以"观物"而见性求道,他认为"成诗"之目的在于体察"道",而"观物"是其联系"道"与"诗"的方法。而周敦颐更为看重"文"的"载道"功用,他提出了"文以载道"的文道观念。稍后,程颢在解释《诗经》"天生烝民,有物有则"

---

① 傅璇琮等主编:《全宋诗》,第 22108 页。

② 周敦颐著,陈克明点校:《周敦颐集》,第 61 页。

③ 傅璇琮等主编:《全宋诗》,第 30087 页。

时,认为:"故有物必有则,……万物皆有理,顺之则易,逆之则难。各循其理,何劳于己力哉!"①表现出"因诗求道"自觉意识。从理学家的文道观念及"因诗求道"诗歌功用观而言,诗歌只是"载道"之方法,如何承载、传达实践主体对于"道"的体察、感知或者践履存养,才是作者之目的。在宋代大部分理学家看来,诗歌之价值就在于承载"道"。而理学家以写作理学诗来实现其"求道"的目的,是他们实践"因诗求道"的主要途径和载体形式。宋代理学家诗人依托理学诗书写,实现了反求诸身而"明善""明理"等"观物"或者"格物"之目的。由此,不管是《大学》之"八目",还是《孟子》之"求放心""四端""尽心知性""存心养性",或是《礼记》等强调的"五典""五常",以及邵雍、周敦颐、二程、朱熹、黄榦、王柏等人所强调的"道统",都在理学家所写作的诗篇中实现了对这些理学之"道"的呈现或者理学家本人对于儒家之"道"的主体诉求。相关考察可知,朱学及其门人写作的理学诗,大都有"明理"特征,而以"格物致知""心性存养""尊德性""生生不已"等为主要诗歌主旨类型。②可见,从事理学诗创作或书写实践,可算是理学家藉以"求道"的重要方式或途径。兼备理学实践主体、社会实践主体和诗歌书写或创作主体的理学家,以"发明""体贴""观物""格物"等理学"工夫",而实现由"物"到"理"(在本体意义上,此"理"心、性、道等相同)的抽绎、概括或引申,以明物我一体、理一万殊、通体皆善等理学之"道"。理学诗创作或者书写,成为其理学实践活动之文字书写或者记录的物化形式。绝大多数理学家所关注的,不是创作或书写的理学诗之风貌、技巧或内容,而是理学实践活动本身。因此之故,理学家之"文以载道""因诗求道"等思想观念,也就成为其理学思维或认知方式得以对理学诗表达方式产生影响的重要"载体"。

三　理学求道"工夫"与理学诗表达方式实现会通的"桥梁"或"载体"

英国学者怀特海指出:"哲学真理应当到语言的假定中去寻求,而不要到它的明确的陈述中去寻求。由于这一原因,哲学与诗相似,二者都力求表达我们称之为文明的最高的理智。"③以怀特海理论来观照我们所研究之问题,则理学思维或认知方式与理学诗表达方式的"会通"至少有两个"介质":对真理的"陈述"策

① 程颢、程颐著,王孝鱼点校:《二程集》,第123页。
② 参见拙作:《两宋理学:"象物比德"话语与诗性表达》,《东方论坛》2019年第3期;《两宋理学"心性存养"涵蕴及其主题诗歌书写》,《南开学报(哲学社会科学版)》2021年第3期;《论宋元理学的"尊德性"及其诗歌表达》,《东方论坛》2020年第1期;等等。
③ [英]怀特海:《思维方式》,刘放桐译,商务印书馆,2010年,"序"第2页。

略或方式问题、主体以"活动"的方式承载问题。而不管是"陈述"还是"承载",理学诗的诗学思维方式及其外显于文字的理学诗表达方式,决定了作为集理学实践主体、社会实践主体和理学诗书写主体于一身的理学家诗人,在一定程度上必然会以理学诗的诗学思维方式来贯彻"文以载道""因诗求道",以实现"求做圣人"或者定止德性的理学终极目的。言及于此,必然也就导引出另外一个重要问题:理学求道"工夫"与理学诗表达方式是如何实现会通的? 其实现"会通"的"桥梁"或"载体"是什么?

前文所论及的"发明""观物""格物致知"等,当然可视为"会通"理学思维或认知方式与理学诗表达方式的重要"桥梁"或载体。这里,再列举一些理学"求道"之"工夫"类型,予以补充说明。先看理学之"为学"。宋代理学之"为学",承继了原始儒学之"为学"而又有新的发展。从原始儒学"为学"之内容而言,《论语》提到"孔门四科",计有德行、政事、言语、文章等"学"之内容。又记孔子训其子云:"不学《诗》,无以言……不学《礼》,无以立。"①显然,《诗》《礼》等皆为"学"之内容。而从《论语》编纂体例来看,其第一篇为"学而",第二十篇为"尧曰",中间贯穿了为理学家所揭橥的"学以至圣人"的儒家理想。如此说来,原始儒学之"为学",强调知行合一,求仁践礼,以养成圣人品格,实现仁德境界。从两宋理学"为学"内容而言,宋代理学家朱熹、吕祖谦所编之《近思录》,其卷二"为学",排在其卷一"道体"与卷三"致知"、卷四"存养"之间,故"为学"可视为联系理学"工夫论"和"本体论"的"桥梁"。对此,清人张伯行集解《近思录》已经洞见其理:"尊德性必道问学,以学为工夫。"②而唐宋时期,"为学"当然包括了传统儒学的"学以至于圣人"而求仁践礼乃至存养德性以至于定止之境。不仅如此,作为士人群体的理学家而言,科举应试之要求,学习揣摩、创作或书写诗歌作品,亦是其"为学"应有之义。故而,"为学"可算是会通理学求道"工夫"与理学诗表达方式的"桥梁"或"渠道"。

再看"象物比德"。"象物比德"的文化源头,可追溯到《易经》的"观物取象",亦即效法天地而取其能够代表、彰显天地之"道"的物、形、"文"等来表达对形而上的天地之"道"的膜拜、尊崇。如祭祀之"尸"、因天地之"文"而造作"字"、为文应效法天地之"文"等,实质上都是"观物取象"认知方式的显证。而"象物比德"则是取"物"与作比,使用明喻、暗喻、隐喻等手法以阐明或者表达实践主体的德

---

① 朱熹集注,陈成国标点:《四书集注》,第253页。
② 朱熹、吕祖谦编,张伯行集解:《近思录》,《丛书集成初编》本,第29页。

性,达到赞许、肯定或推扬之效用。理学诗常用"象物比德"来书写、表达或者阐明理学旨趣、理学思想或理学境界,以类比、比附、比拟、象征等书写或者说明天地万物一理、性理、心性存养等理学范畴或者命题。

最后谈谈承载"求道"的重要载体"日用"。宋明理学家大多强调,于日常生活中存养心性,以"明理""明心"而"求道"。而从中国文化史来看,"道"与"日用"发生关联,源远流长且其涵义多有变化。《周易·系辞上》载:"百姓日用而不知,故君子之道鲜矣。"对此,韩康伯注云:"君子体道以为用也。仁知则滞于所见,百姓则日用而不知。"孔颖达等《正义》则疏曰:"百姓日用而不知者,言万方百姓,恒日日赖此道而得生,而不知道之功力也。言道冥昧,不以功为功,故百姓日用而不能知也。"①准此,则"日用"为百姓之日常生活,"道"即潜存于日常生活之中。显然,实践主体之"日用"生活,虽是"道"之潜存之所在,但"日用"并不能说成是"道"。依《周易·系辞上》所论,芸芸众生无法藉由"日用"而得道。或者可以说,在《周易·系辞上》的生成年代,在"日用"与"道"之间尚隔着一层。打通"日用"与"道"的隔阂,可算是两宋理学家的功劳之一。当然,由日常彝伦、日常生活之物到安置其"心"于日常日用,"道在日用"在两宋理学家那里,是有明显的演变的。在这一进程中,谢良佐对于"日用"与"道"之关系的探讨,可谓是"道在日用"发展历程的重大转折。朱熹曾指出谢良佐的贡献:"自非谢先生确实于日用处下工夫,即恐明道此语亦未必引得出来。"②谢氏重视从"日用工夫"而求道,标志着依托"日用"而"求道"成为可能。而张九成则提出:"道非虚无也,日用而已矣。……以日用为道,则尧、舜、三代之勋业也。"③这显然是承继了杨时"以器为道"的思想,而把"日用"视为"器物",置换成为"日用为道"。杨时、张九成等人的"以器为道""日用为道"的理学思想,受到了朱熹的批评。朱熹认为,"日用"非道,而"日用"之"理"才是"道"。他在《与张敬夫》的书信中,批评"以日用流行者为已发,而指夫暂而休息、不与事接之际为未发"④的认识,强调"今于日用间空闲时,收得此心……这便是喜怒哀乐未发之中,便是浑然天理"⑤。他又把"求放心""操存""涵养""为学""合道理""提撕此心"等与"日用"相联系,强调藉由"日用"作"工夫"而求道。朱熹之后,"道在日用"也就成为理学家所公认的求道之路径、

----

① 李学勤主编:《周易正义》,《十三经注疏》(标点本),第 270 页。
② 黄宗羲原著,全祖望补修,陈金生、梁运华点校:《宋元学案》,第 1282 页。
③ 黄宗羲原著,全祖望补修,陈金生、梁运华点校:《宋元学案》,第 1312 页。
④ 黄宗羲原著,全祖望补修,陈金生、梁运华点校:《宋元学案》,第 1505 页。
⑤ 黄宗羲原著,全祖望补修,陈金生、梁运华点校:《宋元学案》,第 1532 页。

方法了。两宋理学家的"道在日用"思想探讨,提升了立足"日用"而"求道"的方法论价值,或导引着理学诗人通过"格"得"日用"之物而抒写或表达"明理""明心"等主旨,或依托"观物"而体察"日用"之物而抒写或表达崇德、明道等主旨。由此而言,"道在日用"形塑理学诗表达方式的基本方法,是依托"观物""格物致知"等思维或认知方式而实现的。

　　本节研究结论是:理学之求道"工夫"具备客观性和多样性,求道之"工夫"因其内在的理学思维或认知方式而表征为理学诗的表达方式。理学实践主体与诗歌书写或创作主体的同一性身份、理学家的文道观念及"因诗求道"的自觉性等,决定了理学的思维或认知方式必定会对理学诗的表达方式产生影响。"文以载道"的文道观念和"因诗求道"诗歌功用观念,也是促使理学家的思维或认知方式对理学诗表达方式产生作用或发生影响的重要基石。包括理学诗表达方式在内的诗学思维方式,对理学思维或认知方式也产生了一定的作用或影响。"观物""格物""象物比德""为学"等具体"工夫"以及承载"工夫"的重要载体"日用"等,可视作会通理学求道"工夫"与理学诗表达方式的重要"桥梁"或者"渠道"。正是在这个意义上,我们可以说,理学之求道"工夫",在一定程度上形塑了理学诗的若干表达方式。本人的若干研究成果,较好地证实了这一研究结论。①

　　上述研究结论,无疑是具有重要学术价值的。通过对中外"哲学—诗"会通问题的学术研究史进行梳理可知,古往今来的研究者大多从"内容"层面来考察这两者的"会通",而对两者在"结构"或"表达方式"等"形式"层面的"会通"考察,却有意无意地忽视了。不言而喻,只从内容层面来考察"哲学—诗"之会通这一惯常研究思维方式或研究路径,是存在较大学理疏漏或重要学术研究缺失的。本节研究表明,中西古今文明中普遍存在着的"哲学—诗"之"会通"问题,不仅存在着在彼此双方内容层面上的"会通",也隐性地潜存在彼此双方文本结构、文本表达方式等形式层面上的"会通"。从这个意义上讲,中西文化绵延五六千年的"哲学—诗"会通问题的相关研究,仍然存在着较大的学术研究空间。以此而入,当可在"哲学—诗歌"会通研究领域开拓出学术研究的崭新境界。

---

　　① 参见拙著:《宋元理学基本范畴及其诗学表达研究》,南京大学出版社,2020 年;拙作:《论两宋理学家"玩物从容"审美理想及其诗歌呈现问题》,《学术交流》2020 年第 1 期;等等。

第二节　宋代理学"观物"话语与理学诗的表达方式

"观物"是邵雍经常使用的以体察天地之道、人之德性等为目的的理学术语。其重要价值在于,以"观物"为手段而以体察、践行心性为目的,是传统儒学重礼、自讼、慎独等性命之学在理学发轫期的第一次重大转折。邵雍的"观物"与二程的"体贴"、朱熹的"格物"、陆九渊的"明心"等,共同构成了理学之存养工夫论的主体。而北宋理学"五子"之后理学诸贤的工夫论内容,或多或少其源头都与"观物"有一定关联。

理学家把"观物"所得书写成诗,诗歌作品便成为理学家固化了的认知方式或思维方式。理学家"观物"之目的,乃是"明理""明道",或是书写因体察天地之机而保有了和平安逸之和乐心态,因此,这些理学诗的表达方式自然就与"观物"之如何"观"、"观"什么等产生了紧密关联。也就是说,"观物"的途径、方法、目的等对于理学诗的表达方式起到了重要作用。显而易见,对此进行考察,是有必要的。本书第四章第二节已对"观物"的涵蕴、特征及其决定了的诗歌内容或主旨类型有所探讨,本节则着重就"观物"的途径、方法及其影响下的理学诗表达方式等问题进行考察。

一　"观"之儒学自足性与宋代理学之"观"的途径、方法

迄今为止,很多学者仍然认为,理学之"观"来自佛教"观心见性"以及"观行""观法""观想""观察"等偏重于修持方法的话语,这一看法可能是错误的。尽管唐宋很多佛教典籍多有对"观"的表述,但此中"观"基本涵义大都限于修持方法,并没有如宋明理学般赋予"观"以更多涵义。如《妙法莲华经玄义》卷二提及:"前所明法,岂得异心? 但众生法太广,佛法太高,于初学为难,然心、佛及众生,是三无差别者,但自观己心则为易。"①之中,"观"是把握佛法的手段。与之相似,佛教典籍基本上是把"观"看作修持以明佛性的重要方法。其基本含义是通过对境、行、想等妄念的阻断而实现见"心"之本性的,此"心"则当为佛性,而佛性是"清净"的。佛教"观"的这一用法,与中国先秦儒学尤其是《论语》中"观"的某些用法似无本质区别。但理学之"观"恐很难说就是直接从佛教中移植过来的。客观地说,佛教在流布承传过程中,对"观"之方法、层次的探讨,较之中国本土早就具备

---

① 见《妙法莲华经玄义》卷二,载《大藏经》,第696页。

的"观"而言,确实是严密、细致了很多。但必须指出的是,儒学发展至宋代理学阶段,"观"无论是作为方法而言,还是作为兼手段与目的而言,从其根本来说,是由原始儒学"观"之义蕴发展而来的,即使假定宋代理学之"观"可能吸收佛学"观"之元素,但佛教"观"作为存养心性的手段和方法之含蕴,也可以看成是佛教经过了中土先人的文化转换而成,把宋代理学之"观"看作由佛教而来,显然是一叶以障目。

首先,"观"具有儒学学理的延续性与一致性。原始儒学经典中,有不少与"观"相关的文献。《论语·学而》:"子曰:'父在观其志,父没观其行,三年无改于父之道,可谓孝矣。'"这里的"观"为"观察"。孔子又云:"视其所以,观其所由,察其所安,人焉廋哉?人焉廋哉?""观"亦为"观察""观看"之意。但值得注意的是,这里的"观",开始具有了因"观察"而推究其本质和规律之意。由此,《论语》已经开始把"观"作为一种方法而具有了超越性的由表及里的分析与推理功能。如:"子曰:'居上不宽,为礼不敬,临丧不哀,吾何以观之哉?'"①此"观"指的是通过"观察"其人之外在的礼容、礼德而分析、推断出其作为人的本质性品格。此一思路为后来孟子所继承:"今人乍见孺子将入于井,皆有怵惕恻隐之心,……由是观之,无恻隐之心,非人也。"②孟子由"孺子入井"而有"怵惕恻隐"之心的现象,推理而得出了"心"有"四端"之用,因此"心"具"仁"之体。这里的"观"具有直觉感知的特征,本身尚缺乏严格的逻辑性。孟子擅长从具体事物推导出其背后涵蕴着的义理,以提出主张和命题,经常使用"由是观之"这样的句式。需要指出的是,杨伯峻《论语译注》把《论语》之"观"统解为"观看",显然有简单化之嫌。③ 可见,"观"作为重要的认识方法,在孔子、孟子那里,已经规定为儒学思维的一种方式和路径,具有"因象见理"的特性。而到了荀子,已经发展出在使用"观"来"观察""探究"事物属性或规律时,立足于一定标准:"然则从人之性,顺人之情,必出于争夺,合于犯分乱理而归于暴。故必将有师法之化,礼义之道,然后出于辞让,合于文理,而归于治。用此观之,然则人之性恶明矣,其善者伪也。"④孟子、荀子"观"之方法、标准,开启了后世从超越性角度"观"物先河。《周易·系辞上》亦云:《易》与天地准,故能弥纶天地之道。仰以观于天文,俯以察于地理,是故知

---

① 朱熹集注,陈戍国标点:《四书集注》,第 69 页。
② 朱熹集注,陈戍国标点:《四书集注》,第 237 页。
③ 杨伯峻译注:《论语译注》,第 316 页。
④ 王先谦撰,沈啸寰、王贤星点校:《荀子集释》,中华书局,1988 年,第 434—435 页。

幽明之故;原始反终,故知死生之说;精气为物,游魂为变,是故知鬼神之情状。"①
强调"观""察"天地之表象条理,能知"幽明之故",这里的"观"与原始儒学"观"之
超越性的"因象见理",是先民认识事物的两个重要的递进环节。孔子、孟子等所
言之"观"具备从具体事物到规律的抽绎性特征,而《系辞上》之"观"则力图在对
事物分类的基础上,选取某一类或者某一个有代表性的"象"来统领、代表这一类
事物。尽管其目的、视角有所不同,但就作为实践主体与客体对象之间发生联系
的认知方式——"观"而言,分明涵蕴了以"理"来统摄的意味在内。综合看来,先
秦时期人们之"观",除了具有"观察""探究"之义外,已经初步具备了"体验""归
纳"等意蕴。

　　魏晋时期,儒学历经玄学的激荡而在"观"之精微细致程度上又有新的进展。
如魏王弼在《周易略例·明象》中提出:"夫象者,出意者也。言者,明象者也。尽
意莫若象,尽象莫若言。言生于象,故可寻言以观象;象生于意,故可寻象以观
意。意以象尽,象以言著。故言者所以明象,得象而忘言;象者所以存意,得意而
忘象。"②王弼由"观物取象"进而探讨"象—意—言"关系,言、意都因为建立在
"象"的基础上,才可"尽象而观意"。这里,"观"由"象"而得"意",则"观"不仅是
观察、判断之意,更有了如宋儒特别重视的体贴、领悟、比附等涵义。由此,"观"
作为直觉地从象征而体悟本质、属性和规律的方法,而得到魏晋士人的重视。至
此,"观物取象"说因加入了言、意等中间环节,而丰富和完善了会通天人关系的
逻辑链条。入唐后,由于佛教尤其是禅宗的兴起,"观性""观心"等基于存养方法
和工夫的"止观",逐渐为大众所习用。因此,"观"在"观察""观看"等认知之外,
已经成为基于观察、观看等认知方式而具备了体验、感受以至于简单逻辑推理的
属性特征,尽管其逻辑推理是具象的、感知的和非自觉的。

　　入宋后,邵雍特别强调以"观"作为体悟方法来求道。邵雍《击壤集》序中提
及:"诚为能以物观物,而两不相伤者焉,盖其间情累都忘去尔。……其或经道之
余,因闲观时,因静照物,因时起志,因物寓言,因志发咏,因言成诗,因咏成声,因
诗成音,是故哀而未尝伤,乐而未尝淫。"③这里,从诗歌功能上看,邵雍以为诗歌
是为了"自乐""乐时""与万物之自得"而写作。他以为"诗"一旦被创作出来,就
成为现象界的"物",反映了创作主体的"志""情",这两者都是创作者的内心或因

----

① 李学勤主编:《周易正义》,《十三经注疏》(标点本),第 266 页。
② 王弼著,楼宇烈校释:《王弼集校释》,中华书局,1980 年,第 609 页。
③ 邵雍著,郭彧整理:《邵雍集》,第 180 页。

"时"或因"物"而发之于外,所谓"言""声""音",都是"诗"的载体形式,逆而推原,可知创作者的"心",亦即其认知理性与道德理性所在。于此,邵雍提出了他写作诗歌的目的,亦即以"观物"而见性求道。他以为,名教之乐在于去"情",在于体察性体心体道体,一旦达到这一境地,则外物包括死生荣辱皆已忘却。其中,邵雍强调了他写作诗歌时的"观物"方式在于不染好恶、纯任自然。邵雍以"钟鼓"与"礼乐"的关系,说明诗歌形式与其功能的关系,以为诗歌形式的要求应该服务于他所认同的"观物"以"见性"的需要。从邵雍的《皇极经世》《观物内篇》等著作来看,邵雍是把"观物"作为其认识"心体""性体""道体""天体"的途径和手段来看待的。在体用层面和形体层面上,他把心体、性体、道体、天体视为一个层次上的概念。在邵雍看来,"观物"具备认识天地万物和人本质的功用,这种功用是"观物"具有的价值属性。他说:"天所以谓之观物者,非以目观之也。非观之以目而观之以心也,非观之以心而观之以理也。"①这里,"观物"除了是一种认识主体基于"一定的精神境界观照事物、看待事物的态度"②之外,恐怕亦具有直觉推理和直觉判断的特性。邵雍"观物"的目的,自然是"求道"或"见性",如他讲"以理观物,见物之性"③。"观物"何以能"见物之性"? 这是因为,邵雍把人看作万物之灵,他在《观物内篇》中以为:"人之所以能灵于万物者,谓其目能收万物之色,耳能收万物之声,……人亦物也,……是知人也者,物之至者也。"④并且,他断定,人之至者,因其能"一心观万心,一身观万身,一物观万物,一世观万世"⑤。邵雍的"观物"说,其目的在于求真:"圣人之所以能一万物之情者,谓其圣人之能反观也。所以谓之反观者,不以我观物也,以物观物之谓也。"⑥这里,求真也就是"求道",这个"道"在于人的内心:"道之道尽之于天矣,天之道尽之于地矣,天地之道尽之于物矣,天地万物之道尽之于人矣。"⑦这就是说,天地万物之道,都生于人心。人不以好恶私情掺杂在对待事物的态度之中,就能够通过"观照"而体悟到事物的本性,由此,邵雍把"观物"与"无我"相联系起来:"不我物则能物物。任我

① 邵雍著,黄畿注,卫绍生校理:《皇极经世书》,中州古籍出版社,1992 年,第 295 页。
② 陈来:《宋明理学》,第 122 页。
③ 邵雍著,郭彧整理:《邵雍集》,第 49 页。
④ 邵雍著,黄畿注,卫绍生校理:《皇极经世书》,第 250 页。
⑤ 邵雍著,黄畿注,卫绍生校理:《皇极经世书》,第 251 页。
⑥ 邵雍著,黄畿注,卫绍生校理:《皇极经世书》,第 295 页。
⑦ 黄宗羲原著,全祖望补修,陈金生、梁运华点校:《宋元学案》,第 417 页。

则情,情则蔽,蔽则昏矣。因物则性,性则神,神则明矣。"①这样,"观物"必然导致实践主体的生活态度与人生境界得到提升,最终实现了"君子之学以润身为本,其治人应物皆余事也"②的目的。可见,"观物"对于邵雍而言,已经具备了贯通于体悟、识察与实践的品格,而不仅仅只是一种态度和认识了。

二程、朱熹等人也对"观"非常重视。二程提出"观天地""观圣贤气象""观仁者气象"等命题,他们把"观"作为其"体贴"以求道的重要方面,由此"观"成为理学人生论与方法论的重要部分,成为其会通天人的重要形式。在二程、朱熹一脉而言,"观"不仅作为认识事物的方法而存在,更是他们以之来体贴"圣贤气象""天地气象""有道气象"的途径和手段,也成为其体贴理学重要范畴如诚、敬、定、生意等的重要方法。如朱熹以"观"接德容,求做"圣人"。朱熹在注《论语》句"夫子温、良、恭、俭、让以得之"时,强调:"夫子未尝求之,但其德容如是,故时君敬信,自以其政就而问之耳,非若他人必求之而后得也。圣人过化存神之妙,未易窥测,然即此而观,则其德盛礼恭而不愿乎外,亦可见矣。"③此"观"当为"观察"之上的"推究"意,亦即朱熹强调的"观"在于求"理"。经此转换,"观"就变成了由学而至圣贤的一个重要环节,成为践履的基本工夫。由此,"观"不仅具有了超越性、工具性、虚指性特征,同时也具有了本体的规定性。"观"最终具有了与仁、道、性等差不多地位的属性,"只要读着"与"只要观着",既是方法又是目的。朱熹在阐释"盍各言尔志"章时特别指出:"先观二子之言,后观圣人之言,分明天地气象。凡看《论语》,非但欲理会文字,须要识得圣贤气象。"④正是从"观"的本体性而言的。在此,"观"的手段性实际上已经具有了目的性的含义,而由是之故,"观"不仅是工夫,亦是目的了。由此,"观"就成为理学体贴践履工夫的重要部分,并与其他体贴践履工夫一样兼具了手段与目的的二重性。需要指出的是,朱熹虽然对二程之"观"从超越性、精密化等方面有所发展,但其路径和方法与二程并无二致。不过,朱熹在以"观"为方法与目的、兼践履与形而上的本体话语使用中,对"观"之义蕴有很大扩展,"观"由此具有了儒学学理上的包容性。

二程、朱熹一脉的对包括"观"在内的理学践履体贴工夫的探讨,建构了理学认识论、工夫论的基本范畴,从而实现了对其以天人关系为基本内容的宇宙论和

---

① 邵雍著,黄畿注,卫绍生校理:《皇极经世书》,第 429 页。
② 邵雍著,黄畿注,卫绍生校理:《皇极经世书》,第 426 页。
③ 朱熹撰:《四书章句集注》,《新编诸子集成》本,第 51 页。
④ 朱熹撰:《四书章句集注》,《新编诸子集成》本,第 83 页。

人生论的总体把握。不过,彼时大多数理学家更为重视的是以"观"为践履之方法,他们或提出"观"之重点在事物之"理",如黄榦讲"夫观天地者,亦观其理耳";或重视以"观"为体贴圣贤之德行方法,或以"观"统摄诚、敬、静、性等,以践履而体贴儒学之"道",这应该被看作"观"功用的普泛化与实用化。而尹焞讲:"万物之生意最可观,此元者善之长也。茂叔窗前草不锄去,云与自家意思一般。观天地生物气象,静坐独处不难,居广居,应天下为难。"这里分明已有打通《易》、周敦颐体验天地道体与重视静中体贴的用意,尽管尹焞等人所重视践履的这一路径较之二程等人而言并无理论突破,但这无疑推进了理学家向着实践主体的向内求"道"之路而前行,从其对理学的建构而言,作用巨大。值得提及的是,"观物"亦为陆九渊心学学派,胡安国、胡宏、张栻为代表的湖湘学派,吕祖谦婺学学派等所重视。不过总的来看,这几大学派代表人物对于"观物"的阐释和使用情况,远比不上程朱学派的精微、透辟。可以说,到了南宋中期,"观物"已有与"格物致知"合流的倾向。

宋代理学之"观"与佛教之"观"在目的性上也是不同的。佛教之"观"其目的是通过"观"实现实践主体对客体的精神关注,以此来领悟"佛性清净""万法皆空",从而使实践主体达到对境心定,直至对世间一切物、事、人、情,都视作如幻如影,即来即灭,甚至实现对空之境界之上的形而上的"空"的彻底疏离与解脱。而理学之"观"则不同,是通过对"天地生物"之过程、状态、功能、性质、规律等属性的体贴,与对"圣贤""仁者"等进行体贴所实现的目的是一致的。理学家在"观天地生物气象"践履与求"仁"体过程中,发展了"观"的内涵与义蕴,"观"成为亦践履亦形而上的兼理论与方法的理学体系中极为重要的范畴。不惟如此,儒学之观,在二程那里已经具有形而上的本体属性,"观"不再仅仅是方法,也是求道,"观"成为与道、性、心等同等地位的东西,是兼践履手段兼本体目的的会通性范畴。

从文献来看,宋代理学家观物的方法,大致有:

其一,"观之以理"。自邵雍提出这一方法之后,无论是二程的"体贴"也好,杨时、朱熹一脉的"格物"也好,还是陆九渊等人的"明心"也好,基本上在"观物"时都以观其"理"为目的,这一目的后来被朱熹等人概括、凝练为理学"明理"范畴。这一方法的核心和目的在于"明理",而纷繁复杂之事物则是作为中介或者媒介而具有存在的价值。因此,"观之以理"往往是"以理观之",也就是说,不管是"由物入理"还是"由理察物","明理"是目的。

其二,"以物观物"。这里,"以物观物"其实强调的是在体察、把握"物"时,为了尽可能客观、公正地把握事物特质和规律,而拉开认识主体与认识对象的距离,尽可能做到不杂好恶固必,不染爱恨,以免认识主体以偏见和好恶而使认识出现偏差。

其三,直接言理。在早期理学家那里,"观物"之目的是"明理"。这里的"理",包括物理、名理、义理、性理等。举凡宇宙大化、历史规律、物体之往来,以至于德性之客观存在、本然存在诚善之性体等,皆为"明理"。随着理学的日益性理化和道德化,至迟到了南宋乾淳时期,"明理"开始注重向内求"心性""德性"等之"理",而于名理、义理、物理等越来越疏离。作为理学家"观物"之一端的方法,也呈现出这一特点。因此,南宋时期,曾丰等在"观物"之时先"明理"而非"由物入理",张九成等人则开始聚焦于直接言理,而于"观物"之"物"有所忽略。这一方法,可视为实践主体"观"多个"物"后的抽绎性结果,可以看作"观物"的高级阶段。

上述三种"观物"方法,第一种是最为重要也是最基础的方法,从诗歌表现形式而言,也更应引起我们的重视。这是因为,从实践主体对"物"的观照方式上看,"观之以理"有具体可感的认知对象即"物",有实施认知、体察的主体即诗歌作者,有外显为诗歌表达方式的兼有"观物"认知、体验和推理、判断等于一体的"观"之过程等。这些因素,共同外显为诗歌作品的存在形态。而第二种方法,严格说来更趋向于强调实施"观物"而对实践主体保有客观态度的要求。因为这一要求与理学家所重视的德性定止等道德理性品质极为密切,因此只能把它视作"观物"方法之一种,尽管有些勉强。但考虑到自老子、庄子到邵雍等对此特别予以强调,因此还是把"以物观物"当作"观物"之方法较为稳妥。

二 "观物"与理学诗的类型化表达方式问题

邵雍之"观物"以及其后理学家的相关、相近以"求道"为目的而以存养为工夫的探讨,基本的特征在于,强调社会实践主体以知行相合的方式,兼备践履、体验、识察的合目的性与过程性而指向心性实践。一些理学家在此一合目的与过程的"求道"进程中,受"文以载道""因诗求道"等文道观念所影响,而写作了大量的理学诗。这些理学诗,从目的性来讲是为了表达理学思理和理学旨趣。而他们在写作理学诗时,往往把理学的认知方式、思维方式或实践方式等同于诗歌的思维方式、表达方式。在很大程度上,写作诗歌对于他们而言,其目的指向"求道"。因此之故,一些理学家的理学内容或主旨类型诗歌,在表达方式上却呈现出程序化的特征。这固然是北宋"五子"之后的理学家把"五子"性理诗作为范式来学习、揣摩的结果,但不可否认,基于"观物"而表达相同内容或主旨类型的理学认知方式和思维方式、实践方式等,亦是重要原因。大致说来,以"观物"而写作的理学诗,其表达方式主要有如下几种类型:

第一类:"物象—性理—(践行)"构型。"观物"尽管最为推崇的是"以物观物",但是,在"观物"过程中,不管怎样降低、淡化实践主体的感性或者理性认知程度,作为"观"这一实践活动而言,一定是实践主体以认知的、思维的、实践的方式而投诸客体之"物"。此"物"呈现在诗作之中,往往以"物象"的形式而展现出来。就理学诗而言,"物象"往往只是作为表达、承载理学之"理"而存在。较之于"理",理学诗的"物"是次要的。它所存在的价值就是承载、表达其中之"理"。这与文人诗是不同的。文人诗中的"物象"往往是构成"意境"的主体,而"意境"则是承载作者之情感、志向的形象或者载体所在。因此,文人诗的"物",是诗作的主体内容,是第一位的。它存在的本身就是它的价值。

以"物象—性理—(践行)"构型而写作的理学诗,要以邵雍诗歌最为常见。邵雍的组诗《小圃逢春》之一:"随分亭栏亦弄妍,不妨闲傍酒垆边。夜檐静透花间月,昼户晴生竹外烟。事到悟来全偶尔,天教闲去岂徒然。壶中日月长多少,烂占风光十二年。"①前四句写景取象,中两句表述理学旨趣,最后两句述及日常生活。又如其《秋怀三十六首》之二十九:"红叶战西风,黄花笑寒日。天道有消长,人事无固必。静胜得遗味,梦去知余失。利害不相沿,是非然后出。"②包含物象、理、行三个要素。首二句为秋景之"红叶""黄花"之"象",次二句由天地之"理"而及人事之"理",后四句强调行"静"而超出"利害""是非"。大致来看,宋代前期的一些理学诗往往具有"象""理""行"这三个要素。如张载《芭蕉》诗,头两句是摹写芭蕉生长之景象面貌,后两句是实践主体因"观"此"物"而联想到人之应该取象于此,人之本心应该与道德紧相伴随,而通过后天所努力学习的"新知"亦应为修养心性道德所用,这样,学、德、知方能达到紧密结合。再如李复有《杂诗》二十二首,接近一半的诗篇以这一构型来写作。如《杂诗》之三:"霜叶下高枝,纷纷拥寒根。惊风度虚庭,槭槭愁飞翻。草木虽无知,养本亦足论。人生感元化,道贵穷性原。……神驰正气溃,白日鬼瞰门。"③前四句写物象,第五六句从物象之中体察出"养本"之"理",强调"务本"以"穷性原"的重要性。后半部分则

---

① 邵雍:《击壤集》,上海古籍出版社景印《文渊阁四库全书》本,第227页。
② 邵雍:《击壤集》,上海古籍出版社景印《文渊阁四库全书》本,第223页。
③ 傅璇琮等主编:《全宋诗》,第12404页。

列举了舍弃"务本"而带来的害处。再如其《曲江》因唐址莽荆而感慨世事变迁，得出"物极理必变"之"理"，《首夏端居》因木叶葳蕤而体察"寒暑迭往返，物生安有常"，因之而"理素琴""取酒尝"①，以顺天安命。同样，早期理学家以"观物"而写作的理学诗，如张载《贝母》、周敦颐《题门扉》等，其表达方式都表现出这一构型特征。

以"物象—理学性理—（践行）"构型而写作"观物"诗歌，为南宋初期的一些理学家所继承。如杨时《土屋》以土屋逼仄起兴，而以"慎勿慕华屋，浇漓非至德"②结束，基本表达方式遵循了"物象—性理"构型。其《隐几》《留别富宣德》《哀鸿》诸诗，皆是如此。再如陈瓘有诗《接花》，首先书写花卉之物象："色红可使紫，叶单可使千。花小可使大，子小可使繁。"继则因观"接花手"嫁接花枝而见艳花夺目，而表达其对于"智巧"的态度："用智固巧矣，天时可易欤"，最后，诗作因此事而"格"得其"理"，由此而提升到理学"性理"高度："不死有本性，必生亦时尔。汝之所变易，是亦时所为。时乎不可违，何物不随时。"③可见，陈瓘此诗基本表达方式亦遵循了"物象—性理—（践行）"构型。而陈瓘的《歙砚》《寄友人》等诗，从其诗作表达方式之构型而言，亦与此相似，均为以"物象—理学性理—（践行）"构型而写作的"观物"之诗作。考察可见，南宋初期的一些理学家如张九成、许景衡、潘良贵、胡安国、王蘋、刘子翚、许景衡等人的一些理学诗篇，凡是以"观物"方式而表达其理学之"理"，大多数皆以"物象—理学性理—（践行）"构型来作为诗歌的表达方式。

南宋中期以后，除了继续以"物象—理学性理—（践行）"构型来写作理学诗之外，一些理学家在诗歌里不再较为全面地提及"理"，而直接以"象—行"来作为诗歌的构型。如朱熹的一些诗歌，就缺少其间理学性理的体悟，往往直接写践行。如其诗《试院杂诗五首》之四："长廊一游步，爱此方塘净。急雨散遥空，圆文满幽境。阶空绿苔长，院僻寒飙劲。长啸不逢人，超摇得真性。"④诗篇大部分写景，最后两句却突然述及创作主体的行为，当然这一行为是为了寻得"真性"。不过，比较而言，大多数理学家在写作以"观物"而得的理学诗时，还是以"物象—理学性理—（践行）"构型为主要表达方式。如朱熹门人陈文蔚有诗《观物二首》之一，诗篇结构是，因观栽植之花而提及"尚愧窗前草"，诗篇其二结构是，因"墙东

①　傅璇琮等主编：《全宋诗》，第 12416 页。
②　傅璇琮等主编：《全宋诗》，第 12917 页。
③　傅璇琮等主编：《全宋诗》，第 12470 页。
④　傅璇琮等主编：《全宋诗》，第 27477 页。

一微物"而"从此识天地,生生无古今"①。此外,如杨简、包恢、魏了翁、丘葵等人的很多理学诗,只要是书写因"观物"而得的"性理",大都以"物象—理学性理—(践行)"构型为主要表达方式。这一类理学诗表达性理内容或主旨类型的诗歌构型,显然是理学实践主体以"观物"来实践其涵养体察、认知与体验来实现其对天体性体道体心体的把握,连带而及,这些理学诗也述及理学践履的存养功夫以及作者的践行体验等。考察可见,以这一类构型而写作理学诗的,往往这三者并不完全具备,但是,一般而言,这一类的诗歌会具备其中两个因素。

第二类:"诗境—性理"构型。本书第三章第一节已经对理学家的诗歌取法范型等问题有所探讨。研究结果表明,理学诗人往往受文人诗写作传统的影响。因此,在以诗歌形式来书写其理学思理和理学旨趣时,往往自觉不自觉地使用文人诗常用的表达方式,即以描述、抒写物象构建意境的方式来表达诗歌主旨。这一诗歌表达方式在理学家诗人的理学诗作品中多有表现。如周敦颐诗《题春晚》,诗篇渲染故园昏鸦、渔樵和谐共存之诗境,实践主体于此诗境中其心定止,于此诗境仔细品味,则万物一体而生意盎然,正是天地之"生生不息"的"仁德"所在。胡宏有《独坐》:"卜居幽胜衡山绕,五峰西望青冥杳。乍聚乍散看浮云,时去时来送飞鸟。卷舒自在都无情,饮啄天然类不扰。我生何似鸟与云,掉头心向人间了。"②诗篇撷取了衡山之幽胜如隐入青云之五峰、乍聚还散之浮云、时去时来的飞鸟等,而在诗末表达出"卷舒自在都无情""我生何似鸟与云"等内容或主旨类型。诗篇前半部分,自然之"物"构成了有机统一的"境",此"境"所蕴含的正是理学性理思想。再如刘安上有诗《便斋》:"芙蓉已过菊花残,独有松筠耐岁寒。一榻萧然无个事,独看红日上栏干。"③诗篇以深秋凋残之景物荷花、菊花等与傲寒之松竹组织成意境,最后两句则表达出平和闲适、不为外物所动的定止心境。比较而言,朱熹门人孙应时的一些诗篇,使用"诗境—性理"构型的表达方式,如其《晚望》:"倚杖柴门外,蝉声晚正清。水涵初月白,山对落霞明。心迹真无事,行藏付此生。邻翁过相语,有喜近西城。"④前四句,柴门、人、秋景等构成了形象可感的完整意境,五六句写心性定止安适,最后两句则述及世俗平常人情交往,以邻翁来访之"动"来调适过于清幽的诗境,颇有意味。孙应时另有《慈溪道中次

① 傅璇琮等主编:《全宋诗》,第31918页。
② 胡宏撰,吴仁华点校:《胡宏集》,第59页。
③ 傅璇琮等主编:《全宋诗》,第14948页。
④ 傅璇琮等主编:《全宋诗》,第31728页。

伯兄韵》："露洗三更月，秋澄万里天。潮生声荡潏，云渡影联翩。物妙本无尽，世分直可怜。悠然一杯酒，横策自鸣舷。"①亦是以"诗境—性理"构型来写作的理学诗。孙应时以这一表达方式所写作的诗篇，往往具备即景明理、境理融合的特征。

以"诗境—性理"构型而表达理学性理内容或主旨类型的诗歌，需要在诗篇中通过一定的连接手段来把"诗境"与"性理"有机地结合起来。就诗歌作品来看，一些理学家诗人对此进行了多方面的探讨。如张九成有诗《庭下草》："秋风吹碧草，久客情如何。乡关断过雁，青山高嵯峨。然而梦寐间，往往长经过。梦觉亦我耳，所得初无多。天地存胸中，要当常拂摩。肯为外物流，为赋白雪歌。"②诗篇前四句景物构成了诗境，诗末却述及作为天地间的实践主体——人，应该反观己心而不为外物所动。此诗前后原本是很难联到一起的，但本诗以梦境作为连接诗境与性理的手段，就很好地表达出诗歌的性理内容或主旨。又如吴芾有诗《和许守小阁》："倚山开户牖，每到眼增明。爽垲偏宜性，清虚更醒醒。地高朝纳日，江近夜闻声。默坐观身世，还应百念轻。"③诗篇描摹了许守小阁之地形，突出其开阔、静谧、敞亮的特点，这些特征恰恰与修道所要求的静坐观心是相符合的，因此，诗中之境与性理之存养等诗歌内容才能结合在一起，可见，诗篇中构成诗境的景物特征是沟通诗境与性理存养内容或主旨的连接线索。总体而言，理学家以"诗境—性理"构型而写作的诗篇，数量并不很多。但一些理学大家，如陈傅良、朱熹、陆九渊、家铉翁、陈普、陈淳等人，大都写有一些以"诗境—性理"构型的诗作。这说明，传统文人诗注重塑造、构建诗境来表达主旨的诗歌创作传统，对理学诗人的影响仍然是比较大的。

需要说明的是，以"诗境—性理"构型的表达方式来写作理学诗，是理学诗"物象—性理—（践行）"构型的更高层次。两者的区别是，以"物象—性理—（践行）"构型的表达方式而写作的理学诗，其物象比较简单，还构不成完整的诗歌意境。而以"诗境—性理"构型写作的理学诗，相对而言，诗歌的意境构建比较完整而有情致、有意味。

第三类："物象—义理"构型。一些理学实践主体因为"观物""格物"而述及实践性的认知与体验，只不过所得的认识不一定直接涉及理学的性理内容或主

---

① 傅璇琮等主编：《全宋诗》，第 31729 页。

② 傅璇琮等主编：《全宋诗》，第 20016 页。

③ 傅璇琮等主编：《全宋诗》，第 21884 页。

旨类型,但这一接近于客观事物运行发展的规律性的认知,仍然是理学家所重视的"理"亦即义理。需要强调的是,这一类理学诗,因为所表达的"义理"与理学或者儒学有关,而与文人诗单纯的表达客观规律的诗篇有了差异。典型的诗篇,如邹浩《感叹》:"一犬捕执将祭神,群犬随之号极声。恶伤其类乃如此,虽至苟贱亦有情。人于天地最为贵,诗书礼乐开聪明。推恩尚欲极万物,而况等列皆簪缨。奈何心忍所不忍,相残相贼争功名。因知微畜反可尚,使我感叹无由平。"①诗篇因捕犬而引起群犬悲呼这一"事件"起兴,作者"推己及人"而抨击同类相残的"簪缨"之辈。再如朱熹诗歌《寄山中旧知七首》之一:"结茅云壑外,石涧流清泉。涧底采菖蒲,颜色永芳鲜。超世慕肥遁,链形学飞仙。未谐物外期,已绝区中缘。"②诗篇述及旧友山中修炼之物境,但诗末却以劝解作结,表达出作者对旧友学仙的异议。

从上可见,"物象—义理"构型只不过是理学家对事物认知的外在表现。如黄榦有诗《寿山》:"石为文多招斧凿,寺因野烧转荧煌。世间荣辱不足较,日暮天寒山路长。"③诗篇取寿山之石、山中之寺因他物而招致毁坏,从中悟出"世间荣辱不足较"的义理,这种理学诗的表达方式,显然与"观物而求理"或者"格物致知"有紧密关系。再如杨简《咏春》:"日日看山不厌山,白云吞吐翠微间。静明光里无穷乐,只是令人下语难。"④前二句写山、白云、翠微,后二句写心性定止而成自适安乐,分明是德性和乐的外显形式。另如曹彦约《知县再次韵不作平侧体复次韵二首》之一:"步出山前坂,遥望徒惊心。下无百尺流,上无千岁林。至人有遗言,三叹金玉音。莫饮盗泉水,莫息恶木阴。"⑤诗篇所举物象颇为简略笼统,其目的在于引出圣人之言,所谓"莫饮盗泉""莫息恶木",无非是表达君子爱惜名分,洁身自爱之意。金朋说则有《碧岩吟》:"苍苍岩上树,夜气积而然。念彼人之学,盈科为有源。"⑥前二句写岩树苍碧因夜气蒸熏发育而得,后两句转写社会实践主体才学充盈的根源必在于善学。再如魏了翁《次韵黄侍郎海棠花下怯黄昏七绝》之四:"临川数落花,康节爱花谢。若作荣悴观,此特花之下。"⑦前二句写落花物

---

① 傅璇琮等主编:《全宋诗》,第 13963 页。
② 傅璇琮等主编:《全宋诗》,第 27476 页。
③ 傅璇琮等主编:《全宋诗》,第 31471 页。
④ 傅璇琮等主编:《全宋诗》,第 30083 页。
⑤ 傅璇琮等主编:《全宋诗》,第 32133 页。
⑥ 傅璇琮等主编:《全宋诗》,第 32197 页。
⑦ 傅璇琮等主编:《全宋诗》,第 34874 页。

象,后两句由此而体察生生不已之"理"。从宋代理学诗人的诗作来看,以"物象—义理"构型来写作理学诗,是比较多的。如陈淳、孙应时、程洵、陈宓、徐元杰、陈耆卿、周南等人,皆有类似表达方式的诗篇。总的看来,这一构型同"物象—性理"或者"意境—性理"构型所不同的是,"物象—义理"构型中的"义理"大多与传统儒家的一些思想相关,即使与理学性理的内容有联系,也是属于理学的表层思想。总体而言,以"物象—义理"作为构型来写作的理学诗,诗篇基本上都不太长,以律诗或者绝句为多。

这说明,不同的理学学派代表人物的理学思想,都与原始儒学有紧密关系,都是在不同方面继承、发挥了原始儒学的若干内容。另外,作为"载道"的诗歌作品而言,在很大程度上不能反映出理学不同学派的精微之处和根本性差异。大体而言,辨别彼此之间的理论异同、标示各自"求道"的践行工夫、揭橥各自理论精微高妙之处等,理学代表人物基本在其专门的理学著述及注释儒家传统典籍中去实现,而不是在诗歌作品中孜孜以求。

第四类:"明理—物象—(发挥)"构型。理学诗人还有一类诗歌构型尤其值得注意,这就是"明理—物象—(发挥)"构型。这种诗歌表达方式是,先点出理学之"理",这个"理"往往是性理、义理或者物之"理",再联系相关物象。至于诗篇结尾,有的回应开头之"理",或引申,或发挥,或重复强调;有的则纯为描摹物象或者叙述事件、交代人物等。如邹浩《路傍草》:"洪造初无私,物自生殊异。丛丛路傍草,枝叶一何悴。行人或陵践,牛羊肆残毁。纵能胜疾风,厥害还遭值。瞻彼山中兰,孤芳常茂遂。馨香动君子,采撷远而至。须知得失间,所托惟其地。呜呼儒衣冠,如何不尚志。"①首二句言理,强调天地无私而生万物,颇有"一理而分殊"之意。后六句言路旁草之遭遇。再四句言山中兰花之因其物性而被采撷。最后四句回应开头,强调儒者当效法山中兰花,善于自处而培育德性,以俟为"君子"所用。再如刘安上《西斋杂咏六首》之一:"物性不可夺,葵藿倾太阳。为臣兹取节,万古有余芳。"②首句言"物性",第二句以"葵藿倾太阳"来说明物性。前两句形成"明理—物象"构型。后两句强调为臣当效法葵藿而守其"节义"。再如陈傅良(1137—1203)《临桂尉杨渭夫以诗来因次其韵兼简同僚》:"万物各美恶,一室有面背。去来故无恒,欣厌惟所会。有能悟兹理,何必著幽邃。后圃并山麓,修竹积空翠。……于时吾岂敢,谓此天作对。新诗忽盛谈,俗状良内惭。子方及

① 傅璇琮等主编:《全宋诗》,第 13926 页。
② 傅璇琮等主编:《全宋诗》,第 14944 页。

归期,客复搅离思。尚当封殖之,去日如始至。"①前四句言理,中间部分描摹物象,最后部分拉杂谈论应酬交游等。以这种构型而写作理学诗,为很多理学诗人所效法。如彭龟年《送庐陵李宰养直之官兼呈刘寺簿四首》之一:"理财非凿空,简讼在谨始。林繁去冗根,卮漏无溢水。此理容可观,妙处要深体。岂惟宰一邑,天下亦如此。"②前四句言理,其中第三四句据茂林、卮漏物象强调克慎自讼之重要性,最后四句则据理推之以明"理"之用。再如,彭龟年《别周侍郎五首》之三、曾丰《游曾无愠园可赋者十余处其大莫如乐山次莫如沧洲画趣先课二古风·乐山》等所用的表达方式亦是"明理—物象—(发挥)"构型。此外,楼钥、周南、王柏、何基、真德秀、金履祥、许月卿等,都有以"明理—物象—(发挥)"构型来作为表达方式而写的诗篇多首。

第五类:"性理的诗形表达"构型。这种类型诗歌形式,以大致相同或者相近的句式来表述理学义理或者性理。以"性理的诗形表达"作为理学性理诗构型的诗歌,是非常多的。如邵雍《击壤集》中,有不少诗篇皆以诗歌来述写或表达理学思理与理学旨趣等,如其《首尾吟一百三十五首》《答人语名教》《名利吟》《成性吟》《至诚吟》《观物吟》等,只是以诗歌样式来书写其理学思想,而缺少诗情或诗趣。再如一些理学家经常以示子、示门人以及静坐、独坐等诗题来述及理学主旨。张九成有《示二儿》、胡宏有《示二子》等,可为代表。胡宏《示二子》(之二):"体道识泰否,涉世随悲欢。……心活乾坤似,机员身自安。"③诗篇所言乃是指示其子法天地之道而自安。再如周行己《示负书》:"平生万卷漫多闻,一悟中庸得本真。从此尽将覆酱瓿,只于心地起经纶。"④强调读儒家经典《中庸》而得"本真",认为于"心地"存养才是真知,有排斥读书以致知的态度。张绎《书座右》则有句:"凡语必忠信,凡行必笃敬。饮食必慎节,字画必楷正。容貌必端庄,衣冠必肃正。步履必安详,居处必正静。……见善如己出,见恶如己病。凡此十四者,我皆未深省。"⑤内容基本上是儒家对于修身、齐家、待物等方面的要求,只不过以诗作方式呈现出来。再如彭龟年有诗《胡文广以直养名堂……再以是讯焉》:"以物养物,如水沃木。推彼有余,益此不足。……气言其形,直言其理。与

---

① 傅璇琮等主编:《全宋诗》,第 29238 页。

② 傅璇琮等主编:《全宋诗》,第 30133 页。

③ 胡宏撰,吴仁华点校:《胡宏集》,第 68 页。

④ 傅璇琮等主编:《全宋诗》,第 14378 页。

⑤ 傅璇琮等主编:《全宋诗》,第 14989 页。

生俱生,无彼无此。……谓直养气,其差则同。疑其不然,愿启我蒙。"①诗篇内容大致是对孟子"养气"说的阐释和发挥。而程端蒙《省过》亦强调:"此道从来信不疑,安行何处履危机。无心更与世俯仰,有口不谈人是非。悔吝愆尤须谨细,存亡得失要知几。"②同样是以诗歌的形式来书写其对理学之"道"的理解和体认。

这种情形发展到了南宋,逐渐成为理学家诗歌创作的流行风气。一些理学家,既无诗才又无诗歌创作的基本训练,却喜欢以诗歌的形式抒写理学诗的性理内容或主旨,以至于产生了"以经、子被之声诗"的情况。如张九成有以《论语》《孟子》为题的绝句若干首,其实就是有韵的讲义而已。这种情况到宋末发展到极端,如陈普《石堂先生遗集》把经学讲义直接写成诗歌,集中约有一半为讲义、经说等,诗赋亦多以经书为题材。南宋众多理学诗人学习邵雍等人的"浅俗"诗风,逐渐发展为"浅俗体"这一诗体类型。

三　正确认识理学诗类型化主旨与其程式化表达的属性特征

理学文化思潮通过影响创作主体,而影响到诗歌审美范畴、诗歌主旨、表现方式及诗歌境界。由于创作主体与实践主体的同一性身份,诗歌创作与理学文化就具有了话语的共享性、思理的共通性,尤其是两者都以审美体验与理性认知而内在地体贴"境界"而达致天人合一的贯通,从而,诗性品格亦具有了理学文化的实践品格,诗歌的意境、境界与理学实践主体的"体贴""观物"等具有了一致性。理学家"以物观物"的思维方式,必然就与宋代诗人标称的"以诗求道"的文化语境发生内在的关联,而这两者所发生的审美机制与心理体验,又都会统合于以"乐意"自适或者以追求"圣贤气象"等为标的的审美追求。理学命题、理学范畴往往成为诗歌创作的题材、内容或者主题。理学实践主体的道德追求和实践目的,往往也就体现出诗歌书写或创作主体的诗境构建方式和诗歌风格追求。

因为理学文化思潮的巨大影响,诗人的诗歌观念、诗歌创作实践与理学存养、理学追求都因实践主体与创作主体的身份一致性而得到贯通。理学家的思维方式、存养方式,如"观物"、体贴"气象"等都成为诗歌创作的重要表达方式,相关理学境界和实践方式也成为诗歌内容所表现或者表达出的审美境界和表达方式。可以说,不管是"观天地生意"也好,还是"观孔颜乐处"等主旨也好,理学诗

---

① 傅璇琮等主编:《全宋诗》,第 30133 页。
② 傅璇琮等主编:《全宋诗》,第 30359 页。

的诗歌内容或主旨,受到了理学特有的识察、涵养等方式以及理学性理追寻目的的重大影响。这些存养的方式和性理追求目的,先验性地要求实践主体具有清净的、诚敬的心境,以便于通过体验的、审美的方式来超越性地把握和认知各种事物。正因如此,理学诗的表现方式受到了理学这一体认和把握方式的重大影响,而表现出程式化的特性。

可见,理学文化思潮对诗歌品格的影响是全面的,也是重大的。宋诗品格的形成路径,在很大程度上受到了理学文化思潮的巨大影响,这一影响在南宋诗歌品格的生成与发育方面表现得更为明显。由此,宋代理学家的诗歌,就因其独特的诗境构建方式、聚焦于哲思意趣的诗歌主旨与具有自身特点的诗格追求特征,成为中国古典诗歌的一道亮丽风景。尽管如此,亦应了解,两宋时期除了一些理学家明确强调向苏黄等学习诗法之外,一些理学家的诗歌也表现出诗歌的传统。如朱熹的一些诗篇往往带有很浓的文人诗的气息。如其诗《安溪书事》:"清溪流不极,夕雾起岚阴。虚邑带寒水,悲风号远林。涵山日欲晦,窥阁景方沉。极目无遗眺,空令愁寸心。"①极有魏晋时期阮籍诗歌的味道。总之,在承认理学范畴对理学诗的内容、主旨及表达方式具有直接的、决定性的作用的同时,也要注意到理学家的诗歌除了重视道统之外,还有诗统的重大影响。不过,就理学诗的性理内容或主旨而言,包括"观物"在内的理学范畴具有直接的、决定性的影响,是毋庸置疑的。

第三节　宋代理学"格物致知"话语与理学诗的表达方式

"格物致知"是自二程开始直至宋末理学主流学派"求道"的核心途径与方法。宋代理学家对于"格物致知"义理的探讨,贯穿了宋代理学的发展过程。二程及其门人,张栻、朱熹、陆九渊,以及他们的门生及其后学对"格物致知"范畴的阐释,有承继有变化有革新,可谓各有面貌而精彩纷呈。"格物致知"由之而兼具了价值论、认识论和实践论的属性。特别是,宋代理学家在对"格物致知"进行阐释时,往往把原始儒学、理学其他核心范畴或命题与之建立联系,客观上提升了"格物致知"范畴的地位,使之成为儒学及理学"义理之网"的枢纽和纲领,由此,"格物致知"范畴获得了其"兼综"的理论品格。可以说,"格物致知"之于理学史的地位及其复杂性,是前此诸如"观物""体贴"等"求道"的途径、方法所不能比

---

① 傅璇琮等主编:《全宋诗》,第 27484 页。

的。由此而言,对"格物致知"与理学诗的表达方式之关系进行探讨,就具有重要的意义。①

一　"格物致知"的历史文化渊源与前理学时代之"格物""致知"

"格物致知",首见于《大学》,包括"格物"与"致知"。《大学》以"格物""致知"为其"八目"之二,是实现其"三纲"的具体途径或方法,位列"正心""诚意"之后。"格物"之"格",可能源于早期先民的祭祀活动。"格"指因祭祀所献牺牲,故天帝、先祖等"至"或"来"以福佑献祭之人。《尔雅·释诂》释云:"格,至也。"②《尔雅·释言》亦云:"格、怀,来也。"③《书·说命下》亦有句:"佑我烈祖,格于皇天。"④意谓伊尹辅佐商王武丁的先祖成汤,受到天帝嘉许。这一用法,后世文献仍可见之。如南朝梁裴子野《宋略乐志叙》即云:"先王作乐崇德,以格神人。"⑤作乐之目的乃在于"来神",此正可见"格"之古义。而"致知"之"致",其早期义为"至"。《玉篇》:"致,至也。"《庄子·外物》:"天地非不广且大也,人之所用容足耳,然则厕足而垫之致黄泉,人尚有用乎?"陆德明释义:"致,至也。本亦作至。"⑥显见其"致"为"至""来"等义。

先民因祭祀牺牲之"物"而"格"得天帝、先祖等"至""来"以庇佑献祭之人,故"格物"累积而生成为先民的集体无意识认知或思维方式。对此,早期典籍多有记载。如《周易·坤》初六:"履霜,坚冰至。"⑦先民因秋霜始降,而认识到季冬就要来临。而《关雎》以"关雎"起兴而言男女之情,孔颖达《正义》疏:"毛以为关关然声音和美者,是雎鸠也。……以兴情至性行和谐者,是后妃也。"⑧诗人因雎鸠和悦之声,而认识到"和悦"之于两性感情的重要性,已属可贵。由此而言,早期

---

① 本节部分内容又见于拙著《宋元理学基本范畴及其诗学实践研究》(南京大学出版社,2020年)第175—203页。后经过重大补充和扩展后,又以《宋代理学"格物致知"意蕴的历史生成及其流变》为题发表于《国际儒学》(中英文)2023年第1期。为了研究体例的完整性和研究内容的丰富性,本著收入这一部分内容,删除了元代相关内容而又有所补充或完善。

② 李学勤主编:《尔雅注疏》,《十三经注疏》(标点本),北京大学出版社,1999年,第11页。

③ 李学勤主编:《尔雅注疏》,《十三经注疏》(标点本),第57页。

④ 李学勤主编:《尚书正义》,《十三经注疏》(标点本),第254页。

⑤ 汉语大字典编辑委员会编纂:《汉语大字典》,湖北辞书出版社、四川辞书出版社,1992年,第506页。

⑥ 转引自汉语大字典编辑委员会编纂:《汉语大字典》,第1174页。

⑦ 李镜池著,曹础基整理:《周易通义》,中华书局,1981年,第6页。

⑧ 李学勤主编:《毛诗正义》,《十三经注疏》(标点本),第23页。

先民不自觉使用"格物"而"致知"的认知或思维方式,其"知"较之原始儒家所言之"道"或"德"等要广泛得多,大约等同于自然、万物、人之属性或特征。《大学》自"正心""诚意"而"格物""致知",亦可认为是这一认知或思维方式的语言表征之一。当然,《大学》因"正心"而"格"得其"知",由心性而明其"德"等,亦与战国至汉代诸儒探寻"性""命"等文化思潮紧密相关。李学勤先生推定同属子思学派的郭店楚简《性自命出》①,以及王充《论衡·本性》所列周人世硕、孟子、告子、荀子、陆贾、董仲舒之言性,均可见其时儒者的"格物"而"致知"的认知或思维方式。

《大学》作者从"物有本末"谈起,把"格物"视作实现"正心"而"诚意"直至实现"明明德"的"大学之道"的目次和途径之一。"八目"之各"目",虽然在实践层次上具有递进性或层次性,但从其关系而言,"格物"与"致知"是作为"八目"之层次而存在的,故其在逻辑上是平等的,在关系上是递进的。唐孔颖达即云:"此《大学》之篇,论学成之事,能治其国,章明其德于天下,却本明德所由,先从诚意为始。"②而《大学》原文已经指出:"欲诚其意者,先致其知。致知在格物。"③《大学》"格物"之目的是"致知",而"致知"之目的乃是"诚意",只有"意诚"才能"正心修身",以至于"明明德"于天下。显然,在原始儒家代表性人物所设计的"大学之道"进阶层次中,"格物"与"致知"距离"亲民""明德"和"止于至善"之"道"尚远。一言以蔽之,原始儒学的"格物"与"致知"只是"求道"的初步环节或层次而已。不过,原始儒家以"格物"为"三纲八目"之"明德"或"求道"之基础,而以"知"为"德"或"道",虽属窄化了先民"格物"而"致知"之认知或思维的应用范围,但亦表征出自觉的理论建构意识。

现存文献中,最早对《大学》"格物"作解释的是东汉时期的郑玄。他把"致知在格物"释为:"格,来也。物,犹事也。其知于善深则来善物,其知于恶深则来恶物,言事缘人所好来也。此'致'或为'至'。"④郑玄以"事"为"物",而以"格"为"来",又认为"致"或为"至",皆本其古义。除郑玄外,汉人对"格物""致知"没有给予额外注意。魏晋时期,人们已不明《大学》之"格"的古义。曹魏时期的和洽在论"尚俭节"时说:"俭素过中,自以处身则可,以此节格物,所失或多。"⑤"格"为

---

① 李学勤:《周易溯源》,巴蜀书社,2006年,第1页。

② 李学勤主编:《礼记正义》,《十三经注疏》(标点本),第1592页。

③ 李学勤主编:《礼记正义》,《十三经注疏》(标点本),第1592页。

④ 李学勤主编:《礼记正义》,《十三经注疏》(标点本),第1592页。

⑤ 陈寿撰,裴松之注:《三国志》,中华书局,1977年,第655页。

"拒止""捍御"等义。《晋书·陆玩传》亦载："(陆玩)加性通雅,不以名位格物。"①清人严可均辑《全晋文》卷五十亦有:"邴原性刚直,清议以格物。"②上述两文之"格物"均为"拒止外物"义。而从汉、魏、晋文献来看,人们对于"格物"之"物"的理解没有显著变化,这里的"物",为独立于实践主体的外在之事或者物,包括自然之物、社会活动之事,以及个人名声、社会地位之"物"等。为后世理学家所重视的实践主体内向之"物",如心、性、情、欲等尚未被纳入"物"的范围。自汉、魏、晋以至于南北朝,在现存文献中并没有出现使用"致知"的痕迹。这说明,此际人们对于《大学》"致知"话语并没有给予重视。

入唐后,孔颖达把"欲诚其意者,先致其知"释为:"言欲精诚其己意,先须招致其所知之事,言初始必须学习,然后乃能有所知晓其成败。"③孔颖达以"为学"为"格致"之"工夫"。其疏释"致知在格物"则强调:"言若能学习招致所知。格,来也。已有所知,则能在于来物。若知善深则来善物,知恶深则来恶物。言善事随人行善而来应之,恶事随人行恶亦来应之。言善恶之来缘人所好也。"④以知"善恶"为"致知"之目的。其疏释"物格而后知至"为:"物既来,则知其善恶所至。善事来,则知其至于善;若恶事来,则知其至于恶。既能知至,则行善不行恶也。"⑤其"致知"乃是"明善恶"。可见,孔颖达之"格物"与"致知"思想虽承自郑玄注,但在义理层面有所发展,这就为后世学者以"致知"乃为"明善"奠定了理论基础。稍后,中唐李翱在其《复性中》提出了对"致知在格物"的认识:"物者,万物也。格者,来也,至也。物至之时,其心昭昭然明辨焉,而不应于物者,是致知也,是知之至也。"⑥李翱虽仍释"物"为"万物",释"格"为"来也,至也",此仍承继于郑玄,但他以"物来明辨之"为"格物",而以"心"之不为"物"所动为"致知",这就把"格物"与"致知"同孟子强调的"尽心复性"相结合,为理学诸贤探讨"格物"与"致知"或"格物致知"兼备"心""性"之体用等理论发展路径,奠定了基石。由此,"格物"与"致知"始从逻辑学意义上的"八目"之二"目"的地位,具有了兼备、共有其他"目"次属性的可能性。

北宋中期理学登上文化舞台之前或其同时,学者对于"格物"与"致知"的探

---

① 房玄龄等撰:《晋书》卷七十七,中华书局,1977 年,第 2026 页。
② 严可均辑:《全上古三代秦汉三国六朝文》,中华书局,1958 年,第 1744 页。
③ 李学勤主编:《礼记正义》,《十三经注疏》(标点本),第 1595 页。
④ 李学勤主编:《礼记正义》,《十三经注疏》(标点本),第 1595 页。
⑤ 李学勤主编:《礼记正义》,《十三经注疏》(标点本),第 1595 页。
⑥ 李翱:《李文公集》卷二,台湾商务印书馆景印《文渊阁四库全书》本,第 109 页。

讨,较之唐代有所变化。如胡瑷门人徐中行,"其为教,必自洒扫、应对、格物、致知,达于治国、平天下,俾不失其性、不越其序而已"①。徐氏坚守"格物"与"致知"作为《大学》"八目"的进阶次序,并不以"格物"与"致知"具备兼有其他"目"的特性。司马光在元丰六年所作之《格物在致知论》中表述其"格物"观点:"格,犹扞也,御也。能扞御外物,然后能知至道矣。郑氏以'格'为'来',或者犹未尽古人之意乎。"②司马光以"扞""御"为"格",显受魏晋人影响。他又分"心性"与"物"为两事,这就遮蔽了"心"在"格物"过程中应保有之"诚""明""定"等体或用。显而易见,司马光的"格物"观点较之唐代李翱,趋于保守。他批评郑玄注"未尽古人之意",可算是颠倒了历史事实。故而,司马光"格物"观念受到后世不少理学家的批评。彼时范祖禹亦强调:"圣人先得于诚而后有明者也,贤人先得于明而后至诚者也。……夫所谓知者何也? 致其知也。……知然后好恶形焉,有知而后有好恶也。……此君子小人之所以分也。夫明者,有善未尝不知焉,有不善未尝不知焉,……昭昭乎知所以为善,所以为不善,此所谓明也,此所谓致知也,是知之至也。"③范氏以"诚""明""知"为圣人、贤人、君子之境界之分野,这就突出了"格物"与"致知"之地位。稍后,苏轼亦言及"格物":"夫欲兴德行,在于君人者修身以格物,审好恶以表俗。……若欲设科立名以取之,则是教天下相率而为伪也。"④苏轼以"审好恶"承接"格物"而言,显然是对"格物"的理解。他以"审"释"格",而以"好""恶"来分"物"之情,其观点与郑玄、孔颖达、李翱、欧阳修等均有显著差异。他把"物"虚化为"事",以之引出主体情志因摇荡而生出的"情",此论在宋人中可算是异类。

总结而言,自汉代直至北宋中期理学家登上文化舞台之前或其同时,学者对于"格物""致知"意蕴的阐释,大致以郑玄注为准。彼时学者虽对"格物""致知"有所"发明",但其阐释视角大多仍基于《大学》义理。与之前有显著不同,北宋理学家登上文化舞台之后,把"格物""致知"或"格物致知"与儒学及理学诸话语相联系,这在很大程度上拓展了其意蕴和功用,提升了"格物""致知"或"格物致知"在宋明理学理论体系中的地位。

---

① 黄宗羲原著,全祖望补修,陈金生、梁运华点校:《宋元学案》,第47页。

② 曾枣庄、刘琳主编:《全宋文》,第56册,第155页。

③ 黄宗羲原著,全祖望补修,陈金生、梁运华点校:《宋元学案》,第540页。

④ 苏轼撰,孔凡礼点校:《苏轼文集》卷二十五,中华书局,1986年,第724页。

二 早期理学家之"格物"与"致知"思想及其阐释重心

理学早期代表人物邵雍、张载没有直接论及"格物"与"致知",但其说与二程之"格物""致知"思想相近。邵雍提出:"以道观道,以性观性,以心观心,以身观身,以物观物,则虽欲相伤,其可得乎!"①他强调实践主体在认识、体验事物时,应做到物我不分、虚空其心。其说与程颐所强调的"格物"应"反身而诚""定止其心",进而"穷理""明善"等"工夫"路径相近。张载则云:"万物皆有理,若不知穷理,如梦过一生。"②其"穷理"已关涉"格物"与"致知"。他又认为:"穷理亦当有渐,……尽人之性,尽物之性。"③张载之"穷理",与二程之由"观物"而"明理"所标识的"格物"与"致知"认识路径是一致的。可见,邵雍、张载之相关主张与二程之"格物""致知"思想已经相当接近。从其"工夫"而言,邵雍之"观物"与张载之"穷理",可以视为具备"格物"之功用。

程颢、程颐对于"格物"与"致知"的论述,内容丰富而影响深远。"格物"以"穷理","致知"为"明理""明德",是二程"格物"与"致知"思想的重心所在。二程之"格物"与"致知"思想虽有一定差异,但更多的是具有一致性。程颢认为,"识仁"居于"下工夫"之先。明人刘宗周已经认识到:"程子首言识仁,不是教人悬空参悟,正就学者随事精察力行之中,先与识个大头脑所在,便好容易下工夫也。"④他点明程颢强调先有"识"以立定主见而"下工夫"。清人黄宗羲对此有更为显豁的阐述:"明道之学,以识仁为主,浑然太和元气之流行,其披拂于人也,亦无所不入,庶乎'所过者化'矣! ……说'诚敬存之'便说'不须防检,不须穷索',说'执事须敬'便说'不可矜持太过',惟恐稍有留滞,则与天不相似。"⑤黄氏指明程颢强调保持诚敬之心而识仁,可谓见识精卓。二程之"格物"与"致知",相同之处颇多。二程均认为,"格物"即为"穷理"。程颢讲:"'致知在格物',格者,至也。穷理而至于物,则物理尽。"⑥而程颐亦云:"格犹穷也;物犹理也。犹曰穷其理而已也。穷其理,然后足以致之,不穷则不能致也。格物者适道之始,欲思格物,则固已近

① 邵雍著,郭彧整理:《邵雍集》,第180页。
② 张载著,章锡琛点校:《张载集》,第321页。
③ 张载著,章锡琛点校:《张载集》,第235页。
④ 黄宗羲原著,全祖望补修,陈金生、梁运华点校:《宋元学案》,第541页。
⑤ 黄宗羲原著,全祖望补修,陈金生、梁运华点校:《宋元学案》,第542页。
⑥ 黄宗羲原著,全祖望补修,陈金生、梁运华点校:《宋元学案》,第559页。

道矣。是何也？以收其心而不放也。"①程颐进而指明,"穷理"之"理"为"我固有之"理:"致知在格物,非由外铄我也,我固有之也。因物而迁,迷而不悟,则天理灭矣,故圣人欲格之。"②故"格物"乃为"格"得"天理"。

比较而言,程颢少言"致知",而程颐则对之有深入阐述。程颐认为:"闻见之知非德性之知,物交物则知之,非内也,今之所谓'博物多能'者是也。德性之知,不假见闻。"③可见,程颐之"格物"所明之"理"即是"致知",指向的是实践主体固有之"心性""仁""五典""三纲"等道德理性、伦理理性等先验性的"理"。程颐又言:"随事观理,而天下之理得矣。天下之理得,然后可以至于圣人。君子之学,将以反躬而已矣。反躬在致知,致知在格物。"④他以"随时观理"为"学"以"至于圣人"之路径,而以"反躬"为"格物"与"致知"的方法,这就沟通了作为修养论的"克己"与作为认识方法论的"格物"和"致知"之关系。至于"格物"与"致知"之"物",二程亦有多处论及。如:"凡遇事皆物也。"⑤"物不必谓事然后谓之物也,自一身之中,至万物之理,但理会得多,相次自然豁然有觉处。"⑥这样,二程"格物"与"致知"之"物",就指向了实践主体探究、推知的一切对象,举凡自然界、道德界与社会界的一切供实践主体认知之对象,均是"物"。显而易见,较之前人,二程所"格"之"物"的范围或种类均得到了较大拓展。

二程亦对"格物"与"致知"的实施条件、目的、作用、方法和层次等有所论述。程颢主张:"正己以格物。"⑦又强调:"'致知在格物'……然致知在所养,养知莫过于'寡欲'二字。"⑧程颐则讲:"入道莫如敬,未有能致知而不在敬者。"⑨通观此三条文献可知,程颢、程颐以"正己""寡欲""敬"等为"格物"与"致知"之条件或者前提。对此,明人刘宗周认为:"(程颢)《易》言敬义,此却代以致知,皆是不孤之学。此程门口诀。"⑩这里的"不孤",强调的是程颢所主张的"敬"与"格物"及"致知"具有伴生性特征,程颢言"格物"与"致知"必兼"敬"。而程颐则认为,"格物"与"致

---

① 程颢、程颐著,王孝鱼点校:《二程集》,第 316 页。
② 黄宗羲原著,全祖望补修,陈金生、梁运华点校:《宋元学案》,第 605 页。
③ 黄宗羲原著,全祖望补修,陈金生、梁运华点校:《宋元学案》,第 601 页。
④ 程颢、程颐著,王孝鱼点校:《二程集》乃,第 316 页。
⑤ 程颢、程颐著,王孝鱼点校:《二程集》,第 372 页。
⑥ 程颢、程颐著,王孝鱼点校:《二程集》,第 181 页。
⑦ 黄宗羲原著,全祖望补修,陈金生、梁运华点校:《宋元学案》,第 576 页。
⑧ 程颢、程颐著,王孝鱼点校:《二程集》,第 365 页。
⑨ 黄宗羲原著,全祖望补修,陈金生、梁运华点校:《宋元学案》,第 601 页。
⑩ 黄宗羲原著,全祖望补修,陈金生、梁运华点校:《宋元学案》,第 601 页。

知"之目的在于"明善",而"明善在乎格物穷理"①。如此一来,二程之"致知",其重心就指向了道德伦理之"善",而非客观事物之本体、规律等外在的客观之"理"。二程亦对"格物"之方法、层次等有所探讨。程颐强调:"今人欲致知,须要格物。物不必谓事物然后谓之物也,自一身之中,至万物之理,但理会得多,相次自然豁然有觉处。"②程颐强调事事物物"理会得多",自然能够豁然觉悟。他又讲:"穷理亦多端,或读书讲明义理,或论古今人物,别其是非,或应接事物而处其当然,皆穷理也。"③在程颐看来,读书、论古今人物、应接事物等,皆为"格物",实际上这已经包含从读书到社会生活实践的方方面面,亦即强调实践主体在其"日常日用"中"格物"。不过,作为实践主体的认知与实践活动,"格物"不免会受到主体情感、志气等影响,为此,程颐又强调"意诚""心正":"致知在格物,物来则知起。物各付物,不役其知,则意诚。不动意,诚自定,则心正。始学之事也。"④程颐之"意诚""心正",其目的无非是保证实践主体在"格物"之际的客观性和准确性。必须指出,程颐对于"格物"与"致知"的性质的认识是有矛盾的。一方面,二程认为,"格物"与"致知"包含有认知与实践的内容,强调从"读书""论古今人物""应接事物"等途径、方法来"穷理";另一方面,他们又特别强调:"格,至也,物者,凡遇事皆物也,欲以穷至物理也。穷至物理无他,唯思而已矣。"⑤又把"格物"视作认识论范畴。

二程门人杨时、谢良佐、尹焞、游酢、吕大临等人,继承二程之"格物"与"致知"思想,又有所发展。谢良佐、杨时对于"格物致知"话语的论述,成为朱熹"格物致知"思想的重要来源。而杨时、侯仲良缩合二程之"格物"与"致知"而成"格物致知",是其话语的最早出处。杨时继承了程颐的"明善在乎格物穷理"⑥思想,又吸收了孟子的"反身而诚"思想,提出"反身而诚,则举天下之物在我",故"凡形色具于吾身者,无非物也,而各有则焉。……由是而通天下之志,类万物之情,参天地之化,其则不达矣"⑦。经此转换,"格物穷理"因可反求己身,而能类情参化。这一看法,是与程颢的"识仁"居于"下功夫之先"有显著差异的,亦与程颐之"格"

---

① 黄宗羲原著,全祖望补修,陈金生、梁运华点校:《宋元学案》,第607页。
② 黄宗羲原著,全祖望补修,陈金生、梁运华点校:《宋元学案》,第605页。
③ 黄宗羲原著,全祖望补修,陈金生、梁运华点校:《宋元学案》,第606页。
④ 黄宗羲原著,全祖望补修,陈金生、梁运华点校:《宋元学案》,第635页。
⑤ 程颢、程颐著,王孝鱼点校:《二程集》,第372页。
⑥ 黄宗羲原著,全祖望补修,陈金生、梁运华点校:《宋元学案》,第606页。
⑦ 黄宗羲原著,全祖望补修,陈金生、梁运华点校:《宋元学案》,第994页。

得"我固有"之"理"有所不同。比较而言,程颐强调"格物"要保持"意诚""心正",但并没有明确强调"吾身"之"形色"。杨时又把二程之"穷理"向前推进了一步,从"万物一理""理一分殊"的角度来发掘其意蕴:"夫精义入神,乃所以致用;利用安身,乃所以崇德。此合内外之道也。天下之物,理一而分殊。知其理一,所以为仁;知其分殊,所以为义。"①杨时之"格物"以"穷理"或"明理",就潜在具有了"格"得"事理""物理"等可能。而其"格物"在于"格"得"万物一理"或"理一万殊"思想,受到张栻、朱熹、吕祖谦、陆九渊、叶适等人的高度重视,并为朱熹所发挥,以之为建构其理学思想体系的重点话语。此外,杨时又提出了"格物"在"诚"而"致知"在"至其处"的观点:"致知必先于格物,物格而后知至,知至斯知止矣,此其序也。盖格物所以致知,格物而至于物格,则知之者至矣。所谓止者,乃其至处也。自修身推而至于平天下,莫不有道焉,而皆以诚意为主。……盖天下国家之大,未有不诚而能动者也。然而非格物致知,乌足以知其道哉!《大学》所论诚意、正心、修身、治天下国家之道,其原乃在乎物格,推之而已。"②杨时指明"致知"在"止其处",而"止其处"是以"诚意"为主。二程之"格物"乃为"穷"实践主体"固有"之"理",其"理"为"天理""德性之知"与"物理"。而杨时之"格物"在于"反求"吾身之"形色",明"理一而分殊",而以"诚意"为主,可谓继承二程观点而又有新的发展。比较而言,杨时之"格物致知"较之二程更为显豁和具可操作性。

谢良佐则继承了二程以"天理"释"格物"的理路,而以孟子之"四端"来说明"格物"之涵义:"所谓有知识,须是穷物理。……所谓格物穷理,须认得天理,始得。所谓天理者,自然底道理,无毫发杜撰。……天理与人欲相对,……人欲才肆,天理灭矣。任私用意,杜撰做事,所谓人欲肆矣。……所谓天者,理而已。……天命有德,便五服五章,天讨有罪,便五刑五用,浑不是杜撰做作来。"③如果说,二程以"穷理"训释"格物"有认识论的成分的话,那么,谢良佐径以与"人欲"相对的"天理"来作为"格物"之目的,且与孟子所言为"仁"之"四端"及"自然底道理"相联系,这就把"二程"关于"格物"兼摄"见闻之知"与"德性之知"的特性完全揭示出来。不仅如此,谢良佐又把"格物"与"穷天理""无我"建立了关联:"学者且须是穷理。物物皆有理。穷理则能知人之所为,知天之所为,则与天为一。与天为一,无往而非理也。……穷理之至,自然不勉而中,不思而得,从容中道。"④由此,

---

① 黄宗羲原著,全祖望补修,陈金生、梁运华点校:《宋元学案》,第 953 页。
② 黄宗羲原著,全祖望补修,陈金生、梁运华点校:《宋元学案》,第 953 页。
③ 黄宗羲原著,全祖望补修,陈金生、梁运华点校:《宋元学案》,第 918 页。
④ 黄宗羲原著,全祖望补修,陈金生、梁运华点校:《宋元学案》,第 922 页。

理学之"格物",因与"知天""无我""理便是我"等建立起联系,从而也就实现了天人合一、物我一体,以至于"致中和"的德性完足境界。这就为"格物"与"致知"兼备德性之知、见闻之知的合方法与目的的属性特征,提供了实现可能。从理学发展史来看,"格物"与"致知"的这一和合属性虽然在二程的相关讨论中已见端倪,但要论及立论实在且高妙,还是应算谢良佐的功劳。谢良佐虽然没有使用"格物致知"话语,但其论"格物"与"致知"有其新义,其观点为之后的程朱学者所普遍重视。

杨时、谢良佐之外,二程的其他门人高弟,亦对其"格物"与"致知"思想有所发扬。如许景衡《论学诗》云:"惟古善教,有伦有要。其学维何? 致知格物。反身而诚,物我为一。"①许氏以"格物致知"为"学"之本,而以实现"反身而诚,物我为一"之目的,把《大学》同孟子思想相绾合,见解高明通达。而彼时尹焞则专以"敬"字做工夫,而对"格物致知"有所忽略,为后来的朱熹、黄宗羲等人所不满②。此外,二程门人侯仲良的观点亦为后世理学家所重视:"博我以文,致知格物也。约我以礼,克己复礼也。"③侯氏以"博学以文"为"格物致知",则"格物"之对象窄化为"文",也就是"物理"。这可能对叶适学派学者如陈傅良、叶适、戴栩、陈耆卿等,以及宋末陈著、黄震、王应麟、金履祥等人重事功、重史学、重考据词章等治学理路有一定影响。二程及其门人对于"格物致知"的多方阐释,为其后理学家的理论探索,以及程朱学派的最终确立提供了坚实的理论基础。

需要提及的是,胡安国、胡宏、张栻、彭龟年等湖湘学派之理学一脉,继承了二程之"格物"与"致知"思想,并部分地吸取了杨时、谢良佐等人的"格物致知"或"格物"与"致知"的观点,而又有新发展。胡安国强调:"心者,身之本也。……故欲正其心者,必本于诚意致知,而人主所以不可不学也。……盖勘定祸乱,虽急于戎旅之务,而裁决戎务,必本于方寸之间,不学以致知,则方寸乱矣,何以成霸王之业乎?"④胡安国继承了二程把"致知"与"正心"相联系的做法,又把"正心"与"戡定祸乱"等"外王"事业相结合,这就与二程所推崇的"致知"在于"明善"有明显差异。二程之"致知"是以心性定止为实践"格物"与"致知"的条件,而胡安国则把"正心"作为"致知"的目的,认为如此则可求"外王"事业。与胡安国"格物"与"致知"思想有所不同,胡宏以"致知"为"大学之方",认为"致知"为"修身"之关

① 黄宗羲原著,全祖望补修,陈金生、梁运华点校:《宋元学案》,第 1136 页。
② 参见黄宗羲原著,全祖望补修,陈金生、梁运华点校:《宋元学案》,第 1006 页。
③ 朱熹撰:《四书章句集注》,《新编诸子集成》本,第 111 页。
④ 曾枣庄等主编:《全宋文》,第 146 册,第 126 页。

键:"致知在格物。物不格则知不至。知不至则意不诚。意不诚则心不正。心不正而身修者,未之有也。是故学为君子者,莫大于致知。"①胡宏继承了二程观点而提升了"致知"在"修身"中的地位,但却没有如二程一样,以"格物"与"致知"居于"修身"与"治国""平天下"之"枢纽",说明其对于"格物"与"致知"的价值、功用的认识,较之二程有所降低。

三 "乾淳诸老"及其后学对"格物致知"意蕴的多向拓展

南宋孝宗乾道元年(1165)至淳熙末年(1189),"时儒生迭兴,辞章雅正,号乾淳体"②,理学代表人物张栻、朱熹、陆九渊、吕祖谦等因此被南宋晚期人视为"乾淳诸老"理学代表人物。他们在承继前人观点基础上,对"格物致知"话语展开了深入的探讨,取得了巨大的成就。张栻、朱熹继承、发挥了二程的"格物""致知"思想,并对杨时、谢良佐、胡宏等人的相关观点有所批判、吸收,最终形成了其影响极为深远的"格物致知"论。而陆九渊、吕祖谦以及稍后的叶适等人,则与朱学相反相成,互相激扬,共同表征为宋代理学的巍峨高峰。

与胡宏有所不同,胡宏门人张栻使用了"格物致知"这一话语,他强调以践行"工夫"来把"格物致知"落到实处:"格,至也;格物者,至极其理也。此正学者下工夫处。……虽然,格物有道,其惟敬乎! 是以古人之教,有小学,有大学,自洒扫应对而上,使之循循而进,而所谓格物致知者,可以由是而施焉。故格物者,乃《大学》之要也。"③张栻以"敬"为"格物"之途径,又以渐进"工夫"为"格物"之方法,显示出他对"格物"的高度重视。而在"格物"之"工夫"方面,张栻在继承二程之重视"敬"的基础上又拈出"集义",具有极高见识:"居敬、集义,工夫并进,相须而相成也。若只要能敬,不知集义,则所谓敬者,亦块然无所为而已,乌得心体周流哉? 集训积。事事物物莫不有义,而著乎人心,正要一事一件上积集。"④张栻承接二程之"格物"思想而又吸收了孟子之"集义",显见其"格物"不仅局限于"明善""天理",而是一变为"三纲""五常""五典"以及"克己复礼""主一""守诚"等以礼义道德之客观性及其规律之"义"了。值得注意的是,彭龟年与其师张栻曾就《大学》"格物"与"致知"一节无"条析"有所探讨。彭龟年认为:"《大学》格物致知

---

① 胡宏撰:《胡子知言》,《丛书集成初编》本,第 32 页。
② 刘琳等点校:《宋会要辑稿》,上海古籍出版社,2014 年,第 5340 页。
③ 张栻著,杨世文校点:《张栻集》,第 1161 页。
④ 黄宗羲原著,全祖望补修,陈金生、梁运华点校:《宋元学案》,第 1617 页。

之外,非别有所谓诚意、正心、修身、齐家、治国、平天下之道。"①彭氏认为《大学》"八目"之"道"皆为"格物致知"。而张栻则认为:"自诚意、正心以至平天下,固无非格物致知事也,然疑致知格物一段解说,自须有阙文。"张栻师徒之探讨,提升了"格物致知"的地位,可能对朱熹及之后的理学家有所启发。张栻师生之讨论表明,自二程对"格物"与"致知"多方阐释之后,复经杨时、谢良佐等人的开拓,"格物致知"已经为彼时理学学者所广泛关注,这就为代表性理学家深入探讨其奥义提供了时代际缘。

朱熹之"格物致知"与其"理一分殊""道问学""已发未发""反身而诚"等理学话语,共同构成其博大精深的理论体系。朱熹之"格物致知",从其生前开始,已被张栻、陆九渊、黄幹直至清人黄宗羲等认为是其学说的特色或标志性话语。文献可见,朱熹继承了二程尤其是程颐以"格物"为"穷理"的思想,而把《大学》原文分为"经"与"传"两部分,并取程颐之言而"补之"以为《大学》"格物"与"致知"之"传":"所谓致知在格物者,言欲致吾之知,在即物而穷其理也。盖人心之灵莫不有知,而天下之物莫不有理。惟于理有未穷,故其知有不尽也。……必使学者即凡天下之物,莫不因其已知之理而益穷之,以求至乎其极。至于用力之久,而一旦豁然贯通焉,则众物之表里精粗无不到,而吾心之全体大用无不明矣。此谓物格,此谓知之至也。"②显见其认同程颐"格物"与"致知"思想,赞同以"格物"而彰明"心"之体用的理论进路。朱熹认为,"致知""力行"为"求道"之起端,这就内在地会通了"知"与"行",从而,作为认识论范畴的"格物致知"也就兼有了实践论特性:"考圣人之教,固不越乎致知、力行之端,患在人不知所用力尔。"③这说明,朱熹对"格物致知"的实践论属性是非常重视的。故而,他谈"致知"必以"力行"相伴:"为学当以存主为先,而致知、力行亦不可以偏废。纵使己有一长,未可遽恃以轻彼,而长其骄吝克伐之私。况其有无之实,又初未可定乎!"④强调"存主"为先,"致知""力行"不可偏废,此思想来自程颐《答朱长文书》所言之"心通乎道,然后能辨是非"⑤,亦与张栻、吕祖谦等观点相近,可视作他们相与切磋而形成的思想共识。朱熹又讲:"帝王之学,必先格物致知,以极夫事物之变,使义理所存,纤

①　黄宗羲原著,全祖望补修,陈金生、梁运华点校:《宋元学案》,第 2373 页。
②　朱熹集注,陈成国标点:《四书集注》,第 11 页。
③　黄宗羲原著,全祖望补修,陈金生、梁运华点校:《宋元学案》,第 1552 页。
④　黄宗羲原著,全祖望补修,陈金生、梁运华点校:《宋元学案》,第 1531 页。
⑤　朱熹、吕祖谦编,张伯行集解:《近思录》,《丛书集成初编》本,第 89 页。

悉毕照,则自然意诚心正,而可以应天下之务。"①朱熹以"格物致知"而"极夫事物之变"的思想,与胡安国"格物"与"致知"观点相一致,均重视其实践性。但朱熹又强调,"格物致知"因其能"使义理之所存",而可实现"意诚心正",则兼摄杨时之"格物致知"思想。朱熹曾对"致知"的方法进行过总结。南宋孝宗淳熙二年(1175),朱熹四十六岁,此年他与吕祖谦合编《近思录》,其"卷三"为"致知",包括:"自首段至二十二段总论致知之方,然致知莫大于读书,二十三段至三十三段总论读书之法。三十四段之后,分论读书之法。"②而其所节选程颐、张载等之"致知之方",则又有"辨是非""涵咏义理""玩味""穷理",以及重思而有度等。这说明,朱熹已把"格物"与"致知"打通,并不予以严格区分。值得注意的是,朱熹在承继二程、张载、杨时等"格物致知"思想的同时,又强调"穷理"之"欲其极处无不到",这就拓展了"格物"的种类与范围,其"致知"兼有"德性之知"与"见闻之知"。其内在的理路,已然具备了把"穷理"之"理"宽泛化为天地万物运行变化的规律等。

朱熹把"格物致知"与"万物一理""理一万殊"相联系,丰富和完善了张载、程颐、杨时等人的"理一分殊"思想:"窃谓'理一而分殊',此一句言理之本然如此,全在性分之内,本体未发时看。合而言之,则莫非此理,然其中无一物之不该,便自有许多差别,虽散殊错糅,不可名状,而纤微之间,同异毕显,所谓'理一而分殊'也。"③朱熹把二程之"明理"、杨时之所"明"之"理一分殊""万物一理"等更往前推进一步,强调于"格物致知"之中明"一理"与"分殊",且与"已发""未发"之际相结合,殊为难得。他在回答刘刚中问"张子《西铭》与墨子兼爱何以异"时也讲道:"异以理一分殊。一者一本,殊者万殊。脉络流通,真从乾坤父母源头上联贯出来,其后支分派别,井井有条,隐然子思'尽其性''尽人性''尽物性',孟子'亲亲而仁民,仁民而爱物'微旨,非如夷之'爱无差等'。且理一,体也;分殊,用也。"④朱熹是从"体""用"来谈"理一分殊"的。他把"格物致知"与"理一分殊"相联系,是对二程、杨时等人之"格物"以"穷理""明德"等思想的进一步发展与完善。

由上可见,朱熹的"格物致知"论兼备了认识方法论、价值论的属性特征,并

---

① 黄宗羲原著,全祖望补修,陈金生、梁运华点校:《宋元学案》,第 1496 页。

② 朱熹、吕祖谦编,张伯行集解:《近思录》,《丛书集成初编》本,第 89 页。

③ 黄宗羲原著,全祖望补修,陈金生、梁运华点校:《宋元学案》,第 1281 页。

④ 黄宗羲原著,全祖望补修,陈金生、梁运华点校:《宋元学案》,第 775 页。

已有向理学实践论、道德论和境界论相迈进的倾向。需要说明的是,朱熹的"格物致知"思想是非常丰富的。前贤及近现代、当代学者对此有非常丰富的研究成果。如蒙培元先生就指出,朱熹的"格物致知"思想类型尚有"豁然贯通"说、"格物"与"致知"互为依存说、"反身而诚"不分内外说等。我认为,蒙先生所举朱熹的"格物致知"思想类型,往往与二程及杨时、谢良佐、罗从彦等人的"格物致知"思想比较接近,有的本身就是上述理学家"格物致知"思想的具体展开,故不能算是朱熹"格物致知"思想的特色或创举。① 张立文则把朱熹的"格物致知"视作认识论,其认识过程可分两个阶段。第一阶段,是"格物"。张立文认为朱熹的"格物致知"之"格",是"尽""至",就是穷尽事物之理,而且要穷尽"十分"。其所"格"之"物"指的是"事"与"物",亦即人们认识的对象,包括自然界、社会界或者精神界之事物、事件乃至思维活动。他讲的"物理",也不仅仅指外界事物的道理或者规律,亦指人们应怎样践行三纲五常。第二阶段,是"致知",也就是推致先在固有的知识。这里的"致知",张立文认为朱熹主要是从类推的方法来言说的。张立文先生所论大致公允,但过于简略了一些。乐爱国先生则认为,朱熹之"格物致知"的理论内涵有:"即物而穷其理""格物所以致知""物格而后致知""物格至知入于'圣贤之域'"等。乐先生所论虽详,但似亦未能区分朱熹与张载、二程、杨时、胡安国、胡宏、张栻等人之"格物""致知"或"格物致知"思想的异同之处。且乐先生对于朱子之"格物致知"内涵的考察,似有扩大其边际界限之嫌②。

朱熹门人黄榦、陈淳、陈埴,以及其后学丘葵、真德秀、何基、王柏等人,承继了朱熹的"格物致知"说而又有新的发挥,从而,奠定了程朱学派在"格物致知"论上的核心地位。其中,黄榦把"格物致知"视作儒家"道统"一脉承传的核心内容,这就极大地提升了"格物致知"在儒家理论体系中的地位。他在历述尧、舜、禹、汤、文王、武王、周公、孔子之"道统"之后,以"格物致知"等为孔子之"道统"要旨:

> (孔子之道)其著之《大学》,曰格物致知,诚意正心,修身齐家,治国平天下,亦无非数圣人制心制事之意焉,此又孔子得统于周公者也。颜子得于博文约礼、克己复礼之言,曾子得之《大学》之义,故其亲受道统之传者如此。至于子思,则先之以戒惧谨独,次之以知仁勇,而终之以诚。至于孟子,则先之以求放心,而次之以集义,终之以扩充,此又孟子得统于子思者然也。及

---

① 参见蒙培元:《理学范畴系统》,第342—350页。
② 乐爱国:《朱子格物致知论研究》,岳麓书社,2010年,第128—182页。

至周子,则以诚为本,以欲为戒,此又周子继孔、孟不传之绪者也。至二程子则曰:"涵养须用敬,进学则在致治。"……此二程得统于周子者也。先师文公之学,见之《四书》,而其要则尤以《大学》为入道之序。……此又先师之得其统于二程者也。……居敬以立其本,穷理以致其知,克己以灭其私,存诚以致其实,以是四者而存诸心,则千圣万贤所以传道而教人者,不越乎此矣。①

黄榦认为,孔子之道,为颜回、子思、孟子、周敦颐、二程、朱熹递相传承,"道统"于是乎在。分析黄榦之"道统"谱系内容,可知:其一,黄榦认为古之先贤所传之"道统",因人而异,可以有不同的表述方式;其二,黄榦认为,包括"格物致知"在内的儒家之"道统",虽然文辞表达有所不同,但其实质有其共同的宗旨,那就是"居敬以立其本,穷理以致其知,克己以灭其私,存诚以致其实",而统摄此四者的要义则是"心"。在黄榦看来,儒家之"道统"乃是根源于"心"而表征为先贤各自之"道统"。这是因为,自二程到朱熹皆以"穷理"为"格物",故"穷理以致其知"即为"格物致知"。除了以"格物致知"为儒家"道统"之重要组成部分之外,黄榦还把"格物致知"放置于儒家的理论体系中,使之成为与"太极""性外无物""尊德性""道问学"等密切相关的范畴:"'万物统体一太极,天下无性外之物'属乎天者也。'一物各具一太极,性无不在',属乎人者也。"②"尊德性,所以存心而极乎道体之大;道问学,所以致知而尽乎道体之细。自性观之,万物只是一样。自道观之,一物各是一样。……惟其各是一样,故须穷理致知,而万事万物之理方始贯通。以此推之,圣贤言语,更相发明,只是一义,岂不自博而反约哉!"③可见,黄榦之"格物致知"说已经具备了理学核心范畴之功用。黄榦又云:"致知乃入道之方,而致知非易事,要须默认实体,方见端的。……莫若一切将就自身上体著,许多义理名字就自身上见得是如何,则统之有宗,不至于支离外驰也。"④这里,黄榦把"致知"视作"入道"之路径,但又强调"致知"须"身体力行",正是二程、张栻、朱熹、吕祖谦等人的共识。概而言之,从其内容、方法、作用来看,除了把"格物致知"视作儒学一脉相承之"道统"之外,黄榦之"格物致知"并不出朱熹思想之范围。只不过,朱熹"格物致知"之目的兼备"德性之知"和"见闻之知",而黄榦更为重视"德

---

① 黄宗羲原著,全祖望补修,陈金生、梁运华点校:《宋元学案》,第 2023 页。
② 黄宗羲原著,全祖望补修,陈金生、梁运华点校:《宋元学案》,第 2025 页。
③ 黄宗羲原著,全祖望补修,陈金生、梁运华点校:《宋元学案》,第 2029 页。
④ 黄宗羲原著,全祖望补修,陈金生、梁运华点校:《宋元学案》,第 2033 页。

性之知"，而略于"见闻之知"。

与黄榦把"格物致知"视为圣贤一脉相传的"道统"要义有所不同，朱熹其他门人高弟之"格物致知"，大致承继于朱熹而立论平实。他们对于"格物致知"的探讨，主要集中于"格物致知"之地位、"格物"与"力行"之关系，以及藉由"格物致知"而辨朱、陆之别等。如陈淳论"致知""力行"与"守敬"之关系："致其知者，所以明万理于心而使之无所疑也。力者，勉焉而不敢怠之谓。力其行者，所以复万善于己而使之无不备也。知不至，则真是真非无以辨，其行将何所适从！……行不力，则虽精义入神，亦徒为空言，而盛德至善竟何有于我哉！……故知之明，则行愈速，而行之力，则所知又益精矣。其所以为致知力行之地者，必以敬为主。……能敬，则中有涵养，而大本清明。由是而致知，则心与理相涵，而无顽冥之患矣！由是而力行，则身与事相安，而不复有扞格之病矣！"①以"守敬"而贯通于"致知"与"力行"，又强调"心与理相涵"，这显然是对二程、朱熹之说的承继与发挥。此外，陈淳往往从"格物致知"入手而批判陆学、佛学，亦显示出其以"格物致知"为朱学核心的认识："圣门工夫，自有次序，非如释氏妄以一超直入之说，欺愚惑众。须从下学，方可上达，格物致知，然后动容周旋无阻。陆学厌繁就简，忽下趋高，阴窃释氏之旨，阳托圣人之传，最是大病。"②以"格物致知"之"工夫"来批判佛学与陆学之空疏，显示出朱熹、陈淳一脉之学问重践履、重次序等特征。再如朱熹门人陈埴把"格物致知"与"正心诚意"连为一体来探讨："如致知须用敬，亦是先侵了正心诚意地位，不是于格物致知之先，更有一级工夫在上，只是欲立个主人翁耳。但常得此心有在，物可从此格，知可从此致。"③陈埴这一观点，显然较之二程、朱熹等人更为贴近《大学》"八目"的汉唐注疏传统。而朱熹另一门人刘刚中则强调："主敬则心静，致知则理明，心静理明，知以涵养而益深沉。"④把致知、主敬、理明相联系，使程朱之"格物致知"精义焕然而明。

朱熹后学真德秀、王柏等之"格物致知"，亦承继朱熹及其门人高弟的思想而有所发展。真德秀以"理"与"器"不可分，强调"格物致知"应即物求理，算是对朱熹"格物致知"之"即物求理"说的补充："盖凡天下之物，有形有象者，皆器也，其理便在其中。……天下未尝有无理之器，无器之理。即器以求之，而理在其中……若舍器而求理，未有不蹈于空虚之见，非吾儒之实学也。所以《大学》教人

---

① 黄宗羲原著，全祖望补修，陈金生、梁运华点校：《宋元学案》，第2224页。
② 黄宗羲原著，全祖望补修，陈金生、梁运华点校：《宋元学案》，第2230页。
③ 黄宗羲原著，全祖望补修，陈金生、梁运华点校：《宋元学案》，第2100页。
④ 黄宗羲原著，全祖望补修，陈金生、梁运华点校：《宋元学案》，第2266页。

以格物致知,盖即物而理在焉,庶几学者有着实用力之地,不致驰心于虚无之境也。"①真德秀以"即物求理"为论,而联系"理"与"器"来展开,以此为明辨儒、释关键所在,可算是朱熹"即物求理"思想的深化和发展。但真德秀之"格物致知"论已有驳杂不纯的特征。他以"敬"为"格物致知"前提,强调本心之"主宰":"穷理以此心为主,必须以敬自持,使心有主宰,无私意邪念之纷扰,然后有以为穷理之基。本心既有所主宰矣,又须事事物物各穷其理,然后能致尽心之功。欲穷理而不知持敬以养心,则思虑纷纭,精神昏乱,于义理必无所得。知以养心矣,而不知穷理,则此心虽清明虚静,而只是个空荡荡底物事,而无许多义理以为之主,其于应事接物,必不能皆当,释氏禅学,正是如此。故必以敬涵养,而又博学、审问、慎思、明辨以致其知,则于清明虚静之中,而众理悉备,其静则湛然寂然,而有未发之中,其动则泛应曲当,而为中节之和,天下义理,学者工夫,无以加于此者。"②重"穷理"而又强调"养心",显示出真德秀在承继二程观点的基础上,受到了陆氏心学的影响。他引入佛教"清明虚静""湛然寂然"来说明"心"体,显见义理驳杂不纯。而黄榦之再传王柏,则对"格物"之"理"与"气"关系有所探讨:"原其继善成性之初,理与气未尝相离也。推其极本穷源之义,理与气不可相杂也。于不可相杂之中,要见未尝相离之实;于未尝相离之中,要知其不可相杂之意,方谓纯粹峻洁,不悖厥旨。……故气有时而变,理则一定而不可易。学者当循其常而安其变,秉其彝而御其气,使理常为主,而气常听命焉,虽富贵贫贱夭寿之不同,而仁义礼智之在我者皆不得而泯,此自昔圣贤教人之要法。"③这是对程朱学派"格物"即"穷理"说的补充、完善。这就为后世理学家以"理"兼"气"论事物之"常"态与"非常"态,奠定了基础。由此,程朱学派"格物致知"说不能完全笼盖的一些"物"及其"格"得之不合常理之"知",也就有了安顿。

上述所列,是程朱学派及其后学之"格物致知"思想的主要方面。实际上,乾淳之际陆九渊及其门人后学之"格物致知"思想,也有不少值得重视的观点。陆九渊亦推重"格物致知"。他认为:"欲明明德于天下,是《大学》标的。格物致知,是下手处。《中庸》言博学、审问、慎思、明辨,是格物之方。"④陆九渊之"格物致知",绾合了《大学》《中庸》相关思想,而强调其工夫论属性。他认为"格致"即为

---

① 黄宗羲原著,全祖望补修,陈金生、梁运华点校:《宋元学案》,第 2698 页。
② 黄宗羲原著,全祖望补修,陈金生、梁运华点校:《宋元学案》,第 2697 页。
③ 黄宗羲原著,全祖望补修,陈金生、梁运华点校:《宋元学案》,第 2732 页。
④ 陆九渊著,钟哲点校:《陆九渊集》,第 263 页。

"明理"，而"理"乃"本天所以与我，非由外铄。明得此理，即是主宰。真能为主，则外物不能移，邪说不能惑"①，这就把"格物致知"与实践主体固有之"心""性"等联系在一起。他又把《孟子》"存其心"与"明理"相结合，指明此"心"即是"理"："盖心，一心也；理，一理也。至当归一，精义无二。此心此理，实不容有二。……仁即此心也，此理也。求则得之，得此理也。先知者，知此理也；先觉者，觉此理也。爱其亲者，此理也。敬其兄者，此理也。……故曰：'万物皆备于我矣，反身而诚，乐莫大焉。'此吾之本心也。"②由此，陆九渊就把"格物致知"所明之"理"，转化为"明心"。在"格物致知"的方法上，陆九渊强调，"格物致知"不必事事而穷，物物而求，而可藉由顿悟而"明"其本心。蒙培元先生认为，陆九渊所推崇的"减担"也好，"反思"也好，都是基于其"心即理"的义理基础。③陆九渊门人杨简，继承了陆九渊的主张而又有新的发展。他推崇"克己"乃是"欲于意念所起处将来克去"，强调"发明道心"，推崇"一日觉之，此心无体，清明无际，本与天地同范围，无内外"④，正是对陆九渊"格物致知"思想的发挥。陆九渊其他门人高弟如袁燮、危稹、喻仲可、包扬，及包扬门人包恢等，皆继承了陆九渊、杨简上述思想。陆氏后学对于"格物致知"的认识，总的取向是逐渐淡化作为"工夫"的"格物"，而以"明心"为"致知"，故其流弊乃如陈淳讥为"全用禅家意旨，使人终日默坐以求本心，更不读书穷理"⑤。概而言之，陆九渊心学之"格物致知"，其所"致知"之"知"近于程朱学派"德性之知"，而缺失了"见闻之知"。

　　与杨时、谢良佐、朱熹等程朱学派代表人物及其后学之"格物致知"探索路径有很大不同，薛季宣、陈傅良、叶适、陈耆卿、吴子良等人之"格物致知"，要么承继二程之"格物致知"，要么侧重经世之学，虽其学术路径引人注意，但实则在义理层面上普遍缺少深度。如薛季宣为程颐之高弟袁溉的门人，其说被朱熹学派学者目之为"功利之学"。与二程有所不同，薛季宣强化了"格物"在"八目"之"治平"的地位："君子之道，本诸身，加乎天下，莫不以修身为本也。修身本乎诚敬，所谓笃恭也。笃恭而天下平，修道之教也。……惟至诚之格物如此，民心悦而诚服，天下有不平乎！"⑥可见，关注事功与"治平"，是其"格物致知"思想的重心所

① 陆九渊著，钟哲点校：《陆九渊集》，第4页。
② 陆九渊著，钟哲点校：《陆九渊集》，第5页。
③ 参阅蒙培元：《理学范畴系统》，第351页。
④ 参见黄宗羲原著，全祖望补修，陈金生、梁运华点校：《宋元学案》，第2475—2478页。
⑤ 黄宗羲原著，全祖望补修，陈金生、梁运华点校：《宋元学案》，第2606页。
⑥ 薛季宣：《浪语集》卷二十九，上海古籍出版社景印《文渊阁四库全书》本，第605页。

在。薛氏把"格物致知"与"诚"相绾合,颇近于二程以"敬"言"格物致知",但其思想较之二程更为深刻、精密。他认为:"天道之神所以能体物者,诚一之至,未始离于物也。至诚与天道相似,故神。神而明之,所谓格物也。格物而至明,则善不善之将然者,无所潜于隐伏矣。"①薛季宣认为实践主体的"诚"是"格物"的前提。他又讲:"诚者物之终始,不诚无物,是故君子诚之为贵。诚者非自成己而已也,所以成物也。成己,仁也;成物,知也,性之德也,合外内之道也。故时措之宜也。"其又以"诚"为"成物"的根本,也就是实践主体保有心体之"诚",才能按照事物本来面目体察"物"之真实情况或者属性、规律等。据陈淳《北溪字义》记载,程颐主张"无妄之谓诚"②、"主一之谓敬,无适之谓一"③,其"诚"即如薛季宣所云"合外内之道"。而薛季宣门人陈傅良,则鄙弃彼时理学家恪于"格物致知"做法,认为理学家之"彼其曰治国,平天下,物有先后也,致知格物云也,笃恭而天下平也"之论,乃"无实可议,无证可考"④。二程理学之要义,乃在于存养心性以"明明德",由此而致"天下平"。陈傅良此论,实际上否定了二程学说的学理基础。随后,叶适步武其式,干脆否定二程之"格物"说:"此篇以致知格物见《大学》之要,在诚意正心之先,最合审辨。《乐记》言'知诱于外''好恶无节于内''物至而人化',知与物皆天理之害也。予固以为非。此篇言诚意必先致知,则知者心意之师,非害也。若是则物宜何从? 以为物欲而害道,宜格而绝之邪? 以为物备而助道,宜格而通之邪? 然则物之是非固未可定,而虽见《大学》之书者亦不能明也。"⑤叶适强调"格物"不当在"诚意正心"之先,又认为"知与物"皆"天理之害",认为"格物"之说于义理欠明通。在此观点下,叶适进而批判二程"格物致知"理论:"程氏言:'格物者,穷理也。'案:此篇心未正当正,意未诚当诚,知未至当致,而君臣父子之道,各有所止,是亦入德之门耳,未至于能穷理也。"⑥于薛季宣而言,肯定"格物致知"而更重"治平",而陈傅良则怀疑"格物致知",到了叶适,则完全否定"格物致知"的合理性存在了! 于此可知,浙东事功派之陈亮、陈耆卿、戴栩、吴子良等人,疏离或否定"格物致知",多重实学、史学或文学,而以博学多才闻达于世,其思想源头可以溯及薛季宣、陈傅良、叶适等对"格物致知"的认识。

---

① 薛季宣:《浪语集》卷二十九,上海古籍出版社景印《文渊阁四库全书》本,第 596 页。
② 陈淳:《北溪字义》,第 32 页。
③ 陈淳:《北溪字义》,第 35 页。
④ 陈傅良:《止斋集》卷四十三,上海古籍出版社景印《文渊阁四库全书》本,第 439 页。
⑤ 黄宗羲原著,全祖望补修,陈金生、梁运华点校:《宋元学案》,第 1752 页。
⑥ 黄宗羲原著,全祖望补修,陈金生、梁运华点校:《宋元学案》,第 1078 页。

除了上述理学诸贤对"格物致知"有所探讨之外,吕祖谦、吕祖俭、刘清之、杨万里、周必大等人之"格物致知",亦奥义纷呈,各有所重。吕祖谦把"致知"与"力行"相并提:"致知、力行,本交相发。学者若有实心,则讲贯玩索,固为进德之要。亦有一等后生,推求言语工夫常多,点检日用工夫常少,虽便略见仿佛,然终非实有诸己也。"①又讲:"论致知则见不可偏,论力行则进当有序。并味此两言,则无笼统零碎之病。"②其提及"格物致知",必以"力行"相补充,这就实现了"知"与"行"的相统一。吕氏此说与张栻、朱熹相近,可视作诸贤相与商榷而得来的共同认识。而刘清之"格物致知"说则多固守传统:"若致知之事,则正须友朋讲学之助,庶有发明。不知今者见读何书?作如何玩索?与何人辩论?惟毋欲速,毋蓄疑,先后疾徐,适当其可,则功日进而不穷矣。"③其论"格物致知"平实简易,重视践行之"工夫",正可见其学问渊源。刘清之从学其兄刘靖之,而靖之之学多得于精思自修。周必大则云:"在人之至为知,在物之至为道。以吾之知,极物之道,如两物相抵,故谓之格。夫物莫不同,道一而已。……及其物格,则自视无我,何有于物!是谓知至。"④周必大以"格物致知"为"格"得其"道",发前人所未发,可算是"乾淳诸贤"代表人物之中颇为重要的观点了。

上述考察表明:在程颢、程颐给予"格物""致知"崭新阐释之后,在杨时、张九成、陈渊、罗从彦、胡宏、朱熹、黄榦、陈淳、真德秀、王柏等人递相传承和不断完善的历史进程中,"格物致知"具有了丰富的理论意义和方法论价值,而逐渐成为程朱学派理论体系最为核心的范畴和鲜明的学派理论标识。亦因如此,其他理学学派自然也会试图通过对"格物致知"的相异性阐释、批判甚至否定,来彰显其学说的独有理论特性。到了南宋末年,程朱学派后学也因为对于"格物致知"的不同理解及其他原因,催生出如王应麟、黄震等人注重"史学""词学"等学术理路。可见,藉由对宋代理学"格物致知"话语发展历程的细致考察,可以深入把握彼时理学诸学派的学术重心和学术理路,辨别其理论之同异与境界之高低。

四　宋代理学诗的"格物致知"的表达方式及其诗歌书写

宋代理学"格物致知"的诗歌呈现,最为明显的是理学家直接咏及"格物致知"。如朱熹门人徐侨《虎邱谒和靖祠》中有句:"涵养当用敬,进学在致知。……

---

① 黄宗羲原著,全祖望补修,陈金生、梁运华点校:《宋元学案》,第1666页。
② 黄宗羲原著,全祖望补修,陈金生、梁运华点校:《宋元学案》,第1672页。
③ 黄宗羲原著,全祖望补修,陈金生、梁运华点校:《宋元学案》,第1944页。
④ 周必大:《周益文忠公集》卷六十三,上海古籍出版社景印《文渊阁四库全书》本,第1038页。

夫子受师说,惟敬实所持。升堂逮易簀,参倚日在兹。遗言落人间,考论极研几。是心要收敛,中不容毫厘。大学著明法,格物及楷梯。放心苟不收,穷格将安施。"①这里,以"格物致知"为孔门一脉相承的"道统",以之与"诚敬""心"等相联系,突出强调了作为"工夫"的"格物致知"在"求道"中的作用、地位等。而姚勉《赠宗人简斋》有句:"博文约以礼,夫子诲子渊。详说将反约,斯语在七篇。……讥以为支离,此说恐未然。闲邪至敬义,简易斯坤乾。……浪云即心是,所学竟类禅。不知格物学,盖在诚意先。"②诗篇以"博文反约"为"格物致知",强调"诚"在"格物致知"之先,以此批驳陆学对于朱子学的"支离"抨击。在姚勉看来,"格物学"是朱熹学说的核心所在。实际上,以"格物致知"为理学存养之法门,是朱熹门人及其后学的共识。如陈淳《谨所之赠王氏子》有句:"大学入德门,纲条备无遗。开端在格物,大当致吾知。"③以"格物致知"为求道之门。廖行之《寿湖南宗宪五首》其五:"欲寿人之情,而仁独也正。有能用其力,尽性以致命。公诚格物意,心静无不敬。"④强调"格物致知"对于"求道""长寿"的重要性。刘黻《和建小学韵呈赵求仁使君》:"黉舍临溪静最安,朋来俊少共窥斑。能知格物如星秤,即是程门第一关。"⑤亦以"格物致知"为入德之门等。上述可见,宋代理学家在理学诗中所书写的理学重要范畴之"格物致知",主要集中于"格物致知"的价值、地位、功用等。特别是"道统"地位、"求道"之门以及与"诚""敬"之关系等,往往是理学家"格物致知"诗歌的重要内容。比较而言,理学家直接咏及"格物致知"的诗歌呈现形式,在理学家的理学诗中所涉及的作品并不多。但是,这种呈现形式仍然具有重要意义。它表明,在理学家的理学诗中所体现出的"格物致知"具有的认知属性、价值属性和实践属性等,就是理学"格物致知"范畴的重要特征,而非如一些学者所主张的"格物致知"仅仅是理学家的认知方式。

不过,理学家之"格物致知"的诗歌呈现形式,主要是以一种思维方式或者说是认知方式表现出来。实际上,理学家以"格物致知"认知方式表达其理学思想或理学旨趣,在早期理学家邵雍那里已经得到较为明显的体现。如邵雍有诗《桃李吟》:"桃李因风花满枝,因风桃李却离披。惨舒相继不离手,忧喜两般都在眉。

---

①　傅璇琮等主编:《全宋诗》,第 32824 页。
②　傅璇琮等主编:《全宋诗》,第 40491 页。
③　傅璇琮等主编:《全宋诗》,第 32336 页。
④　傅璇琮等主编:《全宋诗》,第 29159 页。
⑤　傅璇琮等主编:《全宋诗》,第 40729 页。

泰到盛时须入蛊,否当极处却成随。今人休爱古人好,只为今人生较迟。"①诗篇因桃花之盛开与凋零均与"风"息息相关之"象"入题,而体悟到世人应谨守天地运化之"常"而毋以"变"动摇心志。当然,因为"格物致知"毕竟是原始儒家经典《大学》重要内容,因此,以"格物致知"认知方式来写作诗篇,实际上也为一些儒者所乐见。如徐积《花下饮》有句:"……物类虽各殊,所乐亦同有,谁知花下情,犹能忆杨柳。中心卒无累,外物任相揉。"②诗篇所表达的"中心无累"以避免外物所扰的理学思想,正是由眼前之景物的遭际而施以"推究"所得。

值得注意的是,早期理学家诗人之中,以"格物致知"认知方式所写的理学诗篇,所"格"之"理"往往以"物理"为多。如邵雍《落花长吟》以花开花落悟及无常之中实乃有"常"之自然规律:"开谢形相庚,兴衰理一同。天机之浅者,未始免忡忡。"③《芳草长吟》则以芳草盛谢而悟及人世兴衰之"理":"雾镶前朝事,烟昏后世名。枯犹藏狡兔,腐亦化流萤。纵划奚由尽,才烧又却荣。"④上述两诗,均是由"物"而言及"物理"亦即自然规律。再如李复有诗《曲江》:"唐址莽荆榛,安知秦宫殿。常因秋雨多,时有微泉泫。菰蒲春自生,凫鹜秋犹恋。千古蔽一言,物极理必变。"⑤诗篇述及唐继秦而据有之胜地曲江,到了北宋中期则满目荒芜,唯有菖蒲自生而凫鹜相与往还,诗篇由此而"格"得"物极理必变"。再如李复《负暄》言及身体羸弱,故喜日光照耀,因此而"格"得"天德":"予生本多羸,忧患百箭攻。三十已白发,岁常苦严冬。凝阴昼壃户,拥火裘蒙茸。寒气深刺骨,有如婴利锋。……乃知万物生,阳德有全功。天轮浩无际,冥冥转洪蒙。……阴阳在掌握,默坐与天通。"⑥此外,以"格物致知"认知方式而"格"出自然、社会、人生及其他具体事物之规律,亦是早期理学家如杨时、邹浩、许景衡、胡寅等人诗歌的常见表现方式。如邹浩《川涨》:"昨朝清露石,今日涨汀湾。翕受无边水,流来有众山。鱼龙随浪跃,鸥鹭掠波还。因念盈虚数,高楼一破颜。"因水中之石受水落水涨影响而有变化,而"格"此"物"推知其"理"。再如陈瓘《接花》由嫁接花卉之事说起,强调其"花小可使大,子小可使繁"的神奇效应,而从中"格"出"有本性必

---

① 傅璇琮等主编:《全宋诗》,第 4502 页。
② 傅璇琮等主编:《全宋诗》,第 7571 页。
③ 傅璇琮等主编:《全宋诗》,第 4502 页。
④ 傅璇琮等主编:《全宋诗》,第 4507 页。
⑤ 傅璇琮等主编:《全宋诗》,第 12411 页。
⑥ 傅璇琮等主编:《全宋诗》,第 12419 页。

生,亦时雨与之"的"天理",再进而提升到"所遭有变易,是亦时所为"①的自然界、人生及事物变化的普遍规律。类似的因"物"而推究其"物理"的表达方式,杨时有《元丰壬戌岁暮书事》《过钱塘江迎潮》《遣兴》等,许景衡有《去年冬至过闽清再至有感》《长门怨》《散寒潭夜月新孤生长感怆先友更何人》《墨梅花三绝》等。

相比而言,自早期理学家之后,大约从二程门人开始,以"格物致知"为认知方式即诗歌表现方式而"格"出有关"性理"的诗歌,数量更多。可以说,理学诗的主要内容或主旨类型如"明理""重道""尊德性""生生不已""孔颜乐处"或"乐意"等,均可见到"格物致知"。

"生生不已"诗歌内容或主旨类型之所见"格物致知"。如程颢《秋日偶成二首》之一:"闲来无事不从容,睡觉东窗日已红。万物静观皆自得,四时佳兴与人同。道通天地有形外,思入风云变态中。富贵不淫贫贱乐,男儿到此是豪雄。"②诗篇因日常日居而"静观"返照,认为天地有形无形之物,风云变幻之态,皆为天地"生生不已"之相,而不变的是"生生不已"之"天德",因此,世人应以德性的定止而应对富贵、贫贱等"外物"侵蚀,以全德性。再如胡宏《春日郊行》:"东郊野马烂氛氲,聊驾柴车问讯春。远草绿沉烟雾里,高花红照绮罗新。迎风柳占莺啼处,带雨泥融燕觜匀。动植自私还自足,天边愁杀踏青人。"③诗篇因观景而"格"得天地"生生不已"之"德",由此而得出"自私""自足"之"天德"。这里,"古之人学以为己""天命谓之性,修性谓之道",显然,此"天德"又与"学以求道"的"为学"及"识性"的"求仁"等有了联系。因此,本诗具有了"求道""知仁"等心性道德追求。再如朱熹门人陈文蔚《观物二首》其一:"初见种汝时,微荄极枯槁。……嗟我费耘治,尚愧窗前草。"④诗篇因所植之花木富有生机而得生意,由此而反观自己本身,联想到自身之"仁"未必如此发育蓬勃,因此而生愧。上述可见,以"格物致知"而表达"生生不已",是理学家所熟用的表达方式。实际上,在二程门人及其后学的理学诗中,以"格物致知"表达方式而写作的"生生不已"诗歌内容或主旨类型,是比较多见的。如游酢《宝应寺读书堂成因怀明道先生》在书写堂外之"奇花铺野""春浓无边"等"生意"后,特地点明"记得程门窗草绿"⑤,暗用周敦颐"窗前草不除"之典故,来书写"生生不已"之意。

---

① 傅璇琮等主编:《全宋诗》,第 12909 页。
② 傅璇琮等主编:《全宋诗》,第 8237 页。
③ 傅璇琮等主编:《全宋诗》,第 22099 页。
④ 傅璇琮等主编:《全宋诗》,第 31918 页。
⑤ 傅璇琮等主编:《全宋诗》,第 12910 页。

"正心诚意"等"修身"诗歌内容或主旨类型所见之"格物致知"。如许景衡《小圆石屏》,因观石屏之美而及人生之"理":"此生随万物,何者斯为足",表达出作者认为实践主体应该具有知止而自足的"玩物"态度。① 而刘子翚《涪淡滩》则由游玩而经历涪淡滩之乱石水流之险,"格"得"吁嗟世路风波猛,巧穿危机暗驰骋。江湖溺舟犹自戒,势利溺人终莫省。矫情镇物未足言,书此聊为后来警。"② 因事而及人生多艰难,由此联想到人生应自戒、自省。上述两首诗,均是因外物而反观自身,具备"定止"其心、"戒慎"以修身的意味。再如张九成有诗《菖蒲》:"石盆养寒翠,六月如三冬。勿云数寸碧,意若千丈松。劲节凌孤竹,虬根蟠老龙。傲霜滋正气,泣露泫春容。座有江湖趣,眼无尘土踪。终朝淡相对,浇我磊魂胸。"③诗篇因观盆栽菖蒲而起兴,从中"格"得"劲节""正气""春容"等与实践主体"修身"相关的道德品格。

"乐意"诗歌内容或主旨类型所见之"格物致知"。杨时门人范浚写有《次韵弟茂通晚晴》:"浮云卷尽绮霞明,藜杖扶行得晚晴。斜日水边鸂鶒影,孤烟林外鹁鸠声。且从乐处安心地,可向艰时触志兵。幽意欲言言不得,因君聊复动诗情。"④诗篇因美境而言及"安心乐地",以表达养性乐道之意。其《池上晚酌》:"雨余池上兴悠哉,坐荫藤花藉石苔。白鸟联拳相对立,红蕖粲艳一时开。吐吞月色云浓淡,经纬水纹风去来。幽事相关心自乐,岸巾独啸更衔杯。"⑤诗篇因美境而反观内照,"格"得乐意。因境而"格"得性理之美、道德之自足等"乐意",到了朱熹则已经成为理学家常用的诗歌表达方式。如其《病中呈诸友》有诗句:"穷居值秋晦,抱疾独斋居。行稀草生径,一雨复旬余。交亲各所营,旷若音尘疏。始悟端居乐,复理北窗书。"⑥因雨后青草生径、交亲营生等外"物"所感,而"悟"及"端居乐",表达出作者珍惜良时而安于闲逸的"乐道"之心。

除了上述所列之外,以"格物致知"作为诗歌表达方式而写作的诗歌内容或主旨类型,还有"孔颜乐处""尊德性""心性存养"等。不过,必须指出的是,尽管二程门人已经开始使用"格物致知"认知方式来写作诗歌,但数量不是很多。

前期理学家在诗歌写作中,以"格物致知"来表述理学思想和理学思理的诗

① 傅璇琮等主编:《全宋诗》,第 15510 页。
② 傅璇琮等主编:《全宋诗》,第 21354 页。
③ 傅璇琮等主编:《全宋诗》,第 19988 页。
④ 傅璇琮等主编:《全宋诗》,第 21504 页。
⑤ 傅璇琮等主编:《全宋诗》,第 21503 页。
⑥ 傅璇琮等主编:《全宋诗》,第 27472 页。

歌表达形式,只能算是一种不自觉的尝试而已。真正以初步的自觉而探讨以"格物致知"来写作诗歌,要从胡宏、范浚、赵鼎、朱震、朱松等人算起。如胡宏有《和江子玉二首》之二以白马来空谷起兴,书写其不为世人所知,良夜酣寝之后"无欠亦无足"①,心性不为外物动摇。诗人由此而"格"出"休争得失等鸡虫,克己乐善充身腹"的德性之"理"。在《云月》诗中,因"云物时有无,月魄递盈阙。月明云昭章,云散月奇绝"之景,而"格"得"屈伸至理中,莫道吾生拙"之人世的"理"。② 他在《苍天》诗中,因天象变化而"格"得"人生亦如此,融结中有机。此机即天命,吾心端不违"之"理"③;在《题杨氏猗猗阁》诗中,因"林生何猗猗,挺立似豪杰"而"格"得"嗟哉流俗人,交义随情决"之"理"④;在《碧泉兴作即事有感因续魏武之诗》中,因有感于历史流变而人生易老,"格"得"奉身理物,何少何多,天长地久,我生靡它"之"理"⑤。此外,其《独坐》《水心亭》《水石》《碧泉独步》《和人》《泉上》《题齐云阁》诸诗,皆于"物"中"格"得德性之"理",或表达其推崇"天德"而反观慎省之意,或表达其重视因物"求道"之心,或于观景即境而践履心性"定止"之"理"。总之,胡宏已经很熟练地把"格物致知"的认知方式写入其诗作中,这一认知方式成为诗歌的表达方式。与之相似,范浚《杂兴五首》之一因观雉与鸡"肆其桀傲"而堕危机之"事"而"格"得慎独远祸之"理"。⑥ 其《杂兴五首》之二,则以高蝉黄雀与携弹子之相关的"事",而"格"得"世事无不然,古今同一悲"⑦,表达出远身避祸之"理"。再如其《遣兴五首》,因"物"而"格"得"因知古今士,出处自冥数"⑧。《理喻》因羁旅行役见老翁安心自睡,而"格"得"是中转物有妙理,起予暗契瞿昙旨"⑨。《凌霄花》因观"君看植凌霄,百尺蔓柔翠。新花郁煌煌,照日吐妍媚。风霜忽摇落,大木亦凋瘁",而"格"得"先荣疾萧瑟,物理固难恃"⑩。可见,范浚已能熟练地使用"格物致知"来组织诗歌结构。与上述胡宏、范浚等人诗歌相似,赵鼎、朱震、朱松等人亦能熟练地以"格物致知"认知方式来组织诗歌结构。

① 傅璇琮等主编:《全宋诗》,第 22095 页。
② 傅璇琮等主编:《全宋诗》,第 22096 页。
③ 傅璇琮等主编:《全宋诗》,第 22096 页。
④ 傅璇琮等主编:《全宋诗》,第 22096 页。
⑤ 傅璇琮等主编:《全宋诗》,第 22096 页。
⑥ 傅璇琮等主编:《全宋诗》,第 21481 页。
⑦ 傅璇琮等主编:《全宋诗》,第 21481 页。
⑧ 傅璇琮等主编:《全宋诗》,第 21482 页。
⑨ 傅璇琮等主编:《全宋诗》,第 21488 页。
⑩ 傅璇琮等主编:《全宋诗》,第 21495 页。

至此,"格物致知"已成为理学家诗歌表达中一种重要的表现方式。

自胡宏、赵鼎、朱震、朱松开始,"格物致知"成为朱熹及程朱后学经常使用的诗歌艺术手法。理学家把"格物致知"大量地应用到诗歌实践中,写作了很多理学诗。这一方面反映出,具备认知属性、实践属性和价值属性的"格物致知"在理学体系中地位得到明显提升;另一方面,也说明理学诗人开始有意识地把"格物致知"当作重要的表现手法来创作那些"载道"的理学诗。在这一诗歌发展进程中,朱熹、黄榦、曹彦约、陈文蔚、陈淳、彭龟年、真德秀、魏了翁、吴泳等人的诗作,使用尤其广泛。朱熹有诗《春日言怀》,诗篇由"春至草木变,郊园犹掩扉"起兴,因"览物遍芳菲"而"格"得"世事复有期",表达出万物有时而人生当随缘适化、功成身退之"理"。[①] 又其《春日偶作》:"闻道西园春色深,急穿芒屦去登临。千葩万蕊争红紫,谁识乾坤造化心。"[②]诗前二句写景,后二句因"春色"而"格"得"乾坤造化心"亦即天地运化万物之"生生不已",也就是天德。此天德降临于人则为"性",亦即"仁""德""命"等,朱熹名之为"理"。其诗《次韵潮州诗六首》之《濠上斋》其二:"道若大路然,奈此人好径。即事昧本心,离动觅真静。安知濠上翁,妙入玄中境。偶寄郡斋闲,无欲民自正。"[③]以"大路"平易坦荡来喻"道",而因《庄子》"濠上翁"之典故,"格"得"无欲"之治理之"道"。再如其诗《咏归桥》:"绿涨平湖水,朱栏跨小桥。舞雩千载事,历历在今朝。"[④]因春水涨绿,春意盎然而"格"得昔年孔子与门人舞雩台"咏归"之意,亦即体贴到天地之"生生不已"之"乐意"。这里需要注意的是,尽管朱熹的诗歌创作中有不少以"格物致知"为诗歌结构方式或者表达方式的例证,但是作为浸淫于《诗经》、汉乐府、魏晋六朝诗歌及唐名家的诗人,朱熹诗歌中文人诗常用的融情于景、议论说理、因象见意等艺术表现方式,较之"格物致知"而言,显然数量更为丰富。

朱熹门人黄榦、曹彦约、陈文蔚、陈淳,及其后学魏了翁、真德秀、吴泳等人则在诗歌创作中更多地使用了"格物致知"诗歌表现方式。如黄榦有诗《九日早登桃枝岭》因登山而累,"格"得"人生会有累,聚散如浮萍"之"理"。其《寿山》因"石为文多招斧凿,寺因野烧转萤煌"而"格"得"世间荣辱不足较"之"理"。[⑤] 再如其《刘正之宜楼四章》之四,因"山以静故高,水以静故深"之"物"而"格"知"福禄岂

① 傅璇琮等主编:《全宋诗》,第 27474 页。
② 傅璇琮等主编:《全宋诗》,第 27500 页。
③ 傅璇琮等主编:《全宋诗》,第 27506 页。
④ 傅璇琮等主编:《全宋诗》,第 27516 页。
⑤ 傅璇琮等主编:《全宋诗》,第 31471 页。

外求,万感皆人心"①。上述三首诗,黄榦均由"物"出发,而通过推究其中所蕴含的"理",来表达其对于世态人情、性理道德等问题的看法。再如黄榦的《与胡西园》《送张元德司理罢官归永嘉》《凡今之人莫如兄弟诗并序》等,皆可见以"格物致知"为诗歌表达方式的用法。可见,"格物致知"表达方式,在黄榦的诗作中已经得到广泛使用。这种情况,在朱熹门人曹彦约、陈文蔚诗作中亦常见到。曹彦约有诗《知县再次韵不作平侧体复次韵二首》其二:"步出山前坂,遥望徒惊心。下无百尺流,上无千岁林。……莫饮盗泉水,莫息恶木阴。"②诗由山前之坂无"百尺流""千岁林"而"格"得"莫饮""莫息"之"理",指向于德性修养。其诗《次韵赵使君师夏谒白鹿游栖贤长句》先书写三峡之名涧景象,再推究其景、音之源,进而批判与佛有关之谬言,由之而推"吾儒自有名教踪,壁立万古涧底松",强调"一物不格皆妄庸",最终"格"得"常行万世无污隆,行健不息人中龙"③。诗篇不仅使用了"格物致知"的认知方式,而且诗中明言,之所以使用"格物致知",乃是理学家之传统。又如其诗《送以道赴汉东……许定夫军使三首》之一(仗斧暴公子)、《得雨》《课园丁洗竹》《次仁季咏梅韵》《魏总乾嘉父以果斋求诗为赋二章》等,均以"格物致知"方式来组织诗篇。与之相似,陈文蔚有诗《观物二首》之二,亦是由花木之繁茂而"格"得天地"生生不已"之"仁"体:"墙东一微物,妙意包藏深。人皆看枝叶,我独观其心。萌蘖既绵绵,茂盛亦骎骎。从此识天地,生生无古今。"④由物而"观",推究及"理",自然是"格物致知"的思理方式。再如其诗《再过桃花台》,书写了作者所见之桃花台美境:烟水成趣,山水相映而飞鸟与还。作者因此而"格"知"我生亦何求,行止随所寓。悠然此时心,但觉狎鸥鹭"⑤。显然,由"物"而明"理",其目的指向正在于德性不因外物而动摇。又如其诗《去草棘》,先述及:"草虽至微物,禀气何不同。瑞者为灵芝,大抵和所钟。熏者为兰荪,芬香播春风",由此而明理:"人知外秀异,胡不原诸中",再就草之本性而论:"奈何一种类,亦费造化工。……除却刺人衣,此外无余功。惨虽未荆棘,包藏固难容",最后强调"害物亦害己,去汝如去凶"⑥。诗篇因物而明"理",正是以"格物致知"方式来组织诗篇内容。

---

① 傅璇琮等主编:《全宋诗》,第 31476 页。
② 傅璇琮等主编:《全宋诗》,第 32133 页。
③ 傅璇琮等主编:《全宋诗》,第 32139 页。
④ 傅璇琮等主编:《全宋诗》,第 31918 页。
⑤ 傅璇琮等主编:《全宋诗》,第 31919 页。
⑥ 傅璇琮等主编:《全宋诗》,第 31928 页。

　　朱熹后学魏了翁、真德秀、吴泳等，亦常使用"格物致知"来写作表达性理的诗篇。魏了翁有诗《次韵史少庄竹醉日移竹》其四："猩屐常为醉魂役，骊珠适与睡时丁。外物移人每如此，人心可使不长醒。"①诗篇言及"猩屐""骊珠"常因偶然性而发生变故，诗人由此而"格"得"性理"："外物移人"每于不经意之间发生，因此务必时刻戒惕。其又有《次韵叔衍兄贺生子》："一壑一丘耕且为，不歆周网应非罴。云霾障日树蒙密，草蔓漫天山蔽亏。生意正从芽蘖露，善根不逐斧斤斯。溶溶此理谁能解，剩喜吾宗有白眉。"②以"云树""草蔓"而"格"得"生意"，强调其"善根"，正是"格物致知"认知方式或思维方式的运用。此外，《题蔡氏丛桂堂》《追送刘侍郎以宝制帅湖北》《送程左史以右撰知夔州分韵得重字》《题沈氏书堂》《次韵虞永康庐居生芝》等诗中，也可看到魏了翁以"格物致知"表达方式来写作诗篇。可见，"格物致知"已经成为魏氏诗歌的重要表达方式之一。与之相似，真德秀也常以"格物致知"作为诗歌的表达方式。如其《登南岳山》："烟霞本成癖，况复游名山。举手招白云，欲纳怀袖间。咄哉亦痴绝，有著即名贪。振衣遇长风，浩浩天地宽。"③诗篇书写作者热爱山水胜境之心，以至于生发出欲为我所有之意。作者抓住刹那间的心绪而"格"，悟及此"欲"为"贪"。这里可见，真德秀所强调的"格物致知"之"物"，不仅包括身外之"物"，举凡念头、感受等身内之体验，亦为当"格"之"物"。再如真德秀诗《志道生日为诗勉之》，先言志道其人来自闽越之地，而闽越之地有"巍巍独山岳，屹立镇宇宙。其体固而安，其形博而厚。嘘呵云雾兴，涵煦草木茂"的地理特性。进而，作者因此"越地"之性，而"格"得"皆由一静功，变化生万有。千古无动摇，两仪等悠久"。接着，诗篇提出对志道其人的劝勉："吁嗟人心危，六凿互攻斗。眇焉方寸微，怵彼群物诱。扰扰无宁期，得不易衰朽。"④此诗中，因山岳之性而"格"得天地、人之"性"，再联系到"人心"，以明定止其心的重要性。可以说，"格物致知"在诗篇内容的转折、结构的组织等方面起到了关键作用。以"格物致知"作为诗篇的表达方式，亦见于真德秀的《题全氏三桂堂》《寿杨龢父》《题李立父高远楼》《送王子文宰昭武》（百谏或绕指）等。魏了翁、真德秀常常使用的以"格物致知"表现方式作为诗篇线索或结构主线，亦在程朱学派后学中得到了广泛使用。如黄榦门人吴泳有诗《用晦翁十梅诗韵酬

① 傅璇琮等主编：《全宋诗》，第 34866 页。
② 傅璇琮等主编：《全宋诗》，第 34867 页。
③ 傅璇琮等主编：《全宋诗》，第 34833 页。
④ 傅璇琮等主编：《全宋诗》，第 34837 页。

张伯修孙子直》,其一曰:"幽人履贞吉,采藻南涧滨。所采一物微,所思万物春。"①诗作头二句,借用《易·履》语辞,表达其心定止而不为外物摇动之意。《履》:"九二:履殷道坦坦,幽人贞吉。"《象》曰:"幽人贞吉,中不自乱也。"②幽居之人可获吉祥,因其内心平静自然而不乱。诗作以采藻起兴,因此"微物"而推知万物之春意,其思维方式即是"格物致知"。又其《果山春郊即事七首》其三有诗句"野寺藏春不一奇,静机还有动机随"③,由野寺春景多样而"格"知事物动静相随之"理"。其《和虞沧江赋梅》之六曰:"万山春到直丛丛,谁省东皇有化功。生意溶溶呈露处,看随葵麦荡摇风。"④以葱葱春意而"格"得"生生不已"之"德"。再如其《和李雁湖晚春即事八首》之二:"纷纷花片落车茵,点点苔钱衬屐痕。造化生机浑不尽,又将新绿转春温。"⑤亦是因春景而"格"得"生生不已"之"德"。

值得注意的是,以"格物致知"作为诗歌的表现方式,不仅见于二程门人及其后学诗歌创作实践中,也在与程朱理学主张有所不同的陈傅良、叶适、陈耆卿等人的诗歌中,以及与朱熹学派诸人互有攻讦的陆九渊心学学派诸人的诗歌中,多有表现。作为浙东事功派的代表人物,陈傅良有诗《张冠卿……见寄次韵奉酬》:"明月不可浣,有时障氛霾。芙蕖生淤泥,岂必所处佳。老子苦炼藏,释氏多遣排。如欲尽物累,自古谁好怀。"⑥诗以"明月""芙蕖"所遇为起兴,连及老子、释氏对于世情的排解方式,从所处处境、排遣方法来"格"知只有去"物累",才能有安平和乐的心境。显然,诗篇从表达方式而言,使用了"格物致知"。又如其诗《南岳圣业寺禹柏》则从禹柏之本、末、枯、蔚等外形谈起,赞美其"终焉人伪尽,独以天巧遂",由之而"格"得"吾闻古有道,纯朴去故智。与世每如此,全身亦几是"。诗篇的内在结构,呈现为由"物"到"理"的认知路径,显然符合"格物致知"认知方式的特征。再如其诗《送范宪东叔帅潼川四首》其一:"离逾十年合,合复十月离。往日苦无及,来日忽未知。江源与海通,吴会与蜀违。通固天道常,违亦物理宜。勿作儿女感,是中有精微。"⑦诗篇以作者与范东叔遇而复分之"事件"而起兴,因范之去蜀与我之处闽,而及水之"通"与地之"违",由之而"格"得"通固天道常,违

---

① 傅璇琮等主编:《全宋诗》,第 35076 页。

② 李学勤主编:《周易正义》,《十三经注疏》(标点本),第 64 页。

③ 傅璇琮等主编:《全宋诗》,第 35076 页。

④ 傅璇琮等主编:《全宋诗》,第 35078 页。

⑤ 傅璇琮等主编:《全宋诗》,第 35080 页。

⑥ 傅璇琮等主编:《全宋诗》,第 29224 页。

⑦ 傅璇琮等主编:《全宋诗》,第 29240 页。

亦物理宜"。此中可见,"格物致知"已经藉由作者的认知或思维方式,而呈现为诗作的表达方式。总的看来,陈傅良诗篇中以"格物致知"来书写或反映理学思想或理学旨趣,是比较常见的诗歌表达方式。如其《闻叶正则阅藏经次其送客韵以问之》《水仙花》《春晚书怀二首奉简陈益之》(百舌喜太甚)等皆可见"格物致知"在诗歌表达方式方面的运用。与之相似,叶适诗篇中,亦常常以"格物致知"作为诗歌内容的重要表达方式。如其《陈同甫抱膝斋二首》其一,以陈亮"抱膝斋"名起兴,联系今古对于"抱膝"的态度,对今人对于儒家及儒者的打压与冷漠表示出深深的同情。由此,诗篇进而"格"出"内窥深深息,仰视冥冥翰。勿要两脾消,且令四体胖"之"理",勉励陈亮不坠青云之志。又如其诗《和答钱广文兰松有刚折之叹》,以兰花、松树之质性起兴,由之而"格"得士君子当亲近贤人,培育德性,故此勉励钱广文"愿子比令德,一薰容众蒿"①。诗篇使用"格物致知"较为隐晦,但由"物"而及"理"而显示出"格物致知"是其内在的思理路径。再如其《剡溪舟中》因剡溪舟中遇大风雨而起兴,再写自己半生逆旅劳顿而无遇,终至于由此"格"得"圣贤有命可奈何"之"理"。这里,需要强调的是,作为深受文人诗影响的叶适而言,以"格物致知"理学认识方式而写作的诗篇,在数量上是比较少的。至于叶适门人陈耆卿、陈亮等人,以"格物致知"来作为诗歌的表达方式,就更少一些了。

在陆九渊门人及其后学诗作中,也常常看到其以"格物致知"来作为诗歌的表达方式。如杨简《石鱼楼》其一:"多谢天工意已勤,四时换样示吾人。碧桃丹杏分明了,绿艾红榴次第陈。秋雁声中休卤莽,雪梅枝上莫因循。机关踏着元非彼,正是吾家固有身。"②因春花繁茂,次第而盛,"格"得天地之"生生不已"正是世人之"性"所承载"身"。同题诗作之二:"个里包坤更括乾,精神微动便纷然。桃红柳绿春无迹,鱼跃鸢飞妙不传。菱浪岂缘风衮衮,荷珠不为露涓涓。分明是了何言否,此事难容郑氏笺。"③其中亦使用了"格物致知"认知方式来"格"得"生生不已"之天地"仁"体,并认为此"理"因汉儒的注笺而被掩盖。此外,杨简诗作《咏春》《丙子夏偶书》《丁丑偶书》(物物皆吾体)、《偶成》(春入园林)、《慈溪金沙冈歌》等,皆可见"格物致知"之表达方式在诗篇组织结构等方面的作用。与之相似,陆九渊另一重要门人袁燮也以"格物致知"表现方式写有不少理学诗。如其

---

① 傅璇琮等主编:《全宋诗》,第31210页。

② 傅璇琮等主编:《全宋诗》,第30081页。

③ 傅璇琮等主编:《全宋诗》,第30081页。

《以鉴赠赵制置》,以"鉴"之"莹乎其明"而"格"得其生成原因:"非由外至,实自中发。"①再与良友相联系,强调"人心至神,无体无方。有如斯鉴,应而不藏",从而,实现了作者期望友人修心、正意以培育德性的用意。诗中可见,"格物致知"具有重要的作用。袁燮的一些诗篇,如其《丁未之冬……训迪有众》以亭名而"格"得"劝"人培育德性以成功之"理",《游宝方山》则由游山而"格"得"和气""中道",因此而强调"岁月勿虚度"。其他如《含清亭》《凤仙花》《咏竹》(野性)、《白髭》《他山之石》等,均可见"格物致知"表达方式在表达主题、组织结构中的使用。杨简、袁燮对于"格物致知"表现方式在诗篇的广泛使用这一做法,可能对陆九渊门人包扬的学生包恢有一定启示。其诗《雨后观新荷》,因观雨后新荷之"柔茎柄圆盖,嫩绿出清泚。下承之浮萍,铺锦杂青紫",而与月下无尘相联系,由此而"格"得"洒洒无一尘,生意正济济"②,表达出遗落物象而直指性体之"理"。其《观泉》则由泉水清澈冷寒之特性,"格"得其"内以洗我心,外以刮我目"之用,其思理指向乃是由"物"而及实践主体之"心",这一认知路径正与陆九渊心学一脉"格物致知"思想相同。总的来看,包恢诗篇中使用"格物致知"是比较常见的,如其《马上口占感梅感事二首》《病中答客》《和陈七峰七诗韵》(之三、四、六)、《和吴伯成七夕韵》《莲花》《题碧岩二首》等,均表现为由"物"而"格"得"理"的诗歌表达方式,大体而言,这些诗篇的思理指向均是陆学所重视的"心"之"理"。

上述,对程朱学派、陆学学派、浙东事功派等主要理学学派理学家诗人对于"格物致知"在诗歌创作中的使用情况进行了说明。可以看出,宋代理学家实质上已经把"格物致知"这种理学认知方式内化为理学诗的一种重要的诗歌表达方式。从而,这一做法逐渐为理学后学所重视,并逐渐成为理学家写作诗歌的一种传统。乾、淳之后的理学家诗人,除了上述已经提及的,其他如熊禾、王柏、杜范、丘葵、陈普、家铉翁、陈深等人,也常见到以"格物致知"作为写作理学诗的表达方式。这说明,理学家的认知方式和价值观念以及践行方式等,受到了"格物致知"的巨大影响。理学家的诗篇多见"格物致知"的认知方式,而少见对于"格物致知"的价值属性、实践属性的表达,可能与诗歌作品这种文化载体形式有关。

五 宋代理学"格物致知"诗歌表达方式的文学贡献与文化价值

理学诗所体现出的"格物致知",是对理学之"格物致知"的不经意取舍和侧

---

① 傅璇琮等主编:《全宋诗》,第 30985—30986 页。

② 傅璇琮等主编:《全宋诗》,第 35314 页。

重。考察可见,"格物致知"范畴在内化为理学家建构理学体系的思维方式、认知手段,和兼有内向性道德践履的目的与方法的同时,虽然也在其所创作的理学诗中有所呈现,但从理学家所创作的理学诗而言,"格物致知"主要是作为诗歌表达方式而存在的。其实践属性、价值属性等,主要藉由理学诗的内容或者主旨来实现。以"格物致知"认知方式即诗歌表达方式来写作的理学诗,既有"格物"以"明"自然界的"物理",又有即"物"以"格"的与"尊德性"有关的"性理"。这说明,作为理学的"格物致知"与作为诗歌表达方式的"格物致知",其联系至为紧密。

理学诗"格物致知"的表达方式,拓展了中国古典诗歌的表达方式类型。在理学诗出现之前,中国古代诗歌表达主旨的方法主要有三种:第一种是情景交融,认为这种境界实现了主体与客体的交融无间,这可以说是唐诗之美的典型体现。第二种是叙述。这种表达方式颇近于现代叙事学所强调的要素,以事件的起因、经过、结果,以及时间、地点等为主要内容。第三种是议论说理,主要是通过直接的议论,来说明诗歌书写或创作主体所要传达的意图。当然,也有一些诗歌试图通过咏史、写景等来说理,但总体而言,通过这种方式来说理,在以议论为主要表现方式的诗歌中所占的比重并不大。

理学家以"格物致知"表达方式来表达反映诗歌主旨的"理",在很大程度上与上述三种诗歌表达方式是相异的。"格物致知"在理学家之理学诗中的主要呈现,是作为认知和思维方式的形式介入诗歌,从而内化为诗歌组织结构主线。分析可见,作为诗歌表现方式的"格物致知",实际上只有一种表达方式类型,即由"物"到"理"。这里的"物",按照理学家讲,包括一切实践主体观照、体贴的外在对象及实践主体自身的感觉、直觉和心理等。从这个意义上讲,理学之"物"是一个从自然、社会和人本身出发而不断逼近实践主体的过程。在最终意义上,"物"与"人"接近于成为一体。这里的"理",按照理学家的说法,是包括"见闻之知"的"物理"与"德性之知"的"性理"。因此,不管是因事及理、因象及理,还是其他方式如析理、体贴、观物等,都可以视作"格物致知"的存在形式。可以说,理学家以"格物致知"表达方式而写作的诗歌,无论是由景"格"出"理"也好,还是由事物"格"得"理"也好,与理学诗出现之前中国诗歌史上常见的表达诗歌主旨的方法,是有明显差异的。

理学家"格物致知"诗歌,提升了实践主体在诗歌中所表现出的思理的严密性。实际上,前人早就认识到,作为诗歌赖以表达志意的重要凭借,因"象"起兴之"象",就是"物"之一种。黄百家已经提出:"天下之物皆象也。由耳目口鼻、父子君臣以至云为事物,皆是也。格物致知,则由象可以悟心。玩物丧志,则徇象适以丧心。存象之心,心滞于象而自失其虚明矣。"①"天下之物皆象"这一说法,在诗学史上极具意义。我们知道,在中国诗学史上,有绵延千年的唐宋诗之争。其中,"崇唐派"反对宋诗的一个重要的理由就是宋诗重"理"而少"象",缺少唐诗融情入景的浑融高妙。但是事物往往具备两面性。宋诗"格物致知"之由"物"入手而"格"得"理",其中除了有"象"(依黄百家所言,即是"物")外,还有从"象"而析出的"道理",包括"性理""物理""义理"等,其理性思维能力较之唐诗自然是上了一层。如果我们承认诗歌是文化的一大部类的话,宋诗尤其是理学诗的这一特性,又何尝不是多样性的诗歌审美的一种类型呢!实际上,作为中国古代诗歌而言,并不排斥说理性。从《诗经》《楚辞》等开始,说理性一直是中国古代诗歌的传统之一。不过,中国古代诗歌的说理性受到中国古代人们的思维方式所限,一般而言,其严密性是有缺陷的。而理学家以"格物致知"认知方式来写诗,在很大程度上,就把理学的较为严密的思维方式引入诗歌表达,这在客观上提升了诗歌表达方式的严密性。

理学家"格物致知"诗歌,提升了理学诗的文化品位。此外,"格物致知"表达方式还以独特的"由物及理"而呈现出理学家基于理性认知而带来的理性之美,这一实践主体之思辨、认知与客观之"物"的紧密结合,往往表现为理学诗的冷峻、客观的理性审美品格。从思想境界和思想深度而言,表现为理学诗的道德本位诉求而带来的崇高之风格。特别是,以"格物致知"作为诗歌结构的组织形式和诗歌主旨的表达方式,这就为理学诗人以推理的或直觉的方式,经由实践主体和诗歌书写或创作主体之"体验"为媒介,而实现了从自然界到道德界的审美或体验的"会通"。这里的"体验",是感性的也是理性的。从这个意义上说,理学家"格物致知"诗歌具有了丰富而深远的文化意味。

第四节　宋代理学"发明"话语与理学诗的表达方式

"发明"是宋代理学家非常重视的核心话语。自周敦颐至清末,前辈学者多注意到"发明"之于儒学及理学的重大价值。如林光朝曾言:"道之本体,全于太虚。《六经》既发明之,后世注解已涉支离,若复增加,道愈远矣。"②以《六经》"发明""道"之"体"。杨时评张载《西铭》:"《西铭》只是发明一个事天底道理。所谓

---

① 黄宗羲原著,全祖望补修,陈金生、梁运华点校:《宋元学案》,第 701 页。
② 黄宗羲原著,全祖望补修,陈金生、梁运华点校:《宋元学案》,第 1471 页。

事天者,循天理而已!"①杨时虽对"发明"的方法等没有展开论说,但已经点出了其在张载理学体系中的重要地位。黄宗羲论谢良佐的理学特色及其贡献:"其论仁,以觉,以生意;论诚,以实理;论敬,以常惺惺;论穷理,以求是。皆其所独得,以发明师说者也。"②黄氏认为,谢良佐以"独得"而及的"发明"阐释、发展了二程之学说。上述文献中的"发明",其义蕴虽然有别,但诸贤都承认"发明"之重要地位,则是一致的。

　　理学家之"发明"因其涉及实践主体对于物理、义理、性理等问题的认知、践履和体验,因此,"发明"是与理学认识论、工夫论发生必然联系的重要理学范畴,而这一范畴因为具备了实践主体的体验性、实践性等品格,故也就兼有了审美性的特质。亦因如此,理学之"发明"自然也就成为理学家实践其心性存养的重要途径和方式,而与其书写或者创作理学诗发生关系③。而理学家受到诗歌"重道""求道""载道"等文道观念的影响,又必然在其理学诗中把"发明"之途径、方法及探寻性理之结果等书写出来。由此之故,理学之"发明"的途径、方法,也就必然成为理学诗写作的重要表达方式。以此思理而作必要引申,则理学之"发明"与理学诗之表现方式就产生了直接联系。对此进行考察,深层次的学理问题就呈现出来:理学的"发明"的主要途径、方法是什么? 这一途径、方法的理学地位及其特性是什么?"发明"之于理学诗的表达方式的关联性及其诗歌呈现形式是怎样的? 其历史价值如何? 梳理学术研究史可见,理学"发明"话语及其影响下的理学诗的表达方式问题,尚未引起学术界的注意。因此,我们作些初步研究。

一　宋代理学"发明"话语的历史渊源及其作为途径、方法的涵蕴

1. "发明"话语的儒学渊源

　　理学家"发明"这一探求理学义理、建构理学体系的重要途径和方法,并非理学家天才式的创辟,而是有着历史的、现实的文化渊源。关于儒学"发明"的由来,东汉徐防上疏云:"《诗》《书》《礼》《乐》,定自孔子;发明章句,始于子夏。"④徐防认为经学阐释传统自孔子门人已经成为成熟的、自觉的治学路数。这一认识,为黄宗羲、刘师培等所承继,并成为目前学术界的共识。不过,以"发明章句"之

① 黄宗羲原著,全祖望补修,陈金生、梁运华点校:《宋元学案》,第773页。
② 黄宗羲原著,全祖望补修,陈金生、梁运华点校:《宋元学案》,第925页。
③ 参见边家珍:《经学传统与中国古代学术文化形态》,人民出版社,2010年,第97页。
④ 范晔撰:《后汉书》卷四十四,第1500页。

功归于子夏则可,但就"发明"而言,作为儒学重要的阐释传统,可谓源远流长。"发明"经典(而非"章句"),在子夏之前就存在了。今本《周易》,例有《彖》辞。如《周易·乾》之《彖》曰:"大哉乾元! 万物资始,乃统天。……乾道变化,各正性命。"孔颖达《正义》云:"夫子所作《彖》辞,统论一卦之义,或说其卦之德,或说其卦之义,或说其卦之名。"①孔颖达认为,《彖》辞具备了解说《易》之爻辞的作用。这里的《彖》辞,起到了论述、解释、阐明各卦之"义"或"德""名"等作用。按照传统说法,《彖》辞为孔子所撰,这当然要比子夏为早。孔颖达的这一看法,为清代黄宗羲所继承。他认为,《彖传》对于《乾》《坤》卦的阐释是"发明二卦之德"②。显然,《彖》之对于各卦的论述、解释、阐明等正是"发明"的较早涵义。

清代阮元校刻的《十三经注疏》保存了自汉代郑玄至于唐人的经典书写之"义例",对于我们理解经典文本中的"发明"有所裨益。汉代郑玄已经注意到,经书中常有上下文相互"发明"以表达较为复杂的意义。如《仪礼·有司》:"坐祭,遂饮,卒爵,执爵以兴,坐奠爵,拜,执爵以兴,长答拜。洗,升,酌,降,长拜受于其位,举爵者东面答拜。爵止。"郑玄注云:"拜受、答拜不北面者,俟尸礼杀。长宾言奠,兄弟言止,互相发明,相待也。"唐代贾公彦疏曰:"上文主人酬宾,奠爵于荐左,是长宾言奠,此言爵止,是兄弟言止。长宾言奠,明止而未行,此言止,明亦奠荐左,故云互相发明也。"③这里的"发明"乃是上下文互相补足。孔颖达《毛诗正文·诗谱序》云:"致者,行化于己,自己致人。……《周南》以《桃夭》至《芣苢》三篇为后妃所致,《汉广》以下,其事差远,为文王之致。……各举其事,互相发明。"④这里的"发明"显然是互相补充以生发之意。上述情况说明,不管是儒家经典,还是后学对原始儒家经典的注疏,都认为"发明"是儒学经典中就存在的,并为后学所继承的具有阐释、说明、补充、发挥等功用的解说方式。

包括《诗经》《尚书》《仪礼》《周礼》《春秋》等在内的早期的儒家经典定型后,儒学代表人物在对儒家经典的研读、使用过程中,往往有所"发明"。《左传》记载的春秋时期士大夫的"用诗",《孟子》的以"四端"说"性善"、以"义"补充"仁"、多谈心性等,《荀子》的以"性恶"与"气质"释"性"与"命"、以"礼"释"性"等,均可理解为早期儒学代表人物在阐释、解说和使用儒家经典过程中的"发明"。尤其是《孟子》《荀子》之"发明",更是具有了"造作"新说、阐说"心性"等涵义。可以说,

---

① 李学勤主编:《周易正义》,《十三经注疏》(标点本),第 7 页。

② 黄宗羲原著,全祖望补修,陈金生、梁运华点校:《宋元学案》,第 400 页。

③ 李学勤主编:《仪礼注疏》,《十三经注疏》(标点本),北京大学出版社,1999 年,第 966 页。

④ 李学勤主编:《毛诗正义》,《十三经注疏》(标点本),第 13 页。

经孟子、荀子等先贤的努力，"发明"已经呈现出丰富、复杂的儒学阐释功用了。

　　早期儒家经典及儒学代表人物释经之"发明"所具有的阐释、说明、补充、发挥、造作等诸用法，对汉唐诸儒的释经方法及其建构新的学说产生了深远影响。汉代的《毛诗序》《韩诗外传》，诸经郑玄注等，唐代孔颖达的《周易正义》《毛诗正义》《春秋左传正义》《礼记正义》等，都较好地继承了上述"发明"之诸方法。汉唐经学文本文献中，有不少诸如"发明大义""发明凡例""发明大体"等字样。仔细考察可知，经典中"发明"的用法，其含义基本集中于或下文对上文的补充解释，或后人对于文本的补充、说明等。唐代孔颖达等对此有非常自觉的认识。如《春秋左传正义·春秋序》孔颖达疏曰："初《左氏传》多古字古言，学者传训诂而已。及歆治《左氏》，引传文以释经，转相发明，由是章句义理备焉。"①说明刘歆释《春秋》的方法乃是引用《左传》之文，这一释经方法，与西汉风行的守"师传"、讲"家法"等"章句"之学有所不同，乃是以"义理"来治经。显而易见，刘歆之"发明"乃是创造了一种崭新的释经方法，其要义在于证明、发挥、阐释、补充、完善《春秋》"本经"经文。可见，刘歆对于释经方法的"发明"，较之西汉诸儒有所进步，"发明"开始具有了"体系化"探讨的意味，"发明"之功用在于证明、发挥、阐释、补充、完善等。儒家经典阐释之"发明"传统，可能对唐人产生了影响，如唐代韩愈的《本性》对"仁""义"等儒家核心范畴的认识，李翱对于性体心体等问题的探讨等，分明有着早期儒家经典及儒家代表人物的"发明"诸方法以释经的传统。

　　儒家原始经典中存在着的相互生发、补充、阐释、说明等有关"发明"的表达方式，以及汉唐诸儒对于释经方法的不断探讨，对宋代儒者产生了重大影响。理学家登上思想文化舞台之前，较早产生重大影响的宋代经学研究人物及其经学类别，要算孙复、王皙等的《春秋学》，欧阳修、苏辙等的《诗经学》，刘牧、邵雍等的《易》学。刘师培在《经学教科书》"第二十六课宋元明之《春秋》学"中总结宋代前期《春秋》学的发展情况："宋儒说《春秋》者，始于孙复。复作《尊王发微》，废弃传注，专论书法，惨礉刻深。王皙《皇纲论》、萧楚《辨疑》，亦发明尊王之旨，刘敞《春秋权衡》（复作《春秋传》《春秋意林》及《说例》）复评论'三传'得失，以己意为进退。"②这里的"发明"显然具有汉唐诸儒之"阐释""发挥""造作"等诸义。刘师培亦对宋代前期《易》学发展情况有所考察："宋儒治《易经》者，始于刘牧。牧学出于陈抟，抟作'先天''后天'图，牧作《易数钩隐论》。邵雍亦传陈抟《易》学，其子

---

① 李学勤主编：《春秋左传正义》，《十三经注疏》（标点本），第2页。
② 刘师培：《经学教科书》，岳麓书社，2013年，第53页。

邵伯温(作《易学辨惑》)及弟子陈瓘(《了翁易说》)咸以数推理。倪天隐受业胡瑗,治《易》主明义理(作《周易口说》)。司马光、张载《易说》,亦以空言说《易》。苏轼《易传》(多言人事)、程颐《易传》亦黜数言理。"①此中所可注意者有二:其一,宋代前期儒者对于《易》学的研究,较之前代有所变化,主要表现为"以数推理""主明义理""空言说《易》"及"黜数言理",其核心在于重"理"。可见,宋代诸儒对于经学的授受、探讨,较之前代亦有"发明",那就是在解说、阐释时加以新意,有造作新说的取向性。其二,理学家张载、程颐等人的经学探讨,从释经理念和方法上,均与宋代前期儒者相一致。这说明,宋代前期理学家的释经之途径、方法,均受到了经学传统的重大影响。换句话说,理学家之"发明"儒家经典的传统,从其途径、方法上看,与传统的儒者释经之方法是一致的。蔡方鹿《中国经学与宋明理学研究》的相关研究,也证实了这一点。②

2. 理学"发明"之丰富涵蕴

宋代理学公认的鼻祖人物是周敦颐,周氏以《太极图说》《通书》等为核心,提出了一系列理学的基本范畴和命题,对理学体系的建构起到了关键性的作用。为实现此目的,周敦颐对儒家传统经典尤其是《易传》《中庸》等予以创新性阐释,这一努力,被陆九渊、朱熹等称之为"发明"。《宋元学案》载《陆象山与朱子书》曰:"夫太极者,实有是理,圣人从而发明之耳。……其为万化根本,固自素定。其足不足,能不能,岂以人言不言之故邪?《易大传》曰:'《易》有太极。'圣人言有,今乃言无,何也?作《大传》时不言无极,太极何尝同于一物而不足为万化根本邪?《洪范》五皇极,列在九畴之中,不言无极,太极亦何尝同于一物而不足为万化根本邪?"③陆九渊疑惑于周敦颐的"无极"说,认为前圣之所无,从而对周敦颐"太极而无极"之说有所疑虑。这里的"发明",指的是《象》《易传》等对爻辞、卦象等的阐释、说明。而陆九渊所论周敦颐在建构其理学体系时所创造的"无极"话语,正可视作周敦颐之"发明"具有"创设""创辟"新说之意。元人许衡则认为陆氏兄弟所见乃拘泥于文字,而没有认识到周敦颐理论的精微高妙实质:"太极、阴阳、五行,下至于成男女而化生万物,此正推原生物之根柢,乃发明天地之秘,而反以为病,何其异邪!"④许衡明确指出周敦颐"发明天地之秘"的巨大贡献,这

---

① 刘师培:《经学教科书》,第47页。
② 参见蔡方鹿:《中国经学与宋明理学研究》,人民出版社,2011年。
③ 黄宗羲原著,全祖望补修,陈金生、梁运华点校:《宋元学案》,第500页。
④ 黄宗羲原著,全祖望补修,陈金生、梁运华点校:《宋元学案》,第513页。

里的"发明"自然是强调了周氏的创造、造作之功。同样是对周敦颐"无极而大极"的理解,清人张伯行则认为,周敦颐"无极而大极",乃是"周子因易有太极之辞,默契道体之本原,立象尽意,而复著说以明其蕴也。无极止言其无形,太极者,……本无形迹可求,而实为无以复加之至理"①。指出周敦颐"默契道体"而创造新说。统合上述前人对于周敦颐之"发明"的评价,可见周敦颐之"发明"具有"造作""创设""阐释"等义。

前人也注意到了二程理学之"发明"。张载曾就"定性未能不动,犹累于外物,何如?"问于程颢。程颢因之而作了全面回答,其文被后儒称之为《定性书》。明代刘宗周评价说:

> 此伯子发明主静立极之说,最为详尽而无遗也。稍分六段看,而意皆融贯,不事更端,亦不烦诠解。今姑为之次第:首言动静合一之理,而归之常定,乃所以为静也。是内非外,非性也;离动言静,非静也。"天地之常"以下,即天地之道以明圣人之道不离物以求静也。……主静之说,本千古秘密藏,即横渠得之,不能无疑。向微程伯子发明至此,令千古长夜矣。②

刘宗周评论之文较长。通读可见,刘宗周认为程颢之"发明"含有阐释、造作、说明等方法论的含义。从刘宗周所言程颢"发明"之内容来看,亦可见出"发明"具备理学之认识论、工夫论等特征。

至于程颐之"发明",前人评价颇多。如刘宗周认为:"小程子大而未化,然发明有过于其兄者。"③肯定程颐"发明"之贡献。这里"发明",可能是就程颐的理学思想及理学体系建构来说的。程颐在阐述道器关系时,曾有论述:"冲穆无朕,万象森然已具,未应不是先,已应不是后。如百尺之木,自根本至枝叶皆是一贯,不可道上面一段是无形无兆,却待人旋安排引出来,教入涂辙,既是涂辙,只是一个涂辙。"《宋元学案》记杨开沅按语:"此段发明道器一贯,最为明白。知此,则'理生气','才说性便不是性','人性中曷尝有孝弟来',皆头上安头,屋上架屋矣。"④杨氏的看法是比较精当的。从文献来看,程颐对道器的理解,坚持了体用一贯、体在用中等观点,是对《易》道器思想的重要发挥,以"道器一贯"说与《易》"形上

---

① 朱熹、吕祖谦编,张伯行集解:《近思录》,《丛书集成初编》本,第1页。
② 黄宗羲原著,全祖望补修,陈金生、梁运华点校:《宋元学案》,第547—548页。
③ 黄宗羲原著,全祖望补修,陈金生、梁运华点校:《宋元学案》,第588页。
④ 黄宗羲原著,全祖望补修,陈金生、梁运华点校:《宋元学案》,第616页。

下"说对比可见,显然是崭新的义理创造。由此而言,这里杨开沅所言之"发明",为"创造""发挥"之意。胡安国评价程颐之学可为佐证:"夫颐之文,于《易》则因理以明象,而知体用之一源;于《春秋》则见诸行事,而知圣人之大用;于诸经、《语》《孟》则发其微旨,而知求仁之方,入德之序。"①这里,"因理明象""知体用一源"等,均说明程颐之"发明"乃是发挥、创造之意。

较之周敦颐、二程等,张载之"发明"有其不同。他强调:"物无孤立之理,非同异、屈伸、终始以发明之,则虽物非物也。事有始卒乃成,非同异、有无相感,则不见其成;不见其成,则虽物非物。故一屈伸相感而利生焉。"②他认为,可从"同异、屈伸、终始"来查"物"之相互联系之"理",可从"屈伸相感"之"一"(亦即是理)而"生"其"利"(即用),以此来察知"物"之"理"。显然,张载的"发明"乃是发挥、探讨、考察之义。程颐曾评价张载之学:"所论大概有竭力苦心之象,而无宽裕温柔之气,非明睿所照,而考索至此,故意屡偏而言多窒。"③强调张载之学因"考索"而有"偏""窒"之病。这里的"考索"也就是张载之"发明"。

二程至朱熹之前的理学家,其"发明"理学之方法,基本上不出周敦颐、二程及张载的探索,大致具备阐释、说明、创造、考索等义,在此基础上而有微异。如私淑于二程的罗靖,与吕和问、广问兄弟"以河、洛微言共相发明"④,这里的"发明"具有"启迪""生发"之义。陈渊论《论语》《中庸》《孟子》等而辨王安石、杨时学问之异,所表现出的"明辨"特征等,都应视作"发明"。除此之外,文献多处载有杨时门人对于"发明"的观点、态度及方法。如施德操认为孟子"所以发明斯文,开悟后世者,至深矣",这里的"发明"为"创造"之意。他继之又指示学者明"存养"之法:"学者于此了然,能明此心而存之以诚敬,养之以持久,穷之以学问,而渐摩之以师友,则庶乎真识孟子之仁义矣。"⑤显然,这里的"明此心"应被看作施德操上文所讲的"发明"之义。

朱熹及其门人所构建的闽学体系,成为理学集大成的代表,自然也成为理学家以"发明"而探讨理学精义的认识论和方法论的高峰。朱熹之"发明"具有多个义项。

其一,在继承前辈理学家观点,在认识论、方法论的基础上,以"发明"为"明

---

① 黄宗羲原著,全祖望补修,陈金生、梁运华点校:《宋元学案》,第 649 页。
② 黄宗羲原著,全祖望补修,陈金生、梁运华点校:《宋元学案》,第 689 页。
③ 黄宗羲原著,全祖望补修,陈金生、梁运华点校:《宋元学案》,第 704 页。
④ 黄宗羲原著,全祖望补修,陈金生、梁运华点校:《宋元学案》,第 1020 页。
⑤ 黄宗羲原著,全祖望补修,陈金生、梁运华点校:《宋元学案》,第 1323 页。

理"。他讲：

> 圣贤言语大约，似乎不同，然未始不贯。只如夫子言非礼勿视、听、言、动，"出门如见大宾，使民如承大祭"，"言忠信，行笃敬"，这是一副当说话。到孟子又却说求放心，存心养性。《大学》则又有所谓格物致知，正心诚意。至程先生又专一发明一个敬字。若只恁地看，似乎参错不齐，千头万绪，其实只一理。道夫曰："泛泛于文字间，只觉得异；实下功，则贯通之理始见。"曰："然。只就一处下工夫，则余者皆兼摄在里。圣贤之道，如一室然，虽门户不同，自一处行来便入得，但恐不下工夫尔！"①

朱熹把《论语》《大学》《孟子》与程颐之学相贯通，发现只是"一理"，其门人则就如何"明理"的方法又作进一步探讨，从工夫论角度强调择"一处"践履可得"道"（亦即理）。显然，上述文献所讲的"发明"，乃是包括认识之识察、方法之践履的"明理"。

其二，朱熹之"发明"，在前辈理学家已有认识、阐释、考索等义项的基础上，成为有一定层次的、多重方法在内的人生论和方法论体系。黄榦总结朱熹之学："周、程、张、邵之书，所以继孔圣道统之传，历时未久，微言大义郁而不彰，为之裒集发明，而后得以盛行于世。《太极》《先天》二图，精微广博，不可涯涘，为之解剥条画，而后天地本原，圣贤蕴奥，不至于泯没。程、张门人，祖述其学，所得有深浅，所见有疏密，先生既为之区别，以悉取其所长，至或识见小偏、流于异端者，亦必研穷剖析而不没其所短。南轩张公，东莱吕公，同出其时，先生以其志同道合，乐与之友，至或识见少异，亦必讲磨辩难，以一其归。至若求道而过者……先生力排之，俾不至乱吾道以惑天下，于是学者靡然向之。"②由上来看，朱熹之"发明"，其方法就有"解剥条画""为之区别""研穷剖析""讲磨辩难"等方法。至于对待陆学以及混同儒、释之理学家之学，朱熹采用的方法是"力排之"，则不属于"发明"。以黄榦所言，朱熹"发明"所用的方法就有剖析、理顺、分类认识、研究甄别、讲学驳难、澄思践行等。朱熹门人及其后学，基本上遵循了朱熹上述"发明"之义而各自展开。如黄榦在其《道统说》中，强调圣人"发明道统以示天下后世"③，其

---

① 黄宗羲原著，全祖望补修，陈金生、梁运华点校：《宋元学案》，第 1544—1545 页。
② 黄宗羲原著，全祖望补修，陈金生、梁运华点校：《宋元学案》，第 1544—1545 页。
③ 黄宗羲原著，全祖望补修，陈金生、梁运华点校：《宋元学案》，第 1579—1580 页。

"发明"兼备创设、阐释、说明诸义。朱熹门人陈埴认为,《易》、曾子、程颐之说可以"彼此互相发明",以明"一"之贯通,这里的"一"为道,惟有圣人之心体光明,具众理而该万用,故能明道、明理。显然,这里的"发明"乃是互证、阐释、彰明之义。

上述考察可见,自原始儒学至宋代理学诸贤,其"发明"经典的途径、方法具有在承传中发展、演变的特性。早期的"发明"大致以阐释、解说等为主,而到了宋代,理学家之"发明"则具有了造作、研究、认识、甄别、澄思、践行等较为复杂的涵义。这说明,伴随着人们思维方式和认知方法的不断进步,"发明"之途径、方法也相应地向着精确化发展。

二 宋代理学"发明"之话语表达及其属性特征

陆九渊、吕祖谦、张栻、叶适等人及其后学"发明"之目的,虽与朱熹之学有根本不同,但就"发明"的途径、方法而言,较之朱熹远为逊色,基本没有超出朱熹对于"发明"的探讨。如全祖望评价陆九渊学说:"陆子之学,近于上蔡。其教人以发明本心为始事,此心有主,然后可以应天地万物之变。"①认为陆九渊之学以"发明本心"为重要特征,这里的"发明"显然有考索、阐释之义,其目的在于阐明、证实心体之善,亦即心体性体本然地具备仁、诚、善等美好的本质。陆氏门人杨简,其"发明"基本沿袭了陆九渊的路径。他说"孔子亦可谓善于发明道心之妙"②,这里的"发明"仍然具有阐释、考察、说明之义。陆九渊、杨简之后,心学门人基本遵循了其先师的门径,如陆九渊门人朱泰卿坚守师说,强调"发明之说,未可诬也"③,杨简门人钱时提出"发明人心"④等,均与陆九渊、杨简无异。而吕祖谦强调"著书与讲说不同,止当就本文发明,使其玩索"⑤,其"发明"乃阐释、引申等义。而张栻在其《南轩答问》中,对"持敬""善"以及仁、忠、恕等话语予以极为精辟的阐释、解说,可见其"发明"亦为阐释、解说、说明等义。其他南宋中期较为知名的理学家,如叶适等人之"发明"亦是如此,其基本义项没有超越朱熹的用法。

无论是邵雍体系"观物"以"明理"、张载关学体系的"考索"以"事天",还是程朱学派体系"格物"以"明理"、陆九渊心学体系"发明本心"等,均以"发明"为建构理论体系的重要途径和方法。概括而言,宋代理学家之"发明",有造作、阐释、说

① 黄宗羲原著,全祖望补修,陈金生、梁运华点校:《宋元学案》,第 1888 页。
② 黄宗羲原著,全祖望补修,陈金生、梁运华点校:《宋元学案》,第 2477 页。
③ 黄宗羲原著,全祖望补修,陈金生、梁运华点校:《宋元学案》,第 2581 页。
④ 黄宗羲原著,全祖望补修,陈金生、梁运华点校:《宋元学案》,第 2485 页。
⑤ 黄宗羲原著,全祖望补修,陈金生、梁运华点校:《宋元学案》,第 1663 页。

明、引申、解说、考索、分类、界定、比较异同等义项,其涵义是非常丰富而复杂的。可以说,宋代理学家正是依靠"发明"作为"求道"的途径与方法,而在阐发理学性理精微、探索理学认识论和工夫论方法、建构各具特色的理学体系等方面,与汉唐儒学、佛学、道教等拉开了距离。宋代理学由此而生发出迥异于以往的独立面目。

由于两宋时期理学家所用话语体系的开放性,不同理学家乃至同一个理学家,在不同的语境下,往往使用不同的话语来表达与理学"发明"相同或者相近的涵蕴,因此,我们在对"发明"进行考察时应注意这一情况。择其常用者略述如下。

1. 默契

《宋元学案》等记载有不少理学门人"默契"理学。如:"黄振龙,字仲玉,闽县人。得朱子端庄存养之说,默契于心,书之座隅。"①又记:"王逢,字原夫,乐平人。幼颖异不凡,天性孝友。比长,默契义理之学,师事野谷洪氏,道脉所自,先生以心会焉,乃厌科举业,研精道理性命之懿,淹贯经史。"②上述文献可见,"默契"指的是"默识""识察""暗合"等义。这一用法,为后学所继承。如清人张伯行集解《近思录》在卷一"道体""无极而大极"下注云:"此周子因易有太极之辞,默契道体之本原,立象尽意,而复著说以明其蕴也。"③这里的"默契"亦为"默识""识察""暗合"等。

2. 考索

伊川《答横渠书》曰:"观吾叔之见……然以大概气象言之,则有苦心极力之象,而无宽裕温和之气,非明睿所照,而考索至此,故意屡偏而言多窒,小出入时有之。更望完养思虑,涵泳义理,他日当自条畅。"④这里,"考索"与"完养""涵咏"相对,而后两者为"存养"之方法,因此可见,"考索"为考察、辨析等认知方法,属于察识之范畴。后来朱熹对此有非常精妙的分析:"讲学不可以不精也。……故夫专于考索,则有遗本溺心之患;而骛于高远,则有躐等凭虚之忧。二者皆其弊也。考圣人之教,固不越乎致知力行之端,患在人不知所用力尔。莫非致知也,日用之间,事之所遇,物之所触,思之所起,以至于读书考古,知所用力,则莫非吾

---

① 黄宗羲原著,全祖望补修,陈金生、梁运华点校:《宋元学案》,第 2046 页。

② 黄宗羲原著,全祖望补修,陈金生、梁运华点校:《宋元学案》,第 2836 页。

③ 朱熹、吕祖谦编,张伯行集解:《近思录》,《丛书集成初编》本,第 1 页。

④ 黄宗羲原著,全祖望补修,陈金生、梁运华点校:《宋元学案》,第 771 页。

格物之妙也。其为力行也,岂但见于孝弟忠信之所发,形于事而后行乎? 自息养瞬存,以至于三千三百之间,皆合内外之实也。行之力,则知愈进;知之深,则行愈达。"①看来,朱熹对于"考索"与"格物"之间的界限是非常警惕的。"考索"如果专注于"物"而疏忽于"道",则会"遗本溺心",为物所乘。正确的"求道"之"格物",应是于日常日用之间"合内外",所谓"心要在腔子里"。朱熹之后,理学家对"考索"多持贬义。如《宋元学案》记:"鹤山魏文靖公初为考索记问之学,(范荪)先生以敛华就实语之,故鹤山之称先生有曰……"②这里的"考索"意即考察、考辨,至于"考索"的对象,往往是名物、制度等。

3. 体贴、悟、拈天理

程颢讲:"吾学虽有所授受,'天理'二字,却是自家体贴出来。"③这里的"体贴",当是发现、体悟、感受等义。"体贴"强调的不仅是认知过程和方法,也含有包括"力行"在内的实践论途径、方法。张载亦云:"学贵心悟,守旧无功。"④这里的"悟"与"体贴"作用相同。《宋元学案》载顾諟评张载学说云:"明道程子曰:'天理二字,是自家体贴出来。'先生亦拈天理,而曰'归'曰'立',发明'自家体贴'之意,尤为吃紧。"⑤这里的"拈天理",亦是"体贴""心悟"之义。

4. 观理

程颐强调:"随事观理,而天下之理得矣。天下之理得,然后可以至于圣人。君子之学,将以反躬而已矣。反躬在致知,致知在格物。"⑥这里的"观",乃是察识、体验、彰明之意。朱熹继承了程颐的这一明理方法:"日用之间,随时随处提撕此心,勿令放逸,而于其中随事观理,讲求思索,沉潜反复,庶于圣贤之教渐有默相契处,则自然见得天道性命,真不外乎此身,而吾之所谓学者,舍是无有别用力处。"⑦其"观理"方法正与程颐相同。大致而言,宋代理学家"观理"之目的在于"明理""明道",因此,"观理"之"观"所依托的对象,是非常广泛的,一草一木、政事、史事乃至实践主体的息、瞬、过、存等,皆可为"观理"之对象。而作为"观理"之方法和途径的"观",往往具有体验、察识、彰明、考辨等认知方法和体认方法在

---

① 黄宗羲原著,全祖望补修,陈金生、梁运华点校:《宋元学案》,第 1552 页。
② 黄宗羲原著,全祖望补修,陈金生、梁运华点校:《宋元学案》,第 2412 页。
③ 黄宗羲原著,全祖望补修,陈金生、梁运华点校:《宋元学案》,第 569 页。
④ 黄宗羲原著,全祖望补修,陈金生、梁运华点校:《宋元学案》,第 757 页。
⑤ 黄宗羲原著,全祖望补修,陈金生、梁运华点校:《宋元学案》,第 757 页。
⑥ 黄宗羲原著,全祖望补修,陈金生、梁运华点校:《宋元学案》,第 605 页。
⑦ 黄宗羲原著,全祖望补修,陈金生、梁运华点校:《宋元学案》,第 1548 页。

内,兼有认知、实践属性特征。

5. 格物

程颢认为:"致知在格物,格者,至也。穷理而至于物,则物理尽。"①而程颐则认为,"格,犹穷也;物,犹理也。犹曰穷其理而已矣。穷其理,然后足以致知,不穷则不能致也。物格者,适道之始与! 欲思格物,则固已近道矣。是何也? 以收其心而不放也。"②显然,二程均认为,"格物"乃是"穷理",其目的在于穷尽"物"之"理"。而张栻在继承二程强调"敬"的基础上又拈出"集义":"居敬、集义,工夫并进,相须而相成也。若只要能敬,不知集义,则所谓敬者,亦块然无所能为而已,乌得心体周流哉? 集,义训积。事事物物莫不有义,而著乎人心,正要一事一件上集。"③张栻此处特地拈出"集义",他所强调的"格物"之目的就不仅仅局限于"明善""天理"等,而是一变为儒家传统上所言之"三纲""五常""五典"以及"克己复礼""主一""守诚"等至为广大的意义了。这一看法,极大地提升了"格物致知"的地位,对后来理学家有所启发。在二程以"格物"为"穷理"的基础上,朱熹又加入"穷极事物":"格物二字最好。物谓事物也。穷极事物之埋到尽处,便有一个是,一个非。"④朱熹以此来强调"穷理"的目的性,这就间接导致了后世理学家出现"牛毛蚕丝,无不辨晰"⑤的学术陋习。上述可见,"格物"是实践主体凭借对"物"的体贴、参悟、分析或归纳来实现对于道体、性体、心体的认知和实践。从这个角度而言,"格物"亦是理学家"发明"之一种。⑥

与宋代理学家之"发明"涵义相同或者相近的理学话语是非常多的。如观物、明理、观气象、观天地生意等,均可视作与理学家之"发明"所涵涉的途径、方法相同或者相近的话语。笔者相关论文已对此有所考察,在此不再赘述。⑦ 考察可见,宋代理学家之"发明",具有一些值得注意的特性:

其一,宋代理学"发明"在总体上具有认识论特征。不管是阐释、说明、发挥、

---

① 程颢、程颐著,王孝鱼点校:《二程集》,第405页。

② 黄宗羲原著,全祖望补修,陈金生、梁运华点校:《宋元学案》,第605页。

③ 张栻著,杨世文点校:《张栻集》,第1255页。

④ 黎靖德编,王星贤点校:《朱子语类》卷十五,第284页。

⑤ 黄宗羲著,沈芝盈点校:《明儒学案》(修订本),第14页。

⑥ 可参阅本章第三节相关内容。

⑦ 参见拙作:《论两宋理学"观物"与理学诗类型化主题及程式化表达》,《清华大学学报(哲学社会科学版)》2016年第2期;《论两宋理学"观天地生物气象"义蕴及其多向性展开》,《上海大学学报(社会科学版)》2014年第2期;《论两宋理学"气象"涵蕴及其诗性品格》,《兰州大学学报(社会科学版)》2012年第2期。

引申也好,还是朱熹所用的剖析、理顺、分类认识、研究甄别、讲学驳难等方法也好,都是实践主体认识事物、探讨性理、贯通天人的途径与方法,其目的都是通过诉诸认识手段、方法来把握未知之物或者"理"。不过,理学家的这一"发明"所属的认识论之方法、手段或者过程,并不是严格意义上的符合现代科学思维规律的认识论。宋代理学家在使用"发明"来认识事物、性理或者天人关系时,往往采用的是不充分的逻辑推理、假言判断或者不符合逻辑的引申方式。其分类认识所依据的标准往往不一。特别是,分类时的事物或者标准,往往不在一个层级上展开。其甄别、驳难等也带有普遍的偷换概念等问题。一言以蔽之,作为从原因到结果、特殊到一般、已有结论到其他认知等认知环节,理学家的"发明"之逻辑,往往存在与现当代逻辑学相矛盾的众多问题。如前引张载关于"物"之"理"的论述"物无孤立之理"条,张载重视物物、事事之间的关系,这是其长处。但是以此得出结论,如果不从关系角度就会"虽物非物",又强调基于这种关系的互相作用,则"利生"。应该说,事物之间互相作用确实规定了事物的特质和运动规律,但是,这种关系只是就其"用"而言的,至多也就是就其"体用"而论的角度与"体"有关,而与此物之构成元素及其规定着的元素构成及其特质无关。可见,理学家之"发明"的认识论之方法、途径等,是与现代科学认识论相差甚远的。

其二,宋代理学之"发明"具有实践论特征。宋代理学之"发明"所包蕴的造作、创设、阐释、说明、发挥、引申、剖析、理顺、分类认识、研究甄别、讲学驳难等,需要实践主体通过具体的行动去落实。因此,宋代理学之"发明"具有实践性特征。离开了理学主体的实践性,就不可能有作为手段、方法和途径的"发明"。从这个意义上讲,宋代理学之"发明"具有实践性的品格。"发明"的这一特征就意味着,它是实践主体诉诸具体行动而指向于对象的社会实践活动、人类自然活动和个体精神心理活动。不过,与简单的人类实践活动有所不同,"发明"的活动性质是高级的、复杂的。这一活动是伴随着主体的个体思维活动、认知活动、情感活动等而存在的,兼有认知、思维、情感体验等个体心理活动与社会实践活动,应该是"发明"的基本特性。认识到这一点是有必要的。它意味着,在此活动中的精神产品——特别是其中的理学诗写作,不仅仅是人类情感的表达和凸显,也是实践主体的社会活动、心理活动的承载体,这些理学诗是创作主体的认知、思维、情感体验等个体精神心理活动,与人、物、环境等构成的社会活动、自然活动等因素的呈现方式。这些因素的诗歌呈现,共同组成了相关理学诗的内容整体。由此而言,对这些理学诗进行探讨与研究时,应不仅注意其情感性、艺术性,也应关注其认知方式、思维方式,以及诗篇中人、物、自然等彼此之间的相互关系。

其三,宋代理学"发明"具有审美体验性特征。宋代理学之"发明",尚有体验、体察、阐释等义项。实践主体的体验、体察和阐释等,在具备实践性的同时,往往于认知中伴随着审美体验。特别是,理学家以观物、格物、明理、观气象、观天地生意等方式而实践的体验、体察、阐释等,往往通过涵养、存养等手段,来成就其德性品格,定止其和乐、澄净、诚敬等为目标的德性境界。这样,理学家之"发明"自然也就具有了审美体验性的特征。在这方面,尤其表现在理学家所写作的观物、观气象、观生意等内容或主旨类型的诗歌中。此外,一些理学家在学习、鉴赏前辈理学家的理学诗作时,往往在阐释、说明时也表达出阅读主体的审美体验心理。从理学"发明"之审美体验性来看,其目的在于以此为方法、手段或途径,所要实现的乃是"求道"目的。从理学诗而言,"发明"的这一审美体验性特征,与一般文人诗的审美体验性是有很大差异的。比如周敦颐"庭草不除"事所表达的乃是"观天地生意"亦即天地之体境界,"庭草"遂成为理学诗的重要意象而为后代理学诗人所反复吟咏。一些理学家因此而往往咏及"路边杂草""草""秋草"等,所表达的诗歌主旨亦为"生生不已"。从文人诗而言,路旁杂草也好,秋天野草也好,其物象乃至构成的诗境往往算不上是审美的、富有情趣的,也不会是激动人心的、新奇的。因此,一般而言文人诗中很少出现"草"这一物象及诗境。但理学家却从"杂草"中通过体验、体察等方法而"发明"出其内含的性理、天道等。理学诗的这一诗歌表达方式,显然受到了包括理学"发明"等"求道"途径、方式在内的理学体系的重大影响,而具有了与文人诗迥然不同的诗歌风貌和诗歌品格。

由上可见,宋代理学"发明"之多样性意蕴、复杂的话语表达及其属性特征,反映出作为新儒学体系的理学的若干规定性特性。大致而言,宋代理学"发明"是理学基本"求道"途径、方法和手段的整体性表达话语,"观物""格物""观生意""观心""观理"等皆可视作理学"发明"之类属,而阐释、说明、引申、创设、考索、分类、研究甄别、讲学驳难等"发明"诸方法,相应地具有了认知、实践、体验、审美等属性。

三　宋代理学"发明"与理学诗的表达方式

理学家以"发明"而"求道"所表现出来的诸多途径、方法,如阐释、说明、引申、创设、考索、分类、体悟、研究甄别、讲学驳难等,因其具有认知性、实践性、审美体验性等品格,很容易成为理学诗人创作、书写理学诗的诗歌表达方式。这是因为,作为诗歌书写或创作主体的理学家诗人,一般来说也是践行性理之"道"的道德实践主体。这样,作为理学"求道"途径、方法或者手段的"发明",往往也就成为理学家赖以认知、实践和审美体验的方式。特别是,由于理学家"文以载道""因诗求道"等观念的影响,诗歌往往也被一些理学家认定为"物"。由此,理学的"发明"诸方法手段、途径等,也就与诗歌表达方式产生了直接的联系。总的来看,理学"发明"体现在理学诗的表达方式上,较为突出的有四个方面:

(一) 对理学性理范畴或者命题,予以解释、阐释。理学诗人的"发明",作为认知、实践等"求道"途径、方法和手段,往往表现在他们的理学诗写作中,这就成为理学诗的重要表达方式。比较而言,以解释、阐释表达方式而写作的理学诗,在理学家受到"发明"之影响而写作的理学诗中,所占的数量最多,种类也最多。大致而言,受到"发明"影响的理学诗并在诗歌写作中呈现出来的与解释、阐释相关的表达方式,可以分为以直接性的言理及直接性解释,与间接性的因象明理、象物比德等两大类别。

其一,直接言理。以解释、阐释表达方式而写作理学诗的理学家,数量较多,较为具有代表性的有邵雍、胡宏、史浩、姜特立、朱熹、彭龟年、陈淳、杜范等人。如邵雍写有《人物吟》:"人破须至护,物破须至补。补护既已多,卒归于败露。人有人之情,物有物之理。人物类不同,情理安有异。"[1]诗篇入题即从人情、物理角度来谈"护""补"的问题,强调"物极必反"之理,人情、物理都因"理"而统一。再如胡宏《和刘子驹存存室》:"动中涵静是天机,静有工夫动不非。会得存存存底事,心明万变一源归。"[2]诗篇入题即强调"心"体之体用问题,强调"静"中有"动",存养之目的在于"心明"而察识万物之"一理"。以直接言理而写作的诗篇,往往重视入题直接而不假借其他,抓住关键来"言理"。如史浩《童蒙须知·修德篇》:"生身天地间,所贵在修德。众善既奉行,诸恶当屏息。美利世同沾,阴功人不识。冥心契上天,享佑无纪极。"[3]诗篇入题即点出修德之重要性。三四句则强调修德应行善而屏恶,予人美利而修阴功。再如姜特立《祸福》:"君子多短拙,动或祸随之。小人最狡狯,往往触祸机。巧者极人力,拙者无所为。巧拙不必问,天道自平夷。"[4]诗篇抓住"祸福"两字展开论述,崇"拙"而抑"巧",认为"拙"致"福"而"巧"触祸。此诗在写法上虽引入了"拙""巧"来言"祸福",但所表达的主旨仍然紧密结合"祸福",因此亦可视为直接言理。以"直接言理"为表达方式的理学

---

① 傅璇琮等主编:《全宋诗》,第 4633 页。
② 傅璇琮等主编:《全宋诗》,第 22108 页。
③ 傅璇琮等主编:《全宋诗》,第 22178 页。
④ 傅璇琮等主编:《全宋诗》,第 24128 页。

诗作者,数量不少。如朱熹、彭龟年、陈淳、杜范、徐元杰等人,都写有很多以直接言理为表达方式的诗作。总的来看,两宋时期,以直接言理来书写理学之性理、表述理学主张的诗篇,数量众多,是理学诗的重要类型。

其二,直接解释。一些理学家在写作理学诗时,往往自觉不自觉地以类似于"传注""注疏"的表达方式来写诗,通过对理学性理范畴或者命题进行直接解释来表达诗歌主旨。如曾丰《题叶英州清白亭》有句:"一元之气天得清,推为覆焘万物生。四时之色秋得白,推为擘敛万物成。……上少能容下多嫉,更居以浊守以黑。"①诗作抓住"清白"两字予以解释,表达出作者对叶英州高迈道德的推许之意。再如袁燮《题习斋》:"寓形宇宙间,所至习乃成。事以习故熟,艺以习故精。婴儿始匍匐,习之能自行。……善端谨护持,保己如保城。新功生者熟,旧飞熟处生。一心湛不挠,四体明且清。平居寡悔尤,处困心亦亨。……以习名其斋,为我座右铭。"②诗作释"习斋"之"习",强调居敬、养性以成"习",明确践履之于道德之重要性,诗篇表达方式以直接解释"习"字而展开。再如孙应时《和陈亮功张次夔二同年唱酬廉字诚字之作》之二:"虚中答远响,不与律吕乖。惟诚贯万物,此岂欺我哉。九仞忧弃井,累土期层台。汝州春风中,试坐一月来。"③诗篇抓住"诚"字而展开,强调"虚中"即虚心以接万物,此即"心"之"用"必以"诚"为发端,而用"诚"当持志有恒,以全心性。诗篇通过对"诚"之本原、诚之用等的直接解释而表达其主旨。以直接解释的表达方式而写作的理学诗,数量也是不少的。如黄榦、曹彦约、陈文蔚、金朋说等人,皆有不少的诗篇使用了这一表达方式。

其三,因象明理和象物比德。较之前述直接言理和直接解释的表达方式,因象明理和象物比德这两种理学诗的表达方式,可视为间接表达方式。从理学诗总体来看,以间接表达方式来表达理学思想和旨趣的诗篇更容易引起人们的重视,因为,以间接表达方式而非直接言理或者直接解释来写作诗篇,是文人诗长久以来的诗学传统。以这种方式而写作的诗篇,往往因其具有形象性且具有较为完整鲜明的诗歌境界,而为人所推崇。以"因象明理"表达方式来写作的诗篇,如李复《首夏端居》:"美木交柔柯,蕤蕤众叶光。……寒暑迭往返,物生安有常。百年只瞬息,忍使生理伤。起坐理素琴,曲罢取酒尝。既饮复又酌,仰看闲云翔。得为太古民,优游见羲皇。"④诗篇因夏景而言天地运化之不息,继之谈及应以释

① 傅璇琮等主编:《全宋诗》,第30188页。
② 傅璇琮等主编:《全宋诗》,第30996页。
③ 傅璇琮等主编:《全宋诗》,第31701页。
④ 傅璇琮等主编:《全宋诗》,第12416页。

然之心以适运化之道,因物象而阐明天理、人情是此诗之表达方式。至于以"象物比德"而写作的诗篇,更是理学诗常见的表达方式。如朱熹《克己》:"宝鉴当年照胆寒,向来埋没太无端。只今垢尽明全见,还得当年宝鉴看。"①以明镜之鉴物无隐之"性"来比喻实践主体之心体,强调刮垢磨光之"克己"的"知性"工夫,是明见"心"体的必需条件。

其四,因"日常日用"而连带、引申以说理。这种诗歌表达方式,也是理学诗较为独特的属性特征。一般而言,文人诗要么通过有意味的、优美的诗境来表达作者的思想,也就是所谓的融情入景方法;要么通过选取给人留下深刻印象的人生遭遇、历史史实或者政治事件,来表达思想或者抒发哲理。当然,文人诗的说理方式还有其他方法。但是,不管哪种文人诗的表达方式,大都追求事件的新颖性、典型性或者有一定的历史价值,而极少关注日常日用事物之中所蕴涵或者可以引申出的"理"。而理学家因为"发明"之故影响到理学诗的书写,往往从"日常日用"事物所蕴含或者可以引申出"理"的这一特点出发,书写其性理、义理或者理学之"道"。如朱熹《和秀野韵二首》其一:"闻道无余事,翛然百虑空。何心分彼我,无地著穷通。昨日青衿子,明朝白发翁。天机元自尔,不是故匆匆。"其二:"久矣安岑寂,山栖恨不深。谩将门自掩,那有客相寻。炙背迎朝景,加趺度夕阴。感君传秀句,把卷独呻吟。"②通观两首诗,内容大致是表达作者安于日常日用之生活而用心于闻道、养性。再如孙应时《不寐》:"索居在村坰,水陆走通津。半夜有棹歌,鸡鸣语行人。中年近少睡,耿耿多达晨。外物非所念,颇复念我身。圣贤不敢欺,久大在日新。人生会有役,安得辞苦辛。"③诗篇前半部分书写其穷居村间而听闻棹歌,以至彻夜不眠之事。后半部分则转而解释其不眠原因:不眠乃是人到中年睡眠需求减少,亦是克省、慎独而警醒修身所致。诗末则进而强调君子当日新又新,不辞苦辛乃可成其为圣贤之"大"。

(二)因事因物或者因理学范畴、命题等而予以考索、注疏或者说明。理学家"求道"之"发明",往往使用考索、注疏等方法,来梳理、考辨一些理学重要范畴或者命题的历史渊源及发展流变。他们的这一治学路径和方法,亦在其理学诗的表达方式中呈现出来。如张九成有《论语绝句》百首,大多数诗作均以"考索"方式写作而成。如其因《论语》孔子言颜回"一箪食,一瓢饮,人不堪其忧,回也不改

---

① 傅璇琮等主编:《全宋诗》,第 27500 页。
② 傅璇琮等主编:《全宋诗》,第 27531 页。
③ 傅璇琮等主编:《全宋诗》,第 31708 页。

其乐"句,而写有诗作:"贫即无聊富即骄,回心独而乐箪瓢。个中得趣无人会,惆怅遗风久寂寥。"①诗篇以孔子所评颜回之语为书写重点,但把俗世之人对于贫富之态度与颜回作了比较,从而表达出推崇"颜子之乐"这一诗作主旨。这种诗歌表达方式,显然受到了传统经学阐释中的考索、注疏等方式的影响。再如胡宏《辱》:"宠辱无休变万端,阿谁能向静中看。消磨利欲十分尽,免得临机剖判难。"②诗作并非只对"辱"进行解说。而是把"宠辱"相连,均视作事物发展变化之一环节,强调唯有日常在"利欲"方面消磨殆尽,才能临机取舍,远宠辱而定止其心。张九成以注疏、考索等"发明"之方法而写诗的方式,可能对朱熹等人产生了影响。朱熹亦有用注疏、考索方式而写作的诗篇。如其《训蒙绝句·天》:"气体苍然故曰天,其中有理是为乾。浑然气理流行际,万物同根此一源。"③其对"天""乾"的释义,以及三四句对"理"的解释,均为经学阐释中常见的"注疏"及考索方法。朱熹《训蒙绝句》中以这种表达方式而写作的诗篇,还有《良知》《知天命》《动心忍性》《先难》《慎独》《鸢飞鱼跃》《君子去仁》《安仁利仁》等。以考索、注疏等表达方式写作的诗篇,是宋代理学家诗歌创作的重要组成部分。杨简亦写有《偶作》(二十首之九):"恶习起时能自讼,谁知此是天然勇。多少禅流妄诋诃,不如此勇元不动。"④诗篇对"自讼"内涵、功用及儒释之辨等略加阐释,所用的诗歌表达方式亦是注疏、考索。对此,宋代李涂《文章精义》已经有所认识:"程门文字,到底脱不得训诂家风。"⑤指出二程之后的理学家,在写作诗文时往往表现出"训诂"的独有特征。从理学发展史来看,关学学派、湖湘学派、闽学学派、陆氏心学学派、吕氏学派、浙东事功学派等,都与二程理学有着不可分割的联系。而从理学诗写作来看,这些学派的后学,在写作理学诗时确实表现出"训诂"之学的独有面貌。以"训诂"的方法来写诗,自然会采用注疏、考索等常见的方法来"发明"其理学精义。

　　除了如张九成、朱熹等用于对理学命题或者范畴的释义之外,理学家所书写的对诸如"拙斋""静轩"等斋、轩、堂等的名称阐释,也常用注疏、考索等表达方式。如蔡沈《玉堂真丈索毋自欺斋诗》:"人心具天德,气禀有昏明。学以致其知,善恶义乃陈。恶既在必去,善即在持循。知之虽曰至,行之贵乎诚。……由中以

① 傅璇琮等主编:《全宋诗》,第20018页。
② 傅璇琮等主编:《全宋诗》,第22104页。
③ 傅璇琮等主编:《全宋诗》,第27671页。
④ 傅璇琮等主编:《全宋诗》,第30084页。
⑤ 李涂:《文章精义》,载王水照主编:《历代文话》(第2册),复旦大学出版社,2007年,第1187页。

达外,万善皆精纯。大书毋自欺,高斋扁新名。居常目在是,以况汤盘铭。"①诗篇针对斋名"毋自欺"而加以疏解,一二句讲"心"摄良性与气禀,次四句讲学以致知以明善恶。五六句讲"致知力行"应以"诚"为贵。由此,引出"毋自欺"之于察识、慎独、力行的重要性。从宋代理学诗的总体情况来看,以注疏、考索等形式而对以"诚""仁""拙""敬"等为名的斋、轩、居、室等予以疏解,是理学家惯常用的表达方式。如张九成、曾丰、胡宏、袁燮、孙应时、刘黻、度正等人,都写有不少的此类诗篇。这说明,以注疏、考索等理学"发明"之方式来写作理学诗,表现出传统经学及理学对于理学家的巨大影响。这一影响可能对理学家的认知方式、思维方式等均产生了极大作用,故而,考索、注疏等亦成为宋代理学家诗歌创作中所习惯使用的表达方式。

(三)一些理学家在对理学精义进行阐释、解释或者说明时,往往能自辟蹊径而创造、发挥,提出新的理论乃至建构其独具特色的理学性理学说。能够创设、创造、发挥而提出新的理学学说和建构独特理学新体系的理学家毕竟是少数,因此,以创设、创造、发挥的方式而在诗歌中呈现出来,这样的诗作数量当然也较少。这一类诗作,数量虽然不多,但因其涉及理学精义,故呈现出义理精妙、说理深刻等特征。因此,这一类的诗歌往往是理学诗的精华所在。如胡宏《示二子》之一:"此心妙无方,比道大无配。妙处果在我,不用袭前辈。得之眉睫间,直与天地对。混然员且成,万古不破碎。"②诗作以"心"等同于"道",认为由"心"可得"道"之"妙处",表达了对个体能"体贴"天地之"道"的焕然自信。尾二句则点明心体、道体共有的特性,那就是无可捉摸(无极)、运化无穷而万古常在。胡宏对于"心"体的这一看法,较之二程、胡安国等人是不同的。这一看法为其门人张栻所继承,对陆九渊、杨简、袁燮等心学学派理学家产生了重大影响,经过陆氏心学代表人物的继续发挥、完善,最终成为阳明学的重要理论基础。再如朱熹《送林熙之诗五首》之二:"仁体难明君所疑,欲求直截转支离。圣言妙缊无穷意,涵泳从容只自知。"之三:"天理生生本不穷,要从知觉验流通。若知体用元无间,始笑前来说异同。"③第一首,朱熹指出"仁"体只能于涵泳从容间体察默认,强调应于力行、存养中把握"仁",以此而批评陆九渊心学一派直指"心"体为"仁"而省略了存养、力行之"渐进"工夫。第二首,朱熹以"生生不已"为天理,强调此天理须从

---

① 傅璇琮等主编:《全宋诗》,第33649页。
② 傅璇琮等主编:《全宋诗》,第22103页。
③ 傅璇琮等主编:《全宋诗》,第27573页。

"知觉"来体察验证,又指出"天理"之体、用是互存互依的关系,这两者是不能截然分开来认识的。这两首诗,书写了朱熹理学思想区别于陆九渊、吕祖谦等人的重要方面,也与周敦颐、二程直至李侗等人的理学观点有所不同。

以理学"发明"之创设、创造、发挥等方式来写作理学诗,与前面所讲的"直接言理"表达方式是相近的。只不过,以创设、创造、发挥等表达方式来写作的理学诗,较之"直接言理"表达方式写作的理学诗而言,更能体现出理学家创作主体在理学性理探讨、理论体系建构等方面的深邃和独特。再如杨简《丁丑偶书》之二:"物物皆吾体,心心是我思。四时非代谢,万说不支离。涧水谈颜乐,松风咏晳词。仲尼亲许可,实语断非欺。"①强调我与物、我心与他心,在本体上是一致的,都体现为良心、善心。四时代谢只不过是天道(良知、善心、良心)的流布运行,因此不可视作"四时节序,成功者去"。杨简认为,直指良知、良心而不必"格物"以"明理",趋"万殊"以归"一理",所谓"心外无物""心外无道"。此诗是杨简心性论的典型呈现。以理学"发明"之创设、创造、发挥等方式来写作理学诗的理学代表人物,还有一些。如孙应时、陈淳、杜范、詹初等都写有这方面的诗歌。但总的说来,以创设、创造、发挥等表现方式而写作的理学诗,数量是比较少的。

(四)通过剖析或引申等方法展开对"心"之体用等问题的把握。前面三种因理学家之"发明"而呈现为理学诗之表达方式,表现在诗歌内容上,主要是诗歌书写或创作主体书写对"物""道"等的认知、体认和践行。也就是说,诗歌书写或创作主体所关注的对象是具象的"物"和形而上的"道"。除此之外,理学家还以剖析、引申等方式展开了对实践主体形而上之"心"的考察,当理学实践主体以诗歌的形式,书写其通过剖析、引申等而得之"心"的认识时,诗歌中所呈现出来的剖析、引申等也就成为理学诗的重要表达方式。

理学家诗人往往在写景、叙事、描摹事物或咏史中,通过对某些容易引发联想的"节点"进行巧妙的安排,以引出对内向性的"心"的拷问。但与一般文人诗不同的是,这一拷问是指向实践主体的"心"之体用亦即性理的。如张九成《庭下草》:"秋风吹碧草,久客情如何。乡关断过雁,青山高嵯峨。然而梦寐间,往往长经过。梦觉亦我耳,所得初无多。天地存胸中,要当常拂摩。肯为外物流,为赋白雪歌。"②前四句写景言情,表达出客居而思念家乡的心情。然后以"梦"为纽

---

① 傅璇琮等主编:《全宋诗》,第 30085 页。
② 傅璇琮等主编:《全宋诗》,第 20016 页。

带,强调他乡寓居亦常梦见家乡。再由"梦"联系到"梦觉"。这里的"梦觉"为佛教用词,后为理学家所采用,成为理学范畴。朱熹就讲:"格物是梦觉关,格得来是觉,格不得只是梦。"①诗篇由景物—梦—梦觉—心性构成了其诗歌的结构主线。这一结构主线,当然也可视为本诗的表达方式。诗篇后四句,强调应常存养心性,不为外物所扰动。再如詹初《求心斋》:"生生天地心,吾人秉其真。虚灵无一物,纯然惟元仁。如何彼放失,物欲共沉沦。客感乃为主,本主翳埃尘。鉴此去物欲,而求我真纯。求之真即见,端然还在身。只恐物与欲,乘间复来侵。念兹心益奋,日夜终惟寅。戒惧与谨独,式用存吾神。于焉生生意,始与天地伦。"②诗篇紧紧抓住"求心"主旨,强调"生生不已"之天地本体即为人"心"之体,此人之"心"体即为"仁"。人生于世,物欲等"客体"相侵蚀于"心"之本体,因此,"人"之"仁"体易受其蒙蔽而亏。修道即应去物欲而求心体之"真"(亦即本、体等),从戒惧、慎独等修身工夫入手而勤加修养,才能还原"心"体本来面目,以实现天人同德、天人合一之境界。诗篇以"天心之体—人心之体—去客体以还原心体之本—人之心体与天之本体合一"为结构主线。这一主线,也即是诗篇的重要的表达方式。从宋代理学家所创作的理学诗来看,以剖析、引申等方法展开对"心"之体用等问题的把握的诗作,数量是很多的。如朱熹《复斋偶题》、杨简《石鱼楼》《偶作》(谁省吾心即是仁)、陈淳《仁》、孙应时《送王木叔推官满秩》(灵台湛虚明)、真德秀《司理弟之官岳阳……为赋五诗以饯其行》(心源本澄静)、徐元杰《别盱江易耕道》等,皆为以剖析、引申等方法而书写"心"之体用问题的诗歌作品。

本节的研究结论是:理学家在因"求道"需要而以"发明",包括阐释、说明、考索、引申、创设、发挥等方法来探求理学性理精义,建构其理学体系的过程中,其认知方式、思维方式等都受到了"发明"的影响。作为诗歌书写或创作主体的理学家,往往又自觉不自觉地把受到"发明"影响的认知方式、思维方式,应用在诗歌创作和诗歌书写过程中,并以诗歌作品的形式呈现出来。因此,某些类型的理学诗表达方式,自然而然地表现出了理学家"发明"诸途径、方法和手段的深刻影响。这些受到了理学家"发明"诸方法影响而写作的理学诗,就其表达方式而言,自然会与文人诗具有截然不同的诗歌风貌。

---

① 黄宗羲原著,全祖望补修,陈金生、梁运华点校:《宋元学案》,第 1549 页。
② 傅璇琮等主编:《全宋诗》,第 37838 页。

第五节 宋代理学"象物比德"话语与理学诗的表达方式

中国文化史上,以物"比德"是先民承传悠久的文化传统之一。无论是《周易》的法天象地、《尚书》的因象作器,还是《左传》的因礼器而"昭文章"、《礼记》的"比德于玉",以及《论语》中的"智者乐山"等,都昭示着"比德"文化的强大生命力和深广的文化影响力。自然,这一文化传统也会在历史发展的长河中,对中国传统哲学、史学、文学等诸文化部类产生重大影响。

自先秦时期开始,先民"比德"文化呈现出较为复杂的面貌。从"比德"的载体来看,一般是依托于"物",也就是可以感知的具体的自然物,包括天地日月、星辰气象、动植物,以及人类社会实践所指向的对象等。而从以"物"来"比德"的过程来看,"比"之依托之"物",往往须通过具体之"物"呈现于头脑中之"象"来实现"比德"。以"物"比德,先民有若干话语来表达。如"观物比德""观物取象""象以比德""比德如玉"等,其基本的学理指向,都是以"物"来"比德"。分析可见,不管是常见的"观物比德"也好,还是"比德如玉"也好,缺失了具体之"物"呈现于脑海之"象","比德"就无从实现。有鉴于此,为了研究方便,我们把诸"比德"的话语形式,统一称之为"象物比德"。

"象物比德"文化传统,对宋代理学家的理学体系和文学创作均产生了显著影响。从宋代理学家"观物""体贴""格物"等"求道"途径和方法来看,他们往往习惯于从对"物"的属性、特征等方面的类比中,联系"德"或者"性""理""道""心"等理学话语,以实现其"心性"的目的或者践履过程。从其产生动因而言,不少理学家秉承了"文以载道""因文求道"等文学观念而在其诗歌中呈现出理学思理和理学旨趣,因此,理学诗就表现为其"象物比德"的独特诗歌表达方式。此外,当众多理学家以"象物比德"来实践"求道"并在其诗歌中呈现出以物"比德"的艺术表现形式时,那么,在这一现象的背后,一定有其非常复杂的文化因素存在。鉴于宋代理学家的诗歌表达中比较广泛地存在着以物"比德"的文化现象,因此,有必要对此进行深入探讨。

一 "象物比德"文化传统与宋代理学家的多方拓展

从中国文化发展的总体情况来看,"象物"的指向是多元的,"比德"只不过是"象物"的目的性路径之一。道家的"象物"以"比"道,法家的"象物"以"比"法,佛教的"象物"以"比"之于"佛性"等,都彰显出"象物"的可能性发展路径。按说,儒家也可以"象物"以"比"物理、义理或者规律等,但为何不管是原始儒家还是宋明理学家,却不约而同地选择了"比德"呢?对此再作追问,一些深层次的问题便显现出来:"象物比德"之"象""物""比"的义蕴是什么?从原始儒家到宋明理学之"比德",其"德"的内容何在?显然,要对这些问题有较为深入的认识,需要对"象物比德"的构成因素及其整体意义进行考察。

首先,来看"象物比德"之"象""物"。"象"的早期义,见于《尚书》《周易》等典籍。如《尚书·说命上》云:"乃审厥象",孔安国传曰:"刻其形象。"①《辞海》对此解释为:"凡形于外者皆曰象,如气象、星象。"在这一义项上,天地之变化形式与外显的形状,也称之为"象"。如《周易·系辞上》:"天尊地卑,乾坤定矣。卑高以陈,贵贱位矣。动静有常,刚柔断矣。方以类聚,物以群分,吉凶生矣。在天成象,在地成形,变化见矣。"②天地变化之外显,便是"道"之取向的根据。"象"在这一基本义的基础上,其义有虚化的倾向。如"气象"之"象",由元初实在的云气之物象,逐渐转化为对社会实践主体内在的德性修养而外显的气度、精神等。这里的"象"在很大程度上已经虚化为对社会实践主体的精神、气度等境界的感知。

实践主体对于"象"的体认与把握,则称之为"观象"。《周易·系辞上》:"圣人设卦观象,系辞焉而明吉凶,刚柔相推而生变化。是故吉凶者,失得之象也;悔吝者,忧虞之象也;变化者,进退之象也;刚柔者,昼夜之象也。"③"观象"之目的,乃是就事物之外在呈现而探求其吉凶变化。当然,《周易》之"观象"乃是观"设卦"之义以探求吉凶、变化。不过,经此关联,外在之物象就与实践主体之得失、吉凶等相联系了。

除了作为名词的物象、气象之义外,"象"也可作动词使用。如《系辞上》:"圣人有以见天下之赜,而拟诸其形容,象其物宜,是故谓之象。"④这里的"象其物宜",是说取象于物的本质属性,"象"作为动词使用。本句意思大致强调,要做到取象准确、得体,就必须做到所取之象与事物的外在面貌、本质属性相类似。随着人类社会的发展,先民取象之目的,逐渐有了向社会伦理和道德伦理靠拢的倾向。如《尚书·禹贡》曰:"(帝曰)予欲观古人之象,日月星辰、山龙华虫,作会宗

---

① 李学勤主编:《尚书正义》,《十三经注疏》(标点本),第247页。
② 李学勤主编:《周易正义》,《十三经注疏》(标点本),第257—258页。
③ 李学勤主编:《周易正义》,《十三经注疏》(标点本),第261页。
④ 李学勤主编:《周易正义》,《十三经注疏》(标点本),第274页。

彝、藻火粉米、黼黻绨绣,以五采彰施于五色,作服,汝明。"①这里,因日月星辰而"作会",以"五采彰施于五色"而"作服",其取象之方法无非是"拟诸其形容,象其物宜"②。而《礼记·郊特牲》云:"地载万物,天垂象。取财于地,取法于天,是以尊天而亲地也,故教民美报焉。"③显然,取象于天的目的,是为了教化人民而加强统治。

　　另一个重要的问题,是关于"象"的使用问题,亦即"用象"。从早期的"用象"来看,"用象"之目的并非全是有关于治道、德行。《周礼·考工记》载:"轸之方也,以象地也;盖之圜也,以象天也;轮辐三十,以象日月也;盖弓二十有八,以象星也。"④这里讲的是,以天地日月之"象"而造作轸车。"用象"之目的是造作器具而非其他。先民"用象"的重要目的,还在于"交神明"。《礼记·郊特牲》讲到了祭祀所用物品的取用问题:"恒豆之菹,水草之和气也;其醢,陆产之物也。加豆,陆产也;其醢,水物也。笾豆之荐,水土之品也,不敢用常亵味而贵多品,所以交于神明之义也,非食味之道也。……所以交于神明者,不可以同于所安乐之义也。"⑤其选取之物,皆为"水土之品",这里的物之"象",包括"水土之品"的外在形式与内在的被先民认为可以"交于神明"的特性。但是,无可否认,出于治道、德性以及政教等方面的考虑,在很大程度上成为先民"用象"之目的。如《左传·桓公二年》臧哀伯谏鲁桓公纳宋鼎于太庙事。臧哀伯谏曰:"君人者将昭德塞违,以临照百官,犹惧或失之。故昭令德以示子孙:是以清庙茅屋,大路越席,大羹不致,粢食不凿,昭其俭也。衮、冕、黻、珽、带、裳、幅、舄、衡、紞、纮、綖,昭其度也。藻、率、鞞、鞛、鞶、厉、游、缨,昭其数也。火、龙、黼、黻,昭其文也。五色比象,昭其物也。锡、鸾、和、铃,昭其声也。三辰旂旗,昭其明也。夫德,俭而有度,登降有数。文物以纪之,声明以发之,以临照百官,百官于是乎戒惧。"⑥这一段文字,很好地说明了先民"用象"之目的。取"文""物""声""明"等物象,其用意在于"昭示令德"。

　　上述所举数例,涉及"象物比德"之"物"。由上可见,不管是天地也好,还是礼器也好,皆为可视、可感的具体实在之"物"。不过,"象物比德"之"物",也可以

---

① 李学勤主编:《尚书正义》,《十三经注疏》(标点本),第116页。
② 李学勤主编:《周易正义》,《十三经注疏》(标点本),第274页。
③ 李学勤主编:《礼记正义》,《十三经注疏》(标点本),第788页。
④ 李学勤主编:《周礼注疏》,《十三经注疏》(标点本),北京大学出版社,1999年,第1094页。
⑤ 李学勤主编:《周礼注疏》,《十三经注疏》(标点本),第807页。
⑥ 李学勤主编:《左传正义》,《十三经注疏》(标点本),北京大学出版社,1999年,第148—150页。

是人类的社会实践活动、社会事件等。如《中庸》记孔子言："好学近乎知,知耻近乎勇。"①"好学""知耻"是社会实践主体的活动,孔子以之与"仁""德"相联系,这就具备了"象物比德"的特征。这里,"好学""知耻"均可视作表示人类社会实践活动之"物"。以社会社交活动、生活事件等为"象物比德"之"物",为后来宋明理学家所发扬,最终成为其构建理学体系的重要方法。

其次,来看"象物比德"之"比"与"德"。"象物比德"之"比",其义一是"比拟、类似"。如《礼记·曲礼上》:"不胜丧,乃比于不慈不孝"②。二是"比方"。如《汉书·贾山传》:"公卿比谏,士传言谏,庶人谤于道,商旅议于市,然后君得闻其过失也。"③"比"的上述两种义项,也成为文学表达的两种方法。作为文学表达方式而言,《文心雕龙·比兴》开篇即认为,"比"具有"附理"的特点,也就是比附于理。④"比"是显性的,它表现为"切类以指事",强调取类指事是"比"的重要内容。刘勰又云:"且何谓为比? 盖写物以附意,飏言以切事者也。故金锡以喻明德,珪璋以譬秀民,螟蛉以类教诲,蜩螗以写号呼,浣衣以拟心忧,席卷以方志固:凡斯切象,皆比义也。至如'麻衣如雪','两骖如舞',若斯之类,皆比类者也。楚襄信谗,而三闾忠烈,依《诗》制《骚》,讽兼'比'、'兴'。炎汉虽盛,而辞人夸毗,诗刺道丧,故兴义销亡。于是赋颂先鸣,故比体云构,纷纭杂沓,信旧章矣。"⑤这里,刘勰点明了"比"之要义在于"附意""切事"。而下文则对"取类"有明确的阐述:"夫比之为义,取类不常:或喻于声,或方于貌,或拟于心,或譬于事。"也就是说,取类可以从对"物"的声、貌、心理感知、它事物的类似性等方面,来作为对"比"之所用的"类"的提炼。至于"比"的用法,则"比类虽繁,以切至为贵"。这里的"切至",大体上是"符合、近似、合乎"之义。统合上文,可知刘勰认为,"比"是以符合某一类事物的"理"来比附之,如此才可为得体。

相对而言,对于"象物比德"之"德"的认识,就容易得多。从文献考察来看,"象物比德"之"德"主要是儒家的用法。在先秦时期,"象物"之"比"未必一定是"德"。如《老子》:"天地之间,其犹橐籥乎? 虚而不屈,动而愈出。多言数穷,不如守中。"⑥以"天地"中虚之特质与橐籥相同,故以橐籥比之。这里,橐籥之"象"

---

① 朱熹集注,陈戍国标点:《四书集注》,第41页。

② 李学勤主编:《礼记正义》,《十三经注疏》(标点本),第76页。

③ 班固撰,颜师古注:《汉书》,中华书局,1977年,第2330页。

④ 刘勰著,范文澜注:《文心雕龙注》,第601页。

⑤ 刘勰著,范文澜注:《文心雕龙注》,第602页。

⑥ 朱谦之撰:《老子校释》,第23—24页。

所比拟的为中虚之"道"。再如《老子》："三十辐共一毂,当其无有,车之用。……有之以为利,无之以为用。"①这里以三十个车辐条组成一个车毂为"象",强调车毂之有三十辐条的"象"乃是"有",而其虚无之处乃是"无",以此来比拟说明"有"与"无"的相互关系,指出有生于无,利出于用,无与有、利与用是相互依存的关系,有与无都是器物的组成部分。可见,这里"三十辐共一毂"的"象"之用乃是比拟"有""无"关系。再如《庄子·逍遥游》:"夫列子御风而行,泠然善也,……此虽免乎行,犹有所待者也。"②以列御寇御风而行为"象"来比拟说明,有凭借之物则受物限制,就不会有真正的逍遥自由。这里的"象"是为了表达绝对的逍遥之"理"。至于《诗经》所用之"比",也体现出这一特点。如《诗经·桃夭》:"桃之夭夭,灼灼其华。之子于归,宜其室家。"③以生机繁茂的桃花之"象"来比拟青春女子之旺盛的生命力,因而祝福其有益于婚后家族。再如《诗经·鹿鸣》:"呦呦鹿鸣,食野之苹。我有嘉宾,鼓瑟吹笙。吹笙鼓簧,承筐是将。人之好我,示我周行。"④以群鹿聚于野、相鸣相食之"象",来比拟王室与各诸侯之间的和睦欢好之"礼",这里的"象"用途在于比拟"礼"。可见,在先秦时期,"象物"未必一定是"比德"。作为彼时人们所习用的认知方式和思维方式,"象物"往往是为了说理而用的,这里的理,包括物理、事理、义理等。

以"象物"来"比德",至迟在战国时期已经成为先民的理论自觉。据《管子·小问》记载,齐桓公提出了"何物可比于君子之德"的命题:"桓公放春三月观于野。桓公曰:'何物可比于君子之德乎?'隰朋对曰:'夫粟,内甲以处,中有卷城,外有兵刃,未敢自恃,自命曰粟。此其可比于君子之德乎?'管仲曰:'苗,始其少也,眴眴乎何其孺子也;至其壮也,庄庄乎何其士也;至其成也,由由乎兹免,何其君子也!天下得之则安,不得则危,故命之曰禾。此其可比于君子之德矣。'桓公曰:'善!'"⑤隰朋以"粟"之形貌之"象"、管仲以"禾"之"象",可比于君子之德。齐桓公、管仲、隰朋等人的探讨,说明彼时人们已经对"象物比德"命题有非常深入的认识。由此看来,儒家"象物"以"比德"的文化传统,不是儒家代表人物的独特创造,而是彼时人们的文化习惯和文化传统。孔子也常常使用"象

---

① 朱谦之撰:《老子校释》,第43—44页。
② 陈鼓应注释:《庄子今注今译》,中华书局,1983年,第18页。
③ 李学勤主编:《毛诗正义》,《十三经注疏》(标点本),第46页。
④ 李学勤主编:《毛诗正义》,《十三经注疏》(标点本),第555页。
⑤ 黎翔凤撰,梁运华整理:《管子校注》,中华书局,2004年,第969页。

物比德"来表达其对个体道德的推崇:"智者乐水,仁者乐山"①,"岁寒,然后知松柏之后凋也"②。以山水、花木之"象"来比拟、象征君子之德,把自然现象看作实践主体道德品质与精神世界的对应物。荀子则云:"圆者中规,方者中矩。大参天地,德厚尧禹。……德厚而不捐,五采备而成文。"③以圣人之"象"来写"云"。荀子又云:"功被天下,为万世文。礼乐以成,贵贱已分,养老长幼,待之而后存。"④以这些美好品质来形容"蚕",反过来看,具备诸多美好品质的蚕之"象"恰恰是理想君臣所应具备的品德。而屈原的《离骚》则有:"纷吾既有此内美兮,又重之以修能。扈江离与辟芷兮,纫秋兰以为佩。"以佩饰香草来比喻个人的美德和君子之多才多艺。又有:"日月忽其不淹兮,春与秋其代序。惟草木之零落兮,恐美人之迟暮。"⑤以草木凋零、美人将暮比拟报国的衷情和焦虑。《橘颂》则云:"后皇嘉树,桔徕服兮。受命不迁,生南国兮。固深难徙,更壹志兮……苏世独立,横而不流兮。闭心自慎,不终失过兮。秉德无私,参天地兮。"⑥以橘树比拟其高洁的情怀和独立不羁的精神。屈原以"香草美人"式的多重"象"来"比德",其指向都是道德情操的对象化。

至于儒家以"象物"而"比德"的"德"之种类,则比较容易理解。在宋代理学家登上文化舞台之前,儒家之"德"无非是内仁外礼、三纲五常等强调群体道德伦理和个体道德伦理为主体的"德"。为了养成、固止这些"德",就要求以修身为本。因而,"德"也包含了如何"成德"的"力行"层面,包括慎独、自讼、问学、力行、守礼等内容。宋前儒家代表人物之"象物比德"之"德",当然不会超出这些内容。至于为宋代理学家所重视的性理及其存养问题,宋前儒家代表人物几乎没有触及。可以说,宋前儒家代表人物之"象物比德"之"德"的种类,是与儒学发展史上"德"的孕育、发展同步的。

两宋理学家在承继前人的基础上,扩大了"象物"之"物"的范围,把"象"等同于"物"。如张载云:"由象识心,徇象丧心。知象者心;存象之心,亦象而已,谓之心,可乎!"在这一条下,黄百家的按语值得注意:"天下之物皆象也。由耳目口鼻、父子君臣以至云为事物,皆是也。格物致知,则由象可以悟心。玩物丧志,则

---

① 朱熹集注,陈成国标点:《四书集注》,第 128 页。

② 朱熹集注,陈成国标点:《四书集注》,第 166 页。

③ 王先谦撰,沈啸寰、王星贤点校:《荀子集解》,中华书局,1988 年,第 560 页。

④ 王先谦撰,沈啸寰、王星贤点校:《荀子集解》,第 564 页。

⑤ 萧统编纂:《昭明文选》,民主与建设出版社,2012 年,第 317 页。

⑥ 屈原著,张家英译释:《屈原赋译释》,黑龙江人民出版社,1982 年,第 188 页。

徇象适以丧心。存象之心，心滞于象而自失其虚明矣。"①黄百家之论，是从张载文意而来的，目的是强调"物"的多样性。依黄百家所言，实践主体的耳目口鼻等感知器官，社会伦理的主体父子君臣等层级人物，天地万物、生活事件等，皆可称之为"物"。这样，"象物比德"之"物"的范围就被极大地拓展了。

　　两宋理学家也拓展了"比德"之"德"的种类和内容。两宋理学家通过"象物"的方法，实现了从传统的"比德"到"比"之"道""理""性""心"的新发展。两宋理学家对原始儒学的一些核心范畴予以性理化解说，把原始儒学的性命学说发展为心性说、性理说。理学家的这一努力，也体现在"象物比德"的使用上。如程颢即云："医书以手足风顽谓之四体不仁，为其疾痛不以累其心故也。夫手足在我，而疾痛不与知焉，非不仁而何！世之忍心无恩者，其自弃亦若是而已。"②医者以手足麻痹生病而不由指挥，此之谓风痹症，医士称之为"不仁"。程颢以之与为人"不仁"者相比拟而批评"不仁"者之不动于心，显然，这里的"象物"之目的乃是"比心"。再如张九成言："明道书窗前有茂草覆砌，或劝之芟，曰：'不可！欲常见造物生意。'又置盆池畜小鱼数尾，时时观之，或问其故，曰：'欲观万物自得意。'草之与鱼，人所共见，唯明道见草则知生意，见鱼则知自得意，此岂流俗之见可同日而语！"③张九成引述程颢言论，强调程颢以"茂草""池鱼"而比之于生生不已之天地之"性"，亦即天地之仁、人之德性之由来等。这是宋代理学家对于"象物比德"之目的性指向的新发展。

　　两宋理学家也对"象物比德"之"比德"的方法等有所发展。一些理学家在取"象"时，其"比"的方法也与宋代以前有所不同。如张载讲："洪钟未尝有声，由叩乃有声；圣人未尝有知，由问乃有知。'有如时雨之化'者，当其可、乘其间而施之，不待彼有求有为而后教之也。"④这里以"洪钟"不扣则不鸣为"象"，以类比说明"圣人"之"由问乃有知"。其"比"之用法为类比。再如杨时讲："物有圭角，多刺人眼目，亦易玷阙。故君子处世，当浑然天成。"⑤这里，以"物有圭角"必有缺陷这一"物"为"象"，用来类比说明"君子处世"当"浑然"而无"圭角"。这里的"比"的方法亦为类比。前已有述，先秦时期先民"象物比德"之"比"主要有"比拟""比附""比方"等义项，而无"类比"的用法。杨时论君子处世而比之于"物有圭角"，

---

① 黄宗羲原著，全祖望补修，陈金生、梁运华点校：《宋元学案》，第701页。
② 黄宗羲原著，全祖望补修，陈金生、梁运华点校：《宋元学案》，第553页。
③ 黄宗羲原著，全祖望补修，陈金生、梁运华点校：《宋元学案》，第578页。
④ 黄宗羲原著，全祖望补修，陈金生、梁运华点校：《宋元学案》，第711页。
⑤ 黄宗羲原著，全祖望补修，陈金生、梁运华点校：《宋元学案》，第948页。

所用的"类比"之方法,显然是其创造。

尤须注意的是,两宋理学家"象物比德"之"取象"的方法较之以往有了显著差异。如吕希哲言:"后生初学,且须理会气象。气象好时,百事自当。气象者,辞令容止,轻重疾徐,足以见之矣。"①这里,以社会实践主体的"辞令容止,轻重疾徐"之"象"来考察其"气象",也就是礼容、道德风貌等。吕希哲所言之"理会气象"颇与邵雍的"观物"相近。而实际上,邵雍之"观物"、程颢之"体贴"、程朱学派之"格物",都是从"物"之外在形态与其本质特征等入手,来探讨"物"之"理"与实践主体之性理的关联,或者从中"格"得天地、人、物相贯通的"道""性"等之"体"。这也就是说,理学家之"取象"乃是就"物"而施加选取,从这个意义上来说,观物、格物、体贴、识察等均是"象物比德"之"取象"方法,这显然是两宋理学家杰出的贡献。不过,必须指出的是,作为表达方式的"象物比德"与"观物""格物"的目的性是有差异的。"观物""格物"等表达方式,只是在"取象"方法上与"象物比德"有相同或者相近之处,但其目的性则有差异。"观象""格物"等之目的在于"明理""致知"或者"尊德性"等,"比德"只是其一个方面而已。反映在诗歌表达上,这一区别更为明显。如李复有诗:"众辐共一毂,利用本在无。制法应世变,欲返民心愚。巧智起颓波,但逐末流趋。鸟乱毕弋多,真风日更疏。"②本诗是对《老子》以"三十辐共一毂"之"象"明有无、利用关系的再认识。李复在本诗中,由"众辐共一毂"之"象"而说起,利用老子"利用在无"的观点作进一步推理,得出了老子"欲返民心愚"的哲思指向。诗作接着指出"巧智"是人心不古、机巧变诈的根源。在此意义上,作者肯定了老子的有无观和利用观。诗篇由"象"而明"理",而非"象物"以"比德"。

二 宋代理学诗"象物比德"表达方式的主要特征

两宋理学家对于"象物比德"之"象""物""比"以及"德"等问题的创新和发挥,都在其理学诗创作和书写上有所表现。不过,作为文学体式之一的诗歌而言,由于流传久远的诗歌传统的影响,自然也具有为众人所熟知和公认的文学创作基本规律、体式特征和审美风貌等方面的艺术追求。也就是说,理学家的理学诗,虽然有一些是以"象物比德"表达方式而写作或者创作的,但是,作为表现方式的"象物比德"也必然受到诗歌传统、诗歌体式和约定俗成的审美习惯所制约。

---

① 黄宗羲原著,全祖望补修,陈金生、梁运华点校:《宋元学案》,第904页。

② 傅璇琮等主编:《全宋诗》,第12404页。

　　理学家以"象物比德"表达方式而写作的理学诗,主要表现为依托自然景物、社会生活所涉及的事物等而使用类比、比附、比拟等方法,来书写或者表达天地、万物、实践主体等的德性品质或者性理特征。如张九成《菖蒲》:"石盆养寒翠,六月如三冬。勿云数寸碧,意若千丈松。劲节凌孤竹,虬根蟠老龙。傲霜滋正气,泣露泫春容。座有江湖趣,眼无尘土踪。终朝淡相对,浇我磊魂胸。"①以菖蒲之形状、意态、劲节,以及傲霜、泣露等特性,来比附说明作者之德性品质,表达其对于"正气""春容""淡然"等德性品质的尊崇。再如胡宏《和僧碧泉三首》之一:"山根泉发澜生凝,亭上风微浪自平。汩汩长年流不住,无言千古意分明。"②诗作以山泉发源而取象,抓住其汩汩长流的特征,来表达天理流动而万古常在的特质。再如陈渊《善渊》:"观水须观澜,监水必止生。清漪不受触,风定略无滓。时以喻方寸,太虚融众理。客来如问津,须君亲指似。"③诗作抓住澜水微动而清漪随运自然,风定则水静澄澈无滓的特征,以此来比喻人心之"性",其体在"虚",而其"用"在于融摄"众理"。至于心之"体""用"的精妙所在,那就需要贤者指点迷津了。上述三首诗可见,理学家以"象物比德"表达方式以自然景物为依托而写作理学诗,常用的方法是比附、类比等表现方式,基本的逻辑线路则是,归纳"物"之某一外在特征或内在的特质等,而与社会实践主体"人"的德性品质相类比、比附或者相联系,来达到其"比德"的目的。

　　除了自然景物之外,人类生产实践的一些创造物,也是理学家以"象物比德"表现方式而写作理学诗时所关注的"物"。如薛季宣《灯花》:"自得天然艳,书窗气吐虹。有心惟烛物,无种到施工。不管三春候,平分两曜功。报人知喜事,谁辨悉归空。"④诗作以"有心""无种"来点出灯花的特质,用来比拟理学家所言之"心"之体用。在理学家看来,保有"心"之体的方法乃是定止,强调心止如镜,不因万物而动摇,正如灯花之"烛物"。这里的"无种"正与"无心"相等,强调"心"之"用"乃在于不预设目的而自运化。这里的"灯花"自然是人类生产实践的产物。再如薛季宣《桔槔》:"怪得朝来俯仰频,王明用汲有深仁。无为抱瓮先生笑,机械挪揄已玩人。"⑤诗作以桔槔俯仰之间实现其功用作比,来说明王者"用仁"之手段正与桔槔相同。至于后两句,则是在前两句意思基础上的层次递进,以形成不同

---

①　傅璇琮等主编:《全宋诗》,第 19988 页。

②　傅璇琮等主编:《全宋诗》,第 22107 页。

③　傅璇琮等主编:《全宋诗》,第 22123 页。

④　傅璇琮等主编:《全宋诗》,第 28637 页。

⑤　傅璇琮等主编:《全宋诗》,第 28662 页。

思想的差异性对比。

依托自然景物、社会事物等而使用类比、比附、比拟等方法,来书写或者表达天地、万物、实践主体等的德性品质或者性理特征,不仅是理学家"象物比德"表达方式的独特之处,在更大的层次上也可视作理学诗的基本特质之一。理学家在写作这一类诗歌时,往往能从司空见惯的物象中,提炼出较为深刻的理学性理主题,而非如一般文人诗仅仅把关注点放在物象上。如王炎《梅花》:"岁暮杀气惨,草木华叶萎。寒梅吐新萼,娟娟拥疏枝。清意尘俗远,幽香风露知。孤绝惯守独,晚出甘后时。细推万物理,荣谢相乘除。桃李向来繁,试问今何如。"①诗作以寒冬草木枯萎,而寒梅却新萼争发,生机一片为"象",以此与天地之道"荣谢"相联系,表达其对于天地万物之运化不已的体悟。

以"象物比德"来写作的理学诗数量是很多的。"象物比德"所凭借之"物"中,引人注目的是,理学家对于"梅""竹""荷"以及"草"的取象问题。如彭龟年《邀凉亭五首》之一:"劲节不可拘,净色不受污。平生今日交,屹屹老桂树。"②诗作突出竹之劲节、净色等品质,以之比拟于作者与之交游的两位友人高洁品性。再如陈淳《和梅韵》:"不妨雪压与霜糊,友结松筠鄙橘奴。特放孤标先暖觉,肯随众卉望寒通。疑将冰月为精爽,端借琼瑶琢体肤。闯出一元生物意,从兹引领万容姝。"③前四句以梅花之特立独行、高标先觉的特质,来比附说明天地之生生不已之"德"。其他如詹初《新荷》以"梗直中虚"之象来类比说明"为道人心本然处,直虚原与物为同"④。刘黻《六友诗寄林景云留寿国林道初俞季渊》以静友(兰)、直友(竹)、净友(莲)、高友(松)、节友(菊)、清友(梅)为题,均以"象物比德"为诗歌的基本表达方式,以六友之高洁、虚心、脱俗等品格来类比、比拟人之德性。理学家多有"象物比德"表达方式而写作的理学诗,其主要原因可能在于,由于理学重心在于讲明"心性",以及追求从见闻之知到德性之知的学理逻辑进程所需要,理学家往往依托自然景物而使用类比、比附、比拟等方法,来实现"求道""明理""崇德性"等目的。

理学家以"象物比德"表达方式而写作的理学诗,还表现为依托事件而使用类比、比附、比拟等方法,来书写或者表达天地、万物、实践主体等的德性品质或者性理特征。如李复《薙草》:"众草费薙锄,回首已芒翳。随处竞茀冗,苟生无远

---

① 傅璇琮等主编:《全宋诗》,第 29685 页。
② 傅璇琮等主编:《全宋诗》,第 30153 页。
③ 傅璇琮等主编:《全宋诗》,第 32352 页。
④ 傅璇琮等主编:《全宋诗》,第 37841 页。

意。时亦吐柔蔓,牵引强附离。端居叹力寡,门庭愧芜秽。"①诗作以"薙草"这一
事件为书写对象,以杂草之随处而生、"无远意""强附离"等特性"取象",强调社
会实践主体应随时去除此种种恶习,以自新而修德。再如陈耆卿《磨镜》:"蠹蚀
宁堪久,挂揩长恨迟。浮云手底尽,明月眼中移。鉴垢浑能治,心尘不解医。休
云磨者贱,此是主人师。"②诗篇以"蠹蚀""垢"等待磨之铜镜的特性,来比喻"心
尘",以之说明净心、去尘之重要性。作者以"磨镜"之事件与涤除"心尘"相类比,
以实现其"明心"之诗旨。再如林季仲《秋不见月》:"淹淹一夜雨,脉脉万方情。
勿怪云多妒,从来物恶盈。水浑珠自莹,垢尽镜还明。共赏此时月,无论阴与
晴。"③作者以夜雨之多云天"象"而展开说,以"夜雨"影响"观月"为"取象",强调
"物"之运化有利弊,使用了类比的表达方式。

　　比较而言,以事件为依托而用以表达天地、万物、实践主体等的德性品质或
者性理特征的诗歌数量较少,且所涉及的"事件"往往是生活琐事或者是实践主
体的个体行为,并不涉及政治、军事或者社会重大之"事件"。这说明,理学家依
托事件而写作的理学诗,其目的在于凭借、依托"物"之"象"而用比拟、比喻、类比
等形式来表达"德""道""心""性"等形而上的道德理性、伦理理性或者自然规律
等。至于此"物"之情况,诸如是否为重大事件、是否为社会关注的热点问题等,
并非理学家以"象物比德"表达方式写作理学诗而关注的重点所在。如李复《杂
诗》:"浚泉少汲水,汲多泉水污。力稼莫揠苗,揠苗苗必枯。心清事自简,气和体
必舒。古人有至言,治民如烹鱼。"④以"浚泉"这一事件为取象对象,使用类比的
表达方式来表达其培育心性的诗旨。而曾丰《奉解水石纷》则以江岸水石相激这
一事件为取象对象,通过对水之性、石之性的归纳,以之类比于人之默、鸣两种本
性,从而强调"两各适其适"。

　　理学家以"象物比德"表达方式而写作的理学诗,还表现为依托建构诗境而
使用类比、比附、比拟等方法,来书写或者表达天地、万物、实践主体等的德性品
质或者性理特征。因"象物比德"而使用构建诗境来作为诗歌表现方式的诗歌,
可以看作依托自然景物等而实施的"象物比德"的再变化类型。这里,所谓的诗
境,指的是诗作中由多个自然景物所形成的"象"的有机联系而形成完整的、富有

---

① 傅璇琮等主编:《全宋诗》,第 12427 页。

② 傅璇琮等主编:《全宋诗》,第 35199 页。

③ 傅璇琮等主编:《全宋诗》,第 19948 页。

④ 傅璇琮等主编:《全宋诗》,第 12405 页。

形象性的诗歌情境。这一情境,是来源于自然界而反映在作者头脑中的富有层次的、具有美感的多个"象"的结合体。如杨时《鄱阳湖观打鱼》:"秋高水初落,鳞介满沙脊。浩如太仓粟,宁复数以粒。纷纷渔舟子,疑若挽可拾。横湖沉密网,脱漏百无十。虫虾杂鲂鲤,骈首吐微湿。小人利口实,刀机污鳞鬣。……幽潜不足恃,感叹百忧集。寄谢漆园吏,于计未为得。"①诗作前十句,书写了鄱阳湖秋天打鱼之景观:鱼多量大,渔夫纷至,其网细密,所获之鱼虾杂陈而吐沫,这些形象构成了较为完整的诗境。作为鱼虾之类而言,具有日常潜水而不显的特性,但是因小人之所需而罹祸大难,由此而类比于君子处世之"幽潜",仍然无计于脱难。再如张栻《题城南书院三十四咏》之十四:"和风习习禽声乐,晴日迟迟花气深。妙理冲融无间断,湖边伫立此时心。"②诗前两句的内容是,和风微动而禽鸟和乐,天气晴朗而时光缓流而花香涌动。这些物象构成了较为完整的诗境。诗人由此诗境中之"生机",而体悟到天地之理、实践主体之"心""性""德"等,强调诗境中蕴含的"生机"正与"此时心"相同。这是以类比的方式来表达诗歌主旨。与之相似,以"象物比德"表达方式构建诗境来表达其理学旨趣或理学思想的诗作,在朱熹的诗篇中亦有不少。如其《新竹》:"春雷殷岩际,幽草齐发生。我种南窗竹,戢戢已抽萌。坐获幽林赏,端居无俗情。"③再如其《春日即事》:"郊园卉木丽,林塘烟水清。闲栖众累远,览物共关情。憩树鸟啼幽,缘原草舒荣。悟悦心自遣,谁云非达生。"④这两首诗写法极为相似,都是朱熹以"象物比德"表达方式构建诗境来表达理学思想或旨趣的诗篇。第一首诗中可见众多物象:春雷、幽草、春竹、幽林,强调天地间之"生生不已"之性,诗末则突出诗人"无俗情"。以众物之"生生"相联系诗人之"无俗情",则实际上突出了诗人的"求道"意愿。这里的诗境,实际上是实践主体之内心的外化表达。除了以上所举之外,较有代表性的诗作尚有曹彦约《春至》、吴锡畴《春日》《醉吟》等。这些诗篇,都可以看作理学诗人通过构建诗境来实践"象物比德"的尝试。从理学诗的总体情况来看,理学家以依托诗境而使用类比、比附、比拟等方法,来书写或者表达天地、万物、实践主体等的德性品质或者性理特征,并不常用。以这种"象物比德"方式而写作的理学诗,数量是比较少的。

---

① 傅璇琮等主编:《全宋诗》,第 12925 页。
② 傅璇琮等主编:《全宋诗》,第 27924 页。
③ 傅璇琮等主编:《全宋诗》,第 27468 页。
④ 傅璇琮等主编:《全宋诗》,第 27474 页。

三　宋代理学诗"象物比德"表达方式的诗歌史价值

上述可见，理学家以"象物比德"而写作理学诗，其主要的方式是依托自然景物、社会生活之事物来取象以使用比拟、类比、比方等表达方式来实现"物—德"之关系的连接。一般而言，这一连接的内在思理，是就"物"的外在形状、结构以及内在的本质、规律等同实践主体的某类属性相比拟或者类比，强调"物—德"同基于经过类比而有相同之处的某一认识结论发生联系，由此，实践主体以"观物""格物""体贴"等为途径或者手段，实现了对形而上的"心""道""德"等的认识或者把握。从目的性而言，理学家之"象物比德""观物""格物"等都是主要作为存养、察知心性的途径或凭借。不过，"观物""格物"等主要的目的乃在于"明理""求道"等，"比德"只不过是目的之一。

宋代理学家以承继先民"象物比德"文化传统而以类比、比附、附理等作为表达方式写作的理学诗，在中国古代诗歌史上具有独特的文化价值。从中国传统诗歌中"象物比德"表达方式具备的悠久书写传统而言，以"象物比德"写作的文人诗与理学诗，面貌应该是大体相近的。但是仔细比较就会发现，同样是以"象物比德"而写作的诗歌，文人诗往往所"比"的"德"是一般意义上的礼容、礼德，以及传统儒学较为重视的个体道德伦理和政治伦理。他们更为关注的，可能是那些富有美感的"象"及其取象的方式、技巧，尤其是如何巧妙地把所取之"象"有机地编织起来，以生成有意味的、崭新的诗歌境界。可以说，审美的目的性、艺术技巧的新颖性等，是文人诗以"象物比德"来写作诗歌的重心所在。比较而言，理学诗所用之"象物比德"，无论在其"取象"之"物"上，还是"比"的方法上，乃至所要实现的"德"的内容上，都体现出理学家、理学诗人的独特性。显而易见，如果我们注意到理学家"象物比德"诗歌表达方式的独特性的话，那么，当我们评价理学家以之书写或者创作的理学诗的时候，就应该采取有别于文人诗的评价标准。只要冲破了对理学诗认识的这一误区，那么，已有研究成果对理学诗文学地位、历史价值等问题的判断，就会面临极为严峻的考验，有被修正或被颠覆的极大可能性。

本章小结

作为理学实践主体和理学诗书写主体的理学家，普遍以体贴"天""道""心""性""理""气"等为目的，而以问学、克治、存养等"工夫"来践行"道"，并在治家、为政等落实"道"之体、用,是其共同的性理追求和学术旨趣。受实践主体身份的同一性所决定,理学求道之"工夫",形塑了兼具理学实践主体与理学诗书写主体于一身的理学诗人的思维或认知方式,因此而表征为理学诗的表达方式。本章选取"观物""格物致知""发明""象物比德"等理学典型"工夫"涵蕴与理学诗表达方式之关联进行考察,以发掘理学诗在诗歌表达方式方面的属性特征。

理学诗人以"观物"认知或思维方式而入诗,诗作就成为"观物"的语言呈现形态,"观物"也就成为理学诗的重要表达方式。以"观物"而写作的理学诗,其表达方式主要有如下几种类型:其一,"物象—性理—(践行)"构型,但在南宋中期以后,一些理学诗人往往以"象—行"来作为诗歌的构型。其二,"诗境—性理"构型。这种构型往往需要在诗篇中通过一定的连接手段来把"诗境"与"性理"有机地结合起来。需要说明的是,以"诗境—性理"构型的表达方式来写作理学诗,是理学诗"物象—性理—(践行)"构型的更高层次,只是后者的诗歌意境构建比较完整而有情致、有意味。其三,"物象—义理"构型。这种诗歌构型,往往是理学家对事物认知的外在表现,大多与传统儒家的一些思想相关。其四,"明理—物象—(发挥)"构型。这种诗歌表达方式是,先点出理学之"理",这个"理"往往是性理、义理或者物之"理",然后再联系相关物象。其五,"性理的诗形表达"构型,是以大致相同或者相近的句式来而表述理学义理。

"格物致知"是自二程开始直至宋末理学各学派"求道"的核心途径与方法之一。宋代理学家对于"格物致知"义理的探讨,贯穿了宋代理学的发展过程,"格物致知"因之而兼具了价值论、认识论和实践论的属性。早期理学家诗人之中,以"格物致知"认知方式所写的理学诗篇,所"格"之"理"往往以"物理"为多。从二程门人开始,以"格物致知"为认知方式即诗歌表现方式而"格"出有关"性理"的诗歌,占的分量更大。且"格物致知"开始成为理学家常见的认知或思维方式,并表征为理学诗的常见表达方式。胡宏、赵鼎、朱震、朱松、张栻、朱熹、黄榦、曹彦约、陈文蔚、陈淳,及其后学魏了翁、真德秀、吴泳等人则在诗歌创作中较多地使用了"格物致知"诗歌表现方式。与程朱理学主张有所不同的陈傅良、陆九渊、杨简、叶适、陈耆卿诸人的理学诗书写,也常见到理学诗的这一典型表达方式。

理学家在因"求道"需要而以"发明"包括阐释、说明、考索、引申、创设、发挥等方法来探求理学性理精义、建构其理学体系的过程中,其认知方式、思维方式等都受到了"发明"的影响。作为诗歌书写或创作主体的理学家,往往又自觉不自觉地把受到"发明"影响的认知方式、思维方式,应用在诗歌创作和诗歌书写过程中,并以诗歌作品的形式呈现出来。因此,某些类型的理学诗表达方式,自然而然地表现出了理学家"发明"诸途径、方法和手段的深刻影响。其较为突出者有四：其一，对理学性理范畴或者命题，予以解释、阐释。又可以分为以直接性的言理及直接性解释，与间接性的因象明理、象物比德等两大类别。其二，因事因物或者因理学范畴、命题等而予以考索、注疏或者说明。其三，一些理学诗人在对理学精义进行阐释、解释或者说明时，往往能自辟蹊径而创造、发挥，提出新的理论乃至建构其独具特色的理学性理学说。这一类诗作，数量虽然不多，但因其涉及理学精义，故呈现出义理精妙、说理深刻等特征。因此，这一类诗歌往往是理学诗的精华所在。其四，剖析、引申等理学诗表达方式。当理学实践主体以诗歌的形式，书写其通过剖析、引申等而得之"心"的认识时，诗歌中所呈现出来的剖析、引申等也就成为理学诗的重要表达方式。

宋代理学家往往习惯于从对"物"的属性、特征等方面的类比中，联系"德"或者"性""理""道""心"等理学范畴，以实现其践行"心性"的目的或者过程，此即"象物比德"思维或认知方式。以这种思维或认知方式而书写理学诗，也就成为理学诗的"象物比德"表达方式。理学诗"象物比德"表达方式主要是依托自然景物、社会生活之事物来取象以使用比拟、类比、比方等表达方式来实现"物—德"之关系的连接。这一连接的内在思理，是就"物"的外在形状、结构以及内在的本质、规律等同实践主体的某类属性相比拟或者类比，强调"物—德"同基于经过类比而有相同之处的某一认识结论发生联系，由此，实践主体以"观物""格物""体贴"等为途径或者手段，实现了对形而上的"心""道""德"等的认识或者把握。

本章考察表明：兼具理学实践主体与诗歌书写或创作主体于一身的理学诗人，作为理学"求道"工夫论之语言载体的理学话语，往往成为其认知或思维的"土壤"或"武库"。理学诗人以理学认知或思维方式来从事理学诗书写或创作，理学认知或思维方式也就表征为理学诗的表达方式。可见，理学诗表达方式之属性特征，在很大程度上受到了基于理学"工夫"而决定的认知或思维方式的深刻影响。需要说明的是，理学诗之表达方式，有的也与理学"求道"工夫论话语没有什么关系。如传统诗歌表达方式，如议论、比喻、叙事等表达方式，同样也是理学诗的重要表达方式。

第六章 宋代理学基本话语与理学诗的诗歌风貌

　　宋代理学家在探讨性理精义、建构理学体系、表述文道关系见解等过程中，有不少涉及诗歌风貌问题的论述。而由于大多数理学家秉持"文以载道""因诗求道"等"重道"文道观，因此，理学家的审美理想往往与其诗歌创作紧密联系，而在诗歌作品的内容、主题、风格，乃至诗歌结构、表现方式等方面表现出来。也就是说，理学家的审美理想，往往影响到他们的诗歌创作或者书写，是形成理学诗独特面貌的重要因素之一①。

　　理学家的审美理想，是客观的历史存在。理学家常以理学范畴或理学命题来表达其理学审美理想。从相关表述来看，诸如"崇拙""斥巧""玩物从容""气象近道""温柔""和平""温柔敦厚""清淡"等，都是宋代理学家非常关注的重要理学和诗学话语。这一类话语，因其兼具体验性、实践性与情感性，也就具有了审美意味。由此而言，理学家对于理学工夫论、宇宙论、道德论等若干范畴或者命题的表述，不可避免地具有了审美属性或审美品格②。此外，宋代理学学者对未及实现或者实践的、具备价值论目的的理学理想追求，往往也可以被认为是理学家审美理想的一部分。自然，理学家的审美理想，主要是以包括理学之概念、范畴、命题等在内的理学话语来表达的，而此类理学话语又是非常丰富的。我们不妨把这一类的具有审美意味或审美品格的理学话语，称之为宋代理学的"审美性话语"。宋代理学的若干审美性话语，在承继前人的基础上，其含义又有新的变化，并对后世产生了不小影响。

　　宋代理学的审美性话语，对宋代理学诗的诗歌风貌之生成，具有重要的导向

---

①　可参见张兴武：《论宋代理学诗的审美逻辑》，《杭州师范大学学报(社会科学版)》2016年第6期。

②　可参见张毅：《儒家文艺美学——从原始儒家到现代新儒家》，南开大学出版社，2004年。

和规范作用①。这里，"风貌"之"风"指的是藉由诗歌结构形态、外在面貌而呈现出的蕴含在作品中的创作主体的审美取向或审美意趣，"风貌"之"貌"指的是藉由诗歌外部形态或结构形式等而呈现出的诗歌面貌。大致而言，"诗歌风貌"指的是通过诗歌结构形态、诗作风貌而呈现出或反映出的诗歌审美形态及审美特征。本章选取五个与理学诗的内容、主题、风格、表达方式等紧密相关的重要理学话语，来考察宋代理学诗诗歌风貌及其特征生成机制等问题。

第一节　宋代理学基本话语与理学诗人审美取向之关联

宋代理学话语是复杂而多样的，而理学诗所涉及的重要理学话语却是有限的。通过对宋代理学诗发展史的考察可知，宋代理学诗的内容或主旨大多以表达或书写理学本体论和道德论话语、工夫论与实践论话语、心性论与目的论话语等三类话语为主。而宋代理学诗的表达方式，则与理学认识论和表现论话语如发明、格物致知、观物等紧密相关。那么，与宋代理学诗审美风格密切相关的理学基本话语向着审美话语的转化及其产生机制，又主要有哪些呢？或者说，理学诗人的审美取向，是如何受到理学话语影响或支配，他们到底选择了哪些理学话语为其审美立场或审美标准的呢？实际上，对此问题的探讨，近来已经引起了国内美学界学者的重视。近来美学界学者已经关注到"造就适于凝聚和表达中国艺术经验的理论话语"的历史路径等，其关注点即涵涉理学话语向着审美话语的转化等。已有学者经考察后认为，"二十世纪初期的中国美学话语，经由纳外、化古、自创的生成形式，创成了经由百年实践检验过的话语系统"②。但问题是，这一"生成形式"及"创成了"并经"检验过的话语系统"，其生成路径或生成机制是什么呢？具体到理学话语向着审美话语的转化、演进等问题，其转化路径、实现方式是什么呢？显而易见，对上述问题的深入思考，是具有重要学术价值的。

一　理学话语成为审美话语的条件

理学话语是构成理学体系的基本语言单位。从理学体系的组成层次而言，

---

① 可参见杨万里：《宋代理学家的文艺本体论——以诗文书画为中心的综合考察》，《东南大学学报（哲学社会科学版）》2018 年第 2 期。

② 汝信、王德胜主编：《美学的历史：20 世纪中国美学学术进程》，安徽教育出版社，2017 年，第 171 页。

主要包括词、概念、范畴、命题、句群、意群、篇章和体系。作为理学体系的构成层次，理学话语包括除了词、篇章和体系之外的理学体系的各层级。理学话语涵涉多层次的广泛性，自然也就形成其属类的丰富性。

综合前人的研究，宋代不同理学学派体系的共同理学思想的关注核心及其学理路径，可以归纳为：

其一，因论证"德"之客观实在性的需要，而探讨宇宙本体论及其与道德论的合一性。因而，实现了对于道、太极、理、气、性、仁、德等话语之体用的认识。邵雍、周敦颐、司马光、蔡元定等由宇宙论而及道德论，程颢、程颐、张载、张栻等由心性论而及本体论，其目的是一致的，都是论证"德"之客观实在性。因此，在形而上角度，"道""太极""性""德"（包括张载所言之"气"）是具有相同地位的。理学家普遍认为，就天地而言，"道"为"生生不已"；就人而言，此为"道"降临至人则为"仁"体即性；就物而言，则为其"理"。而就人言，此"性"既然与天地之道同，则未发为性、为体，已发为情、为用，故得"性善"，分而为五常之性即仁义礼智信，可举"仁"以包四体，此可称之为"德"。故"德"具客观实在性，其源于天地之"道"而为彝伦，为人之"道"。

其二，全性、立德之途径与方法，在于存养心性之"全"，在于发明性之善。二程门人，以及"道南学派""湖湘学派"和闽中学派等，其主要贡献在于丰富和完善了全性、立德之途径与方法。全性、立德之法，从大的层面上可分省察、存养二途，而其目的在于定止德性之善而不迁。为学、格致、置心于日常日用、观圣人气象等，都是全性、立德之方法。朱熹、陆九渊之存养路径虽有差异，但从其目的性而言则是一致的。尊德性、道问学虽有侧重，但其目的则是相同的，都是为了全性、立德而保有之，并使之不迁不变。以现代学者常识而言，此可谓之工夫论、实践论和认识论等。

其三，全性、立德而保有之不变不迁，就需要区分儒、道、释之异同，明辨其目的。朱子学派学者对此辨析甚严。他们认为，理学虽常引道、释之"工夫"而明心性，但其目的在于察识心性之善、德之实有而定止其不迁，故重彝伦而强调践行与日常日用，推而广之为黎民百姓、王道、治政以实现其道体流行、复归道统的大同境界。而道、释则离群索居，以其"自然""空寂"而为己，故离弃彝伦纲常而为私。理学家从道、释而用其存养心性的方法，所养就的定止心性之目的，如果不是流入道、释，则应认可其做法，反之则不应视为理学正统。杨时、张九成等人所持之存养心性方法，因其在目的论上近乎佛教思想，故受到朱熹的严厉批评。

其四，存养心性以全性、立德，至其极则为圣贤。故明理、立德、定止德性等以复其"性"之"初",其目的在于求做圣人。体贴圣人气象、境界以规模之,是全性、立德工夫,也是成就为圣人境界的方法。陆九渊、杨简等从"心""性"的固有之"善"而扩充,与朱熹、黄榦等从省察其心念、克治其气之偏以全其性,不过是途径不同而已,其求做圣贤之目的则是一致的,此可谓之理学之境界论。

其五,全性、立德乃至于求做圣人,乃可为求"外王"之学,可为传道、为学、治事、理民,以股肱王室、行王道而继道统。此属原始儒学要义,程朱、陆王两派理学家对此探讨不多。惟有关中张载、吕氏兄弟和后来的永嘉学派如周行己、薛季宣、陈傅良、叶适等于此多有探讨。但永嘉之学因此而走向了质疑乃至反对"格物致知",甚至怀疑、否定理学学理之路,显然走向了理学的反对面,所谓过犹不及了。

上述,是我们对于宋代理学体系主要内容的简要概括。理学各派的理论重心及其所使用的理学话语表述,自然也是围绕上述问题而展开的。但是,与上述理学体系内容密切相关的、丰富多样的理学话语,并不是天然就具有了审美话语的意蕴及其实现可能。理学话语之所以能够成为理学审美话语,还需要满足一个重要的介入因素,那就是兼具理学实践主体和理学诗书写主体于一身的理学诗人参与其中。正是理学诗人的诗学实践活动,而附加了实践主体的体验性、愉悦性和审美性,因而,理学话语成为理学诗人的知识素养、知识储备,由此而成为其诗学批评和诗歌创作实践的基本背景和创作素材。而内化为理学诗人的审美旨趣,并成为其评判诗歌的标准以及从事诗歌书写的指南或尺度,故而,某些理学话语才具有了审美的功用,获得了审美价值,从而发展成为理学家的审美话语。当这些理学话语的审美价值或审美功用得到普遍认可并持续加以强化后,这一类的理学话语便成为诗学批评和诗歌创作实践的重要审美话语,而得到普遍认可,并发挥出作用。同样由兼具理学实践主体和诗歌书写或创作主体的统一性身份所决定,理学思想及其决定了的理学旨趣,成为其诗歌的内容或主旨。再者,理学诗的"言志""载道""明理"等功用,对理学诗人以理学话语作为诗学批评或诗歌创作的标准或立场,有一定的助力或作用。

理学话语转化为诗歌审美话语之后,诗歌审美话语也就成为表达、描述诗学实践主体的体验性、感知性和审美性的审美实践活动的话语形态。显而易见,理学话语中的那些具有体验性、感知性和审美性的理学话语,才会具备成为审美话语的可能。审美体验、审美判断等,是需要创作主体的情感性审美体验参与的。缺少情感性、体验性,也就没有什么审美性。由此而言,以理学思维或认知为特色的理学话语,如果缺少理学完成主体兼诗学实践主体的参与,并具象为情感性、体验性和审美性特质的话,是难以满足其向着审美话语转化的条件的。

二 典型理学审美话语的客观存在与历史生成

一定意义上,正是由于诗学实践主体的审美体验和审美判断参与其中,因此,两宋时期的若干理学话语才成为具有审美特质的诗学话语。从这类理学话语来看,其主要分布于理学的本体论、道德论和境界论等理学话语部类之中。下文以"生意""乐"两个理学审美话语的生成为例,以说明理学话语转化为审美话语的历史客观存在性。

因推崇"生生不已"而重"生意"。理学家普遍认为,天地之道乃为"生生不已",而其体为"理"或"元",其用为"化育""流行",其文为四季之物景、子孙之繁衍、事物之更替等。因为"观天地生物气象"而可得"生意",故理学家多有对于自然之景物之"生生不已"的描摹和书写,因此而推崇"生意"。故以诗写"生意"成为宋代理学诗的重要诗歌题材类型。如邵雍《首尾吟》即有句:"一气旋回无少息,两仪覆焘未尝私。四时更革互为主,百物新陈争效奇。"①其观"生意"乃是体验大化流行而阴阳互动关系。因"生意"而明理乃至于有"观物之乐",是邵雍此类理学诗的主旨所在。而程颢亦在评价石曼卿诗句时,强调其"乐意相关禽对语,生香不断树交花",乃在于"形容得浩然之气"②。其《春日偶成》之"傍花随柳过前川"之"乐",当然也是因"生意"而"乐"。黄震对此有所认识:"明道诗皆造化生意之妙,较之尧夫《击壤集》,则尧夫为自私其乐者矣。"③之所以宋代理学家多重视书写"生意",宋末著名理学家真德秀在《跋朱熹感兴诗》中给出了解释。其说云:"乾之四德,迭运不穷,其本则诚而已矣。诚即太极也。其所以播群品者,诚之通也;其所以固灵根者,诚之复也。通则为仁为礼;复则为义为智。所谓五行一阴阳,阴阳一太极也。然动静循环,而静其本。故元根于贞而感基于寂,不能养未发之中,安得有既发之和!故此诗谓世人之扰扰,适以害道,不若林居之士静观密察,犹能探万化之原。"④真德秀揭示出宋代理学家之所以热衷于书写四季景物诗的原因,乃在于以"观物"而"探万化之原"。黄震《万山楼记》亦曰:"然则登斯楼也,林壑弥望,生意濺濺,云出于山,又从而雨泽之,得无当思仁增

---

① 吴文治主编:《宋诗话全编》,第 7997 页。
② 吴文治主编:《宋诗话全编》,第 517 页。
③ 吴文治主编:《宋诗话全编》,第 9367 页。
④ 吴文治主编:《宋诗话全编》,第 298 页。

寿而益厚者乎？必如是，然后万山与吾一心矣。"①而宋末欧阳守道则云："云卿之诗……甫开卷便得。其《冬至》一诗盎然大有生意，为吟讽数过。是日尽卷读之，能使予心宽舒怡愉，如得美食甘寝。"②上述可见，邵雍、程颢、真德秀、黄震、欧阳守道均关注到诗作之"生意"问题，他们或书写"乐意"，或以是否有"生意"来评价诗歌，显示出其以"生意"作为诗歌审美评价话语的主体自觉性。考察可见，书写"乐意"或以其为评价诗歌的标准，是宋代理学家诗人非常普遍的现象。杨时、张九成、邹浩、张栻、朱熹、杨简、孙应时、杜范、刘克庄、吴子良等，均作有此类诗歌，或以之作为诗学评价的标准或尺度。由此而言，"生意"可算是理学话语向着审美话语转化的典型话语形态之一。

再如理学话语"乐"。蒙培元先生曾对理学重要话语"乐"有所考察，他认为：

> "乐"之成为理学范畴，主要是指天人合一，即人和自然界合一的情感体验，也是一种审美意识或观念形态。作为一种本体论的超越的体验，它既是情感的，又是超情感的；既是理性的，又是超理性的。它和"诚""仁"等范畴一样，代表天人合一、心理合一的精神境界，但它是从审美意义上说的，在理学真善美合一的范畴体系中，它代表美的境界。它和"诚""仁"一样，都属于整体性思维，但乐更强调直观体验，也更强调主体性和主观性。
>
> "乐"作为特殊的情感体验，和"诚""仁"是不可分开的，不是孤立存在的。它渗透了伦理学的内容，也有认识的参与。因此，在理学范畴体系中，"乐"从来就不是纯粹的美感体验或纯粹的形式美。这又是理学范畴体系的最大特点。③

按照蒙先生所言，"乐"既然是实践主体基于情感体验的审美意识或审美观念形态，那么，它便成为审美话语。理学之"乐"显然不同于一般意义上的名利之乐、欲望之乐，因其与"诚""仁"分不开，故理学之"乐"为"得道"之乐、"用诚"之乐或"求仁"之乐，这是理学话语"乐"的要义所在。由此而言，理学之"乐"标志着理学体系的最后完成，是天人合一的审美境界与道德境界的统一。正是因为理学之"乐"的重要地位，故理学诗人对于"乐"多有诗学论述或在其诗歌实践中多有书

① 曾枣庄、刘琳主编：《全宋文》，第 348 册，第 296 页。
② 吴文治主编：《宋诗话全编》，第 9403 页。
③ 蒙培元：《理学范畴系统》，第 509 页。

写。如程颢《秋日偶成》之二:"闲来无事不从容,睡觉东窗日已红。万物静观皆自得,四时佳兴与人同。道通天地有形外,思入风云变态中。富贵不淫贫贱乐,男儿到此是豪雄。"①集诗歌书写或创作主体、理学实践主体于一身的诗人,以"静观"的方式体贴天地万物之四时物象,而与之打成一片,从而实现了审美体验、道德体验和天人境界的多重性合一。蒙培元先生认为,此诗所书写的境界,"既是情感体验的结果,又是超情感的普遍形式和审美原则,即物我浑然一体的本体意识。它和仁始终没有分开。它是动态的而不是静态的,以'万物生意'为体验对象,以仁为体验内容,因而具有明显的道德性和目的性"②。正是认识到理学之"乐"具有合体验、识察与实践的特点,故理学家对这一理学话语十分重视。邵雍的"观物之乐",周敦颐、程颢、程颐等人的"庭草不除"和"孔颜乐处",朱熹的"为学之乐",都可视为理学话语"乐"的类型。李复、周行己、杨时、胡安国、胡宏、范浚、张栻、魏了翁、真德秀、吴渊等人,皆有不少对于理学之"乐"的诗歌书写。而理学诗人以理学之"乐"来论诗、作诗,自然也就赋予了"乐"话语的审美立场。显然,理学话语"乐",经由邵雍、周敦颐、二程等人的多方探索,而为宋代理学诗人所重视,最终成为典型的审美话语之一。

显而易见,两宋时期理学话语向着审美话语的转换是客观存在的历史文化现象。随着理学文化逐渐占据了社会文化的主体地位,自北宋中期由理学"五子"及其门人后学所提炼出来的诸多理学话语,如"气象""巧贼拙德""清淡""从容""温和""平和""乐意"等,逐渐被理学诗人所重视,并用来从事诗学批评或诗歌创作实践,因此而生成了一批内容丰富、意蕴深刻的审美话语。这些具有审美意义的理学话语,在一定程度上成为理学诗人从事诗学实践的基准或尺度,左右着理学诗人的审美取向,并最终影响到理学诗书写的风格追求。立足宋代理学诗发展史及宋代理学诗审美风格的总体情况,本书第六章提炼出若干理学审美话语如"巧贼拙德""玩物从容""气象近道""温柔敦厚""清淡"等,并对之进行较为细致的研究,以探讨理学话语与理学诗人审美取向的关联,考察理学话语与理学诗风格之发生、演变之关系。

考察可见,理学话语成为审美话语的生成条件与生成途径,是较为复杂的。一般来说,惟有那些因其关涉理学精义而为理学家所重视的理学话语,才会顺乎自然地成为他们以之从事诗学实践的"土壤"或"武库",理学话语才具有转化为

---

① 程颢、程颐撰,王孝鱼点校:《二程集》,第 482 页。
② 蒙培元:《理学范畴系统》,第 513 页。

审美话语的可能。但是,审美话语毕竟是依托于审美体验、情感参与和审美判断等而被赋予了价值或意义的,因此,理学体系中那些与审美体验、情感参与和审美判断等有较大距离的理学话语,也就很难成为审美话语。比如心性存养之克治、静养、爱惜精神、无妄,为学之希圣希贤、明心力行、"四勿"、心普万物、主敬直内等,都难以成为审美话语。

理学话语要完成其向着审美话语的转化,就需要诗学实践主体以审美体验、情感参与和审美判断相结合的态度或做法,来把那些为理学家广泛推崇的某些理学话语,作为诗学批评和诗学实践的基石或标准,使之发挥作用,如此才可实现其向着审美话语的"身份"转化。大略言之,理学话语向着审美话语的转化路径主要有两条:其一,诗学实践主体推崇某些为理学家广泛重视的理学思想或者旨趣,以之为诗学批评或诗歌创作实践的旨趣或追求,从而,理学话语成为评判诗作和从事诗歌创作实践的标准或尺度。如"巧贼拙德""温柔敦厚""玩物从容"等,皆因其理学思想或理学旨趣而成为诗学批评和诗歌创作实践的标准或尺度,为理学诗人所重视并遵守,故而,这些话语才具有了审美意味。其二,理学诗人推崇理学家的某些求道体验和体道感受,以之为诗学批评和诗歌创作实践的标尺或基准,故而,这些话语具有了审美意味。如"清淡""中和""物我一体"等,亦因其理学价值而成其为审美价值,并逐渐完成了其由理学话语向着审美话语的转化。

本节的研究结论是:理学的境界论、道德论和心性论话语,因其具备情感体验、审美体验等而往往成为理学诗的审美话语的话语来源。这一类话语转换为理学诗审美话语的生成机制,首先是成为作诗或评价诗歌的标准、尺度,然后以之衡量诗歌水平高低、导引作者自觉按照其要求进行诗歌创作或书写。而理学的本体论、工夫论、实践论、目的论、认识论和表现论话语,基本上没有参与到理学话语向着审美话语转化的生成机制之中。这大概是其理学践履过程中,缺少情感性、审美性体验而造成的。可见,对于理学话语向着审美话语转化的考察路径,应以考察理学的境界论、道德论和心性论话语向着理学诗审美话语的转换为重点,审视或考察其重点话语,而不必对理学的本体论、工夫论、实践论、目的论、认识论和表现论等所属话语过于关注。

第二节　宋代理学"巧贼拙德"话语与理学诗的诗歌风貌

先秦儒家经典及原始儒家代表人物对"巧""拙"两者并没有表现出明显的偏

好,但宋代理学鼻祖周敦颐却提出了"巧贼拙德"这一理学命题。受其影响,"尚拙"之使用范围扩大,原本"尚巧"的技艺、技巧等文化层面也开始"尚拙",从而造成了中国审美文化在近古时期之后发展的一个明显变化。而"巧贼拙德"命题经过后来理学家的递相传承、补充及多方阐释,逐渐凝聚成为中国文化传统的重要因子,并以理学、文学、书法、绘画、雕塑等诸艺术形态反映出来。显而易见,对宋代理学"巧"与"贼""拙"与"德"这两组概念的语义关联进程进行考察,可以见出中国传统文化在政治伦理、道德伦理,以及在技艺、技巧精神追求方面的发展走向。这一研究,对于我们深入探讨中国文化的若干理论范畴及其品格属性确有裨益,亦对当下诸艺术门类的自觉审美追求具有一定指导作用。

一 "巧贼拙德"命题的文化渊源及其语义关联进程

首先,"拙"在先秦典籍中的语义,大致是"缺少技巧"。许慎《说文解字》释为:"拙,不巧也。从手,出声。"段玉裁注:"不能为技巧也。"从现存的历史文本文献看来,先民提及"拙""巧"的文献,以《尚书·盘庚上》为最早:"予自荒兹德,惟汝含德,不惕予一人。予若观火。予亦拙谋,作乃逸。"这里的"予亦拙谋,作乃逸",按照孔安国的解释,是"我拙谋成汝过"①意。显然,"拙"在此的语义是使用了其较早的"缺少技巧、笨拙"义。又如《老子》有言:"大直若屈,大巧若拙,大辩若讷。"②《庄子·外篇》对此有所解读:"擢乱六律,铄绝竽瑟,塞瞽旷之耳,而天下始人含其聪矣……故曰:'大巧若拙'。"③可见,这里的"巧""拙"仍与"德性"没有直接的关联。在先秦时期,举凡人的动作、语言等缺乏技巧、不顺畅等,都可以被视为"拙"。在其早期意义上,"拙"与动作、行为等有关。

就现存文献看来,从行为、语言的缺乏技巧、不顺畅等较早义开始,"拙"的语义主要向着三个方面发展:一是成为评价和判断事物水平高低、性质优劣的标准,人的动作、语言等缺乏技巧、不顺畅等被视作水平差、层次低,如《管子》:"虽有巧木利手,不如拙规矩之正方圆也。"④因此,"拙"发展成"粗劣"义。二是由缺乏技巧、不顺畅义等外显出来的状态、水平,发展成为对事物所处状态的判断和评价,如《尚书》:"作伪,心劳日拙。"孔安国传:"为伪,饰巧百端,于心劳苦,而事

---

① 李学勤主编:《尚书正义》,《十三经注疏》(标点本),第229页。
② 朱谦之撰:《老子校释》,第182页。
③ 陈鼓应注译:《庄子今注今译》,第284页。
④ 黎翔凤撰,梁运华整理:《管子校注》,第308页。

日拙不可为。"①由此可知，"拙"具有"困穷、艰难"义。三是由缺乏技巧、不顺畅义，而推断出动作的主体缺少行为方式等方面的训练，成为描述行为主体呈现出的原始、质朴等状态的用语，如陆机《文赋》："或言拙而喻巧，或理朴而辞轻。"②这里的"拙"，是"质朴、原始"义。

其次，来看"巧"义。从早期文献来看，如前所引，"巧"经常与"拙"同时使用。如前举《尚书》《老子》《论语》《庄子》等文献，"巧"与"拙"往往对举使用。《说文解字》："巧，技也。"从文献看来，"巧"的这一语义产生年代较早，其具体指向与"拙"义相似，都指向了实践主体的外在动作、语言等外在的属性。"巧"的这一语义，可以理解为"技巧、技能"。

从现存文献来看，从"技巧、技能"义开始，"巧"语义向着四个方向发展：一是成为评价和判断事物水平高低、性质优劣的标准，人的动作、语言等具备技巧、技能等被视作水平高、优秀，如《淮南子》："故以巧斗力者，始于阳，常卒于阴。"③因此可知，"巧"发展成"灵巧"义。二是由评价实践主体具备的"技巧、技能"等所处的状态、水平，发展成为对实践主体及事物所处状态、层次的评价，如《天问》："穆王巧梅，夫何为周流。"洪兴祖补注："巧梅，言巧于贪求也。"④由此可知，"巧"有了"擅长、善于"义。三是由"擅长、善于"义而转化为对实践主体及事物的审美评价及审美判断，如《玉篇·工部》："巧，好也。"《诗经·硕人》："巧笑倩兮，美目盼兮。"由此，"巧"有了"美好、美妙"义。四是由实践主体外在呈现出的"善于、擅长"等状态而推断其实际形成的路径及可能性，如《诗·巧言》："巧言如簧，颜之厚也。"郑玄笺："颜之厚者，出言虚伪而不知惭于人。"⑤由此可知，"巧"有了与"质朴、原始"相对立的"人为、做作"等义。

由上可见，"巧""拙"字均有不少义项，即使在孔子时代，两个词的原始义、引申义等也与道德伦理、心性存养等没有什么联系。那么问题由此而来："拙""巧"的义项如此之多，为何后世儒者却偏偏把这两个词与道德判断联系到一起？而且，由前文考察可知，"拙"的"质朴、原始"义与"巧"的"人为、做作"义，都是后来才有的引申义，而非其原始义或者较早义。那么，"巧""拙"与道德发生关联的路径是什么呢？

---

① 李学勤主编：《尚书正义》，《十三经注疏》（标点本），第 488 页。
② 陆机著，张少康集释：《文赋集释》，第 212 页。
③ 何宁撰：《淮南子集释》，第 1009 页。
④ 洪兴祖撰：《楚辞补注》，台湾商务印书馆景印《文渊阁四库全书》本，第 23 页。
⑤ 李学勤主编：《诗经正义》，《十三经注疏》（标点本），北京大学出版社，1999 年，第 758 页。

在中国文化史上,存在着源远流长的"正名"文化传统。"名"与"实"之间往往存在着非对称性、多义性等各种复杂关系。因此,对先民重"拙"观念的考察,就不得不从儒家礼乐文化传统产生之前来寻找。其中,尤其值得注意的是夏代的尚质文化传统。据孔子所言,夏代文化的特征是"尚质"、重"朴"。《礼记·表记》记孔子云:"虞、夏之质,殷、周之文,至矣。虞、夏之文不胜其质。"①《礼记》又记孔子反复强调"夏道未渎辞"②、"君天下,生无私,死不厚其子"③等。可见,为孔子所推崇的夏代文化传统中的"质""朴",大致是指虞、夏代文化所呈现出的自然而然、活泼本色的状态。夏代文化对于后世的影响很大,商代统治者每以有夏覆亡为鉴戒。《商书·汤诰》记载:"夏王灭德作威,以敷虐于尔万方百姓。尔万方百姓,罹其凶害。"④《尚书·立政》亦载周公分析周能够灭商的原因在于上帝"乃伻我有夏,式商受命"⑤。由此可知,夏代的尚质、重朴之传统,为周代的统治者所推崇。在《论语》中,孔子亦云:"殷因于夏礼,所损益可知也;周因于殷礼,所损益可知也。"⑥上述,都显示出虞、夏文化直至孔子时代仍为人所尊崇。自然,虞、夏代"尚质"文化传统包含"尚拙"之文化因素,就会影响到商、周时期人们的思想观念。显然,对"素""朴""质"的推崇,实质上就是要求社会生活中的个体,践行"寡欲""少私",乃至实现"无欲"。而为实现这一人生追求,儒家给定的实现路线是加强德性主体的修养,以此来实现心性的定止。虽然,在儒家的不同历史阶段,儒家代表人物有不同的践行理念和行为主张,但其基本的指向都是通过心性存养来实现心体的诚定,以及德性的光大显明。总的来说,儒家代表人物之所以重视心性修养以实现"素""朴""质"等德性品质的回归,其内在的义理当然根植于孟子强调的"性"之本"善"。而孟子提出的"性善"之说,反过来正好支撑起儒家代表人物所强调的回归内在德性存养的思想主张。经此转换,儒家代表人物提倡的向着德性的存养用力来复归"原始、质朴",也即实现了实践主体的"拙"。

儒家传统上,对于实现实践主体的"尚质"之"拙",在不同的时期是有不同侧

---

① 李学勤主编:《礼记正义》,《十三经注疏》(标点本),第 1487 页。
② 李学勤主编:《礼记正义》,《十三经注疏》(标点本),第 1486 页。
③ 李学勤主编:《礼记正义》,《十三经注疏》(标点本),第 1487 页。
④ 李学勤主编:《尚书正义》,《十三经注疏》(标点本),第 199 页。
⑤ 李学勤主编:《尚书正义》,《十三经注疏》(标点本),第 471 页。
⑥ 朱熹撰:《论语章句集注》,《新编诸子集成》本,中华书局,1983 年,第 59 页。

重的。孔子讲的"先进于礼乐,野人也;后进于礼乐,君子也。如用之,我从先进"①,表达出对于作为社会实践主体之"质"的推崇。据文献看来,孔子虽重视"质",但也倡导以礼乐为代表的"文",以及语言艺术的"辞欲巧"。由此可知,孔子对于德性品格与语言技巧两种不同事物属性有所区分。孔子又讲"质胜文则野,文胜质则史。文质彬彬,然后君子"②,强调文、质的内外统一,显然并不过于推重"质"。孔子的这一思想,为其弟子所继承。子贡即云"文犹质也,质犹文也"③,也是讲文、质的统一性问题,强调不可舍"文"求"质",亦不可舍"质"求"文"。当然,孔子所云之"质",更多的还是强调社会实践主体的道德属性,这一点,同样为宋代理学家所继承。如《论语》记:"子曰:'刚毅、木讷,近仁。'"程颐解释为:"木者,质朴。讷者,迟钝。"杨时解释为:"刚毅则不屈于物欲,木讷则不至于外驰,故近仁。"④这里的"木讷",是指性格秉性方面的迟缓、迟钝。因为具有这种性格秉性的人,思想行为往往发自内心亦即出于"诚"。所以孔子说"刚毅、木讷""近"于"仁",而不是说"刚毅、木讷"便是"仁"。

孔子之后,原始儒学经典如《大学》《中庸》、"三礼"等,仍然没有把"拙"与"德"直接联系起来。但值得注意的是,汉代一些重要人物已经强调人的内在的本质性存在——诚,是外显文辞的必需条件。贾谊在《新书·六术》中,以"道、德、性、神、明、命"为"德"之"六理"。他强调:"弟子随师而问,受博学以达其知,而明其辞以立其诚。"⑤可见,作为人之"质"的要素"诚",在贾谊看来是实现人之"德"的必需条件。稍后,在《毛诗序》中,汉儒提到了"在心为志,发言为诗,情动于中而形于言","变风发乎情,止乎礼义。发乎情,民之性也"⑥,这就是说,诗歌的功用在于言志,而"志"是未及发出的"心"之感受,这一感受以语言的形式表达出来,就是诗。诗歌承载着作者的情感,而这一情感就是人普遍具有的本性。因此,有什么样的"民之性",就会有什么样的"诗"。这就为提倡"质""朴"等道德理性的要求做好了理论铺垫。东汉时期,桓谭《新论》之"言体第四",承继西汉观点而来,亦强调主体对事物本质的判断(大体)与客观事物的真实情况(质行)相符合。与之同时,桓谭举了把持朝政以覆亡的王莽的例子,明其"饰非夺是""辨能

---

① 朱熹撰:《四书章句集注》,《新编诸子集成》本,第 124 页。
② 朱熹撰:《四书章句集注》,《新编诸子集成》本,第 89 页。
③ 朱熹撰:《四书章句集注》,《新编诸子集成》本,第 136 页。
④ 朱熹撰:《四书章句集注》,《新编诸子集成》本,第 149 页。
⑤ 贾谊撰,阎振益、钟夏校注:《新书校注》,中华书局,2000 年,第 316 页。
⑥ 李学勤主编:《毛诗正义》,《十三经注疏》(标点本),第 15 页。

诘说士"等"不知大体者"的愚蠢政治举措,表露出桓谭重"质"而"斥巧"的重要思想。① 东汉王充《论衡》之"本性",系统总结了自孔子之后诸子关于"性"之本是善还是恶的问题,对孔子门生漆雕开、宓子贱,以及后来儒家重要代表人物如公孙尼子、孟子、告子、荀子、陆贾、董仲舒、刘向等人关于"性"之本的相关论述进行了总结,表达出他推崇孔子之以人之"品"论"性"之本的基本态度。② 王充以"善"为"性"之本,开魏晋时期以"诚""质""朴"等为"性"之本的先声,成为后世以"仁"为"性"本论的重要理论来源。

魏晋时期,出现了把"拙"同社会实践主体——人的本质属性"性"相联系使用的情况。如丁仪在《厉志赋》中有句"惟受性之朴拙,亮未达乎测度"③,已经把"朴""拙"视作"性"的特征。这反映出魏晋时期时人的认识。又如曹丕的《典论·论文》中亦有"至于引气不齐,巧拙有素,虽在父兄,不能以移子弟"④。《颜氏家训·名实第十》亦云"一为察之所鉴,巧伪不如拙诚"⑤,表达出对于质朴、本质之人之本性的推崇。陶渊明亦有:"开荒南野际,守拙归园田"⑥,"人皆尽获宜,拙生失其方"⑦,"人事固已拙,聊得长相从"⑧等。这里的"拙",是陶渊明总结的处世态度,指的是不讲究处世的技巧、方法,含有不屑于以权谋谋利及从事政治投机的意味。需要注意的是,魏晋南北朝时期,除了把"拙"同人的本性相联系而推崇"拙"之外,人们在论文、论处世技巧多方面,对于"拙"的态度则是排斥的。《颜氏家训·文章第九》提及:"学问有利钝,文章有巧拙。钝学累功,不妨精熟;拙文研思,终归蚩鄙。"⑨表达出对于文章拙劣的批评。这说明,魏晋南北朝时期,人们在使用"拙"时,已经形成了约定俗成的用法,那就是:当"拙"与人之"质朴""诚实"等"本性"相联系时,是"尚拙"的;当"拙"作为为文、处世等之"技巧""方法"等使用时,是"斥拙"的。

隋唐时期,伴随着儒家思想的经世价值重新为统治者所认识,人们重视"文"之政治教化功用的承载,警惕过于追求诗文艺术性而掩蔽、丧失其教化价值,在

---

① 参见桓谭著,吴则虞辑校:《桓谭〈新论〉》,社会科学文献出版社,2014 年。
② 王晖校释:《论衡校释》,中华书局,1990 年,第 132—142 页。
③ 严可均辑:《全上古三代秦汉三国六朝文》,第 979 页。
④ 严可均辑:《全上古三代秦汉三国六朝文》,第 1098 页。
⑤ 颜之推撰,王利器集解:《颜氏家训集解》,中华书局,1993 年,第 371 页。
⑥ 袁行霈撰:《陶渊明集笺注》,中华书局,2003 年,第 76 页。
⑦ 袁行霈撰:《陶渊明集笺注》,第 353 页。
⑧ 袁行霈撰:《陶渊明集笺注》,第 375 页。
⑨ 颜之推撰,王利器集解:《颜氏家训集解》,第 308 页。

此意义上,一些有影响的作家主张"斥巧"。如李谔对"竞一韵之奇,争一字之巧;连篇累牍,不出月露之形,积案盈箱,唯是风云之状"的时文大加抨击,其目的是"防其嗜欲,塞其邪放之心,示以淳和之路"①。可见,李谔推崇的是承载儒家"明理""尚德"之"文"。与之相似,隋代大儒王通认为追逐诗歌之技艺为末流,诗歌的功用在于政治教化与个体的道德伦理,而非技巧、技艺②。坚持这一儒家诗歌功用观的代表人物,唐代还有王勃、陈子昂、刘知幾、杜甫等人。值得注意的是,为宋代理学家推崇的杜甫,在其诗句中多处言及"拙"。如"老大意转拙"③、"养拙异考槃"④等。从杜甫思想而言,这里的"拙",自然是其"忠君"的写照。之后,中唐时期的元结、韩愈、柳宗元、白居易等人,在其相关论述中,也经常推崇诗歌对于重建政治秩序、伦理纲常等方面的作用,强调"诚""质"等对于诗文的重要性。可以说,到了中唐时期,人们已经在"质朴""诚"等意义上"尚拙"了。必须明确,直到这一时期,人们所倡导的"尚拙""斥巧",仍然是就道德、政治教化等而言。

上述可见,自先秦原始儒家就开始的把"拙"与人之"质朴""原始"的本性相联系的做法,为后世所继承和发扬,这自然对于后世直接把"拙"与"德"相联系有很大启发。这是因为,按照《中庸》来讲,"天命之谓性"⑤,这个"性"就是人之所以为人的规定性的属性。而按照宋代理学来讲,很多理学家认为,"天命""性""道""德"只不过是同物而异名,是天地万物规律性和本质性的属性在不同事物以及同一事物不同角度的特性。至此,有关"拙"与"德"的义理联系,得到了合理解决。而宋代理学家所谓的"重拙",实际上不是推崇"技巧""技术""技艺"层面上的动作迟缓、反应迟钝、头脑愚笨等,而是指的重视人的自然"本色""本质",包含对人之"性善"的界定和认识,是对人之"原初"状态本善的维护和返归。因此,宋代周敦颐以"拙"为成就"德"的途径、方法,就顺乎自然而呼之欲出了。

与先民过于推崇"拙"的情形不太一致,他们对于"巧"的态度却呈现出一定的矛盾性。从文献看来,随着历史的推进,先民对"巧"的态度开始发生变化。一种态度是对"巧"表达排斥,也就是"斥巧"。大致而言,先民的"斥巧",主要是在政治、道德、风俗及个人修养等方面来着眼。在表达"斥巧"这一观念时,先民经

---

①　李谔:《上书正文体》,转引自王运熙、顾易生主编:《中国文学批评通史》(隋唐五代卷),上海古籍出版社,1996年,第15页。

②　参见王运熙、顾易生主编:《中国文学批评通史》(隋唐五代卷),第20—30页。

③　彭定求等编,中华书局编辑部点校:《全唐诗》,中华书局,1999年,第2266页。

④　彭定求等编,中华书局编辑部点校:《全唐诗》,第2332页。

⑤　朱熹撰:《四书章句集注》,《新编诸子集成》本,第17页。

常把"巧"与"淫""佞"等词语相联系。如《尚书·皋陶谟》有："何畏乎巧言、令色、孔壬?"①《尔雅注疏》释为："壬,佞也。"上述文献都以"淫""巧"连用,表达出对过分追求"巧"以至于破坏政治稳定的忧虑。两汉时期,士人对于"巧"之于政治、士风等方面的危害,是十分警惕的。汉代贾谊《新书》讲"夫奇巧末技、商贩游食之民,形佚乐而心县愆,志苟得而行淫侈,则用不足而蓄积少矣"②,对从事"奇巧"之败坏国家法度有所警惕,强调政治治理要对此有所处置。司马谈推崇老子的"圣人不巧,时变是守"③,强调遵天而行、谨守时变。又西汉《盐铁论》中,"大夫"与"贤良文学"论辩时,"贤良文学"所持态度基本上都是"斥巧"的,这里的"文学"指的是当时推崇董仲舒新儒学的儒者。上述文献说明,两汉时期,儒者在治理国家、顺应天时等层面上,是"尚拙"而"斥巧"的。魏晋南北朝时期,出现了把"拙"同社会实践主体——人之本质即"性"相联系而使用的情况。如曹丕讲:"引气不齐,巧拙有素,虽在父兄,不能以移子弟。"④与两汉时期相同,在此时期,凡是文献中出现"斥巧",一定是与政治、人性、道德等相连。如钟繇有句"故镇北将军领河东太守安阳亭侯王邑,巧辟治官,犯突科条"⑤。钟会讲:"贵妾孙氏,……孙氏辨博有智巧,言足以饰非成过。"⑥可见,只要与政治、道德、人性等相关,魏晋南北朝时期的人们已然是"斥巧"的。

先秦两汉直至魏晋南北朝时期,人们的"斥巧"态度极大地影响到隋唐五代及北宋中期人们的观念。如李世民云:"朕历观前代,谗佞之徒,皆国蟊贼,巧令朋比。"⑦又如,中宗李显有:"永惟黎元之困,……进献无度,淫巧竞生,思与蠲除。"⑧姚班亦云:"至于工巧造作,寮史直司,实为末事,无足劳虑。"⑨岑文本又有"去智绝巧,圣人之至德"⑩。上述文献皆说明:政治之"巧",是败坏政体根基的祸害,因此务须"斥巧"。

---

① 李学勤主编:《尚书正义》,《十三经注疏》(标点本),第103页。
② 贾谊撰,阎振益、钟夏校注:《新书校注》,第103页。
③ 严可均辑:《全上古三代秦汉三国六朝文》,第270页。
④ 严可均辑:《全上古三代秦汉三国六朝文》,第1098页。
⑤ 严可均辑:《全上古三代秦汉三国六朝文》,第1185页。
⑥ 严可均辑:《全上古三代秦汉三国六朝文》,第1190页。
⑦ 李世民:《谕侍臣绝谗构论》,载董诰等编:《全唐文》,中华书局,1983年,第122页。
⑧ 李显:《即位赦文》,载董诰等编:《全唐文》,第206页。
⑨ 姚班:《四上节愍太子书》,载董诰等编:《全唐文》,第1733页。
⑩ 岑文本:《钱不行对》,载董诰等编:《全唐文》,第1526页。

　　先民对于"巧"的另外一种态度是"尚巧"。《诗经·卫风·硕人》有"巧笑倩兮"①，以"巧"来饰笑，说明女子之笑富有技巧，以至于露出代表着青春活力的牙床。正是在此意义上，原始儒家并不否定技艺之"巧"。儒家经典文献中，对此多有记载。如《周礼·考工记》亦有："杂四时五色之位以章之，谓之巧。"②表达出企图调和节气方位的"和合"观念。《孟子·离娄下》亦记"离娄之明，公输子之巧，不以规矩，不能成方员"③，对公输般的技艺表示肯定。《荀子》则引孔子言"巧而好度必节，勇而好同必胜，知而好谦必贤"④，说明荀子也是认同作为技能的谋略之"巧"的。魏晋南北朝时期，人们在推崇"巧"时，大多重视"才艺""技艺""制作"等之"巧"。如曹丕《弹棋赋》"惟弹棋之嘉巧，邈超绝其无俦"⑤，《答繁钦书》云"今之妙舞，莫巧于《绛树》"⑥，都是称赞棋艺、舞蹈之技艺高超。这一时期，对后世文学艺术影响极大的《文心雕龙》，从辞采、剪裁等方面立言，尚"巧"而斥"拙"。如《熔裁》强调："夫美锦制衣，修短有度，虽玩其采，不倍领袖，巧犹难繁，况在乎拙?"⑦指出了"巧"之于选材的重要性。在《事类》中又称"故魏武称张子之文为拙，以学问肤浅，所见不博"⑧，认为"文拙"之原因在于"学问肤浅，所见不博"。此外，在《指瑕》中称"巧言易标，拙辞难隐"⑨，在《诸子》中以"辞巧理拙"⑩批评名家学说等，都显示出刘勰坚持"文"之"尚巧"而"斥拙"的基本立场。

　　隋唐五代时期，人们继承了前代的用法，凡是"尚巧"一定与技巧、技艺等相联系。如隋代江总《为陈六宫谢表》"愧缠艳粉，无情拂镜，愁萦巧黛，息意临窗"⑪，赞美宫中女子善于装扮。可以说，自隋唐到宋代，人们的"尚巧"观念，都是基于对制作、创作方面的工艺、技能等方面的肯定和推崇，是单纯从技术、技能方面来言说的。比照本节前述所引用的唐宋时期"尚拙"问题的文献，亦可对此有较为充分的理解。

---

① 李学勤主编：《诗经正义》，《十三经注疏》(标点本)，第 224 页。
② 李学勤主编：《周礼正义》，《十三经注疏》(标点本)，北京大学出版社，1999 年，第 117 页。
③ 朱熹撰：《四书章句集注》，《新编诸子集成》本，第 280 页。
④ 王先谦撰，沈啸寰、王星贤点校：《荀子集解》，第 132 页。
⑤ 严可均辑：《全上古三代秦汉三国六朝文》，第 1074 页。
⑥ 严可均辑：《全上古三代秦汉三国六朝文》，第 1188 页。
⑦ 刘勰著，范文澜注：《文心雕龙注》，第 544 页。
⑧ 刘勰著，范文澜注：《文心雕龙注》，第 615 页。
⑨ 刘勰著，范文澜注：《文心雕龙注》，第 637 页。
⑩ 刘勰著，范文澜注：《文心雕龙注》，第 309 页。
⑪ 严可均辑：《全上古三代秦汉三国六朝文》，第 4070 页。

需要提及的是,先民对于"拙"与"巧"的范畴层次认识,颇为令人玩味。《老子》强调"大巧若拙",把"拙"视作"巧"的极致。联想到《老子》"大音稀声"等文意,显然,老子是把静、拙、无等范畴视为与动、巧、有等相对立的范畴而言的。受此影响,《吕氏春秋·论人》亦推崇:"何谓反诸己也? 适耳目,节嗜欲,释智谋,去巧故,而游意乎无穷之次,事心乎自然之途。若此则无以害其天矣。"①以"释谋去巧"为"无害于天",亦显示出对"巧"的排斥态度,以及对于代表着"质朴""本真"等义的"拙"的推崇。

可见,在理学家登上历史舞台之前,先民对"巧"的戒绝和疏离,不是对"技术""技艺""技巧"等的"精熟""熟练""工巧"等义项的排斥,而是对人的"作伪""使用权谋"以及重视外在修饰超越事物本质等方面的批判。所谓"斥巧",是基于政治伦理与道德伦理,而非一味排斥,只要与政治伦理、道德伦理无关,在技艺、技巧层面上,先民是肯定的、赞许的。同样,先民对于"尚拙"之观念,主要是从政治伦理、道德伦理而言的,这里的"拙"指的是"质朴""本真"等基于人性的"善"。但自从周敦颐提出"巧贼拙德"命题之后,"尚拙"被抬升,逐渐延展到原本"尚巧"的技术、技巧等层面上。

二 宋代理学家关于"巧贼拙德"问题的多方探讨

先民"尚拙"而不一定"斥巧"的文化习尚,至北宋中期发生了重大转变。其重要标志,即为周敦颐《拙赋》"尚拙"而"斥巧"思想的提出,以及邵雍、张载等人对于"巧""拙"问题的相关探讨。宋、元、明诸理学家正是承继了北宋理学"五子"尤其是周敦颐的"巧贼拙德"思想而建构起颇为庞杂的理学范畴体系。

周敦颐在《拙赋》中,较为系统地表述了其"巧贼拙德"思想:"巧者言,拙者默。巧者劳,拙者逸。巧者贼,拙者德。巧者凶,拙者吉。呜呼,天下拙,刑政彻。上安下顺,风清弊绝。"②这里,"巧""拙"相连,"贼""德"对举,"贼"指邪恶、有害的品质,"德"则是关乎美好的特性。依《拙赋》所云,"巧"简直就是口舌辩给、处心积虑、作伪成凶等的代名词,而"拙"则兼有了"默""逸""德""吉"等美好品质。于此而作引申,如果世间人人"尚拙",那么也就实现了河清海晏、国泰民安的治平境界。周敦颐《拙赋》对"巧""拙"的表述,涉及三个层面:诗作头四句,是从"言"与"默"、"劳"与"逸"的角度,谈及"巧""拙"的外在表达形式,此即"巧""拙"之

---

① 许维遹撰:《吕氏春秋集释》,中华书局,2009 年,第 74 页。
② 周敦颐著,陈克明点校:《周敦颐集》,第 60 页。

"文"。第五六句则强调"巧""拙"之"性",强调"巧""拙"分别对应着"贼""德"这两种与道德有关的品质,此即"巧""拙"之"体"。第七八句则强调"巧"必产生"凶",而"拙"必与"吉"相联系,此即"巧""拙"之"用"。诗篇最后四句,则强调了"巧""拙"之于"刑政"等政治伦理和政治风气的作用,这是从政治功用层面上而言的。总之,周敦颐《拙赋》从体、用、文三个层面,对"巧""拙"范畴进行了严格界定。值得注意的是,周敦颐对于"巧""拙"这对范畴的系统阐释,较之其前后的北宋人物是有明显差异的。如年长于周敦颐 28 岁的范仲淹有诗句:"拙可存吾朴,静可逸吾神。"①只是从功用性方面来推扬"拙",而尚未从体、用、文等层面予以深究。而小于周敦颐 22 岁的苏辙,其《上刘长安书》虽提及"以拙养巧,以讷养辩"②,但也只是以"拙""讷"为行为方式而罔顾其体用。再如彼时重要的文化领袖人物如欧阳修、刘敞、司马光、王安石、苏轼等,或对于"巧""拙"问题没有重视,或所见甚浅,远比不上周敦颐《拙赋》所具备的系统性和深刻性。

　　于此之际,理学家邵雍亦有诗句"谁道山翁拙于用,也能康济自家身"③,表达出以"拙"处世济身的沛然自信。他又有诗句"吾曹养拙赖明时,为幸居多宁不知"④,直以"养拙"为政治清明的景象,"尚拙"意味显豁。在"尚拙"的同时,邵雍也有不少"斥巧"思想的表述。如其《观棋大吟》在指出弈棋"算余知造化,著外见几微"的同时,批评弈棋表现为"好胜""好争""夺利""尚杀""不义""无情"。而历史兴废轮替恰如弈棋:"比观之博弈,不差乎毫厘"⑤,表达出其"尚拙"而"斥巧"的思想。与周敦颐所不同的是,邵雍是从史学角度来表达其守道随运、"尚拙"与"斥巧"之"理"的。他认为只要做到"穷理尽性",循道无私,就能实现"天道"。大约受到周敦颐、邵雍等人的影响,张载、程颢、程颐也对"巧""拙"范畴有所探讨。如程颐强调:"不求诸己而求诸外,以博文强识、巧文丽辞为工,荣华其言,鲜有至于道者。"⑥认为"巧文"难以"至于道","斥巧"意味显豁。而张载以"便佞"来释"巧言"⑦,从道德论角度来阐释孔子所批评的"巧言令色","斥巧"立场明显。考

---

① 傅璇琮等主编:《全宋诗》,第 1868 页。
② 曾枣庄、刘琳主编:《全宋文》,第 95 册,第 194 页。
③ 邵雍著,郭彧整理:《邵雍集》,第 301 页。
④ 邵雍著,郭彧整理:《邵雍集》,第 421 页。
⑤ 邵雍著,郭彧整理:《邵雍集》,第 181—185 页。
⑥ 黄宗羲原著,全祖望补修,陈金生、梁运华点校:《宋元学案》,第 643 页。
⑦ 黄宗羲原著,全祖望补修,陈金生、梁运华点校:《宋元学案》,第 725 页。

虑到"尚拙""斥巧"的伴生性特征①,因此,可以推知程颐、张载一定是"尚拙"的。这说明,"巧贼拙德"话语已经引起了北宋理学"五子"的关注。

北宋理学"五子"对于"巧贼拙德"话语的重视,为之后的宋代理学家所注意,从其关注重心和探讨路径来看,他们主要从以下四个方面来展开:

其一,从本体论的角度来探讨。宋代理学家常常把"拙""巧"等与实践主体之道德之性、气质之性等相联系,来论证实践主体之"拙"具备"近仁""为仁"等属性品格,而"巧"与"作伪""乱德"等相关。如游酢讲:"仁者,诚而已矣,无伪也。何有于巧言者? 仁者敬而已矣,无谄也,何有于令色? 巧言入于伪,令色归于谄。其资与木讷反矣,宜其鲜于仁也。使斯人之志在于巧言令色而已,则孔子所谓朽木粪墙,孟子所谓乡原,终不可以入德。"②他认为,"巧言入于伪",故"巧言"与"诚、无伪"等相矛盾,故"终不可以入德"。这里,"木讷"为实践主体德性的外在表现,自然是与"仁""诚""敬"等相一致的。胡寅更进一步,把"巧""拙"看作"气质之性"的类属特性:"人之禀气不同,或昏或明,或拙或巧,或静或躁,或刚或柔,千条万端,非一言可尽也。"③依胡寅所论,"拙""巧"成为实践主体之"气质之性"的有机组成部分,"巧""拙"由此也就具备了本体性的基本属性。胡寅所言,正可视为对于"巧贼拙德"话语的本体性论证。据此,我们才可以进而深入理解周敦颐《拙赋》的价值,也才能理解湖湘学派高度推扬周敦颐《拙赋》及"巧贼拙德"思想的深层用意。亦因此,胡宏门人张栻才会把周敦颐的《拙赋》《通书》及"孔颜乐处"话语相提并论:"先生著《通书》及《拙赋》,皆行于世,而又尝俾学者求'孔颜所乐'何事。噫! 以此示人,亦可谓深矣。"④周敦颐的《通书》论证了宇宙论与道德论的同一性问题,奠定了其理学"鼻祖"的崇高地位,"孔颜乐处"则被杨时、朱熹、陈淳、黄榦等人认为是程朱理学一派一脉相传的"密旨"。⑤ 张栻以《拙赋》与之并列,说明他认定《拙赋》也是周敦颐理学体系的理论核心。张栻此论,提升了"巧贼拙德"话语的理学地位,为后世理学家所公认。不仅如此,张栻又就"士病于不拙"之弊展开分析:"予又病夫学者之不拙也,旁窥而窃取耳,耳受而口传,恃臆度而凿空虚;难之不图而惟获之计,序之不循而惟至之必,久之不务而惟速之

---

① 参见拙作:《"巧贼拙德"文化渊源及其语义关联进程》,《齐鲁学刊》2018 年第 6 期。

② 游酢:《游廌山集》卷一,上海古籍出版社景印《文渊阁四库全书》本,第 630 页。

③ 黄宗羲原著,全祖望补修,陈金生、梁运华点校:《宋元学案》,第 1344 页。

④ 张栻著,杨世文点校:《张栻集》,第 911 页。

⑤ 参见拙作:《两宋理学"孔颜乐处"话语之诗学价值》,《南开学报(哲学社会科学版)》2018 年第 3 期。

欲,若是而欲有诸其躬也,难矣。予是以病夫学者之不拙也。"①张栻以"不拙"而"惟获""惟速"等为"病",而把"拙"视作学者应具备的禀赋本性,"尚拙"意味显豁。宋末欧阳守道《讷斋铭》亦云:"古人之言,辟之古乐,和平从容,典则质朴。……巧言孔任,帝舜所畏,利口惟贤,乃败商季。"②以"质朴"为"讷"之本,而强调帝舜警惕于"巧言",此正为商之覆亡之由。欧阳守道从本体论入手而论及"拙""巧"之功用,见识高卓而精妙。上述可见,有赖于胡寅、张栻等湖湘学者的努力,周敦颐之"巧贼拙德"话语得到了理学性理本体论层面上的合理性论证,由此,这一话语实现了其在价值论上的跃升。

其二,从功用论、工夫论和价值论的角度来探讨。宋代理学家往往基于处世为官、"求道"等目的来探讨"巧""拙"之功用或方法。如吕本中曾就唐代著名道士司马子微《坐忘论》予以分析,赞成其"与其巧持于末,孰若拙戒于初",并认为"此天下之要言,当官处事之大法,用力寡简而见功多"③,从功用性角度来认识"巧""拙"。在注重从"用"之角度来探讨"巧""拙"的同时,宋代理学家逐渐开始从价值论的角度来赋予"巧""拙"新的意义。如张九成强调:"巧不如拙,明不如晦,动不如静,进不如退。"④他从人的社会实践性上来审视"拙""巧"之价值,这与周、邵等人一脉相承。朱熹则对"巧贼拙德"范畴的意蕴、功用和价值等进行了探索。他指出:"为学当以存主为先,而致知、力行亦不可以偏废。纵使己有一长,未可遽恃以轻彼,而长其骄吝克伐之私。……但当坚守,常自警觉,不可妄意推求,必欲舍此拙法而别求妙解。"⑤朱熹强调以"拙"来力行察识、存养,这显然是从功用性层面来"尚拙"而"斥巧"。他又强调:"吾宗循下学上达之序,口讲、心思、躬行、力究,宁烦毋略,宁下毋高,宁浅毋深,宁拙毋巧,从容潜玩,存久渐明,众理洞然,次第无隐,然后知夫大中至正之极,天理人事之全,无不在是。"⑥这是从方法论、工夫论的角度来看待"巧""拙"的。他又云:"……抑尝闻之,天下之事不可胜穷,其理则一而已矣。君子之学,所以穷是理而守之也。其穷之也,欲其通于一;其守之也,欲其安以固。以其一而固也,是以近于拙。盖无所用其巧智之私,

① 张栻著,杨世文点校:《张栻集》,第 940 页。
② 曾枣庄、刘琳主编:《全宋文》,第 347 册,第 141 页。
③ 吕本中:《官箴》,台湾商务印书馆景印《文渊阁四库全书》本,第 2 页。
④ 黄宗羲原著,全祖望补修,陈金生、梁运华点校:《宋元学案》,第 1313 页。
⑤ 黄宗羲原著,全祖望补修,陈金生、梁运华点校:《宋元学案》,第 1531 页。
⑥ 曾枣庄、刘琳主编:《全宋文》,第 245 册,第 40 页。

而唯理之从。"①经此论证,"拙"就成为"格物"以"明理"的外显特征,而"巧"则失去了"求道"之工夫论的存在性基础,由此,"巧""拙"便融入了"格物明理"之目的论、工夫论,而成为朱熹理学体系的重要组成部分,这对于提升"巧贼拙德"话语的理学价值无疑起到了重要作用。朱熹的这一做法,成为后来元、明、清三代理学家的基本共识或研究理路。至此,原始儒家"尚拙"而不完全"斥巧"的传统,在周敦颐提出"巧贼拙德"命题后,逐渐向着抬升"拙"而排斥"巧"的方向发展,经过宋代理学家的递相阐释,至朱熹时代而最终实现了"尚拙"而"斥巧"的基本认知理路。

其三,从道德论的角度来探讨。宋代理学家对于"巧""拙"话语的探讨,在很大程度上是基于社会实践主体的心性存养或道德目的而展开的。如曾丰曾云:"问鲁渊源,大朴方寸。……忠恕一唯,鲁骨皆融。"②把"拙""鲁""朴"等视作与"忠恕""一唯"等相关联的道德属性。刘宰亦强调:"仰而盱,俯而趋,揣势视时,如盘走珠,求之而得,如鼓应桴,兹巧之为,而巧者劬。言之质,扣之实,介然自守,泊乎其无术,或乘流而止,或投机而失,兹拙之为,而巧者逸。去拙而巧,以逸代劬,其可得兼,熊掌与鱼。"③刘宰把"巧""拙"与实践主体的道德水准相联系,以此"尚拙"而"斥巧"。此后,姚勉亦云:"巧言鲜仁,惟讷则近。若昔君子,言讷行敏。曾惟以鲁,颜嘳以愚。默而识之,其知道乎。"④把"巧"视为"鲜仁",而把"拙""讷""鲁"等视作"近仁"而可"知道"的道德属类。其《木斋铭》亦有句:"刚毅木讷,子曰近仁。惟性固有,惟质是存。矧木之毅,于时为春。……是木亦质,于仁为亲。……彼巧令者,志在悦人。"⑤强调"木""讷"等"拙"之属类,为"近仁"之德。与之相似,连文凤有文称赞他人道德品行:"谦于己,恭以待人,言语动作,容止进退,无一不于鲁之学得之。"⑥连氏把"拙""鲁"等视作实践主体的道德禀性,强调"谦""恭"等道德品质因实践主体具有"讷""鲁"等道德禀赋而后可习得之。比较而言,南宋末年的家铉翁对"拙""鲁"等的道德属性问题有更为深入的探讨,可视为宋代理学家对于"巧贼拙德"话语探讨的标志性成果。家铉翁讲:"夫鲁之与拙,非容色之外见者也,根诸天禀之自然,加以学问之日益,义精理明,纯一无杂,

---

① 曾枣庄、刘琳主编:《全宋文》,第 252 册,第 8 页。
② 曾枣庄、刘琳主编:《全宋文》,第 278 册,第 49 页。
③ 曾枣庄、刘琳主编:《全宋文》,第 300 册,第 161 页。
④ 曾枣庄、刘琳主编:《全宋文》,第 352 册,第 122 页。
⑤ 曾枣庄、刘琳主编:《全宋文》,第 352 册,第 123 页。
⑥ 曾枣庄、刘琳主编:《全宋文》,第 359 册,第 336 页。

故能以道自任。……而况拙之字义与巧为对者也。夫子尝有云'巧言令色鲜矣仁',又曰'刚毅木讷近仁'。于一巧一拙之间,有仁不仁、公与私、义与利之辨。圣人之虑后世深矣。……盖天禀之厚者,为朴为纯,由是而加之以审问慎思,益之以明辨笃行,若绘事之后素,其施功也有地,其进德也有本,何往而不为仁乎!而人伪之滋者,为巧为诈,巧而乱德,巧而足恭,口给之御,便佞之友,如张锦帆,饰桂棹,而涉沧溟万里之险,何行而可济乎!是故圣人示人以求仁之方,常有取于确钝而深戒乎巧令,亟言之不一言之,为是故也。"①他认为,"鲁""拙"等为"天禀之自然"亦即人之本性所在,实践主体正因此而加以磨砺学问,方能进而求得道体。进而,他又把"巧""拙"相比,认为"朴""钝""拙""鲁"等为进德之"本"、求道之"地",而"巧"为"伪""诈"等"乱德"之根。故而,他得出结论:圣人以"拙""鲁""朴"等为"求仁之方",故"求道"当"常有取于确钝而深戒乎巧令"。家铉翁的上述论述,精当而透辟,代表了宋代理学家从道德论角度对于"巧贼拙德"话语的认识高度,同时也反映出宋代理学家从道德论角度来探讨"巧贼拙德"话语意蕴的基本路径。那就是,他们往往是基于本体论、功用论的探讨进而从道德论角度来提升、生发其对于"巧""拙"问题的认识的。

其四,从审美论的角度来探讨。宋代理学家对于"巧""拙"的本体论、工夫论和道德论等的深入探讨,客观上也就产生了以"巧""拙"等为标准来评判实践主体的心性境界和道德行为,当此进而成为理学家所熟知并成为其认知、判断的标准而得到固化之时,理学家自然就会以"巧""拙"来论文、论诗,因此,"巧贼拙德"顺乎自然地也就成为其审美理想和审美尺度。尤须提及的是,在从心性存养或道德实践领域向着文学审美领域迈进的进程中,朱熹起到了重要的引领作用。他除了从功用性论、工夫论方面展开对"巧贼拙德"命题的深入探讨之外,又从求学路径、诗文创作等方面展开对"巧贼拙德"义蕴的探讨。朱熹在评论"国初文章"时,称赞"国初诸公"文字"拙",欧阳修文字亦有"拙"处,而批评苏轼文字"巧"②。朱熹的这一做法对后世文艺观念的走向产生了重大影响。张栻、朱熹、吕祖谦、陆九渊等理学家的门人及其后学,普遍把"尚拙"而"斥巧"应用于"求学"及诗文批评。如《宋元学案》记舒璘"先生尝自言,朴拙不能文章,然淳祐诏正文体,特举先生文,称其厚重质实,以为世鹄"③。这里以"朴拙"为文学技巧、技艺的

① 曾枣庄、刘琳主编:《全宋文》,第 349 册,第 172 页。

② 黎靖德编,王星贤点校:《朱子语类》卷一三九,第 1082 页。

③ 黄宗羲原著,全祖望补修,陈金生、梁运华点校:《宋元学案》,第 2546 页。

特征。张栻门人宋甡亦有诗:"欲求平易多成拙,稍涉新奇却未工。得句直须参造化,此身何必问穷通。"①这里的"拙"与"平易"连用,是就诗歌写作的内容、技艺、技巧而言的。而南宋晚期的罗大经在其《鹤林玉露》中多引理学家诗论,其卷三有云:"作诗必以巧进,以拙成,故作字惟拙笔最难,作诗惟拙句最难。……杜陵云:'用拙存吾道。'夫拙之所在,道之所存也,诗文独外是乎!"②可见其以"拙"论诗文,受到理学家论文的影响,"拙"居于"巧"之上,且与"道"关系密切。稍后,理学家王柏亦云:"自《诗》之六义不明,而后世始伤于太巧。诗益巧而正气益漓,不复有宽厚温柔之教矣。……三百五篇之作,虽有出于闾巷小夫、幽闺女子之口,而亦自有以得吟咏情性之正者,岂必刻苦用心于琢句炼字之工哉。"③王柏强调,作诗求"巧"则正气漓而有伤于"情性之正",则可知其亦有以"尚拙"为论诗之宗旨的意图。可见,理学家以"巧""拙"来论诗、论文,除了表现为与"求道"有紧密联系之外,也涉及对于诗文内容、形式、功用等问题的探讨,宜其也就成为中国古代文学批评的新"土壤"和"武库"。

上述探讨表明,宋代理学家对于"巧贼拙德"的认知,呈现出越来越复杂化、精密化的倾向,"尚拙"而"斥巧"已经成为包括道德伦理、政治伦理和诗文评价的重要标准而为人们所重视。宋代理学家对于"巧贼拙德"话语的重视,尤其是他们对于这一话语涵蕴的多方探讨,为后世理学家所承继并展开了持续探讨,"巧贼拙德"话语因之而具有了重要的文化地位。

总之,自先秦时期开始到宋代末期,先民对于"巧""贼"问题的探讨,经历了漫长的探索过程,在这一过程中,"巧""拙"逐渐同实践主体的技艺、技巧、道德、性理等产生了联系,并逐渐成为宋代理学家重要的文学批评话语范畴。对此,南宋晚期理学家魏了翁有所认识:"人之一心,广大而精微,宽裕而密察……故孔子论仁勇,必知为先,而孟子蔽之曰知譬则巧,盖圣贤之论,贵知而贱愚,未闻拙之尚也。……至老、庄氏始以巧拙寓言。秦汉以来,疾世之以善官深文为巧者,则于是激而为守拙之说。其后潘安仁、杜子美、柳子厚诸人遂以拙自命,至我周元公为赋以发之。行父之伯父宣公为《记》以申之,而此义盖广。然而未能以释然于心者,彼老庄以拙用巧也,汉魏以来以拙疾巧也,其流弊则假拙而饰巧者也,是皆不足多计,而二先生之言乃若与圣贤异指者。夫言亦各有攸当也,物欲之知与

---

① 曾枣庄、刘琳主编:《全宋文》,第 314 册,第 98 页。
② 吴文治主编:《宋诗话全编》,第 7618—7619 页。
③ 吴文治主编:《宋诗话全编》,第 8765—8766 页。

德性之知常相背而驰。……周子曰余病世之多巧也，张子曰余病士之不拙也。夫亦以遏其逐物之萌而返诸德性之知。与圣贤异指而同归也。"①魏了翁《拙斋记》所叙述的先民对于"巧""拙"范畴的认识及其语义变化发展过程，客观上说明了"巧贼拙德"思想的重要性，及儒、道关于"巧""拙"范畴的语义差异性。由此可知，宋代理学家之所以对"巧贼拙德"命题孜孜以求其精义，并就其体、用、文等方面展开深入探讨，正说明了这一命题的重要文化属性和其可供开掘的文化涵蕴。当理学家及受其影响的文人，以之为诗文创作的内容、目的或诗文批评的标准来规范于文学创作或文学批评行为时，"巧贼拙德"话语也就顺乎自然地具有了审美性品格，进而成为理学家诗人及受其影响的文人的重要审美理想了。

三　宋代理学"巧贼拙德"话语的诗歌书写与话语表达

周敦颐《拙赋》所倡导的"巧贼拙德"审美理想，经过程颐、杨时、胡寅、张栻、朱熹等人的发挥，"尚拙"而"斥巧"观念已经从纯粹的功用性层面发展为具备本体论、价值论、目的论的特征，并与"求道""向学""为文"等相联系，成为宋代理学家颇为重视的理学命题。从宋代理学诗的总体情况来看，理学家的"巧贼拙德"思想及其影响下的审美理想，对理学家诗歌创作及理学诗呈现方式等方面产生了明显的影响。大致而言，主要表现为三点：

其一，宋代理学家的"巧贼拙德"审美理想，呈现为"尚拙""斥巧"等理学诗内容或主旨类型的诗歌类型。

对"巧贼拙德"义蕴的探讨、以"尚拙"而"斥巧"为判断事物的标准，是这一类诗歌的主要内容。一些理学诗，往往把"拙"视为传统儒学的根本特征来加以凸显。如张栻有诗《叶夷中……今独成两绝句寄之》："聪明用处翻多暗，机巧萌时正自痴。若识圣门持敬味，临深履薄更何之。"②诗篇认为，作为技巧与方法的聪明、机巧等，往往与昏暗、自痴相联系，与"求道"毫无关联。要实践"持敬"以见"性"体，只有从慎独、自讼等工夫上下手方可为正途。张元幹《次聪父见遗韵》有句："拙速还知胜巧迟，男儿功业要逢时。"③诗作强调以"拙"方能见得事功之"速"。从宋代理学家的诗歌作品来看，越是晚期的理学家越突出"尚拙"主题。如王柏有诗《赠吴贼》："襟佩青青白面郎，未成占毕已飞扬。深嫌实学规模拙，只

---

① 曾枣庄、刘琳主编：《全宋文》，第 310 册，第 401 页。
② 张栻著，杨世文点校：《张栻集》，第 818 页。
③ 张元幹：《芦川归来集》卷三，台湾商务印书馆景印《文渊阁四库全书》本，第 608 页。

把时文日夜忙。志气峥嵘谋富贵,身心荒落败纲常。他年穷达皆无据,却笑儒冠误可伤。"①诗篇对彼时文人以"时文"谋取富贵,而以包括事功之学、性理之学等在内的"实学"为"拙"深为不满。他把"时文"与"实学"相对立,实际上正说明了王柏思想的狭隘性,须知"时文"内容亦往往言性理及事功。一些理学家看到了"拙"具备价值属性和超越属性的特征,在其诗歌中有所表达。如魏了翁《虞退夫韵》之三:"假拙济奸真是拙,认奸作巧巧何曾。须知我自灵于物,一点光明万古灯。"②这里的"拙""巧"只是作为抽象的概念,而不仅与技巧、技能等相关。再如朱南杰有诗句:"要知工巧元无用,乐得身闲拙不妨。"③诗作对七夕之夜民间乞巧活动有所描述,由此"格"得"巧"无所用,而推崇以"拙"养德安身。上述可见,正是鉴于对"尚拙"而"斥巧"的价值属性、超越属性的赞许,理学家在其诗歌中,先验性地主张"拙"而排斥"巧",并把这一观点视作其表述思想的理论"元点"。

既然"拙"具有超越性、先验性的价值,因此,以"懒拙""拙""谋生拙""知拙味"等表达自谦、自嘲、自许之意,也就成为理学家诗歌的常见内容。如周行己《次渠仅老韵四首》之一:"痴拙时无用,归来老罢休。夜寒为客梦,岁晚异乡愁。鸟有南枝宿,川皆东海流。凭高望归路,云重失沧洲。"④以"痴拙"自许,表达其人生不遇的怅惘之情。其《次李荣泽韵》又有诗句:"为儒生用拙,老去更宜休。"⑤表达出其罢官寓居,生计窘困而以"拙"自嘲的心境。范成大则有《晚集南楼》:"浪随儿女怨萍蓬,笑拍阑干万事空。宇宙勋名无骨相,江山得句有神功。掉头莫觑秋高鹗,留眼来宾日暮鸿。懒拙已成三昧解,此生还证一圆通。"⑥前六句总结其官宦生涯,以飘荡东西、勋业无成来概括,而令作者苦闷的是,此一遭际竟有益于诗作。后两句以"懒拙"自称,颇有安于其中而自适的意味。与之相似,陈著《春日偶成二首》之一亦云:"老景还逢春一番,尚能消受自温存。蚕寒风雨梨花屋,蕨熟人烟桦角村。无事课儿多闭户,有时见客一开樽。旁观莫笑谋生拙,元是诗书旧子孙。"⑦诗作表达出作者以"拙"自处的心志。其《二月九日偶成》亦云:"老境何须更问年,得须臾活便翛然。平生交际无金谷,穷健中闲自葛天。终日闭门

---

① 傅璇琮等主编:《全宋诗》,第38019页。
② 傅璇琮等主编:《全宋诗》,第34970页。
③ 傅璇琮等主编:《全宋诗》,第39395页。
④ 傅璇琮等主编:《全宋诗》,第14368页。
⑤ 傅璇琮等主编:《全宋诗》,第14368页。
⑥ 傅璇琮等主编:《全宋诗》,第25795页。
⑦ 傅璇琮等主编:《全宋诗》,第40216页。

知拙昧，有时放杖信嬉缘。儿孙子曰一声处，已觉诗书世的传。"①显而易见，处"拙"而安于"拙"，不为"拙"所带来的生活遭遇、物质条件等所困，而安适自处以养全德性，正是周行己、范成大、陈著等人诗歌"尚拙"主题之价值所在。而正是缘于理学家以"处拙""养拙""守拙"等存养心性，由此而导致了理学家以之衡量人物道德高低。如吴芾有诗《和陶咏贫士七首》之一："光景如春花，身世似秋蓬。渊明洞此理，养拙不求工。……安贫抱全节，虽穷亦如通。九原傥可作，我欲以身从。"②诗篇揣度陶渊明因物明理故"养拙不求工"，表达出作者的追慕之情。再如其诗句："寄语天河牛女星，人人乞巧望聪明。老夫养拙生憎巧，只要冥心度此生。"③亦强调"养拙"的人生追求。

值得注意的是，一些理学家在诗歌批评方面，亦表达出"尚拙"而"斥巧"的思想追求。如仇远有《和子野四首》其一："诡遇非吾事，支离笑我身。文章宁可拙，仕宦岂宜贫。乡故多新鬼，年荒少佚民。休嗟华黍废，阳谷易回春。"④明确提出文章以"拙"为尚的思想。而车若水在《偶书呈雪溪葛守正》中认为，自秦而后的"斯文"发展多不得要津，要想探得精奥十分不易。而他对自己的诗作虽亦有"不能全吾神"之憾，但已经颇为自负，强调其"功深道更拙"⑤。再如刘黻有诗《追和渊明贫士诗七首》之六："人生特寄耳，何往非萍蓬。世挟智反愚，予谓拙乃工。渊明有诗节，高迈疏与龚。大抵豪杰士，所见自略同。箪瓢非遂穷，轩冕岂真通。倘不达至理，冥雾将奚从。"⑥刘黻认为，人生皆如飘蓬，故不必挟智而斗巧，而应以"拙"处世。理学家这种不分事物种类、属性而一概"尚拙"而"斥巧"的审美理想，毕竟是与中国古代诗学传统相悖离的。因此，从理学家的全部诗作来看，表达"尚拙"而"斥巧"的诗歌数量并不多。

其二，宋代理学家的"巧贼拙德"审美理想，除了表现为一些理学家以"拙"为名号之外，也表现为一些理学诗围绕着诸如"拙斋""拙轩""拙室""拙庵""鲁斋"等名称而展开。

宋代理学家，有不少人的字号是取以"拙""鲁"。如以"拙斋"为号的就有林之奇、张忠恕、王大受、王过等。以"鲁斋"为号的，有蒋堂、王柏、邹近仁、吕洙等。

---

① 傅璇琮等主编：《全宋诗》，第 40242 页。
② 傅璇琮等主编：《全宋诗》，第 21838 页。
③ 傅璇琮等主编：《全宋诗》，第 21976 页。
④ 傅璇琮等主编：《全宋诗》，第 44187 页。
⑤ 傅璇琮等主编：《全宋诗》，第 40425 页。
⑥ 傅璇琮等主编：《全宋诗》，第 40683 页。

这一现象,显然受到了儒学或理学的影响。而以"拙""鲁"等为堂、斋、轩等取名,亦应如是。与之相联系,一些理学家以之为诗题,写作了不少诗篇。这些诗篇的内容往往以注疏、笺释等形式,来阐释、说明"拙""鲁"等话语精义。如吕本中《李珹拙轩》:"念彼巧者劳,知此拙者安。拙者固无营,一生长得闲。子岂真拙者,托此以自安。……赠子拙轩诗,留子静处看。当蒙一笑许,敢言愁肺肝。"①前四句阐释"拙"之在"安""闲"等"用"之益处,后八句肯定李珹因"拙"而修身明理。与之相似,许纶亦有《黄叔万……并以为饯》:"堂堂张也竟难为,一唯工夫鲁得之。得兔故应忘百虑,亡羊正尔失多歧。千林摇落青还在,孤月当空影自随。昔日校官今作县,鲁斋行处即吾师。"②首二句以子游论子张"为难能也,然而未仁"入题,继之书写颜回答孔子问惟"唯",用意在于强调"鲁"才能"得仁"。五六句以物象为喻,强调心性之"本"不为外物摇动之重要。再如杨万里《拙庵》:"天下无个事,巧着事便生。濂溪一赋在,座右不须铭。"③推扬周敦颐《拙赋》之"巧贼拙德"思想。而刘宰有诗《拙斋铭》,自注:"京口郡寮陆君以拙名斋,书来速铭,因为之书。"诗云:"仰而盱,俯而趋,揣势视时,如盘走珠。求之而得,如鼓应桴,兹巧之为。而巧者劬,言之质,扣之实,介然自守,泊乎其无术,或乘流而止,或投机而失,兹拙之为而巧者逸。去拙而巧,以逸代劬,其可得兼,熊掌与鱼。……拙者既逸,得之则荣。不幸而失,非念所经,进退绰然,山高斗明,拙者诚巧,巧者大拙,因君名斋,遂我拙说。"④诗篇对"巧""拙"之辨析,涉及处身、养德等之权谋、操守,推崇"大巧为拙",表达"巧贼拙德"意味显豁。刘宰又有《拙斋颂》,其后有颂诗,是以注疏、笺释等经学常见的方式来阐发"巧""拙"之"用",表达其"尚拙"而"斥巧"的政治主张。其诗云:"斋以拙名,厥义维何。…… 拊之字之,惟日孜孜。……我政之拙,尔民之纾。拙岂有心,巧亦所欲。……民力之殚,吏责以宽。兹其为巧,岂予敢安。予非素餐,以拙自恕。……兹所谓拙,直在其中。"⑤诗作主要探讨为政之"拙"的问题,亦为"尚拙"张本。再如曾丰的《题公安宰黄叔万鲁斋》之二则赞美黄氏以"鲁"名斋,终有为学之大成。而徐玑《题养拙轩》则赞美其主人以"拙"养性,不动其心而凡机弗侵的德性之美。方回的《题赵继孙拙斋》亦

① 傅璇琮等主编:《全宋诗》,第 18182 页。
② 许纶:《涉斋集》卷九,台湾商务印书馆景印《文渊阁四库全书》本,第 464 页。
③ 傅璇琮等主编:《全宋诗》,第 26570 页。
④ 曾枣庄、刘琳主编:《全宋文》,第 300 册,第 161 页。
⑤ 曾枣庄、刘琳主编:《全宋文》,第 300 册,第 177 页。

有句:"众人笑我拙,囊萤披蠹鱼。我亦笑尔巧,技止黔之驴。"①诗作表达出以"拙"自许而"斥巧"的态度。上述可见,宋代理学家大量写作的一些与以"拙"命名的室、轩等相关的诗作,与彼时理学家"巧贼拙德"思想有紧密关联。

其三,宋代理学家"巧贼拙德"审美理想,也在宋代理学诗形式方面有所表现。

在宋代理学家登上文化舞台之前,先民并不"斥巧"而完全"尚拙"。但是,在周敦颐提出"巧贼拙德"命题之后,复经胡寅、张栻、朱熹、刘宰、魏了翁等人的探讨,"拙"逐渐取得了"德性之知"的属性特征,并成为"问学""作文"等的判断标准。由此,"斥巧"而"尚拙"实现了从德性之知到见闻之知的全面覆盖,"以拙为美""尚拙"等顺乎自然地成为理学家诗歌创作的自觉追求。

与理学家的"巧贼拙德"审美理想相关,宋代理学诗表现出有意识地对传统诗歌艺术技巧和表现方式的疏离。一些理学家的诗歌创作,不讲究押韵、用典,也不注重字面用语的锤炼,用一种近乎随口漫吟的方式写诗。如邵雍《人灵吟》:"天地生万物,其间人最灵。既为人之灵,须有人之情。若无人之情,徒有人之形。"②虽然用了诗歌的形式来表达人为万物之灵的看法,但其诗歌的标志,除了诗题中的"吟"之外,文体特征并不明显。其他如《忠厚吟》《名利吟》《内外吟》《十分吟》等,莫不是假以诗体的名义来表述观点,单就其诗作来看,显然是与传统意义上讲究艺术技巧与表现手法的各种诗歌体式有着不少的距离。之所以产生这一诗歌体式,可能"尚拙"而"斥巧"思想是其重要的原因。这是因为,既然"拙"具有存养、识察等方法论的特质而与"德性之知"发生关系,那么,"养拙""用拙"等必然成为理学家乐于从事于其中的、具有方法论价值的途径与手段。从目的性而言,这与邵雍在《击壤集》序中所表达的"经道之余"而"因静照物,因时起志"等写作诗歌以"吟咏情性",其所达到的存养心性的目的是一致的。从这个意义上来看,以随口漫吟、不讲押韵、用典等诗歌技巧、诗歌表达方式等创作诗歌,恰恰就是实现了"斥巧""尚拙",其目的确与存养心性有关联,而这正好是理学家反复标榜的"用拙""尚拙""养拙"等用意所在。由此,就不难理解,在邵雍之后,南宋一些理学家如陈淳、曾丰、陈普、杨简等人,往往在写作诗篇时,并不遵循惯常的诗歌写作规范,动辄就会出现用叠字、不押韵、不讲究对仗等诗歌表达方式。这种情况,与他们的另外一些严格遵循诗歌体式要求的诗篇,就形成了鲜明的对

---

① 傅璇琮等主编:《全宋诗》,第 41796 页。
② 邵雍著,郭彧整理:《邵雍集》,第 486 页。

比。仍以邵雍诗作为例来说明这种情况。我们知道,邵雍诗作中有不少诗篇不讲究押韵、对仗,其表达方式并不遵循中国古代业已形成的诗歌体式要求。但是,亦应注意的是,邵雍写作了大量的诗篇,其中绝大多数符合严格意义上的诗歌体式要求。如其《观棋大吟》由观棋而起兴,继之总结历史上的王霸兴衰之迹,复以倡导穷理尽性、天运重道而结束,诗作结构谨严,对仗工整,押韵精熟,言理精辟,文辞华妙,即使与宋代苏、黄等诗坛大家相比,此诗艺术水准也不遑多让。再如,以邵雍与文彦博、司马光、程颢等人交游唱酬而写作的诗篇来看,其诗歌的艺术技巧、表达方式等,也往往多有高华圆妙之处。这说明,邵雍对于古诗、五七言律绝等是当行的。从这一背景而言,邵雍写作的那些不遵从传统诗歌体式的诗篇,应受到了"尚拙""斥巧"审美理想的影响。推而广之可知,南宋时期一些理学家创作了数量不少的不讲究对仗、押韵、锤炼字词等为特征的诗篇,可能亦受到了彼时"巧贼拙德"思想的影响。

除此之外,宋代理学家的"巧贼拙德"审美理想,也对一些理学家的诗歌风格产生了影响。从历代诗论、目录学著作等来看,两宋时期不少的理学诗人,其诗歌风格具有质朴、朴质、笃实、质俚等特征,而从前文对于"拙"的语义考察来看,这些特征为"拙"话语义蕴所统摄或包含。如在杨时《龟山集》条下,四库馆臣论曰:"(杨时)本不以文章见重,而笃实质朴,要不失为儒者之言。"[1]在陈渊《默堂集》条下论曰:"为诗不甚雕琢,然时露真趣,异乎宋儒之以诗谈理者。"[2]在袁燮《絜斋集》下论曰:"大抵淳朴质直,不事雕绘,而真气流溢,颇近自然。"[3]在陈文蔚《克斋集》下论曰:"其诗虽颇拙俚,不及朱子远甚。其文则皆明白淳实,有朱子之遗。"[4]在阳枋《字溪集》下论曰:"枋尝从朱子门人度正、陈渊游,故集中与人往复书简,大都讲学之语。所作皆明白笃实,不涉玄虚。"[5]当然,这里也必须提及的是,不能把理学家的理学素养等与其诗歌风格之间的关系作简单化的联系。诗歌作者的性情抱负、人生遭际、诗歌取法范式、交游唱酬对象、诗歌功用观念等,都会对创作主体的诗歌风格产生重要影响。不过,宋代理学家的"巧贼拙德"审美理想,无论如何也是影响理学家诗风生成的重要因素,关于这一点,无论是从理学家的思想观念、诗学主张还是从诗歌创作实践而言,都是毫无疑义的。

---

① 永瑢等撰:《四库全书总目》,第 1344 页。
② 永瑢等撰:《四库全书总目》,第 1363 页。
③ 永瑢等撰:《四库全书总目》,第 1377 页。
④ 永瑢等撰:《四库全书总目》,第 1389 页。
⑤ 永瑢等撰:《四库全书总目》,第 1407 页。

四　宋代理学"巧贼拙德"话语及其理学诗书写的后世接受及文化反响

元、明、清时期,理学家承继宋贤而不断发挥、完善,"巧贼拙德"遂成为贯通于认知与践行的"直上直下"的理学重要范畴。元人对周敦颐《拙赋》及"巧""拙"问题仍然非常关注。如元好问《拙轩铭引》、吴澄《拙逸斋庐记》和《拙闲堂记》等,都对周敦颐《拙赋》及"巧""拙"有所阐释。元代理学家也对"巧贼拙德"话语范畴义蕴进行了深入探讨。如家铉翁、吴澄、陈旅、郝经、范梈、陆文圭、安熙、王寔、戴良、钱宰、倪瓒、谢应芳、谭景星、杨维桢、郑元祐等,大都接受了周敦颐、朱熹等人的观点而有所发挥或完善。如家铉翁把"鲁""拙"等视为"性"所具含的禀性,故可因之"进德":"盖天禀之厚者,为朴为纯,由是而加之以审问慎思,益之以明辨笃行,……其施功也有地,其进德也有本,何往而不为仁乎?而人伪之滋者,为巧为诈,……是故圣人示人以求仁之方,常有取于确钝,而深戒乎巧令。"[①]家铉翁把"鲁""朴""钝"等"拙"之类视作"性"之"德",而把"伪""诈"等"巧"之类视作"人欲"之"分数",是对周敦颐、张栻、朱熹等理学代表人物"巧贼拙德"思想的进一步深化和提升。元张伯淳亦提及:"天地间一自然之理尔。何营何为,何巧何拙?犹之水焉……一出于自然,而殊状异态,有不胜其巧妙,水何心哉!君所谓拙,亦直见于谋身而已。"[②]张氏认为,"巧""拙"只不过是"谋身"的方法而已。"自然之理"较之"巧""拙"之"谋身"之法具备更高的价值和地位。再如杨维桢《存拙斋记》因有人采杜诗句为斋名,而对"存拙"问题有所思考:"少陵非存拙也,因拙以存道耳!……是知拙之存者道之在……则知圣人之道得于颜子之愚、曾子之鲁者,愚非真愚,鲁非真鲁也。"[③]杨维桢之"以拙存道"观点仍不出朱熹等人之思想范围,但他把颜回、曾子之"愚""鲁"等皆视为"拙",仍属高明识见。杨维桢另有《觳斋铭》《钝之字说》《痴斋志》等作品,来对"巧""拙"之体、用及其相互关系等进行探讨,于此可见其对于"巧贼拙德"话语范畴的重视程度。

明、清两朝理学家或受其影响的文人,如刘基、宋濂、曹端、薛瑄、吕坤、湛若水、归有光、袁宗道、李攀龙、王阳明、孙奇逢等,对"巧贼拙德"话语均有所关注。其中,明初理学家及受其影响的文人,大多重"拙"之"用"而不及其"体"。刘基《拙逸解》即云:"君子巧之,小人拙之;君子劳之,小人逸之。彼巧而劳,此拙而

---

① 李修生主编:《全元文》,第 11 册,第 804 页。
② 李修生主编:《全元文》,第 11 册,第 216 页。
③ 李修生主编:《全元文》,第 41 册,第 474 页。

逸。"①正话反说,实则表达对社会的强烈愤懑。宋濂之《拙庵记》亦以"身拙"自许,似污而实傲。方孝孺《讷斋记》则云:"工于辩者非能言者也,惟讷于言者为近之……天下之事莫劳于过用其心,莫逸于弃其智巧而不用。有意于用,其智巧至拙者也。有意于工,其机辨至不能言者也。"②则从"用"之角度来探讨"巧""拙"之义蕴。比较而言,自明代中期开始,理学家才更为重视对"巧贼拙德"话语本体、义蕴、功用等方面的探讨。王阳明即认为,朱熹所云之柳下惠、伯夷、伊尹"力有余而巧不足",此"巧力只是发明圣知之义","若识得圣知本体为何物,便自了然"③。以此而言,王阳明是把"巧""力"视作"发明"本体(性、良知)的手段或方法,本无所谓的"贼"属性。显然,他的这一看法是对周敦颐、朱熹等人观点的重大改变。稍后,理学家吕坤则云:"我益智,人益愚;我益巧,人益拙;何者? 相去之远而相责之深也。惟有道者,智能谅人之愚,巧能容人之拙,知分量不相及而人各有能不能也。"④吕坤察觉到"相去之远"因而"相责"才是造成了群体之人我有"巧""拙"之分,故惟有"有道者"才可据智巧而容人量己。吕坤对于"巧""拙"的认识,显然超越了单纯以"贼""德"来两分其利弊的绝对论,其关注视角与宋、元直至他之前的明代理学家有明显差异。需要提及的是,明代理学家对于"巧贼拙德"话语义蕴的探讨,基本上是沿着周敦颐、朱熹一路而发展的,王阳明的上述观点并没有为明代后期理学家所重视。如明张岳云:"为学别无门径,只在日用间著实切己,随处用工。……处事应物……宁迟毋速,宁拙毋巧,宁讷毋辩,常常提省,不至间断。久之,则天理自明,践履自固。"⑤其观点与朱熹并无不同。

　　总的来看,明代理学家对于"巧贼拙德"话语之关注,远超清人。但清代理学家对"巧贼拙德"义蕴的探讨,仍有不少值得重视的观点。如孙奇逢言:"巧字便与耻字相反。耻则守正而有所不为,巧则行险而无所不为……耻是忘其羞恶之心,若不知人间有廉耻事也,病痛全在以巧为得计。周濂溪《拙赋》不可不读。或曰:'机变之巧,全是为纵横捭阖辈发。'"⑥孙氏把"巧"与"耻"相联系来阐发其义蕴,观点颇为警醒,发前人之所未发。从明、清两朝理学家对于"巧贼拙德"话语的重视程度来看,显然明人更为注重探讨其义蕴、功用等,而清人则对"巧贼拙

---

① 刘基:《诚意伯文集》卷八,台湾商务印书馆景印《文渊阁四库全书》本,第119页。

② 方孝孺著,徐光大校点:《逊志斋集》卷十七,第578页。

③ 王阳明著,王晓昕、赵平略点校:《王文成公全书》,中华书局,2015年,第137页。

④ 吕坤撰,王国轩、王秀梅整理:《吕坤全集》,中华书局,2008年,第725页。

⑤ 张岳著,林海权点校:《小山类稿》卷十八,上海辞书出版社,2011年,第268页。

⑥ 孙奇逢:《四书近指》卷二十,台湾商务印书馆景印《文渊阁四库全书》本,第815页。

德"话语似乎冷淡了不少。李光地等人对于"巧""拙"认识之浅陋,已较明代理学家有所逊色。而清代较为著名的理学家如张履祥、陈确、李颙、潘平格、黄宗羲、戴震等人,对"巧""拙"问题几无关注。清代理学家对于"巧贼拙德"话语的探讨,确乎是戛然而止了。

"巧贼拙德"话语为后世理学家所广泛重视,"巧贼拙德"亦成为元、明、清三朝重要的诗歌主题类型。特别是,元代理学家及受其影响的文人,写作了不少数量的"巧贼拙德"内容或主旨类型的诗歌作品。如许月卿《赠朱野拙》:"官样何如野,谋生拙最宜。君门标野拙,篆刻大精奇。"①推扬朱氏"野拙"之志。方回《题赵继孙拙斋》:"曾颜得圣传,何谓鲁与愚? 外察若不足,内朗实有余。……众人笑我拙,囊萤披蠹鱼。我亦笑尔巧,技止黔之驴。"②强调"鲁""愚"之"拙"适为养德、求道之大美。任士林亦有《赋用拙斋》,诗作因观"帘蛛布晴网,野蚕作春瓮"③而悟知物化代谢,故倡导洁身自好,用拙而遗世。元好问则有《周才卿拙庵》:"诗笔看君有悟门,春风过水略无痕。庵名未便遮藏得,拙里元来大巧存。"④点明周氏以拙存巧,富含人生智慧。比较而言,郝经《影答形》虽为"和陶"诗,但其对于"巧""拙"的认识却大有深意:"静阴乃道影,范围无巧拙。大车转通逵,辙迹岂能绝。……生死无加损,得失岂内热。因物不遂物,原原靡衰竭。君终复随我,兹时见优劣。"⑤诗作以影为道、性,以实体(形)为用,来阐述道、性与心之关系,强调道体不灭不变,无巧拙,无加损。"巧拙"被视作道之体用的外在变化、发展表现。其诗意已与陶诗相去甚远了。安熙《蒙泉》有句:"作圣有奇功,谁知在蒙养。……迂愚抑何幸,久矣绝群想。果行复育德,服膺未云爽。"⑥诗篇认为,以"蒙""迂愚"而用"拙",能实现"绝想"以求心静,进而体悟道体之用。范梈《次韵古体二首》(其一):"偶为淳朴语,即有希夷风。……大巧三代人,所拙辨伪工。曲哉末学士,妄拟述作功。至性苟能尽,焉得推盛隆。先师予狂狷,盖愤失所中。于时得依归,敢叹吾道穷。"⑦诗作崇尚三代先民尚"拙"而指斥末学"妄拟述作",强调"吾道"即在守中而用"拙"。除了上述所引之外,元人许衡、虞集、陆文圭、张

---

① 傅璇琮等主编:《全宋诗》,第 40568 页。

② 杨镰主编:《全元诗》,第 6 册,第 432 页。

③ 任士林:《松乡集》卷九,台湾商务印书馆景印《文渊阁四库全书》本,第 583 页。

④ 杨镰主编:《全元诗》,第 2 册,第 222 页。

⑤ 杨镰主编:《全元诗》,第 4 册,第 211 页。

⑥ 杨镰主编:《全元诗》,第 23 册,第 338 页。

⑦ 杨镰主编:《全元诗》,第 26 册,第 345 页。

养浩、杨维桢、郑元祐、黄潜等也写有一些"巧贼拙德"内容或主旨类型的诗歌。总的来看,元代"巧贼拙德"内容或主旨类型的诗歌,在其主题类型、书写内容等方面,较之宋代尤其是南宋同类诗歌而言并不逊色。

明、清两代理学家及受其影响的文人,也创作了一些"巧贼拙德"内容或主旨类型的诗歌作品。从数量上看,明人所书写的"巧贼拙德"内容或主旨类型的诗歌并不多。较有代表性的理学家诗人或受其影响的诗人,有陈献章、曹端、方孝孺、谢榛、袁中道等。如方孝孺《次王仲缙感怀韵十首兼呈张廷璧》有句:"野性拙生理,大化无停机。……人生尚闻道,富贵复奚为?"①诗句表达出其以"拙"自守而尚道之心志。曹端亦有诗:"作文不必巧,载道则为宝。不载道之文,臧文棁上藻。"②推崇"载道"而贬抑"求巧"。谢榛《自拙叹》:"出门何所营,萧条掩柴荆。……千拙养气根,一巧丧心萌。巢由亦偶尔,焉知身后名。不尽太古色,天末青山横。"③诗作表露出其以"拙"养气,而惕惧因"巧"而丧心。他又有《守拙吟》:"世人得意笑辘轳,多营寡营无不可。一时争巧鸟与虫,百年守拙谁知我。……力疾正披老庄书,邻翁扣门送药裹。"④诗作同样表达出其"守拙"以藏身之意图。袁中道《作字》则有句:"作诗惟伫兴,作字亦任意。未常强心为,虽拙大有致。"⑤诗作表达出"拙"中出"巧"、随运自然的思想。总的来看,明、清两代理学家及受其影响的文人,所创作的"巧贼拙德"内容或主旨类型的诗歌,从数量上看远少于宋代。一些重要的理学家如王阳明、高攀龙、刘宗周、陆世仪及其门人,在其存世诗作中基本没有书写或者表达"巧贼拙德"话语义蕴。而从诗作内容而言,明代理学家的"巧贼拙德"主题诗作较之宋元时期同类诗歌而言,是远为逊色了。而至于清代,书写或者表达"巧贼拙德"内容或主旨类型的诗歌作品,较之明代就更少了。如陈确、黄宗羲、王士禛、沈德潜、李光地、姚鼐、方东树等,均没有诗作涉及这一主题。清代较有特色的述及"巧贼拙德"内容或主旨类型的诗歌类型的诗人,只有袁枚等数人。而袁枚的部分"巧贼拙德"内容或主旨类型的诗歌,其内容却与表达或书写"尚拙""斥巧"义蕴相背离。如袁枚写有《藏拙》:"昼赢宵缩,天不两隆。……善藏其拙,巧乃益露。右师取败,敌必当王。霍王无短,是以

---

① 方孝孺著,徐光大校点:《逊志斋集》卷二十三,第775页。
② 曹端撰,王秉伦点校:《曹端集》卷二,第90页。
③ 谢榛著,朱其铠、王恒展、王少华校点:《谢榛全集》卷一,第8页。
④ 谢榛著,朱其铠、王恒展、王少华校点:《谢榛全集》卷三,第68页。
⑤ 袁中道撰,钱伯城点校:《珂雪斋集》卷三,第106页。

无长。"①诗作所表达的思想,乃是事物两相倚伏而相生,颇近于老庄。可以说,与理学的遭遇相一致,为宋、元、明时期理学家所广泛重视的"巧贼拙德"内容或主旨类型的诗歌的书写,在清代无可避免地陨落了。

尚需提及的是,"巧贼拙德"话语因其具有审美性品格,而成为后世文学、绘画、书法等艺术门类重要的审美追求和艺术评价的标准。实际上,由于"巧贼拙德"话语的影响,宋代理学家及其影响下的文人,已经开始推崇绘画、书法等重"拙"审美标准。黄庭坚、杨时、陆游、杨万里、黄榦、刘克庄、周密等人,已经开始在论画、论书法等方面,崇尚"拙笔""拙意"。如黄庭坚云:"凡书要拙多于巧。"②黄氏与周敦颐二子均有交往,受到理学深刻影响。而元代郝经《叙书》亦云:"工而不巧,拙而不恶,重而不滞,轻而不浮,笔死则痴,笔缓则弱,笔疾则浅。"郝经把"拙"视作书法之重要审美标准。至于明代理学家及其受其影响的文人,如杨慎、王世贞、项穆、袁中道等,在论画、论书中更是把"尚拙"推崇到了新的高度。③此后,清代钱谦益、周亮工、蒋衡、奚冈等亦在论画、论书中承继了这一传统。当然,书、画之"尚拙"传统可以追溯到唐代甚至更早,不过,就普遍意义上的"尚拙"而言,从南宋才蔚然而盛进而成为书法、绘画理论的重要审美评价标准,是客观存在的历史事实。对此,已有研究成果亦有相当坚实的结论。研究者认为,宋代"尚拙"观念对后来书法、绘画等推崇"拙笔""拙意"和"拙趣"等有重要影响。④本节的相关考察表明,宋代"尚拙"审美风尚无论如何是绕不开理学家对于"巧贼拙德"话语的持续探讨的。从这个意义上讲,宋代"巧贼拙德"话语,在一定程度上具有形塑后世绘画、书法等文化部类的基本发展走向和某些面貌特征之功。

本节的研究结论是:宋代理学家对于"巧贼拙德"话语义蕴的递相阐释和诗歌书写,对之后的理学家及其影响下的文人产生了直接而深远的影响。由此,"巧贼拙德"话语成为宋明理学体系中的重要理论范畴,实现了从哲学话语到审美话语的内涵转换,并在自北宋中期直至清代的诗歌作品中得到了充分的书写或表达。此外,"巧贼拙德"话语亦形塑了后世文学、绘画、艺术等文化部类的审美标准和作品面貌,表征了理学思想对于其他文化部类的浸润或作用。从这个意义上来讲,与整个理学发展史兴衰相伴而绵延于近古多数时期的"巧贼拙德"

---

① 袁枚撰:《小仓山房诗集》卷二十,《四部备要》本,第 143 页。

② 黄庭坚:《山谷集·外集》卷九,台湾商务印书馆景印《文渊阁四库全书》本,第 446 页。

③ 参见郑楠楠:《明代画论"拙"范畴研究》,《美与时代》2018 年第 7 期。

④ 参见李梦媛:《"巧""拙"之辨》,《中国书法》2018 年第 1 期;李梦媛:《"拙"的内涵变迁》,《中国书法》2018 年第 7 期;赖志明:《书法中"拙"的风格特征》,《中国书法》2018 年第 2 期;等等。

话语,是中西文明广泛存在着的"哲学—诗"会通、"自然界—道德界"相统一的关键节点之一,对此进行深入、系统的研究,可望为开拓崭新学术境界而添一助力。

第三节 宋代理学"玩物从容"话语与理学诗的诗歌风貌

宋代理学家在"体贴"天地万物一理、践行心性存养以及建构其理论体系的过程中,常常以"玩"来表述实践主体施加于客观对象的态度,表达实践主体因"求道"而凸显出的气度、精神和境界,常见的话语名称为"玩物""玩世""玩味""玩理""玩侮"等,"玩"由之而成为理学家藉以实现"求道"目的的行为方式和实践途径。同样,理学家在实践其心性存养、"体贴"天地万物一理等过程中,常常使用"从容""自在""宽裕"而力戒"急迫""助长""懈惰"等。而意思相反的话语,可视为从反面意义上对"从容"的界定。从"从容"话语的具体意义来看,它同样具备了实践主体对于客体的态度、求道方法,以及由此而呈现出来的实践主体的精神气度、境界等特性。如此一来,从实践主体对实践客体的关系而言,在主体态度、求道方法和精神境界的层面上,"玩物"就与"从容"发生了关联。为了研究方便,我们把与"玩物""从容"相同或者相近的话语,统一以"玩物从容"话语来表述,以展开深入研究。

一 "玩物""从容"及"玩物从容"审美理想的生成

从"玩物"话语的语言构成来看,"玩物"是有主体施加的主动性行为"玩"与客体"物"构成。因此,对"玩物"涵义的探讨,需要从"玩"与"物"这两个词语来入手。

1."玩"与"玩物"

先来看"玩"。从文献来看,较早出现的作为动作行为的"玩",为"戏弄""玩耍"义。《书·旅獒》:"玩人丧德,玩物丧志。"孔传:"以人为戏弄则丧其德,以器物为戏弄则丧其志。"①在早期意义上,"玩"又有"研习""体会"义。如《易·系辞上》:"君子居则观其象而玩其辞,动则观其变而玩其占。"孔颖达疏:"言君子爱乐而习玩者,是六爻之辞也。"②因"戏弄""玩弄"以及"研习""体会"等而产生"欣赏"

---

① 李学勤主编:《尚书正义》,《十三经注疏》(标点本),第328页。
② 李学勤主编:《周易正义》,《十三经注疏》(标点本),第264页。

"品味""观赏"义。如《楚辞·思美人》:"惜吾不及古人兮,吾谁与玩此芳草?"①因"玩弄""戏弄"而有"轻慢""忽视"义。如《国语·周语上》:"夫兵戢而时动,动则威,观则玩,玩则无震。"②除了以上涵义之外,"玩"还用于名词,如"古玩"等,亦可用作假借字,通"忨",其涵义为"贪"。"玩"这两个义项,与作为动词的"玩物"之"玩"没有联系,姑且置之不论。

由此可以推知宋代理学家常用的几个与"玩"相关的词的意思:"玩索"为"研习探索"之义。如程颐言:"《孟子》'养气'一章,诸君潜心玩索,须是实识得方可。"③这里的"玩索"强调的是实践主体应平静心气,深入研习和考察《孟子》"养气"之内容。

"玩味"为"体味思索"义。如程颐言:"《论语》《孟子》,只详读着,便自意足。学者须是玩味,若以语言解着,意便不足。"④显然,"玩味"强调的是实践主体以体验、思索的方式,来从实践与认知两个方面,"体贴"《论语》《孟子》相关内容。

"玩弄"为"戏弄""玩耍""研习"义。如真德秀言:"道只是当然之理而已,非有一物可以玩弄而娱悦也。"⑤这里,"玩弄"为"娱悦"之引起的动作和行为,因此,"玩弄"具有"戏弄""玩耍""研习"意义。

"玩世"为"以世事为观赏、品味对象"之义。叶适言:"邵某无名公传,尊己自誉,失古人为学之本意,山林玩世之异迹也。"⑥以"玩世"为"戏弄""戏侮"世事。叶适的这一看法,本于程颐。不过,被程颐等人所认为的邵雍之"玩世",不能被看作以轻侮、轻蔑的态度来戏弄、游戏"世事"。至于朱熹认为邵雍"玩侮世事"、叶适的批评话语等,皆不能从邵雍的著作中找到文献确证。因此,邵雍之"玩世",当理解为"以世事为观赏、品味对象"。

"玩物丧志"之"玩物",为"研习、品味所好"之义。如胡安国云:"先生(谢良佐)初以记问为学,自负该博,对明道举史书,不遗一字。明道曰:'贤却记得许多,可谓玩物丧志!'谢闻之,汗流浃背,面发赤。"⑦

显然,以上所举,作为实践主体的识察、实践之"玩",所指向的对象都是

① 蒋天枢校释:《楚辞校释》,上海古籍出版社,1989年,第355页。
② 上海师范大学古籍整理组校点:《国语》,上海古籍出版社,1978年,第1页。
③ 黄宗羲原著,全祖望补修,陈金生、梁运华点校:《宋元学案》,第626页。
④ 朱熹集注,陈成国标点:《四书集注》,第64页。
⑤ 黄宗羲原著,全祖望补修,陈金生、梁运华点校:《宋元学案》,第2701页。
⑥ 黄宗羲原著,全祖望补修,陈金生、梁运华点校:《宋元学案》,第470页。
⑦ 黄宗羲原著,全祖望补修,陈金生、梁运华点校:《宋元学案》,第929页。

"物"。从宋代理学家常用之"物"的范围来看,只要是实践主体识察、认知和实践的对象,都被视作"物",也就是说,自然界、人类社会和实践主体本身,乃至主体之道德界等,凡是实践主体施加的与观照、体贴、考索等相关的对象,都称之为"物"。对此,本书在第四章第二节考察"观物"涵蕴时已有所考察,可以参见。

可见,"玩物"具有独特性的审美品格和体验性的审美特质。从"玩物"作为实践主体指向于客体的施加性行为而言,主体是以审美体验的方式,来对实践客体实施了兼备理性认知、感性体验的,融识察、认知和判断等在内的整体把握。而作为行为方式和认知方式的"玩物",当然必然是实践主体的浸润着审美感受和审美体验的实践方式。显而易见,在这一审美实现的过程中,"玩"一定是伴随着实践主体的爱好喜乐等发生的行为方式和心理感受,因此,"玩物"必然反映出实践主体的个体心理体验,这一心理体验所反映的是实践主体的思想态度、气度和气象等。而实践主体的气度、气象以及思想态度等,往往反映出主体的精神境界,这一境界,在实践主体的诗文作品中,又往往以外显的文学作品中的物象、文学境界等而得以呈现出来。正是从这个意义上,我们认为,"玩物"是作为实践主体重要的活动方式,而具有了实践主体的主观态度、求道方法的含义,并表现为实践主体的气象、气度和精神境界等。

从这个意义上来讲,实践主体之"玩",一定是浸润着或浓或淡的愉悦、快感或者欢乐等心理体验的。由此,"玩物"与"观物""格物"就有了一些差异性。据本书第四章第二节、第五章第二节的考察可知,就邵雍的"观物"来讲,"观物"是邵雍认识心体、性体、道体、天体等的途径和手段,具备认识天地万物、社会和人自身的功用,兼有了贯通于体悟、识察与实践的品格。"观物"具有了审美性、情感体验性和超越性的特质。不过,邵雍之"观物"的审美性、情感体验性等特质,逐渐被杨时、朱熹等人的"观之以理""由物入理"等注重客观性、公允性等所代替。换句话说,自南宋开始,"观物"逐渐向着重视"明理"发展而减弱了其审美性和体验性。因此,从实践主体施加识察、认知和践行来讲,"玩物"较之"观物",更多地蕴涵了实践主体的愉悦、快感、快乐等情感体验,以及由此表达出来的实践主体的精神气度、气象和境界等。而同样作为理学家求道之途径与方法的"格物",更为倾向于实践主体以客观、理性等态度和方法,来穷究、把握事物之蕴含着的"理",或者捍御内心不被外物侵蚀。由此,"格物"兼有了认识方法论、价值论和实践论等特征。但是,亦因如此,"格物"往往更为重视理性推理和判断,而与审美体验、审美判断等感性认知有一定距离。

2. 从容

"从容"出自《中庸》，原文为："诚者，天之道也；诚之者，人之道也。诚者不勉而中，不思而得，从容中道，圣人也。诚之者，择善而固执之者也。"①这里的"从容"，前人有两种看法：一种以"从容"为"举止行动"；另外一种把"从容"理解为"舒缓，不急迫"。② 这里，我们认为第二种义项是正确的。因为"勉""思"分别强调的是行为上的努力、认知方面的思索，"勉"可以视作"举止行动"，而"思"显然是属于认知、识察方面的心理活动，不可视作"行动"。实际上，这一认识，与宋代一些理学家的认识是一致的。黄榦在与友人谈及体贴"道体"时，就言及："所谓道体者，无物不在，无时不然，流行发用，无少间断。如曾皙者，真是见得此理，然后从容自得，有以自乐。"③回到《中庸》原文来看，所谓"从容中道"，实际上就是强调践行"道"的态度。黄榦正是从这一角度来谈"从容"的。而程颐评价程颢、张载之学时亦云："明道之学，从容涵泳之味洽。横渠之学，苦心力索之功深。"④这里，以"从容涵咏"来概括程颢之学的特征，显然"从容"亦是强调程颢在"求道"方面的"舒缓、不迫切"等特征。

理学家常用"从容"来表达对于客观事物的态度。如王蘋《送李子勉序》曰："子勉，予畏友也，刚直不屈，言行必求合于古人。虽忤大臣，拂流俗，曾不之顾。然有为而为之，未若无心而悉当；直前不顾，未若应之从容。士不可以不弘毅。"⑤这里，"从容"对应于"直前不顾"的一往无前的气概、精神，强调做事为政应自然而然，不急迫。朱熹在指导问学时，亦强调："或者传著述探索过苦，要须放令闲暇从容为善。"⑥希望友人放缓节奏，以舒缓自在之态度来对待著述。陈淳亦因言："道理初无玄妙，只在日用人事间，但循序用功，便是有见。……至于以天理人欲分数，而验宾主进退之机，如好好色，恶恶臭，而为天理人欲强弱之证，必使之于是是非非，如辨黑白，如遇镆铘干将，不容有骑墙不决之疑，则虽艰难险阻之中，无不从容自适，然后为知之至而行之尽。"⑦这里的"从容"，显然是"明理"而必备的对物态度，强调主体在明理之际所应具备的实践品格。

---

① 朱熹集注，陈戍国标点：《四书集注》，第 44 页。
② 夏延章：《大学中庸今译》，江西人民出版社，1983 年，第 48 页。
③ 黄宗羲原著，全祖望补修，陈金生、梁运华点校：《宋元学案》，第 2028 页。
④ 黄宗羲原著，全祖望补修，陈金生、梁运华点校：《宋元学案》，第 774 页。
⑤ 曾枣庄、刘琳主编：《全宋文》，第 161 册，第 342 页。
⑥ 黄宗羲原著，全祖望补修，陈金生、梁运华点校：《宋元学案》，第 1576 页。
⑦ 黄宗羲原著，全祖望补修，陈金生、梁运华点校：《宋元学案》，第 2222 页。

　　理学家也用"从容"来描摹实践主体"得道"的气象、境界。如《宋元学案》记载:"蔡迫,……议论从容,有故家典则。"①又朱熹记,李侗"先生少年豪勇,夜醉,驰马数里而归。后来养成徐缓,虽行一二里路,常委蛇缓步,如从容室中也"②。上述两条文献,均以"从容"来描摹理学家得道之境界、气度。黄宗羲在《宋元学案》中评价胡安国、胡宏等湖湘学派时亦讲:"湖南一派,在当时为最盛,然大端发露,无从容不迫气象。自南轩出,而与考亭相讲究,去短集长,其言语之过者裁之归于平正。"③指出湖湘学派得张栻而化去"发露"气象。显然,这里的"从容"是就显露于外的精神气度、境界而言的。黄榦亦云:"所谓道体者,无物不在,无时不然,流行发用,无少间断。如曾皙者,真是见得此理,然后从容自得,有以自乐。"这里的"从容",指的是实践主体明了"道体"之"理"而呈现出的个体精神境界和气度、气象。

　　作为"求道"途径和方法的"从容",也常见于理学家的论述中。吕祖谦引程颐之论谈及礼、乐之关系:"所谓礼乐不可斯须去身。若一于从容,则是有乐而无礼;一于矫拂,则是有礼而无乐。"④这里,以"从容"与作为方法的"矫拂"相对应使用,显而易见,"从容"是作为"为乐"的途径、方法,指的是实践主体以舒缓、不急迫的举止行动来践行"乐"。黄榦亦云:"知道之有体,则凡术数辞章非道也。有用,则虚无寂灭非道也。知体用为二,则操存省察,皆不可以不用其力;知体用合一,则从容中道,皆无所用其力也。"⑤这里,"知体用为二"与"知体用合一"为语义的并列关系,因此,"操存省察"与"从容中道"亦为并列关系,由此可见,"从容"亦应为动词,强调的是实践主体以舒缓、不急迫的举止行动来践履其"道"。

　　理学家在其相关论述中,也常见使用与"从容"意思相反的话语范畴,以作为限制性界定来描摹主体精神境界、求道方法和与物态度。这一类范畴有"迫""急迫""迫切"等。如杨时辑《二程粹言》记二程言语:"求道而有迫切之心,虽得之,必失之。观天地之化一息不留,疑于速也。然寒暑之变极微,曷尝遽哉!"⑥二程认为,"求道"不可持有迫切之心,应从容处之方可。吕大临亦言及:"天道自然,无勉无思,其中其得,自然而已。圣人诚一于天,天即圣人,圣人即天。由仁义

①　黄宗羲原著,全祖望补修,陈金生、梁运华点校:《宋元学案》,第1018页。

②　黄宗羲原著,全祖望补修,陈金生、梁运华点校:《宋元学案》,第1293页。

③　黄宗羲原著,全祖望补修,陈金生、梁运华点校:《宋元学案》,第1611页。

④　黄宗羲原著,全祖望补修,陈金生、梁运华点校:《宋元学案》,第1656页。

⑤　黄宗羲原著,全祖望补修,陈金生、梁运华点校:《宋元学案》,第2024—2025页。

⑥　杨时辑:《二程粹言》卷上,上海古籍出版社景印《文渊阁四库全书》本,第361页。

行,何思勉之有! 故从容中道而不迫。"①朱熹曰:"《知言》中议论多病……又其辞意多急迫,少宽裕,良由务以智力探取,全无涵养之功,所以至此。"②吕祖谦亦有言:"坐谈常觉从容,临事常觉迫切,乃知学问无穷,当益思所未至。"③上述文献,都是从"从容"的反面来界定说明"从容",这里的"迫""急迫""迫切"等,都与实践主体的境界、求道方法、对物态度有关。此外,理学家所用与"从容"相近或者相同的话语有"泰然""自在""舒缓"等,因为这些词不难理解,而且从其使用来看,只具有描摹实践主体的与物态度功用,因此,本节不作具体考察。

3."玩物"与"从容"发生关联的方式和条件

由上可见,"玩物"与"从容",都具有表达主体对于客体的态度、主体的求道方法,以及主体因为"得道"而呈现出来的气度、气象和精神境界等方面的功用性。可见,"玩物"与"从容",因为"求道""得道"作为媒介,而具有了一致性。故而,"玩物"才会与"从容"相伴相生,互为一体。因此,以"玩物从容"来作为理学家"求道""得道"的审美理想诉求而使用的话语范畴,来描摹他们在"求道"过程中对物态度、求道方法和因为"得道"而致的精神气度、气象、境界等,是有其学理基础的。

需要特别指出的是,理学家之"玩物"未必一定与"从容"发生关联。张载之"力求",胡宏之"善思",在一定程度上,说明了他们之"玩物""观物""格物"等有其察识、践行的急迫、捉急等特点。而这是为"从容"所不能容的。由此而言,"从容"也未必一定是理学实践主体因"玩物"而呈现出的主体态度、"求道"方法与"得道"而至的精神气度、气象与境界。上文在谈及"玩物"与"观物""格物"之关系时,已经言及"观物""格物"与"玩物"具有共性之处,在一定程度上均具有审美体验性特征。因而,"观物""格物"之实践主体与物的态度、"求道"方法和因"得道"而呈现的精神气度、境界等,自然也具备一定程度上的"从容"。本节正是在这个意义上,把"玩物"与"从容"相关联为"玩物从容"话语而进行研究。

二 理学家"玩物从容"话语书写的诗歌风貌及其属性特征

基于上述研究,我们可以把理学家"玩物从容"审美理想的涵义概括为:宋代理学家之"玩物从容"指的是实践主体以舒缓、不急迫的态度,研习、考察、把握自

---

① 朱熹撰:《中庸辑略》卷下,上海古籍出版社景印《文渊阁四库全书》本,第 601 页。

② 曾枣庄、刘琳主编:《全宋文》,第 246 册,第 100 页。

③ 吕祖谦:《东莱集》别集卷十,上海古籍出版社景印《文渊阁四库全书》本,第 297 页。

然界、人类社会和人自身及其属类事物的运动变化、呈现状态,及其相互关系、本质、规律等,从而呈现出实践主体的兼有和悦、安乐等审美体验和定止心性、安适不迁等德性品质的道德气象或者道德境界。需要指出的是,在不同的语境中,宋代理学家的"玩物从容"审美理想往往突出其某一点,而不是强调其整体性意义。在表达"玩物从容"话语时,他们或注重强调实践主体的与物态度,或注重强调实践主体以之为"求道"的途径与方法,或以"玩物从容"来描摹实践主体的得道境界或者道德气象。

理学家"玩物从容"的审美理想,自然也会对集社会实践主体、道德实践主体和文学创作主体于一身的理学家的诗歌创作产生一定影响。这一审美理想能够在诗歌创作实践中得到体现,其内在的学理联系,则在于多数理学家秉持的"文以载道""因诗求道"等诗歌功用观。而"玩物从容"正是能够藉以实现实践主体因"物"而求道的凭借、途径或者方法。因此,以"玩物从容"而把握、实践"道",在其方法论层面上,是与"文以载道""因诗求道"等路径一致的。从这个意义上来讲,理学家的"玩物从容"审美理想,自然会在其诗歌创作中得到实现。

不过,理学家散见于其他文献中的"玩物从容"审美理想,与其在诗歌中的关注重点、诗歌内容、诗歌主题、诗歌境界及其呈现方式等,有不少差异。与理学家在其他文献中并不经常整体性论述"玩物从容"审美理想有所不同,理学家的不少诗歌却是常常整体性来表达"玩物从容"审美理想。有的诗作出现了"从容""玩物",如蔡沆《春日即事二首》之一:"楼上从容晓日明,春风随意动郊坰。定知有象根冲漠,未信至精惟杳冥。万化淳时春蔼蔼,一元亨处雨零零。忘言共倚栏干曲,绿满周原水满汀。"①诗中,作者所"玩"之"物"有日、春风、春雨、绿植、绿水等,而"从容"强调的是实践主体的舒缓和乐、不急迫的对"物"态度。诗篇整体上表达出作者于春光之中以优游闲适的态度,静观物象而体贴天地"生生不已"之意,从而呈现出作者诚敬、澄净、定止的德性境界。再如岳珂《洞霄宫良泓孙副宫房二首》之一:"养生须及早,器破辄难全。鉴止存心地,涵虚咏性天。寓言随瀄瀄,至理本渊渊。玩物先观象,如师况少年。"②诗篇中,作者强调"观象"是"玩物"的途径。这里的"观象",自然是"器破"之象。作者因"破器"而"格"得"理":养生须趁精神完足之时尽早着手。同样,存养心性也要如同明镜视人一般,毋将毋迎,涵虚定性。诗篇表达出作者对于养性、养生的态度,凸显了作者推崇全性、

---

① 傅璇琮等主编:《全宋诗》,第 32238 页。
② 傅璇琮等主编:《全宋诗》,第 35398 页。

全身的德性完足境界。如周必大《次韵邹德章监簿官舍芙蓉芭蕉》:"君不见蜀都之城百里长,无数芙蓉遮女墙。遂令邦人记旧俗,往往空巷争新妆。……眼看红绿意先眩,玩物固应为物迷。……主人学道穷三余,俯视官舍真蘧庐。从渠草木荣与枯,只有此心常自如。……钝根也复发深省,世间何物非空花。"①前十句述写成都之城墙、芙蓉、蜀都旧俗好玩等。随后,诗篇语义发生转移:"眼看红绿意先眩,玩物固应为物迷。"指出"玩物"的结果是心性为其所迷。这就从结果上衬托出蜀都之美景的艳丽多彩。接着,诗篇赞美邹氏面对美景而心性"自如",亦即不为所动、保有自然本色,诗篇最后,作者再进一层意思,表达出自己因邹氏不为美景所动而"发深省",从而悟及世间之物虽然呈现为生灭相继的状态,而过程中不乏光景华美,但此光辉往往如"空花"一场而转瞬即过。由此可知,保持"自如"之心以从容处事,当然是常理了。

　　比较而言,从整体上表达"玩物从容"涵蕴的诗作,还有一些在诗篇中并没有出现"玩物""从容"等词,但其诗作却表达出"玩物从容"的审美理想。如李吕《承德功仙尉出示直翁感兴之作辄次其韵》:"蝇头蜗角使人愁,贪先务胜如争舟。隐心空逐市朝乐,着眼未省林泉幽。……孰知名教真乐地,徒以得失为己忧。……个中有路傥深造,直与古人为辈流。"②前六句,以世俗之士"贪先务胜"与作者隐居市朝保有良善形成对比。次六句,点明其以崇道、重名教为追求。后四句转为赞美交往对象德性高致,勉励其继续深造以达古之贤者境地。整篇来看,表达出作者对于保有良知、尊崇道德的态度,也凸显出其修养所致的和乐定止之德性境界。再如杨时《寸碧轩》:"隐隐遥山列画屏,檐间寸碧与云平。低回席上遗簪露,仿佛墙东翠黛横。虚景远涵千里色,晚晖仍借一溪清。春风景物知多少,可称收身乐此生。"③诗篇前六句均为写景,最后六句书写作者因赏玩此景而得"乐",同样呈现出作者的与物相与、优游盛景而心性和乐定止的境界。杨时的《登桐君祠堂》《王簿清辉亭》等,其写法与本诗极为相近,也是从整体上表达其"玩物从容"的审美理想。而张栻《小园茶醿盛开伯承以诗见督置酒于此为增不敏不叹》《喜雨呈安国》,张炜《春晚郊行有怀》等,从写法上与杨时上述数首诗作极为相似,都是其表达"玩物从容"审美理想的代表作。

　　也有一些理学家的诗作,在表达"玩物从容"审美理想时,注重突出其某一方

---

① 傅璇琮等主编:《全宋诗》,第 26693 页。
② 傅璇琮等主编:《全宋诗》,第 23820 页。
③ 傅璇琮等主编:《全宋诗》,第 12948 页。

面的观点、方法或者实践主体的道德境界,以表达作者对"物"的态度。如李复《酬张法掾翼求侍养归》:"少轻纨绮袭箕裘,力学从容与我谋。择友卜商能胜赐,舞风曾皙自殊由。去乘汴水春舟疾,行过龟山楚客留。千里有声如寄我,须寻临漪旧林丘。"①这里的"从容"与"力学"连用,强调张氏是以舒缓、自在之态度而"力学",而非煎迫、褊急之功利性心态,拘泥、执着于"力学"而克日求成。诗篇继之以卜商、曾皙来赞美张氏。再如度正《畅伯圭父子下第归乡……以谢庶几朋友相与切磋之义也》:"蹈履若迷天所赋,奔驰犹误实之宾。都将出处束高阁,明日从容倪细陈。"②前二句强调践履应坚守心性而不迷,不然心性不守而杂念奔驰,必然丧失所守。诗中的"从容",乃是强调作者论事、论文等的态度。再如方回《次韵齐君见过》:"从容谈笑猎文场,焉用椎锋更挽强。政使成功能裂土,未如闻道许登堂。勇捐将印机心息,深隐书帷古味长。我亦暮年懒干禄,肯来同醉简编香。"③诗中的从容,指的是作者论文的态度,但作者下文又把"论文"与"闻道"作对比,强调"闻道"应是为文为学之根本。这样,作为态度的"从容",自然也就成为与"闻道"有关的态度。与之相近,高斯得(生卒年不详)《题王茂悦郴州白水奇清园》有诗句:"清风谦溪像,古柏文翁庭。从容讲道要,宛转余诗情。谪仙一派妙,休文八咏新。兹惟佳山水,我尝驻骐骊。平湖尚芜漫,绝境宜荆榛。"④这里的"从容",亦是论道之态度。

一些理学家的诗歌书写,也涉及以"从容"为识察事物之方法来表达其"重道""问学""明理""尊德性"等诗歌主旨。如陈淳《寓严陵学和邓学录相留之韵》:"道为贤侯讲泮宫,渊源程子及周翁。路开正脉同归极,川障狂澜浪驾空。珍重前廊浑气合,督提后进要心通。圣门相与从容入,矩步规行不用匆。"⑤这里的"从容"为实践主体的行为动作的呈现形态,指示实践主体应平心静气而用功,倡导研习道学应保有自在、舒缓的行为方式和认知态度。再如魏了翁《次韵张太博得余所遗二程先生集辩二程戏邵子语》:"文字未科斗,图书未龟龙。粲然天地间,此理触处逢。……讫于我孔圣,天命滋益恭。浑然一理贯,密察而从容。卦变与象占,四者固所崇。推辞以知变,象占在其中。……天开周程子,易道乃复东。动静静复动,终始始而终。……邵子极道数,独立几无戎。二程自周孔,为时开

---

① 傅璇琮等主编:《全宋诗》,第 12486 页。

② 傅璇琮等主编:《全宋诗》,第 33674 页。

③ 傅璇琮等主编:《全宋诗》,第 41535 页。

④ 傅璇琮等主编:《全宋诗》,第 38556 页。

⑤ 傅璇琮等主编:《全宋诗》,第 32355 页。

梦梦。其归则一耳,昧者结忡忡。……要知羲皇心,须踏周孔踪。"①前十句追溯
伏羲画卦而文明始生。继之十二句,强调孔圣因象观理,舒缓和乐而"密察",玩
象而自得。继之十六句,赞美周敦颐、邵雍、二程对于易学之贡献。最后六句为
全诗总结,强调前圣后圣于"理"则一,而要对易学有深入体会,当以儒家代表人
物的理论为路径。以"从容"为识察事物的方法,还见于文天祥等人的诗作中。
如其《高沙道中》有句:"夫人生于世,致命各有权。慷慨为烈士,从容为圣贤。"②
以"从容"作为成就圣贤的方法,以之与"慷慨"为成就烈士的方法作比较,亦可看
出作为"方法"的"从容"的义蕴。再如吴芾《和何倅与林大任韵二首》之一:"久欲
寻高隐,今朝信马行。闲看花上蝶,静听柳间莺。披豁尘襟尽,从容乐事并。醉
来犹有恨,未许见倾城。"③前四句写寻隐所见,其中"闲看""静听"正好诠释了后
句中的"从容"之意。"从容乐事"正可视作自在、自然地体味、戏玩"寻隐"之所见
所听之"物"。需要注意的是,理学家在诗歌创作中,对于"从容"的书写与其"玩
物从容"审美理想的差异,还表现为"从容"的主体发生了变化。诗歌出现了以天
地万物为主体而以"从容"为天地万物的气象、境界特征。如陈著《有感》:"天将
转冷势连日,云欲开晴雨数丝。造物从容消长处,盍将人事此中推。"④本诗中,
"从容"为"造物"的形态描摹词,则"从容"为天地之自然而然、自在发育的状态或
者特性,此正与实践主体之气象、气度相类似。因此,才可以从此种状态、特性来
"明鉴"实践主体之"人事"。实际上,宋代一些理学家所书写的"玩物从容"诗歌,
特别是那些书写实践主体以一种玩味、体贴、研习的审美体验、审美判断来述写
景物的诗作,在很多时候,天地万物的"从容"、自在、自然等状态,都是实践主体
的审美对象的外化形态。上文陈著"造物从容消长处"之"从容",表面来看是天
地之"从容",但此一"从容"应视作实践主体的审美对象的外化形态,而不应把天
地视作有审美意志、审美体验的主体。

　　一些理学家在书写"玩物从容"诗歌时,更为注重凸显个体得道境界或者主
体道德气象、气度。如曹彦约《弈棋戏作》:"人皆咤物涤尘襟,我亦于棋了寸阴。
散诞不知身老大,从容聊与世浮沉。诸君误作机关说,老子初无胜负心。收拾定
应全局在,清风明月照书林。"⑤诗作以弈棋为题而内容却跳过书写玩味弈棋而表

　　① 傅璇琮等主编:《全宋诗》,第34885页。
　　② 傅璇琮等主编:《全宋诗》,第43011页。
　　③ 傅璇琮等主编:《全宋诗》,第21882页。
　　④ 傅璇琮等主编:《全宋诗》,第40127页。
　　⑤ 傅璇琮等主编:《全宋诗》,第32177页。

述作者的志趣、胸襟和境界。头两句述写作者以棋为凭借,正在于"涤尘襟""了光阴"。三四句述写其不以岁月老去而挂怀,仍然以自在自适的态度,与世浮沉。五六句强调作者弈棋已无胜负心。七八句则表达其志在全局、清风朗月以自适的人生情怀,这正是作者全性明德、不滞于物的道德境界写照。与之相似,赵蕃有诗《午风大作已雨甚微》:"老屋支风惧压焉,若为吹雨但疏然。池蛙合合自得意,圃蝶飞飞人故怜。玩物不妨寻物理,得闲聊尔赋闲篇。枕书几欲成幽睡,又怕饥鼯搅夜眠。"①前四句写景,老屋势危惧风,但换个角度来看,如是吹雨则又恰如其好。池蛙、圃蝶则又蕴涵着天地发育之意。面对此景此象,作者认为,玩味、研习其物象义理,于舒缓、自在之余赋诗以表闲适之意,正是人生的好时光。作者因玩物而明理,表达出安于闲适、自在的生活志趣,这可视作作者心性定止、精神完足的道德境界的外显表达。再如金朋说《幽居吟》:"种竹为垣护草堂,面山临水纳幽芳。从容泉石无牵绊,不似从前志庙廊。"②诗作中,"从容"指的是作者以舒缓、自在的行为来优游于山水泉石之间,这里的"从容"为实践主体的行为动作。全诗头两句为实践主体的生活环境,后两句表达其优游山水而释怀于官宦生涯,从而表达出作者闲适自在的生活气象。

上述考察可见,理学家对于"玩物从容"审美理想的论述,与其诗歌呈现出来的"玩物从容"思想并不一致,有的方面差异性还很大。特别是,在理学家相关论述中很少出现的"玩物从容"整体性的审美理想,却在其诗歌作品中大量出现。而就理学家"玩物从容"审美理想的相关义项来看,在其诗歌作品中也得到表述。从理学家相关论述与其诗歌作品所表现出的差异性来讲,很大程度上可能是作为体裁的诗歌限定性要求所致。另外一个原因,可能是理学家有意识地借助于诗歌这种文学形式来表达其"玩物从容"的思想。无论如何,在理学家的诗歌作品中,有大量的"玩物从容"的诗歌存在,是一个客观的历史事实。理学家的"玩物从容"诗歌历史存在及其众多的诗歌作品数量,连同理学家的相关论述,都表明"玩物从容"是理学家普遍坚持的审美理想。

三 宋代理学"玩物从容"审美理想及其诗歌风貌问题的文化价值

理学家"玩物从容"审美理想及其诗歌风貌问题,是宋明时期比较独特的文化现象。理学家的"玩物从容",同他们的"观物""格物"等一起,共同组成了理学

---

① 傅璇琮等主编:《全宋诗》,第 30716 页。
② 傅璇琮等主编:《全宋诗》,第 32203 页。

家会通"自然界"与"道德界"的途径、方法，实现了融道德实践主体、社会实践主体和诗歌书写或创作主体于一身的理学家以审美的形式，来书写其存养心性、崇道向学、尊德性等理学宇宙论、价值论、工夫论等目标，从而，也为宋代诗歌带来了与文人诗完全不同的另一种诗歌类型。

理学家"玩物从容"审美理想，可视作理学家"文以载道""因诗求道"等文道观念的具体实践。理学家的"玩物从容"诗歌，所表现出的实践主体对物态度、研习、玩味的方法，以及由此呈现出的主体道德境界、道德气象和气度等，都与文人诗大相径庭。如文人诗中有不少也写及"从容"，但文人诗中的"从容"大致为诗人对于具体事物的主观认知方式或者情感体验，即使反映出实践主体对于事物的态度，也往往是就事论事。如陈造《赠课会诸公》："书社他年事，寻盟未厌烦。须吾执牛耳，助子跃龙门。凌厉先诸彦，从容即万言。隽功科举外，暇日要深论。"①其"从容"只不过是对书社"课会诸公"谙熟于诗文才华的赞美，与其道德境界等毫无关系。再如戴表元"当年诗雨堂前梦，得似从容此一杯"②、戴复古"每见一斑三叹息，白头未得奉从容"③等，均以"从容"表达与物态度而不及其他。这说明，理学家"玩物从容"之审美理想，是基于其"重道""求道"等道德理性目标而具有独特性的审美价值判断和价值追求。因此之故，理学家的"玩物从容"诗歌，往往也就具有了优美、崇高等诗歌境界。

第四节　宋代理学"气象近道"话语与理学诗的诗歌风貌

在中国古代诗论中，"气象"说的提出及其内涵的发展演变是一个值得注意的现象。从宋代开始，"气象"成为中国古代诗论中经常使用的术语，并逐渐成为中国古代诗论中一个值得注意的诗论范畴和诗学传统。在这一发展历程中，朱熹的"气象近道"说起到了关键性的作用，其影响远及朝鲜半岛等地④。

"气"与"象"出现很早，而"气象"一词出现则比较晚。早期"气象"多与"占气"之说相联系，并没有生成固定的词语。《史记》载："海旁蜃气象楼台，广野气

---

① 傅璇琮等主编：《全宋诗》，第 28131 页。

② 傅璇琮等主编：《全宋诗》，第 43701 页。

③ 傅璇琮等主编：《全宋诗》，第 33581 页。

④ 参见崔建楠：《中韩"气象"审美范畴比较研究》，吉林大学硕士学位论文，2021 年；蔡美花、孙德彪：《中韩文论关联研究》，延边大学出版社，2010 年。

成宫阙然，云气各象其山川人民所聚积。”[①]显然，这里“气象”是指海蜃所吐出的气（古人以为海蜃吐气为楼台之象），其形状与楼台相仿。《全后汉文》卷四十八亦载：“乃月十三日，有客星气象彗孛。”[②]梁代江淹《丽色赋》中使用了“气象”，《艺文类聚》卷十八《乐部三》载其文：“夫绝代独立者，信东邻之佳人，……光炎炎而若神，非气象之可譬，奚影响而能陈。”[③]在南北朝直到唐代以前，“气象”涵义主要是形容山川草木、季节物候、日月星辰等自然万物的外在表现。此期“气象”偶与“文”相联系，不过其涵义仍旧多注重形容自然万物的外在形态，如《全梁文》卷十二云：“夫事秉文辞，理通气象，涉之者尚迷，求之者或踬。”[④]到了唐代，“气象”一词除了上述涵义外，开始出现了虚指的意义。如《全唐文》卷四二二云：“于赫太师，德音孔遐。道之气象，物之精华。”[⑤]《全唐文》卷七四四亦云：“至后汉、曹、魏，气象萎薾，司马氏已来，规模荡尽。”[⑥]皎然《诗式》更有“气象氤氲，由深于体势”[⑦]的记载。可见，自唐代开始，“气象”逐步摆脱了具体的实际涵义，而逐渐具有审美意味。据此可以认为，“气象”至唐代始方成为一个固定的词语。

入宋后，诗人对“气象”也很重视，《诗话总龟前集》卷十二《警句门上》载晏殊推崇“气象”：“……故公每言富贵，不及金玉锦绣，而惟说其气象。”[⑧]晏殊之后，“气象”一词在北宋中期开始受到人们的普遍重视，欧阳修、梅尧臣、王安石、黄庭坚、苏轼，以及南宋的大量诗人，周敦颐、程颢、程颐、朱熹等众多理学家，不管是论个人道德修养、悟道还是论文，都经常使用“气象”来表达其意图，“气象”开始具有了审美、道德评价等多种涵义。不过，“气象”被广泛使用，并成为具有道德评价、诗文术语等多方面意蕴的重要助力，应该是理学家及其著作的影响。其中，朱熹起到了重要作用。他在《朱子语类》中评价韦应物诗“气象近道”，开启了后世以“气象”论文、论诗的重要法门。朱熹之后的宋明时期的理学家及其影响下的大量文人，继承和发展了朱熹的“气象近道”学说。特别是，自宋代开始，以“气象”论文、论人，成为司空见惯的文化现象。而清代刘熙载、王国维等人已经

---

① 司马迁撰，张守节正义：《史记》，中华书局，1977 年，第 1338 页。

② 严可均辑：《全上古三代秦汉三国六朝文》，第 733 页。

③ 欧阳询：《艺文类聚》卷十八，上海古籍出版社景印《文渊阁四库全书》本，第 447 页。

④ 严可均辑：《全上古三代秦汉三国六朝文》，第 3017 页。

⑤ 董诰等编：《全唐文》卷四二二，第 4302 页。

⑥ 董诰等编：《全唐文》卷七四四，第 7697 页。

⑦ 皎然：《诗式》，《四库全书存目丛书》，第 415 册，第 18 页。

⑧ 阮阅编，周本淳校点：《诗话总龟》，第 133 页。

把"气象"视作诗学理论的核心范畴。

受理学亦认知亦践行的知识结构和学理特性所决定,由周敦颐、程颢、程颐、张栻、朱熹、黄榦等理学家所标举的"气象""气象近道"等理学话语,必然地具备了审美体验、审美判断和道德实践等品格。这些特征,又影响到理学家的诗歌创作实践。由此,作为理学家重要的话语,"气象"及"气象近道"等就成为涵涉审美理想、诗学批评和诗歌创作的复合型话语。对此进行探讨,可以考察理学家审美理想与其诗歌风貌之间的关系。

一　宋代理学"气象"涵蕴及其审美特性

入宋后,晏殊把诗歌创作与"气象"相联系,追求诗歌的"富贵气象":"……故公每言富贵,不及金玉锦绣,而惟说其气象。"①不过,与文学家不同,理学家使用"气象",对其内涵作了重要置换。就"气象"的提出与对其在理学体系建构中的重视而言,北宋理学五子中的周敦颐、程颢、程颐贡献最为突出,而南宋理学家要以朱熹为代表。

1. 周敦颐与"气象"

周敦颐论及"气象"内容不是太多,与之相关的内容主要有两方面:

一是"庭草不除",以为"与自家意思一般"②。叶采集解《近思录》释为:"天地生意流行发育,惟仁者生生之意,充满胸中,故观之有会于其心者。"张伯行注云:"天地之大德曰生,所以生生者仁也。方当春时,生意发育,随处呈现,即可于窗前之草验之。周子胸中仁理完足,不觉有会于心,所以云'与自家意思一般'。"③可见,叶采、张伯行都认为,周敦颐心中之"仁"与外在之天地生生不已之流行发育之"德"若符契会,窗前草只不过是天地生生不已之流行发育的表现,由此可知,周敦颐强调"庭草不除"亦具有张载所推崇的"物吾与也"之意,周敦颐恰在无意中,以体贴与审美的方式,对天人合一有深刻的把握。此意后为二程所采,成为体贴性体心体道体的重要入手处,也是沟通天人的重要途径。

二是令二程寻"孔颜乐处"④。"乐"作为儒学的一个重要命题,自孔子提出"吾与点也"之"乐""仁者乐山,智者乐水"等话头,标志着原始儒学以审美的方式

---

① 阮阅编,周本淳校点:《诗话总龟》,第 133 页。
② 黄宗羲原著,全祖望补修,陈金生、梁运华点校:《宋元学案》,第 340 页。
③ 朱熹、吕祖谦编,张伯行集解:《近思录》,《丛书集成初编》本,第 519 页。
④ 黄宗羲原著,全祖望补修,陈金生、梁运华点校:《宋元学案》,第 519 页。

来把握物质世界和精神世界传统的正式形成。孟子以万物皆备于我、反身而成为"大乐",实际上提出了以"乐"作为存养的兼目的与手段来沟通天人的命题。周敦颐"每令寻颜子、仲尼乐处,所乐何事"①,显然是从心体道体性体的高度,以情感体验与审美的方式探及宇宙论与道德论的沟通与融合问题,说明名教之自有乐地,并具有"超名教超功利的一面"②,实现了人与自然的完美和谐统一,具有独特的情感体验,周敦颐以美的体验来表述的这一境界,已经超越了具体的功用与目的,具有超功利性的特征。

2. 二程与"气象"

二程发展了周敦颐的"气象"理论,对"气象"的内涵有所拓展,他们把"气象"看作沟通天人、兼具体贴性体道体天体的目的与途径的范畴。其主要内容有三个方面:

一是提出了"观天地生物气象"③的重要理学命题,"气象"成为沟通天人的渠道、途径。清人张伯行注云:"周子谓窗前草不除,与自家意思一般,正见得天地气象在我,而我之生机流行,亦初无一息之或停矣。"④程颐亦讲"先观子路、颜渊之言,后观圣人之言,分明圣人是天地气象"⑤。这里,值得重视的是,程颐是以"气象"作为沟通天地与圣人的途径而言的,而且"气象"又是天地与圣人共同具有的特征。可见,程颢以此"气象"贯通于天人,"气象"成为体贴天人之"性体"的途径和手段,并且也是天人所具备的共同特性。程颢提出的"仁者与天地万物一体",亦可以证实他亦是把"气象"作为沟通天人的境界、途径、手段来看的,并且天地与"仁者"从其体性而言,是"一体"的。

二是二程提出玩味"尧舜气象""圣人气象""圣贤气象"。程颢讲:"'孔子与点',盖与圣人之志同,便是尧舜气象也。"⑥又云:"学者不学圣人则已,欲学之,须是熟玩圣人气象,不可止于名上理会。如是,只是讲论文字。"⑦程颢从志、实等方面提倡理会"尧舜气象""圣人气象",是就圣人之德性而言的。对此,程颐的说法则更为明白,他直接从"气象"之外在表现言之:"颜、孟之于圣人,其知之深浅同,

① 程颢、程颐:《二程遗书》,第66页。
② 蒙培元:《理学范畴系统》,第511页。
③ 朱熹、吕祖谦编,张伯行集解:《近思录》,《丛书集成初编》本,第15页。
④ 朱熹、吕祖谦编,张伯行集解:《近思录》,《丛书集成初编》本,第15页。
⑤ 程颢、程颐:《二程遗书》,第344页。
⑥ 程颢、程颐:《二程遗书》,第136页。
⑦ 程颢、程颐:《二程遗书》,第404页。

只是颜子尤温淳渊懿，于道得之更渊粹，近圣人气象。"①程颐指出，颜回之"温淳渊懿"近"圣人气象"，是就"圣人气象"之外显的"用"来讲的。程颢又云："元气贯通乎四时，则无所不包，此仲尼之道全德备，非一善可名者也。春意发生则有自然之和气。此颜子之不违如愚，与圣人合德，令后世可以想见，默而成之，不言而信者也。"②对此，朱熹阐释说："要看圣贤气象则甚？且如看子路气象，见其轻财重义如此，则其胸中鄙吝消了几多。看颜子气象，见其'无伐善，无施劳'如此，则其胸中好施之心消了几多。此二事，谁人胸中无。虽颜子亦只愿无，则其胸中亦尚有之。圣人气象虽非常人之所可能，然其如天底气象，亦须知常以是涵养于胸中。"又云："亦须看子路所以不及颜子处，颜子所以不及圣人处，吾所以不及贤者处，却好做工夫。"③这是从工夫论亦即"用"的角度来谈"圣贤气象"。上述说明，程颢是从体用两个方面来界定"气象"的。

三是二程强调"持养气象"。程颢讲："'不愧屋漏'，便是个持养气象。"④"持养"亦即心性存养的工夫，可见这里二程所讲的"气象"是从"养"的工夫过程中所显出的形态，这是从存养的方法论而言的。程颢又讲："学只要鞭辟近里，著己而已，故'切问而近思'，则'仁在其中矣'……只此是学质美者，明得尽，查滓便浑化，却与天地同体。其次惟庄敬持养，及其至则一也。"⑤亦是以"持养"为存养心性工夫。同样，朱熹谈到"气象于甚处见"话题时，也讲道："但以孔子之言比之，便见。如冰与水精非不光，比之玉，自是有温润含蓄气象，无许多光耀也。"⑥这说明，二程主张心性存养既要讲实践，也要重视省察存养过程中的外在仪态气度，显而易见，二程所讲的"持养气象"浸润着实践主体的情感体验和超越性追求在内。

由上可见，二程讲"气象"，其特征集中于三个方面：一是"气象"是沟通天人的途径和手段，体贴"气象"可以认知和把握道体，体贴道体；二是把"气象"看作道体心体性体的外在表现，体贴"气象"可以实现对道体性体心体的省察涵育；三是对"气象"的体察，是心性存养的亦目的亦途径的贯通性体贴特性所在，是立人极、做圣人的重要存养目的和方法。

---

① 程颢、程颐：《二程遗书》，第 151 页。
② 朱熹、吕祖谦编，张伯行集解：《近思录》，《丛书集成初编》本，第 328 页。
③ 黎靖德编，王星贤点校：《朱子语类》卷二十九，第 758 页。
④ 程颢、程颐著，王孝鱼点校：《二程集》，第 44 页。
⑤ 程颢、程颐著，王孝鱼点校：《二程集》，第 132 页。
⑥ 程颢、程颐著，王孝鱼点校：《二程集》，第 197 页。

二程深化了周敦颐所提出的"气象"范畴并在体用及理学体系建构层面上，发展了"气象"这一范畴的内涵，从而奠定了"气象"范畴在理学中的重要地位。"气象"范畴随同理学的发育、演变同步，南宋理学主要代表人物胡宏、朱熹、陆九渊、张栻等人都对"气象"范畴给予较高重视，"气象"范畴因之得到了进一步的发展，其地位更加提升。比较而言，朱熹所言之"气象"较有代表性。

3. 朱熹与"气象"

在朱熹理学体系中，"气象"得到多方面的展开。朱熹所言的"气象"除了兼有周敦颐、二程所言"气象"的特性之外，还有其独特性，其贡献可以从三个方面来看：

一是把"圣贤气象"看作"得道"境界。这里，朱熹接过了周敦颐、二程关于"圣贤气象"的话题"接着说"，但朱熹所言的"气象"较之前辈周、程诸贤，已有推进。在朱熹的众多话语中，"气象"于圣贤而言，已经成为一种"境界"："'子温而厉，威而不猛，恭而安'。须看厉，便自有威底意思；不猛，便自有温底意思。大抵曰'温'，曰'威'，曰'恭'，三字是主；曰'厉'，曰'不猛'，曰'安'，是带说。上下二句易理会。诸公且看圣人威底气象是如何。……圣人德盛，自然尊严。"[1]朱熹在这一段话中，强调要体贴孔子接人、待人的态度和做法，以此为入门进而领悟到孔子的"道"。因为"道"无声无息、冲漠无眹，所以强调从有"道"之孔子的接人、待人之外在"气象"的体贴中，来省察、涵育"道"体与"道"用。这里，"气象"与圣人之"道"是完全合一的，体贴"气象"实际上就是要省察圣人的待人、接人的境界。他评价曾皙之学，不仅"有以见夫人欲尽处，天理流行，随处充满，无少欠阙。故其动静之际，从容如此"，而且达到"胸次悠然，直与天地万物上下同流，各得其所之妙，隐然自见于言外"。[2] 朱熹在这里是把"襟怀""气象""胸次"等当作飘逸洒落、超然物外的境界来看待的。

二是朱熹所言之"气象"事关审美体验。朱熹把对"气象"的理性认识与审美体验结合起来，在体验中渗透着认识："示喻黄公'洒落'之语，旧见李先生称之，以为不易窥测到此。今以为知言，语诚太重，但所改语又似太轻。只云'识者亦有取焉，故备列之'，如何？所谓洒落，只是形容一个不疑所行、清明高远之意。若有一豪私吝心，则何处更有此等气象邪？只如此看，有道者胸怀表里亦自可见。若更讨落着，则非言语所及，在人自见得如何。如曾皙舍瑟之对，亦何尝说

---

① 黎靖德编，王星贤点校：《朱子语类》卷三十四，第905页。

② 朱熹集注，陈戌国标点：《四书集注》，第190页。

破落着在甚处邪?"①可见,朱熹在对黄庭坚评周敦颐"胸次洒落"的审美体验中,以理性认识而从"求理"的角度,对"洒落"的涵义进行了"省察"或"穷理",与之相应,朱熹的"气象"范畴同时具有了审美体验与理性认知特征。当然,"气象"具有与审美体验相联系的特征,周敦颐、二程等人已经提及,但他们不如朱熹所言这样明确。

三是朱熹所言之"气象"具有超越具体功用的体性。在回答学生问"曾皙言志,如何是有尧舜气象"时,朱熹回答说:"明道云'万物各遂其性',此一句正好看'尧舜气象'。且看莫春时物态舒畅如此,曾皙情思又如此,便是各遂其性处。尧舜之心,亦只是要万物皆如此尔。"②这里,朱熹把"尧舜气象"同天地万物之"性"相提并论,把物我浑融为一体,从天地、人、物"遂其性"出发来看万物生态、尧舜气象、曾皙情思在"性"的统一性,"气象"具有的这种境界实现了人、物、自然的和谐完美统一,超越了事物的具体功用性,由此,"气象"具有了超越性的体性特征。

由上可见,朱熹的"气象"论较之二程在审美性、超越性和体验性上更加深化了,"气象"含蕴由此发生了重要的转向,正是由于朱熹把"气象"向着这些方面发展,"气象"因之而具有了沟通文学与理学的功用。与朱熹"气象"论进路相一致,二程之后直到南宋末期,宋代理学家在多个方面拓展了"气象"的内涵和功用。但就总体而言,要以朱熹在超越性等方面的开掘更为深刻、系统。

由此,可以把宋代理学家所言之"气象"的主要理学内涵试作总结。从功用性而言,以周敦颐、二程、朱熹等为代表的宋代理学家,试图以"气象"作为沟通天地、生物、人的途径和渠道,"观天地生物气象""体贴气象""持养气象"与省察"圣贤气象"、"观孔颜乐处"等话题,作为求"道"的方法、途径兼目的而成为理学体系的重要范畴。"气象"亦因作为体性而与"道"不可分,因此"气象"兼体用。除了具有功用性之外,"气象"也具有超越性,它以情感体验与审美的方式探及宇宙论与道德论的沟通与融合问题,实现了人与自然的完美和谐统一,是超功利的美学境界。

由此而言,"气象"亦具有这种体验与理性相统一的、亦道德与美学的、亦主观亦客观的属性。程颢反复提及的"孔颜乐处",不管是孔子也好,还是颜回也好,其中的"乐"是实践主体对人生名利兴废都舍之如敝屣所致,只有"道"才是诗人的"乐"之所在。与之相似,"圣贤气象"亦是以审美与认知相沟通的形式,实现

---

① 朱熹撰:《朱熹文集》,上海古籍出版社景印《文渊阁四库全书》本,第453页。
② 黎靖德编,王星贤点校:《朱子语类》卷四十,第1034页。

了主体与客体、理性与感性、道德与审美的统一与融合,从学理而言,亦是以审美而沟通了天人。宋代理学者强调要体认"圣贤气象",这既是手段又是目的。说它是手段,指的是以之为体认圣人之"仁"的途径而直通天道,是以审美的理性和情感把握为凭借,去实现天人合一的境界。说它是目的,是说"圣贤气象"是修道者最终要达到的外显的境界与气度,是心体性体道体实现圆满性的超越与完整后的得道情形。显而易见,"圣贤气象"既是省察涵养的手段,又是心性存养的目的。

从实质而言,体贴"圣贤气象"的境界,就是省察与实践"仁"之境界,而这一境界得来全靠认知的省察与审美的体验。

如前所述,除了上述所言"孔颜乐处"与"圣贤气象"之外,理学家所言的"气象"还有一些种类,如二程强调的"持养气象",朱熹推崇的得道气象、胸襟、境界等,都是"气象"范畴在理学中的具体展开。概括而言,"气象"具备下列特性:

其一,"气象"是以本体之性而呈现出独有的境界为人所体察与感受,是人以审美的认知的形式对事物本体的体贴。从理学体系而言,体贴"孔颜乐处""圣贤气象"都是强调与天人在"仁"的深层上贯通。对实践主体而言,体贴"气象"不仅是体贴事物之属性,更重要的是体贴由事物属性以及事物与事物相互发生关系而构成的独有境界,由此而言,体贴"气象"就具有了理性认知与感性体验的贯通性。但对道德主体而言,体贴"气象"就指向了体贴心性(性与情)与存养工夫之间的完美统一,自然也是体贴天地之"仁"与个体之"仁"的完美统一。

其二,就"气象"所具备的途径与手段的属性而言,体贴"持养气象"、体察"孔颜乐处"、体察"圣贤气象"等,就是把"气象"作为沟通宇宙论与心性论的桥梁而使用,"气象"取得了沟通天人合一的特性。同样,这一特性亦是以实践与道德主体的审美体验、理性认知的贯通而实现的。可以说,气象属于涵养工夫,具备了对用与体的统摄特征,这种以审美而体贴道德界与自然界以及天人合一的沟通特性,使"气象"成为理学范畴的重要一极。

正是因为宋代理学之"气象"具备上述特性,其亦具有了相应的诗性品格。具体而言,上文通过对宋代代表性理学家周敦颐、程颢、程颐、朱熹的"气象"论进行分析、归纳,可见"气象"具有审美性、认知性和超越性这三种基本品格。这三种品格从实质而言,就决定了理学"气象"具有诗性品格,亦即理学"气象"具有诗学中所强调的意境、情志、认知和审美特征。可以说,理学"气象"所推崇的境界,无论是专注于"持养气象"的途径与过程也好,还是兼备目的与途径、沟通理性认知与感性体验的"孔颜乐处""圣人气象"也好,理学"气象"都强调以审美的体验而把握、认知、感受天人合一、物我贯通的独有道德境界。这一特征，便内在地沟通了诗歌的诗性品格特征与理学的"气象"特性。

二　朱熹"气象近道"说的内涵及思理

朱熹对唐代诗人韦应物的诗作大加赞赏，认为韦诗"气象近道"，其说云：

> 杜子美"暗飞萤自照"，语只是巧。韦苏州云："寒雨暗深更，流萤度高阁。"此景色可想，但则是自在说了。因言：《国史补》称韦'为人高洁，鲜食寡欲。所至之处，扫地焚香，闭阁而坐。'其诗无一字做作，直是自在。其气象近道，意常爱之。"问："比陶如何？"曰："陶却是有力，但语健而意闲。隐者多是带气负性之人为之。陶欲有为而不能者也，又好名。韦则自在，其诗直有做不着处便倒塌了底。"[1]

朱熹在评价韦应物诗作时，是联系其"为人"而言的，他以为韦诗"气象近道"，所以"意常爱之"。在这一段话里，关键之处有三点：

一是朱熹是从韦诗"无一字做作"，"直是自在"来评韦诗的，对照来看，朱熹以为杜甫诗句"只是巧"，陶渊明诗句虽"意闲"但是"有力"，具有"带气负性"性格特征，又"好名"，显而易见，朱熹以为杜、陶二人诗篇还算不上"自在"，由此推知，朱熹所讲的"自在"，话语不能追求"巧""健"。

二是朱熹以为韦诗的根本是"自在"，甚至强调韦诗如果抽去了"自在"这一特征，便会"倒塌了底"，亦即以为韦诗是靠着"自在"而支撑其基本的诗歌特征的。

三是朱熹强调韦诗之所以具备"自在"这一独有风格特征，是与其"为人高洁，鲜食寡欲"相联系的，与此形成对照的是，朱熹以为陶渊明正是因为"带气负性"，所以其诗歌具有"语健意闲"的特征，显然，朱熹看到了诗歌书写或创作主体与其作品之间的关系。

还需说明的是，在朱熹的上述论述中，"其气象近道，意常爱之"之"其"字，就上下文来看，是指代韦诗，而绝不是指代韦应物这个人，这里，强调"其气象近道"是就前文引韦诗"寒雨暗深更，流萤度高阁"，进而评价其"景色可想"而言的。如果把"其"看作指代韦应物的话，上边朱熹评价韦诗句就没有了注脚，也就是说，

---

[1]　黎靖德编，王星贤点校：《朱子语类》卷一四〇，第3327页。

朱熹是对韦诗的这一句诗句而"因言"做出评价的。

通过上面的分析,我们要解决的问题便显而易见了,概而言之,需要解决的是:朱熹所论中"气象""道""近道""自在"确切的内蕴是什么? "自在"为何就能够"近道"? 韦诗"自在"特征表现在诗篇的哪些方面? 何以"自在"就能够"近道",而不是"载道""体道""践道""见道"? 朱熹所评韦诗具有"气象近道"的特征,与当时的理学家主张有无关联? 如果有的话,体现在哪些方面?

第一,朱熹对"道"的理解。自先秦时期,对"道"的理解便是不同学派的重要区别。到了北宋时期,由于学术趋于整合,儒、道、释三家均对"道"有解释。就儒家的新发展——理学而言,不同的理学家在使用"道"这一概念时,也有些差别。就朱熹思想体系而言,他所强调的"道"分为不同层次。从本体意义来讲,朱熹以为,所谓"道"指的是事物的本质和规律,《朱文公文集》卷三十六载:"凡有形有象者,皆器也。其所以为是器之理者,则道也。"[1]这里所谓道,是指宇宙总规律、总原则,包括天道和人道、物理和性理。不过,朱熹所谓的"道",多指人伦之理,很少以道为自然界的物理。他以为:"道者,事物当然之理。"[2]"吾所谓道者,君臣父子夫妇昆弟朋友当然之实理也……人事当然之实理,乃人之所以为人而不可以不闻也。"[3]蒙培元先生在考察相关文献后指出:

> "所以然"是自然界的规律,"所当然"是道德原则,以五伦为其基本内容。"所以然"和"所当然",都是朱熹所谓理的重要内容,道作为人伦当然之理,来源于所以然之理,但它经过了"性"这个环节,是性的现实性的表现。[4]

蒙先生所论极为精辟,指出了朱熹哲学在北宋四子基础上的学术转变。朱熹之所以被认为是在孟子之后最为杰出的儒学大师,可能与他以"性"为中间环节,来沟通天之"道体"与人之"道体"至为相关。至于牟宗三先生所论,朱熹不能理解"道体"而只能在"仁体"方面以"抽象的、理智的、干枯的、死板的"方式理解[5],那只能算是牟先生的理解,反过来看,这未尝不是朱熹最为重要的突过前贤之处。朱熹以天地万物之理而参以人性上来讲"道",自然是他对程颐思想的接受,但同

---

① 朱熹撰:《晦庵集》卷三十六,台湾商务印书馆景印《文渊阁四库全书》本,第 11 页。
② 朱熹集注,陈戍国标点:《四书集注》,第 100 页。
③ 朱熹撰:《四书或问》卷四,上海古籍出版社景印《文渊阁四库全书》本,第 351 页。
④ 蒙培元:《理学范畴系统》,第 42 页。
⑤ 牟宗三:《心体与性体》(下),上海古籍出版社,1999 年,第 212 页。

时亦是深化和发展,他力图以此构建他的哲学体系:"就人身言之,道是吾心。'继之者善',是吾心发见恻隐、羞恶之类;成之者性,是吾心之理,所以为仁义礼智是也。"①当"所以然"之理转化为"所当然"之道,从自然界到人,从客体进入主体,宇宙论的本体范畴同时成为人性论的价值范畴,它作为道德本体,表现为人伦日用之道:"大本者天命之性,天下之理皆由此出,道之体也;达道者循性之谓,天下古今之所共由,道之用也。"②这样,"所以然"与"所当然"就完全合一了。

在朱熹哲学里,有关对"道"的理解,经常是同对"器"的辨析相结合的。他提出:"道是道理,事事物物,皆有个道理。器是形迹,事事物物,亦皆有个形迹。有道须有器,有器须有道,物必有则。""器亦道,道亦器也。道未尝离乎器,道亦只是器之理。……理只在器上,理与器未尝相离,所以一阴一阳之谓道。"③可见,朱熹以为,"道"既是本质的认知范畴,又是价值的实践范畴。"道"通过万物发育流行体现出来,道体是天地万物发育流行的"所以然"之理。这一点,朱熹显然是从程颢那里上追周敦颐,接受了周敦颐、程颢对于"道体"的观点。此外,朱熹又有道兼体用、合理气的说法,显然,朱熹试图以"道"来兼包张载、邵雍等人关于世界本体的主张,而以"道"为兼容天体、人的本体的共同根源。他以为:"道者,兼体、用,该隐、费而言也。"④天体之"道"本无体,以四时万物为其体,但四时万物只是用,不是体,因此,道是有体有用,体用兼该。朱熹论道合理气:"道须是合理与气看。理是虚底物事,无那气质,则此理无安顿处。易说'一阴一阳之谓道',这便兼理与气而言。阴阳,气也;'一阴一阳',则是理矣。"⑤可见,朱熹所谓道,具有其独创性而非张载、二程所讲的"道"了。

朱熹所说的道,其表现为发育、流行,既是本体,又是作用,作为本体,它是"所以然"者,"阴阳无始,动静无端"。此外,"道则自然生万物。今夫春生夏长了一番,皆是道之生,后来生长,不可道却将既生之气,后来却要生长,道则自然生生不息"⑥。"生生不息"正是道的最重要的涵义,它说明自然界是一个生成的过程。朱熹以人道而讲天道,他说:"以本体言之,则有是理然后有是气,而理之所以行,又必因气以为质也。以人言之,则必明道集义,然后能生浩然之气,而义与

---

① 黎靖德编,王星贤点校:《朱子语类》卷七十四,第1897页。
② 朱熹集注,陈成国标点:《四书集注》,第26页。
③ 黎靖德编,王星贤点校:《朱子语类》卷七十七,第1970页。
④ 黎靖德编,王星贤点校:《朱子语类》卷六,第99页。
⑤ 黎靖德编,王星贤点校:《朱子语类》卷七十四,第1896页。
⑥ 程颢、程颐著,王孝鱼点校:《二程集》,第149页。

道也,又因是气而后得以行焉。盖三者(气与义、道)虽有上下体用之殊,然其浑合而无间也乃如此。"①正是为了论证理气、道器"浑合无间",他才提出了兼体用而合理气的"道"。显然,朱熹试图把理气统一起来,贯通自然界和人,为其"天人合一"学说铺平道路。

概而言之,朱熹所讲的"道",其主要涵义可以归结为:"道"是自然万物生生不息、运作发展的规律和原则,此一原则就人伦而言,是"人道",以"仁"为本,是仁义礼智;"道"兼体用、合理气,是自然万物与人本身共有的最高的准则,既是本体,又是作用,既有通过认知而来的认知理性,又具备实践理性。

第二,对朱熹所强调的"气象"作一简略梳理。朱熹学习和继承了北宋诸儒从体悟入手来探求儒学精义的方法,来构建其哲学体系。他特别重视周敦颐所推崇而为二程所继承的体悟圣贤"气象",以之作为"求做圣人"的重要途径。就相关记载来看,朱熹使用的"气象"涵义,主要包括下列内容:

自然万物的外在形态即具体事物的物象。就宋代理学范畴来讲,"自然万物"既包括自然界一切有形物,也包括无形物,作为生活于自然界的人,亦是"自然万物"之一。《二程遗书》卷六载程氏兄弟录周敦颐语:"观天地生物气象。"②周敦颐强调的就是观万物自然状态下"生生不息""活泼流动"的外在形态,当然,周敦颐强调观万物"气象",目的还是要落实到人的道德修养上来。朱熹接受了周敦颐、二程等人所强调的"气象"内蕴,又有所发展,除了继续强调"气象"具有万物外在形态的意义之外,更多的是从人的伦理、道德修养方面来使用"气象"。在具体指称人时,朱熹使用"气象"术语,除了指人的外在仪表、形貌,以及由内里修养而致的精神状态之外,还多指人的由于道德修养充实以至于散发于外的气度、境界。前者如《朱子语类》卷六《性理三》载:"问仁。曰:'将仁义礼智四字求。'又问:'仁是统体底否?'曰:'且理会义礼智令分明,其空阙一处便是仁。'又曰:'看公时一般气象如何,私时一般气象如何。'"③后者如《晦翁集》卷二十载朱熹对黄庭坚评周敦颐"气象洒落"之"洒落"有所评论:"所谓洒落,只是形容一个不疑所行、清明高远之意。若有一毫私吝心,则何处更有此等气象邪?只如此看,有道者胸怀表里亦自可见。"④显然朱熹在这里把"气象"视作人物内里道德充溢而外发于外的形态,大体等同于孟子所说的"养气"而致的人格境界。从这一点出发,

---

① 朱熹撰:《四书或问》卷二十八,上海古籍出版社景印《文渊阁四库全书》本,第532页。
② 程颢、程颐著,王孝鱼点校:《二程集》,第83页。
③ 黎靖德编,王星贤点校:《朱子语类》卷六,第110页。
④ 朱熹撰:《晦庵集》卷二十,台湾商务印书馆景印《文渊阁四库全书》本,第679页。

朱熹所说的"气象"，往往在不同语境中，或指人物德行气度的一个方面，或指人物的总体德行气度表现在外的面貌。前者如宽宏、高远、浅迫、琐碎促狭、褊迫等等，都是其评价人物的尺度；后者如他经常使用"圣人气象""学者气象"等。由此入手，朱熹经常让其学生体悟、追摹他所标举的圣人外显于外的言语、动作以及思想所含有的"气象"，以达"求做圣人"的目标。典型的情况是，在清人张伯行集解《近思录》中，第十四卷为"观圣贤"，而据《朱子语类》记载，朱熹在编定该书时是以"圣贤气象"为本卷名称的。现存南宋刻本杨伯喦《泳斋近思录衍注》第十四卷之篇目名称即为"圣贤气象"。可见，《近思录》的早期版本第十四卷确为"圣贤气象"。

因为诗歌抒写自然万物，"气象"随之成为具有审美意蕴的诗论范畴。朱熹以"气象"评诗，在其文集以及《朱子语类》中均不多见，除了前举朱熹评韦应物诗句使用"气象"来评论外，朱熹以"气象"评诗还有三处，转引如下：

> 诗须是平易不费力，句法混成。如唐人玉川子辈句语虽险怪，意思亦自有混成气象。因举陆务观诗："春寒催唤客尝酒，夜静卧听儿读书。"不费力，好。①

> 大雅气象宏阔。小雅虽各指一事，说得精切至到。②

> 明道诗云："旁人不识予心乐，将谓偷闲学少年。"此是后生时气象眩露，无含蓄。③

显然，在上述三条文献中，朱熹说诗所用的"气象"一词，在其语境中已经具有"风格""境界"等术语所包含的涵义，成为具有审美意味的诗论范畴了。在第一条文献中，"气象"是就诗歌来讲的，是强调写作诗歌时用语平易而非艰难雕琢，诗句无论从内容还是意境上不让人费解，这样才产生了"混成"的诗歌审美意味。在第二条文献中，朱熹评论以为《诗经·大雅》"气象宏阔"，虽然他没有展开来说，我们也不能推断他所言的"宏阔"确切意蕴到底是什么，但是，把"宏阔"理解为诗

---

① 黎靖德编，王星贤点校：《朱子语类》卷一四〇，第 3328 页。
② 黎靖德编，王星贤点校：《朱子语类》卷八十一，第 2117 页。
③ 黎靖德编，王星贤点校：《朱子语类》卷九十三，第 2360 页。

歌的审美意蕴,应该是没有什么问题的。在第三条文献中,朱熹评点以为程颢之诗句"气象眩露","无含蓄",这可能是从诗句内容所反映出来的创作者的心性情志而着眼的,我们把"气象"理解为诗歌的审美意蕴,应该也是没有问题的。比较而言,朱熹很少以"气象"评点诗歌,不过在他有限的评点中,"气象"已经具有了诗歌审美意蕴的意味,这就为稍晚于朱熹的诗论家以"气象"评诗拓开了道路。

如上所言,朱熹既把"气象"用来形容自然万物的外在形态而表现出来的风貌,又以之形容人的由于道德修养充实以至于散发于外的气度、境界,并把"气象"引入诗学范畴,他的这种做法,无意中就扩大了"气象"的内涵,"气象"由之就成为沟通自然万物与人的社会伦理性以及诗歌审美之间的桥梁,更为重要的是,按照朱熹对于"气象"的使用语境而言,"气象"既可以用作形容人包括诗歌创作者个性修养的本质论范畴与价值论范畴的术语,又可以用作评价诗歌审美意蕴的诗学范畴术语,因此,"气象"就极有可能成为沟通中国传统上"诗言志""诗言情"两种迥然有别诗歌创作思想的重要途径和手段。事实也正是如此,由于朱熹在儒学史上的重要地位和突出贡献,特别是自南宋以后理学成为中国后期封建社会的主流意识形态,因此,"气象"逐渐成为中国古代诗论史上的重要审美范畴之一。

第三,朱熹所讲的"自在"为何意。"自在"一词,二程很少使用,在《二程外书》里,"自在"的基本意思是"自然存在"之意,是两个词。只在一条文献里,"自在"是一个词,这条文献也见于朱熹、吕祖谦编《近思录》,朱熹《前引》言及编写该书的目的:"凡学者所以求端用力,处己治人之要,与夫辨异端、观圣贤之大略,皆粗见其梗概,以为穷乡晚进有志于学而无明师良友以先后之者,诚得此而玩心焉,亦足以得其门而入矣。"①由此可见这条文献的重要性。抄录如下:

> 今学者敬而不自得,又不安者,只是心生,亦是太以敬来做事得重,此"恭而无礼则劳"也。恭者,私为恭之恭也。礼者,非体之礼,是自然底道理也。只恭而不为自然底道理,故不自在也,须是恭而安。今容貌必端、言语必正者,非是道独善其身,要人道如何,只是天理合如此,本无私意,只是个循理而已。②

---

① 朱熹、吕祖谦编,张伯行集解:《近思录》,《丛书集成初编》本,第1页。
② 朱熹、吕祖谦编,张伯行集解:《近思录》,《丛书集成初编》本,第136页。

程颐强调,学者如果只"敬"而"无礼"则流于"劳",只有顺其自然,"恭而安",即按照礼的要求,顺其心中之自然,抛弃私心,安心去做,才能上合天理,符合"道",显然,程颐是把"合礼"看作了天道,是不待说明而正确的规律。这里,程颐所用的"自在"一词,指的是学者只有安心守礼、恭敬为学,才能符合天道,这也就是他所强调的"自在"。可见,程颐所讲的"自在",其意思是突出在德行修为和事功建立方面的顺从、顺遂礼的要求,是要把礼的各种规范内化为实践主体的自觉自动行动,意识、思想不得以是否"合礼"为外来的束缚。

　　较之其前辈儒者,朱熹特别注重"自在"的涵义。分析可见,"自在"在《朱子语类》中的使用情况分为两种。一种同二程对"自在"的使用一样,"自在"的意思是"自然存在"的意思,是两个词。这种用法在《朱子语类》中比较多见,如其载:"性不是卓然一物可见者。只是穷理、格物,性自在其中,不须求,故圣人罕言性。"①这里,"自在"就是两个词。另外一种用法,则需要通过仔细辨析才能分清其内涵,朱熹认为:

　　　　体认为病,自在即好。②

　　　　道理有面前底道理。平易自在说出来底,便说;说得出来崎岖底,便不好。③

　　　　若能诚意,则是透得此关;透此关后,滔滔然自在去为君子。不然,则崎岖反侧,不免为小人之归也。④

　　　　颜子与圣人大抵争些子,只有些子不自在。圣人便"不勉而中,不思而得",这处如何大段着力得! 才着力,又成思勉去也。⑤

从上述文献可见,当朱熹把"自在"用作一个词时,其意义便具有了顺其自然感受、"平易"说出、平坦顺遂、不着力等意思。显而易见,"自在"在这些特定的语境

①　黎靖德编,王星贤点校:《朱子语类》卷五,第83页。
②　黎靖德编,王星贤点校:《朱子语类》卷四,第145页。
③　黎靖德编,王星贤点校:《朱子语类》卷九,第158页。
④　黎靖德编,王星贤点校:《朱子语类》卷十五,第299页。
⑤　黎靖德编,王星贤点校:《朱子语类》卷三十六,第969页。

中,已经成为朱熹表达其事关心性存养的认知和践履的重要术语,它与理学所着意强调的"求做圣人""求道""存养""体认"等理学目标、修养途径、践履方法等都紧密相关,而绝非"自然"一词所能概括的。

尤为重要的是,朱熹是用"自在"来指明践履"求作圣人"的途径的。前已有论述,朱熹以为,"求道"落实在人伦修为上,便是求"仁"。而不仅仅是人性中天生就有"仁",自然万物也具有。朱熹继承了其前辈儒学大师周敦颐、程颢等人的观点,以为自然之"仁"表现为"生生不息""活泼泼地"之呈现形态,具体对人来讲,便是"仁义礼知",所谓举"仁"以包"四体"。可见,朱熹所谓的"自在",与理学精义"求做圣人"、体认"天地之心"紧密相关,这是十分重要的。固然,牟宗三先生对《仁说》中朱熹以虚说之心来融解"天地以生物为心"的评价是精辟的[1],不过,朱熹毕竟是从"有心"与"无心"的"自然义"与"定然义"出发,对如何理解"天地以生物为心"作出了解释,这与我们考察朱熹之"自在"涵义颇有关系。按照牟宗三先生所说,《朱子语类》卷一中,朱熹申明"无心"是化之自然义,"有心"是理之定然义[2],但是,牟氏没有提及的是,不管朱熹是如何看待"心"的,他仍然同其先辈学者周敦颐、二程、张载一样,特别强调通过践行以完善其心性,强调不以己意而体察"道"体。显然,朱熹强调的"自在",是实践主体在"求道"时的纯由无私之心体而体认万物运作规律。强调心不因外物而动摇,追求心志态度的平易、顺遂、不着力、不做作,这应是朱熹所用"自在"的意思。

基于上述分析可以推断,朱熹评韦诗"气象近道",大体可以从两个层面来理解:一个层面是作为实践主体对自然万物的体察与认知态度。朱熹以为韦应物在写诗过程中,在选择物象和表现意境、反映其由于物象、意境而表达出的感受时,是自然而然、不做作、顺着物象而表达其感情、构造其诗歌意境的。另外一个层面,朱熹以为,韦应物摄入其诗歌的物象、构造的意境和反映的感情,与儒学家所认同的"生生不息""活泼泼地"自然万物运行面貌,以及与人性中天生具有的"仁义礼知"关系密切。正是基于上述两点,朱熹才可以说韦诗"气象近道"。

当然,我们还应该对"近道"作些分析。这里的"近",应分两个层面来认识。其一,朱熹所用的"近道"之"近"。朱熹以"近"评价人物时,可见其凡是用"近",都持一定的保留意见。如评价曾巩:"南丰文却近质。他初亦只是学为文,却因学文,渐见些子道理。故文字依傍道理做,不为空言。只是关键紧要处,也说得

---

[1] 牟宗三:《心体与性体》(下),216页。
[2] 牟宗三:《心体与性体》(下),216页。

宽缓不分明。缘他见处不彻,本无根本工夫,所以如此。但比之东坡,则较质而近理。"①评欧阳修:"欧公之文则稍近于道,不为空言。如《唐礼乐志》云:'三代而上,治出于一;三代而下,治出于二。'此等议论极好,盖犹知得只是一本。如东坡之说,则是二本,非一本矣。"②由此可见,朱熹评韦诗"近道",其中也必含有对韦应物诗歌尚未"达道"的看法在里面。其二,"近"非"是"。我们知道,"道"有体有用,诗歌之"气象"只不过是"道"在"用"的层面上的表现或者呈现,也就是"道"之"文",而非"道"之全部内容。虽说是"体在用中",但"用"之表现状态毕竟不是"道"。因此,朱熹说韦诗"气象近道",是颇为严谨的。

三 宋代理学"气象近道"话语的理学诗书写及其诗歌风貌特征

理学家"气象近道"审美理想在诗歌创作上的呈现,涉及诗歌风格、诗歌主旨和诗歌内容等,大致可以从三个方面来认识。

第一,理学家的"气象近道"诗歌,具有"清""淡""言意自在"等诗歌风格。

朱熹评韦诗"气象近道",只点出了其诗歌抒写景物时"自在"、其诗不做作,尤其强调了"自在"为其诗的底色,而"气象"所内含的物象选择、意境构建以及附着于这些因素之上的诗人情感,这些与"近道"有关的组成"气象"的因素,他并没有更加深入地说明。尤为重要的是,既然"气象"与这些因素有关,那么,"气象"自然就具有了由这些因素而致的诗歌审美意蕴,何况,朱熹文中"气象"一词,有时候就是作为反映诗歌意蕴而使用的。由此而言,我们可以把中国古代文论中对韦应物诗歌某些特征、意蕴的评点、体味,与朱熹所论韦诗"气象近道"特征相联系,来从更深层面理解朱熹所评内容。

就中国古代文论文献记载而言,历代对韦诗的评价可以主要概括为四个方面:

一是以为韦诗具有"淡"的特征,类似说法还有"闲淡""淡泊""萧散"等,这些说法都可以归纳为"淡"。《全唐文》卷八七〇记载时人评价韦应物诗歌特征:"韦苏州,澄淡精致,格在其中,岂妨于道学哉?"③《石洲诗话》亦云:"至韦苏州,则其奇妙全在淡处,实无迹可求。"④上述文献中,对韦诗特征的评价,其共同点是以为

---

① 黎靖德编,王星贤点校:《朱子语类》卷一三九,第 3313—3314 页。
② 黎靖德编,王星贤点校:《朱子语类》卷一三九,第 3319 页。
③ 董诰等编:《全唐文》,第 579 页。
④ 郭绍虞编选:《清诗话续编》,第 1384 页。

韦诗具有"淡"的审美意味。正是因为韦诗"淡",才会有审美感受上的"超然简远"体验。

二是以为韦诗具有格韵"清"的特征。《岁寒堂诗话》认为:"韦苏州诗,韵高而气清。王右丞诗,格老而味长。……以标韵观之,右丞远不逮苏州。至于词不迫切,而味甚长,虽苏州亦所不及也。"①《诗镜总论》亦云:"韦苏州诗,有色有韵,吐秀含芳,不必渊明之深情,康乐之灵悟,而已自佳矣。"②上述文献中,诗论家都是从"格""韵"出发对韦诗进行评价的,值得注意的是,中国古代诗论经常使用"格"来评"韵",但是这两者在不同诗评者那里还有些差异。整体而言,格韵"清"可作上述诗论对韦诗的评价。

三是以为韦诗具有言意自在的特征。《苕溪渔隐丛话后集》卷三十三记:"韦苏州诗,如浑金璞玉,不假雕琢成妍,唐人有不能到。"③此条强调韦诗少锻炼雕琢,但是正因为如此,也有失之于"野"亦即缺少物象、意境和审美意蕴的择取。《麓堂诗话》则认为:"陶诗质厚近古,愈读而愈见其妙。韦应物稍失之平易,柳子厚则过于精刻,世称陶韦,又称韦柳,特概言之。"④强调韦诗较陶诗为"平易",显然是指韦诗言与意的"自在",亦即朱熹所讲的"自在"意思,具有顺其自然感受、"平易"说出、平坦顺遂表现、不着力做作等意。

四是以为韦诗多有关心民众疾苦、希望用世、对政治"多兴讽"等内容。《杨维桢集》卷十三指出:"善乎!韦应物之诗曰:'兵卫森画戟,燕处凝清香',吾取其诗有文武道。"⑤《诗概》亦云:"韦苏州忧民之意如元道州,试观《高陵书情》云:'兵凶久相践,徭赋岂得闲?促戚下可哀,宽政身致患。日夕思自退,出门望故山。'此可与《春陵行》《贼退示官吏作》并读,但气别婉劲耳。"⑥这两条文献可见,前人已经注意到了韦诗的入世情怀,这在其诗歌里面表现为忧民、忠君,具有儒家所主张的孝悌亲友等情感。

先来看韦诗的"淡"等是否与"道"相联系。从体"道"来看,理学家主张实践主体必须舍弃外在的声色追求而向心性内里做功夫,即主敬守静,只有这样才能入道。而要想做到主敬守静,就要求实践主体不被外物动摇心志,守住性情。这

---

① 丁福保辑:《历代诗话续编》,第 459 页。
② 丁福保辑:《历代诗话续编》,第 1420 页。
③ 胡仔纂:《苕溪渔隐丛话后集》卷三十三,《丛书集成初编》本,第 670 页。
④ 丁福保辑:《历代诗话续编》,第 1379 页。
⑤ 杨维桢:《杨维桢集》卷十三,《四部丛刊初编》本。
⑥ 刘熙载著,王气中笺注:《艺概》卷二《诗概》,中华书局,1983 年,第 397 页。

是程颐、朱熹一派特别强调的。而要做到这一点，就要求实践主体"淡然"。宋代理学家推崇"曾皙气象""颜子气象"，很大程度上就是推崇他们以"淡然"处之的态度来面对人生。朱熹门人就从"淡"出发进而悟道：

> 问："伊川曰'止于所不见'，则须遗外事物，使其心如寒灰槁木而后可，得无与释氏所谓'面壁工夫'者类乎？窃谓背者，不动也。'艮其背'者，谓止于不动之地也。心能不为事物所动，则虽处纷扰之地，事物在前，此心淡然不为之累，虽见犹不见。如好色美物，人固有观之而若无者，非以其心不为之动乎？《易》所谓'行其庭不见其人'者，意或以此。"先生批云："'艮其背'，下面《象传》云：'艮其止，止其所也。上下敌应，不相与也。'解得也极分明。程传于此说亦已得之，不知前面何故却如此说。今移其所解传文之意上解经文，则自无可疑矣。经作'背'，传作'止'，盖以'止'解'背'义，或是一处有误字也。"①

显然，朱熹是赞同其门人从"心淡然"而悟道的基本认知理路的。只有"心淡然"，才能心不为外物所诱惑和困扰，才能悟道。由此可知，实践主体既然推崇"淡"，那么，在进行诗歌审美体验时，自然就会把这种追求作为其审美的尺度和标准，从实践主体来讲，不管是求做圣人还是体道，乃至诗歌审美，推崇"淡"，体验"淡"，都是与"求道"有关的。也就是说，沟通"求做圣人""求道"道德理性与诗歌"淡"这种审美理性的桥梁，是实践主体对于物象、意境和情感的"淡"体验。

再来看韦诗格韵"清"的特征是否与"道"有关。以"格"评诗，中唐皎然《诗式》已有"诗有五格"条，专列"不用事""作用事""直用事""有事无事""有事无事、情格俱下"五格论诗。"格"在其诗学中，主要指体格、气格。皎然之后，司空图论诗也使用了"格"。就司空图诗论中"格"的内涵，论者以为："'格'的第一层含义是由诗人的品格和精神状态所体现出来的诗歌风格"；"'格'的第二层含义是指强健清壮的骨力"。② 这是正确的。当然，"格"在历史上其内涵又在不断变化之中，不过，后世以"格"论诗，还是与皎然、司空图有着千丝万缕的关系。"韵"，其基本内涵为附着于诗文之上创作者的风神气度，以及阅读者通过作品本身而体会到的诗文审美意蕴。《师友诗传续录》提及"格"与"韵"的区别："问：'孟襄阳

---

① 黎靖德编，王星贤点校：《朱子语类》卷七十三，第 1857 页。
② 汪涌豪、骆玉明主编：《中国诗学》（第四卷），东方出版中心，1999 年，第 331 页。

诗,昔人称其格韵双绝。敢问格与韵之别?'王士禛阮亭答:'格谓品格;韵谓风神。'①《四溟诗话》引《扪虱新话》亦云:"诗有格有韵。渊明'悠然见南山'之句,格高也;康乐'池塘生春草'之句,韵胜也。格高似梅花,韵胜似海棠。欲韵胜者易,欲格高者难。兼此二者,惟李杜得之矣。"②不过,自宋代开始,"格"与"韵"经常连用,《东坡诗话》即云:"鲁直诗文如蝤蛑、江瑶柱,格韵高绝,盘飧尽废。然不可多食,多食则发风动气。"③显然,"格""韵"都与创作者的品格和精神状态相关。

既然如此,韦诗格韵的"清"特征就会与韦应物本人存养心性方式很有关系。《国史补》记载韦应物"立性高洁,鲜食寡欲,所坐焚香扫地而坐",正与理学家提倡的悟"道"方式不谋而合。"寡欲",则念头少欲望少,自然思致"清",反映在诗歌上面,就是不以权利、声色、富贵等为追求的对象,其诗歌的审美取向就会偏重于淡雅、宁静,其诗歌题材就会多以自然山水为描摹对象。诗论中评韦诗格韵"清",大约就是侧重于这些方面。值得注意的是,韦诗呈现出来的"清"的诗歌审美特征,恰恰与理学家所推崇的"求道"方式、途径,以及在"求道"时应该保持的心境相似。且不说程颢、程颐、朱熹等人在谈到践履存养以求道时,经常要求学者从"静坐"入手来体悟,就"静坐"来讲,要求"只收敛此心,莫令走作,闲思虑,则此心湛然"④。而"湛然"其实与"清"是相关的,都是实践主体对事物的一种感知和反应,以"寡欲""收敛""宁静"等为特征。就朱熹而言,较之其先辈,他又特别推崇"清"。朱熹认为:"有是理而后有是气,有是气则必有是理。但禀气之清者,为圣为贤,如宝珠在清冷水中;禀气之浊者,为愚为不肖,如珠在浊水中。"⑤他又以为:"若能持其志,气自清明。"朱熹又论及:"或问:'人之气有清明时,有昏塞时,如何?'曰:'人当持其志。能持其志,则气当自清矣。'"⑥由上可见,韦诗中的"清"特征,是与朱熹所言的"道"有着密切关系的。

至于中国古代诗论者提及韦应物诗歌的"言意自在",以及具有关心民众疾苦、希望用世、对政治"多兴讽"等这两方面的特征,我们在本节前部分论及"自在"时,已有对韦诗"自在"的分析,说明了"言意自在"是"近道"的。至于说到韦诗中流露出的急于用世、关心民众疾苦、对政治有"兴讽"等特征,这些本来就是

---

① 王夫之等撰:《清诗话》,上海古籍出版社,1978 年,第 154 页。
② 丁福保辑:《历代诗话续编》,第 1134 页。
③ 转引自傅璇琮编:《黄庭坚和江西诗派资料汇编》,中华书局,2004 年,第 5 页。
④ 黎靖德编,王星贤点校:《朱子语类》卷十二,第 217 页。
⑤ 黎靖德编,王星贤点校:《朱子语类》卷四,第 73 页。
⑥ 黎靖德编,王星贤点校:《朱子语类》卷五十二,第 1237 页。

理学家所谓"求道"的目的。朱熹通过对《大学》的重新编定,进而归纳出"三纲八目",其用意自然就是希望"求做圣人"。而作为心性存养的目的,无非是在正心诚意之源上下功夫,以实现"内圣外王"的"求道"目标。显而易见,韦诗含有大量的急于用世、关心民众疾苦、对政治有"兴讽"等内容,与朱熹所推崇的"道"并不矛盾。

　　上述,我们把前人对于韦应物诗歌的评价与朱熹所论"气象近道"之关系进行了学理上的考察。通过考察可知,韦诗之"淡""清""言意自在""关心民众疾苦,对政治有兴讽"等,均与"道"有紧密的联系。由此,我们可以发现,宋代很多理学家的诗歌创作,所表现出来的"淡""清""高致""自在"等诗歌风格或者特征,正是"气象近道"的表现。

　　由此就不难理解,为什么朱熹写作了《十梅诗》后,王炎、陆游、辛弃疾、吴泳等人,都写有和篇。而张栻、林亦之、朱熹结伴共游南岳所写的大量唱和诗,产生了巨大的诗坛影响。显然,朱熹等人于景物诗中所表达出的"清""淡""自在"等风格,因其颇有"气象近道"之意味,而为彼时理学家诗人所推崇。对此,一些理学家可能已有所体会。金履祥选《濂洛风雅》收录有张栻五言绝句数首,其《渔舟晚笛》:"落日下大野,江边渔事收。小舟横断岸,长笛一声秋。"[1]此诗从意象、境界、表达方式来看,颇与韦应物《滁州西涧》相近。分析诗意,其内容、主旨、表达方式等与一般的理学诗并没有相近之处。而作为理学诗作品选编来讲,金履祥一定是有其"理学"意图的。可以接受的解释,只能是此诗具备"清""淡""自在"等诗歌风貌,而被认为具备了"气象近道"审美理想的特性,因此而被选入《濂洛风雅》。在《濂洛风雅》中,尚有邵雍的《屏山》《雨》《小涧》,张栻的《桃花坞》《竹窗》,黄榦的《访高签判故居》等,都可被看作具有"气象近道"特征的诗作。实际上,从宋代理学家的诗歌创作实践来看,很多理学家的诗歌对于"自在"主题也有所表达。如周敦颐的《濂溪书堂》《思归旧隐》《石塘桥晚钓》,都以表达日常日用中洒落自在的生活态度为诗歌内容,诗篇确有作者的从容、自在生活态度在内,当然也呈现出了作者的道德境界与气度等。周敦颐之后,程颢、杨时、张九成、朱熹、张栻、陈文蔚、黄榦、袁燮、刘黻等,大量的理学家创作了不少的表达"自在"主题的诗篇。其中一些景物诗,往往具有陶、韦等人诗歌的"清""淡"等风格,这些诗篇都可视为"气象近道"审美理想的呈现。

　　第二,理学家的"气象近道"诗歌,亦注重书写实践主体"近道"之"气象"。

---

　　① 　金履祥选:《濂洛风雅》,《丛书集成初编》本,第 57 页。

　　理学家的诗歌作品中,有一个现象值得注意,那就是,诗作中较为鲜明地书写了诗歌作者对于"道""德""心""性""理"以及对于这些理学终极目的论问题,而实施的"观物""格物""体贴"等存养、识察"工夫",连带而及,还包括对"诚""敬""静"等范畴的深入探讨。很多诗作,因为作者过于突出这些理学话语或者相关范畴、命题,而导致了诗歌内容的晦涩难懂,乃至引起了诗歌结构、风格和诗歌境界的不统一。这些弊病,其实与理学诗的功能定位很有关系。理学家的"文以载道""因诗求道"功用观,在很大程度上制约和引导着理学家写作诗歌的目的。一旦过于突出"载道""求道",那么,诗歌的艺术性就很容易让位于诗歌的哲理性、教化性,而远离艺术性和审美性。

　　但是,理学家的诗歌如果过于突出"载道""求道"功能的话,就很容易呈现出创作主体的道德境界、道德气象。这样,在这些诗歌之中,虽然艺术性、审美性有所减弱,但却换来了创作主体道德境界、道德气象等方面的抒写。这就造成了一种现象:貌似艺术性、审美性的缺失,却提升了理学诗在道德境界、道德气象等方面的抒写程度。当我们转换评价标准,不再以西方"文学"观念来评价理学诗的时候,就会发现理学诗的这一特质恰好提升了其文化品位和文化价值。认识到这一点是非常重要的,因为大多数理学家的诗歌作品,都存在着过于突出"求道""载道"功用而弱化其艺术性和审美性的现象。

　　理学家注重凸显诗歌的"载道""求道"功用时,一个重要的书写角度就是在诗歌中凸显作者的道德气象和道德境界。可以说,在理学家常见的理学诗主题中,很大一部分都以书写理学家的道德气象和道德境界为主要内容。如胡宏《云月》:"朝看南山云,暮看西山月。云物时有无,月魄递盈阙。月明云昭章,云散月奇绝。屈伸至理中,莫道吾生拙。"①诗篇前四句通过写景来明云、月明灭变化,以此而"格"得万物屈伸之理,从而悟及"吾生"必有屈伸变化,不必因变而心动。由此,诗篇凸显出作者因"明理"而得的德性定止道德境界。此诗可视作比较典型的理学"格物致知"认知和实践方式影响下的理学诗书写模式。实际上,理学家的常见理学主题的诗作,都凸显出作者的道德气象和道德境界。再如韩元吉有诗《病中放言五首》其一:"松窗永日度冰飔,坐觉清阴寸寸移。境静故应闲可乐,形臞犹有闰相随。尘埃末路思千里,风露何年饱一枝。百岁穷通吾自了,闭门长咏子桑诗。"②诗篇书写作者秋冬之际因病闲居之事。作者在诗中表达出自己因

① 傅璇琮等主编:《全宋诗》,第 22096 页。
② 傅璇琮等主编:《全宋诗》,第 23652 页。

"闲"而乐,虽贫寒,但却不以穷通为意的定止德性。

　　不过,尽管书写作者道德境界、道德气象的诗作,在理学家的诗歌中分布较广,但从其诗歌类型来讲,要以理学家"尊德性"内容或主旨类型的诗歌最为典型。如朱熹有诗《书事》:"重门掩昼静,寂无人境喧。严程事云已,端居秋向残。超摇捐外虑,幽默与谁言。即此自为乐,何用脱笼樊。"①诗篇书写作者深秋之际掩门独居、静心为乐的生活。作者于尾句中特别提到,不必如道、释追求出尘脱俗之人生才能养心明性,儒者自能于日常日用生活中,静心涤虑、安顿身心。全诗透露出作者安乐自得、定止其心的儒者道德气象。书写道德气象,表述其道德境界,是朱熹诗歌常见的主题。如其《曾晳》塑造了孔子门人曾晳的"微吟缓节"的自在"气象",《春日》表达出作者沉醉春风以追寻"大化流行,於穆不已"的天地之德,从而呈现出作者本人以"求道"为乐的道德境界等。再如张栻有《风雩亭词》,首先点出造亭之经过及风雩亭之地理位置、形状构造、气象之雄伟庄严,再写此亭之所以取名为"风雩亭",乃是追慕孔门师徒游"舞雩台"事。点出洙泗诸子以从容之举止而侍奉孔子。诗作追溯了诸子答孔子之问的内容,特别赞美曾晳之"操志",认为"其乐之素充",故能勿忘勿助,尽得道体之妙。由此,诗作因之而"格出"此"于鸢飞而鱼跃,实天理之中庸"之"生生不已"之"道"。接着,作者对学子提出了自己的劝勉之辞:"希踪兮奈何,盍务勉乎敬恭。审操舍兮斯须,凛戒惧兮冥濛。防物变之外诱,遏气习之内讧。浸私意之脱落,自本心之昭融。"②点明上述存养、识察之方法,乃是实现曾晳、颜回之道德境界的路径:"斯昔人之妙旨,可实得于予躬。循点也之所造,极颜氏之深工。"③全诗结构谨严,对儒学义理的把握中正到位,表现出作者所具极高的儒学境界。总体而言,宋代理学家在其诗作中,书写作者道德境界、道德气象的内容,是比较多的。如程颢、杨时、张九成、陈淳、曹彦约、吴锡畴、陈宓、程公许、陈著、陈普、丘葵、金朋说等人,都有这一类型的诗篇。

　　第三,理学家的"气象近道"诗歌,往往注意抒写天地"近道"之"气象"。

　　理学家一般认为天地之"道"为亨通、发育之道,天地之"性"(即体)为"诚""仁""敬"等,其"用"则表现为"生生不已""大化流行"等。不管是其体还是其用,天地之道又是"自足""自在""自然"的,具有不为万物所改变、动摇和影响的特

---

①　傅璇琮等主编:《全宋诗》,第 27478 页。

②　傅璇琮等主编:《全宋诗》,第 27860 页。

③　傅璇琮等主编:《全宋诗》,第 27860 页。

征。天地之道,从整体性而言,具有"静"的特质;但就其功用性而言,则具有"动"的禀性。天地之道的这一特质,就是天地万物的禀性所在,它决定和限制了万物、人的心性之体用。作为天地"气象"而言,这里需要注意的是,"气象"是天地之"道"的外在呈现形式,是在"用"的层面上的呈现,因此,理学家对于天地之道的书写,只能是说"近道"而不能说是"天地之道"。

理学家诗歌中对于天地"气象"的书写,大致有"生生不已""庭草不除""观天地生意"等。表达"生生不已"诗歌主旨的诗篇,如邵雍《春尽后园闲步》:"绿树成阴日,黄莺对语时。小渠初激滟,新竹正参差。倚杖闲吟久,携童引步迟。好风知我意,故故向人吹。"[①]"绿树"、鸟啼、绿水激滟、新竹等,均为春天生机盎然景象,表达出作者对于天地"生生不已"的体悟。此外,本书在第二章第四节"正统之争:乾嘉之际理学学派之分途与理学诗之高峰"、第五节"路径之异:开淳之际理学学派之重心差异与理学诗之鼎盛"及第四章第二节"宋代理学'观物'话语与理学诗的内容或主旨类型"、第三节"宋代理学'孔颜乐处'话语与理学诗的内容或主旨类型"、第四节"宋代理学'观天地生物气象'话语与理学诗的内容或主旨类型"等章节内容中,已经列举了为数不少的以"生生不已""庭草不除""观天地生物气象"等为内容或主旨的诗歌作品。这些诗歌主题,已经部分地涉及理学"气象"的审美性问题。为了避免重复,这里不再具体分析。

通过上文考察可知,理学家若干诗歌主题取向以及"清""淡""自在"等诗歌风格的自觉追求,都可能与其"气象近道"审美理想有联系。不过,不管是"气象"也好,还是"气象近道"也好,在大的方向上,都是理学家藉以实现其"重道""载道""求道"的功用而凭借的方法或者途径。

第五节　宋代理学"温柔敦厚"话语与理学诗的诗歌风貌

无论是北宋中期立足《易》《论语》《中庸》《礼》等义理精义而建构其理论体系的北宋"五子",还是递相发挥其理学思想的道南学派、湖湘学派、闽中学派、婺学学派等理学诸贤,都真诚地认为其学说承传了原始儒家之学。这从他们孜孜以求于儒家道统、学统、正统,以及诚、敬、性、心等若干范畴与命题的探讨之中,明显地表现出来。南宋中期的朱陆之争、朱叶之争以及朱熹对于胡宏《知言》的批评等,也鲜明地体现出这一倾向。自然,作为中国重要政教传统的原始儒家"温

---

① 　傅璇琮等主编:《全宋诗》,第 4516 页。

柔敦厚"诗教观,也为理学家所重视和遵奉。

原始儒家"温柔敦厚"诗教观,即使以《礼记·经解》的提出为标志,从先秦两汉至北宋中期,经过近千年历代文士的不断阐释和发挥,已经形成了极为丰富庞杂的理论体系。理学家正是禀受着儒家诗教传统的沃灌,而以性理化的阐释,导引着"温柔敦厚"诗教观发生了从道德伦理向着性理论证、从政教原则向着审美原则的转向。可以说,正是由于宋代理学家的努力,原始儒家"温柔敦厚"诗教观才开始更为广泛地发挥影响,并成为近古时期占据支配地位的文化基石之一。

鉴于原始儒家"温柔敦厚"诗教观的重要文化地位,不少学者都对"温柔敦厚"诗教观的内涵、生成因素、历代内涵的发展变化情况,及其与"诗言志""诗缘情"等问题的关系等,给予了较高学术关注。就研究成果来看,学者大都对"温柔敦厚"诗教观的内涵认识趋向一致,都承认与人的情性有关。但在很多具体问题的认识上,也存在着明显的差异。大致而言,主要表现在三个方面:

其一,"温柔敦厚"是自尧舜时代至孔子时代的文化传统,还是商周以来的文化传统,或者西周以至于战国时期的文化传统? 或者是孔子本人的思想,还是汉儒的阐释? 如朱自清在《诗言志辨》中认为,"温柔敦厚"乃是"代表殷周以来的传统思想。儒家重中道,就是继承这种传统思想"[1]。张国庆认为,"温柔敦厚"与孔子本人的思想既有着重要的内在联系又有着诸多具体差异,它实际上具有汉代儒学的性质,或说是烙有汉代儒学鲜明印记的儒家文艺思想。[2] 洪申我则采取折中的说法,既把"温柔敦厚"视作"其内涵即中和之美",从而以之与《尚书·舜典》相联系,亦即把"温柔敦厚"视作承继了尧舜禹以来的中和思想。但他又说"直接导致'温柔敦厚'美学思想产生的是孔子"。[3] 边家珍则认为,"温柔敦厚"是"周代礼乐教化为内核的主流意识形态的某种体现",把"温柔敦厚"诗教传统视作周文化的产物。[4]

其二,"比兴""诗言志""缘情"与"温柔敦厚"关系是什么? 刘松来认为,"温柔敦厚"诗教要求作者在述志言情时,尽量用隐约的言辞委婉地向统治者劝谏,这就是《诗大序》所总结的"主文而谲谏"。而为了实现这一点,相应地形成了一种独具民族特色的"比兴"表现手法。依照他的这一叙述,则"温柔敦厚"制约和

---

[1] 朱自清:《诗言志辨》,华东师范大学出版社,1997 年,第 132 页。

[2] 张国庆:《论儒家诗教的思想性质》,《思想战线》1992 年第 5 期。

[3] 洪申我:《"温柔敦厚"论》,《黎明职业大学学报》2000 年第 3 期。

[4] 边家珍:《"温柔敦厚"诗教观新论》,《山东大学学报(哲学社会科学版)》2015 年第 1 期。

决定了"诗言志""比兴"。① 而沈笑颖则认为,"言志"与"温柔敦厚"存在矛盾性,而"缘情"与"温柔敦厚"是没有冲突的。②

其三,唐代孔颖达对于"温柔敦厚"诗教观的阐释,是代表了唐人看法,还是西周以来诵谏传统的延伸? 如边家珍认为,孔颖达的阐释是"西周以来诵谏传统的延伸",而夏秀则把孔颖达的阐释视作隋唐五代时期的代表性说法③。

除此之外,"温柔敦厚"诗教观的相关研究之中,还有一些问题仍然需要学术界深入研究:从"温柔敦厚"《诗》教到儒家"诗教"再到"温柔敦厚"审美思想,其演变嬗进的脉络是什么? "温柔敦厚"《诗》教是"上对下"的政治教化,还是"习诗者"或"用诗者"的主体自觉? "温柔敦厚"得以实施其"教"的途径和方法,是"风"还是"比兴",抑或是二者兼有? 如果是两者兼有的话,这两者的关系如何处理?"温柔敦厚"诗教观,是如何从政教属性转变为审美属性的? 其生成机制、转化条件和历史轨迹如何?

这些问题,看似简单,但是事关我们对于"温柔敦厚"诗教观的生成问题、本质属性、功用实现、文化形态等方面的认识,不可不明辨之。而限于本节所探讨的问题,我们在此只能简单述及"温柔敦厚"诗教观的文化生态因素,对宋代以前"温柔敦厚"诗教观的发展情况稍作梳理,而把考察重点放在对宋代理学家"温柔敦厚"审美理想的相关论述及其诗歌风貌问题上,至于其他相关问题则作另文处理。

一 原始儒家"温柔敦厚"《诗》教观的生成条件及其文化价值

任何社会文化现象,从其产生条件和成因而言,都是历史的、社会的和个体等多因素发生相互作用的结果,对某一文化形态及其相关范畴、命题的考察,都必须从历时性和共时性相结合的角度,在事物生成的文化生态与事物本身特质的多维观照中,来确定事物本身的规定性因素并因之明确其发生元点、本质、规律及类型特性等。以此而言,对原始儒家"温柔敦厚"诗教观的生成条件进行考察,就应该从中国文化的源头而不是断章取义地只考察周代文化的影响。同样的道理,对原始儒家"温柔敦厚"诗教观的内涵进行考察,亦应就其内涵的发生元点、本质、规律及呈现形式等进行探讨,而不是仅仅抓住郑玄、孔颖达等人的阐释

---

① 刘松来:《"温柔敦厚"与中和之美》,《创作评谭》2004 年第 6 期。

② 沈笑颖:《"诗言志""诗缘情"与"温柔敦厚"诗教观关系之探讨》,《文教资料》2011 年第 28 期。

③ 夏秀:《"温柔敦厚"宋代阐释的两个转向》,《中州学刊》2017 年第 9 期。

来作孤立性的研究。

　　生成"温柔敦厚"的社会文化因素,边家珍认为是"以周代礼乐教化为内核的主流意识形态",但他又先从周代农业经济开始谈这一"礼乐教化"意识形态的产生基础,从而,他认为周代贵族教育崇尚君子之德,是"温柔敦厚"《诗》教观念的重要文化基础。我们认为,作为"意识形态"来讲,固然其与社会经济密不可分,但意识形态有其前后继承性。因而,在强调周代礼乐教化为内核的"主流意识形态"对"温柔敦厚"《诗》教观的重大影响的同时,还应注意到,周代"君子之德"也好,"尚中""尚和"观念也好,有其源远流长的文化传统。因此,不能简单化地把"温柔敦厚"《诗》教观生成的社会文化因素都统归于周代文化这一产生条件。

　　正如很多学者所指出的,"温柔敦厚"《诗》教观受到了"尚中""尚和"等观念的影响,而"尚中""尚和"观念,从时间上要远早于孔子乃至西周初年。孔子曾言:"舜其大知也与! 舜好问而好察迩言,隐恶而扬善,执其两端,用其中于民,其斯以为舜乎!"朱熹注云:"两端,谓众论不同之极致。盖凡物皆有两端,如小大、厚薄之类。于善之中又执两端而量度以取中,然后用之,则其择之审而行之至矣。然非在我之权度精切不差,何以与此? 此知之所以无过不及,而道之所以行也。"①准此,则大舜已经具有自觉的"尚中"思想。而据《尚书》记载,尧、舜、禹时代,已经有了"尚和"思想。如记帝尧:"曰若稽古帝尧,曰放勋,钦明文思安安,允恭克让,光被四表,格于上下。克明俊德,以亲九族。九族既睦,平章百姓。百姓昭明,协和万邦。黎民于变时雍。"②明确指出尧帝治理部族的方式为"协和万邦"。而帝舜则指示乐夔:"夔! 命汝典乐,教胄子……八音克谐,无相夺伦,神人以和。"③这里,不管是"律和声""八音克谐"还是"神人以和",都强调了"尚和"。可见,作为原始儒家所提倡的"温柔敦厚"《诗》教观,非但不是边家珍所言为"周代礼乐文化为内核的主流意识形态"的产物,亦非朱自清所言"代表殷周以来的传统思想"。"温柔敦厚"《诗》教观中的"尚中""尚和"思想,是承传了尧舜禹时代的文化传统,这远比"殷周""西周"要早。认识到这一点是非常重要的。它说明,"温柔敦厚"《诗》教观,是《文心雕龙》及宋代学者所强调的"诗统"的重要组成部分之一。也就是说,应该把前人所讲的"诗统"的开端,定在尧、舜、禹时代。当然,尧舜禹时代毕竟邈远模糊,而且《尚书》所记《尧典》《大禹谟》等皆来自汉人所

---

① 朱熹集注,陈成国标点:《四书集注》,第 29 页。
② 李学勤主编:《尚书正义》,《十三经注疏》(标点本),第 25 页。
③ 李学勤主编:《尚书正义》,《十三经注疏》(标点本),第 89 页。

记,算不得确证。但不可否认的是,这些文献毕竟有可靠性在内,其文献价值不容忽视。无论如何,要溯及"温柔敦厚"《诗》教观的思想源头,应该正视尧舜禹时代的"尚中""尚和"思想,而不能把"温柔敦厚"《诗》教观看作孔子时代或是周文化的产物。

当然,基于文献的可靠性而从周代文献开始探讨"温柔敦厚"《诗》教观的生成条件,是必要的。因此,边家珍从西周农业经济的土地国有制,强调周代家族与国家在组织形式、伦理结构方面的共通性,进而认为周代社会个人与社会、君与臣、家与家、诸侯国与诸侯国之间的关系,"都被人伦化、亲情化,人们的生活笼罩在温情脉脉的纱幕之下",因此,才孕育出"君子之德",并认为"这是'温柔敦厚'诗教观的重要文化基础",其观点值得重视。

"温柔敦厚"《诗》教观得以产生的社会文化基础,固然与周代社会文化所孕育出的"君子之德"密切相关,但亦与周代社会教育制度和教育内容有紧密关联。从周代教育来看,无论是"国子"还是"万民""王大子""王子""群后之大子""卿大夫、元士之适子""国之俊选"等,贵族子弟均以学习诗书以涵育道德,培育基本社会技能。如《周礼·大司乐》记曰:"大司乐掌成均之法,以治建国之学政……以乐德教国子:中、和、祗、庸、孝、友。"郑玄注曰:"中犹忠也。和,刚柔适也。祗,敬。庸,有常也。善父母曰孝,善兄弟曰友。"[1]这说明,基于"中""和""庸"等的个体道德品格和伦理品格的"乐",是"国子"之"教"的重要内容。同样,《周礼·大司徒》云:"以乡三物教万民而宾兴之:一曰六德,知、仁、圣、义、忠、和。二曰六行,孝、友、睦、姻、任、恤。三曰六艺,礼、乐、射、御、书、数。"[2]强调以六德、六行、六艺来教化"万民"。而《礼记·王制》则曰:"乐正崇四术,立四教,顺先王诗书礼乐以造士。春秋教以礼乐,冬夏教以诗书。王大子、王子、群后之大子、卿大夫元士之适(嫡)子,国之俊选,皆造焉。"[3]可见,作为教育内容的诗,是与礼乐等一起,参与了育成贵族子弟道德品格的整个过程。

由此,正如边家珍所言,礼乐制度下周代贵族理想人格得以形成,"温""柔""中""和"等品质成为君子之德的基本内涵。"温"即神态上的温文尔雅、平易近人。如《论语·述而》:"子温而厉。""柔"则是主体的性情柔和。孔颖达《礼记正义》疏解"温柔敦厚"字义云:"柔,谓情性和柔。"敦,强调其厚重笃实。《周易·艮

---

① 阮元校刻:《十三经注疏》,中华书局,1980 年,第 787 页。
② 李学勤主编:《周礼注疏》,《十三经注疏》(标点本),第 266 页。
③ 李学勤主编:《礼记正义》,《十三经注疏》(标点本),第 404 页。

卦》："上九：敦艮，吉。"孔颖达疏："敦，厚也。"①厚，指的是厚道，不刻薄。《论语》：
"曾子曰：'慎终追远，民德归厚矣。'"杨伯峻译为"谨慎地对待父母的死亡，追念
远代的祖先，自然会导致老百姓归于忠厚老实了"②。则"厚"为"忠厚老实"义。

但"温柔敦厚"《诗》教观，显然其涵义较之字面上的"温柔敦厚"含义要深刻
得多。"温柔敦厚"《诗》教观出自《礼记·经解》："孔子曰：入其国，其教可知也。
其为人也温柔敦厚，《诗》教也……其为人也，温柔敦厚而不愚，则深于《诗》者
也。"第一个"教"为"教化"义。而"《诗》教"之"教"，其内容包含范围更广一些。
郑玄注："观其风俗则知其所以教。"由此可知，《诗》教指的是以《诗经》为载体而
对人们进行品格教育与陶冶，从而形成并表现于某一地域的民情风俗之中。不
过，作为诗教而言的"温柔敦厚"，其特点是皮锡瑞所称的"诗教温柔敦厚在婉曲
不直言"。从这一点来说，"温柔敦厚"《诗》教观与"温柔敦厚"诗教观是有很大差
异的。

既然"温柔敦厚"《诗》教观的内核，是承继了尧舜禹时代"尚中""尚和"观念，
那么，由"尚中""尚和"观念发展而来的儒家"中庸"思想，自然就与"温柔敦厚"诗
教观有密切的联系。已有学者的研究成果，已经注意到这一点。但是，我们尚不
能说，"温柔敦厚"《诗》教观的内核就一定是中庸。按照宋人观点来说，"中庸"有
体有用，"温柔敦厚"充其量也不过是"中庸"在"用"的层面上的表现形式。而且，
"中庸"思想除了"中""和"之外，尚有"恰如其分""中道而行""造端乎夫妇"而"察
乎天地"，以及具有贯通社会伦理和自然伦理的特征。因此，我们应该对这两者
的关系有恰当的评估。从文献看来，"温柔敦厚"确与"中庸"之"尚和""尚中"观
念有密切联系。实际上，从直接孕育"温柔敦厚"《诗》教观的周代文明而言，确实
时时表现出"尚中""尚和"的特性。如《诗经·小雅·鹿鸣》篇云"鼓瑟鼓琴，和乐
且湛"，《伐木》篇云"神之听之，终和且平"，都体现了"和"的精神。《国语·郑语》
记史伯之言曰："夫和实生物，同则不继。以他平他谓之和，故能丰长而物归之。
若以同裨同，尽乃弃矣。③"强调把相异的东西调和统一起来。这些文献，均推崇
"和"。而《周礼·大司徒》云："以五礼防万民之伪，而教之中。"贾公彦疏曰："使
得中正也。"④上述可见，"尚中""用中"乃是周人重要的文化传统。

---

① 李学勤主编：《周易正义》，《十三经注疏》（标点本），第 65 页。
② 杨伯峻译注：《论语译注》，第 6 页。
③ 徐元诰撰，王树民、沈长云点校：《国语集解》，中华书局，2002 年，第 470 页。
④ 李学勤主编：《周礼注疏》，《十三经注疏》（标点本），第 269 页。

如此说来，"温柔敦厚"《诗》教观就与同样有着"尚中""尚和"基因的"诗言志""比兴"等，具有密切的关联。"诗言志"出自《舜典》："夔！命汝典乐，教胄子，直而温，宽而栗，刚而无虐，简而无傲。诗言志，歌永言，声依永，律和声。八音克谐，无相夺伦，神人以和。"①闻一多先生认为："志有三个意义：一，记忆；二，记录；三，怀抱。"②朱自清先生赞同他的研究意见，从四个方面来探讨"诗言志"：献诗陈志、赋诗言志、教诗明志、作诗言志。朱自清先生认为，《春秋左传》昭公二十五年子产对子太叔之言表明，这里的"志"是与"礼"分不开的，也就是与政治、教化分不开的。③ 他又对《论语》《诗经》中的"言志""作诗"进行了考察，认为《论语》之"志"与政教分不开，《诗经》之"志"不外乎"讽与颂"。通过朱先生的研究可知，不管是作诗也好，还是用诗也好，在原始儒家那里，都与政教有关。自然，当"儒家重德化，儒教盛行以后，这种教化作用极为世人所推尊，'温柔敦厚'便成了诗文评的主要标准"④。当然，从儒家"《诗》教"到汉代的"诗教"，应是儒家"《诗》教"广泛运用，为世所推崇后的必然结果。在这之中，汉代毛诗《诗大序》起到了重要作用："诗者，志之所之也，在心为志，发言为诗。情动于中而形于言，言之不足，故嗟叹之，嗟叹之不足，故永歌之，永歌之不足，不知手之舞之、足之蹈之也。情发于声，声成文谓之音。……故正得失，动天地，感鬼神，莫近于诗。"⑤在《诗大序》中，多从作诗方面来讲"诗"之产生的原因及其功用，其主体已经发生变化，不再是"上之人"了。值得注意的是，《诗大序》提出"主文而谲谏"，强调尽量用隐约的言辞婉转地对统治者进行劝谏，正与"温柔敦厚"《诗》教观相同。这正说明了两者具有儒家"尚中""尚和"等基因上的承继关系。

同样，原始儒家"温柔敦厚"《诗》教观，也与"比兴"有紧密联系。《诗经》六义之"比兴"古来就歧说纷呈，语义复杂。据朱自清引前人研究结论，《毛传》的"兴"有两个意义，一是发端，二是譬喻。而"比"有"乐歌背景、经典根据和政教意味"，他认为"比"有"类也，例也"的含义。⑥ 相比之下，汉代郑玄注则较为浅易好懂："比，见今之失，不敢斥言，取比类以言之。兴，见今之美，嫌于媚谀，取善事以喻

---

① 李学勤主编：《尚书正义》，《十三经注疏》(标点本)，第 79 页。
② 转引自朱自清：《诗言志辨》，第 3 页。
③ 朱自清：《诗言志辨》，第 3 页。
④ 朱自清：《诗言志辨》，第 23 页。
⑤ 李学勤主编：《毛诗正义》，《十三经注疏》(标点本)，第 6—8 页。
⑥ 朱自清：《诗言志辨》，第 85 页。

劝之。"①郑玄从美刺讽谕、诵谏的角度来解释比兴。但实际上,从《诗经》使用"比兴"最多的《国风》来看,固然有一些诗作符合温柔敦厚标准,但也有不少诗篇中的"比兴"与美刺讽谕并不相关。从那些与美刺、讽喻、诵谏等相关的诗篇来看,作者往往借助于比兴手法来表达对于统治者的劝谏。"《诗》主言志,诂训同《书》,摛风裁兴,藻辞谲喻,温柔在诵,故最附深衷矣。"②刘勰指出,《诗经》使用"比兴"来"言志",故能使其心志得以委婉地表达出来。自然,"比兴"是最有利于实现"温柔敦厚"《诗》教观的方法了。

同样,孔子强调《诗经》可以"兴、观、群、怨",能够"迩之事父,远之事君"③,而具备了与"温柔敦厚"相联系的基础。依照朱熹《四书集注》的解释,"兴"为"感发志意","观"为"考见得失","群"为"和而不流","怨"为"怨而不怒"。这里的"兴"自然与"比兴"含义相近,而"群""怨"则显然为"持其两端"而"用其中",通过对态度、行为的调适趋中而产生节制、适度、不偏颇的效果。显然,"兴观群怨"其中的"兴""群"与"怨"皆强调《诗》的政治教化功能。从其"用中"而强调政治教化而言,"温柔敦厚"可算是以"兴观群怨"方法来"用《诗》"的个体道德基础和基本立场。

作为"温柔敦厚"的《诗》教,又与《乐》教关系密切。诗、乐合一,共同实践政教功能,是《诗》《乐》的基本关系或者共同的结合形态。至于两者的差异,孔颖达《正义》已经说得很明白:"然《诗》为《乐》章,《诗》《乐》是一,而教别者,若以声音、干戚以教人,是《乐》教也;若以《诗》辞美刺、讽喻以教人,是《诗》教也。"④显然,《诗》《乐》本是一体,相配而实施教化,是其本质。因此,这两者关系至为紧密。其差异则表现为《乐》是以声、象等实施教化,而《诗》则以美刺、讽喻等实施教化。《礼记·乐记》亦记《乐》之功用:"先王本之情性,稽之度数,制之礼义。合生气之和,道五常之行,使之阳而不散,阴而不密,刚气不怒,柔气不慑,四畅交于中而发作于外,皆安其位而不相夺也。然后立之学等,广其节奏,省其文采,以绳德厚。律小大之称,比终始之序,以象事行。使亲疏贵贱长幼男女之理,皆形见于乐。"⑤显然,从《诗》《乐》欲实现的教化目的而言,两者完全相同。从"温柔敦厚"《诗》教观而言,其最初本义是上位者施之以教化,而造就一地之温文尔雅、性情柔和的

---

① 李学勤主编:《毛诗正义》,《十三经注疏》(标点本),第 12 页。
② 刘勰著,范文澜注:《文心雕龙注》,第 22 页。
③ 朱熹集注,陈戍国标点:《四书集注》,第 257 页。
④ 李学勤主编:《礼记正义》,《十三经注疏》(标点本),第 1369 页。
⑤ 李学勤主编:《礼记正义》,《十三经注疏》(标点本),第 1105 页。

笃厚君子人格,处下位者则以委曲和婉的美刺、讽喻以规劝或者感动统治者,其《诗经》就是实施这一教化的载体。依大多数学者的看法,《乐》在很大程度上是依附于《诗》的存在,因此,《乐》教同样需要遵循"温柔敦厚"。

二 宋代理学家"温柔敦厚"审美理想及其相关诗学观点

作为历史文化产物的"温柔敦厚"《诗》教观,以《礼记·经解》为标志,在后世变化了的社会政治、经济、文化等因素的制约下,人们对其内涵的关注重点以及因此而以比附、引申等方法所做的阐释,也有不小的变化。其中,最重要的变化要算是从专指《诗经》之"温柔敦厚"《诗》教观转变为"温柔敦厚"诗教观。孔子所言之"其为人也,温柔敦厚,《诗》教也",强调的是以《诗》为教,能够培育具备"温柔敦厚"品格的人。而"温柔敦厚诗学观"则强调的是以"温柔敦厚"作为诗歌创作的审美旨归或功用价值取向,是从内容、主旨和审美风格等方面对于诗歌创作的规范和要求。文献考察可知,自"温柔敦厚《诗》教观"到"温柔敦厚诗教观"的转化历程和路径是非常漫长而艰难的。汉人的《诗大序》、司马迁评《离骚》、刘向刘歆父子的《七略》、班固《汉书》等,对于"温柔敦厚"的关注重心仍在于《诗》教之于"成人"功用。而汉代的骚体诗、五七言文人诗、古诗和乐府诗等诗体的作者,并无明确、自觉的"温柔敦厚"诗歌创作功用观或审美追求。也就是说,《诗经》时代生成的"温柔敦厚《诗》教观",并没有成为汉代人们主流的诗歌功用观念和诗歌审美观念。显而易见,"温柔敦厚《诗》教观"的关注核心是涵养、育成具有"温柔敦厚"品格的人,而"温柔敦厚诗教观"的关注核心则转换为诗歌作品。由此言之,以《诗》为范而创作诗歌,在很大程度上当是实现这一转换的关纽所在。

不言而喻,历代文学批评中的那些典范性的著述,当对这一转换起到了重要的理论指导作用。可以认为,刘勰的《文心雕龙·宗经》,对于"温柔敦厚《诗》教观"转变为"温柔敦厚诗教观",起到了一定的作用。但如果追溯起这一转型完成的时间,应该是在东汉末年。刘勰《文心雕龙·宗经》篇写道:"《诗》主言志,诂训同《书》,摛风裁兴,藻辞谲喻,温柔在诵,故最附深衷矣。"这里,"在诵"是说《诗》之"温柔敦厚"的特点可以通过讽诵来体会得到。联系前文,则"诗"之"言志"也好,语言文学也好,或者是表达方式所具备的"摛风裁兴,藻辞谲喻"等特性也好,一定是同时兼备"温柔敦厚"的。也就是说,《诗》之比兴,所实现的文辞华美、比喻曲折等,必然是兼具"温柔敦厚"的。显而易见,这里的"温柔敦厚"诗学观,涵盖诗歌内容、形式和风貌,以及思想性等。不过,如果我们以《文心雕龙·宗经》为尺度来界定"温柔敦厚诗学观"的生成时间,其实是有些问题的。仔细考察可知,在很大程度上,刘勰《文心雕龙·宗经》篇之思想,渊源有自,其关于《易》《书》《春秋》《诗》等儒家典籍之"文"的表述,可能袭自汉末王粲。东汉末年王粲的《荆州文学记官志》即云:"夫文学也者,人伦之守,大教之本也。……《诗》主言志,诂训周(按:'周'当作'同')书,摛风裁兴,藻词谲喻,温柔在诵,最称衰(按:'疑'当作'衷')矣。《礼》以立体据事,章条纤曲,执而后显,采缀生言,莫非宝也。《春秋》辨理,一字见义,五石、六鹢,以详备成文,雅门两观,以先后显旨,婉章志晦,原已邃矣。《尚书》则览文如诡,而寻理则畅。《春秋》则观辞立晓,而访义方隐。此圣文殊致,表里之异体者也。"①据文记,这段文字辑自《艺文类聚》卷三十八、《太平御览》卷六八〇。除了明显可知的讹误之外,文字内容基本上与《文心雕龙·宗经》篇同。可见,王粲之"温柔敦厚"诗学观的论述,应是《文心雕龙·宗经》篇之祖本。至此,我们大致可以断定,自"温柔敦厚《诗》学观"到"温柔敦厚诗学观"的完成时间,不会晚于东汉末年。考虑到,范晔的《后汉书》关于"文""笔"的区分非常明确,且东汉末年蔡邕的《独断》已有明确的文体分工,因此可知,王粲对于"温柔敦厚"诗学观的认识,应是随着汉末的文章辨体风尚而产生的。

当以"温柔敦厚"作为诗歌创作、审美和价值判断的法则或准绳而要求诗歌创作或书写时,"温柔敦厚"也就成为广为后代文人所重视的"温柔敦厚"审美理想。文献可见,西晋陆机《文赋》已经有了自觉的以"温柔敦厚"之"中和"思想来匡正、规范文体的意识:"诗缘情而绮靡,赋体物而浏亮。碑披文以相质,诔缠绵而凄怆。铭博约而温润,箴顿挫而清壮。颂优游以彬蔚,论精微而朗畅。奏平彻以闲雅,说炜晔而谲诳。虽区分之在兹,亦禁邪而制放。要辞达而理举,故无取乎冗长。"②陆机以"中和"要求于"碑""奏"这两种文体,已然表征着其初步具有了文学文体的"温柔敦厚"审美观。关于这一点,唐人已经有所认识。《文选》李善注云:"碑以叙德,故文质相半。"③《文选》五臣注:"翰曰:奏事帝庭,所以陈叙情理,故和平其词,通彻其意,雍容闲雅,此焉可观。"④可见,陆机《文赋》对"碑""奏"等文体特征的体认,强调了"文质"相和、"平彻""闲雅"等,可视作生成"温柔敦厚"审美理想的成熟标志。此后,刘勰亦在《文心雕龙·养气》中强调:"率志委和,则理融而情畅……此性情之数也"⑤,"吐纳文艺,务在节宣,清和其

① 严可均辑:《全上古三代秦汉三国六朝文》,第 965 页。
② 陆机著,张少康集释:《文赋集释》,第 99 页。
③ 陆机著,张少康集释:《文赋集释》,第 113 页。
④ 陆机著,张少康集释:《文赋集释》,第 118 页。
⑤ 刘勰著,范文澜注:《文心雕龙注》,第 646 页。

心,调畅其气"①,强调创作主体以从容宽舒、情感优柔的态度来从事诗歌写作,显然符合"温柔敦厚"诗教观的要求。当然亦应承认,魏晋南北朝时期,由于玄学、佛教等文化影响,加之战争频繁、人们朝不保夕等各种因素的制约,"梗概多气""发挥性情""淡乎寡味"等审美风格频繁更迭,故而"温柔敦厚"审美理想在诗歌观念及创作实践上,并不占主流地位。

到了唐代,"温柔敦厚"审美理想开始引起诗人的重视。如陈子昂倡"风骨",也倡"兴寄",在强调诗歌应关注现实、具备讽谏功用的同时,推崇以"比兴"来实现规谏而不作斥言。杜甫则自称"转益多师",对待前人文学持以宽容态度,对阴铿、何逊、庾信、鲍照等人诗作都有所肯定。又唐代尚有从殷璠"兴象说"到司空图"韵味说"一路相承而来的诗论,要求诗歌含蓄蕴藉,有韵外之致、味外之旨,更是要求委婉曲折。可以说,到了唐代,"温柔敦厚"的美学思想已经"包括社会功能论、本体论、创作论、风格论、艺术方法论、继承论等诸多方面"②。

宋代理学家正是在此基础上,对"温柔敦厚"审美理想有所探讨和推进。关于宋人对于"温柔敦厚"审美理想的阐释问题,已有学者有所研究。夏秀在《"温柔敦厚"宋代阐释的两个转向》③中认为,在"温柔敦厚"接受史上,宋代阐释具有里程碑式的意义,"这一时期对于'温柔敦厚'的阐释和运用,不仅改变了'温柔敦厚'的性质和内涵,而且直接影响了后世对于该范畴的接受"。其观点颇为精到。不过,夏秀文中提及:"'温柔敦厚'宋代阐释由伦理学向文学和诗学领域的过渡,主要是从'温柔敦厚'阐释史的角度而言的,并不意味着'温柔敦厚'在宋代诗学中发挥了多么大的影响。相反,在诗文创作、批评等领域,'温柔敦厚'的运用并不很普遍。"这里的判断有些武断了。固然,"影响""普遍"很难用一个具体标准来衡量,但是,如果我们把考察视阈放置在整个宋代诗学特别是宋代诗歌作品的整体来看,就会得出不同的认识。

对宋代理学家"温柔敦厚"审美理想的文献考察,应该注意的问题是,由于宋代理学家多具有话语使用的含混性、随意性等特点,其思维方式又普遍具有归元思维、正名思维及格物致知思维等多种类型④,因此,除了应对"温柔敦厚""温厚和平""温厚""温和"及其相近话语进行考察之外,还应对与"温柔敦厚"话语组成

---

① 刘勰著,范文澜注:《文心雕龙注》,第 647 页。

② 洪申我:《"温柔敦厚"论》,《黎明职业大学学报》2000 年第 3 期。

③ 夏秀:《"温柔敦厚"宋代阐释的两个转向》,《中州学刊》2017 年第 9 期。

④ 参见拙作:《宋代理学家处理文道关系的思维特性及其文化价值》,《孔子研究》2012 年第 6 期。

部分某些义项的相同、相近的相关话语进行考察。只有如此,才能从整体上对理学家"温柔敦厚"审美理想有较为全面的把握。

首先来看理学家"温柔敦厚""温厚"审美理想的有关表述。宋代较早提出"温柔敦厚""温厚"话语的是理学家杨时。他提出了"温柔敦厚"的审美理想:"为文要有温柔敦厚之气,对人主语言及章疏文字温柔敦厚尤不可无。"①这里的"温柔敦厚"显然意义与《礼记·经解》相近,惟不同的是,《经解》是就《诗》教而言的,杨时则以之为"为文"的追求。可见,杨时已经自觉地把"温柔敦厚"《诗》教观转换为"温柔敦厚"文学观。不过,就其内容而言,杨时之"温柔敦厚"文学观完全等同于《经解》所提出的"温柔敦厚"《诗》教观。准此,杨时提出了他的"温柔敦厚"诗学观:"作诗不知《风》《雅》之意,不可以作诗。诗尚谲谏,唯言之者无罪,闻之者足以戒,乃为有补;若谏而涉于毁谤,闻者怒之,何补之有?观苏东坡诗,只是讥消朝廷,殊无温柔敦厚之气,以此人故得而罪之。若是伯淳诗,则闻之者自然感动矣,因举伯淳《和温公诸人禊饮诗》云:'未须愁日暮,天际乍轻阴。'又《泛舟诗》云:'只恐风花一片飞',何其温厚也。"②这里,"温厚"应是"温柔敦厚"的缩略语。从杨时所举程颢两诗诗句可见,他所认为的"温柔敦厚"或者"温厚",乃是创作者以从容委婉的态度,以日暮轻阴、风吹花飞两个意象来比喻事件可能会遭遇变化或者遇到麻烦,以委婉温和的方式来提醒与之应酬的诸公。显而易见,杨时所讲的"温柔敦厚之气""何其温厚"的表现方式,已经与《经解》所讲的由上位者利用《诗经》以育成一方风俗,或者创作主体以一种温和婉约的态度,以比兴方式创作诗歌对"上位者"进行劝讽、诵谏等,有了本质的区别。这里,"温柔敦厚""温厚"已经转变为诗歌作品所蕴含着的创作主体的主体精神,其主体为诗作而不再是人(上位者或者创作主体)。正因如此,我们才把由杨时首创的宋代理学家所用的"温柔敦厚"诗学观念称之为"温柔敦厚"审美理想。

游酢也强调"诗之情出于温柔敦厚"。他在《论语杂解》中解释"兴于诗"章时说:"兴于诗,言学诗者可以感发于善心也。如观《天保》之诗,则君臣之义修矣;观《棠棣》之诗,则兄弟之爱笃矣;观《伐木》之诗,则朋友之交亲矣;观《关雎》《鹊巢》之风,则夫妇之经正矣。昔王裒有至性,而弟子至于废讲《蓼莪》,则诗之兴发善心,于此可见矣。而以考其言之文为兴于诗,则所求于诗者外矣;非所谓可以兴也。然则'不学诗无以言',何也?盖诗之情出于温柔敦厚,而其言如之。言者

---

①　杨时撰:《龟山集》卷十,台湾商务印书馆景印《文渊阁四库全书》本,第 191 页。
②　杨时撰:《龟山集》卷十,台湾商务印书馆景印《文渊阁四库全书》本,第 204 页。

心声也,不得其心,斯不得于言矣。仲尼之教伯鱼,固将使之兴于诗,而得诗人之志也。得其心斯得其所以言而出言有章矣。岂徒考其文而已!"①观游酢之论,其"温柔敦厚"指的是实践主体的心声必发之于诗,通过观诗则得诗人之志。因此,观《诗》者当以观诗人之心,从而反过来受到其对于阅读者的感发之功。当然,游酢的这一审美判断出于一个前提,那就是他认为《诗经》之诗的作者在诗中所表达的"情"皆"出于温柔敦厚"。显然,游酢对于《诗经》之"诗"的阐释与接受,皆以诗歌作品为主体,其阐释路径与方法与杨时是相同的。

南宋时期,张九成、林之奇、朱熹等人,都对"温柔敦厚诗学观"给予了一定关注。张九成记杨时教人以《诗经》涵养"温柔敦厚之气",说明他认同其师杨时的观点。而林之奇《上王参政》推断《诗序》美《淇奥》的原因:"某尝学《诗》,于三百篇披之味之……窃以谓无如《卫风·淇奥》之诗为最美最善也。夫三百篇之诗出于温柔敦厚之作,皆古诗也。……诗人作是诗以美之,而序者撮其枢要为之发明,以谓武公之所以入相于周者,其德有三焉:有词章一也;能听规谏二也;以礼自防三也。"他以此三点来推断《诗序》之所以推重《淇奥》,而这三点中"有词章""听规谏""以礼自防"实质上就是"温柔敦厚"的应有之义。显然,林之奇之"温柔敦厚"诗学观是非常自觉的。在南宋理学家群体中,朱熹对于"温柔敦厚"的阐释影响比较大,同时也比较复杂。研究者一般认为,朱熹否定了汉儒比附说《诗经》的传统,认为《诗》是表达性情的。以此切入,朱熹重新阐释了《诗》与"温柔敦厚"的关系,他认为诗歌发生于"温柔敦厚"的情感,其语言也同样是温柔敦厚的。夏秀研究后认为朱熹的"温柔敦厚"诗学观的要点在于,"即使在《诗》中那些雅变之诗,也是圣人出于'忠厚恻怛'的教化目的,为接受者培养无邪心性而提供的反面教材。可以看到,朱熹谈'温柔敦厚'的内容指向与杨时一样,也是侧重个性修养与语言表达两个方面,其目的主要在于强调如何解诗以及如何学诗:一方面我们要端正心性以无邪之情感对待《诗》,另一方面也要学会以温和平易、曲婉含蓄的语言表达情感"②。夏秀的这一看法是比较精当的,比较好地总结了朱熹"温柔敦厚"诗学观的主体特征。

其次,再来考察与理学家"温柔敦厚"话语的某些义项相同、相近或者有关联的诗学话语的使用情况。夏秀指出,宋代理学家使用了"温厚和平"。她认为这一话语较早见于宋人蔡正孙撰《诗林广记》。蔡氏云:"历览古人之诗,笔补造化、

---

① 游酢:《论语杂解》,上海古籍出版社景印《文渊阁四库全书》本,第 404 页。
② 夏秀:《"温柔敦厚"宋代阐释的两个转向》,《中州学刊》2017 年第 9 期。

词泣鬼神者有矣,究其寄谲谏于温厚和平之中,不多见也。"①夏秀认为,蔡氏之言是在引用杨时话语"作诗不知风雅之意,不可以作诗。诗尚谲谏,言之者无罪,闻之者足以戒,乃为有补"之后做出的,因此,她认为蔡氏此语与杨时"温柔敦厚"诗学观有联系。实际上,朱熹也多次提到"温厚和平":"诗本人情,该物理,可以验风俗之盛衰,见政治之得失。其言温厚和平,长于风喻。故诵之者,必达于政而能言也。"②"语气粗率,无和平温厚之意,此又非但言语枝叶之小病也。"③朱熹又认为自己"待人接物之际,温厚和平之气不能胜其粗厉猛起之心"④。由此,夏秀认为,朱熹既把"温厚和平"视作人的性情修养,又以之为论诗的标准,并引导出后世"侧重于指向个体的心性修养的平易平和","'温柔敦厚'的审美内涵获得了关注",肇始了"由伦理学向文学转化的继续和拓展"。

宋代理学家也使用了"温厚平易""平易"等话语,其涵义与"温柔敦厚"相近。如张载讲:"置心平易,然后可以言诗。涵咏从容,则忽不自知而自解颐矣。若以文害辞,以辞害意,则几何而不为高叟之固哉!"又云:"求诗者贵平易,不要崎岖,盖诗人之情性温厚平易老成。今以崎岖求之,其心先狭隘,无由可见。"又言:"诗人之志平易,故无艰险之言,大率所言皆目前事,而义理存乎其中。以平易求之,则思远以广,愈艰险,则愈浅近矣。"⑤上述所用可见,"温厚平易""平易"等皆是从接受者的心性和情志来讲的。可知张载之"温柔敦厚"诗学观的要点在于,接受者应涵养情性,保持心性平和、情志平易,以日常日用之理来探讨诗人之志,如此方能"言诗""求诗"以及把握"诗人之志"。

对宋代理学家"温柔敦厚"诗学观的考察,还应注意一个问题,那就是,宋代理学家对汉唐诸儒的"温柔敦厚"《诗》学观内涵进行了重新阐释和补充发挥。依照汉代郑玄注,《礼记·经解》之"温柔敦厚"《诗》教的大意为"观其风俗则知其所以教",孔子曰:"其为人也,温柔敦厚,《诗》教也。"而唐代孔颖达疏为:"温谓颜色温润,柔谓情性和柔,诗依违讽谏,不指切事情。"他又在"其为人也温柔敦厚而不愚,则深于《诗》者也"条下疏为:"此一经以《诗》化民,虽用敦厚,能以义节之。欲使民虽敦厚,不至于愚,则是在上深达于《诗》之义理,能以《诗》教民也。"⑥抛开孔

---

① 蔡正孙撰:《诗林广记》,中华书局,1982年,第1页。
② 朱鉴编:《诗传遗说》卷一,台湾商务印书馆景印《文渊阁四库全书》本,第502页。
③ 朱熹撰:《晦庵集》卷五十二,台湾商务印书馆景印《文渊阁四库全书》本,第572页。
④ 朱熹撰:《晦庵集》卷三十七,台湾商务印书馆景印《文渊阁四库全书》本,第35页。
⑤ 朱熹:《诗传通释》卷首《诗传纲领》,上海古籍出版社景印《文渊阁四库全书》本,第277页。
⑥ 李学勤主编:《礼记正义》,《十三经注疏》(标点本),第1368—1369页。

颖达混淆"上位者"与"下位者"之用《诗》功用不同不论,综合郑玄、孔颖达对于"温柔敦厚"的注疏,可见其主要指向三点:用《诗》主体的道德品质问题(颜色温润、情性和柔)、用《诗》之目的即政教问题(讽谏之目的)、以"比兴"来实现讽谏问题和节制适度问题(以义节之)。从宋代理学家的诗学观来看,他们对郑玄、孔颖达的注疏有所侧重,这些理学家的诗学观在很大程度上是对郑玄、孔颖达之注疏的发挥乃至转移。考察可见,宋代理学家对创作主体的道德问题的关注,逐渐从汉唐诸儒关注的颜色、情性问题转移到心性问题。张载有诗云:"置心平易始通诗,逆志从容自解颐。文害可嗟高叟固,十年聊用勉经师。"①这里提到"文害"问题,而以为孟子所批评的拘泥、执拗之"高叟"为戒,强调通诗当灵活变通。仔细分析其意,原诗中有"置心平易""逆志""从容"等都是强调实践主体应从心性上下功夫。再如吕大临有诗:"学如元凯方成癖,文到相如始类俳。独立孔门无一事,只输颜子得心斋。"②吕大临强调"颜子得心斋",实际上就是推崇颜回以存养心性为特征的内向性求道方式。

宋代理学家用诗的目的也有了转变。周敦颐的"文以载道",已经提出了"文"之目的在于"载道"而非"谲谏",这就突破了"温柔敦厚"《诗》教观的范围。而邵雍提到作诗目的在于因"观物之乐"而"经道之余"的"因时起志,因物寓言,因志发咏,因言成诗",显然是把作诗视作表达其"求道"之余的副产品,"求道"的目的和功用即是其诗作的写作目的。再如真德秀讲:"汉西都文章最盛,至有唐为尤盛,然其发挥理义,有补世教者,董仲舒氏、韩愈氏而止尔。……至濂洛诸先生出,虽非有意为文,而片言只辞,贯综至理,若《太极》《西铭》等作,直与六经相出入,又非董韩之可匹矣。……忠肃彭公以濂洛为师者也,故见诸著述,大抵鸣道之文,而非复文人之文。"③显然真德秀推崇的是以义理为本的"文"。把"发挥理义,有补诗教"看作"文"之根本,而把其他之"文",包括欧阳修、曾巩、苏轼写作的那些除了与"道"有关的"文",都视作"文人之文",在被贬斥之列。真德秀心中之"道",却有其独特性,他在关注内省的道德存养的同时,也对经世致用的儒学之道表示出一定的重视:"夫士之于学,所以穷理而致用也。文虽学之一事,要亦不外乎此,故今所辑,以明义理切世用为主,其体本乎古,其指近乎经者,然后取焉。否则,辞虽工亦不录。"④从原始儒家以《诗》为政教服务到真德秀所讲的"文"

① 傅璇琮等主编:《全宋诗》,第 6282 页。
② 黄宗羲原著,全祖望补修,陈金生、梁运华点校:《宋元学案》,第 1105 页。
③ 真德秀:《西山文集》卷二十六,台湾商务印书馆景印《文渊阁四库全书》本,第 577 页。
④ 真德秀:《文章正宗纲目》,台湾商务印书馆景印《文渊阁四库全书》本,第 5 页。

以"有补诗教"而以"鸣道"为宗旨,显然标志着理学家用诗目的的转变。这就界定了,为了"谲谏"而使用的"比兴"诗歌创作手法,就会让位于"直道""直言"为方法的铺陈叙述。

宋代理学家也对以"比兴"手法写诗有所认识。大致说来,大多数理学家探讨"比兴"多从诗学理论层面来展开,而在具体的诗歌创作实际中并不注重使用"比兴"手法。相应地,一些理学家反而更为推崇"直歌"。如张载强调"雅者,正也。直己而行,正也。……《诗》亦有雅,亦正言而直歌之,无隐讽谲谏之巧也"①。张载认为,《诗》之《雅》为了实现其劝谏进道的功用,而不适用相当于暗示、隐喻等修辞手法的"隐讽谲谏"做法。

必须提及的是,宋代很多理学家在很大程度上承继了汉唐诸儒对于《礼记·经解》"温柔敦厚"《诗》教观的认识,并把它转化为彼时诗歌创作的准则。尽管在承继的过程中,由于关注点的转移,有时发生了偏差。如程颐讲:"凡为文,不专意则不工,若专意则志局于此,又安能与天地同其大也? ……古之学者,惟务养情性,其他则不学。"②显而易见,程颐把"为文"等同于"害道"的手段,而非求"道"的助力。立足"情性"而实施教化或者讽谏,是"温柔敦厚"《诗》教观的重要内容,但程颐把"务养情性"视作学者之唯一应做的事,而剔除"作诗""为文"之必要,显然是偏颇的。再如袁燮提及:"古人之作诗,犹天籁之自鸣尔。志之所至,诗亦至焉。直己而发,不知其所以然,又何暇求夫语言之工哉! 故圣人断之曰:'思无邪'……然'为人性僻耽佳句,语不惊人死不休',子美所自道也。诗本言志,而以惊人为能,与古异矣。后生承风,熏染积习。……孰知夫古人之诗,吟咏情性,浑然天成者乎!"③袁燮强调"志之所至"才产生了"诗",由于情志所感而发越而成"诗",故作诗必不暇而求语言之工。他以"思无邪"来强调"养志"的重要性,就把作诗者之道德修养放置于作品的首要位置,这就提升了创作主体道德修养的地位。他在解释汉儒《诗大序》时强调:"《大序》之作,所以发挥诗人之蕴奥。既曰吟咏情性,又曰发乎情民之性也。合二者而一之,毫发无差。……诗人作之以风其上,太师采之以献诸朝,以警君心,以观民风,以察世变,一言一句皆有补于治道。人君笃信力行,则可以立天下风化之本,公卿大夫精思熟讲,则可以感人君心术之微。诗之功用如此。"④袁燮从作诗、用诗角度,对"情性"的作用进行了阐

---

① 张载著,章锡琛点校:《张载集》,第 55 页。
② 程颢、程颐:《二程遗书》,第 90 页。
③ 袁燮:《絜斋集》卷八,《丛书集成初编》本,第 116—117 页。
④ 袁燮:《絜斋毛诗经筵讲义》,台湾商务印书馆景印《文渊阁四库全书》本,第 5 页。

释,这就解决了郑玄、孔颖达在"温柔敦厚"《诗》教观阐释时,很难兼顾"上位者"与"下位者"对于作诗与用诗之间产生的矛盾。袁燮认为,诗之功用在于"补于治道",他又强调"此情此性古今无间",因此,原始儒家"温柔敦厚"《诗》教观也就成为"温柔敦厚"的审美理想,亦即变成了当代诗人创作诗歌的准则,这个意义是很大的。再如魏了翁提出:"辞虽末伎,然根于性,命于气,发于情,止于道,非无本者能之。且孔明之忠忱,元亮之静退,不以文辞自命也。……苏文忠论近世辞章之浮靡无如杨大年,而大年以文名,则以其忠清鲠亮大节可考,不以末伎为文也。……人知苏氏为辞章之宗也,孰知其忠清鲠亮,临死生利害而不易其守。此苏氏之所以为文也。"①魏氏提出了两个命题:一是他强调"文"是根植于性命情气而与"道"有关的,脱离开这些"根本",则"文"自无成就的余地;二是他强调以"文"来鉴人,实质上是有疏漏的,亦即提出"文"与人品道德是有距离的。由此,一些理学家一直强调的以内向性的道德存养为"文"之根本,"文"为枝叶等说法,就不能成立。

上述可见,宋代理学家在承继汉唐诸儒"温柔敦厚"《诗》教观的同时,于众多方面发挥、转移了其主要观点,或有所侧重,或有所拓展,或发生了根本性的变异。理学家的上述努力,在其诗歌创作实践中得到展现。

三 宋代理学家"温柔敦厚"话语的理学诗书写及其诗歌风貌特征

宋代理学家"温柔敦厚"审美理想的诗歌风貌问题,涉及的内容非常广泛。诸如"温柔敦厚"审美理想在诗歌内容、主题、表达方式及诗作风格上的表现等,都与之相关。为了更为集中地把握理学家"温柔敦厚"审美理想的呈现问题,我们主要从三个方面来加以考察。

其一,理学家"温柔敦厚"审美理想,呈现为诗作内容上关注"情性"及"心性存养"等问题。在理学家登上文化舞台之前,关注诗作者的"温柔敦厚"《诗》教观也好,还是"温柔敦厚"诗学观也好,虽然也强调作者的"情性"问题,但最多也就是推崇作者的道德品格养成等,而不及探讨作者心性问题的存养或者察识。尽管理学家诗作中出现的大量以表达作者"心性存养"内容的诗歌现象不完全与理学家的"温柔敦厚"审美理想有关,但是,包括"诗言志""温柔敦厚"等在内的儒家诗学观念,应起到了重要的作用或者影响。

理学家的理学诗作品普遍关注"心性存养"问题,是值得重视的重要诗歌现

---

① 魏了翁:《鹤山集》,上海古籍出版社景印《文渊阁四库全书》本,第620—621页。

象。如李复有诗:"善学必探本,知本贵善养。种木既得地,柯叶日滋长。纷纷绮语工,汩汩良心丧。多闻竟无益,不如鸡犬放。"①诗作推崇"养本"而疏离"绮语",以免因耽于"文"而妨碍"求道"。这里的"探本""知本""善养"其本,都是指向于创作者的心性存养问题。再如陈渊诗歌中多及"心性存养",如其《越州道中杂诗十三首》之一有句"胸中有佳处,妙意不期会。弄笔作五言,心手无内外"②,《留别邓南夫四首》之一有句"昂昂劲气初无作,荡荡奇胸久息机"③等,均表达出他对于理学家强调的心性存养的重视。再如陈著有诗《次韵仇生》五首之三:"交不缘诗有密疏,诗能宣写此心初。但从礼义中游戏,便是趋庭孔伯鱼。"④在诗中,陈著强调的是诗歌承载、传达"礼义"之道,以及心性之"仁""诚""善"等。陈著又有诗句"羡君句法源头活,此意曾参到紫阳"⑤,虽表达出他对于高氏诗歌"句法"的推崇,但其更为重视的仍然是朱熹(字紫阳)的理学思想。陈著重视"心性存养"的诗歌内容,与其相关表述是一致的。如其在《赠孙会叔》中云:"夫人幸而儒其名,必也儒其实。滔滔中与俗俱流,日荡而薄,于本心何在? 至于朋呼俦引,区区小技,风月自命,妄立标榜,行行然若无复余事,良可悲已。"⑥其中,陈著强调要向内求"本心",其指向即是心性存养问题。

理学家的"心性存养"诗歌主题,是理学诗的重要主题类型之一。本书第四章第五节对此进行了较为细致的研究,将理学家"心性存养"内容或主旨类型诗歌的内容,概括为"抒写理学家对于心性之体用的认识""书写克讼、慎独等实现心性圆满的方法与途径等工夫论问题""书写澄净心性、保有诚敬等存养心性的途径及方法""书写定止心性境界或者定止心性目的"等四个方面。从这四类诗歌主题而言,都与包括"温柔敦厚"审美理想在内的重视诗歌作者的"情性""心性"等密切相关。

其二,理学家的部分诗歌,也重视诗歌的讽谏、感兴志意的作用,这就与"温柔敦厚"《诗》教观发生了联系。理学家的很多理学诗,对此有所表现。如程颐有诗《赠司马君实》:"二龙闲卧洛波清,今日都门独饯行。愿得贤人均出处,始知深

---

① 李复:《潏水集》卷四,上海古籍出版社景印《文渊阁四库全书》本,第 90 页。
② 傅璇琮等主编:《全宋诗》,第 18352 页。
③ 傅璇琮等主编:《全宋诗》,第 18351 页。
④ 傅璇琮等主编:《全宋诗》,第 40109 页。
⑤ 傅璇琮等主编:《全宋诗》,第 40132 页。
⑥ 陈著:《本堂集》,台湾商务印书馆景印《文渊阁四库全书》本,第 178 页。

意在苍生。"①诗作是程颢为司马光入朝为相饯行之作。前两句于叙事中赞美司马光人物难得,才华出众,后两句转而以天下苍生相望于司马光,而不及具体为相之政事,但分明寄寓着作者对于司马光的期许、热望和劝谏。诗作感情真挚,语意深沉,表达并不过度,这与"温柔敦厚"诗学观要求颇为相近。再如杨时《土屋》:"土屋枕荒陂,周回仅容席。环堵异营窟,犹遗古风质。功虽劳版筑,身自有余力。依户凿圆窦,寒亮度如璧。夏开迎温风,冬墐可栖息。胡为栋宇丽,但免风雨阨。安居自宽暇,见者徒逼仄。寄言邻舍翁,各自适汝适。慎勿慕华屋,浇漓非至德。"②前十四句一则述写土屋之逼仄狭小,再则写居者之安止其间而不以为意。后四句则"寄言"他人,提出勿慕华屋而浇漓其德以招祸。诗作有较为强烈的劝谏、感发志意的目的。再如陈渊《省题笔谏诗》诗云:"志士忧君切,还将笔效忠。但于心取正,不向字求工。理自胸襟得,情因翰墨通。一言毛颖喻,千古史鱼风。托意挥毫上,成名补衮中。谁知执艺事,功与诤臣同。"③陈渊此诗强调"志士"关心国事,以笔效忠君王的情怀,强调"正心"而对文字之"工"表达了疏离的态度,又表明了对由修养而来的胸襟之"理"的重视,对韩愈以"笔为戏"的《毛颖传》表达出推崇之情,其目的在于突出以诗为"托意"的工具和载体以起到劝谏之"诤臣"的作用。诗作以发挥政治功用为出发点,而提倡创作主体加强"正心"修养,比较明显地表达出陈渊"温柔敦厚"的审美理想。

需要指出的是,历史上一些诗论家往往指责理学家诗歌过于注重书写理学思想和理学思理,道德内向化特征比较明显,因而具有忽视社会政治现实、漠视民生疾苦的倾向。这种认识是错误的。实际上,大多数理学家不但不忽略社会政治和人生世态,而且往往重视于日常日用间体察、格致事物以明理或者崇德,践行其理学理论和理学主张。至于其诗作多表达心性存养,以及在诗歌内容的表达上中节、适度,应该是受到了以儒家"中庸"思想等为重要内核的"温柔敦厚""诗言志"等诗教传统的影响。上述所举理学家的诗作,在一定程度上反映出这一点。实际上,很多理学家的诗歌创作也表现出这一倾向,如张载、杨时、朱熹、张栻、曾丰等人,都有不少受到"温柔敦厚"审美理想所影响而写作的诗篇,这些诗篇往往以委曲温和的态度,表达出关注政治、以诗为谏的态度。

其三,理学家的一些诗作,往往注意在表达感情、进谏政治、书写对事物的态

---

① 傅璇琮等主编:《全宋诗》,第 8235 页。
② 傅璇琮等主编:《全宋诗》,第 12917 页。
③ 傅璇琮等主编:《全宋诗》,第 18378 页。

度时，中和、中节而不过分，特别是能够以理、礼、性、道、仁等“节之”，而表达出“温柔敦厚”的诗歌风格。如张载的诗作就非常重“礼”。他有诗《圣心》：“圣心难用浅心求，圣学须专礼法修。千五百年无孔子，尽因通变老优游。”[①]强调唯有从“礼法”入手才能求得“圣心”。又据吕本中《童蒙训》，张载有诗句“若要居仁宅，先须入礼门”[②]，也表达出对于礼的推崇。而从张载诗歌作品来看，不管是其书写理学性理的诗篇如《君子行》《芭蕉》《土床》等，还是其表达心志的《古乐府》九篇、交游唱酬的《宿兴庆池通轩示同志》等，乃至记述其日常生活的《移疾》《登岘山阻雨》四篇等，诗篇所表达的感情都是舒缓、从容和温和的，既没有“金刚怒目”也没有感慨激愤式的强烈感情倾诉，明显受到了“温柔敦厚”审美理想的影响或制约。与之相似，曾丰的一些诗作也以其平和、从容的主体态度，来表达其诗旨。如其有诗《郡斋与龚济叔刘薰卿谈诗》：“其奈鱼虫草木何，诗之机械也无多。气犹动志平心养，声可成文泛口哦。玄酒太羹君子淡，蒉桴土鼓圣人和。鬼神天地与吾一，相感相通岂在他。”[③]言及养气、养心对于诗歌创作的重要性，并提及天地与人的相感相通问题，而后者就是理学家张载的“物吾与也”的思想。当然，这一思想也与《易・系辞》之“大人”之学相通。在《吾郡之望罗彦方过听以余有诗癖古风特枉杰作之贶不可虚辱赋一篇谢之》诗中，他又提及“格物致知”工夫：“声生于气诗之体，于气要穷所从起。事制于义诗之理，于义要穷所从止。”[④]在曾丰看来，诗体、诗意都可以依靠创作者通过“格物致知”工夫，从对“气”“义”的本源性探讨中来。显然，曾丰认为，作为心性存养的“格物致知”工夫，可以作为调和文道的方法使用。可见，曾丰的上述诗作，表露出其诗篇重视中节而不逾矩、追求情感平和的“温柔敦厚”倾向。

至于理学家书写的以“理”“礼”“性”“德”等“节之”的理学诗篇，更是数量极多的。从大多数理学家的理学诗作看来，他们不管是遭遇族人忤逆也好，还是遭遇到政敌打压，乃至面对灭顶灾难也好，往往能够以“礼”“道”“德”“理”等自处，泰然处之。如陈淳有诗《遭族人横逆》：“颜子有犯不之校，胸怀洒落冰雪融。孟轲横逆必自反，律己程度严秋霜。君子于物本无闷，小人胡尔好有攻。……喜跻跖蹻夷齐上，怒黜皋益共鲧傍。要之总总皆吾外，于我内者庸何伤。达人大观等毫毛，不为欣戚留心胸。刚应以柔逆以顺，噪应以静暴以恭。红炉点雪不少凝，

① 傅璇琮等主编：《全宋诗》，第 6281 页。
② 傅璇琮等主编：《全宋诗》，第 6290 页。
③ 傅璇琮等主编：《全宋诗》，第 30308 页。
④ 傅璇琮等主编：《全宋诗》，第 30223 页。

曲直胜负何所量。况乎他石可攻玉,火经百炼金始刚。坚吾志节熟吾仁,理义之益端无穷。"①前四句以颜回、孟子对待他人犯之的态度为志,表达"律己"自守之心。后十四句转而述写小人之好犯而攻人,毫无立场道德可言之世态。最后十二句则回应开头,再写其以"礼""德"自处,引小人之横逆而为他山之石,以砥砺自我而成就品德。族人横逆冒犯,虽属琐屑日常小事,但在"家国同构"时代,往往其一发而动全身,容易动摇各种社会关系而令人颇为苦恼和难堪。而陈淳以内向性的道德修养来节制自我,表现出儒者的道德圆满境界。实际上,宋代理学家的诗篇,不仅体现在日常日用中以"义"节之的特征,即使述写那些时代重大主题的诗作,亦表现出节制情感、以"礼""理""道"等自守的特点。如胡寅有诗《题浯溪》:"戎马胡为践神京,翠华东巡朝太清。扶桑大明涌少海,虎符百万屯云兴。……回首朔云清泪满,伤心玉坐碧苔虚。中兴圣主宣光类,群材合沓风云会。……徒倚碑前三太息,江水东流岂终极。颂声谐激不为难,君王早访平戎策。"②前十二句述写北宋亡国之际,各地义军蜂拥而起,但最高统治者无意于恢复故土,因此谋臣猛将解体消散,唯余南北永隔、志士清泪。后十句,则专写南宋中兴人才鼎盛而仍然持守不前,以至于宏业难成。最后两句,则继之以讽谏,希望君王延揽谋臣而访定统一大策。全诗涉及时代重大主题,作者虽饱含热望但以"理"节之,故诗篇呈现出说理谨严、讽谏有度、思想深沉的总体特征。再如朱熹的《观书有感》、方逢辰的《鸡雏吟》《登慈恩绝顶有感》、金履祥的《奉和鲁斋先生涵古斋诗二首》等,均反映出这一特征。这些诗歌作品,虽然其主题往往以"明理"为宗旨,但在诗作表达思想倾向及反映作者主观态度时,往往以"理"为约束,而有所节制。因此之故,宋代理学家以理、礼、性、道、仁等"节之",而在诗篇表达作者的心性道德修养、抒发作者感情强度、选择书写相关内容,以及通过诗篇表达出某种风格等方面,所表现出来的"中和""适度""节制"等特征,说明了"温柔敦厚"审美理想对创作主体的影响和制约作用。

南宋末期至元代初期的理学家诗歌也承继了此一特征,在很大程度上表现出融合性、包容性特质。如忠义之气满乾坤的文天祥,即使在被俘之中,也能够以礼自守或者以"理"坚守而养就浩然气节,面对绝境而泰然处之。如其《正气歌》:"天地有正气,杂然赋流形。下则为河岳,上则为日星。于人曰浩然,沛乎塞苍冥。……或为击贼笏,逆竖头破裂。是气所旁薄,凛烈万古存。……三纲实系

---

① 傅璇琮等主编:《全宋诗》,第 32339 页。
② 傅璇琮等主编:《全宋诗》,第 20925 页。

命,道义为之根。嗟予遘阳九,隶也实不力。……一朝濛雾露,分作沟中瘠。如此再寒暑,百沴自辟易。嗟哉沮洳场,为我安乐国。……哲人日已远,典刑在夙昔。风檐展书读,古道照颜色。"①前十句述写天地正气化育万物,此气降而于人则为"心""性"之体即"仁"。这是对周敦颐、邵雍、张载、二程等人理学理论的阐述。继之十六句以人为例书写"正气"(仁)的表现形式,从"仁"之"用"的角度来阐释"正气"之于历史上著名贤者的人生表达方式。继之八句,阐明此"正气"为天地建构、伦理纲常之根本。继之十四句述写自身兵败被俘,遭遇非人待遇。后十二句,则抒发舍身卫道、追步典型的决绝之心。由上可见,文天祥此诗虽为书写其殉道之心、忠义之情,但其以"理""道"等节制其情感的抒发,并把诗作主题从个体遭遇升华为人生价值和境界上来,因此,此诗同样表现出"怨而不怒"的"中和""中道"等"温柔敦厚"审美理想。

由上分析可见,宋代理学家的很多理学诗篇,无论是在内容选择、主题取舍、情感色彩及表达强度方面,还是在反映创作主体的心性存养、道德察识等方面,都具有了节制、适度、中和等独特属性。从此角度而言,"温柔敦厚"审美理想对于理学家诗人的理学诗品格的生成具有了重要价值或意义。

这里,必须提及的是,在两宋之交及南宋灭亡前后的一段时间里,一些理学家在中原板荡、兵斋如粉的存亡之际,他们所写的一些诗歌作品,往往能够在抒写战争苦难、反映民众生死存亡呼声之中,仍然奉行"温柔敦厚"诗学传统,而在诗歌内容、感情强度和讽谏目的上有所体现。如两宋之交程俱诗《送傅国华墨卿赴保塞簿》有句"男儿重性命,慷慨轻远适。非关饥所驱,岂为五鼎食"②,赞美傅氏尽忠国事。靖康之变之时,面对急于安定域内的危急形势,呼唤中兴,期盼出现贤帝名相而恢复失土,遂成为朝廷以及士大夫凝聚人心、维系政统的重要手段。在此时代背景下,南宋初期诗人诗歌多涉及中兴主题。很多诗篇歌颂力挽狂澜、扶大厦于倾危的贤相将帅,以此寄托作者呼唤才俊之士投身重塑国家政体建设的愿望。诗人大都注意到人才对于中兴事业的重要性。胡寅《题浯溪》提及"颂声谐激不为难,君王早访平戎策"③,强调朝廷应该广揽人才,虚心下士,探讨平定战事的策略。同样,在南宋灭亡前后,谢翱、方逢辰、欧阳守道、方凤、王炎午、汪炎昶、陈深等人,也在其诗篇中屡屡表达出对国破家亡、故国倾覆的痛楚。

----

① 傅璇琮等主编:《全宋诗》,第 43055—43056 页。
② 傅璇琮等主编:《全宋诗》,第 16238 页。
③ 傅璇琮等主编:《全宋诗》,第 20925 页。

在这之中,除了谢翱等少数几位理学家的诗作表现为"沉郁""慷慨""悲愤"等淋漓畅快的风格之外,绝大多数理学家的诗作,无论从其内容、功用、表达感情的节制和适度,还是其中以"礼""仁""义""理"等"节之"的感情表达方式来看,都传达出遵从"温柔敦厚"审美理想的意味。

上述考察表明:对宋代理学"温柔敦厚"话语及其理学诗书写等进行考察,是有重要认识价值的。南宋严羽《沧浪诗话》独尊唐风而抨击宋调,开启中国诗歌史上绵延了近千年的唐宋诗之争。直到四库馆臣撰写《四库全书总目》时仍然受其影响,指斥宋诗"不解温柔敦厚之义",其说略云:"诗至唐而极其盛,至宋而极其变……国初多以宋诗为宗。宋诗又弊,士祯乃持严羽余论,倡神韵之说以救之。……然诗三百篇,尼山所定,其论诗一则谓归于温柔敦厚,一则谓可以兴观群怨。……宋人惟不解温柔敦厚之义,故意言并尽,流而为钝根。"[①]这一说法影响极大。一些文学史家及学者仍然踵武其式,肯定其观点。如夏秀等人也认为宋人的诗歌创作实践很少表现出"温柔敦厚"诗学观念。而本节研究认为,即使从宋代理学家的诗歌类型之一理学诗来看,理学家在其诗歌创作实践上也表现出比较明显的"温柔敦厚"审美理想。只不过,宋代理学家的"温柔敦厚"审美理想的诗歌呈现方式及其特征,又有着在汉唐诸儒观点基础上的发展演变,而不等同于他们对于"温柔敦厚"《诗》教观的认识罢了。由此而言,历史上对宋代理学诗人不解"温柔敦厚"的批评,在很大程度上是错误的,应予纠正。

第六节　宋代理学"清淡"话语与理学诗的诗歌风貌

宋代理学家在其理学著作及诗文作品中,常常使用"清""淡""清淡""清和""淡雅"等话语。从其理学著作来看,他们往往以"静坐""求静""寡欲"等方式来求得心性的"淡然",以实现其"明理""求道"等存养追求。从其诗学实践而言,理学家常常使用"清淡""淡雅""清和"等话语来对宋前及宋代诗人诗文作品加以评论。而从其诗歌作品来看,宋代不少理学家的诗歌作品也呈现出"闲适""平淡"等风格。这说明,以"清""淡"为核心的这一类话语可能潜藏着他们某种思想倾向或者审美追求。这种情况表明,宋代理学家在其心性道德实践和诗歌创作实践中似乎有较为自觉的"清淡"思想认同存在。从理学家的理学实践而言,这一思想认同因有实践主体的道德践行和察识等参与其中,故而具备实践性、伦理性

---

① 永瑢等撰:《四库全书总目》,第 1728 页。

和功用性等特征。从理学家的诗歌创作实践而言,因为创作主体藉以表达了自觉的审美情趣和审美指向,故而具备了情感性、审美性和体验性等特性。可见,"清淡"审美理想具备横跨理学、诗学的特性。

就已有研究成果看,除了寥寥数篇论文注意到理学家尚"淡""平淡"等之外,尚未有对理学家"清淡"审美理想及其诗歌风貌问题进行专题研究的论文。因此,本节对此进行较为细致的研究,系统探讨理学家"清淡"审美理想的理论元点、发展历程及诗歌呈现等,兼及玄言诗、理学诗的隔代相承、宋代文人诗尚"平淡"诗美对于理学诗人的影响等问题。[①]

一 "清淡"审美话语的生成条件及其文化因素

"清淡"及其相关话语,是中国文化史上较为复杂的语言现象,其背后有着深刻复杂的生成环境因素和文化因素。宋代理学家之"清淡"审美理想,除了与前有所不同之外,也具备了自身的某些重要特质。为了便于对理学家之"清淡"审美理想有更为准确的认识,有必要对"清淡"话语的生成环境及文化因素予以简要叙述,并对宋前"清淡"话语的演进历程有所交代。

1. "清""淡"审美思想的理论发生元点

广为后世所重视的"清淡"话语,其元初状态应是"清""淡"两词。比较来看,似乎"清"较之"淡"产生更早。甚至可以说,"淡"是在"清"的演化、发育过程中逐渐生成的观念。"清"的思想观念,可能源自"水原说"。从目前已有的研究成果来看,郭店楚简《老子》有"太一生水"章,已经有了比较自觉的宇宙生成论,庞朴先生研究成果已经为很多学者接受。[②] 而战国稷下学派《管子·水地》亦有把水视作万物本源的说法:"水者何也? 万物之本原也,诸生之宗室也,美恶贤不肖愚俊之所产也。"[③]李学勤先生认为,此中包含着"水原说"的思想。从先秦诸子学说来看,"水原说"是普遍被推崇的思想。如《老子》亦云:"上善若水,水利万物又不争。"[④]《庄子·天下》亦引关尹之说云:"在己无居,形物自著,其动若水,其静若

---

① 本节内容曾发表于《文学研究》(第 5 卷·2)。后收入拙著《宋元理学基本范畴及其诗学表达研究》(南京大学出版社,2020 年)第 203—222 页。为了保持本著研究体例的完整性和研究内容的丰富性,本节收录此文,但删除了涉元相关内容,并对原文有所删改或补充。

② 庞朴:《"太一生水"论》,载《中国哲学》编委会编:《郭店简与儒学研究》,辽宁教育出版社,2000 年。

③ 黎翔凤撰,梁运华整理:《管子校注》,第 831 页。

④ 沙少海、徐子宏译注:《老子全译》,贵州人民出版社,1989 年,第 12 页。

镜,其应若响,芴乎若忘,寂乎若清。"①这里,"其动若水"与"寂乎若清"都用来说明"古之有道术者有在于是者"的"得道"气象。而作为万物本源的"水",其外在的表现形式,则在"其静若镜""其应若响"等水之"用"中得到呈现。从关尹学派、老庄等以水为喻的用法来看,"水"之"性"颇与"道"之"体"相同。由此,"其静若镜"负载着先民的"水镜"意识。②而《老子》的"玄鉴"分明与"水镜"意识密切相关。值得注意的是,《庄子》发挥了老子的"玄鉴"而以之为"圣人之心"观照万物的方法:"圣人之心,静乎天地之鉴,万物之镜也。"③其《庄子·应帝王》则云:"圣人之用心若镜。"④韩经太先生据此认为,这里,"'用心若镜'观的形成过程,既是'水镜'经验的哲学化过程,也是'其静若镜'之'水原'意象的人格化过程……'涤除玄览'的主体修养是与'照物明白'的客观目的相统一的,而两者赖以同构的基础正是'静'而'清'的境界。"⑤从而,"中国传统的艺术哲学,因此就有了一种集创作论、鉴赏论、风格论于一体的'清'美阐释系统,而其相关思维之聚焦点,正在于清水明镜的文化意象'原型'。"韩经太先生以令人信服的严密论证,说明了"清"美的文化"原型"问题,其观点是正确的。

同样,"淡"也与"水原""水镜"等相关。《庄子·天道》云:"水静则明烛须眉,平中准,大匠取法焉。水静犹明,而况精神!圣人之心静乎!天地之鉴也,万物之镜也。夫虚静、恬淡、寂漠、无为者,天地之平而道德之至,故帝王圣人休焉。"⑥这里,庄子提及"圣人之心"法"水"而如"镜",故其心表征为"虚静、恬淡、寂漠、无为"等。这里,"淡"是圣人藉以把握"道"体的规定性要求,换而言之,"淡"即是实践主体实现对道体把握的规定性条件。故《老子》亦云:"执大象,天下往。往而不害,安平大。乐与饵,过客止。道之出言,淡乎其无味,视之不足见,听之不足闻,用之不足既。"⑦显然,这里以"淡"来形容"道"的特征。从"道"的特征和规定性来讲,"道"当然是依靠实践主体才能感受和把握的,由此,"淡"就成为得道者的重要外在气象之表现。而由"淡"入手求道,无疑是重要的得道门径。故《庄子·应帝王》无名人回答天根问治理天下之法时回答说:"汝游心于淡,合气于

---

① 陈鼓应注译:《庄子今注今译》,第935页。
② 韩经太:《清淡美论辨析》,百花洲文艺出版社,2005年,第5页。
③ 陈鼓应注译:《庄子今注今译》,第364页。
④ 陈鼓应注译:《庄子今注今译》,第248页。
⑤ 韩经太:《清淡美论辨析》,第6—7页。
⑥ 陈鼓应注译:《庄子今注今译》,第364页。
⑦ 沙少海、徐子宏译注:《老子全译》,第67页。

漠,顺物自然而无容私焉,而天下治矣。"①这里,"游心于淡"自然是洞悉、把握了"道"的外显性特质,以道而行,当然治理天下并不是什么难事。类似的用法,也见于《礼记·表记》。文中记载孔子之言曰:"故君子之接如水,小人之接如醴。君子淡以成,小人甘以坏。"②这里的"淡"如《庄子·应帝王》之"游心于淡",均是实践主体实现得道境界的途径或者方法。

2."清""淡"相联系生成"清淡"的路径及以"清淡"美论文、论诗的文献记载

从"清""淡"相联系生成"清淡"的路径及以"清淡"美论文、论诗的文献记载来看,"清""淡"两个话语相连而形成"清淡"审美理想,经历了比较长的历史进程。"清淡"一词,在裴注《三国志·魏书十三》已经出现。华歆之长子华表"性清淡,常虑天下退理"③。而《南史·张绪传》亦记:"宋明帝每见(张)绪,辄叹其清淡。"④显然,此两处之"清淡"均指人物不热衷于功名、清净自守的处世持身态度。可见,"清淡"最早的用法,指的是人物的生活态度以及由此决定了的性格行为方式。以"清""淡"等论文论诗,在《文心雕龙》等文论著作中已有应用。《文心雕龙·时序》有云:"于时正始余风,篇体轻澹,而嵇阮应缪,并驰文路矣。……然晋虽不文,人才实盛,茂先摇笔而散珠,太冲动墨而横锦,岳湛曜联璧之华,机云摽二俊之采,应傅三张之徒,孙挚成公之属,并结藻清英,流韵绮靡……简文勃兴,渊乎清峻,微言精理,函满玄席,澹思浓采,时洒文囿。"⑤这里提到"正始余风,篇体轻澹"是就彼时文坛总体风尚而言的。而在《文心雕龙·明诗》中,刘勰又云:"正始明道,诗杂仙心,何晏之徒,率多浮浅,唯嵇志清峻,阮旨遥深,故能摽焉。若乃应璩《百一》,独立不惧,辞谲义贞,亦魏之遗直也。"⑥提及嵇康之诗"清峻",阮籍之诗"遥深",应璩《百一》诗"辞谲义贞",那么,按照刘勰的判断,"轻澹"当包括"清峻""遥深""辞谲义贞"等诗歌风格。而按照字面来说,"轻澹"当与"清峻"等不可能一致。可能的解释,正如韩经太先生所云:"阮籍已经将天人之理合于自然之道,并且以'太一朴素'为之理念表述",故"'轻澹'乃有'轻澹之思'的意蕴,而'清英'应是'绮语'、'清省'的结合,也就是'清绮'"。故而,"我们可以很自

---

① 陈鼓应注译:《庄子今注今译》,第 235 页。
② 李学勤主编:《礼记正义》,《十三经注疏》(标点本),第 1493 页。
③ 陈寿撰,裴松之注:《三国志》,第 406 页。
④ 李延寿撰:《南史》卷三十一,中华书局,1977 年,第 808 页。
⑤ 刘勰著,范文澜注:《文心雕龙注》,第 674 页。
⑥ 刘勰著,范文澜注:《文心雕龙注》,第 67 页。

然地组成'清澹'一词,而余下的'轻绮本身就是当时的流行语'"。① 可以说,从《文心雕龙》时代来看,作为文学审美理想的"清淡"美,已经是呼之欲出了。

从文献来看,唐人才开始以"清淡"论诗。尤袤《全唐诗话》记唐人高仲武评钱起诗云:"员外诗体格清奇,理致清淡。……文宗右丞,许以高格,右丞没后,员外为雄。革齐、宋之浮游,削梁、陈之靡曼,迥然独立,莫之与京。"②使用了"清淡"一词来评价钱起诗,这可算是"清淡"美在诗论中的具体应用之例。成书于北宋末期(1123 年)的阮阅《诗话总龟前集·留题门上》,亦评李建中诗歌风格为"作诗清淡"③。但在之前或者同期的诗论中,以"清淡"论诗颇为少见。可见在理学"五子"时代,以"清淡"论诗仍属个别现象。不过,随着宋代理学家登上文化舞台,"清淡"美逐渐成为中国近古时期重要的审美类型,产生了相当大的文化影响。

3. 魏晋玄学"清谈"及玄言诗的"淡乎寡味"

从根本而言,促使"清""淡"结合而成为"清淡"话语,恐怕主要是受到了魏晋玄学"清谈"及玄言诗"淡乎寡味"的影响。因此,有必要对魏晋玄学之"清谈"与玄言诗之"淡"作些说明。

魏晋时期的"清谈",乃是因应着汉末两次党锢之祸,士人的谈论由"政治方面转到人物的方面"④,自然,"清谈"关注于人物品性之时,必然向着有意识地回避现实政治内容转换,由此,抽象的哲理辩论必然就成为一种风尚了。对此,汤用彤言及彼时名士谈玄之情形:"虽颇排斥神仙图谶之说,而仍不免本天人感应之义,由物象之盛衰,明人事之隆污。稽查自然之理,符之于政事法度。其所游心,末超于象数。其所研求,常在乎吉凶。"其谈玄方法,乃在于"依寡御众,而归于无极(王弼《周易略例·明象章》);忘象得意,而游于物外(《周易略例·明象章》)。于是脱离汉代宇宙之论(Cosmology of Cosmogony)而留恋于存存本本(Ontology of Theory of Heing)之真"⑤。至于谈玄的内容,无非是合《易》《老》而言之,其辩论的核心则在于王弼之注《老子》"贵无",向秀、郭象之释《庄子》"崇有"以及裴頠反"虚胜之道"的《崇有》《贵无》二论。至于谈玄风格,有的以繁缛著称,如支道林"作数千言,才藻新奇,花烂映发"⑥,有的则以简约知名,如乐广"辞

① 韩经太:《清淡美论辨析》,第 117 页。
② 何文焕辑:《历代诗话》,第 101 页。
③ 阮阅编,周本淳校点:《诗话总龟》,第 174 页。
④ 刘大杰著,林东海导读:《魏晋思想论》,上海古籍出版社,1998 年,第 157 页。
⑤ 转引自韩经太:《清淡美论辨析》,第 91 页。
⑥ 徐震堮:《世说新语校笺》(上册),第 121 页。

约旨达"①。言谈的不同风格,当然与其信奉的思想观念有一定联系。在彼时流行的话语之中,"虚胜""玄远""名理"等,很多时候是彼此通融的。韩经太先生认为,值此之际的"清"美范畴,是一个多维意义的辩证统一体,"玄远""虚胜"、循名以实、不言、善言亦为"清"、才藻丰美等均可为"清",他强调以思辨、论辩来解释"清谈"之"清",恰恰能够揭示出魏晋乃至中古时期表征为"清""浊""浓""淡"之辨识的美思美论的特殊内涵。② 韩经太先生把"玄远""虚胜"等统统认为是"清",恐怕脱离了历史实际。"清谈"表征为"玄远""虚胜"等不同的风格,但风格不应是"清"之本质。这一点其实很好理解:事物的属性永远不应是事物本身。自然,魏晋玄学"清谈"之"清",无论从其"体"还是从其"用"而言,都是内涵丰富的历史存在。要而言之,"清谈"之"清"指的离弃世俗、无关政治话题,而以谈玄为主要特征的历史存在。至于"清谈"的内容、话语、方法等,可视作"谈"话语体系下涵盖的内容,而不能视为"清"之本身。

关于玄言诗之"淡乎寡味"问题。钟嵘《诗品·序》批评西汉末至东晋初年的玄言诗风格为"淡乎寡味":"永嘉时,贵黄、老,稍尚虚谈。于时篇什,理过其辞,淡乎寡味。爰及江表,微波尚传,孙绰、许询、桓、庾诸公诗,皆平典似《道德论》,建安风力尽矣。"③这里的"淡"是就其"理"而言的,正是玄言之"理"过于诗作之文辞,才被认为是"淡",其特征乃在于"寡味"。必须注意,钟嵘之"味"指的是情感的感染力,强调的是"气之动物,物之感人。摇荡性情,形诸舞咏",不管是"若乃春风春鸟,秋月秋蝉,夏云暑雨,冬月祁寒,斯四候之感诸诗者",还是"嘉会寄诗以亲,离群托诗以怨。至于楚臣去境,汉妾辞宫;或骨横朔野,或魂逐飞蓬;或负戈外戍,杀气雄边;塞客衣单,孀闺泪尽;或士有解佩出朝,一去忘反;女有扬蛾入宠,再盼倾国"④,皆因为能够"感荡心灵"而有陈诗展义、长歌骋情。因此,这里的"味"强调的是包含创作主体的较为强烈的感情在内的主观体验。故而,钟嵘所批评的玄言诗"淡乎寡味",实质上正指出了玄言诗因为重视言"理"而表现为创作主体情感体验性的相对减弱。同样是对于玄言诗的认识,刘勰却与钟嵘不同。刘勰在《文心雕龙·时序》中谈及玄言诗产生的原因:"自中朝贵玄,江左称盛,因谈余气,流成文体。是以世极迍邅,而辞意夷泰,诗必柱下之旨归,赋乃漆园之义

---

① 徐震堮:《世说新语校笺》(上册),第111页。
② 韩经太:《清淡美论辨析》,第113页。
③ 何文焕辑:《历代诗话》,第2页。
④ 何文焕辑:《历代诗话》,第3页。

疏。"①文中指出,玄言诗的产生乃彼时的贵玄风尚、谈玄风气所致。由此,可以推知,玄学家正因为推重"清",而表征为玄言诗的"淡"。这一推理,可在刘勰《文心雕龙·时序》中得到验证:"简文勃兴,渊乎清峻,微言精理,函满玄席,澹思浓采,时洒文囿。"②"言理""谈玄"才表征为诗文的"澹思浓采"风格。亦由此可见,刘勰对"简文勃兴"之际玄言精理的"淡思""夷泰"等风格,均表达了肯定、赞赏之意。从上述钟嵘、刘勰对于玄言诗的评价来看,玄言诗因为重视言理而降低了创作主体的情感体验或表达的强烈程度,故被钟嵘批评为"寡味",而被刘勰认为"澹思""夷泰"受到肯定。由此可知,百多年来,大多数文学史都以钟嵘的认识为基础而贬低玄言诗,实际上是基于现代意义上的"文学""诗歌"等文体认知而有意识地选择的结果。

4. 魏晋玄学、宋代理学的学理相通性及玄言诗、理学诗的"隔代相承"③

魏晋玄学的理论重点是会同儒、道。王弼、何晏等人,既有以道释儒的著作,亦把儒家的伦理纲常等名教思想,纳入以"自然"为纲领的天人关系探讨中。因此,《世说新语》才把"德行""言语""政事""文学"等孔门四教放在三十六门类之前列。何晏因"老子非圣人,绝礼弃学"而转从"道"去看待孔、老的相容相通,提出了"圣人无喜怒哀乐"说,为钟会等接受④,又认为圣人"述古而不自作,处群萃而不自异,惟道是从,故不有其身"⑤。这样,就把道、儒之同归纳到"道"上。而何晏等人又把"水鉴""水镜""玄览"等视作道家与儒家共同尊奉的基本求"道"方法。如何晏所提到的"圣人无情",即为修心如镜,不为外物所累。值得注意的是,何晏对于"性与天道"问题也提出了自己的观点:"性者,人之所受以生也;天道者,元亨日新之道,深微,故不可得而闻也。"⑥何晏所言"性"与"天道"之关系问题,正是宋代理学家周敦颐、邵雍、程颐、张载、张栻、朱熹等重点关注的理学重大问题。而何晏以"镜"为喻,所谈的修养心性的方法,亦与宋代理学家完全相同。

作为魏晋玄学另一位代表性人物,王弼的"复本"论主要涉及了对于"天地之心"问题的探讨:"复者,反本之谓也。天地以心为本者也。凡动息则静,静非对

---

① 刘勰著,范文澜注:《文心雕龙注》,第675页。
② 刘勰著,范文澜注:《文心雕龙注》,第676页。
③ 参见王利民:《论魏晋玄言诗对宋代理学诗的影响》,《南京师大学报(社会科学版)》2015年第5期。
④ 陈寿撰,裴松之注:《三国志》,第795页。
⑤ 何晏:《论语集解·子罕注》,上海古籍出版社景印《文渊阁四库全书》本,第397页。
⑥ 何晏:《论语集解·公冶长》,第436页。

动者也；语息则默，默非对语者也。然则天地虽大，富有万物，雷动风行，运化万变，寂然至无是其本矣。故动息地中，乃天地之心见也。若其以有为心，则异类未获具存矣。"①"天地之心"的"本"，王弼认为是"静默至无"。这样，从"无"的角度，圣人、天地就成为本体论意义上的统一体。并且，从"无"的意义上，就兼容了万有的存在，又确定了无的最终本体。周敦颐的《通书》、张载的《西铭》、程颢的《定性书》等，所论证的路径和路数，均与王弼相近。而二程以"性""心"、天地之"本""德"等为同体而异名的做法，在思理上亦与王弼十分接近。

上述所言，是就魏晋玄学与宋代理学的话语使用、关注重点和论证思理的相近或者相同点而言的。实际上，魏晋玄学、宋代理学之所以在话语体系、关注重点和学理上具有相通性，还可以从其他方面来认识。从学理来讲，不管是魏晋玄学也好，还是宋代理学也好，都具有会合儒、道的特征，当然宋代理学更复杂一些，还具有融合佛教的特点。其着手的途径和方法，都不可避免地涉及天人关系和道德伦理关系问题。只不过，魏晋玄学是以"无"为本体，而宋代理学则强调以"有"为本体。但无论如何，其会合融通的角度、话语和路径，都有相近或者相同之处。从这个意义上讲，魏晋玄学、宋代理学的学理相通性，是客观存在的。由此而言，魏晋玄学所推崇的"清"以及玄言诗等所呈现出来的"淡"，同样也会为理学家所吸取，而表征为理学及理学诗的某些特征。

由此，也就容易理解魏晋玄言诗与宋代理学诗的"隔代相承"问题。魏晋玄言诗之特征在于"言理"，其风格特征在于"淡"，因此贬之者谓之"寡味"，而褒之者谓之"微言精理""澹思浓采"。而宋代理学诗，其本质也是以"言理""明理"或者"载道""言道"及述写心性存养等为主要内容。既然玄言诗、理学诗都与"言理"密切相关，那么魏晋玄言诗的上述特征同样就会表现为理学诗的特征。从而，理学诗必然具有"淡""精理"等特性。这些相同或者相似的诗歌特性，与创作主体的独特身份、学养及思想观念等密切相关。正是从这个意义上说，魏晋玄言诗与宋代理学诗，具有"隔代相承"的特征。

二　宋代理学家"清淡"审美理想的演进历程

值得注意的是，宋代理学家对于"清淡"之美的推重，与魏晋时期已经有了很大的不同。理学家常常把"清"与"淡"分开来认识，"清""淡"之美的意蕴发生了明显的变化。而在论文时，却又更为重视"淡"，以及由此而发挥出的"淡和""淡

---

① 王弼：《周易注·复》，上海古籍出版社景印《文渊阁四库全书》本，第223页。

然"等话语,而很少有以"清"美论文。至于在整体上使用"清淡"的情况,大多发生在以"清淡"描述景物、天气以及社会实践主体的气度境界等,在很少的情况下偶尔以之论文论诗。因此,对宋代理学家"清淡"审美理想的考察,还是应从其对"清""淡"的相关论述中展开。

1. 宋代理学家之"清"美理想

理学家对"清"美理想的表述,散见于其经、史、子、集各部著述中。通过整理来看,主要有以下几个方面的内容:

其一,关学、洛学对于"清"美理想的认识有所差异。需要注意的是,在早期理学家那里,"清"到底是德性发生元点的本体,还是功用表现,张载与程颢、程颐等人是有不同认识的。如张载讲:"太虚为清,清则无碍,无碍故神,反清为浊,浊则碍,碍则形。"①他把"太虚"定义为"清",也就是说,"清"即是"太虚",即是"气",亦即是天地之"本"。对此,程颢、程颐是不同意的。《二程遗书》记载:"形而上者谓之道,形而下者谓之器。若如或者以清、虚、一、大为天道,则乃以器言而非道也。"②道体器用是宋代理学家普遍承认的原则。以此而言,程颢、程颐兄弟均以"清"为器、用,而不同于张载的气本论中,以"清、虚、一、大"为"气"之本体。一些学者对此认识不足,往往混淆了张载的"气本论"与二程学说的差异。如今人注说《正蒙·太和篇第一》中的一段文字:"起知于易者乾乎!效法于简者坤乎!散殊而可象为气,清通而不可象为神。不如野马、絪缊,不足谓之太和。"这里的"清",注者认为是"清明,气的纯粹之状"③,形状、外部状态等是物之"用"。这恰恰不是张载的观点,而是二程的认识。南宋早期之后的理学家,如胡寅、张栻、朱熹、陈淳等,基本遵从了二程的观点。如陈淳曾言:"敬者主一无适之谓,所以提撕警省此心,使之惺惺。乃心之生道、而圣学之所以贯动静、彻终始之功也。能敬则中有涵养,而大本清明。由是而致知,则心与理相涵,而无颠冥之患。由是而力行,则身与事相安,而不复有扞格之病矣。"④这里,仍然以"清明"为心性之"大本"的外显特性,亦即从"用"上来定义"清明"。这与二程显然是一脉相承的。

其二,理学家的"清"美理想论述,重点之一是与"德""道"等相关,"清"往往被视作实践主体"得道"气象或者德性的外现特征,而成为实践主体在德性境界、

---

① 张栻著,杨世文点校:《张栻集》,第9页。
② 程颢、程颐著,王孝鱼点校:《二程集》,第118页。
③ 李峰注说:《正蒙》,河南大学出版社,2016年,第78页。
④ 陈淳:《北溪字义》,第78页。

与物关系和处世方式等方面的表征。如程颢为邵雍所作墓志即以"清明坦夷"为邵雍德性品格的表现形式之一："及其（邵雍）学益老，德益邵，玩心高明，观于天地之运化，阴阳之消长，以达乎万物之变，然后颓然乎顺，浩然其归。……先生德气粹然，望之可知其贤，然不事表暴，不设防畛，正而不谅，通而不污，清明坦夷，洞彻中外。"①文中"玩心""观天地之运化"等乃是总结邵雍学说之大要，而"德气粹然"之外显"清明坦夷"等，指的是德性修养而外显的气度、境界。程颢《定性书》亦把"清"视作"性"之外显"用"："善固性也，然恶亦不可不谓之性也。盖生之谓性，人生而静以上不容说，才说性时便已不是性也。凡人说性，只是说继之者善也。孟子言人性善是也。夫所谓继之者善也者，犹水流而就下也，皆水也。……有流而未远固已渐浊，有出而甚远方有所浊……清浊虽不同，然不可以浊者不为水也。……故用力敏勇则疾清，用力缓怠则迟清，及其清也，则却只是元初水也。"②程颢以水喻性，强调"清""拙"乃是因物而外显的表现，只不过"清"是水（性）未曾污染的形态表现，而"浊"则为水（性）受到污染的形态表现。因此，不管"清"还是"浊"，其根本（体）则未曾变化。他又有"清明在躬，志气如神"、"涵养着落处，养心便到清明高远"等论述，所言之"清"，无非是从"德""性""心"之"用"而言的。此"用"为德性之功用、运化而外显为成效、功用与价值等，因此，程颢才强调于德性之"用"的"清"做工夫而希冀于改变、变化德性之"本"。在以"清"为德性之"用"这一观点上，二程门人杨时亦云："横渠说气质之性，亦云人之性有刚柔、缓急、强弱、昏明而已，非谓天地之性然也。今夫水，清者其常然也，至于汨浊，则沙泥混之矣。沙泥既去，其清者自若也。是故君子于气质之性，必有以变之。其澄浊而求清之议欤！"③其观点继承自二程而阐说更为明白，也是以"清"为"气质之性"的"用"。实际上，"清"是本体还是功用，涉及"性"的本原和表现等重大问题，也是张载与二程理论的重大分歧之一。二程于此颇为重视："气有善不善，性则无不善也。人之所以不知善者，气昏而塞之耳。孟子所以养气者，养之至，则清明纯全而昏塞之患去矣。或曰养心，或曰养气，何也？曰养心则勿害而已，养气则在有所帅也。"④其中，二程以"清明纯全"为以"养气"手段实现了"复性""心善"而呈现出的德性境界，可见"清明"仍是基于"用"的表现、呈现形式和类属特征，而非性之"体""心"之"体"。

---

① 邵雍著，郭彧整理：《邵雍集》，第 579 页。

② 黄宗羲原著，全祖望补修，陈金生、梁运华点校：《宋元学案》，第 564—565 页。

③ 杨时撰：《龟山集》卷十二，台湾商务印书馆景印《文渊阁四库全书》本，第 230 页。

④ 程颢、程颐著，王孝鱼点校：《二程集》，第 274 页。

其三,宋代理学家因对德性之"清"的重视,而延展到对自然界之"清"境、人物之"清"德、诗文之"清"风等也给予关注,从而,"清"美理想追求成为理学家的重要审美思想。在这方面,邵雍的诗歌作品体现得最为充分。如邵雍有诗:"清淡晓凝霜,宜乎殿颢商。自知能洁白,谁念独芬芳。"①以晓霜之"清淡"比喻德性之"芬芳",比喻新奇警省。又如其诗:"清景几人爱,爱之当远寻。及临韩岳近,始见洛川深。"②以秋气潜生而庭院乍凉之天气,与园林经雨之景物的清丽无尘为述写对象,表达其怡情悦心之意。"清景"成为作者脱俗情怀的写照。从邵雍《击壤集》来看,他对"清"十分重视,诗句中常有"清平""清淡""清欢""清池""清泉""清冷""清芬""清白""清香""清闲""清世""清吟""清和""清明"等话语。这些话语大致分为三类:第一类是纯粹的写景取象之作,但其地点名物之"清池""清泉""清芬",与物候季节之"清冷""清芬""清香"等,往往沾染着作者的情趣胸怀。第二类是书写作者的主观感受和行为方式,如"清欢""清谈""清白""清吟""清和"等,这一类话语往往表达了作者的德性品格和德性追求。第三类则以"清平""清和""清闲"等述写政治安定、相对公平的所谓"治平"统治秩序。

一些理学家也以"清切""清淡"等来评价他人之诗。如杨时《杨希旦文集序》称:"先生诗文清切平易,不以雕琢为工。览之者亦足想见其风度云。"③以"清切"来论诗,虽属理学家较为少见的诗学批评内容,但毕竟说明了理学家对于"清淡""清切"等诗歌风格的推崇和重视。这也算是理学家"清"审美理想对于其诗学批评的影响和转移吧。

2. 理学家"淡"美之审美理想

比较而言,宋代理学家对于"淡"美理想的重视,较之"清"更为突出。周敦颐已经把"淡"提升到"平心""崇礼""为政"等高度。他讲:"故乐声淡而不伤,和而不淫,入其耳,感其心,莫不淡且和焉。淡则欲心平,和则躁心释。"④这里,"淡""和"成为"感其心"的条件和前提。对此,朱熹注云:"淡者,理之发;和者,声之为。先淡后和,亦主静之意也。然古圣贤之论乐曰和而已。此所谓淡,盖以今乐形之而后见其本于庄正齐肃之意耳。"⑤朱熹认为,周敦颐所谓"淡",乃是立足于"理"而言的。而"和"则是"理"的实现、实践。这样,"乐"就指向了以"理"来感

---

① 邵雍著,郭彧整理:《邵雍集》,第188页。
② 邵雍著,郭彧整理:《邵雍集》,第197页。
③ 杨时撰:《龟山集》卷二十五,台湾商务印书馆景印《文渊阁四库全书》本,第351页。
④ 周敦颐著,陈克明点校:《周敦颐集》,第29页。
⑤ 周敦颐著,陈克明点校:《周敦颐集》,第29页。

化、育成人心。反过来讲，以天地万物之客观之"体"而成为"乐"的内容，此内容以乐声的方式发之于外，以实现和合上下、贯通天地万物之功用。朱熹又认为，"淡"是就今乐而言的。唯有今乐之"淡"才能与古乐之"庄正齐肃"功用相当。依朱熹注释来看，周敦颐之"淡"，就具有了比较明显的理性意味了。周敦颐特地强调，"淡"之于道德伦理、政治伦理及国家政局之作用："后世礼法不修，政刑苛紊，纵欲败度，下民困苦，谓古乐不足听也，代变新声，妖淫愁怨，导欲增悲，不能自止。故有贼君弃父、轻生败伦，不可禁者矣。"①观此，则"淡"之"乐"的重要性是不言而喻的。故此，朱熹深有会意："古今之异，淡与不淡，和与不和而已。"②

周敦颐之后，很多理学家也表达出对"淡"美的重视。如二程就认为："颜回在陋巷，淡然进德，其声气若不可闻者。有孔子在焉。若孟子，安得不以行道为己任哉！"③这里的"淡然"自然是德性之美，但"淡然"是主体具有德性之美的外显形式而非德性本身。游酢在《衣锦尚絅章》中讲："无藏于中，无交于物，泊然纯素，独与神明居，此淡也。"④这里，"淡"就是德性圆满的境界和内容，颇与张载认定"清"为气"本"相类似。显然，游酢之"淡"异于二程。二程之"淡"具备近似于"清"的德性气度、境界，而非"德性"本体，但游酢却把"淡"视作德性之本体。张九成则讲："学问于平淡处得味，方可以入道。不然，则往往流于异端，不识真味，遂致误人一生。"⑤以"于平淡处得味"视作"入道"之标准，似有把求"平淡"作为治学路径的倾向。而陆九渊则强调："君子之道，淡而不厌。淡味长，有滋味，便是欲。"⑥竟以"淡"为君子之道的外在表现，其思想与二程前后相承。再如许景衡评刘安节："温温刘子其美璞，斯文有传与敦琢。始乎致知物斯格，沉涵充积卒自得。……众人利欲独淡泊，洞然无碍油然乐。"⑦以"淡泊"评价其德性境界，颇为深刻。此外，《宋元学案》载彼时理学人物之德性品格，很多人具有"淡然""淡"等特征。如周长孺"淡然若无意于世"⑧，吕祖谦评其先祖吕本中"冷淡静工夫"⑨，胡

① 周敦颐著，陈克明点校：《周敦颐集》，第 29 页。
② 周敦颐著，陈克明点校：《周敦颐集》，第 30 页。
③ 杨时辑：《二程粹言》卷下，上海古籍出版社景印《文渊阁四库全书》本，第 403 页。
④ 游酢：《游廌山集》卷一，上海古籍出版社景印《文渊阁四库全书》本，第 652 页。
⑤ 黄宗羲原著，全祖望补修，陈金生、梁运华点校：《宋元学案》，第 1303 页。
⑥ 黄宗羲原著，全祖望补修，陈金生、梁运华点校：《宋元学案》，第 1892 页。
⑦ 黄宗羲原著，全祖望补修，陈金生、梁运华点校：《宋元学案》，第 1138 页。
⑧ 黄宗羲原著，全祖望补修，陈金生、梁运华点校：《宋元学案》，第 1162 页。
⑨ 黄宗羲原著，全祖望补修，陈金生、梁运华点校：《宋元学案》，第 1241 页。

宪"质本恬淡,而培养深固"①等,皆说明彼时理学家对"淡"美理想的重视。

"清""淡"之审美理想,也潜含在理学家的一些诗文评论述之中。如李复《读陶渊明诗》有句:"渊明才力高,诗语最萧散。……旷然闲寂中,奇趣高蹇嵝。……雕刻虽云工,真风在平淡。"②以"旷然闲寂"等为"平淡"。而《宋元学案》亦记,婺学唐仲友门人傅寅,"其诗闲远古淡,有渊明、康节风"③。说明傅寅推重"古淡"诗歌风格。

值得注意的是,宋代理学家在评价陶渊明、孟浩然及同时代一些诗人的诗歌风格之时,往往把"清""淡"等审美理想并举。如杨时讲:"陶渊明诗所不可及者,冲澹深粹,出于自然,若曾用力学,然后知渊明诗非着力之所能成。"④强调"冲澹"乃是陶诗重要特征。杨时又评陈少卿诗文:"其文纯深,析理论事,足见其志。其为诗,平淡清远,有晋人之风。虽应制辞章,咸有典则。"⑤以"平淡清远"来评价陈氏之诗,可见杨时对"清淡"美的重视。而朱熹在评韦应物诗作"气象近道"论述中,即同时含有对"清""淡"等审美理想的评价。朱熹既然认为韦诗"气象近道",那么,古代文论中对韦应物诗歌某些特征、意蕴的评点、体味,自然就与"近道"有所联系。而历代对韦应物诗歌的评价,同样涉及"淡""清"等风格。大致说来,前人以为韦诗具有"淡"的特征,类似说法还有"闲淡""淡泊""萧散"等,这些说法都可以归纳为"淡"。《全唐文》卷八七〇记载时人评价韦应物诗歌特征,《石洲诗话》《宾退录》等已有相关评价。这些文献对韦诗特征的评价,其共同点是认为韦诗具有"淡"的审美意味。再就是,前人以为韦诗具有格韵"清"的特征。《岁寒堂诗话》《诗镜总论》等对此已有总结。相关文献中,诗论家都是从"格""韵"出发对韦诗进行评价的,格韵"清"可视作上述诗论对韦诗的评价。既然朱熹推崇韦诗"气象近道",那么,韦应物诗歌的"清""淡"等风格当为朱熹所肯定。⑥

可见,宋代理学家对于包括"清""淡""淡然"等在内的"清淡"审美理想是比较看重的,他们视"清淡"等为实践主体的德性境界、气度的表现形式,由此而推重具有"清淡"之美的景物、物候等外在之物。并且,"清淡"话语也成为他们对于

---

① 黄宗羲原著,全祖望补修,陈金生、梁运华点校:《宋元学案》,第1398页。
② 傅璇琮等主编:《全宋诗》,第12407页。
③ 黄宗羲原著,全祖望补修,陈金生、梁运华点校:《宋元学案》,第1963页。
④ 杨时撰:《龟山集》卷十,台湾商务印书馆景印《文渊阁四库全书》本,第191页。
⑤ 杨时撰:《龟山集》卷三十四,台湾商务印书馆景印《文渊阁四库全书》本,第419页。
⑥ 参见拙作:《"气象"何以"近道"》,载赵敏俐主编:《中国诗歌研究动态》(第六辑),学苑出版社,2009年。

诗人诗文风格的重要评价标准。或者可以认为,可能是基于实现德性圆满境界的理想追求,而造成了理学家对于"清淡"之美的物象、物候等内容的重视,也许,具有"清淡"特征的物象、物候等,是作为理学家实现德性圆满境界的审美对象而存在的。至于理学家诗文评中推重"清淡"之美,可能与这一文化因素密不可分。

三　宋代理学家"清淡"话语的理学诗书写及其诗歌风貌特征

这里,"诗歌风貌"主要指的是宋代理学家在诗歌题材、内容、主旨及表达方式等方面,所呈现出的"清淡"审美理想。宋代理学家"清淡"审美理想的诗歌风貌,可以从显性和隐性两个方面来分析。

宋代理学家之"清淡"审美理想,很容易在其诗歌作品中看到其显性的呈现方式。大致而言,这些显性的呈现方式,可以看作理学家"清淡"审美理想的自觉性表达。从其诗歌作品来看,可分为三种显性表达方式:

其一,宋代理学家"清淡"审美理想的重要诗歌呈现方式,表达出对于实践主体或者歌咏对象的德性境界、气度等的推重和赞许。如何平仲有诗《赠周茂叔》:"及物仁心称物情,更将和气助春荣。智深大易知幽赜,乐本咸池得正声。竹箭生来元有节,冰壶此外更无清。几年天下闻名久,今日逢君眼倍明。"[1]前二句赞美周敦颐具备推己及物、洞悉人心之德,故能得万物之"实"亦即德性品格。此一德性品格顺物之性而化之,故人慕其德。三四句赞美周敦颐深于《周易》《乐》等儒家典籍,这里是以《易》《乐》代指六经。五六句则赞美周敦颐具有高尚品节,而呈现为德性清明的气度、境界。最后两句,则属应酬客套之语。再如李复有诗《春日北园早起》:"雨断云犹在,风回气已明。林花含宿润,露沼散余清。喜静心常淡,居闲意寡营。流光随转盼,所向达吾生。"[2]诗作强调因"喜静"而"心常淡""意寡营",表达出作者安于春景而所乐在于追求"达"的人生志趣。联系李复的理学思想来看,此"达"当是以求理、践礼等以"达道"等为目的的心性存养追求。再如林焕《题濂溪》:"我来濂溪拜夫子,马蹄深入一尺雪。长嗟岂惟溪泉濂,化得草木皆清洁。夫子德行万古师,坡云廉退乃一隅。有室既乐赋以拙,有溪何减名之愚。水性本清挠之浊,人心本善失则恶。安得此泉变作天下雨,饮者犹如梦之觉。"[3]诗作五六句突出周敦颐之"德行"乃万古之师,指出苏轼所推重的周之"廉

---

[1]　傅璇琮等主编:《全宋诗》,第 5067 页。

[2]　傅璇琮等主编:《全宋诗》,第 12454 页。

[3]　傅璇琮等主编:《全宋诗》,第 16039 页。

退"仅是其"德行"之一。七八句点出周氏重要思想之所在《拙赋》与诗作《濂溪》。九十句以水性对人心,以清浊对善恶,实际上引用的是二程的学说,以"清"为德性之"用"。最后两句引用了朱熹的"梦觉"学说,希冀天下之人能够由"格物"而"致知"以入德。显然,此诗之"清"乃是推美周敦颐之光风霁月般的德性圆满境界和气象。再如吴锡畴《竹洲重葺仁寿堂》:"抗章当日勇辞荣,三咏循陔世念轻。娱悦高堂仁者寿,甕培遗植圣之清。云涵翠葆添新荫,秋逼青琅戛旧声。故址依然成栋宇,水心题扁尚晶明。"①仁寿堂为吴锡畴先祖所建,叶适为之题写堂名。诗中,吴锡畴以"甕培遗植圣之清"颇有意味:一则隐含有推重先祖之德如伯夷,暗指其先祖忠于宋室之节;二则提到"培植"强调其先祖对于宋室之贡献;三则指出其先祖抗章辞官而建堂悦母,具有德性之"仁"与闲适自好之意。由此可见,此中之"清"乃是作者褒扬其先祖道德境界之意。再如刘黻《寄缪景文》:"髫年闻俊发,两岁喜相过。薄俗交游少,清淡警处多。巷深留虎迹,树老集禽窠。无计买邻住,青铜谁共磨。"②以"清淡"赞美缪氏之德性,希望其多多警省自己。总的来看,理学家这方面的诗作是很多的。可以说,以"清""淡"等表达对实践主体或者歌咏对象的德性境界、气度等的推重和赞许,是理学家"清淡"审美理想在其理学诗中常见的呈现形式。

其二,重物景之"清""淡""清淡"之象,此"象"往往同天理、性、德等相联系。如张栻《路出祝融背仰见上封寺遂登绝顶》:"我寻西园路,径上上封寺。竹舆不留行,及此秋容霁。磴危霜叶滑,林空山果坠。……永惟元化功,清浊分万类。运行有机缄,浩荡见根柢。此理复何穷,临风但三喟。"③诗作述写秋登祝融,幽壑阴崖,苍翠清芬,宇肃而净翳,人之身心俱得以净化。作者因观景而明理,赞美天地生生不已之元化发育之功,因而联想到万物由之而分清浊而万千品类滋生。反观天地生机运行,当因物而见其"根柢"亦即"天地化育"之本原。诗中"清芬"指的是秋花如兰等的芳菲之气,而"清浊"指的是万物的"气质之性"。再如张栻《三月七日城南书院偶成》:"积雨欣始霁,清和在兹时。林叶既敷荣,禽声亦融怡。鸣泉来不穷,湖风起沦漪。西山卷余云,逾觉秀色滋。……敢云昔贤志,亦复咏而归。寄言山中友,和我和平诗。"④诗作因春景"清和"而书写其"生生"之意:林叶敷荣而禽声融怡,鸣泉湖风,山雪丛绿,游鱼野鹤,皆为天地发育、大化流

---

① 傅璇琮等主编:《全宋诗》,第 40409 页。
② 傅璇琮等主编:《全宋诗》,第 40703 页。
③ 傅璇琮等主编:《全宋诗》,第 27871 页。
④ 傅璇琮等主编:《全宋诗》,第 27883 页。

行之景象。这里的"清"当为万物之景，而"和"则为万物和悦融融之象。诗篇表露出作者希慕孔门"咏而归"、以存养德性为旨归的情怀。作者尾句特别点明此诗之主旨乃是大有意味的"和平"。这里的"和平"乃是心物无二、心气平和而涵育、存养心性之意。再如许月卿有诗《闲赋》："老大天谙练，殷勤月往还。岩峦有奇操，泉石亦清淡。隔浦飞秋叶，开窗看夕山。天心端正月，潭水夜深参。"①天、月、山峦、岩石之"清淡"，正是实践主体内心的写照。作者保有"清淡"之心性，其目的乃在于"深参"天理。此诗说明许月卿理学受到了佛教禅宗的影响。与张栻、许月卿诗作类似，朱熹、彭龟年、杨万里、刘黻、王柏、吴泳、丘葵等人，亦写有不少以"清淡"审美理想来选取物景连带而及"言理"的诗作。总的来看，宋代理学家以"清平""清淡""清池""清泉""清冷""清芬""清白""清香""清和""清明"等审美标准书写景物，表现出理学旨趣、理学思理的巨大影响。

其三，以"清""淡"或者"清淡"来论诗，或者理学家的诗歌表现出来"清""淡""清淡"等风格特征。前文提及理学家论陶渊明、孟浩然、韦应物等人诗歌风格时，往往以"清淡"审美理想为标准，并分析了其中的若干论述。从中可见，理学家十分重视"清淡"之美的诗歌追求。实际上，理学家的相关论述和诗歌作品中，还有不少这方面的文献记载。如吴锡畴《还友人诗卷》："坛荒杜陵后，何以续诗名。千里江山秀，一襟风露清。淡中无浅短，豪处有和平。细读松间集，如闻雅奏声。"②诗篇推扬作者具有"清"美胸襟，诗风为"淡"而"无浅短"，具有既"豪"且"和平"的风格。显然，此中之"淡"为符合儒家审美理想的"中和""和平"与德性的美好、圆满等境界之意。

除此之外，一些诗话、诗论中，也以"清淡""淡""清"等论及理学家的诗作。如《围炉诗话》："刘屏山、朱韦斋诗最可喜。……屏山绝句云：'偶临沙岸立多时，淡淡烟村日向低。幽事挽人归不得，一枝梅影浸澄溪。'乔谓绝似杨诚斋清淡诗。"③认为刘子翚"偶临"诗与杨万里"清淡"诗相似。可见，《围炉诗话》认为杨万里一些诗属于"清淡"诗。《四库全书总目》也提及吴芾等数人诗风具有"清""淡"等特征。如在吴芾《湖山集》下云："退闲者十有余年，年几八十，乃渐趋平淡。和陶诸诗，当作于其时，亦殊见闲适清旷之致。集中有《寄朱元晦》一诗曰：'夫子于此道，妙处固已臻。尚欲传后学，使闻所不闻。顾我景慕久，愿见亦良勤。'是其

---

① 傅璇琮等主编：《全宋诗》，第 40535 页。

② 傅璇琮等主编：《全宋诗》，第 40405 页。

③ 吴乔：《围炉诗话》卷五，载郭绍虞编选：《清诗话续编》，第 637 页。

末年亦颇欲附托于讲学。然其诗吐属高雅,究非有韵语录之比也。"①吴芾与朱熹等理学家多有唱和应酬,可视作理学诗人。其晚年诗作趋于"平淡"。在林季仲《竹轩杂著》下注云:"《庚溪诗话》称季仲颇喜为诗,语佳而意新。今观所作,虽边幅稍狭,已近江湖一派。而笔力挺拔,其清隽亦可喜也。"②强调林季仲诗作具有"清隽"之风。在许景衡《横塘集》下云:"至其诗篇,乃吐言清拔,不露伉厉之气。"③指明许景衡诗作有"清拔"之风。在刘黻《蒙山遗稿》下云:"其诗亦淳古淡泊,虽限于风会,格律未纯,而人品既高,神思自别。"④说明刘黻诗作具有"淳古淡泊"之风。上述数则可见,一些理学家的诗作风格具有"清淡"之美的特征。

两宋时期,理学诗人的"清淡"审美理想,可能影响到他们的景物诗取景问题。宋代理学诗人重写景而少抒情诗作,在写景诗中选取的景物往往是比较简单的景物,明显不是如文人诗那样追求以优美、精致的物象来建构诗境。如程颢有诗《盆荷二首》之二:"衡茅岑寂掩柴关,庭下萧疏竹数竿。狭地难容大池沼,浅盆聊作小波澜。澄澄皓月供宵影,瑟瑟凉风助晓寒。不校蹄涔与沧海,未知清兴有谁安。"⑤所咏之物乃是盆荷,连带而及书写盆荷所在之环境:柴门与几竿疏竹。作者以寥寥数物而起兴,所表达的主旨并非描摹景物,而是借以抒发自己安于日常生活、定止心性的态度。再如张九成有诗《题竹轩》:"听说竹轩趣,清幽尽此房。春禽一声杳,夏簟五更凉。落雪鸣寒玉,啼蛩泣古簧。因君诗意到,欲罢不能忘。"⑥诗中景物只有春禽、夏簟、落雪、啼蛩,除了夏簟是从感受角度来写外,其他与春、秋、冬相关的三物是从其声音来写的。这样,诗篇立足人的感受(触觉与声觉)来书写竹轩所处环境,诗篇因之具有了灵动之美。再如张栻有诗《和宇文正甫探梅》:"天与孤清迥莫邻,只应空谷伴幽人。千林扫迹愁无那,一点横梢眼便亲。顾影莫惊身易老,哦诗尚觉句能新。几多生意冰霜里,说与夭桃自在春。"⑦南宋时期,包括理学诗人在内的士人咏叹梅、竹等成为流行的风尚。张栻此诗,颇能代表理学诗人的写作视角:一二句抒写梅之孤清之德颇与幽人相近,三四句写严冬万物凋零之际,唯有雪梅横梢吐露,使人倍感亲切。最后两句则转

---

① 永瑢等撰:《四库全书总目》,第 1362 页。
② 永瑢等撰:《四库全书总目》,第 1365 页。
③ 永瑢等撰:《四库全书总目》,第 1354 页。
④ 永瑢等撰:《四库全书总目》,第 1405 页。
⑤ 程颢、程颐著,王孝鱼点校:《二程集》,第 479 页。
⑥ 傅璇琮等主编:《全宋诗》,第 20005 页。
⑦ 傅璇琮等主编:《全宋诗》,第 27898 页。

写冰霜之中梅花所呈现出的天地生生不已,正是天德之显露,昭示着繁花季节马上就要来临了。张栻诗篇中所及之内容极少,只有梅与赏梅之人而已,但所表达的诗旨却极为深刻。理学诗人的上述诗作中,所咏及之物数量少且诗作内容简单的特征,虽不能说一定是受到了其"清淡"审美理想的影响,但至少应与之有关。因为"清淡"之审美理想的影响,才会在选取景物时趋向于简单。反过来看,也唯有简单才会造成"清淡"的审美效果。

两宋时期,理学诗人的"清淡"审美理想,也可能对他们的诗歌主题选择产生了影响。理学诗人的诗歌主题,大多注重明理、心性存养、尊德性、生生不已等理学思想或理学旨趣,而对于社会重大政治问题等方面关注较少。关于这一点,其原因当然并非只是受到理学诗人"清淡"审美理想的影响。两宋时期的国家矛盾、民族矛盾、党争以及政治制度、理学家文道观念等,都是重要因素。理学诗人的"清淡"审美理想,仅是其中的一种因素而已。举例来讲,南宋理学家赵鼎、李光、周必大、杨万里、度正等作为彼时影响极大的诗人、能臣,在其诗作中却很少涉及社会重大政治问题。周旋于党争,避祸于朝政,自然是这些人物的明智之举。但彼时理学人物推崇"清淡"之审美理想,亦应是其原因之一。

本节的研究结论是:宋代理学家崇尚"清淡"的理学观念,以及在诗歌创作和诗学评价中所体现出来的"清淡"审美理想,是兼有理学实践主体身份和诗歌书写或创作主体身份的理学家诗人,"德音清和"德性境界追求与其诗歌"清"风格追求相融合的产物。在理学家诗人的"清淡"审美理想的生成和发展历程中,历史文化传统、理学传统与宋代诗学传统,互相交融而汇成了理学家的这一重要审美理想。理学家的诗歌创作实践,忠实地反映出理学家的这一审美理想。从这个意义上讲,理学家的"清淡"审美理想,对于理学诗的风格、面貌等特质的生成,具有一定的影响。

本章小结

理学家的审美追求往往与其诗歌创作紧密联系,而在诗歌作品的内容、主旨、风格,乃至诗歌结构、表现方式等方面表现出来。我们把理学诗所反映出的理学诗人的特定审美指向或审美目的,称之为理学诗的"审美风貌"。理学家的审美风貌是客观的历史存在。宋代理学诗主体通过对若干理学话语的审美转换,而生成了其独特的审美理想。而以理学诗书写的方式,对这些理学审美话语的呈现、表达或反映,也就表征为理学诗的独特诗歌风貌。宋代理学若干重要话语,诸如"崇拙""玩物从容""气象近道""温柔""和平""温柔敦厚""清淡"等,都是此际理学家非常关注的重要理学话语。这一类话语,因其兼具体验性、实践性与情感性,也就具有了审美功用,因此而被赋予了审美理想和审美价值。基于理学话语而具有了审美价值或审美意味的理学审美话语,是非常丰富的。本章选取一些具有审美价值或审美目的的典型理学话语,来考察其诗歌风貌的特征及其生成等问题,以探讨理学话语与诗歌风貌之紧密关联。研究表明:

周敦颐《拙赋》"尚拙"而"斥巧"的理学思想,以及邵雍、张载等人对于"巧""拙"问题的相关探讨,成为宋代理学"巧贼拙德"话语的思想基础,并在理学诗内容、主旨、表达方式和审美风格等方面得到呈现或表达:其一,被赋予了审美功用或审美价值的宋代理学"巧贼拙德"话语,呈现为"尚拙"而"斥巧"等理学诗内容或主旨诗歌类型。其二,一些理学诗围绕着诸如"拙斋""拙轩""拙室""拙庵""鲁斋"等名称而展开。其三,理学诗人的"巧贼拙德"理学诗书写,表现出书写主体有意识地对传统诗歌艺术技巧和表现方式的疏离。一些理学家的诗歌创作,不讲究押韵、用典,也不注重字面用语的锤炼,用一种近乎随口漫吟的方式写诗。此外,从历代诗论、目录学著作等来看,两宋时期不少的理学诗人,其诗歌风格具有质朴、朴质、笃实、质俚等特征。宋代理学"巧贼拙德"话语,对后世理学产生了重大影响,也在其理学诗书写中得到一定程度的呈现。

宋代理学家之"玩物从容"话语,指的是实践主体以舒缓、不急迫的态度,研习、考察、把握自然界、人类社会和人自身及其属类事物的运动变化、呈现状态,及其相互关系、本质、规律等,从而呈现出实践主体的兼有和悦、安乐等审美体验和定止心性、安适不迁等德性品质的道德气象或者道德境界。宋代理学家的不少理学诗书写,常常整体性地表达出创作或书写主体的"玩物从容"审美思想。其理学诗书写中,有一些诗篇并没有出现"玩物""从容"等,但其诗作却表达出"玩物从容"的审美思想。也有一些诗,注重突出"玩物从容"的某些观点、方法或者实践主体的道德境界,以表达作者对"物"态度。一些理学诗涉及以"从容"为识察事物之方法,来表达其"重道""问学""明理""尊德性"等诗歌主旨。

以周敦颐、二程、朱熹等为代表的宋代理学家,试图以"气象"作为沟通天地、生物、人的途径和渠道,"观天地生物气象""体贴气象""持养气象"与省察"圣贤气象"、"观孔颜乐处"等话题,作为求"道"的方法、途径兼目的而成为理学体系的重要范畴。除了具有功用性之外,"气象近道"也具有超越性,它以情感体验与审美的方式探及宇宙论与道德论的沟通与融合问题,实现了人与自然的完美和谐统一,是超功利的美学境界。理学家"气象近道"审美思想在诗歌创作上的呈现主要有：其一，具有"清""淡""言意自在"等诗歌风格。其二，亦注重书写实践主体"近道"之"气象"。其三，往往注意抒写天地之"气象"。

宋代理学家在承继汉唐诸儒"温柔敦厚"《诗》教观的同时，于众多方面发挥、转移了其主要观点，或有所侧重，或有所拓展，或发生了根本性的变异。理学家正是禀受着儒家诗教传统的沃灌，而以性理化的探讨和阐释，导致"温柔敦厚"诗教观发生了从道德伦理向着性理论证、从政教原则向着审美原则的转向。理学家的上述努力，在其诗歌创作实践中得到展现：其一，呈现为诗作内容上关注"情性"及"心性存养"等问题。其二，重视诗歌的讽谏、感兴志意的作用。其三，在表达感情、进谏政治、书写对事物的态度时，注意中和、中节而不过分，特别是能够以理、礼、性、道、仁等"节之"，而表达出"温柔敦厚"的诗歌风格。

宋代理学家往往以"静坐""求静""寡欲"等方式来求得心性的"淡然"，而以"清淡""淡雅""清和"等话语来对宋前及宋代诗人诗文作品加以评论，并在其理学诗书写中呈现出"闲适""平淡"等风格。可见，宋代理学家在其心性道德实践和诗歌创作实践中有较为自觉的"清淡"思想认同存在。理学家常常把"清"与"淡"分开来认识，"清""淡"之美的意蕴发生了明显的变化。而在论文时，却又更为重视"淡"，以及由此而发挥出的"淡和""淡然"等话语。至于在整体上使用"清淡"的情况，大多发生在以"清淡"描述景物、天气以及社会实践主体的气度境界等方面。宋代理学家之"清淡"审美思想，在其理学诗书写中有三种显性表达方式：其一，表达出对于实践主体或者歌咏对象的德性境界、气度等的推重和赞许。其二，重物景之"清""淡""清淡"之象，此"象"往往同天理、性、德等相联系。其三，呈现出理学诗的"清""淡""清淡"等风格特征。总结而言，宋代理学"清淡"审美思想，是理学诗人"德音清和"德性境界追求与其诗歌"清"风格追求相融合的产物。在理学家诗人的"清淡"审美思想的生成和发展历程中，历史文化传统、理学传统与宋代诗学传统，互相交融而汇成了理学家的这一重要审美思想，并呈现于理学诗人的诗歌创作实践中。理学家的"清淡"审美思想，对于理学诗的风格、面貌等特质的生成，具有一定的影响。

本章考察表明，一些理学话语因其事关存养心性以"求道"，而受到理学实践主体的重视，逐渐成为理学家用来判断事物的标准尺度或价值目的。而理学本身具有亦认知亦实践的属性特征，亦赋予了这些理学话语体验性、超越性等特质。因此，某些理学话语实现了其向着审美话语的转换，而成为理学诗人用以评点后书写诗歌的审美标准或价值尺度。本章相关研究表明，包括理学诗内容、主旨、表达方式和诗歌风格在内的审美呈现形态，受到了理学话语的重大而直接的影响。

第七章 | 宋代理学诗的主体特征、发展流弊和文学史地位

宋代理学是宋型文化的重要理论形态和文化坐标之一,它不但以独具特色的理论体系和鲜明的实践性品格闻名于世,也通过宋型文化的文化精神、哲思意趣、审美实践等表现出来。流传悠久、泽被深远的儒家学说,得宋代理学家的不懈努力而生发出崭新面貌,"宋贤精神"遂成为与"盛唐气象"相并列的文化现象,为后世所瞩目。理学家及其影响下的士人,因理学的茹润而发之于诗歌,创作了数量丰富的理学诗作。这一类独特的诗歌类型,就是本书所研究的对象——宋代理学诗。宋型文化在汉唐文化类型向着宋元文化类型转变过程中,之所以具有承前启后、垂宪后世的重要历史地位,包括理学诗在内的理学文化形态居功甚伟。故而,我们对理学诗进行研究,揭示其基本面貌,把握其主体特征,进而确定其历史地位,是有重要学术价值和文化研究价值的。

通过本书前三章的相关研究,我们已经对宋代理学诗的文献留存、作者数量、发展历程、理学家的诗歌范式选择及主要诗歌体式等问题,有了比较明确的认识。而本著之第四章、第五章和第六章,又对理学诗本体的主要部分即诗歌主题、表达方式及审美风格类型等,进行了比较细致的考察。基于本书前六章之研究,本章再对理学诗基本面貌、主要特征、发展流弊及其在文学史上的地位等,试作归纳或总结。

第一节 宋代理学诗的作者、生成条件与主要特征

理学诗,作为宋代出现的一种抒写理学思理、理学旨趣的诗歌新样式,其表达、承载的主要是以理学家心性存养为核心的理学思想和理学旨趣。但是,作为艺术样式之一的诗歌而言,它也逐渐生成了具有自身特质的类型特征。从理学诗的内容或主旨类型来讲,除了一些理学诗直接书写理学境界、理学思想和理学

义理之外,还有一些理学诗借用传统诗歌的表达方式,来形象化地表达若干理学范畴与命题。比如理学基本范畴与命题中的"孔颜乐处""生生不已""观天地生物气象"等,便经常与春日盎然、生机勃发等相联系。而理学之"道问学""明理"等要落到实处,其认知或体验路径,往往是理学家藉由景物、社会事件等"物",而诉诸实践主体之体验、反思等来抽绎出理学的上述思想。从理学诗表达方式来讲,理学家的"观物""格物"以"明理"等往往成为理学诗的表达方式。可以说,宋代理学诗是中国古代诗歌史上独特的"这一个"。通过对历代目录记载、诗文评点、诗歌选本前人评论,以及理学家诗人评论等文献进行考察可见,两宋时期"理学诗"是客观真实的历史存在。

理学诗的作者可以分为两大类:一类是理学家诗人,另一类是受到理学家影响的文人诗人。前者以《儒林宗派》《宋元学案》《闽中理学渊源录》等统计而得,有明确记载的理学家有 2800 人以上。依《四库全书》《四库全书补编》《续修四库全书》《禁毁四库全书》《丛书集成初编》和《续编》及《三编》《全宋诗》《宋诗钞》《全元诗》《濂洛风雅》《诗渊》等收录的宋代诗人的诗歌情况,来核查、检索其诗作,可得宋代有诗歌留存的理学家诗人 360 人以上。较有代表性的诗人有邵雍、周敦颐、张载、李复、吕大忠、范育、吕大钧、张舜民、吕大临、程颢、程颐、邹浩、陈瓘、周行己、朱熹、林亦之、吕祖谦、陈傅良、王十朋、陈藻等。依据理学家诗歌作品的数量、理学诗创作情况等,再对上述理学家诗人予以选择,可得有代表性的理学家诗人 130 人左右。通过对这 130 人左右的诗歌留存及其所写的理学诗进行统计,得到理学家诗人创作的包括崇德性、生生不已、格物明理、因诗求道、心性存养、重道、向学等主题的诗歌 6300 多首。第二类,受到理学家影响的文人诗人,其数量是非常多的。其中,若干文人与理学家有诗歌唱酬,因而写作了若干富有理学义理和理学情趣的诗歌。考察写作了理学诗的文人情况,主要来自两方面的文献材料:一类是理学家年谱所载的与理学家有密切交往的文人。现存宋代理学家年谱谱主,有周敦颐、程颢、程颐、邵雍、张载、杨时、罗从彦、朱熹、张栻、吕大临、吕本中、陆九渊、杨简、真德秀、魏了翁等近 40 人。从这些理学家年谱所载看,他们与彼时很多文人有交往。核之以《全宋诗》《全元诗》等,有 80 多人共写有理学诗 200 多首。另一类是在理学家诗歌中提到的与之有诗歌唱酬的文人,以及诗歌中记载的与理学家唱酬的文人。通过对代表性理学家诗人 110 多人的诗歌进行分析来看,与这些理学家交往的文人有 5600 多人。依《全宋诗》作统计,5600 多人中,有 70 多人写有理学诗 200 多首。通过对两宋时期一些比较重要的诗人的诗歌作品分析统计来看,这类文人写作的理学诗并不是很多,有 100

多位文人写作了 300 多首理学诗。理学家的"理学诗"诗作,无论就其文献著录形态而言,还是从其创作过程而言,往往呈现出"文人诗""理学诗"的共存状态。

理学家在与各类人群的交游唱酬中,写作了数量可观的作品。从这些诗歌作品来看,理学诗是其重要组成部分。包括理学家交游唱酬等在内的外在际缘,对理学家而言,是其于"日常日用"之际涵咏心性而求道修德的重要途径。这种际缘,对于与理学家交游唱酬的人群而言,则是其接受理学家的理学思想的重要途径。理学家因此而创作的理学诗,也凭借这一际缘和途径,成为理学家与其他人群交流理学思想、传递理学旨趣和理学思理,进而实现理学诗的文化功用和社会功用的重要方式。

理学文化思潮是理学诗得以产生和传播的重要条件。理学发展过程中所生成的话语表述及其传播、代表人物及其理学主张、不同学派的学术争鸣等文化要素条件,为理学诗的生成、发育和传播等,提供了理论基础、创作主体和接受主体等方面的准备。庆历之际儒者的文化担当,使具有文化传承意识的儒者自觉承接了唐代韩愈、李翱等"古文运动"未竟之课题,而倡导道统、学统及政统。而儒家体系的内在学理逻辑,尤其是道统、政统、文统、学统及其相关性问题,就成为引导士人探求儒学精义,并进而解决现实政治问题的时代文化新方向。庆历之际儒者的这一可贵努力和艰辛探索,为理学诗的产生做好了必要的准备。而元祐之际一些儒者的儒学义理探讨和儒学体系建构方式,以及由此而涉及的义理探讨路径、儒学学理聚焦点等,都深刻地影响到北宋理学"五子"的儒学义理探讨方式、理学话语生成。由此,理学家的诗歌实践,亦会表现出这一影响。两宋之交理学家在理学义理探讨和理学体系建构方面的创获,影响到他们的诗学观念和诗歌创作实践。经过此时期理学家诗人的努力,很多理学基本范畴与命题成为宋代理学家诗学观念和诗歌创作实践的重要的范型和基本的创作方式,而且伴随着理学家诗人的文化地位愈来愈受到重视,他们的这一探索直接导致理学基本范畴与命题逐渐被转换、发展成为中国古代诗学中的重要诗学观念、诗歌境界和诗学评价标准。乾淳之际,在理学代表人物相互辩诘驳难的时代学术风尚推动下,朱熹与陆九渊、朱熹与叶适、朱熹与吕祖谦等人的论辩,以及朱熹对胡宏、陈亮等人在理学学理上的指瑕,代表了彼时主流理学学派的各自"家法",而陆九渊、叶适等人对于朱熹理学体系和理学学理的批评,也足以见出理学不同学派的学术旨趣。在相互辩诘与争鸣的过程中,他们时时流向对"道之正统"的争夺。正是由于这些代表人物潜心探讨、往复辩难,使各自的理学体系更为严密,理学义理更为精纯,成为宋代理学的高峰时期,不同学派代表人物的文道观念及其理学诗作,对此有所反映。开淳之际,朱、陆、吕、叶等理学家的门人后学往往递相发挥师传而又有所完善,同一理学学派的门人后学,他们的学术追求和特征既存在差异性,亦具有很大程度上的共同性。这些隶属不同理学学派的理学门人,其学术差异性也在其诗学主张及其诗歌创作上有所表现。宝至之际,朱熹闽学学派开始占据主流地位,陆九渊心学学派亦有一定影响。这一时期,理学家的学术路径主要在于:除了在理学若干范畴和命题精义方面的探讨有所突破外,理学诸贤还对朱陆之别、儒释之辨、原始儒学与理学的一体性等问题给予了相当关注。而此期理学家的诗歌,除了承继前辈理学家的诗歌主题之外,其"明理"类型诗歌已有融合"道问学""尊德性""求道"等内容或主旨类型的诗歌的倾向;"讲学体""语录体"等诗歌作品大量出现;重诗统、推崇文人诗、重诗艺等也成为此期理学家的诗歌追求。考察可见,此期理学家的诗歌创作实践,与理学家的学术路径走向具有紧密关联,但亦有不一致的情形存在。

理学诗的诗歌范型及主要诗歌体式,既受到文人诗传统的影响,也受到了代表性理学诗人以其杰出的创作实践而形成的理学诗新范型及体式的影响。宋代理学家的诗歌创作取法范式,是非常丰富的。举凡《诗经》《楚辞》、汉乐府、齐梁体,以及唐代著名诗人如王昌龄、李白、杜甫、韩愈,宋代王禹偁、欧阳修、梅尧臣、王安石、苏轼、黄庭坚以及江西诗派诸人,邵雍、程颢、朱熹、吕本中、杨万里等理学家,都是他们诗歌创作取法的对象。本著考察了宋代理学诗的九大"诗歌范式"。其中,邵雍的"击壤体",作为宋代理学诗的重要诗歌范型之一,在中国诗歌史上具有重要的地位,它的主要功绩是为中国诗歌发展贡献了新的类型。后来的理学家普遍学习邵雍"击壤体"的内容、主题、诗歌表达方式以及从诗歌而呈现出的诗歌书写或创作主体的气度、精神和境界,创作了不少旨在表达其理学思想和理学主旨的诗歌。这些诗歌,是宋代理学家思想的重要组成部分,也是中国诗歌史上具有独特类型的理学诗的重要范型之一。乾淳时期,"晦翁体""二泉体"等影响巨大,成为彼时诗人的诗歌范型,时人争相模仿。作为理学诗的重要范型和体式,还有自邵雍一直延续到宋末的语录体、讲学体、俗体。这三类诗体虽然在发展的过程中趋向于融合,但从其根源而言,是三种不同的诗歌类型。伴随着这三种诗体的发展及成为范型的过程,它们在理学家的诗歌创作中产生了重要影响,成为理学诗的重要类型。

宋代理学的基本范畴与命题,往往就是理学诗的内容或主题类型。两宋时期理学诗的内容、主题及旨趣,往往是以理学范畴为书写或者表达的对象,很多理学诗成为理学范畴的表达形式和文化载体。"观物"作为存养目的兼方法的理学范畴,也表现出与其他理学范畴相同的属性,亦即具备兼有目的与方法、认知与实践、功利性与超功利性、哲理与审美等特征。"观物"的性理追求是作为认知与存养的方法而存在,并最终兼有道德认知和践行道德的目的性的特征。正是因为理学家以这些"物"作为认知和体验的对象而实施主体性的体认、反省、涵养或者把握,抑或采用与"观物"相近的若干存养和体察的认知手段如"格物"或者"体贴"等去实践其"求道"的目的,不管怎样,只要以诗歌的形式表现出来,诗歌必然具有了类型化的主题。同样,"孔颜乐处"以及与此紧密相关的话语,因为强调实践主体超越具体事物本身而体验圣贤之心性,这就相当于强调实践主体以诚、敬、不动心等方式保有了德性的定止。"孔颜乐处"话语因其同时关注心性的体与用,即其始终与儒家的诚、敬、仁等心性的"本体"与识、知、觉等心性的"用"相耦合,而与佛教的心性之"空、静、虚、无"等本性,以及"明、灭、苦、度"等心性之"用"拉开了距离。"孔颜乐处"话语的审美特质,也不再是单纯的美的体验和理性的认知判断。理学家在抒写"孔颜乐处"诗歌时,其关注主题主要集中于以下五个方面:不受外物干扰的德性定止之乐;"观天地生意"之乐;"格物明理"以至于"自诚明"的求道体验之乐;保有心性和悦的释然闲适之乐;物我一体的"观物"之乐等。自程朱学派提出"格物致知"或"格物明理"之后,"孔颜乐处"主题的诗歌,往往重在抒写实践主体或创作主体的"识""义理"或者"性理",而往往忽视诗歌的诗境构建及诗意的艺术表达了。但从议论性诗歌来讲,以"明理"为主要诗意表达方式的"孔颜乐处"主题类型诗歌,同样对于提升宋诗议论的精粹化程度有巨大贡献。

与之相似,从与"观天地生物气象"有关的话语表达而言,"物吾与也""鸢飞鱼跃""四时皆春""生生不已""大化流行""窗草不除""横渠驴鸣"等,都在"观天地生物气象"的文、体、用等某一方面,表达了其特有的类型化特征。宋代理学家对于"观天地生物气象"话语的诗歌书写,基本集中于"生意"主题上。从宋代理学诗人对于"观天地生物气象"之"生意"主题的书写来看,春季之"生意"自然是他们乐于书写的对象。除了一些理学诗直接述及"生意"之外,实际上"生意"在理学诗里还有不同的话语表达形式,"生生不已""鸢飞鱼跃""春意""大化流行"等,其内核都是"生意"。理学诗"观天地生物气象"内容或主旨类型的诗歌的境界、旨趣、取景视野、角度、情感强度等都与文人诗有很大差异。

理学"心性存养"也是理学诗的重要主题类型之一。理学家通过论证自然理性与道德理性的合规律性、目的性的同一,来实现对道德伦理和道德规律等问题的客观性论证,进而实现对于道德问题的客观性存在、道德伦理的规律性等问题的自觉把握和实践。大多数理学家认为,实现从天地万物到实践主体"直上直下"地贯通的枢纽,就落实在具有"灵明"之用的"心"上。而"心"是通过对天地自然、万物、人类自身的根本属性即"性"的体验与把握,来实现对宇宙论到人性论的同一性认知和把握的。理学家的以"心性存养"为内容或主旨类型的诗歌主要有四大类别:理学家"心性存养"内容或主旨类型的诗歌,以抒写理学家对于心性之体用的认识为主要内容;以书写克讼、慎独、守礼、静坐、力行、息等实现心性圆满的方法与途径等工夫论问题为主要内容;以书写澄净心性、保有诚敬等存养心性的途径及方法的诗作为主要内容;以书写"定止"心性境界或者定止心性目的为主要内容。

理学诗的表达方式同样受到理学"求道"的途径、方法的重大影响。"观物""因诗求道""格物致知""发明""象物比德"等"求道"的途径、方法,都对理学诗表达方式产生了影响。其中,以"观物"为手段而以体察、践行心性为目的,是传统儒学重礼、自讼、慎独等性命之学在理学发轫期的第一次重大转折。"观物"的途径、方法、目的等对于理学诗的表达方式起到了重要作用。理学家在写作理学诗时,往往把理学的认知方式、思维方式或实践方式等同于诗歌的思维方式、表达方式。在很大程度上,写作诗歌对于他们而言,其目的指向于"求道"。因此之故,一些理学家的理学内容或主旨类型的诗歌,在表达方式上呈现出程序化的特征。以"观物"而写作的理学诗,其表达方式主要有如下几种类型:"物象—性理—(践行)"构型、"诗境—性理"构型、"物象—义理"构型、"明理—物象—(发挥)"构型。

"格物致知"亦对理学诗表达方式产生了重大影响。随着北宋理学"五子"尤其是程颢、程颐给予"格物致知"新的阐释并提升了其在"八目"中的地位后,"格物致知"涵义逐渐固化,演变成一个专属名词。"格物致知"在"八目"中的地位得到提升,成为涵涉和提领其他"目"的纲领性范畴。二程的这一做法,得到了其门人及其后学的重视和继承。在杨时、张九成、陈渊、罗从彦、胡宏、朱熹、黄榦、陈淳、何基、王柏等人的递相传承和不断完善的历史进程中,"格物致知"具有了丰富的理论意义和方法论价值,逐渐成为程朱学派理论体系最具有代表性的理论贡献和门派特征。惟其如此,作为与程朱学说有所别异的理学各派,自然也试图通过对"格物致知"的相异性阐释、批判甚至完全否定,来彰显其学说迥异于程朱学派的特征。理学家之"格物致知",主要是以一种思维方式或者说是认知方式而在诗歌中表现出来。值得注意的是,早期理学家诗人之中,以"格物致知"认知方式所写的理学诗篇,所"格"之"理"往往以"物理"为多。可以说,理学诗的主要诗歌主题,如"明理""重道""尊德性""生生不已""孔颜乐处"或"乐意"等,均可见到"格物致知"。前期理学家在诗歌写作中,以"格物致知"来表述理学思想和理学思理的诗歌表达形式,只能算是一种不自觉的尝试而已。真正自觉地以"格物致知"思维方式来写作诗歌,要从胡宏、范浚、赵鼎、朱震、朱松等人算起。自他们开始,这一诗歌表现方式成为朱熹及程朱后学经常使用的认知方式和诗歌艺术手法。这一时期及之后的理学家把"格物致知"大量地应用到诗歌实践中,写作了很多理学诗。这一方面反映出,具备认知属性、实践属性和价值属性的"格物致知"在理学体系中地位得到明显提升;另一方面,也说明理学诗人开始有意识地把"格物致知"当作重要的表现手法来创作那些"载道"的理学诗。在这一诗歌发展进程中,朱熹、黄榦、曹彦约、陈文蔚、陈淳、彭龟年、真德秀、魏了翁、吴泳等人的诗作最有代表性。朱熹门人黄榦、曹彦约、陈文蔚、陈淳,及其后学魏了翁、真德秀、吴泳等人在诗歌创作中较多地使用了"格物致知"诗歌表现方式。值得注意的是,以"格物致知"作为诗歌的表现方式,不仅见于二程门人及其后学诗歌创作实践中,也在与程朱理学主张有所不同的陈傅良、叶适、陈耆卿等人的诗歌中,以及与朱熹学派诸人互有攻讦的陆九渊心学学派诸人的诗歌中多有表现。总体而言,宋代理学家实质上已经把"格物致知"这种理学认知方式内化为理学诗的一种重要的诗歌表达方式。这一做法逐渐为理学后学所重视,并逐渐形成理学家写作诗歌的一种表达惯例。

理学家以"发明"而"求道"所表现出来的诸多途径、方法,如阐释、说明、引申、创设、考索、分类、体悟、研究甄别、讲学驳难等,因其具有认知性、实践性、审美体验性等品格,很容易成为理学诗人创作、书写理学诗的诗歌表达方式。这是因为,作为诗歌书写或创作主体的理学家诗人,一般来说也是践行理学之"道"的道德实践主体。这样,作为理学"求道"途径、方法或者手段的"发明",往往也就成为理学家赖以实施认知、践行和审美体验的方式。特别是,由于理学家"文以载道""因诗求道"等观念的影响,诗歌往往也被一些理学家认定为"物"。由此,理学的"发明"诸方法手段、途径等,也就与诗歌表达方式产生了直接的联系。总的来看,理学"发明"体现在理学诗的表达方式上,较为突出的有四个方面:对理学性理范畴或者命题,予以解释、阐释;因事、因物,或者因理学范畴、命题等而予以考索、注疏或者说明;一些理学家在对理学精义进行阐释、解释或者说明时,往往能自辟蹊径而创造、发挥,提出新的理论乃至建构其独具特色的理学性理学说;通过剖析、引申等方法展开对"心"之体用等问题的把握。

宋代理学家的审美理想也在理学诗的内容、主题、风格等方面表现出来。理学家的"巧贼拙德""玩物从容""气象近道""温柔敦厚""清淡"等审美理想,对于理学诗的内容、主题、风格及感情表达的强度等,都产生了重要影响。其中,由周敦颐提出的"巧贼拙德"命题经过后来理学家的递相传承、补充及多方阐释,逐渐凝聚成为中国文化传统的重要因子,并在理学、文学、书法、绘画、雕塑等诸艺术形态反映出来。宋代理学家之所以对"巧贼拙德"命题孜孜以求其精义,并就其体、用、文等方面展开深入探讨,正说明了这一命题的重要文化属性和其可供开掘的文化蕴涵。从宋代理学诗的总体情况来看,"巧贼拙德"的审美理想,在理学家诗歌创作及理学诗呈现方式上主要表现为三个方面:宋代理学家的"巧贼拙德"审美理想,呈现为理学诗的"崇拙""斥巧"等内容;宋代理学家的"巧贼拙德"审美理想,除了表现为一些理学家以"拙"为名号之外,也表现为一些理学诗围绕着诸如"拙斋""拙轩""拙室""拙庵""鲁斋"等展开;宋代理学家"巧贼拙德"审美理想,也在宋代理学诗形式方面有所表现。除此之外,宋代理学家的"巧贼拙德"审美理想,可能也对一些理学家的诗歌风格等产生了影响。从历代诗论、目录学著作等来看,两宋时期不少的理学诗人,其诗歌风格具有质朴、朴质、笃实、质俚等特征,而从我们对于"拙"的语义考察来看,这些特征应与"拙"有一定的联系。

而理学家"玩物从容"审美理想也在理学诗中有明显的呈现。考察可知,理学家"玩物从容"审美理想的涵义可以概括为:宋代理学家之"玩物从容"指的是实践主体以舒缓、不急迫的态度,研习、考察、把握自然界、人类社会和人自身及其属类事物的运动变化、呈现状态,及其相互关系、本质、规律等,从而呈现出实践主体的兼有和悦、安乐等审美体验和定止心性、安适不迁等德性品质的道德气象或者道德境界。需要指出的是,在不同的语境中,宋代理学家的"玩物从容"审美理想往往突出其某一点,而不是强调其整体性意义。在表达"玩物从容"话语时,他们或注重强调实践主体的与物态度,或注重强调实践主体以之为"求道"的途径与方法,或以"玩物从容"来描摹实践主体的得道境界或者道德气象。与理学家在其他文献中并不经常整体性论述"玩物从容"审美理想有所不同,理学家的不少诗歌,却是常常表现为以整体性来表达"玩物从容"审美理想。从整体上表达"玩物从容"涵蕴的诗作,还有一些在诗篇中并没有出现"玩物""从容"等词,但其诗作却表达出"玩物从容"的审美理想。也有一些理学家的诗作,在表达"玩物从容"审美理想时,注重突出其某一方面的观点、方法或者实践主体的道德境界,以表达作者对"物"态度。一些理学家的诗歌书写,也涉及以"从容"为识察事物之方法,来表达其"重道""问学""明理""尊德性"等诗歌主旨。一些理学家在书写"玩物从容"诗歌时,更为注重凸显个体得道境界或者主体道德气象、气度。

理学家"气象近道"审美理想也对理学诗的内容、风格等产生了重要影响。周敦颐、程颢、程颐、朱熹等众多理学家,不管是论个人道德修养、悟道还是论文,都经常使用"气象"来表达其意图,"气象"开始具有了审美、道德评价等多种涵义。而朱熹的"气象近道"则为"气象"从道德伦理向着诗歌评价标准的进化起到了催化作用。理学家"气象近道"审美理想在诗歌创作上的呈现,涉及诗歌风格、诗歌主旨和诗歌内容等,大致可以从三个方面来认识:其一,理学家的"气象近道"诗歌,具有"清""淡""言意自在"等诗歌风格;其二,理学家的"气象近道"诗歌,亦注重书写实践主体"近道"之"气象";其三,理学家的"气象近道"诗歌,往往注意抒写天地"近道"之"气象"。

理学家"温柔敦厚"审美理想,也对理学诗的内容、风格等方面有明显影响。无论是北宋中期立足《易》《论语》《中庸》《礼》等义理精义而建构其理论体系的北宋"五子",还是递相发挥其理学思想的道南学派、湖湘学派、闽中学派、婺学学派等理学诸贤,都认为其学说承传了原始儒家之学。这从他们孜孜以求于儒家道统、学统、正统以及诚、敬、性、心等若干范畴与命题的探讨之中,可以有所认识。南宋中期的朱陆之争、朱叶之争以及朱熹对于胡宏《知言》的批评,也鲜明地体现出这一倾向。作为中国重要政教传统的原始儒家"温柔敦厚"诗教观,也为理学家所重视和遵奉。文人对于"温柔敦厚"《诗》教观从《诗经》到一般意义上的文人之诗的教化观的认识变化,才生成了"温柔敦厚"的诗教观,而在诗歌创作和书写中实践这一教化观,也就是后代文人的"温柔敦厚"审美理想所在。宋代理学家正是在此基础上,对"温柔敦厚"审美理想有所探讨和推进。"温柔敦厚"审美理想在理学诗的诗歌内容、主题、表达方式及诗作风格上的表现等,主要表现在三个方面:理学家"温柔敦厚"审美理想,呈现为诗作内容上关注"情性"及"心性存养"等问题;理学家的部分诗歌,也重视诗歌的讽谏、感兴志意的作用,这就与"温柔敦厚"《诗》教观发生了联系;理学家的一些诗作,往往注意在表达感情、进谏政治、书写对事物的态度时,注意中和、中节而不过分,特别是能够以理、礼、性、道、仁等"节之",而表达出"温柔敦厚"的诗歌风格。必须提及的是,在两宋之交及南宋灭亡前后的一段时间里,一些理学家面对中原板荡、兵矢如粉的国家危亡之际,所写的一些诗歌作品,往往能够在抒写战争苦难、反映民众生死存亡呼声之时,仍然奉行"温柔敦厚"诗学传统,而在诗歌内容、感情强度和讽谏目的上有所体现。

宋代理学家"清淡"审美理想也对理学诗的内容、风格等产生了重要影响。宋代理学家往往以"静坐""求静""寡欲"等方式来求得心性的"淡然",以实现其"明理""求道"等存养追求。而在诗文创作上,宋代很大一部分理学家,他们的诗歌作品也呈现出"闲适""平淡"等"气象"。这说明,以"清""淡"为核心的这一类话语可能潜藏着他们某种思想倾向或者审美追求。理学家常常把"清"与"淡"分开来认识,"清""淡"之美的意蕴发生了明显的变化。而在论文时,却又更为重视"淡",以及由此而发挥出的"淡和""淡然"等话语,而很少有以"清"美论文。至于在整体上使用"清淡"的情况,大多发生在以"清淡"描述景物、天气以及社会实践主体的气度境界等,偶尔以之论文、论诗。宋代理学家"清淡"审美理想的诗歌风貌,可以从显性和隐性两个方面来分析。这些显性的呈现方式,可以看作理学家"清淡"审美理想的自觉性表达。从其诗歌作品来看,可分为三种显性表达方式:其一,宋代理学家"清淡"审美理想的重要诗歌呈现方式,是表达对实践主体或者歌咏对象的德性境界、气度等的推重和赞许;其二,重物景之"清""淡""清淡"之象,此"象"往往同天理、性、德等相联系;其三,以"清""淡"或者"清淡"来论诗,或者理学家的诗歌表现出"清""淡""清淡"等风格特征。从隐性呈现形式而言,两宋时期,理学诗人的"清淡"审美理想,可能影响到他们的景物诗取景问题,也可能对他们的诗歌主题选择产生了影响。宋代理学家崇尚"清淡"的理学观念,以及在诗歌创作和诗学评价中所体现出来的"清淡"审美理想,是兼有理学实践主体身份和诗歌书写或创作主体身份的理学家诗人,"德音清和"德性境界追求与其诗歌"清""淡"风格追求的融合产物。在理学家诗人的"清淡"审美理想的生成和发展历程中,历史文化传统、理学传统与宋代诗学传统,互相交融共同汇成了理学家的这一重要审美理想。理学家的诗歌创作实践反映出这一审美理想。可以说,理学家的"清淡"审美理想,对于理学诗的风格、面貌等特质的生成,具有一定的影响。

综上所述,理学诗的内容和主旨、表达方式、审美指向等都受到了理学思想及其决定了的理学认知方式、思维方式的重大影响。理学因素成为理学诗的限定性条件和重要因素,这些条件和因素影响、制约了理学诗的发展进程,并呈现为理学诗的规定性特征。显而易见,无论是从作者而言,还是从诗歌内容、功用和作者在诗歌中表达出的审美诉求而言,理学诗都是与文人诗完全不同的一种诗歌类型。

第二节　宋代理学诗的发展流弊与其理学根源

本书前六章在对相关概念进行界定的基础上,立足于具体的文献梳理,通过相对缜密、客观的研究,主要解决了几个方面的问题:其一,本书对生成理学诗的文化生态因素、发展历程、诗歌范型和诗歌体式等进行了考察,这就为进一步认识理学诗特性的生成条件、发展演变进程、范型体式等提供了坚实基础。其二,本书主要从理学诗的内容和主题、表达方式、审美理想等方面,深入探讨了理学与理学诗的紧密联系,进而对理学诗的本体特征进行了较为系统的研究。应该说,研究至此,我们对于宋代理学诗的研究可以说是已经取得了一定的成果。不过,我们知道,要对事物有一个全面、客观的认识,最便捷的方法是按照辩证的历史的逻辑的相统一的原则,对研究对象进行正反两个方面的考察。由此而言,我们还应对理学诗的负面历史评价和影响等问题稍微展开阐述,如此,才可为读者提供一个全面地认识宋代理学诗的文化视野。

一 对于前哲时贤的理学家之诗、理学诗评价问题之再评价

自南宋至今,历代学者对于理学家之诗就有截然相反的看法。其中,一些学者对某些理学家的诗歌作品多所肯定。除了本书第三章已经引用的前人对于"击壤体""晦翁体""章泉体""涧泉体"等诗体的推扬之外,历史上还有不少的学者对于某些理学代表人物的诗歌创作,也有不少评论。如方回、罗大经、黄榦、何基、王柏、陈衍等,对朱熹之诗都持褒扬态度。方回就评价说:"道学宗师于书无所不通,于文无所不能,诗其余事,而高古清劲,尽扫余子。"①罗大经则云:"'半亩方塘……'盖借物以明道也。又尝诵其诗示学者云:'孤灯耿寒焰……'此虽眼前语,然非心源澄静者不能道。观此,则公之所作又可概见矣。"②王柏则评价朱熹《观书有感》与《泛舟》之诗:"前首言自新之功,后首言力到之效。"③王柏对于朱熹的这两首诗,明显表达出推崇之意。上述理学诸人,既有对朱熹诗歌总体面貌、表达方式等方面的判断,也有对朱熹单篇诗作主旨、创作心理等方面的剖析,所得结论是比较公允的。值得提及的是,当代研究者在评价理学家诗时,往往能够从整体上总览全貌,而给予精当分析。如有的学者在指出理学家诗之缺失的同时,也指出其长处:"理学思想的盛行、理学家的观物态度和方式大大促进了宋诗理性精神和哲理趣味的形成。另外,理学家对陶渊明的标举和对'平淡'的推崇也顺应了诗坛发展的潮流,丰富了文学审美风格的内涵。"④这一判断是比较得当的。上述评价,虽是对理学家之诗而展开的,但在很大程度上,可视作前哲时贤

---

① 方回:《送罗寿可诗序》,载李修生主编:《全元文》,第7册,第51页。
② 罗大经:《鹤林玉露》甲编卷六,《丛书集成初编》本,第113页。
③ 金履祥选:《濂洛风雅》,《丛书集成初编》本,第78页。
④ 刘扬忠主编:《中国古代文学通论》(宋代卷),第349页。

对于理学家所书写的理学诗的认识。

比较而言,从南宋开始,前哲对理学家之诗作的负面性评价更多一些。如严羽对于宋诗"以文字为诗,以议论为诗,以才学为诗①"的批评,以及对"本朝人尚理而病于意兴"的客观认识,在一定程度上就是对理学诗的否定。宋代李涂《文章精义》亦认识到,"程门文字,到底脱不得训诂家风②"。这些都可以看作宋代理学对于理学家诗歌创作实践的直接影响。到了清代,黄宗羲的评价更为极端,其云:"濂洛崛起之后,……余读其文集,不出道德性命,然所言皆土梗耳③。""土梗"为"泥塑、偶像"之意,这里用以指理学家诗文的僵化、无生气。联系到黄宗羲论诗主情等来看,显然,他是因理学诗重"言理"而少言情这一特点而否定理学家之诗文创作的。再如清人沈雄引明末陈子龙语,认为"言理而不言情,终宋之世无诗④",则完全以"言情"为诗歌之本色而摒弃"言理",这无疑是从根本上否定了宋代理学诗的价值。陈子龙的这一观点,为清代叶盛等所继承。他们认为,因"言理"而致使宋代"无诗",这个责任自然是理学诗必须担负的。⑤至于《四库全书总目》对理学家诗作多有否定,更是为研究者所熟知的。⑥

上文举出了前哲时贤对于理学家之诗作的认识。从其评价来看,大多是围绕理学诗展开的。无论如何,这些评价已经表明了一个基本的历史事实:宋代理学家之诗与理学具有紧密联系,是宋代诗歌、宋型文化的重要类型和组成部分,值得我们珍视并加以研究。不过,仔细分析,前人对于理学家之诗的评价存在不少问题,或者说,至少是不公允、不客观的:

其一,评价的视角是静止的。前人对于理学诗的几乎所有的评价,要么是对理学诗这一整体概而言之,要么是对某个代表性的理学诗人的诗作作出整体性判断。这些评价,往往没有注意到,作为宋代重大文化现象而绵延于宋代二百多年的理学诗,诗人及诗作数量众多,诗作的内容、主题、表达方式、诗歌审美取向等,都呈现为发展演变的特征,即兴点评式的优劣判断,其可靠性值得怀疑。

其二,评价的标准并不统一。从历代学者对宋代理学诗的评价来看,无论是

① 严羽:《沧浪诗话》,北方文艺出版社,2000年,第165页。
② 李涂:《文章精义》,载王水照主编:《历代文话》(第2册),第1187页。
③ 黄宗羲:《黄宗羲全集》(第十九册),浙江古籍出版社,2005年,第57页。
④ 沈雄:《古今词话》(上),载唐圭璋编:《词话丛编》(第一册),中华书局,1986年,第826页。
⑤ 王夫之《姜斋诗话》提出"(宋)一代无诗",叶盛《水东日记》卷二十六认为"宋绝无诗"。
⑥ 参见拙作:《唐宋诗之争、宋贤精神及宋诗文化生态研究的理论思考》,《中国文化研究》2014年第1期。

对其持有褒扬态度还是对其持有否定态度的论点，都是立足于理学诗之"言理"特征而做出的评价，但是其观点却截然相反。其实，仔细剖析，论者之出发点都最终归结到主张"诗言志"还是主张"诗缘情"的基点上来。凡是对理学诗加以肯定的论断，大致是"诗言志"的主张者，当然这里的"志"已受到理学的影响而包含着"心性""性理"等所谓的"道""理""德"等内容。而凡是对理学诗持有负面看法甚至否定性论断的，基本也是主张"诗缘情"的学者。当然，他们的"情"也并非陆机所云之"情"，而是受到了彼时时代文化思潮影响而为诗论者认同的"情"。

其三，评价的方法是即兴式的，要么是概而言之而无材料支撑，要么是随机式的枚举法而缺乏现代意义上的客观性依据。即使从近些年出版的相关论文、专著来看，情况依然如此。因此，不管是肯定性的评价，还是否定性的判断，可能离理学诗这一历史存在的真实情况还有一段比较长的距离。可以说，如果我们仍然采用前人这种即兴式的总体判断，或随机枚举式的个案考察方法来对理学诗的优劣问题作出评价的话，我们的研究结论绝不可能超越前人，至多也就是在前人研究结论上打个"补丁"。

如此说来，要想推进理学诗的研究，尽可能地实现研究结论的客观性、科学性，就必须从研究视野、研究方法上来寻求突破。本书前几章正是基于这一考虑，而尽可能地使用了文化学研究视角下的"焦点问题"研究理论、数理统计学的"抽取样本"理论来指导相关研究。也就是说，本书前六章各章节的设置，以及研究过程中相应的举例论证、论述等，绝不是随机性的，而是建立在大量的前期大数据分析、文本阅读和样本取样客观性研究等基础上的。比如说，本书研究所使用的诗、文文献，除了保证其真实可靠之外，同时还考虑到了该文献的代表性、客观性和有效性等问题。尽管由于目前文科类研究成果的学术规范所制约，本书无法在研究成果上呈现出来这一研究过程。

本节我们引入"流弊"一词，来从新的视角探讨理学诗的负面性因素和发展进程中的弊端。这里的"流弊"，其含义主要有两个：其一，指的是某事所引起的坏的作用；其二，相沿袭下来的弊端。引入"流弊"话语来探讨理学诗的负面因素和发展进程中产生的弊端，可以较好地规避静止性研究、笼统性判断和即兴式点评等传统诗学评价所产生的天然的不足，并有望通过对理学诗发展、流变进程中的现象、特征等方面的考察，来较为客观、准确地探讨宋代理学诗在发展进程中呈现出的负面因素，以及理学家在学习前辈理学诗歌范型和体式过程中产生的弊端。

二　宋代理学诗之面貌特征与发展历程中"失中"流弊

从宋代理学诗研究所得结论来看,理学诗与彼时理学文化思潮紧密相关:理学的若干范畴、命题往往就是理学诗的内容或主题,理学家的求道途径和方法,往往也表征为理学诗的表达方式,而理学家的审美理想也通过理学诗的内容、主题、风格、境界等得以呈现出来。可以说,理学话语及其决定了的理学家的认知方式和思维方式,往往与理学诗的呈现方式和主要特征具有紧密关联性。本书各章节之所以采用了"理学—诗歌"这种立足于"关系"的逻辑架构与研究方式,正是考虑到理学诗的这一特性。理学诗的这一特性,内在地决定了理学诗的若干独具特色的面貌特征。从本书相关章节的研究所得结论而言,宋代理学诗比较明显的面貌特征主要有:

(一)理学诗在发展的过程中,逐渐生成了理性色彩浓而感性色彩淡的诗歌面貌特征,因此而导致了理学诗诗歌艺术性和诗歌感染力的减弱,也造成了诸如比兴、象征等诗歌表达传统在理学诗中的弱化或者断裂。

由于理学诗与理学文化具有不可分割的天然联系,特别是大多数理学家诗人秉持着"文以载道""因诗求道"等文道观念主张,再加上在其发展历程中,"击壤体""乾淳体""二泉体""语录体""讲学体"等诗歌范式给予后来的理学家诗人以巨大的影响力,因此,理学诗逐渐生成了理性色彩浓而感性色彩淡的诗歌特征。这一特征,主要从理学诗的内容与主题、理学诗的感情表达强度及作者观点立场的中正程度等方面体现出来。

从理学诗的内容和主题表达上来看,早期的理学家诗人虽也注重理学诗的理性诉求,但是并不排斥感性色彩的表达。如周敦颐的哲理诗《题门扉》《濂溪书堂》等,虽然含有理学旨趣和情怀,但是诗篇中也同时抒发了自己热爱生活的情感。而其《春晚》表达出人、物、景和谐一致,共同组成了意境优美的画面,书写了作者安乐定止的感性生活体验。同样,邵雍虽有大量的吟咏"乐道""情性"等为主题的诗作,但在具体的诗篇表达方法上,也有不少诗篇注重书写其内心感受。如其《春尽后园闲步》:"绿树成阴日,黄莺对语时。……好风知我意,故故向人吹。"[①]"绿树"、鸟啼、绿水潋滟、新竹等,均为春天生机盎然景象,表达出作者静心舒适、以景为乐的安适情怀。再如二程门人如杨时、邹浩、范浚、周行己、刘安上、许景衡、潘良贵、刘子翚、王蘋、罗从彦等不少理学家的理学诗诗作,在书写理学

---

① 傅璇琮等主编:《全宋诗》,第 4516 页。

性理、表达其心性存养追求的同时，也不完全排斥对于生活感受、人世波折等情感体验的表达。

此外，就理学诗在其全部诗作中的占比程度和理学诗的内容与主题表达取向来看，前期理学家如张载、邵雍等人，已经呈现出理学诗内容和主题上较重的理性色彩。张载的《贝母》《芭蕉》《克己复礼》诸理学诗作，理性色彩是比较浓的。而邵雍的数量众多的以"吟"为题的诗作，往往也以理性的义理、性理思辨色彩而成为后来理学诗人争相模仿的诗歌范型和体式。注重理性色彩抒写的诗歌倾向，经过杨时门人如张九成、胡安国、陈渊，以及程颐二传林季仲、冯时行、胡宏等人的努力探讨，终于成为理学诗各类型中比较明显的诗歌风貌。这一诗歌风貌虽在张栻、朱熹、陆九渊、吕祖谦、叶适等人的理学诗作中有所减弱，但却在朱熹、张栻、陆九渊门人如黄榦、孙应时、曹彦约、陈文蔚、陈淳、彭龟年、王十朋、程洵、刘黻、金朋说、杨简、袁燮等人的理学诗作中得到加强，特别是黄榦、陈淳、刘黻、袁燮、杨简等人的理学诗作，其诗歌内容和主题只要是诉诸理学的，已经几乎看不到作者的感性体验了。这一趋势，被南宋晚期至元代前中期的理学诗人徐元杰、杜范、程公许、吴潜、蔡格、何基、吴锡畴、吴泳、詹初、包恢、家铉翁、陈普、丘葵、王柏、熊禾、许月卿、陈著等人所承继。可以说，自南宋初期开始以至于南宋灭亡，理学诗在诗歌内容和主题表达上所呈现出来的总趋势是，理学色彩越来越浓而感性色彩越来越淡。这一趋势，虽由于张栻、朱熹、陆九渊、叶适等人的理学诗作复有感性色彩增强的情况，但也只是短暂的，何况张栻、朱熹、陆九渊等人的不少理学诗作也呈现出理性色彩比较强的特征。

理学诗的感情表达强度和表达作者观点立场的中正程度上，也呈现出越来越受到理性约束而淡化感情色彩的倾向。在早期理学家那里，已经呈现出推崇"淡""清"等审美类型的思想。周敦颐、二程、张载、邵雍等人，都有相近的论述。邵雍的"从容"主张，也成为推动后来理学家追求"清淡"审美理想的重要理论来源。随后，杨时、游酢、胡宏、张栻、朱熹等强调"冲淡""温柔敦厚""温和""平淡""平和"等审美理想，对理学家的审美理想追求以及诗歌创作实践，都起到了明显的指导作用。特别是杨时关于"温柔敦厚""温和"等诗文创作实践的利弊分析及其诗教观的阐释，为后学者指明了方向。后来者如朱熹、魏了翁、王柏、金履祥等人的诗歌批评标准，以及南宋中期之后出现的若干诗话，如《魏庆之诗话》等均深受其影响。至于黄榦、陈淳、刘黻、魏了翁、真德秀、陈普、丘葵等人的诗学主张和诗歌创作实践，也都表现出重视理性约束而淡化情感表达的倾向。

理学诗在发展的过程中，逐渐生成了理性色彩浓而感性色彩淡的面貌特征，这一面貌特征,其实是有利有弊的。从积极的一面来讲,理学诗的这一面貌特征,既是作为哲学体系的理学对于诗歌创作实践的必然规范,同时也就内在地规定了理学诗的主要特性。很难设想,作为以理学心性存养和德性圆满为毕生事业追求的理学家诗人,抛开理学这一"主业"而去从事书写纯粹的"艺术性"见长的诗歌类型。但是,理学对于诗歌的这一内在规定性要求,在决定了理学诗愈来愈趋向理性色彩的同时,也明显制约了理学诗的发展,从而为理学诗产生流弊提供了客观性基础。当理学诗的理性化色彩成为其鲜明特征而感性化色彩越来越淡之时,也就标志着理学诗越过了"中"而产生了三个方面的流弊:

其一,导致了理学诗艺术性的减弱。从中国诗歌的发展源流来说,自《诗经》所建立的"饥者歌其食,劳者歌其事"的现实主义传统,《离骚》所创造的香草美人式的凄美哀怨浪漫主义传统,成为中国古典诗歌的艺术表达的基本范型。而汉乐府的"感于哀乐,缘事而发",《古诗十九首》的托境抒情、比物连类,建安时期的梗概多气等,往往成为后世借复古之名而行改革诗风的旗帜。缘此,唐代诗论和诗歌创作实践所建立的情景交融、情生于境、情理交融等诗歌境界建构模式,以及宋代梅尧臣提出的以追求"不尽之意""平淡"诗风,王安石提倡的炼字之功,黄庭坚主张的"点铁成金""夺胎换骨"等诗歌创作方法,苏轼追求的"自然而然"诗歌艺术境界,等等,就成为宋代理学诗人所可取法和学习的诗歌创作艺术范型和创作范式。在这些范型和范式之中,不管是"言志"也好,还是"缘情"也好,创作者的感性色彩都是比较浓的,即使是追求"平淡"美的梅尧臣和追求诗歌艺术技巧的黄庭坚等人,其诗作也含有比较浓厚的感性色彩。惟其诗歌包含着真诚、真实的人生感受和生活意趣,这些成为中国古代诗歌艺术范型和创作范式的诗歌作品,才成为后世诗人不断学习和模仿的样本。作为理学诗而言,当其理性色彩不断变浓而感性色彩不断淡化之时,也就逐渐疏离了中国古代诗歌已经形成的以感性表达为主要抒情形式的诗歌传统。由此,文学史上广受批评的"质木无文"咏史诗叙事传统,"淡乎其味"的玄言诗"言理"传统,"押韵文字"的儒家诗学教化传统等,自然也就成为理学诗的诗歌创作要求。

其二,导致了诗歌感染力的减弱。中国诗歌传统上,举凡能够引起阅读者共鸣的诗作,往往记述悲欢离合的人生血泪经历,表达至情至性的爱恨感受,书写易代之际民生多难的血色文字,抒发世事多艰的梗概多气英雄情怀。由此,中国古代的诗歌才有了尊崇汉魏风骨、陶渊明式的自然而见真性、杜甫的沉郁顿挫、潘岳《悼亡诗》的凄美深情等等众多富有感染力的诗歌风格。而当理学诗趋向于重理性而轻感性之时,这些富有感染力的诗歌风格,就成为理学诗越来越疏离的审美类型。如果说,创作主体的理性以思想深度见长的话,那么感性自然是以审美为核心的情感体验著称。理学诗一旦强化了其理性色彩而淡化其感性特征,自然也就不可能带给阅读者以富有感染力的审美体验。历史上,一些学者否定理学家的诗、理学诗派及理学诗,大都是从缺乏艺术感染力这一角度来着眼的。

其三,造成了诸如比兴、象征等诗歌表达传统的弱化或者断裂。作为中国古代诗歌的优良表达传统,比兴、象征等一直是中国古代诗歌标志性的艺术表达方式。这些艺术表达方式,既反映出中国先民的思维方式和认知方式的特征,也是中国古代诗歌最基本、最重要的文体特色之一。《诗经》之"六义",《楚辞》之"香草美人"式的博喻,都是基于比兴、象征等表达方式基础之上而形成的诗歌经典样式。可以说,中国古代诗歌重抒情、重温柔敦厚等诗歌特征的生成,比兴、象征等艺术表达方式功不可没。就宋代理学诗而言,伴随着理学诗逐渐趋向于以言理为主的理性化进程,自然也就导致了比兴、象征等诗歌表达传统的弱化或断裂。当然,就宋代理学诗而言,其以抒写"生生不已""大化流行"等主题的风景诗,特别是南宋理学家的数量较多的咏梅诗,以及程颢、杨时、张栻、朱熹等人的某些诗篇,其中往往可见比兴、象征等艺术表达方式的使用。不过,这些内容的诗篇,在理学家的理学诗中所占比重很少,而且朱熹等重视比兴、象征等诗歌表达方式使用的理学诗人,也仅是个别现象。

(二)理学诗在发展过程中,逐渐生成了诗歌内容或主题的类型化特征,因此而导致了理学诗人在写作理学诗时有意无意地削弱、排斥对于其他主题的表达和书写。

由于理学认知方式、思维方式及理学体系建构需要,以及理学家文道观念、道器观念和"温柔敦厚"诗学观念等多种因素的共同影响,作为兼备实践主体与诗歌书写或创作主体的理学诗人而言,在创作或书写理学诗时,自然会在诗歌内容或主题类型上呈现出理学对于诗歌创作的决定或制约作用。

理学家所创作的理学诗类型中,其中一类是风景诗。在这一类诗歌中,理学家书写自然风景的目的,主要是表达"生生不已""大化流行""观天地生意"等主题,即使这一类的诗歌的主旨是"明理",其"理"也无非是与"生生不已"等相关。这一类的诗作,早在周敦颐、邵雍、程颢、杨时、许景衡、杨时等人的理学风景诗中已经表现得比较突出。而二程门人及其后学,如陈渊、范浚、张九成、罗从彦等皆有这一类风景诗。理学诗中的风景诗这一主题取向,到了朱熹门人时代成为理学诗的重要诗歌类型。如刘黻《追和渊明贫士诗七首》《草》,魏了翁《次韵叔衍兄贺生子》等,皆可视作这一类诗歌的代表作。再如朱熹门人徐侨、陈文蔚、曹彦约，以及师出多门的孙应时、陈孔硕、王介、邹补之等人，都写有不少理学风景诗。此后直到南宋灭亡，以"生生不已"等为主题的理学风景诗，一直是理学诗人重点书写的诗歌类型。如王柏、丘葵、熊禾、吴潜、家铉翁、许月卿、陈著、吴锡畴等人，都写有为数不少的此类诗篇。从这一类诗歌的写作方法来看，其基本的写作模式是先描摹自然物象、风景，在诗篇的最后则点明天地"大化流行""生意""天道循环"等所谓的"理"。

理学家的性理诗，是理学诗中最具特色的也是数量最多的理学诗类型。从早期的理学家诗人的作品来看，早期的理学诗尚未形成内容或主题的类型化特征。周敦颐、程颢、张载等人的理学诗，并不过于注重书写哪一类理学范畴或者命题。即使邵雍的理学诗，所书写的理学范畴与命题也是比较广泛和多样的，其理学诗主题类型并不呈现为类型化的特征。不过，从两宋之交开始，一些理学诗人的理学诗出现了诗歌主题的类型化特征。如李复、游酢、邹浩、陈瓘、许景衡、潘良贵、刘子翚、杨时、胡寅、胡宏、陈渊、罗从彦等人，已经注重对于心性存养主题类型的诗歌表达，观天地气象、自在、名教乐地、尊德性、观物、格物致知、孔颜乐处、巧贼拙德、乐意、务本玩物等内容，也在张九成、胡寅、胡宏、范浚等人的诗作中得到充分书写或者表达。随后，朱熹的理学诗中，孔颜乐处、务本玩物、格物致知、生生不已、尊德性、明理等也成为重点抒写的理学诗主题类型。而张栻、叶适等人的理学诗作，也有着与朱熹理学诗相近的倾向。至于朱熹门人所写作的理学诗，大都有"明理"特征，以"格物致知""心性存养""尊德性""生生不已"等内容或主题类型最为引人注目。而陆九渊门人则通过对"明心"主题的书写，表达出对"格物致知""心性存养""尊德性"等内容或主题类型的重视。而宋元之际理学家的理学诗类型，出现了以"明理"统摄"道问学""求道""尊德性"等理学话语的倾向，此外，这一时期"重道统""重师传"等也成为彼时理学诗最重要的内容或主题类型。

理学诗在发展、流播的历程中，逐渐生成了其诗歌内容或主题的类型化特征，同样是有利有弊的。其好处是，理学诗的类型化内容或主题特征，外显为理学诗的独有诗歌特质和风貌，成为其规定性的诗歌要素之一。离开了类型化的诗歌内容或主题特征，理学诗也就不能形成具有本体特质的独特诗歌类型。无论是作为与文人诗相并称的诗歌体式，还是作为重要的诗歌流派和诗歌范型，理学诗之所以为理学诗的内在规定性要素，其实就是通过内容或主题的类型化而呈现出来的诗歌规定性特质。其弊端是，当理学诗发展到过于突出和强调其内容或主题的类型化之际，自然也就削弱、排斥理学诗对其他内容或主题的表达和书写。也就是说,理学诗的类型化内容或主题特征,造成了理学诗与时代重大主题的脱离。理学诗的类型化内容或主题类型,往往是实践主体通过诉诸山水景物、日常日用事件、琐屑之物等"物"来悟道、求道或者表达"重道",以及通过强调自讼、慎独、存养和识察来兼行认知与践行心性。这样,无形中就限定了理学诗的内容和主题的可以选择的范围。自然界、人类社会和实践主体共同作用所产生的各类事件,以及实践主体因之而产生的各种感受和体验,这些本来可以写入诗歌的内容以及由此而蕴涵的主题,就不得不让位于以"载道""明道""重道"等为目的的诗歌内容和主题。这样,理学诗的类型化内容或主题特征,事实上起到了挤压、排斥其他诗歌内容或主题的作用,诸如创作主体对于惨淡人生、绚丽爱情、苦难民生,以及血腥政治生活和尖锐民族矛盾等的感受和看法,就被边缘化或者疏离了。而实际上,以理学家对于"物"的公认的看法来讲,天地万物、社会生活、历史事件、动植瞬息,乃至实践主体的心理活动等,莫不属于"物"的范畴。这些所谓的"物",按照理学思想来讲都是可以诉诸"观物""格物"等手段而实现心性存养的目的的。但从宋代理学诗来看,这种情况并没有发生。由此而言,理学诗的类型化内容或主题类型,可能对其他诗歌内容或主题类型产生了挤压、排斥或者疏离作用。

(三) 理学诗在发展的过程中,逐渐生成了表达方式上的程式化特征,因此而导致了理学诗对于传统诗歌表达方式的逐渐排斥、疏离或者弱化。

理学家"求道"方式的途径、方法,贯通于理学家的认知、践行和思维方式过程,因此,也就顺乎自然地表现在理学家诗人的诗歌创作或诗歌书写过程中,并通过理学诗的形式呈现出来。其中,作为兼备践履、体验、识察的合目的性与过程性而指向于心性实践的"观物""格物致知""体贴"等"求道"的途径、方法,也就影响到理学诗的表达方式,从而造成了理学诗表达方式的程式化特征。

作为从传统性命之学转换为宋代性理之学的重要标志,"观物"与二程的"体贴"、朱熹的"格物"、陆九渊的"明心"等,共同构成了理学存养工夫论的主体。而邵雍之后的工夫论内容,多少可以从邵雍的"观物"找到源头。理学家因"观物"而成诗,这时候的诗歌便成为理学家固定化了的认知方式和思维方式的物化形态。理学家以"观物"而写作的理学诗,其表达方式主要有"物象—性理—(践行)"构型、"诗境—性理"构型、"物象—义理"构型、"明理—物象—(发挥)"构型以及"性理的诗形表达"等五种构型。

"格物"影响下的理学诗表达方式主要是以一种思维方式或者认知方式在诗歌中表现出来。在早期理学家那里,是因"物"而"格"得"物理"为多,大约从二程门人开始,所"格"得之"理"逐渐以"性理"为多。二程的再传弟子开始致力于以"格物致知"方式来写作理学诗,代表人物主要有范浚、赵鼎、朱震、朱松、胡宏等人。自此之后,"格物致知"成为朱熹及程朱后学经常使用的认知方式和诗歌表达方法。朱熹、黄榦、曹彦约、陈文蔚、陈淳、彭龟年、真德秀、魏了翁、吴泳等人的诗作,对此有明显的表现。

　　为理学家所普遍重视的"发明"话语也影响到理学诗的表达方式,并在一定程度上导致了理学诗表达方式的程式化特征的生成。理学家之"发明"涵涉了实践主体对于物理、义理、性理等问题的认知、践履和体验,因此必然是与理学认识论、工夫论体系发生联系的重要理学范畴。大致而言,宋代理学"发明"是理学基本"求道"途径、方法和手段的整体性表达话语,"观物""格物""观生意""观心""观理"等皆可视作理学"发明"之类属,而阐释、说明、引申、创设、考索、分类、研究甄别、讲学驳难等"发明"诸方法,相应地具有了认知、实践、体验、审美等属性。因有专题性的研究,我们姑置"观物""格物""明理"等"发明"诸方法而不论,仅就"发明"隶属下的其他诸方法而言,这些"发明"之方法在理学诗表达方式上的呈现形式,较为突出的有四种:对理学性理范畴或者命题,予以解释、阐释;因事、因物,或者因理学范畴、命题等而予以考索、注疏或者说明;一些理学家在对理学精义进行阐释、解释或者说明时,往往能自辟蹊径而创造、发挥,提出新的理论乃至建构其独具特色的理学性理学说;通过剖析、引申等方法展开对"心"之体用等问题的把握。受到"发明"影响而以这四种方法写作的理学诗,自然也就呈现出比较明显的程式化面貌特征。

　　考察可见,理学诗表达方式上的程式化特征,在李复、张九成、陈渊以及胡宏等理学家的诗歌作品中才开始表现得比较明显。而从曾丰、朱熹、史浩、姜特立、彭龟年、陈淳、杜范、孙应时等人的理学诗作来看,程式化的表达特征已经成为普遍流行的做法。至于陈文蔚、黄榦、金朋说、杨简、袁燮、刘黻、度正、王柏、吴泳、詹初等人的理学诗作,更是表现出明显的程式化表达特征。

　　理学诗表达方式上的程式化面貌特征,也成为理学诗规定性特质的重要规定性要素。不过,当这一要素逐渐被广泛应用到诗歌创作实践之际,也就阻碍、疏离了其他诗歌表达方式在理学诗创作实践中的应用。在"观物""格物""发明"等理学"求道"的途径、方法的制约和影响下,理学诗形成了表达方式上的程式化特性,因此而对着重突出叙事性的赋法较为重视,这就形成了理学诗中不少诗是以"古诗"的形式来表达理学旨趣。再就是,为了更为广泛、深刻地表达理学思想和理学旨趣,特别是一些涉及儒释之辨、不同理学学派论争的理学诗,往往加强了议论等表达方式的使用。

理学诗逐渐生成表达方式的程式化特征之际,也就是对传统诗歌表达方式的逐渐排斥、疏离或者弱化之时。由此,入宋后历经王禹偁、杨亿、欧阳修等宋代文坛领袖持续百年才生成的一些宋代诗歌范型,以及经过苏舜钦、梅尧臣、王安石、苏轼、黄庭坚等共同努力而创造出的重要诗歌表达方式,在整体上都因理学诗的程式化表达方式而黯然失色了。如欧阳修的"复调式结构"、苏舜钦的"造境"、梅尧臣的"意新语工"、王安石的锤炼造意、苏轼的"求物之妙"、黄庭坚的"句法生新"与"奇崛瘦硬"、陈师道的浓缩炼字、吕本中直至杨万里的"活法"、陆游等人的"引苏入黄"等,在理学诗表达方式上,都难觅踪迹。一些理学家诗人取法于上述诸人而写作的诗篇,主要表现在其文人诗类型中。理学家诗人对于前朝及宋代前辈诗人诸诗歌范型的学习和摹写情况表明,理学诗之所以出现了排斥、疏离或者弱化文人诗表达方式之传统的情况,主要原因应在于,受到了"观物""格物""发明"等"求道"途径、方法而写作的理学诗,逐渐呈现出来的表达方式上的程式化面貌特征,对已有的文人诗的表达方式之传统形成了挤压、排斥等态势。

(四)理学诗在发展过程中,逐渐生成一些新的诗歌范型,因此而导致了理学诗弱化诗歌体式规范要求的倾向。

一些在当时颇有影响的理学家诗人,他们的部分诗歌类型为人所推崇,从而成为理学家乐于学习和模仿的对象,这部分诗作也就成为理学家诗人学习和仿作的重要诗歌范型和体式。比较有代表性的诗歌范型有"击壤体""语录体""讲学体""俗体""乾淳体""晦翁体""章泉体""涧泉体""诚斋体"等,其中"晦翁体""诚斋体"又是"乾淳体"的重要组成部分。

邵雍的"击壤体"中,有一部分诗是"不限声律"的,具有明显的散体文色彩,如其《言行吟》《二说吟》《太平吟》《文武吟》《三惑》等。这一类诗作,往往多用虚词,重视说理。有的则是以首尾不变的形式来表达其吟诗所由、所想,如其《首尾吟》135首等。这一组诗严格说来,颇受唐宋时期流行的回文诗的影响。邵雍所创作的一些长篇诗作,如《观棋大吟》《书皇极经世后》等则使用了"起承转合"的散体文写作方法。从这些诗作来看,共同的特征是弱化了诗歌的体式规范要求。表现为三点:其一,以文为诗则势必重铺叙而少比兴,多虚词而少诗歌意象的连缀、跳跃,诗作因此而呈现出不重对仗、押韵、用典等特征。其二,首尾不变的类似于回文诗的写作方式,自然导致了诗体的俗化特征,使诗篇流于游戏化、俗化和形式化,这显然是与重雅的诗歌传统相背而驰的。其三,以议论为主的诗歌表达方式,往往重理性判断而轻感性兴发,导致了诗歌呈现出重理倾向而减弱了情感的抒泄功用。

至于"语录体""讲学体""俗体",同样是造成理学诗弱化诗歌体式规范缺陷的重要因素。虽然从源头上讲,历史上这三类诗体出现的时间、特征等都有很大不同,不过,就宋代理学诗而言,这三类诗体都可以从"击壤体"中找到源头。虽说"击壤体"对于这三类诗体属于"偶尔为之"之举,但这三类诗体在北宋理学"五子"那里已经难以分清了。自此之后,这三类诗体的混用情况一直持续到南宋末年。这三类诗体共同的诗歌特征是,诗作多不讲究押韵、内容所言围绕儒学或者理学之"道"或者理学其他内容而展开,从其表达方式而言,诗句所用虚词较多,基本上是散体文手法,有的诗作内容属于普及性的儒学或者理学知识,因此通俗化、口语化、俗语化的色彩较浓。这些特征,当然也导致理学诗弱化了作为文体的诗歌体式规范等方面的特征。尤其是,散文化、口语化往造成了诗歌在对仗、格律等方面的弱化,而通俗化、俗语化等又削弱了诗体在雅正程度、意境建构等方面的惯有特性。这些因素,同时也导致了理学诗的审美体验性被搁置或者疏离。

总结而言,理学诗的弊端是逐渐生成的,其发展历程往往经历了"个别现象—多见现象—普遍现象—极致现象"这样四个阶段。就阶段性而言,从"个别现象"到"多见现象"这两个阶段,理学诗的流弊并不明显。而发展到"普遍现象"尤其是"极致现象"之后,理学诗的流弊便暴露无遗了。可见,理学诗的趋向于理性、主题的类型化、表达方式的程式化、诗体体式的逐渐弱化等面貌特征,内在地规定了理学诗必然呈现出若干流弊。从这个意义上来讲,一味从整体上肯定或者否定理学诗,是不符合历史真实的。

三　宋代理学诗产生流弊的理学根源

理学诗之所以产生流弊,除了因其自身历时性的发展、变化而必然在一定阶段呈现出弊端之外,理学诗的创作主体因其秉持的"文以载道"等文道观念、"温柔敦厚"等诗学观念,理学目标以及由此规定着的人生目的,理学家的认知、践行诸方式等,都对理学诗产生流弊具有一定影响。

(一)在理学家的诗歌创作实践中,周敦颐、邵雍等早期理学家所倡导的"文以载道"等文道观念,逐渐演变为较为复杂的文道观类型,这些文道观类型对理学家诗人的诗歌创作实践产生了重大影响。宋代理学家的文道观是比较复杂的。研究表明,理学家的文道观念类型可以分为四种:

1."重道轻文"的文道观

理学家的文道关系主张虽然各有特点,但都在重视"道"的前提下,承认文以载道、文以贯道、文以明道。可以说,对"道"的关注,是理学家文道关系中最为突出的一点。坚持这一观点的代表人物,有周敦颐、邵雍、程颢、刘安节、李复、朱熹、陈渊、陈傅良、徐元杰、袁燮、王柏等。这些理学家都具有重道轻文的倾向,都是从"文"与"道"关系立论,而以"道"为"文"之根本,在重"道"同时,也给予了"文"一定的地位,并没有否定"文"的价值和存在的意义,只不过是把"文"的独立性降低。在他们眼里,"文"的教育功能、审美功能、社会功能等,都被降低甚至被忽视,能否载道、是否有助于"道"的传播与承传,才是这些理学家关注的焦点。

2."作文害道"的文道观

宋代还有一些理学家把"文"看作求"道"的障碍物,极端突出"道"的价值和地位,而完全忽视"文"。他们或者强调作文"甚害事",主张"文不当轻作";或者纯以"道"为标准去取。在他们看来,"求道"的途径与手段很多,对"文"的研究和学习势必会引起实践主体精力投放的转移,这对于"求道"是有害的,因此,一些理学家得出了"作文"无助于"求道"的结论。这一文道关系的认识,虽然在理学家而言是较为特殊的情况,但因为它把理学家文道观中对"道"的主张发挥到了一个极致,凸显出理学家对文道关系关注的焦点问题。坚持"作文害道"文道观的理学家在两宋时期人数并不多,主要代表人物有程颐、游酢、杨时、吕大临、杨简、胡宏、阳枋、真德秀等。上述理学家的文道观,其共同点在于这些理学家都以"文"为"道"的附庸,为形式,为工具;而道为本体,为根本,为目的。"道"对于"文"而言,居于支配地位。在这些理学家的文道关系认识上,"文"的体用、规律、内容与形式等因素,都被定位在能否为"道"服务和如何提供好的服务。并且,"文"的独立地位往往被否定。一些理学家进而在写作诗文时纯以"载道"为旨归,而忽视或者否定作为文学艺术形式的诗文的形式特征、审美特质及创作规律,从而在中国文学批评史上产生了极为不良的影响。

3."文道两分"的文道观

一些理学家承认"文"与"道"具有各自的独立性,由此,他们也就对"文""道"的各自规律进行探索,提倡不以此规范彼,也不以彼约束此,强调文、道两者具有各自的运行发展规律和各自独特的内容与形式,其中任何一方都不是另外一方的核心、根本或者目的而存在,"文"不再是"道"的载体,"道"与"文"的关系,是一种平等的关系。坚持这一文道观的理学家,要以汪应辰、吕祖谦、陆九渊、吕本中、范浚、朱熹、周必大、林季仲、辅广、陈淳、张镃等为代表。文、道两分的观点,无论是对理学家而言,还是对理学而言,其观点都与之有内在的学理性矛盾存在,证明理学家的理论体系具有不可克服的自身局限性。

4."调适文道"的文道观

自北宋理学开始发育、流布之始,周敦颐、邵雍等人即力图以沟通宇宙论与道德论为进路,而以重视内在的道德修养为重点,随着理学代表人物不断完善、建构这一体系,万物一理、体用不二、道从性出等思想逐渐成为理学的主流,道器之辨、性理之辨、体用之辨等,成为理学家关注的核心命题。理学的这一进展理路,也影响到传统的文、道关系的探讨。由此,理学家的文道关系探索,也开始向着更加深入、更加精密的方向发展,其表现之一,就是一些理学家开始有意识地调和文、道关系。他们给予"文"一定的地位,部分地承认"文"的独立性,重点探讨"文"与"道"如何融通,对两者的结合方式、沟通渠道、表现特征等尝试进行研究。可以说,宋代理学家有意识地调和文、道关系的探索,标志着理学家思维程度的深细化和精密化,是以往探索文、道关系诸人所不能比的。其代表人物有张九成、曾丰、赵蕃、薛季宣、朱熹、曹彦约、刘宰、林亦之、叶适、陈文蔚、魏了翁、包恢等。①

理学家的上述文道观类型之中,"重道"是其基本方面和主要特征。故而,在文道观念影响和制约下的理学诗创作,就必然以"重道""求道"等为主要诗歌内容。在理学诗的发展进程中,由于理学家越来越重视对于"重道""求道"等内容的书写,自然也就会产生前文所讲的各种弊端。

(二) 理学的目的论、价值论和工夫论等体系建构和目标设置等,对理学诗发展进程中逐渐生成的内容和主题的类型化和表达方式的程式化等弊端,具有重要影响。

理学诗是理学诗人创作的以表达理学思想和理学旨趣为主要内容的诗歌。理学诗的书写或创作主体主要是理学家诗人,很少部分理学诗由文人创作,因此,我们在考察理学诗时,主要考察对象是理学家诗人所创作的理学诗。在这一部分理学诗中,当兼具理学实践主体和诗歌书写或创作主体身份的理学家奉行"文以载道""因文求道"等文道观念,使用诗歌这一文体来表达其理学主张、理学认知和理学体验,书写因理学立场、视野和趣味而以独特观照形式来识察、体贴、把握自然万物、社会百态和主体自身的"物"之"理"时,万物就成为理学诗书写主体头脑中的先验性存在,而时时对理学家诗人的诗歌创作内容、主旨、表达方式和审美追求等,起到决定、制约和生成等多方面的重要作用,尽管这种作用有时是自觉的,有时又是潜意识的。从这个意义上讲,理学的目的论、价值论和工夫

① 参见拙著:《两宋理学家文道观念及其诗学实践研究》,南京大学出版社,2016年,第92—128页。

论等体系建构和目标设置等,对理学诗发展进程中逐渐生成的内容或主题的类型化、表达方式的程式化等诸弊端,产生了重要影响。①

理学学派虽然理论架构、表述话语和基本观点等有差异,但就其目的论、价值论和工夫论来看,又有着基本相同的特征和规律。就拿理学目的论来讲,邵雍《皇极经世书》、周敦颐的《通书》、张载《正蒙》,其理学路径都是由天到人,从宇宙论推演到人性论,论证道德的客观存在以及天人合一的合理性。从而,德性的客观存在与德性的实现也就有了必然性和实现的可能性。而程颢的《定性书》与《识仁篇》、程颐的《颜子所好何学论》等的理学路径则是由人到天,论证实践主体的"性""德"等具备客观性存在的基础和化育之特性,从而表征、呈现出天地万物之本体性,由此,二程亦论证了天人合一的客观性和合理性。在北宋理学"五子"解决了天人合一的理论根源问题之后,理学后学即以此为学理存在前提,而在不同层次或方向上发展了理学义理。在理学诗作品中,很明显地呈现出两宋理学的这一理论发展进路。比如,只要涉及理学的目的论问题,理学诗人一定会书写或者抒发其对主体之德性、存养、识察、克讼等问题的认知、体验或践行,要么诗歌主题指向于天地之道、人之道,要么论证天地万物、实践主体存在"万物一理""理一分殊"等同构性特征,或者合一性的运动、发展和变化规律。显然,理学的目的论是导致理学诗形成类型化主题和程式化表达方式的流弊因素之一。

与理学目的论对理学诗产生流弊发生影响的必然性相似,理学的价值论、工夫论因素也因为理学实践主体所认同并践行,而理学实践主体与理学诗书写或创作主体的同一性身份,则决定了理学的价值论、工夫论同样也会如其目的论一样,成为理学诗人创作理学诗的观念前提,从而在理学诗的内容、主旨和表达方式等方面呈现出来。

当多数理学家试图以理学诗的形式来表达理学的目的论、价值论和工夫论,以至于形成创作风尚而成为为众瞩目的理学诗面貌之际,理学诗的类型化内容或主题与程式化表达的流弊便非常明显地展示在世人面前。可见,理学的目的论、价值论和工夫论等,是理学诗逐渐生成流弊的重要学理因素。

(三)理学家的思维方式、认知方式和践履方式,都对理学诗发展进程中生成的诸流弊问题具有重要影响。

现代意义上,实践主体的思维方式是隶属于认知方式的,或者说,认知方式、

① 参见常德荣:《程朱理学与诗学的内在冲突及其会通》,载胡晓明主编:《美的观点与中国文化——古代文学理论研究第三十七辑》,华东师范大学出版社,2013年。

思维方式都是认识过程的参与因素,这两者是相互依存的,认知方式、思维方式只不过是因为考察角度的不同而赋予其不同的指称而已。同样,现代科学亦认为,认知方式与践履方式是两个不同的领域,这两者事关知、行两大部类,各具运行规律并呈现出迥异的特征。这种对于思维方式、认知方式、践履方式的体认和把握,是以西方分析哲学为基本学理依据的现代科学体系的主流看法。与现代主流看法不同,宋代理学家的思维方式、认知方式和践履方式,各自的内涵复杂,且相互之间关系多有纠结。理学家的认知方式与思维方式多有不同。理学家的思维方式有多种,如正名思维、归元思维、象物思维、类比思维等①,这些思维方式虽然也涉及对事物的认知,但其主要是作为认知的逻辑路径而存在的,并不必然成为认知的必要因素或者直接参与认知活动本身。理学家的思维方式、认知方式和践履方式又是相互联系的,它们共同参与了实践主体的"求道"过程,并以识察、体验和践履等方式实践着主体的德性境界追求。作为从属于途径、方法和手段的"方式"而言,理学家的思维方式、认知方式和践履方式一定是有其规定性存在的。只要实践主体遵循着其规定性而呈现于诗歌,就一定会导致理学诗呈现出类型化与程式化特征。而当理学家普遍遵循着约定俗成的诸规定性来书写或者抒写理学诗之时,这种规定性因素的外显,也就成其为理学诗的"流弊"。

　　这里,以理学家正名思维和归元思维方式为例,来说明其对理学诗发展进程中生成的诸流弊的影响问题。所谓正名思维,是指古人往往先验地确立一个理论元点或者思想的标尺,这就是"名",再以这一元点或者标尺去衡量事物,这一衡量过程可以叫作"正",这个总的思维过程可以名之为"正名"思维。所谓归元思维,指的是人类思维的一种目的指向和认识事物的方式,其特征是按照事物的种性、类别把纷繁复杂的问题归纳出共性,再按照历史的、逻辑的、哲学的线索不断寻绎出它的发端,以找到事物或者问题的发源点,并通过对不同事物的相互关系进行探讨,从而实现对事物本质、规律和属性的认知,这种思维模式我们名之为"归元"思维。如果说,正名思维是以类的划分与认同为认识问题的出发点的话,那么在很大程度上,理学家的正名思维的目的就是要归元,而归元对于理学家而言,就是要寻求沟通宇宙论与道德论的可能性路径,亦即实现理学所强调的天体道体性体相互沟通问题。同样,作为认知方式的"观物""格物""体贴""识仁""明心"等,是实践主体因应着客体的不同而实施的认知途径、认知方法,也与基于逻辑推理、判断的主体思维方式不同。对大多数理学家而言,正名思维对于

---

①　参见拙作:《论两宋理学家处理文道关系的思维特性及其文化价值》,《孔子研究》2012 年第 6 期。

理学家文道关系的价值,恰恰在于寻求"文"对于"道"的承载、表达、反映的确然性与实在性上,以此来确定"文"的实有价值和存在的合理性前提。进一步而言,归元思维对于理学家而言,就是寻求他们各自的"文"与"道"的关系所立足的实在性、必然性的合理性逻辑前提和哲学前提。理学家正是由此角度,通过使用正名思维与归元思维,实现了从事物本源和逻辑本源的层面,把道德哲学(道)当作事物(文)的逻辑前提和存在性基础,并做出了这两者具有统一性的逻辑判断,认定两者在哲学层面上是具有同一理论元点的。这种思维模式,实际上也是理学家把握和体认自然界与价值界、道德界与现象界的固有思维模式。经此思维模式的转换,理学家对事物、事物与事物之间关系的把握与认知,以及对事物之间发生关系的本源和价值的判断,都呈现为探求天人关系的宏观理论体系建构与价值分析,由此,其主要专注层面在于道德哲学、政治伦理与人生价值探求的汉唐儒学,一变为探求"心性之学"或"内圣之学"的宋明理学。可以说,正名思维与归元思维这两种思维模式,对于理学体系、理学家而言,同时具备了方法论和认识论的价值,是其进行天人贯通的认知基础。① 正是由于正名思维、归元思维等思维方式的巨大价值和在理学体系构建中的作用,理学家在以诗歌书写或者抒写理学宇宙论、价值论合目的论,以表达理学思理和理学旨趣之时,就会自觉不自觉地在诗歌创作实践中反映出这两种思维方式的存在。这在一些特别重视书写理学思理和理学旨趣的理学家诗人中,得到比较充分的表达。张九成、陈渊、朱熹、陈傅良、王十朋、曾丰、黄榦、陈淳、曹彦约、刘黻、袁燮、金朋说、彭龟年、魏了翁、吴锡畴、丘葵等人的诗作,对此多有表现。而只要在其诗作中书写由正名思维和归元思维等所推知或者归纳而得的性理、道理、义理或者物理,就一定会呈现出类型化、程式化等特征。当这些思维方式成为理学家司空见惯而外显于普遍的诗歌内容、主题和表达方式时,也就生成了理学诗的诸"流弊"形态。

此外,理学家的"巧贼拙德""气象近道""玩物从容""温柔敦厚""清淡"等审美理想,必然导致理学诗在发展流变历程中,产生某些流弊。理学家的"巧贼拙德""气象近道""玩物从容""温柔敦厚""清淡"等审美理想,也内在地规定了理学诗的主题和审美风格。比如,周敦颐《拙赋》所倡导的"巧贼拙德"审美理想,经过程颐、杨时、胡寅、张栻、朱熹等人的发挥,"崇拙"而"斥巧"观念已经从纯粹的功用性层面发展为具备本体论、价值论、目的论的特征,并与"求道""向学""为文"

---

① 内容可参见拙作:《论两宋理学家处理文道关系的思维特性及其文化价值》,《孔子研究》2012 年第 6 期。本节在引用时多有删改。

等相联系,成为宋代理学家颇为重视的理学话语。理学家的这一审美理想,对其诗歌创作也产生了重大影响。从宋代理学诗的总体情况来看,"巧贼拙德"的审美理想,在理学家诗歌创作及理学诗呈现方式上主要表现为三个方面:宋代理学家的"巧贼拙德"审美理想,呈现为理学诗的"崇拙""斥巧"等内容;除了表现为一些理学家以"拙"为名号之外,也表现为一些理学诗围绕着诸如"拙斋""拙轩""拙室""拙庵""鲁斋"等展开;宋代理学家"巧贼拙德"审美理想,也在宋代理学诗形式方面有所表现。在周敦颐提出"巧贼拙德"命题之后,复经胡寅、张栻、朱熹、刘宰、魏了翁等人的探讨,"拙"逐渐取得了"德性之知"的属性特征,并成为"问学""作文"等的判断标准。由此,"斥巧"而"崇拙"实现了从德性之知到见闻之知的全局覆盖,"以拙为美""尚拙"等顺乎自然地成为理学家诗歌创作的自觉追求。

再如,理学家的"温柔敦厚"审美理想也对理学诗的内容、主题、表达方式和诗作风格等产生了影响。理学家"温柔敦厚"审美理想,呈现为诗作内容上关注"情性"及"心性存养"等问题。理学家的部分诗歌,也重视诗歌的讽谏、感兴志意的作用,这就与"温柔敦厚"《诗》教观发生了联系。理学家的一些诗作,往往在表达感情、进谏政治、书写对事物的态度时,注意中和、中节而不过分,特别是能够以理、礼、性、道、仁等"节之",而表达出"温柔敦厚"的诗歌风格。再如,宋代理学家之"清淡"审美理想,从其诗歌作品来看,可分三种显性表达方式:表达对实践主体或者歌咏对象的德性境界、气度等的推重和赞许;重物景之"清""淡""清淡"之象,此"象"往往同天理、性、德等相联系;以"清""淡"或者"清淡"来论诗,或者理学家的诗歌表现出来"清""淡""清淡"等风格特征。理学家崇尚"清淡"的理学观念,以及在诗歌创作和诗学评价中所体现出来的"清淡"审美理想,是兼有理学实践主体身份和诗歌书写或创作主体身份的理学家诗人,"德音清和"德性境界追求与其诗歌"清""淡"风格追求的融合产物。在理学家诗人的"清淡"审美理想的生成和发展历程中,历史文化传统、理学传统与宋代诗学传统,互相交融共同汇成了理学家的这一重要审美理想。理学家的诗歌创作实践反映出这一审美理想。理学家的"清淡"审美理想,对于理学诗的风格、面貌等特质的生成,具有一定的影响。上述可见,理学家的审美理想,对理学诗的内容、主题、审美取向等产生了重要影响。当理学家诗人逐渐以上述审美理想类型来写作理学诗时,自然就会产生理学诗的诸流弊。

本节研究结论是:罔顾理学诗发展的阶段性、过程性而言其利弊,是机械的、静止的思维方式和认知方式的常规做法。因而,所得研究结论一定是不可靠的,也是不科学的。事物是运动的、发展着的,因此,对作为历史形象的理学诗利弊优劣问题的考察,应在对其不同发展形态和阶段性特征予以准确把握的基础上,探讨其利弊的生成过程与变化程度。通过本书前面各章节的考察,我们已经对理学诗的发展历程、阶段性特征及其主题类型、表达方式进行了比较细致的研究,并对理学家的审美理想及其影响下的理学诗在内容、主题和审美风格等方面进行了探讨。由此,本节才能够在较为坚实的研究结论的基础上,进而提出理学诗的面貌特征、流弊生成过程及其特征,从而在学理层面上解释了理学诗流弊生成的理学根源问题,这就为我们进一步探讨理学诗的文学史地位等问题,提供了必要的立论基础。

第三节　宋代理学诗的历史地位和文学价值

准确界定理学诗的历史地位问题,至少涉及两个问题:一是如何看待中国文学史的评价传统问题,亦即一千年来对宋诗尤其是理学诗的评价传统问题;二是在当代文学研究的宽阔视野和中西文化交流的背景下,如何认识中国古代的理学诗问题。对于第一个问题的认识,我们要注意到,一千年来前人对于理学家诗歌的评价,基本上遵循的是南宋时期文人群体对于理学诗的认识,特别是严羽《沧浪诗话》及大量的文人诗论、文论的评价。通过对宋代理学家的文道观念的梳理来看,虽然理学家的文道观念总体上有"重道轻文""作文害道""文道二分""重文轻道"等四类,但必须指出,坚持"重道轻文"文道观的理学家,所占的比重非常大。以此而言,周敦颐的"文以载道"、程颐的"作文害道"等文道观念,对于理学家的影响,是比较大的。理学家对于"求道"的目的性如此之强大,则对作为文学艺术的"文"的重视性当然会弱一些。甚至,一些理学家根本就对"文"抱有排斥态度。这就造成了一种情况:对理学诗进行文学史定位的却是不太懂得这一类诗歌的文人群体。而能把握其精义的理学家,却并不关心这一类诗歌的文学史地位问题。由此而言,这种情况必然导致了一千年来文人群体对于理学家诗歌评价的不公平性。

对第二个问题的认识,我们当注意到,西方文化中有源远流长的"哲学—诗"会通传统。在西方文化史上,"诗与哲学之争"自古希腊时代至今,已经延续了几千年。这里,"诗"在广义上可以作为一切以感性思维或直觉思维为基本特征的艺术形式的集中体现物,而"哲学"可以在广义上作为一切以具有理性思维或逻辑思维为基本特征的非艺术形式的集中体现物。抛开诗与哲学高低且不论,就"诗"与"哲学"关系而言,黑格尔把人类认识真理分为三个阶段,分别是"艺术的"

"宗教的""哲学的",从而得出了"诗"必然消亡的结论。而在现当代西方学者那里,很多人的观点正与黑格尔相左,他们努力论证"诗"与"哲学"可以在某些方面实现会通,这一研究取向成为当今关于"诗"与"哲学"之争研究的主流,如现象学美学代表人物应伽登在《文学的艺术作品》中,强调文学的最高审美价值属性是贯穿于整个作品的形而上学性质,文学艺术变成了哲学的变体。① 总体而言,现代西方文化学者,致力于艺术(诗)与哲学之间的会通性思考和研究,已经越来越成为一种文化取向。② 在这个大的背景下,如何判定理学诗的文学史价值,当引起我们的深思。要想深层次来探讨中西文化的异同问题,则刚好理学家性理诗歌提供了一个中国传统文化的"哲理—诗歌"会通的范本。显然,自宋代绵延至清末的数量众多的理学诗,已经成为中西文化、文学交流中必须关注的重要文化现象。

同时,我们亦应看到,与宋、元、明、清时期绝大多数理学家或者有理学学缘、理学素养的文人所推重、创作理学诗的情形有所不同,自宋代开始以至于清末,大多数文人诗人或者诗论家对理学诗均持有较为负面的评价。这一大相径庭的评价态度,反映出不同的认识主体对于认识同一事物所持的判断标准是不一样的。这就提示我们,要对理学诗的历史地位有一个比较客观的认识,首先就应对这些理学家或者文人的相关立场有所了解,进而才能对理学诗有较为客观、公允的历史定位。

理学家的文道观念基本的倾向是"重道"而"轻文",他们主要是从"道"之"体"与"文"之"用"的角度来看待文、道关系的。这样,理学家的"文以载道""因诗求道"等文道观念就矮化、削弱了文道关系之中"文"的地位。理学家对于文道关系的这一认识,反映在理学家的理学诗创作上,就会以书写或表达"道"为主而忽略作为"文"的诗体特征。在理学家看来,写诗是为了"载道""求道"服务的,作为"道"之载体、工具和实现手段的诗歌,如果失去了对"道"的承载、阐明和传述,也就没有了价值和意义。③ 理学家的这一认识,导致了他们在对诗歌作品进行评价时,往往关注的焦点问题、核心问题是诗歌的内容和主旨,而对诗歌表达方式、诗歌风格、诗歌境界等与技巧、技艺和审美相关的问题并不热衷。就理学家而言,其理学诗中的内容和主旨,基本上都与理学理论、理学主张等相关,性理、道

---

① 参见蒋孔阳主编:《二十世纪西方美学名著选》(下卷),复旦大学出版社,1988年,第247页。

② [荷兰]佛克马、[荷兰]伯顿斯编:《走向后现代主义》,王宁、顾栋华、黄桂友等译,北京大学出版社,1991年,第58、60页。

③ 参见拙著:《两宋理学家文道观念及其诗学实践研究》,南京大学出版社,2016年,第129—144页。

理、心体、心性、存养、识察、体贴等问题,才是理学家所创作的理学诗所看重的。如果说,理学家关注诗歌创作的话,也是因为理学诗可以书写、表达这些理学问题而引起理学家重视创作诗歌。这样就形成了一种历史事实:理学家极少发表对于诗歌创作以及具体诗歌作品的评论,即使有零星的即兴式的评点,绝大多数也是围绕着诗歌中的理学性理、德性、存养等问题而展开。至于对理学诗的优劣短长、历史贡献、性质特征等深层次问题的认识,尚未引起理学家的重视而得到必要关注。

较之写作理学诗的理学家而言,绝大部分文人诗人由于学养、兴趣和优长等并不在理学上,因此对理学的常用话语、理论体系、理学旨趣和理学思理等并不熟知,即使个别文人诗人在与理学家的交游唱酬中对理学有所接触,恐怕他们对于理学的认知也是浅层次的。文人诗人或者诗论家的这一身份特征及其决定了的诗学立场,自然就会导致他们对于理学诗的认知产生偏差。而由于文人诗人的科举应试、角色诉求及其兴趣所在,他们往往对于包括理学诗在内的各种诗歌类型多有阅读、评价和摹写,但其诗作关注的重心仍在文人诗。

这样,就产生了文学史上令人瞩目的独特现象:懂行的理学诗人很少评价理学诗,即使有零星的评价也是关注其内容与主旨,而不涉及其他方面。而对于理学诗并不在行的文人诗人,却有较多的论及理学诗的评论文字。因为文人诗人崇尚文人诗传统,故而多重视从"言志""缘情"等角度来言诗,在诗歌内容和主旨上更为注重情感、情怀、意趣等方面的书写和表达,在诗歌表达方式上更为推崇情景交融、无我之境、象征比兴等手法的运用,在诗歌艺术风格追求上则表现出多样性的特征,慷慨多气、重气骨、沉郁顿挫、飘逸飞扬等不一而足。而文人诗的上述诗歌传统,是与理学诗有明显差异的。大致来讲,理学诗虽然也"言志",但其"志"已经转化为以表达"德性"为主要内容的"志"。虽然理学诗的部分诗歌内容也注重书写日常日用之生活,但其诗歌主旨上却以表达、反映理学主张和理学思理为主,这就与文人诗拉开了距离。从表达方式而言,理学诗更多地受到了理学家理学认知方式和践履方式的影响,而使用"观物""格物"等表达方式,这又是文人诗所没有过的。再从诗歌审美风格而言,理学家的若干审美理想,如"巧贼拙德""玩物从容"等较之文人诗无疑是不同的。这些差异性的存在,标志着理学诗是迥异于文人诗的历史客观存在。文人诗人在认识、评价理学诗时,往往以文人诗的标准来看待理学诗,就会得出结论基本是负面的历史评价。令人不解的是,由并不在行的文人诗人做出的对于理学诗的负面评价,却成为近现代文学史家对于理学诗进行文学史定位的主要理论来源。

由上可见,文学史上对理学诗历史地位的评价,所依据的理论基础是有很大局限性的,历史上文人诗人对于理学诗的认知和评价,绝大多数是隔靴搔痒、不着实际。由此而言,对理学诗文学史地位的再认识,就有其必要性和紧迫性:是时候纠正延续了近千年的对于理学诗的历史地位的错误认识了。

概而言之,既然前人囿于学养、兴趣和优长等而对理学诗的诸多认识和判断存在不少偏差,以至于对其历史地位等问题的认定出现不少问题,那么,当我们再来认识宋代理学诗的文学史地位问题之时,就应该立足研究结论,从其文学史贡献、流弊及其对后世的诗歌影响等几个方面来界定其文学史地位。

在承继传统诗歌内容和主题的基础上,宋代理学诗为中国古代文学史贡献了独特的诗歌内容和一些前所未有的诗歌主题类型。宋代理学诗中的风景诗、咏物诗、交游唱酬诗、纪游诗、政治诗、咏史诗等,所书写的内容,都是自《诗经》《离骚》以来中国古典诗歌的常见题材。宋代理学诗全面承继了这一传统。不过,宋代理学诗与前代有所不同的是,理学诗在书写这些传统诗歌内容之时,所表达的诗歌主题却与前代诗歌有很大差异。它往往是通过书写这些古代诗歌常见内容,而传递出独有的理学学理、理学旨趣和理学思理,如德性、心性、道、存养、识察、明理、生生不已、格物致知等,从而实现了诗歌主题的出新。这些诗歌主题,是理学诗人藉由诗歌传达、表述和阐释理学理论而呈现出来的主体观念和思想,当然也就成为理学诗人的独特诗歌史贡献。

在承继传统诗歌表达方式的基础上,宋代理学诗为中国古代文学史贡献了独特的诗歌表达方式。宋代理学诗的一些表达方式,如通过议论来说理、通过比兴与象征等来说理、依托"象物比德"而以形象化说理等,与前代诗歌表达方式相比并无差异。但是,宋代理学诗的另外一些表达方式,却与之前有根本性的不同。如基于"观物""格物致知""发明"等"求道"途径与方法而实现的诗歌表达方式,体现出了理学认知方式、践行方式和思维方式对诗歌表达方式的"侵入"。这些新的诗歌表达方式,为中国诗歌带来了崭新的诗歌表现技巧和表达手段,从而为中国诗歌生成新的诗歌结构、诗歌面貌等提供了可能性。

在承继传统诗歌审美风尚的基础上,宋代理学诗为中国古代诗歌贡献了崭新的审美类型。宋代理学诗承继了中国诗歌传统审美风尚如"清淡""温柔敦厚"等,而在理学诗歌风貌上有所呈现。但是,理学诗同时也贡献了诸如"巧贼拙德""玩物从容""气象近道"等崭新的审美类型。当然,理学诗的这些审美类型,都有其历史根源和历史传统。但是,这些审美类型都得到了理学思潮的浸润而表征着理学义理和理学风尚,因此而在其内涵上较之以往有了质的不同。理学诗的这些审美新风尚,呈现为理学诗的内容、主题、风格等。

在承继传统文人诗歌的某些诗歌范型和诗歌体式的基础上,宋代理学诗也为中国文学史提供了一些新的诗歌范型和诗歌体式。宋代理学家具有多样性的诗学渊源。在宋代理学诗二百多年的发展历程中,理学家群体及诗人个体都经过了对诗歌范型和体式进行选择的不断尝试。从《诗经》到北宋中期之前的诗歌范型和诗歌体式,都成为理学家诗人竞相学习和摹写的典范。而理学家的辛勤诗歌创作和探索,也生成了"击壤体""乾淳体""晦翁体""二泉体""语录体""讲学体""俗体"等多种诗歌范型和诗歌体式。这些诗歌范型和体式,丰富了中国古代诗歌的范型和体式类型,为丰富中国古典诗歌的总体风貌作出了贡献。

在肯定宋代理学诗的文学史贡献的同时,也必须对其流弊及其历史负面影响有所认识。理学诗注重"言理""明理",从而表征为理性色彩浓而感性特征淡的总体风貌。这就导致了理学诗艺术性和感染力的减弱,也造成了诸如比兴、象征等诗歌表达传统的弱化或断裂,这就在很大程度上造成了中国古代诗歌抒情传统的衰减。由此,感慨遥深、梗概多气、风骨、骨力、沉郁顿挫等摇荡情性、感人至深的诗歌风格,就被理学诗人有意无意地疏离。而尚"温柔敦厚"、尚"清淡"等审美追求,又造成了理学诗人平抑情感、弱化主体的感情强度等情感诉求。所有这些,应是造成理学诗如"土梗""味同嚼蜡"等特质的重要因素。

理学诗的类型化主题特征,造成了理学诗对其他主题的排斥或疏离。当理学家诗人致力于在诗作中表达理学思想和理学旨趣之时,理学诗也就疏离了对于惨淡人生、绚丽爱情、苦难民生、残酷政治斗争、尖锐民族矛盾等主题的书写和表达,理学诗由此而成为特定人群的精致"玩物"而远离了人民大众。

理学诗表达方式的程式化特征,也导致了其对于传统诗歌表达方式的排斥、疏离或者弱化。由此,自《诗经》《楚辞》直至北宋中期所形成的中国传统诗歌的比兴、象征、造境、小包裹、复调式结构、意新语工、求物之妙等传统表达方式,在理学诗中难觅踪迹。这就造成了理学家之诗被称为"学者之诗"而与"文人之诗"有所区别的局面。

宋代理学诗在诗歌范型和诗歌体式上的"出新",客观上导致了其对于诗歌传统特性的弱化。"击壤体"的"不限声律""不涉固必",导致了后学者诗歌韵律和诗歌内容的随意性,破坏了韵律美的诗歌传统,也减弱了作者在诗歌中表达诉求的感情色彩。"语录体""讲学体"和"俗体"对于约定俗成的诗歌内容书写传统也产生了破坏作用,诗歌沦为讲道、教学和戏谑游戏的工具,"高头讲章""押韵文字""口语化"等造成了理学诗对于传统诗歌内容、审美风格和表达方式等的疏离。理学诗的这一发展趋势,引起了彼时有识之士的普遍不满,甚至连一些理学家也对理学诗的这种发展走向予以批评了。

可见,宋代理学诗从正反两个方面,部分地规定了宋诗的重要诗歌面貌和基本特征。从积极的一面来说,宋代理学诗因其重理性、重议论、重言理等,从而成为中国古典诗歌的重要类型;从消极的一面而言,宋代理学诗因其轻言情、轻感性、轻意境建构等,从而表现出少诗美、少感性体验等特征。宋代理学诗的正反两方面属性,对后来元、明、清代诗人都产生了不小的影响①。从中国诗歌发展史上看,绵延近千年之久的"唐宋诗之争"、宋元文化转型等重大文化现象,都与宋代理学诗有一定联系。

由此而言,站在当今学术研究的广阔视野下来探讨宋代理学诗文学史地位问题,比较理想的做法是:研究者当以辩证的眼光,首先对理学诗的范型、体式的时代价值和后世影响等进行考察;在此基础上,立足理学诗的主体特征和"流弊"的渐次生成过程,关注其"继承"与"开新"的历史贡献;进而,在历时性和共时性的历史时空中,确定宋代理学诗的文学史地位。

---

　① 　参见郭万金、艾冬景:《道学与诗的人生绾结——理学视野下的诗人薛瑄》,《河北大学学报(哲学社会科学版)》2018 年第 3 期。

附录 | 本著章节内容见刊情况一览表

章次	节次及内容	发表刊物、刊次	论文名称
绪论	第一节　百年来学术界对于理学诗及其相关问题的研究	《中国文化研究》2015年第4期	两宋理学家文道观念及其诗学实践研究的历史视阈与当下价值
	第二节　本课题研究的学理逻辑、研究理念与研究方法	《中国语言文学研究》二〇二二年秋之卷(总第33卷)	宋明理学诗学会通研究的学理基础、存在问题与研究策略
第一章	第一节　宋代理学诗的历史客观存在性及其诗作留存数量	《中国文化研究》2019年第1期	论两宋理学诗的历史客观存在及其诗作留存数量问题
	第三节　理学诗、理学诗人、理学诗派:概念辨析及边际范围界定	《文学评论》2011年第5期	两宋"理学诗"辨析
第二章	第一节　儒家之统:明熙之际儒学新变与理学诗之生成	《中国传统文化研究》(第二辑)	北宋庆历之际士人的"道"之"统"系追求及诗歌书写
	第二节　发明儒学:元靖之际宋学之重义理与理学诗之发育	《中国文化研究》2011年第1期	论两宋"理学诗派"的文学特征及其历史地位
	第六节　流于文史:宝至之际理学之嬗变与宋末元初理学诗之衍变	《孔子研究》2011年第4期	宋末元初理学家的学术路径及其诗歌创作实践

续　表

章次	节次及内容	发表刊物、刊次	论文名称
第三章	第一节　诗学渊源:宋代理学家诗人的多样性诗学渊源及其取法范式	《中国文化研究》2021年第3期	两宋理学家诗人的多样性诗学渊源及其诗歌取法范式
	第二节　击壤范式:邵雍理学诗的范式价值、诗坛反响及诗史地位	《北方论丛》2020年第1期	邵雍"击壤体"的体式特征及其诗坛反响
	第五节　晦翁范式:朱熹理学诗的范式价值、诗坛反响及诗史地位	《中国语言文学研究》二〇二一年春之卷(总第29卷)	论朱熹、赵蕃、韩淲诗歌的体式特征及其诗坛反响
	第六节　二泉范式:赵蕃、韩淲理学诗的范式价值及其反响		
第四章	第一节　宋代理学基本话语与理学诗的内容或主旨类型之关联	《北方论丛》2018年第6期	论两宋理学范畴的诗学表达问题之历史客观存在
	第二节　宋代理学"观物"话语与理学诗的内容或主旨类型(与第五章第二节合并)	《清华大学学报(哲学社会科学版)》2016年第2期	论两宋理学"观物"与理学诗类型化主题及程式化表达
	第三节　宋代理学"孔颜乐处"话语与理学诗的内容或主旨类型	《南开学报(哲学社会科学版)》2018年第3期	两宋理学"孔颜乐处"话语之诗学价值
	第四节　宋代理学"观天地生物气象"话语与理学诗的内容或主旨类型	《上海大学学报(社会科学版)》2014年第2期	论两宋理学"观天地生物气象"义蕴及其多向性展开
	第五节　宋代理学"心性存养"话语与理学诗的内容或主旨类型	《南开学报(哲学社会科学版)》2021年第3期	两宋理学"心性存养"涵蕴及其主题诗歌书写
	第六节　宋代理学"尊德性"话语与理学诗的内容或主旨类型	《东方论坛》2020年第1期	论宋元理学的"尊德性"及其诗歌表达

章次	节次及内容	发表刊物、刊次	论文名称
第五章	第一节　宋代理学基本话语与理学诗表达方式之关联	《文学研究》(第8卷·1)	宋代理学求道"工夫"与理学诗表达之会通性学理考察
	第三节　宋代理学"格物致知"话语与理学诗的表达方式	《国际儒学(中英文)》2023年第1期	宋代理学"格物致知"意蕴的历史生成及其流变
	第四节　宋代理学"发明"话语与理学诗的表达方式	《北方论丛》2022年第1期	两宋理学"发明"话语流变及其典型形态考论
		《北方论丛》2023年第4期	基于理学"发明"的宋元理学诗表达方式及其文本形态
	第五节　宋代理学"象物比德"话语与理学诗的表达方式	《东方论坛》2019年第3期	两宋理学:"象物比德"话语与诗性表达
第六章	第二节　宋代理学"巧贼拙德"话语与理学诗的诗歌风貌	《齐鲁学刊》2018年第6期	"巧贼拙德"命题的文化渊源及其语义关联进程
		《清华大学学报(哲学社会科学版)》2021年第1期	两宋理学"巧贼拙德"的涵蕴、诗歌表达及后世接受
	第三节　宋代理学"玩物从容"话语与理学诗的诗歌风貌	《学术交流》2020年第1期	论两宋理学家"玩物从容"审美理想及其诗歌呈现问题
	第四节　宋代理学"气象近道"话语与理学诗的诗歌风貌	《中国诗歌研究动态》(第六辑)	诗歌"气象"何以能"近道"——兼谈朱熹"气象近道"说在中国诗论"气象"范畴构建中的作用
	第六节　宋代理学"清淡"话语与理学诗的诗歌风貌	《文学研究》(第5卷·2)	论两宋理学家"清淡"审美理想及其诗歌呈现问题

主要参考文献

一、经部类

(清)阮元校刻:《十三经注疏》,中华书局,1980。

(唐)李鼎祚:《周易集解》,上海古籍出版社景印《文渊阁四库全书》本,1987。

(宋)张载:《横渠易说》,上海古籍出版社景印《文渊阁四库全书》本,1987。

(宋)程颐著,朱熹校正:《伊川易传》,国家图书馆出版社,2010。

(宋)陈瓘:《了斋易说》,上海古籍出版社景印《文渊阁四库全书》本,1987。

(宋)张栻:《南轩易说》,上海古籍出版社景印《文渊阁四库全书》本,1987。

(宋)杨简:《杨氏易传》,上海古籍出版社景印《文渊阁四库全书》本,1987。

(宋)杨万里:《诚斋易传》,上海古籍出版社景印《文渊阁四库全书》本,1987。

(元)吴澄:《易纂言》,上海古籍出版社景印《文渊阁四库全书》本,1987。

(清)王夫之:《周易稗疏》,上海古籍出版社,1990。

(宋)林之奇:《尚书全解》,上海古籍出版社景印《文渊阁四库全书》本,1987。

(宋)杨简:《五诰解》,上海古籍出版社景印《文渊阁四库全书》本,1987。

(宋)魏了翁:《尚书要义》,上海古籍出版社景印《文渊阁四库全书》本,1987。

(元)许谦:《读书丛说》,上海古籍出版社景印《文渊阁四库全书》本,1987。

(宋)程颐:《程氏经说》,上海古籍出版社景印《文渊阁四库全书》本,1987。

(宋)郑樵:《六经奥论》,上海古籍出版社景印《文渊阁四库全书》本,1987。

(元)熊朋来:《五经说》,上海古籍出版社景印《文渊阁四库全书》本,1987。

(宋)朱熹集注,陈戍国标点:《四书集注》,中华书局,1983。

(宋)朱熹:《论孟精义》,上海古籍出版社景印《文渊阁四库全书》本,1987。

（宋）张栻：《癸巳论语解》，《丛书集成初编》本，商务印书馆，1985。

（宋）张栻：《癸巳孟子说》，上海古籍出版社景印《文渊阁四库全书》本，1987。

（宋）王柏：《诗疑》，《续修四库全书》本，上海古籍出版社，2002。

（宋）金履祥：《论孟集注考证》，上海古籍出版社景印《文渊阁四库全书》本，1987。

（元）许谦：《读论语丛说》，《续修四库全书》本，上海古籍出版社，2002。

（明）王守仁：《大学古本傍释》，《续修四库全书》本，上海古籍出版社，2002。

（明）胡广等：《四书大全》，上海古籍出版社景印《文渊阁四库全书》本，1987。

（明）刘宗周：《论语学案》，上海古籍出版社景印《文渊阁四库全书》本，1987。

（清）孙奇逢：《四书近指》，上海古籍出版社景印《文渊阁四库全书》本，1987。

（清）王夫之：《四书笺解》，《续修四库全书》本，上海古籍出版社，2002。

（清）李光地：《榕村四书说》，上海古籍出版社景印《文渊阁四库全书》本，1987。

（清）焦循撰，沈文倬点校：《孟子正义》，中华书局，1987。

（清）戴震：《孟子字义疏证》，中华书局，1982。

（战国）孟轲撰，孙奭疏：《孟子注疏》，北京大学出版社，1999。

（清）皮锡瑞：《经学通论》，中华书局，1954。

（清）皮锡瑞：《经学历史》，中华书局，1959。

二、史部类

（汉）司马迁撰，张守节正义：《史记》，中华书局，1977。

（汉）班固撰，颜师古注：《汉书》，中华书局，1977。

（后晋）刘昫等：《旧唐书》，中华书局，1977。

（元）脱脱等：《宋史》，中华书局，1977。

（民国）徐元诰撰，王树民、沈长云点校：《国语集解》，中华书局，2002。

（宋）司马光：《资治通鉴》，中华书局，1992。

（宋）李焘：《续资治通鉴长编》，中华书局，2004。

（宋）刘时举：《续宋编年资治通鉴》，上海古籍出版社景印《文渊阁四库全书》本，1987。

（宋）赵汝愚：《宋朝诸臣奏议》，上海古籍出版社，1998。

（元）不著撰人：《宋史全文》，上海古籍出版社景印《文渊阁四库全书》本，1987。

（宋）周密：《癸辛杂识》，上海古籍出版社景印《文渊阁四库全书》本，1987。

（元）马端临：《文献通考》，中华书局，1986。

（清）毕沅：《续资治通鉴》，中华书局，1999。

（宋）朱熹：《伊洛渊源录》，中州古籍出版社，1985。

（宋）李攸：《宋朝事实》，中华书局，1955。

（宋）李心传：《建炎以来朝野杂记》，中华书局，2016。

（唐）杜佑：《通典》，浙江古籍出版社，2000。

（宋）郑樵：《通志》，浙江古籍出版社，2000。

（清）乾隆官修：《续通典》，浙江古籍出版社，2000。

（清）乾隆官修：《续通志》，浙江古籍出版社，2000。

（宋）王尧臣等：《崇文总目》，上海古籍出版社景印《文渊阁四库全书》本，1987。

（宋）晁公武撰：《郡斋读书志》，上海古籍出版社，1990。

（宋）尤袤：《遂初堂书目》，中华书局，1985。

（宋）陈振孙：《直斋书录解题》，上海古籍出版社，1987。

（清）黄虞稷：《千顷堂书目》，上海古籍出版社，2001。

（清）朱彝尊：《经义考》，中华书局，1998。

（清）永瑢等：《四库全书总目》，中华书局，1965。

（清）黄宗羲原著，全祖望补修，陈金生、梁运华点校：《宋元学案》，中华书局，1986。

（唐）刘知幾撰，（清）浦起龙通释，王煦华整理：《史通通释》，上海古籍出版社，2009。

三、子部类

刘盼遂集解：《论衡集解》，古籍出版社，1957。

朱谦之撰：《老子校释》，中华书局，1984。

沙少海、徐子宏译注：《老子全译》，贵州人民出版社，1989。

（清）王先谦撰，沈啸寰、王星贤点校：《荀子集解》，中华书局，1988。

陈鼓应注释:《庄子今注今译》,中华书局,1983。

黎翔凤撰,梁运华整理:《管子校注》,中华书局,2004。

苏舆义证,钟哲点校:《春秋繁露义证》,《新编诸子集成》本,中华书局,1992。

(宋)王开祖:《儒志编》,上海古籍出版社景印《文渊阁四库全书》本,1987。

(宋)邵雍著,黄畿注,卫绍生校理:《皇极经世书》,中州古籍出版社,1992。

(宋)周敦颐撰,徐洪兴导读:《周子通书》,上海古籍出版社,2000。

(宋)程颢、程颐:《二程遗书》,上海古籍出版社,2008。

(宋)谢良佐撰,胡安国录:《上蔡语录》,上海古籍出版社景印《文渊阁四库全书》本,1987。

(宋)刘荀:《明本释》,《丛书集成初编》本,中华书局,1985。

(宋)杨伯嵒:《泳斋近思录衍注》,《续修四库全书》本,上海古籍出版社,2002。

(宋)胡宏撰:《胡子知言》,《丛书集成初编》本,中华书局,1991。

(宋)张栻撰,王云五主编:《癸巳论语解》,商务印书馆,1985。

(宋)朱熹、吕祖谦编,张伯行集解:《近思录》,《丛书集成初编》本,中华书局,1985。

(宋)黎靖德编,王星贤点校:《朱子语类》,中华书局,1986。

(宋)朱熹撰:《四书或问》,上海古籍出版社景印《文渊阁四库全书》本,1987。

(宋)陆九渊撰,杨国荣导读:《象山语录》,上海古籍出版社,2000。

(宋)杨简:《先圣大训》,上海古籍出版社景印《文渊阁四库全书》本,1987。

(宋)陈淳:《北溪字义》,中华书局,1983。

(宋)熊节编,熊刚大注:《性理群书句解》,华东师范大学出版社,2018。

(宋)陈埴:《木钟集》,上海古籍出版社景印《文渊阁四库全书》本,1987。

(宋)叶适:《习学记言》,中华书局,1977。

(宋)真德秀:《大学衍义》,华东师范大学出版社,2010。

(宋)黄震:《黄氏日钞》,上海古籍出版社景印《文渊阁四库全书》本,1987。

(元)保八:《周子通书训义》,上海古籍出版社景印《文渊阁四库全书》本,1987。

(明)张九韶:《理学类编》,四川人民出版社,1998。

(明)胡广等:《性理大全书》,上海古籍出版社景印《文渊阁四库全书》本,1987。

(明)黎温:《历代道学统宗渊源问对》,《续修四库全书》本,上海古籍出版社,2002。

（明）曹端：《太极图说述解》《西蒙述解》《通书述解》，上海古籍出版社景印《文渊阁四库全书》本，1987。

（明）季本：《说理会编》，《续修四库全书》本，上海古籍出版社，2002。

（明）姚舜牧：《性理指归》，上海古籍出版社，1995。

（明）邱濬：《大学衍义补》，京华出版社，1999。

（明）罗钦顺：《困知记》，上海古籍出版社景印《文渊阁四库全书》本，1987。

（明）湛若水：《格物通》，上海古籍出版社景印《文渊阁四库全书》本，1987。

（明）刘宗周：《刘子遗书》，上海古籍出版社景印《文渊阁四库全书》本，1987。

（清）黄宗羲：《思问录内篇一卷外篇一卷》，上海古籍出版社，2000。

（清）李光地等：《御纂性理精义》，上海古籍出版社景印《文渊阁四库全书》本，1987。

（清）李光地注释：《注解正蒙》，上海古籍出版社景印《文渊阁四库全书》本，1987。

（清）朱熹、吕祖谦编，叶采集解：《近思录》，上海古籍出版社景印《文渊阁四库全书》本，1987。

（清）茅星来集注：《近思录集注》，台湾商务印书馆景印《文渊阁四库全书》本，1983。

（清）江永撰：《近思录集注》，上海古籍出版社景印《文渊阁四库全书》本，1987。

（清）陈沆：《近思录补注》，《续修四库全书》本，上海古籍出版社，2002。

（清）陆世仪撰，张伯行编：《思辨录辑要》，上海古籍出版社景印《文渊阁四库全书》本，1987。

（清）陆陇其撰，李清植辑：《读朱随笔》，上海古籍出版社景印《文渊阁四库全书》本，1987。

（清）张能鳞：《儒宗理要》，《续修四库全书》本，上海古籍出版社，2002。

（清）汪绂：《理学逢源》，《续修四库全书》本，上海古籍出版社，2002。

（清）夏炘：《述朱质疑》，《续修四库全书》本，上海古籍出版社，2002。

（清）杨方达：《正蒙集说十七卷》，《续修四库全书》本，上海古籍出版社，2002。

（清）应撝谦：《性理大中》，《续修四库全书》本，上海古籍出版社，2002。

李峰注说：《正蒙》，河南大学出版社，2016。

四、集部类

1. 别集类

袁行霈撰:《陶渊明集笺注》,中华书局,2003。

(唐)杜甫撰,谢思炜校注:《杜甫集校注》,上海古籍出版社,2016。

(唐)元结:《次山集》,吉林出版集团,2005。

(唐)元结:《箧中集》,载中华书局上海编辑所编辑:《唐人选唐诗》(十种),中华书局,1958。

(唐)韦应物撰,陶敏、王友胜校注:《韦应物集校注》,上海古籍出版社,1998。

(唐)韩愈撰,严昌校点:《韩愈集》,岳麓书社,2000。

(唐)柳宗元撰,吴文治等校点:《柳宗元集》,中华书局,1979。

(宋)范仲淹:《范仲淹全集》,四川大学出版社,2002。

(宋)欧阳修撰,李逸安点校:《欧阳修全集》,中华书局,2001。

(宋)王安石著,秦克、巩军标点:《王安石全集》,上海古籍出版社,1999。

(宋)石介:《徂徕集》,台湾商务印书馆景印《文渊阁四库全书》本,1983。

(宋)李复:《潏水集》,上海古籍出版社景印《文渊阁四库全书》本,1987。

(宋)苏轼撰,孔凡礼点校:《苏轼文集》,中华书局,1986。

(宋)史容注:《山谷外集诗注》,上海古籍出版社景印《文渊阁四库全书》本,1987。

(宋)黄庭坚撰,任渊注:《山谷内集诗注》,上海古籍出版社景印《文渊阁四库全书》本,1987。

(宋)周敦颐著,陈克明点校:《周敦颐集》,中华书局,1990。

(宋)邵雍著,郭彧整理:《邵雍集》,中华书局,2010。

(宋)张载著,章锡琛点校:《张载集》,中华书局,1978。

(宋)程颢、程颐著,王孝鱼点校:《二程集》,中华书局,1981。

(宋)徐积撰:《节孝集》,台湾商务印书馆景印《文渊阁四库全书》本,1983。

(宋)杨时撰:《龟山集》,台湾商务印书馆景印《文渊阁四库全书》本,1983。

(宋)周行己:《浮沚集》,《丛书集成初编》本,中华书局,1985。

(宋)游酢:《游廌山集》,上海古籍出版社景印《文渊阁四库全书》本,1987。

(宋)程洵:《克斋先生尊德性斋》,《续修四库全书》本,上海古籍出版社,2002。

（宋）汪应辰：《文定集》，《丛书集成初编》本，中华书局，1985。

（宋）彭龟年：《止堂集》，《丛书集成初编》本，中华书局，1985。

（宋）朱熹撰：《晦庵集》，台湾商务印书馆景印《文渊阁四库全书》本，1983。

（宋）朱熹著，朱杰人等主编：《朱子全书》，上海古籍出版社、安徽教育出版社，2002。

（宋）朱杰人、严佐之、刘永翔主编：《朱子全书外编》，华东师范大学出版社，2010。

（宋）吕祖谦：《古文关键》，上海古籍出版社景印《文渊阁四库全书》本，1987。

（宋）陆游：《陆游集》，中华书局，1976。

（宋）袁燮：《絜斋集》，《丛书集成初编》本，中华书局，1985。

（宋）韩元吉：《南涧甲乙稿》，《丛书集成初编》本，中华书局，1985。

（宋）胡宏撰，吴仁华点校：《胡宏集》，中华书局，1987。

（宋）胡寅著，尹文汉校注：《斐然集》，岳麓书社，2009。

（宋）陆九渊撰，钟哲点校：《陆九渊集》，中华书局，1980。

（宋）张九成：《横浦文集》，上海古籍出版社景印《文渊阁四库全书》本，1987。

（宋）陈著：《本堂集》，上海古籍出版社景印《文渊阁四库全书》本，1987。

（宋）陈渊：《默堂集》，上海古籍出版社景印《文渊阁四库全书》本，1987。

（宋）杨简：《慈湖遗书》，北京大学出版社，2014。

（宋）薛季宣：《浪语集》，上海古籍出版社景印《文渊阁四库全书》本，1987。

（宋）叶适撰，刘公纯、王孝鱼、李哲夫点校：《水心集》，中华书局，2010。

（宋）叶适：《习学记言》，中华书局，1977。

（宋）包恢：《弊帚稿略》，上海古籍出版社景印《文渊阁四库全书》本，1987。

（宋）韩淲：《涧泉集》，《丛书集成初编》本，中华书局，1985。

（宋）林之奇：《拙斋文集》，上海古籍出版社景印《文渊阁四库全书》本，1987。

（宋）何基：《何北山先生遗集》，《续修四库全书》本，上海古籍出版社，2002。

（宋）陈普：《石堂先生遗集》，《续修四库全书》本，上海古籍出版社，2002。

（宋）丘葵：《钓矶诗集》，《续修四库全书》本，上海古籍出版社，2002。

（宋）王柏：《鲁斋王文宪公文集》，《丛书集成初编》本，中华书局，1985。

（宋）真德秀：《西山文集》，台湾商务印书馆景印《文渊阁四库全书》本，1983。

（宋）魏了翁：《鹤山集》，上海古籍出版社景印《文渊阁四库全书》本，1987。

（元）郝经：《陵川集》，上海古籍出版社景印《文渊阁四库全书》本，1987。

（元）方回：《桐江集》，《续修四库全书》本，上海古籍出版社，2002。

（元）方回：《桐川续集》，上海古籍出版社景印《文渊阁四库全书》本，1987。

（元）吴澄：《吴文正集》，上海古籍出版社景印《文渊阁四库全书》本，1987。

（元）许衡撰，许红霞点校：《许衡集》，中华书局，2019。

（元）刘因：《静修集》，上海古籍出版社景印《文渊阁四库全书》本，1987。

（元）许谦：《白云集》，上海古籍出版社景印《文渊阁四库全书》本，1987。

（元）程端礼：《畏斋集》，上海古籍出版社景印《文渊阁四库全书》本，1987。

（元）姚燧著，查洪德编：《姚燧集》，人民文学出版社，2011。

（元）程钜夫撰，王齐洲、温庆新校：《雪楼集》，湖北人民出版社，2018。

（元）袁桷撰，杨亮校注：《袁桷校注》，中华书局，2012。

（元）陈栎：《定宇集》，上海古籍出版社景印《文渊阁四库全书》本，1987。

（明）陈献章撰，孙通海点校：《陈献章集》，中华书局，1987。

（明）罗钦顺：《整庵存稿》，上海古籍出版社景印《文渊阁四库全书》本，1987。

（明）王守仁撰，王晓昕、赵平略点校：《王文成全书》，中华书局，2015。

（明）罗洪先：《念庵文集》，上海古籍出版社景印《文渊阁四库全书》本，1987。

（明）杨爵撰，陈战峰点校：《杨忠介集》，西北大学出版社，2015。

2. 总集及诗文评类

逯钦立编：《先秦汉魏晋南北朝诗》，中华书局，1983。

（清）严可均辑：《全上古三代秦汉三国六朝文》，中华书局，1958。

（唐）欧阳询等编：《艺文类聚》，上海古籍出版社，1982。

（清）董诰等编：《全唐文》，中华书局，1983。

（清）彭定求等编，中华书局编辑部点校：《全唐诗》，中华书局，1999。

曾枣庄、刘琳主编：《全宋文》，上海辞书出版社、安徽教育出版社，2006。

傅璇琮等主编：《全宋诗》，北京大学出版社，1991—1998。

（宋）吕祖谦编选，齐治平点校：《宋文鉴》，中华书局，1992。

（宋）佚名辑：《新刊国朝二百名贤文粹三百卷》（存卷1至197），《续修四库全书》本，上海古籍出版社，2002。

（梁）刘勰撰，牟世金译注：《文心雕龙译注》，齐鲁书社，1995。

刘勰著，范文澜注：《文心雕龙注》，人民文学出版社，1958。

李涂撰，刘明晖校点：《文章精义》，人民文学出版社，1960。

郭绍虞辑：《宋诗话辑佚》，中华书局，1980。

（宋）阮阅编，周本淳校点：《诗话总龟》，人民文学出版社，1987。

（宋）吕祖谦：《古文关键》，台湾商务印书馆景印《文渊阁四库全书》本，1983。

（宋）真德秀：《文章正宗》，上海古籍出版社景印《文渊阁四库全书》本，1987。

（清）厉鹗辑：《宋诗记事》，上海古籍出版社，1983。

杨镰主编：《全元诗》，中华书局，2013。

李修生主编：《全元文》，凤凰出版社，2004。

吴文治主编：《辽金元诗话全编》，凤凰出版社，2006。

（民国）徐世昌辑：《晚晴簃诗汇二百卷》，《续修四库全书》本，上海古籍出版社，2002。

（宋）尤袤辑：《全唐诗话》，《丛书集成初编》本，中华书局，1985。

吴文治主编：《宋诗话全编》，江苏古籍出版社，1998。

程毅中主编：《宋人诗话外编》，国际文化出版公司，1996。

吴文治主编：《明诗话全编》，凤凰出版社，2006。

（明）胡应麟：《诗薮》，上海古籍出版社，1979。

（明）许学夷：《诗源辨体》，人民文学出版社，1987。

（清）何文焕辑：《历代诗话》，中华书局，1981。

（清）丁福保辑：《历代诗话续编》，中华书局，1983。

（清）王夫之等撰：《清诗话》，上海古籍出版社，1978。

唐圭璋编：《历代词话丛编》，中华书局，1986。

郭绍虞编选：《清诗话续编》，上海古籍出版社，1983。

张寅彭主编：《清诗话三编》，上海古籍出版社，2015。

张寅彭主编：《民国诗话丛编》，上海书店出版社，2002。

五、国内外学者学术著作类

王宝先编：《中国历代名人年谱总目》，香港九门书店，1965。

昌彼得等：《宋人传记资料索引》《明人传记资料索引》，台湾"中央图书馆"，1965。

杨殿珣：《中国历代年谱总录》，书目文献出版社，1980。

朱云影：《中国文化对日韩越的影响》，台湾黎明文化事业公司，1981。

马宗霍：《中国经学史》，上海书店出版社，1984。

侯外庐、冯汉生、张岂之主编：《中国理学史》，人民出版社，1984。

齐治平:《唐宋诗之争概述》,岳麓书社,1984。

蒙培元:《理学的演变》,福建人民出版社,1984。

钱穆:《朱子新学案》,巴蜀书社,1986。

张立文、岑贤安、徐荪铭等:《中国哲学范畴精粹丛书——道》,中国人民大学出版社,1989。

马积高:《宋明理学与文学》,湖南师范大学出版社,1989。

蒙培元:《理学范畴系统》,人民出版社,1989。

韩经太:《中国诗学与传统文化精神》,四川人民出版社,1990。

陈来:《朱熹哲学研究》,中国社会科学出版社,1993。

乐黛云主编:(世界诗学大辞典》,辽宁文艺出版社,1993。

严绍璗:《中国文化在日本》,新华出版社,1994。

姜光辉:《理学与中国文化》,上海人民出版社,1994。

廖可斌:《明代文学复古运动研究》,上海古籍出版社,1994。

陈来:《宋明理学》,辽宁教育出版社,1995。

张毅:《宋代文学思想史》,中华书局,1995。

谭帆:《传统文艺思想的现代阐释》,上海社会科学院出版社,1995。

蒙文通:《经史抉原》,载于《蒙文通文集》(第三卷),巴蜀书社,1995。

吕思勉:《理学纲要》,东方出版社据商务印书馆 1931 年版编校再版,1996。

王运熙、顾易生主编:《中国文学批评通史》,上海古籍出版社,1996。

韩经太:《理学文化与文学思潮》,中华书局,1997。

郭绍虞:《中国文学批评史》,商务印书馆,1998。

刘大杰著,林东海导读:《魏晋思想论》,上海古籍出版社,1998。

沈松勤:《北宋文人与党争》,人民出版社,1998。

程杰:《宋诗学导论》,天津出版社,1999。

汪涌豪:《范畴论》,复旦大学出版社,1999。

汪涌豪:《中国文学批评范畴及体系》,复旦大学出版社,1999。

牟宗三:《心体与性体》(上中下),上海古籍出版社,1999。

蒲震元:《中国艺术意境论》,北京大学出版社,1999。

北京图书馆出版社编:《北京图书馆藏珍本年谱从刊》,北京图书馆出版社,1999。

郭齐勇整理:《熊十力全集》,湖北教育出版社,2001。

严正:《五经哲学及其文化学的阐释》,齐鲁书社,2001。

徐复观:《中国艺术精神》,华东师范大学出版社,2001。

莫砺锋:《朱熹文学研究》,南京大学出版社,2001。

萧庆伟:《北宋新旧党争与文学》,人民文学出版社,2001。

吴荣光编:《历代人物年谱》,北京图书馆出版社,2002。

漆侠:《宋学的发展与演变》,河北人民出版社,2002。

刘宁:《唐宋之际诗歌演变研究》,北京师范大学出版社,2002。

杨镰:《元诗史》,人民文学出版社,2003。

钱志熙:《黄庭坚诗学体系研究》,北京大学出版社,2003。

姜广辉主编:《中国经学思想史》(第一卷)(第二卷),中国社会科学出版社,2003。

刘石:《有高楼杂稿》,商务印书馆,2003。

王晓路:《西方汉学界的中国文论研究》,巴蜀书社,2003。

吴洪泽、尹波主编:《宋人年谱丛刊》,四川大学出版社,2003。

陶东风主编:《文学理论的基本问题》,北京大学出版社,2004。

徐复观:《中国文学精神》,上海书店出版社,2004。

张文利:《理禅融会与宋诗研究》,中国社会科学出版社,2004。

蔡方鹿:《朱熹经学与中国经学》,人民出版社,2004。

张毅:《儒家文艺美学——从原始儒家到现代新儒家》,南开大学出版社,2004。

詹福瑞:《中国文学理论范畴》,中华书局,2005。

李春青:《诗与意识形态》,北京大学出版社,2005。

沈松勤:《南宋文人与党争》,人民出版社,2005。

汤用彤:《魏晋玄学论稿》,上海古籍出版社,2005。

陈来选,于浩辑:《宋明理学家年谱丛编》《宋明理学家年谱续编》,北京图书馆出版社,2005。

刘家和:《史学、经学与思想:在世界史背景下对于中国古代历史文化的思考》,北京师范大学出版社,2005。

刘扬忠主编:《中国古代文学通论》(宋代卷),辽宁人民出版社,2005。

查洪德:《理学背景下的元代文论与诗文》,中华书局,2005。

张岱年:《中国观念史》,中州古籍出版社,2006。

石明庆:《理学文化与南宋诗学》,中国社会科学出版社,2006。

牟宗三著,罗义俊编:《中西哲学会通十四讲》,上海古籍出版社,2007。

周裕锴:《宋代诗学通论》(修订版),上海古籍出版社,2007。

邓莹辉:《宋代理学美学与文学研究》,华中师范大学出版社,2007。

刘玉珺:《越南汉喃古籍的文献学研究》,中华书局,2007。

漆侠:《漆侠全集》,河北大学出版社,2008。

巩本栋:《宋集传播考论》,中华书局,2008。

王水照主编:《宋代文学通论》,人民文学出版社,2009。

王兆鹏:《宋南渡词人群体研究》,凤凰出版社,2009。

陈忻:《宋代洛学与文学研究》,中国社会科学出版社,2009。

张兴武:《宋初百年文学复兴的历程》,中华书局,2009。

钱穆:《宋明理学概述》,九州出版社,2010。

梁漱溟:《东西文化及其哲学》,商务印书馆,2010。

王学典、牛方玉:《唯物史观与伦理史观的冲突——阶级观点问题研究》,河南大学出版社,2010。

蔡美花、孙德彪:《中韩文论关联研究》,延边大学出版社,2010。

边家珍:《经学传统与中国古代学术文化形态》,人民出版社,2010。

钱穆:《理学六家诗钞》,九州出版社,2011。

蔡方鹿:《中国经学与宋明理学研究》,人民出版社,2011。

陶文鹏主编:《宋代士大夫文学研究》,中国社会科学出版社,2012。

赵敏俐、吴思敬主编:《中国诗歌通史》,人民文学出版社,2012。

程水龙撰:《〈近思录〉集校集注集评》,上海古籍出版社,2012。

赵敏俐主编:《中国诗歌史通论》,人民文学出版社,2013。

严佐之等主编:《近思录专辑》,华东师范大学出版社,2014。

韩经太:《中国审美文化焦点问题研究》,人民文学出版社,2015。

廖可斌:《理学与文学论集》,东方出版社,2015。

韩经太:《杏园陇人哲思》,复旦大学出版社,2016。

刘晓东、杜泽逊辑编:《清经解全编》,齐鲁书社,2016。

张立文:《宋明理学研究》(增订版),中国人民大学出版社,2016。

王培友:《两宋理学家文道观念及其诗学实践研究》,南京大学出版社,2016。

杨树增、马士远:《儒学与中国古代散文》,中国社会科学出版社,2017。

卞东波:《朱子感兴诗中日韩古注本集成》,上海古籍出版社,2019。

[德]黑格尔:《美学》,朱光潜译,商务印书馆,1981。

[意]贝奈戴托·克罗齐:《历史学的理论与实际》,[英]道格拉斯·安斯利英

译.傅任敢译,商务印书馆,1982。

[意]贝尼季托·克罗齐:《作为表现的科学和一般语言学的美学的历史》,王天清译,中国社会科学出版社,1984。

[日]铃木虎雄:《中国文艺论史》,孙俍工译,北新书局,1926。载于《民国丛书初编》本,中华书局,1985。

[美]托马斯·门罗:《走向科学的美学》,石天曙、滕守尧译,中国文艺联合出版社公司,1985。

[英]柯林伍德:《艺术原理》,王至元、陈华中译,中国社会科学出版社,1987。

[美]理查德·罗蒂:《哲学与自然之镜》,李幼蒸译,生活·读书·新知三联书店,1987。

[美]叶维廉:《中国诗学》,生活·读书·新知三联书店,1992。

[法]保罗·利科:《历史学家的技艺与贡献》,王建华译,香港牛津大学出版社,1994。

[美]艾尔曼:《从理学到朴学》,赵刚译,江苏人民出版社,1995。

[德]海德格尔著,孙周兴选编:《海德格尔选集》,生活·读书·新知三联书店,1996。

[美]乔纳森·卡勒:《文学理论》,李平译,辽宁教育出版社,1998。

[法]德里达:《书写与差异》,张宁译,生活·读书·新知三联书店,2001。

[英]阿瑟·洛夫乔伊:《存在巨链:对一个观念的历史的研究》,张传有、高秉江译,邓晓芒、张传有校,江西教育出版社,2002。

[美]史华兹:《古代中国的思想世界》,程刚译,江苏人民出版社,2004。

[英]怀特海:《思维方式》,刘放桐译,商务印书馆,2010。

[古希腊]亚里士多德:《范畴篇 解释篇》,方书春译,商务印书馆,2011。

[古希腊]亚里士多德:《诗学》,陈中梅译注,商务印书馆,2011。

[德]康德:《实践理性批判》,韩水法译,商务印书馆,2011。

[德]费尔巴哈:《宗教的本质》,王太庆译,商务印书馆,2011。

[英]休谟:《道德原则研究》,曾晓平译,商务印书馆,2011。

[德]费希特:《伦理学体系》,梁志学、李理译,商务印书馆,2011。

[德]格罗塞:《艺术的起源》,蔡慕晖译,商务印书馆,2011。

[美]约翰·杜威:《艺术即经验》,高建平译,商务印书馆,2011。

[美]汉斯-格奥尔格·伽达默尔:《真理与方法》,洪汉鼎译,商务印书馆,2011。

[英]亚当·斯密:《道德情操论》,谢宗林译,商务印书馆,2011。

[美]威廉·帕博雷尔·蒙塔古:《认识的途径》,吴士栋译,商务印书馆,2011。

[英]吉尔伯特·赖尔:《心的概念》,徐大健译,商务印书馆,2011。

[荷兰]斯宾诺莎:《笛卡尔哲学原理》,王荫庭、洪汉鼎译,商务印书馆,2011。

[荷兰]斯宾诺莎:《伦理学》,贺麟译,商务印书馆,2011。

六、主要参考论文

董乃斌:《阐释者的文化意识与心灵历程》,《福建论坛》1988 年第 1 期。

张鸣:《宋诗活法论与理学关系初探》,载《中国文艺思想史论丛》编委会编:《中国文艺思想史论丛》(第三辑),北京大学出版社,1988。

顾之京:《宋诗理趣漫论》,《河北大学学报(哲学社会科学版)》1990 年第 2 期。

梅俊道:《周敦颐的诗歌创作及其在宋代理学诗派中的地位》,《九江师专学报(哲学社会科学版)》1994 年第 1 期。

陈庆元:《宋代闽中理学家诗文——从杨时到林希逸》,《福建师范大学学报(哲学社会科学版)》1995 年第 2 期。

杨光辉:《理学文化视野中的宋代理学诗》,《中国文学研究》1996 年第 4 期。

张鸣:《即物即理,即境即心》,载陈平原、陈国球主编:《文学史》(第三辑),北京大学出版社,1996。

马茂军:《北宋理学诗派诗文创作述论》,《新疆师范大学学报(哲学社会科学版)》1997 年第 2 期。

党圣元:《传统文论范畴体系之现代阐释及其方法论问题》,《文艺研究》1998 年第 1 期。

许总:《中国古代哲理诗三阶段的特征及发展轨迹》,《晋阳学刊》1998 年第 1 期。

姜鸢:《陆九渊的诗论及其诗》,《抚州师专学报》1998 年第 5 期。

巩本栋:《"作诗犹爱邵尧夫":论辛弃疾的诗歌创作》,《南京大学学报(哲学·人文科学·社会科学)》1999 年第 1 期。

杨光辉:《理学成熟期之理学诗——试论陆九渊与朱熹的诗》,《宁波大学学报(人文科学版)》2000 年第 3 期。

许总:《论理学文化观念与宋代诗学》,《学术月刊》2000 年第 6 期。

李冬红:《论理学对宋代诗论的影响》,《赣南师范学院学报》2003 年第 4 期。

邓莹辉:《试论宋代理学文学"感物道情"的特点》,《漳州师范学院学报》2005 年第 3 期。

祝尚书:《论宋代理学家的"新文统"》,《文学遗产》2006 年第 4 期。

任竟泽:《论宋代"语录体"对文学的影响》,《文学遗产》2006 年第 6 期。

石明庆:《美善相乐的心灵感悟与诗意体验》,《南京师大文学院学报》2008 年第 1 期。

程刚:《"观物之乐"与"天地境界"——邵雍三"乐"与冯友兰四"境界"之比较》,《中国文化研究》2008 年第 2 期。

程小平:《论理学思潮对宋代诗学的影响——以"以意为诗"论为例》,《殷都学刊》2008 年第 2 期。

郭万金、段进莉:《宋明理学诗辨微》,《江西师范大学学报(哲学社会科学版)》2008 年第 2 期。

祝尚书:《论宋人的"诗人诗""文人诗"与"儒者诗"之辨》,《北京大学学报(哲学社会科学版)》2009 年第 2 期。

祝尚书:《以道论诗与以诗言道:宋代理学家诗学观原论——兼论"洛学兴而文字坏"》,《四川大学学报(哲学社会科学版)》2011 年第 4 期。

史伟:《宋元之际的理学诗风及其反拨》,《江西社会科学》2013 年第 6 期。

常德荣:《程朱理学与诗学的内在冲突及其会通》,载胡晓明主编:《美的观点与中国文论——古代文学理论研究第三十七辑》,华东师范大学出版社,2013。

石明庆、王嘉川:《章学诚学术思想与陆九渊心学精神发微》,《河北学刊》2014 年第 1 期。

边家珍:《"温柔敦厚"诗教观新论》,《山东大学学报(哲学社会科学版)》2015 年第 1 期。

王利民:《论魏晋玄言诗对宋代理学诗的影响》,《南京师大学报(社会科学版)》2015 年第 5 期。

黄之栋:《性理风骚一例收——论理学对吕本中及其诗歌的影响》,《广州大学学报(社会科学版)》2016 年第 6 期。

张兴武:《论宋代理学诗的审美逻辑》,《杭州师范大学学报(社会科学版)》2016 年第 6 期。

蔡方鹿、赵聃:《百年来朱熹理学与文学关系研究的回顾与展望》,《社会科学研究》2017 年第 1 期。

　　张焕玲:《论宋代咏经诗及其繁荣的历史文化背景》,《青海师范大学学报(哲学社会科学版)》2017 年第 1 期。

　　邓莹辉、邓艳华:《论程颢诗的"吟风弄月"》,《三峡论坛(三峡文学·理论版)》2017 年第 6 期。

　　任竞泽:《朱熹文体学思想的学术渊源及影响》,《杭州师范大学学报(社会科学版)》2017 年第 6 期。

　　杨万里:《宋代理学家的文艺本体论——以诗文书画为中心的综合考察》,《东南大学学报(哲学社会科学版)》2018 年第 2 期。

　　郭万金、艾冬景:《道学与诗的人生缩结——理学视野下的诗人薛瑄》,《河北大学学报(哲学社会科学版)》2018 年第 3 期。

| 后 记

本著是在我 2013 年获批、2019 年完成的国家社科基金一般项目"两宋理学诗研究"的结项成果基础上，历经五年时间修改而成的。该项目的结项成果为专著，其结项稿于 2019 年获评为"优秀"等级（全国同期结项优秀率为 2.66%）。该项目结项成果简介，于 2023 年有幸入选全国哲学社会科学工作办公室编定的《国家社会科学基金项目优秀成果选介汇编》（第二辑，社会科学文献出版社，2023）。该《汇编》是从 2012—2017 年共六年间国家社科基金 22 个学科的 3000 多项优秀结项成果中，筛选出 155 项，汇编其"简介"而成书。这样看来，入选《选介汇编》的优秀成果，可算是当下学界细分研究领域的较高水平。平实而言，虽然结项稿幸运地获得专家和国家社科管理部门的一致肯定，但我自知，因为受到结项时间、个人学养和科研条件等多方面因素制约，结项书稿仍有不尽完善之处。因此，课题结项之后，我又用了五年的时间，在吸收结项专家建议、意见的基础上，反复斟酌，对书稿内容进行了较为全面的修改或补充。在修订即将完毕之际，本书稿又幸运地获得了我所在高校 2023 年出版基金资助。现在所呈现在学界师友面前的书稿，是在充分吸收不少著名学者的建议或意见基础上修改、订正而成的，这是我要加以说明并表示感谢的。

我认为，作为"理学—诗学"会通重要载体形式之一的宋明理学诗研究，具有培育成为相关学科主流学术研究方向的优秀潜质，具备可供开掘的广阔学术空间。这里，结合我的一点尝试，对此稍作说明，以供年轻朋友们拓展研究视域，或者为师友们"接着说"提供一点参考。

其一，从"理学诗"的研究对象、研究内容、诗美境界而言，宋明理学诗研究必然会触及"理学美学"研究。一些学者对我的"理学美学"话语系列研究成果给予了相当关注。著名美学家、前辈学者浙江大学的潘立勇先生，曾从"宋明理学美学"理论体系建构的角度，以较大篇幅论及我的相关研究成果。潘先生在其弃世前三四个月,发文对包括我在内的国内外 60 多位学者的"宋明理学美学"研究成果予以梳理。文中,潘先生对我 2019 年前面世的若干成果给予了高度评价,在大量征引我对"理学范畴"所做的文献梳理内容之后指出:"理学范畴如何转化为美学范畴,或理学美学范畴何以可能? 理学美学范畴在理学系统与审美系统中分别是如何呈现出来的,又是如何延展到审美各领域中的? 这些问题在相当一段时间里没有得到较为集中明确的研究。王培友的相关系列论著……一定程度上试图回答这些问题。他首先提出了一个'理学诗'的概念(笔者按:'首先提出'了一个'理学诗'概念这一说法不妥,应该是'首先界定'。明代即有人使用了'理学诗'这一名词。在我对宋代理学诗进行系统研究之前,张鸣、廖可斌、祝尚书、张文利、王利民、石明庆等学者已有若干相关研究成果),分别以理学范畴或命题为研究对象,考察其在文学审美实践当中的诗性表达、诗性品格或文学呈现的方式。这一系列研究,做到了跨理学、美学、文学三个领域,撷取理学美学的理论范畴,加以文学层面的细致考察,加深了我们对理学美学的直观而多面的理解,从而看到理学与美学、文学之间的相互影响、相互涵容、相互转化的关系。"①其中不乏溢美之词。不过,在指出本人的研究路径及其学术贡献的同时,潘先生又认为,我的相关研究与"中国美学话语体系建构"问题存在不相侔合性:"其(按:'其'指笔者)研究最终落脚点不是理学美学范畴作为中国美学话语体系建构的终极识度和潜在意义,而是通过对理学美学范畴的研究确立文学史的叙述视角和书写立场,因此前面所述有关宋明理学对于中国美学的理论建构本体意义还没有得到系统、透彻的解读。"潘先生所言甚是。不过,正如潘先生所注意到的,我 2019 年前的学术研究重心是"理学诗"而非"美学话语体系建构"。那么,以"体系建构"作为考察视角而评价我的相关研究是否与"中国美学话语体系建构"相侔合,显然是不太合适的。仔细想来,既然本人的一些成果为潘先生所注意乃至推扬,于情于理,我都应对"理学美学"话语体系建构问题有所回应才是。本此考量,经过几年努力,本人于 2023 年春著成《宋明理学美学话语研究导论》一书。此著涉及宋明理学美学话语体系建构、关键话语意蕴流变研究等若干重要问题,大致能够反映出我对"理学美学"理论体系构建问题的若干理论思考。容精心研磨后,再找机会向学界师友请教。

其二,要对宋明理学诗及其相关问题进行深入研究,必然会与宋明理学理论体系构建及其话语意蕴流变等学术重难点"问题"发生关联。显而易见,惟有坐

① 潘立勇:《当代宋明理学美学研究》,《孔学堂》2021 年第 3 期。

实理学义理研究根基,入其腠理,方能探讨"理学诗"之壶奥。否则,所谓的"理学诗"研究就肯定会陷入为前人所批评的"危坐谈性空""梦幻过一场"境地,终是无法把握"理学诗"之神髓。梳理相关学术研究史可见,百多年来学界对宋明理学话语意蕴流变等问题的研究是颇为薄弱的,更遑论对其理论体系构建问题的研究了。有鉴于此,十多年来,我花了不少心力来探讨宋明理学重要话语的筛选、意蕴的生成与流变等问题。相关研究成果,除了本著多有涉及之外,还散见于《清华大学学报(哲学社会科学版)》《南开学报(哲学社会科学版)》《中国文化研究》《孔子研究》《国际儒学》《北方论丛》等。陋室笥箧之中,此类小文所存尚夥。一些重要刊物亦将陆续刊出我的相关研究成果,容后集丛成说以献诸学界师友。

其三,学术研究选题是否具备较高研究价值,还应考察其是否具有可持续性研究的可能。为此,在修改本著的五年时间里,我又相继完成了两本与之有着紧密联系的著述:《宋代理学诗发展史》(约90万字)和《宋代百家理学诗选注》(约36万字)。而为本著所自然延伸的、本人独立承担的国家社科基金重点项目"元代理学诗文献集成与研究"(2021年9月获批),亦在紧张推进之中。假以数年,相关成果皆当面世。届时从共时性、历时性相结合的角度来认识宋明理学诗,也就成为可能。当然,我的这些尝试,还只是宋明理学诗研究领域的一个顺延性研究进路。如果我们从"理学—文学"会通以及相关拓展性研究领域来看的话,举凡文献考证与整理、理学文论、中国哲理诗、理学美学等研究领域,皆可提炼、生发出若干具体研究课题。

我认为,严格意义上的学术研究,应该是在确定所研究之"问题"具备历史客观性的基础上,遵循一般的人类认知和思维规律,借鉴、吸收一切先进的研究理念和研究方法,对所研究之"问题"的类别、属性、特征、规律和价值等予以探讨,而不能把现代学科门类之学科属性当作所研究之"问题"的研究立场或研究目的。当然,课题研究理念和研究方法之选择,必须基于研究对象及研究目的而非其他。有鉴于此,在从事本课题研究的过程中,本人没有遵从、吸收个别学界同行的建议,而大幅压缩理学话语意蕴流变及其相关内容。这是因为,本课题研究的学理逻辑是:著者在确证宋代理学诗具备历史客观实在性的基础上,对其概念蕴涵、边际范围等进行明确界定,并就其文化生态环境、载体形式、呈现状态和诗歌范式等进行考察,进而就理学诗的主旨或内容类型、表达方式和诗歌风貌等进行研究,以揭示宋代理学诗诗性品格的属性特征及其生成机制;进而,归纳、提炼其主体特征,探讨其发展流弊,界定其文化地位。如此一来,从会通视角,来探讨理学、诗学之共有话语的意蕴流变、关联机制和呈现形态,自然也就成为本著的重要研究立场和研究路径。而这些理学、诗学之共有话语，或是本人所首先提出并加以全面考察，或是因为学界已有认识过于简单或存在疏略，或是学界已有研究结论存在若干局限或不足。如果不能准确、全面地把握这些话语，那么，宋代理学诗诗歌品格也就难以得到正确表述或"指实"。以此而言，本著如果大幅删削理学义理内容，而只突出理学诗之审美性、情感性等"文学"属性特征的话，那么，也就相当于抽去了支撑理学诗之诗性品格诸部类特质的义理基础，这显然是不可行的。孔子云"当仁不让于师"，学术研究所争者惟道而非人情世故。希望我的这一学术取舍，能够得到学界师友的理解。

　　拙著事毕，回望来路，实多悲慨。我本出身于海隅边地，存世明灭浮沉，例当如泛海之一沤。昊天不弃，殊遇逾常，兼以余颇能踔奋自强，而竟得执教于京华上庠。而今幸得此著勒成，差可消弭过往遗恨，余亦少憾矣！正所谓：世事浮沉，江湖夜雨，半生蹉跎而未可云废；性以成文，墨香细缊，高岗一歌亦甚慰吾心！在此，请允许我向抚育、教诲我成人的祖辈、父辈及家族亲人；向教导、培育我成长的众多恩师；向多年来关心、支持我的各界师友；向支撑、包容我的家人，表达我发自内心的感激、感谢之情！尤其值得一提的是，南京大学出版社荣卫红老师，姚徽老师，工作细致、严谨、专业，为提升本著质量付出了很多心血，令我非常感激和感动。我将把你们所赐予我的真、善、爱，承传发扬，以回报于我所深爱着的祖国和人民。

　　因问学而求道，以与天地精神相往来，大概就是我之天命所在。每念及此，贾勇自奋而不待着鞭矣！予尝有闻，邵雍三乐，观物为重。观物者何？明理是也。我之所乐，亦在于明理而求道：本书所及之若干"问题"，大多由我首先发现、界定并予以研究，故常如于"无人之境"而独自前行。于此之际，天地苍茫而无由凭依，惟以反求诸心，自决进退，而无问成败；间或本著所及之少许"问题"，亦确然为学界研究热点。于此之际，每如高坐挥麈，自养以浩然之气，"虽千万人，吾往矣"！因问学而明道，此即"格物致知"之奥义。古圣先贤诚不吾欺也！晚景渐侵而得见治学明道之理，岁月得遂其时而物彩斑斓有存矣！

　　鄙人学养有限，本著或有不足乃至谬误，希望能够得到师友们批评指正。

王培友于京北百源楼

2024 年 9 月 16 日